Manual COMPLETO de PORTUGUÊS PARA CONCURSOS

CB123730

EDITORA FOCO

HENRIQUE SUBI

Manual COMPLETO de PORTUGUÊS PARA CONCURSOS

COMPLETO PORQUE TEM:

1 TEORIA ALTAMENTE SISTEMATIZADA

2 QUESTÕES COMENTADAS + de 1.000

3 TEMAS DE REDAÇÃO PARA CONCURSOS PÚBLICOS

4 EXCERTOS DO MANUAL DE REDAÇÃO DA PRESIDÊNCIA DA REPÚBLICA

WANDER GARCIA
coordenador da coleção

EDITORA FOCO

2014 © Wander Garcia

Coordenador da Coleção: Wander Garcia
Autor: Henrique Subi
Editor: Márcio Dompieri
Gerente Editorial: Paula Tseng
Equipe Editora Foco: Erica Coutinho, Georgia Dias e Ivo Shigueru Tomita
Capa: Linotec
Projeto Gráfico e Diagramação: Linotec

Dados Internacionais de Catalogação na Publicação (CIP)
(Câmara Brasileira do Livro, SP, Brasil)

Henrique Subi

Manual completo de português para concursos / Wander Garcia, coordenador da coleção ; Henrique Subi. – 1. ed. – Indaiatuba, SP : Editora Foco Jurídico, 2014.

1. Português - Concursos 2. Português - Gramática 3. Português - Redação I. Garcia, Wander. II. Subi, Henrique.

ISBN: 978-85-8242-078-2

14-02251 CDD-469.076

Índices para Catálogo Sistemático:

1. Português : Concursos 469.076

DIREITOS AUTORAIS: É proibida a reprodução parcial ou total desta publicação, por qualquer forma ou meio, sem a prévia autorização da Editora Foco, com exceção do teor das questões de concursos públicos que, por serem atos oficiais, não são protegidas como Direitos Autorais, na forma do Artigo 8º, IV, da Lei 9.610/1998. Referida vedação se estende às características gráficas da obra e sua editoração. A punição para a violação dos Direitos Autorais é crime previsto no Artigo 184 do Código Penal e as sanções civis às violações dos Direitos Autorais estão previstas nos Artigos 101 a 110 da Lei 9.610/1998.

Atualizações e erratas: a presente obra é vendida como está, sem garantia de atualização futura. Porém, atualizações voluntárias e erratas são disponibilizadas no site www.editorafoco.com.br, na seção *Atualizações*. Esforçamo-nos ao máximo para entregar ao leitor uma obra com a melhor qualidade possível e sem erros técnicos ou de conteúdo. No entanto, nem sempre isso ocorre, seja por motivo de alteração de software, interpretação ou falhas de diagramação e revisão. Sendo assim, disponibilizamos em nosso site a seção mencionada (*Atualizações*), na qual relataremos, com a devida correção, os erros encontrados na obra. Solicitamos, outrossim, que o leitor faça a gentileza de colaborar com a perfeição da obra, comunicando eventual erro encontrado por meio de mensagem para contato@editorafoco.com.br.

Impresso no Brasil (05.2014)
Data de Fechamento (05.2014)

2014

Todos os direitos reservados à
Editora Foco Jurídico Ltda.

Al. Júpiter 578 - Galpão 01 – American Park Distrito Industrial
CEP 13347-653 – Indaiatuba – SP

E-mail: contato@editorafoco.com.br
www.editorafoco.com.br

Dedicatória

A Carlos Henrique Carneiro, pelas lições e amizade que transcenderam os muros da escola

APRESENTAÇÃO

Por que você está diante de um MANUAL COMPLETO de Português para Concursos?

Porque este Manual não se limita a trazer a TEORIA acerca do que é cobrado nos concursos públicos. Ele vai além e traz, também, número expressivo de QUESTÕES COMENTADAS, temas de REDAÇÃO e excertos do MANUAL DE REDAÇÃO DA PRESIDÊNCIA DA REPÚBLICA.

Quanto às QUESTÕES COMENTADAS, essenciais ao desenvolvimento do raciocínio e à fixação da matéria, a obra traz mais de 1.000 questões, sendo que todas elas são devidamente comentadas, item por item quando necessário, e foram escolhidas dentre os principais concursos públicos do País.

A obra também é escrita numa LINGUAGEM DIRETA, sem exageros linguísticos e com foco constante na melhor e mais atualizada informação, de modo que se tem um texto que, de um lado, vai direto ao ponto e, de outro, traz o maior número possível de informações úteis para o leitor.

No decorrer do texto há também GRIFOS, NEGRITOS e uso de CORES DIFERENCIADAS, proporcionando ao leitor verificação fácil do início de cada ponto, e das palavras, expressões e informações-chave, facilitando ao máximo a leitura, a compreensão e à fixação das matérias.

Tudo isso sem contar que a obra foi escrita por um AUTOR CONSAGRADO, que já vendeu mais de 100.000 livros na área de concursos e exames públicos e que tem também larga experiência em grandes cursos preparatórios para concursos públicos, presenciais e a distância.

Em resumo, os estudantes e examinandos de concursos públicos e demais interessados têm em mãos um verdadeiro MANUAL COMPLETO DE PORTUGUÊS, que certamente será decisivo nas pesquisas e estudos com vista à efetiva aprovação no concurso dos sonhos.

Boa leitura e sucesso!

SUMÁRIO

APÊNDICE
EXCERTOS DO MANUAL DE REDAÇÃO DA PRESIDÊNCIA DA REPÚBLICA

PARTE I

Interpretação de Textos

1. INTERPRETAÇÃO DE TEXTOS E CONCURSOS PÚBLICOS

1.1. Por que estudar interpretação de textos?

O candidato a qualquer concurso público, hoje em dia, deve preparar-se para responder um grande número de questões de diversas disciplinas. Há provas que chegam a cobrar 14 ou 15 delas, nas mais diferentes áreas do conhecimento. Não é difícil reparar, porém, que uma delas é comum a praticamente todos eles: a Língua Portuguesa.

Conhecê-la bem, portanto, é fundamental para o sucesso no certame, principalmente considerando a grande quantidade de questões que normalmente lhe são atribuídas. E aqui se encontra um fato que muitos candidatos subestimam: as perguntas relacionam-se, em grande parte, à interpretação de textos.

Vejo muitos alunos que dedicam todo seu tempo de estudos da linguagem às regras gramaticais, deixando de lado os textos. Trata-se de estratégia equivocada, porque em média 50% das questões elaboradas pelas bancas examinadoras versam sobre leitura e interpretação. Em alguns concursos, o candidato é desafiado a enfrentar 3 ou 4 textos de características bastante diferentes e o número de perguntas que exigem uma perfeita compreensão do que foi lido sobe ainda mais (e ainda há várias outras disciplinas para responder!).

Assim, respondemos à pergunta que inaugura esse capítulo: porque a interpretação de textos é uma habilidade que é testada em todos os concursos públicos, sendo peça-chave da aprovação.

Em parte, a razão do equívoco na preparação nasce do próprio mercado de livros e apostilas voltados para concursos públicos, que não oferece ao candidato material destinado à interpretação de textos. Esse problema fica resolvido com a publicação desse livro que você tem em mãos agora. De outro lado, pode-se também atribuir parcela da culpa aos próprios candidatos, os quais divido em dois grupos: aqueles que *acham* que não precisam estudar interpretação de textos e aqueles que *acreditam que não é possível* estudar interpretação de textos.

Se você está lendo essas linhas, provavelmente encaixa-se no segundo grupo. Os membros do primeiro grupo normalmente pensam que dominam completamente a Língua Portuguesa e, autopromovendo-se a esse patamar superior, pularam essa parte do livro.

1.2. É possível aprender interpretação de textos?

Como membro do segundo grupo, é hora de deixar de lado sua antiga convicção e perceber que é, sim, possível aprender a interpretar textos!

Quem nunca ouviu alguém dizer que "interpretação de textos ou você sabe, ou você não sabe", ou ainda que "não adianta correr atrás do prejuízo agora, você deveria ter lido mais desde criança", ou, pior, que "não tem como estudar interpretação, a saída é ler muito até o dia da prova para treinar a ler mais rápido e perder menos tempo com as questões"? Nada disso é verdade.

Como qualquer outra, interpretar corretamente um texto é uma habilidade que pode ser *aprimorada através da prática*. Costumo dizer que é como andar de bicicleta: ao subir nela pela primeira vez, você tenta se equilibrar instintivamente enquanto pedala. Fatalmente levará alguns tombos, mas a prática o levará ao sucesso.

Com a interpretação acontece o mesmo processo. Muitos pensam que ler é um ato meramente instintivo, atitude que leva a alguns "tombos" (ou erros) na compreensão daquilo que foi dito. Na verdade, também aqui a prática é essencial para que se extraia o verdadeiro sentido das palavras.

Por isso que alguns insistem em dizer que só é hábil na interpretação quem está acostumado a ler muito, o que dá a entender que, se esse não é o seu caso, estará fadado ao fracasso nessa habilidade. Não podemos negar que, realmente, *ler diferentes tipos de textos ainda é o melhor caminho para praticar a interpretação* e que todos os dias, meses ou anos de vida dedicados à leitura certamente farão diferença nessa aptidão. Mas não é menos verdade que, como em tudo na vida, nunca é tarde para começar!

Principalmente porque existem instrumentos de interpretação que irão acelerar bastante esse processo de aprendizagem. Afinal, o candidato a uma vaga em concursos públicos dispõe de pouco tempo para se preparar, fato que não se pode perder de vista em nenhum momento. A proposta, então, é apresentar esses instrumentos para que você possa utilizá-los na hora da prova, facilitando a procura pela resposta correta.

É bom que se diga antes de tudo, para evitar grandes expectativas (que sempre vêm acompanhadas de grandes decepções), que tudo que vamos ensinar você já sabe. E nessa hora você pensou: "Muito obrigado pela informação! Posso ir direto para a Parte II, então, aprender alguma coisa sobre gramática?". Não, fique comigo. Deixe-me explicar melhor.

Desde o momento em que aprendemos a ler, quando crianças, temos em nosso intelecto todo o necessário para entender aquilo que estamos lendo. Obviamente, para textos mais complexos, exige-se o conhecimento de fatos, regras ou conceitos que serão adquiridos apenas ao longo da vida. Conforme esses dados vão se acumulando em nossa memória, nós os usamos conforme são requeridos e assim podemos absorver cada vez mais quantidade de informações ao ler um texto.

Entretanto, esse caminho é percorrido, muitas vezes, sem qualquer preocupação com a organização das ideias, ou seja, nossa habilidade de leitura se baseia unicamente no instinto de *decifrar os sinais que compõem a linguagem usando como "dicionário" para traduzir os termos tudo aquilo que aprendemos no decorrer de nossa trajetória pessoal e/ou profissional*.

É por isso que digo que somos todos leitores e intérpretes instintivos. Todos sabemos ler e interpretar um texto, mas essa tarefa é usualmente realizada de forma mecânica pelo nosso cérebro, que usa os instrumentos de interpretação instintivamente (seja buscando um fato em nossa memória, comparando situações semelhantes ou dando maior ou menor relevância à informação de acordo com a imagem que temos daquele que a transmite).

Memorização, comparação e análise são exemplos de instrumentos de interpretação. Note que, mesmo sem saber seus nomes, você os usa nas leituras do dia a dia. Eis a razão de termos dito antes que não existe nada novo para ensinar. O que podemos fazer é *mostrar quais são as ferramentas que seu cérebro possui para interpretar um texto e indicar a melhor forma de usá-las*.

Pense em uma caixa de ferramentas desarrumada. Se você precisar da chave de fenda, deverá vasculhar e remexer em toda a caixa até encontrá-la, tornando o trabalho demorado e difícil. Se nosso cérebro é a caixa e as ferramentas são as habilidades de leitura, estudar interpretação de textos nada mais é do que *organizar nossa caixa de ferramentas, tornando mais fácil identificar e acessar o instrumento necessário para cumprirmos com êxito a tarefa de interpretar o texto apresentado*.

2. POSTURA INTERPRETATIVA

2.1. Conceito de interpretação

Mas, afinal, o que significa interpretar?

Em sua definição mais conhecida, interpretar significa *extrair o sentido*. Observe bem (e aqui já começamos a interpretar): o uso do verbo extrair, por sua vez, indica que o sentido daquilo que está sendo interpretado não está sempre claro, direto. Na maioria das vezes, é preciso investigar, perscrutar as intenções do autor, analisar a escolha dos termos utilizados, entre outras técnicas, para identificar seu objetivo final.

Uma forma fácil de perceber o resultado do trabalho de interpretação ocorre na música. Lembro-me da primeira vez que ouvi a canção "Sozinho", de Peninha, cantada pelo próprio autor e de como passei a gostar muito mais da música depois de escutá-la na voz de Caetano Veloso, que a tornou famosa. Peninha, o autor, fez um excelente trabalho ao reunir letra e melodia, mas o intérprete Caetano Veloso transmite ao cantá-la muito mais do que a técnica musical. Ele vai além, passando aos ouvintes a verdadeira emoção da história que a canção relata.

A função do intérprete de um texto é a mesma daquele que interpreta a canção. Em uma primeira leitura, absorvemos somente aquilo que é superficial na mensagem transmitida pelo autor, o significado puro das palavras. Ao adotarmos uma postura interpretativa, passamos a questionar e aprofundar nosso raciocínio em busca da mensagem central do texto, aquilo que seu autor queria realmente explorar.

Vejamos outro exemplo. Responda para si mesmo: é mais fácil interpretar um texto jornalístico ou uma poesia de Camões?

Sem dúvidas, é mais fácil interpretar a notícia do jornal. Por quê? Porque o texto jornalístico tem como característica marcante a objetividade, a intenção de informar sobre fatos concretos. Já a poesia, por sua vez, trabalha com figuras de linguagem e palavras mais rebuscadas para manter a métrica e a rima com o intuito de expressar sentimentos do escritor.

O que não pode acontecer é cairmos na armadilha de que o texto "fácil", objetivo e claro, dispensa interpretação. Não. Devemos nos habituar a ler um texto pretendendo dele extrair seu verdadeiro sentido, qualquer que seja sua modalidade. Haverá interpretações mais fáceis ou mais difíceis, mas o exercício intelectual deve sempre estar presente.

Isso acontece porque o Português é uma língua complexa, cujas palavras costumam apresentar mais de um sentido. Considere o texto abaixo:

> "Art. 66. A Casa na qual tenha sido concluída a votação enviará o projeto de lei ao Presidente da República, que, aquiescendo, o sancionará."
>
> *(Constituição da República Federativa do Brasil)*

O comando contido na norma jurídica supratranscrita parece direto e claro. Leia de novo. O verbo sancionar, segundo o dicionário Michaelis, significa tanto "admitir, aprovar, confirmar" quanto "punir, multar". O que deve então o Presidente da República fazer? Perceba que mesmo um texto feito para ser objetivo, como um artigo de lei, acaba apresentando palavras que exigem o exercício interpretativo. No caso, os demais termos utilizados, notadamente o verbo aquiescer, que significa "concordar", indicam que o sentido no qual sancionar foi empregado é o primeiro: se o Presidente concorda com o projeto de lei, deve aprová-lo, confirmá-lo.

2.2. Objeto da interpretação

Toda espécie de linguagem pode ser interpretada, não apenas a manifestação escrita da língua.

Chamamos de linguagem toda e qualquer *forma de comunicação capaz de transmitir uma mensagem entre dois interlocutores*. Nesse conceito amplo, a linguagem pode se apresentar de diferentes formas: linguagem oral, linguagem escrita, linguagem de sinais etc.. Em qualquer dessas instâncias, o *interlocutor deve estar apto a compreender a mensagem que o outro deseja transmitir-lhe*, considerando todas as circunstâncias: em uma conversa, o tom de voz, o uso de gírias, o grau de atenção do interlocutor ao falar influenciam a percepção do destinatário; em um texto escrito, o uso de palavras difíceis, o momento histórico, o veículo de publicação também devem ser levados em conta; na linguagem de sinais, o conhecimento prévio do código utilizado e a velocidade de realização dos sinais permitem maior ou menor compreensão entre emissor e receptor da mensagem.

Tente lembrar-se de uma conversa importante que você teve com um amigo, sua(seu) namorada(o), seus pais ou seus filhos. Além das palavras, observamos também os movimentos do corpo, a direção do olhar, a distância que existe entre as pessoas. Quantas vezes dizemos alguma coisa com certa intenção e o outro lado a recebe de outro jeito, ficando chateado ou irritado sem que pretendêssemos esse resultado? É a famosa frase: "não é o que você disse, mas a forma como você disse". Estamos sempre interpretando.

A linguagem também se manifesta através de textos, que podem ser definidos como *a estrutura linguística capaz de transmitir uma mensagem dotada de sentido con-*

forme a intenção de seu criador. Os textos podem ser **verbais**, *quando são compostos por palavras* (livros, tabelas); **não verbais**, *quando compostos por imagens, sons ou outras espécies de sinais* (música, dança, expressão corporal); e **mistos**, *quando compostos tanto por palavras quanto por outros elementos* (charges, gráficos). Os textos verbais e mistos, por sua vez, subdividem-se em **textos escritos** e **textos orais.**

Texto I – Texto verbal

"O ser humano fala aproximadamente entre 3000 e 6000 línguas. Não existem dados precisos. As línguas naturais são os exemplos mais marcantes que temos de linguagem. No entanto, ela também pode se basear na observação visual e auditiva, ao invés de estímulos. Como exemplos de outros tipos de linguagem, temos as línguas de sinais e a linguagem escrita. Os códigos e os outros tipos de sistemas de comunicação construídos artificialmente, tais como aqueles usados para programação de computadores, também podem ser chamadas de linguagens. A linguagem, nesse sentido, é um sistema de sinais para codificação e decodificação de informações. A palavra portuguesa deriva do francês antigo *langage*. Quando usado como um conceito geral, a palavra 'linguagem' refere-se a uma faculdade cognitiva que permite aos seres humanos aprender e usar sistemas de comunicação complexos."

(Fonte: www.pt.wikipedia.org/wiki/Linguagem)

Texto II – Texto não verbal

A conversação, Arnold Lakhovsky (1935)

Texto III – Texto misto

(Fonte: *http://economia.uol.com.br/cotacoes/cambio/dolar-comercial-estados-unidos-principal.jhtm*)

Na seara dos concursos públicos, interessam-nos apenas os textos verbais e mistos escritos, cuja interpretação é objeto de questionamento nas provas. Sendo assim, sobre eles que se baseará todo o alicerce dos instrumentos de interpretação que vamos conhecer e os exemplos dados para consolidar o aprendizado.

2.3. Leitura passiva x Leitura ativa

O primeiro passo a dar para evoluir na interpretação de textos é mudar nossa forma de leitura das mensagens que nos são apresentadas a todo momento. Usualmente, adotamos uma leitura passiva, despreocupada e superficial, que se contenta com a simples interpretação literal das palavras contidas no texto sem atentar para o que se encontra encoberto por elas.

Essa conduta funciona bem para o dia a dia, quando lemos para relaxar ou quando estamos diante de anúncios publicitários, por exemplo. Não se admite, por outro lado, a mesma situação daquele que se prepara para concursos públicos, principalmente durante a prova. Nessa fase, temos de buscar ir além do que foi dito, investigando o que o autor quis dizer.

Essa nova abordagem é chamada de leitura ativa ou leitura crítica, na qual *o leitor do texto passa de simples receptor da mensagem para* ***intérprete*** *das intenções do autor, querendo conhecer as motivações e objetivos ocultos detrás das palavras ou imagens.*

O leitor ativo não se contenta somente com a primeira leitura. Ele *lê uma vez mais* na procura de nuances que lhe tenham passado despercebidas, ou para efetivamente compreender determinado trecho; quando possível, *visita o dicionário* para traduzir os termos que não conhece; ao terminar uma frase ou parágrafo, ele *se pergunta* por que o autor assim se expressou. O leitor crítico é um leitor ávido, que percebe cada detalhe e investiga a razão dele estar ali.

Vamos continuar praticando. Leia o trecho abaixo, a transcrição das primeiras linhas do livro "Uma aprendizagem ou o livro dos prazeres" de Clarice Lispector:

Texto IV

> ", estando tão ocupada, viera das compras de casa que a empregada fizera às pressas porque cada vez mais matava o serviço, embora só viesse para deixar almoço e jantar prontos (...)"
>
> (LISPECTOR, Clarice. *Uma aprendizagem ou o livro dos prazeres)*

Lendo passivamente, trata-se de uma passagem da história onde se relata o que pensava a personagem principal. Leia de novo, adotando agora a leitura ativa. Você reparou que o texto, e, portanto, o livro, começa com uma vírgula? Qual a razão? Seria um erro de digitação ou a autora quis transmitir alguma mensagem com esse uso incomum do sinal de pontuação?

Esses questionamentos, oriundos da atenção com a qual se realiza a leitura, *constituem a base* da interpretação de textos. Obviamente, o processo segue através da construção das respostas: certamente não estamos diante de um erro de digitação, caso contrário ele já teria sido corrigido; a vírgula representa uma pausa ou inflexão da voz durante a leitura e serve para, dentre outras funções, separar expressões e orações; o texto narra aquilo em que pensava a personagem; portanto, *uma das interpretações possíveis* sugere que o uso da vírgula como primeiro caractere da história indica que ela começa a ser contada *durante* os devaneios da personagem, no meio de seus pensamentos. A autora deixa a mensagem de que fatos ocorreram antes deste momento no qual o leitor encontra a personagem, de que a vida dela não começou ali.

Com base no que foi discutido nesse capítulo, resolva o exercício abaixo julgando cada assertiva como certa (C) ou errada (E). A questão foi elaborada pelo Centro de Seleção e de Promoção de Eventos da Universidade de Brasília (CESPE-UnB), seguindo abaixo o gabarito e breves comentários:

Texto V

> Os novos ***sherlocks***
>
> "Dividida basicamente em dois campos, criminalística e medicina legal, a área de perícia nunca esteve tão na moda. Seus especialistas volta e meia estão no noticiário, levados pela profusão de casos que requerem algum tipo de tecnologia na investigação. Também viraram heróis de seriados policiais campeões de audiência. Nos

EUA, maior produtor de programas desse tipo, o sucesso é tão grande que o horário nobre, chamado de *prime time*, ganhou o apelido de *crime time*. Seis das dez séries de maior audiência na TV norte-americana fazem parte desse filão.

Pena que a vida de perito não seja tão fácil e glamorosa como se vê na TV. Nem todos utilizam aquelas lanternas com raios ultravioleta para rastrear fluidos do corpo humano nem as canetas com raio laser que traçam a trajetória da bala. "Com o avanço tecnológico, as provas técnicas vêm ampliando seu espaço no direito brasileiro, principalmente na área criminal", declara o presidente da OAB/SP, mas, antes disso, já havia peritos que recorriam às mais diversas ciências para tentar solucionar um crime.

Na divisão da polícia brasileira, o pontapé inicial da investigação é dado pelo perito, sem a companhia de legistas, como ocorre nos seriados norte-americanos. Cabe a ele examinar o local do crime, fazer o exame externo da vítima, coletar qualquer tipo de vestígio, inclusive impressões digitais, pegadas e objetos do cenário, e levar as evidências para análise nos laboratórios forenses."

Pedro Azevedo. Folha Imagem, ago./2004 (com adaptações).

A respeito do texto acima, julgue os itens subsequentes.

(1) De acordo com o presidente da OAB/SP, as provas técnicas têm sido ampliadas, principalmente na área criminal, com o avanço tecnológico no espaço do direito brasileiro.

(2) Está explícita no último parágrafo do texto a seguinte relação de causa e consequência: o perito examina o local do crime, faz o exame externo da vítima e coleta qualquer tipo de vestígio porque precisa levar as evidências para análise nos laboratórios forenses.

1: incorreta. A paráfrase não equivale ao trecho original. A assertiva dá a entender que foi o avanço tecnológico que ganhou espaço no direito brasileiro, sendo que o entrevistado afirma que a prova técnica ganhou espaço, por conta do avanço tecnológico; **2**: incorreta, porque a relação está implícita. O texto, puramente, não trata como uma relação de causa e consequência, porque "levar as evidências para análise" também é uma de suas atribuições e não o objetivo delas. Em que pese não seja explícita, a relação causal é uma dedução possível, resultado do exercício de interpretação.

Gabarito 1E, 2E

3. TIPOS DE TEXTO

3.1. Os diferentes objetivos de um texto

Dependendo do que estamos buscando com nossa comunicação, podemos adotar diversas formas de nos expressar. Cada uma é composta de características próprias que facilitam a transmissão da mensagem para o interlocutor.

Enquanto textos publicitários pretendem convencer-nos a adquirir determinado produto ou serviço, textos jornalísticos buscam informar sobre a ocorrência de um fato e a literatura quer apenas contar histórias. Certamente, ao pensar em casos concretos que ilustrem cada um desses exemplos, você já conseguiu visualizar as diferenças existentes entre eles.

A classificação dos tipos de texto não é uniforme entre os estudiosos da Língua Portuguesa, afinal não há classificação correta ou incorreta (mudam somente os critérios escolhidos para classificar). Há, não obstante, tópicos que aparecem com mais frequência do que outros, razão pela qual podemos construir a lista abaixo como os **tipos de texto majoritariamente reconhecidos**:

TIPO DE TEXTO	FUNÇÃO PRIMÁRIA
Narração	Contar uma história
Argumentação	Defender um ponto de vista
Relato	Documentar fatos
Exposição	Transmitir conhecimento
Instrução	Orientar comportamentos

Anotamos que cada tipo de texto tem uma função **primária**, porque nada impede que diferentes funções se misturem ao longo da mensagem. É possível que um certo **ponto de vista** do autor venha imiscuído em uma parte de um texto **narrativo** sem descaracterizá-lo. O importante é verificar qual das funções está em primeiro plano.

Cada tipo de texto será estudado em tópico próprio mais adiante. Antes precisamos conhecer as **funções da linguagem** e os **tipos de discurso**.

3.2. Funções da linguagem

Dependendo das intenções relacionadas à exteriorização do texto, o emissor da mensagem pode ressaltar algum aspecto dela para atingir seu objetivo com maior precisão, escolhendo para isso as palavras que surtirão o efeito almejado. Esses *recursos de ênfase direcionados voluntariamente pelo autor, visando a causar determinada sensação ou chamar a atenção do receptor,* são chamados de **funções da linguagem.** Vamos a elas:

a) Função denotativa ou referencial: *a ênfase é colocada sobre o* ***objeto da mensagem***. A preocupação do autor é transmitir uma informação objetiva, tentando deixá-la afastada de impressões pessoais, ou seja, sem avaliá-la ou julgá-la. Exemplos:

Texto I

"Com R$ 3 mi por mês, Neymar é maior milionário do Brasil em Londres"

(http://www.uol.com.br)

Texto II

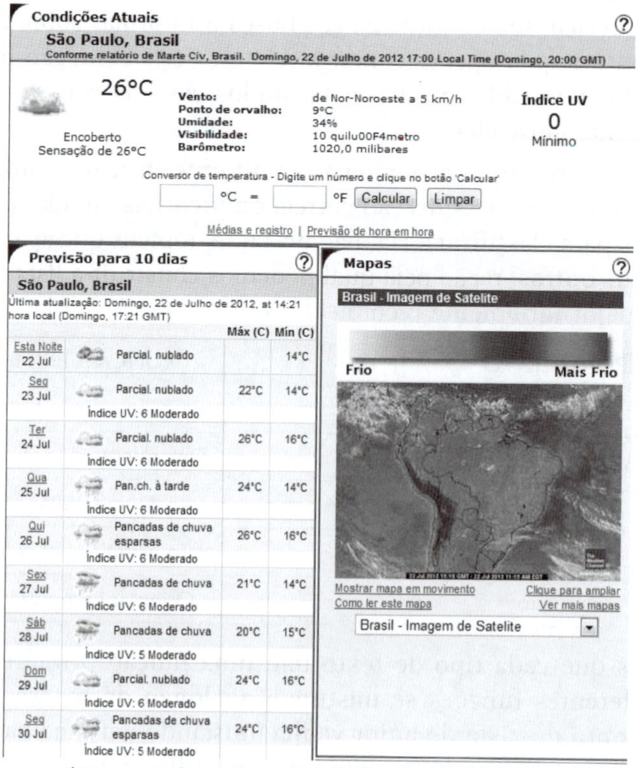

(Disponível em: *http://br.weather.com/weather/local/BRXX0232*)

b) Função emotiva ou expressiva: aqui, *o foco da mensagem é o próprio emissor*. Ele deseja que suas opiniões e sentimentos sejam percebidos pelo destinatário, produzindo um texto *mais subjetivo do que objetivo*. Apresenta-se na primeira pessoa do singular e os sinais de pontuação acompanham as emoções inseridas no texto (ponto de exclamação, reticências etc.). Exemplo:

Texto III

"Se eu não olhasse para Ezequiel, é provável que não estivesse aqui escrevendo esse livro, porque o meu primeiro ímpeto foi correr ao café e bebê-lo. (...). Chamem-me embora assassino; não serei eu que os desdiga ou contradiga; o meu segundo impulso foi criminoso. Inclinei-me e perguntei a Ezequiel se já tomara café.

(...)

Ezequiel abriu a boca. Cheguei-lhe a xícara, tão trêmulo que quase a entornei, mas disposto a fazê-la cair pela goela abaixo, caso o sabor lhe repugnasse, ou a temperatura, porque o café estava frio... Mas não sei que senti que me fez recuar. Pus a xícara em cima da mesa, e dei por mim a beijar doidamente a cabeça do menino.

- Papai! Papai! exclamava Ezequiel.

- Não, não, eu não sou teu pai!"

(ASSIS, Machado de. *Dom Casmurro*)

c) Função conativa ou apelativa: transferimos o centro de atenção agora *para o receptor. A mensagem quer chamar sua atenção, incentivá-lo ou convencê-lo a praticar determinada conduta ou agir de determinada forma.* É caracterizada pelo uso de verbos no imperativo ("faça", "diga"). Exemplo:

Texto IV

(http://www.editorafoco.com.br).

d) Função metalinguística: ocorre quando *a linguagem do texto é o próprio objeto dele, isto é, o texto fala de si mesmo.* A função metalinguística relaciona-se com o próprio ato de explorar a linguagem utilizada. Pode ser ou um pintor retratando o ato de pintar ou uma música falando do ato de compor a própria canção, como nos exemplos abaixo:

Texto V

(VELÁZQUEZ. *As meninas.* 1656)

Texto VI

"Eis aqui este sambinha
Feito de uma nota só
Outras notas vão entrar
Mas a base é uma só

Essa outra é consequência
Do que acabo de dizer
Como eu sou a consequência
Inevitável de você

Quanta gente existe por aí
Que fala tanto e não diz nada
Ou quase nada
Já me utilizei de toda a escala
E no final não deu em nada
Não sobrou nada

E voltei pra minha nota
Como eu volto pra você
Vou cantar com minha nota
Como eu gosto de você

E quem quer todas as notas
Ré, mi, fá, sol, lá, si, dó
Fica sempre sem nenhuma
Fique numa nota só"

(JOBIM, Tom e MENDONÇA, Newton. *Samba de uma nota só*)

e) **Função fática:** mais pontual, reconhece-se a função fática da linguagem quando *a atenção do emissor volta-se para o canal de comunicação entre ele e o receptor, buscando mantê-lo aberto para a continuação do diálogo*. Exercem a função fática as **interjeições** e **saudações**, como "o quê?" e "alô!", sublinhadas no exemplo abaixo:

Texto VII

"Querida, eu juro que não era eu. Que coisa ridícula! Se você estivesse aqui – Alô? Alô? – olha, se você estivesse aqui ia ver a minha cara, inocente como o Diabo. O quê? Mas como ironia? 'Como o Diabo' é força de expressão, que diabo. Você acha que eu ia brincar numa hora desta? Alô! Eu juro, pelo que há de mais sagrado, pelo túmulo da minha mãe, pela nossa conta no banco, pela cabeça dos nossos filhos, que não era eu naquela foto de carnaval no 'Cascalho' que saiu na *Folha da Manhã*. O quê? Alô! Alô! Como é que eu sei qual é a foto? Mas você não acaba de dizer... Ah, você não chegou a dizer... Ah, você não chegou a dizer qual era o jornal. Bom, bem. Você não vai acreditar, mas acontece que eu também vi a foto. Não desliga! (...)"

(VERÍSSIMO, Luis Fernando. *Trapezista*, in *Comédias da Vida Privada*)

f) **Função poética:** decorre *da intenção do autor de expressar sua mensagem por uma forma pouco usual, valendo-se de rimas, ritmos, jogos de imagem etc.*. Apesar do nome, **não** se aplica somente a poesias, podendo ser encontrada em outros exemplos textuais:

Texto VIII

(XISTO, Pedro. *Ephitalamium II.* 1966)

3.3. Tipos de discurso

Dá-se o nome de **discurso** à *representação textual das falas de uma pessoa*, ou seja, quando uma personagem do texto diz alguma coisa para outra ou para si mesmo. As funções da linguagem sofrem influência direta do tipo de discurso utilizado: por exemplo, a **função emotiva** em destaque no **texto III** acima é potencializada pela fala dos personagens. Por essa razão, é importante conhecer e saber identificar os três tipos de discurso.

a) **Discurso direto:** quando deixa explícita a ocorrência de um diálogo entre as personagens através do uso de sinais de pontuação como dois-pontos, travessão ou aspas.

Texto IX

"– A mim? – perguntou Rubião depois de alguns segundos. – A você – confirmou o Palha. – Devia tê-la dito há mais tempo, mas estas histórias de casamento, de comissão das Alagoas, etc., atrapalharam-me, e não tive ocasião; agora, porém, antes do almoço... Você almoça comigo.

– Sim, mas que é?

– Uma coisa importante."

(ASSIS, Machado de. *Quincas Borba*)

b) Discurso indireto: o próprio narrador da história relata, com suas palavras, o que dissera a personagem. O discurso indireto, portanto, representa uma paráfrase do diálogo. Nele, não há travessões ou quaisquer outros sinais de pontuação; o texto segue seu curso normalmente.

Texto X

"O coronel convidou Cauda Pintada a ir até seu quartel-general e lamentou a perda de sua filha. O chefe disse que nos dias em que os brancos e os índios estavam em paz, ele trouxera a filha a Fort Laramie muitas vezes, que ela gostava do forte, e ele gostaria que o palanque fúnebre fosse elevado no cemitério do posto. O coronel Maynadier imediatamente deu permissão. Ficou espantado ao ver lágrimas nos olhos de Cauda Pintada; ele não sabia que um índio podia chorar."

(BROWN, Dee. *Enterrem meu coração na curva do rio*)

c) Discurso indireto livre: é o ponto médio entre o discurso direto e o discurso indireto. Aqui, o narrador *mistura-se ao personagem, transcrevendo diretamente seus pensamentos* sem indicar, com sinais de pontuação, que disso se trata.

Texto XI

"Sinhá Vitória desejava possuir uma cama igual à de seu Tomás da bolandeira. Doidice. Não dizia nada para não contrariá-la, mas sabia que era doidice. Cambembes podiam ter luxo? E estavam ali de passagem. Qualquer dia, patrão os botaria fora, e eles ganhariam o mundo, sem rumo, nem teria meio de conduzir os cacarecos."

(RAMOS, Graciliano. *Vidas secas*)

3.4. Narração

O texto narrativo caracteriza-se *pela presença de um* ***enredo****, um encadeamento lógico dos acontecimentos com começo, meio e fim.*

Dentre os tipos de texto que elencamos, é o que permite *maior liberdade* do autor, o qual pode trabalhar de muitas formas diferentes para expor seu relato. Pode se apresentar como um romance, uma história onde as personagens e os fatos são criados com maior profundidade; um conto, que é uma narrativa mais curta, ou uma crônica, normalmente espelhando fatos do cotidiano; até mesmo poemas podem assumir um viés narrativo, como a famosa obra "Os Lusíadas", de Camões.

Por conta dessa amplitude de forma, a narração pode reunir quaisquer das funções da linguagem, as quais transitarão pelo texto conforme a intenção do autor, bem como valer-se dos três tipos de discurso.

A narração ainda se divide em duas subespécies:

a) Narração propriamente dita: na qual *o foco do texto é contar os fatos*. Aquilo que *aconteceu* é mais importante para o autor do que *como aconteceu*.

Texto XI

"Pedro Bala bateu a moeda de quatrocentos réis na parede da Alfândega, ela caiu diante da de Boa-Vida. Depois Pirulito bateu a dele, a moeda fica entre a de Boa-Vida e a de Pedro Bala. Boa-Vida estava acocorado, espiando. Tirou o cigarro da boca:

– Eu gosto é assim mesmo. De começar ruim...

E continuaram o jogo, mas Boa-Vida e Pirulito perderam as moedas de quatrocentão, que Pedro Bala embolsou:

– Eu sou é bamba mesmo."

(AMADO, Jorge. *Capitães da areia*)

b) Descrição: chamamos a narração de texto descritivo quando *as atenções do autor estão voltadas a dividir com o intérprete cada detalhe da cena narrada*. Pretende, com isso, permitir que o leitor imagine a cena em cada pormenor, *valorizando mais as circunstâncias do que os fatos em si*.

Texto XII

"Além, muito além daquela serra, que ainda azula no horizonte, nasceu Iracema.

Iracema, a virgem dos lábios de mel, que tinha os cabelos mais negros que a asa da graúna, e mais longos que seu talhe de palmeira.

O favo do jati não era doce como seu sorriso; nem a baunilha recendia no bosque como seu hálito perfumado.

Mais rápida que a ema selvagem, a morena virgem corria o sertão e as matas do Ipu, onde campeava sua guerreira tribo da grande nação tabajara. O pé grácil e nu, mal roçando, alisava apenas a verde pelúcia que vestia a terra com as primeiras águas."

(ALENCAR, José de. *Iracema*)

Atenção! Mais uma vez, a classificação entre narração propriamente dita e descrição leva em consideração as características preponderantes do texto. É claro que um texto narrativo apresentará algumas descrições, da mesma forma que um texto puramente descritivo, sem o transcorrer de qualquer acontecimento, justifica-se apenas por razões artísticas (como no movimento literário conhecido por Parnasianismo).

3.5. Argumentação

Na argumentação, a intenção básica do autor é *defender um determinado ponto de vista ou expressar sua opinião sobre um fato relevante*. Esse gênero textual, portanto, afasta-se da narração na medida em que esta é expressão de *ficção*, enquanto aquele se fundamenta em *fatos concretos* sobre os quais o autor quer se manifestar. É a espécie de texto mais explorada nos concursos públicos hoje em dia, tanto nas questões de interpretação, quanto na redação.

No texto argumentativo, são muito usadas as funções emotiva e conativa, cujos teores variam de acordo com a maior ou menor intenção do autor de convencer seus interlocutores através da razão ou dos sentimentos (prática comum nos textos publicitários).

Também se apresenta em diversos formatos: ensaio, onde o autor discorre sobre o tema lastreado em fatos ou opiniões que corroborem sua conclusão; resenha, na qual se discute as características de uma obra artística, culminando com um julgamento sobre sua qualidade; manifestações processuais, próprias dos advogados, quando defendem os interesses de seus clientes, entre outros.

A estrutura mais conhecida, porém, é a dissertação, organizada de forma a contrapor diferentes posições para que o autor, e também o intérprete, cheguem à conclusão após ponderar todos os argumentos. Por sua grande importância nos concursos públicos, principalmente nas provas de redação, na parte III voltaremos a estudá-la.

Texto XIII

O fator Russomanno

"O empate técnico entre José Serra (PSDB) e Celso Russomanno (PRB) foi o dado mais inesperado da última pesquisa Datafolha.

Segundo o instituto, o tucano tem 30% das intenções de voto, contra 26% de Russomanno. Os demais candidatos a prefeito de São Paulo, como Fernando Haddad (PT) e Soninha Francine (PPS), não passam de 7%. A margem de erro é de três pontos percentuais.

Desde dezembro, o pleiteante do nanico PRB avançou dez pontos nas pesquisas. Manteve, até aqui, trajetória ascendente que surpreendeu boa parcela dos analistas.

O crescimento de Russomanno vinha sendo atribuído a sua presença no quadro "Patrulha do Consumidor", que integra um programa matinal diário veiculado pela TV Record, emissora ligada ao PRB.

A exposição do ex-deputado na TV, no entanto, terminou no final de junho. De lá para cá, sua candidatura não chegou a atrofiar-se, como se previa. Ao contrário, confirmou-se a tendência, com oscilação positiva de dois pontos.

Ainda que a boa colocação se comprove fenômeno apenas inercial, fadado a esvair-se, é preciso reconhecer que há mais vetores a influenciar essa trajetória.

Um deles é a Igreja Universal, denominação neopentecostal que controla o PRB. Não é coincidência que Russomanno tenha seu melhor desempenho justamente entre os eleitores que declaram alguma religião evangélica pentecostal.

Outro vetor é o baixo conhecimento de Fernando Haddad. Quase metade dos paulistanos ainda ignora o candidato do PT. Por enquanto, Russomanno é quem mais se beneficiou desse fato, mas ele também tem mais a perder. Hoje, os petistas representam quase um terço de suas intenções de voto.

Jogam a favor de Russomanno ainda outros dois fatores: a retirada da candidatura do popular Netinho (PC do B) e a baixa avaliação do prefeito Gilberto Kassab (PSD), que afeta diretamente José Serra.

Contra o candidato do PRB, paradoxalmente, pesará em breve uma força decisiva – o tempo de TV. Com meros dois minutos de propaganda eleitoral, Russomanno terá menos de um terço da exposição de Serra e Haddad e metade da de Gabriel Chalita (PMDB).

Nas eleições presidenciais de 2002, nesta mesma época do ano, Ciro Gomes, então no PPS, tinha 28% e ameaçava a liderança de Lula (PT), com 33%. No final de agosto, após o início do horário eleitoral, Ciro, com menos tempo na TV, perdeu sete pontos e nunca mais se recuperou na disputa.

Para firmar-se como alternativa à polarização PT-PSDB, Russomanno precisa sobreviver às primeiras semanas de campanha na TV. Até lá, não passará de uma anomalia."

(*Folha de São Paulo*. Editorial publicado em 24/07/2012)

3.6. Relato

É o tipo de texto *voltado à difusão de fatos concretos*. Nele, predominam a **função denotativa**, porque o autor deve evitar a influência de suas posturas pessoais na composição, e o **discurso indireto**, que permite ao historiador ou jornalista resumir as falas dos envolvidos e manter o texto fluido, com poucas interrupções oriundas dos sinais de pontuação. Nada impede, naturalmente, que diante da importância do que foi dito, alterne-se para o discurso direto para consignar literalmente a expressão usada. Nesse caso, a frase ou o diálogo é transcrito entre aspas e antecedido de dois-pontos.

São exemplos comuns as **notícias**, veiculadas nos meios de comunicação escritos ou falados; o relato **histórico**, sobre fatos passados da sociedade; a **biografia**, usada para difundir experiências relevantes da vida de uma personalidade; o **testemunho** prestado em processos judiciais etc..

Texto XIV

"Mesmo a pior depressão cíclica mais cedo ou mais tarde tem de acabar, e após 1939 havia sinais cada vez mais claros de que o pior já passara. De fato, algumas economias dispararam na frente. O Japão e, em escala mais modesta, a Suécia alcançaram quase duas vezes o nível de produção pré-Depressão no fim da década de 1930, e em 1938 a economia alemã (embora não a italiana) estava 25%

acima de 1929. Mesmo economias emperradas como a britânica davam claros sinais de dinamismo. Contudo, o esperado aumento não voltou. O mundo continuou em depressão. Isso foi mais visível na maior de todas as economias, a dos EUA, porque as várias experiências para estimular a economia feitas pelo 'New Deal' do presidente F. D. Roosevelt – às vezes de maneira inconsistente – não corresponderam exatamente à sua promessa econômica."

(HOBSBAWN, Eric. *A era dos extremos*)

3.7. Exposição

O objetivo da exposição é *transmitir conhecimentos, instruir ou ensinar o leitor/intérprete por meio de informações que ele ainda não possua*. Muito usada no meio acadêmico e para a propagação do conhecimento científico, a exposição é marcada pela função denotativa e, por força do costume, é redigida em terceira pessoa.

As características do trabalho final se assemelham bastante às do relato. Diferenciam-se somente na objeto: o relato *publica fatos reais*; a exposição *transmite conhecimentos*, conceitos teóricos. Ela é mais abstrata, ele é mais concreto.

Encontramos exemplos de exposição nas enciclopédias, nos dicionários, nos artigos científicos, nos livros didáticos, entre outros.

Texto XV

"Nome empresarial, já vimos, é o *elemento identificador do **empresário***, a forma como ele é conhecido no mercado. Sua proteção contra uso indevido é feita pela própria Junta Comercial, como consequência imediata do registro da empresa.

Título do estabelecimento é o *elemento identificador do **ponto comercial***, é o *nome fantasia* do estabelecimento. Nada obsta que contenha elementos idêncitos ao nome empresarial, mas são institutos distintos (...)."

(SUBI, Henrique. In *Super-Revisão – OAB* – negrito e itálico no original)

3.8. Instrução

Por último, classifica-se como instrução o texto que pretende *prescrever um padrão de conduta, determinar a forma de agir das pessoas*. Deve ser o mais claro e objetivo possível, para que efetivamente permita aos seus destinatários atuar conforme as regras.

Manifesta-se na forma de regras de jogo, leis e normas jurídicas, receitas culinárias, ordens de serviço etc..

Texto XVI

"Art. 1.300. O proprietário construirá de maneira que o seu prédio não despeje águas, diretamente, sobre o prédio vizinho.

Art. 1.301. É defeso abrir janelas, ou fazer eirado, terraço ou varanda, a menos de metro e meio do terreno vizinho."

(Código Civil)

Para finalizar, confira como o tema desse capítulo foi cobrado no concurso de agente de Polícia Federal de 2004, de responsabilidade do CESPE:

Texto XVII

"O valor da vida é de tal magnitude que, até mesmo nos momentos mais graves, quando tudo parece perdido dadas as condições mais excepcionais e precárias — como nos conflitos internacionais, na hora em que o direito da força se instala negando o próprio Direito, e quando tudo é paradoxal e inconcebível —, ainda assim a intuição humana tenta protegê-lo contra a insânia coletiva, criando regras que impeçam a prática de crueldades inúteis.

Quando a paz passa a ser apenas um instante entre dois tumultos, o homem tenta encontrar nos céus do amanhã uma aurora de salvação. A ciência, de forma desesperada, convoca os cientistas a se debruçarem sobre as mesas de seus laboratórios, na procura de meios salvadores da vida. Nas salas de conversação internacionais, mesmo entre intrigas e astúcias, os líderes do mundo inteiro tentam se reencontrar com a mais irrecusável de suas normas: o respeito pela vida humana.

Assim, no âmago de todos os valores, está o mais indeclinável de todos eles: a vida humana. Sem ela, não existe a pessoa humana, não existe a base de sua identidade. Mesmo diante da proletária tragédia de cada homem e de cada mulher, quase naufragados na luta desesperada pela sobrevivência do dia a dia, ninguém abre mão do seu direito de viver. Essa consciência é que faz a vida mais que um bem: um valor.

A partir dessa concepção, hoje, mais ainda, a vida passa a ser respeitada e protegida não só como um bem afetivo ou patrimonial, mas pelo valor ético de que ela se reveste. Não se constitui apenas de um meio de continuidade biológica, mas de uma qualidade e de uma dignidade que faz com que cada um realize seu destino de criatura humana".

Internet: <http://www.dhnet.org.br>. Acesso em ago./2004 (com adaptações).

Com base no texto acima, julgue os itens a seguir.

(1) O texto estrutura-se de forma argumentativa em torno de uma ideia fundamental e constante: a vida humana como um bem indeclinável.

(2) O primeiro parágrafo discorre acerca da valorização da existência e da necessidade de proteção da vida contra a insânia coletiva, por intermédio

de normas de convivência que impeçam a prática de crueldades inúteis, principalmente em épocas de graves conflitos internacionais, quando o direito da força contrapõe-se à força do Direito e quando a situação se apresenta paradoxal e inconcebível.

(3) No segundo parágrafo, estão presentes as ideias de que a paz é ilusória, não passando de um instante apenas de trégua entre dois tumultos, e de que, para mantê-la, os cientistas se desdobram à procura de fórmulas salvadoras da humanidade e os líderes mundiais se encontram para preservar o respeito recíproco.

(4) No penúltimo parágrafo, encontra-se uma redundância: a afirmação de que o soberano dos valores é a vida humana, sem a qual não existe a pessoa humana, sequer a sua identidade.

(5) O comprometimento ético para com a humanidade é defendido no último parágrafo do texto, que discorre acerca da vida não só como um meio de continuidade biológica, mas como a responsável pelo destino da criatura humana.

1: correta. A estrutura argumentativa, própria dos textos dissertativos, é aquela que pretende convencer o leitor através de argumentos, científicos ou emotivos, de que o autor tem razão. No caso, busca-se sacramentar que a vida humana, ainda que diante das arbitrariedades e crueldades dos conflitos, é um bem maior e deve ser sempre protegido; **2**: correta. A assertiva parafraseia, sem perda de conteúdo, o que consta do primeiro parágrafo; **3**: incorreta. Na verdade, o parágrafo expõe que, apesar da paz ser transitória durante os períodos de conflito, ainda assim o ser humano, espontaneamente ou contrariado, não deixa de buscar formas de salvar vidas ou evitar mais perdas humanas; **4**: correta. Ocorre redundância (ou pleonasmo) quando verificamos que a conclusão ou o objeto da frase é uma obviedade. Naturalmente, sem a vida humana, não se pode falar em pessoa humana; **5**: incorreta. Não se conclui no texto que a vida é a responsável pelo destino da criatura humana, mas sim que a ética que ela reveste o é.

Gabarito 1C, 2C, 3E, 4C, 5E

4. INSTRUMENTOS DE INTERPRETAÇÃO

4.1. Contexto

4.1.1. Conceito

Chamamos **contexto** o *conjunto de circunstâncias implícitas ou explícitas no texto que complementam as palavras com o intuito de desenvolver completamente as ideias nele expostas.*

Identificar o contexto é o primeiro passo da interpretação, constituindo dela importante instrumento. Mais ainda, é o próprio fundamento da leitura ativa.

A regra de ouro para a captação do contexto é indagar: “quem disse?”, “por que ele disse?”, “quando ele disse?”, “onde ele disse?”. Vamos trabalhar juntos o texto abaixo:

Texto I

“Mas quando o príncipe está à frente de seu exército, e com um grande número de soldados sob seu comando, é necessário que

> aceite a fama de crueldade, sem a qual não conseguirá manter as tropas unidades e dispostas para qualquer tarefa. Entre as ações notáveis de Aníbal, conta-se que, embora dispusesse de um exército vastíssimo e muito heterogêneo, e combatesse em terras estrangeiras, nunca houve qualquer dissensão entre seus soldados, ou entre estes e o príncipe, nos bons tempos ou na adversidade. Isto outra causa não tinha senão sua crueldade desumana que, juntamente com outras inumeráveis virtudes, fez com que fosse visto sempre com terror e veneração pelos comandados; sem tal crueldade, as outras virtudes não teriam bastado para alcançar tal efeito. Desavisadamente, alguns historiadores admiram, de um lado, suas ações, e de outro lhe reprovam a causa mais importante das mesmas".
>
> *(MAQUIAVEL, Nicolau. O príncipe)*

O texto aborda a conduta ideal que um príncipe ou governante deve ter no campo de batalha ao liderar seu exército. O que ele diz sobre isso? Que o príncipe deve ser cruel para ser respeitado na guerra, tanto pelo inimigo quanto por seus soldados. Essa opinião soa absurda nos dias de hoje, quando se prega a solução pacífica dos conflitos e são criados tribunais internacionais para o julgamento de crimes contra a humanidade.

Continue questionando: por que ele disse isso? Porque a obra "O Príncipe" foi escrita como um guia, um compilado de sugestões para o sucesso de um governante. Quando e onde ele disse? No século XVI, mais precisamente em 1513, época das grandes navegações e intensas disputas territoriais na Europa, tanto entre potências, quanto por colônias nos novos continentes. Apesar do avanço intelectual do Renascimento, a sociedade ainda se dividia de acordo com a capacidade financeira, as mulheres não tinham direitos, escravidão era comum e não se enxergava a sociedade com um sentimento coletivo.

Perceba que, ao responder as questões periféricas, enxergamos melhor a realidade na qual o autor estava inserido e as razões de sua opinião. Ao visualizar o **contexto** podemos refletir com precisão sobre as ideias elencadas na exposição e discuti-las com mais propriedade.

Todo texto está inserido em um contexto. É muito comum lermos ou ouvirmos, principalmente em anúncios publicitários, que determinado veículo de comunicação é "isento", "neutro", que se limita a "noticiar os fatos tal como eles aconteceram". Enfim, é comum a tentativa de transmitir implicitamente que a mensagem está livre de impressões pessoais de seu autor ou emissor.

A verdade é bem outra: *não existe texto neutro, despretensioso, alheio às experiências, certezas e opiniões de seu criador*. Mesmo quando desejamos apenas relatar o que sabemos (usando a **função denotativa** da linguagem), empenhando nossos maiores esforços para sermos imparciais, não podemos esquecer de que tudo que está em nossa memória ali ingressou através de nossos sentidos (visão, olfato, paladar, audição e tato), os quais são moldados de acordo com nossa experiência. Todos nós temos "filtros" em nossos olhos, ouvidos, nariz, implantados com o passar do tempo como resultado de nossa história, das nossas experiências vividas; e sempre pretendemos, ao exteriorizar isso, que o receptor da mensagem seja marcado positiva ou negativamente pelas nossas palavras.

Por isso, toda mensagem chega até nós, por qualquer caminho que seja, acompanhada de diversas circunstâncias que o bom intérprete consegue identificar para estabelecer com clareza o que o autor pretende obter com a publicação do texto.

A análise do contexto, muitas vezes, depende de conhecimentos prévios sobre História, Geografia ou Literatura. Em concursos públicos, por outro lado, é bastante comum a contextualização em relação a eventos recentes que tiveram destaque na imprensa nacional e internacional. Isso é bom, porque ao ler jornais, revistas e *sites* de notícias, além de estar se preparando para a prova de Atualidades, você igualmente estará se municiando de dados relevantes para as questões de Português, pois ficará consciente da conjuntura econômica e política atual para extrair corretamente as informações sobre o contexto.

Em outra linha, pontos importantes do contexto podem ser encontrados no momento da leitura. A **leitura ativa** deve considerar todos os elementos do texto: o título, eventuais notas de rodapé, a fonte de onde o texto foi retirado etc.. Por exemplo: textos encontrados em publicações científicas costumam ser objetivos e ter a função de informar sobre uma nova descoberta ou estudo (classificam-se como **exposições**); já textos advindos de jornais e revistas, principalmente dos editoriais, trazem elevada carga de opinião do autor, a sua análise pessoal de determinado acontecimento (classificam-se como **argumentações**).

Dizemos isso para mostrar que o caminho do estudo da interpretação de textos segue, agora, para a "desmontagem" do conceito de leitura ativa. Imagine que vamos colocá-la no microscópio e investigar de que ela é formada. Assim, conheceremos os diversos **instrumentos de interpretação** que nos ajudarão na construção do **contexto**.

Antes, passe ao exercício seguinte, elaborado pela Fundação CESGRANRIO, para praticar aquilo que aprendemos. Após as alternativas estão os gabaritos e breves comentários:

Texto II

NADA MUDOU

"Em outros declives semelhantes, vimos, com prazer, progressivos indícios de desbravamento, isto é, matas em fogo ou já destruídas, de cujas cinzas começavam a brotar o milho, a mandioca e o feijão".(...) "Pode-se prever que em breve haverá falta até de madeira necessária para construções se, por meio de uma sensata economia florestal, não se der fim à livre utilização e devastação das matas desta zona". "As ervas desse campo, para serem removidas e fertilizar o solo com carbono e extirpar a multidão de insetos nocivos, são queimadas anualmente pouco antes de começar a estação chuvosa. Assistimos, com

espanto, à surpreendente visão da torrente de fogo ondulando poderosamente sobre a planície sem fim." "(...) Há a atividade dos homens que esburacam o solo (...) para a extração de metais. (...)" "Infelizmente (...), ávidos da carne do tatu galinha, não ponderam sobre essas sábias disposições. Perseguem-no com tanta violência, como se a espécie tivesse de ser extinta". "No solo adubado com cinzas das matas queimadas dá boas colheitas (...) Contudo, isso se refere somente à colheita do primeiro ano; no segundo já é menor e, no terceiro, o solo em geral está parcialmente esgotado e em parte tão estragado por um capim compacto, que a plantação é desfeita ...". "Em parte, haviam sido queimadas grandes extensões das pradarias. Assisti hoje a este fenômeno diversas vezes e, por um quarto de hora, atravessamos campos incendiados, crepitando em altas chamas."

Lendo as citações acima, o leitor pode estar se perguntando de onde elas foram extraídas, até pela linguagem pouco usual, e a que lugares se referem. Poderá imaginar que são trechos de publicações técnicas sobre o meio ambiente, talvez algum relato de um membro de uma ONG ambientalista ou de um viajante de Portugal ou outra coisa qualquer do gênero. Pois bem, não é nada disso. Na verdade, as citações foram extraídas do livro "Viagem no Interior do Brasil" (1976, Editora Itatiaia), do naturalista austríaco Johann Emanuel Pohl. O detalhe que torna as citações mais interessantes para aquelas pessoas preocupadas com o meio ambiente é a época em que foi feita a viagem: entre 1818 e 1819. Isto mesmo, há quase 190 anos! Repito: cento e noventa anos atrás. Triste constatar que, de lá pra cá, não só pouca coisa mudou como retrocedemos em outras. O naturalista viajou pelos estados do Rio de Janeiro, Minas Gerais, Goiás e Tocantins e descreveu os caminhos por onde passou. (...) O imediatismo, a destruição pela cobiça, a nefanda prática das queimadas, a falta de planejamento e o hábito de esgotar os recursos para posteriormente mudar o local da destruição são facilmente percebidos ao longo do texto. Na verdade, dada a época em que o relato foi feito, isto não constitui grande surpresa. O mais impressionante é a analogia com os dias atuais. (...) Quase dois séculos se passaram. O discurso ambientalista ganhou força e as ONG são entidades de peso político extraordinário. Mas tudo indica que, na prática, nada mudou.

Rogério Grassetto Teixeira da Cunha, biólogo, é doutor em comportamento animal pela Universidade de Saint Andrews. JB – Ecológico, ano V, nº 71, dez/2007

Sobre o texto, é correto afirmar que o autor

(A) faz previsões quanto à situação do ecossistema.

(B) tira conclusões a partir de suas viagens pelo interior.

(C) preocupa-se com a deterioração do ecossistema brasileiro.

(D) critica a opinião dos observadores estrangeiros sobre o meio ambiente.

(E) atribui aos naturalistas a falta de planejamento para a conservação do meio ambiente.

O autor vale-se de citações de um livro para demonstrar que, mesmo séculos depois, a situação do meio ambiente no Brasil continua preocupante, pois a deterioração já era ruim no século XIX.

Gabarito "C"

Segundo o autor, nas citações iniciais do texto (três primeiros parágrafos), o leitor poderá identificar

(A) relatos críticos de viagens exploratórias.

(B) interesses escusos de organizações ambientalistas.

(C) propostas de ocupação do solo pelas comunidades agrícolas.

(D) preparação do solo para a produção de biocombustível.

(E) viagens exploratórias com vistas ao desenvolvimento sustentável.

Os três primeiros parágrafos refletem as opiniões do naturalista austríaco que viajou pelo interior do país em viagens exploratórias, analisando a situação do ecossistema.

Gabarito "A"

Na construção do texto, o autor

(A) procura um diálogo com o leitor.

(B) tece considerações a partir de um monólogo.

(C) desconsidera a interação com o leitor.

(D) responsabiliza o leitor pela situação instalada.

(E) apresenta solução ao leitor para os fatos constatados.

No texto, sobressai a função fática da linguagem, que busca manter o canal de comunicação aberto entre o autor e o leitor, buscando criar um diálogo entre eles.

Gabarito "A"

4.1.2. Intertextualidade

Ocorre **intertextualidade**, ou **intertexto**, quando *dois textos se entrelaçam, um mencionando o outro*. Dessa forma, para a perfeita interpretação de um, é preciso primeiro conhecer e extrair o sentido do outro.

Observe os exemplos abaixo:

Texto III

PT QUER ABAFAR MENSALÃO COM A CPI DO CACHOEIRA

"(...) A estratégia antes negada publicamente pela maioria dos petistas, – de usar a Comissão Parlamentar Mista de Inquérito (CPMI) de Carlinhos Cachoeira para desviar o foco e neutralizar o julgamento do mensalão no Supremo Tribunal Federal (STF) – foi admitida ontem pelo presidente nacional do PT, Rui Falcão. Em vídeo de quase dois minutos postado ontem à tarde no *site* oficial do partido, Falcão conclama centrais sindicais e partidos políticos que defendem o combate a corrupção, além de movimentos populares, a fazerem uma mobilização contra o que chamou de 'operação abafa' que visaria a impedir a realização da investigação da CPMI, que já envolve parlamentares de seis partidos, inclusive do PT.

No vídeo, pela primeira vez, Falcão cita a intenção de desmascarar, na CPMI, aqueles que, segundo o presidente do PT, são os autores do que ele chama de 'farsa do mensalão', PSDB e DEM. As declarações foram criticadas pela oposição e até por setores mais moderados do PT.

(...) No vídeo, ele ataca o governador de Goiás, Marconi Perillo (PSDB), mas não faz nenhuma menção ao envolvimento do governador petista do Distrito Federal, Agnelo Queiroz – que teve seu nome citado na Operação Monte Carlo, da Polícia Federal, como interessado num suposto encontro com Cachoeira, o que Agnelo nega."

(LIMA, Maria. O Globo. *Publicado em 12/04/2012)*

Texto IV

A CPI DE CACHOEIRA E A RETÓRICA DO "MENSALÃO"

"Era questão de tempo: tímidos, até então, com a escancarada relação mantida pelo contraventor Carlinhos Cachoeira com senador, deputados e um governador tucano, os jornais chegaram às bancas, nesta quinta-feira 12, com a arma apontada na direção oposta.

Estamparam em suas capas a suspeita de que o *lobby* de Cachoeira chegara ao governador petista Agnelo Queiróz (DF). Num exercício de retórica mais elástico que os tentáculos políticos de Cachoeira, conseguiram trazer ao centro do debate a palavra 'mensalão'.

Tudo isso às vésperas da instalação de uma CPI mista para investigar as relações suprapartidárias do contraventor pelo mundo político, tão ecléticas quanto suas áreas de influência – que iam do jogo do bicho à indústria farmacêutica, passando por serviços de coleta de lixo. (...)

A abertura da CPI passou a ser defendida abertamente pelo presidente do PT, Rui Falcão. Foi o suficiente para que *O Globo* visse na postura uma tentativa de desviar o foco do 'mensalão'."

(Revista Carta Capital. Publicado em 12/04/2012)

Note que o texto IV **menciona** o texto III no último parágrafo. Essa informação é fundamental para a interpretação, pois dela podemos extrair que o texto IV é uma **resposta** ao texto III, criando o cenário de **intertextualidade**. Isso é confirmado por outras circunstâncias do contexto: são dois veículos de comunicação tradicionalmente conhecidos por terem alinhamentos políticos opostos e ambos os textos foram publicados na mesma data.

Há, ainda, uma espécie de relação intertextual muito famosa chamada **paródia**. Nela, *o autor faz referência a outro texto com o intuito de reescrevê-lo, normalmente com pretensões humorísticas ou críticas*. Está implícito em qualquer paródia a intenção de gerar no leitor a necessidade de revisitar o texto original, de vê-lo com outros olhos diante da evolução da sociedade ou até mesmo para simplesmente desconstruir o ideal artístico alheio. Leia com atenção os poemas que seguem:

Texto V

"Minha terra tem palmeiras,
onde canta o Sabiá;
as aves que aqui gorjeiam,
não gorjeiam como lá.

Nosso céu tem mais estrelas,
nossas várzeas têm mais flores,
nossos bosques têm mais vida,
nossa vida mais amores.

Em cismar, sozinho, à noite,
mais prazer encontro eu lá;
minha terra tem palmeiras
onde canta o Sabiá.

Minha terra tem primores,
que tais não encontro eu cá;
em cismar – sozinho, à noite –
mais prazer encontro eu lá;
minha terra tem palmeiras
onde canta o Sabiá.

Não permita Deus que eu morra
sem que eu volte para lá;
sem que desfrute os primores
que não encontro por cá;
sem qu'inda aviste as palmeiras
onde canta o Sabiá."

(DIAS, Gonçalves. Canção do Exílio. 1843)

Texto VI

"Minha terra tem palmares
Onde gorjeia o mar
Os passarinhos daqui
Não cantam como os de lá

Minha terra tem mais rosas
E quase que mais amores
Minha terra tem mais ouro
Minha terra tem mais terra

Ouro terra amor e rosas
Eu quero tudo de lá
Não permita Deus que eu morra
Sem que volte para lá

Não permita Deus que eu morra
Sem que volte pra São Paulo
Sem que veja a Rua 15
E o progresso de São Paulo."

(ANDRADE, Oswald de. Canto de regresso à pátria. 1926)

A importância de estudarmos a paródia é destacar que a relação intertextual **não precisa** ser explícita. A correta interpretação da "Canção de regresso à pátria", de Oswald de Andrade, **pressupõe** o conhecimento da "Canção do exílio", de Gonçalves Dias, para se apontar que o poeta modernista buscou atualizar a visão do Brasil exposta pelo seu antecessor do Romantismo. Há crítica à escravidão antes reinante no país ("Minha terra tem palmares/Onde gorjeia o mar") e uma nova paisagem urbana que ocupa os espaços naturais cantados por Gonçalves Dias ("Não permita Deus que eu morra/ Sem que eu volte para São Paulo/ Sem que veja a Rua 15/ E o progresso de São Paulo").

A intertextualidade foi assim questionada em concurso público realizado pelo CESPE:

Texto VII

"O Brasil dá mais um passo em direção ao futuro. A normatização da rotulagem permitirá que o consumidor saiba o que está adquirindo e consumindo. O país ganha fôlego para continuar as pesquisas. A vitória é, portanto, da biotecnologia. Um país como o nosso, com uma das mais extensas áreas cultiváveis do mundo, poderá ser um dos grandes celeiros da humanidade."

Edmundo Klotz, presidente da Associação Brasileira das Indústrias da Alimentação (com adaptações). Jornal Correio Braziliense, 28/08/2001.

Texto VIII

"A Associação Brasileira das Indústrias da Alimentação, desprezando os direitos dos consumidores ao manifestar seu apoio ao decreto do governo federal, revela que, por trás do ato governamental, está o interesse das indústrias de alimentos e das empresas de biotecnologia em liberar os transgênicos, sem avaliação dos seus riscos para a saúde e o ambiente, e sem informação clara da sua origem transgênica."

Marilena Lazzarini, coordenadora executiva do Instituto de Defesa do Consumidor (IDEC). Jornal Correio Braziliense, 28/08/2001.

Com o auxílio dos textos acima, julgue os itens subsequentes.

(1) O tema remete a alimentos manipulados por engenharia genética, entendendo-se por transgênicos os organismos geneticamente modificados.

(2) Para o empresariado, a pesquisa aplicada na área biotecnológica é fundamental para que o país avance quanto a qualidade e quantidade na produção de alimentos.

(3) A questão que aparentemente mais divide as opiniões em relação à produção de alimentos transgênicos reside nos efeitos que eles poderiam acarretar à saúde da população e em seu impacto ambiental.

1: correta. "Transgênico" foi o adjetivo criado para referir-se aos organismos geneticamente modificados; 2: correta, pois a liberação dos OGMs possibilitará um crescimento na qualidade e na quantidade de produtos produzidos no país, diante de sua maior resistência a pragas e outras vantagens comparativas; 3: correta, porquanto tais efeitos ainda são parcialmente desconhecidos dos pesquisadores.

Gabarito 1C, 2C, 3C

4.2. Observação

Uma boa interpretação de texto tem um quê de processo científico. Imagine um biólogo que pretende estudar o comportamento de uma colônia de formigas. Qual seu primeiro passo? Observar os insetos e anotar suas primeiras impressões.

O mesmo se dá com a leitura ativa de um texto. O primeiro instrumento que devemos utilizar é a observação, até por uma questão natural: a visão é o primeiro sentido que toma contato com o objeto de estudo.

Antes de começar propriamente a ler, **observe** o texto e suas características. Assim, de antemão, você já pode identificar se ele está escrito em prosa ou verso; se está diante de um texto verbal escrito ou misto; procure a fonte do texto e veja de onde ele foi extraído. Há muito o que descobrir nesse primeiro contato, principalmente nos textos mistos, como no exemplo abaixo:

Texto IX

"O número de mulheres no mercado de trabalho mundial é o maior da História, tendo alcançado, em 2007, a marca de 1,2 bilhão, segundo relatório da Organização Internacional do Trabalho (OIT). Em dez anos, houve um incremento de 200 milhões na ocupação feminina. Ainda assim, as mulheres representaram um contingente distante do universo de 1,8 bilhão de homens empregados. Em 2007, 36,1% delas trabalhavam no campo, ante 46,3% em serviços. Entre os homens, a proporção é de 34% para 40,4%. O universo de desempregadas subiu de 70,2 milhões para 81,6 milhões, entre 1997 e 2007 — quando a taxa de desemprego feminino atingiu 6,4%, ante 5,7% da de desemprego masculino. Há, no mundo, pelo menos 70 mulheres economicamente ativas para 100 homens.

O relatório destaca que a proporção de assalariadas subiu de 41,8% para 46,4% nos últimos dez anos. Ao mesmo tempo, houve queda no emprego vulnerável (sem proteção social e direitos trabalhistas), de 56,1% para 51,7%. Apesar disso, o universo de mulheres nessas condições continua superando o dos homens."

O Globo, 7/3/2007, p. 31 (com adaptações).

Perceba que, em um primeiro momento, nossa **observação** encontra um gráfico, o qual, visivelmente, ilustra um cenário de crescimento do número de mulheres no mercado de trabalho. Em seguida, vemos um texto verbal que, pelas diversas referências a percentuais, veio para explicar os resultados inseridos no gráfico anterior. Verificamos, ao final, que se trata de uma notícia de jornal (um **relato**, portanto), porque extraído de um famoso periódico ("O Globo"). Isso tudo já sabemos antes de avançarmos sobre as palavras em si!

Naturalmente, é difícil que questões de concurso cobrem o uso puro e simples da observação. Na verdade, ela é o primeiro passo, ao qual se seguirão necessariamente outros que devem ser tomados para encontrarmos a resposta. Mesmo assim, é uma ferramenta imprescindível para nosso trabalho.

4.3. Análise

É a consequência lógica imediatamente posterior à observação. Depois de apreender com nossos sentidos as principais características do texto, começamos a lê-lo para dele *retirar as informações relevantes e, dentro do processo intelectual de interpretação, compreender o quanto foi dito*. Na etapa da **análise** é que utilizamos nossos conhecimentos prévios (significado das palavras, situação política e econômica nacional e internacional, conceitos científicos etc.) e alargamos a simples imagem do texto para o conjunto de informações que ele representa.

Vamos permanecer com o exemplo do texto IX acima. É muito comum que as questões de interpretação de textos em concursos públicos exijam a análise de gráficos e tabelas. Como vimos, essa operação mental consiste em *avaliar os dados esparsos e "remontá-los" de forma que permitam deles extrair uma conclusão.* No nosso texto, o gráfico se chama "número de mulheres no mercado de trabalho mundial (em milhões)", informação que faz nosso cérebro resgatar o problema histórico de discriminação na contratação de mão de obra feminina. Vemos, então, uma sequência de colunas crescentes que representam os anos de 1983 a 2007 e os patamares, respectivamente, atingem 810 e 1.200. O que isso significa? Que em 1983 havia 810.000.000 (oitocentos e dez milhões) de mulheres no mercado de trabalho mundial (não se esqueça da informação entre parênteses no título do gráfico!), o número foi progressivamente subindo e em 2007 esse total atingiu 1.200.000.000 (um bilhão e duzentos milhões), um aumento de quase 50%. À primeira vista, parece um bom resultado.

Mas a interpretação não pode prescindir de nenhuma informação e resta ainda analisar a parte verbal do texto. Após a leitura, percebemos que o autor não ficou satisfeito com os números apresentados pela OIT, afirmando que há uma grande distância entre homens e mulheres no ambiente de trabalho. Sua visão é pessimista, pois ele procura realçar os problemas que ainda existem em detrimento dos bons resultados obtidos até o momento.

Tente responder à questão abaixo, elaborada pelo Núcleo de Computação Eletrônica (NCE) da Universidade Federal do Rio de Janeiro (UFRJ), através das técnicas apresentadas:

Texto X

DIAGNÓSTICO

"Em oito anos, o número de turistas no Rio de Janeiro dobrou, enquanto os assaltos a turistas foram multiplicados por três, alcançando hoje a média de dez casos por dia. Considerando a importância que o turismo tem para a cidade – que anualmente recebe 5,7 milhões de visitantes de outros estados e do estrangeiro, destes, aliás, quase 40% dos que chegam ao Brasil têm como destino o Rio – é alarmante esse grau crescente de insegurança.

Por maior que tenha sido a indignação manifestada pelo governo federal, são números que reforçam o alerta do Departamento de Estado americano a agências de turismo dos Estados Unidos, divulgado no início do mês, a respeito do perigo que apresentam o Rio e outras grandes cidades brasileiras.

Não é exagero classificar de urgente a tarefa de fazer o turista se sentir mais seguro no Rio, considerando que os visitantes movimentam 13% da economia da cidade e que dentro de três anos teremos aqui o Pan. Parte da solução é simples: reforçar o policiamento ostensivo. A Secretaria de Segurança do Estado informa que há quase duas centenas de policiais patrulhando a orla, do Leblon ao Leme, mas não é o que se vê – nem é o que percebem os assaltantes.

Muitos destes aliás, são menores de idade com que o poder público simplesmente não sabe lidar, por falta de ação integrada entre autoridades estaduais e municipais, empenhadas num jogo de empurra sobre a responsabilidade por tirá-los das ruas. O que lhes confere uma percepção de impunidade que só faz piorar a situação.

Impunidade é também a sensação que resulta do deficiente trabalho de investigação policial: se não se consegue impedir o crime, sua gravação pelas câmeras da orla de pouco serve, pois não há um esquema eficaz de inteligência nem estrutura técnica adequada para seguir pistas.

É fácil atribuir todos os problemas à falta de verbas. Mas é mais justo falar em dinheiro mal aplicado. As próprias autoridades anunciam fartos investimentos em aparato tecnológico contra o crime; o retorno que deveria produzir a aplicação eficiente desse dinheiro seria o que não está acontecendo: a redução a níveis mínimos dos assaltos a turistas."

(*O Globo*, 15/10/2004)

1. O título *Diagnóstico* se justifica porque o texto:

(A) trata da insegurança como uma doença social;

(B) mostra as causas históricas da insegurança na cidade do Rio;

(C) indica o conhecimento das causas de determinado fenômeno;

(D) aponta os remédios para uma doença observada;

(E) faz uma análise científica de um problema atual.

"Diagnóstico" significa identificação da natureza de um problema pela interpretação de seus indícios ou sinais. O seu uso no título baseia-se na pretensão do autor de apresentar as causas do problema da violência contra turistas. Correta, portanto, alternativa C.

Gabarito "C"

2. "Em oito anos, o número de turistas no Rio de Janeiro dobrou, enquanto os assaltos a turistas foram multiplicados por três"; essa relação mostra que:

(A) a insegurança aumenta quando se reduz o número de turistas;

(B) o nº de turistas cresce, apesar dos assaltos;

(C) a redução do nº de turistas faz crescer a segurança;

(D) quanto mais aumentam os turistas, menos assaltos ocorrem;

(E) os turistas aumentam na mesma proporção que os assaltos.

A: incorreta. A insegurança aumenta conforme aumenta o número de turistas; B: correta. Mesmo com a curva crescente de assaltos, os turistas continuam vindo em maior número; C: incorreta. O número de turistas aumentou, o que fez aumentar o número de assaltos e os riscos à segurança; D: incorreta. A relação é inversa: quanto mais turistas, mais assaltos; E: incorreta. Os assaltos crescem mais rápido do que o aumento no número de turistas.

Gabarito "B"

3. Entre os argumentos apresentados a favor do trabalho das autoridades competentes para a segurança policial do Rio de Janeiro, só NÃO está:

(A) instalação de câmeras na orla;

(B) falta de verbas;

(C) investimentos em aparato tecnológico;

(D) presença de policiais nas praias;

(E) policiamento ostensivo.

A: correta (penúltimo parágrafo); **B**: incorreta, devendo ser assinalada. O autor conclui dizendo que este argumento não é válido, por se basear apenas no comodismo das autoridades; **C**: correta (último parágrafo); **D**: correta (terceiro parágrafo); **E**: correta (terceiro parágrafo).

Gabarito "B"

4. "Por maior que tenha sido a indignação manifestada pelo governo federal..."; tal indignação, referida no primeiro parágrafo do texto, se dirige contra:

(A) a Secretaria de Segurança do Estado do Rio de Janeiro;

(B) o Departamento de Estado americano;

(C) o grande número de assaltos a turistas no Rio;

(D) o despreparo da polícia carioca;

(E) a redução do número de turistas que se dirigem ao Rio.

A indignação dirigiu-se contra o Departamento de Estado americano, que aumentou o alerta emitido para as agências de turismo daquele país para que informassem os clientes sobre os riscos de se viajar ao Brasil.

Gabarito "B"

4.4. Comparação

Segundo o dicionário Michaelis, comparar significa "examinar simultaneamente duas ou mais coisas, para lhes determinar semelhança, diferença ou relação; confrontar; cotejar".

A definição é precisa. Ao compararmos dois textos, estamos em busca de **elementos de relação** entre ambos, ou seja, pontos de contato que permitam traçar um paralelo entre as conclusões apresentadas. Para tanto, devemos *levantar hipóteses sobre onde estariam esses elementos de relação*: seria o tipo de texto? As conclusões apresentadas? A época em que foram produzidos?

Um olhar mais atento revela que, no fundo, *a comparação é uma ferramenta da análise*. Uma das formas de se obter um resultado de interpretação, de se extrair informações dos textos apresentados, é compará-los a fim de se determinar o contexto em que estão inseridos. Já esbarramos nesse raciocínio ao falar da intertextualidade, você se lembra?

Em questões de concursos públicos, a comparação é um instrumento fundamental para *encontrar a resposta correta*. Afinal, dizemos que a afirmativa está certa quando *a comparamos com o texto e as conclusões são semelhantes;* e dizemos que está errada *quando sua afirmação não se coaduna com o texto*.

Siga o raciocínio para responder a questão abaixo:

Texto XI

"O primeiro retrato completo do período de crescimento mais longo da história do capitalismo foi divulgado no início de agosto pelo escritório do Censo americano. O estudo tem como base uma pesquisa, concluída no ano passado, na qual foram entrevistados moradores de 700 mil residências americanas.

Os números ajudam a responder com segurança a uma questão que sempre intrigou os estudiosos: quando a maré da economia capitalista sobe, ela eleva o padrão de vida de todos ou apenas dos ricos? O levantamento do Censo americano mostra que os ricos aumentaram em número e em fatia da renda nacional, mas os pobres e a classe média igualmente avançaram muito. Ou seja, tanto os barquinhos quanto os transatlânticos melhoraram seu padrão em relação ao início dos anos 90.

Em 1990, 75% da população americana adulta, ou seja, com pelo menos 25 anos de idade, tinha diploma do 2º grau (ensino médio) e apenas 1 em cada 5 havia completado um curso universitário. Em 2000, o índice de adultos com ensino médio completo saltou para 82%, e a proporção dos bacharéis passou a ser de 1 para 4."

Veja, 15/8/2001, p. 66 (com adaptações).

Julgue a assertiva abaixo.

(1) O gráfico abaixo representa corretamente todas as informações dadas no último parágrafo do texto, relativas à população adulta americana que possuía diploma universitário em 1990 e em 2000.

Adultos com diploma universitário

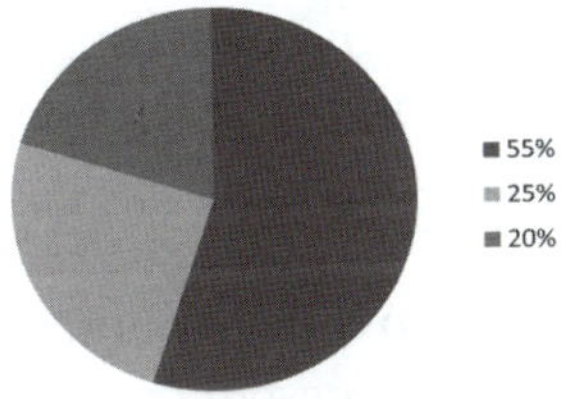

1: incorreta. O gráfico não expõe os mesmos dados do texto, principalmente porque está dividido em três partes, ao passo que o texto apenas indica o número de pessoas que concluíram o nível superior em 1990 e em 2000 (dois grupos). Além disso, a falta de legenda não permite extrair do gráfico uma conclusão válida sobre os grupos que ele representa.

Gabarito 1E

4.5. Indução e dedução

São outras operações mentais que tomamos emprestadas do raciocínio científico, uma vez que são muito usadas para extrair o sentido de um texto.

Indução é o *processo lógico que permite, com base na observação de situação particular, chegar a uma conclusão de cunho geral*. Ficará mais claro após a leitura ativa do texto abaixo:

Texto XII

"Devido às características que os distinguem radicalmente dos pequenos e médios países da periferia, os grandes Estados periféricos enfrentam graves dilemas para a definição e a execução de seus objetivos estratégicos nesse quadro de profundas transformações econômicas e políticas do cenário mundial.

Assim como o objetivo estratégico das estruturas hegemônicas de poder é a sua própria preservação e expansão (devido aos benefícios que os países, situados em seu centro, delas derivam), os objetivos estratégicos finais dos grandes Estados periféricos seriam participar dessas estruturas hegemônicas – de forma soberana e não subordinada – ou promover a redução de seu grau de vulnerabilidade diante da ação dessas estruturas.

Tal perspectiva se contrapõe à visão que advoga, de forma implícita ou explícita, que os grandes Estados periféricos estão fadados a permanecer na periferia por sua própria incapacidade ou por não terem poder suficiente para vir a participar das estruturas hegemônicas de poder ou até mesmo para reduzir sua vulnerabilidade diante delas.

Os objetivos dos grandes Estados periféricos são: a redução de suas disparidades internas, a construção de sistemas democráticos reais, a luta pela multiculturalidade e, finalmente, a redução de sua vulnerabilidade externa.

A apresentação sumária desses objetivos estratégicos tem um viés brasileiro de interpretação; porém acredita-se que, em grande medida e devido a seu grau de generalidade, se apliquem eles, com as distinções cabíveis, aos demais grandes Estados periféricos."

(GUIMARÃES, Samuel Pinheiro. Quinhentos anos de periferia)

É interessante observar como o autor conduziu seu raciocínio e a forma que estruturou o texto. Inicialmente, ele apresenta suas razões (trata-se de um texto **argumentativo**) para, em seguida, afirmar sua conclusão sobre quais são os objetivos estratégicos de um "grande Estado periférico". Apenas ao final ele confessa que sua análise leva em consideração unicamente o exemplo brasileiro, mas, por questões de ordem política, econômica e social, estabelece sua aplicabilidade aos demais países classificados como "grandes Estados periféricos".

A operação intelectual, portanto, ocorreu por **indução**: partindo-se de dados colhidos em relação exclusivamente ao Brasil (*situação particular*), a conclusão expande-se para os demais países em posição semelhante (*situação geral*).

A **dedução**, ou **inferência**, por sua vez, segue o caminho inverso: *partindo-se de dados ou conceitos genéricos, chegamos a uma conclusão em relação a uma situação particular.* A dedução é exemplificada tradicionalmente pelo clássico silogismo: "Todo homem é mortal. Sócrates é homem. Logo, Sócrates é mortal".

Dito de outra forma, se eu tenho evidências (por observação ou por imposição de uma norma ou postulado) de que a informação se aplica a um número suficientemente grande de situações análogas, posso **deduzir** que a regra obtida se aplicará ao caso que estou analisando. Outro exemplo é o raciocínio jurídico: "A lei diz que aquele que matar alguém será punido com reclusão de seis a vinte anos. João matou José. Logo, João receberá uma pena que variará entre seis e vinte anos".

Podemos também utilizar a dedução para extrair conceitos que desconhecemos. Volte ao texto XII acima e responda: quais seriam os "grandes Estados periféricos" mencionados pelo autor?

Bem, se eu observo que o texto foi extraído de um livro chamado "Quinhentos anos de periferia", o contexto é a evolução histórica do Brasil, o que foi confirmado pelo autor no último parágrafo. O trecho fala da relação entre "estruturas hegemônicas de poder" – o antigamente chamado "Primeiro Mundo" – e "estados periféricos" – o "Terceiro Mundo" – que são divididos em pequenos, médios e grandes (primeiro parágrafo). Ao traçar objetivos concretos para esses grandes países e neles incluir o Brasil, posso deduzir que também se encaixam nesse grupo outros Estados de grande extensão territorial e com economia emergente. Atualmente, esse bloco é conhecido como BRICs – Brasil, Rússia, Índia, China e África do Sul.

Para resolver a questão abaixo, use os instrumentos de interpretação que aprendemos:

Texto XIII

"O poema nasce do espanto, e o espanto decorre do incompreensível. Vou contar uma história: um dia, estava vendo televisão e o telefone tocou. Mal me ergui para atendê-lo, o fêmur de uma das minhas pernas roçou o osso da bacia. Algo do tipo já acontecera antes? Com certeza. Entretanto, naquela ocasião, o atrito dos ossos me espantou. Uma ocorrência explicável, de súbito, ganhou contornos inexplicáveis. Quer dizer que sou osso? — refleti, surpreso. Eu sou osso? Osso pergunta? A parte que em mim pergunta é igualmente osso? Na tentativa de elucidar os questionamentos despertados pelo espanto, eclode um poema. Entende agora por que demoro 10, 12 anos para lançar um novo livro de poesia? Porque preciso do espanto. Não determino o instante de escrever: hoje vou sentar e redigir um poema. A poesia está além de minha vontade. Por isso, quando me indagam se sou Ferreira Gullar, respondo: às vezes."

Ferreira Gullar. *Bravo*, mar./2009 (com adaptações).

Assinale a opção correta a respeito do texto.

(A) Pelo desenvolvimento do texto, depreende-se que, segundo Ferreira Gullar, o poema tem origem no desconhecido.

(B) Infere-se do texto que um atrito de ossos como o descrito nas linhas de 3 a 7 já havia causado espanto a Ferreira Gullar antes.

(C) Infere-se do texto que, para Ferreira Gullar, aquilo que, usualmente, é denominado espiritual se reduz ao plano material.

(D) Segundo o texto, Ferreira Gullar só experimenta o espanto poético a cada 10 ou 12 anos.

(E) Está explícito no texto que Ferreira Gullar é um nome fictício.

A: correta. É exatamente a mensagem passada por Ferreira Gullar ao relatar sua experiência poética; B: incorreta. Ao contrário, o próprio autor comenta que tal situação é corriqueira, mas naquele momento especial causou-lhe espanto; C: incorreta. Ferreira Gullar não explica a experiência poética através dos planos espiritual e material, mas entre o corriqueiro e o espantoso, entre o explicável e o incompreensível; D: incorreta. A menção ao intervalo de tempo é feita para justificar a demora de se ter tantos "espantos poéticos" para compor um livro de poesias; E: incorreta. O texto não autoriza essa interpretação. Dizer que é Ferreira Gullar somente às vezes significa que expressa seu lado poético apenas quando o lirismo exsurge, independentemente de sua vontade.

Gabarito "A"

4.6. Explicação, demonstração ou justificação

Por fim, muitas questões de concursos pedem que o candidato assinale a alternativa que melhor **explique** determinada passagem do texto ou o sentido buscado pelo autor. A **explicação** constitui um *esclarecimento, uma outra forma de dizer a mesma coisa*. A explicação deve ter por escopo tornar mais simples e visível aquilo que antes estava implícito no texto.

Demonstração e **justificação** são termos sinônimos de **explicação**, podendo ser usados um pelo outro sem qualquer alteração de sentido.

A questão abaixo exigirá de você, além da **explicação**, a interpretação através da **dedução**, vista no tópico anterior:

Texto XIV

"A maioria dos comentários sobre crimes ou se limitam a pedir de volta o autoritarismo ou a culpar a violência do cinema e da televisão, por excitar a imaginação criminosa dos jovens. Poucos pensam que vivemos em uma sociedade que estimula, de forma sistemática, a passividade, o rancor, a impotência, a inveja e o sentimento de nulidade nas pessoas. Não podemos interferir na política, porque nos ensinaram a perder o gosto pelo bem comum; não podemos tentar mudar nossas relações afetivas, porque isso é assunto de cientistas; não podemos, enfim, imaginar modos de viver mais dignos, mais cooperativos e solidários, porque isso é coisa de "obscurantista, idealista, perdedor ou ideólogo fanático", e o mundo é dos fazedores de dinheiro.

Somos uma espécie que possui o poder da imaginação, da criatividade, da afirmação e da agressividade. Se isso não pode aparecer, surge, no lugar, a reação cega ao que nos impede de criar, de colocar no mundo algo de nossa marca, de nosso desejo, de nossa vontade de poder. Quem sabe e pode usar — com firmeza, agressividade, criatividade e afirmatividade — a sua capacidade de doar e transformar a vida, raramente precisa matar inocentes, de maneira bruta. Existem mil outras maneiras de nos sentirmos potentes, de nos sentirmos capazes de imprimir um curso à vida que não seja pela força das armas, da violência física ou da evasão pelas drogas, legais ou ilegais, pouco importa."

Jurandir Freire Costa. *In: Quatro autores em busca do Brasil*. Rio de Janeiro: Rocco, 2000, p. 43 (com adaptações).

Julgue os seguintes itens.

(1) Muitos acreditam que a censura aos meios de comunicação seria uma forma de reduzir a violência entre jovens.

(2) A argumentação do texto põe em confronto atitudes possíveis: uma que se caracteriza por passividade e impotência, outra, por resistência criativa.

(3) O trecho "Não podemos (...) dinheiro" (l. 7-15) apresenta exemplificações que funcionam como argumentos para a afirmação do período que o antecede.

(4) Infere-se do texto que o autor culpa a violência do cinema e da televisão pela disseminação da violência nos dias atuais.

(5) De acordo com as ideias defendidas no texto, as formas positivas de dar sentido à vida e experimentar a sensação de poder vinculam-se à maneira como se usa a capacidade de doação e de transformação.

1: correta. É o que se pode deduzir, em interpretação a *contrario sensu*, dos fatos expostos no primeiro parágrafo; 2: correta. A passividade é exposta nos primeiros parágrafos, resumindo o ideal da maioria de que não podemos interferir nos grandes temas sociais. A "resistência criativa" é descrita a partir da linha 20, ao dizer que podemos usar nossas características humanas como armas para nos sentirmos potentes, sem precisar da violência gratuita; 3: correta. Os exemplos esclarecem o argumento do autor sobre a razão da passividade da maioria das pessoas; 4: incorreta. Ao contrário, os argumentos expostos evidenciam que, para o autor, culpar o cinema e a televisão é evitar olhar sobre o real problema: a passividade das pessoas; 5: correta. Para o autor, apenas através do uso daquilo que nos faz humanos é que podemos lutar, positivamente, contra a passividade e dar sentido à vida.

5. FIGURAS DE LINGUAGEM

5.1. Conceito

Figuras de linguagem são *instrumentos de estilo utilizados pelos escritores para realçar a sonoridade, a expressividade ou a beleza do texto*. Seu uso competente permite que a mensagem transmitida atinja com maior precisão o público-alvo, pois se vale de pequenas fugas das regras previstas pela Gramática.

Dentre outras variações, as figuras de linguagem podem ser usadas para alterar o sentido das palavras utilizadas. Por essa razão, conhecê-las é de suma importância para a correta interpretação do texto, a fim de que se possa perceber o uso das figuras e extrair a verdadeira mensagem que o autor desejou transmitir.

O que absolutamente não se permite é confundir as **figuras de linguagem** com os **vícios da linguagem**: aquelas são *elementos de estilística de um texto*, ou seja, expressam o estilo de escrita do autor e, mesmo que importem desrespeito a alguma regra gramatical, são aceitas pela norma culta da língua porque possuem uma finalidade no texto; já esses são *erros, abusos ou desvios* no uso da linguagem que ocorrem por ignorância dos padrões linguísticos e, como tais, não são aceitos pela norma culta, dada sua total falta de função na exposição.

Nossa maior preocupação com os vícios de linguagem relaciona-se com a prova de redação. Falaremos deles, por conseguinte, na Parte III. Por ora, vamos focar o estudo nas figuras de linguagem.

5.2. Espécies

5.2.1. Metáfora

Pode ser definida como *uma comparação **implícita** entre dois elementos da oração*. A metáfora trabalha com o sentido conotativo das palavras, isto é, a atribuição de um significado ao vocábulo diferente do que lhe é comum (popularmente conhecido como sentido figurado, o conceito opõe-se ao sentido denotativo, que é a palavra usada tal como *definida no dicionário* – lembra-se da função denotativa, que estudamos no item 3.2?).

Encontre a metáfora no texto abaixo:

Texto I

"Vinda do mar, uma enorme mariposa de cor cinza entrou direto sala adentro e partiu para cima do gato. (...)

Olhei a bruxa pousada a meu lado. Nunca tinha visto uma tão grande. Meus cabelos eriçaram-se ao longo da nuca. Devia estar cansada de sua longa viagem desde terra. Não, eu não teria medo dela."

(*MORAES, Vinicius de. Mistério a bordo.* In: *Para viver um grande amor – crônicas e poemas)*

A comparação subentendida, implícita, está na primeira oração do segundo parágrafo. O texto conta a chegada da mariposa que pousa ao lado do narrador, *feia como uma* bruxa. Ao suprimir o adjetivo *feia* e o conectivo *como*, forma-se a metáfora.

5.2.2. Comparação ou símile

Mais fácil de ser notada, a comparação é a *contraposição explícita de dois termos, indicando-lhe semelhanças ou diferenças*. Difere da metáfora justamente porque ela (a metáfora) é *implícita*, *subentendida*, ao passo que a comparação é *explícita*, ou seja, encontramos o elemento de referência e o conectivo.

Texto II

"Pude rezar no mesmo instante;

e a ave, a se soltar

de mim, tombou tal como chumbo
e mergulhou no mar."

(COLERIDGE, Samuel Taylor. A balada do velho marinheiro)

5.2.3. *Metonímia*

A **metonímia** é uma das figuras de linguagem mais comuns, por conta de suas diversas formas de se apresentar. Em sentido amplo, é definida como *a substituição de uma palavra por outra com a qual mantenha algum tipo de conexão*, de forma que, mesmo em sentido conotativo, pode-se deduzir o real sentido expresso pela palavra.

Cuidado para não confundir metonímia e metáfora! Ambas trabalham os vocábulos em sentido conotativo, porém com intenções diferentes: na metáfora, busca-se uma comparação implícita; na metonímia, não há comparação, apenas o uso de uma palavra relacionada àquela que expressaria o verdadeiro sentido. Veja só:

Texto III

"Pedro Boleeiro chegou na porta do mestre José Amaro com um recado do coronel Lula. Era para o mestre aparecer no engenho para conserto dos arreios do carro."

(REGO, José Lins do. Fogo morto)

Quando se constrói a frase "chegou na porta do mestre" (deixando de lado o pequeno deslize de regência – o correto seria "à porta"), a palavra *porta* está substituindo a palavra *casa*, com a qual se relaciona (a porta é uma parte da casa). Temos, então, metonímia.

Essa figura de linguagem pode ocorrer sob diversas roupagens:

a) **a parte pelo todo**: como no exemplo acima;
b) **o continente pelo conteúdo**: "tomei um copo d'água" (você não toma o copo – o continente, aquilo que contém – mas a água – o conteúdo, aquilo que está contido);
c) **o autor pela obra**: "a galeria de arte vendeu um Van Gogh ontem" (vendeu o quadro pintado por Van Gogh);
d) **a matéria pelo objeto**: "cuidado com os cristais!" (os copos de cristal);
e) **o abstrato pelo concreto**: "a juventude é irresponsável" (os jovens, concretos, são irresponsáveis, não a juventude, conceito abstrato);
f) **o singular pelo plural**: "a mulher, na sociedade de hoje, assume papel relevante" (as mulheres, todas elas, e não apenas uma).

5.2.4. *Antítese*

Define-se como *o efeito estilístico proporcionado pelo uso próximo de antônimos no texto*. Transmite-se uma ideia de embate entre situações extremas em um processo dialético. Observe suas ocorrências (que nós sublinhamos) no excerto abaixo:

Texto IV

"Decerto a gente daqui
jamais envelhece aos trinta
nem sabe da morte em vida,
vida em morte, severina;
e aquele cemitério ali,
branco na verde colina,
decerto pouco funciona
e poucas covas aninha."

(MELO NETO, João Cabral de. Morte e vida severina)

5.2.5. *Paradoxo ou oxímoro*

Configura **paradoxo** a criação de *imagens absurdas, impossíveis, por meio de palavras antagônicas*, como no texto seguinte:

Texto V

"Positivamente, era um diabrete Virgília, um diabrete angélico, se o querem, mas era-o, então..."

(ASSIS, Machado de. Memórias Póstumas de Brás Cubas)

É realmente bastante difícil de supor a existência de um diabrete (palavra antiga para designar o diminutivo de "diabo") de feições angelicais...

Mais uma vez, há de se ter cuidado para não confundir as figuras. Ao trabalhar com antônimos, **paradoxo** e **antítese** se assemelham, contudo o primeiro *cria uma imagem absurda* e a segunda cria apenas *uma contraposição de ideias.*

5.2.6. *Gradação*

Chamamos **gradação** a *estruturação do parágrafo de forma que as ideias nele apresentadas formem uma progressão, positiva ou negativa.* Podemos, assim, visualizar duas espécies de gradação:

a) **Gradação positiva, ascendente ou clímax**: quando há um *aumento de intensidade* nos elementos linguísticos usados. Exemplo:

Texto VI

"'Onde me levas, pois?...' – 'Longe te levo
ao país do ideal, terra das flores,
onde a brisa do céu tem mais amores
e a fantasia – lagos mais azuis...'
E fui... e fui... ergui-me no infinito,
lá onde o voo d'água não se eleva...

Abaixo – via a terra – abismo em treva!
Acima – o firmamento – abismo em luz!"

(ALVES, Castro. O voo do gênio. In: Espumas flutuantes)

b) **Gradação negativa, descendente ou anticlímax**: quando o caminho percorrido pelo texto demonstra uma *diminuição na intensidade* dos elementos, conforme as expressões sublinhadas no exemplo que segue:

Texto VII

"Mãe, monogamia, romantismo. A fonte jorra bem alto; o jato é impetuoso e branco de espuma. O impulso não tem mais que uma saída. Não é de admirar que esses pobres pré-modernos fossem loucos, perversos e desgraçados. Seu mundo não lhes permitia aceitar as coisas naturalmente, não os deixava ser sãos de espírito, virtuosos, felizes. Com suas mães e seus amantes; com suas proibições, para as quais não estavam condicionados; com suas tentações e seus remorsos solitários; com todas as suas doenças e intermináveis dores que os isolavam; com suas incertezas e sua pobreza – eram forçados a sentir as coisas intensamente."

(HUXLEY, Aldous. Admirável mundo novo)

5.2.7. *Hipérbole*

Figura de linguagem que expressa *um exagero desmedido para valorizar o sentimento da pessoa que fala.*

Texto VIII

"Ó Prometeu! Como deploramos o teu infeliz destino! De nossos olhos comovidos correm rios de lágrimas; nossas faces estão umedecidas pelo pranto. De que terrível poder dispõe Júpiter!"

(ÉSQUILO. Prometeu acorrentado)

5.2.8. *Anástrofe*

Vamos trabalhar agora com as figuras de linguagem que importam *inversão de elementos da oração*. A primeira é a **anástrofe**, caracterizada pela *simples inversão de palavras.*

Texto IX

"Enquanto quis Fortuna que tivesse
esperança de algum contentamento,
o gosto de um suave pensamento
me fez que seus efeitos escrevesse.

Porém, temendo Amor que aviso desse
minha escritura a algum juízo isento,
escureceu-me o engenho co tormento,
para que seus enganos não dissesse.

Ó vós, que Amor obriga a ser sujeitos
a diversas vontades! Quando lerdes
num breve livro casos tão diversos,
verdades puras são, e não defeitos...
E sabei que, segundo o amor tiverdes,
tereis o entendimento de meus versos."

(CAMÕES, Luiz Vaz de. Sonetos)

5.2.9. Quiasmo

Também trabalha com a inversão das palavras, como a **anástrofe**, mas inclui a *repetição dos termos, mantendo ou não seu sentido, para representar uma situação constante e cíclica.*

Texto X

"No meio do caminho tinha uma pedra
tinha uma pedra no meio do caminho
tinha uma pedra
no meio do caminho tinha uma pedra.

Nunca me esquecerei desse acontecimento
na vida de minhas retinas tão fatigadas.
Nunca me esquecerei que no meio do caminho
tinha uma pedra
tinha uma pedra no meio do caminho
no meio do caminho tinha uma pedra."

(ANDRADE, Carlos Drummond de. No meio do caminho)

5.2.10. Hipérbato

Ocorre **hipérbato** quando o autor *inverte a ordem de elementos completos da oração*. Enquanto a **anástrofe** apenas inverte *palavras*, o **hipérbato** muda de lugar *membros sintáticos inteiros*.

Texto XI

"Passada esta tão próspera vitória,
Tornado Afonso à Lusitana Terra,

A se lograr paz com tanta glória
Quanta soube ganhar na dura guerra,
O caso triste e dino da memória,
Que do sepulcro os homens desenterra,
Aconteceu da mísera e mesquinha
Que depois de ser morta foi Rainha".

(CAMÕES, Luiz Vaz de. Os Lusíadas, Canto III)

Podemos encontrar diversas anástrofes no texto acima, traço peculiar da obra de Camões. Sem prejuízo, indicamos o **hipérbato** que ocorre nos quatro primeiros versos. Mais do que a mera inversão das palavras, o poeta altera a ordem dos elementos da oração (sujeito, verbo, objetos direto e indireto), que normalmente seria escrita: "[Tendo] Afonso tornado à Terra Lusitana/ passada esta vitória tão próspera/ a se lograr paz com tanta glória/ quanta soube ganhar na guerra dura."

5.2.11. Sínquise

É o *hipérbato exagerado, a inversão violenta de elementos distantes de uma oração ou período longo.* Como constitui um grande risco à coerência e à clareza do texto, seu uso indiscriminado pode se tornar um problema de redação, razão pela qual deve ser usado apenas com fundamentos de estilo.

Texto XII

"Ouviram do Ipiranga as margens plácidas
De um povo heroico o brado retumbante,
E o sol da liberdade em raios fúlgidos
Brilhou no céu da pátria nesse instante."

(ESTRADA, Joaquim Osório Duque. Hino Nacional brasileiro)

Os quatro primeiros versos do Hino Nacional são um grande exemplo da confusão que a **sínquise** pode criar, gerando até dificuldades de leitura (notadamente, seu uso se justifica pela natureza e influências poéticas da letra, de cunho parnasiano). Escritos na ordem usual, temos: "As margens plácidas do Ipiranga ouviram o brado retumbante de um povo heroico e o sol da liberdade brilhou no céu da pátria em raios fúlgidos nesse instante".

5.2.12. Eufemismo

Ao invés de usar um termo ou expressão triste, desanimador ou desagradável em alguma medida, valemo-nos do **eufemismo** para, *substituindo essa expressão, usar outras mais leves visando a suavizar a tensão envolvida.* Repare o eufemismo com o qual Manuel Bandeira se refere à morte no poema abaixo:

Texto XIII

"Quando a Indesejada das gentes chegar
(não sei se dura ou caroável),
talvez eu tenha medo.
Talvez sorria, ou diga:
– Alô, iniludível!
O meu dia foi bom, pode a noite descer.
(A noite com seus sortilégios).
Encontrará lavrado o campo, a casa limpa,
a mesa posta,
com cada coisa em seu lugar.

(BANDEIRA, Manuel. Consoada)

5.2.13. Apóstrofe

Primeiramente, vamos deixar claro: **apóstrofe** é figura de linguagem! O sinal gráfico que indica, entre outros usos, que uma letra foi suprimida (como em "caixa d'água") chama-se **apóstrofo**.

Isso posto, temos **apóstrofe** quando *o narrador ou personagem do texto invoca uma pessoa, entidade ou objeto personificado, para pedir-lhe inspiração ou rogar-lhe algo.*

Texto XIV

"Fora-se o dia; e o ar, se enevoando,
aos animais, que vivem sobre a terra,
as fadigas tolhia; eu só, velando,

me aparelhava a sustentar a guerra
da jornada, assim como da piedade,
que vai pintar memória, que não erra.

Ó Musas! Ó do gênio potestade!
Valei-me! Aqui, ó mente, que guardaste
quanto vi, mostra a egrégia qualidade."

(ALIGHIERI, Dante. *A divina comédia*)

5.2.14. Prosopopeia ou personificação

Consiste em *atribuir uma característica ou ação humana para um animal ou objeto inanimado*. É muito comum em fábulas e outras histórias infantis, mas encontra igualmente espaço em textos de todas as espécies por conta de variedade de efeitos que pode criar.

Texto XV

> "Assim que saiu, Dorian foi depressa até o pano, puxou-o. Não, não havia nova mudança no quadro, que recebera a notícia da morte de Sibyl Vane antes mesmo que ele. O quadro tinha consciência dos eventos da vida, à medida que iam acontecendo. A crueldade perniciosa que transfigurara as linhas daquela boca haviam, não resta dúvida, surgido no momento preciso em que a jovem tomara o veneno, não importa qual fosse. Ou seria o quadro indiferente aos resultados, e tomasse conhecimento apenas do que se passasse dentro d'alma?"
>
> *(WILDE, Oscar. O retrato de Dorian Gray)*

5.2.15. Catacrese

Denomina-se **catacrese** o *uso de palavras que não guardam relação com o objeto referido para designar uma parte, uma característica ou uma ação sobre ele, em decorrência da inexistência ou desconhecimento do termo apropriado.*

Apesar da aparente dificuldade do conceito, trata-se uma figura de linguagem que está totalmente integrada ao nosso modo de falar e escrever. São exemplos tradicionais: braço da cadeira; dente de alho; cabeça do prego; embarcar no avião etc..

Atenção para a diferença entre **catacrese**, que é somente *o uso de um termo "emprestado" na falta de outro específico*, e **prosopopeia**, caracterizada pela *imputação de uma conduta tipicamente humana a um objeto.*

5.2.16. Perífrase e antonomásia

Ocorre **perífrase** com a *substituição de um substantivo por uma locução ou expressão hábil a identificar o termo substituído, que pode ser um objeto, um animal, um lugar etc.*. Exemplos: a Cidade-Luz (que identifica Paris), o Velho Continente (para Europa), o rei dos animais (que remete ao leão).

Texto XVI

> "Última flor do Lácio, inculta e bela,
> és, a um tempo, esplendor e sepultura:
> ouro nativo, que na ganga impura
> a bruta mina entre os cascalhos vela..."
>
> *(BILAC, Olavo. Língua Portuguesa)*

No texto acima, o poeta usa a perífrase sublinhada para identificar a Língua Portuguesa.

Dá-se o nome de **antonomásia** para *a perífrase relacionada a nomes de pessoas.* Exemplos: o Rei do Futebol (Pelé), a Rainha-Mãe (Elizabeth I, da Inglaterra).

5.2.17. Sinestesia

É a "confusão dos sentidos", ou seja, a atribuição de um adjetivo normalmente ligado a um determinado sentido (visão, olfato, paladar, audição ou tato) para uma ação relacionada a outro.

Texto XVII

"A flor que desabrocha ao romper d'alva
um só giro do sol, não mais, vegeta:
eu sou aquela flor que espero ainda
doce raio de sol que me dê vida."

(DIAS, Gonçalves. Leito de folhas verdes)

No exemplo acima, o adjetivo "doce", ligado ao paladar, é atribuído a um "raio de sol", que pode apenas ser visto (visão) ou sentido (tato).

5.2.18. Hipálage

Nessa figura, vemos *o uso de um adjetivo para qualificar outro substantivo da oração que não aquele que se espera.*

Texto XVIII

"Despir a putrescível forma tosca,
na atra dissolução que tudo inverte,
deixar cair sobre a barriga inerte
o apetite necrófago da mosca!"

(ANJOS, Augusto dos. Cismas do destino, parte II)

Note que, na poesia de Augusto dos Anjos, houve o deslocamento do adjetivo "necrófago", porque necrófaga (que designa o animal que se alimenta de restos mortais de outros) é a mosca, não seu apetite.

Deveras, a hipálage assemelha-se bastante à sinestesia. Vale destacar, portanto, que a primeira atua no âmbito da *morfologia e da sintaxe das palavras*, ao passo que a segunda envolve, necessariamente, *substantivos e adjetivos ligados aos sentidos.*

5.2.19. Enálage

Ocorre enálage quando *utilizamos um tempo verbal diferente do correto*. Trata-se, obviamente, de um descuido com a norma culta da língua, que apenas se justifica por razões estilísticas.

Texto XIX

"Quanta glória pressinto em meu futuro!
Que aurora de porvir e que manhã!

Eu perdera chorando essas coroas
Se eu morresse amanhã!"

(AZEVEDO, *Álvares de. Se eu morresse amanhã*)

Releia com cuidado os versos e veja que o verbo "perder" está conjugado na primeira pessoa do singular do pretérito mais-que-perfeito ("perdera"), quando deveria estar no futuro do pretérito – "perderia".

5.2.20. *Aliteração*

É um recurso fonético *criado pela repetição de sons consonantais*, como a letra "s" no exemplo abaixo:

Texto XX

"Um sonho que se sonha só
É só um sonho que se sonha só
Mas sonho que se sonha junto
É realidade"

(*SEIXAS, Raul. Prelúdio*)

5.2.21. *Assonância*

É figura de linguagem também relacionada com os fonemas, *mas essa se refere aos sons vocálicos*, como as letras "a" e "o" na letra de Caetano Veloso:

Texto XXI

"Sou um mulato nato
No sentido lato
Mulato democrático do litoral"

(*VELOSO, Caetano. Sugar cane fields forever*)

5.2.22. *Paronomásia*

Vale-se *do som parecido de palavras diferentes* (chamadas de parônimas) para criar o efeito sonoro na mensagem.

Texto XXII

"As têmporas de Antonieta
As têmporas da begônia
As têmporas da romã
As têmporas da maçã

As pitangas temporãs
O tempo temporão
O tempo será
As têmporas do tempo
O temporal do tempo
Os tambores do tempo
As mulheres temporãs
O tempo atual, superado por um tempo
de outra dimensão
e que não é aquele tempo.
Temporizemos."

(MENDES, Murilo. Temporizemos)

5.2.23. Onomatopeia

Última das figuras de linguagem fonéticas, a **onomatopeia** é a *reprodução escrita dos sons*.

Texto XXIII

"Passa, tempo, tic-tac
tic-tac, passa hora
chega logo, tic-tac
tic-tac, e vai-te embora"

(MORAES, Vinicius. O relógio)

5.2.24. Anáfora

Recurso estilístico que consiste *na repetição dos termos no início da oração, frase ou verso*, para transmitir ênfase na expressão.

Texto XXIV

"No último andar é mais bonito:
do último andar se vê o mar.
É lá que eu quero morar.

O último andar é muito longe:
custa-se muito a chegar.
Mas é lá que eu quero morar.

Todo o céu fica a noite inteira
sobre o último andar.
É lá que eu quero morar.

Quando faz lua no terraço
fica todo o luar.
É lá que eu quero morar.

Os passarinhos lá se escondem
para ninguém os maltratar:
no último andar.

De lá se avista o mundo inteiro:
tudo parece perto, no ar.
É lá que eu quero morar:
no último andar.

(MEIRELLES, Cecília. *No último andar*)

Esse conhecido poema de Cecília Meirelles traz, ao mesmo tempo, dois exemplos de anáfora. Há a repetição das expressões "último andar" e " é lá que quero morar", denotando o intenso desejo do eu-lírico de mudar-se para o último andar.

5.2.25. Pleonasmo

É a *repetição sintática e gramaticalmente desnecessária de um termo*. Aqui também devemos destacar que o pleonasmo, para ser considerado uma figura de linguagem, deve estar justificado pelo tipo de texto, normalmente com função de ênfase ou para bem caracterizar uma personagem. Não sendo esse o caso, ou seja, quando usado por descuido ou ignorância, configura **vício** de linguagem que trataremos na Parte III (pleonasmo vicioso).

Veja abaixo o uso aceitável do pleonasmo, também conhecido como **pleonasmo literário**:

Texto XXV

"– E foi morrida essa morte,
irmãos das almas,
essa morte foi morrida
ou foi matada?
– Até que não foi morrida,
irmão das almas,
esta foi morte matada,
numa emboscada."

(MELO NETO, João Cabral de. Morte e vida severina)

No poema "Morte e vida severina", João Cabral de Melo Neto nos conta a história de um retirante do Nordeste e da realidade dura que vivencia em seu caminho.

Por essa razão, o uso dos pleonasmos "morte morrida" e "morte matada" é justificado pela origem humilde e pouco letrada do eu-lírico. De quebra, ainda vemos mais um exemplo de anáfora ("irmão das almas").

5.2.26. Polissíndeto

Normalmente, quando precisamos relacionar uma "lista" dentro do texto, separamos cada elemento com vírgula e o último é antecedido da conjunção "e" (exemplo: "comprei maçãs, bananas, laranjas e ameixas").

As conjunções também podem ser chamadas de **síndetos**. Logo, **polissíndeto** é a figura de linguagem na qual *ocorre a repetição das conjunções ao invés de substituí-las por sinais de pontuação.*

Texto XXVI

"Bela e traidora! Beijas e assassinas...
Quem te vê não tem forças que te oponha:
ama-te, e dorme no teu seio, e sonha,
e, quando acorda, acorda feito em ruínas...

Seduzes, e convidas, e fascinas,
como o abismo que, pérfido, a medonha
Fauce apresenta flórida e risonha,
tapetada de rosas e boninas.

O viajor, vendo as flores, fatigado
foge o sol, e, deixando a estrada poenta,
avança incauto... Súbito, esbroando,

falta-lhe o solo aos pés: recua e corre,
vacila e grita, luta e se ensanguenta,
e rola, e tomba, e despedaça, e morre..."

(BILAC, Olavo. Abyssus)

Quem observou que, além do polissíndeto, temos também uma **gradação negativa** no último verso?

5.2.27. Assíndeto

Vimos diversas figuras de linguagem que trabalham com a repetição de termos da oração. Passamos agora àquelas que, inversamente, omitem-nos.

Começando pelo **assíndeto**, que, como o próprio nome sugere, é o oposto do **polissíndeto**. O prefixo "a", de origem grega, indica negação, inexistência. Logo, no **assíndeto**, *há a supressão das conjunções.*

Texto XXVII

"Suspirei; Jacinto preguiçava. E terminamos por remexer languidamente os jornais que o mordomo trouxera, num monte facundo, sobre uma salva de prata – jornais de Paris, jornais de Londres, semanários, magazines, revistas, ilustrações... Jacinto desdobrava, arremessava; das revistas espreitava o sumário, logo farto; às ilustrações rasgava as folhas com dedo indiferente, bocejando por cima das gravuras."

(QUEIRÓS, Eça de. A cidade e as serras)

No trecho sublinhado, encontramos duas enumerações: primeiro, os itens que "o mordomo trouxera" (os jornais, semanários e revistas); segundo, as ações de Jacinto. Em ambas, ao invés de terminar com a substituição da vírgula ou do ponto e vírgula pela conjunção aditiva "e", o autor optou pelo assíndeto, mantendo o sinal de pontuação.

5.2.28. Elipse

Temos a elipse com a *supressão de um termo da oração facilmente identificável sem que ele tenha aparecido anteriormente*. A elipse é bastante corriqueira em nossa linguagem.

Na oração "Comi todo o pão que estava sobre a mesa.", por exemplo, ocorre elipse pela omissão do sujeito "eu", *facilmente identificado* pela conjugação verbal.

Outro caso: "Sobre a mesa, nenhum prato de comida." Aqui, houve a elipse do verbo "haver", que pode ser deduzido através da análise dos demais elementos.

5.2.29. Zeugma

O zeugma é *um tipo específico de elipse,* caracterizado *pela omissão de um termo da oração que já havia sido expresso anteriormente*.

No exemplo "Enquanto a camisa azul está secando, uso a amarela.", na segunda oração houve a omissão do substantivo "camisa" (notadamente para evitar a repetição do termo). Como a palavra já havia sido usada antes, estamos diante de um zeugma.

5.2.30. Silepse ou concordância irregular

Damos o nome de silepse para a figura de linguagem na qual *o termo da oração concorda com a ideia que se pretende transmitir, não com os termos expressos da oração.* Acompanhe as hipóteses abaixo:

> a) Silepse de pessoa: *quando o verbo não concorda com a pessoa expressa na oração.* Normalmente, ocorre quando o autor se inclui dentre as pessoas abrangidas pela ação verbal.

Texto XXVIII

"(...) Assim, nos fomos dali, o médico, o pai da menina, nosso amigo e eu próprio; passamos a noite em minha casa. No dia seguinte, após o café da manhã, fomos todos juntos até o banco."

(STEVENSON, Robert Louis. O médico e o monstro)

Perceba que, na última oração, o sujeito "todos" rege, formalmente, a terceira pessoa do plural, pelo que deveria estar escrito "todos foram". Porém, o narrador se inclui dentre os presentes e, por isso, utiliza o verbo na primeira pessoa do plural ("nós");

b) Silepse de número: *quando o verbo não concorda em número com o sujeito da oração (sujeito no singular e verbo no plural ou vice-versa)*. Usualmente é verificada quando o substantivo indica uma coletividade, fazendo com que o verbo em concordância com a ideia coletiva transmitida, não pelas regras formais da gramática.

Texto XXIX

"E desapareceu. Maanape tirou dez garrafas, abriu e veio vindo um aroma perfeito. Era o cauim famoso chamado quiânti. Então Maanape entrou na outra sala da adega. O gigante estava aí com a companheira, uma caapora velha sempre cachimbando que se chamava Ceiuci e era muito gulosa. Maanape deu as garrafas para Venceslau Pietro Pietra, um naco de fumo do Acará pra caapora e o casal esqueceram que havia mundo."

(ANDRADE, Mário de. Macunaíma: o herói sem nenhum caráter)

c) Silepse de gênero: *quando o gênero do adjetivo ou do artigo não concorda com o gênero (masculino ou feminino) do substantivo*. No mais das vezes, ocorre quando o adjetivo concorda com uma palavra subentendida.

Texto XXX

"Como uma procissão espectral que se move...
Dobra o sino... Soluça um verso de Dirceu...
Sobre a triste Ouro Preto o ouro dos astros chove."

(BILAC, Olavo. *Vila Rica*)

No exemplo acima, veja que o termo "Ouro Preto", em si, é masculino, porém o artigo definido feminino singular "a" concorda com a palavra oculta "cidade".

5.2.31. Anacoluto

Trata-se de figura de linguagem que *pretende representar a língua falada em sua rapidez e falhas de continuidade*. Há uma ruptura na coerência da mensagem, resultado da mudança abrupta do pensamento de quem fala. Em outras palavras, a personagem ou o narrador "muda de assunto" sem concluir o raciocínio anterior. Um dos indicativos de sua ocorrência é o uso das reticências.

Texto XXXI

"– Na nossa terra, no Pântano da Podridão, continuou o fogo-fátuo, hesitante, aconteceu uma coisa... uma coisa inacreditável... Ou melhor, ainda está para acontecer... é difícil explicar... Começou assim: a leste de nossa terra há um lago... ou melhor dizendo, *havia*... que se chamava Caldo Fervente. Tudo começou quando, certo dia, o lago Caldo Fervente desapareceu... pela manhã, não estava mais ali."

(ENDE, Michael. A história sem fim – itálico no original)

6. DICAS FINAIS DE INTERPRETAÇÃO DE TEXTOS

6.1. Administre o tempo

Grandes autores de livros didáticos e professores de Língua Portuguesa ensinam que, para bem interpretar, é necessário ler o texto ao menos duas vezes. Essa recomendação, não obstante verdadeira em muitos aspectos, não se coaduna com a realidade do concurso público, durante o qual temos muitas questões para responder em pouco tempo.

Diante disso, adaptamos a dica para administre seu tempo. Antes de começar a responder a prova, passe os olhos e veja a quantidade e o tamanho dos textos e das questões de interpretação; em seguida, dedique-lhes tempo suficiente para ler com calma sem comprometer o restante da prova.

Como dissemos no início, interpretar textos é uma habilidade que pode ser treinada e melhorada com o tempo. Daí porque é fundamental o autoconhecimento e a autocrítica do candidato: se você tem mais facilidade na leitura, pode dedicar menos tempo para a prova de Português; se, ao contrário, você lê mais devagar, considere deixar um tempo maior para nossa disciplina.

Minha sugestão pessoal: *leia o texto inteiro uma vez*, com atenção. Em seguida, vá para as perguntas e analise se já é possível respondê-las. Se não for, releia apenas o trecho a que se refere a pergunta (normalmente nos textos de concursos as linhas estão numeradas para facilitar a localização).

6.2. Sublinhe as ideias mais importantes

Durante a primeira leitura, tente identificar em cada parágrafo do texto sua ideia básica, fundamental, aquilo que o autor quer transmitir naquele momento. Ao identificar a mensagem principal, sublinhe-a para facilitar a recuperação desse conhecimento caso seja questionado. Muitas questões de concursos são focadas nesses tópicos principais.

6.3. Interprete também as questões

É preciso lembrar que o enunciado e as alternativas das questões de interpretação **são também textos a serem interpretados**. Leia-as com atenção, destacando as palavras mais importantes e veja se elas concordam com as ideias expostas no texto principal. Tome especial cuidado com palavras **negativas**, como *incorreto, errado, não é verdadeiro* etc..

6.4. Identifique as "falsas questões de interpretação"

Vejo com cada vez mais frequência provas nas quais há questões que pretendem confundir o candidato, fazendo-o pensar que está diante de uma questão de interpretação, quando, na verdade, é uma pergunta de gramática. Isso acontece de várias formas, mas a mais comum é colocar um trecho do texto, ou indicar a linha onde aparece determinada palavra, e o candidato, na ânsia de responder, acaba relendo todo o parágrafo. Quando vai às alternativas, encontra regras de acentuação...

Perdeu-se, então, um tempo precioso. Para evitar isso, **leia, além do enunciado, também as alternativas** da questão antes de decidir como respondê-la. Com certeza você evitará releituras desnecessárias do texto e poderá passar mais rapidamente para a próxima questão ao dar conta de que os conhecimentos exigidos não se referem à interpretação.

QUESTÕES COMENTADAS DE INTERPRETAÇÃO DE TEXTOS

Dizem que Karl Marx descobriu o inconsciente três décadas antes de Freud. Se a afirmação não é rigorosamente exata, não deixa de fazer sentido, uma vez que Marx, em O Capital, no capítulo sobre o fetiche da mercadoria, estabelece dois parâmetros conceituais imprescindíveis para explicar a transformação que o capitalismo produziu na subjetividade. São eles os conceitos de fetichismo e de alienação, ambos tributários da descoberta da mais-valia — ou do inconsciente, como queiram.

A rigor, não há grande diferença entre o emprego dessas duas palavras na psicanálise e no materialismo histórico. Em Freud, o fetiche organiza a gestão perversa do desejo sexual e, de forma menos evidente, de todo desejo humano; já a alienação não passa de efeito da divisão do sujeito, ou seja, da existência do inconsciente. Em Marx, o fetiche da mercadoria, fruto da expropriação alienada do trabalho, tem um papel decisivo na produção "inconsciente" da mais-valia. O sujeito das duas teorias é um só: aquele que sofre e se indaga sobre a origem inconsciente de seus sintomas é o mesmo que desconhece, por efeito dessa mesma inconsciência, que o poder encantatório das mercadorias é condição não de sua riqueza, mas de sua miséria material e espiritual. Se a sociedade em que vivemos se diz "de mercado", é porque a mercadoria é o grande organizador do laço social.

São Paulo: Boitempo, 2011, p. 142 (com adaptações).

(CESPE) Com relação às ideias desenvolvidas no texto acima e a seus aspectos gramaticais, julgue os itens subsequentes.

(1) Com correção gramatical, o período "A rigor (...) histórico" (L.10-11) poderia, sem se contrariar a ideia original do texto, ser assim reescrito: Caso se proceda com rigor, a análise desses conceitos, verifica-se que não existe diferenças entre eles.

(2) A informação que inicia o texto é suficiente para se inferir que Freud conheceu a obra de Marx, mas o contrário não é verdadeiro, visto que esses pensadores não foram contemporâneos.

(3) A expressão "dessas duas palavras" (L.11), como comprovam as ideias desenvolvidas no parágrafo em que ela ocorre, remete não aos dois vocábulos que imediatamente a precedem — "mais-valia" (L.8) e "inconsciente" (L.9) —, mas, sim, a "fetichismo" (L.7) e "alienação" (L.8).

(4) Depreende-se da argumentação apresentada que a autora do texto, ao aproximar conceitos presentes nos estudos de Marx e de Freud, busca demonstrar que, nas sociedades "de mercado", a "divisão do sujeito" (L.14) se processa de forma análoga na subjetividade dos indivíduos e na relação de trabalho.

1: incorreta. Há dois problemas com a nova oração proposta. O primeiro é que ela não representa a mesma ideia do texto original, porque não menciona que a comparação só faz sentido se feita entre a psicanálise e o materialismo histórico. O segundo refere-se a questões gramaticais: não deve haver vírgula depois de "rigor", ocorre crase em "à análise" e o verbo "existir" deve ser conjugado no plural – "existem"; **2:** incorreta. A conclusão apresentada não pode ser extraída da afirmação inicial do texto. A autora quis demonstrar, somente, que Marx tratou em sua obra de um aspecto do inconsciente humano de forma reflexa, isto é, não ligada à natureza do pensamento, mas em relação a suas consequências econômicas. Não há qualquer referência que, por conta disso, Freud tenha se baseado, em qualquer medida, nos escritos de Marx; **3:** correta. O texto prossegue comparando o fetichismo e a alienação nas diversas esferas das relações humanas, demonstrando que a expressão destacada refere-se a esses dois institutos; **4:** correta. Essa é justamente a ideia central do texto: demonstrar que as pessoas agem com base em diferentes pontos de vista tanto por questões psicanalíticas (consciente/inconsciente) como por questões econômicas (consumidor/trabalhador explorado).

Gabarito 1E, 2E, 3C, 4C

Nossos projetos de vida dependem muito do futuro do país no qual vivemos. E o futuro de um país não é obra do acaso ou da fatalidade. Uma nação se constrói. E constrói-se no meio de embates muito intensos — e, às vezes, até violentos — entre grupos com visões de futuro, concepções de desenvolvimento e interesses distintos e conflitantes.

Para muitos, os carros de luxo que trafegam pelos bairros elegantes das capitais ou os telefones celulares não constituem indicadores de modernidade.

Modernidade seria assegurar a todos os habitantes do país um padrão de vida compatível com o pleno exercício dos direitos democráticos. Por isso, dão mais valor a um modelo de desenvolvimento que assegure a toda a população alimentação, moradia, escola, hospital, transporte coletivo, bibliotecas, parques públicos. Modernidade, para os que pensam assim, é sistema judiciário eficiente, com aplicação rápida e democrática da justiça; são instituições públicas sólidas e eficazes; é o controle nacional das decisões econômicas.

Plínio Arruda Sampaio. O Brasil em construção. *In*: Márcia Kupstas (Org.). Identidade nacional em debate. São Paulo: Moderna, 1997, p. 27-9 (com adaptações).

(CESPE) Considerando a argumentação do texto acima bem como as estruturas linguísticas nele utilizadas, julgue o item a seguir.

(1) Infere-se da leitura do texto que o futuro de um país seria "obra do acaso" (l.3) se a modernidade não assegurasse um padrão de vida democrático a todos os seus cidadãos.

1: incorreta, porque o texto não passa essa mensagem. O autor afirmar taxativamente que o futuro de um país nunca será "obra do acaso", sendo sempre construído. A divergência ocorre apenas na forma de construção da modernidade.

Gabarito "1E"

Na verdade, o que hoje definimos como democracia só foi possível em sociedades de tipo capitalista, mas não necessariamente de mercado. De modo geral, a democratização das sociedades impõe limites ao mercado, assim como desigualdades sociais em geral não contribuem para a fixação de uma tradição democrática. Penso que temos de refletir um pouco a respeito do que significa democracia. Para mim, não se trata de um regime com características fixas, mas de um processo que, apesar de constituir formas institucionais, não se esgota nelas. É tempo de voltar ao filósofo Espinosa e imaginar a democracia como uma potencialidade do social, que, se de um lado exige a criação de formas e de configurações legais e institucionais, por outro não permite parar. A democratização no século XX não se limitou à extensão de direitos políticos e civis. O tema da igualdade atravessou, com maior ou menor força, as chamadas sociedades ocidentais.

Renato Lessa. Democracia em debate. In: Revista Cult, n.º 137, ano 12, jul./2009, p. 57 (com adaptações).

(CESPE) Com base nas estruturas linguísticas e nas relações argumentativas do texto acima, julgue o item a seguir.

(1) Depreende-se da argumentação do texto que o autor considera as instituições como as únicas "características fixas" (l.8-9) aceitáveis de "democracia" (l.1 e 7).

1: incorreta, pois o autor é categórico ao afirmar que a democracia não pode ser reduzida a "características fixas". Pretende, com sua argumentação, demonstrar que o conceito de democracia não prescinde das instituições, mas vai além delas.

Gabarito "1E"

O valor da vida é de tal magnitude que, até mesmo nos momentos mais graves, quando tudo parece perdido dadas as condições mais excepcionais e precárias — como nos conflitos internacionais, na hora em que o direito da força se instala negando o próprio Direito, e quando tudo é paradoxal e inconcebível —, ainda assim a intuição humana tenta protegê-lo contra a insânia coletiva, criando regras que impeçam a prática de crueldades inúteis.

Quando a paz passa a ser apenas um instante entre dois tumultos, o homem tenta encontrar nos céus do amanhã uma aurora de salvação. A ciência, de forma desesperada, convoca os cientistas a se debruçarem sobre as mesas de seus laboratórios, na procura de meios salvadores da vida. Nas salas de conversação internacionais, mesmo entre intrigas e astúcias, os líderes do mundo inteiro tentam se reencontrar com a mais irrecusável de suas normas: o respeito pela vida humana.

Assim, no âmago de todos os valores, está o mais indeclinável de todos eles: a vida humana. Sem ela, não existe a pessoa humana, não existe a base de sua identidade. Mesmo diante da proletária tragédia de cada homem e de cada mulher, quase naufragados na luta desesperada pela sobrevivência do dia a dia, ninguém abre mão do seu direito de viver. Essa consciência é que faz a vida mais que um bem: um valor.

A partir dessa concepção, hoje, mais ainda, a vida passa a ser respeitada e protegida não só como um bem afetivo ou patrimonial, mas pelo valor ético de que ela se reveste. Não se constitui apenas de um meio de continuidade biológica, mas de uma qualidade e de uma dignidade que faz com que cada um realize seu destino de criatura humana.

Internet: <http://www.dhnet.org.br>. Acesso em ago./2004 (com adaptações).

(CESPE) Com base no texto acima, julgue os itens a seguir.

(1) O texto estrutura-se de forma argumentativa em torno de uma ideia fundamental e constante: a vida humana como um bem indeclinável.

(2) O primeiro parágrafo discorre acerca da valorização da existência e da necessidade de proteção da vida contra a insânia coletiva, por intermédio de normas de convivência que impeçam a prática de crueldades inúteis, principalmente em épocas de graves conflitos internacionais, quando o direito da força contrapõe-se à força do Direito e quando a situação se apresenta paradoxal e inconcebível.

(3) No segundo parágrafo, estão presentes as ideias de que a paz é ilusória, não passando de um instante apenas de trégua entre dois tumultos, e de que, para mantê-la, os cientistas se desdobram à procura de fórmulas salvadoras da humanidade e os líderes mundiais se encontram para preservar o respeito recíproco.

(4) No penúltimo parágrafo, encontra-se uma redundância: a afirmação de que o soberano dos valores é a vida humana, sem a qual não existe a pessoa humana, sequer a sua identidade.

(5) O comprometimento ético para com a humanidade é defendido no último parágrafo do texto, que discorre acerca da vida não só como um meio de continuidade biológica, mas como a responsável pelo destino da criatura humana.

1: correta. A estrutura argumentativa, própria dos textos dissertativos, é aquela que pretende convencer o leitor por meio de argumentos, científicos ou emotivos, de que o autor tem razão. No caso, busca-se sacramentar que a vida humana, ainda que diante das arbitrariedades e crueldades dos conflitos, é um bem maior e deve ser sempre protegido; **2:** correta. A assertiva parafraseia, sem perda de conteúdo, o que consta do primeiro parágrafo; **3:** incorreta. Na verdade, o parágrafo expõe que, apesar da paz ser transitória durante os períodos de conflito, ainda assim o ser humano, espontaneamente ou contrariado, não deixa de buscar formas de salvar vidas ou evitar mais perdas humanas; **4:** correta. Ocorre redundância (ou pleonasmo) quando verificamos que a conclusão ou o objeto da frase é uma obviedade. Naturalmente, sem a vida humana, não se pode falar em pessoa humana; **5:** incorreta. Não se conclui no texto que a vida é a responsável pelo destino da criatura humana, mas sim que a ética que ela reveste o é.

Gabarito 1C, 2C, 3E, 4C, 5E

Os novos *sherlocks*

Dividida basicamente em dois campos, criminalística e medicina legal, a área de perícia nunca esteve tão na moda. Seus especialistas volta e meia estão no noticiário, levados pela profusão de casos que requerem algum tipo de tecnologia na investigação. Também viraram heróis de seriados policiais campeões de audiência.

Nos EUA, maior produtor de programas desse tipo, o sucesso é tão grande que o horário nobre, chamado de prime time, ganhou o apelido de crime time. Seis das dez séries de maior audiência na TV norte-americana fazem parte desse filão.

Pena que a vida de perito não seja tão fácil e glamorosa como se vê na TV. Nem todos utilizam aquelas lanternas com raios ultravioleta para rastrear fluidos do corpo humano nem as canetas com raio laser que traçam a trajetória da bala. "Com o avanço tecnológico, as provas técnicas vêm ampliando seu espaço no direito brasileiro, principalmente na área criminal", declara o presidente da OAB/SP, mas, antes disso, já havia peritos que recorriam às mais diversas ciências para tentar solucionar um crime.

Na divisão da polícia brasileira, o pontapé inicial da investigação é dado pelo perito, sem a companhia de legistas, como ocorre nos seriados norte-americanos. Cabe a ele examinar o local do crime, fazer o exame externo da vítima, coletar qualquer tipo de vestígio, inclusive impressões digitais, pegadas e objetos do cenário, e levar as evidências para análise nos laboratórios forenses.

Pedro Azevedo. Folha Imagem, ago./2004 (com adaptações).

(CESPE) A respeito do texto acima, julgue os itens subsequentes.

(1) De acordo com o presidente da OAB/SP, as provas técnicas têm sido ampliadas, principalmente na área criminal, com o avanço tecnológico no espaço do direito brasileiro.

(2) Está explícita no último parágrafo do texto a seguinte relação de causa e consequência: o perito examina o local do crime, faz o exame externo da vítima e coleta qualquer tipo de vestígio porque precisa levar as evidências para análise nos laboratórios forenses.

1: incorreta. A paráfrase não equivale ao trecho original. A assertiva dá a entender que foi o avanço tecnológico que ganhou espaço no direito brasileiro, sendo que o entrevistado afirma que a prova técnica ganhou espaço, por conta do avanço tecnológico; **2:** incorreta, porque a relação está implícita. O texto, puramente, não trata como uma relação de causa e consequência, porque "levar as evidências para análise" também é uma de suas atribuições e não o objetivo delas. A relação causal é uma dedução possível, resultado do exercício de interpretação.

Gabarito 1E, 2E

Texto

A maioria dos comentários sobre crimes ou se limitam a pedir de volta o autoritarismo ou a culpar a violência do cinema e da televisão, por excitar a imaginação criminosa dos jovens. Poucos pensam que vivemos em uma sociedade que estimula, de forma sistemática, a passividade, o rancor, a impotência, a inveja e o sentimento de nulidade nas pessoas. Não podemos interferir na política, porque nos ensinaram a perder o gosto pelo bem comum; não podemos tentar mudar nossas relações afetivas, porque isso é assunto de cientistas; não podemos, enfim, imaginar modos de viver mais dignos, mais cooperativos e solidários, porque isso é coisa de "obscurantista, idealista, perdedor ou ideólogo fanático", e o mundo é dos fazedores de dinheiro.

Somos uma espécie que possui o poder da imaginação, da criatividade, da afirmação e da agressividade. Se isso não pode aparecer, surge, no lugar, a reação cega ao que nos impede de criar, de colocar no mundo algo de nossa marca, de nosso desejo, de nossa vontade de poder. Quem sabe e pode usar — com firmeza, agressividade, criatividade e afirmatividade — a sua capacidade de doar e transformar a vida, raramente precisa matar inocentes, de maneira bruta. Existem mil outras maneiras de nos sentirmos potentes, de nos sentirmos capazes de imprimir um curso à vida que não seja pela força das armas, da violência física ou da evasão pelas drogas, legais ou ilegais, pouco importa.

Jurandir Freire Costa. *In*: Quatro autores em busca do Brasil. Rio de Janeiro: Rocco, 2000, p. 43 (com adaptações).

(CESPE) Acerca das ideias do texto acima , julgue os seguintes itens.

(1) Muitos acreditam que a censura aos meios de comunicação seria uma forma de reduzir a violência entre jovens.

(2) A argumentação do texto põe em confronto atitudes possíveis: uma que se caracteriza por passividade e impotência, outra, por resistência criativa.

(3) O trecho "Não podemos (...) dinheiro" (.7-14) apresenta exemplificações que funcionam como argumentos para a afirmação do período que o antecede.

(4) Infere-se do texto que o autor culpa a violência do cinema e da televisão pela disseminação da violência nos dias atuais.
(5) De acordo com as ideias defendidas no texto, as formas positivas de dar sentido à vida e experimentar a sensação de poder vinculam-se à maneira como se usa a capacidade de doação e de transformação.

1: correta. É o que se pode deduzir, em interpretação a contrario sensu, dos fatos expostos no primeiro parágrafo; **2:** correta. A passividade é exposta nos primeiros parágrafos, resumindo o ideal da maioria de que não podemos interferir nos grandes temas sociais. A "resistência criativa" é descrita a partir da linha 20, ao dizer que podemos usar nossas características humanas como armas para nos sentirmos potentes, sem precisar da violência gratuita; **3:** correta. Os exemplos esclarecem o argumento do autor sobre a razão da passividade da maioria das pessoas; **4:** incorreta. Ao contrário, os argumentos expostos evidenciam que, para o autor, culpar o cinema e a televisão é evitar olhar sobre o real problema: a passividade das pessoas; **5:** correta. Para o autor, apenas pelo uso daquilo que nos faz humanos é que podemos lutar, positivamente, contra a passividade e dar sentido à vida.

Gabarito 1C, 2C, 3C, 4E, 5C

Um desafio cotidiano

Recentemente me pediram para discutir os desafios políticos que o Brasil tem pela frente. Minha primeira dúvida foi se eles seriam diferentes dos de ontem.

Os problemas talvez sejam os mesmos, o país é que mudou e reúne hoje mais condições para enfrentá-los que no passado. A síntese de minhas conclusões é que precisamos prosseguir no processo de democratização do país.

Kant dizia que a busca do conhecimento não tem fim. Na prática, democracia, como um ponto final que uma vez atingido nos deixa satisfeitos e por isso decretamos o fim da política, não existe. Existe é democratização, o avanço rumo a um regime cada vez mais inclusivo, mais representativo, mais justo e mais legítimo. E quais as condições objetivas para tornar sustentável esse movimento de democratização crescente?

Embora exista forte correlação entre desenvolvimento e democracia, as condições gerais para sua sustentação vão além dela. O grau de legitimidade histórica, de mobilidade social, o tipo de conflitos existentes na sociedade, a capacidade institucional para incorporar gradualmente as forças emergentes e o desempenho efetivo dos governos são elementos cruciais na sustentação da democratização no longo prazo.

Nossa democracia emergente não tem legitimidade histórica. Esse requisito nos falta e só o alcançaremos no decorrer do processo de aprofundamento da democracia, que também é de legitimação dela.

Uma parte importante desse processo tem a ver com as relações rotineiras entre o poder público e os cidadãos. Qualquer flagrante da rotina desse relacionamento arrisca capturar cenas explícitas de desrespeito e pequenas ou grandes tiranias. As regras dessa relação não estão claras. Não existem mecanismos acessíveis de reclamação e desagravo.

(CESPE) Com relação às ideias do texto, julgue os seguintes itens.

(1) O autor considera que o modelo de democracia do Brasil não resolverá os problemas políticos do país.
(2) Um regime democrático caracteriza-se pela existência de um processo contínuo de busca pela legitimidade, justiça, representatividade e inclusão.
(3) Democracia é uma das condições de sustentação do desenvolvimento, mas não a única.
(4) Enquanto não houver mecanismos acessíveis de reclamação e desagravo, as relações entre poder público e cidadãos não serão regidas por meio de regras claras.
(5) De acordo com o desenvolvimento da argumentação, o pedido estabelecido no primeiro período do texto, e que deu origem ao ensaio, não pode ser atendido, razão pela qual o texto não é conclusivo.

1: incorreta. O autor aponta que o modelo de democracia no país realmente tem problemas históricos, mas conclui que somente a continuidade do processo de democratização é que poderá resolver nossos problemas políticos; **2:** correta. É o que se infere das lições de Kant expostas no terceiro parágrafo; **3:** correta. O autor elenca, ainda, "o grau de legitimidade histórica, de mobilidade social, o tipo de conflitos existentes na sociedade, a capacidade institucional para incorporar gradualmente as forças emergentes e o desempenho efetivo dos governos" como condições de sustentação do desenvolvimento; **4:** correta. Essa relação pode ser extraída dos dois últimos períodos do texto; **5:** incorreta. O autor apresenta suas conclusões sobre o pedido realizado. O que ocorre é uma determinação do ponto de vista a ser abordado, adaptando a pergunta à realidade percebida pelo autor.

Gabarito 1E, 2C, 3C, 4C, 5E

(CESPE) Com relação às ideias do texto, julgue os seguintes itens.

(1) A decretação do "fim da política" (l. 9) traria, como consequência, a satisfação dos praticantes da democracia – representantes e representados.
(2) A ideia de "democracia" está para um produto acabado assim como "democratização" está para um processo.
(3) Relações entre poder público e cidadãos incluem-se no processo de aprofundamento e legitimação da democracia.
(4) Cenas explícitas de desrespeito aos cidadãos têm como causa imediata a emergência de nossa democracia histórica.
(5) Não havendo busca do conhecimento como sustentação histórica, não há democracia e, consequentemente, não há política.

1: incorreta. O autor destaca que a democracia não é um valor realizável em si mesmo. O contínuo processo de democratização é que traz melhorias e vantagens para o povo; **2:** correta. Isso pode ser inferido do texto, destacando a impossibilidade de se atingir esse "produto acabado"; **3:** correta. Segundo o autor, tais relações são parte integrante do processo de democratização; **4:** incorreta. Tal conclusão não é possível a partir da leitura do texto. No máximo, a pouca idade de nossa democracia é um fator indireto, mediato, do desrespeito aos direitos humanos pelo poder público, interação que deve ser melhorada dentro do processo de democratização; **5:** incorreta. A busca do conhecimento, no conceito kantiano, é citado como instrumento de retórica para sustentar o argumento que vem em seguida (tal qual a busca do conhecimento, o processo de democratização também não tem um fim). Ela não se relaciona com a existência ou inexistência da democracia e da política. Ademais, há outros sistemas políticos diferentes da democracia, não sendo essa, portanto, seu pressuposto.

Gabarito 1E, 2C, 3C, 4E, 5E

A Revolução Industrial provocou a dissociação entre dois pensamentos: o científico e tecnológico e o humanista. A partir do século XIX, a liberdade do homem começa a ser identificada com a eficiência em dominar e transformar a natureza em bens e serviços. O conceito de liberdade começa a ser sinônimo de consumo. Perde importância a prática das artes e consolidam-se a ciência e a tecnologia. Relega-se a preocupação ética. A procura da liberdade social se faz sem considerar-se sua distribuição. A militância política passa a ser tolerada, mas como opção pessoal de cada um.

Essa ruptura teve o importante papel de contribuir para a revolução do conhecimento científico e tecnológico. A sociedade humana se transformou, com a eficiência técnica e a consequente redução do tempo social necessário à produção dos bens de sobrevivência.

O privilégio da eficiência na dominação da natureza gerou, contudo, as distorções hoje conhecidas: em vez de usar o tempo livre para a prática da liberdade, o homem reorganizou seu projeto e refez seu objetivo no sentido de ampliar o consumo. O avanço técnico e científico, de instrumento da liberdade, adquiriu autonomia e passou a determinar uma estrutura social opressiva, que servisse ao avanço técnico e científico. A liberdade identificou-se com a ideia de consumo. Os meios de produção, que surgiram no avanço técnico, visam ampliar o nível dos meios de produção.

Graças a essa especialização e priorização, foi possível obter-se o elevado nível do potencial de liberdade que o final do século XX oferece à humanidade. O sistema capitalista permitiu que o homem atingisse as vésperas da liberdade em relação ao trabalho alienado, às doenças e à escassez. Mas não consegue permitir que o potencial criado pela ciência e tecnologia seja usado com a eficiência desejada.

(Cristovam Buarque, *Na fronteira do futuro*. Brasília: EDUnB, 1989, p. 13; com adaptações)

(CESPE) Julgue os itens abaixo, relativos às ideias do texto acima.

(1) O conceito de "liberdade" é tomado como sinônimo de consumo e de eficiência no domínio e na transformação da natureza em bens e serviços.

(2) O autor sugere que o sistema capitalista apresenta a seguinte correlação: quanto mais tempo livre, mais consumo, mais lazer e menos opressão.

(3) Depreende-se do primeiro parágrafo que a ética foi abolida a partir do século XIX.

(4) No segundo parágrafo, a expressão "Essa ruptura" retoma e resume a ideia central do parágrafo anterior.

(5) O emprego da expressão "as vésperas da liberdade" (l. 29) sugere que a humanidade ainda não atingiu a liberdade desejada.

1: correta. É correta tal correspondência entre as ideias apresentadas no primeiro parágrafo; **2:** incorreta. Ao contrário, o autor coloca as distorções geradas pelo esforço do homem em dominar a natureza: aumentar o consumo tornou-se o grande objetivo, mesmo em detrimento do uso do tempo livre para a prática da liberdade; **3:** incorreta. A ética não foi abolida. Diz o autor, apenas, que ela deixou de ser uma preocupação em face do crescente desejo de consumo; **4:** correta. A ruptura em questão é a dissociação do pensamento científico-tecnológico do humanista; **5:** correta. "Véspera" é o dia anterior. O autor quis dizer que estamos muito próximos à liberdade, mas ainda não chegamos a ela.

Gabarito 1C, 2E, 3E, 4C, 5C

Texto para as cinco questões seguintes:

ALIMENTO DA ALMA

O comerciante André Faria, 49 anos, dono de um bar em Campinas (SP), pulou da cama às 6 da manhã, trabalhou o dia inteiro e ainda guarda disposição e bom humor para cantar baixinho enquanto prepara a terceira "quentinha" da noite.

O homem miúdo, de cabelos grisalhos e olhos azuis de um brilho intenso, aguarda sua outra freguesia: há anos ele alimenta moradores de rua por sua conta própria. Com a ajuda do fiel escudeiro, Mineiro, 64 anos, André prepara uma grande panela de sopa para 10, 12 pessoas no inverno, ou distribui arroz, feijão e carne para quem passa por ali nos dias mais quentes do ano.

Basta conversar alguns minutos com André para perceber que ele não faz isso para "parecer bonzinho".

"Não dá pra gente, que trabalha com comida, negar um prato a quem tem fome", diz. "Tem gente que faz isso, mas não é o meu caso, pois precisa ser muito frio."

Tatiana Fávero, Correio Popular.

(UNIFAP) Lançando mão de qualquer recurso com relação à linguagem, o texto, desde o seu título, tem como função principal dar ao leitor indícios que o levem à construção de sentidos. Com base nesta afirmação, que alternativa melhor justifica o título do texto?

(A) Foi escolhido, principalmente, com o intuito de mostrar que fazer o bem é uma atitude inerente ao ser humano.

(B) As pessoas, ao alimentarem o corpo, alimentam necessariamente a alma.
(C) Quando as pessoas encontram-se alimentadas fisicamente, sentem-se em paz consigo mesmas.
(D) Quando se dá um prato de comida a um necessitado, alimenta-se, ao mesmo tempo, seu corpo e seu espírito.
(E) Para quem recebe, um prato de comida faz bem ao corpo, para quem dá, faz bem à alma.

Sem dúvida, a alternativa "E" melhor justifica o título do texto na medida em que André, ao doar comida às pessoas que precisam, alimenta o físico delas e alimenta sua própria alma, no sentido de sentir-se um ser humano melhor e mais feliz por poder ajudar o próximo.

Gabarito "E"

(UNIFAP) Assinale a alternativa incorreta:

(A) No 1º parágrafo do texto, a mistura dos verbos nos tempos passado e presente tem por finalidade chamar a atenção do leitor, principalmente para a ação presente que é sobre a qual se encontra focalizado o texto.
(B) O comerciante chama aos moradores de rua de freguesia (2º parágrafo), por trabalhar no ramo da alimentação também com eles.
(C) De acordo com os dados apresentados no texto, pode-se afirmar que André distribui alimentação aos moradores de rua há mais de dez anos.
(D) O vocábulo ali (2º parágrafo) é um locativo que substitui, no texto, o lugar onde André fica quando distribui comida.
(E) Ao trocar-se o vocábulo há (2º parágrafo) pelo vocábulo faz em "...há anos ele alimenta...", além de sentir-se a necessidade do uso do conectivo que, altera-se, no fragmento, o tipo de variante linguística.

A única alternativa incorreta é a "C", pois em nenhum momento afere-se do texto a quantidade de anos em que André distribui alimento aos moradores de rua. O texto menciona apenas "há anos", não sendo possível medir a quantidade.

Gabarito "C"

(UNIFAP) Assinale a alternativa incorreta:

(A) No 1º parágrafo do texto, a relação predominante entre as orações que o compõe é de equivalência.
(B) No 1º parágrafo do texto, as ações indicadas pelos vocábulos cantar e prepara, em consequência do elemento articulador que há entre eles, são ações praticadas concomitantemente.
(C) De acordo com o texto, pode-se inferir, com base ainda no 1º parágrafo, que a disposição e o bom humor de André Faria, advêm de sua vontade de praticar o bem.
(D) A sopa ou o arroz, feijão e carne, dependendo do clima, são distribuídos sempre para as mesmas pessoas.
(E) A preparação da sopa é feita por André e Mineiro, seu fiel escudeiro.

A: correta. Chama-se relação de equivalência a relação de interdependência entre duas orações quando elas possuem o mesmo valor semântico, não se podendo indicar uma dominante e outra dependente. É o que ocorre nos períodos compostos por coordenação, como no primeiro parágrafo do texto; **B:** correta. Sim, o elemento articulador "enquanto" dá a ideia de que ambas atividades são praticadas ao mesmo tempo; **C:** correta. Pela leitura do primeiro parágrafo é possível concluir que o bom humor dele advém da vontade de praticar o bem; **D:** incorreta (devendo ser assinalada). Tanto a sopa como o arroz, feijão e carne são distribuídos para as pessoas que passam por "ali", ou seja, para as pessoas que passam pelo local onde ele distribui a comida, não especificando se são as mesmas; **E:** correta. André prepara a sopa com a ajuda de Mineiro.

Gabarito "D"

(UNIFAP) Dentre as alternativas abaixo, qual a que melhor resume a atitude de André no texto em estudo?

(A) "O comerciante André Faria, 49 anos, dono de um bar em Campinas (SP), pulou da cama às 6 da manhã, trabalhou o dia inteiro..."
(B) "O homem miúdo, de cabelos grisalhos e olhos azuis de um brilho intenso, aguarda sua outra freguesia..."
(C) "André prepara uma grande panela de sopa para 10, 12 pessoas no inverno..."
(D) "Basta conversar alguns minutos com André para perceber que ele não faz isso para 'parecer bonzinho'."
(E) "'Não dá pra gente, que trabalha com comida, negar um prato a quem tem fome'..."

A única alternativa que resume de forma perfeita a atitude de vida de André é a letra "E", que mesmo após um dia de trabalho, sente-se feliz em distribuir comida a quem precisa. Resume também seu pensamento, de que, principalmente as pessoas que trabalham no ramo da alimentação, não têm como negar comida a quem não tem o que comer.

Gabarito "E"

(UNIFAP) Pelo que sabemos, vivemos ou ouvimos falar, além de vir de longas datas, a distribuição de rendas em nosso país é injusta, posto que, alguns têm muito, outros o suficiente para sobreviver e, a maioria, não têm nada ou quase nada.

Segundo o texto, que alternativa melhor se relaciona a esta afirmação, levando-se em consideração o foco principal do texto?

(A) "...André Faria, 49 anos, dono de um bar em Campinas (SP),..."
(B) "O homem miúdo, de cabelos grisalhos e olhos azuis de um brilho intenso, aguarda sua outra freguesia..."
(C) "...há anos ele alimenta moradores de rua por sua conta própria."
(D) "...distribui arroz, feijão e carne para quem passa por ali..."

(E) "'Tem gente que faz isso, mas não é o meu caso, pois precisa ser muito frio.'"

O foco principal do texto é o fato de André alimentar moradores de rua por conta própria, denotando que a distribuição de renda não é paritária, tal qual afirma o enunciado da questão.

Gabarito "C"

Texto para as duas questões seguintes:

MULHERES MAIS FORTES QUE HOMENS?

Quando ficam doentes, os homens agem como bebês, dizem as mulheres. Mas talvez elas devessem seguir o exemplo dos rapazes – isso poderia salvar-lhes a vida, explicam pesquisadores da Universidade de Michigan. Quando as mulheres sofrem um enfarte, têm mais probabilidade de adiar a busca por ajuda médica e, depois, dificilmente tomam providências para melhorar a saúde em geral. O motivo? As mulheres são fortes demais; elas acham que seus problemas simplesmente não têm muita importância. Quando Steven Erickson e colaboradores perguntaram a 348 homens e 142 mulheres, que haviam sido internados por causa de enfarte, sobre seus sintomas e a medicação, descobriram que, embora as mulheres tivessem tido mais sintomas e estivessem tomando mais remédios, classificaram sua doença como menos grave do que os homens.

J.R. O Globo, 2005.

(UNIFAP) Que argumento o autor utiliza para mostrar que o enfarte, na mulher, é mais difícil de ser tratado do que o enfarte no homem?

(A) Maior probabilidade de adiar a busca por ajuda médica após o enfarte.

(B) O reconhecimento de que a mulher é mais resistente que o homem, consequentemente, quando acometida de enfarte, este é mais violento.

(C) A mulher, por ter mais desgaste físico com problemas domésticos, está mais sujeita a enfarte fulminante.

(D) O enfarte na mulher se torna mais perigoso porque ela não pode tomar qualquer tipo de remédio.

(E) Por se pensar forte, a mulher acredita-se isenta de enfarte.

Para o autor, o enfarte é mais difícil de ser tratado nas mulheres, pois estas, por serem fortes, têm maior probabilidade de adiar a busca pelo auxílio médico do que os homens, o que dificulta o tratamento.

Gabarito "A"

(UNIFAP) De acordo com o texto, podemos inferir que o autor quer chamar a atenção para a

(A) maneira de agir das mulheres que, por se acreditarem fortes, veem seus problemas de saúde sem importância.

(B) maneira infantil de agir dos homens.

(C) pesquisa de Steven Erickson e colaboradores.

(D) superioridade, em termos de saúde, das mulheres sobre os homens.

(E) doença das mulheres que é menos grave que a doença dos homens.

De acordo com o texto, o autor quer chamar a atenção para a diferença de reação frente às doenças por homens e mulheres, destacando que estas, por se acharem fortes, consequentemente não dão importância aos seus problemas de saúde. Por isso, não procuram ajuda médica quando necessário no caso de enfarte.

Gabarito "A"

Texto para as quatro questões seguintes.

TEXTO – DIAGNÓSTICO

O Globo, 15/10/2004

Em oito anos, o número de turistas no Rio de Janeiro dobrou, enquanto os assaltos a turistas foram multiplicados por três, alcançando hoje a média de dez casos por dia. Considerando a importância que o turismo tem para a cidade – que anualmente recebe 5,7 milhões de visitantes de outros estados e do estrangeiro, destes, aliás, quase 40% dos que chegam ao Brasil têm como destino o Rio – é alarmante esse grau crescente de insegurança.

Por maior que tenha sido a indignação manifestada pelo governo federal, são números que reforçam o alerta do Departamento de Estado americano a agências de turismo dos Estados Unidos, divulgado no início do mês, a respeito do perigo que apresentam o Rio e outras grandes cidades brasileiras.

Não é exagero classificar de urgente a tarefa de fazer o turista se sentir mais seguro no Rio, considerando que os visitantes movimentam 13% da economia da cidade e que dentro de três anos teremos aqui o Pan. Parte da solução é simples: reforçar o policiamento ostensivo. A Secretaria de Segurança do Estado informa que há quase duas centenas de policiais patrulhando a orla, do Leblon ao Leme, mas não é o que se vê – nem é o que percebem os assaltantes.

Muitos destes aliás, são menores de idade com que o poder público simplesmente não sabe lidar, por falta de ação integrada entre autoridades estaduais e municipais, empenhadas num jogo de empurra sobre a responsabilidade por tirá-los das ruas. O que lhes confere uma percepção de impunidade que só faz piorar a situação.

Impunidade é também a sensação que resulta do deficiente trabalho de investigação policial: se não se consegue impedir o crime, sua gravação pelas câmeras da orla de pouco serve, pois não há um esquema eficaz de inteligência nem estrutura técnica adequada para seguir pistas.

É fácil atribuir todos os problemas à falta de verbas. Mas é mais justo falar em dinheiro mal aplicado. As próprias autoridades anunciam fartos investimentos em aparato tecnológico contra o crime; o retorno que deveria produzir a aplicação eficiente desse dinheiro seria o que não está acontecendo: a redução a níveis mínimos dos assaltos a turistas.

(NCE-UFRJ) O título Diagnóstico se justifica porque o texto:

(A) trata da insegurança como uma doença social;
(B) mostra as causas históricas da insegurança na cidade do Rio;
(C) indica o conhecimento das causas de determinado fenômeno;
(D) aponta os remédios para uma doença observada;
(E) faz uma análise científica de um problema atual.

"Diagnóstico" significa identificação da natureza de um problema pela interpretação de seus indícios ou sinais. O seu uso no título baseia-se na pretensão do autor de apresentar as causas do problema da violência contra turistas. Correta, portanto, a alternativa C.

Gabarito "C"

(NCE-UFRJ) "Em oito anos, o número de turistas no Rio de Janeiro dobrou, enquanto os assaltos a turistas foram multiplicados por três"; essa relação mostra que:

(A) a insegurança aumenta quando se reduz o número de turistas;
(B) o nº de turistas cresce, apesar dos assaltos;
(C) a redução do nº de turistas faz crescer a segurança;
(D) quanto mais aumentam os turistas, menos assaltos ocorrem;
(E) os turistas aumentam na mesma proporção que os assaltos.

A: incorreta. A insegurança aumenta conforme aumenta o número de turistas; **B:** correta. Mesmo com a curva crescente de assaltos, os turistas continuam vindo em maior número; **C:** incorreta. O número de turistas aumentou, o que fez aumentar o número de assaltos e os riscos à segurança; **D:** incorreta. A relação é inversa: quanto mais turistas, mais assaltos; **E:** incorreta. Os assaltos crescem mais rápido do que o aumento do número de turistas.

Gabarito "B"

(NCE-UFRJ) Entre os argumentos apresentados a favor do trabalho das autoridades competentes para a segurança policial do Rio de Janeiro, só NÃO está:

(A) instalação de câmeras na orla;
(B) falta de verbas;
(C) investimentos em aparato tecnológico;
(D) presença de policiais nas praias;
(E) policiamento ostensivo.

A: correta (penúltimo parágrafo); **B:** incorreta, devendo ser assinalada. O autor conclui dizendo que este argumento não é válido, por se basear apenas no comodismo das autoridades; **C:** correta (último parágrafo); **D:** correta (terceiro parágrafo); **E:** correta (terceiro parágrafo).

Gabarito "B"

(NCE-UFRJ) "Por maior que tenha sido a indignação manifestada pelo governo federal..."; tal indignação, referida no primeiro parágrafo do texto, se dirige contra:

(A) a Secretaria de Segurança do Estado do Rio de Janeiro;
(B) o Departamento de Estado americano;
(C) o grande número de assaltos a turistas no Rio;
(D) o despreparo da polícia carioca;
(E) a redução do número de turistas que se dirigem ao Rio.

A indignação dirigiu-se contra o Departamento de Estado americano, que aumentou o alerta emitido para as agências de turismo daquele país para que informassem os clientes sobre os riscos de se viajar ao Brasil.

Gabarito "B"

Paz como equilíbrio do movimento

1	Como definir a paz? Desde a antiguidade encontramos muitas definições. Todas elas possuem suas
2	boas razões e também seus limites. Privilegiamos uma, por ser extremamente sugestiva: a paz é o equilíbrio
3	do movimento. A felicidade desta definição reside no fato de que se ajusta à lógica do universo e de todos
4	os processos biológicos. Tudo no universo é movimento, nada é estático e feito uma vez por todas.
5	Viemos de uma primeira grande instabilidade e de um incomensurável caos. Tudo explodiu. E ao
6	expandir-se, o universo vai pondo ordem no caos. Por isso o movimento de expansão é criativo e
7	generativo. Tudo tem a ver com tudo em todos os momentos e em todas as circunstâncias. Essa afirmação
8	constitui a tese básica de toda a cosmologia contemporânea, da física quântica e da biologia genética e
9	molecular.
10	Em razão da panrelacionalidade de tudo com tudo, o universo não deve mais ser entendido como o
11	conjunto de todos os seres existentes e por existir, mas como o jogo total, articulado e dinâmico, de todas as
12	relações que sustentam os seres e os mantém unidos e interdependentes entre si.
13	A vida, as sociedades humanas e as biografias das pessoas se caracterizam pelo movimento.
14	A vida nasceu do movimento da matéria que se auto-organiza; a matéria nunca é "material", mas um jogo
15	altamente interativo de energias e de dinamismos que fazem surgir os mais diferentes seres. Não sem razão
16	asseveram alguns biólogos que, quando a matéria alcança determinado nível de auto-organização, em
16	qualquer parte do universo, emerge a vida como imperativo cósmico, fruto do movimento de relações
18	presentes em todo o cosmos.
19	As coisas mantêm-se em movimento, por isso evoluem; elas ainda não acabaram de nascer. Mas o
20	caos jamais teria chegado a cosmos e a desordem primordial jamais teria se transformado em ordem aberta
21	se não houvesse o equilíbrio. Este é tão importante quanto o movimento. Movimento desordenado é

22 destrutivo e produtor de entropia. Movimento com equilíbrio produz sintropia e faz emergir o universo como

23 cosmos, vale dizer, como harmonia, ordem e beleza.

24 Que significa equilíbrio? Equilíbrio é a justa medida entre o mais e o menos. O movimento possui

25 equilíbrio e assim expressa a situação de paz se ele se realizar dentro da justa medida, não for nem

26 excessivo nem deficiente. Importa, então, sabermos o que significa a justa medida.

27 A justa medida consiste na capacidade de usar potencialidades naturais, sociais e pessoais de tal

28 forma que elas possam durar o mais possível e possam, sem perda, se reproduzir. Isso só é possível,

29 quando se estabelece moderação e equilíbrio entre o mais e o menos. A justa medida pressupõe realismo,

30 aceitação humilde dos limites e aproveitamento inteligente das possibilidades. É este equilíbrio que garante

31 a sustentabilidade a todos os fenômenos e processos, à Terra, às sociedades e à vida das pessoas.

32 O universo surgiu por causa de um equilíbrio extremamente sutil. Após a grande explosão originária,

33 se a força de expansão fosse fraca demais, o universo colapsaria sobre si mesmo. Se fosse forte demais, a

34 matéria cósmica não conseguiria adensar-se e formar assim gigantescas estrelas vermelhas,

35 posteriormente, as galáxias, as estrelas, os sistemas planetários e os seres singulares. Se não tivesse

36 funcionado esse refinadíssimo equilíbrio, nós humanos não estaríamos aqui para falar disso tudo.

37 Como alcançar essa justa medida e esse equilíbrio dinâmico? A natureza do equilíbrio demanda

38 uma arte combinatória de muitos fatores e de muitas dimensões, buscando a justa medida dentre todas

39 elas. Pretender derivar o equilíbrio de uma única instância é situar-se numa posição sem equilíbrio. Por isso

40 não basta a razão crítica, não é suficiente a razão simbólica, presente na religião e na espiritualidade, nem a

41 razão emocional, subjacente ao mundo dos valores e das significações, nem o recurso da tradição, do bom

42 senso e da sabedoria dos povos.

43 Todas estas instâncias são importantes, mas nenhuma delas é suficiente, por si só, para garantir o

44 equilíbrio. Este exige uma articulação de todas as dimensões e todas as forças.

45 A partir destas ideias, temos condições de apreciar a excelência da compreensão da paz como

46 equilíbrio do movimento. Se houvesse somente movimento sem equilíbrio, movimento linear ou

47 desordenado, em todas as direções, imperaria o caos e teríamos perdido a paz. Se houvesse apenas

48 equilíbrio sem movimento, sem abertura a novas relações, reinaria a estagnação e nada evoluiria. Seria a

49 paz dos túmulos. A manutenção sábia dos dois polos faz emergir a paz dinâmica, feita e sempre por fazer,

50 aberta a novas incorporações e a sínteses criativas.

51 Consideradas sob a ótica da paz como equilíbrio do movimento, as sociedades atuais são

52 profundamente destruidoras das condições da paz. Vivemos dilacerados por radicalismos, unilateralismos,

53 fundamentalismos e polarizações insensatas em quase todos os campos. A concorrência na economia e no

53 mercado, feita princípio supremo, esmaga a cooperação necessária para que todos os seres possam viver e

55 continuar a evoluir. O pensamento único da ideologia neoliberal, levado a todos os quadrantes da terra,

56 destrói a diversidade cultural e espiritual dos povos. A imposição de uma única forma de produção, com a

57 utilização de um único tipo de técnica e de administração, maximizando os lucros, encurtando o tempo e

58 minimizando os investimentos, devasta os ecossistemas e coloca sob risco o sistema vivo de Gaia. As

59 relações profundamente desiguais entre ricos e pobres, entre Norte e Sul e entre religiões que se

60 consideram portadoras de revelação divina e outras religiões da humanidade, reforçam a arrogância e

61 aumentam os conflitos religiosos. Todos estes fenômenos são manifestações da destruição do equilíbrio do

62 movimento e, por isso, da paz tão ansiada por todos. Somente fundando uma nova aliança entre todos e

63 com a natureza, inspirada na paz-equilíbrio-do-movimento como método e como meta, conseguiremos

64 sociedades sem barbárie, onde a vida pode florescer e os seres humanos podem viver no cuidado de uns

65 para com os outros, em justiça e, enfim, na paz perene, secularmente ansiada.

BOFF, Leonardo. Paz como equilíbrio do movimento. Disponível em: <http://www.leonardoboff.com/site/vista/2001-2002/pazcomo.htm>. Acesso em: 14 nov. 2012. (Adaptado).

(UEG) Defende-se no texto a ideia de que

(A) a vida surgiu a partir de um momento de estagnação, de inércia da matéria.
(B) o universo deve ser entendido como o agrupamento estático de todos os seres existentes.
(C) as coisas não são estáticas, fato que condiciona sua evolução.
(D) a razão simbólica é suficiente, por si só, para garantir o equilíbrio do universo.

A: incorreta. O autor deixa claro sua concordância com a teoria do "Big Bang" e de que a vida decorre do movimento gerado por essa grande explosão; **B:** incorreta. A ideia de movimento permeia todo o texto, inclusive nos argumentos de que ele que mantém o universo em equilíbrio evolutivo; **C:** correta. Como o próprio autor sugere, se não houvesse movimento, os destroços da grande explosão nunca teriam evoluído até as formas mais avançadas de vida; **D:** incorreta. O autor defende que, da mesma forma que as condições biológicas, as relações humanas também dependem do equilíbrio entre diversas ideologias, não podendo ele existir se albergado por uma só razão.

Gabarito "C"

(UEG) No sétimo parágrafo (linhas 27-31), tem-se a ideia de que a justa medida

(A) consiste no uso consciente das potencialidades naturais e sociais, de maneira a não esgotá-las.
(B) é uma possibilidade de rompimento entre o mais e o menos, a fim de que o menos possa ser mais.
(C) deve ser entendida como a não aceitação e a superação dos limites que cerceiam a existência.
(D) é insuficiente para instaurar o equilíbrio entre as coisas e para manter a sustentabilidade no planeta.

A: correta. O autor defende, com palavras diferentes, a ideia do desenvolvimento sustentável, ou seja, o poder de usarmos dos recursos naturais do planeta sem, contudo, extinguir suas fontes, para que elas possam sempre sustentar a vida na Terra; B, C e **D:** incorretas. Todo o texto circunda a ideia de equilíbrio como a medida necessária para impedir excessos. Essa medida seria encontrada no meio-termo de todas as coisas e opiniões, ideologias e posturas, sem radicalismos, sendo suficiente para, assim, fazer brotar a paz.

Gabarito "A"

(UEG) No último parágrafo do texto (linhas 51-65), o autor defende a ideia de que a paz, considerada como equilíbrio do movimento,

(A) é fortalecida pelo pensamento neoliberal que predomina em grande parte do mundo atual e que valoriza a diversidade cultural e espiritual dos povos.
(B) é nutrida por ricos e pobres, sendo reforçada pelas diversas religiões do mundo, que buscam superar as desigualdades, as arrogâncias e os conflitos.
(C) encontra-se realizada nas sociedades atuais, já que a concorrência na economia e no mercado propicia a cooperação necessária para a paz entre os povos.
(D) encontra obstáculos nas sociedades atuais, que destroem as condições de paz, desvalorizam a cooperação e apresentam radicalismos e fundamentalismos em quase todos os campos.

A: incorreta. O autor é crítico da ideologia neoliberal, que considera imperialista, no sentido de que avança sobre todos os países impondo sua suposta superioridade econômica, extirpando as diferenças culturais; **B:** incorreta. O autor critica as religiões, porque fundadas em radicalismos de fé, não sendo um caminho para o equilíbrio como provam, segundo o autor, os conflitos religiosos ao redor do mundo; **C:** incorreta. A livre concorrência, para o autor, cria uma selvageria no mercado que promove o oposto ao equilíbrio, porque não permite a cooperação entre as pessoas; **D:** correta. Esse seria o grande problema social atual, gerador de todos os conflitos acompanhados ao redor do globo.

Gabarito "D"

(UEG) No último parágrafo (linhas 51-65), o autor faz uma referência implícita à "hipótese Gaia" ou "teoria Gaia", formulada por James Lovelock com o objetivo de defender que a Terra seria um organismo vivo, comportando-se como tal. Ao fazer isso, o autor estabelece entre seu texto e as ideias de Lovelock uma relação

(A) paródica
(B) sarcástica
(C) metatextual
(D) intertextual

A característica na qual dois textos se entrelaçam, um mencionando o outro, cujo conhecimento é obrigatório para a plena compreensão da mensagem, chama-se intertextualidade.

Gabarito "D"

Um problema básico – descentralizar a Justiça

Hélio Bicudo, vice-prefeito de São Paulo, destacou-se pela sua participação, durante longos anos, como um dos membros da Pontifícia Comissão de Justiça e Paz, defendendo aqueles que eram perseguidos pelo regime militar. Nessa atividade, sua preocupação principal era a de encontrar soluções práticas e concretas para as questões que afligiam os brasileiros que enfrentavam dificuldades em recorrer à Justiça, a fim de postularem seus direitos. É bem conhecida, por exemplo, sua luta – como membro do Ministério Público e como jornalista – contra o Esquadrão da Morte.

O depoimento de Hélio Bicudo foi colhido por *estudos avançados* no dia 12 de maio. Cabe destacar ainda a participação, nesta entrevista, do advogado Luís Francisco Carvalho Filho, que milita na imprensa e se dedica especialmente a questões relacionadas à Justiça.

Luís Francisco Carvalho Filho – *Hélio Bicudo, em sua opinião, como devem ser resolvidos os problemas do acesso à Justiça brasileira e de sua eficiência?*

Hélio Bicudo – O problema do acesso à Justiça é uma questão fundamental quando se deseja promover uma reforma do Poder Judiciário. É importante salientar que essa é uma reforma que não necessita de alterações no texto constitucional. Acredito que os próprios Poderes Judiciários dos Estados poderiam adotar determinadas medidas, até mesmo administrativas, para diminuir a distância entre o cidadão e o juiz. Penso nisso há muito tempo. Quando trabalhei com o governador Carvalho Pinto, de 1959 a 1962, conseguimos sensibilizar o Tribunal de Justiça de São Paulo para a realização de uma reforma mais ou menos desse tipo. O que acontece hoje – e que acontecia naquela época – é que o Poder Judiciário está localizado na região central da cidade. É o caso, por exemplo, do Fórum Criminal, que tem cerca de sessenta Varas Criminais. Para se ouvir uma testemunha que, por exemplo, mora em Parelheiros, temos de trazê-la até o Centro, o que é um problema complicado.

Além disso, temos a maneira pela qual se desenvolve o processo. Por exemplo, o juiz que recebe a denúncia não é o mesmo que interroga, não é o mesmo que ouve as testemunhas, não é o que examina a prova.

No final, é um quarto ou um quinto juiz que decide, a partir de um documento inserido no papelório. Sempre acreditei que, para diminuir a distância entre o juiz e o cidadão, é preciso descentralizar o Poder Judiciário. Ora, se em São Paulo há cerca de cem delegacias policiais distritais, por que não se pode ter também 250 ou trezentos juizados?

(FGV) "Hélio Bicudo, em sua opinião, como devem ser resolvidos os problemas do acesso à Justiça brasileira e de sua eficiência?".

Na pergunta do entrevistador há uma série de dados implícitos; assinale a afirmativa que não pode ser inferida da pergunta feita pelo jornalista.

(A) a opinião do entrevistado é importante para o trabalho do jornalista.
(B) a intenção do jornalista é mostrar certa formalidade na entrevista.
(C) o entrevistador considera que há problemas no acesso à justiça no Brasil.
(D) o jornalista acha que a justiça brasileira carece de mais eficiência.
(E) o jornalista considera que ele e o entrevistado possuem opiniões semelhantes em alguns pontos.

A: correta. Mais do que inferido, esse ponto está expresso na pergunta elaborada. A opinião do entrevistado é o principal foco do jornalista; **B:** incorreta, devendo ser assinalada. Não há qualquer traço de formalidade na questão. Ao contrário, foram usadas palavras cotidianas e o entrevistado é chamado diretamente pelo nome, sem qualquer pronome de tratamento que o anteceda; **C:** correta. Ao perguntar quais seriam as soluções para os problemas mencionados, fica claro que o entrevistador entende que eles existem; **D:** correta, porque menciona que há problemas de eficiência no Poder Judiciário que podem ser resolvidos; **E:** correta. A pergunta denota que o entrevistador acredita que o entrevistado também vê problemas no acesso à Justiça e na eficiência do Poder Judiciário e pode sugerir soluções para a melhora nesse serviço.

Gabarito "B"

(FGV) A entrevista é precedida de um pequeno texto cuja finalidade é

(A) apresentar o entrevistado aos leitores que não o conhecem.
(B) dar autoridade às opiniões emitidas pelo entrevistado.
(C) acrescentar credibilidade às respostas do entrevistado.
(D) adicionar qualidade ao trabalho realizado pelo jornalista.
(E) demonstrar o valor político da atuação do entrevistado.

O texto inicial tem como mote a atuação politica do entrevistado durante sua carreira pública, dando ênfase às necessidades das classes menos favorecidas da população.

Gabarito "E"

(FGV) Observe a charge abaixo com atenção:

Em relação à mensagem da charge, assinale a afirmativa que não é coerente.

(A) A circunstância de a charge trazer na parte superior o termo "Insegurança nacional..." já indica o conteúdo crítico em relação às políticas de segurança.
(B) Na fala do cidadão, a presença de reticências indica as pausas características de vacilação da língua falada.
(C) O fato de a polícia auxiliar o cidadão com uma oração representa a ausência absoluta de as autoridades lhe providenciarem segurança.
(D) Na verdade, entre as duas falas atribuídas à polícia há uma contradição evidente.
(E) Estar o cidadão a pé e apelar para um orelhão em lugar de utilizar um celular são marcas de já ter sido ele vítima de um assalto anterior.

A: correta. O próprio título da charge já demonstra o crítica que nela está contida; **B:** correta. Realmente essa é a função exercida pelas reticências no texto; **C:** correta. A crítica exposta na charge é a falta de aparelhamento da polícia, que nada pode fazer de concreto para auxiliar o cidadão amedrontado; **D:** correta. O cidadão pede uma providência da polícia, que afirma que poderá tomá-la, ao que interlocutor é surpreendido com a total impossibilidade de a polícia ajudá-lo – dado que o policial simplesmente começa a rezar; **E:** incorreta, devendo ser assinalada. Não há qualquer dado no texto que autoriza essa ilação.

Gabarito "E"

Sofrimento psíquico em policiais civis: uma questão de gênero

Apesar de concebida pelo senso comum como uma instituição predominantemente masculina, a Polícia Civil do Estado do Rio de Janeiro admite também mulheres entre seus servidores. Em suas atividades diárias, elas relatam enfrentar dificuldades, frustrações e cobranças. Um estudo realizado pelo Centro Latino-americano de Estudos de Violência e Saúde (Claves), vinculado à Escola Nacional de Saúde Pública Sergio Arouca (Ensp), uma unidade da Fiocruz, questionou 2.746 policiais, dos quais cerca de 19% eram mulheres, e descobriu que elas apresentam mais sofrimento psíquico que seus colegas de trabalho.

"Sofrimento psíquico é um conjunto de condições psicológicas que, apesar de não caracterizar uma doença, gera determinados sinais e sintomas que indicam sofrimento" explica a psicóloga Edinilsa Ramos de Souza, coordenadora do projeto. O problema pode ser causado por diversos fatores, inclusive as condições de trabalho, como falta de instalações adequadas, estresse e falta de preparo para a função. "No dia a dia, o policial precisa continuar com o seu trabalho e não pode demonstrar fragilidade", acrescenta. "Isso aumenta o sofrimento e, muitas vezes, faz com que o profissional somatize as questões psicológicas em problemas de saúde, como pressão alta, insônia e dores de cabeça".

(Catarina Chagas)

(FGV) "Apesar de concebida pelo senso comum como uma instituição predominantemente masculina, a Polícia Civil do Estado do Rio de Janeiro admite também mulheres entre seus servidores".

A maneira de reescrever-se essa frase do texto que altera o seu sentido original é:

(A) Embora concebida pelo senso comum como uma instituição predominantemente masculina, a Polícia Civil do Estado do Rio de Janeiro admite também mulheres entre seus servidores.
(B) A Polícia Civil do Estado do Rio de Janeiro admite também mulheres entre seus servidores, ainda que seja concebida pelo senso comum como uma instituição predominantemente masculina.
(C) Conquanto concebida pelo senso comum como uma instituição predominantemente masculina, a Polícia Civil do Estado do Rio de Janeiro admite também mulheres entre seus servidores.
(D) Apesar de admitir mulheres entre seus servidores, também a Polícia Civil do Estado do Rio de Janeiro é concebida pelo senso comum como uma instituição predominantemente masculina.
(E) Mesmo que admita também mulheres entre seus servidores, a Polícia Civil do Estado do Rio de Janeiro é concebida pelo senso comum como uma instituição predominantemente masculina.

A única redação que altera o sentido original do texto é a exposta na alternativa "D", consistente no deslocamento do advérbio também. No trecho original, ele transmite a ideia de que há mulheres ao lado dos homens na Polícia Civil. Ao ser deslocado, passou a referir-se não só à Polícia Civil, ou seja, dá a entender que há outras instituições de segurança pública que são concebidas pelo senso comum como predominantemente masculinas.

Gabarito "D"

(FGV) O título e o texto informam ao leitor que o sofrimento psíquico entre policiais é uma questão de gênero, ou seja,

(A) atinge os policiais em geral de diferentes formas.
(B) está mais presente entre as mulheres que entre os homens.
(C) trata-se mais de uma questão psicológica do que física.
(D) apresenta relações com a maior fragilidade das mulheres.
(E) mostra relações com o despreparo das mulheres para a função policial.

"Gênero", no texto, é utilizado no sentido de "diferença de sexo»: gênero masculino e gênero feminino. Logo, «ser uma questão de gênero» refere-se a algo que é diferente para os homens e para as mulheres. No caso, o sofrimento psíquico, que é mais comum no universo feminino. Gabarito «B»

Gabarito "B"

(FGV) "Um estudo realizado pelo Centro Latino-americano de Estudos de Violência e Saúde (Claves), vinculado à Escola Nacional de Saúde Pública Sergio Arouca (Ensp), uma unidade da Fiocruz, questionou 2.746 policiais, dos quais cerca de 19% eram mulheres, e descobriu que elas apresentam mais sofrimento psíquico que seus colegas de trabalho".

Com relação aos constituintes desse segmento do texto, assinale a alternativa que mostra um comentário inadequado.

(A) Os adjetivos "realizado" e "vinculado" se prendem ao substantivo "estudo".
(B) A expressão "cerca de" se refere a uma quantidade aproximada.
(C) As duas palavras colocadas entre parênteses são siglas dos nomes anteriores.
(D) A informação de o estudo citado estar ligado à Fiocruz dá autoridade ao texto.
(E) Para evitar polissemia, a forma "questionou" poderia ser substituída por "entrevistou".

A: incorreta, devendo ser assinalada. O adjetivo "vinculado" refere-se ao Centro Latino-Americano de Estudos de Violência e Saúde; **B:** correta. Esse é justamente o significado da expressão, sinônima de «aproximadamente»; **C:** correta. Note que as palavras entre parênteses são formadas com as iniciais dos institutos que as precedem; **D:** correta. A Fiocruz é uma importante instituição nacional voltada â saúde pública; **E:** correta. «Questionar» pode significar «perguntar», como no texto, ou "duvidar", o que poderia causar confusão no leitor.

Gabarito "A"

(FGV) "Isso aumenta o sofrimento e, muitas vezes, faz com que o profissional <u>somatize</u> as questões psicológicas em problemas de saúde, como pressão alta, insônia e dores de cabeça". O termo sublinhado significa que o profissional

(A) prioriza as questões psicológicas em relação às de saúde física.
(B) transforma algo em doenças do corpo.

(C) considera as questões psicológicas como problemas de saúde.
(D) identifica as questões de saúde como problemas psicológicos.
(E) acrescenta problemas psicológicos aos de saúde.

"Somatizar" significa transformar um problema emocional ou psicológico em um mal físico, corporal.

Gabarito "B"

(FGV) A manchete do jornal, trazia a seguinte frase:

Rocinha ganha UPP de 700 PMs e 100 câmeras

(O Globo, *de 21/09/2012*)

Com relação à frase da manchete, assinale a afirmativa que traz uma observação inadequada.

(A) Como nas manchetes em geral, mesmo se tratando de um fato passado, a forma verbal empregada está no presente.
(B) As referências presentes na manchete contam com o conhecimento de mundo dos leitores para que a comunicação se realize.
(C) Por tratar-se de um tipo de texto em que a brevidade é essencial, há a presença de algumas siglas na manchete.
(D) As quantificações informadas atuam como marcas de grandiosidade do projeto de segurança.
(E) A mesma forma de indicação de plural em PMs deveria ter sido empregada em UPP.

A: correta. Esse é um recurso muito comum do texto jornalístico; **B:** correta. É necessário conhecer previamente a politica das Unidades de Policia Pacificadora do Governo do Estado do Rio de Janeiro para interpretar corretamente a manchete; **C:** correta. A manchete jornalística deve transmitir sua mensagem em pouco espaço, daí porque o uso de siglas; **D:** correta. Essa é a ideia que o jornalista quer transmitir com sua manchete; **E:** incorreta, devendo ser assinalada. No texto, UPP está no singular, portanto não deve receber qualquer «s» indicativo de plural.

Gabarito "E"

(FGV) Observe o material fotográfico a seguir, pertencente a uma campanha sobre a violência contra as mulheres.

Homens pelo fim da violência contra as mulheres

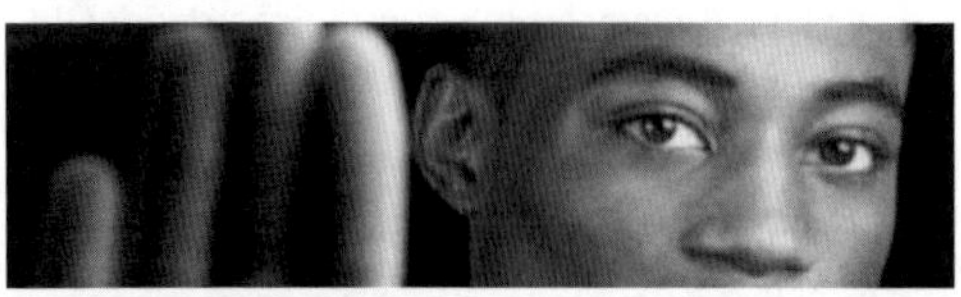

Sobre os elementos presentes na mensagem e na foto acima, assinale a afirmativa adequada.

(A) A mão à esquerda do cartaz representa um pedido de ajuda à polícia.
(B) O fato de o homem representado ser um negro mostra que a violência é predominante entre esse segmento de nossa população.
(C) O ato de o homem representado estar com o olhar voltado para o observador da foto mostra a tentativa de condenação da indiferença diante dessa violência.
(D) O homem presente no cartaz funciona como representante do mote da campanha expresso nas palavras na parte superior da foto.
(E) A mensagem na parte superior da foto faz supor que os homens só condenam a violência contra as mulheres.

A única afirmação que pode ser extraída da campanha é a constante da alternativa "D". O homem ilustra a mensagem transmitida, de que eles mesmos estão reconhecendo a necessidade e pedindo o fim da violência contra as mulheres.

Gabarito "D"

É voz corrente que a humanidade está vivendo um momento de crise. A excessiva exaltação dos objetivos econômicos, com a eleição dos índices de crescimento como o padrão de sucesso ou fracasso dos governos, estimulou a valorização exagerada da busca de bens materiais.

Isso foi agravado pela utilização dos avanços tecnológicos para estimular o consumismo e apresentar maliciosamente a posse de bens materiais supérfluos como padrão de sucesso individual. A consequência última desse processo foi a implantação do materialismo e do egoísmo na convivência humana, sufocando-se os valores espirituais, a ética e a solidariedade.

Dalmo Dallari. Internet: <dhnet.org.br/direitos/sos/discrim/preconceito/policiais.html>.

(CESPE) Assinale a opção que não está de acordo com as ideias do texto acima.

(A) A crise que a humanidade está vivendo envolve o abafamento de valores espirituais, da ética e da solidariedade.
(B) A busca de bens materiais provém da excessiva valorização dos índices de crescimento como padrão de sucesso das nações.
(C) O consumismo foi estimulado por meio dos avanços tecnológicos que apresentam os bens materiais como forma de sucesso individual.
(D) O processo de valorização exagerada dos bens materiais atenua a manifestação do egoísmo na convivência entre as pessoas.

A única alternativa que não está de acordo com o disposto no texto é a letra "D", que deve ser assinalada. Com efeito, o texto exalta justamente o contrário: que a valorização da posse de bens materiais é responsável pelo surgimento do egoísmo na sociedade.

Gabarito "D"

(CESPE) A dimensão social da democracia marcou o primeiro grande salto na conceituação dos direitos humanos. A afirmação dos direitos sociais surgiu da constatação da fragilidade dos direitos liberais, no sentido de que o homem, a favor do qual se proclamavam liberdades políticas, não satisfez ainda necessidades primárias: alimentar-se, vestir-se, morar, ter condições de saúde, ter segurança diante da doença, da velhice, do desemprego e de outros percalços da vida.

Idem, ibidem (com adaptações).

Assinale a opção que está de acordo com as ideias do texto acima.

(A) Do primeiro salto na definição dos direitos humanos decorre o caráter social da democracia.
(B) A fragilidade dos direitos liberais constitui a dimensão social da democracia.
(C) A afirmação dos direitos sociais proveio da constatação de que o homem, para o qual se propunha o direito à liberdade, ainda não havia conquistado suas necessidades primárias.
(D) Alimentar-se, vestir-se, morar, ter saúde, ter segurança diante dos percalços da vida foram os primeiros direitos humanos a serem requeridos na história.

A: incorreta. O caráter social da democracia não é a causa do primeiro salto na definição dos direitos humanos, mas sua principal característica; **B:** incorreta, pois, segundo o autor do texto, a fragilidade dos direitos liberais foi a causa da afirmação dos direitos sociais, não sendo sinônimos; **C:** correta, uma vez que o autor expõe a contraposição dos direitos liberais e dos direitos sociais, pois este nasceram da insuficiência daqueles; **D:** incorreta. O autor define os direitos sociais como o "primeiro grande salto na conceituação dos direitos humanos", deixando claro que estes já eram reconhecidos, mas não ainda em sua completa extensão. "Salto", no texto, tem o sentido de "avanço".

Gabarito "C"

Texto para a questão seguinte.

As mudanças e transformações globais nas estruturas políticas e econômicas no mundo contemporâneo colocam em relevo as questões de identidade e as lutas pela afirmação e manutenção das identidades nacionais e étnicas. Mesmo que o passado que as identidades atuais reconstroem seja, sempre, apenas imaginado, ele proporciona alguma certeza em um clima que é de mudança, fluidez e crescente incerteza. As identidades em conflito estão localizadas no interior de mudanças sociais, políticas e econômicas, mudanças para as quais elas contribuem.

Tomaz Tadeu da Silva (Org.). Stuart Hall e Kathryn Woodward. *Identidade e diferença — A perspectiva dos estudos culturais*. Petrópolis: Vozes, 2004, p. 24-5 (com adaptações).

(CESPE) A argumentação textual se apoia na ideia de que

(A) as transformações globais decorrem de conflitos de identidades nacionais e étnicas.
(B) as lutas pela afirmação e manutenção das estruturas globais são necessárias.
(C) as identidades atuais padecem de incerteza porque são apenas imaginadas.
(D) as identidades não são fixas e integram as mudanças sociais e políticas.
(E) as lutas pelas transformações sociais são o conflito de identidades.

A: incorreta. Segundo o autor do texto, aumenta-se a atenção sobre as identidades nacionais e étnicas por conta das transformações, não o contrário; **B:** incorreta, pois o autor em momento algum destaca a necessidade de conflitos; **C:** incorreta. O argumento esposado é de que o passado no qual se fundam as identidades atuais é imaginado, mas mesmo assim é um horizonte fixo em tempos de incerteza; **D:** correta, sendo um resumo da ideia geral proposta no texto. As identidades nacionais mudam com o tempo, visto que o passado é sempre imaginado, e contribuem para as mudanças sociais e políticas; **E:** incorreta. O autor não coloca os eventos como sinônimos, mas sim como complementares.

Gabarito "D"

As mudanças na economia global têm produzido uma dispersão das demandas ao redor do mundo. Isso ocorre não apenas em termos de bens e serviços, mas também de mercados de trabalho. A migração dos trabalhadores não é, obviamente, nova, mas a globalização está estreitamente associada à aceleração da migração. E a migração produz identidades plurais, mas também identidades contestadas, em um processo que é caracterizado por grandes desigualdades em termos de desenvolvimento. Nesse processo, o fator de expulsão dos países pobres é mais forte que o fator de atração das sociedades pós-industriais e tecnologicamente avançadas.

Idem, ibidem, p. 21 (com adaptações).

(CESPE) Assinale a opção correspondente a relação de causa e efeito que se depreende da argumentação do texto acima.

(A) A migração dos trabalhadores tem como causa a aceleração dos movimentos de globalização.
(B) A formação de identidades plurais provoca mais resistência dos trabalhadores às mudanças na economia global.
(C) A migração gera desigualdade de desenvolvimento e confronto entre países pobres e ricos.
(D) A dispersão das demandas ao redor do mundo acelera a migração e a constituição de identidades plurais.
(E) A atração que sociedades tecnologicamente avançadas exercem sobre os migrantes acarreta a expulsão de trabalhadores dos países pobres.

O autor do texto argumenta que as mudanças na economia são um fator de aceleração na migração de mão de obra. Atesta que ela (a migração) aconteceria de qualquer maneira, mas não na velocidade permitida pela globalização. Aduz, ainda, que a miscigenação de culturas cria identidades plurais e, ao mesmo tempo, desequilíbrio de desenvolvimento, porque os países pobres tendem a exportar mais trabalhadores do que os países ricos conseguem absorver. A única alternativa que resume perfeitamente a ideia é a "D".

Gabarito "D"

TEXTO 1

Uma língua, múltiplos falares

No Brasil, convivemos não somente com várias línguas que resistem, mas também com vários jeitos de falar. Os mais desavisados podem pensar que os mineiros, por exemplo, preferem abandonar algumas palavras no meio do caminho quando perguntam "ôndôtô?" ao invés de "onde eu estou?". Igualmente famosos são os "s" dos cariocas ou o "oxente" dos baianos. Esses sotaques ou modos de falar resultam da interação da língua com uma realidade específica, com outras línguas e seus falantes.

Todas as línguas são em si um discurso sobre o indivíduo que fala, elas o identificam. A língua que eu uso para dizer quem eu sou já fala sobre mim; é, portanto, um instrumento de afirmação da identidade.

Desde suas origens, o Brasil tem uma língua dividida em falares diversos. Mesmo antes da chegada dos portugueses, o território brasileiro já era multilíngue. Estimativas de especialistas indicam a presença de cerca de mil e duzentas línguas faladas pelos povos indígenas. O português trazido pelo colonizador tampouco era uma língua homogênea. Havia variações, dependendo da região de Portugal de onde ele vinha.

Há de se considerar também que a chegada de falantes de português acontece em diferentes etapas, em momentos históricos específicos. Na cidade de São Paulo, por exemplo, temos primeiramente o encontro linguístico de portugueses com índios e, além dos negros da África, vieram italianos, japoneses, alemães, árabes, todos com suas línguas. Daí que na mesma São Paulo podem-se encontrar modos de falar distintos, como o de Adoniram Barbosa, que eternizou em suas composições o sotaque típico de um filho de imigrantes italianos, ou o chamado erre retroflexo, aquele erre dobrado que, junto com a letra i, resulta naquele jeito de falar "cairne" e "poirta" característico do interior de São Paulo.

Independentemente dessas peculiaridades no uso da língua, o português, no imaginário, une. Na verdade, a construção das identidades nacionais modernas se baseou num imaginário de unidade linguística. É daí que surge o conceito de língua nacional, língua da nação, que pretensamente une a todos sob uma mesma cultura. Esta unidade se constitui a partir de instrumentos muito particulares, como gramáticas e dicionários, e de instituições como a escola. No Brasil, hoje, o português é a língua oficial e também a língua materna da maioria dos brasileiros. Entretanto, nem sempre foi assim.

Patrícia Mariuzzo.Disponível em: http://www.labjor.unicamp.br/patrimonio/materia.php?id=219. Acesso em 09/05/2012. Excerto adaptado.

(PIAUÍ) Desde o título, o leitor do Texto 1 tem elementos para antecipar que ele trata:

(A) da importância da língua portuguesa como instrumento de afirmação da identidade.
(B) da herança linguística deixada por diferentes povos na cidade de São Paulo.
(C) de como a língua portuguesa, como qualquer outra língua, apresenta variedades.
(D) do forte sotaque que caracteriza falantes de algumas regiões, como o do mineiro.
(E) da diversidade de povos indígenas que habitavam o Brasil antes da colonização.

O texto trabalha a ideia central de que, mesmo sendo um único idioma, os regionalismos transformam a Língua Portuguesa em uma grande diversidade de sons, como todas as demais línguas vivas. O candidato deve ter cuidado com questões desse tipo, porque todas as alternativas apresentam ideias que, umas mais, outras menos diretamente, estão expostas no texto, mas não representam o tema, a ideia central discutida.

Gabarito "C"

(PIAUÍ) O conteúdo global do Texto 1 pode ser sintetizado pelas seguintes palavras-chave:

(A) Brasil; sotaques; índios.
(B) língua portuguesa; falares; variedades.
(C) colonização; sotaques; portugueses.
(D) português; índios; negros.
(E) língua portuguesa; Brasil; São Paulo.

Palavras-chave são aquelas que têm o condão de resumir as principais ideias do texto. Nesse caso, poderíamos elencá-las como "língua portuguesa", "falares" e "variedades". Mais uma vez, atente para o fato de que todas as palavras sugeridas relacionam-se com o texto, porém devemos procurar aqueles que se ligam ao seu núcleo.

Gabarito "B"

(PIAUÍ) Analise as informações apresentadas a seguir.

1) Foi a partir da chegada dos portugueses ao Brasil que o nosso país passou a caracterizar-se como um país multilíngue.
2) Um dos fatores que contribuíram para a multiplicidade de falares no Brasil foi a vinda de falantes de português em diferentes momentos históricos.
3) A heterogeneidade de falares é uma característica do português brasileiro, uma vez que os portugueses falavam uma língua bastante homogênea quando aqui chegaram.
4) Além da escola, alguns instrumentos, como gramáticas e dicionários, contribuem para que nós, brasileiros, imaginemos que temos unidade linguística.

Estão em consonância com o Texto 1 as informações:

(A) 2 e 4, apenas.
(B) 1 e 3, apenas.
(C) 2, 3 e 4, apenas.
(D) 1 e 4, apenas.
(E) 1, 2, 3 e 4.

1: incorreta. A autora destaca no terceiro parágrafo que o Brasil já era multilíngue antes da chegada dos portugueses; **2:** correta, conforme exposto no começo do quarto parágrafo; **3:** incorreta. A autora afirma que o português de Portugal também já não era homogêneo no fim do terceiro parágrafo; **4:** correta. Esse argumento é apresentado no último parágrafo.

Gabarito "A"

(PIAUÍ) "No Brasil, hoje, o português é a língua oficial e também a língua materna da maioria dos brasileiros." Sobre esse trecho, analise as proposições a seguir.

1) Claramente, a afirmação que nele se faz está localizada espacialmente.
2) As expressões "língua oficial" e "língua materna" são dadas como sinônimas.
3) Ele autoriza o leitor a concluir que, no Brasil, nem todos os habitantes falam português.
4) Há marcas explícitas de localização temporal.

Estão corretas:
(A) 2, 3 e 4, apenas.
(B) 1, 2 e 4, apenas.
(C) 1, 3 e 4, apenas.
(D) 2 e 3, apenas.
(E) 1, 2, 3 e 4.

1: correta. A localização da informação no espaço está expressa pelo adjunto adverbial de lugar "No Brasil"; **2:** incorreta. Ao mencionar ambas as expressões vinculadas pela conjunção "e", a autora denota que cada uma tem seu significado próprio; **3:** correta, porque o português é atribuído como língua materna "da maioria dos brasileiros", ou seja, não todos; **4:** correta. A localização da informação no tempo está expressa pelo adjunto adverbial de tempo "hoje".

Gabarito "C"

(PIAUÍ) "Estimativas de especialistas indicam a presença de cerca de mil e duzentas línguas faladas pelos povos indígenas." O sentido global desse trecho está mantido em:

(A) Especialistas têm a expectativa de que os povos de origem indígena sejam perto de mil e duzentos.
(B) A previsão de especialistas é estimada em mais de mil e duzentas línguas indígenas faladas.
(C) As mil e duzentas línguas faladas pelos povos indígenas foram contadas por especialistas.
(D) Havia aproximadamente mil e duzentas línguas faladas pelos índios, calculam os especialistas.
(E) A presença de especialistas entre os povos indígenas indica que estes falavam perto de mil e duzentas línguas.

A: incorreta. A alternativa confunde a informação da quantidade de línguas indígenas com a quantidade de povos indígenas. Pode haver povos com mais de uma língua ou mais de um povo que fale a mesma língua; **B:** incorreta. "Línguas faladas pelos povos indígenas" não é a mesma coisa que "línguas indígenas faladas", porque essas últimas transmitem a ideia de que podem não ser faladas pelos povos indígenas; **C:** incorreta. Trata-se de uma estimativa, portanto não houve uma contagem precisa das línguas; **D:** correta. A alternativa parafraseia o enunciado com perfeição; **E:** incorreta. O substantivo "presença" foi deslocado de forma a alterar o sentido da oração. O enunciado não diz que os especialistas estavam presentes, mas sim que existiam cerca de mil e duzentas línguas indígenas.

Gabarito "D"

TEXTO 2

Imagem disponível em: descomplicandoared.blogspot.com. Acesso em 09/05/2012.

(PIAUÍ) O Texto 2 pode ser utilizado para ilustrar a seguinte informação do Texto **1:**

(A) "Igualmente famosos são os "s" dos cariocas ou o "oxente" dos baianos."
(B) "Esses modos de falar resultam da interação da língua com uma realidade específica."
(C) "Daí que na mesma São Paulo podem-se encontrar modos de falar distintos".
(D) "O português é a língua oficial e também a língua materna da maioria dos brasileiros. Entretanto, nem sempre foi assim."
(E) "A construção das identidades nacionais modernas se baseou num imaginário de unidade linguística."

A: incorreta. As personagens da charge são um gaúcho e um mineiro, portanto não ilustram o carioca e o baiano mencionados na alternativa; **B:** correta. O texto 2 demonstra, de forma lúdica, a diversidade linguística das diferentes regiões do país, baseada nas características culturais peculiares de cada uma; **C:** incorreta. Não há qualquer referência no texto 2 de que as personagens estejam em São Paulo; **D:** incorreta. O texto 2 não se refere às línguas diferentes do português; **E:** incorreta. A charge é mais superficial que o texto 1, não avançando sobre a questão da suposta unidade linguística nacional.

Gabarito "B"

Texto para as duas questões seguintes.

Triste Europa

Um Estado pode prender e expulsar um menor desacompanhado só porque ele é estrangeiro e não possui os documentos que o próprio Estado não quis lhe conceder? E, na mesma situação, os idosos, as grávidas e os portadores de deficiência? E os que, no país de origem, foram vítimas de tortura, estupro ou outras formas graves de violência?

Pois a nova norma sobre "o regresso de nacionais de terceiros países em situação irregular", recentemente aprovada pelo Parlamento Europeu, não apenas permite que um país o faça como estende uma tenebrosa concepção jurídica da imigração aos Estados-membros da União Europeia.

Tanto essa diretiva como as leis de certos países que a inspiraram são incompatíveis com as Constituições nacionais dos Estados-membros. São ilegais em relação ao direito internacional dos direitos humanos, arduamente tecidos após a Segunda Guerra Mundial. E colidem com o próprio direito regional – especialmente a Carta dos Direitos Fundamentais da UE (Nice, 2000) e a Convenção Europeia dos Direitos Humanos (Roma, 1950).

De ardilosa redação, a norma, a um só tempo, refere os direitos humanos e institucionaliza sua violação sistemática.

Uma alínea assegura um direito, enquanto outra mais adiante o condiciona ou lhe rouba o sentido.

Sob o pretexto de organizar a expulsão, batizada de "afastamento", o estrangeiro pode ser detido por até 18 meses. As condições de detenção e expulsão são inaceitáveis: em princípio, há espaços isolados denominados "centros de retenção" (os que já existem lembram campos de concentração). Porém, havendo um número "excepcionalmente elevado" de estrangeiros, estes podem ser mesclados aos presos comuns, e as famílias podem ser separadas.

Acompanha a expulsão uma "interdição de entrada" em todo o território coberto pela diretiva, que pode durar cinco anos ou até se prolongar indefinidamente. Num processo apto a resultar em tão graves consequências, o Estado pode considerar desnecessária a tradução dos documentos, desde que "se possa razoavelmente supor" que o estrangeiro os compreenda.

Ademais, as informações sobre as razões de fato da expulsão podem ser limitadas, para salvaguardar, entre outros, a segurança nacional.

Infelizmente, a comunidade internacional não exagerou ao apelidá-la de "Diretiva da Vergonha". Ela constitui uma derrota mais grave do que o fracasso da Constituição Europeia ou do Tratado de Lisboa, recentemente recusados por referendos populares.

Concluída a fusão dos mercados, em vez de rumar para a integração política e consolidar seu protagonismo na cena mundial, a Europa faz da integração um utensílio da exclusão.

Claro está que Bruxelas não pode evitar a deriva à direita de certos Estados, mas tampouco necessita servir à regionalização da xenofobia.

Por outro lado, a diretiva complica ainda mais as já difíceis negociações inter-regionais com o Mercado Comum do Sul, Mercosul, cujos chefes de Estado se uniram para emitir um veemente protesto na recente Cúpula de Tucumán (Argentina).

Com efeito, além da ilegalidade, aqui há ingratidão. Os fluxos migratórios oriundos da Europa se espalharam por todos os continentes. Mais do que ninguém, os europeus sabem que não há emigração em massa sem fortes motivações, essencialmente de natureza socioeconômica.

Ora, as mazelas da imigração só podem ser resolvidas com a integração dos estrangeiros às sociedades, associada a uma enfática cooperação internacional, a fim de extrair da miséria e da desesperança a larga franja demográfica em que nascerá o futuro ser humano a expulsar.

Estima-se que possam ser expulsos da Europa 8 milhões de estrangeiros considerados em situação irregular, embora, em sua ampla maioria, não tenham praticado nenhum crime, trabalhem e recolham impostos.

Somando-se essa possibilidade à fresca barbárie do governo republicano dos EUA, o mundo desenvolvido desgasta aguda e paulatinamente sua autoridade moral para cobrar valores humanistas de outros governos.

Paradoxos da globalização: jamais a humanidade dispôs de tantas facilidades para se mover, mas nunca antes ela foi tão fortemente cerceada em sua liberdade.

A Europa crava tristes trópicos em si mesma. Estamos, ainda, distantes do fim do território nacional e do Estado como inospitaleiras construções do homem contra si mesmo. Razão a mais para acreditar que cabe ao Sul, e particularmente ao plural Brasil, a invenção de novos modelos, talvez menos opulentos, mas seguramente mais solidários, de convívio respeitoso entre os homens.

(Ricardo Seitenfus e Deisy Ventura. *Folha de São Paulo*, 24 de julho de 2008)

(FGV) Para compor suas ideias no texto , os autores só não se valeram de:

(A) apresentação de elementos de base estatística.
(B) comparações.
(C) questionamentos.
(D) citações.
(E) argumentos referendados por órgãos de credibilidade.

A: incorreta. Os autores se valem da estatística na linha 69, como base para ilustrar o alcance das normas editadas pelo Parlamento Europeu; **B:** incorreta. Há exemplo de comparação nas linhas 45 a 49, quando os autores traçam um paralelo entre a "diretiva da vergonha" e os fracassos da Constituição Europeia e do Tratado de Lisboa; **C:** incorreta. Os questionamentos, como recurso de retórica, que demandam um raciocínio do leitor durante a leitura, foram usados na introdução (linhas 1 a 6); **D:** incorreta. Entre as linhas 25 e 40, os autores citam diversas passagens da diretiva, com o intuito de, mais uma vez, ilustrar as razões de sua indignação; **E:** correta. Com efeito, argumentos referendados por órgãos de credibilidade, também conhecidos como "argumentos de autoridade", manifestados por pessoas ou entidades de renome sobre o tema, não aparecem no texto.

Gabarito "E"

(FGV) A respeito do texto, analise as afirmativas a seguir:

I. O texto aponta uma contradição entre a ideia de "união" da Europa e sua real política de exclusão.
II. O texto representa um desabafo em tom emotivo por parte dos autores.
III. O texto aponta para uma inferência dos Estados europeus como não solidários.

Assinale:

(A) se somente as afirmativas I e II estiverem corretas.
(B) se todas as afirmativas estiverem corretas.
(C) se somente as afirmativas II e III estiverem corretas.
(D) se somente as afirmativas I e III estiverem corretas.
(E) se nenhuma afirmativa estiver correta.

I: correta. O principal fundamento usado pelos autores é a aparente contradição nas decisões tomadas pela União Europeia, pioneira na integração regional de diferentes países e redução de barreiras fronteiriças, mas pródiga na criação de normas que afastam a entrada de estrangeiros nos países do bloco; II: incorreta. O texto nada tem de emotivo. Os autores lançam mão de argumentos históricos, estatísticos e políticos de índole marcadamente objetiva para basear suas opiniões; III: correta, sendo possível extrair do texto a conclusão de que os países da Europa não se mostram solidários ao recusar asilo a estrangeiros em qualquer situação que não lhes pareça proveitosa para o próprio Estado.

Gabarito "D"

Texto para as seis questões seguintes:

Quanto mais nos vemos no espelho, mais dificuldade temos, como brasileiros, de achar um foco para nossa imagem. Pelo menos, nossa imagem como povo. (...)

Nossa identidade é assunto polêmico desde tempos remotos. Quando o escritor Mário de Andrade deu vida ao espevitado e contraditório personagem Macunaíma, em 1928, nosso herói sem nenhum caráter já andava desesperadamente à procura dela. Ele sabia que havia algo de brasileiro no ar e foi buscar indícios desses traços na riqueza da cultura popular. (...) No final dos anos 80, o antropólogo Darcy Ribeiro continuava indagando:

"E não seria esta alegria – além da mestiçagem alvoroçada, da espantosa uniformidade cultural e do brutal desgarramento classista – uma das características distintivas dos brasileiros? Seria a compensação dialética à que o povo se dá da vida azarosa, famélica e triste que lhe impõem?"

Ninguém ainda respondeu a contento à questão. O historiador Sérgio Buarque de Holanda, em *Raízes do Brasil* (1936), foi buscar na origem portuguesa os traços que fazem do brasileiro um brasileiro: o estilo cordial, hospitaleiro, pacato e resignado, em um povo que herdou a bagunça lusa. Mas será que todo brasileiro vê essa imagem no espelho? Ser apenas o povo do futebol, do samba e das mais belas mulheres do mundo basta? Aliás, será que somos isso mesmo? (...)

SCAVONE, Míriam. In: *Porto Seguro Brasil.*
Conteúdo fornecido e produzido
pela Editora Abril S.A. (SP).

(CESGRANRIO) A respeito da temática do Texto, é correto afirmar que se trata da:

(A) alienação do brasileiro quanto à busca de sua identidade.
(B) perseverança do povo para construir sua identidade.
(C) tentativa de se caracterizar a identidade do povo brasileiro.
(D) caracterização do brasileiro segundo teorias estrangeiras.
(E) oposição entre duas teorias sobre a identidade do brasileiro.

O texto busca, através das opiniões de autores consagrados, demonstrar a dificuldade de se definir as características determinantes do povo brasileiro.

Gabarito "C"

(CESGRANRIO) O período "Quanto mais nos vemos no espelho, mais dificuldade temos, como brasileiros, de achar um foco para nossa imagem."(l.1-3), no Texto acima, caracteriza-se pela ideia de:

(A) distanciamento.
(B) comparação.
(C) concessão.
(D) temporalidade.
(E) proporcionalidade.

O período transmite a ideia de proporcionalidade por conta da presença dos advérbios "quanto mais" e "mais", que estabelecem uma relação direta do número de vezes em que nos vemos no espelho com a crescente dificuldade de achar um foco para a imagem.

Gabarito "E"

(CESGRANRIO) Para Sérgio Buarque de Holanda, o que faz do brasileiro um brasileiro é a(o):

(A) tendência acolhedora, pacífica e afável.
(B) repulsa à "bagunça lusa".
(C) resignação diante do domínio lusitano.
(D) distanciamento das características dos colonizadores.
(E) espanto diante de sua imagem no espelho.

A: correta. A expressão é sinônima àquela que, no texto, tem a função de aposto da teoria de Sérgio Buarque de Hollanda: "o estilo cordial, hospitaleiro, pacato e resignado"; **B:** incorreta. Sérgio Buarque de Hollanda afirma, segundo o texto, que herdamos a bagunça lusa; **C:** incorreta. A resignação mencionada na linha 23 não se refere à herança lusitana, mas sim ao modo de viver do povo brasileiro;

D: incorreta, conforme comentário à alternativa "B"; **E:** incorreta. A imagem no espelho é usada em sentido conotativo, figurado. É uma metáfora sobre a identidade do povo brasileiro.

Gabarito "A"

(CESGRANRIO) Na frase do texto "**Aliás**, será que somos isso mesmo?" (l. 27), o termo destacado introduz um(a):

(A) argumento que comprova a falta de identidade do brasileiro.
(B) indagação que leva à reflexão sobre o tema abordado.
(C) pergunta que levanta dúvidas sobre o papel do historiador.
(D) pergunta feita por um repórter a Sérgio Buarque de Holanda.
(E) justificativa para a opinião de Mário de Andrade.

"Aliás" é palavra denotativa que exprime retificação, exercendo função sintática semelhante a advérbio. Seu uso remete ao questionamento daquilo que acabou de ser dito: no caso do texto, que somos "o povo do futebol, do samba e das mais belas mulheres do mundo". Ao questionar esse fato, a autora busca conduzir o leitor para o próprio problema debatido, que é a dificuldade de se definir as características determinantes do povo brasileiro.

Gabarito "B"

(CESGRANRIO) De acordo com o Texto, no final dos anos 80, o antropólogo Darcy Ribeiro:

(A) afirmava que a alegria era uma característica marcante do brasileiro.
(B) priorizava a influência da mestiçagem como elemento definidor da identidade.
(C) demonstrava a recusa do povo em contrapor sua alegria instintiva às dificuldades enfrentadas.
(D) refletia sobre as razões da alegria do brasileiro, apesar dos fatores que oprimiam o povo.
(E) dissipava as dúvidas sobre quais seriam as características de nossa identidade.

O antropólogo sugeria que a alegria, ao lado da "mestiçagem alvoroçada", da "espantosa uniformidade cultural" e do "brutal desgarramento classista", seria uma compensação, ou consolo, para a "vida azarosa, famélica e triste", ou seja, cheia de dificuldades (má sorte, fome e tristeza).

Gabarito "D"

(CESGRANRIO) No Texto, o trecho atribuído a Darcy Ribeiro (l. 11-18) se caracteriza por:

(A) ser inteiramente afirmativo.
(B) estruturar-se numa circunstância de lugar.
(C) apoiar-se no uso de adjetivos.
(D) basear-se numa gradação de verbos irregulares.
(E) optar pela ausência de conectivos.

A: incorreta. O trecho é majoritariamente composto por períodos interrogativos; **B:** incorreta. O trecho apoia-se nas características das pessoas, não se referindo a critérios geográficos; **C:** correta. Há, realmente, grande número de adjetivos: "alvoroçada", "espantosa", "brutal", "classista", "azarosa", "famélica" e "triste"; **D:** incorreta. Não foi usada a gradação verbal, figura de linguagem na qual as palavras são usadas em ordem crescente em direção a um clímax; **E:** incorreta. O autor não evitou o uso de conectivos, usando "e" e "além" (linha 13).

Gabarito "C"

Texto para as duas questões seguintes.

A morte da porta-estandarte

Que adianta ao negro ficar olhando para as bandas do Mangue ou para os lados da Central? Madureira é longe e a amada só pela madrugada entrará na praça, à frente do seu cordão. O que o está torturando é a ideia de que a presença dela deixará a todos de cabeça virada, e será a hora culminante da noite. Se o negro soubesse que luz sinistra estão destilando seus olhos e deixando escapar como as primeiras fumaças pelas frestas de uma casa onde o incêndio apenas começou! ... Todos percebem que ele está desassossegado, que uma paixão o está queimando por dentro. Mas só pelo olhar se pode ler na alma dele, porque, em tudo mais, o preto se conserva misterioso, fechado em sua própria pele, como numa caixa de ébano. (...) Sua agonia vem da certeza de que é impossível que alguém possa olhar para Rosinha sem se apaixonar. E nem de longe admite que ela queira repartir o amor.(...) No fundo da Praça, uma correria e começo de pânico. Ouvem-se apitos. As portas de aço descem com fragor. As canções das Escolas de Samba prosseguem mais vivas, sinfonizando o espaço poeirento.

— Mataram uma moça! (...)

A mulata tinha uma rosa no pixaim da cabeça. Um mascarado tirou a mantilha da companheira, dobrou-a, e fez um travesseiro para a morta. Mas o policial disse que não tocassem nela. Os olhos não estavam bem fechados. Pediram silêncio, como se fosse possível impor silêncio àquela Praça barulhenta. (...)

— Só se você visse, Bentinha, quanto mais a faca enterrava, mais a mulher sorria ... Morrer assim nunca se viu ...

O crime do negro abriu uma clareira silenciosa no meio do povo. Ficaram todos estarrecidos de espanto vendo Rosinha fechar os olhos. O preto ajoelhado bebia-lhe mudamente o último sorriso, e inclinava a cabeça de um lado para outro como se estivesse contemplando uma criança. (...) Ele dobra os joelhos para beijá-la. Os que não queriam se comover foram-se retirando. O assassino já não sabe bem onde está. Vai sendo levado agora para um destino que lhe é indiferente. É ainda a voz da mesma canção que lhe fala alguma coisa ao desespero:

Quem fez do meu coração seu barracão?
Foi ela ...

MACHADO, Aníbal M. *In*: Antologia escolar de contos brasileiros. Herberto Sales (Org.) Rio de Janeiro, Ed. Ouro, s/d.

(CESGRANRIO) Relativamente às características textuais, é correto afirmar que, no Texto acima, há uma:

(A) cobertura jornalística de um incidente no Carnaval.
(B) série de definições sobre o amor, exemplificadas com uma história.
(C) narrativa da agonia de um amante que é trocado por outro, no Carnaval.
(D) narrativa sobre amor e ciúme, com segmentos descritivos.
(E) descrição minuciosa de um assassinato, num baile carnavalesco.

Trata-se de um texto narrativo que conta uma história sobre amor e ciúme. O negro é apaixonado por Rosinha e, por conta de um ciúme doentio, "tem certeza de que é impossível que alguém possa olhar para Rosinha e não se apaixonar". Por isso, conclui que a melhor solução é matar a moça, ainda que a ame muito. A narração é permeada de trechos eminentemente descritivos, como nas linhas 08-11 e 14-16.

Gabarito "D"

(CESGRANRIO) O par opositivo que NÃO corresponde aos elementos constitutivos da descrição do estado do personagem, no 5º parágrafo do Texto, é:

(A) corpo e alma.
(B) agonia e calma.
(C) paixão e entorpecimento.
(D) interior e exterior.
(E) pele e olhar.

A descrição do personagem contempla aspectos exteriores, como pele, olhar, corpo, e interiores, como alma, paixão e entorpecimento. A única coisa que não podemos extrair da descrição é que o negro está "calmo", diante de seu "desassossego", com a paixão "queimando" por dentro. Portanto, incorreta a alternativa "B", que deve ser assinalada.

Gabarito "B"

Texto para as duas questões seguintes.

Ainda é cedo amor
Mal começaste a conhecer a vida
Já anuncias a hora da partida
Sem saber mesmo o rumo que irás tomar

Preste atenção querida
Embora eu saiba que estás resolvida
Em cada esquina cai um pouco a sua vida
Em pouco tempo não serás mais o que és

Ouça-me bem, amor
Preste atenção o mundo é um moinho
Vai triturar teus sonhos tão mesquinhos
Vai reduzir as ilusões a pó

Preste atenção querida
De cada amor tu herdarás só o cinismo
Quando notares estás à beira do abismo
Abismo que cavaste com teus pés

Cartola

(CESGRANRIO) Assinale a opção que tem correspondência de sentido com a frase "Mal começaste a conhecer a vida" (v. 2), no Texto.

(A) Começaste há pouco a conhecer a vida.
(B) Não percebes o mal no mundo.
(C) Já estás farta de conhecer a vida.
(D) Começaste erradamente a conhecer a vida.
(E) Só conheces as maldades da vida.

O advérbio "mal", no texto, não tem conotação negativa. É, na verdade, um indicativo de tempo, com o sentido de "recentemente", "há pouco tempo". Com isso, estão incorretas as letras B, C, D e E e correta a alternativa A.

Gabarito "A"

(CESGRANRIO) Da leitura do texto de Cartola, depreende-se:

I. o sentimento de rejeição que o poeta tem pela juventude;
II. os obstáculos que os sonhadores podem encontrar;
III. o desalento de quem desistiu de lutar;
IV. o sinal de alerta para quem começa a viver;
V. a ternura que o autor dedica à destinatária da canção.

É(São) correta(s) apenas a(s) afirmação(ões):

(A) I e II
(B) II, IV e V
(C) III
(D) III e IV
(E) III e V

I: incorreta. Ao contrário, o poeta preocupa-se com a juventude de sua interlocutora e cuida de informá-la das dificuldades da vida; II: correta. O texto descreve uma série de conflitos comuns no dia a dia, os quais muitas vezes acabam por trazer tristezas e decepções; III: incorreta. O poeta não desistiu de viver ou lutar pela felicidade. Ele apenas busca, por meio de conselhos, tornar mais fácil a vida de sua interlocutora; IV: correta. Este é, inclusive, o tema principal passado pela mensagem do poeta; V: correta. O carinho que o poeta sente por sua interlocutora é demonstrada pelo tratamento adotado ("amor" e "querida").

Gabarito "B"

Texto para as três questões seguintes.

(...) Nossa identidade surgiu com a chegada dos portugueses. O País foi crescendo e se transformando, como uma pessoa. Hoje não é mais aquele de 400 anos atrás, porque identidade é uma coisa dinâmica. O brasileiro se vê como um povo com pouca informação, baixa autoestima, por isso acha graça de ser visto como meio malandro, simpático. Essa autoestima anda mais em baixa ainda, pois um povo que pouco ou nada faz para transformar a atual situação (...) não demonstra apreço por si próprio.(...) Essa coisa de futebol, mulata, samba, caipirinha, Carnaval ainda está na nossa identidade, é o nosso lado folclórico, mas a gente precisa sair dessa e se ver também como um povo com cultura, educação, tecnologia. Não somos mais tão folclóricos, mas nos portamos como se o fôssemos. O fato é que a grande e difusa identidade brasileira está multifacetada em subidentidades: do norte, do centro, do sul. (...)

LUFT, Lya. *In*: Porto Seguro Brasil. Conteúdo fornecido e produzido pela Editora Abril S.A. (SP). (adaptado).

(CESGRANRIO) No texto, acima quando a autora afirma que a identidade brasileira está "multifacetada em subidentidades", a expressão em destaque refere-se à:

(A) densidade demográfica do país.
(B) ambiguidade do caráter do brasileiro.
(C) diversidade de aspectos culturais.
(D) fragmentação do sentimento nacional.
(E) reduzida diferenciação sociopolítica.

"Faceta" pode ser usada, em sentido conotativo, com o significado de "aspecto", "característica". A autora quer destacar que o povo brasileiro apresenta inúmeras manifestações culturais diferentes entre si, por isso o prefixo "multi".

Gabarito "C"

(CESGRANRIO) De acordo com o desenvolvimento da temática, no Texto IV, é correto afirmar que Lya Luft:

(A) incita os brasileiros a abandonarem uma visão limitada de si mesmos.
(B) repousa a identidade do povo brasileiro apenas nos portugueses.
(C) dissocia a falta de apreço por si próprio da atual situação.
(D) coloca no cultivo do folclore a razão da baixa autoestima do brasileiro.
(E) condena a falta de cultura e de investimentos na tecnologia.

A: correta. Este é o objetivo do texto: demonstrar que o povo brasileiro se acomodou com a imagem do "país do futebol, do samba e do Carnaval" e não se porta como um país cultural e tecnológico; **B:** incorreta. A autora deixa claro que nossa identidade não é a mesma da época da chegada dos portugueses, ainda que tenha surgido com ela, por conta de sua dinâmica; **C:** incorreta. A autora manifesta sua indignação com o fato da autoestima do brasileiro estar cada vez mais em baixa; **D:** incorreta. O folclore é uma das características marcantes do povo, mas não a razão de sua baixa autoestima, que nasce da imagem que o brasileiro tem de si mesmo como um povo com pouca informação; **E:** incorreta. Ao contrário, a autora conclama os brasileiros a olhar a sua volta e perceber que já somos um país rico em cultura e em tecnologia.

Gabarito "A"

(CESGRANRIO) No Texto IV, para a autora, a identidade de um povo é algo que:

(A) precisa de coerência e conservadorismo para ser válida.
(B) necessita de uma colonização estrangeira para se firmar.
(C) determina a sua baixa autoestima.
(D) muda de acordo com as circunstâncias pelas quais passa.
(E) independe dos valores morais existentes na sociedade.

Dentre todas as conclusões apresentadas, a única que pode ser inferida corretamente do texto é a alternativa "D", sendo que a autora chega a dizer, diretamente, que a "identidade é uma coisa dinâmica", sendo a identidade atual do brasileiro diferente daquela de 400 anos atrás, nascida da chegada dos portugueses.

Gabarito "D"

Texto para as três questões seguintes.

Brinkmanship

Em 1964, o cineasta Stanley Kubrick lançava o filme Dr. Strangelove. Nele, um oficial norte-americano ordena um bombardeio nuclear à União Soviética e comete suicídio em seguida, levando consigo o código para cancelar o bombardeio. O presidente norte-americano busca o governo soviético na esperança de convencê-lo de que o evento foi um acidente e, por isso, não deveria haver retaliação. É, então, informado de que os soviéticos implementaram uma arma de fim do mundo (uma rede de bombas nucleares subterrâneas), que funcionaria automaticamente quando o país fosse atacado ou quando alguém tentasse desacioná-la. O Dr. Strangelove, estrategista do presidente, aponta uma falha: se os soviéticos dispunham de tal arma, por que a guardavam em segredo? Por que não contar ao mundo? A resposta do inimigo: a máquina seria anunciada na reunião do partido na segunda-feira seguinte.

Pode-se analisar a situação criada no filme sob a ótica da Teoria dos Jogos: uma bomba nuclear é lançada pelo país A ao país B. A política de B consiste em revidar qualquer ataque com todo o seu arsenal, o qual pode destruir a vida no planeta, caso o país seja atacado. O raciocínio que leva B a adotar tal política é bastante simples: até o país mais fraco do mundo está seguro se criar uma máquina de destruição do mundo, ou seja, ao ter sua sobrevivência seriamente ameaçada, o país destrói o mundo inteiro (ou, em seu modo menos drástico, apenas os invasores). Ao elevar os custos para o país invasor, o detentor dessa arma garante sua segurança. O problema é que de nada adianta um país possuir tal arma em segredo. Seus inimigos devem saber de sua existência e acreditar na sua disposição de usá-la. O poder da máquina do fim do mundo está mais na intimidação do que em seu uso.

O conflito nuclear fornece um exemplo de uma das conclusões mais surpreendentes a que se chega com a Teoria dos Jogos. O economista Thomas Schelling percebeu que, apesar de o sucesso geralmente ser atribuído a maior inteligência, planejamento, racionalidade, entre outras características que retratam o vencedor como superior ao vencido, o que ocorre, muitas vezes, é justamente o oposto. Até mesmo o poder de um jogador, considerado, no senso comum, como uma vantagem, pode atuar contra seu detentor.

Schelling denominou brinkmanship (de brink, extremo) a estratégia de deliberadamente levar uma situação às suas consequências extremas.

Um exemplo usado por Schelling é o bem conhecido jogo do frango, que consiste em dois indivíduos acelerarem seus carros na direção um do outro em rota de colisão; o primeiro a virar o volante e sair da pista é o perdedor.

Se ambos forem reto, os dois jogadores pagam o preço mais alto com sua vida. No caso de os dois desviarem, o jogo termina em empate. Se um desviar e o outro for reto, o primeiro será o frango, e o segundo, o vencedor. Schelling propôs que um participante desse jogo retire o volante de seu carro e o atire para fora, fazendo questão de mostrá-lo a todas as pessoas presentes. Ao outro jogador caberia a decisão de desistir ou causar uma catástrofe. Um jogador racional optaria pelo que lhe causasse menos perdas, sempre perdendo o jogo.

Fabio Zugman. Teoria dos jogos.
Internet: <www.iced.org.br> (com adaptações).

(CESPE) Assinale a opção correta com relação às ideias do texto e às palavras e expressões nele empregadas.

(A) Se o trecho "não deveria haver retaliação" (l.4) estivesse flexionado no plural, a forma verbal "deveria" teria de ser substituída por deveriam.

(B) O período "É então (...) desacioná-la" (l.4-6) esclarece que a informação dada ao presidente norte-americano era falsa.

(C) Nas linhas 5 e 6, as orações introduzidas por "quando" permitem uma leitura em que são interpretadas como condição para que a "arma de fim do mundo" (l.4) funcione automaticamente.

(D) No texto, não há como se identificar o sujeito da oração "Por que não contar ao mundo?" (l.7).

(E) O complemento da palavra "inimigo" (l.7) está subentendido, artifício que evidencia que o autor do texto assumiu a perspectiva norte-americana segunda a qual a União Soviética é inimiga.

A: incorreta. O verbo "dever", no caso, é usado como auxiliar do verbo "haver" que, por estar empregado no sentido de "existir", é impessoal e não deve ser flexionado. Consequentemente, o seu auxiliar também permanece como está; **B:** incorreta. O trecho relata a forma de funcionamento da arma; **C:** correta. O pronome "quando" foi utilizado no mesmo sentido de "se"; **D:** incorreta. O sujeito está implícito e pode ser inferido do texto: os soviéticos; **E:** incorreta. O autor do texto não assumiu qualquer posição. Ao relatar o filme de Stanley Kubrick, ele o faz da mesma perspectiva que o personagem principal, um estrategista americano.

Gabarito "C"

(CESPE) Com relação às ideias e às estruturas linguísticas do texto, assinale a opção correta.

(A) No trecho "lançada pelo país A ao país B" (l.9-10), a substituição de "ao" por "no" altera o significado do texto, mas não a sua correção gramatical.

(B) O trecho "adotar tal política" (l.11) tem, no texto, o sentido de "destruir a vida no planeta" (l.10).

(C) Os "custos" a que o narrador se refere na linha 13 são os de se construir "uma arma de fim do mundo" (l.4).

(D) No trecho "denominou brinkmanship (de brink, extremo) a estratégia" (l.22), o "a" deveria levar a marca gráfica de crase.

(E) A pontuação do texto permaneceria correta se, no trecho "o primeiro a virar o volante e sair da pista é o perdedor" (l.25), fosse inserida uma vírgula logo após a palavra "pista".

A: correta. O verbo lançar pode reger tanto a preposição "a", indicando o lançamento em determinada direção (ex.: "lancei o papel ao lixo"), como a preposição "em", hipótese em que indica um lançamento sobre algo ou alguém (ex.: "lancei a bola nele"); **B:** incorreta. A "política" adotada é a de "revidar qualquer ataque com todo seu arsenal"; **C:** incorreta, pois os "custos" são as perdas de vidas humanas; **D:** incorreta. "Denominar" é verbo transitivo direto, cujo complemento, portanto, não deve ser preposicionado. Se não há preposição, não há crase; **E:** incorreta. A oração "O primeiro a virar o volante e sair da pista" é sujeito da oração "é o perdedor" e não se separa com vírgula o sujeito do verbo.

Gabarito "A"

(CESPE) Com base no texto, assinale a opção correta.

(A) Infere-se da leitura do texto que os soviéticos estavam a ponto de disparar a "arma de fim do mundo".

(B) As expressões "o primeiro a virar o volante e sair da pista perde" e "quem virar o volante e sair da pista perde" estabeleceriam a mesma regra descrita no penúltimo parágrafo do texto para determinar o resultado do jogo do frango.

(C) Conclui-se da leitura do texto que, em 1964, a capacidade nuclear da União Soviética era menor do que a norte-americana.

(D) De acordo com a teoria de Schelling, a situação narrada no filme terminaria com a derrota soviética, se o governo daquele país se comportasse como um ser racional.

(E) Segundo o texto, um oficial norte-americano propôs o emprego da estratégia denominada brinkmanship para desmoralizar politicamente o governo da União Soviética.

A: incorreta. Não se pode inferir tal conclusão. O texto narra que os soviéticos alegavam possuir uma "arma de fim do mundo", mas que sua existência chegava mesmo a ser questionada pelos americanos; **B:** incorreta, porque a segunda expressão não estabelece uma ordem para que o evento aconteça, possibilitando a interpretação de que qualquer dos competidores que sair da pista perde, independentemente se o fez em primeiro ou segundo lugar; **C:** incorreta. Os soviéticos tentavam, justamente, provar o contrário: que tinham poder nuclear suficiente para deflagrar o fim do mundo; **D:** correta. Uma vez determinado o bombardeio americano e sem chances de abortá-lo (por conta da morte do oficial), racionalmente caberia à União Soviética não revidar, porque seu contra-ataque mataria todos, inclusive eles mesmos; **E:** incorreta. Não houve essa proposição dentro do evento hipotético narrado. A teoria do "brinkmanship" aparece como explicação dos possíveis resultados dentro da situação-limite apresentada.

Gabarito "D"

Texto para as duas questões seguintes.

O jargão

Nenhuma figura é tão fascinante quanto o Falso Entendido. É o cara que não sabe nada de nada, mas sabe o jargão. E passa por autoridade no assunto. Um refinamento ainda maior da espécie é o tipo que não sabe nem o jargão. Mas inventa.

— Ó Matias, você, que entende de mercado de capitais...

— Nem tanto, nem tanto...

(Uma das características do Falso Entendido é a falsa modéstia.)

— Você, no momento, aconselharia que tipo de aplicação?

— Bom. Depende do yield pretendido, do throwback e do ciclo refratário. Na faixa de papéis top market — ou o que nós chamamos de topi-marque —, o throwback recai sobre o repasse e não sobre o release, entende?

— Francamente, não.

Aí o Falso Entendido sorri com tristeza e abre os braços como quem diz: "É difícil conversar com leigos...".

Uma variação do Falso Entendido é o sujeito que sempre parece saber mais do que ele pode dizer. A conversa é sobre política, os boatos cruzam os ares, mas ele mantém um discreto silêncio. Até que alguém pede a sua opinião e ele pensa muito antes de se decidir a responder:

— Há muito mais coisa por trás disso do que vocês pensam...

Ou então, e esta é mortal:

— Não é tão simples assim...

Faz-se aquele silêncio que precede as grandes revelações, mas o falso informado não diz nada. Fica subentendido que ele está protegendo as suas fontes em Brasília.

E há o Falso que interpreta. Para ele, tudo o que acontece deve ser posto na perspectiva de vastas transformações históricas que só ele está sacando.

— O avanço do socialismo na Europa ocorre em proporção direta ao declínio no uso de gordura animal nos países do Mercado Comum. Só não vê quem não quer.

E, se alguém quer mais detalhes sobre a sua insólita teoria, ele vê a pergunta como manifestação de uma hostilidade bastante significativa a interpretações não ortodoxas, e passa a interpretar os motivos de quem o questiona, invocando a Igreja medieval, os grandes hereges da história, e vocês sabiam que toda a Reforma se explica a partir da prisão de ventre de Lutero?

Luis Fernando Verissimo. As mentiras que os homens contam. Rio de Janeiro: Objetiva, 2000 (com adaptações).

(CESPE) Com base no texto, julgue os itens a seguir.

I. A substituição de "nem" (l.5) por "sequer" não altera essencialmente o significado do texto nem prejudica a sua correção gramatical.

II. A oração "que entende de mercado de capitais..." (l.6-7) é uma oração restritiva e restringe a referência de "Matias" (l.6).

III. No texto, o sentido de "Francamente, não" (l.18) é o mesmo de "Não entendo de maneira franca".

IV. A expressão "ciclo refratário" (l.14) é um exemplo de nonsense usado pelo "Falso Entendido".

V. Pela leitura de "É difícil conversar com leigos" (l.20-21), conclui-se que o "Falso Entendido" (l.9) não se considera um leigo.

A quantidade de itens certos é igual a

(A) 1.
(B) 2.
(C) 3.
(D) 4.
(E) 5.

I: correta. Ambas as expressões são sinônimas; II: incorreta. Trata-se de oração subordinada adjetiva explicativa, pois dá mais detalhes em relação aos conhecimentos de Matias; III: incorreta. "Francamente" pode ser substituído por "sendo franco", "sendo honesto". "Não entendo de maneira franca" significa que a pessoa não conhece abertamente o assunto, mas apenas parte dele; IV: correta. "Nonsense" é estrangeirismo que significa "palavra ou raciocínio sem sentido"; V: correta, exatamente por isso que ele é chamado pelo autor de falso entendido.

Gabarito "C"

(CESPE) Com base no texto, julgue os itens abaixo.

I. Com base no período "Fica subentendido que ele está protegendo as suas fontes em Brasília" (l.33-35), conclui-se que o "falso informado" (l.33) em questão foi instado a emitir uma opinião sobre a política brasiliense.

II. Não há elementos no texto, para além daqueles apresentados pelo "Falso que interpreta" (l.36), que corroborem a ideia de que o socialismo avança na Europa.

III. Segundo o que defende o "Falso que interpreta" (l.36), se o uso de gordura animal nos países do Mercado Comum Europeu diminui, o socialismo avança na Europa.

IV. A palavra "insólita" (l.44) tem o sentido de normal ou comum.
V. A pergunta expressa nas linhas 48 e 49 pressupõe que o narrador do texto acredita que toda a Reforma se explica a partir da prisão de ventre de Lutero.

A quantidade de itens certos é igual a
(A) 1.
(B) 2.
(C) 3.
(D) 4.
(E) 5.

I: incorreta. A menção a Brasília é feita para indicar a elevada percepção que os interlocutores têm sobre o alcance das informações do Falso Entendido, não que a conversa se refira expressamente a Brasília; II: correta. Salvo o absurdo argumento invocado, não há qualquer outra indicação no texto sobre o avanço do socialismo; III: correta. Se considerarmos que o argumento do Falso Entendido é verdade, a alternativa expressa corretamente o seu sentido; IV: incorreta. "Insólita" significa "extraordinário", "incrível", "incomum"; V: incorreta. A pergunta é lançada para causar surpresa ao leitor, dando ares humorísticos ao texto, porque o autor passa a se comportar como um falso entendido após criticar a conduta deste.

Gabarito "B"

Texto para as três questões seguintes.

O poema nasce do espanto, e o espanto decorre do incompreensível. Vou contar uma história: um dia, estava vendo televisão e o telefone tocou. Mal me ergui para atendê-lo, o fêmur de uma das minhas pernas roçou o osso da bacia. Algo do tipo já acontecera antes? Com certeza. Entretanto, naquela ocasião, o atrito dos ossos me espantou. Uma ocorrência explicável, de súbito, ganhou contornos inexplicáveis. Quer dizer que sou osso? — refleti, surpreso. Eu sou osso? Osso pergunta? A parte que em mim pergunta é igualmente osso? Na tentativa de elucidar os questionamentos despertados pelo espanto, eclode um poema. Entende agora por que demoro 10, 12 anos para lançar um novo livro de poesia? Porque preciso do espanto. Não determino o instante de escrever: hoje vou sentar e redigir um poema. A poesia está além de minha vontade. Por isso, quando me indagam se sou Ferreira Gullar, respondo: às vezes.

Ferreira Gullar. Bravo, mar./2009 (com adaptações).

(CESPE) Assinale a opção correta a respeito do texto.
(A) Pelo desenvolvimento do texto, depreende-se que, segundo Ferreira Gullar, o poema tem origem no desconhecido.
(B) Infere-se do texto que um atrito de ossos como o descrito nas linhas de 3 a 7 já havia causado espanto a Ferreira Gullar antes.
(C) Infere-se do texto que, para Ferreira Gullar, aquilo que, usualmente, é denominado espiritual se reduz ao plano material.
(D) Segundo o texto, Ferreira Gullar só experimenta o espanto poético a cada 10 ou 12 anos.
(E) Está explícito no texto que Ferreira Gullar é um nome fictício.

A: correta. É exatamente a mensagem passada por Ferreira Gullar ao relatar sua experiência poética; **B:** incorreta. Ao contrário, o próprio autor comenta que tal situação é corriqueira, mas naquele momento especial causou-lhe espanto; **C:** incorreta. Ferreira Gullar não explica a experiência poética através dos planos espiritual e material, mas entre o corriqueiro e o espantoso, entre o explicável e o incompreensível; **D:** incorreta. A menção ao intervalo de tempo é feita para justificar a demora de se ter tantos "espantos poéticos" para compor um livro de poesias; **E:** incorreta. O texto não autoriza essa interpretação. Ao dizer que é Ferreira Gullar somente às vezes, significa que expressa seu lado poético apenas quando o lirismo exsurge, independentemente de sua vontade.

Gabarito "A"

(CESPE) Com relação às estruturas linguísticas e às ideias do texto, assinale a opção correta.
(A) No trecho "Mal me ergui para atendê-lo," (l.3-4), o autor informa que se ergueu incorretamente.
(B) Em "Uma ocorrência explicável, de súbito, ganhou contornos inexplicáveis" (l.7-8), a expressão "de súbito" modifica o adjetivo "explicável".
(C) De acordo com o texto, são afirmativas as respostas para todas as perguntas contidas em "Quer dizer que sou osso? (...). Eu sou osso? Osso pergunta? A parte que em mim pergunta é igualmente osso?" (l.8-10).
(D) Infere-se do texto que o episódio do atrito dos ossos (l.3-5) tornou-se deflagrador de um processo poético.
(E) O trecho "Não determino o instante de escrever: hoje vou sentar e redigir um poema" (l.14-15) contradiz o argumento de Ferreira Gullar de que a poesia está além de sua vontade (l.15-16).

A: incorreta. O advérbio "mal" não se refere ao verbo "erguer", mas traz a ideia de tempo, equivalente a: "havia acabado de me erguer (...)"; **B:** incorreta. "De súbito" é locução adverbial de tempo, equivalente a "de repente", não se ligando ao adjetivo "inexplicável"; **C:** incorreta. As perguntas são ilações filosóficas que acabarão culminando em um poema, não havendo respostas corretas para elas, quer positivas, quer negativas; **D:** correta. A história é usada como um exemplo da necessidade de Ferreira Gullar de passar por algo espantoso ou inexplicável para escrever; **E:** incorreta. O trecho após os dois-pontos tem função de aposto, explicando o que seria "o instante de escrever", que, segundo o autor, não acontece com ele.

Gabarito "D"

(CESPE) Assinale a opção que apresenta um título que melhor resume o tópico desenvolvido no texto.
(A) Como extrair do cotidiano um episódio surpreendente
(B) O óbvio nunca é óbvio
(C) O indivíduo são indivíduos
(D) Poesia não é inspiração
(E) A poesia surge do espanto

O título deve relacionar-se com a ideia desenvolvida no texto. O único que o faz com perfeição é "A poesia surge do espanto", fato que Ferreira Gullar explica com exemplos e experiências vividas como poeta. Os demais fogem a esse argumento principal, não se relacionando com os tópicos abordados.

Gabarito "E"

É essencial que as autoridades revejam as providências referentes ao tratamento e à custódia de todos os presos, a fim de assegurar que os mesmos sejam tratados com humanidade e em conformidade com a legislação brasileira e o conjunto de princípios da Organização das Nações Unidas (ONU) sobre proteção de todo indivíduo sob qualquer forma de detenção ou reclusão, as regras mínimas da ONU sobre o tratamento de prisioneiros e o artigo 10 do Acordo Internacional sobre os Direitos Civis e Políticos (ICCPR), que reza que todo indivíduo privado de liberdade deve ser tratado com humanidade e respeito pela dignidade inerente à pessoa humana.

Anistia Internacional. *Tortura e maus-tratos no Brasil,* 2001, p. 72 (com adaptações).

(CESPE) Tendo o texto acima por referência e considerando o tema por ele tratado, julgue os itens seguintes.

(1) A expressão "dignidade inerente à pessoa humana" (L.11-12) pode ser interpretada como: qualquer pessoa, pelo simples fato de se tratar de um ser humano, possui valor essencial e intrínseco que exige e merece respeito.

(2) A lei brasileira, como a de quase todos os países, não aplica o conceito de direitos humanos a prisioneiros que tenham cometido crimes violentos.

(3) Na tentativa de reverter os crescentes níveis de violência dos dias de hoje, o sistema penitenciário brasileiro está sendo modernizado e já é considerado modelo, uma vez que oferece altos níveis de segurança e conforto para os detentos.

1: correta. "Dignidade" é sinônimo de "respeito", "decência". Logo, a dignidade da pessoa decorre de sua natureza humana e, como tal, merecedora de respeito pelos demais; **2:** incorreta. O Brasil é signatário de diversos tratados internacionais sobre direitos humanos e nenhum deles, dada o absurdo sugerido, determina a exclusão de qualquer pessoa, sob qualquer razão, de sua proteção; **3:** incorreta. Infelizmente, falta muito para que as unidades prisionais brasileiras possam servir de modelo. O que vemos, na verdade, são locais insalubres, superlotados e sem qualquer segurança para os presos ou para os servidores públicos e cidadãos que por eles transitam.

Gabarito 1C, 2E, 3E

Falar em direitos humanos no Brasil é falar de lutas sociais que se desenrolam em uma sociedade que carrega marcas históricas de desmandos, violências, arbitrariedades, desigualdades e injustiças. Os resultados não poderiam ser outros, senão o quadro de violações aos direitos humanos que permeiam as relações sociais em praticamente toda a sociedade brasileira e que atingem com maior brutalidade as populações empobrecidas e socialmente excluídas.

O importante avanço institucional que conquistamos com o fim do ciclo totalitário, a redemocratização do país e a volta das instituições democráticas, não foi acompanhado de correspondente avanço no que se refere aos direitos econômicos, sociais e culturais. Perpetuam-se no Brasil os modelos econômicos que aprofundam o escandaloso quadro de concentração de renda e contrastes sociais. O agravamento da situação de desesperança de nosso povo, atingido duramente pela exclusão social, pela falência dos serviços públicos e pela violência crescente, seja no campo seja nas grandes cidades, exige da sociedade civil brasileira uma atuação consciente, transformadora e efetiva.

Internet: <http://www.mndh.org/br/asp> (com adaptações).

(CESPE) Considerando o texto acima como referência e tendo em vista o que ele aborda, julgue os itens que se seguem.

(1) A Constituição de 1988, claramente identificada com a defesa dos direitos sociais e individuais, é exemplo significativo daquilo que o texto chama de "importante avanço institucional que conquistamos com o fim do ciclo totalitário" (L.9-10).

(2) De acordo com o texto, as flagrantes desigualdades existentes no Brasil são recentes, frutos do processo de urbanização e industrialização que o país veio a conhecer no século XX.

(3) O Plano Real, embora tenha obtido importante vitória sobre uma inflação descontrolada, não conseguiu promover o fim da concentração de renda e dos elevados contrastes sociais.

1: correta. A Constituição de 1988, apelidada de "Constituição-cidadã", é um marco importante na evolução dos direitos humanos no Brasil, principalmente se considerarmos que ela representa a ruptura com o sistema político anterior, pautado no totalitarismo e no desrespeito sumário aos direitos humanos; **2:** incorreta. O texto expõe que o desrespeito aos direitos humanos no Brasil data do início de sua história, toda ela marcada por "desmandos, violências, arbitrariedades, desigualdades e injustiças"; **3:** correta. A má distribuição de renda ainda é uma mácula na crescente economia brasileira, situação que nem mesmo o Plano Real, bem sucedido em sua proposta de conter a inflação, pôde resolver.

Gabarito 1C, 2E, 3C

A adoção, pela Assembleia Geral das Nações Unidas, da Declaração Universal dos Direitos Humanos, em 1948, constitui o principal marco no desenvolvimento da ideia contemporânea de direitos humanos. Os direitos inscritos nessa Declaração constituem um conjunto indissociável e interdependente de direitos individuais e coletivos, civis, políticos, econômicos, sociais e culturais, sem os quais a dignidade da pessoa humana não se realiza por completo. A Declaração transformou-se, nesta última metade de século, em uma fonte de inspiração para a elaboração de diversas cartas constitucionais e tratados internacionais voltados à proteção dos direitos humanos. Esse documento, chave do nosso tempo, tornou-se um autêntico paradigma ético a partir do qual se pode medir e contestar a legitimidade de regimes e governos. Os direitos ali inscritos constituem hoje um dos mais importantes instrumentos de nossa civilização, visando assegurar um convívio social digno, justo e pacífico.

Internet: <http://www.direitoshumanos.usp.br/dhbrasil/pndh> (com adaptações).

(CESPE) Com base no texto acima e considerando o tema por ele focalizado, julgue os itens subsequentes.

(1) O termo "Esse documento" (L.13) refere-se a "tratados internacionais" (L.11-12).

(2) A palavra "paradigma" (L.14) está sendo utilizada com o sentido de conjunto dos termos substituíveis entre si em uma mesma posição dentro da estrutura a que pertencem.

(3) Entre outros fatores, as atrocidades cometidas na Segunda Guerra Mundial levaram governos e sociedades a se preocuparem com a adoção de princípios considerados fundamentais à dignidade humana, entre os quais os chamados direitos humanos.

(4) Com a chancela da ONU, os direitos humanos foram incorporados pela legislação de todos os países do mundo, cujos governos a eles foram obrigados a se submeter.

1: incorreta. "Esse documento" refere-se a "A Declaração"; **2:** incorreta. "Paradigma", no trecho, é utilizada no sentido de "padrão", "exemplo"; **3:** correta. A Segunda Guerra Mundial foi um dos fatores preponderantes para o avanço do reconhecimento dos direitos humanos pelo mundo; **4:** incorreta. Ainda há países que não respeitam integralmente os direitos humanos consagrados na Declaração Universal dos Direitos Humanos. Isso porque o Direito Internacional não tem poder de coagir os Estados a adotar, em suas legislações, os princípios adotados nos tratados. Basta que um país não queira assiná-lo que nenhum outro país, nem mesmo a ONU, possa suplantar sua soberania e obrigá-lo a aplicar as diretrizes estabelecidas.

Gabarito 1E, 2E, 3C, 4E

Vovó cortesã

RIO DE JANEIRO – Parece uma queda travada pelos dois braços de uma só pessoa. De um lado da mesa, a Constituição, que garante a liberdade de expressão, de imprensa e de acesso à informação. Do outro, o Código Civil, que garante ao cidadão o direito à privacidade e o protege de agressões à sua honra e intimidade. Dito assim, parece perfeito – mas os copos e garrafas afastados para os lados, abrindo espaço para a luta, não param em cima da mesa.

A Constituição provê que os historiadores e biógrafos se voltem para a história do país e reconstituam seu passado ou presente em narrativas urdidas ao redor de protagonistas e coadjuvantes. Já o Código Civil, em seu artigo 20, faz com que não apenas o protagonista tenha amparo na lei para se insurgir contra um livro e exigir sua retirada do mercado, como estende essa possibilidade a coadjuvantes de quarta grandeza ou a seus herdeiros.

Significa que um livro sobre D. Pedro 1.º pode ser embargado por algum contraparente da família real que discorde de um possível tratamento menos nobre do imperador. Ou que uma tetra-tetra-tetraneta de qualquer amante secundária de D. Pedro não goste de ver sua remota avó sendo chamada de cortesã – mesmo que, na época, isso fosse de domínio público –, e parta para tentar proibir o livro.

Quando se comenta com estrangeiros sobre essa permanente ameaça às biografias no Brasil, a reação é: "Sério? Que ridículo!". E somos obrigados a ouvir. Nos EUA e na Europa, se alguém se sente ofendido por uma biografia, processa o autor se quiser, mas o livro segue em frente, à espera de outro que o desminta. A liberdade de expressão é soberana.

É a que se propõe a Associação Nacional dos Editores de Livros: arguir no Supremo Tribunal Federal a inconstitucionalidade do artigo 20 do Código Civil.

(Folha de S. Paulo, 17.08.2012. Adaptado)

(VUNESP) As informações textuais mostram que, em determinados contextos, os preceitos da Constituição e os do Código Civil

(A) são deixados de lado, quando há o interesse em preservar personalidades políticas.

(B) resguardam as biografias de contestações judiciais para preservar o direito de imprensa.

(C) preservam o direito à liberdade de expressão para os historiadores e os biógrafos.

(D) impedem que personalidades sejam destratadas publicamente por seus atos pretéritos.

(E) entram em choque, opondo diferentes posicionamentos, como no caso das biografias.

A ideia central do texto é transmitir o aparente conflito entre as normas da Constituição, que garantem a liberdade de expressãoo e o direito à informação, e do Código Civil, que limitam essas garantias por meio do direito à intimidade, honra e imagem das pessoas, situação que fica patente no caso das biografias.

Gabarito "E"

(VUNESP) O título, em harmonia e coerência com as informações textuais, reporta à

(A) liberdade de expressão nos EUA e na Europa.

(B) falta de publicização da vida das figuras públicas no Brasil.

(C) divulgação de fatos conhecidos, mas constrangedores.

(D) arcaica liberdade de expressão prevista na Constituição.
(E) soberania da liberdade de expressão no mundo.

O título é uma defesa do direito dos historiadores e biógrafos de divulgar fatos verídicos e conhecidos do público, ainda que sejam constrangedores para as personagens históricas ou seus herdeiros.

Gabarito "C"

(VUNESP) Emprega-se a linguagem figurada na seguinte passagem do texto:

(A) ... o Código Civil, que garante ao cidadão o direito à privacidade e o protege de agressões à sua honra e intimidade.
(B) ... mas os copos e garrafas afastados para os lados, abrindo espaço para a luta, não param em cima da mesa.
(C) A Constituição provê que os historiadores e biógrafos se voltem para a história do país e reconstituam seu passado ou presente...
(D) ... a Constituição, que garante a liberdade de expressão, de imprensa e de acesso à informação.
(E) É a que se propõe a Associação Nacional dos Editores de Livros: arguir no Supremo Tribunal Federal a inconstitucionalidade do artigo 20 do Código Civil.

Linguagem figurada, ou de sentido conotativo é aquela que se vale de palavras normalmente usadas com um determinado sentido, mas querendo dizer outra coisa. É o que se vê na metáfora reproduzida na alternativa «B", que deve ser assinalada. Não há qualquer copo ou mesa de verdade na discussão: trata-se de uma imagem, uma figura (por isso linguagem figurada), para representar as consequências do conflito entre as normas legais. Dizer que «os copos não param em cima da mesa" significa que, no Brasil, a solução adotada é prejudicial à liberdade de expressão, porque ela não consegue conviver (e «perde a luta") com o direito à intimidade, à honra e à imagem das pessoas. As demais alternativas usam a linguagem no sentido denotativo, ou seja, com o significado literal das palavras.

Gabarito "B"

(VUNESP) A frase dos estrangeiros – "Sério? Que ridículo!" – indica que eles

(A) discordam da proposta da Associação Nacional dos Editores de Livros.
(B) discordam do artigo 20 do Código Civil.
(C) concordam com a garantia ao cidadão do direito à privacidade.
(D) discordam das garantias constitucionais brasileiras.
(E) concordam com os embargos às publicações.

A frase está inserida no contexto da crítica do autor à prevalência do art. 20 do Código Civil que permite a qualquer pessoa que se sentir prejudicada com uma biografia ou publicação de retirá-la do mercado, limitando a liberdade de expressão e o direito à informação.

Gabarito "B"

Madrugada

Duas horas da manhã. Às sete, devia estar no aeroporto. Foi quando me lembrei de que, na pressa daquela manhã, ao sair do hotel, deixara no banheiro o meu creme dental. Examinei a rua. Nenhuma farmácia aberta. Dei meia volta, rumei por uma avenida qualquer, o passo mole e sem pressa, no silêncio da noite. Alguma farmácia haveria de plantão... Rua deserta. Dois ou três quarteirões mais além, um guarda. Ele me daria indicação. Deu. Farmácia Metrópole, em rua cujo nome não guardei.

– O senhor vai por aqui, quebra ali, segue em frente.

Dez ou doze quarteirões. A noite era minha. Lá fui. Pouco além, dois tipos cambaleavam. Palavras vazias no espaço cansado. Atravessei, cauteloso, para a calçada fronteira. E já me esquecera dos companheiros eventuais da noite sem importância, quando estremeci, ao perceber, pelas pisadinhas leves, um cachorro atrás de mim. Tenho velho horror a cães desconhecidos. Quase igual ao horror pelos cães conhecidos, ou de conhecidos, cuja lambida fria, na intimidade que lhes tenho sido obrigado a conceder, tantas vezes, me provoca uma incontrolável repugnância.

Senti um frio no estômago. Confesso que me bambeou a perna. Que desejava de mim aquele cão ainda não visto, evidentemente à minha procura? Os meus bêbados haviam dobrado uma esquina. Estávamos na rua apenas eu e aqueles passos cada vez mais próximos. Minha primeira reação foi apressar a marcha. Mas desde criança me ensinaram que correr é pior. Cachorro é como gente: cresce para quem se revela o mais fraco. Dominei-me, portanto, só eu sei com que medo. O bicho estava perto. Ia atacar-me a barriga da perna? Passou-me pela cabeça o grave da situação. Que seria de mim, atacado por um cão feroz numa via deserta, em plena madrugada, na cidade estranha? Como me arranjaria? Como reagiria? Como lutar contra o monstro, sem pedra nem pau, duas coisas tão úteis banidas pela vida urbana?

Nunca me senti tão pequeno. Eu estava só, na rua e no mundo. Ou melhor, a rua e o mundo estavam cheios, cheios daqueles passos cada vez mais vizinhos. Sim, vinham chegando. Não fui atacado, porém. O animal já estava ao meu lado, teque-teque, os passinhos sutis. Bem... Era um desconhecido inofensivo. Nada queria comigo. Era um cão notívago, alma boêmia como tantos homens, cão sem teto que despertara numa soleira de porta e sentira fome. Com certeza, saindo em busca de latas de lixo e comida ao relento.

Um doce alívio me tomou. Logo ele estaria dois, três, dez, muitos passinhos miúdos e leves cada vez mais à frente, cada vez mais longe... Não se prolongou, porém, a repousante sensação.

O animal continuava a meu lado, acertando o passo com o meu – teque-teque, nós dois sozinhos, cada vez mais sós... Apressei a marcha.

Lá foi ele comigo. Diminuí. O bichinho também. Não o olhara ainda. Sabia que ele estava a meu lado. Os passos o diziam. O vulto. Pelo canto do olho senti que ele não me olhava também, o focinho para a frente, o caminhar tranquilo, muito suave, na calçada larga.

(Orígenes Lessa. *Balbino, Homem do Mar*. Fragmento adaptado)

(VUNESP) O texto é uma narrativa em primeira pessoa na qual o narrador-personagem relata uma situação de

(A) comicidade, ao encontrar um cachorro realmente perigoso, mas que por sorte não o atacou.
(B) saudosismo, ao pensar nos cachorros assemelhados aos seres humanos.
(C) delírio, ao relembrar os perigos vividos ao ser atacado por cachorros conhecidos e desconhecidos.
(D) temor, ao sair de madrugada pelas ruas e ser acompanhado de um cachorro.
(E) pavor, ao deparar-se com um cachorro violento que o persegue na madrugada.

A: incorreta. O texto não é cômico, não quer transmitir humor. Além disso, o cão não era realmente perigoso; **B:** incorreta. O autor não revela qualquer saudade do evento, que não lhe foi nada agradável; **C:** incorreta. O autor nunca foi atacado por cães, apenas tinha medo de sê-lo; **D:** correta. O texto relata o temor sentido pelo autor ao ver-se acompanhado por um cachorro, espécie animal de que tinha medo; **E:** incorreta. A personagem não foi perseguida por nenhum cachorro violento.

Gabarito "D"

(VUNESP) O sentimento do narrador, ao pressentir a companhia do cachorro, decorre de

(A) sua ojeriza em relação a esse tipo de animal.
(B) seu estado de leve embriaguez e cansaço.
(C) seu mau humor por causa do creme dental que acabara.
(D) sua sensação de insegurança com a presença dos bêbados.
(E) sua saudade dos tempos de infância e de juventude.

Especificamente em relação ao cachorro, a personagem sente ojeriza, que é sinônimo de "nojo", – "repugnância" que ele confessa sentir pelos animais.

Gabarito "A"

(VUNESP) No trecho – O bicho estava perto. Ia atacar-me a barriga da perna? Passou-me pela cabeça o grave da situação. Que seria de mim, atacado por um cão feroz numa via deserta, em plena madrugada, na cidade estranha? Como me arranjaria? Como reagiria? Como lutar contra o monstro, sem pedra nem pau, duas coisas tão úteis banidas pela vida urbana? –, as orações interrogativas indicam as

(A) evocações do passado do narrador.
(B) hipóteses levantadas pelo narrador.
(C) possibilidades de o narrador atacar o bicho.
(D) brincadeiras do narrador com a situação.
(E) sugestões dos transeuntes ao narrador.

Tomado pelo temor de ser atacado pelo cachorro, a personagem começa a levantar hipótese, a prever os cenários possíveis para aquela situação. Não se tratam de brincadeiras (apesar do notável exagero em algumas hipóteses), porque o autor estava realmente com medo do animal.

Gabarito "B"

Texto

Autobiografia desautorizada

Olá! Meu nome não é Fidalgo. Fidalgo é meu sobrenome. O nome é Luiz Antonio Alves. Minhas atividades como cidadão comum... não sei se isso interessa, mas... vai lá: sou funcionário público. Trabalho (e como trabalho) com análise de impressões digitais, ou seja, sou um papiloscopista (nesse momento o computador fez aquele serrilhadinho vermelho embaixo da palavra "papiloscopista"). Tudo bem, a palavra ainda não consta no dicionário interno do mané.

Bom, com base nas minhas atividades artísticas, pode-se dizer que eu sou um poeta curitibano. Não fui eu quem disse isso. Vejam bem, existe um livro intitulado Antologia de Poetas Contemporâneos do Paraná, II Concurso Helena Kolody. Pois eu estou nesse livro, juntamente com três poemas que, por causa do tamanho diminuto, lembram um *hai-kai*.

Pois é, fechada essa questão de eu já poder ser tratado como um poeta curitibano, quero dizer que agora estou estreando como contista, digo microcontista, uma vez que se trata de um livro com miniestórias chamadas por mim (talvez exageradamente) de microcontos.

Luiz Antonio A. Fidalgo. Autobiografia desautorizada. Internet: <www.curitiba.pr.gov.br> (com adaptações).

(CESPE) Julgue os itens a seguir, referentes ao texto acima.

(1) As expressões "Olá!" (l.1) e "Vejam bem" (l.12) indicam que o autor está se dirigindo ao leitor.
(2) A palavra "Autobiografia", no título do texto, indica que o autor está falando a respeito da vida de uma terceira pessoa.
(3) A palavra "Fidalgo" (l.1) é formada a partir da expressão filho de algo e costuma ser usada no português como sinônima de nobre.
(4) O termo "mané" (l.9) faz referência aos cidadãos comuns de que trata o texto.
(5) Em vez de "Não fui eu quem disse isso" (l.11-12), estaria igualmente correto escrever "Não fui eu aquele que disse isso."
(6) A partir da leitura do texto, é possível concluir que um "hai-kai" (l.16) é um tipo de poema que se caracteriza pelo tamanho pequeno.
(7) A palavra "microcontista" (l.19) também poderia ter sido grafada corretamente com hífen (micro--contista).

1: correta. Trata-se da função fática da linguagem; **2:** incorreta. O prefixo "auto" indica que o termo seguinte refere-se a própria pessoa, como em "autorretrato"; **3:** correta; **4:** incorreta. "Mané", no trecho, foi usado em tom pejorativo, com o sentido de "tolo", "burro"; **5:** correta. Na oração, "quem" tem valor de prenome demonstrativo, sendo perfeitamente possível sua substituição por "aquele"; 6: correta. O autor compara seus poemas a um "hai-kai", colocando como semelhança o tamanho diminuto, pequeno; 7: incorreta. Quando prefixo termina com vogal e o termo principal começa com consoante, não se admite o uso do hífen.

Gabarito 1C, 2E, 3C, 4E, 5C, 6C, 7E

Texto
Papiloscopista quer esclarecer profissão

O Sindicato dos Profissionais da Ciência da Papiloscopia realiza amanhã palestras de conscientização sobre o trabalho desses profissionais, que comemoram em cinco de fevereiro o seu dia.

De acordo com a presidente do sindicato, Lucicleide do Espírito Santo Moraes, apesar de desenvolver atividades essenciais nas áreas civil e criminal, o papiloscopista não é um profissional reconhecido pela população.

A maioria das pessoas não sabe, diz ela, que o profissional da papiloscopia realiza desde a expedição da carteira de identidade e atestado de antecedentes, até perícias para a identificação da autoria de delitos e também dos cadáveres que são levados ao Instituto Médico Legal. É o papiloscopista que busca e pesquisa as impressões digitais que são fundamentais para desvendar crimes. "A população necessita diariamente desse serviço, mas em geral ela desconhece o profissional que o realiza", observa Lucicleide Moraes.

Internet: <www.diariodecuiaba.com.br> (com adaptações).

(CESPE) Com referência aos aspectos semânticos e gramaticais do texto acima, julgue o item que se segue.

(1) Segundo o texto, o fato de a população desconhecer o profissional que presta serviços de papiloscopia justifica a realização de palestra de conscientização.

1: correta, pois tal fato pode ser inferido do texto.

Gabarito 1C

Todo o lixo eletrônico produzido no Brasil será inventariado para que as empresas firmem um pacto de recolhimento e reciclagem. Acordo nesse sentido foi assinado no dia 10 de maio, em São Paulo, pela ministra do Meio Ambiente e pelo presidente do Compromisso Empresarial para a Reciclagem (CEMPRE). "Saiu um relatório da Organização das Nações Unidas (ONU) dizendo que o Brasil é o quarto ou quinto país no mundo em número de lixo eletrônico, e nós vamos fazer agora um inventário para saber qual é o comportamento do nosso país diante do problema", afirmou a ministra.

De acordo com dados apresentados no documento do Programa Nacional das Nações Unidas para o Meio Ambiente (PNUMA), divulgado no começo deste ano, o mundo produz, a cada ano, cerca de 40 milhões de toneladas de lixo eletrônico a mais que no ano anterior, estando o Brasil entre os maiores produtores. Segundo a ministra, a ideia é fazer um inventário, dimensionar o tamanho do lixo eletroeletrônico brasileiro e conhecer o destino que é dado atualmente a esse tipo de material. Na opinião do presidente do CEMPRE, é importante que a maioria das empresas do setor participe da elaboração do inventário. "A previsão é de que possamos fazê-lo em quatro meses, sob a coordenação do Ministério do Meio Ambiente", explicou.

Outra novidade é a inauguração de um sítio de informações sobre o modo de descarte de aparelhos como computadores, impressoras, telefones celulares, câmeras e até geladeira. O consumidor poderá consultar, nos sítios do CEMPRE e do Ministério do Meio Ambiente (MIMA), os locais de coleta e de reciclagem dos materiais.

A ministra informou que o MIMA está estudando a adoção de medidas de estímulo ao consumidor, como a redução de impostos ou a distribuição de cupons de troca por outros produtos. "Com isso a gente espera permitir uma mudança no comportamento do consumidor para que ele passe a entender o que significa comprar, às vezes de maneira desenfreada, sem entender onde vai ficar o resultado dessa compra.

" Atualmente, tramita no Senado Federal o projeto da Política Nacional de Resíduos Sólidos. "Estamos nos antecipando a uma lei que está sendo votada para assegurar que o empreendedor ou aquele que gera um produto, que vai dar no lixo, tenha a responsabilidade de recolhê-lo, dando a esse 43 produto a destinação adequada", concluiu a ministra.

Internet: <www.ecodesenvolvimento.org.br> (com adaptações).

(CESPE) Com relação às ideias expressas no texto, assinale a opção correta.

(A) O documento a que se refere o texto fixou o dia 10 de maio de 2010 como a data de início da catalogação de todo o lixo eletrônico produzido no Brasil.

(B) A execução do inventário a que se refere o texto possibilitará que se obtenha informação sobre o montante de lixo eletrônico existente no Brasil e a sua destinação.

(C) Conforme se depreende do texto, para que o inventário referente à produção de lixo eletrônico fique pronto em quatro meses, é necessária a adesão da maioria das empresas ao acordo firmado entre o MMA e o CEMPRE.

(D) O incentivo à participação do consumidor na entrega de materiais eletrônicos para reciclagem faz parte do acordo estabelecido entre o MIMA e o CEMPRE.

(E) De acordo com o texto, o consumidor não se importa com a destinação do produto eletrônico encaminhado para reciclagem.

Dentre as alternativas, a única que pode ser corretamente depreendida da leitura do texto é a letra "B", cuja informação é retirada das linhas 17 a 20 do texto.

Gabarito "B"

Questões como a necessidade de aprimorar a eficiência no uso, no tratamento e na distribuição da água são discutidas diariamente ao redor do mundo, porém o fato é que um bilhão de pessoas não têm acesso à água potável segundo dados oficiais da ONU. Atualmente, existe um movimento de especialistas para que a cobrança sobre o uso da água aumente como uma forma de arrecadar dinheiro para lidar com o problema. Em Washington, por exemplo, há um plano de dobrar o preço da água ao longo dos próximos cinco anos para ajudar a cidade a restaurar os encanamentos, que já têm 76 anos de idade.

De acordo com a Organização para a Cooperação e Desenvolvimento Econômico (OCDE), que acaba de publicar três relatórios sobre a questão, colocar o preço certo na água incentivará as pessoas a investir mais em infraestrutura e a desperdiçar e poluir menos. Em muitos países, tarifas já são aplicadas sobre o uso da água, tendo aumentado principalmente em conjunto com os investimentos em sistemas de tratamento de efluentes mais adequados ambientalmente. Os preços variam bastante, de forma que uma banheira cheia pode custar dez vezes mais na Dinamarca e na Escócia do que no México.

O desafio, segundo a OCDE, é equilibrar objetivos financeiros, ambientais e sociais nas políticas de precificação da água. Atualmente, a agricultura utiliza mais água do que residências e indústrias juntas, cerca de 70% do consumo global de água potável. Um dos relatórios demonstra que, apesar de este uso ter diminuído em alguns países, principalmente no leste europeu, outros países, como Grécia, Coreia, Nova Zelândia e Turquia, registraram grandes aumentos desde a década passada.

As projeções indicam que, em 2050, o consumo de água direcionado à produção agrícola para alimentar a crescente população mundial deve dobrar. Um dos relatórios da OCDE sugere que os agricultores paguem não apenas os custos operacionais e de manutenção da água, mas também parte dos custos da infraestrutura. É citado o exemplo da Austrália, que conseguiu cortar a água para irrigação pela metade sem perdas na produção.

Outro relatório examina maneiras de atrair novos recursos financeiros para fortalecer investimentos nos serviços de água e saneamento. Por exemplo, o estado indiano de Tamil Nadu melhorou o acesso ao mercado de pequenas usinas de resíduos ao juntar os projetos de água e saneamento em pacotes de investimento e combinar diferentes fontes de capital para financiar os pacotes. Isto reduz o risco de inadimplência, aumenta o volume financeiro e corta custos transacionais. Outros mecanismos financeiros inovadores que têm sido implantados com sucesso incluem a mescla de subvenções e financiamentos reembolsáveis e microfinanciamentos.

Fernanda B. Muller. Cobrar mais pelo uso pode ser a solução para a água. Internet: <www.envolverde.org.br> (com adaptações).

(CESPE) Assinale a opção correta de acordo com as ideias do texto.

(A) Especialistas estão mobilizados em todos os países do mundo para que se aumente a cobrança relativa ao uso da água.
(B) Infere-se da leitura do texto que, idealmente, o preço cobrado pelo uso da água deveria ser o mesmo em qualquer localidade do planeta.
(C) Para que objetivos financeiros, ambientais e sociais estejam equilibrados, o consumo de água nas atividades agrícolas deve ser menor do que nas residências e nas indústrias.
(D) Como o consumo de água pelos agricultores deve aumentar, deveria aumentar também o capital investido pelo setor agrícola nos gastos relativos a esse aumento.
(E) De acordo com o relatório da OCDE, as medidas adotadas na Austrália e na Índia com relação à água devem ser adotadas em diversos países, dada a necessidade de uso racional desse recurso natural.

Com exceção da alternativa "D", todas as demais não representam as ideias contidas do texto.

Gabarito "D"

NADA MUDOU

"Em outros declives semelhantes, vimos, com prazer, progressivos indícios de desbravamento, isto é, matas em fogo ou já destruídas, de cujas cinzas começavam a brotar o milho, a mandioca e o feijão".(...) "Pode-se prever que em breve haverá falta até de madeira necessária para construções se, por meio de uma sensata economia florestal, não se der fim à livre utilização e devastação das matas desta zona". "As ervas desse campo, para serem removidas e fertilizar o solo com carbono e extirpar a multidão de insetos nocivos, são queimadas anualmente pouco antes de começar a estação chuvosa. Assistimos, com espanto, à surpreendente visão da torrente de fogo ondulando poderosamente sobre a planície sem fim." "(...) Há a atividade dos homens que esburacam o solo (...) para a extração de metais. (...)" "Infelizmente (...), ávidos da carne do tatu galinha, não ponderam sobre essas sábias disposições. Perseguem-no com tanta violência, como se a espécie tivesse de ser extinta". "No solo adubado com cinzas das matas queimadas dá boas colheitas (...) Contudo, isso se refere somente à colheita do primeiro ano; no segundo já é menor e, no terceiro, o solo em geral está parcialmente esgotado e em parte tão estragado por um capim compacto, que a plantação é desfeita ...".

"Em parte, haviam sido queimadas grandes extensões das pradarias. Assisti hoje a este fenômeno diversas vezes e, por um quarto de hora, atravessamos campos incendiados, crepitando em altas chamas."

Lendo as citações acima, o leitor pode estar se perguntando de onde elas foram extraídas, até pela linguagem pouco usual, e a que lugares se referem. Poderá imaginar que são trechos de publicações técnicas sobre o meio ambiente, talvez algum relato de um membro de uma ONG ambientalista ou de um viajante de Portugal ou outra coisa qualquer do gênero. Pois bem, não é nada disso. Na verdade, as citações foram extraídas do livro "Viagem no Interior do Brasil" (1976, Editora Itatiaia), do naturalista austríaco Johann Emanuel Pohl.

O detalhe que torna as citações mais interessantes para aquelas pessoas preocupadas com o meio ambiente é a época em que foi feita a viagem: entre 1818 e 1819. Isto mesmo, há quase 190 anos! Repito: cento e noventa anos atrás. Triste constatar que, de lá pra cá, não só pouca coisa mudou como retrocedemos em outras.

O naturalista viajou pelos estados do Rio de Janeiro, Minas Gerais, Goiás e Tocantins e descreveu os caminhos por onde passou. (...) O imediatismo, a destruição pela cobiça, a nefanda prática das queimadas, a falta de planejamento e o hábito de esgotar os recursos para posteriormente mudar o local da destruição são facilmente percebidos ao longo do texto. Na verdade, dada a época em que o relato foi feito, isto não constitui grande surpresa.

O mais impressionante é a analogia com os dias atuais. (...) Quase dois séculos se passaram. O discurso ambientalista ganhou força e as ONG são entidades de peso político extraordinário. Mas tudo indica que, na prática, nada mudou.

Rogério Grassetto Teixeira da Cunha, biólogo, é doutor em Comportamento Animal pela Universidade de Saint Andrews.
JB – Ecológico, ano V, n.º 71, dez/2007.

(CESGRANRIO) Sobre o texto, é correto afirmar que o autor

(A) faz previsões quanto à situação do ecossistema.
(B) tira conclusões a partir de suas viagens pelo interior.
(C) preocupa-se com a deterioração do ecossistema brasileiro.
(D) critica a opinião dos observadores estrangeiros sobre o meio ambiente.
(E) atribui aos naturalistas a falta de planejamento para a conservação do meio ambiente.

O autor vale-se de citações de um livro para demonstrar que, mesmo séculos depois, a situação do meio ambiente no Brasil continua preocupante, pois a deterioração já era ruim no século XIX.

Gabarito "C"

(CESGRANRIO) Segundo o autor, nas citações iniciais do texto (três primeiros parágrafos), o leitor poderá identificar

(A) relatos críticos de viagens exploratórias.
(B) interesses escusos de organizações ambientalistas.
(C) propostas de ocupação do solo pelas comunidades agrícolas.
(D) preparação do solo para a produção de biocombustível.
(E) viagens exploratórias com vistas ao desenvolvimento sustentável.

Os três primeiros parágrafos refletem as opiniões do naturalista austríaco que viajou pelo interior do país em viagens exploratórias, analisando a situação do ecossistema.

Gabarito "A"

(CESGRANRIO) Na construção do texto, o autor

(A) procura um diálogo com o leitor.
(B) tece considerações a partir de um monólogo.
(C) desconsidera a interação com o leitor.
(D) responsabiliza o leitor pela situação instalada.
(E) apresenta solução ao leitor para os fatos constatados.

No texto, sobressai a função fática da linguagem, que busca manter o canal de comunicação aberto entre o autor e o leitor, buscando criar um diálogo entre eles.

Gabarito "A"

(CESGRANRIO) Ao afirmar: "O mais impressionante é a analogia com os dias atuais." (l. 53), o autor enfatiza a

(A) distância dos acontecimentos no tempo.
(B) situação temporária do ecossistema no Brasil.
(C) semelhança dos acontecimentos em tempos diferentes.
(D) simultaneidade dos fatos históricos citados no texto.
(E) diferença do tratamento ambiental brasileiro em épocas distintas.

Analogia é a figura de linguagem que cria uma comparação entre dois elementos. No texto, o autor compara a situação do meio ambiente no Brasil no século XIX e nos dias de hoje, notando uma desagradável semelhança entre eles e expondo a crítica de que, mesmo após tanto tempo, nada mudou.

Gabarito "C"

José de Arimatéia subiu a escada de pedra do alpendrão, e deu com Seu Tonho Inácio na cadeira de balanço, distraído em trançar o lacinho de seis pernas com palha de milho desfiada. A gente encontrava aquelas trançazinhas por toda parte (...) — naqueles lugares onde o velho gostava de ficar, horas e horas, namorando a criação e fiscalizando a camaradagem no serviço. Com a chegada do dentista, Tonho Inácio voltou a si da avoação em que andava:

— Hã, é o senhor? Pois se assente ... Hum ... espera que a Dosolina quer lhe falar também. Vamos até lá dentro...

E entrou pelo corredor do sobrado, acompanhado do rapaz.

Na sala — quase que sempre fechada, naturalmente por causa disso aquele sossego e o cheiro murcho de coisa velha — a mobília de palhinha, o sofá muito grande, a cadeirona de balanço igual à outra do alpendre. Retratos nas paredes: os homens, de testa curta e barbados, as mulheres de coque enrolado e alto (...), a gola do vestido justa e abotoada no pescoço à feição de colarinho. Povo dos Inácios, dos Gusmões: famílias de Seu Tonho e Dona Dosolina. Morriam, mas os retratos ficavam para os filhos os mostrarem às visitas — contar como aqueles antigos eram, as manias que cada qual devia ter, as proezas deles nos tempos das primeiras derrubadas no sertão da Mata dos Mineiros.

De seus pais, José de Arimatéia nem saber o nome sabia.

Lembrava-se mas era só do Seu Joaquinzão Carapina, comprido e muito magro, sempre de ferramenta na mão — derrubando árvore, lavrando e serrando, aparelhando madeira. (...) E ele, José de Arimatéia, menininho de tudo ainda, mas já agarrado no serviço, a catar lascas e serragem para cozinhar a panela de feijão e coar a água rala do café de rapadura, adjutorando no que podia.

PALMÉRIO, Mário. Chapadão do Bugre. Rio de Janeiro: Editora Livraria José Olímpio, 1966. (Adaptado)

(CESGRANRIO) Alguns trechos do texto, especialmente o primeiro parágrafo, permitem caracterizar Seu Tonho como

(A) abastado comerciante.
(B) homem de condição social e financeira bastante modestas.
(C) membro da aristocracia urbana.
(D) proprietário rural empobrecido.
(E) próspero fazendeiro.

Seu Tonho Inácio dá-se à tranquilidade de trançar palhas de milho sentado em uma cadeira de balanço, tem pessoas a seu serviço e sua casa é bastante mobiliada. Notadamente, trata-se de pessoa de posses e ligada à zona rural: um próspero fazendeiro.

Gabarito "E"

(CESGRANRIO) Em "naturalmente por causa disso ..." (l. 15-16), o termo disso se refere ao(à)

(A) fato de a sala permanecer fechada.
(B) estado de avoação de Seu Tonho.
(C) cheiro de coisa velha.
(D) conversa com Dona Dosolina.
(E) chegada do dentista.

O pronome demonstrativo "disso", exercendo função anafórica, remete ao fato da sala permanecer fechada, mencionado logo antes no texto.

Gabarito "A"

(CESGRANRIO) O personagem José de Arimatéia

I. era filho de pais desconhecidos;
II. ajudava, desde a infância, Seu Joaquinzão;
III. descendia dos Inácios e dos Gusmões;
IV. tinha a profissão de dentista.

A leitura do trecho apresentado permite concluir que estão corretas APENAS as afirmações

(A) I e II
(B) I e IV
(C) II e III
(D) II e IV
(E) III e IV

I: correta ("de seus pais, José de Arimatéia nem saber o nome sabia"); II: incorreta. José de Arimatéia auxiliou Joaquinzão Carapina na infância, mas não mais o fazia no momento do texto, como dá a entender a construção "ajudava desde a infância"; III: incorreta. Seu Tonho e Dona Dosolina que descendiam dos Inácios e dos Gusmões; IV: correta (linha 08).

Gabarito "B"

(CESGRANRIO) Seu Tonho e Dona Dosolina cultivavam as tradições familiares. Evidência disso são(é)

(A) os retratos dos antepassados na parede.
(B) os lacinhos trançados com palha de milho.
(C) o penteado das mulheres.
(D) a barba dos homens.
(E) a cadeira de balanço.

A referência aos antepassados, "suas proezas" e conquistas, bem como as histórias contadas pelos descendentes, advém dos retratos de todos os ascendentes pendurados nas paredes.

Gabarito "A"

(CESGRANRIO) "... Seu Joaquinzão Carapina, [...] sempre de ferramenta na mão — derrubando árvore, lavrando e serrando, aparelhando madeira. " (l. 30 – 33)

A sucessão de gerúndios, no segmento acima, sugere a ideia de uma atividade

(A) rigorosamente simultânea a outras.
(B) acelerada, mas de curta duração.
(C) progressiva e incessante.
(D) acentuadamente lenta.
(E) repetitiva, rotineira.

O gerúndio é a forma verbal que indica que a ação está ocorrendo em determinado momento. Seu uso repetitivo indica que as ações praticadas pelo personagem referido no relato não paravam nunca, sucedendo-se em determinada ordem num ciclo interminável.

Gabarito "C"

Gastar um pouquinho a mais durante o mês e logo ver sua conta ficar no vermelho. Isso que parecia apenas um problema de adultos ou pais de famílias está também atingindo os mais jovens.

Diante desse contexto, é fundamental, segundo vários educadores, que a família ensine a criança, desde pequena, a saber lidar com dinheiro e a se envolver com o controle dos gastos. Uma criança que cresça sem essa formação será um adulto menos consciente e terá grandes chances de se tornar um jovem endividado.

Para o jovem que está começando sua vida financeira e profissional, um plano de gastos é útil por excelência, a fim de controlar, de forma equilibrada, o que entra e o que sai. Para isso, é recomendável:

a) anotar todas as despesas que são feitas mensalmente, analisando o resultado de acordo com o que costuma receber;

b) comprar, preferencialmente, à vista;

c) ao receber, estabelecer um dízimo, ou seja, guardar 10% do valor líquido do salário em uma conta de poupança, todo mês.

Graziela Salomão. *Economista explica como o jovem pode controlar seu orçamento e evitar gastar demais.* *In*: Época, 31/10/2005 (com adaptações).

(CESPE) A partir das ideias e das estruturas presentes no texto, julgue os itens a seguir.

(1) No texto, não se faz referência literal ao jovem que não gasta a mais e, portanto, não fica no vermelho.

(2) As recomendações contidas no texto são apresentadas em ordem crescente de importância e se dirigem principalmente aos cidadãos que recebem salário baixo.

1: correta, pois o texto refere-se diretamente apenas aos jovens que vêm enfrentando dificuldades em organizar sua vida financeira; **2:** incorreta. Não se pode estabelecer qualquer ordem de importância e as recomendações aplicam-se a pessoas de todas as classes sociais

Gabarito 1C, 2E

É bem provável que seu próximo chefe cheque seus antecedentes criminais, teste suas verdades e mentiras, investigue seu passado financeiro, vigie suas escolhas ou até meça sua predisposição para atos ilícitos. E, se puder, pesquisará sem pudor o seu material genético para descobrir, antes mesmo de você, qual doença tem mais chances de torná-lo improdutivo.

A sina de detetive tem tomado o departamento de recursos humanos das grandes companhias sob o argumento de selecionar-se o empregado ideal entre tantos candidatos. "As empresas estão buscando diminuir o risco de uma seleção ruim", defende um professor do Instituto Avançado de Desenvolvimento Intelectual.

Quando o privado torna-se público, a ética dá lugar à segurança e a privacidade torna-se uma ferramenta de seleção. Mas, até onde a empresa pode chegar para recrutar o melhor candidato?

A pergunta não é das mais fáceis, se levado em conta o conjunto de leis que regem os direitos do empregado. Segundo um especialista em direito empresarial, não existe uma lei trabalhista específica para esses casos.

Andressa Rovani. Seleção invasiva. In: *Folha de S. Paulo.* "Classificados", 6/11/2005, p. F1 (com adaptações).

(CESPE) Com relação às ideias do texto acima, julgue os itens a seguir.

(1) Infere-se do texto que os empresários, especialmente os ligados a multinacionais, são os maiores incentivadores dos avanços tecnológicos.

(2) Nos dois últimos parágrafos, o autor do texto deixa claro que julga éticos os mencionados procedimentos de seleção de empregados.

1: incorreta. Tal ideia não pode ser extraída de nenhuma passagem do texto, que discute os padrões éticos utilizados nos procedimentos de seleção nas grandes empresas; **2:** incorreta. O autor levanta a dúvida sobre a ética dos novos procedimentos de investigação social, deixando entrever uma tendência a criticá-los.

Gabarito 1E, 2E

Televisão e formação

O aparelho de televisão está na sala, no quarto, na cozinha de pelo menos 92% dos lares brasileiros, segundo dados do Ibope. Se a criança é educada por essa mídia – já que passa diante dela em média três horas e meia diárias –, a melhora na qualidade da programação se impõe como uma obrigação ética de toda a sociedade.

Em estudo feito pela Unesco, o tempo que as crianças gastam assistindo à televisão é, pelo menos, 50% maior que o tempo dedicado a qualquer outra atividade do cotidiano, como ler a lição e casa, ajudar a família, brincar, ficar com os amigos, ler. A programação transmitida pela TV acaba tornando-se um ponto de referência na organização da família, está sempre a disposição, sem exigir nada em troca, alimentando o imaginário infantil com todo tipo de fantasia.

A pesquisa brasileira sobre influência da mídia eletrônica na formação da criança e do adolescente está, no entanto, bastante focada nas áreas de educação e psicologia, e acaba por contribuir muito pouco como elemento de interferência direta na qualidade da produção dos programas voltados para a criança. A orientação para os produtores e programadores de TV vem, em geral, das pesquisas de mercado, que medem a aceitação do público. No exterior, a pesquisa acadêmica esta mais focada na qualidade das produções e se envolve mais diretamente com a produção artística. É um exemplo a ser imitado: não basta criticar a distância as distorções da relação criança/TV; é preciso que os estudiosos aprendam a interferir na criação mesmo dos programas, passando, assim, a ter responsabilidade direta na qualidade dessa mídia onipresente.

(Adaptado de Wanda Jorge. Ciência e Cultura. Revista da SBPC. São Paulo: Imprensa Oficial, ano 56, número 1, 2004, pp. 55_56)

(FCC) A questão central tratada nesse texto está resumida na seguinte frase:

(A) Os critérios em que se baseiam os profissionais da TV na produção de programas infantis refletem a crescente influência dos pesquisadores acadêmicos.
(B) No Brasil, os adultos reconhecem que a força da TV junto às crianças é grande, e se empenham de todas as formas para melhorar a programação.
(C) A Unesco está alarmada com o fato e que o imaginário infantil está sendo excessivamente estimulado pelas fantasias da TV.
(D) Os estudiosos brasileiros da programação de TV destinada à criança ainda não oferecem contribuição efetiva para a melhoria desses programas.
(E) As estatísticas do Ibope comprovam que o tempo da criança está-se dividindo cada vez mais em múltiplas atividades, entre elas a concentração diante da TV.

A autora pretende criticar a forma como as pesquisas sobre a influência da mídia sobre as crianças são conduzidas no Brasil, ao anotar que elas estão focadas exclusivamente em critérios de mercado. Com isso, deixam de prestar qualquer colaboração para a melhora da qualidade da programação apresentada. Correta, portanto, a alternativa "D". As ideias expostas nas demais alternativas não podem ser corretamente inferidas do texto.

Gabarito "D"

(FCC) Atente para as seguintes afirmações:

I. A frase "se impõe como uma obrigação ética de toda a sociedade" indica que esse texto assume um caráter crítico e opinativo.

II. No texto, legitima-se e justifica-se a preocupação que orienta os produtores da programação infantil da TV.

III. No texto, recusa-se a ideia de que as pesquisas e mercado consigam medir o interesse que tem o público pelos programas de TV.

Está correto o que se afirma somente em

(A) II e III.
(B) I.
(C) II.
(D) III.
(E) I e II.

I: correta. O texto pode ser classificado como dissertativo-argumentativo, porque expõe objetivamente uma questão relevante (dissertativo), permeado de opiniões e críticas pessoais do autor (argumentativo); II: incorreta. Ao contrário, o texto faz uma crítica à atuação desses profissionais; III: incorreta. Na verdade, o texto anota que as pesquisas voltadas unicamente à medição da aceitação dos programas pelo público não contribui para a evolução dos programas apresentados.

Gabarito "B"

(FCC) No contexto em que surge, a frase "Se a criança é educada por essa mídia" deve ser compreendida como:

(A) a fim de que a criança seja educada por essa mídia.
(B) ainda que a criança fosse educada por essa mídia.
(C) no caso de a criança vir a ser educada por essa mídia.
(D) quando a criança for educada por essa mídia.
(E) uma vez que a criança é educada por essa mídia.

No contexto apresentado, a conjunção "se" tem função causal e pode ser substituída sem alteração de sentido por "uma vez que", sendo o trecho iniciado por "a melhora na qualidade..." a consequência necessária para dar coerência ao texto.

Gabarito "E"

Ciência e tecnologia nos jogos olímpicos

Na Grécia antiga, os esportes olímpicos surgiram como desdobramento da preparação para as guerras. Modalidades como corridas, arremesso de peso, saltos, entre outras, eram praticadas para simularem as condições dos campos de batalha. Nos tempos modernos, o esporte perdeu essa característica para associar-se à melhoria da saúde e do físico, socialização, à diversão e, evidentemente, ao jogo e à competição. Na sociedade contemporânea, é este o aspecto mais marcante: as competições, onde centésimos de segundo ou insignificantes centímetros podem separar a glória do fracasso.

Essa busca pelo aperfeiçoamento máximo, já presente nas primeiras olimpíadas modernas, em 1896, jamais cessou. Hoje, equipamentos e treinamentos avançam sobre seus limites, usando a tecnologia e a ciência onde o corpo humano já alcançou, aparentemente, o auge de seu desempenho físico. Os atletas olímpicos são preparados para desafiar as restrições provenientes da gravidade, do tempo e da distância. Encontram suporte nas pesquisas aplicadas na área da fisiologia e da medicina esportiva, bem como no avanço das técnicas de treinamento e dos equipamentos. A ciência permite "construir" um atleta para ser recordista olímpico, maximizando suas potencialidades físicas por meio do profundo conhecimento da fisiologia do movimento. E quando o homem esportivo chega ao limite, com o corpo humano no máximo da sua capacidade, entra em campo a alta tecnologia dos equipamentos e dos materiais a seu serviço como na corrida espacial, também as olimpíadas servem para avaliar os avanços científicos que acabam por significar um progresso para a sociedade em geral.

(Vera Toledo Camargo. Ciência e Cultura. Revista da SBPC. São Paulo: Imprensa Oficial, ano 56, n. 2, 2004. p. 12)

(FCC) Analisando-se a evolução dos jogos olímpicos, desde sua origem, na Grécia antiga, até os nossos dias, verifica-se que eles

(A) se modificaram quanto ao esforço exigido dos atletas, agora minimizado em razão da tecnologia esportiva.
(B) conservaram as características primitivas, apenas incorporando algumas conquistas da ciência e da tecnologia.
(C) se modificaram muito no que diz respeito às modalidades, mas conservaram a finalidade primitiva.
(D) perderam a agressividade inicial, pois competir foi-se tornando mais importante do que vencer.
(E) perderam a característica de treinamento bélico para virem a se tornar disputas de máxima competitividade.

O texto trata da mudança de finalidade dos esportes olímpicos, antes usados como treinamento para os campos de batalha e hoje ligados ao bem-estar, à saúde e à competição. Sobre esse aspecto, a autora comenta o avançado nível tecnológico usado na preparação de atletas de alto nível, indicando que, se de um lado os jogos perderam sua razão bélica, de outro vincularam-se à extrema competitividade.

Gabarito "E"

(FCC) Considerando-se o contexto, traduz-se corretamente o sentido de uma expressão do texto em:

(A) restrições provenientes da gravidade = injunções atribuídas à gravidade.
(B) avançam sobre seus limites = vão além do máximo já alcançado.
(C) desdobramento da preparação, para as guerras = técnicas aprendidas nos combates.
(D) simularem as condições = disfarçarem as operações.
(E) maximizando suas potencialidades = aproveitando-se de sua força.

Correta a alternativa "B", por ser a única que apresenta uma correspondência que mantém a coerência do texto. Nas demais, os sinônimos utilizados não refletem o sentido que as expressões foram utilizadas.

Gabarito "B"

(CESPE) Falar da origem das contas de poupança no Brasil é falar da primeira caixa econômica garantida pelo governo, criada no país. A origem dessas duas instituições é entrelaçada. Pode-se afirmar que a caixa econômica foi criada para, principalmente, colher depósitos de poupança popular no Brasil.

Essa associação de que estamos tratando pode ser percebida por meio da leitura de alguns trechos do decreto do Imperador Dom Pedro II que criava a Caixa Econômica da Corte.

O texto não deixa dúvidas sobre o que pretendia a elite política do país para o funcionamento da primeira caixa econômica oficial, a saber: criar dois tipos de serviços financeiros. O primeiro deles, o penhor, visava dar a possibilidade às classes populares de obterem um auxilio imediato em horas de dificuldades econômicas mais prementes, por meio do chamado Monte de Socorro, o qual emprestava dinheiro, tomando por base o valor de objetos que fossem entregues para penhor.

O segundo serviço financeiro era recolher depósitos sob poupança. Essa é a que nos interessa mais diretamente. De inicio, é interessante notar como o discurso dos criadores da CAIXA voltava-se para camadas populares. Tinha-se em mente atingir os mais pobres.

Nildo W. Luzio. Um pouco da História da poupança na Caixa Econômica Federal (com adaptações).

Considerando o texto acima, julgue os itens subsequentes.

(1) Apesar de o desenvolvimento do texto focalizar duas funções para a CAIXA – penhor e poupança -, depreende-se do primeiro parágrafo que "recolher depósitos de poupança popular no Brasil" (l.6) foi o único motivo para a criação da Caixa Econômica da Corte.
(2) A CAIXA viu-se forçada a abandonar algo que sempre acompanhou sua história, tendo tomado a decisão de extinguir o serviço de penhor em face do acentuado risco que a criminalidade dos dias de hoje trouxe a essa atividade. Essa mudança fica implícita no texto, pelo uso das expressões "visava" (l.15), "voltava-se" (l.24) e Tinha-se" (l.25).

1: incorreta. Não foi esse o único motivo, mas sim o principal, o mais relevante; **2:** incorreta. Tal dedução não é autorizada apenas pelo uso dos tempos verbais no pretérito imperfeito, que se justifica pela perduração no tempo das ações narradas. Além disso, os verbos "voltava-se" e "tinha-se" referem-se tanto ao penhor quanto à poupança.

Gabarito 1E, 2E

(CESPE) As carteiras Hipotecária e de Cobrança e Pagamentos surgiram em 1934. durante o governo Vargas, quando tiveram início as operações de crédito comercial e consignação. As loterias federais começaram a ser gerenciadas pela CAIXA em 1961, representando um importante passo na execução dos programas sociais do governo, já que parte da arrecadação é destinada à seguridade social, ao

Fundo Nacional de Cultura, ao Programa de Crédito Educativo e a entidades de prática esportiva.

Internet <http//www.caixa.gov.br.> (com adaptações).

Considerando o texto acima, julgue o item que se seguem.

(1) Ao incorporar o popular jogo do bicho às diversas modalidades lotéricas que administra, decisão implementada há menos de dois anos, a CAIXA conseguiu ampliar consideravelmente sua capacidade de financiar programas de moradia para a classe média.

1: incorreta. Jogo do bicho não é loteria federal. Muito ao contrário, é contravenção penal punida com pena de prisão simples e multa, de sorte que não tem cabimento considerar sua administração por uma empresa pública.

Gabarito 1E

A década de 70 do século XX marcou a implantação e a regulamentação do Programa de Integração Social (PIS), além da criação e expansão da Loteria Esportiva em todo o país. Nesse período, a CAIXA assumiu a gestão do crédito educativo e passou a executar a política determinada pelo Conselho de Desenvolvimento Social, por meio do Fundo de Apoio ao Desenvolvimento Social (FAS). Com a extinção do Banco Nacional de Habitação (BNH), em 1986, a empresa se transformou na maior agência de desenvolvimento social da América Latina, administrando o FGTS e tomando-se o órgão-chave na execução das políticas de desenvolvimento urbano, habitação e saneamento.

Em 1990, a instituição foi incumbida de centralizar quase 130 milhões de contas de FGTS que se encontravam distribuídas em 76 bancos.

Idem. ibidem (com adaptações).

(CESPE) Acerca do texto acima e do tema nele tratado, julgue os itens a seguir.

(1) Segundo o texto, durante a sua existência, o BNH impedia qualquer ação da CAIXA em relação ao desenvolvimento social.

(2) Infere-se do texto que, em 1990, a média de contas de FGTS por banco que a CAIXA foi incumbida de centralizar era de cerca de 1.700.

1: incorreta. O texto indica apenas que a extinção do BNH determinou a reunião de competências junto à CAIXA, transformando-a no maior agente de desenvolvimento social da América Latina; **2:** incorreta. Dividindo-se 130 milhões por 76, encontramos a média de aproximadamente 1.700.000 contas por banco.

Gabarito 1E, 2E

Foram concluídas as ações no Programa de Fortalecimento das Instituições Financeiras Federais, ligadas à Reestruturação Patrimonial da CAIXA, com a concretização da transferência de todos os créditos responsáveis por seu desequilíbrio estrutural para a Empresa Gestora de Ativos (EMGEA).

Como avanço do plano de ação elaborado sob o título "Plano de Reestruturação Patrimonial da CAIXA", deliberado pela diretoria colegiada e aprovado pelo conselho de administração da empresa, foi concluída a definição de modelo de gestão que garantirá o equilíbrio operacional e permitirá alcançar o retomo requerido sobre o patrimônio líquido, suficiente para remunerar adequadamente o capital e realizar os investimentos necessários para a sua constante renovação.

Avanços consideráveis vêm sendo obtidos com o desenvolvimento dos dezesseis projetos prioritários, propostos no plano de ação, destacando-se a expansão da sua rede de atendimento, por meio de correspondentes bancários que, até o mês de maio de 2002, viabilizarão a presença da CAIXA em todos os 5.561 municípios brasileiros e a preparação da empresa para a implantação do Sistema de Pagamentos Brasileiro (SPB).

CAIXA • Relatório da Administração • exercício 2001.
Correio Braziliense. 30/3/2002 (com adaptações).

(CESPE) Considerando o texto, julgue os itens subsequentes.

(1) A preposição "com" (l.3) tem, no texto, um valor semântico de meio ou modo.

(2) Os particípios verbais "elaborado" (l.7), "deliberado" (l.9) e "aprovado" (l.9-10) indicam características do "plano de ação" (l.7).

(3) O tempo empregado nos verbos que mantêm concordância com "modelo de gestão" (l.11) indicam que tal modelo já havia sido implantado ao tempo da elaboração do texto.

(4) São inferências permitidas pelo texto: a EMGEA é responsável pelo "Programa de Fortalecimento das Instituições Financeiras Federais"; há apenas dezesseis projetos no "Plano de Reestruturação Patrimonial da CAIXA"; o número total de municípios brasileiros é igual a 5.561.

1: correta; **2:** correta; **3:** incorreta. Os verbos estão no futuro do presente do indicativo, denotando que são ações esperadas em tempos vindouros, ainda não visualizadas no momento em que o texto foi escrito; **4:** incorreta. Não se pode deduzir que a EMGEA é responsável pelo Programa, mas sim parte dele. Além disso, os dezesseis projetos mencionados são prioritários e não os únicos existentes. A terceira conclusão é a única correta.

Gabarito 1C, 2C, 3E, 4E

A falta de saneamento adequado, de Norte a Sul do país, é a responsável pela internação de 65% das crianças brasileiras de até onze anos de idade em hospitais da rede pública. Maiores vítimas do descumprimento da Lei Orgânica da Saúde, que prevê o direito fundamental a saneamento e meio ambiente, elas sofrem de doenças que poderiam ser evitadas com tratamento de esgoto, controle de vetores, drenagem urbana, abastecimento de água e coleta de lixo.

De acordo com a Associação Nacional dos Serviços Municipais de Saneamento (ASSEMAE), para cada R$ 1,00 investido anualmente em saneamento, o setor público economizaria R$ 4,00 em medicina curativa. No Brasil, pelo menos oitenta doenças devem-se à falta de saneamento. Nesse caso estão, por exemplo, o cólera, a esquistossomose, a febre tifoide, o tracoma e a diarreia.

Esgoto afeta crianças até 11 anos. Falta de saneamento é a principal causa de internações *In*: Jornal do Brasil, 14/5/2002 (com adaptações)

(CESPE) Tendo em vista o texto acima e o tema nele tratado, julgue os itens seguintes.

(1) As deficiências de saneamento acompanham o processo de urbanização praticado no Brasil; contudo, na atualidade, elas ainda continuam a atingir as áreas rurais do país.

(2) Atualmente, os custos da "medicina curativa" são menores que os da medicina preventiva, o que justifica os investimentos insuficientes em saneamento.

(3) De uma forma geral, no Brasil de hoje, as áreas densamente povoadas que mais sofrem com a falta de adequado saneamento tendem a ser as mesmas nas quais, além dos problemas de saúde, as crianças mostram mais deficiências no desempenho escolar.

(4) Considerando que a população brasileira seja de 170 milhões de habitantes e que 20% destes sejam crianças de até onze anos de idade, conclui-se que mais de 23 milhões de crianças brasileiras de até onze anos de idade são internadas em razão de doenças provocadas pela falta de saneamento adequado.

(5) A função que descreve a quantidade de reais que seriam economizados anualmente em "medicina curativa" em função do total de reais investido em saneamento, de acordo com a ASSEMAE, é linear.

1: correta, podendo tal conclusão ser inferida das informações constantes do texto; **2:** incorreta. Os dados apresentados no texto indicam exatamente o inverso (a medicina preventiva é mais barata que a curativa); **3:** correta; **4:** incorreta. 170.000.000 x 20% = 34.000.000 34.000.000 x 65% (linha 1) = 2.210.000 (número de crianças de até 11 anos de idade que são internadas por doenças provocadas pela falta de saneamento adequado); **5:** correta. Perceba que os investimentos em saneamento impõem uma economia de gastos com medicina curativa sempre na mesma proporção de 1 para 4. Essa constância é típica das funções lineares.

Gabarito 1C, 2E, 3C, 4E, 5C

A social-democracia francesa foi derrotada não pela extrema direita, mas pelos resultados de suas políticas de governo que, como em outros casos Espanha, Itália, Portugal, entre eles, geraram desmobilização e desinteresse político, por um lado, e abandono dos pobres, por outro. O candidato da extrema direita, Le Pen, teve apenas 200 mil votos a mais do que nas eleições anteriores. Jacques Chirac, o candidato da direita tradicional, diminuiu sua votação, recebendo menos de 20% dos votos. Lionel Jospin, por sua vez, depois de governar por cinco anos, com um governo supostamente bem-sucedido, retomada do crescimento, diminuição do desemprego, teve menos de 17% dos votos. A chave do problema está na abstenção: quase 30%. Entre os jovens de 18 a 24 anos de idade, quase 40% se abstiveram. A derrota de Jospin, portanto, foi imposta pela abstenção, especialmente dos jovens e dos mais pobres. A grande maioria destes últimos são trabalhadores, ex-eleitores dos socialistas, desencantados, que, sentindo-se abandonados, votaram em Le Pen como forma de protesto.

Emir Sader. O avanço da direita. In: Correio Braziliense. 5/5/2002. p 5 (com adaptações)

(CESPE) Considerando o texto, que se refere aos resultados do primeiro turno da última eleição francesa julgue os itens abaixo.

(1) O autor acusa Lionel Jospin de ter conduzido um governo que, embora "supostamente bem-sucedido" (l.12-13), falhou ao promover a despolitização da sociedade, algo que seria comprovado, entre outros possíveis aspectos, pelo elevado percentual de eleitores que optaram por não votar no primeiro turno.

(2) Tendo em vista o resultado do segundo turno das eleições presidenciais francesas, pode-se dizer que o autor estava equivocado: o voto em Le Pen, longe de ser uma "forma de protesto" (l.23) explicitou a maioria de extrema direita entre o eleitorado daquele país.

(3) Infere-se do texto que o candidato Le Pen obteve 33% dos votos nas eleições francesas, superando os demais candidatos e demonstrando a força da extrema direita na França.

(4) De acordo com o texto, em média, de cada dez franceses aptos a votar, sete votaram no primeiro turno da última eleição.

1: correta. O alto grau de abstenção nas eleições indica que o povo não desejava participar da vida política do país, fato que pode ser imputado ao governo de Lionel Jospin, que afastou grande parte de seus eleitores ao desencantá-los com a social-democracia; **2:** incorreta. O autor anota que o aumento dos votos de Le Pen foi bastante inexpressivo, indicando que a extrema direita não tinha tanta força política no país; **3:** incorreta. Le Pen obteve, efetivamente, ao somarmos as porcentagens apresentadas, cerca de 33% dos votos, mas segundo o autor isso não representa a força da extrema direita na França, mas sim a derrocada da social-democracia; **4:** correta. Se houve 30% de abstenção, é correto dizer que houve 70% de presença, que é equivalente a sete em dez.

Gabarito 1C, 2E, 3E, 4C

(CESPE) De acordo com o texto, julgue os itens que se seguem.

(1) Entre os jovens eleitores franceses de 18 a 24 anos de idade, quase dois quintos se abstiveram de votar no primeiro turno da última eleição.

(2) A expressão "pelos" (l.2) introduz a causa pela qual a "social- democracia francesa foi derrotada" (l.1).

(3) O último período sintático do texto refere-se aos "mais pobres" (l.19), da oração anterior.

1: correta, porque 40% é a mesma quantidade que dois quintos; **2:** correta. A preposição "per", aglutinada com o artigo definido masculino plural "os", introduz a ideia de causa; **3:** correta, estando perfeita a concordância.

Gabarito 1C, 2C, 3C

Inflação é a maior desde outubro

O IPCA, que mede a taxa oficial de inflação, subiu 0,8% em abril, puxado principalmente pelos aumentos da gasolina e do gás de cozinha, cujos preços são administrados pelo governo. Sozinhos, os dois produtos responderam por mais da metade do índice calculado pelo Instituto Brasileiro de Geografia e Estatística (IBGE). Foi a maior alta desde outubro, quando o país enfrentava as consequências do racionamento de energia e os efeitos dos atentados terroristas nos Estados Unidos da América (EUA).

Idem, ibidem (com adaptações).

(CESPE) Com o auxílio do texto acima, julgue os itens que se seguem.

(1) Considerando que o gás de cozinha tenha subido 5% em abril, então, de acordo com o índice de inflação mencionado no texto, a taxa real de reajuste do referido produto foi inferior a 4,2%.

(2) Como os aumentos da gasolina e do gás de cozinha "responderam por mais da metade do índice" (l.5-6) calculado pelo IBGE, infere-se do texto que somente o aumento do gás de cozinha foi responsável por um quarto do aumento do IPCA.

1: correta. Como houve uma inflação de 0,8% no período, deve-se deduzir esse montante para encontrar a taxa real de reajuste, ou seja, o verdadeiro aumento do preço do gás de cozinha no período, pois o acompanhamento da inflação é considerado mera atualização do valor da moeda; **2:** incorreta. Não podemos inferir validade essa conclusão, porque não há dados no texto que indiquem que a gasolina e o gás de cozinha tiveram participações idênticas no aumento do índice.

Gabarito 1C, 2E

(CESPE) Nós, governos participantes da IV Conferência Mundial sobre a Mulher, reunidos em Beijing, em setembro de 1995, ano do quinquagésimo aniversário de fundação da Organização das Nações Unidas (ONU), estamos convencidos de que a erradicação da pobreza deve-se basear no crescimento econômico sustentável, no desenvolvimento social, na proteção ambiental e na justiça social, e requer a participação da mulher no processo de desenvolvimento econômico e social, com oportunidades iguais e a participação total e igualitária de homens e mulheres como agentes e beneficiários de um desenvolvimento sustentável centrado no ser humano. O reconhecimento tácito e a reafirmação do direito de todas as mulheres de controlar todos os aspectos de sua saúde, em especial de sua própria fertilidade, é essencial à sua capacitação.

José Augusto Lindgren Alves. Relações internacionais e temas sociais – a década das conferências. Brasília: FUNAG/IBRI. 2001, p. 419-21 (com adaptações).

Tendo como referência o texto acima, extraído do documento final da IV Conferência Mundial sobre a Mulher, julgue os itens seguintes.

(1) Provavelmente para enfatizar a questão feminina, o documento final da Conferência de Beijing desvinculou a situação da mulher de um contexto mais amplo, que envolvesse aspectos econômicos, políticos e sociais.

(2) Derrotando as posições consideradas mais avançadas, a Conferência de Beijing optou por subordinar a utilização de métodos contraceptivos ao ambiente cultural de cada sociedade, retirando da mulher a possibilidade de decidir a esse respeito.

1: incorreta. O texto final determina, expressamente, a inclusão da mulher nos processos de desenvolvimento social, econômico e em políticas de interesse geral, principalmente a justiça social; **2:** incorreta. Ao contrário, decidiu-se pela ampla liberdade da mulher em decidir sobre questões que afetam diretamente sua vida e sua saúde, especialmente a fertilidade.

Gabarito 1E, 2E

Várias famílias percorrem dez ou mais quilômetros com destino à Serra da Cantareira, mais precisamente à Chácara do Frade, com seus dezessete hectares tomados por alface, rúcula, pepino, cenoura e dezenas de outras hortaliças. As pessoas caminham entre os canteiros, trocam informações sobre o plantio, escolhem o que comprar e levam produtos fresquinhos, jamais "batizados" por agrotóxicos.

Cada vez mais hortas instaladas perto da capital estão abrindo suas portas aos visitantes. O proprietário, José Frade, lucra com a venda direta. O consumidor, por sua vez, garante a qualidade do que está comendo.

Na Europa, isso é muito comum. Desde a Idade Média, durante a época da colheita, as plantações dos vilarejos vizinhos às cidades se transformam em verdadeiras feiras livres. Por aqui, a onda está apenas começando. Num raio de cem quilômetros da capital já existem pelo menos nove sítios e chácaras que trabalham nesse sistema.

(FCC) Considere as seguintes afirmações:

I. Muitos consumidores das cercanias de São Paulo passaram a cultivar hortas domésticas, em que podem colher verduras não contaminadas.

II. Um hábito da Idade Média inspirou várias famílias que, morando nas cercanias da Serra da Cantareira, resolveram fazer das hortas comunitárias autênticas feiras livres.

III. A venda de hortaliças diretamente do produtor para o consumidor traz, para aquele, vantagens financeiras e,para este, a garantia de produtos mais saudáveis.

Em relação ao texto, está correto **SOMENTE** o que se afirma em

(A) I.
(B) II.
(C) III.
(D) I e II.
(E) II e III.

I: incorreta. Os consumidores não passaram a produzir as próprias hortaliças, mas a deslocar-se para adquiri-las de quem o faz; II: incorreta. A passagem da Idade Média é contada no texto a título de ilustração. O autor deixa claro que o hábito é incipiente no Brasil, em nada se comparando a feiras livres; III: correta.

Gabarito "C"

Os velhos das cidadezinhas do interior parecem muito mais plenamente velhos que os das metrópoles. Não se trata da idade real de uns e outros, que pode até ser a mesma, mas dos tempos distintos que eles parecem habitar. Na agitação dos grandes centros, até mesmo a velhice parece ainda estar integrada na correria; os velhos guardam alguma ansiedade no olhar, nos modos, na lentidão aflita de quem se sente fora do compasso. Na calmaria das cidades pequeninas, é como se a velhice de cada um reafirmasse a que vem das montanhas e dos horizontes, velhice quase eterna, pousada no tempo.

Vejam-se as roupas dos velhinhos interioranos: aquele chapéu de feltro manchado, aquelas largas calças de brim cáqui, incontavelmente lavadas, aquele puído dos punhos de camisas já sem cor – tudo combina admiravelmente com a enorme jaqueira do quintal, com a generosa figueira da praça, com as teias no campanário da igreja. E os hábitos? Pica-se o fumo de corda, lentamente, com um canivete herdado do século passado, enquanto a conversa mole se desenrola sem pressa e sem destino.

Na cidade grande, há um quadro que se repete mil vezes ao dia, e que talvez já diga tudo: o velhinho, no cruzamento perigoso, decide-se, enfim, a atravessar a avenida, e o faz com aflição, um braço estendido em sinal de pare aos motoristas apressados, enquanto amiúda o que pode o próprio passo. Parece suplicar ao tempo que diminua seu ritmo, que lhe dê a oportunidade de contemplar mais demoradamente os ponteiros invisíveis dos dias passados, e de sondar com calma, nas nuvens mais altas, o sentido de sua própria história.

Há, pois, velhices e velhices – até que chegue o dia em que ninguém mais tenha tempo para de fato envelhecer.

Celso de Oliveira

(FCC) A frase "Os velhos das cidadezinhas do interior parecem muito mais plenamente velhos que os das metrópoles" constitui uma

(A) impressão que o autor sustenta ao longo do texto, por meio de comparações.
(B) impressão passageira, que o autor relativiza ao longo do texto.
(C) falsa hipótese, que a argumentação do autor demolirá.
(D) previsão feita pelo autor, a partir de observações feitas nas grandes e nas pequenas cidades.
(E) opinião do autor, para quem a velhice é mais opressiva nas cidadezinhas que nas metrópoles.

A comparação entre os velhos do interior e o velho das metrópoles é uma opinião que o autor pretende demonstrar por meio de exemplos ao longo de todo o texto, sendo a velhice, para ele, mais calma e tranquila longe dos grandes centros.

Gabarito "A"

(FCC) Considere as seguintes afirmações:

I. Também nas roupas dos velhinhos interioranos as marcas do tempo parecem mais antigas.

II. Na cidade grande, a velhice parece indiferente à agitação geral.

III. O autor interpreta de modo simbólico o gesto que fazem os velhinhos nos cruzamentos.

Em relação ao texto, está correto o que se afirma **SOMENTE** em

(A) I.
(B) II.
(C) III.
(D) I e III.
(E) II e III.

I: correta. O exemplo das roupas remete à passagem do tempo; II: incorreta. O autor anota exatamente o contrário: o velho na metrópole sente-se fora de compasso, como se a lentidão do seu corpo não combinasse com o ambiente em que está inserido; III: correta, por deixar claro que o gesto realizado traz uma vontade íntima de também parar o tempo para poder contemplar a velhice.

Gabarito "D"

(FCC) Indique a afirmação **INCORRETA** em relação ao texto.

(A) Roupas, canivetes, árvores e campanário são aqui utilizados como marcas da velhice.

(B) O autor julga que, nas cidadezinhas interioranas, a vida é bem mais longa que nos grandes centros.
(C) Hábitos como o de picar fumo de corda denotam relações com o tempo que já não existem nas metrópoles.
(D) O que um velhinho da cidade grande parece suplicar é que lhe seja concedido um ritmo de vida compatível com sua idade.
(E) O autor sugere que, nas cidadezinhas interioranas, a velhice parece harmonizar-se com a própria natureza.

A única alternativa que traz uma conclusão que não pode ser inferida do texto é a letra "B", porque o autor não pretende comparar a longevidade das pessoas. Ao contrário, deixa claro que as idades podem ser as mesmas, mas ainda assim veremos diferenças marcantes entre os velhos da metrópole e do campo.

Gabarito "B"

(FCC) O sentido do último parágrafo do texto deve ser assim entendido:

(A) Do jeito que as coisas estão, os velhos parecem não ter qualquer importância.
(B) Tudo leva a crer que os velhos serão cada vez mais escassos, dado o atropelo da vida moderna.
(C) O prestígio do que é novo é tão grande que já ninguém repara na existência dos velhos.
(D) A velhice nas cidadezinhas do interior é tão harmoniosa que um dia ninguém mais sentirá o próprio envelhecimento.
(E) No ritmo em que as coisas vão, a própria velhice talvez não venha a ter tempo para tomar consciência de si mesma.

O autor defende que a velhice é a fase do descanso, da contemplação, da ausência de estresse e correrias. Com o avanço das grandes cidades e de seu ritmo alucinado, chegará o dia em que ninguém mais poderá aproveitar dessas vantagens da terceira idade, tentando manter-se sempre jovem mesmo contra as limitações do corpo.

Gabarito "E"

No início do século XX, a afeição pelo campo era uma característica comum a muitos ingleses. Já no final do século XVIII, dera origem ao sentimento de saudade de casa tão característico dos viajantes ingleses no exterior, como William Beckford, no leito de seu quarto de hotel português, em 1787, "assediado a noite toda por ideias rurais da Inglaterra." À medida que as fábricas se multiplicavam, a nostalgia do morador da cidade refletia-se em seu pequeno jardim, nos animais de estimação, nas férias passadas na Escócia, ou no Distrito dos Lagos, no gosto pelas flores silvestres e a observação de pássaros, e no sonho com um chalé de fim de semana no campo. Hoje em dia, ela pode ser observada na popularidade que se conserva daqueles autores conscientemente "rurais" que, do século XVII ao XX, sustentaram o mito de uma arcádia campestre.

Em alguns ingleses, no historiador G.M. Trevelyan, por exemplo, o amor pela natureza selvagem foi muito além desses anseios vagamente rurais. Lamentava, em um dos seus textos mais eloquentes, de 1931, a destruição da Inglaterra rural e proclamava a importância do cenário da natureza para a vida espiritual do homem. Sustentava que até o final do século XVIII as obras do homem apenas se somavam às belezas da natureza; depois, dizia, tinha sido rápida a deterioração. A beleza não mais era produzida pelas circunstâncias econômicas comuns e só restava, como esperança, a conservação do que ainda não fora destruído. Defendia que as terras adquiridas pelo Patrimônio Nacional, a maioria completamente inculta, deveriam ser mantidas assim.

Há apenas poucos séculos, a mera ideia de resistir à agricultura, ao invés de estimulá-la, pareceria ininteligível. Como teria progredido a civilização sem a limpeza das florestas, o cultivo do solo e a conversão da paisagem agreste em terra colonizada pelo homem? A tarefa do homem, nas palavras do Gênesis, era "encher a terra e submetê-la". A agricultura estava para a terra como o cozimento para a carne crua. Convertia natureza em cultura. Terra não cultivada significava homens incultos. E quando os ingleses seiscentistas mudaram-se para Massachusetts, parte de sua argumentação em defesa da ocupação dos territórios indígenas foi que aqueles que por si mesmos não submetiam e cultivavam a terra não tinham direito de impedir que outros o fizessem.

(FCC) Ao mencionar, no primeiro parágrafo do texto, a inclinação dos ingleses pelo espaço rural, o autor

(A) busca enfatizar o que ocorre no século XX, em que a afeição pelo campo lhe parece ser realmente mais genuína.
(B) a caracteriza em diferentes momentos históricos, tomando como referência distintas situações em que ela se manifesta.
(C) cita costumes do povo inglês destruídos pela aceleração do crescimento das fábricas, causa de sua impossibilidade de volta periódica ao campo.
(D) refere autores que procuraram conscientemente manter sua popularidade explorando temas "rurais" para mostrar como se criou o mito de um paraíso campestre.
(E) particulariza o espaço estrangeiro visitado pelos ingleses – Portugal – para esclarecer o que os indivíduos buscavam e não podia ser encontrado na sua pátria.

A proposta do autor é ressaltar a afeição do povo inglês ao campo e esclarecer que tal sentimento possui origens antigas. Ao longo de sua explanação, ele contextualiza o contato do inglês com as terras rurais em diferentes momentos históricos e em situações distintas entre si, mas que sempre realçam o amor pela natureza e a qualidade de vida fora das cidades.

Gabarito "B"

(FCC) Leia com atenção as afirmações abaixo sobre o segundo parágrafo do texto.

I. Em confronto com o primeiro parágrafo, o autor apresenta um outro matiz da relação do espírito inglês com o espaço rural.

II. O autor assinala os pontos mais relevantes referidos por G.M. Trevelyan para comprovar a ideia universalmente aceita de que o contato com a natureza é importante para o espírito.

III. O historiador inglês revela pessimismo, a cujos fundamentos ele não faz nenhuma referência no texto.

São corretas:

(A) I,somente.
(B) III, somente.
(C) I e III, somente.
(D) II e III, somente.
(E) I, II e III.

I: correta. Os fatos narrados no primeiro e no segundo parágrafos do texto tem características diferentes, mas ambos ressaltam a afeição que dois ingleses tinham pela natureza; II: incorreta. Os pensamentos de G. M. Trevelyan traduzem a preocupação deste em preservar a natureza, impedindo o crescimento desenfreado das cidades; III: incorreta. Não há pessimismo na fala do autor, mas nostalgia: a sensação de que, no passado, o respeito à natureza vigorava plenamente entre os homens.

Gabarito "A"

(FCC) As indagações presentes no terceiro parágrafo representam, no texto,

(A) pontos relevantes sobre os quais a humanidade ainda não refletiu.
(B) perguntas que historiadores faziam às pessoas para convencê-las da importância do culto à natureza.
(C) os pontos mais discutidos quando se falava do progresso na Inglaterra, terra da afeição pelo campo.
(D) questões possivelmente levantadas pelos que procurassem entender a razão de muitas pessoas não considerarem a agricultura um bem em si.
(E) aspectos importantes sobre a relação entre a natureza e o homem, úteis como argumentos a favor da ideia defendida por Trevelyan.

A pergunta proposta reflete um provável argumento de um defensor da manutenção da agricultura e demais atividades rurais quando questionado sobre sua importância se comparada ao avanço das cidades. Trata-se da defesa da vida campesina, demonstrando que o trabalho desenvolvido é essencial para a própria constituição da civilização.

Gabarito "D"

(FCC) No último parágrafo do texto, o comentário sobre os ingleses seiscentistas foi feito como

(A) denúncia dos falsos argumentos utilizados por aqueles que ocupam territórios indígenas.
(B) exemplo do caráter pioneiro dos ingleses na tarefa de colonização do território americano.
(C) maneira de evidenciar a árdua tarefa dos que acreditavam na força da agricultura para o progresso da civilização.
(D) confirmação de que terras incultas são entraves que, há séculos, subtraem ao homem o direito de progredir.
(E) comprovação de que, há poucos séculos, o cultivo da terra era entendido como sinônimo de civilização.

A colonização de Massachusetts teve como argumento para avançar sobre as terras indígenas, segundo o autor, justamente o fato destes não utilizarem-na para o cultivo de alimentos, demonstrando que, para os ingleses, a agricultura era uma atividade essencial para a constituição de uma nação civilizada e, sem ela, os homens que ali habitavam só poderiam ser vistos como selvagens.

Gabarito "E"

(FCC) Assinale a afirmação INCORRETA.

(A) Infere-se do texto que as palavras do Gênesis foram entendidas por muitos como estímulo a derrubar matas, lavrar o solo, eliminar predadores, matar insetos nocivos, arrancar parasitas, drenar pântanos.
(B) O paralelo estabelecido entre o cultivo da terra e o cozimento dos alimentos é feito para se pôr em evidência a ação do homem sobre a natureza.
(C) O texto mostra que o amor pela natureza selvagem está na base da relação que se estabelece entre cultivo da terra e civilização.
(D) O texto mostra que o amor à natureza selvagem, considerado como barbárie, permitiu que certos povos se dessem o direito de apoderar-se dela.
(E) O Gênesis foi citado no texto porque o crédito dado às palavras bíblicas explicaria o desejo humano de transformar a natureza selvagem pensando no bem-estar do homem.

A única alternativa que não apresenta conclusão validamente inferida do texto é a letra "C". Com efeito, o amor à natureza selvagem foi usado, na verdade, como argumento para a manutenção de espaços naturais intocados, com vistas a impedir o avanço desmedido das cidades.

Gabarito "C"

Será a felicidade necessária?

Felicidade é uma palavra pesada. Alegria é leve, mas felicidade é pesada. Diante da pergunta "Você é feliz?", dois fardos são lançados às costas do inquirido. O primeiro é procurar uma definição para felicidade, o que equivale a rastrear uma escala que pode ir da simples satisfação de gozar de boa saúde até a conquista da bem-aventurança. O segundo é examinar-se, em busca de uma resposta.

Nesse processo, depara-se com armadilhas. Caso se tenha ganhado um aumento no emprego no dia anterior, o mundo parecerá belo e justo; caso se esteja com dor de dente, parecerá feio e perverso. Mas a dor de dente vai passar, assim como a euforia pelo aumento de salário, e se há algo imprescindível, na difícil conceituação de felicidade, é o caráter de permanência. Uma resposta consequente exige colocar na balança a experiência passada, o estado presente e a expectativa futura. Dá trabalho, e a conclusão pode não ser clara.

Os pais de hoje costumam dizer que importante é que os filhos sejam felizes. É uma tendência que se impôs ao influxo das teses libertárias dos anos 1960. É irrelevante que entrem na faculdade, que ganhem muito ou pouco dinheiro, que sejam bem-sucedidos na profissão. O que espero, eis a resposta correta, é que sejam felizes. Ora, felicidade é coisa grandiosa. É esperar, no mínimo, que o filho sinta prazer nas pequenas coisas da vida. Se não for suficiente, que consiga cumprir todos os desejos e ambições que venha a abrigar. Se ainda for pouco, que atinja o enlevo místico dos santos. Não dá para preencher caderno de encargos mais cruel para a pobre criança.

(Trecho do artigo de Roberto Pompeu de Toledo. Veja. 24 de março de 2010, p. 142)

(FCC) De acordo com o texto,

(A) a realização pessoal que geralmente faz parte da vida humana, como o sucesso no trabalho, costuma ser percebida como sinal de plena felicidade.
(B) as atribuições sofridas podem comprometer o sentimento de felicidade, pois superam os benefícios de conquistas eventuais.
(C) o sentimento de felicidade é relativo, porque pode vir atrelado a circunstâncias diversas da vida, ao mesmo tempo que deve apresentar constância.
(D) as condições da vida moderna tornam quase impossível a alguma pessoa sentir-se feliz, devido às rotineiras situações da vida.
(E) muitos pais se mostram despreparados para fazer com que seus filhos planejem sua vida no sentido de que sejam, realmente, pessoas felizes.

O autor expressa a dificuldade de se definir a felicidade e de se alcançá-la de forma plena, considerando que as diferentes sensações experimentadas pelas pessoas implicam em momentos felizes ou tristes, com grande variação. Porém, a permanência da alegria é imprescindível para se falar em felicidade.

Gabarito "C"

(FCC) A afirmativa correta, em relação ao texto, é:

(A) A expectativa de muitos, ao colocarem a felicidade acima de quaisquer outras situações da vida diária, leva à frustração diante dos pequenos sucessos que são regularmente obtidos, como, por exemplo, no emprego.
(B) Sentir-se alegre por haver conquistado algo pode significar a mais completa felicidade, se houver uma determinação, aprendida desde a infância, de sentir-se feliz com as pequenas coisas da vida.
(C) As dificuldades que em geral são encontradas na rotina diária levam à percepção de que a alegria é um sentimento muitas vezes superior àquilo que se supõe, habitualmente, tratar-se de felicidade absoluta.
(D) A possibilidade de que mais pessoas venham a sentir-se felizes decorre de uma educação voltada para a simplicidade de vida, sem esperar grandes realizações, que acabam levando apenas a frustrações.
(E) Uma resposta provável à questão colocada como título do texto remete à constatação de que felicidade é um estado difícil de ser alcançado, a partir da própria complexidade de conceituação daquilo que se acredita ser a felicidade.

Valem aqui os mesmos comentários dispostos para a questão anterior, indicando a impossibilidade de se vincular o conceito de felicidade ou infelicidade a apenas um ou outro acontecimento respectivamente bom ou ruim. Conclui-se, então, que a busca pela felicidade como entidade plena mais atrapalha do que ajuda, diante da dificuldade até mesmo de defini-la basicamente. Não é fácil procurar por uma coisa que não sabemos exatamente como é.

Gabarito "E"

(FCC) *O que espero, eis a resposta correta, é que sejam felizes. Ora, felicidade é coisa grandiosa.* (3º parágrafo)

Com a palavra grifada, o autor

(A) retoma o mesmo sentido do que foi anteriormente afirmado.
(B) exprime reserva em relação à opinião exposta na afirmativa anterior.
(C) coloca uma alternativa possível para a afirmativa feita anteriormente.
(D) determina uma situação em que se realiza a probabilidade antes considerada.
(E) estabelece algumas condições necessárias para a efetivação do que se afirma.

No contexto, "ora" tem função de interjeição, demonstrando uma sensação de dúvida, de reserva sobre o que se afirmou anteriormente.

Gabarito "B"

(FCC) Nos pares de frases abaixo, é correto afirmar que o sentido expresso na frase I está sendo retomado com outras palavras na frase II APENAS em:

(A) I. O primeiro [fardo] é procurar *uma definição para felicidade...*
II. ...que *importante é que os filhos sejam felizes.*
(B) I. O segundo [fardo] é examinar-se, *em busca de uma resposta.*
II. O *que espero, eis a resposta correta, é que sejam felizes.*

(C) I. *Nesse processo, depara-se com armadilhas.*
II. *...colocar na balança a experiência passada...*

(D) I. ... até a conquista da bem-aventurança.
II. *Se ainda for pouco, que atinja o enlevo místico dos santos.*

(E) I. ... *felicidade é coisa grandiosa.*
II. *...que o filho sinta prazer nas pequenas coisas da vida.*

O único par de expressões que se relacionam corretamente é o trazido pela alternativa "D". "Bem-aventurança" é um termo religioso, utilizado para definir cada etapa do processo de elevação do espírito e a prática dos ensinamentos do messias. O alcance pleno das bem-aventuranças é típico dos homens tidos por santos.

Gabarito "D"

Desde o início da evolução humana, buscamos formas alternativas para o nosso desenvolvimento, seja por meio da fala, de ferramentas ou de associações para superar barreiras. Nos últimos tempos, nos acostumamos à expressão Tecnologia Social, sem compreender exatamente o que isso significa.

Para a Fundação Banco do Brasil, o conceito de Tecnologia Social percorre as experiências desenvolvidas nas comunidades urbanas e rurais, nos movimentos sociais, nos centros de pesquisa e nas universidades – que podem produzir métodos, técnicas ou produtos que contribuam para a inclusão e a transformação social, em particular quando desenvolvidas em um processo no qual se soma e se compartilha o conhecimento científico com o saber popular.

Muitas experiências foram desenvolvidas no Brasil, nos últimos anos, tendo como perspectiva a construção do desenvolvimento local, com sustentabilidade. Nesse processo, o objetivo é, ao mesmo tempo, dinamizar as potencialidades locais e desbloquear aqueles entraves que impedem esse potencial de se realizar. Grupos e comunidades organizadas, ou em organização, presentes em todo o país, buscam levar adiante projetos de geração de trabalho e renda nas mais diversas realidades, seja no campo, seja nas pequenas, médias e grandes cidades.

Nos povoados com características do mundo rural, esses projetos aparecem em atividades tradicionais que vão do artesanato, casas de farinha, criação de galinha caipira, produção de rapadura ou de cachaça até às atividades mais novas da apicultura, piscicultura, fruticultura. Nas grandes cidades, na reciclagem, nos espaços de inclusão digital e nas rádios comunitárias, entre outras atividades, milhares de pessoas desenvolvem empreendimentos econômicos e solidários, dos quais muitos contam com a parceria da Fundação Banco do Brasil.

(Adaptado de artigo de Jacques de Oliveira Pena. http://www.fbb.org.br/portal/pages/publico/expandir.fbb?cod ConteudoLog=8577, acessado em 15 de janeiro de 2011)

(FCC) O texto afirma que

(A) as áreas rurais, por suas características, têm recebido maior número de propostas direcionadas para seu desenvolvimento.

(B) projetos de desenvolvimento urbano são em número reduzido por serem essas áreas já consideradas em desenvolvimento.

(C) as atividades artesanais que se baseiam no saber popular nem sempre geram emprego e renda na quantidade necessária para as comunidades carentes.

(D) as atividades econômicas, cujo objetivo está no auxílio a comunidades carentes, devem estar vinculadas a instituições financeiras.

(E) projetos de geração de trabalho e renda surgem em todo o país, de acordo com as características e necessidades do lugar onde são desenvolvidos.

O texto afirma que os investimentos devem ser realizados igualmente na área urbana e na área rural, porque ambas são potencialmente geradoras de desenvolvimento, guardando, cada uma, suas próprias características.

Gabarito "E"

(FCC) A afirmativa correta, segundo o texto, é:

(A) A organização de grupos voltados para melhorias das atividades econômicas esbarra na ausência de formação de seus componentes.

(B) O 2º parágrafo explica claramente o significado da expressão *Tecnologia Social* e seu papel no desenvolvimento sustentável de comunidades.

(C) É difícil determinar, com clareza, quais formas alternativas seriam necessárias para o desenvolvimento de comunidades.

(D) A indefinição sobre o que seja *conhecimento científico* ou saber popular torna difícil a aplicação de um ou de outro nas comunidades mais pobres.

(E) Nem sempre as experiências programadas para determinados lugares apresentam resultados satisfatórios, devido à resistência contra inovações no modo de vida local.

Correta a alternativa "B", visto que o parágrafo esclarece completamente o conceito de "tecnologia social", que é o fundamento das ações da fundação tratada no texto. As demais alternativas apresentam conclusões que não podem ser extraídas dos relatos apresentados, por não guardarem com eles a necessária correspondência lógica.

Gabarito "B"

(FCC) *...que impedem <u>esse</u> potencial de se realizar.* (3º parágrafo)

A expressão grifada acima retoma, considerando-se o contexto, o sentido de

(A) busca de formas alternativas. (1º parágrafo)

(B) compartilhamento do saber científico. (2º parágrafo)

(C) conceito de Tecnologia Social. (2º parágrafo)

(D) construção do desenvolvimento local. (3º parágrafo)
(E) espaço de inclusão digital. (4º parágrafo)

"Esse" é pronome demonstrativo que, exercendo função anafórica, retoma, no contexto, o termo "construção do desenvolvimento local".

Gabarito "D"

(FCC) *Nesse processo, o objetivo é, ao mesmo tempo, dinamizar as potencialidades locais e desbloquear aqueles entraves que impedem esse potencial de se realizar.* (3º parágrafo)

Os dois segmentos grifados acima podem ser substituídos, mantendo-se o mesmo sentido, na ordem, por:

(A) reduzir -equacionar os problemas
(B) incentivar -afastar os obstáculos
(C) desconsiderar -libertar os fatores
(D) diversificar -identificar os empecilhos
(E) valorizar -perceber as dificuldades

"Dinamizar" é sinônimo de "incentivar", "acelerar"; "desbloquear" remete a "afastar", "retirar"; "entrave" é equivalente a "obstáculos", "empecilhos". Correta, portanto, a alternativa "B", que anota os sinônimos corretos para as duas expressões destacadas.

Gabarito "B"

Madrugada na aldeia
Madrugada na aldeia nervosa,
com as glicínias escorrendo orvalho,
os figos prateados de orvalho,
as uvas multiplicadas em orvalho,
as últimas uvas miraculosas.
O silêncio está sentado pelos corredores,
encostado às paredes grossas,
de sentinela.
E em cada quarto os cobertores peludos envolvem o sono:
poderosos animais benfazejos, encarnados e negros.
Antes que um sol luarento
dissolva as frias vidraças,
e o calor da cozinha perfume a casa
com lembrança das árvores ardendo,
a velhinha do leite de cabra desce as pedras da rua
antiquíssima, antiquíssima,
e o pescador oferece aos recém-acordados
os translúcidos peixes,
que ainda se movem, procurando o rio.

(Cecília Meireles. Mar absoluto, *in* Poesia completa. Rio de Janeiro: Nova Aguilar, 1994, p. 311)

(FCC) Considere as afirmativas seguintes:

I. O assunto do poema reflete simplicidade de vida, coerentemente com o título.

II. Predominam nos versos elementos descritivos da realidade.

III. Há no poema clara oposição entre o frio silencioso da madrugada e o sol que surge e traz o calor do dia.

Está correto o que consta em
(A) I, II e III.
(B) I, apenas.
(C) III, apenas.
(D) II e III, apenas.
(E) I e II, apenas.

I: correto. O poema trata das coisas simples da vida no campo; II: correto. O texto é eminentemente descritivo; III: incorreta. Tal oposição não está clara, mas implícita, sendo inferida a leitura do poema.

Gabarito "E"

(FCC) O verso *com lembrança das árvores ardendo* remete

(A) ao ambiente natural existente em toda a aldeia.
(B) à queima da lenha no fogão da casa.
(C) ao costumeiro hábito de atear fogo às florestas.
(D) ao nascer do sol, que aquece as frias vidraças.
(E) à colheita de frutas, no quintal da casa.

A "lembrança das árvores" é o que restou delas, ou seja, seus troncos e galhos que, uma vez cortados, servem de lenha para o fogão da cozinha.

Gabarito "B"

(FCC) A afirmativa **INCORRETA**, considerando-se o que dizem os versos, é:

(A) As cabras e os *peixes* são considerados *animais benfazejos*, por constituírem a base da alimentação dos moradores.
(B) A *velhinha* e o pescador oferecem seus produtos ainda bastante cedo aos moradores, *recém-acordados*.
(C) O *silêncio* que impera durante a madrugada pode ser visto como guardião do sono das pessoas aconchegadas em suas camas.
(D) O último verso deixa evidente o fato de que o pescador trazia peixes que havia acabado de pescar.
(E) A repetição da palavra *orvalho* acentua a sensação de frio e de umidade característicos de uma madrugada de inverno.

Todas as conclusões estão corretas, com exceção da alternativa "A". "Animais benfazejos" é expressão utilizada em sentido conotativo (figurado) para representar os cobertores que protegem as pessoas do frio, em referência às peles dos animais das quais são feitos.

Gabarito "A"

A multiplicação de desastres naturais vitimando populações inteiras é inquietante: tsunamis, terremotos, secas e inundações devastadoras, destruição da camada de ozônio, degelo das calotas polares, aumento dos oceanos, aquecimento do planeta, envenenamento de mananciais, desmatamentos, ocupação irresponsável do solo, impermeabilização abusiva nas grandes cidades. Alguns desses fenômenos não estão diretamente vinculados à conduta humana. Outros, porém, são uma consequência direta de nossas maneiras de sentir, pensar e agir.

É aqui que avulta o exemplo de Hans Jonas.

*Em 1979 ele publicou **O Princípio Responsabilidade**. A obra mostra que as éticas tradicionais – antropocêntricas e baseadas numa concepção instrumental da tecnologia – não estavam à altura das consequências danosas do progresso tecnológico sobre as condições de vida humana na Terra e o futuro das novas gerações. Jonas propõe uma ética para a civilização tecnológica, capaz de reconhecer para a natureza um direito próprio. O filósofo detectou a propensão de nossa civilização para degenerar de maneira desmesurada, em virtude das forças econômicas e de outra índole que aceleram o curso do desenvolvimento tecnológico, subtraindo o processo de nosso controle.*

Tudo se passa como se a aquisição de novas competências tecnológicas gerasse uma compulsão a seu aproveitamento industrial, de modo que a sobrevivência de nossas sociedades depende da atualização do potencial tecnológico, sendo as tecnociências suas principais forças produtivas. Funcionando de modo autônomo, essa dinâmica tende a se reproduzir coercitivamente e a se impor como único meio de resolução dos problemas sociais surgidos na esteira do desenvolvimento. O paradoxo consiste em que o progresso converte o sonho de felicidade em pesadelo apocalíptico – profecia macabra que tem hoje a figura da catástrofe ecológica. [...]

Jonas percebeu o simples: para que um "basta" derradeiro não seja imposto pela catástrofe, é preciso uma nova conscientização, que não advém do saber oficial nem da conduta privada, mas de um novo sentimento coletivo de responsabilidade e temor. Tornar-se inventivo no medo, não só reagir com a esperteza de "poupar a galinha dos ovos de ouro", mas ensaiar novos estilos de vida, comprometidos com o futuro das próximas gerações.

(Adaptado de Oswaldo Giacoia Junior. O *Estado de S. Paulo*, A2 Espaço Aberto, 3 de abril de 2010)

(FCC) A conclusão do texto propõe, em outras palavras,

(A) o respeito aos inúmeros benefícios oferecidos às condições de vida moderna pelos avançados recursos decorrentes da tecnologia.
(B) uma atitude comunitária voltada para a prevenção e disposta a alterações no modo de vida na Terra para evitar a ocorrência de catástrofes ecológicas.
(C) procedimentos conjuntos entre órgãos oficiais e a sociedade civil como solução para a correta aplicação dos avanços tecnológicos.
(D) uma preocupação mais ampla com o emprego da tecnologia em algumas áreas do conhecimento humano, para evitar os atuais abusos.
(E) uma visão otimista centrada na resolução dos problemas oriundos do progresso tecnológico, por serem eles relativamente simples.

Parafraseando o autor, ele conclui que a sociedade deve alterar suas concepções sobre a prioridade do avanço tecnológico no contexto da preservação ambiental. As ideologias então vigentes acabarão por causar desastres ecológicos cada vez maiores se não forem substituídas por uma nova percepção coletiva da importância do meio ambiente seguida de alterações significativas no nosso modo de vida de forma a garantir o bem-estar das gerações vindouras.

Gabarito "B"

(FCC) O *paradoxo* assinalado no 4º parágrafo se estabelece entre

(A) o desenvolvimento pleno da tecnologia e as infinitas possibilidades de seu uso na melhoria das condições de vida no planeta.
(B) o destemor diante do progresso tecnológico e a valorização de suas aplicações na vida humana.
(C) a ocorrência natural dos fenômenos climáticos habituais e a responsabilidade humana determinante para seu agravamento.
(D) os direitos humanos apoiados no uso benéfico da tecnologia e as exigências impostas pela natureza, como seu próprio direito.
(E) a confiança irrestrita nos avanços tecnológicos como solução dos problemas do homem e a tendência para a destruição do ambiente natural.

"Paradoxo" é sinônimo de "contradição", a ocorrência de um resultado diferente daquele deduzido pelas regras da lógica. Segundo o autor, o ser humano depositou todas a sua confiança no fato de que o avanço tecnológico resolveria os problemas da humanidade, porém, (paradoxalmente) ao mesmo tempo que ele traz soluções, poderá implicar a extinção da raça humana por conta das consequentes catástrofes naturais.

Gabarito "E"

(FCC) *antropocêntricas e baseadas numa concepção instrumental da tecnologia* – (3º parágrafo)

O sentido da afirmativa acima está corretamente reproduzido, com outras palavras, em:

(A) voltadas para o homem e fundamentadas na tecnologia como meio de atingir determinados fins.
(B) preocupadas com a relação entre homem e natureza, atualmente imposta pela tecnologia.
(C) determinadas pelo homem e expostas às comodidades trazidas a todos pelo progresso tecnológico.
(D) direcionadas para o bem-estar da humanidade e determinadas pelos avanços tecnológicos.
(E) centralizadas nos avanços tecnológicos, mas preocupadas com a vida humana na Terra.

"Antropocêntrico" é aquilo que coloca o homem ("antropo") como a medida mais importante a ser considerada, o centro do raciocínio; "concepção instrumental" significa usar a tecnologia como instrumento, como ferramenta para atingir determinados objetivos.

Gabarito "A"

(FCC) Considerando-se a organização do texto, a afirmativa INCORRETA é:

(A) O autor toma como base os diversos *desastres naturais* que vêm ocorrendo em todo o planeta para discutir aspectos ligados à questão ambiental.

(B) A retomada das ideias do filósofo *Hans Jonas* constitui a base da argumentação necessária para que o autor do texto fundamente suas próprias ideias.

(C) O título da obra *O Princípio Responsabilidade* remete à necessária tomada de consciência dos homens sobre os abusos que vêm cometendo contra o meio ambiente.

(D) A relação de catástrofes ambientais apresentada no 1° parágrafo tem por objetivo demonstrar a impossibilidade de deter o *progresso tecnológico*, cujos avanços são os principais causadores desses desastres.

(E) Todo o texto se desenvolve a partir da constatação de que o modo de vida atual, voltado para o uso abusivo da tecnologia, leva o planeta a uma *catástrofe ecológica*.

Todas as conclusões podem ser corretamente inferidas do texto, exceto a constante na alternativa "D". O autor não reputa impossível prosseguir com o avanço tecnológico, apenas sugere, baseado na doutrina de Hans Jonas, que ele seja buscado respeitando-se o meio ambiente, valendo um como o contrapeso do outro, para que não sejamos vítimas de catástrofes naturais cada vez mais violentas.

Gabarito "D"

(FCC) A ideia central do texto está explicitada em:

(A) Impotência da natureza contra os abusos decorrentes da tecnologia.

(B) Proposição de uma nova ética para a civilização tecnológica.

(C) Aceitação das inevitáveis consequências do atual progresso tecnológico.

(D) Uso limitado dos recursos tecnológicos na vida moderna.

(E) Práticas abusivas contra o meio ambiente, apesar das tecnociências.

Ideia central do texto é o argumento principal que o autor quer transmitir. É o objeto fundamental da argumentação, do qual todos os demais dados, citações e alegações são circunstâncias. No caso, o ponto central do texto é ressaltar que a humanidade precisa adotar uma nova postura ética frente ao avanço da tecnologia, diante dos riscos crescentes de calamidades naturais suportados pela civilização.

Gabarito "B"

(FCC) Identifica-se noção de causa no segmento:

(A) ... *sobre as condições de vida humana na Terra e o futuro das novas gerações.*

(B) ... *capaz de reconhecer para a natureza um direito próprio.*

(C) ... *em virtude das forças econômicas e de outra índole ...*

(D) ... *para que um "basta" derradeiro não seja imposto pela catástrofe ...*

(E) ... *comprometidos com o futuro das próximas gerações.*

Causa é o fato que, se não ocorrer, não ocorrerá também o resultado. Dentre os excertos do texto apresentados, o único que traz uma causa é "em virtude das forças econômicas e de outra índole", cujo resultado é a degeneração "de maneira desmesurada" do meio ambiente. Para o autor, não havendo essas forças, não teríamos degradado tão amplamente os recursos naturais.

Gabarito "C"

O sabiá político

Do ano passado para cá, o setor canoro das árvores, aqui na ilha, sofreu importantes alterações. Aguinaldo, o sabiá titular e decano da mangueira, terminou por falecer, como se vinha temendo. Embora nunca se tenha aposentado, já mostrava sinais de cansaço e era cada vez mais substituído, tanto nos saraus matutinos quanto nos vespertinos, pelo sabiá-tenor Armando Carlos, então grande promessa jovem do bel canto no Recôncavo. Morreu de velho, cercado pela admiração da coletividade, pois pouco se ouviram, em toda a nossa longa história, timbre e afinação tão maviosos, além de um repertório de árias incriticável, bem como diversas canções românticas. (...) Armando Carlos também morava na mangueira e, apesar de já adivinhar que o velho Aguinaldo não estaria mais entre nós neste verão, eu não esperava grandes novidades na pauta das apresentações artísticas na mangueira. Sofri, pois, rude surpresa, quando, na sessão alvorada, pontualmente iniciada às quinze para as cinco da manhã, o canto de Armando Carlos, em pleno vigor de sua pujante mocidade, soou meio distante.

Apurei os ouvidos, esfreguei as orelhas como se estivessem empoeiradas. Mas não havia engano. Passei pelo portão apreensivo quanto ao que meus sentidos me mostravam, voltei o olhar para cima, vasculhei as frondes das árvores e não precisei procurar muito. Na ponta de um galho alto, levantando a cabeça para soltar pelos ares um dó arrebatador e estufando o peito belamente ornado de tons de cobre vibrantes, Armando Carlos principiava a função.

Dessa vez foram meus olhos incrédulos que tive de esfregar e, quando os abri novamente, a verdade era inescapável.

E a verdade era – e ainda é – que ele tinha inequivocamente se mudado para o oitizeiro de meu vizinho Ary de Maninha, festejado e premiado orador da ilha (...).

Estou acostumado à perfídez e à ingratidão humanas, mas sempre se falou bem do caráter das aves em geral e dos sabiás em particular. O sabiá costuma ser fiel à sua árvore, como Aguinaldo foi até o fim. Estaríamos então diante de mais um exemplo do comportamento herético das novas gerações? Os sabiás de hoje em dia serão degenerados? Eu teria dado algum motivo para agravo ou melindre? Ou, pior, haveria uma possível esposa de Armando Carlos sido mais uma vítima do mico canalha que também mora na mangueira? Bem, talvez se tratasse de algo passageiro; podia ser que, na minha ausência, para não ficar sem plateia, Armando Carlos tivesse temporariamente transferido sua ribalta para o oitizeiro. Mas nada disso. À medida que o tempo passava, o concerto das dez também soando distante e o mesmo para o recital do meio-dia, a ficha acabou de cair. A mangueira agora está reduzida aos sanhaços, pessoal zoadeiro, inconstante e agitado; aos cardeais, cujo coral tenta, heroica mas inutilmente, preencher a lacuna dos sabiás. (...)

RIBEIRO, João Ubaldo. *O Globo*, 14 fev. 2010. (Adaptado)

(CESGRANRIO) As "...importantes alterações." (l. 2) a que se refere o autor são:

(A) a morte inesperada de Aguinaldo e sua substituição por Armando Carlos.
(B) a qualidade inigualável do canto de Aguinaldo e a tristeza da coletividade dos pássaros.
(C) a escolha de Armando Carlos de não substituir Aguinaldo na mangueira e sua mudança para outra árvore.
(D) a decisão de Armando Carlos cantar um dó e não árias como Aguinaldo.
(E) o fato de Armando Carlos ter escolhido um oitizeiro e não uma mangueira, como Aguinaldo havia feito em vida.

Com falecimento de Aguinaldo, seria natural, segundo o texto, sua substituição por Armando Carlos, mantendo-se o canto dos sabiás como o padrão da árvore. Porém, ao contrário do que se previa, Armando Carlos mudou-se para outra árvore, alterando a "população" e o "canto" da árvore para sanhaços e cardeais.

Gabarito "C"

(CESGRANRIO) A reescritura da sentença "Embora nunca se tenha aposentado, já mostrava sinais de cansaço e era cada vez mais substituído,"(l. 5-6) só muda seu sentido em:

(A) Mesmo que nunca tenha se aposentado, já mostrava sinais de cansaço e era cada vez mais substituído.
(B) Apesar de nunca ter se aposentado, já mostrava sinais de cansaço e era cada vez mais substituído.
(C) Já mostrava sinais de cansaço e era cada vez mais substituído, mas nunca se aposentou.
(D) Já mostrava sinais de cansaço e era cada vez mais substituído, ainda que nunca se tivesse aposentado.
(E) Já mostrava sinais de cansaço e era cada vez mais substituído porque nunca se aposentou.

A conjunção "porque" tem natureza causal, ou seja, introduz uma oração que será vista como a razão, a causa da outra. Por isso, a alternativa "E" está errada, porque a falta de aposentadoria não foi a causa de seus sinais de cansaço e substituições. Quer o autor transmitir a ideia de concessão com a conjunção "embora", isto é, mesmo com os obstáculos, o "sabiá titular" mantinha-se no seu posto.

Gabarito "E"

(CESGRANRIO) Analise as afirmativas a seguir, sobre os animais da ilha.

I. Os pássaros compõem uma organização de que não faz parte o mico.

II. O comportamento das aves serve de base à comparação do autor com o dos seres humanos.

III. Só o Armando Carlos se mudou de árvore; os outros sabiás permaneceram na mangueira.

Conforme o texto, é(são) correta(s) a(s) afirmativa(s)

(A) I, apenas.
(B) II, apenas.
(C) I e II, apenas.
(D) II e III, apenas.
(E) I, II e III.

I: correta, como se pode ver na linhas 47-50; II: correta, sendo o texto rico em exemplos de prosopopeia (ou personificação), figura de linguagem que imputa condutas humanas a animais ou seres inanimados; III: incorreta. A parte final do texto deixa claro que, junto com Armando Carlos, todos os sabiás saíram da mangueira, deixando-a para os sanhaços e cardeais.

Gabarito "C"

(CESGRANRIO) O autor sofreu "rude surpresa," (l. 18/19) porque não esperava que

(A) Armando Carlos cantasse com tanto vigor.
(B) a sessão alvorada se iniciasse tão cedo.
(C) algum sabiá ainda cantasse na mangueira.
(D) suas orelhas estivessem empoeiradas.
(E) o canto do sabiá soasse tão distante.

O autor surpreendeu-se com o canto distante do novo sabiá, porque esperava que a morte do "titular" não operasse grandes transformações na mangueira.

Gabarito "E"

(CESGRANRIO) A "...função." mencionada no texto (l. 32) se refere a

(A) voar.
(B) cantar.
(C) encher o peito.
(D) empinar a cabeça.
(E) fazer vibrar as penas.

A "função" destacada pelo autor é a de cantar logo pela manhã, é a atribuição do sabiá na organização social da mangueira.

Gabarito "B"

Representantes dos maiores bancos brasileiros reuniram-se no Rio de Janeiro para discutir um tema desafiante. Falaram sobre a necessidade de estabelecer mecanismos de controle sobre o oceano de incertezas que cerca o mercado financeiro e, assim, atenuar os solavancos que volta e meia ele provoca na economia mundial. Na mais recente crise — a do mercado de hipotecas de alto risco dos Estados Unidos —, os bancos americanos amargaram perdas superiores a 100 bilhões de dólares. A turbulência decorrente do estouro de mais essa bolha ainda não teve suas consequências totalmente dimensionadas. A questão que se coloca é até que ponto é possível injetar alguma previsibilidade em um mercado tão interconectado, gigantesco e que tem o risco no DNA. O único consenso é que o mercado precisa ser mais transparente. O investidor tem o direito de ser informado sobre a composição do produto que estiver comprando e o grau de risco que está assumindo.

Veja, 12/3/2008 (com adaptações).

(CESPE) Com relação às informações do texto acima e à sua organização, julgue os itens abaixo.

(1) Infere-se da argumentação do texto que a crise do mercado de hipotecas nos Estados Unidos foi causada pela falta de transparência desse mercado para o investidor.
(2) É possível inferir do texto que o fato de o mercado ser "interconectado" (l.13), "gigantesco" (l.14) e ter "o risco no DNA" (l.14) dificulta a adoção de mecanismos de controle sobre ele.

1: correta. É possível concluir que, para o autor do texto, a falta de transparência gerou a crise no setor bancário dos EUA, quando ele afirma que o único consenso no ramo é que o investidor precisa ter mais informações sobre a composição do produto; **2:** correta, sendo justamente a razão do tema ter sido chamado de "desafiante".

Gabarito 1C, 2C

Não foi por falta de aviso. Desde 2004, a Aeronáutica vem advertindo dos riscos do desinvestimento no controle do tráfego aéreo. Ao apresentar suas propostas orçamentárias de 2004, 2005 e 2006, o Departamento de Controle do Espaço Aéreo (DECEA) informou, por escrito, que a não liberação integral dos recursos pedidos levaria à situação vivida agora no país. Mesmo assim, as verbas foram cortadas ano após ano pelo governo, em dois momentos: primeiro no orçamento, depois na liberação efetiva do dinheiro.

As advertências do DECEA foram feitas à Secretaria de Orçamento Federal do Ministério do Planejamento, na oportunidade em que foram solicitadas verbas para "operação, manutenção, desenvolvimento e modernização do Sistema de Controle do Espaço Aéreo Brasileiro (SISCEAB)". Elas são citadas em relatório do Tribunal de Contas da União (TCU).

O Estado de S. Paulo, 25/3/2007, p. C6 (com adaptações).

(CESPE) Com referência às estruturas e às ideias do texto, bem como a aspectos associados aos temas nele tratados, julgue os próximos itens.

(1) A palavra "desinvestimento" (l.2), neologismo criado com base nas possibilidades da língua, está sendo empregada no sentido de diminuição, limitação de investimentos.
(2) Conhecida como apagão aéreo, a atual crise da aviação brasileira surgiu inesperadamente e por motivos aparentemente desconhecidos, como se depreende da leitura do texto.

1: correta. O prefixo "des" traz consigo a ideia de inversão, oposição; **2:** incorreta. Ao contrário, segundo o texto o "apagão aéreo" era totalmente previsível, tendo constado de relatórios do DECEA nos três anos anteriores.

Gabarito 1C, 2E

"O folhetim é frutinha de nosso tempo", disse Machado de Assis numa de suas deliciosas crônicas. E volta ao assunto na crônica seguinte.

"O folhetinista é originário da França [...] De lá espalhou-se pelo mundo, ou pelo menos por onde maiores proporções tomava o grande veículo do espírito moderno; falo do jornal." E Machado tenta "definir a nova entidade literária", procura esmiuçar a "organização do novo animal". Mas dessa nova entidade só vai circunscrever a variedade que se aproxima do que hoje chamaríamos crônica. E como na verdade a palavra ***folhetim*** *designa muitas coisas, e, efetivamente, nasceu na França, há que ir ver o que o termo recobre lá na matriz.*

De início, ou seja, começos do século XIX, "le feuilleton" designa um lugar preciso do jornal: "o rez-de-chaussée" – rés-do-chão, rodapé –, geralmente o da primeira página. Tinha uma finalidade precisa: era um espaço vazio destinado ao entretenimento. E pode-se já antecipar, dizendo que tudo o que haverá de constituir a matéria e o modo da crônica à brasileira já é, desde a origem, a vocação primeira desse espaço geográfico do jornal, deliberadamente frívo-

lo, oferecido como chamariz aos leitores afugentados pela modorra cinza a que obrigava a forte censura napoleônica. ("Se eu soltasse as rédeas da imprensa", explicava Napoleão ao célebre Fouché, seu chefe de polícia, "não ficaria três meses no poder.")

(MEYER, Marlyse, *Folhetim*: uma história. 2 ed. São Paulo: Companhia das Letras, 2005, p. 57)

(FCC) No fragmento acima,

(A) nota-se que o autor, reconhecendo a autoridade de Machado de Assis, acata sua observação explícita de que os fundamentos do folhetim devem ser pesquisados na própria cultura francesa.
(B) fica evidente que Machado de Assis, nas crônicas citadas, trata de assunto relevante – o jornal de sua época –, comparando sua organização à estrutura original do grande veículo de comunicação de massa francês.
(C) Machado de Assis é citado porque as crônicas desse escritor brasileiro constituem o tema central do texto, especialmente o caráter recorrente de seus assuntos.
(D) o autor vale-se das palavras de Machado de Assis para introduzir o assunto que pretende desenvolver, ressaltando a necessidade de ampliar a perspectiva assumida pelo cronista no texto citado.
(E) está claro que Machado de Assis revela entusiasmo pelo jornal e procura definir o que seria "o artigo de fundo" do novo meio de comunicação de seu tempo.

O texto trata do folhetim, uma forma de publicação de textos, geralmente em forma de crônicas. Machado de Assis tratou do folhetim em uma de suas crônicas, por isso é citado na introdução, valendo-se o autor do renome do escritor para atrair a atenção do leitor. Não obstante, o texto em análise vai além, reconhecendo que o termo "folhetim" pode assumir diversos significados, anota que seu estudo deve partir de uma percepção histórica, mais abrangente do que aquela proposta por Machado de Assis.

Gabarito "D"

(FCC) No texto,

(A) (linhas 15 a 17) a finalidade do folhetim é citada em associação com o lugar que lhe era destinado no jornal.
(B) (linha 13) a expressão ou seja foi empregada para introduzir uma retificação: em busca da precisão, anula-se o valor da expressão anteriormente utilizada (De início).
(C) (linha 14) os dois-pontos justapostos à palavra jornal introduzem a citação de distintos espaços associados ao folhetim.
(D) (linha 10) o emprego da expressão na verdade denota a concordância plena do autor com as informações obtidas nas crônicas, de que cita passagens para provar que o cronista se concentrou nos significados da palavra folhetim.
(E) (linhas 22 a 24) a transcrição das palavras de Napoleão constitui recurso para sugerir que o imperador era tema constante dos folhetins.

A: correta; **B:** incorreta. "Ou seja" é locução conjuntiva de natureza explicativa e introduz um esclarecimento sobre o que foi antes dito, não uma contraposição; **C:** incorreta. Os dois-pontos anunciam o aposto explicativo, oração que pretende esclarecer o conceito de "le feuilleton"; **D:** incorreta. A expressão "na verdade" traz ínsita a ideia de retificação, isto é, anuncia que as informações anteriores não traduzem, com precisão, o que é correto; **E:** incorreta. Serve a citação para esclarecer o porquê dos leitores serem atraídos para o folhetim: como Napoleão impunha severa censura à imprensa, restava apenas a leitura descompromissada e agradável das crônicas.

Gabarito "A"

Em todo o continente americano, a colonização europeia teve efeito devastador. Atingidos pelas armas, e mais ainda pelas epidemias e por políticas de sujeição e transformação que afetavam os mínimos aspectos de suas vidas, os povos indígenas trataram de criar sentido em meio à devastação. Nas primeiras décadas do século XVII, índios norte-americanos comparavam a uma demolição aquilo que os missionários jesuítas viam como "transformação de suas vidas pagãs e bárbaras em uma vida civilizada e cristã." (Relações dos jesuítas da Nova França, 1636). No México, os índios comparavam seu mundo revirado a uma rede esgarçada pela invasão espanhola. A denúncia da violência da colonização, sabemos, é contemporânea da destruição, e tem em Las Casas seu representante mais famoso.

Posterior, e mais recente, foi a tentativa, por parte de alguns historiadores, de abandonar uma visão eurocêntrica da "conquista" da América, dedicando-se a retraçá-la a partir do ponto de vista dos "vencidos", enquanto outros continuaram a reconstituir histórias da instalação de sociedades europeias em solo americano. Antropólogos, por sua vez, buscaram nos documentos produzidos no período colonial informações sobre os mundos indígenas demolidos pela colonização.

A colonização do imaginário não busca nem uma coisa nem outra.

(Adaptado de PERRONE-MOISÉS, Beatriz, Prefácio à edição brasileira de GRUZINSKI, Serge, A colonização do imaginário: sociedades indígenas e ocidentalização no México espanhol (séculos XVI-XVIII).

(FCC) A autora cita as comparações feitas pelos indígenas norte-americanos e mexicanos

(A) como recurso para comprovar que a ruína dos povos indígenas tinha sido provocada pela ação das armas dos colonizadores espanhóis.
(B) para beneficiar-se, na argumentação, de pontos de vista divergentes sobre o mesmo processo de colonização.

(C) como recurso para mostrar como a colonização europeia agiu de forma distinta em relação a povos distintos.
(D) como exemplificação da tentativa dos indígenas de compreender o que lhes acontecera pela presença dos colonizadores.
(E) para evidenciar que, em épocas distintas, os nativos só poderiam conceber de modo diverso as aproximações entre a sua cultura e a do colonizador.

As citações pretendem demonstrar que, a despeito de ocorrerem em momentos e com povos diferentes, as colonizações impuseram aos povos originários dos territórios explorados uma completa desestruturação de seus costumes e de seu povo, obrigando-os a tentar entender as razões e os resultados das interferências a que se viam submetidos.

Gabarito "D"

(FCC) Considerado corretamente o 2º parágrafo, o segmento grifado em *A colonização do imaginário não busca nem uma coisa nem outra* deve ser assim entendido:

(A) não tenta investigar nem o eurocentrismo, como o faria um historiador, nem a presença das sociedades europeias em solo americano, como o faria um antropólogo.
(B) não quer reconstituir nada do que ocorreu em solo americano, visto que recentemente certos historiadores, ao contrário de outros, tentam contar a história do descobrimento da América do modo como foi visto pelos nativos.
(C) não pretende retraçar nenhum perfil – dos vencidos ou dos vencedores – nem a trajetória dos europeus na conquista da América.
(D) não busca continuar a tradição de pesquisar a estrutura dos mundos indígenas e do mundo europeu, nem mesmo o universo dos colonizadores da América.
(E) não se concentra nem na construção de uma sociedade europeia na colônia – quer observada do ponto de vista do colonizador, quer do ponto de vista dos nativos –, nem no resgate dos mundos indígenas.

O segmento grifado destaca que aquilo que se chama de "colonização do imaginário" está estruturado no estudo da colonização sob um ponto de vista diferente, que se afasta tanto daqueles usados pelos historiadores (a óptica dos vencidos ou dos europeus) quanto dos escolhidos pelos antropólogos (a compreensão das sociedades indígenas através dos documentos da época).

Gabarito "E"

(FCC) Considere mais especificamente o segmento em que são citadas as comparações estabelecidas pelos dois grupos indígenas e analise as afirmações que seguem.

I. As expressões que estabelecem o paralelismo efetuado pelos índios norte-americanos são "uma demolição" e "aquilo", que remete ao que aconteceu à população indígena no processo de aculturação a que foram submetidos.

II. A expressão "uma rede esgarçada" é imagem adotada pelos índios mexicanos para expressar os vazios de seu tecido social, do qual se retiraram traços significativos.

III. *"demolição"* e *"transformação de suas vidas pagãs e bárbaras em uma vida civilizada e cristã"* expressam o mesmo efeito que o processo de colonização traz para diferentes povos.

É correto o que se afirma APENAS em
(A) I.
(B) II.
(C) I e II.
(D) II e III.
(E) I e III.

I: correta. Tais expressões indicam a comparação realizada pelos índios ao tentar entender o processo de colonização; II: correta. A imagem de uma rede esgarçada, ou seja, da qual foram retiradas fibras do tecido e, portanto, este ficou frouxo e inelástico, transmite exatamente a noção que os índios tiveram da colonização pela extirpação de seus costumes milenares; III: incorreta. As expressões denotam os efeitos opostos que a colonização trouxe aos povos nativos: para estes, uma destruição; para os colonizadores, a transformação dos selvagens em pessoas civilizadas.

Gabarito "C"

O exercício da memória, seu exercício mais intenso e mais contundente, é indissociável da presença dos velhos entre nós. Quando ainda não contidos pelo estigma de improdutivos, quando por isso ainda não constrangidos pela impaciência, pelos sorrisos incolores, pela cortesia inautêntica, pelos cuidados geriátricos impessoais, pelo isolamento, quando então ainda não calados, dedicam-se os velhos, cheios de espontaneidade, à cerimônia da evocação, evocação solene do que mais impressionou suas retinas tão fatigadas, enquanto seus interesses e suas mãos laborosas participavam da norma e também do mistério de uma cultura.

(GONÇALVES FILHO, José Moura, "Olhar e memória". *In*: O olhar. NOVAES, Adauto (org.). 10a reimpressão. São Paulo: Companhia das Letras, 2003, p. 97)

(FCC) No fragmento acima, o autor considera que

(A) a memória é exercício restrito aos velhos, cuja presença entre os mais jovens é bastante intensa.
(B) improdutivos é termo que, denotando "o que já produziu", expressa o reconhecimento do valor dos que concluíram sua fecunda ação na sociedade.
(C) a impaciência e a descortesia são atributos legítimos dos mais velhos, que já participaram da construção da cultura de seu país.
(D) o silêncio dos velhos é uma marca salutar dos que espontaneamente resolveram dedicar-se ao culto do passado.
(E) o resgate a que se consagram os velhos das experiências que mais os comoveram no passado é uma verdadeira celebração.

O texto destaca a importância dos velhos na manutenção da memória da sociedade, diante de suas diversas experiências. Apesar de passarem a ser tachados de improdutivos e por isso serem tratados com impaciência e descortesia, enquanto não reduzidos pelo tratamento adverso dos mais jovens tendem a fazer do resgate das memórias uma cerimônia, uma celebração.

Gabarito "E"

(FCC) Observe atentamente os segmentos ainda não contidos pelo estigma de improdutivos e ainda não constrangidos pela impaciência. No contexto, eles

(A) expressam ideias que estão unicamente justapostas, sem nenhuma outra relação entre elas.
(B) expressam, respectivamente, uma causa e uma consequência.
(C) estão em relação de alternância.
(D) expressam dois desejos, por isso estão associados como se estivessem unidos pela conjunção e.
(E) expressam comparação entre dois fatos.

Os trechos expressam uma causa (a estigmatização dos velhos como improdutivos) e uma consequência (o constrangimento dos velhos pela impaciência com que são tratados), tanto que são ligados no texto por uma locução adverbial causal ("por isso").

Gabarito "B"

O capitalismo, ao contrário do comunismo e do socialismo, não é, de forma alguma, um "ismo". Não é um sistema sonhado por filósofos, políticos ou economistas e depois posto em prática por decisão de governos. Trata-se de um evento natural, uma peça orgânica no progresso humano. A História mostra que o capitalismo ocorre nas sociedades humanas quando elas atingem certo nível de progresso tecnológico e as pessoas com dinheiro percebem que podem lucrar ao se organizarem para investir. Acontecendo naturalmente, o capitalismo não tem necessidade de ajuda dos governos. Pode-se dizer que ele é inevitável, a não ser que o governo tome determinadas medidas para impedi-lo. Ocorreu em larga escala, pela primeira vez, na Inglaterra, na segunda metade do século XVIII, e foi possível porque a sociedade britânica era relativamente livre, com poucas leis que impedissem as mudanças econômicas e técnicas. O governo não teve praticamente nada a ver com ele. O fenômeno foi chamado de Revolução Industrial, mas esse nome supõe mudança dramática e violência. Não houve nada disso. Nem houve grandes planos, regras ou decisões grandiosas. Assim, o capitalismo nasceu de decisões não coordenadas e meramente coincidentes de muitos milhares de pequenos fabricantes, comerciantes, artesãos, poupadores, investidores e instituições financeiras.Os grandes bancos não desempenharam papel algum, pois simplesmente não existiam.

Veja, 27/12/2000, p. 163 (com adaptações).

Questão 1

(CESPE) Com relação ao texto e à conjuntura político-econômica atual do continente americano, julgue os itens abaixo.

(1) No texto, o termo "ismo" (l.2), geralmente usado como sufixo, está empregado como substantivo.
(2) No texto, a argumentação a favor da ideia do capitalismo como evento natural baseia-se em testemunhos de autoridade, pois há citação de filósofos e pensadores.
(3) A expressão do texto "peça orgânica" (l.4-5) pode ser interpretada como **parte naturalmente constituinte da organização,** ou seja, **algo que tem o caráter de um desenvolvimento natural, inato, em oposição ao que é ideado, calculado.**
(4) No texto, as expressões "instituições financeiras" (l.21-22) e "grandes bancos" (l.22) estão sendo usadas como sinônimas.

1: correta. Consta entre aspas por se tratar de um neologismo criado pelo autor; **2:** incorreta. O autor despreza a posição teórica dos filósofos e pensadores, valorizando a evolução natural do capitalismo; **3:** correta. "Orgânico" é aquilo que é relativo à organização, ou seja, dela surge independentemente das ações externas; **4:** incorreta. O autor diferencia essas duas instituições, deixando isso claro ao dizer que as instituições financeiras foram responsáveis, ao lado de outras entidades, pelas decisões que criaram o capitalismo, enquanto os grandes bancos sequer existiam.

Gabarito 1C, 2E, 3C, 4E

Questão 2

(CESPE) Em relação ao texto e a aspectos atuais da economia mundial, julgue os itens que se seguem.

(1) Infere-se do texto que o capitalismo confunde-se e identifica-se com a economia de mercado, dela sendo sinônimo, existindo em qualquer ambiente econômico de trocas, independentemente de seu estágio de desenvolvimento.
(2) Segundo o texto, o pioneirismo britânico no processo de industrialização moderna deveu-se à inexistência de um Estado formal naquele país, condição essencial para que o capitalismo tivesse liberdade para impor-se e expandir-se.

1: incorreta. Para o autor, o capitalismo surge apenas quando as sociedades humanas atingem um certo estágio do progresso tecnológico, sendo inevitável a partir de então; **2:** incorreta. O autor coloca como catalisador do processo de industrialização a relativa liberdade de que gozava o povo britânico pelo reduzido número de normas escritas a regular-lhes os padrões de conduta. Isso não se confunde com a existência ou não de um Estado organizado, uma vez que este pode assentar-se em regras costumeiras.

Gabarito 1E, 2E

O primeiro retrato completo do período de crescimento mais longo da história do capitalismo foi divulgado no início de agosto pelo escritório do Censo americano. O estudo tem como base uma pesquisa, concluída no ano passado, na qual foram entrevistados moradores de 700 mil residências americanas. Os números ajudam a responder com segurança a uma questão que sempre intrigou os estudiosos: quando a maré da economia capitalista sobe, ela eleva o padrão de vida de todos ou apenas dos ricos? O levantamento do Censo americano mostra que os ricos aumentaram em número e em fatia da renda nacional, mas os pobres e a classe média igualmente avançaram muito. Ou seja, tanto os barquinhos quanto os transatlânticos melhoraram seu padrão em relação ao início dos anos 90. Em 1990, 75% da população americana adulta, ou seja, com pelo menos 25 anos de idade, tinha diploma do 2.º grau (ensino médio) e apenas 1 em cada 5 havia completado um curso universitário. Em 2000, o índice de adultos com ensino médio completo saltou para 82%, e a proporção dos bacharéis passou a ser de 1 para 4.

Veja, 15/8/2001, p. 66 (com adaptações).

(CESPE) Com base no texto acima, julgue os itens a seguir.

(1) No primeiro parágrafo, a cadeia metafórica constituída pelas expressões "maré" (l.7), "barquinhos" (l.12) e "transatlânticos" (l.12) contribui para conferir formalidade ao texto.

(2) Em 1990, 1/4 da população americana adulta não havia completado o ensino médio.

(3) Nos EUA, de 1990 para 2000, a proporção de adultos que haviam concluído um curso superior aumentou em 25%.

(4) O gráfico abaixo representa corretamente todas as informações dadas no último parágrafo do texto, relativas à população adulta americana que possuía diploma universitário em 1990 e em 2000.

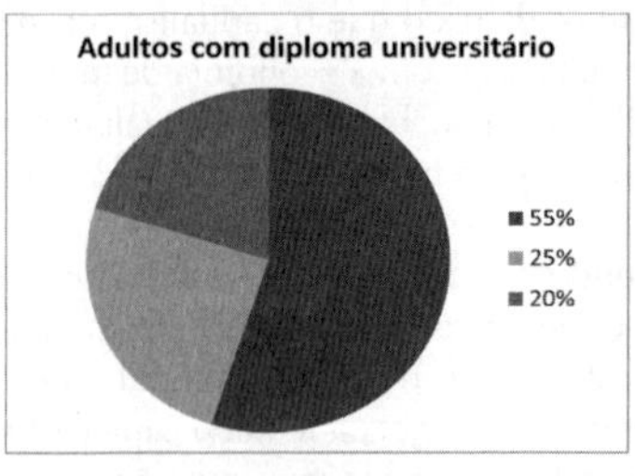

(5) Se fosse mantida a mesma proporção de crescimento do percentual da população adulta americana com diploma de curso universitário verificada na década passada, em 2010 mais de 40% dos americanos adultos possuiriam curso superior completo.

1: incorreta. O uso de metáforas simples, com palavras oriundas da oralidade, confere informalidade ao texto; **2:** correta. O texto afirma que 75% (3/4) da população adulta norte-americana, em 1990, havia completado o ensino médio. Logo, o 1/4 restante não havia; **3:** correta. Em 1990, a proporção de bacharéis era de 1 para 5, ou seja, 20%. Em 2000, a proporção saltou para 1 para 4, isto é, 25%. A diferença foi, portanto, de 5%, que equivale a 1/4 (25%) de 20%; **4:** incorreta. O gráfico não expõe os mesmos dados do texto, principalmente porque está dividido em três partes, ao passo que o texto apenas indica o número de pessoas que concluíram o nível superior e as que não concluíram (dois grupos); **5:** incorreta. Como exposto no item 3, o crescimento de americanos com curso superior cresce à razão de 25% por década. Se em 2000 25% deles tinham concluído o bacharelado, em 2010 era de se esperar que esse número subisse 25%, alcançando, portanto, a proporção de 31,25%.

Gabarito 1E, 2C, 3C, 4E, 5E

A economia brasileira: indicadores de produção

No início de 1999, as expectativas quanto à evolução do nível de atividade incorporavam os desdobramentos da crise financeira internacional, ocorrida no fim de 1998, tais como a mudança no regime cambial brasileiro, levada a efeito em janeiro. Assim, as perspectivas quanto à trajetória da economia eram desenhadas em um cenário que considerava elevação nas taxas de juros e provável recrudescimento da inflação, resultante do impacto desfavorável da desvalorização do real.

Relatório anual do BACEN, 1999, v. 35, p. 13 (com adaptações).

(CESPE) A partir do texto acima, julgue os itens que se seguem.

(1) No texto, os verbos "levada" (l.4) e "desenhadas" (l.6), empregados na forma de particípio, têm como referentes, respectivamente:
- "a mudança no regime cambial brasileiro" (l.4);
- "as perspectivas quanto à trajetória da economia" (l.5-6).

(2) Infere-se das ideias do texto que "desdobramentos da crise financeira internacional" (l.2-3) são consequência da "elevação nas taxas de juros" (l.7) e do "recrudescimento da inflação" (l.7-8).

1: correta, pois os verbos no particípio resgatam exatamente as expressões assinaladas; **2:** incorreta. Os desdobramentos mencionados são outros, sendo mencionada como exemplo a "mudança no regime cambial brasileiro".

Gabarito 1C, 2E

O futuro se constrói

A vida socioeconômica de qualquer sociedade depende da ação humana, cujos orientação, coordenação e controle, mais ou menos frouxos ou impositivos, de acordo com a natureza mais ou menos democrática ou autoritária dos regimes políticos, a sociedade delega ao Estado. É, portanto, obrigação do Estado a supervisão da vida nacional, tanto nos regimes autoritários como, resguardadas as proporções quanto ao grau de autoridade, nos democráticos. Nem mesmo o pensamento liberal aceita em sua plenitude a ideia de que a espontaneidade do mercado resolve tudo, cabendo ao Estado apenas prover segurança e justiça.

Mario Cesar Flores. O Estado de S. Paulo, 28/8/2001, A2 (com adaptações).

(CESPE) De acordo com as ideias e estruturas linguísticas do texto, julgue os itens que se seguem.

(1) Ocorre um jogo de ideias com o emprego do pronome "**se**" no título, que tanto pode ser interpretado como o **futuro constrói a si mesmo**, quanto como **alguém constrói o futuro.**

(2) De acordo com as regras de concordância da norma culta, o pronome relativo "cujos" (l.2) admite, opcionalmente, ser substituído por **em que**.

(3) A expressão "mais ou menos frouxos ou impositivos" (l.2-3) subentende: mais frouxo ou menos frouxo, mais impositivo ou menos impositivo.

(4) De acordo com a argumentação do texto, caracteriza-se a "supervisão da vida nacional" (l.6) como: presente em diferentes tipos de regime político; obrigação do Estado; mais abrangente que a simples provisão de segurança e justiça.

(5) Pela estrutura sintática em que ocorre, a forma verbal "resolve" (l.10) admite a substituição por **resolva**.

1: correta, sendo uma dubiedade permitida na redação por se tratar do título do texto, ensejando a curiosidade do leitor em descobrir qual o significado; **2:** incorreta. "Cujos" poderia ser substituído por "dos quais"; **3:** correta, devendo os termos serem combinados em todas as suas possibilidades; **4:** correta, sendo autorizada a conceituação da "supervisão da segurança nacional" dessa forma por conta dos argumentos trazidos no texto; **5:** correta. Tanto o presente do indicativo quanto o presente do subjuntivo podem ser usados na estrutura sintática, ocorrendo apenas uma variação no sentido (de certeza para possibilidade).

Gabarito 1C, 2E, 3C, 4C, 5C

(CESPE) Recentemente, o governo brasileiro baixou decreto disciplinando a rotulagem de alimentos que contenham organismos geneticamente modificados ou que sejam produzidos com estes. A esse respeito, considere as seguintes posições relativas ao tema, publicadas na edição de 28/8/2001 do jornal **Correio Braziliense**.

O Brasil dá mais um passo em direção ao futuro. A normatização da rotulagem permitirá que o consumidor saiba o que está adquirindo e consumindo. O país ganha fôlego para continuar as pesquisas. A vitória é, portanto, da biotecnologia. Um país como o nosso, com uma das mais extensas áreas cultiváveis do mundo, poderá ser um dos grandes celeiros da humanidade.

Edmundo Klotz, presidente da Associação Brasileira das Indústrias da Alimentação (com adaptações).

A Associação Brasileira das Indústrias da Alimentação, desprezando os direitos dos consumidores ao manifestar seu apoio ao decreto do governo federal, revela que, por trás do ato governamental, está o interesse das indústrias de alimentos e das empresas de biotecnologia em liberar os transgênicos, sem avaliação dos seus riscos para a saúde e o ambiente, e sem informação clara da sua origem transgênica.

Marilena Lazzarini, coordenadora executiva do Instituto de Defesa do Consumidor (IDEC).

Com o auxílio das informações acima, julgue os itens subsequentes.

(1) O tema remete a alimentos manipulados por engenharia genética, entendendo-se por transgênicos os organismos geneticamente modificados.

(2) Para o empresariado, a pesquisa aplicada na área biotecnológica é fundamental para que o país avance quanto a qualidade e quantidade na produção de alimentos.

(3) A questão que aparentemente mais divide as opiniões em relação à produção de alimentos transgênicos reside nos efeitos que eles poderiam acarretar à saúde da população e em seu impacto ambiental.

1: correta. "Transgênico" foi o adjetivo criado para referir-se aos organismos geneticamente modificados; **2:** correta, pois a liberação dos OGMs possibilitará um crescimento na qualidade e na quantidade de produtos produzidos no país, diante de sua maior resistência a pragas e outras vantagens comparativas; **3:** correta, porquanto tais efeitos ainda são parcialmente desconhecidos dos pesquisadores.

Gabarito 1C, 2C, 3C

Atendendo a provocações, volto a comentar o inominável assassinato do casal de namorados Liana Friedenbach e Felipe Caffé, desta vez _____ aspecto da lei. A tarefa que me cabe não é das mais agradáveis, pois ao sustentar que não se reduza a maioridade penal para 16 anos, como muitos agora exigem, estarei de algum modo defendendo o menor Xampinha, _____ atos estão além de qualquer defesa. O que de certa forma me tranquiliza é a convicção _____ princípios existem para serem preservados contra exceções. E os crimes de Embu-Guaçu foram justamente uma trágica exceção.

(Hélio Schwartsman, "Crimes e Castigos". Em: <www.folha.uol.com.br>, 20.11.2003. Adaptado)

(VUNESP) De acordo com o autor, os atos do menor Xampinha são

(A) indefensáveis.
(B) amparados pela lei.
(C) arroubos juvenis.
(D) legítimos.
(E) princípios contra exceções.

Diz o autor que os atos de Xampinha estão "além de qualquer defesa", logo são indefensáveis.

Gabarito "A"

(VUNESP) No que diz respeito à redução da maioridade penal, o autor deixa claro que ela

(A) se tornou uma urgência, pois a exceção virou regra.
(B) é forma eficaz de combate à onda de violência.
(C) não é desejável, mas é inevitável nesta sociedade.
(D) não deve ser efetivada, pois fere certos princípios.
(E) não é possível em uma sociedade de trágicas exceções.

O autor é expressamente contra a redução da maioridade penal, porque ela fere princípios (apesar de não dizer quais, ao menos não no trecho transcrito no enunciado). Para ele, tais princípios devem prevalecer sobre a exceção.

Gabarito "D"

Como encontrar um milagre na Índia

Doentes e peregrinos buscam a salvação em templos que praticam o exorcismo em Kerala, ao sul da Índia. Garanto: naquela região se operam, de fato, milagres que salvam vidas diariamente.

Os "milagres" nada têm a ver com os deuses ou demônios. Apenas com homens, responsáveis por uma das mais admiradas experiências sociais já produzidas num país pobre. Como o resto da Índia, Kerala é miserável, sua renda por habitante é de US$ 300 por ano – dez vezes menos do que a brasileira e cem vezes se comparada com a americana.

Primeiro "milagre" num país de 900 milhões de habitantes com explosivo crescimento populacional: cada mulher tem apenas dois filhos (1,7, para ser mais preciso), uma média semelhante à de um casal de classe média alta em Manhattan, Paris, São Paulo ou Rio de Janeiro. Segundo e mais importante: de cada mil crianças que nascem, apenas 13 morrem antes de completar um ano – um nível de mortalidade infantil semelhante ao dos Estados Unidos e quatro vezes menor que o do Brasil.

Até pouco tempo atrás, Kerala era mais conhecida por suas praias, onde os turistas "descolados" se deitavam na areia depois do banho, massageados por moradores que aprenderam de seus ancestrais os segredos da massagem ayurvédica, medicina tradicional indiana. Agora, porém, atrai tipos menos transcendentais da Europa e dos Estados Unidos, decididos a entender e difundir a experiência sobre como um lugar miserável consegue indicadores sociais tão bons.

As pesquisas indicam, em essência, um caminho: graças à vontade política dos governantes locais, em nenhum outro lugar da Índia se investiu tanto na educação das mulheres. Uma ação que enfrentou a rotina da marginalização. Na Índia, por questões culturais, se propagou o infanticídio contra meninas, praticado pelos próprios pais.

Em Kerala, apenas 5% das garotas estão fora da escola, reduzindo a porcentagens insignificantes o analfabetismo. Elas são mais educadas, entram no mercado de trabalho, frequentam postos de saúde, amamentam os filhos, conhecem noções de higiene, sabem a importância, por exemplo, de ferver a água ou aplicar as vacinas, planejam voluntariamente o número de filhos.

Daí se vê o que significou, no Brasil, termos gasto tanto dinheiro na construção de hospitais, em vez de investir mais pesadamente em medicina preventiva. Muitas dessas obras só ajudaram a saúde financeira dos empreiteiros.

(DIMENSTEIN, Gilberto. Aprendiz do futuro – Cidadania hoje e amanhã. São Paulo: Ática, 2000, p. 46.)

(FUNCAB) Assinale a afirmação que tem base no texto.

(A) Os milagres a que se refere o texto estão diretamente relacionados com o misticismo do povo indiano.
(B) Inexplicavelmente, a renda per capita indiana é menor que a brasileira, porém se equipara com a americana.
(C) Os índices de mortalidade infantil em Kerala são tão altos que destacam o país no cenário internacional.
(D) Com o fim do infanticídio, o governo indiano pôde, finalmente, valorizar a educação das mulheres locais.
(E) O investimento na educação das mulheres possibilitou uma mudança positiva nos índices sociais em Kerala.

A: incorreta. Essa conclusão é afastada logo no início do segundo parágrafo; **B:** incorreta. O texto afirma que a renda per capita da Índia é cem vezes menor do que a americana; **C:** incorreta. O autor comenta justamente a importância do baixo índice de mortalidade infantil de Kerala; **D:** incorreta. O infanticídio ainda é uma prática corrente na Índia. Especificamente em Kerala foi feito um trabalho de valorização das mulheres, evitando a morte das recém-nascidas; **E:** correta. Essa é a tese defendida pelo autor para justificar o avanço social em Kerala.

Gabarito "E"

(FUNCAB) Ao relacionar o Brasil com a Índia, percebe-se que o autor faz:

(A) uma dedução que escarnece dos altos valores investidos em medicina preventiva no Brasil.
(B) uma crítica aos governantes brasileiros quanto à má administração do dinheiro público.
(C) um questionamento a respeito da administração dos hospitais públicos brasileiros.
(D) um alerta sobre como os governantes indianos administram os hospitais públicos em Kerala.
(E) uma denúncia baseada em dados relativos ao crescimento da população indiana.

A: incorreta. O autor ataca justamente a opção pela construção de hospitais em detrimento da medicina preventiva, que ficou relegada a segundo plano; **B:** correta. O autor conclui sua argumentação com uma severa crítica à Administração Pública nacional, que, segundo ele, teria feito a opção errada ao privilegiar a construção de hospitais ao invés de investir em programas de medicina preventiva; **C:** incorreta. O autor não ingressa na discussão da gestão de hospitais; **D:** incorreta. A administração dos hospitais indianos também não faz parte dos argumentos apresentados; **E:** incorreta. Não há qualquer denúncia no texto. A população indiana é mencionada como parâmetro de comparação para os elevados índices sociais de Kerala.

Gabarito "B"

(FUNCAB) A que se refere a expressão **UMA AÇÃO** no quinto parágrafo?

(A) vontade política.
(B) governantes locais.
(C) pesquisas feitas em Kerala.
(D) investimento na educação das mulheres.
(E) o infanticídio contra meninas.

A expressão "uma ação" retoma por coesão o trecho "investimento na educação das mulheres" para evitar sua repetição desnecessária.

Gabarito "D"

Divagação sobre as ilhas

Minha ilha (e só de a imaginar já me considero seu habitante) ficará no justo ponto de latitude e longitude que, pondo-me a coberto de ventos, sereias e pestes, nem me afaste demasiado dos homens nem me obrigue a praticá-los diuturnamente. Porque esta é a ciência e, direi, a arte do bom viver: uma fuga relativa, e uma não muito estouvada confraternização.

E por que nos seduz a ilha? As composições de sombra e luz, o esmalte da relva, a cristalinidade dos regatos . tudo isso existe fora das ilhas, não é privilégio delas. A mesma solidão existe, com diferentes pressões, nos mais diversos locais, inclusive os de população densa, em terra firme e longa. Resta ainda o argumento da felicidade . "aqui eu não sou feliz", declara o poeta, para enaltecer, pelo contraste, a sua Pasárgada, mas será que se procura realmente nas ilhas a ocasião de ser feliz, ou um modo de sê-lo? E só se alcançaria tal mercê, de índole extremamente subjetiva, no regaço de uma ilha, e não igualmente em terra comum?

Quando penso em comprar uma ilha, nenhuma dessas excelências me seduz mais do que as outras, nem todas juntas constituem a razão do meu desejo. A ideia de fuga tem sido alvo de crítica severa e indiscriminada nos últimos anos, como se fosse ignominioso, por exemplo, fugir de um perigo, de um sofrimento, de uma caceteação. Como se devesse o homem consumir-se numa fogueira perene, sem carinho para com as partes cândidas ou pueris dele mesmo. Chega-se a um ponto em que convém fugir menos da malignidade dos homens do que da sua bondade incandescente. Por bondade abstrata nos tornamos atrozes. E o pensamento de salvar o mundo é dos que acarretam as mais copiosas e inúteis carnificinas.

A ilha é, afinal de contas, o refúgio último da liberdade, que em toda parte se busca destruir. Amemos a ilha.

(Adaptado de Carlos Drummond de Andrade, Passeios na ilha)

(FCC) Em suas divagações sobre as ilhas, o autor vê nelas, sobretudo, a positividade de

(A) um espaço ideal, cujas características naturais o tornam uma espécie de reduto ecológico, que faz esquecer os artifícios urbanos.
(B) um repouso do espírito, de vez que não é possível usufruir os benefícios do insulamento em meio a lugares povoados.
(C) um sucesso pessoal, a ser obtido pela paz de espírito e pela concentração intelectual que somente o pleno isolamento garante.
(D) uma libertação possível, pois até mesmo os bons homens acabam por tolher a prática salvadora da verdadeira liberdade.
(E) uma solidão indispensável, pois a felicidade surge apenas quando conseguimos nos distanciar dos nossos semelhantes.

Para o autor, as belezas naturais, o isolamento e a busca da felicidade, apesar de presentes nas ilhas, não são a verdadeira razão de seu encantamento, pois todos eles podem também ser obtidos no continente. Destaca ele como grande vantagem a possibilidade de uma "fuga relativa", afirmando que todos precisam dessa parcela de liberdade até mesmo para evitar o excesso de bondade, que leva o homem a fazer coisas atrozes para "salvar o mundo".

Gabarito "D"

(FCC) Atente para as seguintes afirmações:

I. A expressão fuga relativa, referida no 1º parágrafo, diz respeito ao equilíbrio que o autor considera desejável entre a conveniente distância e a conveniente aproximação, a se preservar no relacionamento com os semelhantes.
II. No 2º parágrafo, todas as razões aventadas para explicar a irresistível sedução de uma ilha são consideradas essenciais, não havendo como entender essa atração sem se recorrer a elas.
III. No 3º parágrafo, o autor se vale de amarga ironia quando afirma que o exercício da liberdade pessoal, benigno em si mesmo, é a causa da falta de liberdade dos povos que mais lutam por ela.

Em relação ao texto está correto SOMENTE o que se afirma em

(A) I.
(B) II.
(C) III.
(D) I e II.
(E) II e III.

I: correta. O termo "fuga relativa" é usado para definir o ponto ideal de isolamento sugerido pelo autor; II: incorreta. Enquanto enumera os argumentos, o próprio autor já os rebate, afirmando que todas essas vantagens podem ser obtidas independentemente do isolamento em ilhas; III: incorreta. O autor defende a possibilidade de fuga como o exercício da liberdade, a fim de se afastar do excesso de bondade dos homens.

Gabarito "A"

(FCC) Quando afirma, no início do 3º parágrafo, que nenhuma dessas excelências me seduz mais do que as outras, o autor deprecia, precisamente, estes clássicos atributos das ilhas:

(A) a hostilidade agreste, a solidão plena e a definitiva renúncia à solidariedade.
(B) a poesia do mundo natural, o exclusivo espaço da solidão e a realização do ideal de felicidade.
(C) a monotonia da natureza, o conforto da relativa solidão e a surpresa da felicidade.
(D) a sedução mágica da paisagem, a valorização do espírito e a relativização da felicidade.
(E) a fuga da vida urbana, a exaltação da bondade e o encontro da liberdade verdadeira.

A crítica recai sobre os argumentos utilizados no parágrafo anterior, respectivamente: as belezas naturais, a possibilidade de isolamento e a busca da felicidade plena.

Gabarito "B"

(FCC) Considerando-se o contexto, traduz-se adequadamente o sentido de um segmento em:

(A) pondo-me a coberto de (1º parágrafo) = recobrindo-me com
(B) estouvada confraternização (1º parágrafo) = insensível comunhão
(C) se alcançaria tal mercê (2º parágrafo) = se granjearia essa graça
(D) crítica severa e indiscriminada (3º parágrafo) = análise séria e circunstanciada
(E) acarretam as mais copiosas e inúteis carnificinas

A: incorreta. A expressão equivale a "protegendo-me"; **B:** incorreta. "Estouvado" é sinônimo de "imprudente", "precipitado", "brincalhão"; **C:** correta. Os sinônimos empregados refletem com precisão os termos usados no texto; **D:** incorreta. "Indiscriminada" é sinônimo de "genérica", "ampla", "sem objetivo". É o exato oposto de "circunstanciada", que quer dizer "detalhada", "minuciosa"; **E:** prejudicada. A prova não trouxe o texto completo da alternativa, prejudicando sua análise. Não atrapalha, porém a marcação da resposta correta conforme o gabarito oficial.

Gabarito "C"

(FCC) Está clara e correta a redação deste livre comentário sobre o autor dessa crônica:

(A) O poeta Drummond escreveu num poema o verso "Ilhas perdem o homem", o que significa estar contraditório com o que especula diante das ilhas neste seu outro texto.
(B) "Ilhas perdem o homem", asseverou Drummond num poema seu, manifestando sentimento bem diverso do que expõe nessa crônica de Passeios na ilha.
(C) Ao contrário do que defende na crônica, há um poema de Drummond cujo o verso "Ilhas perdem o homem" redunda num paradoxo diante da mesma.
(D) Paradoxal, o poeta Drummond é autor de um verso ("Ilhas perdem o homem") de flagrante contraste ao que persigna numa crônica de Passeios na ilha.
(E) Se nessa crônica Drummond enaltece o ilhamento, num poema o verso "Ilhas perdem o homem" se compraz ao agrupamento, não à solidão humana.

A: incorreta. A construção "significa estar contraditório" prejudica a clareza do texto. Melhor seria "o que é contraditório"; **B:** correta. A redação está clara e atende a todos os preceitos gramaticais; **C:** incorreta. A redação está confusa. Na verdade, o paradoxo decorreria da impossibilidade das ideias conviverem tal qual foram expostas, não "ao contrário do que defende". Além disso, o artigo definido "o" já está subentendido no pronome relativo "cujo", não devendo ser repetido; **D:** incorreta. "Persignar" é sinônimo de "benzer", representa o ato católico de fazer o sinal da cruz três vezes – um na testa, um na boca e outro no peito; **E:** incorreta. Não existe a palavra "ilhamento".

Gabarito "B"

Paraty

É do esquecimento que vem o tempo lento de Paraty.

A vida vagarosa – quase sempre caminhando pela água –, o saber antigo, os barcos feitos ainda hoje pelas mãos de antepassados, os caminhos de pedra que repelem e desequilibram a pressa: tudo isso vem do esquecimento. Vem do dia em que Paraty foi deixada quieta no século XIX, sem razão de existir.

Até ali, a cidade fervia de agitação. Estava na rota do café, e escoava o ouro no lombo do burro e nas costas do escravo. Um caminho de pedra cortava a floresta para conectar Paraty à sua época e ao centro do mundo.

Mas, em 1855, a cidade inteira se aposentou. Com a estrada de ferro criada por D. Pedro II, Paraty foi lançada para fora das rotas econômicas. Ficou sossegada em seu canto, ao sabor de sua gente e das marés. E pelos próximos 119 anos, Paraty iria formar lentamente, sem se dar conta, seu maior patrimônio.

Até que chegasse outro ciclo econômico, ávido por lugares onde todos os outros não houvessem tocado: o turismo. E assim, em 1974, o asfalto da BR-101 fez as pedras e a cal de Paraty virarem ouro novamente. A cidade volta a conviver com o presente, com outro Brasil, com outros países. É então que a preservação de Paraty, seu principal patrimônio e meio de vida, escapa à mão do destino. Não podemos contar com a sorte, como no passado. Agora, manter o que dá vida a Paraty é razão de muito trabalho. Daqui para frente, preservar é suor.

Para isso existe a Associação Casa Azul, uma organização da sociedade civil de interesse público. Aqui, criamos projetos e atividades que mantenham o tecido urbano e social de Paraty em harmonia. Nesta casa, o tempo pulsa com cuidado, sem apagar as pegadas.

(Texto institucional- Revista Piauí, n. 58, julho 2011)

(FCC) Paraty é apresentada, fundamentalmente, como uma cidade

(A) cuja vocação turística se manifestou ao mesmo tempo em que foi beneficiada pelos ciclos econômicos do café e do ouro.
(B) que se beneficiou de dois ciclos econômicos do ouro, muito embora espaçados entre si por mais de um século.
(C) cuja história foi construída tanto pela participação em ciclos econômicos como pela longa inatividade que a preservou.
(D) cujo atual interesse turístico deriva do fato de que foi convenientemente remodelada para documentar seu passado.
(E) que sempre respondeu, com desenvoltura e sem solução de continuidade, às demandas econômicas de várias épocas.

A: incorreta. O ciclo econômico do turismo de Paraty começou mais de um século depois do café e do ouro; **B:** incorreta. Houve apenas um ciclo do ouro no país inteiro, que divide a história do Brasil com os tempos da riqueza oriunda das plantações de café; **C:** correta. O autor destaca que também o período de "esquecimento" contribuiu para a formação histórica e turística de Paraty; **D:** incorreta. O interesse turístico de Paraty decorre justamente do fato da cidade "ter parado no tempo", mantendo sua aparência e estrutura dos séculos passados; **E:** incorreta. Com a construção da estrada de ferro, Paraty saiu do cenário econômico segundo o autor do texto, regressando somente em 1974 com a descoberta de seu potencial turístico e o asfaltamento da BR-101.

Gabarito "C"

(FCC) Atente para as seguintes afirmações:

I. A frase "É do esquecimento que vem o tempo lento de Paraty" faz alusão ao período em que a cidade deixou de se beneficiar de sua importância estratégica nos ciclos do ouro e do café.
II. O texto sugere que o mesmo turismo que a princípio valoriza e cultua os espaços históricos e naturais preservados traz consigo as ameaças de uma séria degradação.
III. Um longo esquecimento, condição em princípio negativa na escalada do progresso, acabou sendo um fator decisivo para a atual evidência e valorização de Paraty.

Em relação ao texto, está correto o que se afirma em

(A) I, II e III.
(B) I e II, somente.
(C) II e III, somente.
(D) I e III, somente.
(E) II, somente.

I: correta. Esse período de "esquecimento" decorre da saída de Paraty do cenário econômico após a construção da estrada de ferro; II: correta. Isso pode ser depreendido das passagens "não podemos contar com a sorte [para preservar]" e "preservar é suor"; III: correta. Com efeito, o interesse turístico de Paraty decorre da cidade "ter parado no tempo", fruto desse período de "esquecimento econômico". O que seria algo negativo mostrou-se, ao final, como positivo para a economia local.

Gabarito "A"

(FCC) A informação objetiva contida numa expressão ou frase de efeito literário está adequadamente reconhecida em:

(A) os barcos feitos ainda hoje pelas mãos de antepassados (2º parágrafo) = os barcos que lá se encontram foram herdados dos antecessores
(B) escoava o ouro no lombo do burro e nas costas do escravo (3º parágrafo) = dava embarque ao ouro trazido por muares e cativos
(C) em 1855, a cidade inteira se aposentou = ano em que se decretou a inatividade de todos os seus funcionários
(D) Ficou sossegada em seu canto, ao sabor de sua gente e das marés (4º parágrafo) = acomodou-se ao ritmo das canções de seu povo e aos sons da natureza
(E) o asfalto da BR-101 fez as pedras e a cal de Paraty virarem ouro novamente (5º parágrafo) = a valorização imobiliária reviveu a pujança dos antigos ciclos econômicos

A: incorreta. A metáfora do trecho original representa a forma de fazer os barcos, que se mantém igual às técnicas do passado; **B:** correta. "Muar" é o designativo da raça dos burros, incluindo também as mulas e "cativo" é sinônimo de "escravo"; **C:** incorreta. "Aposentar", no texto, refere-se ao desinteresse econômico pela cidade de Paraty; **D:** incorreta. "Canto", no trecho original, representa sua localização e o "sabor" da gente e das marés refere-se ao dia a dia das pessoas; **E:** incorreta. A metáfora "pedras e cal viraram ouro" refere-se ao novo interesse econômico na cidade gerado pelo turismo, não a qualquer espécie de valorização imobiliária.

Gabarito "B"

(FCC) Articulam-se como uma causa e seu efeito, respectivamente, os seguintes elementos:

(A) É do esquecimento que vem o tempo lento / Estava na rota do café
(B) a cidade fervia de agitação / foi lançada para fora das rotas econômicas
(C) estrada de ferro criada por D. Pedro / Um caminho de pedra cortava a floresta
(D) A cidade volta a conviver com o presente / o asfalto da BR-101
(E) Nesta casa, o tempo pulsa com cuidado / sem apagar as pegadas

A relação de causa e efeito se verifica a partir da constatação de que o segundo fato não ocorreria se retirássemos o primeiro. Dentre os trechos propostos, somente se vislumbra na letra "E", que deve ser assinalada. Porque o tempo pulsa com cuidado (causa), as pegadas não são apagadas (efeito). Se não houver cuidado, elas se apagarão.

Gabarito "E"

Economia religiosa

Concordo plenamente com Dom Tarcísio Scaramussa, da CNBB, quando ele afirma que não faz sentido nem obrigar uma pessoa a rezar nem proibi-la de fazê-lo. A declaração do prelado vem como crítica à professora de uma escola pública de Minas Gerais que hostilizou um aluno ateu que se recusara a rezar o pai-nosso em sua aula.

É uma boa ocasião para discutir o ensino religioso na rede pública, do qual a CNBB é entusiasta. Como ateu, não abraço nenhuma religião, mas, como liberal, não pretendo que todos pensem do mesmo modo. Admitamos, para efeitos de argumentação, que seja do interesse do Estado que os jovens sejam desde cedo expostos ao ensino religioso. Deve-se então perguntar se essa é uma tarefa que cabe à escola pública ou se as próprias organizações são capazes de supri-la, com seus programas de catequese, escolas dominicais etc.

A minha impressão é a de que não faltam oportunidades para conhecer as mais diversas mensagens religiosas, onipresentes em rádios, TVs e também nas ruas. Na cidade de São Paulo, por exemplo, existem mais templos (algo em torno de 4.000) do que escolas públicas (cerca de 1.700). Creio que aqui vale a regra econômica, segundo a qual o Estado deve ficar fora das atividades de que o setor privado já dá conta.

Outro ponto importante é o dos custos. Não me parece que faça muito sentido gastar recursos com professores de religião, quando faltam os de matemática, português etc. Ao contrário do que se dá com a religião, é difícil aprender física na esquina.

Até 1997, a Lei de Diretrizes e Bases da Educação acertadamente estabelecia que o ensino religioso nas escolas oficiais não poderia representar ônus para os cofres públicos. A bancada religiosa emendou a lei para empurrar essa conta para o Estado. Não deixa de ser um caso de esmola com o chapéu alheio.

(Hélio Schwartsman. Folha de S. Paulo, 06/04/2012)

(FCC) No que diz respeito ao ensino religioso na escola pública, o autor mantém-se

(A) esquivo, pois arrola tanto argumentos que defendem a obrigatoriedade como o caráter facultativo da implementação desse ensino.
(B) intransigente, uma vez que enumera uma série de razões morais para que se proíba o Estado de legislar sobre quaisquer matérias religiosas.
(C) pragmático, já que na base de sua argumentação contra o ensino religioso na escola pública estão razões de ordem jurídica e econômica.
(D) intolerante, dado que deixa de reconhecer, como ateu declarado, o direito que têm as pessoas de decidir sobre essa matéria.
(E) prudente, pois evita pronunciar-se a favor da obrigatoriedade desse ensino, lembrando que ele já vem sendo ministrado por muitas entidades.

Sobre o tema, o autor prefere manter uma posição pragmática, determinada a partir de sua opção de não usar argumentos pessoais baseados em seu ateísmo. Sua visão é de natureza objetiva e mensurável, valendo-se de argumentos econômicos (custos e administração da receita pública) e jurídicos (direito à liberdade religiosa).

Gabarito "C"

(FCC) Atente para estas afirmações:

I. Ao se declarar um cidadão ao mesmo tempo ateu e liberal, o autor enaltece essa sua dupla condição pessoal valendo-se do exemplo da própria CNBB.
II. A falta de oportunidade para se acessarem mensagens religiosas poderia ser suprida, segundo o autor, pela criação de redes de comunicação voltadas para esse fim.
III. Nos dois últimos parágrafos, o autor mostra não reconhecer nem legitimidade nem prioridade para a implementação do ensino religioso na escola pública.

Em relação ao texto, está correto o que se afirma em

(A) I, II e III.
(B) I e II, apenas.
(C) II e III, apenas.
(D) I e III, apenas.
(E) III, apenas.

I: incorreta. Para tentar não macular sua análise, o autor pretende afastar essas condições, principalmente o ateísmo, de sua argumentação; II: incorreta. O autor expõe a profusão de mensagens religiosas que nos bombardeia, não sendo necessária sua expansão; III: correta. Trata-se da ideia principal defendida pelo autor: não cabe ao Estado custear o ensino religioso, muito menos diante da situação deficitária de outras áreas, como português e matemática.

Gabarito "E"

(FCC) Pode-se inferir, com base numa afirmação do texto, que

(A) o ensino religioso demanda profissionais altamente qualificados, que o Estado não teria como contratar.
(B) a bancada religiosa, tal como qualificada no último parágrafo, partilha do mesmo radicalismo de Dom Tarcísio Scaramussa.
(C) as instituições públicas de ensino devem complementar o que já fazem os templos, a exemplo do que ocorre na cidade de São Paulo.
(D) o aprendizado de uma religião não requer instrução tão especializada como a que exigem as ciências exatas.

(E) os membros da bancada religiosa, sobretudo os liberais, buscam favorecer o setor privado na implementação do ensino religioso.

A: incorreta. O autor não entra no critério da qualificação dos professores de religião, apenas aponta que sua contratação não pode ser prioridade; **B:** incorreta. Em sua fala, Dom Tarcísio mostrou-se ponderado, reconhecendo o direito ao ateísmo. Não há nada de radical em suas palavras; **C:** incorreta. O autor defende exatamente o oposto: que o ensino religioso fique adstrito aos templos, que já se encontram em maior número do que as escolas públicas na cidade de São Paulo; **D:** correta. É o que se depreende da passagem: "Ao contrário do que se dá com a religião, é difícil aprender física na esquina"; **E:** incorreta. Não se pode confundir os religiosos com os liberais e, além disso, segundo o autor, os primeiros conseguiram alterar a legislação para criar a obrigação do Estado custear o ensino religioso.

Gabarito "D"

(FCC) Considerando-se o contexto, traduz-se adequadamente um segmento em:

(A) A declaração do prelado vem como crítica (1º parágrafo) = o pronunciamento do dignitário eclesiástico surge como censura
(B) Admitamos, para efeitos de argumentação (2º parágrafo) = Consignemos, a fim de especulação
(C) sejam desde cedo expostos ao ensino religioso (2º parágrafo) = venham prematuramente a expor-se no ensino clerical
(D) onipresentes em rádios (3º parágrafo) = discriminadas por emissoras de rádio
(E) não poderia representar ônus (5º parágrafo) = implicaria que se acarretasse prejuízo

A: correta. Todos os sinônimos atribuídos traduzem perfeitamente o trecho original; **B:** incorreta. "Especulação", nesse caso, é sinônimo de "afirmação sem fundamento", o que se contrapõe diretamente a "argumentação"; **C:** incorreta. "Prematuro" não é sinônimo de "cedo", é aquilo que veio antes do tempo programado, antes de estar maduro ("pré + maturidade"); **D:** incorreta. "Onipresente" é aquilo que está em todos os lugares. "Discriminado" é sinônimo de "especificado"; **E:** incorreta. "Ônus" é sinônimo de "dever", não está necessariamente relacionado a "prejuízo".

Gabarito "A"

É fato reconhecido que a semelhança ou mesmo a similitude perfeita entre pares de coisas não faz de uma a imitação da outra. As imitações contrastam com a realidade, mas não posso usar na análise da imitação um dos termos que pretendo esclarecer. Dizer "isto não é real" certamente contribui para o prazer das pessoas com as representações imitativas, de acordo com um admirável estudo de psicologia escrito por Aristóteles. "A visão de determinadas coisas nos causa angústia", escreve Aristóteles na Poética, "mas apreciamos olhar suas imitações mais perfeitas, sejam as formas de animais que desprezamos muito, sejam cadáveres". Esse tipo de prazer pressupõe o conhecimento de que seu objeto é uma imitação, ou, correlativamente, o conhecimento de que não é real. Há, portanto, uma dimensão cognitiva nessa forma de prazer, assim como em muitos outros prazeres, inclusive os mais intensos.

Suponho que o prazer de comer determinadas coisas pressupõe algumas crenças, como a de que elas são realmente o que pensamos estar comendo, mas a comida pode se tornar um punhado de cinzas quando se descobre que isso não é verdade — que é carne de porco, para um judeu ortodoxo, ou carne de vaca, para um hindu praticante, ou carne humana, para a maioria de nós (por mais que o sabor nos agrade). Não é preciso sentir a diferença para haver uma diferença, pois o prazer de comer é geralmente mais complexo, pelo menos entre os seres humanos, do que o prazer de sentir o gosto. Saber que algo é diferente pode fazer diferença para o gosto que sentimos. Se não o fizer, é que a diferença de gostos talvez não seja uma coisa que preocupe o bastante para que as respectivas crenças sejam um requisito do prazer.

Arthur C. Danto. *A transfiguração do lugar-comum: uma filosofia da arte*. Trad. Vera Pereira. São Paulo: Cosac Naify, 2005, p. 49-50 (com adaptações).

(CESPE) Em relação aos aspectos interpretativos do texto apresentado, assinale a opção correta.

(A) No texto, defende-se a ideia de que as imitações opõem-se à realidade e, certamente por isso, o ser humano as aprecia, porque detém o conhecimento de que não são reais.
(B) O autor afirma que a diferença é fundamental para se determinar o prazer que sentimos ao comer algo.
(C) Para o autor, saber que algo é diferente faz diferença para o gosto que sentimos, razão pela qual as crenças que cada indivíduo tem sobre as coisas determinam a forma de sentir prazer.
(D) No texto, o autor defende a igualdade entre as coisas presentes no mundo.
(E) O autor defende que o prazer que o ser humano sente pelas coisas da vida é uma imitação.

A: correta. Essa é justamente a ideia central defendida pelo autor; **B:** incorreta. O autor afirma que "saber que algo é diferente **pode** fazer diferença para o gosto que sentimos", ou seja, não é algo fundamental, obrigatório; **C:** incorreta. Essa afirmação, presente nas últimas linhas do texto, ali também está inserida em um contexto condicional. As crenças, segundo o autor, podem ou não ser um requisito do prazer; **D:** incorreta. Ao contrário, o texto fala de imitações e da diferente abordagem do ser humano frente a elas; **E:** incorreta. Essa conclusão não pode ser inferida do texto. As imitações referem-se às coisas em si, não ao sentimento do ser humano sobre elas.

Gabarito "A"

Plano pasárgada

Alguns amigos passaram recentemente pelos sustos de saúde típicos de quem está na faixa dos 50 anos. Aquele calorzinho discreto no peito, na hora da esteira ergométrica, termina em operação de safena. Uma dor estranha em todos os dentes (nunca tinha ouvido falar disso) pode ser também sinal de infarto.

Ainda que fazer uma cirurgia cardíaca esteja longe de ser um passeio à Disneylândia (não sei qual dos dois prefiro), a técnica parece ter avançado muitíssimo.

Pelo menos, ao visitar esses amigos no hospital, um dia depois da operação, encontrei-os lépidos, eufóricos, mais jovens do que antes.

Algo semelhante ocorreu comigo, com uma ou duas intervenções cirúrgicas a que me submeti. Numa delas, tudo pareceu tão fácil, tão preciso, tão "eletrônico", que minha vontade era de rir. Seria efeito da anestesia? Acordado o tempo todo, eu via meu coração ampliado na tela, espécie de aranha caranguejeira aos botes, recebendo o "stent" que o deixaria novinho em folha.

Mas se a anestesia é geral, durante algumas horas, a pessoa deixa de existir como sujeito; torna-se objeto, coisa, campo de manobras do cateter e do bisturi.

Sua inconsciência não é semelhante à do sono de todas as noites. Acordar, bem ou mal, envolve um mínimo gesto de vontade própria. Sair de uma operação é diferente. Devolveram-lhe a vida; ei-la, agora é com você, faça dela o que quiser.

Há algo de muito especial nessa situação; nenhum esforço extremo de meditação, imagino, poder reproduzir a ideia básica por trás dela.

A saber, a de que você é uma coisa e que sua vida é outra, bem diferente. Sua vida, que era você mesmo, tornou-se agora um objeto que você perde ou recupera. Um intervalo, uma distância, criou-se entre o ser vivo e a vida que ele tem.

Daí se explica, creio eu, tanto a vontade de fazer alguma coisa nova com a velha vida, como também a vontade de vivê-la exata mente do mesmo modo com que sempre foi vivida.

(Marcelo Coelho, Folha de S. Paulo, 05/10/2011, com adaptações)

(CEPERJ) Do comentário feito entre parênteses no 2º parágrafo infere-se que:

(A) o autor gostaria de visitar a Disneylândia

(B) o autor já visitou pelo menos uma vez a Disneylândia

(C) o autor considera fazer uma cirurgia melhor do que conhecer a Disneylândia

(D) não agrada ao autor a ideia de conhecer a Disneylândia

Dado que o texto fala de cirurgias cardíacas, situação que naturalmente envolve riscos e alguns transtornos na recuperação para os pacientes, fica claro que o autor não tem nenhuma pretensão de conhecer a Disneylândia. Percebe-se, assim, a ironia de seu comentário, porque usou um verbo de cunho positivo ("preferir"), para falar de duas coisas que repudia.

Gabarito "D"

A criança sadia

O interesse da sociedade pelas crianças nem sempre esteve presente. Até o século XVII, a criança era vista como estorvo, desgraça, um fardo insuportável para a família. Os cuidados dispensados ao bebê não eram uma tarefa agradável aos pais. No final do século XVII, no entanto, algumas publicações motivaram novos sentimentos dos pais em relação à criança. Dentre elas, o *Emilie*, de Rousseau (1762), trazia inúmeras recomendações às mães para que cuidassem pessoalmente dos filhos.

O índice de mortalidade infantil era elevado, especialmente entre as crianças que eram afastadas de seus pais e cuidadas por amas de leite. Outras causas de mortalidade eram a precariedade das condições de higiene e a ausência de especialidade médica direcionada à criança, surgida no século XIX.

Portanto, a mudança de atitude em relação à criança vem acontecendo ao longo de séculos e sofreu grande influência dos momentos históricos — sociais, econômicos, políticos — e contou com grande participação de filósofos e teólogos.

(Ensinando a cuidar da criança. Nébia Maria A. de Figueiredo.)

(AERONÁUTICA) Das ideias contidas no primeiro parágrafo, deduz-se que

(A) os filhos sempre ocuparam um papel privilegiado na sociedade.

(B) os bebês eram, na família, sinônimos de graça, pois eram o centro das atenções.

(C) o estigma que havia em relação às crianças foi sendo desfeito com o passar do tempo.

(D) os sentimentos paternos não passaram por uma transformação, e cuidar de filhos continua sendo uma tarefa desagradável.

A: incorreta. A autora afirma exatamente o contrário, ao dizer que o interesse pelas crianças no passado não estava presente; **B:** incorreta. Novamente, a alternativa propõe algo totalmente oposto ao defendido no texto. A autora afirma que a criança era vista como desgraça, um fardo insuportável; **C:** correta. Desde o primeiro parágrafo a autora demonstra a transformação social em relação às crianças, o que se percebe pelo uso da expressão "nem sempre esteve presente", ou seja, hoje está, mas antes não estava presente; **D:** incorreta, por contrariar frontalmente a alternativa anterior.

Gabarito "C"

(AERONÁUTICA) Leia:

Os cuidados dispensados ao bebê não eram uma tarefa agradável aos pais.

O sentido desse período pode assim ser traduzido:

(A) Para os pais era uma tarefa desagradável se verem desobrigados de cuidar de seu bebê.

(B) Aos pais não era agradável a tarefa de ter de conferir cuidados a seu bebê.

(C) Os cuidados dispensáveis com o bebê geravam tarefas que eram desagradáveis.

(D) O bebê cujos cuidados eram prescindíveis gerava tarefa e desagrado aos pais.

A: incorreta. O particípio verbal deveria ser "obrigados"; **B:** correta. A paráfrase apresentada mantém o mesmo sentido do texto original; **C:** incorreta. O adjetivo empregado deveria ser "indispensáveis"; **D:** incorreta. O adjetivo correto seria "imprescindíveis".

Gabarito "B"

(AERONÁUTICA) Assinale a alternativa que não pode ser apontada, segundo o texto, como causa do alto índice de mortalidade infantil no passado.

(A) As crianças eram afastadas de seus pais e cuidadas por amas de leite.

(B) A criança era vista como um estorvo e as condições de higiene eram precárias.

(C) Os cuidados dispensados ao bebê não eram uma tarefa fácil aos pais e não havia especialidade médica direcionada à criança.

(D) O excesso de zelo dos pais para com os filhos impedia-os de desenvolver resistência contra as doenças da época.

Dentre as alternativas, a única que não consta do texto como causa do alto índice de mortalidade infantil no passado é a constante da letra "D", que deve ser assinalada. Segundo a autora, não havia excesso de zelo dos pais; muito ao contrário, eles não se viam obrigados a proteger os filhos e os relegavam aos cuidados das amas de leite.

Gabarito "D"

(AERONÁUTICA) A partir do texto, é permitido concluir-se que, no final do século XVII,

(A) havia uma relação estreita entre mortalidade infantil e distância da família.

(B) a falta de higiene não afetava a qualidade de vida das crianças.

(C) os pais dispensavam o acompanhamento de um pediatra.

(D) se suspeitava da qualidade do leite fornecido pelas amas.

A: correta. A falta de comprometimento dos pais é apontada como uma das causas do alto índice de mortalidade infantil da época; **B:** incorreta. A falta de higine também é indicada no texto como outra causa de mortalidade infantil; **C:** incorreta. Segundo a autora, ainda não havia, no século XVII, a especialidade médica da pediatria; **D:** incorreta. As amas forneciam o próprio leite, já que usualmente também estavam com filhos pequenos. A crítica do texto refere-se à higiene precária na qual se vivia e a falta de atenção dos pais com o bebê.

Gabarito "A"

Os moralistas

— Você pensou bem no que vai fazer, Paulo?

— Pensei. Já estou decidido. Agora não volto atrás.

— Olhe lá, hein, rapaz...

Paulo está ao mesmo tempo comovido e surpreso com os três amigos. Assim que souberam do seu divórcio ____________, correram para visita-lo no hotel. Sua situação ____________. A solidariedade lhe faz bem. Mas não entende aquela insistência deles em **dissuadi**-lo. Afinal, todos sabiam que ele não se acertava com a mulher.

— Pense um pouco mais, Paulo. Reflita. Essas decisões **súbitas**...

— Mas que súbitas? Estamos praticamente separados há um ano.

— Puxa dê outra chance ao seu casamento, Paulo!

— A Margarida é uma ótima mulher.

— Espera um pouquinho. Você mesmo deixou de frequentar nossa casa por causa da Margarida. Depois que ela chamou vocês de bêbados e expulsou todo mundo.

— E fez muito bem. Nós estávamos bêbados e tínhamos que ser expulsos.

— Outra coisa, Paulo. O divórcio. Sei lá.

— Eu não entendo mais nada. Você sempre defendeu o divórcio!

— É. Mas quando acontece com um amigo...

— Olha, Paulo. Eu não sou moralista. Mas acho a família uma coisa importantíssima. Acho que a família merece qualquer sacrifício.

— Pense nas crianças, Paulo. No trauma.

— Mas nós não temos filhos!

— Nos filhos dos outros, então. No mau exemplo.

— Mas isto é um absurdo! Vocês estão falando como se fosse o fim do mundo. Hoje, o divórcio é uma coisa comum. Não vai mudar nada.

— Como, não muda nada?

— Muda tudo!

— Você não sabe o que está dizendo, Paulo! Muda tudo.

— Muda o quê?

— Bom, pra começar, você não vai poder mais frequentar as nossas casas.

— As mulheres não vão tolerar.

— Você se transformará num **pária** social, Paulo.

— O quê?!

— Fora de brincadeira. Um reprobo.

— Puxa. Eu nunca pensei que vocês...

— Pense bem, Paulo. Dê tempo ao tempo.

— Deixe pra decidir depois. Passado o verão.

— Reflita, Paulo. É uma decisão seríssima. Deixe para mais tarde.

— Está bem. Se vocês insistem...

Na saída, os três amigos conversam:

— Será que ele se convenceu?

— Acho que sim. Pelo menos vai adiar.

— E nos solteiros contra casados da praia, este ano, ainda teremos ele no gol.

— Também, a ideia dele. Largar o gol dos casados logo agora. Em cima da hora. Quando não dava mais para arranjar substituto.

— Os casados nunca terão um goleiro como ele.

— Se insistirmos bastante, ele desiste definitivamente do divórcio.

— Vai aguentar a Margarida pelo resto da vida.

— Pelo time dos casados, qualquer sacrifício serve.

— Me diz uma coisa. Como divorciado, ele podia jogar no time dos solteiros?

— Podia.

— Impensável.

— É.

— Outra coisa.

— O quê?

— Não é reprobo. É **réprobo**. Acento no "e".

— Mas funcionou, não funcionou?

(EXATUS) O texto apresentado trata-se de uma narrativa de humor. Em que circunstância esse humor se estabelece no texto?

(A) Em situações onde o personagem principal tenta argumentar sua decisão, enfatizando que seu casamento está desgastado, ele o faz com muito humor.

(B) No final da narrativa, em virtude do erro na pronúncia da expressão empregada por um dos amigos.

(C) Durante toda a narrativa, visto que os personagens amigos são irônicos tentando fazer com que o personagem principal reflita sobre suas futuras decisões com sarcasmo, até mesmo no desfecho da narrativa.

(D) Somente no trecho em que o personagem principal não está mais em cena, somente os amigos dialogam.

Essa questão merece críticas, porque nenhuma das alternativas representa com perfeição a fonte do humor do texto. Ele decorre da surpresa, ao final, sobre as verdadeiras intenções dos amigos ao tentar dissuadir Paulo do divórcio. A alternativa "C", indicada como correta pelo gabarito oficial, realmente é a que mais se aproxima daquilo que o enunciado cobra, mas a nosso ver os amigos não estavam sendo irônicos ou sarcásticos enquanto conversavam com Paulo. Na verdade, estavam sendo falsos, usando argumentos sociais e emocionais junto ao divorciado para fazê-lo atender a interesses egoístas (a formação do time de futebol).

Gabarito "C"

(EXATUS) A intenção em convencer o personagem principal em não formalizar o divórcio por parte dos seus amigos, justifica-se pelo fato:

(A) de estarem muito preocupados com o amigo que terá de adaptar-se a uma nova rotina.

(B) de se importarem com os valores e princípios familiares, afinal ele se transformará num pária social.

(C) saberem que apesar da esposa não ser uma mulher excepcional, os filhos merecem ter uma família tradicional, afinal são moralistas.

(D) de estarem preocupados com si mesmos em todas as implicações que essa decisão gerará para o grupo de amigos.

A real intenção dos amigos se descortina ao final do texto. Todos os argumentos moralistas e familiares são falsos. O que preocupa os amigos é a formação do time de futebol.

Gabarito "D"

Rir é o melhor remédio

Outro dia, li na revista americana "New Yorker" um artigo sobre o "guru do riso" que anda atraindo milhões de pessoas. Não, não se trata de um comediante famoso, e sim de Madan Kataria, médico indiano de Mumbai que desenvolveu técnicas para induzir o riso nas pessoas.

Segundo Kataria, o riso faz bem, tanto à saúde física quanto à psicológica. Seu movimento vem se espalhando pelo mundo e atrai muitas celebridades. Recentemente, Kataria apareceu no palco dos estúdios da Sony Pictures, em Los Angeles, ao lado da atriz Goldie Hawn.

Quem entender um pouquinho de inglês pode ver vídeos do médico em ação em laughteryoga.org. Eu assisti e ri muito. Existe algo de contagioso no riso, mesmo quando começa forçado. E logo deixa de ser.

Será que o riso pode melhorar sua saúde? Quem não acredita que rir só faz bem (quando não é malicioso, claro)? Se não gostássemos de rir, comédias não existiriam.

Arthur Koestler, em seu livro "O Ato da Criação", argumenta que humor e criatividade têm muito em comum. Numa boa piada, existe uma ruptura lógica, um ponto em que a narrativa toma um rumo inesperado. É aí que rimos. Todo mundo sabe que piada explicada não é engraçada.

Koestler diz que esse ponto de ruptura surge na criação, quando uma visão nova e inesperada surge dos recessos do inconsciente. Sabemos muito pouco sobre criatividade e riso. As ideias de Koestler deveriam ser mais exploradas.

Vários estudos vêm tentando quantificar os benefícios médicos do riso. Se a depressão e a tristeza podem afetar negativamente o sistema imunológico, parece razoável que o riso possa ajudá-lo. Porém, de modo geral, os resultados desses estudos são contraditórios. Alguns dizem que o riso é mesmo bom para a saúde. Outros, que não faz diferença.

Talvez os resultados ambíguos venham do tamanho relativamente pequeno dos estudos, ou porque em alguns deles o riso é induzido a partir de comédias na TV, como "O Gordo e o Magro" e "Abbot & Costello".

O assunto é fascinante o suficiente para merecer estudos mais detalhados. Qual a diferença entre o riso dos humanos e o dos gorilas, que riem quando sentem cócegas? Será que rir de uma piada pode ser usado como teste de inteligência em computadores? Semana passada perguntei se máquinas podem se apaixonar. Será que podem rir? Ou melhor, ter senso de humor?

Robert Provine, neurocientista da Universidade de Maryland, que realizou estudos baseados na observação de pessoas em situações sociais, escreveu: "A melhoria da saúde a partir do riso permanece uma meta inatingida, mesmo que extremamente desejável e viável". Existem muitos tipos de riso, alguns relacionados com a comunicação entre dois ou mais humanos, outros fisiológicos, quando sentimos cócegas.

Quando falei no assunto com leitores aqui nos EUA, recebi várias mensagens, algumas de pessoas com câncer, relatando como o bom humor faz com que se sintam melhor.

GLEISER, Marcelo. Disponível em: <www.marcelogleiser.blogspot.com>. Acesso em: 15 fev. 2011.

(UFG) A temática se desenvolve com base em um argumento principal. Que argumento é esse?

(A) O riso é contagioso.
(B) O riso pode ser induzido.
(C) O riso faz bem.
(D) O riso tem motivações diversas.

A discussão que o texto aborda é a melhoria da qualidade de vida proporcionada pelo riso. O fato dele ser contagioso, induzido ou ter origens diversas são circunstâncias abordadas como complemento do tema central.

Gabarito "C"

(UFG) O texto é do gênero divulgação científica. Que fator atribui cientificidade aos argumentos de Marcelo Gleiser?

(A) A explicação do modo de constituição do humor na citação de Koestler.
(B) A menção ao fato de Madan Kataria ter aparecido na televisão.
(C) A presença de vídeos das ações de Madan Kataria na internet.
(D) As mensagens de pessoas com câncer a Marcelo Gleiser.

O autor se vale de argumentos de autoridades científicas, como Arthur Koestler, para aprofundar a discussão sobre os benefícios do riso para a saúde. As menções a Madan Kataria e às mensagens recebidas pelo autor são usadas somente como ilustração do debate central.

Gabarito "A"

(UFG) O texto apresenta uma relação entre humor e criatividade. Que fator é indicativo dessa relação?

(A) Surpresa
(B) Ineditismo
(C) Surrealismo
(D) Fascínio

O autor esclarece que tanto o humor quanto a criatividade têm origem na surpresa, na ruptura lógica que nos permite ir além daquilo que se esperava. De um lado, esse "absurdo" nos faz rir; de outro, permite que "pensemos fora da caixa" ao perceber que somos capazes de criar coisas novas.

Gabarito "A"

Disponível em: <fifteenyears.blogspot.com>. Acesso em: 25 fev. 2011.

(UFG) A quebra na sequência discursiva gera o efeito de humor no cartum. Esse efeito é promovido pela

(A) impossibilidade de diálogo entre a máquina e as personagens.
(B) linguagem informal usada pelas personagens ao se referirem à máquina.
(C) composição visual das personagens.
(D) interpretação equivocada do texto pela personagem.

O humor decorre da surpresa, da ocorrência de um fato inesperado do ponto de vista lógico. No cartum, ele nasce da interpretação errônea que a personagem deu à expressão "ler o código de barras": o termo "ler" empregado nesses casos em sentido figurado (já que se refere a uma função eletrônica) foi realizado em seu sentido literal pela mulher.

Gabarito "D"

(UFG) Máquinas funcionam como suporte para diferentes textos. No caixa eletrônico do cartum, há a realização do gênero

(A) instrucional.
(B) expositivo.
(C) narrativo.
(D) descritivo.

A: correta. Dentre as diversas espécies de texto, a máquina se utiliza do modelo de instrução, o qual se presta a transmitir padrões de conduta, orientar comportamentos, a forma de agir das pessoas. É comum em leis, regras de jogo e manuais de instruções; **B:** incorreta. O objetivo da exposição é transmitir conhecimentos, instruir o leitor por meio de conhecimentos que ele ainda não possua; **C:** incorreta. A narração caracteriza-se pela presença de um enredo, o encadeamento lógico de acontecimentos com começo, meio e fim; **D:** incorreta. A descrição, que não deixa de ser uma espécie de narração, é o tipo de texto que valoriza mais as circunstâncias, os detalhes, do que o fato em si.

Gabarito "A"

(UFG) Considerando-se a multiplicidade de sentido das formas linguísticas, no texto, a palavra agora expressa

(A) instantaneidade.
(B) sequenciação.
(C) espontaneidade.
(D) simultaneidade.

No texto, o termo "agora" denota uma sequência de atos. A expressão das senhoras ao usar o caixa eletrônico indica que elas estão nessa atividade há algum tempo, seguindo passo a passo as instruções emanadas da máquina.

Gabarito "B"

(UFG) A referência ao caixa eletrônico como "a bicha" ajuda a demonstrar

(A) a falta de intimidade das personagens com o serviço oferecido pelo banco.
(B) o desprendimento da personagem em relação às atividades eletrônicas.
(C) a proximidade afetiva entre as usuárias do serviço bancário.
(D) o deslumbramento da personagem com os recursos das novas tecnologias.

O termo utilizado pela personagem é pejorativo, demonstra sua total falta de intimidade com as novas tecnologias. A expressão de seus rostos também ajuda a demonstrar que elas se sentem extremamente desconfortáveis em ter de "dialogar" com a máquina, o que afasta quaisquer interpretações sobre "desprendimento", "proximidade" ou "deslumbramento" sugeridas pelas alternativas.

Gabarito "A"

O começo foi lá atrás e não foi fácil. A profissão que hoje dá orgulho a Tião, aos 32 anos de idade, já foi motivo de vergonha. Ele começou a catar lixo com onze anos, com a família. "Para mim, catar lixo era natural", diz. Para os outros, não. Sua mãe deu uma entrevista e ele passou a ser perseguido pelos colegas da escola. No dia seguinte ao da entrevista, chegou à sala de aula e viu escrito na lousa: "Tião, filho da xepeira", uma referência à xepa, prática de pegar os restos de feiras para levar para casa. Em uma festa da escola, Tião dançava com a namoradinha, quando um menino anunciou pelo microfone: "Olha, ela está dançando com o filho da xepeira." Humilhado, Tião saiu da festa correndo. Saiu também da escola. Ficou cinco anos sem estudar. Agora cursa o segundo ano do ensino médio. Seu sonho é cursar sociologia. No documentário **Lixo Extraordinário**, Tião diz que gosta de Nietzsche e Maquiavel. Ele encontrou um exemplar de **O Príncipe**, de Maquiavel, no meio do chorume do aterro. Depois de ler, ficou comparando os príncipes descritos por Maquiavel com líderes do tráfico. Ele conta que a obra foi fundamental quando estava começando sua própria liderança. Depois da indicação ao Oscar, ele acha que sua voz vai chegar muito mais longe que os trezentos metros quadrados do galpão sufocante da associação dos catadores. "Quem nunca teve voz agora vai ter, agora vão nos ouvir", diz ele.

Sebastião Carlos dos Santos. Do lixo ao Oscar. *In*: Época, 31/1/2011, p. 12 (com adaptações).

(CESPE) Com referência às ideias do texto acima e às estruturas nele empregadas, julgue os itens seguintes.

(1) Nos trechos "chegou à sala de aula" (l.7) e "uma referência à xepa" (l.8), o emprego do sinal indicativo de crase, opcional em ambos os casos, justifica-se pela regência, respectivamente, da forma verbal "chegou" e do substantivo "referência".
(2) O trecho "prática de pegar os restos de feiras para levar para casa" (l.8-9) é uma expressão apositiva empregada para explicar o termo "xepa" (l.8).
(3) No trecho "descritos por Maquiavel" (l.18-19), a expressão "por Maquiavel" designa o agente da ação expressa pela forma nominal "descritos".
(4) Sem prejuízo para a correção gramatical, o trecho "mais longe que os trezentos metros" (l.22), no qual se estabelece relação de comparação, admite a seguinte reescrita: mais longe do que os trezentos metros.
(5) Pelas relações de sentido que se estabelecem no texto, subentende-se, no trecho "Para os outros, não" (l.4-5), a retomada, por coesão, do enunciado 'catar lixo era natural' (l.4).

1: incorreta. Na verdade, o único erro da assertiva está na classificação dos casos de crase como facultativos, quando ambos são obrigatórios; **2:** correta. Realmente o trecho destacado exerce função sintática de aposto explicativo; **3:** correta. O verbo está na voz passiva e "Maquiavel" é classificado como agente da passiva na oração; **4:** correta. É indiferente escrever, quando estabelecemos uma comparação, "mais que" ou "mais do que"; **5:** correta. A supressão do período "catar lixo era natural" pode ser depreendida pela coesão do texto, não sendo necessária sua repetição.

Gabarito 1E, 2C, 3C, 4C, 5C

As indústrias culturais, e mais especificamente a do cinema, criaram uma nova figura, "mágica", absolutamente moderna: a estrela. Depressa ela desempenhou um papel importante no sucesso de massa que o cinema alcançou. E isso continua. Mas o sistema, por muito tempo restrito apenas à tela grande, estendeu-se progressivamente, com o desenvolvimento das indústrias culturais, a outros domínios, ligados primeiro aos setores do espetáculo, da televisão, do show business. Mas alguns sinais já demonstravam que o sistema estava prestes a se espalhar e a invadir todos os domínios: imagens como as de Gandhi ou Che Guevara, indo de fotos a pôsteres, no mundo inteiro, anunciavam a planetarização de um sistema que o capitalismo de hiperconsumo hoje vê triunfar.

O que caracteriza o star-system em uma era hipermoderna é, de fato, sua expansão para todos os domínios.

Em todo o domínio da cultura, na política, na religião, na ciência, na arte, na imprensa, na literatura, na filosofia, até na cozinha, tem-se uma economia do estrelato, um mercado do nome e do renome. A própria literatura consagra escritores no mercado internacional, os quais negociam seus direitos por intermédio de agentes, segundo o sistema que prevalece nas indústrias do espetáculo. Todas as áreas da cultura valem-se de paradas de sucesso (hit-parades), dos mais vendidos (best-sellers), de prêmios e listas dos mais populares, assim como de recordes de venda, de frequência e de audiência destes últimos.

A extensão do star-system não se dá sem uma forma de banalização ou mesmo de degradação – da figura pura da estrela, trazendo consigo uma imagem de eternidade, chega-se à vedete do momento, à figura fugidia da celebridade do dia; do ícone único e insubstituível, passa-se a uma comunidade internacional de pessoas conhecidas, "celebrizadas", das quais revistas especializadas divulgam as fotos, contam os segredos, perseguem a intimidade. Da glória, própria dos homens ilustres da Antiguidade e que era como o horizonte resplandecente da grande cultura clássica, passou-se às estrelas – forma ainda heroicizada pela sublimação de que eram portadoras –, depois, com a rapidez de duas ou três décadas de hipermodernidade, às pessoas célebres, às personalidades conhecidas, às "pessoas". Deslocamento progressivo que não é mais que o sinal de um novo triunfo da forma-moda, conseguindo tornar efêmeras e consumíveis as próprias estrelas da notoriedade.

(Adap. de Gilles Lipovetsky e Jean Serroy. Uma cultura de celebridades: a universalização do estrelato. *In* A cultura – mundo: resposta a uma sociedade desorientada. Trad: Maria Lúcia Machado. São Paulo: Companhia das Letras, 2011, p. 81 a 83)

(FCC) No texto, os autores

(A) tecem elogios às indústrias culturais, assinalando como positivo o desempenho delas na constituição de sociedades modernas.
(B) advogam o reconhecimento do papel exclusivo do cinema na criação e disseminação da figura da estrela.
(C) atribuem às estrelas do cinema a massificação dessa arte, em um sistema que permanece unicamente por força da atuação das atrizes de alta categoria.
(D) condenam a expansão do sistema que equivocadamente se constituiu no passado em torno da figura da estrela, porque ele tornou obrigatória a figura intermediária do agente.
(E) apontam a hipermodernidade como era que adota, de modo generalizante, práticas que na modernidade mais se associavam às indústrias do espetáculo.

A: incorreta. Muito ao contrário, o texto traz uma severa crítica ao formato da indústria do entretenimento atual; **B:** incorreta. O texto aponta para o papel que todas as mídias detêm no processo de criação de estrelas; **C:** incorreta. Os autores apontam para a extensão da cultura do estrelato para todos os outros domínios das relações sociais, como a política, a culinária, a economia, as quais se desvinculam, obviamente, da figura das atrizes de cinema; **D:** incorreta. A crítica do texto volta-se à efemeridade das estrelas desse novo modelo de entretenimento. A figura do agente é apenas mais uma peça desse modelo; **E:** correta. A cultura do estrelato, como já dito, hoje permeia todas as relações humanas, o que caracteriza a era que os autores batizaram de "hipermodernidade."

Gabarito "E"

(FCC) Os autores referem-se a *Gandhi* ou *Che Guevara* com o objetivo de

(A) insinuar que, na modernidade, a imagem independe do valor que efetivamente um homem representa.
(B) recriminar, em aparte irrelevante para a argumentação principal, a falta de critério na exposição da figura de um líder, que acarreta o uso corriqueiro de sua imagem – numa foto ou pôster.
(C) comprovar que o sistema associado à figura da estrela estava ligado aos setores do espetáculo, da televisão, do *show business*.
(D) conferir dignidade à indústria cultural, demonstrando que essa indústria tem também a função de dar visibilidade à imagem de grandes líderes.
(E) demonstrar, por meio de particularização, que antes da era hipermoderna já havia sinais de que o *starsystem* invadiria todos os domínios.

Gandhi e Che Guevara são trazidos ao texto como exemplos de que a cultura do estrelato invadiria domínios muito além da indústria do entretenimento, como a política e a economia. Tais personalidades, na era da hipermodernidade, tornaram-se populares e tiveram suas imagens transformadas em ícones, tal como estrelas de cinema.

Gabarito "E"

(FCC) *Mas o sistema, <u>por muito tempo restrito</u> apenas à tela grande, estendeu-se progressivamente, com o desenvolvimento das indústrias culturais, a outros domínios, ligados primeiro aos setores do espetáculo, da televisão, do* show business.

Na frase acima, o segmento destacado equivale a:
(A) por conta de ter ficado muito tempo restrito.
(B) ainda que tenha ficado muito tempo restrito.
(C) em vez de ter ficado muito tempo restrito.
(D) ficando há muito tempo restrito.
(E) conforme tendo ficado muito tempo restrito.

A expressão sublinhada tem valor concessivo, equivalente a "ainda que tenha ficado muito tempo restrito".

Gabarito "B"

(FCC) *A extensão do* star-system *não se dá sem uma forma de banalização ou mesmo de degradação – da figura pura da estrela, trazendo consigo uma imagem de eternidade, chega-se à vedete do momento, à figura fugidia da celebridade do dia; do ícone único e insubstituível, passa-se a uma comunidade internacional de pessoas conhecidas, "celebrizadas", das quais revistas especializadas divulgam as fotos, contam os segredos, perseguem a intimidade.*

Considerado o fragmento acima, em seu contexto, é correto afirmar:
(A) A expressão *ou mesmo* indica que os autores atribuem à palavra *degradação* um sentido de rebaixamento mais intenso do que atribuem à palavra *banalização*.
(B) A substituição de *não se dá sem uma forma de banalização* por "procede de um tipo de atitude trivial" mantém o sentido original.
(C) A forma *trazendo* expressa, na frase, sentido de condicionalidade, equivalendo a "se trouxer".
(D) O contexto exige que se compreendam os segmentos da figura pura da estrela e do ícone único e insubstituível como expressões de sentidos opostos.
(E) A substituição de *das quais* por "cujas" mantém a correção e o sentido originais.

A: correta. Trata-se de uma gradação negativa utilizada pelos autores como instrumento de argumentação; **B:** incorreta. "Banalização" tem sentido pejorativo, demonstra a crítica dos autores à cultura do estrelato, o que não se consegue com a utilização do termo "trivial" (ainda que em certo sentido as palavras sejam sinônimas); **C:** incorreta. A oração em comento é reduzida de gerúndio e equivale a "e traz consigo...", ou seja, presente do indicativo, não pretérito perfeito do subjuntivo; **D:** incorreta. Ao contrário, no texto tais expressões são análogas; **E:** incorreta. "Das quais" resgata os termos "pessoas conhecidas, 'celebrizadas'" para atribuir-lhes os fatos que seguem. "Cujas" tem sentido de posse, indicaria que as revistas especializadas pertenceriam às "pessoas conhecidas".

Gabarito "A"

Política e sociedade na obra de Sérgio Buarque de Holanda

Para Sérgio Buarque de Holanda a principal tarefa do historiador consistia em estudar possibilidades de mudança social. Entretanto, conceitos herdados e intelectualismos abstratos impediam a sensibilidade para com o processo do devir. Raramente o que se afigurava como predominante na historiografia brasileira apontava um caminho profícuo para o historiador preocupado em estudar mudanças. Os caminhos institucionalizados escondiam os figurantes mudos e sua fala. Tanto as fontes quanto a própria historiografia falavam a linguagem do poder, e sempre imbuídas da ideologia dos interesses estabelecidos. Desvendar ideologias implica para o historiador um cuidadoso percurso interpretativo voltado para indícios tênues e nuanças sutis. Pormenores significativos apontavam caminhos imperceptíveis, o fragmentário, o não determinante, o secundário. Destes proviriam as pistas que indicariam o caminho da interpretação da mudança, do processo do vir a ser dos figurantes mudos em processo de forjar estratégias de sobrevivência.

Era engajado o seu modo de escrever história. Como historiador quis elaborar formas de apreensão do mutável, do transitório e de processos ainda incipientes no vir a ser da sociedade brasileira. Enfatizava o provisório, a diversidade, a fim de documentar novos sujeitos eventualmente participantes da história.

Para chegar a escrever uma história verdadeiramente engajada deveria o historiador partir do estudo da urdidura dos pormenores para chegar a uma visão de conjunto de sociabilidades, experiências de vida, que por sua vez traduzissem necessidades sociais. Aderir à pluralidade se lhe afigurava como uma condição essencial para este sondar das possibilidades de emergência de novos fatores de mudança social. Tratava-se, na historiografia, de aceitar o provisório como necessário. Caberia ao historiador o desafio de discernir e de apreender, juntamente com valores ideológicos preexistentes, as possibilidades de coexistência de valores e necessidades sociais diversas que conviviam entre si no processo de formação da sociedade brasileira sem uma necessária coerência.

(Fragmento adaptado de Maria Odila Leite da Silva Dias, *Sérgio Buarque de Holanda e o Brasil*. São Paulo, Perseu Abramo, 1998, pp.15-17)

(FCC) Na visão de Sérgio Buarque de Holanda, o historiador deve valorizar
(A) os personagens que tiveram papel preponderante na história nacional, deixando de lado os figurantes a quem é dado muito espaço na historiografia brasileira tradicional.
(B) o fragmento e o detalhe, contrapondo-se assim à historiografia brasileira tradicional, que privilegia a totalidade e a síntese.
(C) o inacabado e o imperfeito, convergindo para a historiografia brasileira tradicional, que sempre recusou a estabilidade e a permanência.
(D) os resultados em lugar do processo, objetivando tornar mais significativas as descobertas da história tradicional feita no Brasil.

(E) as ideologias e o papel fundamental que desempenham em todo o processo histórico, muito mais importante que aquele exercido pelos indivíduos.

Correta a alternativa "B". Segundo a autora, Sérgio Buarque de Holanda acreditava que o processo de sistematização da história brasileira privilegiava os interesses políticos dominantes, por isso deixava de lado detalhes fundamentais para a perfeita compreensão do processo de formação do Brasil relacionados à participação de personagens secundários propositadamente omitidos. Todas as demais alternativas dizem exatamente o oposto do que o texto defende.

Gabarito "B"

(FCC) Ao contrapor *conceitos herdados e intelectualismos abstratos*, de um lado, e a *sensibilidade para com o processo do devir*, de outro, a autora afirma a opção de Sérgio Buarque de Holanda

(A) pelo pensamento metódico e consagrado em detrimento da observação sempre enganosa dos fatos.

(B) pela arte, capaz de despertar os sentidos mais embotados, em detrimento da filosofia, em que a razão invariavelmente predomina.

(C) pelo trabalho braçal, palpável e concreto, em detrimento do trabalho intelectual, desvinculado da vida e da realidade.

(D) pelo passado, que se pode conhecer em detalhes e de modo seguro, em detrimento do futuro, que não pode ser previsto senão especulativamente.

(E) pela apreensão da realidade fugidia e instável em detrimento da teoria inflexível e da especulação vazia.

A comparação proposta pela autora indica que Sérgio Buarque de Holanda preferia estar atento, alerta, sensível à realidade mutável e instável do que se prender à teoria, ao abstrato, ao intelectualismo que, muitas vezes, não se coadunava com os fatos. A história, para ela, deveria ser feita a partir do concreto e não de modelos pensados em livros, bem como serviria para auxiliar a construir o futuro e não para explicar o passado.

Gabarito "E"

A navegação fazia-se, comumente, das oito horas da manhã às cinco da tarde, quando as canoas embicavam pelos barrancos e eram presas a troncos de árvores, com o auxílio de cordas ou cipós. Os densos nevoeiros, que se acumulam sobre os rios durante a tarde e pela manhã, às vezes até o meio-dia, impediam que se prolongasse o horário das viagens.

Antes do pôr-do-sol, costumavam os homens arranchar-se e cuidar da ceia, que constava principalmente de feijão com toucinho, além da indefectível farinha, e algum pescado ou caça apanhados pelo caminho. Quando a bordo, e por não poderem acender fogo, os viajantes tinham de contentar-se, geralmente, com feijão frio, feito de véspera.

De qualquer modo, era esse alimento tido em grande conta nas expedições, passando por extremamente substancial e saudável. Um dos motivos para tal preferência vinha, sem dúvida, da grande abundância de feijão nos povoados, durante as ocasiões em que costumavam sair as frotas destinadas ao Cuiabá e a Mato Grosso.

(Adaptado de Sérgio Buarque de Holanda. *Monções*. 3. ed. São Paulo, Brasiliense, 2000, p. 105-6)

(FCC) *Quando a bordo, e por não poderem acender fogo, os viajantes tinham de contentar-se, geralmente, com feijão frio, feito de véspera.* Identificam-se nos segmentos grifados na frase acima, respectivamente, noções de

(A) modo e consequência.

(B) causa e concessão.

(C) temporalidade e causa.

(D) modo e temporalidade.

(E) consequência e oposição.

"Quando a bordo" é adjunto adverbial de tempo, indica o momento em que o fato acontece. "Por não poderem acender fogo" é oração subordinada adverbial causal, porque exprime a causa, a razão dos viajantes terem de se contentar com comida fria.

Gabarito "C"

Do homicídio*

Cabe a vós, senhores, examinar em que caso é justo privar da vida o vosso semelhante, vida que lhe foi dada por Deus.

Há quem diga que a guerra sempre tornou esses homicídios não só legítimos como também gloriosos. Todavia, como explicar que a guerra sempre tenha sido vista com horror pelos brâmanes, tanto quanto o porco era execrado pelos árabes e pelos egípcios? Os primitivos aos quais foi dado o nome ridículo de ***quakers**** *fugiram da guerra e a detestaram por mais de um século, até o dia em que foram forçados por seus irmãos cristãos de Londres a renunciar a essa prerrogativa, que os distinguia de quase todo o restante do mundo. Portanto, apesar de tudo, é possível abster-se de matar homens.*

Mas há cidadãos que vos bradam: um malvado furou-me um olho; um bárbaro matou meu irmão; queremos vingança; quero um olho do agressor que me cegou; quero todo o sangue do assassino que apunhalou meu irmão; queremos que seja cumprida a antiga e universal lei de talião.

Não podereis acaso responder-lhes: "Quando aquele que vos cegou tiver um olho a menos, vós tereis um olho a mais? Quando eu mandar supliciar aquele que matou vosso irmão, esse irmão será ressuscitado? Esperai alguns dias; então vossa justa dor terá perdido intensidade; não vos aborrecerá ver com o olho que vos resta a vultosa soma de dinheiro que obrigarei o mutilador a vos dar; com ela vivereis vida agradável, e além disso ele será vosso escravo durante alguns anos, desde que lhe seja permitido conservar seus dois olhos para melhor vos servir durante esse tempo.

Quanto ao assassino do seu irmão, será vosso escravo enquanto viver. Eu o tornarei útil para sempre a vós, ao público e a si mesmo".

É assim que se faz na Rússia há quarenta anos. Os criminosos que ultrajaram a pátria são forçados a servir à pátria para sempre; seu suplício é uma lição contínua, e foi a partir de então que aquela vasta região do mundo deixou de ser bárbara.

(Voltaire – *O preço da justiça*. São Paulo: Martins Fontes, 2001, pp. 15/16. Trad. de Ivone Castilho Benedetti)

* Excerto de texto escrito em 1777, pelo filósofo iluminista francês Voltaire (1694-1778).

** *Quaker* = associação religiosa inglesa do séc. XVI, defensora do pacifismo.

(FCC) No segundo parágrafo, em sua argumentação contra a pena de morte, Voltaire refuta a tese segundo a qual

(A) a pena de morte sempre existiu entre os povos, sancionada pelos legisladores mais prestigiados.
(B) as guerras demonstram que a execução do inimigo é uma prática não apenas legítima como também universal.
(C) os *quakers* constituem um exemplo de que, surgindo a oportunidade, os medrosos tornam-se valentes.
(D) os homicídios só podem ser evitados quando os responsáveis por eles renunciam a suas prerrogativas.
(E) a execução de criminosos, justificável durante uma guerra, torna-se inaceitável em tempos de paz.

No segundo parágrafo, Voltaire discute a possibilidade do pacifismo, demonstrando que o argumento de que a guerra e a execução de inimigos não é algo legítimo e muito menos universal. Cita como exemplo os *quakers*, os quais evitaram os conflitos por todo o tempo que puderam até serem forçados a entrar em batalha.

Gabarito "B"

(FCC) Atente para as seguintes afirmações:

I. O caso dos *quakers* é lembrado para exemplificar a mesma convicção sustentada por outra coletividade, a dos brâmanes.
II. A pena de talião é refutada por Voltaire porque ele, a par de considerá-la eficaz, julga-a ilegítima e excessivamente cruel.
III. O caso da Rússia serve a Voltaire para demonstrar que uma pena exemplar, cumprida em vida, é também índice de civilização.

Em relação ao texto, está correto o que se afirma APENAS em

(A) I.
(B) II.
(C) III.
(D) I e III.
(E) II e III.

I: correta. Segundo Voltaire, tanto os *quakers* quanto os brâmanes detestavam a guerra; II: incorreta. Os argumentos de Voltaire não abordam a legitimidade ou crueldade da lei de talião, mas sim à sua eficácia. Afirma ele que cegar o desafeto não trará de volta o olho de sua vítima, bem como matar o assassino não ressuscitará o morto; III: correta. A Rússia é citada como exemplo de civilização que deixou de ser bárbara ao adotar punições exemplares e perpétuas ao invés de condenar as pessoas à morte.

Gabarito "D"

(FCC) Em relação ao quarto parágrafo, é correto afirmar que Voltaire se vale do seguinte procedimento:

(A) formula perguntas retóricas, supondo sempre que se deva responder a elas de modo afirmativo.
(B) imagina os argumentos a que seus leitores poderiam recorrer contra os defensores da pena de talião.
(C) enumera as razões pelas quais são imorais as vantagens advenientes da aplicação da pena de talião.
(D) simula mostrar complacência diante do criminoso, para com isso fustigar os defensores da pena de morte.
(E) tipifica os delitos para os quais se providenciarão a tortura pública e uma reparação pecuniária.

A: incorreta. Voltaire realmente se vale de perguntas retóricas, mas as respostas a elas seriam negativas; **B:** correta. As perguntas retóricas representam os possíveis argumentos dos defensores da lei de talião, a qual Voltaire pretende afastar; **C:** incorreta. Voltaire não debate a moralidade da lei de talião, e sim sua eficácia; **D:** incorreta. Não há qualquer complacência no discurso de Voltaire, que sugere punições bastante severas aos criminosos; só não defende a pena de morte; **E:** incorreta. Não há uma tipificação de delitos e penas, somente exemplos de como agir ao afastar a condenação à morte.

Gabarito "B"

(FCC) Considerando-se o contexto, mostra-se adequada a compreensão do sentido de um segmento em:

(A) *foram forçados a renunciar a essa prerrogativa* (2º parágrafo) = os *quakers* foram obrigados a desistir de qualquer intento bélico.
(B) *é possível abster-se de matar homens* (2º parágrafo) = não é verdade que o instinto assassino deixe de prevalecer, em alguns casos.
(C) *que seja cumprida a antiga e universal lei de talião* (3º parágrafo) = cumpra-se: olho por olho, dente por dente.
(D) *Não podereis acaso responder-lhes* (4º parágrafo) = sereis impedidos de lhes responder ao acaso.
(E) *seu suplício é uma lição contínua* (5º parágrafo) = é um martírio que se inflige perpetuamente.

A: incorreta. A prerrogativa dos *quakers* era o pacifismo, não o intento bélico (vontade de guerrear); **B:** incorreta. O trecho diz exatamente o oposto: o instinto de matar deixa de prevalecer em alguns casos; **C:** correta. Esse é exatamente o significado da expressão "lei de talião". A propósito, vale salientar que o termo deve ser grafado em minúsculas mesmo. Ao contrário do que muitos pensam, "talião" não é um nome de pessoa ou lugar. É substantivo comum que transmite a mesma ideia da expressão "tal e qual", ou seja, um olho por um olho, um dente por um dente, uma vida por uma vida etc.; **D:** incorreta. "Acaso", no trecho original, significa "por exemplo". Na paráfrase, ganhou sentido de "destino"; **E:** incorreta. "Contínuo" transmite a ideia de "dia após dia". Não é sinônimo de "perpétuo", que remete a "vida inteira".

Gabarito "C"

(FCC) É correto concluir da argumentação de Voltaire, tomando-se o conjunto do texto:

(A) Além de ineficaz, a pena de morte impede uma reparação a quem de direito e impossibilita a aplicação de uma pena socialmente exemplar.
(B) A pena de morte e a pena de talião são bárbaras, ao contrariarem os desígnios divinos e os impulsos da natureza humana.
(C) É desprezível a ideia da compensação pecuniária por direitos ofendidos, sendo justo promover a indenização apenas pelo caráter pedagógico da medida.
(D) Não há lição possível a se tirar da pena de talião, por isso os legisladores devem preocupar-se com a reparação financeira que redima o criminoso.
(E) Os bárbaros adotam a pena de talião, que favorece os criminosos, ao invés de adotarem penas exemplares, que punem a sociedade.

A: correta. A alternativa resume bem os argumentos de Voltaire contra a pena de morte; **B:** incorreta. Na verdade, Voltaire afirma que a pena de morte e a lei de talião são frutos da impulsividade humana, a qual pode ser controlada; **C:** incorreta. Voltaire defende, ao final do texto, a reparação pecuniária ao ofendido; **D:** incorreta. Para Voltaire, a função da pena não é redimir o criminoso, mas apresentar uma punição exemplar para toda a sociedade; **E:** incorreta. A lei de talião não favorece os criminosos, porque os mata ou mutila; além disso, a punição exemplar é boa para a sociedade, porque desincentiva as pessoas a prejudicar os outros.

Gabarito "A"

SOBRECARGA FISCAL E VISÃO DE FUTURO

A preservação do atual regime fiscal, que há mais de 15 anos vem exigindo aumento sem fim da carga tributária, põe em risco a sustentação do dinamismo da economia brasileira. Se não for possível conter a expansão do gasto público dos três níveis de governo, o aprofundamento requerido da extração fiscal acabará por sufocar aos poucos o crescimento econômico do País. São conclusões que advêm da análise agregada dos dados. Essa perspectiva do problema, contudo, pode e deve ser complementada por visões mais específicas, microeconomicamente, de como a sobrecarga fiscal, que hoje recai sobre a economia brasileira, conspira contra o futuro do Brasil.

Estima-se que a carga tributária bruta esteja hoje em torno de 35% do PIB. Mas isso é apenas uma média. Há segmentos da economia que arcam com taxação muito mais pesada. A carga fiscal que recai, por exemplo, sobre serviços de telecomunicação e certos produtos importados é muito maior. E deixa patente a deplorável visão de futuro que permanece entranhada no sistema tributário brasileiro.

No Rio de Janeiro, o ICMS onera os serviços de comunicação em quase 43%. Em São Paulo, em 33,3%. E ainda há de se ter em conta todos os outros tributos que incidem sobre o setor de telecomunicações e acabam repassados, em boa parte, às tarifas. Em 2005, a carga tributária do setor, estimada com base nas contas nacionais, correspondia a mais de 57% do valor dos serviços.

É curioso que, nesse quadro de absurda sobrecarga fiscal, o governo ainda esteja em busca da razão primordial pela qual a disseminação do acesso à internet em banda larga avançou tão pouco até agora. É lamentável que o País esteja entrando na segunda década do século 21 com tributação tão escorchante de serviços de telecomunicação, tendo em vista sua crescente importância econômica e social.

Desde a Constituição de 1988, quando passaram a cobrar ICMS sobre tais serviços, os Estados vêm mantendo uma extração fiscal extremada no setor, tirando o melhor proveito possível das exíguas possibilidades de sonegação que lhe são inerentes. No tempo em que telefone era considerado "coisa de rico", ainda havia quem se dispusesse a arguir que essa taxação tão pesada estaria contribuindo para tornar a carga tributária menos regressiva. Mas já não há mais qualquer espaço para esse tipo de argumento.

O quadro mudou da água para o vinho desde a segunda metade dos anos 90. Na esteira da privatização, o acesso ao telefone vem sendo universalizado. Há hoje mais de 190 milhões de aparelhos celulares no País, 82% pré-pagos. É sobre o povão, portanto, que boa parte da sobrecarga fiscal vem recaindo, mesmo que ele não a perceba. Por outro lado, as comunicações passaram a abranger uma gama de serviços muito mais complexos que vão muito além da velha telefonia. O que se vê agora é o País taxando pesadamente seu futuro.

A mesma visão de futuro equivocada e arcaica que permanece entranhada na tributação das telecomunicações fica também evidenciada na taxação de certos produtos importados. Basta ver o que vem ocorrendo com dois produtos emblemáticos das novas tendências tecnológicas na área de informática. Os chamados "tablets", como o iPad, da Apple, e os leitores de livros digitais, como o Kindle, da Amazon. Um levantamento recente constatou que, entre 20 países pesquisados, é no Brasil que o iPad é mais caro (O Globo, 9/1/2011). Após a incidência de seis tributos, o produto chega ao consumidor brasileiro 84% mais caro do que nos EUA. Já o Kindle, que nos EUA custa US$ 189, pode ser entregue no Brasil, se o cliente estiver disposto a arcar com um frete de US$ 20,98 e encargos fiscais que a própria Amazon estima em nada menos que US$ 199,73. O que perfaz um total de US$ 409,71. São níveis de tributação completamente injustificáveis, fora de qualquer padrão de razoabilidade, advindos de um furacão arrecadador que avança como autômato, alheio ao processo de modernização do País.

(Rogério L. F. Werneck, *O Estado de S. Paulo*, 21/01/2011, texto adaptado)

(FUNDEP) Assinale a afirmativa que **NÃO** pode ser confirmada pelo texto.

(A) A dificuldade de democratização da banda larga relaciona-se com os impostos elevados dos serviços de telecomunicação.
(B) Contemporaneamente, os impostos sobre os serviços telefônicos constituem um instrumento para se exercitar, de certa forma, a justiça social.
(C) Não é fácil sonegar impostos incidentes sobre os serviços de telefonia.
(D) Os estados federados são responsáveis por pelo menos um dos exemplos em que a taxação é considerada abusiva.

Todas as alternativas expõem conclusões válidas que podem ser retiradas do texto, com exceção da letra "B", que deve ser assinalada. O autor critica a forma de taxação do setor das telecomunicações, por conta da universalização do acesso à telefonia fixa e celular. Desde então, a pesada carga tributária recai sobre todo o povo, não só sobre os mais ricos.

Gabarito "B"

(FUNDEP) O texto traz um tom de

(A) análise e advertência.
(B) denúncia e ironia.
(C) destempero e ceticismo.
(D) ufanismo e crítica.

A: correta. O autor analisa o estágio da carga tributária no país e adverte sobre seus efeitos nefastos na economia; **B:** incorreta. Ainda que se possa dizer que o autor denuncia o que passamos com a alta carga tributária, não há ironia em suas palavras; **C:** incorreta. Agir com destempero significa bradar palavras e críticas sem qualquer fundamento ou controle sobre seus atos, o que o autor não faz. Há uma certa dose de ceticismo, na medida em que ele não parece otimista com a evolução do cenário tributário no país; **D:** incorreta. Ufanismo é o patriotismo exacerbado, conferir elogios ao país mesmo se tudo vai mal. O texto anda justamente no sentido oposto. Há, não obstante, uma severa crítica à política tributária nacional.

Gabarito "A"

(FUNDEP) Assinale a afirmativa que **NÃO** condiz com o texto.

(A) A forma como se dão os mecanismos de tributação de certos produtos está na contramão do processo evolutivo da economia do País.
(B) Apesar de exprimir um alerta geral, o artigo concentra suas ilustrações em segmentos específicos da economia brasileira.
(C) O País tem apresentado um crescimento econômico pífio, por estar atado a uma política de tributação ineficiente, que retira o dinamismo e a força da economia.
(D) Quando se comparam diferentes setores da economia, conclui-se que não existe uniformidade quanto à carga tributária aplicada.

A: correta. O autor cita o cenário das telecomunicações como exemplo, que apesar de caminhar para o acesso universal sofre com pesada carga tributária; **B:** correta. Os argumentos do autor se baseiam em setores específicos, como as telecomunicações e produtos importados, para exemplificar a situação da carga tributária nacional como um todo; **C:** incorreta, devendo ser assinalada. Essas conclusões não podem ser retiradas do texto, porque o autor não explora a questão do crescimento econômico em comparação com a carga tributária. Sua crítica recai exclusivamente sobre essa última; **D:** correta. O autor apresenta o valor médio da carga tributária no país, mas demonstra que outros setores, como telecomunicações e importações, enfrentam tributos maiores do que essa média.

Gabarito "C"

MINISTÉRIO DA SAÚDE EXIGE NOTIFICAÇÃO OBRIGATÓRIA

Estados e municípios devem, a partir desta quarta-feira, notificar os casos graves e as mortes suspeitas por dengue em até 24 horas ao Ministério da Saúde. É o que estabelece a portaria publicada no Diário Oficial da União, oficializando decisão anunciada pelo Ministro da Saúde na semana passada. Os casos de dengue seguem o fluxo rotineiro de notificação semanal, porém óbito, casos graves, casos produzidos pelo sorotipo DENV 4 necessitam de melhor acompanhamento, o que justifica a sua inclusão entre as doenças de notificação imediata. Essa medida possibilitará a identificação precoce de introdução de novo sorotipo e de alterações no comportamento epidemiológico da dengue, com a adoção imediata das medidas necessárias por parte do Ministério da Saúde e das Secretarias Estaduais e Municipais de Saúde. Com a inclusão na portaria, será possível identificar, de maneira precoce, alterações na letalidade da dengue, o que permitirá uma melhor investigação epidemiológica e a adoção de mudanças na rede assistencial para evitar novas mortes.

Todas as unidades de saúde da rede pública ou privada devem informar casos graves e mortes suspeitas por dengue às Secretarias Estaduais e Municipais de Saúde, que repassam os dados ao Ministério da Saúde. A notificação imediata pode ser feita por telefone, *e-mail* ou diretamente ao "site" da Secretaria de Vigilância em Saúde do Ministério, de acordo com instrumentos e fluxos já amplamente utilizados no Sistema Único de Saúde. A regra vale, ainda, para casos ocorridos em fins de semana e feriados.

"A mudança na portaria permitirá um conhecimento melhor e mais rápido de como está se comportando a dengue, propiciando uma ação de prevenção e de controle mais oportuna", explica o Secretário de Vigilância em Saúde do Ministério, Jarbas Barbosa.

Além disso, também foi publicada a adequação da portaria à nova legislação brasileira, tornando as violências doméstica, sexual e/ou outras violências de notificação universal, por toda a rede de assistência à saúde, e não apenas por unidades sentinelas, como anteriormente.

A notificação compulsória pelos serviços de saúde de qualquer suspeita ou confirmação de violência contra crianças, adolescentes, mulheres e pessoas idosas já está prevista na legislação. Com isso, a maioria das Secretarias Estaduais e Municipais de Saúde já estava em processo de expansão para outras unidades de saúde além das sentinelas, incluindo para as Unidades de Saúde da Família e outros serviços de saúde.

Devido à ocorrência de casos importados de sarampo em 2010 e à ampla vacinação realizada contra rubéola em 2008, o Ministério também incluiu todo caso de sarampo e rubéola como de notificação imediata, independentemente de ter história de viagem ou vínculo com viajante internacional. Esta medida foi adotada para detectar casos suspeitos de forma oportuna para adoção de medidas de controle em tempo hábil.

No ano de 2010, foi incorporada ao calendário básico de vacinação a vacina pneumocócica 10 valente. Diante disso, faz-se necessário o estabelecimento de medidas de monitoramento do comportamento das pneumonias no País, que passam a ser notificadas em unidades sentinelas que integram essa rede de vigilância específica. A nova portaria passa a ter 45 eventos de notificação obrigatória, com fluxos e periodicidades distintos, de acordo com a situação epidemiológica de cada um. Todos os casos notificados são registrados no Sistema de Informação de Agravos de Notificação, pelas Secretarias Estaduais e Municipais de Saúde. A nova lista de doenças de notificação compulsória e imediata está em consonância com o novo Regulamento Sanitário Internacional.

Em setembro de 2010, a lista de notificação compulsória incluíra cinco novos itens, entre os quais acidentes com animais peçonhentos, como cobras, escorpiões e aranhas; atendimento antirrábico após ataque de cães, gatos e morcegos; intoxicações por substâncias químicas, incluindo agrotóxicos e metais pesados; síndrome do corrimento uretral masculino e sífilis adquirida. A atual portaria (104/2011) mantém na lista de notificação imediata doenças como cólera, dengue pelo sorotipo DEN-4, doença de Chagas aguda, febre amarela, poliomielite, raiva humana, influenza por novo subtipo viral, entre outras. "A notificação dessas doenças possibilita que os gestores, sejam dos estados, municípios ou o próprio Ministério, monitorem e planejem ações de prevenção de controle, avaliem tendências e impacto das intervenções e indiquem riscos para a população", explica Jarbas Barbosa.

<http://portal.saude.gov.br> (texto adaptado)

(FUNDEP) Assinale a alternativa que contém uma afirmativa que pode ser confirmada pelo texto.

(A) A portaria restringe-se a organizar os mecanismos de comunicação aos órgãos de saúde de doenças caracterizadas como de risco epidemiológico.

(B) As atribuições prescritas na portaria circunscrevem todas as responsabilidades atribuídas aos órgãos de saúde das prefeituras municipais.

(C) Quanto à notificação referente aos casos de violência, a portaria tão somente disciplina um comando já previsto em norma legal.
(D) Várias doenças, listadas em outras oportunidades, foram mantidas na portaria de que trata o texto, enquanto outras eram excluídas.

A: incorreta. A portaria tem por função listar todas as situações e doenças de notificação obrigatória, seja imediata ou periódica, a serem reportadas pelas diferentes unidades de saúde. Não é apenas uma portaria sobre "como informar", mas também sobre "o que informar"; **B:** incorreta. A portaria trata especificamente de doenças de cunho epidêmico e outros casos graves, não abarcando todas as responsabilidades de notificação das unidades de saúde; **C:** correta. É o que consta literalmente do quinto parágrafo do texto; **D:** incorreta. Não houve exclusão de doenças de notificação obrigatória, segundo o texto.

Gabarito "C"

(FUNDEP) A determinação do Ministério da Saúde tem como um de seus objetivos a possibilidade da adoção de medidas

(A) coercitivas.
(B) paliativas.
(C) preventivas.
(D) punitivas.

A: incorreta. Medidas coercitivas são aquelas que visam a forçar o destinatário da norma a cumpri-la (imposição de multa, por exemplo); **B:** incorreta. Medida paliativa é aquela que visa a amenizar os efeitos negativos de uma determinada situação (remédios contra dor para um paciente terminal, por exemplo); **C:** correta. O último parágrafo do texto deixa claro que a intenção do Governo é atuar na prevenção de doenças, conhecendo melhor o cenário de cada uma delas; **D:** incorreta. Medidas punitivas, como o nome sugere, são aquelas que aplicam uma sanção, uma punição pelo descumprimento de uma norma (novamente, as multas são bons exemplos).

Gabarito "C"

(FUNDEP) "A mudança na portaria permitirá um conhecimento melhor e mais rápido de como está se comportando a dengue, propiciando uma ação de prevenção e de controle mais oportuna", explica o Secretário de Vigilância em Saúde do Ministério, Jarbas Barbosa. (linhas 22 a 25)

O uso das aspas no trecho acima pretende

(A) apresentar, de certa forma, uma sutil e leve ironia relativa àquele contexto.
(B) destacar um trecho em função da relevância da advertência que é feita.
(C) identificar o objetivo da portaria e seu significado para a prevenção da dengue.
(D) registrar que se trata de citação textual da fala de alguém.

As aspas, nesse caso, foram utilizadas para indicar a transcrição literal da fala de alguém, no caso o Secretário de Vigilância em Saúde, sem qualquer alteração no que foi dito.

Gabarito "D"

Pré-sal: combustível para a educação

Maria Izabel Azevedo Noronha

A descoberta de reservas de petróleo na região pré-sal da plataforma marítima brasileira representa uma nova era econômica para o nosso país. Apenas no campo de Tupi, na Bacia de Santos, as estimativas apontam para a existência de um volume de cinco a oito bilhões de barris de petróleo. Trata-se de uma formidável conquista do nosso país, graças ao empenho de nossos técnicos, às políticas energéticas que vêm sendo implementadas e ao desenvolvimento de uma tecnologia de exploração em águas profundas que é única no mundo.

Entretanto, para que o novo salto que se projeta para a economia brasileira nos próximos anos resulte em melhoria real na qualidade de vida do nosso povo, resgatando a maioria da população de séculos de carências, miséria e abandono, é necessário que os vultosos recursos que advirão da exploração dessa riqueza recém-descoberta revertam em investimentos nas áreas sociais, sobretudo e prioritariamente na educação.

Alguns segmentos conservadores (...) criticam o volume de investimentos necessários para a exploração das reservas do pré-sal — algo como R$ 2 trilhões até 2017. Esquecem, providencialmente, que as reservas descobertas, segundo alguns especialistas, têm o potencial comercial estimado de até 100 trilhões. Acreditamos que o povo brasileiro merece, sim, que se façam investimentos dessa ordem, os quais, naturalmente, serão maiores ou menores de acordo com a confirmação dos volumes de petróleo de cada reserva. O fundamental é que os royalties e as receitas resultantes da tributação desse verdadeiro tesouro sejam revertidos para aquele setor que pode fazer com que o Brasil dê o salto definitivo para o futuro, que é a educação.

(AERONÁUTICA) – Leia:

...é necessário que os vultosos recursos que advirão da exploração dessa riqueza recém-descoberta revertam em investimentos nas áreas sociais, sobretudo e prioritariamente na educação.

Com o emprego de *sobretudo e prioritariamente*, a frase lida deve ser entendida como:

(A) Havendo possibilidade, deve-se investir em educação.
(B) Deve-se abrir uma concessão para que a educação receba os recursos do petróleo.
(C) Após o atendimento das demais necessidades, a educação dever se contemplada.
(D) Das áreas sociais passíveis de receber investimentos advindos do petróleo, a educação tem primazia.

Os advérbios "sobretudo" e "prioritariamente" transmitem a ideia de primazia, preferência da educação sobre os demais campos aptos a receber os investimentos.

Gabarito "D"

(AERONÁUTICA) Com relação às ideias apresentadas no texto, assinale a alternativa correta.

(A) Políticas energéticas eficazes estão sendo implementadas em águas profundas.
(B) Apenas no campo de Tupi, na bacia de Santos, há pré-sal para ser explorado em quantidade.
(C) A produção anual de oito bilhões de barris é algo formidável até mesmo para o Brasil.
(D) A exclusiva tecnologia brasileira de exploração em águas profundas foi fator determinante para o achado.

A: incorreta. A política energética eficaz é a razão das técnicas de exploração de águas profundas terem evoluído; **B:** incorreta. O pré-sal foi descoberto em diversas jazidas. O campo de Tupi é apenas a maior delas; **C:** incorreta. O texto não realiza esse tipo de comparação para que possamos deduzir essa informação; **D:** correta. Trata-se da ideia central do primeiro parágrafo do texto.

Gabarito "D"

(AERONÁUTICA) Sobre o termo *providencialmente* no terceiro parágrafo do texto, é correto afirmar-se que se trata de um(a)

(A) ironia.
(B) enaltecimento.
(C) providência.
(D) ênfase.

O advérbio "providencialmente" foi usado para transmitir ironia na passagem do texto. A autora quer dizer que os críticos fingem esquecer do potencial de produção da jazida para poderem continuar em seu pessimismo.

Gabarito "A"

(AERONÁUTICA) É possível inferir que a autora, ao utilizar-se da palavra *entretanto* para iniciar o segundo parágrafo, acredita que

(A) só haverá prosperidade no país se os vultosos recursos advindos dessa riqueza forem revertidos para a educação.
(B) essa descoberta se trata de uma formidável conquista se desenvolver ainda mais a tecnologia de exploração em águas profundas.
(C) há necessidade de que esses recursos advindos dessas riquezas não sejam revertidos prioritariamente para as áreas sociais.
(D) ainda que se priorize a educação em detrimento da exploração em águas profundas, o Brasil não dará seu salto definitivo para o progresso.

"Entretanto" é uma conjunção adversativa, ou seja, expõe uma contraposição de ideias. Após elogiar a descoberta das grandes bacias de petróleo na camada pré-sal, a autora destaca que isso só tem importância se vier acompanhado de políticas públicas que destinem os novos recursos públicos oriundos da exploração do mineral para a educação.

Gabarito "A"

OS DICIONÁRIOS DE MEU PAI

Pouco antes de morrer, meu pai me chamou ao escritório e me entregou um livro de capa preta que eu nunca havia visto. Era o dicionário analógico de Francisco Ferreira dos Santos Azevedo. Ficava quase escondido, perto dos cinco grandes volumes do dicionário Caldas Aulete, entre outros livros de consulta que papai mantinha ao alcance da mão numa estante giratória. Isso pode te servir, foi mais ou menos o que ele então me disse, no seu falar meio grunhido. Era como se ele, cansado, me passasse um bastão que de alguma forma eu deveria levar adiante. E por um bom tempo aquele livro me ajudou no acabamento de romances e letras de canções, sem falar das horas em que eu o folheava à toa; o amor aos dicionários, para o sérvio Milorad Pavic, autor de romances-enciclopédias, é um traço infantil no caráter de um homem adulto. Palavra puxa palavra, e escarafunchar o dicionário analógico foi virando para mim um passatempo (desenfado, espairecimento, entretém, solaz, recreio, filistria). O resultado é que o livro, herdado já em estado precário, começou a se esfarelar nos meus dedos. Encostei-o na estante das relíquias ao descobrir, num sebo atrás da sala Cecília Meireles, o mesmo dicionário em encadernação de percalina. Por dentro estava em boas condições, apesar de algumas manchas amareladas, e de trazer na folha de rosto a palavra anauê, escrita a caneta-tinteiro. Com esse livro escrevi novas canções e romances, decifrai enigmas, fechei muitas palavras cruzadas. E ao vê-lo dar sinais de fadiga, saí de sebo em sebo pelo Rio de Janeiro para me garantir um dicionário analógico de reserva. Encontrei dois, mas não me dei por satisfeito, fiquei viciado no negócio. Dei de vasculhar livrarias país afora, só em São Paulo adquiri meia dúzia de exemplares, e ainda arrematei o último à venda na Amazon.com antes que algum aventureiro o fizesse. Eu já imaginava deter o monopólio (açambarcamento, exclusividade, hegemonia, senhorio, império) de dicionários analógicos da língua portuguesa, não fosse pelo senhor João Ubaldo Ribeiro, que ao que me consta também tem um, quiçá carcomido pelas traças (brocas, carunchos, gusanos, cupins, térmitas, cáries, lagartas-rosadas, gafanhotos, bichos-carpinteiros).

A horas mortas eu corria os olhos pela minha prateleira repleta de
livros gêmeos, escolhia um a esmo e o abria a bel-prazer. Então anotava
num Moleskine as palavras mais preciosas, a fim de esmerar o vocabu-
lário com que embasbacaria as moças e esmagaria meus rivais.
Hoje sou surpreendido pelo anúncio desta nova edição do dicioná-
rio analógico de Francisco Ferreira dos Santos Azevedo. Sinto como
se invadissem minha propriedade, revirassem meus baús, espalhas-
sem ao vento meu tesouro. Trata-se para mim de uma terrível (funesta,
nefasta, macabra, atroz, abominável, dilacerante, miseranda) notícia.

(Francisco Buarque de Hollanda, Revista Piauí, junho de 2010)

(CEPERJ) A reedição do dicionário analógico causou no anunciador um sentimento de:

(A) revolta
(B) ultraje
(C) ciúme
(D) despeito
(E) ansiedade

Nas últimas linhas o autor destaca como se sentiu ultrajado pela reedição do dicionário. Isso se infere do uso de expressões que demarcam o desrespeito à sua "propriedade": "invasão", "revirar os baús", "espalhar ao vento". Não se trata, por isso, de revolta, a qual se configuraria a partir de sentimentos de raiva e ódio contra as pessoas envolvidas.

Gabarito "B"

(CEPERJ) O sentimento que tomou conta do anunciador está explicitado, sobretudo, no segmento:

(A) "E por um bom tempo aquele livro me ajudou no acabamento de romances e letras de canções..." (l. 9/10)
(B) "Palavra puxa palavra, e escarafunchar o dicionário analógico foi virando para mim um passatempo (desenfado, espairecimento, entretém, solaz, recreio, filistria)." (l. 13/15)
(C) "Por dentro estava em boas condições, apesar de algumas manchas amareladas, e de trazer na folha de rosto a palavra anauê, escrita a caneta-tinteiro." (l. 18/20)
(D) "...não fosse pelo senhor João Ubaldo Ribeiro, que ao que me consta também tem um, quiçá carcomido pelas traças" (l. 30/32)
(E) "Sinto como se invadissem minha propriedade, revirassem meus baús, espalhassem ao vento meu tesouro." (l. 39/41)

Conforme destacado no comentário à questão anterior, o trecho que melhor descreve o sentimento que se apoderou do narrador é aquele transcrito na alternativa "E".

Gabarito "E"

(CEPERJ) A expressão "A horas mortas" (l 34), de acordo com o contexto, significa:

(A) momento azado
(B) hora exata
(C) alta noite
(D) fora de hora
(E) oportunamente

"A horas mortas" é expressão antiga que se refere à alta madrugada, às horas em que todos estão dormindo.

Gabarito "C"

Texto I
A arte de ouvir
Ouvir é estar atento aos pequenos detalhes

Luis Carlos Cabrera*

Sempre que me perguntam quais são os atributos diferenciados de um líder, procuro ressaltar dois: estar disponível e saber ouvir. A meu ver, são os essenciais. Manter-se disponível exige disciplina, generosidade e, principalmente, sentir desejo de estar com as pessoas. Quem se esconde atrás da agenda lotada não é líder. Ela serve de desculpa para não ter de apoiar, educar, elogiar e para não ter de ouvir!

A complexidade do mundo moderno exige que os problemas sejam abordados coletivamente. Praticar a arte de ouvir quer dizer estar atento aos detalhes de cada questão apresentada, às sutilezas de cada problema e ao que cada situação tem de única. Essa prática exige concentração, disponibilidade, rapidez de raciocínio e poder de síntese. Olhe em sua volta. Quem é a pessoa com quem você gosta de conversar quando precisa de uma opinião? Provavelmente, a resposta será um bom ouvinte. Aliás, é preciso aprender a ouvir ativamente. Porque também existem os ouvintes passivos, que olham para você como se estivessem prestando atenção, mas que estão com a cabeça em outro lugar. Quem ouve ativamente participa da conversa, indaga, estimula, pede explicações mais detalhadas. Quem ouve atentamente torna digna e respeitosa a conversa. E por que toda essa preocupação com esse importante atributo da liderança? Porque estamos nos tornando surdos. Diariamente, lemos e respondemos e-mails calados. Nos ligamos a mais pessoas nas redes sociais, lemos o que elas escrevem e elas nos leem. Mas não as ouvimos! Algumas tecnologias de comunicação oral estão crescendo e o exercício de ouvir começa a voltar lentamente, mesmo doendo nos ouvidos.

Procure exercitar sua audição. No lugar do e-mail, vá até a pessoa com quem deseja falar, que às vezes está na sala ao lado. Faça isso periodicamente e exercite sua capacidade de ouvir. Mostre interesse. Essa combinação de disponibilidade associada ao ato de ouvir serve para tudo. Melhora as relações pessoais afina o respeito e cria uma consciência de parceria, que é fundamental no complexo mundo moderno. Você me ouviu?

(Revista Você/SA. Editora Abril- Outubro de 2009, p. 104.
* professor da Eaesp – FGV, diretor da PMC consultores e membro da Amrop Hever Group)

(FUMARC) O propósito comunicativo do texto A Arte de Ouvir é, sobretudo:

(A) divulgar atributos da arte de ouvir.
(B) informar quais são as melhores técnicas em saber ouvir.
(C) explicar sobre os benefícios de ser bom ouvinte.
(D) esclarecer o significado do verbo ouvir.

A: incorreta. Ainda que explique quais são as características da arte de ouvir, esse não é o principal propósito, a razão de ser do texto; **B:** incorreta, pela mesma razão esposada na alternativa anterior. As técnicas apresentadas no texto possuem nele uma função acessória; **C:** correta. O texto foi escrito para transmitir aos interlocutores os benefícios advindos da arte de ouvir, principalmente entre aqueles que pretendem exercer funções de liderança; **D:** incorreta. O texto não trata de significados, denotativos ou conotativos, do verbo "ouvir".

Gabarito "C"

(FUMARC) A ideia expressa pela palavra em destaque está CORRETAMENTE indicada entre colchetes, na alternativa:

(A) " (...) **atributos** diferenciados de um líder..." **(qualidade maior)**
(B) " (...) às **sutilezas** de cada problema..." **(transparência)**
(C) "Quem ouve **ativamente** participa da conversa, indaga, estimula..." **(mordazmente)**
(D) " Quem ouve atentamente torna **digna** e respeitosa a pergunta". **(ética)**

A: correta. "Atributo" é realmente sinônimo de "qualidade", "característica"; **B:** incorreta. "Sutileza" é sinônimo de "delicadeza", "tenuidade"; **C:** incorreta. "Ativamente" é sinônimo de "em funcionamento". "Mordaz" é sinônimo de "corrosivo", "satírico", "sarcástico"; **D:** incorreta. "Digno" é sinônimo de "merecedor", "honrado".

Gabarito "A"

(FUMARC) O conectivo "e", nos enunciados seguintes, indica ideia de adição, EXCETO em:

(A) "(...) estar disponível e saber ouvir".
(B) " E por que toda essa preocupação com esse importante atributo de liderança?"
(C) "Quem ouve atentamente torna digna e respeitosa a conversa".
(D) (...) lemos e respondemos *e-mails*".

A: correta. A conjunção "e" tem valor aditivo, soma as ideias; **B:** incorreta, devendo ser assinalada. Nessa passagem, o conectivo "e" tem valor apenas expletivo, de realce, não servindo para unir termos ou orações; **C:** correta. A conjunção "e" tem valor aditivo, soma os termos; **D:** correta. A conjunção "e" tem valor aditivo, soma as ideias apresentadas.

Gabarito "B"

(FUMARC) Fazendo um paralelo entre o título e o fechamento do texto, podemos afirmar que há um (a):

(A) convite à reflexão.
(B) gradação de ideias.
(C) oposição de defesas.
(D) desconstrução do verbo ouvir.

A última oração do texto ("Você me ouviu?") resgata o título na medida em que convida o leitor a refletir sobre a importância de estar atento aos detalhes daquilo que estamos comunicando.

Gabarito "A"

(FUMARC) Na frase "(...) que olham para você como se estivessem prestando atenção, **mas que** estão com a cabeça em outro lugar". O termo destacado estabelece com a oração anterior uma relação semântica de:

(A) Causa
(B) Consequência
(C) Contraste
(D) Condição

A conjunção "mas" tem valor adversativo, expressa uma contraposição, um contraste entre as ideias apresentadas nas orações.

Gabarito "C"

Texto II

UM OUVIDO PARA CADA SOM

Estudo mostra que se ouve melhor música do lado esquerdo e frases do lado direito.

A aptidão musical de algumas pessoas, enquanto outras não conseguem cantar no chuveiro sem causar a ira dos vizinhos, sempre intrigou os cientistas. A resposta desse mistério pode estar no lugar mais óbvio: o ouvido, de acordo com uma pesquisa recente. Segundo o estudo da escola de medicina da Universidade da Califórnia, publicado na revista cientifica americana Science, o ouvido humano é especializado: o direito capta melhor as palavras e o esquerdo, os sons musicais. Durante seis anos, os pesquisadores fizeram testes com um aparelho que emite sons em mais de 3000 recém-nascidos, antes que eles saíssem do hospital. Um dos sons era parecido com o ritmo de um discurso. O outro era de tons musicais. Os bebês reagiram melhor ao escutar os sons parecidos com música no ouvido esquerdo e ao ouvir sons semelhantes a conversas no direito.

As diferenças entre os lados do corpo não são novidade, mas nunca se havia percebido que isso inclui a especialização da percepção auditiva. No fim do século XIX, o médico francês Paul Broca elaborou a teoria de que o hemisfério direito do cérebro, associado à criatividade e à aptidão musical, controla o lado esquerdo, associado à capacidade analítica e à fala, controla o lado direito. Pesquisas científicas realizadas no século seguinte comprovam que Broca estava certo. O que se vê agora, com o trabalho dos pesquisadores da Universidade da Califórnia, é que esse tipo de organização das funções cerebrais tem conexões ainda mais amplas. "O estudo mostrou que o processo auditivo ocorre primeiro no ouvido e só depois vai para os hemisférios cerebrais", diz a pesquisadora

Barbara Cone-Wesson, uma das responsáveis pelo trabalho. "Desde o nascimento, o ouvido está preparado para distinguir todos os tipos de som e enviá-los para o lado correto do cérebro".

Uma pesquisa anterior tinha observado que crianças com problemas de audição no ouvido direito têm maior dificuldade de aprendizado que aquelas com problemas no ouvido esquerdo – mas faltava uma explicação para essa diferença. Outro estudo, este da Universidade Estadual Sam Houston, no Texas, havia concluído que frases com grande carga emocional, como declarações de amor e críticas, são mais bem lembradas se ditas no ouvido esquerdo. "As descobertas podem ajudar a desenvolver aparelhos auditivos específicos para captar melhor as palavras ou a música, de acordo com a necessidade do deficiente auditivo", diz a médica Yvonne Sininger, que coordenou o trabalho da Universidade da Califórnia.

(Revista Veja, ano 2006 – Caderno Ciência)

(FUMARC) Compare o texto II com o texto I e avalie as afirmativas:

I. No primeiro, o enunciador é um profissional ligado à área da linguística.
II. O texto II confirma a importância do ato de ouvir e a consciência que se deve despertar em cada um dos ouvidos.
III. Analisando-se os dois temas, percebe-se que apresentam pontos de vistas semelhantes.

Está (ão) **CORRETAS** a (s) afirmativa(s):

(A) Apenas II e III
(B) Apenas I e II
(C) Apenas I e III
(D) I,II e III

I: incorreta. O autor do primeiro texto é um consultor de carreira, ligado ao desenvolvimento de habilidades profissionais; II: correta. Diante dos resultados das pesquisas, os cientistas concluíram que devemos desenvolver as aptidões dos dois ouvidos separadamente; III: correta. Ambos os textos tratam, cada um com sua abordagem, da importância do ato de ouvir.

Gabarito "A"

(FUMARC) As evidências reunidas pelos cientistas indicam que:

(A) Ambos os ouvidos captam igualmente sons iguais.
(B) Os testes realizados em mais de 3000 recém-nascidos provaram que bebês captam sons semelhantes.
(C) Pesquisadores da universidade da Califórnia defenderam que o som primeiro é captado pelo ouvido e a seguir para os hemisférios cerebrais.
(D) Os hemisférios cerebrais são os responsáveis pela captação imediata dos sons, segundo pesquisadores texanos.

A: incorreta. A conclusão foi justamente o oposto: cada ouvido capta melhor uma espécie de mensagem; **B:** incorreta. Os testes fundamentam o resultado deque, a depender de qual ouvido foi dado o respectivo estímulo, cada bebê reagiu de uma forma diferente; **C:** correta. Essa foi a conclusão a que chegaram após o resultado dos testes e que consta expressamente do texto; **D:** incorreta, porque ofende frontalmente o disposto na alternativa anterior.

Gabarito "C"

(FUMARC) Os estudos a que se refere o texto constataram, principalmente, que o ouvido:

(A) direito capta melhor sons musicais.
(B) esquerdo capta melhor frases com conteúdo emocional.
(C) direito é associado à criatividade.
(D) esquerdo associa-se à linguagem e ao raciocínio.

Os estudos descritos no texto apontam para a melhor habilidade do ouvido direito captar palavras, por estar ligado ao hemisfério cerebral que cuida da linguagem e do raciocínio, e do esquerdo captar sons musicais e frases com conteúdo emocional, porque é controlado pelo lado do cérebro que gerencia a criatividade e o viés artístico da pessoa.

Gabarito "B"

(FUMARC) Pode-se inferir, a propósito do título " Um Ouvido Para Cada Som" e dos contextos das ideias, EXCETO:

(A) Os ouvidos captam sons e cada um deles se torna responsável por percepções diferenciadas.
(B) Ambos os ouvidos captam igualmente as informações, independentemente, de quais sejam.
(C) Os pesquisadores utilizaram recém-nascidos para testes e os resultados demonstraram diferenças de percepção entre ouvido direito e esquerdo.
(D) O título do texto se justifica pela síntese das ideias defendidas.

Todas as alternativas refletem conclusões corretas que podem ser inferidas da leitura do texto, exceto a letra "B", que deve ser assinalada. Com efeito, o que se provou é que cada ouvido tem maior aptidão para reconhecer e processar uma espécie de som e as informações nele contidas, conforme exposto na alternativa "A".

Gabarito "B"

"Por que ouvimos zumbidos? 'ora direis zumbidos', quase escreveu Olavo Bilac. Pois 1 em cada 6 terráqueos escuta regularmente aquele som agudo e incômodo lá dentro do ouvido. Felizmente, a maioria dos casos tem cura simples: basta o sujeito atormentado mudar alguns hábitos, principalmente alimentares. Mas problemas emocionais também geram ruídos: vítimas da depressão têm reflexos alucinatórios, como vozes de outras pessoas e – surpresa – zumbidos. É, na verdade, uma reação inconsciente para não se sentirem sozinhos. Há também relatórios de zumbidos causados pelo consumo em excesso de alguns medicamentos – nesses casos, claro, o barulho é só o menor dos problemas".

(OLIVEIRA, Anderson Fernandes. Revista Supernovas- Setembro de 2010, p. 42)

(FUMARC) Na expressão "Há também relatórios de zumbidos causados pelo consumo em excesso de alguns medicamentos..."

A palavra em destaque serve para:

(A) Realçar a frase.
(B) Elucidar uma consequência do que foi informado anteriormente.
(C) Adicionar informações.
(D) Ratificar ideias anteriores.

O advérbio "também" transmite a ideia de inclusão, de que a informação que a ele seguirá deve ser somada àquelas que já foram ditas.

Gabarito "C"

(FUMARC) As correlações entre as substâncias que provocam zumbidos foram adequadamente traduzidas entre parênteses, EXCETO:

(A) substâncias químicas que dificultam a oxigenação no organismo e falta de oxigênio no ouvido causa falhas de audição e ruídos. (cigarro)
(B) o excesso de insulina pode prejudicar os estímulos elétricos das vias neurais – o que inclui aquelas que levam informações do ouvido para o cérebro. (açúcar)
(C) faz o cérebro passar e receber informações erradas sobre nossa posição no espaço. Do chão rodando para vertigem e ruídos, bastam alguns goles. (álcool)
(D) em muita quantidade, este estimulante aumenta o fluxo sanguíneo. Quando o do ouvido acelera muito, pode causar distúrbios auditivos. (colesterol)

Todas as substâncias químicas apresentadas foram corretamente descritas, com exceção daquela constante na alternativa "D", que deve ser assinalada. Com efeito, o colesterol é uma espécie de gordura que se forma na parede dos vasos sanguíneos, não um estimulante.

Gabarito "D"

(FUMARC) A inferência à pergunta, no início do fragmento, "Por que ouvimos zumbidos?" está **adequada** em:

(A) Porque todos os terráqueos têm problemas de audição.
(B) Porque os zumbidos são provocados por fatores variados aos mencionados no fragmento.
(C) Porque não se pode discernir entre um barulho externo e um zumbido.
(D) Porque os zumbidos são causados pelos fatores internos, tais como idade avançada.

A: incorreta. Apenas uma em cada seis pessoas apresenta esse problema auditivo; **B:** correta. O texto destaca a multiplicidade de fatores que podem levar a pessoa a ouvir zumbidos; **C:** incorreta. O texto deixa claro que o zumbido é um barulho constante discernido no fundo dos ouvidos; **D:** incorreta. O texto apresenta uma série de fatores externos que foram identificados como causadores dos zumbidos.

Gabarito "B"

Um dos aspectos mais notáveis da aventura do homem ao longo da história tem sido seu constante anseio de buscar novas perspectivas, abrir horizontes desconhecidos, investigar possibilidades ainda inexploradas, enfim, ampliar o conhecimento. Desde seus primórdios, os seres humanos dedicam-se a investigar e a pesquisar, sendo esta curiosidade, este desejo de conhecer, uma das mais significativas forças impulsoras da humanidade. O fato é que essa ininterrupta e incansável luta pelo saber tem sido uma das mais importantes atividades do homem. Ocorre que, ao dar vazão ao seu insaciável afã de descobrir, criar, conquistar, ao tentar realizar em toda sua plenitude a livre aventura do espírito, o homem depara-se com seus limites. Ora, aceitando-se que o objetivo, visto como bom para o labor de investigar, é o benefício do homem e nunca seu prejuízo, dificilmente se admitiria que a caminhada com vistas a esse benefício, ou seja, os procedimentos destinados a fazer progredir o saber, pudesse fazer-se sem o respeito aos valores maiores do homem, tais como sua vida, sua saúde, sua liberdade, sua dignidade.

Ivan de Araújo Moura Fé. Conflitos éticos em psiquiatria. *In*: José E. Assad (Coord.). Desafios éticos. Brasília: Conselho Federal de Medicina, 1993, p. 185 (com adaptações).

(CESPE) A partir da argumentação do texto acima, bem como das estruturas linguísticas nele utilizadas, julgue os itens que se seguem.

(1) Subentende-se da argumentação do texto que vários aspectos notáveis fizeram parte da "aventura do homem ao longo da história" (l.1-2).
(2) Seriam preservadas a correção gramatical do texto, bem como a coerência de sua argumentação, se, em lugar de "tem sido" (l.2), fosse usada a forma verbal "é"; no entanto, a opção empregada no texto ressalta o caráter contínuo e constante dos aspectos mencionados.
(3) O desenvolvimento do texto mostra que as expressões "constante anseio de buscar novas perspectivas" (l.2-3), "ininterrupta e incansável luta pelo saber" (l.8-9) e "insaciável afã de descobrir, criar, conquistar" (l.11) referem-se à ideia expressa em "uma das mais significativas forças impulsoras da humanidade" (l.7-8).
(4) A oração iniciada por "ao dar vazão" (l.10) apresenta uma causa para o homem deparar-se "com seus limites" (l.13).

(5) A repetição da preposição "a" em "ao tentar" (l.11) é fundamental para mostrar que a oração aí iniciada está em paralelo com a oração iniciada por "ao dar vazão" (l.10); e que não se trata de mais um termo da enumeração de verbos que complementam "afã de" (l.11).

1: correta. O autor anuncia, logo na primeira oração, que a busca pela ampliação do conhecimento é apenas "um dos aspectos mais notáveis" dessa aventura, deixando subentendido que há outros; **2:** correta. A alteração realmente não causaria qualquer prejuízo ao sentido e correção do texto, porém deixaria de lado a imagem de continuidade que o autor pretendeu expressar; **3:** correta. As expressões destacadas remetem à busca pelo aumento do conhecimento, tema central do texto que é resgatado, por coesão, nessas passagens e expresso como uma das forças motrizes mais importantes da humanidade; **4:** incorreta. A relação não é de causa e consequência, mas de tempo (o homem encontra seus limites no momento em que dá vazão ao seu afã de descobrir); **5:** correta. A repetição da preposição marca o encerramento da enumeração dos complementos de "afã de" e resgata o eixo principal da oração ao estabelecer um outro marco temporal.

Gabarito 1C, 2C, 3C, 4E, 5C

Discórdia em Copenhague

Frustrou-se redondamente quem esperava, na 15a Conferência sobre Mudança Climática (COP-15), em Copenhague, um acordo capaz de orquestrar compromissos de países pobres, emergentes e ricos contra os efeitos do aumento da temperatura no planeta. Após duas semanas de muitos debates e negociações, o encontro convocado pelas Nações Unidas teve um final dramático no dia 18 de dezembro de 2009, com chefes de estado tentando, em vão, aparar arestas mesmo depois do encerramento oficial da conferência. O resultado final foi um documento político genérico, firmado só pelos Estados Unidos, China, Brasil e África do Sul, que prevê metas para cortes de emissão de gases estufa apenas para 2050, mesmo assim sem estabelecer compromissos obrigatórios capazes de impedir a elevação da temperatura em mais do que 2 graus Celsius, meta que Copenhague buscava atingir.

Também foi proposta uma ajuda de US$ 30 bilhões aos países pobres, nos próximos três anos, embora sem estabelecer parâmetros sobre quem estará apto a receber o dinheiro e quais instrumentos serão usados para distribuí-lo. Faltou-lhe aval dos delegados de países como Sudão, Cuba, Nicarágua, Bolívia e Venezuela, inconformados por terem sido escanteados nas conversas finais. "O que temos de alcançar no México é tudo o que deveríamos ter alcançado aqui", disse Yvo de Bôer, secretário-executivo da conferência, remetendo as esperanças para a COP-16, que vai acontecer em 2010, na Cidade do México.

O impasse principal girou em torno de um jogo de empurra sobre as responsabilidades dos países ricos e pobres. As nações desenvolvidas queriam que os países emergentes tivessem metas obrigatórias, o que não foi aceito pela China, país que mais emite carbono na atmosfera, atualmente. Os Estados Unidos, vivendo a maior crise econômica desde 1929, não se dispunham a cumprir sequer metas modestas. Outra questão fundamental na conferência foi o financiamento para políticas de mitigação das emissões para os países pobres. Os países desenvolvidos exigiam que os emergentes ajudassem a financiar os menos desenvolvidos. A tese foi rechaçada pelos emergentes, que esperavam obter ajuda externa para suas políticas de combate ao aquecimento global.

(Adaptado de Fabrício Marques,
Revista Pesquisa Fapesp, nº 167)

(FCC) A discórdia na Conferência de Copenhague ocorreu, fundamentalmente, por conta

(A) de desastrosas iniciativas dos chefes de estado que em vão tentaram aparar as arestas da conferência.
(B) de um documento político firmado por poucos países, no qual se previam cortes de emissão de gases estufa.
(C) da exigência de metas obrigatórias, feita aos países emergentes pelas nações desenvolvidas.
(D) da posição dos países emergentes, que queriam incluir os países pobres num plano de cumprimento de metas.
(E) da insatisfação de delegados dos países que se sentiram prejudicados em suas cotas no subsídio de US$ 30 bilhões.

A e **B:** incorretas. Essas foram consequências da discórdia, não sua causa; **C:** correta, conforme se depreende do início do último parágrafo; **D:** incorreta. Não há qualquer menção nesse sentido no texto. Na verdade, quem tinha essa pretensão eram os países desenvolvidos; **E:** incorreta. Essa foi uma contenda paralela na reunião, não sendo a causa fundamental do insucesso do debate.

Gabarito "C"

(FCC) Atente para as seguintes afirmações:

I. No 1º parágrafo, informa-se que o número modesto de signatários do documento final de Copenhague contrastava com a alta ambição das metas pretendidas.
II. No 2º parágrafo, a declaração de Yvo de Bôer, com uma ponta de otimismo, não expressa qualquer sentimento de frustração com os resultados da COP-15.
III. No 3º parágrafo, depreende-se que a crise econômica que os Estados Unidos atravessam teve peso na decisão de não se disporem a cumprir sequer as metas mais modestas.

Em relação ao texto, está correto o que se afirma em

(A) I, II e III.
(B) I e II, apenas.
(C) II e III, apenas.
(D) I e III, apenas.
(E) III, apenas.

I: incorreta. A informação sobre o número de signatários denota a ausência de consenso entre os participantes. Diz o autor que, mesmo esses poucos que concordaram em assinar o documento, não se aproximaram das metas pretendidas; II: incorreta. A frase do diplomata é repleta de decepção, porque resume o fracasso da conferência em Copenhague e deposita todas as expectativas na próxima reunião; III: correta. É a única assertiva que está de acordo com as ideias expostas no texto.

Gabarito "E"

(FCC) No primeiro parágrafo, dois segmentos que remetem a causas da frustração de quem esperava muito da COP-15 são:

(A) *capaz de orquestrar compromissos // um documento político genérico.*

(B) *cortes de emissão de gases estufa apenas para 2050 // sem estabelecer compromissos obrigatórios.*

(C) *contra os efeitos do aumento da temperatura // encontro convocado pelas Nações Unidas.*

(D) *capaz de orquestrar compromissos // cortes de emissão de gases estufa apenas para 2050.*

(E) *sem estabelecer compromissos obrigatórios // impedir a elevação da temperatura.*

A meta da COP-15 era terminar com um compromisso voltado à redução de emissão de gases do efeito estufa por todos os países desde logo e com metas rígidas e mensuráveis. Considerando que se estabeleceram objetivos somente para 2050 e, mesmo assim, sem qualquer obrigação de cumprimento, tais trechos denotam a profunda decepção com o resultado da conferência.

Gabarito "B"

(FCC) A informação **negativa** do segmento *chefes de estado tentando, em vão, aparar arestas* deve-se, sobretudo, ao elemento sublinhado. O mesmo ocorre em:

(A) *(...) não se dispunham a cumprir sequer metas modestas.*

(B) *(...) mesmo assim sem estabelecer compromissos obrigatórios (...)*

(C) *(...) inconformados por terem sido escanteados nas conversas finais.*

(D) *O resultado final foi um documento político generico (...)*

(E) *A tese foi rechaçada pelos emergentes, que esperavam obter ajuda (...)*

A: correta. O advérbio "sequer", uma vez acompanhado de palavra negativa, passa a também indicar negação; B, C, D e **E:** incorretas. Todas as palavras sublinhadas têm valor de adjetivo, razão pela qual não expressam a negatividade requerida no enunciado.

Gabarito "A"

O advento das comunicações de massa

Algumas vezes nos perguntamos como sobrevivíamos antes da internet, telefones celulares e outros equipamentos que nos parecem hoje absolutamente indispensáveis. Lembremos que essas tecnologias, assim como a do rádio e a da televisão, já profundamente enraizadas em nossas práticas individuais e coletivas, são aquisições recentíssimas da humanidade.

O interesse cada vez maior pela tecnologia é um dos traços da modernidade que se organiza com o fim da Idade Média, substituindo o apego à tradição pela crescente importância da razão e da ciência, vinculando conhecimento técnico a progresso.

A atração por meios eletrônicos de comunicação está diretamente associada às telecomunicações por ondas, que remontam ao século XIX. Os Estados Unidos, já no século XX, se destacaram rapidamente no uso do rádio. Um fato que se tornou clássico foi protagonizado em 1938 pelo cineasta Orson Welles, então um jovem e desconhecido radialista. Ele leu trechos da obra ficcional A guerra dos mundos como se estivesse transmitindo um relato real de invasão de extraterrestres. Utilizando surpreendentes recursos do jornalismo radiofônico, levou pânico aos norte-americanos que, por alguns instantes, agiram como se estivessem na iminência de um ataque catastrófico.

Nos dias atuais, a tecnologia associada à produção virtual interpela o cotidiano de forma cada vez mais contundente. Já no início da década de 1970 surge o microprocessador, ocasionando uma verdadeira revolução no mundo da eletrônica. Na segunda metade da década de 90, um novo sistema de comunicação eletrônica começou a ser formado com a fusão da mídia de massa personalizada, globalizada, com a comunicação mediada por computadores – a multimídia, que estende o âmbito da comunicação eletrônica para todos os domínios da vida, inserindo-se no cotidiano da vida pública e privada, introduzindo-nos num universo de novas percepções.

As técnicas não determinam nada, em si mesmas. Dependem de interpretações e usos conduzidos por grupos ou indivíduos que delas se apropriam. Por isso, a história dos meios de comunicação nos ajuda a entender e interpretar relações de poder político, cultural e econômico, bem como a configuração da subjetividade contemporânea.

(Adaptado de Leituras da História, número 04, 2007)

(FCC) Encontram-se articulados no texto os seguintes aspectos do tema comunicações de massa:

(A) obsolescência atual do rádio; pequeno histórico da mídia eletrônica; a valorização dos ganhos tecnológicos.

(B) resumo da história das comunicações; a dissociação entre tecnologia e vida cotidiana; o rádio como principal mobilizador das massas.

(C) origens das comunicações modernas; poder da mídia e influência sobre as massas; processos e desdobramentos da multimídia.

(D) síntese dos processos da multimídia; impulso inicial da modernização tecnológica; o esgotamento do jornalismo radiofônico.

(E) resenha histórica da informática; crítica ao poder abusivo da mídia eletrônica; ingerência da multimedia nas decisões do cidadão.

A: incorreta. O texto não trata da obsolescência do rádio nem valoriza os ganhos tecnológicos; **B:** incorreta. Ao contrário do que sugere a alternativa, o autor vincula os avanços da comunicação de massa ao cotidiano. Além disso, o autor não vê o rádio como o principal mobilizador das massas, a despeito de seu valor histórico; **C:** correta. As ideias expressadas podem ser encontradas em diversas passagens do texto; **D:** incorreta. O texto não aborda o esgotamento do jornalismo radiofônico; **E:** incorreta. O texto não pretende fazer uma resenha histórica da informática nem lhe tecer críticas.

Gabarito "C"

(FCC) O específico episódio que Orson Welles protagonizou pode servir como exemplificação para o fato de que

(A) os meios eletrônicos nos parecem hoje absolutamente indispensáveis.
(B) a tecnologia já começava a interpelar o cotidiano de forma contundente.
(C) a multimídia estende a comunicação para todos os domínios da vida.
(D) manifestações de pânico coletivo são intrínsecas à ação da multimídia.
(E) produções virtuais banalizaram-se no cotidiano pessoal ou público.

O trecho narrado serve de ilustração do poder da mídia de influenciar a rotina das pessoas de forma direta e contundente.

Gabarito "B"

(FCC) Atente para as seguintes afirmações:

I. O fato de a moderna tecnologia trazer consigo indiscutíveis vantagens faz com que percamos a memória de tempos que já foram melhores para a humanidade.
II. Uma obra como **A guerra dos mundos** mostra, por si mesma, o poder da literatura de ficção sobre seu público, exercendo efeito imediato em seu comportamento.
III. O surgimento do microprocessador e a expansão da multimídia foram duas revoluções no universo das comunicações, refletindo-se no modo de ser do homem contemporâneo.

Em relação ao texto, está correto o que se afirma em

(A) I, II e III.
(B) I e II, apenas.
(C) II e III, apenas.
(D) I e III, apenas.
(E) III, apenas.

I: incorreta. Não há qualquer referência saudosista no texto sobre o passado; II: incorreta. O texto não trata do poder da ficção sobre as pessoas, apenas usa um episódio para ilustrar a habilidade do jornalista em transmitir a mensagem de forma a influenciar as pessoas; III: correta. O texto efetivamente aborda o surgimento do microprocessador e a expansão da multimídia como fatores relevantes na evolução das comunicações e, consequentemente, no comportamento humano.

Gabarito "E"

(FCC) Constituem uma causa e seu efeito, nessa ordem, os segmentos:

(A) *Algumas vezes nos perguntamos // como sobrevivíamos antes da internet.*
(B) *Um fato que se tornou clássico // foi protagonizado em 1938 pelo cineasta Orson Welles.*
(C) *O interesse cada vez maior pela tecnologia // é um dos traços da modernidade.*
(D) *Na segunda metade da década de 90, um novo sistema de comunicação eletrônica começou a ser formado // com a fusão da mídia de massa.*
(E) *Utilizando surpreendentes recursos do jornalismo radiofônico // levou pânico aos norte-americanos.*

A: incorreta. A relação entre os segmentos é de delimitação de tempo; **B:** incorreta. O primeiro segmento atribui um predicativo ao segundo; **C:** incorreta. O segundo segmento apresenta um predicativo do primeiro; **D:** incorreta. O segundo segmento expõe o modo como o primeiro aconteceu; **E:** correta. O primeiro segmento é a causa da consequência apresentada no segundo.

Gabarito "E"

O interesse fundamental do dono de escravos era obter destes o maior rendimento possível, visando ao maior lucro. Como maximizar a produção de um escravo? Imagine-se um caso simples: a produção consistiria em cavar buracos, e cada escravo poderia cavar, digamos, cinco buracos por hora. Para obter o máximo de produção, bastaria garantir que cada operário trabalhasse o maior número possível de horas. No caso da mão de obra escrava, esse objetivo poderia ser facilmente atingido por um feitor que organizasse e controlasse a produção. Pela coação do chicote, ele faria que os escravos trabalhassem o número de horas desejado, com a intensidade desejada. De fato, era comum que os escravos tivessem jornadas de trabalho próximas do máximo biológico — algo como dezoito horas —, nos engenhos e cafezais brasileiros, especialmente em picos de produção, como na colheita. Isso aponta para uma lógica do tratamento coercitivo. Pode ser difícil obter de um assalariado rendimento equivalente ao de um trabalhador escravo — a não ser mediante um salário tão alto que prejudicasse o lucro do patrão. Assim, em igualdade de condições, o trabalho escravo é mais produtivo que o trabalho livre, em determinados tipos de tarefa. A coerção garante esse resultado e tem, portanto, um significado econômico.

Flávio Versiani. A lógica econômica do trabalho escravo. In: Darcy, nov.-dez./2010, n.º 5 (com adaptações).

(CESPE) Acerca de aspectos estruturais e interpretativos do texto acima, julgue os itens abaixo.

(1) O autor do texto argumenta que, sob certas condições, o trabalho livre poderia ser tão ou mais produtivo que o trabalho escravo.

(2) A expressão "esse objetivo" (l.8) refere-se ao resultado final obtido por meio da maximização da produção de um escravo.

1: correta. O autor reconhece que a produtividade do trabalho livre poderia se equiparar à do escravo se o salário daquele fosse suficientemente alto; **2:** incorreta. A expressão destacada remete a garantir o trabalho pelo máximo possível de horas.

Gabarito 1C, 2E

Como vejo o mundo

Minha condição humana me fascina. Conheço o limite de minha existência e ignoro por que estou nesta terra, mas às vezes o pressinto. Pela experiência cotidiana, concreta e intuitiva, eu me descubro vivo para alguns homens, porque o sorriso e a felicidade deles me condicionam inteiramente, mais ainda para outros que, por acaso, descobri terem emoções semelhantes às minhas.

E cada dia, milhares de vezes, sinto minha vida – corpo e alma – integralmente tributária do trabalho dos vivos e dos mortos. Gostaria de dar tanto quanto recebo e não paro de receber. Mas depois experimento o sentimento satisfeito de minha solidão e quase demonstro má consciência ao exigir ainda alguma coisa de outrem. Vejo os homens se diferenciarem pelas classes sociais e sei que nada as justifica a não ser pela violência. Sonho ser acessível e desejável para todos uma vida simples e natural, de corpo e de espírito.

Recuso-me a crer na liberdade e neste conceito filosófico. Eu não sou livre, e sim às vezes constrangido por pressões estranhas a mim, outras vezes por convicções íntimas. Ainda jovem, fiquei impressionado pela máxima de Schopenhauer: "O homem pode, é certo, fazer o que quer, mas não pode querer o que quer"; e hoje, diante do espetáculo aterrador das injustiças humanas, esta moral me tranquiliza e me educa. Aprendo a tolerar aquilo que me faz sofrer. Suporto então melhor meu sentimento de responsabilidade. Ele já não me esmaga e deixo de me levar, a mim e aos outros, a sério demais. Vejo então o mundo com bom humor. Não posso me preocupar com o sentido ou a finalidade de minha existência, nem da dos outros, porque, do ponto de vista estritamente objetivo, é absurdo. E no entanto, como homem, alguns ideais dirigem minhas ações e orientam meus juízos. Porque jamais considerei o prazer e a felicidade como um fim em si e deixo este tipo de satisfação aos indivíduos reduzidos a instintos de grupo.

Albert Einstein

(AERONÁUTICA) Quanto ao primeiro parágrafo, é correto afirmar que o autor

(A) sabe que sua existência tem limites, e isso o torna vivo.

(B) está convicto de que está vivo porque possui uma forte intuição.

(C) tem conhecimento a respeito da razão de sua existência, e isso o fascina.

(D) em alguns momentos, tem o pressentimento de que sua vida está diretamente ligada à dos outros.

A: incorreta. O autor diz que percebe que está vivo para os outros em determinados momentos cotidianos, que não se relacionam com os limites de sua consciência; **B:** incorreta. A intuição serve, na verdade, para que o autor tente compreender sua condição humana e sua própria existência; **C:** incorreta. O autor nega esse conhecimento logo nas primeiras linhas; **D:** correta. A frase resume perfeitamente a ideia transmitida no primeiro parágrafo do texto.

Gabarito "D"

(AERONÁUTICA) "*E cada dia, milhares de vezes, sinto minha vida – corpo e alma – integralmente tributária do trabalho dos vivos e dos mortos.*" (linhas 9 a 11)

Com relação ao trecho acima, é correto afirmar que o autor

(A) tem uma dívida de gratidão para com o trabalho dos outros.

(B) reconhece que é grande o valor de seu trabalho para os vivos e os mortos.

(C) faz um tributo aos mortos pela contribuição que somente eles lhe deixam.

(D) sente-se inteiramente insatisfeito consigo mesmo ao ver a grande contribuição do trabalho de outras pessoas, vivas ou mortas.

Correta a alternativa "A". Nesse trecho, o autor reconhece que tem uma dívida com todas as outras pessoas, vivas e mortas, porque delas muito mais recebe do que consegue retribuir. "Tributário", aqui, foi usada em sentido conotativo, como sinônimo de "devedor", aquele que tem a obrigação de pagar um tributo.

Gabarito "A"

(AERONÁUTICA) Ao expressar "*Eu não sou livre*" (linha 20), o autor

(A) demonstra seu não contentamento com o mundo e deixa seu humor abalar-se perante a vida.

(B) baseia-se na descrença do conceito de liberdade e na crença na máxima de Schopenhauer.

(C) perde a tranquilidade e por isso não tolera as injustiças humanas.

(D) sofre, pois perde seu senso de responsabilidade.

A: incorreta. Justamente por compreender os limites de sua existência, o autor permite-se viver com bom humor; **B:** correta. O autor expõe sua crença no pensamento de Schopenhauer, que estabelece a negação da propalada liberdade individual; **C:** incorreta. A compreensão da ausência de liberdade plena auxilia o autor a tolerar as injustiças; **D:** incorreta. O autor afirma que mantém seu senso de responsabilidade e que consegue suportá-lo de uma forma mais tranquila.

Gabarito "B"

Texto I

Indústria tem a maior queda desde abril

A maior concorrência com os produtos importados e a desaceleração do consumo no mercado interno fizeram a produção industrial recuar 2% em setembro ante agosto. Foi a maior queda desde abril, quando caíra 2,3%. Em relação ao mesmo mês de 2010, a produção industrial ficou 1,6% menor. O resultado veio abaixo das projeções de mercado, que esperavam baixas entre 0,6% e 1,5%.

De acordo com o IBGE e economistas, a queda se intensificou em setembro. No mês, 16 dos 27 setores produziram menos. O destaque ficou no setor automotivo. Estoques em alta e vendas em baixa derrubaram a produção de carros e caminhões em 11% em relação a agosto. Segundo o gerente da pesquisa, a queda do setor automotivo foi o principal responsável pelo recuo de 5,5% entre os bens de capital (máquinas e equipamentos) e de 2,9% entre os de consumo.

A queda nas exportações de produtos em geral, fruto das incertezas nos países desenvolvidos, também contribuiu para esse quadro. Economistas também citaram a concorrência com os importados, que ganharam espaço com a queda do dólar.

Com esse resultado, renomadas consultorias e bancos começam a revisar a projeção do Produto Interno Bruto (PIB) deste ano. Apesar de outubro já apresentar uma melhora, ainda há um esforço de redução de estoques por parte da indústria, pois se criou uma expectativa maior do que efetivamente aconteceu.

ROSA, Bruno. Indústria tem a maior queda desde abril. O Globo, Rio de Janeiro, 02 nov. 2011, seção Economia, p. 24. Adaptado.

(CESGRANRIO) De acordo com o Texto I, a projeção do Produto Interno Bruto de 2011 sofrerá revisão porque

(A) a desaceleração da economia reduziu a produção em 1,6% entre janeiro e setembro de 2011.

(B) a produção industrial sofreu uma redução de 2% em setembro em relação ao mês anterior.

(C) a queda nas exportações de produtos em geral foi de 2,9% abaixo das projeções de mercado.

(D) o consumo de produtos importados provocou queda de 2,3% no mercado interno em abril.

(E) as indústrias brasileiras obtiveram resultados superiores aos obtidos em abril de 2010.

A: incorreta. A produção de setembro de 2011 foi 1,6% menor que a produção de setembro de 2010; **B:** correta, sendo uma das razões da revisão da projeção do PIC, segundo o texto; **C:** incorreta. A queda de 2,9% se deu na produção de bens de consumo; **D:** incorreta. A queda de 2,3% da produção se deu em abril, não desde abril; **E:** incorreta. O texto expõe justamente o inverso, que os resultados obtidos foram piores do que o ano anterior.

Gabarito "B"

(CESGRANRIO) O Texto I faz uma análise do comportamento da produção industrial. A respeito desse comportamento, considere as afirmativas abaixo.

I. A queda da produção industrial em setembro de 2011 foi menor do que as previsões dos economistas.

II. A produção industrial tem sofrido altas e quedas durante o ano de 2011, sendo que, até outubro, a maior queda foi a do mês de abril em relação a março, chegando ao índice de 2,3%.

III. O setor automotivo foi o maior responsável pela queda da produção industrial, porque sofreu redução de 5,5% de vendas.

É correto o que se afirma em

(A) I, apenas.

(B) II, apenas.

(C) I e II, apenas.

(D) II e III, apenas.

(E) I, II e III.

I: incorreta. A queda (de 1,6%) foi maior que a esperada (entre 0,3% e 1,5%); II: correta, compilando perfeitamente os dados apresentados no texto; III: incorreta. O setor automotivo foi o que sofreu a maior queda – 11% – o que causou um recuo também no setor de bens de capital (esse sim de 5,5%).

Gabarito "B"

Texto II

Fábrica de sabores

A maior parte dos sabores que sentimos ao provar alimentos industrializados não vêm de ingredientes de verdade. Gosto de cogumelos, coco ou morango, nesse caso, é resultado de combinações de ácidos, cetonas, aldeídos.

Além das substâncias químicas, extratos naturais também entram na equação para dar sabor e aroma aos alimentos produzidos nas fábricas. Há 3 formas de tudo isso ir parar em um produto. Quando você lê "aroma natural", quer dizer que ele foi obtido por meio de processos físicos que usam matéria-prima, retiram sua essência e aplicam no alimento. Se está escrito "idêntico ao natural", foi criado sinteticamente em laboratório para replicar essas moléculas encontradas na natureza. Por último, "artificial" no rótulo significa que os aromistas criaram moléculas que não existem na natureza, a partir das substâncias de laboratório.

As sintéticas são as mais usadas por serem mais baratas. Para se ter uma ideia, é necessário espremer uma tonelada de limões para obter cerca de 3 quilos do óleo essencial usado no "aroma natural".

O processo encarece o produto e, por isso, é menos comum nessa indústria. Ser artificial, porém, não significa que o aroma faz mal à saúde. Antes de enviar as moléculas às fábricas de alimentos, elas passam por testes de toxicologia em instituições independentes.

PONTES, Felipe; AFFARO, Victor. Revista Galileu. São Paulo: Globo, out. 2011, p. 74-77. Adaptado.

(CESGRANRIO) De acordo com o Texto II, produzir um aroma idêntico ao natural consiste na

(A) criação de substância química que imita moléculas presentes na natureza.
(B) extração da substância principal de plantas para obter um produto natural.
(C) manipulação de moléculas a partir de substâncias não encontradas na natureza.
(D) obtenção da essência de certos vegetais por meio de procedimentos naturais.
(E) seleção rigorosa de aromas que não sejam prejudiciais à saúde das pessoas.

O texto esclarece que os aromas "idênticos aos naturais" são substâncias sintéticas, ou seja, criadas em laboratório que imitam perfeitamente as moléculas de sabor já existentes na natureza.

Gabarito "A"

O futuro segundo os brasileiros

Em 2050, o homem já vai ter chegado a Marte, e comprar pacotes turísticos para o espaço será corriqueiro. Em casa e no trabalho, vamos interagir regularmente com máquinas e robôs, que também deverão tomar o lugar das pessoas em algumas funções de atendimento ao público, e, nas ruas, os carros terão um sistema de direção automatizada. Apesar disso, os implantes corporais de dispositivos eletrônicos não serão comuns, assim como o uso de membros e outros órgãos cibernéticos. Na opinião dos brasileiros, este é o futuro que nos aguarda, revela pesquisa da empresa de consultoria OThink, que ouviu cerca de mil pessoas em todo o país entre setembro e outubro do ano passado. [...]

De acordo com o levantamento, para quase metade das pessoas ouvidas (47%) um homem terá pisado em Marte até 2050. Ainda nesse ano, 49% acham que será normal comprar pacotes turísticos para o espaço. Em ambos os casos, os homens estão um pouco mais confiantes do que as mulheres, tendência que se repete quando levadas em conta a escolaridade e a classe social.

As respostas demonstram que a maioria da população tem acompanhado com interesse esses temas – avalia Wagner Pereira, gerente de inteligência Estratégica da OThink. – E isso também é um sinal de que aumentou o acesso a esse tipo de informação pelos brasileiros. [...]

– Nossa vida está cada vez mais automatizada e isso ajuda o brasileiro a vislumbrar que as coisas vão manter esse ritmo de inovação nos próximos anos – comenta Pereira. – Hoje, o Brasil tem quase 80 milhões de internautas e a revolução que a internet produziu no nosso modo de viver, como esse acesso maior à informação, contribui muito para esta visão otimista do futuro.

Já a resistência do brasileiro quando o tema é modificar o corpo humano é natural, analisa o executivo. De acordo com o levantamento, apenas 28% dos ouvidos creem que a evolução da tecnologia vai levar ao desenvolvimento e uso de partes do corpo artificiais que funcionarão melhor do que as naturais, enquanto 40% acham que usaremos implantes eletrônicos para fins de identificação, informações sobre histórico médico e realização de pagamentos, por exemplo.

– Esse preconceito não é exclusividade dos brasileiros – considera Pereira. – Muitos grupos não gostam desse tipo de inovação. Romper a barreira entre o artificial e o natural, a tecnologia e o corpo, ainda é um tabu para muitas pessoas. [...]

BAIMA, Cesar. O futuro segundo os brasileiros. O Globo, 14 fev. 2012. 1º Caderno, Seção Ciência, p. 30. Adaptado.

(CESGRANRIO) A frase em que o uso das palavras acentua a oposição de ideias que o autor quer marcar é

(A) "Em 2050, o homem já vai ter chegado a Marte" (l. 1).
(B) "Na opinião dos brasileiros, este é o futuro que nos aguarda" (l. 10-11).
(C) "Esse preconceito não é exclusividade dos brasileiros" (l. 47-48).
(D) "Muitos grupos não gostam desse tipo de inovação (l. 48-49).
(E) "Romper a barreira entre o artificial e o natural, a tecnologia e o corpo (l. 49-50).

Uma oposição de ideias pressupõe a aproximação, no texto, de palavras antônimas (figura de linguagem conhecida como "antítese"). A única alternativa em que isso ocorre é a letra "E", quando o autor contrapõe "artificial" a "natural" e "tecnologia" a "corpo".

Gabarito "E"

(CESGRANRIO) O trecho "Em ambos os casos" (l. 19) se refere a

(A) homens mais confiantes e mulheres menos confiantes.
(B) escolaridade dos entrevistados e classe social dos entrevistados.
(C) quase metade das pessoas ouvidas e 47% das pessoas entrevistadas.

(D) pessoas que acreditam que o homem chegará a Marte em breve e pessoas que não acreditam nisso.
(E) entrevistados sobre o homem em Marte e entrevistados sobre pacotes turísticos para o espaço.

A expressão "em ambos os casos" refere-se aos resultados da pesquisa apresentados no período imediatamente anterior, ou seja, a opinião dos entrevistados sobre a ida de um homem a Marte e sobre a possibilidade de se adquirir pacotes turísticos para o espaço.

Gabarito "E"

O SER HUMANO DESTRÓI O QUE MAIS DIZ AMAR

As grandes perdas acontecem por pequenas decisões

Se leio a frase "O ser humano destrói o que mais diz amar", pensando na loucura que a humanidade vive hoje, não me sinto assim tão mal. Mas se, ao repetir mentalmente a frase, me lembro da discussão que tive ontem com minha mulher porque não aceitei que não sei lidar com críticas, ou da forma bruta com que tratei um dos meus filhos porque não consegui negociar e apelei para o meu pátrio-poder, ou da forma como repreendo as pessoas que trabalham comigo quando não atingimos as metas da empresa, sinto que essa afirmação tem mais verdade do que eu gostaria de admitir.

AYLMER, Roberto. Escolhas: algumas delas podem determinar o destino de uma pessoa, uma família ou uma nação. (Adaptado)

(CESGRANRIO) Em relação ao texto, é **INCORRETO** o que se afirma em:

(A) O texto é construído a partir de uma situação hipotética.
(B) O segundo período em relação ao primeiro, semanticamente, estabelece uma relação de oposição.
(C) No segundo período, os dois últimos fatos apresentados estão, gramaticalmente, relacionados a "me lembro" (l. 4).
(D) Semanticamente, o primeiro período ressalta a irrelevância do problema apresentado.
(E) A oração "porque não consegui negociar" (l. 7-8) estabelece, com a anterior, uma relação de causa e consequência na linha argumentativa do texto.

A: correta. As situações narradas são iniciadas pela conjunção "se", que expressa uma condição, um evento futuro e incerto, algo que ainda não aconteceu; **B:** correta. Um contrapõe o outro, como sugere a conjunção adversativa "mas"; **C:** correta. O autor está fazendo uma enumeração dos fatos de que se lembra; **D:** incorreta, devendo ser assinalada. Não é esse o sentido do período. Nele, o autor traduz o sentimento de comodismo que normalmente justifica as condutas humanas, como se tudo, inclusive nossos erros, tivesse uma razão externa para se justificar; **E:** correta. Não ter conseguido negociar foi a causa da apelação para o pátrio poder, segundo expõe o autor.

Gabarito "D"

Setor de Informações

I

O rapazinho que seguia à minha frente na Visconde de Pirajá abordou um velho que vinha em sentido contrário:

– O senhor pode me informar onde é a Rua Gomes Carneiro?

O velho ficou calado um instante, compenetrado:

– Você vai seguindo por aqui - falou afinal, apontando com o braço: - Ali adiante, depois de passar a praça, dobra à direita. Segue mais dois quarteirões. Chegando na Lagoa...

Não resisti e me meti no meio:

– Me desculpe, mas Gomes Carneiro é logo ali.

Mostrei a esquina, na direção oposta.

– Ah, é aquela ali? – o velho não se abalou: – Pois eu estava certo de que era lá para os lados da Lagoa.

E foi-se embora, muito digno. O rapazinho me agradeceu e foi-se embora também, depois de resmungar:

– Se não sabe informar, por que informa?

Realmente, não há explicação para esta estranha compulsão que a gente sente de dar informação, mesmo que não saiba informar.

II

Pois ali estava eu agora na esquina das Ruas Bulhões de Carvalho e Gomes Carneiro (a tal que o rapazinho procurava), quando fui abordado pelo motorista de um carro à espera do sinal.

– Moço, o senhor pode me mostrar onde fica a casa do sogro do doutor Adolfo?

Seu pedido de informação era tão surpreendente que não resisti e perguntei, para ganhar tempo:

– A casa do sogro do doutor Adolfo?

Ele deixou escapar um suspiro de cansaço:

– O doutor Adolfo me mandou trazer o Dodge dele de Pedro Leopoldo até a casa do sogro, aqui no Rio de Janeiro. O carro está velho, penei como o diabo para trazer até aqui. Perdi o endereço, só sei que é em Copacabana.

O Dodge do doutor Adolfo. O doutor Adolfo de Pedro Leopoldo. Aquilo me soava um tanto familiar:

– Como é o nome do sogro do doutor Adolfo?

Ele coçou a cabeça, encafifado:

– O senhor sabe que não me lembro? Um nome esquisito...

- Esse doutor Adolfo de Pedro Leopoldo mora hoje em Belo Horizonte?

– Mora sim senhor.

– Tem um irmão chamado Oswaldo?

– Tem sim senhor.

– Por acaso o nome dele é Adolfo Gusmão?

– Isso mesmo. O senhor sabe onde é que é a

casa do sogro dele?

Respirei fundo, mal podendo acreditar:

– Sei. O sogro dele mora na Rua Souza Lima. É aqui pertinho. Você entra por ali, vira aquela esquina, torna a virar a primeira à esquerda...

Ele agradeceu com a maior naturalidade, como se achasse perfeitamente normal que a primeira pessoa abordada numa cidade de alguns milhões de habitantes soubesse onde mora o sogro do doutor Adolfo, de Pedro Leopoldo. Antes que se fosse, não sei como não me ajoelhei, tomei-lhe a bênção e pedi que me informasse o caminho da morada de Deus.

SABINO, Fernando. *A volta por cima*. Rio de Janeiro: Record, 1990. p. 34-39. Adaptado.

(CESGRANRIO) A frase em que o sentido do termo entre parênteses corresponde ao da palavra negritada é:

(A) "O rapazinho que seguia à minha frente na Rua Visconde de Pirajá abordou um velho" (l. 2) -(assustou)
(B) "O velho ficou calado um instante, compenetrado." (l. 6) -(convencido)
(C) "Realmente, não há explicação para esta estranha compulsão" (l. 21-22) (impulsão)
(D) "Seu pedido de informação era tão surpreendente" (l. 30-31) (inesperado)
(E) "Ele coçou a cabeça encafifado" (l. 42) (interessado)

A: incorreta. "Abordar" significa "aproximar-se", "abeirar-se"; **B:** incorreta. "Compenetrado" é sinônimo de "concentrado", "atento"; **C:** incorreta. "Compulsão" é a força psicológica que determina uma ação não desejada ou justificada. "Impulsão" é o ato de angariar força física suficiente para superar um obstáculo; **D:** correta. "Surpreendente" e "inesperado" são sinônimos; **E:** incorreta. "Encafifado" é sinônimo de "confuso", "curioso".

Gabarito "D"

(CESGRANRIO) Ao usar a palavra digno, na frase "E foi-se embora, muito digno." (l. 17), o narrador

(A) ironiza o descompromisso do velho em dar a informação errada.
(B) elogia a extrema paciência do velho em escutar a explicação dele.
(C) ressalta a modéstia do velho ao reconhecer que estava, de fato, errado.
(D) critica a falta de educação do velho ao atender a uma pessoa desconhecida.
(E) valoriza o caráter conciliador do velho, que não se exalta ao defender sua opinião.

O suposto elogio conferido pelo narrador ao velho foi, sem dúvida, carregado de ironia. Afinal, ao ser confrontado com o fato de passar uma informação errada ao transeunte, o personagem não se desculpou ou justificou sua ação, limitando-se a ir embora. Demonstrou, assim, que não se importava com a situação, postura nada digna de se manter.

Gabarito "A"

(CESGRANRIO) Entre as linhas 18 e 19 do texto, afirma-se que o rapazinho resmungou. Isso aconteceu porque

(A) estava mal-humorado.
(B) esta era a sua forma de agradecer.
(C) não recebeu a informação que queria.
(D) a rua que ele procurava ficava na direção oposta.
(E) o velho lhe dera a informação, mesmo sem saber informar.

"Resmungar" significa reclamar em voz baixa, para si mesmo. O que deixou o rapazinho irritado foi o fato do velho dar uma informação equivocada.

Gabarito "E"

(CESGRANRIO) No último parágrafo, fica claro que o motorista logo encontrou, dentre milhões de habitantes de uma cidade, uma pessoa que sabia a resposta exata à sua dúvida.

Assim, no último período, a reflexão do narrador indica que este

(A) se considerava bastante religioso.
(B) queria pedir uma informação divina.
(C) achava o motorista um homem de muita sorte.
(D) gostaria de conversar mais com o motorista.
(E) estava com pressa e precisava ir-se embora.

Como o motorista agiu com naturalidade, mesmo diante de um fato tão improvável, o narrador julgou-o como um homem de muita sorte, abençoado. Afinal, se ele podia achar justamente a pessoa que podia dar-lhe informação tão específica logo na primeira tentativa, certamente teria contato direto com uma entidade transcendental superior.

Gabarito "C"

(CESGRANRIO) A análise da abordagem temática das passagens I e II do texto permite concluir que ambas

(A) relatam fatos acontecidos na rua.
(B) recriminam a irresponsabilidade de algumas pessoas.
(C) denunciam a falta de sinalização na cidade.
(D) registram cenas típicas de cidades do interior.
(E) revelam a irritação do narrador com pessoas desnorteadas.

A intertextualidade entre as seções I e II reside na semelhança das circunstâncias em que as situações ocorreram: na rua, com base em pedidos de informações de pessoas perdidas que abordam aleatoriamente outras que passam.

Gabarito "A"

(CESGRANRIO) A análise do texto leva a concluir que são características pessoais do narrador o fato de ele ser

(A) natural de Minas Gerais, desconfiado e religioso
(B) solidário, observador e bem-humorado
(C) natural de Minas Gerais, preconceituoso e bem-humorado

(D) bem situado, intrometido e crente

(E) observador, inconveniente e crédulo

O narrador mostra-se uma pessoa observadora, que analisa e procura entender determinados comportamentos humanos. Além disso, é solidário (procura ajudar os outros) e bem-humorado, pois encara com leveza tudo que se passa a sua volta. Vale esclarecer que em momento algum podemos afirmar, com base nas informações contidas no texto, que o narrador é natural de Minas Gerais (ele somente se refere ao Estado para identificar o tal de Adolfo), religioso, crente o crédulo (a menção a Deus foi um reflexo de seu bom-humor, assustado que estava com a naturalidade de seu interlocutor diante de tanta sorte).

Gabarito "B"

Texto I
As três experiências

Há três coisas para as quais eu nasci e para as quais eu dou a minha vida. Nasci para amar os outros, nasci para escrever, e nasci para criar meus filhos. "O amar os outros" é tão vasto que inclui até o perdão para mim mesma com o que sobra. As três coisas são tão importantes que minha vida é curta para tanto. Tenho que me apressar, o tempo urge. Não posso perder um minuto do tempo que faz minha vida. Amar os outros é a única salvação individual que conheço: ninguém estará perdido se der amor e às vezes receber amor em troca.

E nasci para escrever. A palavra é meu domínio sobre o mundo. Eu tive desde a infância várias vocações que me chamavam ardentemente. Uma das vocações era escrever. E não sei por que, foi esta que eu segui. Talvez porque para outras vocações eu precisaria de um longo aprendizado, enquanto que para escrever o aprendizado é a própria vida se vivendo em nós e ao redor de nós. É que não sei estudar. E, para escrever, o único estudo é mesmo escrever. Adestrei-me desde os sete anos de idade para que um dia eu tivesse a língua em meu poder. E no entanto cada vez que eu vou escrever, é como se fosse a primeira vez. Cada livro meu é uma estreia penosa e feliz. Essa capacidade de me renovar toda à medida que o tempo passa é o que eu chamo de viver e escrever.

Quanto aos meus filhos, o nascimento deles não foi casual. Eu quis ser mãe. Meus dois filhos foram gerados voluntariamente. Os dois meninos estão aqui, ao meu lado. Eu me orgulho deles, eu me renovo neles, eu acompanho seus sofrimentos e angústias, eu lhes dou o que é possível dar. Se eu não fosse mãe, seria sozinha no mundo. Mas tenho uma descendência, e para eles no futuro eu preparo meu nome dia a dia. Sei que um dia abrirão as asas para o voo necessário, e eu ficarei sozinha. É fatal, porque a gente não cria os filhos para a gente, nós os criamos para eles mesmos. Quando eu ficar sozinha, estarei seguindo o destino de todas as mulheres.

Sempre me restará amar. Escrever é alguma coisa extremamente forte mas que pode me trair e me abandonar: posso um dia sentir que já escrevi o que é meu lote neste mundo e que eu devo aprender também a parar. Em escrever eu não tenho nenhuma garantia. Ao passo que amar eu posso até a hora de morrer. Amar não acaba. É como se o mundo estivesse a minha espera. E eu vou ao encontro do que me espera.

[...]

LISPECTOR, Clarice. *A descoberta do mundo*. Rio de Janeiro: Rocco, 1999, p. 101-102. Adaptado.

Texto II
Pronominais

Dê-me um cigarro
Diz a gramática
Do professor e do aluno
E do mulato sabido
Mas o bom negro e o bom branco
Da Nação Brasileira
Dizem todos os dias
Deixa disso camarada
Me dá um cigarro

ANDRADE, Oswald. Pronominais. *In*: MORICONI, Ítalo (Org.). *Os cem melhores poemas do século*. Rio de Janeiro: Objetiva, 2001, p. 35.

(CESGRANRIO) A narradora do Texto I ("As três experiências") se refere a três experiências marcantes em sua vida, dentre as quais a de escrever.

De acordo com o que se relata no 3º parágrafo, a escrita, para a narradora, baseia-se em

(A) estudo

(B) regras

(C) adestração

(D) vivência

(E) inabilidade

Para a autora, escrever é um ato baseado na experiência, naquilo que se viveu e nas coisas que acontecem à nossa volta, independentemente de estudos formais.

Gabarito "D"

(CESGRANRIO) O Texto II ("Pronominais") pode ser desmembrado, conforme o seu significado, em dois blocos de sentido delimitados pela palavra **mas**. No primeiro, observa-se uma crítica às regras linguísticas da gramática normativa; no segundo, uma valorização do falar do povo.

Os recursos que corporificam esse ponto de vista do eu lírico se encontram no uso

(A) enclítico do pronome **me** (verso 1) e no emprego do adjunto adverbial **todos os dias** (verso 7).
(B) posposto do sujeito **a gramática** (verso 2) e no isolamento do adjunto adnominal **Da Nação Brasileira** (verso 6).
(C) recorrente da conjunção aditiva **e** (versos 3 e 4) e na falta da vírgula antes do vocativo **camarada** (verso 8).
(D) repetitivo da contração **do** (versos 3 e 4) e no uso do pronome em próclise (verso 9).
(E) irônico do adjetivo **sabido** (verso 4) e na repetição do adjetivo **bom** (verso 5).

A relação de oposição entre a primeira e a segunda parte do texto pode ser observado no uso do adjetivo "sabido" de forma irônica (porque, apesar de ser uma qualidade, o texto expõe uma crítica à gramática normativa) e o realce expressado pela repetição do adjetivo "bom" ("bom negro" e "bom branco") indicando que, na verdade, quem está certo é o povo em seu linguajar cotidiano.

Gabarito "E"

(CESGRANRIO) Tanto o Texto I quanto o Texto II defendem, de maneira subentendida, um modo de ver a língua, em que ela se

(A) constrói a partir de regras que definem as noções de "certo" e "errado".
(B) pauta em regras padrões baseadas no uso individual.
(C) resume às regras prescritas pela gramática normativa.
(D) constitui no uso que dela fazemos em nossa vida cotidiana.
(E) forma por meio das regras estabelecidas pela norma-padrão.

Ambos os textos defendem o ponto de vista de que a verdadeira Língua Portuguesa é a que se constrói no cotidiano, no uso corrente das pessoas, independentemente dos conceitos normativos da gramática clássica.

Gabarito "D"

A CARTA AUTOMÁTICA

Mais de cem anos depois do surgimento do telefone, o começo dos anos 90 nos oferece um meio de comunicação que, para muitos, resgata um pouco do romantismo da carta. A Internet não usa papel colorido e perfumado, e sequer precisa de selos, mas, para muitos, fez voltar à moda o charme da comunicação por escrito. E, se o provedor não estiver com problemas, faz isso com o imediatismo do telefone. A rede também foi uma invenção que levou algum tempo para cair no gosto do público. Criada em 1993 para uso doméstico, há muito ela já era usada por cientistas universitários que queriam trocar informações. Mas, só após a difusão do computador doméstico, realizada efetivamente há uns quatro ou cinco anos, que o público pôde descobrir sua utilidade.

Em *The victorian internet*, Tom Standage analisa o impacto da criação do telégrafo (surgido em 1837).

Uma nova tecnologia de comunicação permitia às pessoas se comunicarem quase que instantaneamente, estando à longa distância (...) Isto revolucionou o mundo dos negócios.(...) Romances floresceram sob impacto do telégrafo. Códigos secretos foram inventados por alguns usuários e desvendados por outros. (...) O governo e as leis tentaram controlar o novo meio e falharam. (...) Enquanto isto, pelos cabos, uma subcultura tecnológica com seus usos e vocabulário próprio se estabelecia.

Igual impacto teve a Internet. Antes do telégrafo, batizado de "a autoestrada do pensamento", o ritmo de vida era superlento. As pessoas saíam para viajar de navio e não se ouviam notícias delas durante anos. Os países que quisessem saber se haviam ou não ganho determinada batalha esperavam meses pelos mensageiros, enviados no lombo dos cavalos. Neste mundo em que reinava a Rainha Vitória (1819-1901), o telégrafo provocou a maior revolução das comunicações desde o aparecimento da imprensa. A Internet não chegou a tanto. Mas nada encurta tanto distâncias como entrar num *chat* com alguém que esteja na Noruega, por exemplo. Se o telégrafo era "a autoestrada do pensamento", talvez a rede possa ser a "superautoestrada". Dos pensamentos e das abobrinhas.

As tecnologias de conversação realmente mudam as conversas. Apesar de ser de fundamental utilidade para o trabalho e a pesquisa, o correio feito pela rede permite um tipo de conversa diferente daquela que ocorre por telefone. Talvez um dia, no futuro, pesquisadores analisem as razões pelas quais a rede, rápida e imediata e sem o vivo colorido identificador da voz, se presta a bate-papos (via *e-mails*, *chats*, comunicadores instantâneos) até mais informais do que os que fazemos por telefone.

CAMARGO, Maria Sílvia. *24 dias por hora*. Rio de Janeiro: Rocco, 2000. p. 135-137. Adaptado.

(CESGRANRIO) De acordo com o exposto no texto, a comunicação via Internet

(A) foi concebida para atender ao uso doméstico de modo restrito.
(B) perdeu o romantismo da troca de cartas escritas a mão.
(C) teve sua utilidade aceita de imediato pelo público.
(D) tornou-se imediatista, exceto quando há problema no provedor.
(E) representou uma revolução similar à do telégrafo em sua época.

O texto visa a comparar os efeitos de duas tecnologias revolucionárias nos respectivos momentos históricos: o telégrafo, nos tempos da Rainha Vitória, e a Internet. Segundo o autor, seus efeitos sobre a vida em sociedade foram similares, permitindo um grande aumento da velocidade do trânsito das informações entre as pessoas.

Gabarito "E"

Texto I

OPS...DESCULPE, FOI ENGANO!

Célia Leão

Já faz alguns anos que descobri que tenho uma xará que, assim como eu, também tem outros sobrenomes entre o Célia e o Leão. Minha xará é uma parlamentar do estado de São Paulo que trabalha, e trabalha muito, mas, de vez em quando, acaba por receber em sua caixa de *e-mails* dúvidas de etiqueta que deveriam ser endereçadas a mim - confusões que ocorrem por causa do nome. E, em todas as ocasiões que isso acontece, ela sempre encaminha o *e-mail* para a minha caixa postal e envia também uma simpática resposta ao remetente, avisando-o sobre o engano e contando-lhe também sobre as providências já tomadas. Isso me encanta e, por sorte, já fui apresentada a ela e pude agradecer-lhe pessoalmente por todo o bom humor com o qual encara a situação.

Por causa disso, passei a prestar mais atenção nas atitudes das pessoas quando os enganos acontecem. Umas, muito mal-humoradas, se esquecem de que fazem parte do time da empresa e que enganos de ramais acontecem: simplesmente comunicam a quem está do outro lado da linha que o ramal em questão não é o da pessoa com a qual você quer falar e desligam. Quanta falta de (...) espírito de equipe. Assim, esteja ciente de que enganos de fato acontecem. E que errar é humano e mais comum do que se pensa. Seja compreensivo e, se tiver à mão a lista com os ramais da empresa, avise à pessoa qual é o número do ramal procurado. Seu interlocutor vai passar a enxergar a sua empresa de um jeito diferente e cheio de admiração.

Se você receber um *e-mail* endereçado a outra pessoa, não deixe o remetente sem resposta. Encontre um tempinho para avisá-lo sobre o engano cometido. Ninguém pode avaliar quão urgente e importante é aquele assunto. Vivemos tempos atribulados, mas nada justifica que nos embruteçamos. Devemos evitar o risco de um dia termos de negociar com uma pessoa com a qual fomos indelicados. Pense nisto na próxima vez que atender a uma ligação que não é para você.

(Célia Leão é consultora de etiqueta empresarial) *In*: Você S/A / Edição 130 – Disponível em: http://vocesa.abril.com.br/desenvolva-sua-carreira/materia/ops-desculpe-foi-engano-484102.shtml

(CESGRANRIO) Qual a sentença que resume a ideia principal do Texto I?

(A) A gentileza e a consideração com as outras pessoas são fundamentais, tanto no trabalho quanto na vida pessoal.

(B) A etiqueta é a condição básica para que as pessoas consigam ascender profissionalmente.

(C) A qualidade mais importante na vida de uma pessoa é o bom-humor, que lhe permite bons relacionamentos.

(D) A compreensão com pessoas que erram torna a vida profissional melhor, mesmo que a pessoa persista no erro.

(E) É muito importante, tanto para aspectos pessoais, quanto para profissionais, que e-mails recebidos por engano sejam reencaminhados.

A ideia principal representa a mensagem que o autor verdadeiramente quer transmitir com o texto. No caso, a narrativa pretende demonstrar, através de exemplos (como uma ligação para o ramal errado ou o envio de um e-mail por engano), que é fundamental para a construção de uma imagem positiva no âmbito profissional e pessoal portar-se com etiqueta e consideração com os demais.

Gabarito "A"

Texto II

FUNCIONAMENTO

• Coloque o aquecedor na posição vertical numa superfície horizontal, estável e resistente ao calor. Certifique-se de que não existem produtos inflamáveis num raio de um metro.

• (...)

• Rode o termostato no sentido dos ponteiros do relógio até a posição máxima; o indicador luminoso acende-se. Quando tiver atingido a temperatura ambiente desejada, rode o termostato no sentido contrário ao dos ponteiros do relógio, para marcar este valor, até que se desligue o indicador luminoso. (...)

Nota: Depois disso, a luz do indicador luminoso ficará acesa apenas se a temperatura do ambiente for inferior ao valor estabelecido no termostato.

(Extraído do Manual de um aquecedor de ambiente)

(CESGRANRIO) Segundo o Texto II, o indicador luminoso fica apagado

(A) quando o ambiente mantém-se na temperatura desejada.

(B) quando a temperatura está excessivamente alta.

(C) quando a temperatura está abaixo daquela estipulada no termostato.

(D) sempre que o aquecedor está ligado.

(E) após rodar o termostato no sentido dos ponteiros do relógio.

A questão solicita que seja feita uma interpretação em sentido contrário ao que está escrito. Se a instrução indica que a luz do aquecedor permanecerá acesa se a temperatura do ambiente for inferior ao estabelecido, podemos concluir que ela ficará apagada se a temperatura estiver no nível desejado.

Gabarito "A"

(CESGRANRIO) No momento de uso, o aquecedor deve ficar

(A) perto da janela, atrás da cortina.
(B) em cima de um banco ou tamborete.
(C) deitado sobre uma mesa.
(D) dentro de um armário ou estante.
(E) afastado de poltronas e sofás.

A e **D:** incorretas, porque cortinas e objetos de madeira pegam fogo facilmente quando expostos ao calor, podendo ser classificados, para esses fins, como produtos inflamáveis; **B:** incorreta. Um banco ou tamborete não são superfícies estáveis; **C:** incorreta. O aquecedor deve ficar na posição vertical ("em pé"); **E:** correta, atendendo a todas as instruções contidas no manual.

Gabarito "E"

Texto I

No lugar do outro

Fazia 15 anos que Ademilton Pereira Lima, de 50 anos, não andava de bicicleta. Naquele domingo ensolarado, em junho de 2009, ele estava apreensivo: iria encarar 10 quilômetros sobre a magrela. Com ele estavam 80 colegas de profissão, todos motoristas de ônibus, função que Ademilton desempenha há 25 anos.

O passeio foi uma iniciativa da empresa que coordena o sistema de ônibus em São Paulo, a SPTrans, com o objetivo de conscientizar os motoristas da importância de respeitar os ciclistas no trânsito. "Mesmo pedalando num grupo grande, num domingo, já nos sentíamos apreensivos ao ouvir o barulho dos carros. No trânsito do dia a dia, então, é muito mais difícil", diz Ademilton, ao lembrar da experiência. Hoje, ele toma mais cuidado quando passa por alguém andando de bicicleta, pois sabe como é ser a pessoa no veículo mais frágil. "Passei a respeitar mais, a ver que é um meio de transporte como os outros, com o mesmo direito de estar na rua", afirma.

Ao deixar de lado, por um dia, sua posição de motorista para assumir o papel de ciclista, Ademilton praticou uma atividade fundamental para a convivência: a arte de se colocar no lugar do outro, chamada pelos psicólogos de empatia. "É um exercício que todos deveriam fazer sempre, em relação ao namorado, ao marido, aos pais, aos amigos", diz Antonio Carlos Amador Pereira, professor de Psicologia (...). "Pensar no que o outro está sentindo e nos perguntar o que faríamos se estivéssemos no lugar dele são a chave para facilitar o diálogo", completa.(...)

Lições do almoço

(...) Diariamente, a necessidade de compreensão está bem perto de nós – dentro de casa, por exemplo. Para Ana Lúcia Queiroz, de 44 anos, de São Paulo, o caso foi exatamente assim. Há alguns meses, sua filha Tamara, de 25 anos, começou a frequentar aulas de ioga e, aos poucos, foi deixando de comer carne. Quando soube que a filha havia se tornado vegetariana, Ana Lúcia não gostou nem um pouco. "Fiquei brava, com medo de que ela tivesse uma anemia", conta.

Devagar, Tamara começou a mostrar algumas receitas para a mãe. Explicou que havia substituições saudáveis, e que ela não ficaria doente se comesse de forma variada. Ainda desconfiada, Ana Lúcia foi experimentando as receitas. Começou a gostar. Um dia, ela revelou a Tamara: "Estou há uma semana sem comer carne". A filha abriu um sorriso de orelha a orelha: "Não esperava convencer o pessoal de casa a virar vegetariano. Mas conseguir a aceitação foi ótimo". Hoje, a mãe raramente come carne.

Ana Lúcia teve dificuldade em se adaptar, mas, quando deu uma chance à nova maneira de pensar e agir da filha, começou a perceber vantagens. "Aprendi a apreciar o sabor mais suave dos outros alimentos e me sinto melhor, mais leve", conta. Os novos hábitos acabaram aproximando mãe e filha, que hoje trocam receitas diferentes...

Da mesma forma que Ademilton, ..., Ana Lúcia aprendeu como vivenciar novos pontos de vista pode ser transformador, nos tornando pessoas mais tolerantes e conscientes. Seja em relação a estranhos, pessoas próximas, seja a nós mesmos. (...)

CALLEGARI, Jeanne. *In*: *Sorria* nº 11, dez. 2009/jan. 2010. (Adaptado)

(CESGRANRIO) Classifique as afirmações abaixo, referentes aos dois primeiros parágrafos do Texto I, como verdadeiras (V) ou falsas (F).

( ) Ademilton não andava de bicicleta desde a adolescência.

( ) Durante os últimos 25 anos Ademilton tem trabalhado como motorista de ônibus.

( ) O passeio de bicicleta foi promovido pela empresa onde Ademilton trabalha.

A sequência correta é

(A) V – V – F
(B) V – F – V
(C) V – F – F
(D) F – V – F
(E) F – F – V

I: falsa. Se Ademilton tem 50 anos e há 15 não andava de bicicleta, conclui-se que a última vez que o fez foi aos 35 anos de idade, quando não era mais adolescente; II: verdadeira, conforme consta na frase "todos motoristas de ônibus, função que Ademilton desempenha há 25 anos"; III: falsa. O projeto foi idealizado pela SPTrans, empresa que coordena o sistema de transporte público em São Paulo, composto de diversas empresas privadas.

Gabarito "D"

(CESGRANRIO) Ademilton, ao pedalar no trânsito, experimentou um sentimento de

(A) terror.
(B) bem-estar.
(C) perturbação.
(D) conforto.
(E) preocupação.

Ademilton, segundo suas próprias palavras, sentiu-se apreensivo, preocupado a cada vez que ouvia o barulho dos carros, por saber que estava sobre um veículo mais frágil.

Gabarito "E"

(CESGRANRIO) A afirmativa "Hoje, ele toma mais cuidado..." (l. 14) indica o(a)

(A) fato de que os motoristas não respeitam os ciclistas.
(B) condição para que Ademilton seja bom motorista.
(C) causa que levou a SPTrans a fazer a experiência.
(D) consequência que a experiência teve para Ademilton.
(E) necessidade que os ciclistas têm para andar seguros na rua.

Todas as alternativas decorrem corretamente do texto, porém apenas a letra "D" se refere à passagem do enunciado, representando a consequência positiva da experiência para Ademilton.

Gabarito "D"

(CESGRANRIO) Ana Lúcia não gostou de saber que Tamara tinha-se tornado vegetariana porque ela

(A) ficou com medo de que a filha ficasse doente.
(B) aprecia pratos à base de carne.
(C) achava que a filha devia obedecer-lhe.
(D) se opunha à prática de ioga.
(E) pensou que a filha tinha perdido o bom-senso.

A mãe demonstrou medo da ausência de carne na dieta da filha, temerosa que assim desenvolvesse anemia, uma enfermidade causada pela falta de ferro no sangue.

Gabarito "A"

(CESGRANRIO) Ana Lúcia, ao saber dos novos hábitos da filha, passou a ter sentimentos e atitudes de

1 – aceitação;

2 – desconfiança;

3 – desagrado;

4 – novas descobertas;

5 – experimentação.

A ordem em que esses sentimentos e atitudes são descritos no Texto I é:

(A) 1-3 -5-4 -2.
(B) 2-3 -4-1 -5.
(C) 3-2 -5-1 -4.
(D) 4-1 -2-3 -5.
(E) 5-3 -4-2 -1.

A primeira reação de Ana Lúcia foi de desagrado. Depois, surgiu uma desconfiança de que a filha pudesse estar certa, mas ainda temerosa das consequências. Com o tempo, resolveu experimentar e, percebendo os resultados positivos, aceitou a posição da filha. Ao final, descobriu-se mais feliz com sua nova descoberta.

Gabarito "C"

(CESGRANRIO) A expressão "...um sorriso de orelha a orelha:" (l. 48) mostra que a filha

(A) deu um sorriso esquisito.
(B) riu com o canto da boca.
(C) expressou toda a sua alegria.
(D) gargalhou ironicamente.
(E) riu sem muita vontade.

A expressão "sorriso de orelha a orelha" é formada pela figura de linguagem conhecida como hipérbole, representativa do exagero. Ela significa que a filha estava muito feliz, como se seu sorriso pudesse atravessar todo o rosto.

Gabarito "C"

(CESGRANRIO) O título do Texto I resume a ideia principal do texto e se justifica porque

(A) mostra que as pessoas devem tentar entender e vivenciar o que as outras pessoas vivem.
(B) defende que todas as iniciativas para iniciar o diálogo entre as pessoas são válidas.
(C) indica que tanto vegetarianos quanto ciclistas no trânsito devem ser respeitados.
(D) demonstra que as pessoas gostam de conversar sobre as próprias experiências.
(E) explica que as pessoas sempre se transformam quando passam por situações extremas.

A ideia principal do texto foi alçada a título da seção I por ser o significado de "empatia", o conceito que o texto quer ensinar aos leitores. O autor enumera, com base em argumentos científicos trazidos por psicólogos, as vantagens de se buscar compreender as atitudes e opiniões das outras pessoas e um dos caminhos para isso é colocar-se no lugar delas para viver as mesmas experiências.

Gabarito "A"

(CESGRANRIO) Para desenvolver suas ideias, a autora do texto faz uso de

(A) argumentos fortes.
(B) conversas do cotidiano.
(C) descrições minuciosas.
(D) ordens e comandos.
(E) histórias pessoais.

A fim de convencer os leitores de seus argumentos, a autora se vale principalmente de histórias pessoais narradas pelos próprios envolvidos, acompanhadas de alguns argumentos de estudiosos nos respectivos assuntos.

Gabarito "E"

Texto II

Levante da cadeira

Paulo Henrique Pichini, presidente da Getronics do Brasil, deu um susto nos 400 funcionários que trabalham na sede da empresa em São Paulo. Ele suspendeu a comunicação por *e-mail* durante todo o mês de outubro e deu início a uma campanha de incentivo à comunicação cara a cara. "Percebi que as pessoas trabalhavam no mesmo prédio e mal se conheciam", diz o executivo (...). Pichini convidou os funcionários a circular mais pela empresa. "A meta é fazer com que as pessoas só usem os correios eletrônicos para enviar documentos e relatórios", diz. Parece que deu certo. O fluxo nos corredores e escadarias aumentou. Numa próxima etapa, ele quer premiar quem mais se levantar da cadeira.

Você S/A, nov. 2002.

(CESGRANRIO) A expressão "...suspendeu a comunicação por *e-mail*..." (l. 3 -4) indica que o presidente da empresa

(A) vetou a troca de mensagens eletrônicas.
(B) impediu o acesso aos computadores.
(C) sugeriu que a comunicação podia ser feita por escrito.
(D) propôs que os funcionários usassem menos o e--mail.
(E) cerceou o direito de os funcionários usarem a Internet.

O texto deixa claro que o executivo proibiu os funcionários de utilizar o correio eletrônico por um determinado período, a fim de incentivá-los a se comunicar pessoalmente. Como é sabido, o e-mail é apenas um dos serviços disponíveis na Internet e nos computadores, que continuaram a ser usados.

Gabarito "A"

(CESGRANRIO) O título do Texto II expressa

(A) o objetivo do presidente da Getronics para que os funcionários se conheçam melhor.
(B) o hábito de as pessoas ficarem sentadas a maior parte do tempo, sem andarem.
(C) a preocupação do presidente com uma vida mais saudável, provocando a circulação das pessoas.
(D) a necessidade que as pessoas devem ter para aumentarem o fluxo do movimento na empresa.
(E) um costume que deve ser praticado para que a empresa se torne um lugar mais dinâmico.

A expressão "levante da cadeira" foi usada no título com função metonímica, ou seja, substitui o resultado da ação (aumento da comunicação presencial e mútuo conhecimento entre os funcionários) pela própria ação (levantar da cadeira, pressuposto necessário para o resultado). Seu significado, portanto, não é literal, como sugerem as alternativas incorretas "B", "C", "D" e "E".

Gabarito "A"

Fracasso e sucesso

"Se és homem, ergue os olhos para admirar os que empreenderam coisas grandiosas, ainda que hajam fracassado". (Sêneca)

"O segredo para o sucesso é fazer as coisas comuns incomumente bem". (John D. Rockefeller Jr.)

É preciso discernimento para reconhecer o fracasso, coragem para assumi-lo e divulgá-lo e sabedoria para aprender com ele.

O fracasso está presente em nossa vida, em seus mais variados aspectos. Na discussão fortuita dos namorados e na separação dos casais, na falta de fé e na guerra santa, na desclassificação e no lugar mais baixo do pódium, no infortúnio de um negócio malfeito e nas consequências de uma decisão inadequada.

Reconhecer o fracasso é uma questão de proporção e perspectiva. Gosto muito de uma recomendação da Young President Organization segundo a qual devemos aprender a distinguir o que é um contratempo, um revés e uma tragédia. A maioria das coisas ruins da vida são contratempos. Reveses são mais sérios, mas podem ser corrigidos. Tragédias, sim, são diferentes. Quando você passar por uma tragédia, verá a diferença.

A história e a literatura são unânimes em afirmar que cada fracasso ensina ao homem algo que necessita aprender; que fazer e errar é experiência enquanto não fazer é fracasso; que devemos nos preocupar com as chances perdidas quando nem mesmo tentamos; que o fracasso fortifica os fortes.

Pesquisa da Harvard Business Review aponta que um empreendedor quebra em média 2,8 vezes antes de ter sucesso empresarial. Por isso, costuma-se dizer que o fracasso é o primeiro passo no caminho do sucesso ou, citando Henry Ford, o fracasso é a oportunidade de se começar de novo inteligentemente. Daí decorre que deve ser objetivo de todo empreendedor errar menos, cair menos vezes, mais devagar e não definitivamente.

Assim como amor e ódio são vizinhos de um mesmo quintal, o fracasso e o sucesso são igualmente separados por uma linha tênue. Mas o sucesso é vaidoso, tem muitos pais, motivo pelo qual costuma ostentar-se publicamente. Nasce em função do fracasso e não raro sobrevive às custas dele - do demérito de outrem. Por outra via, deve-se lembrar que o sucesso faz o fracasso de muitos homens...

Já o fracasso é órfão e tal como o exercício do poder, solitário. Disse La Fontaine: "Para salvar seu crédito, esconde sua ruína". E assim caminha o insucesso, por meio de subterfúgios. Poucos percebem que a liberdade de fracassar é vital se você quer ser bem sucedido. Os empreendedores mais bem--sucedidos fracassaram repetidamente, e uma medida de sua força é o fato de o fracasso impulsioná-los a alguma nova tentativa de sucesso. É claro que cada qual é responsável por seu próprio naufrágio. Mas quando o navio está a pique cabe ao capitão (imagine aqui a figura do empreendedor) e não ao marujo tomar as rédeas da situação. E, às vezes, a única alternativa possível é abandonar, e logo, o barco, declinando da possibilidade de salvar pertences para salvar a tripulação. Nestes casos, a falência purifica, tal como deitar o rei ante o xeque-mate que se avizinha.

O sucesso, pois, decorre da perseverança (acreditar e lutar), da persistência (não confundir com teimosia), da obstinação (só os paranoicos sobrevivem).

Decorre de não sucumbir à tentação de agradar a todos (gregos, troianos e etruscos). Decorre do exercício da paciência, mais do que da administração do tempo.

Decorre de se fazer o que se gosta (talvez seja preferível fracassar fazendo o que se ama a atingir o sucesso em algo que se odeia). Decorre de fabricar o que vende, e não vender o que se fabrica (qualquer idiota é capaz de pintar um quadro, mas só um gênio é capaz de vendê-lo). Decorre da irreverência de se preparar para o fracasso, sendo surpreendido pelo sucesso.

Decorre da humildade de aceitar os pequenos detalhes como mais relevantes do que os grandes planos.

Decorre da sabedoria de se manter a cabeça erguida, a espinha ereta, e a boca fechada.

Finalizo parafraseando Jean Cocteau: Mantenha-se forte diante do fracasso e livre diante do sucesso.

COELHO, Tom. Disponível em: http://www.portalcmc.com.br/aut_artmot03.htm. Acesso em: 26 jan 2010.

(CESGRANRIO) No segundo parágrafo, a argumentação que fundamenta o que é afirmado no primeiro período dá-se por

(A) dados estatísticos.
(B) definição.
(C) causa e efeito.
(D) exemplificação.
(E) análise e classificação.

O autor usou a técnica de citar exemplos cotidianos, com os quais todos os leitores se identificam, para fundamentar a ideia presente no primeiro parágrafo. É a chamada "exemplificação".

Gabarito "D"

(CESGRANRIO) Quanto à tipologia discursiva, o texto classifica-se, fundamentalmente, como

(A) injuntivo.
(B) descritivo.
(C) narrativo.
(D) expositivo.
(E) argumentativo.

Trata-se de texto facilmente reconhecível como argumentativo: o autor pretende, através de dados estatísticos, exemplos reais e citações de autoridades no assunto, defender sua posição de que o fracasso, além de fazer parte da vida, é necessário para se alcançar o sucesso.

Gabarito "E"

(CESGRANRIO) De acordo com o texto, "...cada fracasso ensina ao homem algo que necessita aprender;" (l. 20-21) porque

(A) lhe dá a oportunidade de avaliar o processo e corrigir o erro.
(B) lhe garante a capacidade de conseguir atingir o sucesso na tentativa seguinte.
(C) o torna mais vulnerável às adversidades da vida.
(D) aprimora sua sagacidade no sentido de ele não mais incorrer em erros.
(E) faz com que ele se torne menos resistente ao impacto causado pelo insucesso.

Segundo o autor, o fracasso é uma etapa necessária do processo de aprendizagem, porque permite à pessoa analisar as razões do insucesso e tentar novamente, dessa vez sem incorrer no mesmo erro. Com isso, as sucessivas tentativas, ainda que infrutíferas, vão se somando à experiência do indivíduo, que ao final saberá justamente como fazer bem feito. Fracasso, então, seria sequer tentar.

Gabarito "A"

(CESGRANRIO) Os parágrafos do texto que estão articulados por um marcador discursivo de oposição são:

(A) 1º e 2º
(B) 2º e 3º
(C) 3º e 4º
(D) 4º e 5º
(E) 6º e 7º

"Marcador discursivo de oposição" é a conjunção adversativa, que indica que o autor trabalhará duas ideias antagônicas, contrapondo uma à outra para fundamentar seus argumentos. Os parágrafos que se estruturam em torno de oposições são o 6º e o 7º ("Assim como o amor e o ódio..." e "Já o fracasso é órfão..."), nos quais o autor irá enumerar as diferenças entre fracasso e sucesso.

Gabarito "E"

(CESGRANRIO) A justificativa para "...o fracasso fortifica os fortes." (l. 24),no contexto em que se insere, é que esses

(A) não desistem e, de tanto tentar, chegam à vitória almejada.
(B) não se arriscam a serem mal-sucedidos em seus empreendimentos.
(C) se fortalecem com o fracasso alheio.
(D) nem sempre têm chance de atingir o sucesso.
(E) atingem o sucesso sem experimentarem o fracasso.

Segundo o autor, o fracasso é uma etapa necessária do processo de aprendizagem, porque permite à pessoa analisar as razões do insucesso e tentar novamente, dessa vez sem incorrer no mesmo erro. Com isso, as sucessivas tentativas, ainda que infrutíferas, vão se somando à experiência do indivíduo, que ao final saberá justamente como fazer bem feito. Fracasso, então, seria sequer tentar.

Gabarito "A"

(CESGRANRIO) De acordo com o texto, "...o fracasso é órfão e (...) solitário." (l. 42-43) porque

(A) ocorre sempre isoladamente.
(B) só os fracos o vivenciam.
(C) é difícil identificá-lo quando ocorre.
(D) quem o experimenta tende a ocultá-lo.
(E) se torna insignificante para os outros.

O autor compara as consequências sociais do sucesso e do fracasso afirmando que aquele "tem muitos pais", ou seja, as pessoas dele se vangloriam e imputam a si mesmos as razões da bem-aventurança, enquanto este é escondido, ninguém fala sobre ele pela vergonha que têm medo de passar junto aos seus pares. Guardam-no, portanto, para si mesmos, solitários.

Gabarito "D"

(CESGRANRIO) Conforme o texto, o fracasso fortifica os fortes por meio da(o)

(A) tentativa que deixam de fazer.
(B) relutância desses em se arrojarem.
(C) experiência que esses adquirem.
(D) validade quanto a eles não empreenderem.
(E) aprendizado que eles desperdiçam.

Segundo o autor, o fracasso é uma etapa necessária do processo de aprendizagem, porque permite à pessoa analisar as razões do insucesso e tentar novamente, dessa vez sem incorrer no mesmo erro. Com isso, as sucessivas tentativas, ainda que infrutíferas, vão se somando à experiência do indivíduo, que ao final saberá justamente como fazer bem feito. Fracasso, então, seria sequer tentar.

Gabarito "C"

(CESGRANRIO) Com base no texto, "o fracasso e o sucesso são igualmente separados por uma linha tênue." (l. 35-36) porque o fracasso

(A) depende do sucesso do outro.
(B) se dissipa diante da grande incidência de sucessos.
(C) é uma decorrência do sucesso.
(D) e o sucesso estão intimamente relacionados.
(E) e o sucesso tende a repercutir socialmente.

Dizer que existe "uma linha tênue" entre duas coisas ou situações expressa a ideia de que ambas estão intimamente ligadas, sendo impossível analisar uma sem a outra. É a opinião do autor sobre o fracasso e o sucesso: o primeiro seria apenas uma etapa para se chegar ao segundo.

Gabarito "D"

(CESGRANRIO) "Mas o sucesso é vaidoso, tem muitos pais," (l. 36-37)

Segundo o texto, a justificativa para a afirmativa acima está no fato de ele (o sucesso)

(A) apoiar-se num fracasso anterior.
(B) repercutir com júbilo sempre que ocorre.
(C) evidenciar o fracasso alheio.
(D) ser atribuído ao esforço coletivo.
(E) estar relacionado ao mérito social.

O autor compara as consequências sociais do sucesso e do fracasso afirmando que aquele "tem muitos pais", ou seja, as pessoas dele se vangloriam e imputam a si mesmos as razões da bem-aventurança, enquanto este é escondido, ninguém fala sobre ele pela vergonha que têm medo de passar junto aos seus pares.

Gabarito "B"

(CESGRANRIO) No sexto parágrafo, o primeiro período estrutura-se por

(A) uma relação de oposição.
(B) uma relação de comparação.
(C) causa e efeito.
(D) análise e classificação .
(E) apresentação de fatos.

Trata-se de uma comparação: o autor quer elencar as semelhanças e diferenças entre o fracasso e o sucesso e, para tanto, equipara o interrelacionamento de ambos com a relação intrínseca existente entre o amor e o ódio.

Gabarito "B"

(CESGRANRIO) São ideias que se podem inferir do oitavo parágrafo, **EXCETO**:

(A) persistência se distingue de teimosia pela possível inviabilidade de consecução desta e a possibilidade de realização daquela.
(B) a expressão entre parênteses "só os paranoicos sobrevivem" (l. 61) reforça, no texto, o valor semântico de "...obstinação...". (l. 61)
(C) o sentido da passagem "...não sucumbir à tentação de agradar a todos..." (l. 62-63) é o sucesso; depende da capacidade de se ser moderado e buscar a aprovação de todos.
(D) o sucesso deve estar relacionado a um ideal da pessoa e, não, tão somente a uma realização.
(E) entre os caminhos que levam ao sucesso, está a relevância que se dá ao insucesso.

Todas as alternativas representam conclusões possíveis de ser extraídas do oitavo parágrafo e que estão de acordo com as ideias que o autor quis transmitir, com exceção da letra "C", que deve ser assinalada. Ao contrário do disposto, o autor sugere que o sucesso depende da habilidade do indivíduo de não se incomodar com a opinião dos outros sobre seus atos, fazendo aquilo que entende correto independentemente das críticas ou opiniões contrárias que venha a receber.

Gabarito "C"

Um dia você aprende...

Depois de algum tempo você aprende a diferença,
a sutil diferença entre dar a mão e acorrentar uma alma.
E você aprende que amar não significa apoiar-se, e que
companhia nem sempre significa segurança ou proximidade.
E começa a aprender que beijos não são contratos,

tampouco promessas de amor eterno. Começa a aceitar suas derrotas com a cabeça erguida e olhos radiantes, com a graça de um adulto – e não com a tristeza de uma criança. E aprende a construir todas as suas estradas no hoje, pois o terreno do amanhã é incerto demais para os planos, uma vez que o futuro tem o costume de cair em meio ao vão.

Depois de um tempo você aprende que o sol pode queimar se ficarmos expostos a ele durante muito tempo. E aprende que não importa o quanto você se importe: algumas pessoas simplesmente não se importam...

E aceita que não importa o quão boa seja uma pessoa, ela vai feri-lo de vez em quando e, por isto, você precisa estar sempre disposto a perdoá-la.

Aprende que falar pode aliviar dores emocionais.

Descobre que se leva um certo tempo para construir confiança e apenas alguns segundos para destruí-la; e que você, em um instante, pode fazer coisas das quais se arrependerá para o resto da vida. Aprende que verdadeiras amizades continuam a crescer mesmo a longas distâncias, e que, de fato, os bons e verdadeiros amigos foram a nossa própria família que nos permitiu conhecer. Aprende que não temos que mudar de amigos: se compreendermos que os amigos mudam (assim como você), perceberá que seu melhor amigo e você podem fazer qualquer coisa, ou até coisa alguma, tendo, assim mesmo, bons momentos juntos.

Descobre que as pessoas com quem você mais se importa na vida são tomadas de você muito cedo, ou muito depressa. Por isso, sempre devemos deixar as pessoas que verdadeiramente amamos com palavras brandas, amorosas, pois cada instante que passa carrega a possibilidade de ser a última vez em que as veremos; aprende que as circunstâncias e os ambientes possuem influência sobre nós, mas somente nós somos responsáveis por nós mesmos; começa a compreender que não se deve comparar-se com os outros, mas com o melhor que se pode ser.

Descobre que se leva muito tempo para se tornar a pessoa que se deseja tornar, e que o tempo é curto. Aprende que não importa até o ponto aonde já chegamos, mas para onde estamos, de fato, indo – mas, se você não sabe para onde está indo, qualquer lugar servirá.

Aprende que: ou você controla seus atos e temperamento, ou acabará escravo de si mesmo, pois eles acabarão por controlá-lo; e que ser flexível não significa ser fraco ou não ter personalidade, pois não importa o quão delicada ou frágil seja uma situação, sempre existem dois lados a serem considerados, ou analisados.

Aprende que heróis são pessoas que foram suficientemente corajosas para fazer o que era necessário fazer, enfrentando as consequências de seus atos.

Aprende que paciência requer muita persistência e prática.

Descobre que, algumas vezes, a pessoa que você espera que o chute quando você cai poderá ser uma das poucas que o ajudará a levantar-se. (...) Aprende que não importa em quantos pedaços o seu coração foi partido: simplesmente o mundo não irá parar para que você possa consertá-lo. Aprende que o tempo não é algo que possa voltar atrás. Portanto, plante você mesmo seu jardim e decore sua alma – ao invés de esperar eternamente que alguém lhe traga flores. E você aprende que, realmente, tudo pode suportar; que realmente é forte e que pode ir muito mais longe – mesmo após ter pensado não ser capaz. E que realmente a vida tem seu valor, e, você, o seu próprio e inquestionável valor perante a vida.

SHAKESPEARE, Willian. Disponível em: <http://esconderijosecreto.wordpress.com/2006/08/22/umdia-voce-aprende-willian-shakespeare>. Acesso: 28 jan. 2010. (Adaptado)

(CESGRANRIO) Segundo as ideias apresentadas no primeiro parágrafo do texto, é **INCORRETO** afirmar que, na vida, muitas concepções são relativas e, por vezes, enganosas quanto à(ao)

(A) projeção do sentimento próprio no outro.
(B) busca de realização no presente.
(C) valor absoluto da presença do outro.
(D) significado da demonstração explícita de afeto.
(E) sentido de domínio.

O primeiro parágrafo do texto expõe as diferenças entre aquilo que normalmente pensamos sobre nossos relacionamentos ou projetos e a realidade, a qual muitas vezes nos decepciona. Incorreta, portanto, a alternativa "B", pois o texto não sugere que é enganoso pensar que nossa realização pessoal fique focada no presente. Ao contrário, essa é a sugestão do autor diante das incertezas que acompanham o futuro.

Gabarito "B"

(CESGRANRIO) São ideias apresentadas no segundo parágrafo do texto, **EXCETO**:

(A) as experiências que adquirimos sempre são valiosas para os outros.
(B) não devemos criar expectativas idealizadoras com relação aos outros.
(C) as concepções das pessoas nem sempre correspondem às nossas.
(D) devemos ter consciência de que as decepções eventualmente ocorrem.

(E) devemos demonstrar nobreza de sentimento nas situações adversas.

Todas as alternativas resumem as ideias apresentadas no segundo parágrafo do texto, com exceção da letra "A". O que o autor pretende transmitir é justamente o inverso. Muitas vezes, damos especial valor a uma conquista ou nova experiência e queremos compartilhá-la com os outros, mas talvez eles não se importem. É o que se lê na passagem: "E apreende que não importa o quanto você se importe: algumas pessoas simplesmente não se importam...".

Gabarito "A"

(CESGRANRIO) A expressão cujo sentido ratifica a afirmativa de que o futuro é incerto é

(A) "...acorrentar uma alma." (l. 2)
(B) "...amar não significa apoiar-se," (l. 3)
(C) "...beijos não são contratos," (l. 5-6)
(D) "...a graça de um adulto –" (l. 8)
(E) "...cair em meio ao vão." (l. 12)

"Cair em meio ao vão" foi usado como metáfora, representando a imagem de algo que está seguindo conforme o planejado, porém de repente cai em um abismo que não tinha sido antevisto. Transmite a ideia de incerteza quanto aos planos elaborados para o futuro.

Gabarito "E"

(CESGRANRIO) Considere as afirmativas abaixo.

I. Nossas ações podem tornar-se nossos próprios dissabores.
II. O vínculo de amizade mede-se, fundamentalmente, pela convivência.
III. O importante na vida é o que está por vir e saber defini-lo.

De acordo com o texto, está correto APENAS o que se afirma em

(A) I.
(B) II.
(C) I e II.
(D) I e III.
(E) II e III.

I: correta. Ao praticarmos determinados atos ou esperarmos certas atitudes de outras pessoas, acabamos por nos magoar ou nos arrepender. Assim, nossas decisões, enquanto não aprendermos a lidar com algumas verdades da vida, são a própria fonte de muitos dissabores; II: incorreta. O autor defende que verdadeiras amizades sobrevivem à distância; III: correta. No momento em que aprendermos a identificar as reações dos outros e as consequências de nossos atos, poderemos seguir um caminho seguro em nossa vida, segundo sugere o autor.

Gabarito "D"

(CESGRANRIO) No que se refere à confiança, a relação entre o tempo despendido para construí-la e o despendido para destruí-la marca-se pela

(A) igualdade.
(B) concentricidade.
(C) desproporcionalidade.
(D) simetria.
(E) regularidade.

Para o autor, a relação entre o tempo que se leva para construir uma relação de confiança e para destruí-la é desproporcional. Afinal, "leva-se um certo tempo" para construir e "alguns segundos" para destruir.

Gabarito "C"

(CESGRANRIO) No texto, a justificativa para o fato de a flexibilidade NÃO implicar fraqueza nem falta de personalidade é que

(A) precisam-se considerar os prós e os contras de cada situação antes de tomar-se uma decisão.
(B) as situações são, às vezes, frágeis e prescindem de maiores cuidados.
(C) os homens fortes são, na realidade, os mais frágeis diante dos acontecimentos da vida.
(D) a fraqueza é uma decorrência da personalidade do ser humano em geral.
(E) só a pessoa com personalidade forte pode ser frágil em determinadas situações na vida.

No texto, o autor relaciona a flexibilidade como uma qualidade da pessoa, na medida em que permite que ela, ao invés de fixar sua opinião de forma absoluta sobre determinado fato, perceba que tudo o que acontece à nossa volta pode ter mais de uma razão ou mais de um argumento, sendo necessário sopesar os pontos fortes e fracos de cada um deles para chegar a uma decisão sólida.

Gabarito "A"

(CESGRANRIO) O parágrafo que focaliza a efemeridade da vida no que se refere à importância das pessoas para nós é o

(A) 3º
(B) 4º
(C) 5º
(D) 6º
(E) 7º

A ideia está disposta no quarto parágrafo, a partir da linha 33, no trecho: "Descobre que as pessoas com quem você mais se importa na vida são tomadas de você muito cedo, ou muito depressa".

Gabarito "B"

(CESGRANRIO) Uma das abordagens feitas no 5º parágrafo versa sobre a(s)

(A) relatividade das relações afetivas.
(B) efemeridade do tempo em relação às nossas intrínsecas realizações.
(C) importância que se deve dar à verdadeira amizade.
(D) nossa tendência de exercer controle sobre o outro.
(E) expectativas frustradas quanto ao comportamento dos outros.

O quinto parágrafo retrata o pouco tempo que temos para atingir nossos anseios e realizações, conforme se lê na oração: "Descobre que se leva muito tempo para se tornar a pessoa que se deseja tornar, e que o tempo é curto".

Gabarito "B"

(CESGRANRIO) O ditado popular que se aplica ao sentido de "a pessoa que você espera que o chute quando você cai, poderá ser uma das poucas que o ajudará a levantar-se." (l. 61-63) é

(A) Quem tudo quer tudo perde.
(B) Mais vale um pássaro na mão do que cem voando.
(C) Donde menos se espera, daí é que vem.
(D) Quem conta um conto aumenta um ponto.
(E) Pense duas vezes antes de agir.

A passagem do texto retrata a realidade de que podemos nos surpreender, positiva ou negativamente, com as atitudes das pessoas nos momentos que delas precisamos. O ditado popular que transmite a mesma ideia é: "donde menos se espera, daí é que vem".

Gabarito "C"

(CESGRANRIO) A passagem que encerra o sentido de que há uma direta e estreita relação entre a vida e o indivíduo é

(A) "...não temos que mudar de amigos: se compreendermos que os amigos mudam..." (l. 28-29)
(B) "...não importa até o ponto aonde já chegamos," (l. 46-47)
(C) "...ou você controla seus atos e temperamento, ou acabará escravo de si mesmo." (l. 50-51)
(D) "...heróis são pessoas que foram suficientemente corajosas para fazer o que era necessário fazer," (l. 57-59)
(E) "...a vida tem seu valor, e, você, o seu próprio e inquestionável valor perante a vida." (l. 72-74)

A única passagem do texto que contrapõe "vida" e "indivíduo", demonstrando a existência de uma relação direta entre eles, são suas últimas palavras, transcritas na alternativa "E". O autor conclui sua lição indicando que o indivíduo deve dar valor para sua vida e que esta somente se completa através do valor de cada indivíduo.

Gabarito "E"

(CESGRANRIO) "...paciência requer muita persistência e prática." (l. 60-61) porque paciência

(A) se adquire com perseverança e exercício de controle emocional.
(B) é nata e aflora com a regularidade de uso, ao longo da vida.
(C) surge naturalmente, pelo esforço exigido ao indivíduo, em cada situação.
(D) é a chave que garante o sucesso nas situações cruciais da vida.
(E) é uma característica das pessoas de temperamento forte e bem sucedidas.

Segundo se depreende do texto, a paciência é uma virtude que deve ser construída ao longo da vida. Trata-se de um exercício que deve ser praticado diuturnamente e que haverá momentos desafiadores. Ceder a um ato instintivo, apesar de desagradável, é parte do processo de aprendizado e não pode nos fazer desistir de buscar a tranquilidade recomendada para agir conscientemente quando formos colocados à prova uma vez mais.

Gabarito "A"

(CESGRANRIO) Assinale a afirmativa **IMPROCEDENTE** quanto às ideias apresentadas no sétimo parágrafo.

(A) O mérito de cada um está na coragem de agir, independente da garantia de sucesso.
(B) A vida não se detém ante os percalços que ocorrem às pessoas.
(C) Tanto o tempo como o curso da vida marcam-se pela irreversibilidade.
(D) A edificação de cada pessoa depende, por vezes, da ação alheia.
(E) A resistência e a capacidade de realização são características inerentes ao ser humano.

O último parágrafo do texto transmite uma série de ideias, todas corretamente expressadas nas alternativas acima, com exceção da letra "D". Para o autor, a construção de nosso caráter e de nossas decisões depende apenas de nós mesmos, conforme se lê na passagem: "Portanto, plante você mesmo seu jardim e decore sua alma – ao invés de esperar eternamente que alguém lhe traga flores".

Gabarito "D"

Essa tal felicidade

Todos queremos ser felizes. Mesmo sem saber exatamente o que é essa felicidade, onde ela mora ou como se encontra, traçamos planos, fazemos escolhas, listamos desejos e alimentamos esperanças pela expectativa de alcançá-la. Em seu nome, comemos chocolate, estudamos para a prova, damos festas, casamos ou separamos, compramos carro, dançamos valsa, formamos turmas, entramos na dieta, brigamos, perdoamos, fazemos promessas – nós vivemos.

Às vezes, agimos pensando na felicidade como uma recompensa futura pelo esforço. Noutras, a encaramos como o bilhete dourado na caixa de bombons. Não raro, pensamos que ela é um direito. Ou um dever a ser cumprido – e, assim como em outras obrigações cotidianas, como fazer o jantar, se a gente falha em executar a meta, tendemos a procurar soluções prontas, como lasanha congelada ou antidepressivos.

Por isso é tão difícil definir (e achar) a tal felicidade. Nós a confundimos com o afeto (se encontrarmos o amor, ela virá), com a sorte (com esperança, ela vai chegar), com o alívio (se resolvermos os problemas, como o excesso de peso, então a teremos).

Nós a confundimos com a conquista: se realizarmos tudo o que queremos e se espera de nós... seremos felizes, não?

Não. São pensamentos como esses que transformam a felicidade na cenoura eternamente pendurada à nossa frente – próxima, mas inalcançável. Estabelecer tantas condições para ser feliz faz a gente superestimar o poder que coisas nem tão importantes assim têm sobre nosso bem. Enganamo-nos com a promessa de que há uma fórmula a seguir e jogamos a responsabilidade pela satisfação em lugares fora de nós (e além do nosso controle), como ganhar aumento ou ser correspondido na paixão. E ao invés de responder aos nossos anseios, essas ilusões podem criar um vazio ainda maior.

Podemos não saber explicar o que é felicidade – até porque é uma experiência única para cada pessoa. Mas a ciência, a filosofia e as histórias de quem se assume feliz dão pistas do que ela não é. (...)

Comparando centenas de pesquisas, [o psicólogo americano] Martin Seligman e outros pesquisadores perceberam: a felicidade está naquilo que construímos de mais profundo – nossas experiências sociais. A vida bem vivida, sugere o psicólogo, é aquela que se equilibra sobre três pilares: os relacionamentos que mantemos, o engajamento que colocamos nas coisas e o sentido que damos à nossa existência. É isso, afinal, que as pessoas felizes têm em comum.

(...)

A verdade de cada um

Hoje, Claudia Dias Batista de Souza, 63 anos, não quer levar nada da vida. Mas houve um tempo em que quis o mesmo que todo mundo. "Achava que ser feliz era ter um bom marido, um bom emprego, um bom carro, sucesso", conta. Claudia cresceu em um bairro nobre de São Paulo, casou aos 14 anos, teve a única filha aos 17, se separou, estudou Direito, virou jornalista. Aos 24 anos, mudou para a Inglaterra. De lá, foi para os Estados Unidos, onde conheceu o segundo marido. E aos 36 anos descobriu que não queria mais nada daquilo. Claudia virou budista. Hoje é conhecida como monja Coen – palavra japonesa que significa "só e completa".

Foi porque estava em busca de algo que a ajudasse a se conhecer melhor que Claudia procurou o budismo. (...) E descobriu onde estava sua felicidade. "Eu era bravinha, exigente com os outros e comigo. No budismo, aprendi que o caminho da iluminação é conhecer a si mesmo. Isso me trouxe plenitude", conta. "Vi que sou um ser integrado ao mundo e, para ficar bem, preciso fazer o bem. A recompensa é incrível".

WEINGRILL, Nina; DE LUCCA, Roberta; FARIA, Roberta. Sorria. 09 jan. 2010

(CESGRANRIO) O uso da palavra **tal** no título do texto é justificado no 1º parágrafo por expressar o fato de que a felicidade

(A) é algo que todos almejam, embora mal saibam o que é e onde se encontra.
(B) é uma surpresa que chega de repente, trazendo novidades à vida.
(C) é alcançável se a pessoa sabe traçar com clareza seus próprios objetivos.
(D) é uma solução para a vida de cada pessoa que a procura acima de tudo.
(E) tanto é um dever a ser cumprido como uma obrigação a ser repetida diariamente.

O uso do termo "tal" como adjetivo no título do texto transmite a ideia de que ela é algo esquisito, que poucos sabem definir bem. Esse argumento é confirmado no primeiro parágrafo do texto quando o narrador constata o fato de todos nós buscarmos a felicidade mesmo sem saber exatamente onde procurá-la ou obtê-la. Em suma, queremos ser felizes, mesmo sem saber o que isso significa.

Gabarito "A"

(CESGRANRIO) Que afirmativa é uma conclusão possível para a sentença "São pensamentos como esses que transformam a felicidade na cenoura eternamente pendurada à nossa frente –" (l. 27-29)?

(A) Nós confundimos a felicidade com conquistas realizadas no dia a dia.
(B) Não há limite claramente estabelecido para as noções de afeto e alegria.
(C) Colocamos a felicidade em fatores externos sobre os quais não temos domínio.
(D) A felicidade é uma experiência única e, portanto, cada um terá uma resposta.
(E) A felicidade é feita de momentos únicos e passageiros.

A metáfora do texto remete ao antigo modo de incentivar os animais de carga ou de transporte de pessoas a seguir andando. Supostamente, pendurava-se uma cenoura ou outro alimento na ponta de uma vara e a deixava-a na vista do animal, que, pretendendo alcançá-la, andava para frente. Obviamente, como a vara estava nas mãos da pessoa montada sobre o animal ou na carroça, o bicho nunca alcançaria a comida. Segundo o texto, ao conceituarmos a felicidade de acordo com "tudo aquilo que queremos" e/ou "aquilo que os outros esperam de nós", simplesmente nós nunca a alcançaremos, pois é impossível cumprir tais objetivos: a uma, porque são demasiadamente abstratos, a duas porque não temos domínio sobre o que os outros pensam de nós.

Gabarito "C"

(CESGRANRIO) Segundo o texto, de acordo com pesquisas, um dos fatores determinantes para a felicidade é

(A) possuir bens materiais.
(B) conquistar um bom emprego.
(C) ser uma pessoa bem casada.
(D) saber integrar-se a grupos.
(E) obter sucesso na profissão.

Consta do último parágrafo do primeiro texto que, segundo pesquisas realizadas, a felicidade aproxima-se de acordo com nossas "experiências sociais", que podem ser traduzidas como a habilidade de cada um de integrar-se a grupos de pessoas com interesses e pretensões similares.

Gabarito "D"

(CESGRANRIO) Em todo o texto, o autor se vale de estruturas linguísticas que transmitem a ideia de exemplos. Isso **NÃO** ocorre em

(A) "... como se encontra," (l. 3)
(B) "como fazer o jantar," (l. 15)
(C) "como lasanha congelada..." (l. 17)
(D) "como o excesso de peso," (l. 23)
(E) "como ganhar aumento..." (l. 35-36)

A única passagem que não constitui um exemplo como forma de argumentação é a alternativa "A". No trecho do texto, o autor está enumerando as dificuldades de se definir a felicidade, dentre elas o modo de procurá-la ou onde encontrá-la. Trata-se de um questionamento, não de um exemplo.

Gabarito "A"

(CESPE) À medida que se expandia o Império Romano, a administração adaptava o esquema de construção de estradas nas novas províncias. No seu apogeu, a rede viária romana principal atingiu, consideradas as vias secundárias, cerca de 150.000 km. Os comerciantes romanos perceberam logo o interesse desses eixos vários. Distintamente de outras civilizações mediterrâneas que fundaram o seu desenvolvimento comercial quase unicamente a partir dos seus portos, os romanos utilizaram a sua rede de estradas em paralelo à sua frota comercial. Essa medida favoreceu os intercâmbios no interior do continente, provocando uma expansão mercantil fulgurante. Regiões inteiras especializaram-se e comerciaram entre si, principalmente vinho, azeite, cereais, cerâmicas e carnes.

Internet: <www.wikipedia.org/wiki> (com adaptações).

De acordo com o texto acima, verifica-se que

(A) o apogeu do Império Romano está associado à construção de estradas, em detrimento do desenvolvimento das vias portuárias.
(B) as conquistas territoriais do Império Romano foram acompanhadas de condições favorecedoras de atividades comerciais.
(C) a conquista política de territórios pelo Império Romano era fruto do patrocínio dos comerciantes.
(D) todas as civilizações mediterrâneas, excetuando-se a romana, privilegiavam o comércio marítimo.
(E) o principal interesse da administração romana era o comércio no continente, com regiões cuja produção era especializada.

A: incorreta. O texto não associa o apogeu do Império Romano à construção de estradas, apenas destaca a importância que essas tiveram no crescimento da economia; **B:** correta. Conforme se depreende das primeiras linhas do texto, o Império Romano cuidava de aplicar sua infraestrutura de transporte também nos novos territórios conquistados, a qual propiciava melhores condições de comércio; **C:** incorreta. Os comerciantes floresceram ao redor das estradas romanas, mas em nenhum momento se afirma o patrocínio deles junto ao Império; **D:** incorreta. O texto não diz que Roma não privilegiava o comércio marítimo, mas que, diferentemente das outras civilizações da época, investia também no transporte terrestre; **E:** incorreta. Não se tratava, segundo o texto, do principal interesse da administração. Na verdade, vislumbrou-se grandes ganhos econômicos com os investimentos em estradas que facilitassem o comércio dentro do continente, os quais induziram à especialização de produção de várias regiões.

Gabarito "B"

(CESPE) A charge abaixo destaca principalmente o seguinte tema:

Angeli. *Folha de S. Paulo*, 27/2/2005.

(A) desenvolvimento urbano e destruição de ambientes naturais.
(B) a sofisticação do comércio nos meios urbanos em contraste com a simplicidade dos índios.
(C) o uso de língua estrangeira como símbolo de desenvolvimento de uma cidade.
(D) desqualificação dos cidadãos sem poder de compra em uma sociedade de consumo.
(E) desmistificação do índio guerreiro e sua consequente exclusão no meio urbano.

A crítica estampada na charge liga-se à destruição dos ambientes naturais em razão do crescimento descontrolado das cidades. A figura dos índios é acessória para demonstrar um povo que usualmente extrai seu sustento da natureza, com a poluição e a degradação dela, vê-se sem comida e aquilo que lhe servia de alimento (no caso, os peixes) transformado em mercadoria para o deleite do cidadão urbano.

Gabarito "A"

No tempo de andarilho

Prospera pouco no Pantanal o andarilho. Seis meses, durante a seca, anda. Remói caminhos e descaminhos. Abastece de perna as distâncias. E, quando as estradas somem, cobertas por águas, arrancha.

O andarilho é um antipiqueteiro por vocação. Ninguém o embuçala. Não tem nome nem relógio. Vagabundear é virtude atuante para ele. Nem é um idiota programado, como nós. O próprio esmo é que o erra.

Chega em geral com escuro. Não salva os moradores do lugar. Menos por deseducado. Senão por alheamento e fastio.

Abeira-se do galpão, mais dois cachorros, magros, pede comida, e se recolhe em sua vasilha de dormir armada no tempo.

Cedo, pela magrez dos cachorros que estão medindo o pátio, toda a fazenda sabe que Bernardão chegou. "Venho do oco do mundo. Vou para o oco do mundo." É a única coisa que ele adianta.

O que não adianta.

(...)

Enquanto as águas não descem e as estradas não se mostram, Bernardo trabalha pela boia. Claro que resmunga. Está com raiva de quem inventou a enxada. E vai assustando o mato como um feiticeiro.

Os hippies o imitam por todo o mundo. Não faz entretanto brasão de seu pioneirismo. Isso de entortar pente no cabelo intratável ele pratica de velho. A adesão pura à natureza e a inocência nasceram com ele. Sabe plantas e peixes mais que os santos.

Não sei se os jovens de hoje, adeptos da natureza, conseguirão restaurar dentro deles essa inocência. Não sei se conseguirão matar dentro deles a centopeia do consumismo.

Porque, já desde nada, o grande luxo de Bernardo é ser ninguém. Por fora é galalau. Por dentro não arredou de criança. É ser que não conhece ter. Tanto que inveja não se acopla nele.

Manoel de Barros. *Livro de pré-coisas: roteiro para uma excursão poética no Pantanal*. 2. ed. Rio de Janeiro: Record, 1997, p. 47-8.

(CESPE) De acordo com o texto, o andarilho

(A) percebe que as pessoas dos lugares aonde chega têm expectativa do aparecimento de um salvador, mas ele mantém-se alheio às crenças locais.
(B) dispensa qualquer tipo de relação com os habitantes dos lugares por onde passa porque não é "um idiota programado".
(C) não cumprimenta os moradores do lugar onde "arrancha" porque se mantém alheio e considera enfadonho o ato social do cumprimento.
(D) é um cidadão típico que inspira todos os jovens que já nasceram valorizando a natureza e cultuando a inocência.
(E) manifesta atitudes infantis que contrastam com sua aparência robusta porque sua meta é ser ninguém em um mundo que só conhece o ter.

A: incorreta. O verbo "salvar" foi utilizado no sentido de "cumprimentar", "saudar", não se referindo à chegada de um salvador; **B:** incorreta. A expressão "não é um idiota programado" refere-se ao fato do andarilho caminhar a esmo, sem destinação certa; **C:** correta. Esse o sentido das expressões "salvar", "alheamento" e "fastio"; **D:** incorreta. O autor destaca a natureza peculiar do andarilho, que em nada se identifica que os jovens atuais; **E:** incorreta. O andarilho não manifesta atitudes infantis. O autor diz que "dentro não arredou de criança" no sentido de que, por dentro, o personagem é inocente, puro. Ele não conhece sentimentos ruins, como a inveja, porque valoriza a condição humana, não o patrimônio.

Gabarito "C"

(CESPE) Utilizando a função poética da linguagem, o autor do texto

(A) faz apologia do modo de vida do andarilho e, consequentemente, de todos aqueles que desprezam o trabalho.
(B) critica os valores de indivíduos que compõem a sociedade atual ao contrapor-lhes a beleza que percebe na figura do andarilho.
(C) apresenta a figura idealizada do andarilho, buscando convencer o leitor a se solidarizar com pessoas à margem da sociedade e a lhes oferecer emprego.
(D) descreve um andarilho cujo objetivo "é ser ninguém", para ressaltar a influência desse tipo social no movimento tanto de jovens que romperam com os valores sociais estabelecidos quanto dos jovens consumistas.
(E) desaprova o modo de vida do andarilho, como comprova o trecho "Vagabundear é virtude atuante para ele".

A: incorreta. O andarilho não despreza o trabalho, por isso não pode ser essa a apologia do autor. O andarilho sabe que precisa trabalhar para garantir sua sobrevivência; **B:** correta. A crítica está disposta na expressão "matar dentro deles a centopeia do consumismo", denotando que a pureza e inocência do andarilho são mais relevantes e louváveis do que o fetiche pelo patrimônio da geração mais jovem; **C:** incorreta. A descrição, apesar de poética, não é idealizada. Ao contrário, é bastante real: fala de sua magreza, da fome, do fato de dormir ao relento e a necessidade de trabalhar em troca de comida; **D:** incorreta. Não há essa intenção na fala do autor. Ele destaca o objetivo do andarilho como uma crítica social direcionada ao consumismo moderno e o desrespeito à natureza; **E:** incorreta. A expressão destacada não foi usada em tom de crítica. "Vagabundear" aqui significa "andar a esmo", sem destino certo.

Gabarito "B"

(CESPE) Acerca das ideias e das estruturas do texto abaixo, que aborda aspectos da sociedade contemporânea, e considerando as transformações históricas ocorridas no Brasil a partir de meados do século XX, julgue os itens que se seguem.

Por obrigação profissional, vivo metido no meio de pessoas de sucesso, marcadas pela notável superação de limites. Vejo como o brilho provoca a ansiedade do reconhecimento permanente. Aplauso vicia. Arriscando-me a fazer psicologia de botequim, frase de livro de autoajuda ou reflexões vulgares da meia-idade, exponho uma desconfiança: o adulto que gosta de brincar e não faz sucesso tem, em contrapartida, a magnífica chance de ser mais feliz, livre do vício do aplauso, mais próximo das coisas simples. O problema é que parece ridículo uma escola informar aos pais que mais importante do que gerar bons profissionais, máquinas de produção, é fazer pessoas felizes por serem o que são e gostarem do que gostam.

Gilberto Dimenstein. O direito de brincar. In: *Folha de S. Paulo*, 2/11/2001, p. C8 (com adaptações).

(1) A opção pelo emprego do ponto de vista em primeira pessoa atribui ao texto certo grau de subjetividade e configura um gênero de artigo em que as opiniões são assumidas de forma pessoal.
(2) Expressões como "vivo metido no meio de pessoas" (l.1) e "psicologia de botequim" (l.4-5) denotam interesse em produzir um texto coloquial, informal, que se distancia dos gêneros próprios do discurso científico.
(3) No contexto, a alusão a "livro de autoajuda" (l.5) configura valorização e respeito científico a esse tipo de publicação.
(4) A direção argumentativa do texto defende a ideia de que o indivíduo tem chance de ser mais feliz quando persegue e alcança o sucesso, já que supera seus limites e os dos outros.

1: correta. O uso da primeira pessoa aproxima a informação de seu autor, indicando que se trata de uma opinião pessoal e não um dado científico, objetivo; **2:** correta. Esse recurso permite que o autor aproxime-se dos destinatários de sua mensagem, transformando-a em um texto mais fácil de ser lido a partir do uso da linguagem coloquial; **3:** incorreta. O livro de autoajuda é comparado à "psicologia de botequim", ou seja, superficial e sem relevância social; **4:** incorreta. A proposta do autor é justamente o inverso. Para ele, a felicidade deve ser buscada nas realizações simples e atos prazerosos do dia a dia, não no sucesso profissional e na superação incessante dos próprios limites.

Gabarito 1C, 2C, 3E, 4E

(CESPE) A respeito das ideias e estruturas do texto abaixo e considerando aspectos atuais da política externa brasileira, julgue os itens seguintes.

Que minhas primeiras palavras diante deste Parlamento Mundial sejam de confiança na capacidade humana de vencer desafios e evoluir para formas superiores de convivência no interior das nações e no plano internacional.

Em nome do povo brasileiro, reafirmo nossa crença nas Nações Unidas. Seu papel na promoção da paz e da justiça permanece insubstituível. Rendo homenagem ao Secretário-Geral, Kofi Annan, por sua liderança na defesa de um mundo irmanado pelo respeito ao direito internacional e pela solidariedade entre as nações.

O aperfeiçoamento do sistema multilateral é a contraparte necessária do convívio democrático no interior das nações. Toda nação comprometida com a democracia, no plano interno, deve zelar para que, também no plano externo, os processos decisórios sejam transparentes, legítimos, representativos.

Luiz Inácio Lula da Silva. *Fragmento de discurso na abertura da 58.ª Assembleia Geral da ONU*. Nova Iorque, 23/9/2003 (com adaptações).

(1) A ideia expressa por "confiança" (l.2) é complementada, sintática e semanticamente, por duas outras ideias expressas no texto como: "na capacidade humana de vencer desafios" (l.2-3) e "evoluir para formas superiores de convivência no interior das nações e no plano internacional" (l.3-5).
(2) As estruturas linguísticas do texto permitem inferir que, mesmo anteriormente ao discurso, já se tinha fé nas Nações Unidas e no seu papel de promoção da paz e da justiça.
(3) Textualmente, o emprego do pronome possessivo "nossa" (l.6) remete à crença dos países-membros das Nações Unidas.
(4) Do último parágrafo do texto, a argumentação permite inferir uma relação de condição assim expressa: se a nação zela pela democracia, zela também pelo aperfeiçoamento do sistema multilateral.

1: incorreta. O termo "confiança" é complementado pela expressão "capacidade humana". As demais expressões complementam, sintática e semanticamente, essa última; **2:** correta. Isso se depreende do verbo "reafirmar", indicando algo que já havia sido afirmado anteriormente; **3:** incorreta. O pronome "nossa" remete ao povo brasileiro; **4:** incorreta. Não se trata de uma relação de condição, porque essa se apresenta como uma consequência necessária entre a ocorrência da condição e o resultado. No texto, o emissor da mensagem manifesta uma opinião pessoal, um desejo de que as nações sejam coerentes e assumam no plano internacional os mesmos princípios utilizados internamente. Ao usar a locução verbal "deve zelar", o autor indica que nem todos assim o fazem e pretende transmitir essa lição.

Gabarito 1E, 2C, 3E, 4E

(CESPE) Em relação ao texto abaixo, julgue os itens a seguir.

Não podemos ignorar as mudanças que se processam no mundo, sobretudo a emergência de países em desenvolvimento como atores importantes no cenário internacional, muitas vezes exercendo papel crucial na busca de soluções pacíficas e equilibradas para os conflitos.

O Brasil está pronto a dar a sua contribuição. Não para defender uma concepção exclusivista da segurança internacional. Mas para refletir as percepções e os anseios de um continente que hoje se distingue pela convivência harmoniosa e constitui um fator de estabilidade mundial.

O apoio que temos recebido, na América do Sul e fora dela, nos estimula a persistir na defesa de um Conselho de Segurança adequado à realidade contemporânea.

Idem, ibidem (com adaptações).

(1) Subentende-se do texto que alguns países em desenvolvimento buscam soluções pacíficas para os conflitos e que o Brasil pode representar os anseios de uma convivência harmoniosa.

(2) Infere-se do texto que um Conselho de Segurança adequado à realidade contemporânea não corresponde a uma concepção exclusivista da segurança internacional.

1: correta. Tal ideia está clara no trecho entre as linhas 2-6; **2:** correta. A autor repudia a concepção exclusivista da segurança (linhas 7-8) e permite inferir, ao final, que o "Conselho de Segurança adequado à realidade contemporânea" é aquele que está aberto à entrada de países em desenvolvimento que têm papel fundamental na solução pacífica dos conflitos. O trecho destaca a luta do Brasil para ser aceito como um membro do Conselho de Segurança da ONU. A "posição exclusivista" seria aquela adotada pelas Nações Unidas de que tal órgão deve ser composto apenas pelos países desenvolvidos.

Gabarito 1C, 2C

(CESPE) A figura abaixo ilustra uma janela do aplicativo Word 2000 contendo um documento que está sendo editado e que apresenta parte de um texto extraído e adaptado da Folha de S. Paulo, de 20/10/2003.

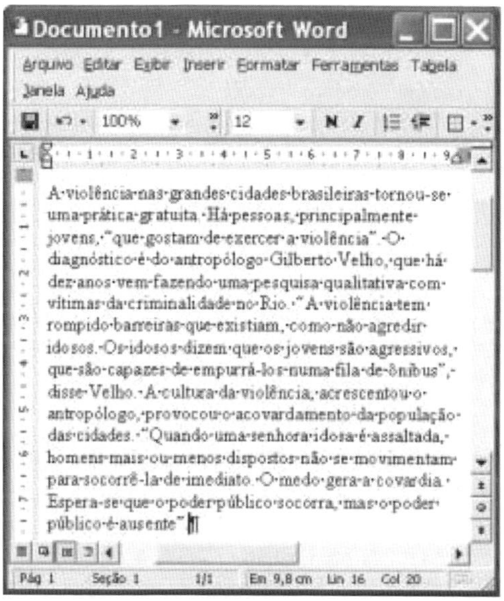

Considerando a janela do Word 2000 mostrada, julgue os itens subsequentes, referentes ao tema abordado no documento nela em edição.

(1) Uma das faces mais visíveis da urbanização brasileira, extremamente rápida e carente de planejamento, é a deficiência quanto à oferta, por parte do poder público, de determinados equipamentos urbanos básicos, tais como moradia, lazer, educação, saúde, saneamento e emprego.

(2) A ação do narcotráfico contribui decisivamente para o aumento do clima de violência que, em especial nos grandes centros urbanos, aflige a sociedade brasileira.

(3) A recente aprovação, pelo Congresso Nacional, do Estatuto do Desarmamento insere-se no esforço de reduzir a violência por meio de medidas que coíbam ou reduzam as possibilidades de uso de armas, a partir do reconhecimento da fragilidade dos mecanismos de controle sobre elas no país.

(4) Na atualidade, o cenário apresentado pelas áreas periféricas dos grandes centros urbanos — como são, entre outros, os conhecidos casos de São Paulo, Rio de Janeiro, Belo Horizonte e o entorno do Distrito Federal — é a demonstração plena de que a pobreza é a causa da violência.

(5) Ao enviar recentemente ao Congresso Nacional projeto que elimina o conceito de maioridade penal, o Poder Executivo brasileiro parece ter-se curvado aos clamores da sociedade, chocada com a série de crimes de extrema crueldade que contaram com a participação de menores de idade.

(6) Apesar de plena e integralmente aplicado no Brasil, o Estatuto da Criança e do Adolescente não conseguiu garantir a integridade dos menores infratores e promover sua adequada preparação ao retorno do convívio social.

(7) Embora a situação de violência seja presença marcante em muitos países, ela ainda não conseguiu ter a força necessária para abalar as relações internacionais contemporâneas.

(8) Infere-se do texto que, anteriormente, existiam limites que o senso comum e a ética social estabeleciam à violência — como é o caso de "não agredir idosos" (l.7-8) —, os quais estão sendo rompidos.

1: correta. O crescimento descontrolado dos grandes centros urbanos realmente não permitiu que a oferta de equipamentos urbanos básicos o acompanhasse. Com isso, a ausência do poder público na vida das pessoas ficou cada vez mais perceptível; **2:** correta. O tráfico de drogas é, sem sombra de dúvida, uma das maiores razões do aumento da violência nos centros urbanos, tanto por força dos duelos entre organizações criminosas, pelo embate delas com a polícia e pelos crimes acessórios que dele decorrem, como roubos e furtos, praticados pelos usuários de drogas que se veem sem outra opção para conseguir dinheiro e manter seu vício; **3:** correta. A prova foi realizada em 2004, poucos meses depois da aprovação da Lei nº 10.826/2003, conhecida como Estatuto do Desarmamento. A pretensão do legislador era reduzir a quantidade de armas em circulação no território nacional; **4:** incorreta. Não há qualquer relação comprovada entre pobreza e violência. Ela está presente mesmo em áreas que concentram pessoas com maior poder aquisitivo; **5:** incorreta. O Poder Executivo nunca enviou qualquer projeto de redução da maioridade penal. Esse é um assunto que ainda está em discussão em diversos setores da sociedade brasileira e os projetos que tramitam nesse sentido são da autoria de deputados federais; 6: incorreta. Infelizmente, o Brasil nunca alcançou uma aplicação plena do Estatuto da Criança e do Adolescente, que tem por objetivo a proteção integral dessas pessoas e o afastamento delas de toda e qualquer situação que possa prejudicar seu desenvolvimento psicossocial; 7: incorreta. A violência é fator determinante para uma série de decisões tomadas no âmbito internacional, como a assinatura de tratados para erradicação do tráfico de drogas, possibilidades de investimentos estrangeiros no país etc.; 8: correta. Essa ideia está clara no texto no trecho: "a violência tem rompido barreiras que existiam, como não agredir idosos".

Gabarito 1C, 2C, 3C, 4E, 5E, 6E, 7E, 8C

(CESPE) Tendo o texto por referência inicial e considerando situações históricas relativas à inserção internacional do Brasil e o quadro econômico mundial contemporâneo, julgue os itens seguintes.

É opinião unânime entre os analistas políticos que, até agora, o melhor desempenho do governo Luiz Inácio Lula da Silva está se dando no campo diplomático. O primeiro grande êxito foi a intermediação do conflito entre o presidente venezuelano Hugo Cháves e seus opositores. O segundo grande êxito dessa política refere-se às negociações para a criação da Área de Livre Comércio das Américas (ALCA). Na última conferência da Organização Mundial do Comércio (OMC), realizada no balneário mexicano de Cancun, o Itamaraty, manobrando habilmente nos meandros da diplomacia internacional, impediu que os Estados Unidos da América (EUA) escondessem seu protecionismo ferrenho atrás da propaganda do livre comércio, que constitui a justificativa para a formação da ALCA. O mais recente êxito de Lula na ordem internacional foi o discurso proferido na Assembleia Geral da Organização das Nações Unidas (ONU), em Nova Iorque, quando propôs a criação de um comitê de chefes de Estado para dinamizar as ações de combate à fome e à miséria em todo o mundo.

Plínio de Arruda Sampaio. *Política externa independente*. *In*: *Família Cristã*, ano 69, n.º 815, nov./2003, p. 28-9 (com adaptações).

(1) A expressão "dessa política" (l.6) refere-se à política diplomática do governo de Luiz Inácio Lula da Silva em relação aos conflitos da Venezuela.
(2) A palavra "meandros" (l.10), empregada em sentido conotativo, confere à ideia de "diplomacia internacional" (l.11) a noção de complexidade, ou seja, emaranhado de processos e negociações sinuosas.
(3) A expressão "ferrenho" (l.12) está associada à ideia de **implacável, duro, férreo**.

1: incorreta. A expressão refere-se à política externa do então Presidente Luiz Inácio Lula da Silva de forma geral, não somente em relação aos conflitos da Venezuela; **2:** correta. "Meandros", em sentido denotativo, representa uma curva, uma sinuosidade, em um rio ou curso d'água. Ao ser aplicado em sentido figurado (conotativo), representa as dificuldades e obstáculos impostos pela burocracia nas relações internacionais; **3:** correta. "Ferrenho" é relativo àquilo que tem a natureza do ferro, ou seja, é usado, em sentido conotativo, como sinônimo das palavras apresentadas.

Gabarito 1E, 2C, 3C

Hotel incluído

Em viagens acima de 300 km, não vale a pena usar o carro quando se está sozinho. O preço médio da passagem de ônibus entre as cidades de São Paulo e São José do Rio Preto é de R$ 50,00 (ida e volta), enquanto, de carro, gasta-se R$ 65,00 só de pedágios (doze). Some a esse valor 1,5 tanque de combustível (R$ 130,00) e você terá gasto quatro vezes mais para desfrutar do prazer de dirigir do que gastaria se trocasse a direção por um assento de passageiro. Isso sem falar no desgaste do veículo e na possibilidade de ser multado se a pressa de chegar ao destino reduzir o seu cuidado em dirigir defensivamente.

Ao usar o ônibus, é como se você ganhasse de presente uma diária em um hotel de bom nível na cidade para a qual viaja. Ou, se preferir, todas as refeições do fim de semana incluídas.

Internet: <http://www2.uol.com.br/quatrorodas>. Acesso em: 26/3/2002 (com adaptações).

(CESPE) A partir do texto acima, julgue os itens que se seguem.

(1) Como estratégia argumentativa, o leitor do texto ora é referido pelo índice de indeterminação "se", ora pelo pronome "você".
(2) O tempo verbal de "terá gasto" (l.6) indica uma ação que terá sido realizada antes de outra ocorrer no futuro, na hipótese de não se trocar a direção por um assento de passageiro.

1: correta. O primeiro caso ocorre, por exemplo, na linha 2, e o segundo, na linha 6. Isso permite dar ao texto um ar de objetividade sem perder o contato com o interlocutor; **2:** correta. O uso do futuro do presente do indicativo associado ao particípio verbal indica algo que fatalmente ocorrerá no futuro se não forem tomadas as medidas sugeridas.

Gabarito 1C, 2C

As ações de respeito para com os pedestres

- Motorista, ao primeiro sinal do entardecer, acenda os faróis. Procure não usar a meia-luz.
- Não use faróis auxiliares na cidade.
- Nas rodovias, use sempre os faróis ligados. Isso evita 50% dos atropelamentos. Seu carro fica mais visível aos pedestres.
- Sempre, sob chuva ou neblina, use os faróis acesos.
- Ao se aproximar de uma faixa de pedestres, reduza a velocidade e preste atenção. O pedestre tem a preferência na passagem.
- Motorista, atrás de uma bola vem sempre uma criança.
- Nas rodovias, não dê sinal de luz quando verificar um trabalho de radar da polícia. Você estará ajudando um motorista irresponsável, que trafega em alta velocidade, a não ser punido.

Esse motorista, não sendo punido hoje, poderá causar uma tragédia no futuro.

- Não estacione nas faixas de pedestres.

Internet: <http://www.pedestres.cjb.net> (com adaptações).

(CESPE) Considerando o texto, julgue os itens a seguir.

(1) Entre os diversos fatores que ampliam as ações de respeito para com os pedestres, está o fortalecimento do conceito de cidadania, marcante na civilização contemporânea.

(2) Embora o vocativo "Motorista" esteja explícito apenas em dois tópicos do texto, o emprego dos tempos verbais indica que está subentendido em todos os demais.

(3) As relações semânticas no terceiro tópico permitem subentender a ideia de "porque" entre "atropelamentos" e "Seu".

(4) O sexto tópico, diferentemente dos outros, não explicita a ação do motorista, apenas fornece uma condição para que seja subentendida cautela.

1: correta. Diversas das instruções contidas do texto vão além das questões técnicas e legais e convocam os motoristas a praticar atos de cidadania, como não avisar a presença de radares de velocidade ou dar atenção a crianças que estejam brincando nas proximidades da via; **2:** correta. Todos os comandos estão redigidos na terceira pessoa do singular do imperativo, indicando que se referem a "motorista"; **3:** correta. O ponto final foi utilizado para separar as orações que expressam uma relação de explicação uma da outra, razão pela qual poderiam estar ligadas pela conjunção "porque"; **4:** correta. A instrução subentendida é a necessidade de dirigir com cautela em situações que denotam a presença de crianças às margens da via.

Gabarito 1C, 2C, 3C, 4C

Educação para o trânsito: RS, ES e DF integram o Rumo à Escola

Buscando implementar a temática do trânsito nas escolas de ensino fundamental, o Departamento Nacional de Trânsito (DENATRAN) implantou o projeto Rumo à Escola. Até o momento, 165 escolas das capitais de 11 estados estão integradas ao projeto. Nessa quarta-feira (27/2), integram o programa o Rio Grande do Sul e o Espírito Santo. No dia 28, será a vez do DF e, em 14 de março, de São Paulo. Após sua implementação em São Paulo, o projeto terá concluído a adesão de sua primeira de três etapas. No dia 21 de março, está prevista uma teleconferência nos estados contemplados pelo programa.

Internet: <http://www.mj.gov.br>. Acesso: em 10/03/2002 (com adaptações).

(CESPE) Considerando o texto acima, julgue os itens subsequentes.

(1) No texto, a ideia terminativa da ação em "estão integradas" (l.4-5), que corresponde, em geral, às formas de pretérito perfeito, opõe-se à ideia não terminativa do presente em "integram" (l.5), que pode ser interpretada como a ocorrer no futuro.

(2) Os novos parâmetros curriculares nacionais estimulam as escolas a trabalharem temas como educação para o trânsito em vários momentos e de modo interdisciplinar, sem que haja necessidade de se criar uma disciplina específica para tanto.

1: correta. Entende-se por ideia terminativa aquela que representa um fato já perfeito e acabado no momento da narração. Normalmente, são representadas pela conjugação do verbo no pretérito perfeito do indicativo, mas nada impede a adoção do particípio, como no trecho mencionado, para explorá-la. Da mesma forma, a ideia não terminativa, que aponta para algo que ainda está pendente, costuma ser apresentada com o verbo no futuro do presente do indicativo. No texto, todavia, a forma "integram", que está no presente do indicativo, tem valor de futuro, porque equivale a "integrarão", considerando que o próprio texto permite inferir que foi escrito antes da data mencionada (linha 5); **2:** correta. Conforme os parâmetros curriculares nacionais (documento disponível em <http://portal.mec.gov.br/seb/arquivos/pdf/livro01.pdf>), o trânsito pode ser considerado um Tema Transversal de acordo com a realidade social em que a escola está inserida. Segundo o documento, temas transversais "não constituem novas áreas, mas antes um conjunto de temas que aparecem transversalizados nas áreas definidas, isto é, permeando a concepção, os objetivos, os conteúdos e as orientações didáticas de cada área, no decorrer de toda a escolaridade obrigatória" (p. 45).

Gabarito 1C, 2C

Gasolina sobe até 10% amanhã; encha o tanque até meia-noite

O consumidor tem até hoje à noite, 15/3/2002, para encher o tanque do carro. A gasolina fica 9,39% mais cara nas refinarias a partir da zero hora deste sábado. Para o consumidor, o reajuste será de 10%. É a segunda vez que a gasolina sobe neste mês. O último aumento para o consumidor foi de 2% no dia 2 de março. Segundo a PETROBRAS, desde o começo do mês, "a gasolina apresentou altas diárias, sucessivas, em todos os mercados mundiais". A PETROBRAS afirmou que a valorização do real em relação ao dólar permitiu que o reajuste no Brasil fosse inferior aos percentuais internacionais. Desde o início do ano, o mercado de gasolina é livre, e a PETROBRAS tem autonomia para definir o seu preço. Em janeiro, houve uma redução de 25% no preço do combustível nas refinarias e, para o consumidor, essa redução foi de 20%. A empresa estima que, com o novo reajuste, o preço da gasolina para o consumidor ainda acumulará neste ano uma queda de 15% em relação a 2001.

Internet: <www.folha.com.br>. Acesso: em: 17/03/2002 (com adaptações).

(CESPE) Tendo em vista o texto, julgue os itens seguintes.

(1) O caráter estratégico do Oriente Médio na geopolítica do mundo contemporâneo deriva da existência de grandes reservas petrolíferas em todos os países da região, o que dá aos produtores árabes a possibilidade de impor o preço da gasolina em quase todo o mundo.

(2) A argumentação do texto está organizada sobre dois conjuntos de informações — aquelas atribuídas ao redator e aquelas atribuídas à PETROBRAS — e a informação do título pertence ao conjunto de informações da PETROBRAS.

1: incorreta. Nem todos os países do Oriente Médio são produtores de petróleo. Não detêm o combustível fóssil em quantidades significativas, por exemplo, o Afeganistão, a Jordânia e o Líbano; **2:** incorreta. A informação do título integra o conjunto de informações obtidas pelo autor de outras fontes que não a Petrobras, porque ela foi identificada sempre que a informação adveio de seus órgãos oficiais.

Gabarito 1E, 2E

(CESPE) O desenvolvimento do transporte ferroviário no Brasil está diretamente ligado à expansão da cafeicultura, primeiro no estado do Rio de Janeiro (Vale do Paraíba) e a seguir no estado de São Paulo. No Rio de Janeiro, as ferrovias escoavam a produção cafeeira do Vale do Paraíba até o Porto do Rio. Em São Paulo, elas escoavam a produção cafeeira do interior até o Porto de Santos. O desenvolvimento do transporte rodoviário no Brasil teve início no final da década de 20, no governo de Washington Luís ("Governar é abrir estradas"), quando se construiu a rodovia Rio–São Paulo, única pavimentada até 1940. A partir da década de 50, o transporte rodoviário se transformou no principal meio de locomoção do país.

Marcos de Amorim Coelho. *Geografia do Brasil*. São Paulo: Moderna, 1999, p. 252-4 (com adaptações).

A partir das informações do texto acima, julgue os itens que se seguem.

(1) A expansão e a decadência do transporte ferroviário no Brasil relacionam-se com o processo de desenvolvimento e de declínio da atividade cafeeira no contexto global da economia brasileira.

(2) Orientadas no sentido do litoral para o interior, as ferrovias desempenharam papel proeminente na integração das diversas regiões brasileiras, papel proporcionalmente maior do que o que viria a ser representado pelas rodovias.

(3) No governo de Juscelino Kubitschek, o Plano de Metas, priorizando os setores de energia e de transportes, permitiu grandes investimentos na construção e na pavimentação de rodovias.

(4) A construção de Brasília deu impulso significativo à integração nacional por meio de grandes rodovias, o que atendia a um dos objetivos da nova capital, ou seja, promover a interiorização do desenvolvimento.

(5) Os governos militares, a partir do golpe de 1964 — que derrubou o governo João Goulart —, optaram por novos meios de integração do território brasileiro, como as telecomunicações, abandonando os grandes projetos rodoviários.

1: correta. O escoamento da produção de café para os portos era o grande cliente das ferrovias nacionais, que começaram a entrar em estado de abandono junto com a derrocada do grão como principal atividade econômica do país; **2:** incorreta. Considerando a restrita malha ferroviária à disposição, o papel das ferrovias na integração nacional foi sempre irrelevante; **3:** correta. A despeito de ter sido iniciado no governo de Washington Luís, foi com Juscelino Kubitschek que o plano de expansão das rodovias atingiu seu ápice; **4:** correta. A escolha da construção da capital federal longe dos grandes centros então estabelecidos foi justamente impulsionar o desenvolvimento da região central do país, no que foi auxiliado pela intensa construção de rodovias que passaram a ligar as diversas partes de nosso território com o novo centro político da nação; **5:** incorreta. Também nos governos militares, principalmente na figura de Mário Andreazza, Ministro dos Transportes nas gestões de Costa e Silva e Médici, as rodovias foram consideradas a principal obra de infraestrutura de transportes no país.

Gabarito 1C, 2E, 3C, 4C, 5E

Os EUA acreditam que o Brasil seja o segundo maior consumidor de cocaína do mundo. Segundo o subsecretário do Escritório Internacional para Assuntos de Entorpecentes, James Mack, estima-se que o país consuma entre 40 e 50 toneladas (t) de cocaína por ano. A estimativa baseia-se na produção e circulação da droga no mundo. Em 2000, foram produzidas 700 t de cocaína, estando 95% da produção concentrada na Colômbia.

Desse total, segundo Mack, 100 t passam pelo Brasil, mas apenas entre 50 t e 60 t chegam à Europa. Os norte-americanos acreditam que a droga que não vai para a Europa é consumida no Brasil. O Brasil só ficaria atrás dos EUA, que, em 2000, consumiram 266 t. "Em 1999, 80% da cocaína do mundo foi consumida nos EUA e, em 2000, conseguimos reduzir esse total para menos da metade. O problema é que a droga está indo para outros países, entre eles o Brasil", disse Mack.

Mack veio ao Brasil, acompanhado de outros especialistas norte-americanos no assunto, para a reunião anual entre o Brasil e os EUA sobre coordenação no combate ao narcotráfico e outros ilícitos, como lavagem de dinheiro, por exemplo.

Internet: <http://www.noticias.correioweb.com.br>. Acesso em: 6/3/2002 (com adaptações).

(CESPE) Tendo o texto por referência, julgue os itens que se seguem, concernentes ao quadro gerado pelo incremento do narcotráfico e do consumo de drogas ilícitas.

(1) Infere-se do texto que a política oficial norte-americana de combate às drogas ilícitas permanece presa ao objetivo central de atacar o narcotráfico, passando ao largo do crucial problema do elevado consumo no país.

(2) Nas linhas 1 e 20, "Brasil" e "EUA" estão sendo utilizados para designar **representantes brasileiros e representantes norte-americanos**.

1: incorreta. O entrevistado frisou o sucesso da atuação do governo norte-americano em reduzir pela metade o consumo de cocaína nos EUA, indicando que o problema foi enfrentado a contento pelas autoridades locais; **2:** incorreta. A relação semântica constante da assertiva não se aplica à linha 1. No começo do texto, "Brasil" está empregado em seu sentido geográfico e político, no sentido de "país", "território brasileiro".

Gabarito 1E, 2E

Rio bate recorde histórico de mortes por dengue

A Secretaria Municipal de Saúde do Rio de Janeiro confirmou mais duas mortes por dengue na cidade. Com essas vítimas fatais, o estado do Rio de Janeiro bate seu recorde de mortes em decorrência da doença. De 1.º de janeiro até hoje, 26 pessoas já morreram no estado por causa da doença. Até então, o maior número de mortes havia acontecido em 1991, quando 24 pessoas morreram por causa da dengue.

O ministro da Saúde, Barjas Negri, está reunido na manhã de hoje com reitores de universidades públicas e privadas, na Fundação Oswaldo Cruz, para discutir a participação dessas instituições no combate aos focos do mosquito transmissor da dengue.

Internet: <http://www.noticias.correioweb.com.br>.
Acesso em: 6/3/2002 (com adaptações).

(CESPE) Relativamente à crise gerada pelo reaparecimento da dengue, e com o auxílio das informações contidas no texto, julgue os itens seguintes.

(1) A preposição "Até" (l.6) indica a aproximação de um limite no tempo, representado por "então" (l 6), que, por sua vez, tem como referência o tempo em que a "Secretaria Municipal de Saúde do Rio de Janeiro confirmou mais duas mortes por dengue na cidade" (l.1-2).

(2) A atual epidemia de dengue assustou pelo ineditismo: afinal, áreas densamente urbanizadas, como a cidade do Rio de Janeiro, por exemplo, não costumam conviver com doenças tropicais, típicas de grandes florestas.

(3) Segundo os especialistas, a junção de forte calor e chuvas abundantes explica o fato de o Rio de Janeiro, por suas peculiares condições geográficas e climáticas, ser, a rigor, a única região do país em que a dengue se instalou de forma significativa.

(4) No momento em que a antiga capital brasileira contabilizava número recorde de pacientes atingidos pela dengue, a opinião pública testemunhava a troca de acusações entre autoridades sanitárias municipais, estaduais e federais, cada uma delas procurando transferir responsabilidades quanto ao reaparecimento da doença.

(5) A Fundação Oswaldo Cruz, sediada no Rio de Janeiro, é uma das mais respeitadas instituições brasileiras de pesquisa na área de saúde pública, sendo seu nome uma homenagem ao médico sanitarista que, no início do século XX, conduziu a difícil e vitoriosa campanha de saneamento do Rio de Janeiro.

1: correta. A expressão "até então" destaca a comparação entre dois períodos de tempo diferentes: o passado e o momento em que a Secretaria de Saúde confirmou outras duas mortes por dengue; **2:** incorreta. Não houve nada de inédito na epidemia de dengue em 2002, considerando que a doença preocupa as autoridades sanitárias dos grandes centros urbanos todos os anos; **3:** incorreta. A epidemia de dengue se alastrou por todo o país, tendo havido grandes focos também na região Sul e Centro-Oeste; **4:** correta. Esse cenário, infelizmente, é bastante comum nos momentos de grandes catástrofes ocorridas em território nacional; **5:** correta. O nome de Oswaldo Cruz é normalmente ligado à política de saneamento do Rio de Janeiro que estava baseada na vacinação obrigatória contra a varíola e culminou na revolta popular conhecida como Revolta da Vacina, em 1904.

Gabarito 1C, 2E, 3E, 4C, 5C

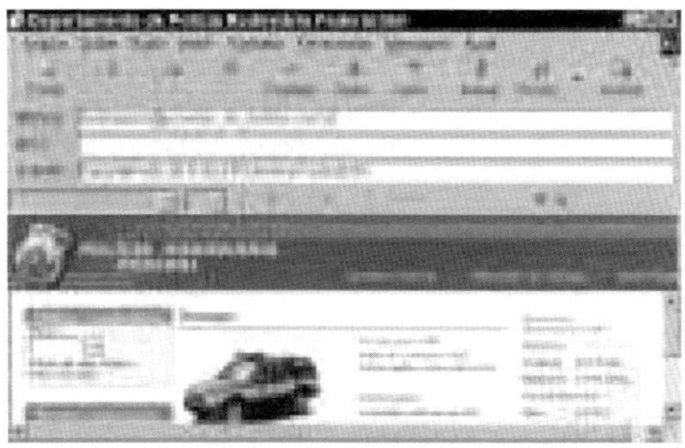

A figura acima ilustra parte de uma janela do Outlook Express 5, *software* especializado na manipulação de mensagens de *e-mail*. A mensagem mostrada nessa figura deverá ser enviada ao seu destinatário, utilizando-se um provedor de acesso à Internet que dispõe de um servidor de *e-mail*. Muitos creem que esse é um meio seguro de acesso às informações. Isso é um engano. A cada *e-mail* enviado por um usuário, uma cópia fica armazenada em seu computador, outra fica no servidor de *e-mail* de seu provedor de acesso, uma outra fica com o destinatário do *e-mail* e, finalmente, uma cópia fica no servidor de *e-mail* do provedor do destinatário. Além disso, é possível interceptar a mensagem de *e-mail* em cada computador por onde ela passa na Internet até chegar ao seu destino.

Assim, é fácil entender que o *e-mail* não pode ser considerado um meio seguro de enviar informações. Mas existem programas que ajudam a resolver esse problema de privacidade. Com eles, pode-se codificar mensagens de *e-mail*, arquivos, e até as mensagens do ICQ, de modo que qualquer um que tente interceptar as mensagens no meio do caminho não consiga entender o seu conteúdo, pois este aparecerá como uma série de caracteres desconexos. Isso é chamado de criptografia. A única forma de alguém compreender uma mensagem criptografada é possuir a chave de decodificação da mensagem. Esses programas também podem ser usados para criar uma assinatura digital, que permite verificar se mensagens e arquivos que são enviados por *e-mail* foram realmente enviados pelo remetente e não por uma outra pessoa fingindo ser este.

Internet: <http://www.tcinet.com.br>.
Acesso em: 20/3/2002 (com adaptações).

(CESPE) Com relação às ideias do texto, julgue os itens abaixo.

(1) A omissão do artigo definido na expressão "acesso às informações" (l.6-7), semanticamente, reforçaria a noção expressa pelo substantivo em plena extensão de seu significado e, gramaticalmente, eliminaria a necessidade do emprego do sinal indicativo de crase, resultando na seguinte forma: acesso a informações.

(2) O modo verbal empregado em "tente" (l.20) e "consiga" (l.21) acentua mais a vontade, a intenção do falante, do que a efetiva realização das ações tentar e conseguir.

1: correta. Ao eliminar o artigo definido feminino plural "as", além de não mais ser necessário o acento grave indicativo da crase, o termo "informações" passaria a significar um conjunto maior de dados, não só aqueles transmitidos por e-mail; **2:** correta. O uso dos verbos presente do subjuntivo indica que eles traduzem uma intenção, um desejo do autor, não um fato efetivamente ocorrido.

Gabarito 1C, 2C

(CESPE) Em frente a uma mercearia, há um cartaz que diz o seguinte.

Entregam-se pedidos feitos por telefone.

As entregas são feitas por Alberto, que utiliza uma bicicleta para realizar o serviço.

A partir da situação descrita, julgue o item a seguir.

(1) Para que a frase escrita no cartaz em frente à mercearia respeite as regras gramaticais, é obrigatória a substituição da expressão "entregam-se" por entregamos.

1: incorreta. A oração está na voz passiva sintética e, portanto, já atende aos preceitos da norma culta sobre concordância verbal. Seu equivalente na voz passiva analítica seria "Pedidos feitos por telefone são entregues", denotando que o termo "pedidos" é sujeito do verbo "entregar" e, portanto, concorda com ele em número (terceira pessoa do plural).

Gabarito 1E

"Arrumar o homem"

(Dom Lucas Moreira Neves. *Jornal do Brasil*, jan. 1997)

Não boto a mão no fogo pela autenticidade da estória que estou para contar. Não posso, porém, duvidar da veracidade da pessoa de quem a escutei e, por isso, tenho-a como verdadeira. Salva-me, de qualquer modo, o provérbio italiano: "Se não é verdadeira... é muito graciosa!"

Estava, pois, aquele pai carioca, engenheiro de profissão, posto em sossego, admitido que, para um engenheiro, é sossego andar mergulhado em cálculos de estrutura. Ao lado, o filho, de 7 ou 8 anos, não cessava de atormentá-lo com perguntas de todo jaez, tentando conquistar um companheiro de lazer.

A ideia mais luminosa que ocorreu ao pai, depois de dez a quinze convites a ficar quieto e a deixá-lo trabalhar, foi a de pôr nas mãos do moleque um belo quebra-cabeça trazido da última viagem à Europa. "Vá brincando enquanto eu termino esta conta". sentencia entre dentes, prelibando pelo menos uma hora, hora e meia de trégua. O peralta não levará menos do que isso para armar o mapa do mundo com os cinco continentes, arquipélagos, mares e oceanos, comemora o pai-engenheiro.

Quem foi que disse hora e meia? Dez minutos depois, dez minutos cravados, e o menino já o puxava triunfante: "Pai, vem ver!" No chão, completinho, sem defeito, o mapa do mundo.

Como fez, como não fez? Em menos de uma hora era impossível. O próprio herói deu a chave da proeza: "Pai, você não percebeu que, atrás do mundo, o quebra-cabeça tinha um homem? Era mais fácil. E quando eu arrumei o homem, o mundo ficou arrumado!"

"Mas esse garoto é um sábio!", sobressaltei, ouvindo a palavra final. Nunca ouvi verdade tão cristalina: "Basta arrumar o homem (tão desarrumado quase sempre) e o mundo fica arrumado!"

Arrumar o homem é a tarefa das tarefas, se é que se quer arrumar o mundo.

(CESPE) Assinale o item cuja afirmativa está de acordo com o primeiro parágrafo do texto:

(A) embora o autor do texto não confie na veracidade da estória narrada, conta-a por seu valor moral;

(B) como o autor do texto confia na pessoa que lhe narrou a estória, ele a transfere para o leitor, mesmo sabendo que não é autêntica;

(C) A despeito de ser bastante graciosa a história narrada, o autor do texto tem certeza de sua inautenticidade;

(D) O autor do texto nos narra uma história de cuja autenticidade não está certo, apesar de ter sido contada por pessoas dignas de confiança;

(E) a estória narrada possui autenticidade, veracidade e, além disso, certa graça.

A, B, C e **E:** incorretas; **D:** correta. No primeiro parágrafo, o autor quer esclarecer que não presenciou por si mesmo os fatos e, portanto, não pode asseverar sua veracidade. Porém, por confiar na pessoa que os contou, acredita pessoalmente na história e transmite essa confiança ao leitor.

Gabarito "D"

(CESPE) O título dado ao texto:

(A) representa a tarefa que deveria ser executada pelo menino;
(B) indica a verdadeira finalidade do jogo de quebra--cabeça;
(C) mostra a desorganização reinante na família moderna;
(D) assinala a tarefa básica inicial para a organização do mundo;
(E) demonstra a sabedoria precoce do menino da estória narrada.

A: incorreta. A tarefa a ser executada pelo menino era a montagem do quebra-cabeça; **B:** incorreta. A verdadeira finalidade o jogo é montar sua figura principal; **C:** incorreta. "Arrumar o homem", usado em sentido conotativo, remete ao resgate de valores e princípios éticos por toda a sociedade; **D:** correta. O autor transmite a ideia de que o mundo somente será um lugar melhor se as pessoas passarem a agir também de forma mais adequada; **E:** incorreta. O menino, em sua ingenuidade, não compreendeu a profundidade de sua constatação. Ele se referia, somente, à estratégia que utilizou para montar o quebra-cabeça.

Gabarito "D"

(CESPE) O item em que o vocábulo sublinhado está tomado em sentido não figurado é:

(A) Não boto a mão no fogo pela autenticidade da estória...
(B) Estava, pois, aquele pai carioca ...
(C) ...não cessava de atormentá-lo com perguntas...
(D) ...comemora o pai-engenheiro.
(E) Mas esse garoto é um sábio!

A: incorreta. "Botar a mão no fogo" é uma expressão popular que significa "confiar em alguém". Notadamente, está usada em sentido figurado, porque ninguém efetivamente colocaria a mão no fogo para provar sua confiança em outrem; **B:** correta. O termo "carioca" é o adjetivo gentílico que indica que a pessoa nasceu na cidade do Rio de Janeiro e está usado em seu sentido denotativo (não figurado); **C:** incorreta. "Atormentar", apesar de dificilmente usado em seu sentido original, remete a "tormenta", "tempestade". No texto, está usado no sentido figurado com o significado de "irritar"; **D:** incorreta. No texto, o pai não comemorou efetivamente. Apenas ficou aliviado com o tempo em que conseguiria entreter o filho com o brinquedo; **E:** incorreta. Não se pode atribuir a condição de sábio a uma pequena criança que montou um quebra-cabeça. Na verdade, o pai estava apenas impressionado com a fala do filho que lhe permitiu, usando seus conhecimentos de adulto, perceber que cabe à humanidade fazer do mundo um lugar melhor.

Gabarito "B"

(CESPE) A frase do menino: E quando eu arrumei o homem, o mundo ficou arrumado! mostra que:

(A) o pai do menino desconhecia a brilhante inteligência do filho;
(B) o menino tinha uma visão crítica do mundo bastante apurada;
(C) o menino já havia feito a mesma tarefa antes;
(D) o autor do texto quer mostrar a sabedoria do menino;
(E) o menino descobrira um meio mais fácil de completar a tarefa.

Correta a alternativa "E". Para a criança, "arrumar o homem" e "arrumar o mundo" são apenas formas de montar o quebra-cabeça. A lição moral do texto é depreendida pelo pai adulto.

Gabarito "E"

(CESPE) ... você não percebeu que atrás do mundo, o quebra-cabeça tinha um homem? ...se é que se quer arrumar o mundo; a palavra mundo nesses dois segmentos:

(A) apresenta significados idênticos;
(B) representa significados opostos;
(C) mostra significados abstratos;
(D) possui alguns traços em comum;
(E) é exemplo de substantivo próprio.

A: incorreta. Na primeira passagem, a palavra se refere à imagem do quebra-cabeça; na segunda, à humanidade como um todo; **B:** incorreta. Apesar de diferentes, os significados não chegam a ser opostos, antagônicos; **C:** incorreta. Na primeira passagem, "mundo" é um substantivo concreto; **D:** correta. Os significados atribuídos à palavra "mundo" são semelhantes, porque, ainda que o segundo seja mais abstrato, refere-se a todos aqueles que habitam o planeta Terra, que era ilustrado no quebra-cabeça do menino; **E:** incorreta. Substantivos próprios são aqueles que designam pessoas, lugares ou objetos personalizados. "Terra" é um substantivo próprio, porque é o nome de nosso planeta. "Mundo" é substantivo comum.

Gabarito "D"

(CESPE) "Mas esse garoto é um sábio!", sobressaltei, ouvindo a palavra final.; a oração reduzida sublinhada só NÃO pode equivaler semanticamente a:

(A) ...porquanto ouvia a palavra final;
(B) ...quando ouvi a palavra final;
(C) ...após ouvir a palavra final;
(D) ...enquanto ouvia a palavra final;
(E) ..depois de ouvir a palavra final.

Todas as conjunções sugeridas têm valor de "tempo", indicando o momento em que a palavra foi ouvida, com exceção de "porquanto", que tem valor explicativo. Ela equivale a "porque", "visto que".

Gabarito "A"

(CESPE) ... se é que se quer arrumar o mundo.; a frase final do texto mostra que:

(A) o autor do texto participa do desejo geral de mudar o mundo;
(B) só uma parte da população anseia por mudanças;
(C) o autor do texto faz uma ressalva negativa sobre o desejo das pessoas;
(D) o filho do engenheiro desconfia das reais intenções das pessoas;
(E) só o mundo, por si mesmo, pode salvar-se.

Ao final do texto, o autor deixa transparecer sua dúvida sobre a real intenção das pessoas de mudar o mundo. O uso do "se" condicional denota que, talvez, a animação do autor possa não ser partilhada entre todos.

Gabarito "C"

(AERONÁUTICA) Leia:

No tempo da escravidão, as crianças só eram alimentadas porque eram vistas como braços para a lavoura. Agora as classes dominantes se veem livres dessa "incumbência". Quem quiser que se vire e sobreviva, sem o angu dos escravos e sem a educação obrigatória, que é a marca de nobreza de um regime democrático moderno. (Texto adaptado)

Qual das expressões foi utilizada como metonímia no texto acima?

(A) braços
(B) angu
(C) marca
(D) regime

Ocorre metonímia, entre outros casos, quando substituímos no texto o todo pela parte. Em outros termos, é a figura de linguagem que aproveita uma palavra que, na verdade, representa uma parte do ser ou coisa para se referir a ele todo. No texto, há metonímia com a palavra "braços", que é uma parte do todo "corpo humano" com o sentido de "pessoa", "trabalhador".

Gabarito "A"

(AERONÁUTICA) Em qual das alternativas não há uma hipérbole?

(A) Sete mil vezes
Eu tornaria a viver assim
(B) Há uma nuvem de lágrimas
Sobre os meus olhos
(C) Paixão cruel, desenfreada
Te trago mil rosas roubadas
(D) A cada um cabe alegrias
E a tristeza que vier

Hipérbole é a figura de linguagem que representa o exagero desmedido para representar um sentimento. Podemos encontrá-la em "viver sete mil vezes", "nuvem de lágrimas", "trazer mil rosas". Na alternativa "D", que deve ser assinalada, não há nenhum exagero. Dentre as figuras de linguagem, há apenas o hipérbato, representado pela inversão de elementos sintáticos na oração.

Gabarito "D"

(AERONÁUTICA) Leia:

I. ... esta saudade fina de Pasárgada é um veneno gostoso dentro do meu peito.
II. A noite chora de frio, e o mendigo na calçada clama por um abrigo.
III. ... o essencial é achar-se as palavras que o violão pede e deseja.

Há prosopopeia em
(A) I apenas.
(B) I e III.
(C) II e III.
(D) II apenas.

Prosopopeia é a figura de linguagem que atribui ações e condições humanas a objetos inanimados. Por isso, é também chamada de personificação. Encontramos prosopopeia na assertiva II ("a noite chora de frio") e na III ("o violão pede e deseja). Na assertiva I temos um paradoxo, formado pela ideia absurda criada pela expressão "veneno gostoso".

Gabarito "C"

(AERONÁUTICA) Assinale a alternativa em que não ocorre uma prosopopeia.

(A) "Ó minha amada
Que os olhos teus
São cais noturnos"
(B) "Para que tanta perna, meu Deus, pergunta meu coração.
Porém meus olhos
Não perguntam nada."
(C) "De cada lado da sala de aula, pelas janelas altas, o azul convida os meninos."
(D) "Teus olhos querem me levar
Eu só quero que você me leve
Eu ouço as estrelas conspirando contra mim."

A: incorreta, devendo ser assinalada. Trata-se de metáfora, uma comparação subentendida que equipara os olhos da amada a cais noturnos; B, C e **D:** corretas. Todos os trechos apresentam prosopopeia, figura de linguagem que atribui uma característica ou ação humana para um animal ou objeto inanimado ("perguntar", "convidar" e "conspirar", respectivamente).

Gabarito "A"

Romance LXXXI ou Dos Ilustres Assassinos

Ó grandes oportunistas,
sobre o papel debruçados,
que calculais mundo e vida
em contos, doblas, cruzados,
que traçais vastas rubricas
e sinais entre laçados,
com altas penas esquias,
embebidas em pecados!

Ó personagens solenes
que arrastais os apelidos
como pavões auriverdes
seus rutilantes vestidos,
– todo esse poder que tendes
confunde os vossos sentidos:
a glória, que amais, é desses
que por vós são perseguidos.

Levantai-vos dessas mesas,
sai de vossas molduras,

vede que masmorras negras,
que fortalezas seguras,
que duro peso de algemas,
que profundas sepulturas
nascidas de vossas penas,
de vossas assinaturas!

Considerai no mistério
dos humanos desatinos,
e no polo sempre incerto
dos homens e dos destinos!
Por sentenças, por decretos,
parecereis divinos:
e hoje sois, no tempo eterno,
como ilustres assassinos.

Ó soberbos titulares,
tão desdenhosos e altivos!
Por fictícia autoridade,
vãs razões, falsos motivos,
inutilmente matastes:
– vossos mortos são mais vivos:
e , sobre vós, de longe, abrem
grandes olhos pensativos.

Cecília Meireles. *O Romanceiro da Inconfidência.* Rio de Janeiro Nova Fronteira, 1989, p. 267-8

(CESPE) Com base no poema acima, julgue os itens subsequentes.

(1) Considerando-se as relações entre os termos da oração, verifica-se ambiguidade no emprego do adjetivo "pensativos" (v. 40), visto que ele pode referir-se tanto ao termo "vossos mortos" (v.38) quanto ao núcleo nominal "olhos" (v.40).

(2) No poema, que apresenta uma denúncia de atos de abuso de poder, foram utilizados os seguintes recursos que permitem que a poeta se dirija diretamente a um interlocutor: emprego de vocativo nos versos 1, 9 e 33 e de verbos na segunda pessoa do plural, todos no imperativo afirmativo.

1: correta. A ambiguidade fica mais clara se alterarmos a posição do adjetivo "pensativos". Veja: "e, sobre vós, de longe, abrem pensativos grandes olhos". Realmente as duas interpretações são possíveis, tanto que os olhos são pensativos, quanto que os mortos abrem os olhos enquanto estão pensativos; **2:** incorreta. Há também verbos no modo indicativo: "calculais", "tendes".

Gabarito 1C, 2E

A visão do sujeito indivíduo — indivisível — pressupõe um caráter singular, único, racional e pensante em cada um de nós. Mas não há como pensar que existimos previamente a nossas relações sociais: nós nos fazemos em teias e tensões relacionais que conformarão nossas capacidades, de acordo com a sociedade em que vivemos. A sociologia trabalha com a concepção dessa relação entre o que é "meu" e o que é "nosso". A pergunta que propõe é: como nos fazemos e nos refazemos em nossas relações com as instituições e nas relações que estabelecemos com os outros? Não há, assim, uma visão de homem como uma unidade fechada em si mesma, como *Homo clausus*. Estaríamos envolvidos, constantemente, em tramas complexas de internalização do "exterior" e, também, de rejeição ou negociação próprias e singulares do "exterior". As experiências que o homem vai adquirindo na relação com os outros são as que determinarão as suas aptidões, os seus gostos, as suas formas de agir.

Flávia Schilling. *Perspectivas sociológicas. Educação & psicologia*. *In*: Revista Educação, vol. 1, p. 47 (com adaptações).

(CESPE) Julgue o seguinte item, a respeito das estruturas linguísticas e do desenvolvimento argumentativo do texto acima.

(1) O uso da forma verbal flexionada na primeira pessoa do plural "Estaríamos" (l.13) inclui autor e leitores no desenvolvimento da argumentação, de tal modo que seria coerente e gramaticalmente correto substituir "o homem vai adquirindo" (l.16) por "vamos adquirindo", no período seguinte.

1: incorreta. O uso do plural no primeiro período é recurso de estilística que aproxima autor e leitor para enfatizar o argumento apresentado. O período seguinte é a conclusão do raciocínio, não se exigindo o uso do mesmo recurso para manter a coerência. Ademais, a simples substituição das expressões traria incorreção gramatical na concordância do segundo período, pois "suas aptidões, os seus gostos (...)" encontram-se na terceira pessoa do plural.

Gabarito "1E"

Um desafio cotidiano

Recentemente me pediram para discutir os desafios políticos que o Brasil tem pela frente. Minha primeira dúvida foi se eles seriam diferentes dos de ontem.

Os problemas talvez sejam os mesmos, o país é que mudou e reúne hoje mais condições para enfrentá-los que no passado. A síntese de minhas conclusões é que precisamos prosseguir no processo de democratização do país.

Kant dizia que a busca do conhecimento não tem fim. Na prática, democracia, como um ponto final que uma vez atingido nos deixa satisfeitos e por isso decretamos o fim da política, não existe. Existe é democratização, o avanço rumo a um regime cada vez mais inclusivo, mais representativo, mais justo e mais legítimo. E quais as condições objetivas para tornar sustentável esse movimento de democratização crescente?

Embora exista forte correlação entre desenvolvimento e democracia, as condições gerais para sua sustentação vão além dela. O grau de legitimidade histórica, de mobilidade social, o tipo de conflitos existentes na sociedade, a capacidade institucional para incorporar gradualmente as forças emergentes e o desempenho efetivo dos governos são elementos cruciais na sustentação da democratização no longo prazo.

Nossa democracia emergente não tem legitimidade histórica. Esse requisito nos falta e só o alcançaremos no decorrer do processo de aprofundamento da democracia, que também é de legitimação dela.

Uma parte importante desse processo tem a ver com as relações rotineiras entre o poder público e os cidadãos. Qualquer flagrante da rotina desse relacionamento arrisca capturar cenas explícitas de desrespeito e pequenas ou grandes tiranias. As regras dessa relação não estão claras. Não existem mecanismos acessíveis de reclamação e desagravo.

(CESPE) Com relação às ideias do texto acima, julgue o seguinte item.

(1) Subentende-se o substantivo "desafios" antes da expressão "de ontem" (l. 3).

1: correta. Suprimiu-se o substantivo para evitar a repetição de palavras na frase (figura de linguagem conhecida como elipse).

Gabarito 1C

Texto para a questão seguinte.

O Estado é um ausente contumaz. É frio. Sem alma. Nas suas veias não corre o sangue da humanidade, mas papéis que se amontoam entupindo a saída de soluções. E agora se viu que as soluções não são impossíveis. Nem mesmo diante à morte. Mas é preciso trabalhar com as mãos no coração.

(UEG) O trecho constitui um exemplo do uso concomitante de

(A) metáfora, metonímia e personificação.
(B) eufemismo, ironia e personificação.
(C) personificação, metonímia, eufemismo.
(D) metáfora, metonímia e antítese.

O texto é exemplo de metáfora, porque faz uma comparação subentendida do Estado com comportamentos humanos. Ao usar esse parâmetro (comportamentos humanos) incorre em personificação (ou prosopopeia). Há, também, metonímia, ao se substituir o "agente público" pelo Estado, para quem aquele trabalha. Não há eufemismo, que é a suavização de uma expressão grave (ex.: "recursos não contabilizados" ao invés de "dinheiro fruto de sonegação" ou "caixa-dois"), ironia (crítica subentendida) ou antítese (aproximação de opostos com efeito estilístico).

Gabarito "A"

A morte da porta-estandarte

Que adianta ao negro ficar olhando para as bandas do Mangue ou para os lados da Central? Madureira é longe e a amada só pela madrugada entrará na praça, à frente do seu cordão. O que o está torturando é a ideia de que a presença dela deixará a todos de cabeça virada, e será a hora culminante da noite. Se o negro soubesse que luz sinistra estão destilando seus olhos e deixando escapar como as primeiras fumaças pelas frestas de uma casa onde o incêndio apenas começou! ... Todos percebem que ele está desassossegado, que uma paixão o está queimando por dentro. Mas só pelo olhar se pode ler na alma dele, porque, em tudo mais, o preto se conserva misterioso, fechado em sua própria pele, como numa caixa de ébano. (...) Sua agonia vem da certeza de que é impossível que alguém possa olhar para Rosinha sem se apaixonar. E nem de longe admite que ela queira repartir o amor.(...) No fundo da Praça, uma correria e começo de pânico. Ouvem-se apitos. As portas de aço descem com fragor. As canções das Escolas de Samba prosseguem mais vivas, sinfonizando o espaço poeirento.

— Mataram uma moça! (...)

A mulata tinha uma rosa no pixaim da cabeça. Um mascarado tirou a mantilha da companheira, dobrou-a, e fez um travesseiro para a morta. Mas o policial disse que não tocassem nela. Os olhos não estavam bem fechados. Pediram silêncio, como se fosse possível impor silêncio àquela Praça barulhenta. (...)

— Só se você visse, Bentinha, quanto mais a faca enterrava, mais a mulher sorria ... Morrer assim nunca se viu ...

O crime do negro abriu uma clareira silenciosa no meio do povo. Ficaram todos estarrecidos de espanto vendo Rosinha fechar os olhos. O preto ajoelhado bebia-lhe mudamente o último sorriso, e inclinava a cabeça de um lado para outro como se estivesse contemplando uma criança. (...) Ele dobra os joelhos para beijá-la. Os que não queriam se comover foram-se retirando. O assassino já não sabe bem onde está. Vai sendo levado agora para um destino que lhe é indiferente. É ainda a voz da mesma canção que lhe fala alguma coisa ao desespero:

Quem fez do meu coração seu barracão?
Foi ela ...

MACHADO, Aníbal M. *In*: Antologia escolar de contos brasileiros. Herberto Sales (Org.) Rio de Janeiro, Ed. Ouro, s/d.

(CESGRANRIO) No fragmento do Texto acima "sinfonizando o espaço poeirento." (l. 23), a imagem utilizada revela a(o):

(A) cadência dos sambas.
(B) aceleração do ritmo dos desfiles.
(C) transformação do ambiente pela música.
(D) barulho ensurdecedor das canções.
(E) desagrado dos espectadores.

O termo destacado passa a imagem, no texto, de que a música toma conta de todos os espaços vazios do ambiente, nada mais existindo além dela. A alternativa "D" está errada porque "ensurdecedor" tem conotação pejorativa, sendo que a "sinfonia" é um som agradável. As pessoas estão felizes com o Carnaval e animadas com a música.

Gabarito "C"

(ACADEPOL) Assinale a alternativa em que não há figura de linguagem.

(A) "Foi bom reler Machado de Assis."
(B) "A vela que se apaga é um sol que morre."
(C) "As questões da prova de português passaram a ser baseadas em textos".
(D) "A chama da vela morre adormecendo..."
(E) "Eu e minha vela, sozinhos como dois amantes, nos despediremos..."

A: é exemplo de metonímia (substituição da obra pelo seu autor); **B:** trata-se de prosopopeia (personificação); **C:** deve ser assinalada por não apresentar qualquer figura de linguagem; **D:** mais uma vez, prosopopeia; **E:** novamente, prosopopeia.

Gabarito "C"

(FUNRIO) Observe o trecho de "O Cortiço", de Aluísio de Azevedo:

"Eram cinco horas da manhã e o cortiço acordava, [...]. Um acordar alegre e farto de quem dormiu de uma assentada sete horas de chumbo."

Seu autor utiliza o seguinte recurso estilístico:

(A) eufemismo.
(B) gradação.
(C) comparação.
(D) antítese.
(E) personificação.

A: incorreta. Eufemismo é o uso de palavras mais brandas para indicar uma situação desagradável ("ele falta com a verdade" ao invés de "ele mente", por exemplo); **B:** incorreta. Gradação é o recurso de estilo que usa palavras com intensidade crescente em sequência para transmitir justamente essa ampliação dos sentidos ("caminhava, depois apertou o passo e então começou a correr"); **C:** incorreta. Como o próprio nome sugere, a comparação se caracteriza pela análise das semelhanças ou diferenças entre dois entes ("Ana é doce como uma uva"); **D:** incorreta. Antítese é figura de linguagem que se vale da aproximação de palavras contrárias no texto para destacar sua contraposição ("Morte e Vida Severina", por exemplo); **E:** correta. A personificação, ou prosopopeia, é a figura de linguagem que atribui a um ser inanimado uma característica humana. No trecho, ela ocorre em "o cortiço acordava".

Gabarito "E"

PARTE II

GRAMÁTICA

1. FONÉTICA

1.1. Conceitos básicos

1.1.1. Fonema e letra

Muito antes da invenção de qualquer código escrito, as línguas surgiram como forma de comunicação entre os homens através da fala. Portanto, podemos dizer que a linguagem oral, e consequentemente o próprio idioma, é composto de sons.

Esses sons recebem o nome de fonemas, que podem ser descritos como *as unidades fonéticas básicas que compõem a linguagem.*

Quando falamos, o ar passa por nossa garganta, língua e lábios, trajeto no qual pode ou não encontrar obstáculos. São essas possibilidades que criam os diferentes fonemas. Exemplo: para pronunciar a vogal "a", perceba que você mantém a garganta dilatada, a língua recolhida e a boca aberta, não impondo qualquer obstáculo à passagem do ar; já para pronunciar a consoante "b" é necessário fechar os lábios, criando uma pausa no trânsito do ar.

Letras, por sua vez, são *as representações gráficas dos fonemas.* Atualmente, nosso alfabeto conta 26 letras:

A B C D E F G H I J K L M N O P Q R S T U V W X Y Z

É importante salientar que, quando formamos uma palavra, nem todas as letras representam fonemas, isto é, *é possível que a palavra tenha mais letras do que fonemas.* Acompanhe os seguintes exemplos:

- A palavra "nada" tem quatro letras ("n", "a", "d", "a") e quatro fonemas ("nê", "a", "dê", "a"). Com isso, sua escrita fonética é idêntica: /nada/;

- A palavra "chance" tem seis letras ("c", "h", "a", "n", "c", "e"), mas só quatro fonemas ("xê", "ã", "sê", "e"), sendo foneticamente representada: /xãse/. Note que as duas consoantes unidas "ch" representam um único fonema e a letra "n" não tem valor fonético, representando apenas a nasalização da vogal "a".

1.1.2. Classificação dos fonemas

Basicamente, os fonemas podem ser divididos em vogais, semivogais e consoantes, cada qual com subclassificações baseadas em diversos critérios:

a) Vogais: *são fonemas que se formam através da passagem livre do ar pela boca,* isto é, ela fica aberta ou entreaberta, sem impor qualquer obstáculo. Em nossa língua, as letras que representam as vogais são A, E, I, O, U. Quanto à formação, as vogais podem ser:

a1) Orais: *quando o som sai apenas pela boca.* Exemplos: casa, pasta;

a2) Nasais: *quando o som é oriundo da boca e das fossas nasais.* Normalmente, é representado pelo sinal gráfico "til" (~) sobre a vogal ou pela presença de uma consoante com a mesma função. Exemplos: maçã, bonde.

Quanto ao timbre, são classificadas em:

a3) Abertas: como em até, dolo (pronuncia-se "dólo", e não "dôlo"). Respeitando as regras de acentuação gráfica que veremos posteriormente, a vogal aberta é sinalizada pelo acento agudo (´);

a4) Fechadas: como em amor, pêssego. Quando acentuadas, as vogais fechadas são acompanhadas do acento circunflexo (^).

Quanto à zona de articulação, dividimos em:

a5) Anteriores ou palatais: *são formadas pela movimentação da língua em direção à parte da frente da boca* (palato duro). Exemplos: /é/, /ê/, /i/;

a6) Posteriores ou velares: *são formadas pela movimentação da língua em direção ao fundo da boca* (palato mole ou véu palatino). Exemplos: /ó/, /ô/, /u/;

a7) Médias: *a língua permanece em repouso*. Exemplo: /a/.

b) Semivogais

São chamadas de semivogais os *fonemas que acompanham uma vogal, formando com ela uma única sílaba*. Formam um som "acessório", mais fraco.

Os fonemas que trabalham como semivogais são /i/ e /u/. Atenção! Não é correto dizer que "i" e "u" são sempre semivogais. Na verdade, as letras "i" e "u" podem representar tanto fonemas vocálicos quanto semivocálicos.

Veja a diferença:

- Na palavra "pintura", os fonemas /i/ e /u/ são encontrados sozinhos e, portanto, pronunciados plenamente. Eles formam sílabas (pin-tu-ra). Logo, são vogais;

- Na palavra "Uruguai", as duas primeiras letras "u" representam vogais, pelas mesmas razões expostas acima. Na última sílaba (U-ru-guai), porém, perceba que os fonemas /u/ e /i/ aparecem acompanhado da vogal /a/, essa sim forte e pronunciada plenamente. O /u/ e o /i/ são fracos e sua pronúncia é rápida, "acessória". Por isso, não formam, sozinhos, a sílaba e, portanto, são classificados como semivogais.

Ressalte-se, enfim, que outras letras podem representar os fonemas semivocálicos /i/ e /u/. Acompanhe os exemplos abaixo:

- Na palavra "anão", a letra "o" representa o fonema semivocálico /u/, pois pronunciamos /anãu/;

- Ocorre o mesmo em "mães", onde a letra "e" representa o fonema /i/, com função de semivogal na pronúncia /mãis/;

- Até mesmo a consoante "m" pode representar o fonema semivocálico /i/, como ocorre em "cem" ao pronunciarmos /cẽi/.

c) Consoantes

As consoantes são os fonemas que, *para serem produzidos, demandam a criação de obstáculos pelos lábios e língua à passagem do ar*. Em sua essência, são *meros ruídos* que, para terem um som audível, precisam soar junto com uma vogal. Por isso são chamados de consoantes.

As consoantes, tais quais as vogais, podem ser classificadas sob diversos critérios. Quanto à formação podem ser:

c1) Orais: *quando a corrente de ar soa pela cavidade bucal*. Exemplos: pato, jogo;

c2) Nasais: *quando o som ecoa tanto pela cavidade bucal quanto pela cavidade nasal*. Exemplos: maçã, rainha.

Quanto ao modo de articulação, temos:

c3) Oclusivas: *quando há um obstáculo instransponível para o fluxo de ar, ou seja, não há saída para ele*. São exemplos as consoantes /p/, /b/, /t/, /d/, /k/ e /g/ (gue);

c4) Constritivas fricativas: *quando o obstáculo é parcial e o ar sai em fricção*. Exemplos: /f/, /v/, /s/, /z/, /x/ e /j/;

c5) Constritivas laterais: *quando o obstáculo é parcial e o ar sai pelos cantos da boca*, como nos fonemas /l/ e /lh/;

c6) Constritivas vibrantes: *quando o obstáculo é parcial e ocorre a vibração da língua ou das cordas vocais*. Exemplos: /r/.

Podemos ainda classificar as consoantes quanto ao ponto de articulação:

c7) Bilabiais: *quando sua formação exige a união dos lábios*, como em /m/, /b/ e /p/;

c8) Labiodentais: *quando sua formação reúne o contato do lábio inferior com os dentes incisivos superiores*. É o que se ouve em /f/ e /v/;

c9) Linguodentais: *quando sua formação decorre do contato da língua com os dentes superiores*. Exemplos: /t/ e /d/;

c10) Alveolares: *formadas a partir do contato da língua com o véu palatino (parte da frente da boca)*, como em /l/, /z/, /s/, /n/ e /r/;

c11) Palatais: *formadas a partir do contato da língua com o palato mole (parte do fundo da boca)*. Exemplos: /j/, /lh/, /nh/ e /x/;

c12) Velares: *formadas a partir da aproximação da parte posterior da língua com o véu palatino*. Exemplos: /k/, /g/ (gue).

1.1.3. Sílabas

Chamamos de sílaba *a estrutura fonética expressada através de apenas uma emissão de voz*. Na estrutura da Língua Portuguesa, a sílaba é composta sempre por um núcleo, constituído de uma vogal, acompanhado de semivogais e/ou consoantes. Exemplo: bi-bli-o-te-ca.

Podemos classificar as palavras quanto ao número de sílabas em:

a) Monossílabas: aquelas que têm *uma única sílaba*. Exemplos: céu, pé;

b) Dissílabas: aquelas que têm *duas sílabas*, como ca-ma, pos-te;

c) Trissílabas: aquelas que têm *três sílabas*, caso de ca-va-lo, o-ri-gem;

d) Polissílabas: aquelas que têm *quatro ou mais sílabas*. Exemplos: gra-má-ti-ca, e-qui-pa-men-to.

1.2. Encontros vocálicos

1.2.1. Conceito

Os encontros vocálicos ocorrem nas palavras *onde vislumbramos duas ou mais vogais unidas*. Cumpre salientar que, para a caracterização do encontro vocálico, consideramos as letras vogais ("a", "e", "i", "o", "u") e não os fonemas vogais (/a/, /e/, /i/, /o/, /u/).

1.2.2. Espécies

Existem três espécies de encontros vocálicos:

a) Ditongo: *quando temos duas vogais juntas na mesma sílaba*. Na verdade, uma delas tem o valor fonético de semivogal e *ambas são pronunciadas* (veja a diferença em relação ao dígrafo logo abaixo!). Exemplos: quan-do, brio. Os ditongos subdividem-se em:

a1) Ditongos crescentes: *quando a semivogal vem antes da vogal*. Exemplos: glória, aquoso;

a2) Ditongos decrescentes: *quando a semivogal é colocada depois da vogal*. Exemplos: azuis, herói;

b) Tritongo: *quando temos três vogais juntas na mesma sílaba*. Na verdade, duas delas têm o valor fonético de semivogais. Exemplos: Pa-ra-guai, U-ru-guai;

c) Hiato: *quando temos duas vogais juntas em sílabas separadas*. Aqui, efetivamente, cada uma tem o valor fonético de vogal. Exemplos: ra-i-nha, be-a-to.

1.3. Encontros consonantais

Chamam-se encontros consonantais as *junções de duas ou mais consoantes ao longo da palavra*, tendo, ambas, *valor fonético*. É o que ocorre em livro, prosa, blusa, digno, substância.

1.4. Dígrafo

O dígrafo não se confunde com o encontro consonantal. Ocorre dígrafo nas palavras *nas quais duas letras são utilizadas para a representação de um só fonema*, ou seja, uma dessas letras não é pronunciada (chamada de letra diacrítica).

Os dígrafos se dividem em:

a) Consonantais: *quando é formado pela inserção da letra diacrítica após uma consoante*. São os casos de *rr* (carro), *ss* (pássaro), *sc* (crescer), *sç* (cresça), *xc* (exceção), *xs* (exsurgir), *ch* (chama), *lh* (calha), *nh* (manha), *qu* (quero) *e gu* (gueixa). Note que os dois últimos casos ("qu" e "gu") representam dígrafos *apenas quando a letra "u" não tiver valor fonético, isto é, não for pronunciada*. Caso contrário (se pronunciarmos o "u" – como em "água"), estaremos diante de um encontro vocálico (em nosso exemplo, um ditongo crescente);

b) Vocálicos ou nasais: *quando é formado pela inserção da letra diacrítica após uma vogal*. Trata-se das vogais nasais que mencionamos no item 1.1.2. Nessas hipóteses, funcionam como letras diacríticas as consoantes "m" e "n". Exemplos: santo (/sãto/), pomba (/põba/).

1.5. A letra "h"

É muito comum ouvirmos que, na Língua Portuguesa, a letra "h" é *muda*. Em termos mais técnicos, que já somos capazes de compreender, isso significa que ela, sozinha, não representa qualquer fonema, *não tem valor fonético*. Sua função é formar dígrafos (é uma letra diacrítica), exceto quando aparecer no início da palavra por razões etimológicas.

Isso porque os dígrafos vocálicos são aqueles em que a letra diacrítica é colocada para formar um fonema nasal. Logo, como ensina Evanildo Bechara (In "Gramática Escolar da Língua Portuguesa". 2ª ed. Rio de Janeiro: Nova Fronteira, 2010, p. 567), não há dígrafo em "hora". Apesar de termos duas letras formando um só fonema (/ora/), não se trata de uma nasalização da vogal "o". Vale o mesmo para os exemplos: haras, hotel, helicóptero.

1.6. Ortoepia

A ortoepia é o *ramo da fonética que estuda e estabelece a correta pronúncia das palavras*.

No geral, em nossos diálogos cotidianos, pronunciamos os vocábulos repetindo conforme fomos ensinados e, se encontramos uma palavra pela primeira vez, buscamos a fonética padrão das letras utilizadas. Por isso, é comum cometermos alguns erros em palavras mais eruditas.

Apresentamos, então, o quadro abaixo com a pronúncia correta de algumas palavras "difíceis". Na coluna da *esquerda consta a grafia correta*; na coluna da *direita, a palavra adaptada aos fonemas corretos* (utilizaremos o antigo trema para indicar o "u" pronunciado, mas lembre-se que ele não existe mais em nossa ortografia!):

ORTOGRAFIA	ORTOEPIA
ab-rogar	"ab rogar" (e não "abrogar")
ab-rupto	"ab rupto" (e não "abrupto")
ambiguidade	"ambigüidade"
antiguidade	"antigüidade" ou "antiguidade"
antiquíssimo	"antiqüíssimo" ou "antikíssimo"
apaziguar	"apazigüar"
aqueduto	"akeduto" (e não "aqüeduto")
arguir	"argüir"
distinguir	"distinguir" (e não "distingüir")
dolo	"dólo" (e não "dôlo")

ORTOGRAFIA	ORTOEPIA
equestre	"eqüestre"
equidade	"eqüidade" ou "ekidade"
equidistante	"eqüidistante"
equino	"eqüino"
equinócio	"ekinócio" (e não "eqüinócio")
exação	"ezação"
exalar	"ezalar"
exangue	"ezangue" (e não "ezangüe")
excelso	"esselso"
exegese	"ezegese"
exéquias	"ezékias"
exiguidade	"ezigüidade"
exilar	"ezilar"
exímio	"ezímio"
êxodo	"êzodo"
exsudar	"essudar"
extinguir	"estinguir"
extorquir	"estorkir"
hexaedro	"hekzaedro"
hexágono	"hekzágono" ou "hezágono"
inexorável	"inezorável"
iniquidade	"iniqüidade"
langue	"langue" (e não "langüe")
liquidação	"likidação" ou "liqüidação"
máximo	"mássimo"
nascer	"nasser"
obséquio	"obzéquio"
obsessão	"obsessão"
quibebe	"kibebe"
quinquênio	"qüinqüênio"
sagui	"sagüi"
sanguíneo	"sangüíneo" ou "sanguíneo"
sintaxe	"sintasse"
sequioso	"sekioso" (e não "seqüioso")
subliminar	"sub liminar" (e não "subliminar")
sub-rogar	"sub rogar" (e não "subrogar")
subsídio	"subcídio" (e não "subzídio")

ORTOGRAFIA	ORTOEPIA
tóxico	"tóksico" (e não "tóchico")
tranquilo	"tranqüilo" (e não "trankilo")
ubiquidade	"ubiqüidade" (e não "ubikidade")
unguento	"ungüento"

2. ORTOGRAFIA

2.1. Conceito

Etimologicamente, ortografia vem da junção de duas palavras gregas: *ortho*, correto, certo; e *graphein*, escrever, escrita. Portanto, a ortografia é o *ramo da Língua Portuguesa que estuda e apresenta a forma correta de escrever as palavras*, consideradas as letras e os sinais gráficos (acentos, hífen, til etc.) utilizados.

2.2. Bases normativas

Dizemos que a ortografia é um sistema convencional, porque decorre de *um acordo entre os países que utilizam a mesma língua*. Ainda que em cada lugar possam ser adotadas pronúncias diferentes para a mesma palavra, a forma de escrevê-la será igual em todos eles.

Para os países lusófonos (*falantes da Língua Portuguesa*) devem ser observadas as Bases do Novo Acordo Ortográfico da Língua Portuguesa, assinado em 1990 por Brasil, Portugal, Angola, Cabo Verde, Guiné-Bissau, Moçambique, São Tomé e Príncipe e Timor-Leste.

Além do tratado internacional, temos também como fonte primária da ortografia o Vocabulário Ortográfico da Língua Portuguesa – VOLP, editado pela Academia Brasileira de Letras, que é um compêndio de todas as palavras da nossa língua com a forma correta de escrevê-las. Faz bem saber que ele está disponível para consulta na Internet: http://www.academia.org.br/abl/cgi/cgilua.exe/sys/start.htm?sid=23. Sempre que surgir uma dúvida sobre a ortografia de uma palavra, é só consultá-lo. Vale também qualquer bom dicionário. A vantagem do VOLP é que ele é o repositório oficial da Língua Portuguesa. Os dicionários, por sua vez, podem apresentar algumas discrepâncias de acordo com a opinião de seu autor.

2.3. Como estudar ortografia?

2.3.1. Leitura é fundamental

Para saber escrever corretamente as palavras, é necessário conhecê-las previamente. A maior dificuldade dos candidatos quando enfrentam questões de ortografia reside justamente em nunca ter lido determinada palavra que é cobrada na alternativa.

Ou seja, dominar a ortografia *é decorrência de possuir um bom vocabulário*. Construí-lo leva tempo, mas a melhor forma de fazê-lo é *lendo*. A bem da verdade, não há outro caminho. A leitura permite que você tome contato com uma série de palavras ao mesmo tempo e, assim, enriqueça sua linguagem.

A boa notícia é que *a leitura de qualquer texto é útil nesse exercício*, desde que, é óbvio, ele esteja bem escrito. Insira em seus hábitos a leitura de tipos diferentes de textos: livros, poesias, notícias sobre temas variados. Mas lembre-se de tudo o que falamos na Parte I sobre leitura ativa! Ao encontrar uma palavra que não conhece, escreva-a três vezes em um papel separado e vá ao dicionário procurar seu significado. Com essa rotina, além de aumentar sua cultura geral, você estará memorizando a grafia correta de uma série de vocábulos que podem ser úteis na hora da prova.

2.3.2. Quadro de palavras

Contudo, para emergências, use o quadro abaixo para consultas. Nele, elencamos algumas palavras mais eruditas e pouco utilizadas hoje em dia (e outras bastante usuais, mas que são frequentemente escritas erroneamente por aí!) em sua grafia correta. Leia-o com atenção e já marque aquelas que você nunca tinha visto ou descobriu que escrevia em desacordo com a ortografia:

abscesso	açafrão	açambarcar
adolescente	afã	aguarrás
algema	aliás	almoxarifado
alteza	anis	anseio
ansioso	apesar	apoteose
ascensão	assaz	atarraxar
atrás	berinjela	bílis
bochecha	broxa	bruxa
bucha	bugiganga	buzina
cachimbo	cacho	canjica
cenho	cerejeira	chacina
chorume	coaxar	comissão
concessão	conciso	coxa
crioulo	cuscuz	descendência
destreza	discente	disenteria
docente	enseada	enxada
enxugar	enxuto	escusar
esdrúxulo	esplêndido	estender
estrangeiro	exação	exalar
exasperar	exceção	excitar
expurgo	exsurgir	extensão
extraordinário	farsa	fascículo
foz	frenesi	fuligem

gaze	gengibre	gergelim
granizo	guizo	hirto
Iguaçu	infelizmente	jeito
jejum	jiló	jocoso
lagartixa	lêndea	lixo
majestade	mendigo	mercearia
mexer	miçanga	misto
monge	muçarela	murchar
muxoxo	nascimento	nicho
obsessão	ogiva	pança
piscina	pretexto	puxar
quesito	quis (verbo "querer")	revés
rocha	sacerdotisa	salsicha
sarjeta	sexo	sigilo
siso	sobrancelha	suscetível
tábua	tangerina	têxtil
tigela	titubear	tocha
tremoço	trincheira	viagem
víscera	você	xará
xícara	xilogravura	xingar

Há palavras, por seu turno, que *aceitam duas grafias como corretas*. É bom saber que tanto faz escrever:

aluguel	aluguer
anchova	enchova
assobiar	assoviar
caminhão	camião
certame	certâmen
cociente	quociente
coisa	cousa
dois	dous
espuma	escuma
flecha	frecha
germe	gérmen
louro	loiro
quatorze	catorze
quota	cota
quotidiano	cotidiano
regime	regímen
taberna	taverna

2.3.3. *Algumas regras*

Pode não parecer, mas grande parte das definições de ortografia, como as hipóteses em que se usa o "x" com som de "s" ao invés do próprio "s" ou "ss", tem uma razão de ser, uma justificativa (normalmente de cunho etimológico, ligada à origem da palavra).

Não há espaço e não é o foco desse livro elencar tais regras, seja pelo seu grande número, seja pela sua complexidade ou pela existência de inúmeras exceções.

Não obstante, há algumas normas simples que, uma vez incorporadas ao nosso conhecimento, facilitam bastante a resolução de questões sobre ortografia. Vamos a elas:

a) Utiliza-se letra maiúscula:

a1) em início de período ("Ontem não fui à aula.");

a2) após reticências ("Não sei... Talvez eu vá ao cinema.");

a3) em substantivos próprios (José, Rua Augusta, Idade Média);

a4) em nomes que designam altos conceitos religiosos, políticos ou nacionalistas (Igreja, Nação, Estado), desde que em sentido abstrato;

a5) em nomes que designam artes, ciências ou disciplinas (Direito, Matemática, Língua Portuguesa);

a6) em nomes que designam altas autoridades (Presidente da República, Ministro de Estado, Papa);

a7) pronomes pessoais de tratamento (Senhor, Vossa Excelência, Vossa Magnificência);

b) O som do "s" em palavras de origem indígena é feito pelo "ç". Exemplos: açaí, Iguaçu, uruçu, Paiçandu;

c) Palavras de origem indígena, africana ou árabe são escritas com "j" e não com "g". Exemplos: Moji-mirim, Moji-guaçu (apesar do nome oficial das cidades, conforme as leis municipais respectivas, ser grafado com "g"), pajé, jenipapo, jiló, canjica;

d) Palavras estrangeiras que contenham o dígrafo "sh", ao serem incorporadas ao Português, devem ser escritas com "x". Exemplo: xampu, xerife, xelim;

e) As letras "w", "k" e "y", apesar de oficialmente incorporadas ao nosso alfabeto, são utilizadas somente em palavras e nomes estrangeiros e seus derivados. Exemplos: watt, kart, playboy, darwinismo, wagneriano, Kuwait, kuwaitiano;

f) Atenção para não confundir locuções (*grupos de palavras com um único sentido*) com palavras únicas. Lembre-se: de repente, em cima, embaixo, à frente, atrás;

g) Os dígrafos "rr" e "ss" ocorrem apenas entre vogais, nunca antes ou depois de consoantes;

h) Antes de "p" e "b" utiliza-se "m"; antes das demais letras utiliza-se "n". *Excetuam-se os nomes estrangeiros e suas derivações.* Exemplos: Comte, comtista;

i) Não se usa "ch" depois de "n". Exemplos: enxuto, enxaqueca. *Exceções: encher (e derivados), anchova e anteposição do prefixo "en-" em palavras que já começam com "ch" – como em encharcar (originada de charco)*;

j) Não se usa "ch", "z" e "ss" depois de ditongo. Exemplos: lousa, gueixa, afeição. *Exceções: caucho (e derivados – recauchutar, recauchutagem) e diminutivos que usam o "z" como consoante de ligação (papeizinhos, fieizinhos).*

2.4. Homonímia e paronímia

Dá-se o nome de homônimas a palavras que *possuem a mesma grafia e/ou a mesma pronúncia*. Os homônimos subdividem-se, portanto, em:

a) Homófonos: *possuem a mesma pronúncia, mas grafias diferentes*. Exemplo: sela (do cavalo) e cela (da prisão);

b) Homógrafos: *possuem a mesma grafia, mas pronúncias diferentes*. Exemplo: sede (com o primeiro "e" fechado – vontade de tomar água) e sede (com o primeiro "e" aberto – matriz, estabelecimento principal de uma empresa);

c) Perfeitos: *possuem a mesma pronúncia* e *a mesma grafia*. Exemplo: são (conjugação do verbo "ser") e são (sadio, forte).

Parônimas, por sua vez, são *palavras de grafia parecida*, cuja semelhança pode causar confusão no receptor da mensagem. São parônimas, por exemplo, as palavras "eminente" (importante, destacado) e "iminente" (algo que está prestes a acontecer).

Para servir de guia, use o quadro abaixo com as palavras homônimas e parônimas que causam maiores dificuldades e não erre mais:

afiar (a faca)	afear (tornar feio)
alisar (tornar liso)	alizar (guarnição de janelas)
ária (tipo de música)	área (espaço)
assento (lugar onde se senta; registro)	acento (sinal gráfico)
besta (com "e" fechado – animal)	besta (com "e" aberto – tipo de arma)
cassar (anular)	caçar (abater animais)
censo (pesquisa)	senso (noção, percepção)
cervo (animal – pronuncia-se "cêrvo")	servo (escravo – pronuncia-se "sérvo")
chá (tipo de bebida)	xá (título religioso)
cheque (documento bancário)	xeque (jogada do xadrez)
cidra (fruto da cidreira)	sidra (tipo de bebida)
comprimento (medida)	cumprimento (saudação)
concerto (de música)	conserto (daquilo que estava quebrado)
coser (costurar)	cozer (cozinhar)
deferir (autorizar)	diferir (postergar, adiar)
descrição (relato)	discrição (cautela)
descriminar (deixar de ser crime)	discriminar (detalhar; segregar)
despensa (onde se guarda alimentos)	dispensa (liberar de obrigação)
eminente (importante)	iminente (o que está para acontecer)
extrato (da conta bancária)	estrato (camada)

insipiente (ignorante)	incipiente (inicial)
mandado (ordem)	mandato (tempo de gestão; procuração)
peão (de boiadeiro)	pião (brinquedo)
possa (conjugação do verbo "poder")	poça (d'água)
russo (relativo à Rússia)	ruço (esgarçado, gasto)
seção (parte, setor)	sessão (reunião)
taxar (aplicar taxa, tributar)	tachar (criticar)
terço (fração; símbolo religioso)	terso (limpo)

2.5. Uso de expressões e palavras homônimas

2.5.1. *Abaixo x A baixo*

a) **Abaixo** = interjeição de reprovação. Exemplo: "abaixo o Presidente!";

b) **Abaixo** = advérbio de lugar (é sinônimo de "embaixo"). Exemplo: "abaixo do tenente, está o sargento";

c) **A baixo** = opõe-se a "de alto". Exemplo: "observou a mulher de alto a baixo".

2.5.2. *Acerca de x A cerca de x Há cerca de x Cerca de*

a) **Acerca de** = "sobre"; "a respeito de". Exemplo: "fale-me acerca daquele assunto";

b) **A cerca de** = transmite a noção de distância. Exemplo: "o menino postou-se a cerca de cem metros";

c) **Há cerca de** = transmite a noção de tempo. Exemplo: "concluí o ensino superior há cerca de dez anos";

d) **Cerca de** = sinônimo de "durante", "aproximadamente". Exemplo: "estive viajando cerca de 15 dias".

2.5.3. *Acima x A cima*

a) **Acima** = indica posição superior, seja de algo concreto ou de um valor abstrato. Exemplos: "o armário está logo acima de sua cabeça"; "nada está acima da ética!";

b) **A cima** = opõe-se a "de baixo". Exemplo: "o vestido rasgou de baixo a cima".

2.5.4. *Afim de x A fim de*

a) **Afim de** = "parecido"; "semelhante"; transmite a noção de afinidade, proximidade entre duas pessoas ou coisas. Exemplos: "estou afim daquela menina" (linguagem coloquial); "sogro e genro são afins em linha reta" (linguagem jurídica);

b) **A fim de** = "com o intuito de"; indica um propósito, um objetivo. Exemplo: "escrevo um relatório a fim de apresentá-lo à diretoria durante a reunião".

2.5.5. Abaixo-assinado x Abaixo assinado

a) **Abaixo-assinado** = documento. Exemplo: "por favor, leia nosso abaixo-assinado";

b) **Abaixo assinado** = quem assina embaixo. Exemplo: "os advogados abaixo assinados requerem a soltura do réu".

2.5.6. Demais x De mais

a) **Demais** = tem valor de pronome indefinido (sinônimo de "os outros") ou de advérbio de intensidade (sinônimo de "excessivamente"). Exemplos: "onde estão os demais colegas?"; "ele come demais!";

b) **De mais** = locução adjetiva (tem valor de adjetivo) sinônima de "muito", oposta a "de menos". Exemplo: "bebi cerveja de mais".

2.5.7. Por que x Por quê x Porque x Porquê

a) **Por que** = locução sinônima a "por qual razão". É usada nas orações interrogativas e sempre que puder ser substituída pela correlata indicada. Exemplo: "por que você não foi ao meu aniversário?"; "agora você saberá por que faltei à aula ontem";

b) **Por quê** = tem exatamente o mesmo valor de "por que". O acento deve ser colocado quando a expressão ocorrer no fim da frase ou logo antes de uma pausa (vírgula, ponto e vírgula ou dois-pontos). Exemplos: "você não foi ao meu aniversário por quê?"; "antes de explicar por quê, sente-se";

c) **Porque** = é uma *conjunção explicativa*, ou seja, une duas orações nas quais a segunda expõe os motivos, as causas, da primeira. Exemplos: "não fui ao seu aniversário porque estava doente"; "estive em São Paulo porque precisava fazer compras";

d) **Porquê** = é um *substantivo* (sinônimo de "motivo", "razão"). Normalmente é usado antecedido do artigo definido "o(s)" e pode ser passado para o plural. Exemplo: "quero saber o porquê de sua teimosia"; "posso elencar uma série de porquês para a derrota".

2.5.8. Senão x Se não

a) **Senão** = conjunção equivalente a "caso contrário". Exemplo: "você deve estudar, senão não passará de ano";

b) **Senão** = conjunção equivalente a "mas também". Exemplo: "ele é o melhor atleta da cidade, senão do país";

c) **Senão** = depois de palavras negativas para formar um par. Exemplo: "não me irrite, senão coloco-o para fora";

d) **Se não** = sinônimo de "caso não". Exemplo: "se não estudar, não passará".

2.5.9. *Expressões que demandam cuidado*

a) Em vez de x Ao invés de: "em vez de" equivale a "no lugar de". Exemplo: "em vez de estudar, preferiu sair com amigos". Ao invés de é igual a "ao contrário de". Exemplo: "ao invés de fechar a janela, abriu-a mais";

b) Ao nível de x Em nível de: "a nível de" expressa que duas coisas estão na mesma altura. Exemplo: "Santos fica ao nível do mar". "Em nível de" exprime uma relação de hierarquia. Exemplo: "essa questão deve ser debatida em nível de Presidência da República";

c) Ao encontro de x De encontro a: "ao encontro de" reflete uma proximidade, uma correlação entre dois termos. Exemplo: "minhas ideias vão ao encontro das suas" (ou seja, são semelhantes). "De encontro a" tem sentido inverso, denota uma contrariedade. Exemplo: "minhas propostas vão de encontro às suas" (ou seja, são antagônicas, divergentes);

d) Em princípio x A princípio: "em princípio" equivale a "em geral". Exemplo: "em princípio, não me oponho às privatizações". "A princípio" tem o mesmo valor de "no início". Exemplo: "a princípio, bastava escrever algumas linhas; agora, exigem um longo texto".

2.6. Separação de sílabas

Vimos no item 1.1.3 que sílaba é a *estrutura fonética expressada através de apenas uma emissão de voz*, composta sempre por um núcleo, constituído de uma vogal, acompanhado de semivogais e/ou consoantes.

Assim, em regra, *uma palavra terá tantas sílabas quantas forem suas vogais*. Exemplos: ca-sa, fa-zen-da, li-vro. Note que separamos as sílabas com o uso do sinal de pontuação "-" (hífen).

Há de se ter cuidado somente com o reconhecimento dos fonemas vocálicos e dos semivocálicos. Os primeiros formam sílabas, os segundos, não. Portanto:

a) Os ditongos e tritongos não se separam, porque se constituem de *vogal + semivogal* ou *semivogal + vogal + semivogal*. Exemplos: be-to-n<u>ei</u>-ra, gra-t<u>ui</u>-to, Pa-ra-<u>guai</u>;

b) Os hiatos são separados, porque representam a junção de dois fonemas vocálicos, formando cada um sua própria sílaba. Exemplos: r<u>a</u>-<u>i</u>-nha; no-r<u>o</u>-<u>e</u>s-te.

Vejamos agora outras regras especiais de separação de sílabas:

c) Encontros consonantais são separados. *Exceções: aqueles terminados em "l" ou "r" ou quando se encontrarem no começo da palavra*. Exemplos: <u>bl</u>u-sa, la-<u>cr</u>ar, a<u>f</u>-<u>t</u>a, a<u>p</u>-<u>t</u>o, é<u>t</u>-<u>n</u>i-co, <u>mn</u>e-mô-ni-co, <u>pn</u>eu-má-ti-co (a palavra "pneu", portanto, é monossílaba!);

d) São separados os dígrafos *"rr", "ss", "sc", "sç", "xc" e "xs"*. Exemplos: a<u>r</u>-<u>r</u>oz, a<u>s</u>-<u>s</u>o-ar, a-do-le<u>s</u>-<u>c</u>en-te, cre<u>s</u>-<u>ç</u>a, e<u>x</u>-<u>c</u>e-ção, e<u>x</u>-<u>s</u>u-dar;

e) Não são separados os dígrafos *"ch", "lh", "nh", "qu" e "gu"*. Exemplos: a-<u>ch</u>ar, pi-<u>lh</u>a, ca-mi-<u>nh</u>ar, <u>qu</u>e-rer, <u>gu</u>er-rei-ro;

f) Não se separam os prefixos *"sub" e "ab". Exceção: se após o prefixo vier uma vogal.* Exemplos: sub-li-nhar, sub-ma-ri-no, ab-rup-to, ab-ro-gar, su-bu-ma-no, su--bo-fi-ci-al (atenção para a palavra su-bli-me! Aqui, "sub" não é prefixo!);

g) Separam-se os prefixos terminados em "s" ou "r" se vierem seguidos de vogal. Exemplos: tran-sa-tlân-ti-co, su-pe-ra-vi-tá-rio, bi-sa-vó, bis-ne-to.

2.7. Uso do hífen

2.7.1. *Na redação*

a) Separação de sílabas: ao redigir um texto, o hífen serve para separar as sílabas de uma palavra que tiverem de ficar em linhas diferentes. Se a linha terminar justamente no momento em que se usaria o hífen por qualquer razão, devemos repeti-lo na linha de baixo. Exemplo: sirva- *(final da linha)* -se;

b) Mesóclise e ênclise: quando o pronome for colocado "dentro" (mesóclise) ou após o verbo (ênclise), deve ser desse separado com hífen (voltaremos a esse assunto no item 5). Exemplo: "afastá-la-ei de minha vida"; "preciso vendê-la".

2.7.2. *Na ortografia*

Podemos identificar duas hipóteses nas quais a presença ou ausência do hífen torna a grafia da palavra certa ou errada, com regras bastante específicas para cada uma delas. Trata-se das palavras compostas e dos prefixos.

O problema é que muitas pessoas confundem esses dois conceitos e acabam por utilizar as regras de hifenização própria dos prefixos nas palavras compostas. Resultado: erro de ortografia!

Lembre-se: palavras compostas *são substantivos únicos formados a partir de dois outros termos, os quais também existem individualmente.* Podem seguir as fórmulas "substantivo + substantivo" (exemplo: hotel-escola); "adjetivo + substantivo" ou "substantivo + adjetivo" (exemplos: puro-sangue, amor-perfeito); "verbo + substantivo" (exemplo: guarda-roupa); ou "verbo + verbo" (exemplo: pegue-pague).

Já os prefixos *são anexados ao substantivo original para alterar-lhe o sentido.* O sufixo, sozinho, não pode aparecer. São exemplos: "pré-" (pré-escola), "sub-" (submundo), "vice-" (vice-presidente), "super-" (supermercado) etc..

Acompanhem, então, as regras de uso do hífen em cada caso.

2.7.2.1. Palavras compostas

O Novo Acordo Ortográfico trouxe várias mudanças nesse ponto. A partir dele, temos que:

a) **Palavras compostas de dois termos são hifenizadas:** como ocorre em guarda-roupa, porta-malas, guarda-sol, beija-flor, dois-pontos etc.;

b) **Palavras compostas de três termos não são hifenizadas:** como vemos em pé de moleque, fim de semana, dia a dia, ponto de interrogação etc.. Exceção: nomes de *plantas e animais continuam a ser grafados com hífen*, portanto temos joão-de--barro, cana-de-açúcar;

c) **Palavras compostas que perderam a noção de composição não são hifenizadas:** o que ocorreu em girassol, pontapé, paraquedas etc.. Há bastante divergência nesse ponto, porque o Novo Acordo Ortográfico não traz nenhum parâmetro do que seria a "perda da noção de composição". Assim, há autores que defendem, ainda, a grafia "para-quedas", por exemplo.

2.7.2.2. Prefixos

O Novo Acordo Ortográfico estabeleceu as seguintes regras para o uso do hífen em palavras formadas com prefixos:

a) **Usa-se o hífen** com os prefixos **"vice-"**, **"ex-"**, **"sem-"**, **"além-"**, **"aquém-"**, **"recém-"**, **"pós-"**, **"pré-"** e **"pró-"** em **todas as hipóteses**, sem exceção. Exemplo: vice-rei, vice-presidente, ex-atleta, ex-ministro, sem-terra, além-túmulo, aquém-mar, recém-chegado, pós-graduação, pré-projeto, pró-memória;

b) **Usa-se o hífen** em palavras **iniciadas com a letra "h"**. Exemplos: anti-higiênico, sobre-humano, super-herói. **Atenção!** Com o prefixo "sub-", é **facultativo** o hífen, *suprimindo o "h" da palavra original*: sub-humano ou subumano (que também se pronuncia "sub-humano"). **Redobre a atenção!** Com o prefixo "co-" temos uma **exceção**, porque **obrigatoriamente** *suprimiremos o "h" e não usaremos hífen*: coerdeiro, coabitar;

c) **Usa-se o hífen** quando o **prefixo terminar em vogal** e a **palavra começar com a mesma vogal.** Exemplos: micro-organismo, infra-assinado, contra-ataque. *Exceção: os prefixos "co-" e "re-" aglutinam-se sempre com a palavra, mesmo que iniciada com a vogal "o" ou "e", como vemos em cooperar, cooptar, coobrigação, reencarnar, reerguer*;

d) **Não se usa o hífen** quando o **prefixo terminar em vogal** e a **palavra começar com vogal diferente**. Exemplos: aeroespacial, plurianual, semianalfabeto;

e) **Não se usa o hífen** quando o **prefixo terminar em vogal** e a **palavra começar com consoante.** Caso a palavra comece com "r" ou "s", essa letra deverá ser duplicada ("rr" ou "ss"). Exemplos: anteprojeto, semicírculo, microcosmos, microssistema, antirrábica, minissaia, contrassenso;

f) **Usa-se o hífen** quando o **prefixo terminar em consoante** e a **palavra começar com a mesma consoante.** Exemplos: super-rápido, inter-racial;

g) **Usa-se o hífen** com os prefixos **"circum-"** e **"pan-"** se a **palavra começar com "m", "n" ou vogal.** Nos demais casos, não há hífen. Exemplos: circum-navegação, pan-americano, circumpercorrer, pancosmismo;

h) **Não se usa o hífen** quando o **prefixo terminar em consoante** e a **palavra começar com consoante diferente**. Exemplos: supermercado, hiperproteção. *Exceção: com os prefixos "ab-" e "sub-", usa-se o hífen antes de palavra iniciada por "r", como vemos em ab-rogar, sub-raça;*

i) **Não se usa o hífen** quando o **prefixo terminar em consoante** e a **palavra começar com vogal**. Exemplos: subárea, interestadual, superinteressante.

2.8. Acentuação gráfica

2.8.1. *Prosódia*

Ao pronunciarmos uma palavra, é fácil perceber que uma das sílabas é pronunciada com mais ênfase, com mais destaque, enquanto as demais são articuladas de forma mais branda. Dizemos, então, que toda palavra tem uma **sílaba tônica** (forte) e outras **sílabas átonas** (fracas). O ramo da fonética que estuda essa relação chama-se **prosódia** e, nesse aspecto, as palavras são classificadas em:

a) **Oxítonas:** *aquelas cuja sílaba tônica é a última*. Exemplos: ca-fé, sa-bi-á, A-ma-pá;

b) **Paroxítonas:** *aquelas cuja sílaba tônica é a penúltima*. Exemplos: lá-pis, pe-dra, sa-bi-a, ar-má-rio;

c) **Proparoxítonas:** *aquelas cuja sílaba tônica é a antepenúltima*. Exemplos: ár-vo-re, xí-ca-ra, sá-ba-do.

Perceba que, não importa o número de sílabas, em nosso idioma a prosódia determina a ênfase em uma das três últimas. Mesmo as maiores polissílabas que encontrarmos serão oxítonas, paroxítonas ou proparoxítonas.

Já os monossílabos não se enquadram nesses conceitos, justamente por terem uma única sílaba. Por isso, são divididos apenas entre **monossílabos tônicos** (céu, pé, ás [substantivo]) e **monossílabos átonos** (lhe, de [preposição], as [artigo]).

No campo da ortografia, a prosódia tem uma consequência importante. Conforme as convenções adotadas, a sílaba tônica pode ou não receber um sinal gráfico, denominado **acento**, que indica seu destaque na pronúncia da palavra. Outro ponto de destaque: ao usarmos palavras latinas, *qualquer que seja sua prosódia, não devemos usar o acento*, porque tal convenção não era conhecida no latim, e devemos grafá-las em *itálico* ou entre aspas, **exceto se as palavras já foram incorporadas ao nosso idioma e usarmos sua forma aportuguesada.** Exemplos: *habitat* (é proparoxítona), *venia* (é paroxítona), *quorum* (é paroxítona); por outro lado, escreve-se fórum, vênia.

Na Língua Portuguesa, os acentos *que indicam tonicidade da sílaba são o* **acento agudo** (som aberto) e o **acento circunflexo** (som fechado) e apenas as vogais podem recebê-los. Há outros sinais gráficos com funções distintas, conforme veremos.

Abaixo, lançamos algumas palavras que costumam gerar dificuldades na prosódia.

2.8.1.1. São oxítonas as palavras:

cateter	condor	hangar
harém	masseter	mister
Nobel	novel	recém
refém	ruim	sutil

2.8.1.2. São paroxítonas as palavras:

acórdão	avaro	aziago
batavo	caracteres	ciclope
clímax	decano	dúctil
efebo	epifania	erudito
exegese	filantropo	fluido
fórceps	fortuito	gratuito
ibero	látex	misantropo
necropsia	nenúfar	pudico

2.8.1.3. São proparoxítonas as palavras:

ágape	álibi	amálgama
aríete	arquétipo	bávaro
bólido	brâmane	cáfila
cizânia	crisântemo	écloga
édito	égide	ímprobo
ínclito	ínterim	leucócito
ômega	pântano	plêiade
protótipo	réquiem	vândalo

2.8.1.4. Palavras que admitem dupla prosódia:

acrobata	acróbata
alopata	alópata
autopsia	autópsia
biopsia	biópsia
hieroglifo	hieróglifo
Madagascar	Madagáscar
Oceania	Oceânia
ortoepia	ortoépia
oximoro	oxímoro
projetil	projétil
reptil	réptil
soror	sóror
zangão	zângão
zenite	zênite

2.8.2. Regras de acentuação

2.8.2.1. Palavras proparoxítonas

Todas as proparoxítonas são acentuadas. Exemplos: ár-vo-re, pro-pa-ro-xí-to-na, cân-ti-co, ju-rás-si-co.

É a regra de acentuação mais fácil de nossa Língua. Não comporta nenhum caso especial ou exceção.

2.8.2.2. Palavras paroxítonas

a) Regra geral 1: *não são acentuadas as paroxítonas terminadas em* o(s), a(s), e(s). Exemplos: ca-dei-ra, ma-cha-do, fi-am-bre;

b) Regra geral 2: *são acentuadas as paroxítonas terminadas em* i(s), us, r, l, x, n, um(ns), ão(s), ã(s), ps, om(ns). Exemplos: jú-ri, lá-pis, bô-nus, ca-rá-ter, fá-cil, cór-tex, hí-fen, pó-len (mas não o plural: *hi-fens, po-lens*), ál-bum, mé-diuns, ór-fão, a-cór-dãos, í-mã, ór-fãs, bí-ce-ps, rá-dom, pró-tons;

c) Hiato: *são acentuados o* i(s) *e o* u(s) *tônicos quando forem a segunda vogal de um hiato e estiverem sozinhas na sílaba.* Exemplos: sa-í-da, fa-ís-ca, gra-ú-do, ba-la-ús-tre.

Exceções: *não serão acentuados se estiverem depois de ditongo ou antes de "nh"*. Exemplos: fei-u-ra, cau-i-la, ra-i-nha, mo-i-nho.

2.8.2.3. Palavras oxítonas

a) Regra geral: *são acentuadas as palavras oxítonas terminadas em* o(s), a(s), e(s). Exemplos: Mos-so-ró, A-ma-pá, Gua-xu-pé;

b) Ditongos: *são acentuadas as oxítonas terminadas em* ditongo aberto seguido ou não de "s". Exemplos: he-rói (mas he-roi-co, porque essa é paroxítona), quar-téis, tro-féu;

c) Hiato: *são acentuados o* i(s) *e o* u(s) *tônicos quando forem a segunda vogal de um hiato e estiverem sozinhas na sílaba, mesmo que precedidas de ditongo*. Exemplos: Pi-au-í, Gra-ja-ú, tui-ui-ús;

d) Verbos com pronome enclítico: quando, segundo as regras de colocação pronominal, o pronome estiver depois do verbo (ênclise), normalmente este apresenta uma pequena adaptação em sua ortografia por questões fonéticas. Nesses casos, o verbo deve ser considerado uma palavra autônoma do jeito que está escrito, ignorando-se o pronome, para verificarmos se é caso de acentuação. Exemplos: "vou ajudá-lo" ("a-ju-dá" é oxítona terminada em "a", portanto leva acento); "devo adverti-lo" ("ad-ver-ti" é oxítona terminada em "i", portanto não leva acento).

2.8.2.4. Monossílabos

a) Monossílabos tônicos: *seguem as regras de acentuação das oxítonas*. Exemplos: pó, pá, pé, céu, mi (nota musical), nu;

b) Monossílabos átonos: *não são acentuados*. Vale destacar que a caracterização de um monossílabo como tônico ou átono depende de seu uso na frase, porque isso implicará na entonação que lhe é dada. Veja: de (preposição → átono); dê (verbo → tônico); as (artigo → átono); ás (substantivo → tônico).

2.8.2.5. Novo Acordo Ortográfico

Atenção! Desde a vigência do Novo Acordo Ortográfico, várias palavras que antes eram acentuadas deixaram de ser. Vejamos:

a) Não levam acento os ditongos abertos das palavras paroxítonas, ou seja, i-dei-a, he-roi-co, as-sem-blei-a *não são acentuadas*;

b) Não levam acento as letras duplicadas, ou seja, vo-o, zo-o, le-em (conjugação do verbo "ler"), de-em (conjugação do verbo "dar"), en-jo-o *não são acentuadas*.

Mas, cuidado! Quando essas letras se aglutinaram em uma só, deverão ser acentuadas. É o que ocorre em *têm* (conjugação da 3ª pessoa do plural do presente do indicativo do verbo "ter") e *vêm* (conjugação da 3ª pessoa do plural do presente do indicativo do verbo "vir").

Redobre a atenção: *vêm* é conjugação do verbo "vir" e não do verbo "ver", que se conjuga, na 3ª pessoa do plural do presente do indicativo, como *ve-em* (e, portanto, não leva acento, conforme a regra enunciada);

c) Não existe mais o acento diferencial, ou seja, "pa-ra" (do verbo "parar") não leva mais acento para diferenciar-se de "pa-ra" (preposição); "pe-ra" (fruta) não leva mais acento para diferenciar-se de "pe-ra" (preposição + artigo).

Exceções: mantém-se o acento diferencial obrigatoriamente em "pôr" (verbo) para afastá-lo de "por" (preposição) e "pôde" (conjugação da 3ª pessoa do singular do pretérito perfeito do indicativo do verbo "poder" – timbre fechado) para distanciá-lo de "pode" (conjugação da 3ª pessoa do singular do presente do indicativo do verbo "poder" – timbre aberto); e facultativamente utiliza-se o acento diferencial em "fôrma" (de bolo – timbre fechado) para destacá-la de "forma" (maneira de fazer – timbre aberto).

2.8.3. Outros sinais gráficos

Como mencionado anteriormente, a Língua Portuguesa lança mão de outros sinais gráficos *cuja função não é destacar a sílaba tônica das palavras*, mas sim anotar *outros detalhes ligados a sua pronúncia ou à própria ortografia*. Vamos a eles:

a) Acento grave (`): *indica a ocorrência da crase, fenômeno que decorre da aglutinação de dois fonemas vocálicos "a"*. Dada sua importância, será analisado separadamente no tópico seguinte;

b) Til (~): *indica a nasalização da vogal*. Ao contrário do que muitos pensam, ele não indica sílaba tônica. É possível que a mesma palavra contenha til e um acento de intensidade. Exemplos: pão, pensão, ação, acórdão (paroxítona), órfão (paroxítona);

c) Trema (¨): *indicava a pronúncia do "u" átono nas construções "gue", "gui", "que" e "qui"*. Desde o Novo Acordo Ortográfico, porém, *ele perdeu essa função!* Atualmente, é usado apenas em nomes estrangeiros e seus derivados. Exemplos: Müller, mülleriano, linguiça (pronuncia-se o "u"), aquífero (pronuncia-se o "u");

d) Apóstrofo: *indica a elipse de um fonema, ou seja, a supressão de uma vogal da palavra*. Ocorre em duas hipóteses:

d1) Palavras compostas com a preposição "de" seguida de outro elemento iniciado em vogal: caixa d'água, pau d'alho, galinha d'angola;

d2) Em textos literários ou poéticos, por exigência da métrica: como nos textos abaixo, ambos trechos de sonetos de Luiz Vaz de Camões:

Texto I

"Se nela está minh'alma transformada,
que mais deseja o corpo de alcançar?
em si somente pode descansar,
pois consigo tal alma está liada."

Texto II

"enfim, tudo o que a rara natureza
com tanta variedade nos of'rece,
me está, se não te vejo, magoando."

Evanildo Bechara (*op. cit.*) reconhece o uso da redução "pra" (no lugar da preposição "para") em linguagem poética ou coloquial. Segundo o autor, por se tratar de uma redução no termo original e não de uma elipse de fonema, não se usa o apóstrofo (recomenda o uso de "pra" e não "p'ra").

2.8.4. Crase

2.8.4.1. Conceito

Chama-se crase o *fenômeno fonético de aglutinação de duas vogais iguais em um só fonema*. O termo designa qualquer situação de reunião de dois fonemas vocálicos, contudo os principais casos referem-se ao fonema /a/.

2.8.4.2. Representação

Quando ocorrer crase em relação ao fonema /a/, ela é designada através do acento grave (`) sobre a vogal. Exemplos: àquela; à.

Portanto, *é incorreto dizer que, em determinada situação, "o 'a' tem crase"*. Crase é o fenômeno fonético; acento grave é a sua forma de representação. Deve-se dizer que *"ocorre a crase"* ou *"o 'a' tem acento grave indicativo da crase"*.

2.8.4.3. Hipóteses gerais

Genericamente, podemos apontar duas situações onde ocorre crase:

a) Na aglutinação da preposição "a" com o artigo definido "a(s)" ou com o fonema inicial dos pronomes "aquele(s)", "aquela(s)", "aquilo". Exemplos: "fui à cidade"; "refiro-me àquele homem";

b) Como acento diferencial em locuções adverbiais formadas pela preposição "a" e substantivo feminino singular. Exemplos: à força, à míngua, à distância, à noite.

2.8.4.4. Casos específicos

Passemos à análise de cada caso específico em que *devemos* usar o acento grave indicativo da crase, ou seja, suas ocorrências obrigatórias:

a) Preposição "a" + artigo definido feminino "a": *ocorrerá crase quando o verbo utilizado reger a preposição "a" e esta for seguida de palavra feminina acompanhada do artigo definido "a"*. Exemplos: "refiro-me à mulher que passou por nós"; "solicitei informações à diretora da escola".

Para identificarmos se é caso de crase, *basta substituirmos a palavra feminina por uma palavra masculina*. Se da transformação resultar "ao" (a+o), significa que existem na oração a preposição e o artigo, logo há crase. Exemplo: "refiro-me ao homem que passou por nós"; "refiro-me à mulher que passou por nós."

Por outro lado, se após a substituição a frase for formada apenas com "a", significa que o termo posterior não está acompanhado de artigo; se for formado apenas com "o", significa que o verbo não rege preposição "a", portanto não há crase em nenhum dos dois casos. Exemplo: "requisitamos o material"; "requisitamos as caixas"; "só falava a homens de bom senso"; "só falava a mulheres de bom senso".

Atenção! A palavra feminina pode, por vezes, estar oculta (hipótese de elipse). Mesmo assim, deveremos usar a crase: "dirigi-me à Ayrton Senna" (à rodovia Ayrton Senna);

b) Preposição "a" + pronomes demonstrativos "aquele(s)", "aquela(s)" ou "aquilo": *nesse caso, a preposição aglutina-se com o fonema inicial do pronome*. Exemplo: "quanto àquela casa, quero que a destrua"; "diga isso àquele senhor";

c) Preposição "a" + pronome relativo "a(s) qual(is)": na hipótese do verbo reger a preposição "a", ocorrerá crase com a locução pronominal "a qual". Veja: "minha mulher, à qual sempre recorri em situações difíceis, estava mais uma vez ao meu lado". Note que substituindo a palavra "mulher" por outra masculina ("meu marido", por exemplo), teremos "ao qual" – o que confirma a ocorrência da crase;

d) Preposição "a" + nomes de lugares que exigem o artigo definido "a": quando estamos diante de topônimos (nomes de lugares) femininos, é necessário verificar se eles são obrigatoriamente antecedidos do artigo definido. Caso positivo, há crase. Exemplos: "fui à Itália"; "fui a Paris".

Para verificar a necessidade do acento grave, a dica é *substituir o verbo por "voltar" ou "vir", que regem a preposição "de"*. Se da transformação resultar "da" (de+a), é porque ocorre crase com o verbo "ir" ou "chegar". Se, mesmo assim, aparecer somente o "de", é porque não existe a crase. Veja só: "voltei da Itália"; "fui à Itália"; "voltei de Paris"; "fui a Paris".

A rima abaixo vai ajudá-lo a memorizar essa regra:

"Fui 'a', voltei 'da', crase há;

Fui 'a', voltei 'de', crase pra quê?"

Atenção! Mesmo com topônimos femininos que, em regra, repelem o artigo definido "a" *pode haver crase, na hipótese desses lugares estarem acompanhados de uma característica que os tornem únicos*. Exemplos: "fui a Paris"; "fui à Paris das belas artes"; "cheguei a casa"; "cheguei à casa de meus pais";

e) Locuções adverbiais formadas por palavras femininas: levam o acento grave indicativo da crase as expressões "às vezes", "à vista", "às pressas", "à força", "às escondidas", "à toa" etc.. *Exceções: não se recomenda o uso do acento grave em* *locuções adverbiais de instrumento (muito embora alguns gramáticos o autorizem)*: "ele desenha a mão livre"; "escreveu o texto a máquina";

f) Locuções prepositivas (com valor de preposição) formadas por palavras femininas: ocorre crase em "à procura de", "à frente de";

g) Locuções conjuntivas (com valor de conjunção) formadas por palavras femininas: como ocorre em "à medida que", "à proporção que";

h) Ao expressarmos o horário, esteja a palavra "hora" expressa ou implícita: sempre que expressarmos o momento em que algo aconteceu, o "a" deve indicar a crase. Exemplos: "a festa começará às duas horas"; "o trem chegou à uma".

Repita-se: nas situações acima, a crase é *obrigatória*. Agora, nas situações abaixo, ela será *facultativa*:

a) Antes de pronomes possessivos: "vou a sua casa"; "vou à sua casa"; "mandei um bilhete a minha mãe"; "mandei um bilhete à minha mãe".

Atenção! Alguns gramáticos, como Evanildo Bechara (*op. cit.*), indicam que a crase é facultativa *somente se o substantivo e o pronome estiverem no singular*. Se estiverem no plural, a crase será obrigatória: "dirigiu-se às minhas irmãs";

b) Antes de nomes próprios femininos: "escreva a Luíza"; "escreva à Luíza". A crase aqui é facultativa porque também o é a colocação do artigo definido "a" antes de nomes próprios femininos. Isso é muito fácil de notar conforme os regionalismos observados em nosso país: enquanto no Sudeste é comum inserir o artigo ("será que a Giovanna não vem?"), no Nordeste dificilmente ele é colocado ("será que Giovanna não vem?");

c) Após a preposição "até": "vou com você até a porta"; "vou com você até à porta";

d) Antes de alguns topônimos femininos: segundo Renato Aquino (In "Português para concursos". 27ª ed. rev. e at. Niterói: Impetus, 2011, p. 127), os topônimos *Ásia, África, Europa, França, Inglaterra, Escócia, Espanha* e *Holanda* podem ou não ser precedidos do artigo definido "a", gerando facultativamente a crase.

Salientamos, por fim, situações nas quais a crase é proibida, consistindo grave erro gramatical, apesar de muitas vezes ser vista em diversos tipos de texto:

a) Antes de palavra masculina: "a pé", "a prazo", "entregue isso a ele, por favor";

b) Antes de verbo: "a partir de", "pôs-se a correr desesperadamente";

c) Antes de palavra no plural: "cante somente a pessoas que saibam apreciar a música";

d) Antes de palavras de sentido indefinido: como "uma", "certa", "qualquer", "cada", "toda". Exemplos: "vou a qualquer praça"; "entregue isso a cada pessoa que encontrar";

e) Antes de pronomes pessoais de tratamento: como "Vossa Excelência", "Vossa Reverendíssima", "Vossa Senhoria" etc.. Exemplos: "dirijo-me a Vossa Excelência respeitosamente".

Exceções: admite-se a crase antes de "Senhora" e "Dona". Exemplo: "Falei à Dona Leonor sobre o caso";

f) Em expressões formadas por palavras repetidas: portanto, "gota a gota", "cara a cara";

g) Antes da palavra "terra", quando estiver empregada como contrário de "bordo": "chegar a terra firme";

h) Com a palavra "distância", se estiver desacompanhada de qualquer qualificação: "observamos tudo a distância"; "observamos tudo *à* distância *de cinquenta metros*";

i) Quando componente de expressões de duração, que indicam um período de tempo: desde que precedidas de preposição pura ("de"). Exemplos: "haverá aulas de segunda a sexta"; "a missa terá de uma a duas horas de duração". **Atenção!** Se houver aglutinação de artigo com a preposição ("de" + "a") *ocorrerá crase*: "estarei fora *das* sete *às* nove horas"; "estarei fora *de* sete *a* nove horas";

j) Após preposição (exceto "até", que torna a crase facultativa): "o deputado discursou perante a plebe"; "eu o vi andando pela rua após as onze horas da noite".

3. PONTUAÇÃO

3.1. Noção geral

Segundo Nina Catach, pontuação é "*um sistema de reforço da escrita, constituído de sinais* sintáticos, *destinados a organizar as relações e a proporção das partes do discurso e das pausas orais e escritas. Estes sinais também participam de todas as funções da sintaxe: gramaticais, entonacionais e semânticas*" (*apud* BECHARA, Evanildo. *Op. cit.*, p. 654. Itálico no original).

Os sinais de pontuação são sinais gráficos utilizados, portanto, para facilitar a estruturação dos termos da mensagem escrita e sua compreensão pelo receptor. Cada um exerce determinada função dentro desse sistema, que podem ser de **pausa** (como o ponto e a vírgula) ou de **comunicação** (como os dois-pontos e as aspas).

A colocação dos sinais de pontuação dentro da oração é de extrema importância para seu significado. Por força das regras que vamos aprender logo mais, o uso ou não uso de um sinal em determinado momento pode alterar substancialmente aquilo que se pretende dizer. Daí a importância de estudarmos a pontuação segundo a norma culta da Língua Portuguesa.

Veja-se, por exemplo, o caso real ocorrido em uma entrevista concedida pelo ex-Presidente da República Fernando Henrique Cardoso. Segundo o veículo de comunicação, ao ser questionado sobre a possibilidade de privatização da Petrobras, o sociólogo teria respondido:

"Não sou contra a privatização da Petrobras".

Quando foi posteriormente confrontado com a posição externada na entrevista, Fernando Henrique Cardoso apressou-se em esclarecer que houve um equívoco por parte do repórter. Na verdade, sua resposta teria sido:

"Não, sou contra a privatização da Petrobras".

De fato, a colocação da vírgula após o advérbio de negação "não" tem o poder de alterar completamente o que disse o entrevistado.

Há uma brincadeira famosa circulando na Rede Mundial de Computadores sobre a importância da pontuação em relação ao significado da mensagem. Acompanhe a história:

"Um senhor muito rico faleceu e deixou seu testamento composto apenas da seguinte frase, sem qualquer sinal de pontuação:

Deixo meus bens a meu irmão não a meu sobrinho jamais será paga a conta do alfaiate nada dou aos pobres.

Diante da aparente ausência de sentido no texto, o irmão e o sobrinho do falecido, o alfaiate e uma instituição de caridade passaram a pleitear, todos eles, a integralidade da herança.

Para o irmão, o testamento estaria assim redigido: *deixo meus bens a meu irmão, não a meu sobrinho. Jamais será paga a conta do alfaiate. Nada dou aos pobres.*

Já para o sobrinho, na verdade seu tio quis dizer: *deixo meus bens a meu irmão? Não! A meu sobrinho. Jamais será paga a conta do alfaiate. Nada dou aos pobres.*

Por outro lado, o alfaiate também tinha razão ao defender a seguinte redação: *deixo meus bens a meu irmão? Não! Ao meu sobrinho? Jamais! Será paga a conta do alfaiate. Nada dou aos pobres.*

E o que dizer da instituição de caridade? Certamente seria a beneficiária com a seguinte pontuação do texto: *deixo meus bens a meu irmão? Não! Ao meu sobrinho? Jamais! Será paga a conta do alfaiate? Nada! Dou aos pobres.*"

Não há dúvidas, agora, sobre o reflexo da pontuação no sentido e na correção de um texto. Passemos, então, ao estudo de cada um dos sinais e suas aplicações.

3.2. Sinais de pontuação

3.2.1. Ponto

Representado pelo sinal gráfico ".", o ponto é utilizado duas hipóteses:

a) Para finalizar orações que não sejam interrogativas, exclamativas ou que exprimam incerteza ou reflexão (quando se usarão as reticências), ou seja, a utilização do ponto é residual: quando a frase for encerrada e não for caso de ponto de interrogação, ponto de exclamação ou reticências, coloca-se o ponto. Exemplos:

Gostei muito do livro de Machado de Assis.

Amanhã irei ao cinema.

b) Para indicar abreviaturas: p. (para "página"), obs. (para "observação"), v.g. (para "*verbi gratia*" = "por exemplo", em latim) etc.. *Exceção: não se usa o ponto quando a abreviação representar unidades técnicas (como medida, tempo, velocidade). Por isso, temos 100m (cem metros), 10s (dez segundos) etc..*

Foneticamente, o ponto equivale a uma *pausa longa* na leitura. Após o ponto, deve-se utilizar **letra maiúscula**.

3.2.2. Ponto de interrogação

Representado pelo sinal gráfico "?", o ponto de interrogação é utilizado *para finalizar orações interrogativas diretas*, ou seja, aquelas que exprimem uma pergunta, uma dúvida do orador, seja ela real ou simplesmente retórica. Exemplos:

– Quem é você?

– Ora, quem sou eu? Sou o proprietário da casa.

Por razões de estilo, o ponto de interrogação pode ser seguido de ponto de exclamação para *indicar o estado de dúvida ou de surpresa* do orador:

– Foi você quem rendeu os ladrões?!

Nas orações interrogativas indiretas (discurso indireto), *não se usa o ponto de interrogação*. Exemplo:

– Ontem Leonardo esteve aqui e perguntou quando poderia encontrá-lo.

Após o ponto de interrogação, em regra, deve-se utilizar letra maiúscula. Porém, é comum na literatura o uso de minúsculas em caso de *interrogações internas na oração*:

Texto III

"Mas que pecado é este que me persegue? pensava ele andando.
Ela é casada, dá-se bem com o marido, o marido é meu amigo,
tem-me confiança, como ninguém... Que tentações são estas?"

(ASSIS, Machado de. *Quincas Borba*)

3.2.3. Ponto de exclamação

Representado pelo sinal gráfico "!", o ponto de exclamação é utilizado em três hipóteses:

a) Para finalizar orações exclamativas, aquelas *nas quais o orador expressa com maior ênfase suas palavras*, representando surpresa, medo, ironia etc.. Exemplos:

Eu não acredito que você conseguiu o emprego!

Eu juro que o dinheiro estava aqui!

b) Para separar as interjeições, que são *expressões que traduzem estados emotivos*. As interjeições estão sublinhadas nos exemplos abaixo:

<u>Uau</u>! Que carro bonito!

<u>Ei</u>! Cuidado por onde anda!

c) Para separar as onomatopeias, termos da oração *que representam sons*. Exemplo:

Estava andando pela rua, quando, de repente, <u>bum</u>! Um ônibus bateu no poste.

Vale para o ponto de exclamação as mesmas anotações que fizemos em relação ao ponto de interrogação quanto ao discurso indireto e à possibilidade literária de a ele seguir-se letra minúscula.

3.2.4. *Reticências*

Representadas pelo sinal gráfico "..." (vulgarmente conhecidas como "três pontinhos"), as reticências são utilizadas em três hipóteses:

a) Para expressar um pensamento incompleto, sua interrupção ou a dúvida em exteriorizá-lo. Exemplos:

Estive pensando... Ah, deixa para lá!

Vou almoçar... Ou melhor, primeiro vou ao banco.

b) Na transcrição de um diálogo, para representar o silêncio do interlocutor. Exemplo:

– Eu sou o máximo, você não acha?

– ...

c) Em citações de outras obras, para indicar a supressão de trechos sem interesse. Nesse caso, devem vir entre parênteses. Exemplo:

Texto IV

> "O grifo é um monstro com o corpo de um leão, a cabeça e as asas de uma águia, e o dorso recoberto de penas. (...) Ele tem garras e presas tão grandes que o povo da Índia costumava usá-las para fazer copos."
>
> (BULFINCH, Thomas. *O livro da mitologia*)

Lembre-se que após as reticências o texto deve continuar com letra maiúscula, sendo autorizada a letra minúscula em produções literárias e na linguagem poética.

3.2.5. *Vírgula*

Representada pelo sinal gráfico ",", a vírgula é utilizada em uma série de situações na Língua Portuguesa, sendo o sinal de pontuação que mais gera dúvidas quanto ao seu uso correto. Veremos, porém, que os principais casos em que a vírgula aparece podem ser facilmente compreendidos se entendermos antes a estrutura da oração.

Dizemos que determinado período está na ordem direta quando vem estruturado seguindo a fórmula:

SUJEITO + VERBO + COMPLEMENTOS

Exemplos:

João	comprou	uma moto	ontem.
(sujeito)	(verbo)	(complemento)	(complemento)

Se a oração está na ordem direta, não se usa vírgula.

Por outro lado, teremos a ordem indireta quando há uma inversão nos termos da oração, colocando-os de qualquer maneira diferente da enunciada acima. Exemplo:

Ontem,	João	comprou	uma moto.
(complemento)	(sujeito)	(verbo)	(complemento)

Se a oração está na ordem indireta, separa-se com vírgula o termo que está deslocado. Em nosso exemplo, o adjunto adverbial "ontem" foi deslocado para o início da oração, portanto deve ser separado dos demais elementos com vírgula. Ressalte-se que vale a mesma regra para os períodos compostos, *que são formados por duas ou mais orações.* Veja só:

João comprou uma moto para passear.
(sujeito) (verbo) (complemento) (complemento)
|----------Oração principal---------------| |--Oração subordinada adverbial--|

Para passear, João comprou uma moto.
(complemento) (sujeito) (verbo) (complemento)
|---Oração subordinada adverbial---------------| |-----------Oração principal-------------|

Note que ao deslocarmos a oração "para passear" – que tem função sintática de adjunto adverbial – devemos separá-la com vírgula da oração principal, *seguindo a mesma regra enunciada acima.*

Naturalmente, em se tratando de Língua Portuguesa, esse padrão não é absoluto. Há situações nas quais utilizamos vírgula mesmo quando a oração está na ordem direta e há situações nas quais, mesmo o termo estando deslocado, a vírgula é facultativa.

Devemos, destarte, aprofundar os estudos para resolver as questões mais difíceis sobre pontuação nas provas. Vamos elencar todas as regras:

a) Não se separa com vírgula o sujeito do verbo. Exemplos:

Pedro vai ao cinema.

Antes de ir à escola, Joana visita a avó.

Cumprir os compromissos é questão de honra.
|----Or. sub. subst. subjetiva-----| |-----Oração principal-----|

Perceba no terceiro exemplo que a oração "cumprir os compromissos" exerce a função de sujeito da outra oração, "é questão de honra". Portanto, ela não pode ser separada com vírgula do verbo de ligação "é";

b) Não se separa com vírgula o verbo de ligação do predicativo. Exemplos:

Maria é bonita.

Esse menino é muito agitado!

Em qualquer das duas orações, seria incorreto colocar vírgula após o verbo de ligação "é" para separá-lo dos predicativos do sujeito "bonita" ou "muito agitado";

c) Não se separa com vírgula o verbo transitivo de seus complementos (objeto direto e indireto). Exemplo:

Enviei cartões de Natal a meus amigos.
(verbo) (objeto direto) (objeto indireto)

d) Não se usa vírgula ao escrever numerais por extenso. Exemplos: quatro mil quinhentos e vinte e três, cinco milhões setecentos e noventa e um mil cento e treze;

e) Usa-se a vírgula, mesmo na ordem direta, para intercalar o aposto, o vocativo, conjunções adversativas e conclusivas deslocadas e orações subordinadas adjetivas explicativas. Exemplos:

O prédio da escola, antigo e descascado, ainda guardava seus segredos. (aposto)

Venham, queridos, o jantar está na mesa! (vocativo)

Não posso, todavia, deixar de agradecer! (conjunção adversativa)

Devemos, portanto, encerrar o documento hoje. (conjunção conclusiva)

Luíza, que estava no Canadá, não aproveitou a promoção. (or. sub. adj. explic.)

f) Usa-se vírgula para separar orações coordenadas, exceto as aditivas (iniciadas com a conjunção "e"). Exemplo:

Fui ao supermercado e depois caminhei pelo parque. (or. coord. aditiva)

Queria muito vê-lo hoje, mas não terei tempo. (or. coord. adversativa)

Exceção: as orações coordenadas aditivas podem ser facultativamente separadas com vírgula **se os sujeitos das orações forem diferentes**. Acompanhe:

Henrique escreve um livro e seu filho dorme.

Henrique escreve um livro, e seu filho dorme.

g) Usa-se vírgula para separar termos elencados em uma mesma oração e vinculados à mesma palavra determinada. Exemplos:

Preciso comprar pão, farinha, leite...

Jorge, Paulo, Pedro e Antônio cuidarão de tudo.

Atenção! Se a lista contiver *itens que, eles próprios, tenham subdivisões (ou seja, internamente precisem ser separados por vírgula), recomenda-se o uso do ponto e vírgula para separar os itens "principais" por questão de clareza.* No caso do exemplo abaixo:

A ação civil pública é usada para pleitear a condenação pelos danos causados ao meio ambiente, ao consumidor, a bens e direitos de valor artístico, estético, histórico, turístico e paisagístico, a qualquer outro interesse difuso ou coletivo, por infração da ordem econômica e à ordem urbanística.

Recomenda-se (não é obrigatório) pontuar da seguinte forma:

A ação civil pública é usada para pleitear a condenação pelos danos causados ao meio ambiente; ao consumidor; a bens e direitos de valor artístico, estético, histórico, turístico e paisagístico; a qualquer outro interesse difuso ou coletivo; por infração da ordem econômica; e à ordem urbanística.

Perceba que deixamos a vírgula para separar os elementos internos de um dos itens, intercalando os demais com ponto e vírgula;

h) Usa-se vírgula para separar o local e a data em cartas, ofícios e outros documentos oficiais. Exemplo:

São Paulo, 31 de dezembro de 2012.

i) Usa-se vírgula para indicar a elipse (supressão) de um termo da oração, normalmente o verbo. Exemplo:

João ficou aqui por três horas; Maria, por duas.

Foneticamente, a vírgula equivale a uma pausa curta na leitura. Após a vírgula, deve-se utilizar letra minúscula. Nesse ponto, há de ser feita uma menção e uma concessão ao estilo peculiar de José Saramago, como se lê no fragmento abaixo:

Texto V

> "O médico disse, As ordens que acabamos de ouvir não deixam dúvidas, estamos isolados, mais isolados do que provavelmente já alguém esteve, e sem esperança de que possamos sair daqui antes que se descubra o remédio para a doença, Eu conheço a sua voz, disse a rapariga dos óculos escuros, Sou médico, médico oftalmologista, É o médico que eu consultei ontem, é a sua voz, Sim, e você, quem é, Tinha uma conjuntivite, suponho que ainda cá está, mas agora, cega por cega, já não deve ter importância (...)"
>
> (SARAMAGO, José. *Ensaio sobre a cegueira*)

Note que o escritor lusitano representa o discurso direto dentro do mesmo parágrafo e utiliza a vírgula no lugar do travessão para indicar a fala da personagem. Uma vez mais, ressaltamos que o desvio à norma culta é justificado pelo estilo literário do autor, *não sendo aceitável tal característica em textos formais, oficiais ou em provas de concursos públicos, vestibulares e afins.*

3.2.6. *Ponto e vírgula*

Representado pelo sinal gráfico ";", o ponto e vírgula é utilizado nas seguintes hipóteses:

a) Para separar os tópicos de uma enumeração. Exemplo:

O candidato deve levar no dia da prova:

- caneta preta;
- lápis preto nº 2; e
- borracha.

Atenção! A norma culta da língua recomenda que o penúltimo item da lista seja encerrado com ponto e vírgula e sucedido da conjunção aditiva "e", nos moldes do exemplo acima;

b) Para separar termos de uma oração que já contenha vírgulas, conforme dispusemos acima sobre o uso da vírgula (item 3.2.5, "g"). Repetimos o exemplo:

A ação civil pública é usada para pleitear a condenação pelos danos causados ao meio ambiente; ao consumidor; a bens e direitos de valor artístico, estético, histórico, turístico e paisagístico; a qualquer outro interesse difuso ou coletivo; por infração da ordem econômica; e à ordem urbanística.

c) Em períodos compostos por coordenação, usa-se o ponto e vírgula para separar as orações coordenadas sindéticas quando a conjunção estiver deslocada. Acompanhe o exemplo abaixo:

Apressei-me no almoço, portanto cheguei adiantado. (ordem direta)

Apressei-me no almoço; cheguei, portanto, adiantado. (conjunção deslocada)

Evanildo Bechara (*op. cit.*, p. 661) aceita o uso do ponto e vírgula mesmo na ordem direta nas orações adversativas para prolongar a pausa, aumentando a noção de contraste transmitida. Cita como exemplo trecho de Machado de Assis: "não se disse mais nada; mas de noite Lobo Neves insistiu no projeto.";

d) Para separar orações coordenadas com sujeitos distintos. Nesse caso, pode ser substituído por ponto sem qualquer prejuízo ao sentido do texto. Exemplo:

Tatiana foi visitar uma amiga; eu, para variar, fiquei trabalhando.

Foneticamente, o ponto e vírgula equivale, na leitura, a uma pausa mais forte do que a vírgula e mais breve do que o ponto. Após o ponto e vírgula, deve-se usar letra minúscula.

3.2.7. Dois-pontos

Representados pelo sinal gráfico ":", os dois-pontos devem ser utilizados nas seguintes hipóteses:

a) Para anunciar uma enumeração, hipótese em que pode ser suprimido sem prejuízo ao sentido do texto. Exemplo:

Sempre levo em minhas viagens: livros, remédios e documentos que possa precisar.

b) Para introduzir o aposto (ou oração subordinada substantiva apositiva). Exemplos:

Para ser feliz, basta uma coisa: paciência. (aposto)

Antes de começarmos, preciso dizer algo: a situação é mais séria do que imaginávamos. (oração subordinada substantiva apositiva)

c) Para introduzir exemplos, notas ou observações, como vemos normalmente em "ex.:", "obs.:", "p.s.:".

Após os dois-pontos, deve-se utilizar letra minúscula.

3.2.8. Aspas

Representadas pelo sinal gráfico " ", utilizamos as aspas nas seguintes situações:

a) Para indicar que determinado trecho corresponde a uma citação direta de outra obra. Exemplo:

Segundo Evanildo Bechara (*op. cit.*, p. 654), "pode-se entender a pontuação de duas maneiras: numa acepção larga e noutra restrita."

b) Para indicarmos que determinada palavra ou expressão não foi usada em seu sentido denotativo (original), podendo representar uma metáfora ou uma ironia. Exemplos:

Leandro não aguentou a pressão no emprego e acabou "jogando a toalha". (no lugar de "desistindo" ou "pedindo demissão")

– Que "beleza"... Isso são horas de chegar em casa? (ironia)

c) Para indicarmos que a palavra ou expressão é uma gíria ou um estrangeirismo. Exemplos:

O rapaz "sarado" arrancava suspiros das mulheres na academia.

Vou "tuitar" essa notícia amanhã.

d) Para darmos destaque a palavras estrangeiras usadas no corpo do texto. Nessa função, as aspas podem ser substituídas por itálico. Exemplo:

Atualmente, exerço o cargo de "controller" da empresa.

Se for necessário, aumentaremos nossos investimentos em *merchandising*.

Por fim, vale anotar que o padrão culto da linguagem escrita determina o uso de aspas simples (' ') quando *for necessário usar novamente as aspas dentro de um trecho que já está entre as aspas duplas* (" "). Exemplo:

Texto VI

> "Trabalhar, nem pensar. No mundo feminino machadiano só em caso muito especial isso acontece e assim mesmo como algo extremamente lamentável. Só o magistério era, ao tempo, aceitável, ainda assim com ressalvas, para a ação da mulher. A 'profissão' almejada, a realização buscada era a de esposa. Num bom casamento. Para tal preparavam-se as meninas-moças, aprendendo línguas, música, costura, bordado. Beleza também era fundamental nesse jogo. Capitu não foge à regra. E luta galhardamente por seu objetivo: casar-se com o vizinho."
>
> (PROENÇA FILHO, Domício. *Capitu, a moça dos olhos de água*)

No texto original, publicado na obra *Personae* (organização de Lourenço Dantas Mota e Benjamin Abdala Júnior, Ed. Senac São Paulo), a palavra profissão está entre aspas duplas (usadas com base na regra exposta no item "b", acima). Contudo, como estamos citando o trabalho de outro autor, devemos colocar todo o trecho entre aspas duplas (conforme a regra exposta no item "a", acima); com isso, os sinais antes e depois da palavra "profissão" são transformados em aspas simples.

Atenção! Normalmente, outros sinais de pontuação (ponto, vírgula, dois-pontos) são colocados depois das aspas finais (como no primeiro exemplo do item "b", acima), *exceto quando se tratar de citação direta de outra obra*. Nessa hipótese, o último sinal de pontuação deve ficar antes das aspas finais (como se vê no Texto VI, acima).

3.2.9. Parênteses

Representados pelo sinal gráfico "( )", os parênteses são utilizados em duas hipóteses:

a) Para a inserção de explicações, adendos e opiniões ao texto, cuja retirada não prejudicará o sentido ou a coesão do escrito. Exemplo:

Texto VII

"Era das poucas casas assoalhadas de Santa Fé; dizia-se até que muita gente em melhor situação financeira que a de Pedro não morava numa casa tão boa como a dele. Não era muito grande. Tinha uma sala de jantar, que eles chamavam de varanda (o vigário, homem letrado, afirmava que varanda na verdade era outra coisa), dois quartos de dormir, uma cozinha e uma despensa, que era também o lugar onde ficava o bacião em que a família tomava seu banho semanal."

(VERÍSSIMO, Erico. *Um certo Capitão Rodrigo*)

Nessa função, os parênteses podem ser substituídos, sem qualquer equívoco ou prejuízo, por travessões;

b) Para enunciar por extenso um numeral maior que dez. Na linguagem culta, a redação de numerais cardinais de zero a dez deve ser feita *unicamente por extenso, sem qualquer sinal de pontuação*. Exemplo:

Comprei uma geladeira e vou pagá-la em dez prestações.

Quando o numeral cardinal a ser redigido foi maior que dez, a regra é colocá-lo em seu formato numérico seguido de sua enunciação por extenso entre parênteses. Exemplo:

A República Federativa do Brasil é composta de 26 (vinte e seis) Estados ao lado do Distrito Federal.

Lembramos, ainda, que os parênteses abrigam as reticências para indicar a supressão de uma parte de um texto transcrito (item 3.2.4, "c", acima).

Quanto à pontuação, a regra é de que os demais sinais colocados no texto fiquem **fora dos parênteses**, nos mesmos moldes que vimos para as aspas. Logo, o correto é o que se vê no exemplo abaixo:

Podemos conceituar nascente como o "afloramento natural do lençol freático que apresenta perenidade e dá início a um curso d'água" (art. 3º, XVII, da Lei nº 12.651/12).

Também seguindo o quanto ensinado para as aspas, é possível inserirmos sinais de pontuação **dentro dos parênteses** quando seu conteúdo formar uma oração completa e coerente. Exemplo:

Texto VIII

"Quero gozar o presente e considerar o passado como passado. Você está certo, os homens sofreriam menos se não se concentrassem tanto (e só Deus sabe por que eles são assim!) na lembrança dos seus males, em vez de esforçar-se por tornar o presente suportável."

(GOETHE. *Os sofrimentos do jovem Werther*)

3.2.10. Colchetes

Representados pelo sinal gráfico "[ ]", os colchetes são utilizados em duas situações:

a) Quando for necessária nova inserção dentro de parênteses. *Não se utiliza, portanto, parênteses dentro de parênteses.* Exemplo:

A biblioteca era imensa, com estantes e prateleiras (visivelmente feitas de madeira maciça [o que deve ser proibido, suponho]) em todas as paredes.

Não é comum vermos os colchetes utilizados dessa forma, porque aqui eles podem ser substituídos por travessões;

b) Para indicar uma inserção feita por aquele que transcreve a citação dentro do trecho colacionado. Exemplo:

Texto IX

> "Portanto, a passividade por parte dos clientes fora incentivada durante toda a expedição. Os sherpas [homens nepaleses que atuam como guias] abriam a rota, montavam os acampamentos, cozinhavam, transportavam a carga."
>
> (KRAKAUER, Jon. *No ar rarefeito*)

No texto original, não consta a explicação de quem são os "sherpas", a qual foi introduzida por mim ao realizar a citação com o objetivo de facilitar a compreensão do trecho.

3.2.11. Travessão

Representado pelo sinal gráfico "–", o travessão é usado em duas hipóteses:

a) Para indicar a mudança de interlocutor dentro de um discurso direto. Exemplo:

– Alô?

– Quem fala?

– Edson.

– Desculpe! Foi engano.

b) Para intercalar elementos ou orações que estejam deslocados dentro do período. Exemplo:

Preciso que você limpe a sala – que está imunda – e os banheiros.

Nessa função, os travessões podem ser usados indistintamente no lugar dos parênteses e das vírgulas. Sobre essas, há certa polêmica sobre seu uso em conjunto com o travessão. Evanildo Bechara (*op. cit.*, p. 662), para justificar o uso por literatos renomados, aceita a construção abaixo:

Preciso que você limpe a sala – que está imunda –, porque receberei visitas.

Com o devido respeito ao precitado autor, cuja reputação lhe precede, entendemos que *se deve evitar a união dos sinais de pontuação*. Isso porque, como já se disse, o travessão *substitui a vírgula*, não havendo qualquer função gramatical ou fonética em seu uso simultâneo. Tanto que, se o período se encerra logo após a oração ou elemento intercalado, ninguém defende a colocação do ponto após o travessão.

Em derradeiro, *não confunda* hífen *com* travessão. Aquele é utilizado para a separação de pronomes mesoclíticos e enclíticos ao verbo, palavras compostas e formadas com sufixo; esse, para indicar discursos diretos e intercalar elementos na oração. Graficamente, *o traço que representa o hífen é menor do que aquele que representa o travessão.*

3.3. Últimas considerações

Você certamente percebeu que utilizamos diversos conceitos relativos à análise sintática ao longo desse capítulo (adjunto adverbial, orações subordinadas etc.), e isso pode ter trazido alguma dificuldade inicial. Caso não tenha familiaridade com esses nomes, não se preocupe por ora: é para isso que servem os exemplos, ou seja, para demonstrar, na prática, o que estamos descrevendo na teoria. Sem prejuízo, recomendamos a leitura do capítulo 8, logo adiante, para a perfeita compreensão da sintaxe.

4. MORFOLOGIA

4.1. Conceito

Morfologia é *o ramo da Gramática que estuda a estrutura, a formação, a classificação e as flexões das palavras* (INFANTE, Ulisses. "Curso de Gramática aplicada aos textos". 5ª ed. São Paulo: Scipione, 1997, p. 82). Através dela, analisamos as palavras *individualmente consideradas*, isto é, antes de as colocarmos dentro de uma estrutura textual relacionando-se com outros vocábulos.

A morfologia divide as palavras em classes, permitindo o estudo individualizado de cada uma delas, o qual iniciaremos no tópico a seguir.

4.2. Classes de palavras

4.2.1. Substantivos

4.2.1.1. Conceito

Substantivos são as *palavras que dão nome às entidades (seres, sentimentos, objetos, lugares) que conhecemos*. Exemplos: pessoa, casa, veículo, lei, governo, Maria, José, Austrália, mar, Terra etc..

4.2.1.2. Classificação

Os substantivos podem ser classificados com base em diversos critérios.

a) Quanto à estrutura

a1) Substantivos simples: *são aqueles formados por apenas uma palavra*. Exemplos: onda, livro, cadeira, caixa, armário etc.;

a2) Substantivos compostos: *são aqueles formados a partir da união de duas palavras distintas, as quais podem permanecer separadas por hífen ou aglutinarem-se*. Exemplos: guarda-roupas, porta-malas, girassol (gira + sol), floricultura (flor + cultura) etc.;

b) Quanto à origem

b1) Substantivos primitivos: *são aqueles que não provêm de nenhuma outra palavra, constituem a primeira unidade linguística de significação*. Exemplos: escola, madeira, gaveta, papel etc.;

b2) Substantivos derivados: *são aqueles criados a partir de outras palavras através do processo conhecido como derivação, resultado da inserção de afixos (prefixos e sufixos) junto ao radical do termo original*. Exemplos: carteiro (provém de "carta"), dentista (provém de "dente"), mesada (provém de "mês") etc.;

c) Quanto ao significado

c1) Substantivos concretos: *são aqueles que designam seres ou objetos que possuam, na realidade ou na imaginação, existência própria, independente, tangível*. Exemplos: casa, fotografia, cachorro, gato, água, Deus, Alá, Saci-pererê, dragão etc..

Atenção! Não é o fato da entidade ser imaginária que desnatura o substantivo concreto. Note que assim se classificam os nomes de divindades e seres folclóricos. Isso ocorre porque, ainda que limitados às crenças populares, sempre se lhes atribui existência própria;

c2) Substantivos abstratos: *são aqueles que designam sentimentos, sensações, estados de espírito, ou seja, situações que somente acontecem internamente a outro ser; não possuem, portanto, existência própria*. Exemplos: amor, saudade, tristeza, raiva, atenção etc.;

d) Quanto aos destinatários

d1) Substantivos comuns: *são aqueles que designam classes de entidades ligadas por características comuns, sem individualizar seus membros*. Designam todo e qualquer tipo de objeto, ser, sentimento ou lugar sem identificá-los. São escritos com letra minúscula. Exemplos: mesa, homem, humanidade, tempo, ansiedade, terça-feira, papa etc..

Atenção! Eventuais circunstâncias científicas, culturais ou sociais não desnaturam o substantivo comum. Mesmo que tenhamos convencionado que só há um dia da semana chamado "terça-feira", trata-se de um substantivo comum (exceto, é claro, se o empregarmos em um sentido específico, identificando um determinado dia: Terça-feira Gorda = terça-feira de carnaval); o mesmo ocorre pela questão cultural de só termos um papa. Trata-se de um substantivo comum, o qual, unicamente em respeito à autoridade da pessoa que exerce o cargo, pode ser grafado com letra maiúscula;

d2) Substantivos próprios: *são aqueles que identificam uma determinada pessoa, lugar ou objeto, distinguindo-o dos demais de sua espécie*. São escritos com letra maiúscula. Exemplos: Leonardo, Maria, Brasil, Europa, Sol, Lua etc..

É possível que, com o passar do tempo e o uso indistinto pelas pessoas, *substantivos próprios transformem-se em substantivos comuns*, situações nas quais devem ser escritos com letra minúscula. Veja os casos abaixo:

Mário é um judas. (no lugar de "traidor")

Júpiter possui cerca de 66 luas. (no lugar de "satélites naturais")

e) Quanto à abrangência

e1) singulares: *são aqueles que designam apenas um ou alguns indivíduos de determinado grupo*. Exemplo: homem, homens, cavalo, ilha, ladrões etc..

Atenção! Não confunda essa classificação com *a* flexão de número do substantivo. "Homens", por exemplo, é um *substantivo singular quanto à sua abrangência* (porque identifica alguns indivíduos do grupo de seres humanos), mas é um *substantivo flexionado no plural* (porque indica a existência de mais de um homem em determinado grupo);

e2) Substantivos coletivos: *são aqueles que designam, por si só, um conjunto de seres da mesma espécie*. Dentro de um coletivo estão reunidos todos os indivíduos que formam o grupo. Conheça alguns substantivos coletivos no quadro abaixo:

acervo	de obras de arte
alcateia	de lobos
antologia	de textos literários
armada, esquadra	de navios de guerra
arquipélago	de ilhas
arsenal	de armas
atlas	de mapas
baixela	de objetos de mesa
banda	de músicos
bando, caterva, choldra, corja, farândola, horda, malta, quadrilha, récova, súcia	de bandidos, ladrões, malfeitores
biblioteca	de livros
buquê, ramalhete	de flores
cacho	de frutas
cáfila	de camelos
camarilha	de bajuladores
cancioneiro	de canções
caravana	de viajantes
cardume	de peixes
clero	de religiosos
constelação	de estrelas
cordilheiras	de montanhas
elenco, trupe	de atores
enxame	de abelhas, vespas, marimbondos
enxoval	de roupas
esquadrilha	de aviões

falange	de heróis, anjos ou espíritos
fato	de cabras
fauna	de animais de uma região
flora	de plantas de uma região
gado	de animais criados em fazendas
girândola	de fogos de artifício
hemeroteca	de jornais e revistas
junta	de bois
júri	de jurados
manada	de animais de grande porte
matilha	de cães
molho	de chaves
ninhada	de filhotes
nuvem	de insetos
oviário	de ovelhas
panapaná	de borboletas
pinacoteca	de quadros
plantel	de atletas
plêiade	de poetas ou artistas
prole	de filhos
récua	de animais de carga
réstia	de alho ou cebola
revoada	de pássaros
ronda	de policiais em patrulhamento
tripulação	de marinheiros ou aeroviários
troféu	de bandeiras
vara	de porcos
vocabulário	de palavras

Como dito acima, o emprego do substantivo coletivo *pressupõe a menção a todos os membros do grupo*, os quais, portanto, não devem ser repetidos. O uso conjunto do coletivo e de seu respectivo substantivo singular implica o vício de linguagem conhecido como **pleonasmo vicioso**. É **incorreta**, portanto, a construção abaixo:

O acervo de obras de arte do Museu do Ipiranga é fantástico! (pois todo acervo é de obras de arte)

4.2.1.3. Flexões do substantivo

a) Gênero

a1) Substantivos masculinos: *são aqueles que designam entidades do sexo masculino, seja por sua própria natureza, seja porque assim se convencionou.* Exemplos: homem, cachorro, livro, apito, jacaré, olho etc.;

a2) Substantivos femininos: *são aqueles que designam entidades do sexo feminino, seja por sua própria natureza, seja porque assim se convencionou*. Exemplos: mulher, égua, arara, mesa, cadeira, bolsa, boca etc.;

a3) Substantivos comuns de dois gêneros (ou comuns de dois): *são aqueles que designam tanto entidades do sexo feminino quanto do sexo masculino sem sofrer qualquer alteração em sua estrutura*. A definição do gênero em cada caso será realizada pelo artigo, estudado no item 4.2.3, abaixo. Exemplos: dentista (o dentista/ a dentista), comandante (o comandante/ a comandante);

a4) Substantivos epicenos: *designam tanto animais machos como fêmeas*, sem variar. O artigo também será sempre o mesmo. Exemplos: a coruja (seja macho ou fêmea), a zebra (macho ou fêmea), o mamute (macho ou fêmea);

a5) Substantivos sobrecomuns: *designam homens ou mulheres*, sem variar. Também só admitem um artigo. Exemplos: a criança, o cônjuge, a pessoa.

Trazemos no quadro abaixo alguns masculinos e femininos pouco conhecidos. Atenção para não errar mais:

ateu	ateia
bispo	episcopisa
conde	condessa
cônego	canonisa
cônsul	consulesa
czar	czarina
dom	dona
druida	druidesa
elefante	elefanta
frade	freira
frei	sóror
imperador	imperatriz
judeu	judia
monge	monja
músico	musicista
oficial	oficiala
papa	papisa
poeta	poetisa
rapaz	rapariga
sandeu	sandia

Memorize também as palavras abaixo:

SÃO MASCULINOS	SÃO FEMININOS
apêndice	bacanal
champanha	cal

SÃO MASCULINOS	SÃO FEMININOS
clã	cataplasma
dó	comichão
eclipse	elipse
grama (peso)	grama (vegetação)
hosana	libido
orbe	preá
plasma	sentinela
saca-rolhas	usucapião

b) Número

b1) Substantivos singulares: *são aqueles que designam apenas uma unidade da entidade que representam*. Exemplos: um vaso, um copo, uma tartaruga;

b2) Substantivos plurais: *são aqueles que designam mais de uma unidade da entidade que representam*. A desinência que indica o plural na Língua Portuguesa é a letra "-s". Exemplos: dois vasos, três copos, oito tartarugas;

b3) Substantivos plurais necessários: *são aqueles que sempre são escritos no plura, não admitindo qualquer uso no singular*. Exemplos: as férias, os óculos, as calças (não existe "a féria", "o óculo", "a calça").

Siga conosco a tabela abaixo, onde indicamos a formação de alguns plurais que causam confusão entre as pessoas:

anão	anões ou anãos
aval	avales ou avais
bênção	bênçãos
caráter	caracteres
charlatão	charlatões ou charlatães
cidadão	cidadãos
cônsul	cônsules
corrimão	corrimãos ou corrimões
escrivão	escrivães
éter	éteres
gol	goles ou gois
gravidez	gravidezes
guardião	guardiões ou guardiães
júnior	juniores
mal	males
órgão	órgãos
pagão	pagãos
pão	pães
sênior	seniores
tabelião	tabeliães

Quanto às palavras estrangeiras, é preciso verificar se elas já estão completamente incorporadas ao nosso idioma ou não. Se estiverem, são flexionadas de acordo com as regras conhecidas (exemplos: abajur – abajures; fórum – fóruns); se não estiverem, o plural é feito de acordo com as *normas aplicáveis à língua original*.

Elencamos na tabela abaixo as palavras estrangeiras mais comuns no dia a dia e seus respectivos plurais. Lembre-se que quando essas palavras forem usadas em uma redação, devem aparecer em destaque justamente por não integrarem a Língua Portuguesa:

blitz	blitze
campus	campi
corpus	corpora
curriculum	curricula
lady	ladies
memorandum	memoranda
pro labore	pro laboribus

Por fim, o plural dos substantivos compostos é outro tema bastante espinhoso para grande parte dos estudantes. Os gramáticos tentam elencar algumas regras para defini-lo, mas o número é tamanho que fica fácil perceber, na verdade, a ausência de regras claras. Portanto, apresentamos as tabelas abaixo para melhor visualização e memorização para a hora da prova:

APENAS O PRIMEIRO ELEMENTO VAI PARA O PLURAL	
bomba-relógio	bombas-relógio
cana de açúcar	canas de açúcar
carta-bomba	cartas-bomba
cavalo-vapor	cavalos-vapor
cidade-satélite	cidades-satélite
decreto-lei	decretos-lei
fim de semana	fins de semana
hotel-escola	hotéis-escola
jacaré-do-papo-amarelo	jacarés-do-papo-amarelo
joão-de-barro	joões-de-barro
licença-prêmio	licenças-prêmio
pé de moleque	pés de moleque
público-alvo	públicos-alvo
tatu-bola	tatus-bola

APENAS O SEGUNDO ELEMENTO VAI PARA O PLURAL	
abaixo-assinado	abaixo-assinados
ave-maria	ave-marias
beija-flor	beija-flores

APENAS O SEGUNDO ELEMENTO VAI PARA O PLURAL	
bel-prazer	bel-prazeres
bem-te-vi	bem-te-vis
girassol	girassóis
guarda-roupa	guarda-roupas
guarda-sol	guarda-sóis
lugar-tenente	lugar-tenentes
mandachuva	mandachuvas
reco-reco	reco-recos
vice-presidente	vice-presidentes

AMBOS OS ELEMENTOS VÃO PARA O PLURAL	
amor-perfeito	amores-perfeitos
cabra-cega	cabras-cegas
corre-corre	corres-corres
guarda-mor	guardas-mores
lugar-comum	lugares-comuns
mau-caráter	maus-caracteres
salário-mínimo	salários-mínimos
segunda-feira	segundas-feiras

NENHUM DOS ELEMENTOS VAI PARA O PLURAL	
o disse me disse	os disse me disse
o bumba meu boi	os bumba meu boi
o fora da lei	os fora da lei
o leva e traz	os leva e traz
o pegue-pague	os pegue-pague

c) Grau

c1) Normal ou positivo: *não há qualquer destaque para o tamanho ou importância do objeto*. Exemplos: livro, homem, carro;

c2) Aumentativo: *destaca o grande tamanho ou importância do objeto*. Subdivide-se em aumentativo sintético (formado por uma só palavra), como em "livrão", "homenzarrão", "carrão"; e em aumentativo analítico (formado com o auxílio de um adjetivo), como ocorre em "livro grande", "homem enorme", "carro grande";

c3) Diminutivo: *destaca o pequeno tamanho ou importância do objeto*. O diminutivo também pode ser utilizado para indicar intimidade ou carinho (como ocorre em "mãezinha", "amiguinho") ou desprezo, menoscabo (quando utilizado em tom de ironia dentro de determinado contexto). Da mesma forma que o aumentativo, subdivide-se em diminutivo sintético (exemplos: livrinho, homenzinho, carrinho) e em diminutivo analítico (exemplos: livro pequeno, homem pequeno, carro pequeno).

Muita atenção nos aumentativos e diminutivos sintéticos listados abaixo, pois são irregulares e, com isso, podem induzi-lo a erro:

NORMAL	AUMENTATIVO
bala	balaço
boca	bocarra
cabeça	cabeçorra
cão	canzarrão
copo	copázio
corpo	corpanzil
homem	homenzarrão
pedra	pedregulho
rapaz	rapagão
voz	vozeirão

NORMAL	DIMINUTIVO
corpo	corpúsculo
diabo	diabrete
globo	glóbulo
homem	homúnculo
obra	opúsculo
papel	papelucho
povo	populacho
questão	questiúncula
rabo	rabicho
rio	riacho

4.2.2. Adjetivos

4.2.2.1. Conceito

Adjetivos são *palavras que qualificam um substantivo, ou seja, conferem à entidade representada pelo substantivo uma qualidade, uma característica, um defeito etc.*. Exemplos: bonito, feio, alto, corajoso, louvável.

Os adjetivos podem ser variáveis, quando *concordam com o sujeito em gênero e número* (exemplos: "menino bonito", "menina bonita"; "montes altos", "montanhas altas"), ou invariáveis, quando *sua estrutura é mantida independentemente do gênero do substantivo* (exemplos: "rapaz inteligente", "moça inteligente"; "espírito tenaz", "vontade tenaz").

4.2.2.2. Graus

Os graus dos adjetivos são utilizados para *estabelecer uma relação entre dois ou mais substantivos*. São os seguintes:

a) Normal ou positivo: simplesmente *expressa a qualidade do substantivo*. Exemplo: piso escorregadio;

b) Comparativo: *estabelece uma relação de comparação entre dois substantivos*. Essa comparação pode apresentar três resultados diferentes:

b1) Igualdade: "Marina é tão intransigente quanto Paulo";

b2) Inferioridade: "Marina é menos intransigente que Paulo";

b3) Superioridade: "Marina é mais intransigente que Paulo";

c) Superlativo: *indica a extrema superioridade ou inferioridade de um determinado substantivo*, denotando que não há nada acima ou abaixo dele (atenção ao fato de que o superlativo pode se referir inclusive a qualidades negativas!). Subdivide-se em:

c1) Superlativo relativo: *quando a extrema superioridade ou inferioridade é colocada em relação a outros sujeitos*. Perceba que o superlativo relativo não deixa de ser uma comparação. A diferença reside, aqui, na melhor ou pior colocação da qualidade do substantivo em relação a todos os demais *de forma concreta* e é indicada pela colocação do artigo definido correspondente antes da comparação. Exemplos: "Marina é a mais intransigente das alunas"; "Paulo é o menos intransigente dos empregados";

c2) Superlativo absoluto: *ocorre quando a qualidade ou defeito é atribuído exclusivamente a determinado sujeito, colocando-o em situação de extrema superioridade ou inferioridade em relação a todos os demais de forma abstrata*. Como o próprio nome sugere, o superlativo absoluto não expressa uma relação entre dois sujeitos, como ocorre no superlativo relativo. O superlativo absoluto pode ser construído de dois modos:

– Analítico: *mediante o uso de um advérbio de intensidade*. Exemplos: "Marina é muito intransigente"; "Paulo é extremamente intransigente";

– Sintético: *representado por uma única palavra*. Exemplos: "Marina é intransigentíssima"; "Paulo é amabilíssimo".

A construção segundo a norma padrão de alguns superlativos absolutos sintéticos não segue a lógica tradicional dos demais. Reunimos alguns na tabela abaixo:

acre	acérrimo
amargo	amaríssimo
amigo	amicíssimo
benéfico	beneficentíssimo
cruel	crudelíssimo ou cruelíssimo
doce	dulcíssimo ou docíssimo
feio	feiíssimo*
feroz	ferocíssimo
frio	frigidíssimo ou friíssimo*
livre	libérrimo
magro	macérrimo ou magríssimo
miúdo	minutíssimo
negro	nigérrimo

nobre	nobilíssimo
pobre	paupérrimo ou pobríssimo
provável	probabilíssimo
sábio	sapientíssimo
são	saníssimo
sério	seriíssimo*
simples	simplicíssimo ou simplíssimo
sumário	sumariíssimo*
terrível	terribilíssimo
tétrico	tetérrimo

* Alguns autores cedem ao uso das variantes com apenas um "i" nos superlativos absolutos sintéticos terminados em "-io" (feíssimo, sumaríssimo). Não se trata, todavia, de construção aceita pela norma culta.

Devemos lembrar, por fim, dos casos dos adjetivos "bom", "mau", "grande" e "pequeno". Acompanhe o quadro-resumo:

NORMAL	COMPARATIVO	SUPERLATIVO ABSOLUTO	SUPERLATIVO RELATIVO
bom	melhor	ótimo	o melhor
mau	pior	péssimo	o pior
grande	maior	máximo	o maior
pequeno	menor	mínimo	o menor

Não é correto dizer, por outro lado, que são sempre incorretas as construções "mais bom", "mais pequeno", "mais mau" etc.. As construções seguintes estão absolutamente de acordo com a norma culta da Língua. Perceba que a substituição de tais expressões pelos comparativos ou superlativos não mantém o sentido original das frases. Os exemplos são de Evanildo Bechara (*op. cit.*, p. 114):

"Homem de mais mau caráter." (e não "*pior* caráter")

"É mais bom que mau." (e não "*melhor* que mau")

"A escola é mais grande do que pequena." (e não "*maior* que pequena")

"Ele é mais bom do que inteligente." (e não "*melhor* que inteligente")

4.2.2.3. Gentílicos

Adjetivos gentílicos (ou pátrios) são adjetivos que determinam a origem geográfica da entidade representada pelo substantivo. Em outras palavras, indicam onde a pessoa nasceu ou onde a coisa foi produzida. Exemplos: brasileiro, europeu, canadense, paulistano, fluminense etc..

A construção do adjetivo gentílico, normalmente, é feita com a colocação de um sufixo após o radical do substantivo próprio que denomina o local. Os sufixos mais comuns são "-ense" (como em canadense – do Canadá; estadunidense – dos Estados Unidos da América; cretense – de Creta); e "-ano" (como em goiano – de Goiás; baiano – da Bahia; espartano – de Esparta).

Há, porém, muitas outras formas específicas de se construir o adjetivo pátrio, seja através da utilização de outros sufixos, seja com expressões que denotam uma característica peculiar de determinado povo.

Seguem na tabela abaixo os gentílicos mais comuns, os menos conhecidos e os mais interessantes:

Acre	acreano
Alagoas	alagoano
Amapá	amapaense
Amazonas	amazonense
Anápolis/GO	anapolino
Andaluzia (Espanha)	andaluz
Aracaju	aracajuano ou aracajuense
Assunção (Paraguai)	assuncionenho
Bagdá (Iraque)	bagdali
Bahia	baiano
Belo Horizonte/MG	belo-horizontino
Brasília/DF	brasiliense
Cairo (Egito)	cairota
Ceará	cearense
Chipre	cipriota
Córsega (França)	corso
Duas Barras/RJ	bibarrense
Espírito Santo	espírito-santense ou capixaba
Estados Unidos da América	norte-americano ou estadunidense
Florianópolis/SC	florianopolitano
Guatemala	guatemalteco
Honduras	hondurenho
Jerusalém (Israel)	hierosolimita ou hierosolimitano
Juiz de Fora/MG	juiz-forano ou juiz-forense
Letônia	leto ou letão
Lima (Peru)	limenho
Lisboa (Portugal)	lisboeta, lisboense, olisiponense ou ulissiponense
Madagascar	malgaxe
Malásia	malaio
Manaus/AM	manauense ou manauara
Marajó/PA	marajoara
Maranhão	maranhense
Mato Grosso	mato-grossense
Mato Grosso do Sul	mato-grossense-do-sul ou sul-mato-grossense

Minas Gerais	mineiro
Mônaco	monegasco
Natal/RN	natalense ou papa-jerimum
Pará	paraense ou paroara
Paraíba	paraibano
Paraná	paranaense
Pernambuco	pernambucano
Piauí	piauiense
Rio de Janeiro (cidade)	carioca
Rio de Janeiro (estado)	fluminense
Rio Grande do Norte	norte-rio-grandense, rio-grandense-do-norte ou potiguar
Rio Grande do Sul	sul-rio-grandense, rio-grandense-do-sul ou gaúcho
Roraima	roraimense
Salvador/BA	salvadorense ou soteropolitano
Santa Catarina	catarinense ou barriga-verde
São Paulo (cidade)	paulistano
São Paulo (estado)	paulista
Sergipe	sergipano
Sri Lanka	cingalês
Suriname	surinamês
Tocantins	tocantinense
Três Corações/MG	tricordiano
Trinidad e Tobago	trinitário

Para indicar uma origem múltipla de determinado substantivo, devemos utilizar os **adjetivos pátrios compostos**. Eles são formulados a partir *da forma reduzida do primeiro elemento gentílico seguida da forma analítica do segundo*, **sempre ligados por hífen**. Assim, dizemos "acordo luso-brasileiro" (entre Portugal e Brasil), "guerra indo-paquistanesa" (entre Índia e Paquistão).

Veja abaixo a forma reduzida de alguns adjetivos pátrios importantes:

África	afro-
Alemanha	teuto-
Austrália	australo-
Áustria	austro-
Bélgica	belgo-
China	sino-
Dinamarca	dano-
Espanha	hispano-
Europa	euro-
Finlândia	fino-

França	franco-
Grécia	greco-
Índia	indo-
Inglaterra	anglo-
Itália	ítalo-
Japão	nipo-
Portugal	luso-

4.2.2.4. Locuções adjetivas

Denominam-se locuções as *construções formadas por mais de uma palavra com valor morfológico único*. Portanto, locuções adjetivas são *construções formadas por mais de uma palavra com valor de adjetivo*. Exemplos: brisa da manhã = brisa matutina.

A locução adjetiva é construída através da fórmula: de (preposição) + substantivo.

É importante conhecermos o adjetivo correspondente a cada locução adjetiva. Apresentamos abaixo as mais questionadas em provas e exames:

de abelha	apícola
de águia	aquilino
de asno	asinino
de bispo	episcopal
de boi	bovino
de cabelo	capilar
de cabra	caprino
de campo	rural, campestre ou bucólico
de cão	canino
de chumbo	plúmbeo
de chuva	pluvial
de cidade	citadino ou urbano
de coração	cardíaco
de criança	infantil ou pueril
de estômago	estomacal ou gástrico
de estudante	estudantil ou discente
de fera	ferino
de fígado	figadal ou hepático
de filho	filial
de fogo	ígneo
de garganta	gutural
de gato	felino
de gelo	glacial
de guerra	bélico

de ilha	insular
de intestino	celíaco ou entérico
de inverno	hibernal ou invernal
de irmão	fraternal ou fraterno
de lago	lacustre
de lebre	leporino
do litoral	litorâneo
de lobo	lupino
de macaco	simiesco
de mãe	maternal
da manhã	matinal ou matutino
de marfim	ebúrneo ou ebóreo
de monge	monacal
de neve	níveo ou nival
do norte	setentrional ou boreal
de orelha	auricular
de ouro	áureo
de outono	outonal, autunal ou outoniço
de ovelha	ovino
de pai	paternal
de porco	suíno
de prata	argênteo
de primavera	primaveral, primaveril ou vernal
de professor	docente
de rio	fluvial
de rocha	rupestre
de serpente	ofídico
de sonho	onírico
do sul	meridional ou austral
da tarde	vesperal ou vespertino
de velho	senil
de vento	eólio
de verão	estival

4.2.3. Advérbios

4.2.3.1. Conceito

Os **advérbios** são termos cuja função é *alterar um outro elemento da oração, que pode ser um substantivo, um adjetivo, um verbo ou mesmo outro advérbio*, atribuindo-lhes uma circunstância.

4.2.3.2. Classificação

De acordo com a natureza da influência que exercem nos outros elementos oracionais, os advérbios podem ser de:

a) **Modo:** expõem *a forma de realizar determinada ação*. Não se limitam a eles, mas são facilmente identificados pela presença do sufixo "-mente": *normalmente, velozmente, habilmente, assim, bem, mal*;

b) **Negação:** exprimem *a repulsa, a contraposição a determinada ideia*. Exemplo: *não*;

c) **Afirmação:** determinam *a concordância, o respaldo a determinada ideia*. Exemplo: *certamente, realmente*;

d) **Dúvida:** como o nome sugere, *estabelecem uma relação de incerteza sobre um determinado fato*. Exemplos: *talvez, provavelmente, acaso*;

e) **Intensidade:** transmitem *a noção de quantidade, volume ou tamanho do termo a que se relacionam*. Exemplos: *muito, pouco, demais, bastante*;

f) **Tempo:** ligam-se *ao momento em que a ação acontece*. Exemplos: *agora, depois, antes, hoje, então, sempre, já*;

g) **Lugar:** apontam para *o local onde a ação acontece*. Exemplos: *lá, aí, além, aqui, ali*.

4.2.3.3. Locuções adverbiais

São estruturas formadas por preposição + substantivo que assumem na oração o valor do advérbio, ou seja, expressam circunstâncias de verbos, substantivos ou adjetivos. Exemplos: *com efeito, de graça, às vezes, à toa* etc..

As circunstâncias apresentadas por locuções adverbiais podem ser de:

a) **Causa:** explicam a *razão do ocorrido*. Exemplos: "morreu *de frio*", "chorou *de fome*";

b) **Meio:** apresentam *o instrumento utilizado para realizar a ação*. Exemplos: "viajou *de avião*", "escreveu *com lápis*", "cortou *com a faca*";

c) **Fim:** revelam *o motivo da ação*. Exemplos: "preparou-se *para a festa*", "trabalhava *para seu sustento*";

d) **Concessão:** indicam *a superação de uma circunstância adversa em prol da ação verbal*. Exemplos: "saiu *apesar da chuva*", "casaram-se *apesar da traição*";

e) **Companhia:** representam *que há mais de uma pessoa envolvida na ação*. Exemplos: "sair *com amigos*"; "passeou *com a namorada*";

f) **Condição:** impõem *a ocorrência de um evento futuro e incerto para que a ação se complete*. Exemplos: "só viajará *com autorização*", "*sem preparo*, fracassarás";

g) **Conformidade:** expõem *a identidade entre dois elementos da oração*. Exemplos: "construiu o prédio *conforme a planta*", "agiu *conforme a lei*".

4.2.3.4. Palavras denotativas

O repositório oficial das normas gramaticais da Língua Portuguesa, chamado Nomenclatura Gramatical Brasileira (NGB), estabelece um grupo de palavras que, apesar de se assemelharem a advérbios, classificam-se sob outra rubrica. São os chamados denotadores, ou palavras denotativas, que têm por função exprimir *inclusão, exclusão, situação, retificação, designação, realce*, dentre outras circunstâncias.

Para a NGB, portanto, classificam-se como palavras denotativas, não como advérbios, por exemplo, *também, até, mesmo, inclusive, ademais, além disso, de mais a mais, só, somente, salvo, senão, apenas, exclusive, tirante, exceto, aliás, isto é, eis, a saber, por exemplo*.

Contudo, dificilmente os concursos públicos cobram essa catalogação proposta pela NGB. Em geral, as respostas das questões *apontam essas palavras como advérbios*. Vale sempre lembrar, de toda forma, que a terminologia oficial pode ser utilizada para a contestação de questões que não a acolham mediante a interposição de recursos junto às bancas examinadoras.

4.2.4. *Artigos*

4.2.4.1. Conceito

Artigos são *termos usados junto com substantivos para indicar se estamos tratando de uma entidade determinada ou indeterminada*.

4.2.4.2. Classificação

Os artigos sempre concordam em gênero e número com o substantivo determinado. Sendo assim, podem ser classificados em:

a) Artigos definidos: *são aqueles cuja função é estabelecer que o substantivo a que se ligam refere-se a uma entidade determinada*. Perceba que quando digo "o homem", não estou me referindo a *qualquer homem*, mas a *certo homem, determinado, específico*;

a1) **Artigo definido masculino singular**: "o";

a2) **Artigo definido masculino plural**: "os";

a3) **Artigo definido feminino singular**: "a";

a4) **Artigo definido feminino plural**: "as";

b) Artigos indefinidos: *são aqueles cuja função é estabelecer que o substantivo a que se ligam refere-se a uma entidade indeterminada*. Perceba que quando digo "um homem" refiro-me a *qualquer homem*; pode ser qualquer um, não aponto para ninguém especificamente;

b1) **Artigo indefinido masculino singular**: "um";

b2) **Artigo indefinido masculino plural**: "uns";

b3) **Artigo indefinido feminino singular**: "uma";

b4) **Artigo indefinido feminino plural**: "umas".

É preciso ter cuidado com a homonímia entre o artigo indefinido masculino singular "um" e o numeral cardinal "um" (1). Trata-se de palavras idênticas, as quais, na prática, fica muito difícil diferenciar. Exemplo: "um homem bateu em minha porta" – pode-se interpretar que um homem, e não dois ou três, esteve em minha casa (hipótese de numeral cardinal) ou que um homem qualquer, que eu desconhecia, me procurou (hipótese de artigo indefinido masculino singular).

4.2.5. *Numeral*

4.2.5.1. Conceito

Numeral é o elemento da oração *que expressa a quantidade de determinada coisa, a ordem em que aparece ou uma determinada proporção*. Sua representação é feita por algarismos arábicos (1, 2, 3...) ou por extenso (um, dois, três...).

Em algumas situações excepcionais, ficou consagrado o uso dos algarismos romanos (I, II, III...):

a) para representação dos séculos (século I a.C.; século XX);

b) na linguagem jurídica, para representação dos incisos (inciso I, inciso XXIV);

c) para indicar a sucessão de monarcas, papas e outros títulos (D. João VI, Papa Bento XVI).

Os algarismos romanos são representados por letras maiúsculas, na seguinte correlação:

I	1
V	5
X	10
L	50
C	100
D	500
M	1.000

4.2.5.2. Classificação

Os numerais são classificados em:

a) cardinais: *quando expressam a quantidade de determinada coisa*. Exemplos: <u>dois</u> tomates, <u>3</u> casas. Apesar de não ser pacífico entre os gramáticos, recomenda-se não utilizar a vírgula na redação por extenso dos números (52.854 = cinquenta e dois mil oitocentos e cinquenta e quatro);

b) ordinais: *quando expressam a ordem em que determinada entidade aparece em uma classificação ou lista*. Exemplos: <u>primeiro</u> colocado; <u>9ª</u> sinfonia. Veja abaixo a ortografia dos numerais ordinais:

1º	primeiro	20º	vigésimo
2º	segundo	21º	vigésimo primeiro
3º	terceiro	30º	trigésimo
4º	quarto	40º	quadragésimo
5º	quinto	50º	quinquagésimo
6º	sexto	60º	sexagésimo

7º	sétimo	70º	setuagésimo
8º	oitavo	80º	octogésimo
9º	nono	90º	nonagésimo
10º	décimo	100º	centésimo
11º	décimo primeiro	200º	ducentésimo
12º	décimo segundo	300º	tricentésimo
13º	décimo terceiro	400º	quadrigentésimo
14º	décimo quarto	500º	quingentésimo
15º	décimo quinto	600º	seiscentésimo
16º	décimo sexto	700º	setingentésimo
17º	décimo sétimo	800º	octingentésimo
18º	décimo oitavo	900º	nongentésimo
19º	décimo nono	1000º	milésimo

Portanto, 568º = quingentésimo sexagésimo oitavo.

Em textos oficiais, usamos os numerais ordinais *somente até o 9º (nono)*. Após, ou seja, a partir do 10 (dez), devemos usar os numerais cardinais. Exemplos: artigo 8º (leia-se "artigo oitavo"), artigo 10 (leia-se "artigo dez"), artigo 12 (leia-se "artigo doze"), inciso XXXVI (leia-se "inciso trinta e seis"), D. João VI (leia-se "Dom João Sexto"), Papa Bento XVI (leia-se "Papa Bento Dezesseis");

c) **multiplicativos:** *indicam multiplicidade de entidades*. Exemplos: dobro, triplo, quádruplo;

d) **fracionários:** *indicam parcelas, frações dos seres*. Exemplos: meio, terço.

4.2.6. Pronomes

4.2.6.1. Conceito

Pronomes são *palavras que identificam as entidades enquanto pessoas de um discurso ou as relações entre elas*. São utilizadas ao lado dos substantivos ou os substituindo como recurso de redação.

4.2.6.2. Classificação

a) **Pronomes pessoais:** *são aqueles que identificam as pessoas de um discurso*, tradicionalmente chamadas de **1ª pessoa** (*a pessoa que fala*), **2ª pessoa** (*a pessoa com quem se fala*) e **3ª pessoa** (*a pessoa de quem se fala*). Os pronomes pessoais subdividem-se em:

a1) **Retos:** *assumem a função de sujeito na oração*. Exemplos: eu, tu, ele, ela, nós, vós, eles, elas;

a2) **Oblíquos:** *assumem função de objeto ou adjunto na oração*. Podem ser **átonos**, quando *não são precedidos de preposição* (exemplos: me, te, o(s), a(s), lhe), ou **tônicos**, quando *são obrigatoriamente precedidos de preposição* (exemplos: mim, ti).

Acompanhe o quadro abaixo para memorização:

	RETOS	OBLÍQUOS ÁTONOS	OBLÍQUOS TÔNICOS
1ª pessoa do singular	eu	me	mim, comigo*
2ª pessoa do singular	tu	te	ti, contigo*
3ª pessoa do singular	ele, ela	o, a, lhe, se	[a] ele(a), si, consigo*
1ª pessoa do plural	nós	nos	[a] nós, conosco*
2ª pessoa do plural	vós	vos	[a] vós, convosco*
3ª pessoa do plural	eles, elas	os, as, lhes, se	[a] eles(as), si, consigo*

Obs. 1: as formas marcadas com * são classificadas como pronomes oblíquos tônicos porque *já se encontram aglutinadas com a preposição* com ("com + mim", "com + ti").

Obs. 2: note que as palavras "ele(s)" e "ela(s)" *podem funcionar tanto como pronomes retos quanto como pronomes oblíquos*, a depender se exercem função de sujeito ou de objeto na oração, respectivamente. Exemplos:

Ele caminhava tranquilamente pela rua. (pronome reto = sujeito)

Mande meus cumprimentos a ele. (pronome oblíquo tônico = objeto indireto)

a3) Reflexivos: *indicam que o sujeito, ao mesmo tempo, pratica e sofre as consequências da ação*. Podem funcionar como pronomes reflexivos "me", "te", "se", "nos" e "vos"; são sempre reflexivos "si" e "consigo". Exemplos:

Eu me vesti.

Ele se feriu.

Ela conversa consigo mesma.

a4) Reflexivos recíprocos: *indicam que há uma ação sendo realizada simultaneamente entre duas pessoas*. Equivalem a "um ao outro" ou "reciprocamente". Podem funcionar como pronomes reflexivos recíprocos "nos", "vos" e "se". Exemplos:

Eles se abraçaram.

Nós nos confraternizamos.

a5) De tratamento: *indicam uma forma cerimoniosa de se referir a alguém*. São chamados também de **2ª pessoa indireta**, porque indicam o interlocutor, mas levam o verbo para a conjugação da 3ª pessoa. Exemplo: Vossa Alteza não pode se expor!

Abaixo, os principais pronomes pessoais de tratamento e suas respectivas abreviaturas:

PRONOME	ABREVIATURA	DESTINATÁRIO
Você	V.	a um igual
Vossa Alteza	V. A.	príncipes, duques
Vossa Eminência	V. Em.ª	cardeais
Vossa Excelência	V. Ex.ª	altas patentes militares, altos cargos administrativos (Ministros, Presidente da República), juízes, promotores de justiça, bispos e arcebispos
Vossa Magnificência	V. Mag.ª	reitores de universidades
Vossa Majestade	V. M.	reis, imperadores
Vossa Reverendíssima	V. Rev.ma	sacerdotes

PRONOME	ABREVIATURA	DESTINATÁRIO
Vossa Santidade	V. S.	líderes supremos de religiões
Vossa Senhoria	V. S.ª	oficiais militares (até coronel), funcionários graduados e quaisquer pessoas de tratamento cerimonioso

Obs. 1: em algumas regiões do país, "você" assumiu o lugar de pronome pessoal reto da 2ª pessoa do singular, desbancando o uso do "tu" como o jeito informal de tratarmos nosso interlocutor. Em sua origem, porém, é um pronome pessoal de tratamento (note que ele leva o verbo para a 3ª pessoa do singular, justamente como os demais pronomes elencados na tabela – "você vai" ao invés de "tu vais", por exemplo). Sua origem etimológica é interessante: traduziu-se inicialmente o tratamento cerimonioso do francês "vous monsieur" para "vossa mercê"; com o uso corrente da expressão, ela acabou reduzida para "voismecê"; muito comum na língua falada, acabou simplificada mais uma vez para o atual "você".

Obs. 2: usamos o antecedente "vossa" quando nos dirigimos diretamente à pessoa tratada com deferência; usamos "sua" quando nos referimos a essa pessoa. Exemplos:

Vossa Majestade tem razão em seus argumentos.

Sua Majestade, o Rei da Espanha, já o aguarda, senhor.

b) Pronomes possessivos: acompanham um substantivo para *indicar a quem se atribui a propriedade, o domínio ou o controle sobre a entidade*. Da mesma forma que os pronomes pessoais, podemos dividir os possessivos conforme as pessoas do discurso:

1ª pessoa do singular	meu, meus, minha, minhas
2ª pessoa do singular	teu, teus, tua, tuas
3ª pessoa do singular	seu, seus, sua, suas
1ª pessoa do plural	nosso, nossos, nossa, nossas
2ª pessoa do plural	vosso, vossos, vossa, vossas
3ª pessoa do plural	seu, seus, sua, suas

Obs.: o uso dos pronomes possessivos da 3ª pessoa pode gerar um vício de redação conhecido como **ambiguidade**, no qual não se pode apontar com precisão qual o sentido da mensagem (há duas ou mais interpretações possíveis). Acompanhe o exemplo abaixo:

- Mãe, o Eduardo quer saber onde estão seus livros!

Pergunta-se: de quem são os livros? De Eduardo ou de sua mãe?

Para evitar esse problema, é possível substituir o pronome possessivo pelo pronome pessoal do caso reto para indicarmos se estamos nos referindo à 2ª ou 3ª pessoa do diálogo. Assim:

- Mãe, o Eduardo quer saber onde estão os livros dele! (de + ele) → os livros pertencem a Eduardo, 3ª pessoa do diálogo.

c) Pronomes demonstrativos: têm como função *situar no tempo, no espaço ou dentro do próprio texto a entidade a que se referem em relação à pessoa do discurso*. Os pronomes demonstrativos mais comuns são:

este(s)	esta(s)	isto
esse(s)	essa(s)	isso
aquele(s)	aquela(s)	aquilo

Podem, também, funcionar como demonstrativos os termos "mesmo", "próprio", "semelhante", "o" (invariável) "tal". Observe:

Prometi emprestar-lhe dinheiro. Não deveria ter dito semelhante coisa. (= isso)

Apertar-lhe as mãos? Não garanto que o farei. (= isso)

Adquiri uma série de ferramentas, mas nunca precisei usar as mesmas. (= essas)

Esse último exemplo é motivo de discórdia entre diversos gramáticos. Para seus defensores, não há qualquer erro ou impropriedade do uso de "mesmo" com valor demonstrativo; afinal, Machado de Assis já o empregava: "os diretores presos tiveram *habeas corpus*. Apareceu um relatório contra os mesmos, e contra outros, mas apareceu também a contestação (...)" (*in* A semana, crônica publicada originalmente no jornal "Gazeta de Notícias", Rio de Janeiro).

Mais recentemente, porém, iniciou-se uma forte reação contra essa construção, muito criticada pelos gramáticos mais modernos, os quais exigem sua substituição pelo pronome pessoal. Para esses, nosso exemplo deve ser escrito:

Adquiri uma série de ferramentas, mas nunca precisei usá-las.

c1) Pronomes demonstrativos em relação ao espaço: quando se referem a uma questão espacial, *de localização*, os pronomes demonstrativos seguem as seguintes regras:

- a entidade está próxima **de quem fala** → este (e flexões)

Ex.: A quem pertence esta caneta que está em minha mão?

- a entidade está próxima **da pessoa com quem se fala** → esse (e flexões)

Ex.: Por favor, passe-me esses papéis que estão em sua mesa.

- a entidade está **distante de ambos os interlocutores** → aquele (e flexões)

Ex.: Aquele carro é muito bonito!

c2) Pronomes demonstrativos em relação ao tempo: quando se referem a uma questão temporal, *sobre o momento em que algo aconteceu*, os pronomes demonstrativos seguem as seguintes regras:

- períodos que incluem o **momento presente** → este (e flexões)

Ex.: Este ano passarei no concurso. (= no ano corrente)

- períodos **passados** → esse (e flexões)

Ex.: Cheguei a São Paulo em 1980. Nessa época, as coisas eram diferentes.

- períodos **futuros** → este (e flexões)

Ex.: Você tem compromisso para esta noite?

c3) Pronomes demonstrativos em relação a outras palavras do texto: quando se referem a outros termos constantes do texto, *resgatando-os no transcorrer do discurso*, os pronomes demonstrativos seguem as seguintes regras:

- algo que **ainda vai ser dito** (função **catafórica** ou **catáfora**) → este (e flexões)

Ex.: Só vou dizer isto: pense bem nas consequências de seus atos.

- algo que **já foi dito antes** (função **anafórica** ou **anáfora**) → esse (e flexões)

Exs.: Não vou tolerar interrupções. Isso posto, podemos começar a reunião.

Você pode ganhar ou perder. Nesse último caso, é melhor ser humilde.

- quando há **duas referências anteriores** → esse (e flexões) para a *mais próxima* (a última a ser dita) e aquele (e flexões) para a *mais distante* (a primeira a ser dita)

Ex.: Fui ao mercado comprar laranjas e maçãs. Essas [= as maçãs] estavam maduras, mas aquelas [= as laranjas] não estavam com bom aspecto.

d) Pronomes indefinidos: como o próprio nome sugere, *os pronomes indefinidos referem-se a entidades imprecisas, vagas ou genéricas*. Sua função é tornar incerto o objeto a que se relaciona. Podem estender-se a todos os indivíduos de um determinado grupo ("todo", "tudo", "qualquer", "nenhum" etc.) ou apenas a uma parcela do conjunto ("certos", "outros" etc.). Veja os exemplos abaixo:

Amo tudo o que tenho.

Há certas palavras que não deveriam ser ditas.

Nenhum aluno foi reprovado.

As camisetas custam trinta reais cada.

O mais importante para fins de questões objetivas é saber se estamos diante de um pronome indefinido **variável**, ou seja, *que concorda em gênero e número com o substantivo*, ou **invariável**, *que permanece sempre com a mesma estrutura*. Acompanhe:

VARIÁVEIS	INVARIÁVEIS
algum (alguns, alguma, algumas)	algo
certo (certos, certa, certas)	alguém
nenhum (nenhuma)	cada
outro (outros, outra, outras)	nada
qualquer (quaisquer)	ninguém
tanto (tantos, tanta, tantas)	outrem
todo (todos, toda, todas)	tudo

e) Pronomes interrogativos: *são aqueles utilizados para a formação de orações interrogativas diretas ou indiretas*. Exercem essa função os termos "que", "quem", "qual" e "quanto". Exemplos:

Quem fez isso?

Quero saber quanto lhe devo.

Que lhe parece?

f) Pronomes relativos: *são aqueles que se referem a um termo anterior* – denominado **antecedente** – *e, ao mesmo tempo, introduzem uma oração subordinada*. Exercem a função de pronomes relativos os termos "que", "o qual" (e flexões), "cujo" (e flexões), "quem", "onde", "quanto" (e flexões), "quando" e "como". Acompanhe o exemplo abaixo:

O governo liberou uma vacina para a gripe <u>que</u> está se espalhando pelo país.

O governo liberou uma vacina para a gripe. A gripe está se espalhando pelo país.

Note que a paráfrase escrita na segunda linha demonstra a função relativa do pronome "que": ele se refere a "gripe" – tanto que substitui a palavra para evitar a repetição – e, ao mesmo tempo, introduz a oração subordinada adjetiva subsequente.

Seguem outros exemplos:

Estas são as fotografias das quais lhe falei.

Traga-me aquela bebida cujo nome não me lembro.

Procuro um hotel onde possa passar a noite.

Observação: neste ponto, você já deve ter notado que a palavra "que" pode assumir uma série de funções morfológicas. Para verificar se, em determinado caso, ela está sendo usada como pronome relativo, basta substituir por "o(a) qual". Se fizer sentido, é um pronome relativo. Exemplo:

Comprei os jornais que estão nas bancas.

Comprei os jornais os quais estão nas bancas.

Espero que cheguem ao final da corrida.

Espero "o qual" cheguem ao final da corrida.

No primeiro caso, a substituição mantém o sentido da oração, portanto "que" tem valor de pronome relativo; no segundo, note que a substituição não faz sentido! Portanto, "que", ali, não é pronome relativo (é uma conjunção, classe de palavras que estudaremos adiante).

4.2.7. Interjeição

4.2.7.1. Conceito

São palavras utilizadas para expressar sentimentos como raiva, espanto, amor, dúvida. Em outras palavras, representam a verbalização de nossas emoções. Na redação, *são sempre seguidas de ponto de exclamação*. Exemplos: ah!, ei!, psiu!, passa!, xô!, alô!, avante!, olé!.

4.2.7.2. Locuções interjetivas

Enquanto algumas interjeições são facilmente identificáveis, por serem palavras bastante peculiares, criadas a partir da representação linguística dos sons, outras são compostas de vocábulos que existem isoladamente com outras funções. Ao comemorar uma vitória, por exemplo, posso gritar: "viva!" – termo que, no caso, funciona como interjeição e é também a conjugação da terceira pessoa do singular do presente do subjuntivo do verbo "viver".

Mais ainda, há *expressões formadas por diversas palavras que, usadas em certa entonação, passam a exercer a função de interjeição*. São as chamadas locuções interjetivas, exemplificadas abaixo:

Macacos me mordam!

Valha-me Deus!

Ai de mim!

Jesus amado!

4.2.8. Preposição

4.2.8.1. Conceito

Preposições *são palavras utilizadas para ligar termos ou orações, criando entre eles uma relação de subordinação*. As preposições são palavras invariáveis, ou seja, não se submetem às regras de concordância (masculino/feminino, singular/plural).

Observe os exemplos abaixo:

Nada há contra ele.

Aguardarei notícias até amanhã.

O réu foi colocado perante o juiz.

Perceba que as palavras sublinhadas unem dois termos dentro de cada oração ("contra" une o verbo "há" e o pronome "ele"; "até" une o substantivo "notícias" e o advérbio "amanhã"; "perante" une o verbo "colocado" e o substantivo "juiz"). Por isso, dizemos que a preposição estabelece a relação entre dois elementos, o regente (ou subordinante), que a antecede, e o regido (ou subordinado), que a sucede.

4.2.8.2. Classificação

As preposições podem ser classificadas em:

a) Essenciais: palavras que originalmente têm valor de preposição, ainda que *eventualmente* possam assumir outras funções morfológicas. Exemplos: a, ante, após, até, com, contra, de, desde, em, entre, para, per, perante, por, sem, sob, sobre, trás;

b) Acidentais: palavras que originalmente pertencem a outras classes gramaticais e *eventualmente* assumem valor de preposição. Exemplos: afora, fora, após, exceto, salvo, malgrado, durante, mediante.

4.2.8.3. Locuções prepositivas

São expressões formadas por duas ou mais palavras que exercem função de uma única preposição. Exemplos: a fim de, junto a, antes de, depois de, de acordo com, apesar de.

4.2.8.4. Agregação de preposições com outros elementos

Por questões fonéticas, ao longo do tempo foram incorporadas à língua portuguesa palavras formadas através da união da preposição com outros elementos da oração, dado que o som deles se misturava em virtude da preposição terminar e a palavra seguinte começar com vogal. Esse fenômeno pode ser obervado a partir de dois processos:

a) Combinação: *quando não há alteração fonética após a união da preposição com o elemento seguinte*. É o que ocorre em: ao (preposição "a" + "o" artigo), aonde (preposição "a" + "onde" advérbio);

b) Contração: *quando há alteração fonética após a união dos elementos, normalmente caracterizada pela supressão de um fonema*. Exemplos: dele (preposição "de" + "ele" pronome), neste (preposição "em" + "este" pronome), à (preposição "a" + "a" artigo), pela (preposição "per" + "a" artigo).

A propósito, a preposição "per" caiu em desuso no Brasil. Ela subsiste somente nas contrações "pelo(s)" e "pela(s)" e na locução adverbial "de per si", que significa "isoladamente", "individualmente".

Por fim, é importante não confundir a preposição "a" com "há", conjugação do verbo "haver". Trata-se de erro comum que pode ser facilmente evitado ao se memorizar a seguinte regra: *"a" é o tempo futuro, que ainda não chegou; "há" refere-se ao tempo passado, o que já foi*. Exemplos:

Irei embora daqui a pouco.

Termino a faculdade daqui a três semestres.

Há dez dias tento falar com você.

Tudo isso aconteceu há muito tempo.

4.2.8.5. Quando usar (ou não usar) a preposição

Vejamos alguns casos que costumam causar dificuldades no uso das preposições:

a) "Contra" tem sentido de "oposição", "hostilidade", portanto, **não** se recomenda seu uso no lugar de "em troca de", "junto de", "mediante", como nos seguintes exemplos:

Entrego o material *contra* recibo. (ao invés de "mediante")

Encostei o berço *contra* a parede. (ao invés de "junto à parede")

b) "Através" é preposição acidental e remete a "atravessar", superar um obstáculo, portanto, **não** se recomenda seu uso como substituto de "por meio de". Veja os exemplos abaixo:

Ouvi toda a conversa *através* da porta. (correto)

Fui à Justiça *através* de meu advogado. (ao invés de "por meio de")

c) O verbo "consistir" rege a preposição "em", não a preposição "de". Exemplo:

O relatório consiste *em* duas tabelas e um texto. (não "de duas tabelas")

d) O verbo "repetir" não rege preposição. Dizemos "repetir o ano", **não** "repetir de ano";

e) Não existe a expressão "de menor". O correto é "menor de idade" ou simplesmente "menor". Exemplos:

Carlos é menor de idade.

Carlos é menor. (esse uso, porém, deve ser amparado pelo contexto, sob pena de dubiedade – pode referir-se à idade ou à estatura de Carlos)

f) Expressões que refletem estado, qualidade ou matéria são constituídas pela preposição "em". Exemplos:

Ferro *em* brasa.

Escultura *em* madeira.

Televisão *em* cores. (não "a cores")

g) A preposição "entre" deve vir seguida de pronome oblíquo tônico. Em outras palavras, devemos usar "entre mim e ti", "entre você e mim", **não** "entre eu e você", "entre eles e eu";

h) "Sobre" equivale a "em cima de", enquanto "sob" expressa a ideia de "embaixo de" ou ainda "sujeito a comando de". Acompanhe os exemplos abaixo:

O jantar estava *sobre* a mesa.

O cachorro escondeu-se *sob* o armário.

O restaurante está *sob* nova direção.

4.2.9. *Conjunção*

4.2.9.1. Conceito

Conjunção é a classe que designa as palavras cuja função é *ligar duas orações, formando um período composto*. Observe o exemplo abaixo:

Ontem choveu. Hoje faz frio. (orações independentes)

Ontem choveu e hoje faz frio. (orações unidas pela conjunção "e")

4.2.9.2. Classificação

Em um primeiro momento, as conjunções podem ser classificadas em:

a) Coordenativas: são aquelas que *unem orações que possuem, cada uma, significado próprio*, isto é, sua ligação dentro do período é apenas uma questão de clareza, coesão ou estilo. São os chamados **períodos compostos por coordenação**. A conjunção assume a função de simples *conector*. Exemplos:

Maria estuda Direito e Pedro estuda Engenharia.

Meu pai quer ficar em casa no feriado, mas eu prefiro viajar.

Note que as orações "Maria estuda Direito" e "Pedro estuda Engenharia" possuem significados autônomos, elas fazem sentido independentemente de estarem unidas ou não. O mesmo ocorre com "Meu pai quer ficar em casa no feriado" e "Eu prefiro viajar";

b) Subordinativas: são aquelas que *unem orações que não se encontram no mesmo nível sintático, ou seja, uma é principal em relação à outra*. Tais orações não fazem sentido se forem separadas uma da outra, de sorte que formam, necessariamente, um **período composto por subordinação**, formado pela *oração principal* e pela *oração subordinada* (esse tema será estudado mais aprofundadamente no capítulo 8, quando aprendermos sobre análise sintática). Por isso, a conjunção tem função de *transpositor*. Observe o exemplo abaixo:

Eu disse a ele que não deveria fazer aquilo.

Se retirarmos a conjunção "que", a qual une as duas orações, elas deixarão de fazer sentido:

Eu disse a ele. (o quê?)

Não deveria fazer aquilo. (falta contexto).

Em nosso exemplo, "não deveria fazer aquilo" é uma **oração subordinada** que complementa a **oração principal** "Eu disse a ele". Elas são unidas pela **conjunção subordinativa** "que".

4.2.9.3. Espécies de conjunção

As conjunções coordenativas e subordinativas podem ser reunidas em diferentes espécies, conforme listadas abaixo. O mais importante é lembrar que *conjunções da mesma espécie funcionam como palavras sinônimas, ou seja, podem ser substituídas umas pelas outras sem qualquer alteração de sentido*.

As conjunções coordenativas[1] podem ser:

a) Aditivas: transmitem a ideia de soma de elementos, de adição. É o caso de *e*, *nem*, *não só... mas também* (ou *como também*). Exemplos:

Pegue as compras *e* coloque-as no carro.

Não fui a São Paulo *nem* ao Rio de Janeiro.

Não só comuniquei o fato a polícia, *mas também* ao Ministério Público.

b) Alternativas: exprimem a noção de que os elementos conectados não podem existir ao mesmo tempo (alternância) ou que são equivalentes (um vale pelo outro). É o que se verifica em *ou*, *ora... ora*. Exemplos:

Vou de carro *ou* de ônibus?

Maria *ora* estava cantando, *ora* apenas sorria.

c) Adversativas: expressam uma ressalva, denotando que existe uma oposição entre as unidades conectadas. As mais comuns são *mas, porém, contudo, todavia, entretanto, no entanto*. Atenção! A conjunção *e* pode ter valor adversativo, quando tiver o mesmo sentido de *mas*. Observe os exemplos abaixo:

Eu e Carlos estávamos na mesma loja *e* não o vi.

Corri, corri *e* não cheguei a tempo.

Perceba que as conjunções destacadas podem ser substituídas por *mas* sem qualquer alteração de sentido, o que denota que se trata de conjunções adversativas:

Eu e Carlos estávamos na mesma loja, *mas* não o vi.

Corri, corri, *mas* não cheguei a tempo.

d) Explicativas: refletem uma explicação, uma justificativa – uma oração coordenada esclarece algum elemento da outra. Aqui se incluem *pois, porque, porquanto*. Exemplos:

Não estudei o suficiente *porque* precisei trabalhar mais do que o normal.

A população está insatisfeita, *pois* os governantes não a representam fielmente.

Porquanto as folhas caem, as árvores se desnudam.

e) Conclusivas: caso em que a conjunção transmite a ideia de conclusão entre as orações, ou seja, uma decorre da outra. Exercem esse papel *logo, portanto, assim, por conseguinte, pois* (desde que posposto ao verbo). Exemplos:

Penso, *logo* existo.

Não são contemporâneos da faculdade, *portanto* não se conheceram lá.

Vá ao cinema, *assim* pode se distrair um pouco.

Treinou por muitos anos; está, *pois*, preparado para o campeonato.

Já as conjunções (e locuções conjuntivas) subordinativas podem ser relacionadas como:

---

1. A gramática pura contesta a classificação de diversas dessas palavras como conjunções (por exemplo, portanto, contudo), afirmando que são, na verdade, advérbios. Apesar de nos alinharmos com essa doutrina clássica, preferimos mantê-las na lista das conjunções por serem assim consideradas nos principais concursos públicos.

a) Integrantes: introduzem uma oração subordinada substantiva. Exercem essa função os elementos *que* e *se* (nas interrogativas indiretas). Exemplos:

É necessário *que* você venha convenientemente trajado.

Eu não me lembro *se* falei tudo o que devia. (a segunda oração equivale a "Falei tudo o que devia?")

Atenção! Nas orações subordinadas adjetivas, o *que* tem valor de pronome relativo:

Este é o livro *que* lhe falei. (pronome relativo)

Aprecio os livros de Rimbaud, *que* leio há muito tempo. (pronome relativo)

b) Condicionais: introduzem orações subordinadas adverbiais condicionais, isto é, a oração subordinada expressa uma condição da oração principal. Aqui se incluem *se, caso, sem que, uma vez que* (seguida de verbo no subjuntivo), *desde que* (seguida de verbo no subjuntivo), *contanto que* (seguida de verbo no subjuntivo) etc.. Exemplos:

Se chover amanhã, a obra atrasará ainda mais.

Não sei o que vou fazer *caso* seja reprovado no vestibular.

Sem que haja cooperação, o trabalho não ficará pronto.

Posso esperá-lo, *desde que* seja rápido.

c) Causais: introduzem orações subordinadas adverbiais causais, as quais são consideradas como a causa, a razão da oração principal. Podemos elencar *porque, como* (se anteposto à oração principal), *visto que, já que, uma vez que* (seguida de verbo no indicativo), *desde que* (seguida de verbo no indicativo), entre outras. Exemplos:

O acidente ocorreu *porque* não foram adotadas regras de segurança.

Já que insiste no assunto, contarei toda a verdade.

Como andava sem atenção, errei várias vezes o caminho.

Não saímos de casa *desde que* o bebê nasceu.

d) Concessivas: estabelecem uma relação entre duas orações *nas quais uma indica a superação de um obstáculo criado pela outra*. É o caso de *ainda que, embora, se bem que, apesar de que, não obstante, posto que*. Exemplos:

Ainda que você chegue hoje, não valerá a pena.

Foi-se ainda pensando nos problemas, *embora* estivesse mais tranquilo.

Posto que tenha atravessado sérias dificuldades, venceu na vida.

Atenção! Vimos acima que a locução conjuntiva *posto que* exerce função concessiva e é sinônimo de *embora*. Não se trata de locução conjuntiva causal, sinônima de *já que*. Vinícius de Moraes tornou célebre esse uso indevido da conjunção nos últimos versos de seu "Soneto de fidelidade": "(...) Que não seja imortal, posto que é chama/ Mas que seja infinito enquanto dure". Trata-se de uma licença poética, uso que não encontra respaldo na norma culta da língua.

e) Conformativas: unem orações *que trazem fatos em relação de conformidade um com o outro* as conjunções *como, conforme, segundo, consoante*. Exemplos:

O valor das ações está caindo *conforme* o balanço apresentado.

Segundo a meteorologia, haverá chuvas fortes hoje.

f) Finais: o nome remete a *finalidade, ou seja, a conjunção introduz uma oração que declarará as intenções, os objetivos da oração principal*. É o que se vê em *para que, a fim de que etc*. Exemplos:

Fui a São Paulo *para que* pudesse terminar os estudos.

Contratei um advogado *a fim de que possa* me defender no processo.

g) Proporcionais: as orações são ligadas por uma conjunção ou locução conjuntiva que expressa *a relação de proporção entre um objeto da oração subordinada e outro da oração principal*. Exemplos: *à medida que, à proporção de, ao passo que*. Exemplos:

À medida que andava, ficava mais cansado.

Tirava notas melhores *ao passo que* aprendia.

h) Temporais: indicam que a oração que introduzem *estabelece uma circunstância de tempo em relação à oração principal*, informando o momento em que a ação verbal acontece. Aqui encontramos as conjunções e locuções *antes que, depois que, quando, eis que, logo que, desde que, todas as vezes que, sempre que, enquanto*. Exemplo:

Deixe tudo pronto *antes que* eu saia.

Cumpri a tarefa *logo que* me foi passada.

Dormi *enquanto* ele falava.

4.2.10. Verbo

4.2.10.1. Conceito

Chama-se verbo a unidade morfológica que *representa a ação ou processo que envolve o sujeito da oração*. É aquilo que está sendo feito ou realizado, indica a conduta tomada pelo sujeito. Caracteriza-se, ainda, por permitir flexões de pessoa (primeira, segunda ou terceira), número (singular e plural), tempo (presente, pretérito e futuro) e modo (indicativo, subjuntivo e imperativo). Exemplos: “cantar”, “andar”, “expor”, “cair”.

4.2.10.2. Pessoas do verbo

Os verbos podem se referir a três pessoas distintas, indicadas pelos numerais ordinais 1ª, 2ª e 3ª:

a) 1ª pessoa: é aquela *que* fala;

b) 2ª pessoa: é aquela *com quem* se fala;

c) 3ª pessoa: é aquela *de quem* se *fala*.

Todas elas podem variar em relação ao número, ou seja, estarem representadas *no singular ou no plural*. Dessa forma, tomando como exemplo o verbo “amar”, temos:

1ª pessoa do **singular**	**eu**	amo
2ª pessoa do **singular**	**tu**	amas
3ª pessoa do **singular**	**ele/ela**	ama

1ª **pessoa** do **plural**	**nós**	amamos
2ª **pessoa** do **plural**	**vós**	amais
3ª **pessoa** do **plural**	**eles/elas**	amam

Vimos no capítulo 4.2.6.2, item "a5", que em algumas regiões do Brasil, o "tu" caiu em desuso, sendo substituído pelo pronome de tratamento "você". Esse pronome, já estudamos, leva o verbo a ser conjugado na 3ª pessoa do singular, apesar de referir-se à pessoa com quem se fala.

4.2.10.3. Modos do verbo

São três:

a) Indicativo: representa *fatos e ações cuja existência é certa e determinada.* Exemplo:

Eu *ando* rápido.

b) Subjuntivo: representa *situações incertas, não confirmadas ou cuja existência não é possível determinar*. Exemplo:

Se eu *andasse* mais rápido, chegaria mais cedo.

c) Imperativo: exprime *ordens ou comandos da pessoa destinatária.* Exemplo:

Anda logo!

4.2.10.4. Tempos do verbo

Os verbos podem expressar ações ou situações que já se completaram, que acontecem no momento em que se fala ou que ainda ocorrerão. Perceba que na frase anterior os verbos "completar", "acontecer" e "ocorrer" deixam claro se estamos diante do passado (tecnicamente, prefira "pretérito"), presente ou futuro. São os tempos verbais.

Cada um dos modos estudados acima acolhe uma certa quantidade de tempos verbais. Usando como exemplo o verbo "vender", podemos estabelecer a lista abaixo:

a) O modo <u>indicativo</u> divide-se em:

– *Presente* – "eu vendo";

– *Pretérito perfeito* (o fato aconteceu e terminou espontaneamente) – "eu vendi";

- *Pretérito imperfeito* (o fato acontecia quando foi interrompido) – "eu vendia";

– *Pretérito mais-que-perfeito* (o fato aconteceu em um momento mais remoto, anterior a outros referidos no contexto) – "eu vendera";

– *Futuro do presente* (que representa o tempo futuro propriamente dito) – "eu venderei";

– *Futuro do pretérito* (representa o futuro condicionado a outro evento) – "eu venderia";

b) O modo <u>subjuntivo</u> divide-se em:

– *Presente* – "[que] eu venda";

– *Pretérito imperfeito* – "[se] eu vendesse";

– *Futuro* – "[quando] eu vender";

c) O modo imperativo não se divide em tempos verbais, porque a ordem é dada sempre no presente. Não obstante, ele está dividido em:

– *Imperativo afirmativo* (ordens positivas) – "vende tu";

– *Imperativo negativo* (ordens negativas) – "não vendas tu".

4.2.10.5. Conjugação verbal

Conjugar um verbo significa *enumerar sua forma em todas as pessoas, números e modos verbais*. Para tanto, é possível agrupar os verbos em três grupos de acordo com as semelhanças dos resultados desse planilhamento:

a) 1ª conjugação: verbos terminados em "-ar";

b) 2ª conjugação: verbos terminados em "-er" e "-or"[2];

c) 3ª conjugação: verbos terminados em "-ir".

As conjugações seguem os exemplos abaixo:

Conjugação do verbo "mandar" (1ª conjugação)

PRESENTE DO INDICATIVO	
Eu **mand***o*	Nós **mand***amos*
Tu **mand***as*	Vós **mand***ais*
Ele/ela **mand***a*	Eles/elas **mand***am*

PRETÉRITO PERFEITO DO INDICATIVO	
Eu **mand***ei*	Nós **mand***amos*
Tu **mand***aste*	Vós **mand***astes*
Ele/ela **mand***ou*	Eles/elas **mand***aram*

PRETÉRITO IMPERFEITO DO INDICATIVO	
Eu **mand***ava*	Nós **mand***ávamos*
Tu **mand***avas*	Vós **mand***áveis*
Ele/ela **mand***ava*	Eles/elas **mand***avam*

PRETÉRITO MAIS-QUE-PERFEITO DO INDICATIVO	
Eu **mand***ara*	Nós **mand***áramos*
Tu **mand***aras*	Vós **mand***áreis*
Ele/ela **mand***ara*	Eles/elas **mand***aram*

FUTURO DO PRESENTE DO INDICATIVO	
Eu **mand***arei*	Nós **mand***aremos*
Tu **mand***arás*	Vós **mand***areis*
Ele/ela **mand***ará*	Eles/elas **mand***arão*

2. Os verbos terminados em "-or" limitam-se a "pôr" e seus derivados (depor, compor, expor etc.). Pertencem à 2ª conjugação porque antigamente grafava-se "poer".

FUTURO DO PRETÉRITO DO INDICATIVO	
Eu **mand***aria*	Nós **mand***aríamos*
Tu **mand***arias*	Vós **mand***aríeis*
Ele/ela **mand***aria*	Eles/elas **mand***ariam*

PRESENTE DO SUBJUNTIVO	
[que] Eu **mand**e	[que] Nós **mand***emos*
[que] Tu **mand***es*	[que] Vós **mand***eis*
[que] Ele/ela **mand**e	[que] Eles/elas **mand***em*

PRETÉRITO IMPERFEITO DO SUBJUNTIVO	
[se] Eu **mand***asse*	[se] Nós **mand***ássemos*
[se] Tu **mand***asses*	[se] Vós **mand***ásseis*
[se] Ele/ela **mand***asse*	[se] Eles/elas **mand***assem*

FUTURO DO SUBJUNTIVO	
[quando] Eu **mand***ar*	[quando] Nós **mand***armos*
[quando] Tu **mand***ares*	[quando] Vós **mand***ardes*
[quando] Ele/ela **mand***ar*	[quando] Eles/elas **mand***arem*

IMPERATIVO AFIRMATIVO	
-	**mand***emos* nós
mand*a* tu	**mand***ai* vós
mande você	**mand***em* vocês

IMPERATIVO NEGATIVO[3]	
-	não **mand***emos* nós
não **mand***es* tu	não **mand***eis* vós
não **mand**e você	não **mand***em* vocês

Conjugação do verbo "correr" (2ª conjugação)

PRESENTE DO INDICATIVO	
Eu **corr***o*	Nós **corr***emos*
Tu **corr***es*	Vós **corr***eis*
Ele/ela **corr**e	Eles/elas **corr***em*

PRETÉRITO PERFEITO DO INDICATIVO	
Eu **corr***i*	Nós **corr***emos*
Tu **corr***este*	Vós **corr***estes*
Ele/ela **corr***eu*	Eles/elas **corr***eram*

3. Nos verbos regulares, qualquer que seja a conjugação, o imperativo é formado a partir do **presente do subjuntivo**. O imperativo negativo é exatamente igual; cuidado, porém, com o imperativo afirmativo! Nele, a 2ª pessoa do singular e a 2ª pessoa do plural são feitas a partir do **presente do indicativo e retira-se o "s" final**.

PRETÉRITO IMPERFEITO DO INDICATIVO	
Eu **corr***ia*	Nós **corr***íamos*
Tu **corr***ias*	Vós **corr***íeis*
Ele/ela **corr***ia*	Eles/elas **corr***iam*

PRETÉRITO MAIS-QUE-PERFEITO DO INDICATIVO	
Eu **corr***era*	Nós **corr***êramos*
Tu **corr***eras*	Vós **corr***êreis*
Ele/ela **corr***era*	Eles/elas **corr***eram*

FUTURO DO PRESENTE DO INDICATIVO	
Eu **corr***erei*	Nós **corr***eremos*
Tu **corr***erás*	Vós **corr***ereis*
Ele/ela **corr***erá*	Eles/elas **corr***erão*

FUTURO DO PRETÉRITO DO INDICATIVO	
Eu **corr***eria*	Nós **corr***eríamos*
Tu **corr***erias*	Vós **corr***eríeis*
Ele/ela **corr***eria*	Eles/elas **corr***eriam*

PRESENTE DO SUBJUNTIVO	
[que] Eu **corr***a*	[que] Nós **corr***amos*
[que] Tu **corr***as*	[que] Vós **corr***ais*
[que] Ele/ela **corr***a*	[que] Eles/elas **corr***am*

PRETÉRITO IMPERFEITO DO SUBJUNTIVO	
[se] Eu **corr***esse*	[se] Nós **corr***êssemos*
[se] Tu **corr***esses*	[se] Vós **corr***êsseis*
[se] Ele/ela **corr***esse*	[se] Eles/elas **corr***essem*

FUTURO DO SUBJUNTIVO	
[quando] Eu **corr***er*	[quando] Nós **corr***ermos*
[quando] Tu **corr***eres*	[quando] Vós **corr***erdes*
[quando] Ele/ela **corr***er*	[quando] Eles/elas **corr***erem*

IMPERATIVO AFIRMATIVO	
-	**corr***amos* nós
corr*e* tu	**corr***ei* vós
corr*a* você	**corr***am* vocês

IMPERATIVO NEGATIVO	
-	não **corr***amos* nós
não **corr***as* tu	não **corr***ais* vós
não **corr***a* você	não **corr***am* vocês

Conjugação do verbo "partir" (3ª conjugação)

PRESENTE DO INDICATIVO	
Eu **part***o*	Nós **part***imos*
Tu **part***es*	Vós **part***is*
Ele/ela **part***e*	Eles/elas **part***em*

PRETÉRITO PERFEITO DO INDICATIVO	
Eu **part***i*	Nós **part***imos*
Tu **part***iste*	Vós **part***istes*
Ele/ela **part***iu*	Eles/elas **part***iram*

PRETÉRITO IMPERFEITO DO INDICATIVO	
Eu **part***ia*	Nós **part***íamos*
Tu **part***ias*	Vós **part***íeis*
Ele/ela **part***ia*	Eles/elas **part***iam*

PRETÉRITO MAIS-QUE-PERFEITO DO INDICATIVO	
Eu **part***ira*	Nós **part***íramos*
Tu **part***iras*	Vós **part***íreis*
Ele/ela **part***ira*	Eles/elas **part***iram*

FUTURO DO PRESENTE DO INDICATIVO	
Eu **part***irei*	Nós **part***iremos*
Tu **part***irás*	Vós **part***ireis*
Ele/ela **part***irá*	Eles/elas **part***irão*

FUTURO DO PRETÉRITO DO INDICATIVO	
Eu **part***iria*	Nós **part***iríamos*
Tu **part***irias*	Vós **part***iríeis*
Ele/ela **part***iria*	Eles/elas **part***iriam*

PRESENTE DO SUBJUNTIVO	
[que] Eu **part***a*	[que] Nós **part***amos*
[que] Tu **part***as*	[que] Vós **part***ais*
[que] Ele/ela **part***a*	[que] Eles/elas **part***am*

PRETÉRITO IMPERFEITO DO SUBJUNTIVO	
[se] Eu **part***isse*	[se] Nós **part***íssemos*
[se] Tu **part***isses*	[se] Vós **part***ísseis*
[se] Ele/ela **part***isse*	[se] Eles/elas **part***issem*

FUTURO DO SUBJUNTIVO	
[quando] Eu **part***ir*	[quando] Nós **part***irmos*
[quando] Tu **part***ires*	[quando] Vós **part***irdes*
[quando] Ele/ela **part***ir*	[quando] Eles/elas **part***irem*

IMPERATIVO AFIRMATIVO	
-	**part**_amos_ nós
parte tu	**part**_i_ vós
part_a_ você	**part**_am_ vocês

IMPERATIVO NEGATIVO	
-	não **part**_amos_ nós
não **part**_as_ tu	não **part**_ais_ vós
não **part**_a_ você	não **part**_am_ vocês

Você já percebeu, com certeza, que esses exemplos não se aplicam a todos os verbos. Há aqueles que são conjugados de forma diferente, tendo sua estrutura alterada em alguns tempos verbais. Vamos nos aprofundar um pouco aqui.

Os verbos são compostos por duas partes: o radical, sua parte estrutural, a raiz da palavra, e a *desinência*, o "final" do verbo, a terminação que nos permite identificar qual a pessoa, o número, o tempo e o modo em que o verbo está conjugado. Para encontrarmos o radical do verbo, basta retirar a desinência do infinitivo ("-ar", "-er", "-or" ou "-ir") – o que sobrar é o radical. Nas tábuas de conjugação acima, marcamos os radicais em negrito e as desinências em *itálico*.

Note que os verbos "mandar", "correr" e "partir" se conjugam de tal forma que o *radical nunca se altera e as desinências seguem sempre a mesma lógica*. Por isso, tais verbos são chamados de verbos regulares. Em contrapartida, dizemos que são verbos irregulares aqueles nos quais *a conjugação, ainda que seja em um único caso, apresenta flexões que alteram seu radical ou suas desinências*. Segue abaixo a conjugação de alguns verbos irregulares importantes[4], com suas peculiaridades sublinhadas:

Conjugação do verbo "dar" (1ª conjugação)

PRESENTE DO INDICATIVO	
Eu **d**<u>ou</u>	Nós **d**_amos_
Tu **dás**	Vós **d**_ais_
Ele/ela **dá**	Eles/elas **d**<u>ão</u>

PRETÉRITO PERFEITO DO INDICATIVO	
Eu **d**_ei_	Nós **d**<u>emos</u>
Tu **d**<u>este</u>	Vós **d**<u>estes</u>
Ele/ela **d**<u>eu</u>	Eles/elas **d**<u>eram</u>

4. Diante da riqueza de nossa língua, é virtualmente impossível listar a conjugação de todos os verbos irregulares. Não obstante, há alguns serviços disponíveis na Rede Mundial de Computadores que são muito úteis quando estamos em dúvida sobre a conjugação de um verbo. Um dos mais conhecidos é o "Conjuga-me" (www.conjuga-me.net).

PRETÉRITO IMPERFEITO DO INDICATIVO	
Eu **d**_ava_	Nós **d**_ávamos_
Tu **d**_avas_	Vós **d**_áveis_
Ele/ela **d**_ava_	Eles/elas **d**_avam_

PRETÉRITO MAIS-QUE-PERFEITO DO INDICATIVO	
Eu **d**_era_	Nós **d**_éramos_
Tu **d**_eras_	Vós **d**_éreis_
Ele/ela **d**_era_	Eles/elas **d**_eram_

FUTURO DO PRESENTE DO INDICATIVO	
Eu **d**_arei_	Nós **d**_aremos_
Tu **d**_arás_	Vós **d**_areis_
Ele/ela **d**_ará_	Eles/elas **d**_arão_

FUTURO DO PRETÉRITO DO INDICATIVO	
Eu **d**_aria_	Nós **d**_aríamos_
Tu **d**_arias_	Vós **d**_aríeis_
Ele/ela **d**_aria_	Eles/elas **d**_ariam_

PRESENTE DO SUBJUNTIVO	
[que] Eu **dê**	[que] Nós **dê**_mos_
[que] Tu **dê**_s_	[que] Vós **d**_eis_
[que] Ele/ela **dê**	[que] Eles/elas **d**_eem_

PRETÉRITO IMPERFEITO DO SUBJUNTIVO	
[se] Eu **d**_esse_	[se] Nós **d**_éssemos_
[se] Tu **d**_esses_	[se] Vós **d**_ésseis_
[se] Ele/ela **d**_esse_	[se] Eles/elas **d**_essem_

FUTURO DO SUBJUNTIVO	
[quando] Eu **d**_er_	[quando] Nós **d**_ermos_
[quando] Tu **d**_eres_	[quando] Vós **d**_erdes_
[quando] Ele/ela **d**_er_	[quando] Eles/elas **d**_erem_

IMPERATIVO AFIRMATIVO	
-	**dê**_mos_ nós
d_á_ tu	**d**_ai_ vós
dê você	**d**_eem_ vocês

IMPERATIVO NEGATIVO	
-	não **dê**_mos_ nós
não **dê**_s_ tu	não **d**_eis_ vós
não **dê** você	não **d**_eem_ vocês

Conjugação do verbo "querer" (2ª conjugação)

PRESENTE DO INDICATIVO	
Eu **quer***o*	Nós **quer***emos*
Tu **quer***es*	Vós **quer***eis*
Ele/ela **quer**	Eles/elas **quer***em*

PRETÉRITO PERFEITO DO INDICATIVO	
Eu **quis**	Nós **quis***emos*
Tu **quis***este*	Vós **quis***estes*
Ele/ela **quis**	Eles/elas **quis***eram*

PRETÉRITO IMPERFEITO DO INDICATIVO	
Eu **quer***ia*	Nós **quer***íamos*
Tu **quer***ias*	Vós **quer***íeis*
Ele/ela **quer***ia*	Eles/elas **quer***iam*

PRETÉRITO MAIS-QUE-PERFEITO DO INDICATIVO	
Eu **quis***era*	Nós **quis***éramos*
Tu **quis***eras*	Vós **quis***éreis*
Ele/ela **quis***era*	Eles/elas **quis***eram*

FUTURO DO PRESENTE DO INDICATIVO	
Eu **quer***erei*	Nós **quer***eremos*
Tu **quer***erás*	Vós **quer***ereis*
Ele/ela **quer***erá*	Eles/elas **quer***erão*

FUTURO DO PRETÉRITO DO INDICATIVO	
Eu **quer***eria*	Nós **quer***eríamos*
Tu **quer***erias*	Vós **quer***eríeis*
Ele/ela **quer***eria*	Eles/elas **quer***eriam*

PRESENTE DO SUBJUNTIVO	
[que] Eu **queir***a*	[que] Nós **queir***amos*
[que] Tu **queir***as*	[que] Vós **queir***ais*
[que] Ele/ela **queir***a*	[que] Eles/elas **queir***am*

PRETÉRITO IMPERFEITO DO SUBJUNTIVO	
[se] Eu **quis***esse*	[se] Nós **quis***éssemos*
[se] Tu **quis***esses*	[se] Vós **quis***ésseis*
[se] Ele/ela **quis***esse*	[se] Eles/elas **quis***essem*

FUTURO DO SUBJUNTIVO	
[quando] Eu **quis***er*	[quando] Nós **quis***ermos*
[quando] Tu **quis***eres*	[quando] Vós **quis***erdes*
[quando] Ele/ela **quis***er*	[quando] Eles/elas **quis***erem*

IMPERATIVO AFIRMATIVO	
-	**queir***amos* nós
quer*e* tu	**quer***ei* vós
queir*a* você	**queir***am* vocês

IMPERATIVO NEGATIVO	
-	não **queir***amos* nós
não **queir***as* tu	não **queir***ais* vós
não **queir***a* você	não **queir***am* vocês

Conjugação do verbo "vir" (3ª conjugação)

PRESENTE DO INDICATIVO	
Eu **v***enho*	Nós **v***imos*
Tu **v***ens*	Vós **v***indes*
Ele/ela **v***em*	Eles/elas **vêm**

PRETÉRITO PERFEITO DO INDICATIVO	
Eu **v***im*	Nós **v***iemos*
Tu **v***ieste*	Vós **v***iestes*
Ele/ela **v***eio*	Eles/elas **v***ieram*

Pretérito imperfeito do indicativo	
Eu **v***inha*	Nós **v***ínhamos*
Tu **v***inhas*	Vós **v***ínheis*
Ele/ela **v***inha*	Eles/elas **v***inham*

PRETÉRITO MAIS-QUE-PERFEITO DO INDICATIVO	
Eu **v***iera*	Nós **v***iéramos*
Tu **v***ieras*	Vós **v***iéreis*
Ele/ela **v***iera*	Eles/elas **v***ieram*

FUTURO DO PRESENTE DO INDICATIVO	
Eu **v***irei*	Nós **v***iremos*
Tu **v***irás*	Vós **v***ireis*
Ele/ela **v***irá*	Eles/elas **v***irão*

FUTURO DO PRETÉRITO DO INDICATIVO	
Eu **v***iria*	Nós **v***iríamos*
Tu **v***irias*	Vós **v***iríeis*
Ele/ela **v***iria*	Eles/elas **v***iriam*

PRESENTE DO SUBJUNTIVO	
[que] Eu **v***enha*	[que] Nós **v***enhamos*
[que] Tu **v***enhas*	[que] Vós **v***enhais*
[que] Ele/ela **v***enha*	[que] Eles/elas **v***enham*

PRETÉRITO IMPERFEITO DO SUBJUNTIVO	
[se] Eu **v***iesse*	[se] Nós **v***iéssemos*
[se] Tu **v***iesses*	[se] Vós **v***iésseis*
[se] Ele/ela **v***iesse*	[se] Eles/elas **v***iessem*

Futuro do subjuntivo	
[quando] Eu **v***ier*	[quando] Nós **v***iermos*
[quando] Tu **v***ieres*	[quando] Vós **v***ierdes*
[quando] Ele/ela **v***ier*	[quando] Eles/elas **v***ierem*

IMPERATIVO AFIRMATIVO	
-	**v***enhamos* nós
v*em* tu	**v***inde* vós
v*enha* você	**v***enham* vocês

IMPERATIVO NEGATIVO	
-	não **v***enhamos* nós
não **v***enhas* tu	não **v***enhais* vós
não **v***enha* você	não **v***enham* vocês

Atenção para as dicas abaixo:

a) Alterações no radical para manter a pronúncia do verbo não o transformam em irregular. É o que acontece, por exemplo, com "carreg*ar*", que se conjuga, no pretérito perfeito do indicativo, "eu carregu*ei*". A inserção do "u" para manter o fonema /guê/ não faz o verbo irregular, considerando que todas as suas demais flexões acompanham o modelo da 1ª conjugação (verbo "mandar" acima);

b) "Intervir" é derivado de "vir", portanto o correto é "eles intervieram" (pretérito perfeito do indicativo) e "ela interveio" (pretérito perfeito do indicativo);

c) O futuro do subjuntivo do verbo "ver" conjuga-se "vir". É clássico o exemplo que reúne os verbos "vir" e "ver" para demonstrar a diferença: "quando eu *vier* [do verbo "vir"] à cidade e *vir* [do verbo "ver"] os prédios";

d) Outra confusão comum entre os verbos "ver" e "vir" ocorre com a 3ª pessoa do plural do presente do indicativo. Lembre-se: "eles *vêm*" (com acento circunflexo) é conjugação do verbo "vir", enquanto "eles veem" (com dois "e", sem acento) é conjugação do verbo "ver";

e) "Variar" é verbo regular da 1ª conjugação, portanto conjuga-se "vari*a*" na terceira pessoa do singular do presente do indicativo. "Vareia" é erro grave, a despeito de sua popularização por algum motivo inexplicável;

f) "Precaver" não é derivado de "ver". Está incorreta a conjugação "eu (me) precavejo". "Precaver" não se conjuga na primeira pessoa do singular no presente do indicativo (é exemplo de verbo defectivo, que estudaremos logo adiante);

g) "Reaver" é derivado de "haver" e também verbo defectivo (veja o conceito no item 4.2.10.7, *infra*). Nada tem em comum com "ver". Assim, o correto é "eu re*ouve*" (pretérito perfeito do indicativo) e não "eu reavi";

h) Verbos anômalos constituem uma espécie de verbos irregulares. São aqueles que apresentam variações profundas no radical ao serem conjugados, tornando-os (os radicais) irreconhecíveis. Enquadram-se aqui "ser" ("eu sou", "tu és", "eu fui") e "ir" ("eu vou", "eu fui", "[quando] nós formos").

4.2.10.6. Formas nominais do verbo

Chamam-se formas nominais do verbo suas estruturas que, *ao lado de seu valor verbal (representando uma ação), podem assumir valor de substantivo, adjetivo ou advérbio*. São três:

a) Infinitivo: identificado pelas desinências "-ar" (1ª conjugação), "-er", "-or" (2ª conjugação) ou "-ir" (3ª conjugação). O infinitivo pode assumir valor de substantivo. Exemplo: "O *andar* do bêbado";

b) Gerúndio: identificado pela desinência "-ndo". O gerúndio pode assumir valor de advérbio ou adjetivo. Exemplos: "*pensando* bem, vou ficar em casa" (equivale a "ao pensar melhor"); "jogue a água *fervendo*" (equivale a "água fervente");

c) Particípio: identificado pelas desinências "-ado" (1ª conjugação) e "-ido" (2ª e 3ª conjugações). O particípio pode assumir a função de adjetivo. Exemplo: "coração *partido*".

Exceções importantes:

a) o gerúndio e o particípio do verbo "vir" e seus derivados são iguais – "vindo";

b) o particípio do verbo "ver" é "visto".

As orações que são *formadas por qualquer das formas nominais dos verbos* são chamadas de orações reduzidas. Logo, temos orações reduzidas de infinitivo, orações reduzidas de gerúndio e orações reduzidas de particípio. Essa classificação interessa, principalmente, para a análise sintática. Voltaremos a esses conceitos ao estudá-la no capítulo 8.

4.2.10.7. Verbos defectivos

São *aqueles que não se conjugam em determinada pessoa, número, tempo ou modo, por questões de sonoridade*. Vejam, por exemplo, a conjugação do verbo "colorir":

PRESENTE DO INDICATIVO	
-	Nós color*imos*
-	Vós color*is*
-	-

PRETÉRITO PERFEITO DO INDICATIVO	
Eu color*i*	Nós color*imos*
Tu color*iste*	Vós color*istes*
Ele/ela color*iu*	Eles/elas color*iram*

PRETÉRITO IMPERFEITO DO INDICATIVO	
Eu color*ia*	Nós color*íamos*
Tu color*ias*	Vós color*íreis*
Ele/ela color*ia*	Eles/elas color*iam*

PRETÉRITO MAIS-QUE-PERFEITO DO INDICATIVO	
Eu color*ira*	Nós color*íramos*
Tu color*iras*	Vós color*íreis*
Ele/ela color*ira*	Eles/elas color*iram*

FUTURO DO PRESENTE DO INDICATIVO	
Eu color*irei*	Nós color*iremos*
Tu color*irás*	Vós color*ireis*
Ele/ela color*irá*	Eles/elas color*irão*

FUTURO DO PRETÉRITO DO INDICATIVO	
Eu color*iria*	Nós color*iríamos*
Tu color*irias*	Vós color*iríeis*
Ele/ela color*iria*	Eles/elas color*iriam*

PRESENTE DO SUBJUNTIVO	
-	-
-	-
-	-

PRETÉRITO IMPERFEITO DO SUBJUNTIVO	
[se] Eu color*isse*	[se] Nós color*íssemos*
[se] Tu color*isses*	[se] Vós color*ísseis*
[se] Ele/ela color*isse*	[se] Eles/elas color*issem*

FUTURO DO SUBJUNTIVO	
[quando] Eu color*ir*	[quando] Nós color*irmos*
[quando] Tu color*ires*	[quando] Vós color*irdes*
[quando] Ele/ela color*ir*	[quando] Eles/elas color*irem*

IMPERATIVO AFIRMATIVO	
-	-
-	colori vós
-	-

IMPERATIVO NEGATIVO	
-	-
-	-
-	-

Dizemos que "colorir" é um verbo **defectivo** porque não se conjuga em diversas hipóteses, chegando até mesmo a não ser flexionado em modos inteiros (como o presente do subjuntivo e o imperativo negativo). Na prática, como não podemos dizer "eu coloro", devemos nos socorrer de um sinônimo – por exemplo, "eu pinto" (do verbo "pintar").

Não há consenso entre os gramáticos sobre quais são os verbos defectivos. Há inúmeras situações nas quais um autor repugna determinada conjugação e outros a aceitam. Sem prejuízo, apresentamos a lista de exemplos abaixo, sobre os quais concorda a maioria dos professores:

abolir	adequar	banir
carpir	colorir	delinquir
demolir	esculpir	explodir
falir	feder	florir
precaver	reaver	remir
ressarcir	retorquir	soer

4.2.10.8. Verbos abundantes

Ao contrário dos verbos defectivos, **verbos abundantes** são aqueles que *possuem mais de uma forma correta para um ou mais tempos ou formas verbais*. Usualmente, a abundância dos verbos ocorre nos particípios. Confira os exemplos abaixo:

aceitar	aceitado (particípio)	aceito (particípio)
acender	acendido (particípio)	aceso (particípio)
construir	ele constrói (pres. ind.)	ele construi (pres. ind.)
desenvolver	desenvolvido (particípio)	desenvolto (particípio)
eleger	elegido (particípio)	eleito (particípio)
entupir	ele entupe (pres. ind.)	ele entope (pres. ind.)
enxugar	enxugado (particípio)	enxuto (particípio)
exprimir	exprimido (particípio)	expresso (particípio)
findar	findado (particípio)	findo (particípio)
haver	nós havemos (pres. ind.)	nós hemos (pres. ind.)
imprimir	imprimido (particípio)	impresso (particípio)

matar	matado (particípio)	morto (particípio)
pegar	pegado (particípio)	pego (particípio)
tingir	tingido (particípio)	tinto (particípio)

Atenção! O verbo "chegar" não é abundante. Está incorreto o particípio criado pela fala coloquial "chego" (como em: "eu tinha chego"). Reconhece-se apenas a forma regular "chegado".

4.2.10.9. Vozes do verbo

São três:

a) Voz ativa: *aquela na qual a pessoa do discurso pratica a ação verbal sobre o objeto*. Exemplos:

Eu mandei chamar-lhe.

Eu fui a Madri.

Nós ligamos para casa.

b) Voz passiva: *aquela na qual o sujeito da oração é o próprio objeto da ação verbal*, ou, em outras palavras, ele sofre a ação verbal. Por tal razão, recebe o nome de sujeito paciente e aquele que exerce a ação é chamado de agente da passiva. Exemplos:

O jornal foi lido por mim.
(suj. paciente) (loc. verbal) (agente da passiva)

A construção da voz passiva é feita por meio de uma locução verbal formada pelos verbos "ser, "estar" ou "ficar" seguidos do particípio do verbo principal e pode ser subdividida em:

b1) Voz passiva analítica: na qual *a locução verbal mencionada acima está expressa*. Todos os exemplos anteriores foram formulados na voz passiva analítica;

b2) Voz passiva sintética: na qual *o verbo, ao invés de inserido em uma locução, é flexionado na terceira pessoa (singular ou plural) seguido da partícula "se", que nesse caso exerce função de pronome apassivador*, isto é, indica que o verbo está na voz passiva. Exemplos:

Alugam-se casas.

Conserta-se ar condicionado.

Note que, conforme dissemos no conceito, quando estamos trabalhando na voz passiva, *a flexão do verbo deve concordar em número com o sujeito paciente*. Transpondo os exemplos acima para a voz passiva analítica fica fácil perceber a forma correta de fazer a concordância verbal:

Casas são alugadas.

Ar condicionado é consertado.

c) Voz reflexiva: na qual *a ação verbal não ultrapassa o sujeito*, ou seja, não há a transição para o objeto. A pessoa do discurso é, ao mesmo tempo, agente e paciente da ação verbal. Pode também ser classificada de duas maneiras:

c1) Voz reflexiva propriamente dita: quando *a ação reverte-se ao próprio agente*. Os verbos nessa condição são conhecidos como verbos pronominais. Exemplos:

Eu me visto.

Ela se sentou.

Tu te levantaste.

c2) Voz reflexiva recíproca: quando *a ação verbal ocorre reciprocamente entre dois ou mais agentes*. Exemplos:

Eles se abraçaram.

Nós nos cumprimentamos calorosamente.

No primeiro exemplo, a partícula "se" exerce função de pronome reflexivo recíproco.

É muito comum que questões de concursos peçam para o candidato promover a alteração da voz ativa para a voz passiva ou vice-versa. Trata-se de operação simples, bastando acompanhar o raciocínio exposto abaixo:

DA VOZ ATIVA PARA A VOZ PASSIVA ANALÍTICA		
1º – O **sujeito** da voz ativa vira **agente da passiva**		
2º – O **objeto direto** da voz ativa vira **sujeito paciente**		
3º – O **verbo** na voz ativa vira **verbo principal** da locução verbal, *mantendo-se o tempo verbal* e *concordando com a pessoa do sujeito paciente*		
Os bandidos	invadiram	a casa.
A casa	foi invadida	pelos bandidos.

Seguindo o rigor da norma padrão, a voz passiva analítica somente pode ser formada por *verbos que não regem preposição em seus complementos* (verbos transitivos diretos). Por essa razão, é incorreta a construção:

Os programas foram assistidos pelos telespectadores.

Quando utilizado no sentido de "ver", "acompanhar", o verbo "assistir" é transitivo indireto, porque rege a preposição "a" em seu complemento. Logo, na voz ativa, teríamos:

Os telespectadores assistiram ao jogo.

Uma parcela dos gramáticos, todavia, já faz concessões à construção da voz passiva analítica com alguns verbos transitivos indiretos, tais como: "apelar", "assistir", "aludir", "obedecer", "pagar", "perdoar" e "responder".

DA VOZ PASSIVA ANALÍTICA PARA A VOZ ATIVA		
1º – O **sujeito paciente** da voz passiva vira **objeto direto**		
2º – O **agente da passiva** vira **sujeito**		
3º – O **verbo principal** da locução verbal passiva vira **verbo** unitário, *mantendo-se o tempo verbal e concordando com a pessoa do sujeito*		
Os homens	foram derrotados	pelas mulheres.
As mulheres	derrotaram	os homens

DA VOZ PASSIVA SINTÉTICA PARA A VOZ PASSIVA ANALÍTICA	
1º – O **sujeito paciente** colocado após o verbo é **deslocado** para o início da oração	
2º – O **verbo** na terceira pessoa seguido da partícula "se" vira **verbo principal** da locução verbal, *concordando com o sujeito paciente e mantendo-se o tempo verbal*	
Arrumaram-se	as malas.
As malas	foram arrumadas.

Esse último caso é o que mais traz dificuldades. Afinal, por vezes é muito difícil discernir se estamos diante da **voz passiva sintética** ou de **oração com sujeito indeterminado**. Veja:

Cumpre-se a profecia.

Trata-se de documento estrangeiro.

A importância dessa diferenciação reside, entre outros casos, na **possibilidade de flexão do verbo no plural**. Como vimos, na voz passiva, analítica ou sintética, o verbo deve concordar com o sujeito paciente. A oração com sujeito indeterminado, porém, não se flexiona – apresenta-se sempre na terceira pessoa do singular. Dentre as duas orações acima, em uma delas a expressão que sucede ao verbo é sujeito, na outra é complemento verbal. Como descobrir?

Resposta: basta analisar se o verbo exige complemento e de que tipo. A voz passiva sintética, de rigor, ocorre apenas com **verbos transitivos diretos**, ou seja, aqueles que exigem complemento **sem** preposição, salvo as exceções que vimos logo acima ("apelar", "assistir", "aludir", "obedecer", "pagar", "perdoar" e "responder").

Portanto, se estivermos diante de **verbo transitivo indireto, verbo intransitivo sem que o sujeito esteja expresso, verbo de ligação ("ser" e "estar", basicamente) ou verbo seguido de objeto direto preposicionado,** a partícula "se" exercerá função de *índice de indeterminação do sujeito*. Em outras palavras, não é voz passiva sintética, mas sim *voz ativa com sujeito indeterminado*. Vamos retomar os exemplos anteriores e adicionar outros:

Cumpre-se a profecia. → "cumprir" é verbo transitivo direto → "a profecia" é objeto direto → voz passiva sintética

Trata-se de documento estrangeiro. → "tratar", nesse sentido, é verbo transitivo indireto ("tratar de alguma coisa") → "documento estrangeiro" é objeto indireto → voz ativa com sujeito indeterminado

Logo não se morrerá mais de AIDS. → "morrer" é verbo intransitivo (não exige complemento: quem morre, morre) → o sujeito não está expresso → voz ativa com sujeito indeterminado

Lá se é mais feliz. → "ser" é verbo de ligação → "mais feliz" é predicativo do sujeito → voz ativa com sujeito indeterminado

Estima-se a Machado de Assis. → "estimar" é verbo transitivo direto → "a Machado de Assis" é objeto direto preposicionado, porque a preposição "a" é regida facultativamente antes de nomes próprios pelo verbo "estimar" → voz ativa com sujeito indeterminado

Como já explicado, a distinção entre a voz passiva sintética e a voz ativa com sujeito indeterminado é relevante em caso de transposição da oração para o plural. Isso porque, no segundo caso, o verbo permanecerá **sempre** na 3ª pessoa do singular, porque ele *concorda com o sujeito, que é indeterminado*. Portanto:

Tratam-se de documentos estrangeiros. (incorreta)

Trata-se de documentos estrangeiros. (correta)

Logo não se morrerão mais de AIDS e câncer. (incorreta)

Logo não se morrerá mais de AIDS e câncer. (correta)

Há, derradeiramente, duas dicas para auxiliar nessa elucidação sobre a voz passiva sintética e não errar mais:

a) Se houver **preposição** depois do verbo, *é voz ativa com sujeito indeterminado*. Afinal, o sujeito nunca precisa de preposição. Se ela aparece, é porque o termo que segue não é sujeito e o verbo não deve concordar com ele;

b) Tente transformar a oração que *supostamente* está na voz passiva sintética em *voz passiva analítica*. Se der certo, é mesmo voz passiva; se não der, é voz ativa com sujeito indeterminado. Veja:

Cumpre-se a profecia. (voz passiva sintética)

A profecia é cumprida. (voz passiva analítica que faz sentido)

Lá se é mais feliz. ("voz passiva sintética"?)

Mais feliz é lá. (voz passiva analítica não faz sentido, então é voz ativa)

Trata-se de documentos estrangeiros. ("voz passiva sintética"?)

Documentos estrangeiros são tratados. (voz passiva analítica não faz sentido, então é voz ativa)

4.2.10.10. Formas rizotônicas e arrizotônicas do verbo

Trata-se de conceitos ligados à pronúncia do verbo, mais especificamente sobre onde se localiza sua sílaba tônica.

Chama-se **forma rizotônica do verbo** aquela na qual *a sílaba tônica encontra-se no radical*. Exemplos: "que-ro", "mor-ra", "a-ti-re".

Chama-se **forma arrizotônica do verbo** aquela na qual *a sílaba tônica está fora do radical*. Exemplos: "que-re-rí-eis", "mor-ri", "a-ti-ra-rei".

4.2.10.11. Locuções verbais

É a *combinação de dois verbos, na qual o primeiro, denominado* ***verbo auxiliar****, é empregado sob diversas formas junto com o infinitivo, gerúndio ou particípio do segundo, dito* ***verbo principal***.

As principais locuções verbais são usadas nos casos abaixo:

a) **Para formar tempos verbais compostos**, a partir da junção dos verbos auxiliares "ter" ou "haver" com o particípio do verbo principal. Existem nove tempos verbais compostos, conforme exposto no quadro abaixo. Para facilitar, mencionamos apenas a conjugação na 1ª pessoa do singular, bastando, para as demais, flexionar devidamente o verbo auxiliar:

INDICATIVO	
Pretérito perfeito composto	tenho amado ou hei amado
Pretérito mais-que-perfeito composto	tinha amado ou havia amado
Futuro do presente composto	terei amado ou haverei amado
Futuro do pretérito composto	teria amado ou haveria amado
SUBJUNTIVO	
Pretérito perfeito composto	tenha amado ou haja amado
Pretérito mais-que-perfeito composto	tivesse amado ou houvesse amado
Futuro composto	tiver amado ou houver amado
FORMAS NOMINAIS	
Infinitivo composto	ter amado ou haver amado
Gerúndio composto	tendo amado ou havendo amado

Nesses casos, é importante frisar que *apenas o verbo auxiliar recebe as flexões de pessoa e número*. Exemplos:

Ela tinha partido.

Elas tinham partido.

Ele havia cantado bem.

Eles haviam cantado bem.

b) Para formar a voz passiva analítica. Nos termos que aprendemos, a voz passiva analítica é formada por uma locução verbal constituída do verbo auxiliar "ser", "estar" ou "ficar" aliado ao verbo principal no particípio. Diferentemente do que ocorre nos tempos verbais compostos, *na voz passiva o particípio do verbo é variável em gênero e número*. Acompanhe:

Eu fui aceito no clube.

Nós fomos aceitos no clube.

Ela é prejudicada todos os dias.

Eles são prejudicados todos os dias.

c) Para alterar o sentido do verbo principal. Aqui, *inúmeros verbos podem desempenhar o papel de verbo auxiliar, a depender do sentido que se quer entregar ao principal*. É o caso das locuções "começar a escrever" (denota o início da ação), "continuar andando" (indica que a ação já estava em andamento), "parar de chorar" (para expressar o fim da ação), "tentar alcançar" (mostrando o esforço do sujeito), "querer cantar" (para expressar desejo ou vontade) etc..

5. COLOCAÇÃO PRONOMINAL

5.1. Objeto de estudo

Aprendemos no item 4.2.6 que os pronomes são *classes de palavras utilizadas, dentre outras hipóteses, para substituir substantivos com o fim de evitar repetições desnecessárias na redação.*

Nesse contexto, o estudo da colocação pronominal é um instrumento indispensável para a escrita conforme a norma padrão da língua. Ela nos dá *as regras aplicáveis sobre a posição na qual os pronomes devem ser inseridos na oração*. Daí o nome "colocação pronominal": onde colocamos o pronome?

Nossa referência para a colocação pronominal é o verbo. A partir dele, o pronome pode aparecer em três posições:

a) Ênclise: quando *o pronome é colocado depois do verbo*. Exemplos:

Diga-*me* a verdade.

José levantou-se cedo para trabalhar.

b) Mesóclise: quando *o pronome é inserido no meio do verbo*. Exemplos:

Falar-*te*-ei amanhã.

Sentir-*me*-ia melhor se vocês viessem.

c) Próclise: quando *o pronome é colocado antes do verbo*. Exemplos:

Eu *o* vi na loja.

Aquilo *me* pareceu estranho.

5.2. Regras aplicáveis

A ênclise é a regra geral da Língua Portuguesa, isto é, *se não houver situação determinante da próclise ou da mesóclise, usamos sempre o pronome depois do verbo*. Há, muito embora, hipóteses importantes nas quais a ênclise é obrigatória:

a) No início das orações e após sinal de pontuação indicativo de pausa: a oração não pode ser iniciada com pronome oblíquo ("me", "lhe", "te" etc.), nem mesmo pode ele ser colocado antes do verbo imediatamente depois de sinal de pontuação que demanda pausa na leitura (vírgula, ponto e vírgula, dois-pontos etc.). Estão corretos, portanto, os exemplos abaixo:

Aplicaram-lhe a punição merecida.

Na noite passada, ouvi-o andar pela casa.

Vale salientar que alguns autores usam um critério diferente para estabelecer a ênclise nesse caso. Ao invés de considerar o início da oração, afirmam que *a ênclise é obrigatória somente no início do período*, que nada mais é do que *um conjunto de orações* (voltaremos a esses conceitos no item 8.1, ao tratar da análise sintática).

Por esse segundo critério, aceita-se que a oração subsequente do período seja iniciada por pronome oblíquo. Assim se posiciona, por exemplo, Evanildo Bechara, ao citar o exemplo de Marquês de Maricá:

"Querendo parecer originais, *nos* tornamos ridículos ou extravagantes."

b) Com verbo no gerúndio que inicia oração reduzida: em rigor, essa regra é uma consequência da anterior, porque igualmente trata do início de orações. Contudo, preferimos enunciá-la em separado porque *sobre ela os gramáticos são unânimes, não se aplicando a ressalva da regra do período exposta acima*. Logo, não há outra forma aceita pela norma culta que não a ênclise nos exemplos abaixo:

Guarde os cristais, por favor, carregando-os com cuidado.

Pulei no rio imediatamente, salvando-lhe a vida.

Quanto à **mesóclise**, ela está em franco desuso em nosso idioma. Não obstante, a norma padrão exige-a em dois casos, *desde que não se trate de próclise obrigatória conforme os critérios que veremos em seguida:*

a) Verbos no futuro do presente do indicativo: o pronome deve estar mesoclítico, como nos exemplos abaixo:

Ver-nos-emos amanhã.

Pagar-lhe-ei a dívida tão logo receba meu salário.

b) Verbos no futuro do pretérito do indicativo: vejamos os exemplos que seguem:

Gostei deste carro, comprá-lo-ia se pudesse.

Procurar-me-iam caso necessitassem.

Repetimos: hipóteses impositivas de **próclise** impedem a ocorrência da mesóclise; **nunca** teremos, porém, ênclise nos tempos verbais indicados quando estivermos seguindo o padrão culto da língua.

Por fim, vamos estudar a **próclise**, a anteposição do pronome átono em relação ao verbo. A definição mais importante liga-se a sua **obrigatoriedade**. Com base nessa imposição, podemos construir a seguinte classificação:

a) Próclise obrigatória: ocorre com a presença das denominadas *palavras atrativas*. São elas:

a1) Advérbios não separados por vírgula. Exemplos:

Aqui me respeitam.

Sempre te amei.

a2) Palavras negativas. Exemplos:

Não se engane.

Nunca me vire as costas.

a3) Pronomes interrogativos. Exemplos:

Quem me defenderá?

Quanto lhe devo?

a4) Pronomes indefinidos não separados por vírgula. Exemplos:

Alguém me chamou.

Todos o tratam como se fosse incapaz.

a5) Preposição "em" antes de verbo no gerúndio. Exemplos:

Em se tratando de títulos mundiais, ninguém supera a seleção brasileira.

Cumprimentei-o, em me repassando as boas novidades.

a6) Conjunção integrante "que". Exemplos:

Essa é a pessoa que me ajudou muito nos últimos anos.

Traga-me o relatório que lhe pedi ontem.

b) **Próclise facultativa:** a próclise é possível, mas não obrigatória, *sempre que não estivermos diante dos casos acima enumerados*. Em outras palavras, se a norma padrão não exigir uma determinada colocação pronominal, usamos a *ênclise (como regra geral) ou a próclise (por opção) indistintamente*. Algumas situações onde se permite a próclise facultativa:

b1) **Junto a substantivos próprios ou comuns.** Exemplos:

Gustavo se animou. (ou "Gustavo animou-se.")

O amor me pegou. (ou "O amor pegou-me.")

b2) **Junto a pronomes pessoais do caso reto.** Exemplos:

Eu o respeito. (ou "Eu respeito-o.")

Eles me adoram. (ou "Eles adoram-me.")

b3) **Junto a pronomes demonstrativos.** Exemplos:

Isso se chama preguiça. (ou "Isso chama-se preguiça.")

Aquilo lhe causou espanto. (ou "Aquilo causou-lhe espanto.")

b4) **Após conjunções coordenativas**. Exemplos:

Não queria encontrá-lo, mas me reconheceu na multidão. (ou "reconheceu-me")

Vá embora ou se mantenha calado. (ou "mantenha-se").

Existe, ainda, um caso especial, denominado **apossínclise**, consistente na *colocação do pronome entre duas palavras atrativas*. Apesar de bastante rara na linguagem cotidiana, a construção abaixo está correta:

Já *lhe* não consideram um amigo.

Vimos até aqui as regras de colocação pronominal nas orações compostas por um só verbo. Merecem a mesma atenção as **locuções verbais**, porquanto seguem disposições gramaticais próprias. Em suma, temos:

a) **Locuções verbais com verbo principal no infinitivo ou no gerúndio**: o pronome átono virá *proclítico* ao auxiliar, *enclítico* ao auxiliar ou *enclítico* ao principal. As três hipóteses estão igualmente corretas, conforme os exemplos abaixo:

Eu *lhe* preciso apresentar o relatório.

Eu preciso-*lhe* apresentar o relatório.

Eu preciso apresentar-*lhe* o relatório.

Ele *me* está chamando.

Ele está-*me* chamando.

Ele está chamando-*me*.

Atente para o fato de que o pronome, *ao ser colocado depois do verbo auxiliar, deve estar a ele ligado por hífen*, porque é **ênclise, não próclise em relação ao verbo principal**. Não se admite o pronome "solto" entre os dois verbos. Por isso, estão **erradas** as construções abaixo segundo o padrão gramatical:

Eu preciso *lhe* apresentar o relatório.

Ele está me chamando.

b) Locuções verbais com verbo principal no particípio: o pronome átono deverá estar *proclítico* ao auxiliar ou *enclítico* ao auxiliar. Nunca será colocado depois do verbo principal. Aceita-se, portanto, somente as formas abaixo:

Eu *lhe* tenho dito isso há tempos.

Eu tenho-*lhe* dito isso há tempos.

Vale aqui a mesma observação sobre a impossibilidade de não vir o pronome ligado por hífen ao verbo auxiliar. Assim, estão **incorretas** as estruturas oracionais abaixo:

Eu tenho dito-*lhe* isso há tempos. (ênclise no verbo principal)

Eu tenho *lhe* dito isso há tempos. (próclise no verbo principal)

As disposições da Gramática sobre a colocação pronominal nas locuções verbais podem ser representadas em um quadro sinótico:

Verbo principal no:	Aceita próclise?	Aceita ênclise?
Infinitivo	Sim	Sim
Gerúndio	Sim	Sim
Particípio	Sim	Não

6. CONCORDÂNCIA

6.1. Conceito

O estudo da concordância compreende *a adequação de gênero, pessoa e número entre elementos da oração*. Quando dizemos, por exemplo, que o correto é "homem bonito" e não "homem bonita", estamos diante de um exercício de concordância – a adequação do gênero do adjetivo ao gênero do substantivo (masculino).

A Gramática estuda duas formas de concordância: a **concordância nominal** e a **concordância verbal**. Vejamos separadamente as regras aplicáveis e os casos mais relevantes de cada uma delas.

6.2. Concordância nominal

6.2.1. Visão geral

A **concordância nominal** é aquela que *se estabelece entre duas palavras com valor de nomes na oração*. Em outras palavras, são as normas de concordância que vinculam palavras que *não são verbos*.

Essa espécie de concordância trabalha suas regras mediante a divisão das palavras envolvidas em dois grupos:

a) Palavras determinadas: *aquelas que impõem a regra de concordância*. Podem ser **substantivos** ou **pronomes**;

b) Palavras determinantes: *aquelas que devem seguir a concordância imposta pelas palavras determinadas*. Podem ser **adjetivos, pronomes, artigos, numerais** ou **verbo no particípio com valor de adjetivo**. Acompanhem os exemplos abaixo, nos quais as palavras determinantes estão em *itálico*:

Homem	*bonito*
(substantivo)	(adjetivo)
Ela é	*magra*
(pronome)	(adjetivo)
Duas	amigas
(numeral)	(substantivo)
Rapaz	*estudado*
(substantivo)	(verbo no particípio com valor de adjetivo)

Esses conceitos são essenciais para o estudo da concordância nominal. Não os perca de vista enquanto aprendemos suas principais normas.

6.2.2. Principais casos

6.2.2.1. Quando há somente uma palavra determinada e uma determinante

Caso clássico e o mais simples de todos, *a palavra determinante deverá concordar em gênero* (masculino ou feminino) *e número* (singular ou plural) *com a palavra determinada*. Todos os exemplos apresentados no item anterior aplicam essa regra, porquanto vamos evitar sua repetição.

Devemos ter muito cuidado, contudo, com os **substantivos sobrecomuns**, que *designam homens ou mulheres sem admitir variação de gênero* (estudamos esses substantivos no item 4.2.1.3, acima), tais como "a sentinela" e "a guarda". Mesmo que se refiram a pessoas do sexo masculino, **como só admitem o gênero feminino**, *com ele deve ser feita a concordância da palavra determinante!* Atenção aos exemplos abaixo (mantivemos as palavras determinantes em itálico):

Márcio, *a* sentinela *avançada*, percebeu uma movimentação na mata.

Carlos, *a* guarda *noturna*, dormiu em serviço.

6.2.2.2. Quando há mais de uma palavra determinada

a) Se forem do mesmo gênero, temos duas possibilidades:

a1) Concordância total, na qual *a palavra determinante concorda em gênero com as determinadas e vai para o plural*, **independentemente** da presença do artigo. Exemplos:

A brisa e a maré *tranquilas* conduziam o barco adiante.

A brisa e maré *tranquilas* conduziam o barco adiante.

a2) Concordância parcial (ou atrativa), hipótese em que *a palavra determinante também concorda em gênero com as determinadas, porém permanece no singular*, **independentemente** da repetição do artigo. Dizemos concordância **atrativa** porque a palavra determinante irá concordar em número com a palavra mais próxima. Exemplos:

A brisa e a maré *tranquila* conduziam o barco adiante.

A brisa e maré *tranquila* conduziam o barco adiante.

Atenção para uma importante ressalva! Se as palavras determinadas referirem-se **à mesma pessoa**, *impõe-se o uso do singular da palavra determinante*, como no exemplo abaixo:

Estou sempre ao seu lado como *um fiel* escudeiro e lacaio.

b) Se forem de gêneros diferentes, temos também duas possibilidades:

b1) Concordância pelo gênero masculino, ou seja, *a palavra determinante vai para o plural masculino*. Exemplos:

Todos os seus desejos e vontades eram satisfeitos.

Homens e mulheres *perfilados* aguardavam a ordem para partir.

b2) Concordância atrativa, que equivale àquela de mesmo nome vista há pouco. Aqui, ela se aplica *autorizando a concordância da palavra determinante exclusivamente em gênero e número com a mais próxima*. Exemplos:

O hino e a bandeira *brasileira* refletem nossa natureza.

Homens e mulheres *perfiladas* aguardavam a ordem para partir.

A concordância atrativa é **obrigatória** se a palavra determinante estiver **anteposta** às determinadas, **exceto** se essas forem *nomes próprios ou indicativos de parentesco*, como no exemplo abaixo:

Perfiladas mulheres e homens aguardavam a ordem para partir.

Encontrei os *queridos* João e Pedro no restaurante.

As *amáveis* mãe e filha dirigiram-se à fazenda.

6.2.2.3. Quando há apenas uma palavra determinada e mais de uma determinante

Se uma única palavra determinada é acompanhada de duas ou mais determinantes que com ela devam concordar, *a colocação do artigo é* **essencial** *para definir a regra de concordância aplicável*:

a) Estando ambas as palavras determinantes precedidas de artigo, a palavra determinada ficará no singular. Exemplos:

A quarta e *a* quinta *série* foram à excursão.

A literatura brasileira e *a* portuguesa têm muito em comum.

b) Se não houver repetição do artigo, a palavra determinada irá para o plural. Exemplo:

A quarta e quinta *séries* foram à excursão.

As literaturas brasileira e portuguesa têm muito em comum.

6.2.3. Outros casos interessantes

6.2.3.1. Silepse

Estudamos a silepse no contexto das figuras de linguagem (item 5.2.30, Parte I). Como vimos, ela é uma forma de concordância nominal que se desgarra das orientações normativas da língua padrão, levando as palavras determinantes a concordar de forma irregular com suas determinadas. Essas variações normalmente ocorrem em questões de gênero e número, como nas situações exemplificadas abaixo:

a) **Pronomes pessoais de tratamento:** apesar de estarem sempre no feminino, *as palavras determinantes devem concordar em gênero de acordo com a pessoa que ocupa o cargo*. Exemplos:

Vossa Excelência é muito *culto*. (se a autoridade for um homem)

Vossa Excelência é muito *culta*. (se a autoridade for uma mulher)

Todavia, se um adjetivo for unido diretamente ao pronome de tratamento, ele sempre deverá ser grafado no feminino. Observe:

Vossa Senhoria *ilustríssima* enobrece o evento. (sendo homem ou mulher)

b) **Expressão "a gente":** ainda que incomum, ocorre silepse de número quando a palavra determinante considera a pessoa que fala na concordância. Exemplos:

A gente questiona a si *mesmo* sobre o sentido da vida. (o falante é homem)

6.2.3.2. "Um e outro", "um ou outro", "nem um nem outro"

Essas expressões desafiam o candidato a memorizar uma intricada regra de concordância nominal. Tenha, portanto, bastante cuidado se aparecerem em alguma questão.

Com todas elas, o *substantivo fica no singular*:

Um e outro *caso* intrigava a polícia.

Uma ou outra *cadeira* veio quebrada.

Nem um nem outro *livro* me agradou.

Porém, nas três hipóteses, *havendo adjetivo, esse vai para o plural, mantendo-se o substantivo no singular*:

Um e outro *caso complicados* intrigavam a polícia.

Uma ou outra *cadeira novas* veio quebrada.

Nem um nem outro *livro estrangeiros* me agradou.

6.2.3.3. "Mesmo" e "próprio"

Ambas concordam em gênero e número com a palavra determinada:

Eu *mesmo* farei o serviço. (se homem)

Eu *mesma* farei o serviço. (se mulher)

Elas *próprias* foram à delegacia.

6.2.3.4. "Só" e "sós"

Havemos de ter cuidado com o uso desses termos. A palavra "só", quando usada como adjetivo, sinônimo de "sozinho", concorda em número com a palavra determinada:

Enfim, estamos *sós*.

Ela estava *só*.

Se preferirmos, por outro lado, a locução "a sós", *ficará ela invariável, sempre no plural, independentemente do número da palavra determinada*:

Eu prefiro ficar *a sós*.

Eles estavam *a sós*.

"Só" também pode ser usado como advérbio, sinônimo de "somente", "apenas". Assim, *é invariável*:

Só eu fiquei até o fim da festa.

Só eles ficaram até o fim da festa.

6.2.3.5. "Todo" e "meio"

Outro ponto que gera intensa discussão entre os gramáticos sobre as normas de concordância aplicáveis, as palavras "todo" e "meio" merecem nosso estudo pormenorizado.

Há uma regra na língua padrão que estabelece que *os advérbios são invariáveis*, ou seja, não se lhes aplica qualquer regra de concordância de gênero e número com as palavras determinadas. Logo, as construções abaixo estão corretas:

As meninas estavam *meio* chateadas com a professora.

Elas voltaram *todo* sujas da rua.

Chegou a *todo*-poderosa chefe.

A segunda oração soa estranha para os ouvidos, não é mesmo? Ninguém discorda que o advérbio "todo" *pode variar em gênero e número, desde que não integre uma palavra composta* (como o exemplo acima, "todo-poderosa", quando ficará *sempre* invariável), tornando também correta a frase abaixo:

Elas voltaram *todas* sujas da rua.

Ora, se "todo" é advérbio e pode variar, "meio", que também é advérbio, *deve ser aceito em suas formas concordantes em gênero e número com a palavra determinada*. Esse raciocínio, perfeito em sua lógica e defendido por inúmeros professores, sugere que estão corretas as orações abaixo:

Ele estava meio triste.

Ela estava meia triste.

Eles estavam meios tristes.

Elas estavam meias tristes.

Só que temos de ser realistas. Concordemos ou não com a lógica apresentada, há uma fortíssima resistência em aceitar essas possibilidades como corretas. Na seara das provas de concursos públicos, principalmente, não devemos arriscar. Considere incorretos os três últimos exemplos dados quando aparecerem nas alternativas, *exceto, é claro, se for possível eliminar todas as outras*. Nessa remota hipótese, significa que a banca examinadora adotou essa teoria mais moderna da concordância nominal.

Além disso, "meio" pode ser usado como numeral (metade de um) e, quando o for, será *variável, concordando em gênero e número com a determinada*:

É *meio*-dia e *meia*. (= meia hora)

Comeu *meia* pizza.

Por fim, lembre-se que "meias" é um substantivo (peça de vestuário para os pés) que deve ser usado, *preferencialmente*, no plural:

Onde estão as minhas meias?

6.2.3.6. "Menos" e "somenos"

São também advérbios de intensidade, porém não podem ser inseridos na discussão acima porque *suas variantes* **não existem** *na Língua Portuguesa*. Quer dizer que **não existem** as palavras "menas" e "somenas", razão pela qual os ditos advérbios são *invariáveis*. Exemplos:

Há *menos* coisas ruins do que eu imaginava.

Isso é de *somenos* importância.

6.2.3.7. "Pseudo"

Usado como elemento de palavras compostas, onde leva o sentido de "falso", fica *sempre invariável*. Exemplos: pseudofruto, pseudo-organização.

6.2.3.8. "Leso"

Não se trata, aqui, de conjugação do verbo "lesar". "Leso" é adjetivo que significa "atingido", "ofendido". Como tal, *deve concordar em gênero com o substantivo que o determina*. Portanto, temos "crime de *lesa*-majestade" e "crime de *leso*-patriotismo".

6.2.3.9. "Anexo"

Palavra que virou lugar-comum nos tempos da *Internet*, principalmente nos envios de arquivos por *e-mail*. Com a popularização, os erros de concordância espalharam-se tão rápidos quanto as campanhas publicitárias virtuais...

"Anexo" é adjetivo. Já sabemos, então, *que deve concordar em gênero e número com o substantivo determinado*. Deve-se dizer:

Os arquivos seguem *anexos*.

Encaminho *anexa* a fotografia.

Por outro lado, se preferirmos a locução **"em anexo"**, *não se aplica a concordância*, porque a expressão é invariável:

Os arquivos seguem *em anexo*.

Encaminho *em anexo* a fotografia.

Valem exatamente as mesmas determinações para **"incluso"** e **"apenso"**.

6.2.3.10. "Possível"

Outro adjetivo que, em alguns casos, gera confusão quanto a sua concordância. Primeiramente, vamos destacar que, em seu uso corrente, *é um adjetivo como qualquer outro, concordando em número com o substantivo*:

Missão *impossível*.

Possíveis suspeitos.

Devemos atentar para as construções do tipo **"o mais possível", "o pior possível"** etc.. Nesses casos, a concordância será realizada conforme *o número do artigo e do advérbio*: se estiverem no **singular**, "possível" ficará *invariável*; se estiverem no **plural**, "possível" também vai para o plural. Exemplos:

Quadros *o mais* bonitos *possível*.

Comida da *pior* qualidade *possível*.

Torcidas *as mais* animadas *possíveis*.

6.2.3.11. "É necessário", "é proibido"

Adjetivos acompanhados do verbo "ser", como nas expressões acima, *podem concordar em gênero e número com o substantivo ou permanecer invariáveis*, mas não por livre escolha. A medida será a *presença ou ausência do artigo ou outros elementos adjuntos*. Exemplos:

É proibido entrada.

É proibida *a* entrada.

É necessário paciência.

É necessária *muita* paciência.

Estão **incorretas**, portanto, as construções "É proibid<u>o</u> a entrada" e "É proibid<u>a</u> entrada".

6.2.3.12. "Alerta"

Trata-se de um *advérbio que, da mesma forma que "menos", é sempre invariável*. Exemplos:

A sentinela estava alerta.

Estamos todos alerta.

Modernamente, alguns autores aceitam o uso de "alerta" como *substantivo* ou *adjetivo*, hipóteses nas quais o termo se torna variável. Para esses professores, estão corretas as construções abaixo, porém anote que elas *contrariam o padrão culto da língua*:

Soaram os *alertas* de evacuação. (substantivo)

Estávamos todos a postos, os sentidos *alertas*. (adjetivo)

6.2.3.13. Adjetivos pátrios compostos

O primeiro termo *é invariável*. Apenas o segundo *concordará em gênero e número com a determinada*:

Guerra *indo*-paquistanesa.

Filme *franco*-americano.

6.2.3.14. "Milhar" e "milhão"

São *substantivos masculinos*, portanto **não** se flexionam para concordar com *palavras determinadas femininas*. Exemplos:

Os milhares de vítimas.

Os milhões de pessoas.

6.2.3.15. Plural das cores

Obviamente, não nos preocupam os adjetivos simples que designam as cores. Nesta altura de nosso estudo, você certamente já sabe aplicar as regras de concordância para os casos abaixo:

Carro vermelho.

Blusa vermelha.

Sapatos brancos.

Paredes brancas.

A questão se complica um pouco quando as cores são designadas por adjetivos compostos. Quando isso ocorrer, aplicam-se as seguintes regras:

a) Cor + adjetivo: o elemento cor fica *invariável* e a concordância é realizada normalmente com o elemento adjetivo. Exemplos:

Malas verde-*escuras*.

Tecidos amarelo-*claros*.

Água azul-*esverdeada*.

São exceções a esse padrão os adjetivos "**azul-marinho**" e "**azul-celeste**", os quais são *sempre invariáveis*:

Jaqueta azul-marinho.

Calças azul-marinho.

Rótulo azul-celeste.

Bandeiras azul-celeste.

b) Cor + substantivo: *ambos os elementos ficam invariáveis*. Exemplos:

Roupas amarelo-ovo.

Lençóis verde-água.

Tinta azul-petróleo.

Vaso cinza-chumbo.

6.3. Concordância verbal

6.3.1. Visão geral

As normas de concordância verbal padronizam *as adequações de pessoa e número do verbo ao sujeito ou ao predicativo da oração*. Durante o estudo da concordância verbal, eventualmente passaremos por alguns conceitos da **análise sintática**, tema do capítulo 8. Se necessário, adiante sua leitura até lá e retorne. Acreditamos, porém, que os exemplos aqui dados suplantarão quaisquer dúvidas imediatas. Vejamos, então, as regras mais importantes.

6.3.2. Principais casos

6.3.2.1. Regra geral

A regra-matriz da concordância verbal determina que *o verbo concorde em pessoa (1ª, 2ª ou 3ª) e número (singular ou plural) com o sujeito ou seu predicativo*, como nos exemplos abaixo:

Eu (sujeito)	*fui*	a Paris.
Ele (sujeito)	*estuda*	com afinco para o concurso.
Nem tudo (sujeito)	*são*	flores. (predicativo)

O mesmo raciocínio deve ser aplicado em caso de sujeito composto, que *é aquele composto por dois núcleos nominais*. Como são *dois núcleos*, o verbo *vai para o plural*:

Pai e filha (suj. composto)	*chegaram*	de viagem.

É possível, também, aplicar ao sujeito composto a concordância atrativa, isto é, *fazer o verbo concordar apenas com o núcleo mais próximo*, mas **desde que o verbo esteja anteposto ao sujeito:**

Chegaram	pai e filha	de viagem. (concordância normal)
Chegou	pai e filha	de viagem. (concordância atrativa)

Por fim, vale trazer à baila uma questão polêmica e um tanto difícil de discernir. A norma padrão estabelece que *em caso de sujeito composto formado por núcleos sinônimos (ou assim considerados), ou que indiquem uma gradação, o verbo permanece no singular*. Exemplos:

O amor e a paixão não *encontra* fronteiras.

Dor, sofrimento e morte *era* comum naquelas terras.

São dois os pontos complicados nessa espécie de construção. O primeiro é a eufonia, a sonoridade da língua. Não há como negar que as orações acima soam esquisitas. Contra isso dirão os puristas: a Língua Portuguesa não foi feita para ser bonita, foi feita para ser correta.

Todavia, há a outra complicação: a regra deixa muito aberto o conceito de sinônimos, liberando o caminho para usá-la em casos discutíveis. "Amor" e "paixão" podem ser considerados sinônimos? E "ódio" e "ira" são a mesma coisa? Para evitar essas dúvidas, diversos gramáticos aceitam, e o fazem corretamente em nossa opinião, a colocação do verbo no plural:

O amor e a paixão não *encontram* fronteiras.

Dor, sofrimento e morte *eram* comuns naquelas terras.

Atenção somente com os *sujeitos compostos formados por palavras que indicam uma noção única*, pois terão sempre o verbo no singular. Exemplos:

"O fluxo e refluxo das ondas nos *encanta*". (Evanildo Bechara)

O ir e vir das pessoas *hipnotizava* as crianças.

Da mesma forma, usaremos o singular *quando o sujeito composto apresentar uma palavra que resuma as demais*. Resgatando o exemplo anterior, teríamos:

Dor, sofrimento e morte *eram* comuns naquelas terras.

Dor, sofrimento, morte, tudo *era* comum naquelas terras.

6.3.2.2. Sujeito composto por diferentes pronomes pessoais

Quando o sujeito da oração for formado por diferentes pessoas gramaticais, representadas pelos respectivos pronomes pessoais do caso reto (eu, tu, ele/ela, nós, vós, eles/elas), *o verbo vai para o plural e concorda com a pessoa predominante*. A predominância decorre da própria ordem das pessoas estabelecida pela Gramática: a 1ª predomina sobre a 2ª e a 3ª e a 2ª predomina sobre a 3ª. Acompanhe:

Eu e ela *fomos* à praia ontem. (verbo na 1ª pessoa do *plural*)

Tu e eles quereis chegar mais longe. (verbo na 2ª pessoa do *plural*)

6.3.2.3. "Um e outro", "um ou outro", "nem um nem outro"

Também na concordância verbal essas expressões podem causar confusão. Para ilustrar, vamos usar os mesmos exemplos do item 6.2.3.2, que tratou delas quanto à concordância nominal.

"Um e outro" aceita *o verbo tanto no singular quanto no plural*:

Um e outro caso *intrigava* a polícia.

Um e outro caso *intrigavam* a polícia.

"Um ou outro" e "nem um nem outro" determinam o verbo *sempre no singular*:

Uma ou outra cadeira *veio* quebrada.

Nem um nem outro livro me *agradou*.

Dadas as peculiaridades desses casos, use o quadro abaixo como auxílio para memorização das regras de concordância nominal e verbal:

	CONCORDÂNCIA NOMINAL (SUBSTANTIVO)	CONCORDÂNCIA NOMINAL (ADJETIVO)	CONCORDÂNCIA VERBAL
Um e outro	Singular	Plural	Singular ou plural
Um ou outro	Singular	Plural	Singular
Nem um nem outro	Singular	Plural	Singular

6.3.2.4. Voz passiva sintética

Vimos no item 4.2.10.9, item "b", quando estudamos a voz passiva, que sua modalidade sintética é formada pelo verbo na terceira pessoa e pela partícula "se", a qual exerce a função de *pronome apassivador*.

Nessas construções, o verbo deverá *concordar em número (singular ou plural) com o nome ao qual se refere*, porque ele exerce a função de sujeito. Exemplos:

Compra-se jornal.

Alugam-se casas.

6.3.2.5. Verbos impessoais

Existem alguns verbos que *não se conjugam* quando utilizados em determinados sentidos. Como assumem sempre a mesma forma, independentemente da pessoa do discurso, são chamados de **verbos impessoais**. São grafados sempre na *terceira pessoa do singular*.

O verbo "haver", com sentido de *existir*, é impessoal:

Há uma pessoa esperando.

Há vinte pessoas esperando.

Mantém-se a impessoalidade em locuções verbais com o mesmo sentido que se valem do verbo "haver":

Deve haver uma pessoa esperando.

Deve haver vinte pessoas esperando.

O verbo "fazer", com sentido de *tempo*, é impessoal, característica que se mantém nas locuções verbais:

Faz uma hora que almocei.

Faz três horas que almocei.

Deve fazer cinco horas que almocei.

São também impessoais os verbos **que não admitem sujeito**, como aqueles que representam fenômenos naturais:

Choveu ontem.

Choveu dois dias seguidos.

6.3.2.6. "Que" e "quem"

O uso desses pronomes causa efeitos diferentes na concordância verbal. "Que" leva o verbo necessariamente *a concordar com a pessoa do discurso*:

Não fui eu que *comecei* a discussão.

Foi ele que *começou* a discussão.

Já o pronome "quem" determina o uso do verbo *na terceira pessoa do singular, ou seja, ele se torna impessoal*. Exemplos:

Não fui eu quem *começou* a discussão.

Foi ele quem *começou* a discussão.

6.3.2.7. Concordância com numerais

Se o numeral indica horário ou data, o verbo *concorda com ele em número*:

Amanhã *será* primeiro de agosto.

Hoje *são* três de maio.

Já *deram* cinco horas da tarde.

É uma hora da manhã!

Cuidado, porém, com a construção abaixo! A palavra "dia" altera a regra de concordância:

Hoje *é* dia 25 de junho.

A expressão "mais de um" também exige atenção. Analisando-a com base na lógica, o verbo deveria ir para o plural. Afinal, "mais de um" indica que há no mínimo dois. Todavia, essa não é a norma padrão da língua. A concordância de "mais de um" é feita *no singular, exceto se a expressão estiver repetida*:

Mais de uma pessoa *reclamou* do serviço.

Mais de um homem e mais de uma mulher *foram* condenados.

Já as expressões generalizantes, como "a maioria", "grande parte", "a maior parte", quando acompanhadas de palavras no plural, admitem o verbo *tanto no singular quanto no plural*, sendo o primeiro mais comum:

A maioria dos ladrões *fugiu*.

A maioria dos ladrões *fugiram*.

Note, entretanto, que se a palavra estiver no singular, *necessariamente teremos o verbo no singular*:

A maioria da corja *fugiu*.

Esse último exemplo é bastante útil na medida em que nos lembra que substantivos coletivos, apesar de representarem um grupo de coisas ou pessoas, *implicam a concordância com o singular*; a não ser, é claro, que estejamos falando de dois ou mais grupos:

O rebanho *está* saudável.

A patota *é* animada.

As alcateias *se formam* ao redor de um macho dominante.

Voltando aos numerais propriamente ditos, ao falarmos de frações novamente a lógica não nos ajuda. Muitas delas indicam quantidades menores do que um, as quais seriam singulares. Ocorre que a gramática normativa determina que a concordância *seja feita com o numerador*:

Um quinto dos profissionais *está* insatisfeito com seu trabalho.

Dois quintos dos profissionais *estão* insatisfeitos com seu trabalho.

Expressões de quantidade compostas pelo verbo "ser" transformam-no em impessoal, isto é, *aparecerá sempre na terceira pessoa do singular independentemente da quantidade estipulada* em locuções como "é pouco", "é muito", "é o suficiente". Exemplos:

Dois quilos de carne *é muito*!

Cinco livros *é o suficiente* para a viagem.

Quinhentos reais *é pouco* para mim.

6.3.2.8. Substantivos próprios plurais

Há substantivos próprios que sempre se apresentam no plural. Normalmente, designam lugares ou obras artísticas, como filmes e livros. Exemplos: Estados Unidos da América, Campos do Jordão, "Os Lusíadas", "Os Sertões" etc..

Para os topônimos (nomes de lugares), o critério da concordância será *a presença ou ausência do artigo definido*. Se ele estiver **expresso**, determinará a concordância no **plural**; se não estiver, teremos o singular. Exemplos:

Os Estados Unidos *invadiram* a Síria.

Emirados Árabes *é* um lugar árido.

Campos do Jordão sempre *será* uma bela cidade.

Entretanto, quando estivermos diante de nomes de obras artísticas, *impõe-se o verbo no singular*:

"Os Lusíadas" *é* a obra-prima de Camões.

"Os Sertões", de Euclides da Cunha, *conta* a história da Guerra de Canudos.

Cumpre informar que alguns autores aceitam, nessas últimas hipóteses, a flexão do verbo para o *plural*, desde que o nome não venha acompanhado do **substantivo comum a que pertence**. Para eles, são corretas as construções abaixo:

"Os Lusíadas" *são* a obra-prima de Camões.

"Os Timbiras" *contam* a história dessa tribo indígena.

O livro "Os Timbiras" *conta* a história dessa tribo indígena.

7. REGÊNCIA

7.1. Conceito

O campo de estudo da **regência** é *a subordinação de determinadas palavras a uma outra determinante, que exige, segundo a norma culta, seja aquela acompanhada de* ***preposição***.

Ao contrário do que muitos pensam, as regras de regência não se aplicam somente aos verbos. Ainda que isso seja verdade em relação à maioria delas, veremos a seguir algumas que incidem sobre outras classes de palavras e seus complementos. Daí falarem os autores em **regência verbal** e **regência nominal**.

Antes de prosseguirmos, contudo, é importante deixar consignado que se trata de um tema demasiadamente polêmico entre os gramáticos (assim como tantos outros...), de sorte que, não raro, traremos mais de uma construção possível. Questões de concursos públicos tendem a evitar essas passagens polêmicas, o que não afasta a necessidade de conhecê-las durante sua preparação para a prova, não é mesmo?

7.2. Regência nominal

7.2.1. Repetição da preposição

Quando a palavra determinante está *acompanhada por mais de um complemento*, é possível **suprimir ou manter** a preposição antes do segundo, dependendo da ênfase que se lhe pretende dar. Exemplos:

Os medos *da* infância e *da* adolescência voltavam.

Os medos *da* infância e adolescência voltavam.

7.2.2. *Termos que indicam ressalva*

A norma padrão da língua **repudia** a colocação de preposição após termos que indicm ressalva, exceção. Estão **corretas**, portanto, as construções abaixo:

Posso tirar meu sustento *de* qualquer trabalho, exceto esse.

Eu gosto *de* tudo, menos brócolis.

Não tenho medo *de* nada, salvo ratos.

Escritores consagrados e diversos professores, todavia, utilizam e reputam válida a colocação da preposição nesses casos. Explicam que, sendo possível identificar o verbo subentendido (como nos exemplos acima, onde ocorre zeugma – confira o item 5.2.29, Parte I), não há qualquer prejuízo gramatical na repetição da preposição. Defendem, nesses termos, as frases:

Posso tirar meu sustento *de* qualquer trabalho, exceto *desse*.

Eu gosto *de* tudo, menos *de* brócolis.

Não tenho medo *de* nada, salvo *de* ratos.

7.2.3. *Contração de preposição e artigo de sujeito*

Reina uma intensa polêmica sobre a possibilidade de se contrair a preposição "de" com o artigo definido que compõe o sujeito de verbo no infinitivo, como na célebre frase:

Está na hora da onça beber água.

ou

Está na hora de a onça beber água.

Todos os teóricos afirmam a correção da segunda frase. Trata-se, a nosso ver, de construção mais segura em termos gramaticais e, consequentemente, também para assinalar como resposta em questões de múltipla escolha.

Aqueles que tacham de incorreto o primeiro enunciado ensinam que *não se pode aplicar a preposição a um sujeito*. Vimos isso quando falamos da voz passiva sintética e analítica: o sujeito da oração não é preposicionado. Com efeito, no exemplo clássico, "a onça" é sujeito do verbo "beber"; logo, se for permitida a contração da preposição "de" com o artigo definido "a", estaremos aplicando a preposição ao sujeito.

Esse grupo, é bom que se diga, é majoritário. Contam, não obstante, com opositores renomados (como Ernesto Carneiro Ribeiro, Epifânio Dias e Evanildo Bechara) que esclarecem não se tratar de "sujeito preposicionado", mas sim um fenômeno fonético. A contração, afirmam, não é sintática; ela se estabelece por questões de eufonia (melhor sonoridade da oração) e, dado que não transgride o padrão culto da linguagem, não há de ser repudiada.

A segunda corrente teórica vê na ausência da contração maior ênfase no sujeito, como no exemplo abaixo:

É tempo *de o* povo sair às ruas e lutar por seus direitos.

7.2.4. *Alguns casos importantes de regência nominal*

Para evitar os erros de regência nominal mais comuns, leia com atenção a tabela abaixo, onde listamos a preposição regida conforme a boa gramática em cada um dos casos apresentados:

O TERMO	REGE A(S) PREPOSIÇÃO(ÕES)
alheio	a
ansioso	por / de
apto	a / para
confiante	em
contemporâneo	de
escasso	de
estranho	a
hostil	a
leal	a
morador	em
negligente	em
pródigo	de / em
próximo	a / de
residente	em
sito	em

7.3. Regência verbal

7.3.1. *Complemento comum a verbos de regência diferente*

Na linguagem informal, é muito comum "aproveitarmos" o mesmo complemento para dois verbos diferentes mesmo quando *eles regem preposições distintas*. Naturalmente, ao fazê-lo não estaremos respeitando a norma culta em relação a um deles, razão pela qual estão **incorretas** as orações abaixo:

Entrei e saí de casa rapidamente.

Fui e voltei do trabalho e ainda estava bem disposto.

Note que "entrar" rege a preposição "em", ao passo que "sair" exige a preposição "de". O mesmo ocorre com "ir" (rege "a") e "voltar" (rege "de"). Atendem aos princípios gramaticais as formas que seguem, porque respeitam a regência de ambos os verbos:

Entrei em casa e *dela saí* rapidamente.

Fui ao trabalho e quando *voltei dele* ainda estava bem disposto.

7.3.2. *Equivalência de termos preposicionados e pronomes oblíquos átonos*

Os pronomes pessoais do caso oblíquo *podem substituir complementos verbais preposicionados sem qualquer alteração de sentido ou prejuízo às normas de regência*. Evanildo Bechara elenca os seguintes exemplos, todos **corretos**:

Não fujas *de mim*. / Não *me* fujas.

Deu um beijo *em Belinha* / Deu-*lhe* um beijo.

Avizinhou-se *dela* / Avizinhou-se-*lhe*.

Ralhar *com o filho*. / Ralhar-*lhe*.

7.3.3. Verbos com mais de uma regência ou comumente utilizados de forma incorreta

Muita atenção aos verbos abaixo, pois, conforme seu significado, eles regerão uma determinada preposição. São, além disso, personagens constantes de questões de prova. Não perca de vista, também, que pode ocorrer crase nos casos em que o verbo rege a preposição "a"!

a) Agradar: em seu sentido mais corriqueiro, como sinônimo de "ser agradável", rege a preposição "a". Exemplo:

A justificativa apresentada não agradou *ao* fiscal.

O verbo também pode ser usado com um significado menos conhecido, como sinônimo de "acariciar", "fazer carinho". Nesse caso, *não rege preposição alguma*:

O pai agradava o filho.

b) Aspirar: como sinônimo de "sorver", "sentir o cheiro", "chupar", *não rege preposição alguma*. Exemplo:

Ele aspirou o delicado odor das rosas.

Já no sentido de "almejar", "desejar", "pretender", regerá a preposição "a", como no exemplo abaixo:

O jovem rapaz aspirava *ao* cargo de diretor.

c) Assistir: se remeter a "ajudar", "dar apoio", "cuidar", *não regerá qualquer preposição*. Exemplo:

João assistia seu pai idoso.

Porém, como sinônimo de "presenciar", "ver", rege a preposição "a":

Nós assistimos *ao* jogo da seleção brasileira no restaurante.

Também regerá a preposição "a" se quiser significar "caber", "competir":

Não assiste *a* você o direito de reclamar. (ou "não *lhe* assiste...")

No uso pouco conhecido equivalente a "morar", rege a preposição "em":

Gustavo assistia *em* Londres.

d) Avisar: se seu complemento for uma *coisa*, *não haverá preposição*; se for uma *pessoa*, rege a preposição "a":

Avisei as novidades *a* todos ontem.

A mesma regra é aplicável aos verbos **"certificar"**, **"cientificar"**, **"informar"**, **"pagar"**, **"perdoar"**, **"prevenir"**, dentre outros. Basta lembrar-se da fórmula:

Informei alguma coisa *a* alguém.

e) Chamar: *não rege preposição* quando usado no sentido de "pedir a presença". Exemplo:

Chamei meu irmão para ajudar-me.

Por outro lado, deverá vir seguido da preposição "por" se tiver sentido de "clamar", "suplicar":

Chamou *por* Deus, mas não foi atendido.

Chamava *pelos* pais até ser ouvido.

f) Chegar: rege a preposição "a" se acompanhado de adjunto adverbial *de lugar*. Exemplo:

Chegando *a* casa, foi descansar. (e não "chegando *em* casa")

A preposição "em" é usada somente se o complemento verbal indicar *tempo*, como na construção abaixo:

Cheguei *na* hora certa.

g) Esquecer: *não rege preposição* em sua forma pura. Exemplo:

Esqueci o computador no escritório.

Esqueceu as malas no quarto.

Já na forma pronominal ("esquecer-se"), o verbo rege a preposição "de":

Esqueci-me *do* computador.

Esqueceu-se *das* malas.

Aplica-se a mesma regra em relação ao verbo "lembrar": sem preposição na forma pura, com a preposição "de" na forma pronominal. Exemplos:

Essa paisagem lembra minha infância.

Essa paisagem lembra-me *da* minha infância.

h) Implicar: *não rege preposição* quando tiver sentido de "acarretar", "conduzir". A norma padrão repudia o uso corriqueiro da preposição "em" nessa hipótese:

O uso de celular dentro da prisão implica falta grave. (e não "implica *em* falta")

i) Obedecer: rege a preposição "a". Exemplo:

Os filhos devem obedecer *aos* pais.

j) Obstar: rege a preposição "a". Exemplo:

A corrupção obsta *ao* progresso do país.

k) Pisar: pela gramática tradicional, *não rege preposição*. Exemplo:

Estamos pisando ovos ao tratar desse assunto.

O uso corriqueiro da preposição "em" nas orações com esse verbo tem levado diversos professores a reconhecer como correta essa regência. Repise-se, porém, que não é o que determina a variante culta da língua.

l) Presidir: rege, facultativamente, a preposição "a". Portanto, estão corretas as duas construções abaixo:

Ele presidiu a assembleia.

Ele presidiu *à* assembleia.

m) Preferir: é verbo que deve ser complementado por dois objetos diferentes para fins de comparação. A relação entre eles deve ser feita pela preposição "a", nunca por "de que". Exemplos:

Prefiro cinema *a* teatro. (e não "*do que* teatro")

Ela preferia descansar *a* trabalhar. (e não "*do que* trabalhar")

n) Proceder: rege a preposição "a" quando for usado como sinônimo de "iniciar", "prosseguir". Exemplo:

O delegado, em seguida, procedeu *ao* interrogatório do indiciado.

Na linguagem jurídica, é muito utilizado como sinônimo de "estar correto", "ser aceito". Nesse caso, é verbo intransitivo (não exige qualquer complemento) e deve concordar com o sujeito. Exemplo:

Os argumentos do réu procedem.

o) Servir: com o sentido de "pôr alguma coisa sobre a mesa", normalmente ligado a refeições, *não rege preposição*. Exemplo:

Vou servir o almoço em breve.

A linguagem coloquial insiste em inserir a preposição "de" para limitar a quantidade do objeto. Observe:

Servi o arroz. (= "coloquei *todo* o arroz sobre a mesa")

Servi-me *do* arroz. (= "peguei um pouco de arroz")

Essa segunda construção é **repudiada** pelo padrão culto da linguagem e deve ser evitada. Seu uso corrente, porém, levou-a sem qualquer óbice a documentos oficiais e redações formais, o que não a faz correta em nenhuma medida. Evite, portanto, iniciar uma comunicação da seguinte forma:

Sirvo-me da presente para informar...

Prefira:

Serve-me a presente para informar...

Já quando for equivalente a "prestar serviço a alguém", regerá a preposição "a":

Gregório serve *ao* Exército.

Paulo serviu *à* Aeronáutica quando jovem.

p) Situar: rege a preposição "em". Exemplos:

O crime aconteceu no imóvel situado *na* Rua Alagoas. (e não "*à* Rua Alagoas")

q) Visar: não rege preposição se utilizado como sinônimo de "assinar", "apor o visto". Exemplo:

O advogado visou o contrato.

Atente para a regência da preposição "a" quando for utilizado no sentido de "almejar", "ter por objetivo":

Fez faculdade visando *a* receber um aumento.

Sempre trabalhou muito visando *ao* sucesso profissional.

Esses exercícios visam *à* tonificação dos músculos.

8. ANÁLISE SINTÁTICA

8.1. Noções e conceitos gerais

A análise sintática é um dos temas que mais assusta o candidato a concursos públicos que se dedica ao estudo da Língua Portuguesa. Tida por assunto "difícil", é, na verdade, alvo de alguns preconceitos.

Realmente, a análise sintática trabalha com um número grande de conceitos que, em uma primeira abordagem, podem parecer complexos para memorizar. Talvez resida aqui mesmo o erro: melhor que memorizar, *devemos entender a sintaxe.*

No capítulo 4 estudamos morfologia, que, em apertada síntese, *analisa as classes gramaticais às quais as palavras pertencem* (substantivo, adjetivo, advérbio, numeral, verbo etc.). Podemos dizer, portanto, que é uma visão estanque: preocupa-se com as palavras *consideradas em si mesmas*. Em outro passo, a sintaxe cuida *da disposição e da função exercida pelas palavras em uma oração*, ou seja, pressupõe que cada vocábulo seja considerado como um elemento constituinte de uma estrutura – as palavras são *reciprocamente consideradas*, as relações de umas com as outras.

Logo, análise sintática nada mais é do que classificar *a função que cada palavra exerce dentro da oração.*

Para sua perfeita compreensão, precisamos ter em mente os seguintes conceitos:

a) Frase: *é a estrutura linguística dotada de sentido que não apresenta verbo em sua construção*. Essa simplicidade de estrutura, marcada pela ausência de verbo, afasta a frase da análise sintática. Exemplos:

Socorro!

Bom dia para você!

Com licença, por favor.

b) Oração: *é a estrutura linguística dotada de sentido que apresenta verbo em sua construção*. A oração é o objeto de estudo por excelência da análise sintática. Exemplos:

Roberto e Paulo foram a São Paulo ontem.

Chove sem parar há dois dias.

Venha comigo!

c) Período: *é a estrutura linguística formada por duas ou mais orações*. Identificamos o período pelo *número de verbos ou locuções verbais* encontrados no enunciado. Sua análise sintática contempla, destarte, também a relação das orações umas com as outras. Exemplos:

Ontem *fui* a São Paulo.

(um verbo = uma oração = não é período[5])

Ontem *fui* a São Paulo e *conheci* o Museu do Ipiranga.

(dois verbos = duas orações = período)

5. Alguns professores afirmam que se trata de um **período simples**.

O médico *leu* o exame e *pediu* ao paciente que *ficasse* calmo.

(três verbos = três orações = período)

Perceba que, além dos verbos, balizam as orações os sinais de pontuação que indicam o seu final. A presença desses sinais (ponto, ponto de interrogação, ponto de exclamação e reticências) marca o fim da oração e, com isso, desconstitui o período. Veja só:

Ontem *fui* a São Paulo e *conheci* o Museu do Ipiranga.

(dois verbos = duas orações unidas por conjunção = período)

Ontem *fui* a São Paulo, *conheci* o Museu do Ipiranga.

(dois verbos = duas orações unidas sem conjunção = período)

Ontem *fui* a São Paulo. *Conheci* o Museu do Ipiranga.

(dois verbos = duas orações separadas = não é período)

Nesse terceiro exemplo, a análise sintática será feita separadamente em cada oração, ao passo que nos demais ela deve considerar também a relação que uma oração tem com a outra.

8.2. Análise sintática das orações

8.2.1. Identificação dos elementos essenciais

Toda análise sintática se inicia com a classificação dos dois elementos mais relevantes da oração: o sujeito e o predicado.

8.2.1.1. Sujeito

Definimos como sujeito o *elemento que realiza a ação verbal*. Parece complicado, mas não é. Observe o exemplo abaixo:

Marcelo comprou um bolo para seu aniversário.

Para descobrirmos o sujeito, basta perguntarmos "quem + verbo da oração". *Quem comprou? Marcelo comprou.* Portanto, "Marcelo" é o sujeito da oração.

Vejamos agora uma outra situação:

Nevou em Santa Catarina no último fim de semana.

Pergunta-se: *quem nevou*? Ora, essa questão não faz sentido! É exatamente por isso que afirmamos que *nem toda oração tem sujeito*. Casos como esse demonstram que, apesar de ser considerado um elemento essencial da oração, o sujeito, na verdade, não é imprescindível. Há verbos que conseguem compor uma estrutura dotada de sentido completo mesmo desacompanhados de um elemento a quem se atribui a ação.

Existem diversas espécies de sujeito. Vamos conhecê-las:

a) Sujeito simples: *é aquele que tem apenas um núcleo.*

O núcleo do sujeito é *sua palavra mais importante, aquela que guarda o maior significado semântico*. Em outros termos, é o vocábulo que, se retirado, deixa o texto sem sentido. Exemplo:

O coronel deslocou as tropas até a fronteira.

Quem deslocou? O coronel. Note que esse sujeito é formado por **duas palavras** (morfologicamente, o artigo definido masculino singular "o" e o substantivo comum masculino "coronel"), mas possui somente **um núcleo**: "coronel". Afinal, se suprimirmos o artigo, a oração continua a fazer sentido, o que não ocorre se retirarmos o substantivo.

Isso **não** significa que o núcleo do sujeito será sempre um substantivo. Qualquer palavra que possa exercer a função de nome, como adjetivos e pronomes, caberá nessa função sintática. Observe os exemplos abaixo, nos quais destacamos em negrito o núcleo do sujeito:

O **bonitão** flertou com ela a noite toda.

Vossa Excelência tem toda razão!

Nós iremos ao circo no próximo fim de semana.

Alguns autores classificam separadamente o chamado **sujeito acusativo**, que não deixa de ser uma apresentação específica do sujeito simples. Ele ocorre somente em períodos, nunca em orações isoladas, por isso trataremos dele mais adiante;

b) Sujeito composto: *é aquele que possui dois ou mais núcleos*, como se vê nos exemplos abaixo:

Eu, Luís e Arlindo formamos a diretoria do clube.

Quem forma? Eu, Luís e Arlindo. Das quatro palavras (não se esqueça da conjunção "e"), **três são núcleos** desse sujeito composto: "eu", "Luís" e "Arlindo".

Dilma Rousseff e Barack Obama assinaram o acordo.

Muito cuidado para não se deixar levar por uma antiga confusão. O sujeito composto é formado por *mais de um núcleo*, os quais devem ser representados por *nomes diferentes*. O exemplo acima, cujo sujeito é composto, pode ser reescrito da seguinte forma:

Os presidentes assinaram o acordo.

Não é porque o núcleo do sujeito é um substantivo plural que ele é sujeito composto! Ao perguntarmos: *quem assinou? Os presidentes.* Há apenas um núcleo ("presidentes"), portanto é sujeito simples;

c) Sujeito oculto, subentendido ou elíptico: *é aquele que não está expresso na oração, mas pode ser deduzido pelo contexto.* O sujeito oculto ocorre por diversas razões, sendo a mais comum a própria economia linguística (para reduzir o número de palavras do texto) e o cuidado para evitar a repetição de termos. Vamos aos exemplos:

Logo pela manhã, bebo dois copos d'água.

Aparentemente, a oração acima não apresenta sujeito. Olhe novamente! Se o verbo está conjugado na primeira pessoa do singular do presente do indicativo, o sujeito é "eu". *Quem bebe? Eu bebo.* O termo não está explícito, mas posso apurá-lo por meio do contexto.

Tatiana e Patrícia são excelentes nadadoras. Treinam juntas todos os dias.

Nesse exemplo, interessa-nos a segunda oração. O verbo está na terceira pessoa do plural do presente do indicativo, mas essa informação não me basta, pois o sujeito poderia ser "eles" ou "elas". Podemos nos valer, então, *de todo o con-*

texto para identificar o sujeito oculto. Sendo assim, a primeira oração permite-nos deduzir que o sujeito elíptico da segunda é "elas";

d) Sujeito indeterminado: sem perder de vista tudo o que aprendemos até agora, leia a oração abaixo e tente identificar o seu sujeito:

Bateram na porta.

Nosso impulso inicial é classificá-lo como sujeito oculto ("eles"). Pense bem! Posso perguntar: *quem bateu*? É certo que alguém bateu na porta, mas eu não consigo precisar, identificar quem foi. E diferentemente do que ocorreu no último exemplo do item anterior, agora o contexto não me ajuda a individualizar o sujeito.

Esse é o sujeito indeterminado, *aquele que está presente na oração, porém não podemos identificá-lo com clareza*. Ele sempre se apresenta de três maneiras:

→ Com verbos na terceira pessoa do plural sem que possamos depreender o sujeito de outras passagens do texto, como no exemplo citado acima;

→ Com verbos no infinitivo impessoal, situação típica de períodos como os exemplos abaixo:

É melhor viajar acompanhado.

Assistir a filmes no cinema é divertido.

→ Com verbos na terceira pessoa do singular, desde que não exijam qualquer complemento (verbos intransitivos) ou estejam acompanhados de complementos antecedidos por preposição, seguidos da palavra "se", que exercerá a função sintática de *índice de indeterminação do sujeito*. Exemplos:

Trata-se de documentos sigilosos.

Lá se é mais feliz.

Logo não se morrerá mais de AIDS.

Essas orações já foram usadas como exemplos no item 4.2.10.9, quando estudamos as vozes verbais. Vale a pena reler esse tópico para consolidar as diferenças entre voz passiva sintética e voz ativa com sujeito indeterminado;

e) Sujeito inexistente ou oração sem sujeito: *como o próprio nome sugere, são aquelas orações formadas por verbos que não demandam qualquer elemento que pratique a ação verbal*. Ocorre nas seguintes hipóteses:

→ Verbos "haver" e "fazer" indicando tempo decorrido. Exemplos:

Há muito tempo deixei de fumar. (a oração sublinhada não tem sujeito)

Faz três anos que não o vejo. (a oração sublinhada não tem sujeito)

→ Verbo "haver" com sentido de "existir". Exemplo:

Há diversos problemas ainda sem solução.

→ Verbos "ser" e "estar" indicando tempo. Exemplos:

São três horas da tarde.

Está calor aqui.

→ Verbos que exprimem fenômenos da natureza. Exemplos:

Chove lá fora.

Ontem ventou muito.

f) **Sujeito paciente:** é a classificação que se atribui ao *sujeito da oração na voz passiva*. Conforme visto no item 4.2.10.9, "b", nessa voz verbal o sujeito *recebe a ação* representada pelo verbo, como nos exemplos abaixo:

O livro foi escrito por Shakespeare.

O míssil foi lançado ontem.

8.2.1.2. Predicado

O segundo elemento essencial da oração é definido por exclusão: *após encontrarmos o sujeito, tudo o que sobrar é* **predicado**. Se a oração tiver sujeito oculto, indeterminado ou inexistente, então toda ela comporá o predicado. Exemplos:

Marcos apresentará seu trabalho amanhã.
(sujeito simples) (predicado)

João e José são irmãos.
(sujeito composto) (predicado)

Difundimos a verdade sobre o crime.
(predicado)

Trabalha-se demais no Brasil.
(predicado)

Relampejou a noite toda.
(predicado)

Os predicados podem ser classificados em três espécies, a saber:

a) **Predicado verbal:** *seu núcleo é um verbo que indica ação*. Seus demais componentes têm por função sintática complementar o verbo. Nos exemplos abaixo, destacamos o núcleo do predicado verbal em negrito:

O ditador **renunciou** ao cargo após intensa pressão popular.
(sujeito simples) (predicado verbal)

André **voltou** da Europa.
(sujeito simples) (predicado verbal)

b) **Predicado nominal:** *seu núcleo é uma palavra com valor de nome que atribui uma qualidade ou característica ao sujeito*. Por essa razão, o núcleo do predicado nominal é chamado de **predicativo do sujeito**. Além dele, o predicado é composto por um **verbo de ligação**, o qual, como o próprio nome sugere, *não indica uma ação do sujeito; serve apenas para uni-lo ao predicado*. Nos exemplos abaixo, destacamos o predicativo do sujeito em negrito. Observe que são palavras que não se referem ao verbo (como nos casos de predicado verbal), mas ao próprio sujeito. O verbo de ligação está grafado em itálico:

O ditador *era* **cruel** em suas decisões.
(sujeito simples) (predicado nominal)

André *estava* **feliz** por regressar.
(sujeito simples) (predicado nominal)

Nada impede que o predicado nominal tenha mais de um núcleo, como podemos perceber no exemplo que segue:

Maria e Joana	*eram* **bonitas** e **alegres**.
(sujeito composto)	(predicado nominal)

Uma forma simples de reconhecer o predicado nominal é identificar o verbo de ligação. Tal tarefa, em geral, é bastante fácil: "**ser**" e "**estar**" *são sempre verbos de ligação* e aparecem na grande maioria das questões. "**Parecer**", "**tornar-se**", "**mostrar-se**" são também verbos de ligação. Há outros, ainda, que *podem* exercer a função de verbo de ligação dependendo do contexto. Vale a pena conhecê-los:

João *andava* pela orla. (indica ação = predicado verbal)

João *andava* carente. (não indica ação = verbo de ligação)

Fico aqui até amanhã. (indica ação = predicado verbal)

Fico feliz se a vejo bem. (não indica ação = verbo de ligação)

Aldo *continua* sua leitura. (indica ação = predicado verbal)

Aldo *continua* triste. (não indica ação = verbo de ligação)

Vivo em São Paulo. (indica ação = predicado verbal)

Vivo nervoso com meu trabalho. (não indica ação = verbo de ligação)

Para bem classificarmos os verbos "**andar**", "**ficar**", "**continuar**" e "**viver**" precisamos observar a natureza dos demais termos da oração. Caso sejam *atributos, qualidades, defeitos, características do sujeito* ("**carente**", "**feliz**", "**triste**", "**nervoso**" etc.), *estamos diante de um predicado nominal e, consequentemente, são verbos de ligação*; se não encontrarmos esses termos no predicado, o verbo será seu núcleo – predicado verbal, portanto;

c) Predicado verbo-nominal: situação híbrida na qual *o predicado apresenta* ***dois núcleos***, *um verbal e um nominal*. Nessa hipótese, temos um *verbo que indica ação acompanhado de uma característica do sujeito*. Acompanhe os exemplos abaixo, nos quais destacamos em itálico o verbo de ação e em negrito o predicativo do sujeito:

A criança	*brincava* **animada**.
(sujeito simples)	(predicado verbo-nominal)
O rio	*corre* **caudaloso**.
(sujeito simples)	(predicado verbo-nominal)
Homens e mulheres	*trabalham* **atentos**.
(sujeito composto)	(predicado verbo-nominal)

Uma das formas de reconhecer o predicado verbo-nominal é transformá-lo em um período, inserindo o verbo de ligação que fica subentendido nos exemplos acima:

A criança	*brincava* e	estava **animada**.
(sujeito simples)	(verbo de ação)	(verbo de ligação "oculto")
O rio	*corre* e	é **caudaloso**.
(sujeito simples)	(verbo de ação)	(verbo de ligação "oculto")

Homens e mulheres	*trabalham* e	estão atentos.
(sujeito composto)	(verbo de ação)	(verbo de ligação "oculto")

O predicado verbo-nominal também pode apresentar como núcleo um predicativo do objeto. Não se assuste! Como dissemos no início do capítulo, é mais fácil entender do que memorizar.

Sabemos que "predicativo" é *aquilo que atribui uma qualidade ou característica a alguém*. Até agora, tratamos do predicativo do sujeito porque a palavra relacionava--se com o sujeito da oração. Ora, se estivermos diante de um termo sintático que qualifica o complemento do verbo (que se chama objeto – veja abaixo), teremos um predicativo do objeto. Acompanhe o exemplo:

Eu	considero	aquele aluno	inteligente.
(sujeito)	(v. de ação)	(objeto direto)	(predicativo do objeto)

Perceba que "aquele aluno" é considerado "inteligente", não "eu". Logo, esse atributo é relacionado ao objeto direto do verbo "considerar" e não ao sujeito da oração. Portanto, é classificado como predicativo do objeto e, por ser um núcleo do predicado, esse é considerado também como verbo-nominal.

8.2.2. *Elementos integrantes da oração*

8.2.2.1. Conceito

Junto dos elementos essenciais, as orações são compostas por diversos outros elementos, conhecidos como não essenciais ou integrantes, os quais complementam o sentido da mensagem que se quer transmitir. Esses termos, em regra, *pertencem ao sujeito ou ao predicado*, colocando-se ao lado dos respectivos núcleos.

8.2.2.2. Complementos verbais

a) Classificação sintática dos verbos

Quando estamos no campo da análise sintática, exsurge uma classificação dos verbos paralela a todas aquelas que estudamos no item 4.2.10. Seu critério é *a necessidade de complementação do verbo para que ele tenha sentido*.

Vamos pensar em alguns casos concretos. Se eu digo: "Eu voltei." Essa oração faz sentido? Sim. O verbo "voltar" *não depende de qualquer complemento*. O receptor da mensagem compreende sua exata extensão: o interlocutor foi a algum lugar e retornou para sua origem. Pode nascer uma "curiosidade natural" de saber *de onde* ele voltou, mas essa informação não é essencial para o verbo.

É diferente quando eu digo: "Eu quero." Essa oração faz sentido? Não. Quem quer, quer *alguma coisa*. O verbo "querer" *depende desse complemento para alcançar seu significado completo*. Sem ele, é impossível apontar exatamente o que o interlocutor quer.

Com base nisso, os verbos, *exceto os de ligação*, são classificados segundo a sintaxe como:

a1) Verbos intransitivos: aqueles que *não exigem qualquer complemento*. Exemplos: "ir", "vir", "voltar", "andar", "chover", "chegar", "comparecer", "viver", entre outros;

a2) Verbos transitivos diretos: *exigem complemento ao qual se unem sem preposição*. Exemplos: "comer" (quem come, come *alguma coisa*), "exigir", "pisar" (veja item 7.3.3, "k"), "escrever", "tirar", "namorar" (quem namora, namora *alguém*), entre outros;

a3) Verbos transitivos indiretos: *exigem complemento ao qual se unem por meio de preposição*. Exemplos: "brigar" (quem briga, briga *com alguém*), "consistir" (o que consiste, consiste *em alguma coisa*), "obedecer" (quem obedece, obedece *a alguém*), "simpatizar" (quem simpatiza, simpatiza *com alguém*), entre outros;

a4) Verbos transitivos diretos e indiretos: *exigem dois complementos, um precedido de preposição e outro não*. Exemplos: "oferecer" (quem oferece, oferece *alguma coisa a alguém*), "agradecer" (quem agradece, agradece *alguma coisa a alguém*), "pagar", "receber", entre outros.

Essa classificação influencia diretamente a desses complementos dos verbos, que veremos a seguir;

b) Objeto direto

Complemento verbal desacompanhado de preposição, ou seja, é o complemento do verbo transitivo direto. Exemplos:

Maria comprou livros.

Maria: sujeito simples

comprou livros: predicado verbal

→ *comprou:* verbo transitivo direto

→ *livros:* objeto direto

O menino perdeu os óculos.

O menino: sujeito simples

perdeu os óculos: predicado verbal

→ *perdeu*: verbo transitivo direto

→ *os óculos:* objeto direto

c) Objeto indireto

Complemento verbal acompanhado de preposição, ou seja, é o complemento do verbo transitivo indireto. Exemplos:

Joaquim e Manuel visavam à fama.

Joaquim e Manuel: sujeito composto

visavam à fama: predicado verbal

→ *visavam:* verbo transitivo indireto

→ *à fama:* objeto indireto

Os alunos responderam a pergunta ao professor.

Os alunos: sujeito simples

responderam a pergunta ao professor: predicado verbal

→ *responderam:* verbo transitivo direto e indireto

→ *a pergunta:* objeto direto

→ *ao professor:* objeto indireto

d) Objeto direto preposicionado

Por diversas razões, um verbo transitivo direto pode ser complementado por um objeto antecedido de preposição. Daí porque devemos ter cuidado ao afirmar que o "objeto direto não tem preposição e o objeto indireto tem".

Na realidade, essa afirmação é parcialmente verdadeira. O objeto é indireto quando *a preposição que o precede é regida obrigatoriamente pelo verbo*. Por isso dissemos acima que o objeto indireto é o complemento do verbo transitivo indireto.

Se o verbo não rege preposição, mas ainda assim o autor insiste em inseri-la antes do complemento, teremos um objeto direto preposicionado. Vamos aos casos em que isso acontece:

d1) Junto ao pronome relativo "quem" se o referente estiver expresso na oração, porque obrigatória, para alguns autores, a preposição "a". Exemplo:

Maria, *a quem* tanto amei na juventude, voltou da Europa.

É totalmente correto substituir "a quem" por "que", denotando que se trata de um objeto direto preposicionado (quem ama, ama alguém):

Maria, que tanto amei na juventude, voltou da Europa.

d2) Com oração na ordem indireta, isto é, se o objeto direto vier anteposto ao verbo. Também aqui deve ser usada a preposição "a". Exemplos:

A ti não ajudo nunca!

Ao médico é que não engana.

d3) Por razões estilísticas, normalmente com a intenção de dar ênfase ao objeto direto. Exemplos:

Cumpriu-se *com o dever*.

Comi *do pão* que estava sobre a mesa.

8.2.2.3. Complemento nominal

Elemento sintático que tem por função *completar o sentido de outro termo com valor de nome na oração*. Em outras palavras, o complemento nominal se relaciona com qualquer palavra que não seja verbo (substantivo, adjetivo ou advérbio).

É comum haver confusão na identificação do complemento nominal e do objeto indireto, *porque ambos são precedidos de preposição*. Para que isso não aconteça, basta ler com atenção o conceito acima! Se estivermos diante de uma expressão que completa um verbo, será objeto indireto; se ela completar um substantivo, adjetivo ou advérbio, será complemento nominal. Analise as orações abaixo:

Entregou as encomendas *ao destinatário.*

(Ele): sujeito oculto

entregou as encomendas ao destinatário: predicado verbal

→ *entregou:* verbo transitivo direto e indireto

→ *as encomendas:* objeto direto

→ *ao destinatário:* objeto indireto (porque complementa "entregou")

Henrique tem orgulho do filho.

Henrique: sujeito simples

tem orgulho do filho: predicado verbal

→ *tem*: verbo transitivo direto

→ *orgulho*: objeto direto

→ *do filho*: complemento nominal (porque complementa "orgulho")

Esse último exemplo deixa clara a posição do complemento nominal na oração. Quem tem, tem *alguma coisa* (no caso, "orgulho"); pergunta-se: *orgulho de quem?* Orgulho *do filho*. A expressão destacada está, notadamente, vinculada ao nome, não ao verbo.

E entre complemento nominal e predicativo do objeto? Qual a diferença?

Vamos repisar o conceito: o complemento nominal *completa o sentido do nome*; sem ele, o termo fica *incompleto*, carece de sentido. Exigem complemento nominal: "orgulho" (orgulho *de quê*?), "necessidade" (necessidade *de quê*?), "confiança" (confiança *em quem*?) etc..

Predicativo é uma *característica do objeto, algo que lhe é peculiar, porém não essencial para seu significado*. Podemos dizer assim: enquanto o complemento completa, o predicativo qualifica. Seguem dois exemplos:

Júlio é igual *a seu irmão.*

Os jurados julgaram o réu *inocente.*

Na primeira oração, "a seu irmão" é complemento nominal, porque o adjetivo "igual" só faz sentido se eu estiver fazendo uma comparação. Destarte, é essencial que eu descreva seu complemento, o padrão de comparação.

Na segunda oração, "inocente" é predicativo do objeto, porque é uma característica do "réu". "Réu" não é uma palavra que depende necessariamente de complemento, já que ela tem sentido sozinha. Sendo assim, a qualidade que se lhe atribui exerce função de predicativo.

Em último caso, há duas regrinhas que podem ser memorizadas:

a) O complemento nominal está <u>sempre</u> precedido de preposição, enquanto o predicativo do objeto não depende dela;

b) O predicativo do objeto <u>normalmente</u> ocorre com verbos que indicam ações mentais, como "julgar", "considerar", "avaliar", "achar" etc..

8.2.2.4. Adjunto adverbial

É a função sintática atribuída ao *advérbio ou locução adverbial que se manifesta na oração exercendo sua atribuição primária, ou seja, alterando substantivo, adjetivo, verbo ou outro advérbio*. Exemplo:

Em seu primeiro jogo, Armando marcou dois gols.

A expressão em itálico tem função de **advérbio de tempo** (estabelece o momento em que ocorre a ação verbal), portanto sua classificação sintática é de **adjunto adverbial de tempo.**

Mais uma vez, temos de ter cuidado para não confundir o **adjunto adverbial** com o **objeto indireto**, tendo em vista que ambos podem se relacionar com o verbo ao mesmo tempo. A diferença reside na *importância de cada termo para que o verbo tenha sentido*: o objeto indireto é um complemento **obrigatório** (sem ele, o verbo fica incompleto); já o adjunto adverbial é um complemento **acessório** (o verbo faz sentido se o retirarmos da oração). Veja só este trecho do Hino Nacional Brasileiro:

"Se o penhor dessa igualdade

Conseguimos conquistar com braço forte

Em teu seio, ó Liberdade (...)"

Vamos reescrevê-lo na ordem direta, para facilitar a análise:

"Ó Liberdade, se conseguimos conquistar o penhor dessa igualdade em teu seio com braço forte (...)"

Qual a função sintática de cada expressão sublinhada?

O penhor dessa igualdade: objeto direto do verbo "conquistar". Afinal, quem conquista, conquista *alguma coisa*. É **essencial** ao verbo, não podendo ser suprimido sem perda de sentido: "(...) conquistar em teu seio com braço forte". Conquistar o quê?

Em teu seio: adjunto adverbial de lugar, dado que **modifica** o verbo "conquistar" indicando o local da conquista, mas lhe é acessório. Se retirarmos a expressão do texto, ele continua a fazer sentido: "(...) conquistar o penhor dessa igualdade com braço forte".

Com braço forte: adjunto adverbial de modo, porque **modifica** o verbo "conquistar" explicando a forma como a conquista foi realizada, mas lhe é acessório. Se retirarmos a expressão do texto, ele também fará sentido: "(...) conquistar o penhor dessa igualdade em teu seio".

A classificação dos adjuntos adverbiais segue a mesma estabelecida para os advérbios (item 4.2.3.2, acima).

8.2.2.5. Adjunto adnominal

Trata-se do elemento sintático que *se vincula a um* **substantivo** *para explicá-lo, atribuir-lhe uma característica, ou especificá-lo em relação aos demais*. Tal qual o adjunto adverbial, o nominal é um **elemento acessório** da oração, o que leva a concluir que pode ser dela retirado sem prejuízo ao sentido da mensagem.

Artigos, numerais, adjetivos e pronomes podem exercer a função de adjunto adnominal e integram, fazem parte do elemento sintático a que se unem. Em outras palavras, se estão ligados a um substantivo que, por exemplo, é o núcleo do sujeito, então esses termos *também integram o sujeito*. Atente, por outro lado, para as preposições e conjunções: *elas não exercem qualquer função sintática*, logo é incorreto classificá-las como adjuntos.

Vamos aos exemplos:

Minha caminhada matinal é sagrada.

Minha caminhada matinal: sujeito simples

→ *minha*: adjunto adnominal

→ *caminhada:* núcleo do sujeito

→ *matinal:* adjunto adnominal

é sagrada: predicado nominal

→ *é*: verbo de ligação

→ *sagrada:* predicativo do sujeito

Os alunos entregaram um bonito buquê de flores à professora ontem.

Os alunos: sujeito simples

→ *os*: adjunto adnominal

→ *alunos:* núcleo do sujeito

entregaram um bonito buquê de flores à professora ontem: predicado verbal

→ *entregaram:* verbo transitivo direto e indireto

→ *um bonito buquê de flores:* objeto direto

→ *um*: adjunto adnominal

→ *bonito*: adjunto adnominal

→ *buquê*: núcleo do objeto direto

→ *de flores*: adjunto adnominal

→ *à professora:* objeto indireto

→ *a:* adjunto adnominal (o artigo, não a preposição!)

→ *professora:* núcleo do objeto indireto

→ *ontem*: adjunto adverbial de tempo

Vamos aprofundar um pouco nosso estudo. Observe o objeto direto da oração acima: "um bonito buquê de flores". Por que classificamos "de flores" como adjunto adnominal e não como complemento nominal? Qual a diferença?

A principal diferença é a essencialidade do termo para o sentido da oração. "Buquê" tem significado em si mesmo, não precisa *obrigatoriamente* ser complementado para fazer sentido. Ao dizer que é um "buquê *de flores*" estou sendo mais específico, eliminando da cabeça do leitor a imagem de um "buquê de folhagens", por exemplo; isso mostra que a expressão "de flores" é totalmente acessória, não essencial. Portanto, é adjunto adnominal.

Situação diferente ocorre, noutro exemplo, com o substantivo "necessidade". Deve, *obrigatoriamente,* ser complementado para fazer sentido. Necessidade de quê? Para perceber isso, considere as orações abaixo, desprovidas de contexto:

Tenho um buquê. (posso imaginar a pessoa segurando um buquê, certo?)

Tenho necessidade. (sem nenhuma outra informação, isso não faz sentido!)

Logo, na oração "tenho necessidade de carinho", a expressão "de carinho" é complemento nominal.

Agora que compreendemos a diferença, fica mais fácil explorar algumas regras de memorização que podem ajudar na hora da prova:

a) Complemento nominal se liga somente a substantivos abstratos, adjetivos ou advérbios. O adjunto adnominal, por sua vez, vincula-se *somente* a substantivos, sejam eles abstratos ou concretos;

b) Complemento nominal tem sentido passivo, ou seja, ele recebe a ação representada pelo nome que o determina. Observe os exemplos abaixo, todos de complemento nominal:

O respeito *ao professor* foi esquecido. (o professor recebe o respeito)

Dar carinho *aos filhos* é obrigação dos pais. (os filhos recebem o carinho)

c) Expressões que indicam posse exercem sempre a função de adjunto adnominal. Vamos aproveitar o exemplo anterior, agora em relação ao elemento final:

Dar carinho aos filhos é obrigação *dos pais*.

A obrigação *pertence aos pais*, portanto trata-se de adjunto adnominal.

Vamos prosseguir para um caminho mais espinhoso: o que diferencia o adjunto adnominal do predicativo do objeto? Observe o exemplo abaixo, que retrata os dois primeiros versos do Hino da Independência:

"Já podeis, da pátria filhos,
ver contente a mãe gentil (...)"

Como nossos hinos são todos excelentes exemplos de sínquise (relembre-a no item 5.2.11, Parte I), vale a pena colocar a oração na ordem direta:

Filhos da pátria, já podeis ver a mãe gentil contente (...).

Sublinhamos dois adjetivos que se ligam ao objeto direto "mãe". Qual sua função sintática? Adjunto adnominal ou predicativo do objeto?

Nessa comparação, a diferença está no fato do *adjunto adnominal pertencer ao objeto direto*, enquanto o *predicativo do objeto é um elemento autônomo,* ou seja, não está contido no objeto direto.

Há um instrumento de análise sintática que facilita bastante essa avaliação. Basta substituir o *objeto direto por um pronome*: se o termo *desaparecer,* é adjunto adnominal, porque integra o objeto direto e ficou subentendido no pronome junto com seu núcleo; se *permanecer*, é predicativo do objeto, comprovando que é um elemento autônomo que não foi atingido pela substituição.

No nosso exemplo, o núcleo do objeto direto "mãe" pode ser substituído pelo pronome oblíquo "a". O verso ficaria assim:

Filhos da pátria, já podeis vê-la contente (...).

Ora, o que aconteceu com "gentil"? Foi suprimido juntamente com o núcleo do objeto direto. Logo, *integra o objeto direto* e classifica-se como adjunto adnominal. Já "contente" não foi atingido pela substituição, o que faz dele elemento sintático *autônomo*, um predicativo do objeto direto "mãe".

Para fixar, mais dois exemplos:

Os candidatos acharam o concurso difícil.

Os candidatos acharam-no difícil. ("difícil" é predicativo do objeto)

Os candidatos criticaram o concurso difícil.

Os candidatos criticaram-no. ("difícil" é adjunto adnominal)

8.2.2.6. Aposto

Elemento sintático cuja função é *esclarecer, detalhar ou restringir o significado de uma palavra substantiva*. Em outros termos, o aposto expande o sentido do nome. Nos exemplos abaixo, os apostos estão destacados em itálico:

José Saramago, *famoso escritor português*, faleceu em 2010.

Ninguém – *pais, parentes, amigos* – concordou em ajudá-lo.

O mar *Cáspio* é, na verdade, um lago.

Esses casos demonstram a variedade de formas nas quais o aposto se manifesta. Por vezes, acrescenta uma explicação ao nome (1º caso); ou enumera os componentes de uma palavra substantiva genérica (2º caso); pode, ainda, restringir o seu referente (3º caso). Daí decorrem as diferentes espécies de aposto:

a) Aposto restritivo (ou apelativo, ou especificativo): é o aposto *que restringe o campo semântico de seu referente*. Parece difícil, mas não é! São os nomes de pessoas, lugares ou coisas, como na oração sobre o mar Cáspio. A palavra "Cáspio" é aposto que restringe a generalidade do termo "mar" (não é qualquer mar, refiro-me especificamente ao mar *Cáspio*). Acompanhe outros exemplos:

O rio *Amazonas* é o maior em volume de água no mundo.

Meu amigo *André* foi aprovado no vestibular.

O aposto restritivo vincula-se diretamente ao seu referente, ou seja, não deve ser dele separado por vírgula.

Reina certa polêmica entre os gramáticos quanto à natureza de expressões restritivas precedidas da preposição "de". Ao escrevermos "a cidade *de Paris*", ou "a ilha *de Madagascar*", como se classificam os termos em destaque?

Para alguns, é aposto restritivo, pois defendem que a colocação da preposição "de" não o desnatura. Para outros, entretanto, é adjunto adnominal, porque *o uso da preposição "de" entrega à expressão o valor de adjetivo*;

b) Aposto explicativo: é aquele que *acrescenta uma informação, explica o significado ou expande o sentido de seu referente*. Tendo em vista os diversos significados que pode obter no texto, subdivide-se em:

b1) Aposto enumerativo: quando *arrolar os componentes de uma palavra substantiva de cunho genérico*. Exemplos:

"Por você eu largo tudo:

carreira, dinheiro, canudo" (Cazuza)

Fui à feira e comprei diversos legumes para a sopa: *cenoura, batata, nabo...*

b2) Aposto distributivo: quando *estabelece características para diferentes termos da oração*. Exemplos:

Alfredo e Lucas são ricos, *aquele por sorte, esse por esforço próprio.*

Uma no Pacífico, outra no Índico, Taiti e Maurício são ilhas paradisíacas.

b3) Aposto circunstancial: apenas *acrescenta um detalhe, uma circunstância, ao seu referente*. Pode ou não ser precedido de expressões que denotam comparação. Exemplos:

Joaquim, *advogado*, cobrou explicações da diretoria.

Joaquim, *na qualidade de advogado*, cobrou explicações da diretoria.

As janelas, *olhos atentos*, vigiam a escuridão da rua.

As janelas, *como olhos atentos*, vigiam a escuridão da rua.

Vale salientar, por fim, que o aposto explicativo pode referir-se a um determinado nome ou mesmo *a uma oração inteira*, como vemos no exemplo abaixo:

Os convidados saíram muito satisfeitos, *sinal de comida boa.*

Perceba que a expressão "sinal de comida boa" funciona como aposto de toda a oração anterior, não apenas de uma palavra específica.

Em qualquer de suas variantes, o aposto explicativo **deve vir separado do restante do predicado**, seja por vírgulas, travessões ou dois-pontos.

Nesse momento, você pode estar se perguntando: qual a diferença entre o aposto e o adjunto adnominal?

Esses dois elementos sintáticos são, à primeira vista, realmente similares. Para não confundi-los, precisamos atentar para a **função** das palavras na oração.

Dizemos que uma palavra é **substantiva** quando ela atua *com valor de nome*, ou seja, identifica, ela própria, uma entidade com existência autônoma. Ao contrário do que pode parecer, não são só os **substantivos** que têm função substantiva! A mesma peculiaridade pode ser encontrada nos **pronomes** ("ele", "nós", "Vossa Excelência" etc.) e até em **orações inteiras** (as chamadas **orações subordinadas substantivas**, que aprenderemos logo mais ao estudar a análise sintática dos períodos).

Há, ao lado, as palavras **adjetivas**, que são aquelas que *atribuem uma característica, uma qualidade, uma circunstância aos nomes*, sem os quais não têm existência própria. São encontradas nos **adjetivos**, obviamente, e também em **verbos que assumem a função de adjetivos** (como ocorre, por exemplo, em "água *fervendo*").

Pois bem. Voltemos à pergunta: como distinguir o aposto explicativo do adjunto adnominal? Simples! O aposto tem como **núcleo** uma palavra **substantiva**; o adjunto adnominal é essencialmente uma palavra **adjetiva**.

Se ainda não parece assim tão simples, com certeza os exemplos jogarão luz sobre a matéria. Vamos lá:

Duas coisas em São Paulo me incomodam, quais sejam, *o barulho e a poluição*.

"Barulho" e "poluição" são palavras substantivas, têm valor de nome, portanto a expressão destacada é aposto de "coisas".

"Última flor do Lácio, *inculta e bela*,

És, a um só tempo, esplendor e sepultura (...)" (Olavo Bilac)

No poema de Bilac, "inculta" e "bela" são palavras adjetivas, qualificam a língua portuguesa. Logo, a expressão destacada é adjunto adnominal de "última flor do Lácio".

Mas tenha cuidado com generalizações! Até mesmo adjetivos podem ser substantivados. Acompanhe:

A bela, *amiga de todos os vizinhos*, passeava tranquilamente pela rua.

"Bela", nesse caso, tem valor de substantivo, porque representa uma mulher bonita específica, ainda que não perfeitamente identificada. Como o núcleo da expressão entre vírgulas, "amiga", é palavra também substantiva, classifica-se essa como aposto explicativo.

8.2.2.7. Vocativo

O vocativo é um elemento sintático autônomo, ou seja, ele *não faz parte do sujeito, nem do predicado*. Na análise sintática, deve ser destacado dos demais elementos da oração.

Sua função é *representar o chamamento ou invocação de outra pessoa ou entidade pelo narrador ou personagem*. Em termos de linguagem, expressa sua função fática (da qual tratamos no item 3.2, "e", Parte I), porque pretende manter aberto o canal de comunicação entre os interlocutores. Sintaticamente, equivale a uma frase exclamativa, por isso é classificado separadamente do sujeito e do predicado. Exemplos:

Vanessa, venha ao meu escritório depois do almoço.

Vanessa: vocativo

(você): sujeito oculto

venha ao meu escritório depois do almoço: predicado verbal

→ *venha:* núcleo do predicado verbal

→ *ao meu escritório:* adjunto adverbial de lugar

→ *depois do almoço*: adjunto adverbial de tempo

Abraço-o, amigo, como nos velhos tempos.

(eu): sujeito oculto

amigo: vocativo

Abraço-o (...) como nos velhos tempos: predicado verbal

→ *abraço:* núcleo do predicado verbal

→ *o:* objeto direto

→ *como nos velhos tempos:* adjunto adverbial de modo

"Vós, Ninfas da gangética espessura,

Cantai suavemente, em voz sonora (...)" (Luiz Vaz de Camões)

Vós: sujeito simples

Ninfas da gangética espessura: vocativo

cantai suavemente, em voz sonora: predicado verbal

→ *cantai:* núcleo do predicado verbal

→ *suavemente:* adjunto adverbial de modo

→ *em voz sonora*: adjunto adverbial de modo

O mais importante com esses exemplos é perceber que o vocativo não é sujeito, pois não é ele que pratica a ação verbal. Mesmo no primeiro exemplo, no qual a proximidade de ambos é maior, as funções sintáticas são diferentes. Enquanto "Vanessa" é vocativo, na medida em que chama a atenção da interlocutora, o sujeito "você" está oculto e pode ser deduzido pela conjugação do verbo no imperativo afirmativo.

Nunca se esqueça de outra grande diferença entre o sujeito e o vocativo: esse sempre vem destacado do restante da oração por vírgulas! Se estiver no começo, há vírgula depois dele; se estiver no meio, estará entre vírgulas; se vier ao final, deve ser antecedido pela vírgula.

8.3. Análise sintática dos períodos

8.3.1. Noções gerais

Retomando os conceitos que trabalhamos no item 8.1, acima, período *é a estrutura linguística formada por duas ou mais orações.*

Diversos autores ampliam esse conceito para *um enunciado com sentido completo, tenha ele uma ou mais orações representadas, cada uma, por uma ação verbal*. Por esse ponto de vista mais amplo, podemos dividir os períodos em dois tipos:

a) Período simples: é aquele *que contém apenas uma ação verbal, apenas uma oração*. Exemplo:

Os cientistas descobriram o Bóson de Higgs.

O período simples também é conhecido como oração absoluta;

b) Período composto: é aquele que reflete nosso conceito inicial, ou seja, é *o período que contém mais de uma oração*. Exemplo:

João adora	comentar as notícias	que lê na Internet.
(1ª oração)	(2ª oração)	(3ª oração)

É importante conhecer esses conceitos para não ser surpreendido na hora da prova. De toda forma, para facilitar, *continuaremos a chamar os períodos simples de "oração" e os períodos compostos de "período"*, certo?

Já que estamos combinados, podemos prosseguir. No item anterior, estudamos todos os elementos da oração e aprendemos a fazer a sua análise sintática. A partir do próximo, nosso objeto serão os períodos. O que muda? Fazendo uma metáfora, muda o grau da lente de aumento que colocamos sobre o texto.

Quando analisamos sintaticamente uma oração, atribuímos uma função sintática *para cada um de seus elementos, o que se aproxima muito da fórmula "1 palavra = 1 função sintática"*. Isso significa olhar para a oração com um alto nível de detalhamento.

Em nossos passos seguintes, a proposta é realizar a análise sintática *das orações inteiras, em bloco, para cada uma delas que componha o período*. Ao invés de "1 palavra = 1 função sintática", teremos "*1 oração = 1 função sintática*".

É claro que, mesmo dentro de um período, cada oração continua tendo seus elementos sintáticos próprios. Veja só:

Marcos trabalha muito,	mas ganha pouco.
(1ª oração)	(2ª oração)

Análise da 1ª oração:

Marcos: sujeito simples

trabalha muito: predicado verbal

→ *trabalha*: núcleo do predicado verbal

→ *muito:* adjunto adverbial de intensidade

Análise da 2ª oração:

(Marcos): sujeito oculto

mas ganha pouco: predicado verbal

→ *ganha:* núcleo do predicado verbal

→ *pouco*: adjunto adverbial de intensidade

"*Mas*" não exerce função sintática, como, aliás, nenhuma conjunção.

Como já superamos essa etapa, nossa análise agora não mais descerá a tais minúcias (exceto quando for necessário para a compreensão da matéria). O exercício será apenas verificar *como cada oração se relaciona com as demais e qual a função sintática por ela exercida*. Nossa lente de aumento se afasta um pouco e passamos a observar somente o período como um todo, não os componentes formadores de cada oração.

8.3.2. *Períodos compostos por coordenação*

8.3.2.1. Conceito

A primeira espécie de período que vamos estudar são os períodos compostos por coordenação, que podem ser definidos como aqueles *formados por duas ou mais orações que são semanticamente independentes entre si*. Em outras palavras, cada oração tem um sentido próprio, autônomo. Elas poderiam ser orações separadas, mas por uma questão de estilo ou clareza foram redigidas juntas, formando um período.

Vamos aproveitar nosso último exemplo:

João trabalha muito, mas ganha pouco.

Se abordarmos cada oração separadamente, perceberemos que tanto uma como outra faz sentido sozinha. Elas não precisavam estar unidas em um período para transmitir exatamente a mesma mensagem. Veja:

João trabalha muito. Mas ganha pouco.

Nesse segundo caso, pode-se argumentar uma variação de estilo, porque há mais ênfase no fato de João ganhar pouco. Sintaticamente, porém, nada muda.

É, portanto, um período composto por coordenação, formado por uma **oração inicial** (que nada mais é do que a oração que começa o período, como o próprio nome sugere) e uma ou mais **orações coordenadas**, classificadas conforme os critérios a seguir.

8.3.2.2. Classificação das orações coordenadas

a) Orações coordenadas assindéticas: *são aquelas que* ***não*** *estão unidas através de conjunção*, encontram-se apenas justapostas por meio de sinal de pontuação. **Síndeto** é sinônimo de conjunção, logo **assindética** é "aquela sem conjunção". Exemplos:

Fui à igreja, passei no mercado, voltei para casa.

Fui à igreja: oração inicial

passei no mercado: oração coordenada assindética

voltei para casa: oração coordenada assindética

b) Orações coordenadas sindéticas: *são aquelas unidas através de uma* ***conjunção coordenativa***. O caráter da conjunção, o sentido que ela induz, faz com que as coordenadas sindéticas se subdividam em:

b1) Aditivas: a despeito de seu significado autônomo, quando unidas em período, as orações coordenadas sindéticas aditivas *somam informações umas às outras, adicionam circunstâncias aos fatos narrados*. Funcionam como **conjunções aditivas**, dentre outras: *e, não (ou nem)... nem, não só... como também, não só... mas*. Exemplos:

"Amanheceu,/ peguei a viola,/ botei na sacola/ <u>e</u> fui viajar." (Renato Teixeira)

Amanheceu: oração inicial

peguei a viola: oração coordenada assindética

botei na sacola: oração coordenada assindética

e fui viajar: oração coordenada sindética aditiva

<u>Não só</u> aquele político é mentiroso, <u>como também</u> é corrupto.

<u>Não</u> estudei <u>nem</u> saí ontem.

Os manifestantes <u>não só</u> atrapalharam o trânsito, <u>mas</u> destruíram tudo!

O terceiro exemplo mostra que a ideia da conjunção aditiva **não** se aplica exclusivamente a aspectos positivos; posso muito bem **adicionar** um ato **negativo** a outro ("não estudei + não saí"). É importante constar, frise-se, que a palavra "nem" é a verdadeira conjunção. Se a suprimirmos, *teremos orações assindéticas*, como no caso abaixo:

Não estudei, não saí, não fiz nada ontem...

Não estudei: oração inicial

não saí: oração coordenada assindética

não fiz nada ontem: oração coordenada assindética

O quarto exemplo também é interessante, na medida em que mostra uma construção notadamente aditiva feita com conjunções que podem ter outros significados ("mas", usualmente, é adversativa – confira no tópico seguinte). Não obstante, o período pode ser assim reescrito, tornando evidente sua natureza:

Os manifestantes atrapalharam o trânsito e destruíram tudo!

b2) Adversativas: são aquelas que *estabelecem uma relação de contrariedade, contraste, entre o fato que enunciam e o da oração anterior*. Funcionam como conjunções adversativas, dentre outras: *mas, porém, contudo, todavia, entretanto, no entanto, não obstante*. Exemplos:

Estudei muito, mas não passei no vestibular.

Havia muitas pessoas na festa, contudo não conhecia ninguém.

Não obstante a torcida tenha apoiado, o time perdeu o jogo.

b3) Alternativas: como o nome sugere, *exprimem situações de alternância, opções, escolhas a serem feitas*. Trazem ínsita a ideia de que as proposições não podem coexistir. Funcionam como conjunções alternativas, dentre outras: *ou, seja... seja, quer... quer, ora... ora*. Exemplos:

Ou vou ao parque, ou vou ao cinema.

Ora está tranquilo, ora parece soltar fogo pelas ventas.

Quer goste, quer não goste, sairei com esse vestido.

b4) Conclusivas: *expressam uma conclusão extraída dos fatos apresentados na primeira oração*. Funcionam como conjunções conclusivas, dentre outras: *logo, portanto, pois (desde que posposto ao verbo), então, por consequência, por conseguinte, por isso*. Exemplos:

Caminhei muito ontem, por isso estou cansado.

Bernardo precisa acordar cedo, então prefere descansar.

Estamos de folga hoje, vamos, pois, ao shopping.

b5) Explicativas: *fornecem uma explicação, dão o motivo do fato estabelecido na oração anterior*. Funcionam como conjunções explicativas, dentre outras: *que, porque, pois (desde que anteposto ao verbo)*. Exemplos:

Coma todo o brócolis, que faz bem à saúde.

Manoel já foi se deitar, pois a casa está em silêncio.

Não vá embora ainda, porque tenho muito para dizer.

8.3.3. *Períodos compostos por subordinação*

8.3.3.1. Conceito

Diferentemente do que vimos para as orações coordenadas, nos períodos compostos por subordinação as orações *guardam uma interdependência, de forma que uma não faz sentido sem a outra*. Pode-se dizer que o período composto por subordinação é uma *estrutura necessária* para a perfeita compreensão da mensagem. Descoladas, as partes que o integram não constituem uma informação compreensível. Acompanhe:

Ao acordar, devemos alongar os músculos para evitar dores.

Se separarmos as orações, perceberemos que elas não podem existir "soltas", dada a ausência de sentido completo naquilo que enunciam:

Ao acordar. Devemos alongar os músculos. Para evitar dores.

De outra banda, é fácil notar que uma das orações carrega *a maior parte da mensagem* (no caso, "devemos alongar os músculos") enquanto as outras servem para *completar-lhe o sentido* ("ao acordar" e "para evitar dores"). Destarte, dizemos que a primeira é a **oração principal** e as demais são **orações subordinadas**.

8.3.3.2. Orações desenvolvidas e orações reduzidas

Antes de prosseguirmos para o estudo detalhado das diversas espécies de orações subordinadas, precisamos retomar um conceito que mencionamos no capítulo 4.2.10.6 ao tratar das formas nominais dos verbos (infinitivo, gerúndio e particípio).

As orações subordinadas podem apresentar-se na forma **desenvolvida**, *quando as encontramos com o verbo flexionado e iniciadas por conjunção ou pronome relativo*, ou **reduzida**, *hipótese em que ela é composta por uma das formas nominais do verbo e* ***não*** *vem precedida de conjunção ou pronome relativo*. Veja só:

Ela afirmou que procurava voluntários para o evento.

Ela afirmou: oração principal

que procurava voluntários para o evento: oração subordinada desenvolvida

→ *que:* conjunção integrante

→ *procurava:* verbo flexionado (3ª pessoa do singular)

Ela afirmou procurar voluntários para o evento.

Ela afirmou: oração principal

procurar voluntários para o evento: oração subordinada reduzida de infinitivo

→ *não há conjunção*

→ *procurar:* verbo no infinitivo

Observamos os pássaros que voavam pelo quintal.

Observamos os pássaros: oração principal

que voavam pelo quintal: oração subordinada desenvolvida

→ *que:* pronome relativo

→ *voavam:* verbo flexionado (3ª pessoa do plural)

Observamos os pássaros voando pelo quintal.

Observamos os pássaros: oração principal

voando pelo quintal: oração subordinada reduzida de gerúndio

→ *não há pronome*

→ *voando:* verbo no gerúndio

Assim que fechei o acordo, percebi as cláusulas abusivas.

Assim que fechei o acordo: oração subordinada desenvolvida

→ *Assim que:* conjunção subordinativa

→ *fechei:* verbo flexionado (1ª pessoa do singular)

percebi as cláusulas abusivas: oração principal

Fechado o acordo, percebi as cláusulas abusivas.

Fechado o acordo: oração subordinada reduzida de particípio

→ *não há conjunção*

→ *fechado:* verbo no particípio

percebi as cláusulas abusivas: oração principal

Tanto as orações desenvolvidas quanto as reduzidas amoldam-se à classificação das subordinadas apresentada no tópico seguinte.

8.3.3.3. Classificação das subordinadas

As orações subordinadas são classificadas, em uma primeira etapa, conforme *a função que exercem junto à oração principal*. Nesse contexto, temos:

– as orações subordinadas substantivas, *que equivalem a um nome, um substantivo, e às suas consequentes funções sintáticas (pode ser sujeito, predicado, objeto direto, objeto indireto etc.)*;

– as orações subordinadas adjetivas, *que atuam como adjetivos ao atribuir características explicativas ou restritivas à oração principal e, consequentemente, exercem a função sintática de adjunto adnominal*; e

– as orações subordinadas adverbiais, *que exercem função de advérbio, ou seja, atribuem condições de tempo, lugar, finalidade, negação etc. à oração principal.*

Cada um desses grupos apresenta subdivisões que esmiúçam as possibilidades de apresentação das orações subordinadas. Vamos a eles:

a) Orações subordinadas substantivas

a1) Subjetivas: *exercem função de sujeito da oração principal*. Para identificá-las, basta proceder da mesma forma que fizemos ao analisar sintaticamente as orações. Ao perguntarmos quem praticou a ação verbal, teremos como resposta toda a oração, que se classificará, portanto, como substantiva subjetiva. Exemplos:

Morar perto do trabalho representa qualidade de vida.

(*"Quem representa qualidade de vida?"* – "Morar perto do trabalho") Logo:

Morar perto do trabalho: oração subordinada substantiva subjetiva

significa qualidade de vida: oração principal

É fundamental que a população prestigie o evento.

É fundamental: oração principal

que a população prestigie o evento: oração subordinada substantiva subjetiva

Convém dizer a verdade.

Convém: oração principal

dizer a verdade: oração subordinada substantiva subjetiva

Além do instrumento da pergunta sobre a ação verbal ("quem?"), há outras dicas para auxiliar na identificação da oração subordinada substantiva subjetiva:

→ a presença de verbo de ligação junto a predicativo na oração principal, como nas expressões *é bom, é provável, é certo, está comprovado, parece certo* e congêneres, determina a oração subordinada substantiva subjetiva, como nos exemplos abaixo:

Está comprovado que José é o responsável pelo desvio dos recursos públicos.

É provável que as obras estejam todas prontas para a Copa.

→ a voz passiva na oração principal também pressupõe a complementação do período por oração subordinada substantiva subjetiva:

Sabe-se que há policiais corruptos em todos os Estados.

Foi anunciado ontem que o Governo pretende reduzir a inflação.

→ alguns verbos, como *convir, cumprir, constar, ocorrer, acontecer*, indicam a existência de oração subordinada substantiva subjetiva:

Consta que os suspeitos fugiram em uma moto.

Ocorre que nenhum veículo foi visto nas proximidades.

a2) Predicativas: *exercem função de predicativo do sujeito da oração principal*. Uma vez mais, nossos conhecimentos de análise sintática nos ajudam a identificar esse tipo de oração.

Você se lembra que o predicativo do sujeito é um elemento sintático presente nos predicados que tenham núcleos nominais (predicado nominal e verbo-nominal)? Logo, você também se recorda que o traço característico desses predicados é a existência de um verbo de ligação (*ser, estar, parecer, tornar-se* etc.).

A lógica para os períodos é exatamente a mesma! Se constatarmos a presença de um verbo de ligação, a oração que se seguir é predicativa. Exemplos:

Nosso desejo é que você venha.

Nosso desejo é: oração principal

que você venha: oração subordinada substantiva predicativa

João está sempre correndo.

João está: oração principal

sempre correndo: oração subordinada substantiva predicativa

"Tu te tornas eternamente responsável por aquilo que cativas" (Saint-Exupéry)

Tu te tornas: oração principal

eternamente responsável por aquilo que cativas: or. sub. subst. predicativa

a3) Objetivas diretas: *exercem função de objeto direto da oração principal*. Naturalmente, a caracterização dessa oração subordinada pressupõe a existência de um verbo transitivo direto no período. Exemplos:

Eu proponho que o contrato seja retificado.

Eu proponho: oração principal

→ *proponho:* verbo transitivo direto

que o contrato seja retificado: oração subordinada substantiva objetiva direta

A diretoria avalia se esses investimentos compensam.

A diretoria avalia: oração principal

→ *avalia:* verbo transitivo direto

se esses investimentos compensam: or. sub. subst. objetiva direta

Orações interrogativas no discurso indireto também se classificam como subordinadas substantivas objetivas diretas, como nos exemplos abaixo:

Fábio perguntou quantas pessoas estavam na festa.

Eu não sei por que aceitei esse emprego.

Desses casos, podemos extrair uma dica: se encontrarmos os pronomes *quem, quanto, por que, onde, qual etc.* exercendo a função de pronomes interrogativos, ou seja, ao introduzir uma pergunta indireta, estaremos diante de uma oração subordinada substantiva objetiva direta.

Essa espécie de oração nos dá um outro caso interessante, que envolve as orações reduzidas de infinitivo e de gerúndio. Acompanhe:

Deixe-me passar!

Deixe-me: oração principal

passar: oração subordinada substantiva objetiva direta reduzida de infinitivo

Construções desse tipo têm outra peculiaridade: o pronome oblíquo enclítico ao verbo auxiliar *tem natureza de sujeito do infinitivo verbal*. Com a oração desenvolvida, isso fica mais claro:

Deixe que eu passe!

Deixe: oração principal

que eu passe: oração subordinada substantiva objetiva direta desenvolvida

Estamos diante do único caso na Língua Portuguesa no qual um pronome oblíquo pode figurar como sujeito. Isso ocorre com os verbos auxiliares causativos (*deixar, mandar, fazer*) e auxiliares sensitivos (*ver, sentir, ouvir, perceber*). Mais exemplos:

Mandei-os para casa. (= Mandei que eles fossem para casa.)

Fi-los trabalhar até tarde. (= Fiz com que eles trabalhassem até tarde.)

Vi-o sair sozinho. (= Vi que ele saiu sozinho.)

O sujeito do verbo no infinitivo ou gerúndio é chamado de sujeito acusativo, ao qual nos referimos no item 8.2.1.1, "a", acima. Além de ser o único caso no qual o pronome oblíquo átono pode ser sujeito, é mister destacar que o pronome pessoal do caso reto nunca poderá ser sujeito acusativo. É por isso que estão incorretas as construções abaixo:

Deixe *eu* passar!

Mandei *eles* para casa.

a4) Objetivas indiretas: *exercem função de objeto indireto da oração principal.* Consequentemente, a caracterização dessa oração subordinada pressupõe a existência de um verbo transitivo indireto no período. Exemplos:

Jaime visava a que suas mercadorias fossem exportadas.

Jaime visava: oração principal

→ *visava:* verbo transitivo indireto

a que suas mercadorias fossem exportadas: or. sub. subst. objetiva indireta

Júlia gosta de pintar quadros.

Júlia gosta: oração principal

→ *gosta:* verbo transitivo indireto

de pintar quadros: or. sub. subst. objetiva indireta reduzida de infinitivo

a5) Completivas nominais: *exercem função de complemento nominal da oração principal.* Lembrando, complemento nominal é o elemento sintático que completa o sentido de uma palavra com valor de nome (normalmente substantivo ou pronome). Exemplos:

Temos confiança de que tudo dará certo.

Temos confiança: oração principal

de que tudo dará certo: oração subordinada substantiva completiva nominal

Estava com a sensação de estar andando em círculos.

Estava com a sensação: oração principal

de estar andando em círculos: (...) completiva nominal reduzida de gerúndio

Note que, da mesma forma que aprendemos para o complemento nominal, a oração subordinada substantiva completiva nominal vem, necessariamente, antecedida de preposição!

a6) Apositivas: *exercem função de aposto da oração principal.* Vale salientar que as orações apositivas têm, obrigatoriamente, natureza explicativa (o que afasta a figura do aposto restritivo que estudamos no item 8.2.2.6, letra "a"). Exemplos:

Só quero uma coisa: que todos vivam em paz.

Só quero uma coisa: oração principal

que todos vivam em paz: oração subordinada substantiva apositiva

Alfredo e Lucas são ricos, um teve sorte, o outro se esforçou.

Alfredo e Lucas são ricos: oração principal

um teve sorte: oração subordinada substantiva apositiva

o outro se esforçou: oração subordinada substantiva apositiva

Na grande maioria dos casos, a oração subordinada apositiva *vem precedida de dois pontos*, o que torna um forte indicativo de sua classificação. Nada obsta, porém, que seja *separada da oração principal por vírgulas,* como ocorreu no segundo exemplo.

b) Orações subordinadas adjetivas

b1) Explicativas: *esclarecem um nome da oração principal, atribuindo-lhe características mais precisas*. Exemplo:

Liguei ontem para meu irmão, que mora em Tóquio.

Liguei ontem para meu irmão: oração principal

que mora em Tóquio: oração subordinada adjetiva explicativa

Meus amigos, que são inteligentes, concordam comigo.

Meus amigos concordam comigo: oração principal

que são inteligentes: oração subordinada adjetiva explicativa

As orações adjetivas explicativas devem vir separadas por *vírgula* da oração principal. É isso que as diferencia das restritivas, analisadas a seguir.

Mas é provável que você esteja com uma dúvida: qual a diferença entre oração subordinada substantiva apositiva e adjetiva explicativa?

A pergunta é tão pertinente e a semelhança entre elas é tamanha que muitos professores não conseguem discerni-las corretamente. Alguns inclusive defendem que a oração adjetiva explicativa exerce função sintática de aposto, o que só bagunça mais as coisas...

De nossa parte, entendemos, como já dito, que a oração subordinada substantiva apositiva exerce a função de aposto, ao passo que a oração adjetiva explicativa exerce função de adjunto adnominal.

Tal constatação nos remete à diferença entre aposto e adjunto adnominal, questão que já enfrentamos no item 8.2.2.6. Recapitulando o que vimos lá atrás, o aposto tem como núcleo uma palavra substantiva, com valor de *nome* (portanto, não é coincidência que a oração subordinada seja substantiva apositiva), ao passo que o adjunto adnominal tem como núcleo uma palavra adjetiva, que especifica um nome (daí a oração ser adjetiva explicativa).

Sei que a explicação ainda está muito abstrata. Há, não obstante, uma dica para ajudar na identificação de cada uma delas. Anote aí: as orações subordinadas substantivas (inclusive a apositiva) podem ser substituídas, sem prejuízo à coerência e correção do período, pelo pronome demonstrativo *"isso"*; as orações adjetivas (inclusive a explicativa) podem ser substituídas, também sem qualquer problema, por um *adjetivo*. Exemplos:

Só quero uma coisa: que todos vivam em paz.

Só quero uma coisa: *isso*. (faz sentido? Faz. Então é subjetiva apositiva)

Meus amigos, que são inteligentes, concordam comigo.

Meus amigos, *isso*, concordam comigo. (faz sentido? Não)

Meus amigos, *inteligentes*, concordam comigo. (faz sentido? Faz. Então é adjetiva)

E se compararmos a oração subordinada adjetiva explicativa com a oração coordenada sindética explicativa? Você consegue perceber as diferenças?

Primeiramente, temos a própria natureza da oração: a subordinada adjetiva explicativa *depende da existência da oração principal para fazer sentido*. Ela não expressa uma mensagem completa se vier sozinha. De outra banda, a oração coordenada explicativa *é dotada de sentido autônomo*. Se a isolarmos das demais, a mensagem continua compreensível. Tome como exemplos os casos abaixo:

Estou triste. (tem sentido autônomo)

Não liguei para ela, porque estou triste.

Não liguei para ela: oração inicial

porque estou triste: oração coordenada sindética explicativa

Que enriquece muitos países. (não tem sentido autônomo)

O petróleo, que enrique muitos países, é um recurso finito.

O petróleo é um recurso finito: oração principal

que enriquece muitos países: oração subordinada adjetiva explicativa

A segunda diferença é meramente morfológica. As orações coordenadas são introduzidas por conjunção, palavra cuja função é *meramente unir as orações*. Já as orações subordinadas adjetivas são introduzidas por pronome relativo – note que a palavra "que" no exemplo acima retoma o substantivo "petróleo".

b2) Restritivas: ao atribuir uma característica ao nome, *as orações adjetivas restritivas o fazem de forma tal que limitam sua compreensão a especificamente aquele indivíduo, afastando todos os demais*. O nome qualificado se torna único dentro do contexto. Observe que ao dizermos:

Os pássaros que voavam baixo incomodavam os turistas.

Os pássaros incomodavam os turistas: oração principal

que voavam baixo: oração subordinada adjetiva restritiva

Não estamos nos referindo a *todos os pássaros*, mas somente *àqueles que voavam baixo*. Há uma restrição no universo dos pássaros: interessam para o contexto apenas alguns animais.

Teremos uma interpretação diferente se dissermos:

Os pássaros, que voavam baixo, incomodavam os turistas.

Os pássaros incomodavam os turistas: oração principal

que voavam baixo: oração subordinada adjetiva explicativa

Aqui nosso objeto é mais amplo: todos os pássaros voavam baixo, situação que incomodava os turistas. Daí sua natureza explicativa. Mas se as orações são idênticas, como discernir a classificação das subordinadas adjetivas?

Fique atento aos sinais de pontuação: as orações explicativas *devem vir separadas da oração principal por vírgulas (ou travessões)*. As orações restritivas, por sua vez, *não se separam* da oração principal. Essa regra simples é uma das poucas em nossa língua que não comporta exceções. Seguem outros exemplos:

Naquela região se operam milagres, que salvam vidas diariamente. (explicativa)

Naquela região se operam milagres que salvam vidas diariamente (restritiva)

Era noite de lua, de fazer saudade doída no coração. (explicativa reduzida de infinitivo)

Era noite de lua de fazer saudade doída no coração (restritiva reduzida de infinitivo)

No meio da rua sem calçamento, coberta aqui e ali por mato rasteiro, crianças brincavam de roda. (explicativa reduzida de particípio)

No meio da rua sem calçamento coberta aqui e ali por mato rasteiro crianças brincavam de roda. (restritiva reduzida de particípio)

c) Orações subordinadas adverbiais

c1) Causais: *expressam a causa dos fatos narrados na oração principal*. São introduzidas pelas conjunções subordinativas causais, dentre as quais destacamos: *porque, como (desde que a oração adverbial venha antes da principal), pois, já que, uma vez que*. Exemplos:

Algumas árvores caíram porque o vento estava muito forte.

Algumas árvores caíram: oração principal

porque o vento estava muito forte: oração subordinada adverbial causal

Como sempre andava descalço, ficou resfriado.

Como sempre andava descalço: oração subordinada adverbial causal

ficou resfriado: oração principal

Apresentei o relatório rapidamente uma vez que já tinha todos os dados.

Apresentei o relatório rapidamente: oração principal

uma vez que já tinha todos os dados: oração subordinada adverbial causal

Mais uma vez, a proximidade de determinados conceitos insiste em gerar dúvidas ao estudarmos a análise sintática. Ora, qual a diferença entre oração coordenada explicativa e subordinada adverbial causal? Para complicar só mais um pouco, a palavra "porque" pode aparecer como conjunção nos dois casos...

Vamos entender primeiro a teoria. Causa é diferente de explicação, porque aquela é *necessariamente anterior ao fato* e essa *lhe é posterior*. Sem a causa, o fato não acontece; sem a explicação, o fato permanece o mesmo, só mal explicado!

Na prática, entretanto, por vezes é muito difícil identificar se o que está sendo dito é causa ou explicação somente pelo contexto. Por isso, podemos lançar mão de mais algumas dicas:

→ a oração subordinada adverbial causal pode ser deslocada para antes da oração principal e substituída sua conjunção por "como" sem alteração de sentido. Exemplo:

Apresentei o relatório rapidamente uma vez que já tinha todos os dados.

Como já tinha todos os dados, apresentei o relatório rapidamente.

Esse mecanismo, todavia, nem sempre ajuda. Às vezes, a oração coordenada sindética explicativa apresenta o mesmo resultado. Veja só:

Não atravesse a rua, porque você pode ser atropelado.

Como você pode ser atropelado, não atravesse a rua.

Por tal razão, passamos para a segunda dica:

→ como mencionamos acima, a causa é sempre anterior ao fato, enquanto a explicação é posterior. Com isso, as orações respectivas podem ser identificadas a partir de seu *momento de ocorrência*. Se o fato que aconteceu primeiro estiver dentro da oração iniciada pela conjunção, ela será adverbial causal; se estiver fora, ela será coordenada explicativa. Vamos usar os mesmos exemplos para ilustrar:

Apresentei o relatório rapidamente uma vez que já tinha todos os dados.

(O que aconteceu primeiro? O sujeito ter a posse dos dados, para depois fazer o relatório. Logo, é oração adverbial causal)

Não atravesse a rua, porque você pode ser atropelado.

(O que acontece primeiro? Atravessar a rua, para depois, eventualmente, ser atropelado. Portanto, é oração coordenada explicativa)

→ se o verbo da oração principal estiver no modo imperativo, a oração que se seguir será coordenada explicativa. Exemplo:

Fiquem quietos, pois eu estou estudando.

→ a oração coordenada explicativa *deve ser separada da oração inicial por vírgula*, ao passo que a adverbial causal não pode ser separada da principal pelo mesmo sinal de pontuação. Exemplos:

Não diga nada, porque seus atos não têm explicação. (coordenada explicativa)

Ele é sempre consultado porque tem muita experiência. (adverbial causal)

Essa dica também inspira cuidados: a uma, porque é muito comum haver erros de pontuação nos textos; a duas, porque a oração adverbial deverá vir separada por vírgula se ela estiver *deslocada da ordem direta do período*. Veja:

Porque tem muita experiência, ele é sempre consultado.

A lógica é a mesma que estudamos para os adjuntos adverbiais, só que nesse caso é uma oração inteira que exerce essa função sintática. Sendo deslocado para o início do período, instaurando a ordem indireta, o uso da vírgula é inafastável.

c2) Consecutivas: *expressam a consequência, os efeitos, dos fatos narrados na oração principal*. São introduzidas pelas conjunções subordinativas consecutivas, dentre as quais destacamos as locuções: *que, de forma que, de sorte que, tanto que*. Exemplos:

Trabalhou tanto que conseguiu ser promovido.

Trabalhou tanto: oração principal

que conseguiu: oração subordinada adverbial consecutiva

ser promovido: oração subordinada substantiva objetiva direta

Houve poucos inscritos, de sorte que cancelamos o curso.

Houve poucos inscritos: oração principal

de sorte que cancelamos o curso: oração subordinada adverbial consecutiva

c3) Condicionais: *expressam uma condição, um evento futuro e incerto necessário para a ocorrência do fato narrado na oração principal*. São introduzidas pelas conjunções subordinativas condicionais, dentre as quais destacamos: *se, desde que, salvo se, a menos que, contanto que, caso*. Exemplos:

Caso você saiba a resposta, avise-me, por favor.

Caso você saiba a resposta: oração subordinada adverbial condicional

avise-me, por favor: oração principal

Concordo com a partilha, desde que você abra mão da casa.

Concordo com a partilha: oração principal

desde que você abra mão da casa: oração subordinada adverbial condicional

Sendo honesto, tudo fica mais fácil. (= se for honesto...)

Sendo honesto: oração subordinada adverbial condicional reduzida de gerúndio

tudo fica mais fácil: oração principal

c4) Concessivas: *expressam uma concessão, a superação de um obstáculo para se obter o resultado previsto na oração principal*. São introduzidas pelas conjunções subordinativas concessivas, dentre as quais destacamos: *embora, conquanto, ainda que, mesmo que, não obstante, posto que*. Exemplos:

Embora o assaltante tenha fugido, a polícia recuperou os bens da vítima.

Embora o assaltante tenha fugido: oração subordinada adverbial concessiva

a polícia recuperou os bens da vítima: oração principal

Não foi bem na prova, posto que tenha estudado por meses.

Não foi bem na prova: oração principal

Posto que tenha estudado por meses: oração subordinada adverbial concessiva

Isso já foi alertado no item 4.2.9.3, mas não custa repetir: a locução "posto que" é sinônima de "embora", ou seja, é concessiva e não causal (sinônimo de "já que") como acredita a maioria.

c5) Conformativas: *expressam a conformidade, a correlação, entre os fatos expressos nas orações do período*. São introduzidas pelas conjunções subordinativas conformativas, dentre as quais destacamos: *como, conforme, segundo, consoante*. Exemplos:

Conforme esperado, a noiva atrasou-se.

Conforme esperado: or. sub. adv. conformativa reduzida de particípio

a noiva atrasou-se: oração principal

Choverá hoje à tarde segundo disseram ontem na televisão.

Choverá hoje à tarde: oração principal

segundo disseram ontem na televisão: or. sub. adv. conformativa

Consoante dizem os filósofos, a justiça é a virtude suprema.

Consoante dizem os filósofos: oração subordinada adverbial conformativa

a justiça é a virtude suprema: oração principal

c6) Comparativas: *expressam uma comparação entre os fatos narrados nas orações*. São introduzidas pelas conjunções subordinativas comparativas, dentre as quais destacamos: *como, que (ou "do que")*. Exemplos:

Ele é desafinado como uma araponga. (= como uma araponga é)

Ele é desafinado: oração principal

como uma araponga: oração subordinada adverbial comparativa

És mais louca do que imaginei.

És mais louca: oração principal

do que imaginei: oração subordinada adverbial comparativa

Perceba no primeiro exemplo que o verbo da oração subordinada pode estar oculto sem que isso descaracterize o período. Essa supressão, chamada elipse (veja o item 5.2.28, Parte I), serve para evitar a repetição desnecessária do termo que pode ser compreendido pelo contexto e é muito comum nas adverbiais comparativas. Fique atento, portanto, para não achar que se trata de apenas uma oração.

c7) Temporais: *expressam a circunstância de tempo, o momento, em que os fatos da oração principal ocorreram.* São introduzidas pelas conjunções subordinativas temporais, dentre as quais destacamos: *quando, tão logo, depois que, antes que.* Exemplos:

Sairei tão logo ele chegue.

Sairei: oração principal

tão logo ele chegue: oração subordinada adverbial temporal

Antes de ir, tome uma xícara de chá.

Antes de ir: oração subordinada adverbial temporal reduzida de infinitivo

tome uma xícara de chá: oração principal

c8) Proporcionais: *expressam uma proporção entre os fatos dispostos nas orações do período.* São introduzidas pelas conjunções subordinativas proporcionais, dentre as quais destacamos: *à medida que, à proporção que, quanto mais... mais, quanto menos... menos.* Exemplos:

Quanto mais treino, mais sorte eu tenho.

Quanto mais treino: oração subordinada adverbial proporcional

mais sorte eu tenho: oração principal

As cerdas ficam brancas à medida que a escova se desgasta.

As cerdas ficam brancas: oração principal

à medida que a escova se desgasta: or. sub. adverbial proporcional

As adverbiais proporcionais diferenciam-se das adverbiais comparativas porque essas são estanques, comparam situações determinadas; naquelas, os fatos encontram-se abertos, havendo ainda espaço para sua evolução. Observe:

Ela é bonita como a mãe. (adverbial comparativa)

Ela fica bonita à medida que se parece com a mãe. (adverbial proporcional)

No primeiro período, a moça à qual nos referimos já é bonita tal qual sua mãe; isso não mudará mais. Logo, as orações estão em uma relação de comparação. No segundo período, a moça em questão *vai ficando bonita conforme cada vez mais se mostra parecida com a mãe*; o fato ainda está em movimento, há campo para sua continuidade. Por isso, dizemos que as orações estabelecem uma proporção.

c9) **Finais:** *estabelecem a finalidade, o objetivo, do fato narrado na oração principal.* São introduzidas pelas **conjunções subordinativas finais**, dentre as quais destacamos: *para que, a fim de que, com vistas a.* Exemplos:

Eles construíram a casa para que nela possam morar.

Eles construíram a casa: oração principal

para que nela possam morar: oração subordinada adverbial final

Ele cursa o mestrado com vistas a se tornar professor.

Ele cursa o mestrado: oração principal

com vistas a se tornar professor: oração subordinada adverbial final

8.3.3.4. Orações subordinadas não classificadas

Existem algumas espécies de orações subordinadas que, muito embora existam na prática, não foram previstas na Nomenclatura Gramatical Brasileira (NGB), o repositório oficial de nossas normas gramaticais. Com isso, não recebem **oficialmente** uma classificação própria. Mas como responder uma questão de concurso nesse caso? A saída é adotar a classificação oficial que mais se aproxime, mas já adiantamos que isso nem sempre é possível. Foram "esquecidas" pela NGB:

a) **Orações subordinadas substantivas agentes da passiva:** *aquelas que exercem a função sintática de agente da passiva.* Exemplo:

Esse relatório foi feito por quem entende muito de auditoria.

Esse relatório foi feito: oração principal

por quem entende muito de auditoria: or. sub. subst. agente da passiva

Como estamos tratando de uma oração responsável pela função própria de um determinado elemento sintático (o agente da passiva), **não é possível** "encaixá-la" em qualquer outra espécie já estudada. Destarte, esse tipo de oração **não** recebe, oficialmente, nenhuma nomenclatura;

b) **Orações subordinadas adverbiais locativas:** *aquelas que exercem a função de adjunto adverbial de lugar.* Exemplo:

"Vou pintar a minha boca

Do vermelho da amora

Que nasce lá no quintal

Da casa onde você mora" (Renato Teixeira)

Vou pintar a minha boca do vermelho da amora: oração principal

que nasce lá no quintal da casa: or. sub. adjetiva restritiva

onde você mora: oração subordinada adverbial locativa

Nesse caso, dada a ausência de previsão das adverbiais locativas na NGB, podemos classificá-las como **adjetivas restritivas** se considerarmos que a palavra "onde" é equivalente ao pronome relativo "que": "(...) da casa que você mora";

c) **Orações subordinadas adverbiais modais:** *exprimem o modo, a forma, como o fato da oração principal aconteceu.* Exemplo:

O condenado escapou da prisão pulando o muro.

O condenado escapou da prisão: oração principal

pulando o muro: oração subordinada adverbial modal reduzida de gerúndio

Na falta de opção melhor, os gramáticos ensinam que a oração modal pode ser classificada como adverbial conformativa. Realmente, é a espécie que mais se parece, todavia acreditamos que se trata de um alargamento excessivo do conceito de conformidade.

8.3.4. Períodos mistos

Vimos até aqui que os períodos podem ser compostos por coordenação e por subordinação, com as classificações que lhes são próprias.

Nada impede, contudo, que esses conceitos *se reúnam dentro de um mesmo período*, criando os chamados períodos mistos: aqueles que são compostos *tanto por coordenação quanto por subordinação*.

Na prática, isso significa que, ao proceder à análise sintática, nós encontraremos orações coordenadas e subordinadas coexistindo dentro da mesma estrutura linguística. Acompanhe o exemplo abaixo:

Ela disse que viria, mas acho que desistiu.

Ela disse: oração principal

que viria: oração subordinada substantiva objetiva direta

mas acho: oração coordenada sindética adversativa (em relação às anteriores) e oração principal (em relação à posterior)

que desistiu: oração subordinada substantiva objetiva direta

A terceira oração do período é coordenada em relação à anterior, porque com ela não guarda dependência semântica, e também oração principal da última oração, que integra a parcela do período composta por subordinação. Como temos as duas espécies de orações, coordenadas e subordinadas, estamos diante de um período misto.

QUESTÕES COMENTADAS DE GRAMÁTICA

Texto para as duas questões seguintes.

ALIMENTO DA ALMA

O comerciante André Faria, 49 anos, dono de um bar em Campinas (SP), pulou da cama às 6 da manhã, trabalhou o dia inteiro e ainda guarda disposição e bom humor para cantar baixinho enquanto prepara a terceira "quentinha" da noite.

O homem miúdo, de cabelos grisalhos e olhos azuis de um brilho intenso, aguarda sua outra freguesia: há anos ele alimenta moradores de rua por sua conta própria. Com a ajuda do fiel escudeiro, Mineiro, 64 anos, André prepara uma grande panela de sopa para 10, 12 pessoas no inverno, ou distribui arroz, feijão e carne para quem passa por ali nos dias mais quentes do ano.

Basta conversar alguns minutos com André para perceber que ele não faz isso para "parecer bonzinho".

"Não dá pra gente, que trabalha com comida, negar um prato a quem tem fome", diz. "Tem gente que faz isso, mas não é o meu caso, pois precisa ser muito frio."

Tatiana Fávero, Correio Popular.

(UNIFAP) No fragmento "Não dá pra gente, que trabalha com comida, negar um prato a quem tem fome..." (3º parágrafo), a expressão a quem, só não pode ser substituída, sem alteração semântica, por

(A) àqueles que.
(B) aos que.
(C) às pessoas que.
(D) a alguns que.
(E) ao ser humano que.

A expressão "a quem" só não pode ser substituída, sem alteração de sentido, por "a alguns que", pois esta última tem sentido de restrição de número de pessoas, ao passo que as demais expressões abrangem toda a categoria das pessoas que não têm o que comer.

Gabarito "D"

(UNIFAP) Sabe-se que um vocábulo, para produzir sentido, deve estar inserido em um contexto. Por esse motivo, que alternativa melhor traduz, no texto, o sentido das palavras quentinha, intenso e escudeiro, respectivamente?

(A) Alimento embalado, profundo, acompanhante.
(B) Embalagem de isopor, veemente, pajem.
(C) Embalagem de alumínio, vigoroso, homem armado.
(D) Fervente, enérgico, nobre.
(E) Aquecida, grande, empregado.

Todas as alternativas apresentam sinônimos das palavras destacadas, em seu sentido denotativo, isto é, analisadas isoladamente, como num dicionário. Ocorre que a interpretação do texto deve levar o leitor além do simples significado, buscando seu sentido dentro do contexto. Assim, no texto analisado, resta claro que a palavra "quentinha" significa "alimento embalado"; intenso significa "profundo" e escudeiro significa "acompanhante".

Gabarito "A"

(UECE) Como "empecilho", as palavras estão grafadas conforme a ortografia oficial em:

(A) aerosol, exitar, suscinto, toráxica
(B) aerosol, hesitar, suscinto, torácica
(C) aerossol, exitar, sucinto, toráxica
(D) aerossol, hesitar, sucinto, torácica

A grafia correta das palavras é a constante na letra "D".

Gabarito "D"

(UNIVERSA) Assinale a alternativa em que a acentuação das palavras relacionadas pode ser justificada com base na mesma regra.

(A) "fé", "país", "também", "é", "constrói".
(B) "ciência", "Daí", "ignorância", "consciência".
(C) "ciência", "ignorância", "consciência", "práxis".
(D) "fé", "também", "Daí", "constrói".
(E) "científico", "inúmeros", "espíritos", "construírem".

A: incorreta. "Fé" e "é" são acentuados por serem monossílabos tônicos terminados em "e", "também" é oxítona terminada em "em" e "constrói" é oxítona terminada em ditongo aberto "ói"; **B:** incorreta. "Ciência", "ignorância" e "consciência" são paroxítonas terminadas em ditongo crescente, mas "daí" leva acento no "i" tônico do hiato; **C:** correta. Todas as palavras da alternativa são paroxítonas (ressalvamos, porém, que a nosso ver não se trata da mesma regra! "Ciência", "ignorância" e "consciência" são paroxítonas terminadas em ditongo crescente, ao passo que "práxis" é paroxítona terminada em "is"); **D:** incorreta, conforme comentários às alternativas "A" e "B"; **E:** incorreta. "Científico", "inúmeros" e "espíritos" são acentuadas por serem proparoxítonas, mas "construírem" leva acento no "i" tônico do hiato.

Gabarito "C"

Texto para as três questões seguintes.

TEXTO – DIAGNÓSTICO

O Globo, 15/10/2004

Em oito anos, o número de turistas no Rio de Janeiro dobrou, enquanto os assaltos a turistas foram multiplicados por três, alcançando hoje a média de dez casos por dia. Considerando a importância que o turismo tem para a cidade – que anualmente recebe 5,7 milhões de visitantes de outros estados e do estrangeiro, destes, aliás, quase 40% dos que chegam ao Brasil têm como destino o Rio – é alarmante esse grau crescente de insegurança.

Por maior que tenha sido a indignação manifestada pelo governo federal, são números que reforçam o alerta do Departamento de Estado americano a agências de turismo dos Estados Unidos, divulgado no início do mês, a respeito do perigo que apresentam o Rio e outras grandes cidades brasileiras.

Não é exagero classificar de urgente a tarefa de fazer o turista se sentir mais seguro no Rio, considerando que os visitantes movimentam 13% da economia da cidade e que dentro de três anos teremos aqui o Pan. Parte da solução é simples: reforçar o policiamento ostensivo. A Secretaria de Segurança do Estado informa que há quase duas centenas de policiais patrulhando a orla, do Leblon ao Leme, mas não é o que se vê – nem é o que percebem os assaltantes.

Muitos destes aliás, são menores de idade com que o poder público simplesmente não sabe lidar, por falta de ação integrada entre autoridades estaduais e municipais, empenhadas num jogo de empurra sobre a responsabilidade por tirá-los das ruas. O que lhes confere uma percepção de impunidade que só faz piorar a situação.

Impunidade é também a sensação que resulta do deficiente trabalho de investigação policial: se não se consegue impedir o crime, sua gravação pelas câmeras da orla de pouco serve, pois não há um esquema eficaz de inteligência nem estrutura técnica adequada para seguir pistas.

É fácil atribuir todos os problemas à falta de verbas. Mas é mais justo falar em dinheiro mal aplicado. As próprias autoridades anunciam fartos investimentos em aparato tecnológico contra o crime; o retorno que deveria produzir a aplicação eficiente desse dinheiro seria o que não está acontecendo: a redução a níveis mínimos dos assaltos a turistas.

(NCE-UFRJ) "...alcançando HOJE a média de dez casos por dia"; o momento a que se refere o vocábulo em maiúsculas depende da situação em que o texto se insere. O segmento textual cujo elemento em destaque NÃO representa caso idêntico é:

(A) "EM OITO ANOS o número de turistas do Rio de Janeiro dobrou,...";
(B) "...que ANUALMENTE recebe 5,7 milhões de visitantes...";
(C) "...o alerta do Departamento de Estado americano a agências de turismo dos Estados Unidos, divulgado NO INÍCIO DO MÊS...";
(D) "...e que DENTRO DE TRÊS ANOS teremos aqui o Pan";
(E) "...visitantes de outros estados e do ESTRANGEIRO,...".

A: correta. Para verificarmos em que período de oito anos o número de turistas dobrou, é necessário saber em que ano o texto foi escrito; **B:** incorreta, devendo ser assinalada. Se o fato é apresentado na forma de estatística anual, tanto faz o momento em que o texto foi escrito, pois o fato se repete todos os anos; **C:** correta. Cabível perguntarmos: em qual mês o texto foi escrito? Só assim para bem compreendermos o contexto do trecho; **D:** correta, pelas mesmas razões da alternativa "A"; **E:** correta. O conceito de estrangeiro depende diretamente de saber de qual país estamos considerando os nacionais.

Gabarito "B"

(NCE-UFRJ) Ao dizer que "não há um esquema eficaz de inteligência", o autor do texto se refere à(ao):

(A) capacidade intelectual dos policiais;
(B) possibilidade legal de fazer investigações;
(C) estrutura militar da corporação;
(D) disponibilidade de um serviço de informações;
(E) armamento de grande poder de fogo.

Serviço de inteligência, quando nos referimos a órgãos de segurança pública e outras instituições, é o setor responsável pela obtenção, análise e difusão de informações relevantes para fundamentar a tomada de decisões por aqueles que detêm tal poder. Sua origem é a palavra inglesa *intel*, que significa "informação". Correta, portanto, a alternativa "D".

Gabarito "D"

(NCE-UFRJ) No primeiro parágrafo do texto, o vocábulo RIO DE JANEIRO reaparece designado como CIDADE, a fim de se evitar a repetição de palavras idênticas; nesse caso, após uma palavra de valor específico (Rio de Janeiro), emprega-se outra de valor geral (cidade). Essa mesma estrutura se repete em:

(A) Rio de Janeiro – Cidade Maravilhosa;
(B) Rio de Janeiro – RJ;
(C) Rio de Janeiro – Rio;
(D) Rio de Janeiro – capital;
(E) Rio de Janeiro – berço do samba.

A e **E:** incorretas, pois trazem epítetos (características famosas) da cidade do Rio de Janeiro; **B:** incorreta. É uma abreviatura; **C:** incorreta, por ser mera redução do nome; **D:** correta, porque "capital" tem valor geral quando comparada a "Rio de Janeiro", que realmente é a capital do Estado.

Gabarito "D"

Paz como equilíbrio do movimento

1	Como definir a paz? Desde a antiguidade encontramos muitas definições. Todas elas possuem suas
2	boas razões e também seus limites. Privilegiamos uma, por ser extremamente sugestiva: a paz é o equilíbrio
3	do movimento. A felicidade desta definição reside no fato de que se ajusta à lógica do universo e de todos
4	os processos biológicos. Tudo no universo é movimento, nada é estático e feito uma vez por todas.
5	Viemos de uma primeira grande instabilidade e de um incomensurável caos. Tudo explodiu. E ao
6	expandir-se, o universo vai pondo ordem no caos. Por isso o movimento de expansão é criativo e
7	generativo. Tudo tem a ver com tudo em todos os momentos e em todas as circunstâncias. Essa afirmação

8 constitui a tese básica de toda a cosmologia contemporânea, da física quântica e da biologia genética e

9 molecular.

10 Em razão da panrelacionalidade de tudo com tudo, o universo não deve mais ser entendido como o

11 conjunto de todos os seres existentes e por existir, mas como o jogo total, articulado e dinâmico, de todas as

12 relações que sustentam os seres e os mantém unidos e interdependentes entre si.

13 A vida, as sociedades humanas e as biografias das pessoas se caracterizam pelo movimento. A

14 vida nasceu do movimento da matéria que se auto-organiza; a matéria nunca é "material", mas um jogo

15 altamente interativo de energias e de dinamismos que fazem surgir os mais diferentes seres. Não sem razão

16 asseveram alguns biólogos que, quando a matéria alcança determinado nível de auto-organização, em

16 qualquer parte do universo, emerge a vida como imperativo cósmico, fruto do movimento de relações

18 presentes em todo o cosmos.

19 As coisas mantêm-se em movimento, por isso evoluem; elas ainda não acabaram de nascer. Mas o

20 caos jamais teria chegado a cosmos e a desordem primordial jamais teria se transformado em ordem aberta

21 se não houvesse o equilíbrio. Este é tão importante quanto o movimento. Movimento desordenado é

22 destrutivo e produtor de entropia. Movimento com equilíbrio produz sintropia e faz emergir o universo como

23 cosmos, vale dizer, como harmonia, ordem e beleza.

24 Que significa equilíbrio? Equilíbrio é a justa medida entre o mais e o menos. O movimento possui

25 equilíbrio e assim expressa a situação de paz se ele se realizar dentro da justa medida, não for nem

26 excessivo nem deficiente. Importa, então, sabermos o que significa a justa medida.

27 A justa medida consiste na capacidade de usar potencialidades naturais, sociais e pessoais de tal

28 forma que elas possam durar o mais possível e possam, sem perda, se reproduzir. Isso só é possível,

29 quando se estabelece moderação e equilíbrio entre o mais e o menos. A justa medida pressupõe realismo,

30 aceitação humilde dos limites e aproveitamento inteligente das possibilidades. É este equilíbrio que garante

31 a sustentabilidade a todos os fenômenos e processos, à Terra, às sociedades e à vida das pessoas.

32 O universo surgiu por causa de um equilíbrio extremamente sutil. Após a grande explosão originária,

33 se a força de expansão fosse fraca demais, o universo colapsaria sobre si mesmo. Se fosse forte demais, a

34 matéria cósmica não conseguiria adensar-se e formar assim gigantescas estrelas vermelhas,

35 posteriormente, as galáxias, as estrelas, os sistemas planetários e os seres singulares. Se não tivesse

36 funcionado esse refinadíssimo equilíbrio, nós humanos não estaríamos aqui para falar disso tudo.

37 Como alcançar essa justa medida e esse equilíbrio dinâmico? A natureza do equilíbrio demanda

38 uma arte combinatória de muitos fatores e de muitas dimensões, buscando a justa medida dentre todas

39 elas. Pretender derivar o equilíbrio de uma única instância é situar-se numa posição sem equilíbrio. Por isso

40 não basta a razão crítica, não é suficiente a razão simbólica, presente na religião e na espiritualidade, nem a

41 razão emocional, subjacente ao mundo dos valores e das significações, nem o recurso da tradição, do bom

42 senso e da sabedoria dos povos.

43 Todas estas instâncias são importantes, mas nenhuma delas é suficiente, por si só, para garantir o

44 equilíbrio. Este exige uma articulação de todas as dimensões e todas as forças.

45 A partir destas ideias, temos condições de apreciar a excelência da compreensão da paz como

46 equilíbrio do movimento. Se houvesse somente movimento sem equilíbrio, movimento linear ou

47 desordenado, em todas as direções, imperaria o caos e teríamos perdido a paz. Se houvesse apenas

48 equilíbrio sem movimento, sem abertura a novas relações, reinaria a estagnação e nada evoluiria. Seria a

49 paz dos túmulos. A manutenção sábia dos dois polos faz emergir a paz dinâmica, feita e sempre por fazer,

50 aberta a novas incorporações e a sínteses criativas.

51 Consideradas sob a ótica da paz como equilíbrio do movimento, as sociedades atuais são

52 profundamente destruidoras das condições da paz. Vivemos dilacerados por radicalismos, unilateralismos,

53 fundamentalismos e polarizações insensatas em quase todos os campos. A concorrência na economia e no

53 mercado, feita princípio supremo, esmaga a cooperação necessária para que todos os seres possam viver e

55 continuar a evoluir. O pensamento único da ideologia neoliberal, levado a todos os quadrantes da terra,

56 destrói a diversidade cultural e espiritual dos povos. A imposição de uma única forma de produção, com a

57 utilização de um único tipo de técnica e de administração, maximizando os lucros, encurtando o tempo e

58 minimizando os investimentos, devasta os ecossistemas e coloca sob risco o sistema vivo de Gaia. As

59 relações profundamente desiguais entre ricos e pobres, entre Norte e Sul e entre religiões que se

60 consideram portadoras de revelação divina e outras religiões da humanidade, reforçam a arrogância e

61 aumentam os conflitos religiosos. Todos estes fenômenos são manifestações da destruição do equilíbrio do

62 movimento e, por isso, da paz tão ansiada por todos. Somente fundando uma nova aliança entre todos e

63 com a natureza, inspirada na paz-equilíbrio-do-movimento como método e como meta, conseguiremos

64 sociedades sem barbárie, onde a vida pode florescer e os seres humanos podem viver no cuidado de uns

65 para com os outros, em justiça e, enfim, na paz perene, secularmente ansiada.

BOFF, Leonardo. *Paz como equilíbrio do movimento.* Disponível em: <http://www.leonardoboff.com/site/vista/2001-2002/pazcomo.htm>. Acesso em: 14 nov. 2012. (Adaptado).

(UEG) No trecho "A felicidade desta definição reside no fato de que se ajusta à lógica do universo e de todos os processos biológicos" (linhas 3-4), a expressão em destaque pode ser substituída sem prejuízo de sentido por:

(A) o revés
(B) o êxito
(C) a dificuldade
(D) a possibilidade

"Felicidade" foi usada no sentido de "correção", "sucesso", "êxito". É mais do que mera "possibilidade", é a certeza de que a expressão foi definida plenamente. "Revés" é sinônimo de "azar", "obstáculo".

Gabarito "B"

O Estado é um ausente contumaz. É frio. Sem alma. Nas suas veias não corre o sangue da humanidade, mas papéis que se amontoam entupindo a saída de soluções. E agora se viu que as soluções não são impossíveis. Nem mesmo diante à morte. Mas é preciso trabalhar com as mãos no coração.

(UEG) O termo *contumaz* só não tem o mesmo sentido de

(A) pertinaz.
(B) obstinado.
(C) insensível.
(D) teimoso.

"Contumaz" significa teimoso, obstinado; tem também o mesmo sentido de "pertinaz", que significa "aquele que não desiste nem desanima facilmente; obstinado, teimoso, persistente, constante". Não tem o sentido de "insensível", pois este significa "aquele que não se deixa comover; indiferente".

Gabarito "C"

Um problema básico – descentralizar a Justiça

Hélio Bicudo, vice-prefeito de São Paulo, destacou-se pela sua participação, durante longos anos, como um dos membros da Pontifícia Comissão de Justiça e Paz, defendendo aqueles que eram perseguidos pelo regime militar. Nessa atividade, sua preocupação principal era a de encontrar soluções práticas e concretas para as questões que afligiam os brasileiros que enfrentavam dificuldades em recorrer à Justiça, a fim de postularem seus direitos. É bem conhecida, por exemplo, sua luta – como membro do Ministério Público e como jornalista – contra o Esquadrão da Morte.

O depoimento de Hélio Bicudo foi colhido por *estudos avançados* no dia 12 de maio. Cabe destacar ainda a participação, nesta entrevista, do advogado Luís Francisco Carvalho Filho, que milita na imprensa e se dedica especialmente a questões relacionadas à Justiça.

Luís Francisco Carvalho Filho – *Hélio Bicudo, em sua opinião, como devem ser resolvidos os problemas do acesso à Justiça brasileira e de sua eficiência?*

Hélio Bicudo – *O problema do acesso à Justiça é uma questão fundamental quando se deseja promover uma reforma do Poder Judiciário. É importante salientar que essa é uma reforma que não necessita de alterações no texto constitucional. Acredito que os próprios Poderes Judiciários dos Estados poderiam adotar determinadas medidas, até mesmo administrativas, para diminuir a distância entre o cidadão e o juiz. Penso nisso há muito tempo. Quando trabalhei com o governador Carvalho Pinto, de 1959 a 1962, conseguimos sensibilizar o Tribunal de Justiça de São Paulo para a realização de uma reforma mais ou menos desse tipo. O que acontece hoje – e que acontecia naquela época – é que o Poder Judiciário está localizado na região central da cidade. É o caso, por exemplo, do Fórum Criminal, que tem cerca de sessenta Varas Criminais. Para se ouvir uma testemunha que, por exemplo, mora em Parelheiros, temos de trazê-la até o Centro, o que é um problema complicado.*

Além disso, temos a maneira pela qual se desenvolve o processo. Por exemplo, o juiz que recebe a denúncia não é o mesmo que interroga, não é o mesmo que ouve as testemunhas, não é o que examina a prova. No final, é um quarto ou um quinto juiz que decide, a partir de um documento inserido no papelório. Sempre acreditei que, para diminuir a distância entre o juiz e o cidadão, é preciso descentralizar o Poder Judiciário. Ora, se em São Paulo há cerca de cem delegacias policiais distritais, por que não se pode ter também 250 ou trezentos juizados?

(FGV) "*Além disso, temos a maneira pela qual se desenvolve o processo. Por exemplo, o juiz que recebe a denúncia não é o mesmo que interroga, não é o mesmo que ouve as testemunhas, não é o que examina a prova. No final, é um quarto ou um quinto juiz que decide, a partir de um documento inserido no papelório. Sempre acreditei que, para diminuir a distância entre o juiz e o cidadão, é preciso descentralizar o Poder Judiciário. Ora, se em São Paulo há cerca de cem delegacias policiais distritais, por que não se pode ter também 250 ou trezentos juizados?*"

Assinale a alternativa em que o significado do elemento textual sublinhado tem seu valor semântico corretamente indicado.

(A) além disso – lugar
(B) pela qual – modo
(C) a partir de – tempo
(D) sempre – intensidade
(E) para – finalidade

A: incorreta. "Além disso" tem valor de adição, somatória; **B:** incorreta. "Pela qual" expressa uma causa, uma razão; **C:** incorreta. No texto, "a partir de" remete a origem, fundamento; **D:** incorreta. "Sempre" refere-se a tempo; **E:** correta. A preposição "para", no trecho, tem valor semântico de "finalidade", porque pode ser substituída por "com o fim de", "com vistas a", sem qualquer prejuízo para o sentido da oração.

Gabarito "E"

(FCC) Há palavras escritas de modo INCORRETO na frase:

(A) O desrespeito aos objetos que testemunham o progresso cultural da humanidade culminou com saques e contrabando de obras raríssimas.
(B) O caos provocado por situações e conflito entre países atinge seu ápice quando se destrói um acervo de importantes documentos históricos.
(C) Autores de relevo foram perseguidos em todas as épocas, acusados de disseminar ideias revolucionárias contra o sistema vigente.
(D) Tropas invasoras nem sempre agem com a sencibilidade necessária quando se trata de preservar tezouros culturais da humanidade.
(E) Obras valiosas foram destruídas em imensas fogueiras ateadas por líderes, cegos pelo radicalismo de suas convicções.

A única alternativa que traz palavras grafadas incorretamente é a letra "D", pois o certo é "sensibilidade" e "tesouros".

Gabarito "D"

(UNEMAT) "Ninguém será privado de direito por motivo de crença religiosa ou de convicção filosófica ou política, salvo se as invocar para eximir-se de obrigação legal a todos imposta e recusar-se a cumprir prestação alternativa, fixada em lei."

(Incisa VIII do M. 5° da Constituição Federal Brasileira)

Sobre o texto acima, assinale a alternativa Incorreta.

(A) A palavra "salvo" introduz restrições a eventuais desvios no exercício das liberdades religiosa, política e filosófica.
(B) O verbo "invocar" tem sentido de presumir.
(C) A expressão "a todos imposta" afirma o caráter coercitivo da lei.
(D) O texto prevê a possibilidade de se proporem opções, desde que legais, ao cumprimento de deveres por parte dos cidadãos.
(E) O pronome "as", em "salvo se as invocar", refere-se às crenças e convicções.

Todas as alternativas estão corretas, com exceção da letra "B", que deve ser assinalada. O verbo "invocar" tem o sentido de "citar em seu favor"; isso significa que o cidadão menciona suas crenças religiosas ou convicções filosóficas ou políticas para não cumprir obrigação de que é obrigado por lei.

Gabarito "B"

(CESPE) Os interesses econômicos das grandes potências aconselharam o encorajamento das **reinvidicações**(1) dos trabalhadores, em todo o mundo. Era preciso evitar que países onde as forças sindicais eram **débeis**(2) fizessem concorrência industrial aos países onde essas forças eram mais ativas. Era preciso impedir a **vil**(3) remuneração da mão de obra operária, em **prejuízo**(4) das economias então dominantes. Assim, razões extremamente estreitas e egoístas geraram a contradição de contribuir para o avanço do movimento operário, em escala mundial.

Idem, ibidem (com adaptações).

Assinale a opção em que o número apresentado corresponde à palavra do texto acima cuja grafia não está de acordo com as normas da língua padrão.

(A) 1.
(B) 2.
(C) 3.
(D) 4.

A única palavra que está grafada em desacordo com as normas da língua padrão é a de número 1, pois o correto é "reivindicações". Portanto, a alternativa "A" deve ser assinalada.

Gabarito "A"

(IPAD) *"Não podemos matar para extirpar as consequências."* Neste trecho, a palavra sublinhada está grafada de maneira correta. Assinale a alternativa na qual a palavra sublinhada está grafada incorretamente.

(A) As críticas feitas à polícia brasileira são extensivas à de outros países.
(B) A multidão extendeu os braços em sinal de protesto contra a violência policial.
(C) Criminosos com uma extensa folha policial são, em geral, os mais violentos.
(D) De fato, alguns policiais extrapolam sua autoridade, e agem com muita violência.
(E) Para o policial, aceitar suborno é comparado a crime de extorsão.

A única alternativa que traz uma palavra grafada incorretamente é a letra "B", que deve ser assinalada, pois o certo é "estendeu", do verbo estender.

Gabarito "B"

TEXTO 1

Uma língua, múltiplos falares

No Brasil, convivemos não somente com várias línguas que resistem, mas também com vários jeitos de falar. Os mais desavisados podem pensar que os mineiros, por exemplo, preferem abandonar algumas palavras no meio do caminho quando perguntam "ôndôtô?" ao invés de "onde eu estou?". Igualmente famosos são os "s" dos cariocas ou o "oxente" dos baianos. Esses sotaques ou modos de falar resultam da interação da língua com uma realidade específica, com outras línguas e seus falantes.

Todas as línguas são em si um discurso sobre o indivíduo que fala, elas o identificam. A língua que eu uso para dizer quem eu sou já fala sobre mim; é, portanto, um instrumento de afirmação da identidade.

Desde suas origens, o Brasil tem uma língua dividida em falares diversos. Mesmo antes da chegada dos portugueses, o território brasileiro já era multilíngue. Estimativas de especialistas indicam a presença de cerca de mil e duzentas línguas faladas pelos povos indígenas. O português trazido pelo colonizador tampouco era uma língua homogênea. Havia variações, dependendo da região de Portugal de onde ele vinha.

Há de se considerar também que a chegada de falantes de português acontece em diferentes etapas, em momentos históricos específicos. Na cidade de São Paulo, por exemplo, temos primeiramente o encontro linguístico de portugueses com índios e, além dos negros da África, vieram italianos, japoneses, alemães, árabes, todos com suas línguas. Daí que na mesma São Paulo podem-se encontrar modos de falar distintos, como o de Adoniram Barbosa, que eternizou em suas composições o sotaque típico de um filho de imigrantes italianos, ou o chamado erre retroflexo, aquele erre dobrado que, junto com a letra i, resulta naquele jeito de falar "cairne" e "poirta" característico do interior de São Paulo.

Independentemente dessas peculiaridades no uso da língua, o português, no imaginário, une. Na verdade, a construção das identidades nacionais modernas se baseou num imaginário de unidade linguística. É daí que surge o conceito de língua nacional, língua da nação, que pretensamente une a todos sob uma mesma cultura. Esta unidade se constitui a partir de instrumentos muito particulares, como gramáticas e dicionários, e de instituições como a escola. No Brasil, hoje, o português é a língua oficial e também a língua materna da maioria dos brasileiros. Entretanto, nem sempre foi assim.

Patrícia Mariuzzo.Disponível em: http://www.labjor.unicamp.br/patrimonio/materia.php?id=219. Acesso em 09/05/2012. Excerto adaptado.

(PIAUÍ) "Os mais desavisados **podem pensar** que os mineiros, por exemplo, preferem abandonar algumas palavras no meio do caminho". Com o termo destacado o autor quis indicar:

(A) possibilidade.
(B) previsibilidade.
(C) permissão.
(D) obrigatoriedade.
(E) dúvida.

A expressão destacada exprime a impressão da autora sobre a possibilidade das pessoas pensarem algo errado sobre o jeito mineiro de falar.

Gabarito "A"

(UESPI) Das palavras abaixo apenas uma não segue a mesma regra de acentuação. Qual é?

(A) científicas
(B) células
(C) adipócitos
(D) número
(E) incrível

As palavras "científicas", "células", "adipócitos" e "número" são acentuadas por serem proparoxítonas, ao passo que "incrível" é uma paroxítona terminada em "l".

Gabarito "E"

(FGV – Adaptada) Em *inter-regionais*, utilizou-se corretamente a regra do hífen diante de palavras que se iniciam com a letra *r*. Assinale a alternativa em que o hífen foi usado corretamente e por força da mesma regra.

(A) micro-região
(B) sub-região
(C) super-regional
(D) intra-regional
(E) pseudo-região

Nos termos do Novo Acordo Ortográfico, utiliza-se o hífen quando o prefixo terminar em "r" e a palavra seguinte começar com a mesma consoante. A única alternativa em que isso ocorre é na letra "C". Vale ressaltar, ainda, que a grafia correta seria: microrregião, intrarregional e pseudorregião.

Gabarito "C"

(FGV – Adaptada) Em *inospitaleiras*, ao se juntar o prefixo à palavra hospitaleiras, houve perda da letra *h*. Assinale a única alternativa em que essa junção também é correta.

(A) subumano
(B) megaomenagem
(C) socioistórico
(D) multiabilidoso
(E) panispânico

Conforme o Novo Acordo Ortográfico, sempre se usa hífen diante de palavras que se iniciam com a letra "h", com exceção de "subumano".

Gabarito "A"

(FGV) Por *ardilosa*, só não se pode entender:

(A) diligente.
(B) ludibriosa.
(C) enganadora.
(D) capciosa.
(E) falaz.

Todas as alternativas trazem sinônimos de "ardilosa", com exceção da letra "A". "Diligente" é a pessoa prudente, cuidadosa.

Gabarito "A"

(FGV) Em *xenofobia*, há a seguinte combinação de sentidos: estrangeiro + aversão.

Assinale a alternativa em que a explicação do sentido do elemento que antecede *fobia* não tenha sido feita corretamente.

(A) pantofobia (pantera)
(B) estasiofobia (permanecer de pé)
(C) fotofobia (luz)
(D) ictiofobia (peixe)
(E) gamofobia (casamento)

A: incorreta (devendo ser assinalada). Pantofobia é o medo mórbido de tudo; fobia completa; **B:** correta. Estasiofobia é o medo irracional de não poder ficar de pé; **C:** correta, pois fotofobia é a aversão a luz; **D:** correta. Ictiofobia é medo ou fobia aos peixes; **E:** correta, já que gamofobia é um distúrbio psíquico que se traduz em medo irracional e relutância em relação ao casamento.

Gabarito "A"

(FGV) Assinale a alternativa em que o termo tenha sido acentuado seguindo regra distinta dos demais.

(A) difíceis
(B) próprio
(C) Concluída
(D) consequências
(E) solidários

Todas as palavras foram acentuadas por serem paroxítonas terminadas em ditongo crescente, com exceção da alternativa "C", "concluída", que deve ser assinalada. "Concluída" é acentuada no "i" tônico do hiato.

Gabarito "C"

Texto para a questão seguinte.

Sonhos Sonhos são

Negras nuvens
Mordes meu ombro em plena turbulência
Aeromoça nervosa pede calma
Aliso teus seios e toco
Exaltado coração
Então despes a luva para eu ler-te a mão
E não tem linhas tua palma
Sei que é sonho
Incomodado estou, num corpo estranho
Com governantes da América Latina
Notando meu olhar ardente
Em longínqua direção
Julgam todos que avisto alguma salvação
Mas não, é a ti que vejo na colina
Qual esquina dobrei às cegas
E caí no Cairo, ou Lima, ou Calcutá
Que língua é essa em que despejo pragas
E a muralha ecoa
Em Lisboa
Faz algazarra a malta em meu castelo
Pálidos economistas pedem calma
Conduzo tua lisa mão
Por uma escada espiral
E no alto da torre exibo-te o varal
Onde balança ao léu minh'alma
Em Macau, Maputo, Meca, Bogotá
Que sonho é esse de que não se sai
E em que se vai trocando as pernas
E se cai e se levanta noutro sonho
Sei que é sonho
Não porque da varanda atiro pérolas
E a legião de famintos se engalfinha
Não porque voa nosso jato
Roçando catedrais
Mas porque na verdade não me queres mais
Aliás, nunca na vida foste minha

(Chico Buarque)

(FGV) Assinale a alternativa em que a troca de posição entre as palavras provoque forte mudança de sentido.

(A) "Negras nuvens" (verso 1) – nuvens negras
(B) "Exaltado coração" (verso 5) – coração exaltado
(C) "longínqua direção" (verso 12) – direção longínqua
(D) "olhar ardente" (verso 11) – ardente olhar
(E) "alguma salvação" (verso 13) – salvação alguma

No geral, a posição do adjetivo não traz grande alteração no sentido da expressão, sendo apenas uma questão de destaque ou estilo. Porém, o pronome indefinido "alguma", na alternativa "E", ao ser deslocado para depois do substantivo causa efeito diferente, alterando drasticamente o sentido da expressão: "alguma salvação" significa que existem meios de salvar-se; "salvação alguma", por sua vez, carrega a ideia de que não existe salvação possível.

Gabarito "E"

(FGV) Assinale a alternativa em que todas as palavras estejam grafadas corretamente.

(A) privilégio – obcecado – malsucedido
(B) infra-estrutura – contra-filé – empecilho
(C) avaro – rúbrica – autocontrole
(D) hesitar – analisar – paralizar
(E) possui – ageitar – cãibra

A: correta, contendo todas as palavras grafadas de acordo com o padrão culto da língua; **B:** incorreta. "Infraestrutura" e "contrafilé" não têm hífen; **C:** incorreta. O certo é "rubrica", sem acento. A palavra é paroxítona; **D:** incorreta. O certo é "paralisar", com "s"; **E:** incorreta. "Ajeitar", com "j", por ser derivado de "jeito".

Gabarito "A"

(FGV) Assinale a alternativa correta quanto à grafia e à adequação vocabular.

(A) Estudamos muito afim de sermos aprovados.
(B) As ideias dela sempre vêm de encontro às minhas, ou seja, sempre concordamos um com o outro.

(C) Naquela sessão da empresa, há funcionários pouco esforçados.
(D) Somamos vultuosas quantias com o nosso esforço de poupar.
(E) Ele é sempre tachado de ignorante.

A: incorreta. A locução adverbial final, que expressa um objetivo a ser alcançado, é grafada separadamente: "a fim de"; **B:** incorreta. "Ir de encontro a" significa "discordar", "contrapor". Sinônimo de concordar é "ir ao encontro de"; **C:** incorreta. "Sessão" é sinônimo de reunião. Para nos referirmos a uma repartição, um setor, da empresa, usamos "seção"; **D:** incorreta. "Vultuoso" é o aspecto mórbido da face, quando está vermelha e inchada. Na oração, o correto seria "vultoso"; **E:** correta. "Tachar", como sinônimo de "imputar", é mesmo com "ch". "Taxar", com "x", significa "cobrar taxa" (tributo).

Gabarito "E"

(FGV) Assinale a alternativa em que o prefixo tenha valor semântico distinto dos demais.

(A) anormal
(B) apatia
(C) apneia
(D) afasia
(E) abotoar

Nas alternativas A, B, C e D, o prefixo "a" tem valor de negação, de contrariedade ("anormal" é o que falta normalidade, "apatia" é a falta de empatia, "apneia" é a falta de respiração). Na alternativa E, porém, o prefixo "a" é utilizado como elemento de formação do verbo, derivado de "botão", indicando uma ação. Ocorre o mesmo em "aprofundar", "alargar".

Gabarito "E"

(CESGRANRIO) Dentre as palavras abaixo, assinale a que segue regra de acentuação distinta das demais.

(A) Mário.
(B) Contraditório.
(C) Ingênua.
(D) Indícios.
(E) Raízes.

Todas as palavras são acentuadas por serem paroxítonas terminadas em ditongo crescente (semivogal + vogal juntas na mesma sílaba), com exceção de "raízes", que é leva acento no "i" tônico do hiato.

Gabarito "E"

Texto

Quanto mais nos vemos no espelho, mais dificuldade temos, como brasileiros, de achar um foco para nossa imagem. Pelo menos, nossa imagem como povo. (...)

Nossa identidade é assunto polêmico desde tempos remotos. Quando o escritor Mário de Andrade deu vida ao espevitado e contraditório personagem Macunaíma, em 1928, nosso herói sem nenhum caráter já andava desesperadamente à procura dela. Ele sabia que havia algo de brasileiro no ar e foi buscar indícios desses traços na riqueza da cultura popular. (...) No final dos anos 80, o antropólogo Darcy Ribeiro continuava indagando: "E não seria esta alegria – além da mestiçagem alvoroçada, da espantosa uniformidade cultural e do brutal desgarramento classista – uma das características distintivas dos brasileiros? Seria a compensação dialética à que o povo se dá da vida azarosa, famélica e triste que lhe impõem?"

Ninguém ainda respondeu a contento à questão.

O historiador Sérgio Buarque de Holanda, em *Raízes do Brasil* (1936), foi buscar na origem portuguesa os traços que fazem do brasileiro um brasileiro: o estilo cordial, hospitaleiro, pacato e resignado, em um povo que herdou a bagunça lusa. Mas será que todo brasileiro vê essa imagem no espelho? Ser apenas o povo do futebol, do samba e das mais belas mulheres do mundo basta? Aliás, será que somos isso mesmo? (...)

SCAVONE, Míriam. In: **Porto Seguro Brasil**. Conteúdo fornecido e produzido pela Editora Abril S.A. (SP).

(CESGRANRIO) Na passagem do Texto acima"... deu vida ao **espevitado** e contraditório personagem ..." (l. 6-7), a palavra em destaque pode ser substituída, sem alteração de sentido, por:

(A) afetado.
(B) ingênuo.
(C) pacato.
(D) cauteloso.
(E) estranho.

"Espevitado" é sinônimo de "desembaraçado", "afetado", a pessoa que gosta de ostentação, nos gestos e no falar.

Gabarito "A"

A morte da porta-estandarte

Que adianta ao negro ficar olhando para as bandas do Mangue ou para os lados da Central? Madureira é longe e a amada só pela madrugada entrará na praça, à frente do seu cordão. O que o está torturando é a ideia de que a presença dela deixará a todos de cabeça virada, e será a hora culminante da noite.

Se o negro soubesse que luz sinistra estão destilando seus olhos e deixando escapar como as primeiras fumaças pelas frestas de uma casa onde o incêndio apenas começou! ...

Todos percebem que ele está desassossegado, que uma paixão o está queimando por dentro. Mas só pelo olhar se pode ler na alma dele, porque, em tudo mais, o preto se conserva misterioso, fechado em sua própria pele, como numa caixa de ébano. (...)

Sua agonia vem da certeza de que é impossível que alguém possa olhar para Rosinha sem se apaixonar. E nem de longe admite que ela queira repartir o amor.(...)

No fundo da Praça, uma correria e começo de pânico. Ouvem-se apitos. As portas de aço descem com fragor. As canções das Escolas de Samba prosseguem mais vivas, sinfonizando o espaço poeirento.

— Mataram uma moça! (...)

A mulata tinha uma rosa no pixaim da cabeça. Um mascarado tirou a mantilha da companheira, dobrou-a, e fez um travesseiro para a morta. Mas o policial disse que não tocassem nela. Os olhos não estavam bem fechados. Pediram silêncio, como se fosse possível impor silêncio àquela Praça barulhenta. (...)

— Só se você visse, Bentinha, quanto mais a faca enterrava, mais a mulher sorria ... Morrer assim nunca se viu ...

O crime do negro abriu uma clareira silenciosa no meio do povo. Ficaram todos estarrecidos de espanto vendo Rosinha fechar os olhos. O preto ajoelhado bebia-lhe mudamente o último sorriso, e inclinava a cabeça de um lado para outro como se estivesse contemplando uma criança. (...)

Ele dobra os joelhos para beijá-la. Os que não queriam se comover foram-se retirando. O assassino já não sabe bem onde está. Vai sendo levado agora para um destino que lhe é indiferente. É ainda a voz da mesma canção que lhe fala alguma coisa ao desespero:

Quem fez do meu coração seu barracão?

Foi ela ...

MACHADO, Aníbal M. *In*: Antologia escolar de contos brasileiros. Herberto Sales (Org.) Rio de Janeiro, Ed. Ouro, s/d.

(CESGRANRIO) Dentre as palavras do Texto acima, transcritas abaixo, a que FOGE ao campo de significação das demais é:

(A) porta-estandarte.
(B) cordão.
(C) voz.
(D) canções.
(E) fragor.

"Porta-estandarte", "cordão", "voz" e "canções" são substantivos ligados à música e ao Carnaval de rua. Já "fragor", que deve ser assinalada, é sinônimo de "estrondo", "estrépito", "estampido", barulho forte de alguma coisa que se quebra.

Gabarito "E"

(CESGRANRIO) Assinale a opção em que NÃO há correspondência de significado entre os elementos destacados.

(A) **In**diferente – **i**móvel
(B) **Anti**aéreo – **ant**eposto
(C) **Im**possível – **des**assossegado
(D) **Semi**cerrado – **hemi**sfério
(E) **Sub**terrâneo – **hipo**glicemia

A: correta. Ambas as palavras apresentam o prefixo "i", ou suas variantes "in" ou "im", que indica contrariedade; **B:** incorreta, devendo ser assinalada. "Anti" é prefixo que indica "combate", "oposição", enquanto "ante" é prefixo tem o valor de "antes", "previamente"; **C:** correta. O prefixo "i", ou sua variante "in" ou "im", tem o mesmo valor de contrariedade que o prefixo "des"; **D:** correta. Os dois prefixos, "semi" e "hemi" significam "metade", "parte"; **E:** correta. Tanto "sub" quanto "hipo" são prefixos que significam "abaixo", "menos", "inferior".

Gabarito "B"

Texto

(...) Nossa identidade surgiu com a chegada dos portugueses. O País foi crescendo e se transformando, como uma pessoa. Hoje não é mais aquele de 400 anos atrás, porque identidade é uma coisa dinâmica. O brasileiro se vê como um povo com pouca informação, baixa auto estima, por isso acha graça de ser visto como meio malandro, simpático. Essa autoestima anda mais em baixa ainda, pois um povo que pouco ou nada faz para transformar a atual situação (...) não demonstra apreço por si próprio.(...) Essa coisa de futebol, mulata, samba, caipirinha, Carnaval ainda está na nossa identidade, é o nosso lado folclórico, mas a gente precisa sair dessa e se ver também como um povo com cultura, educação, tecnologia. Não somos mais tão folclóricos, mas nos portamos como se o fôssemos. O fato é que a grande e difusa identidade brasileira está multifacetada em subidentidades: do norte, do centro, do sul. (...)

LUFT, Lya. *In*: Porto Seguro Brasil. Conteúdo fornecido e produzido pela Editora Abril S.A. (SP). (adaptado).

(CESGRANRIO) O verbo portar-se, na frase "mas nos portamos como se o fôssemos." (l. 14-15), pode ser substituído, sem alteração de sentido, por:

(A) defender.
(B) continuar.
(C) transportar.
(D) levar.
(E) proceder.

"Portar-se", no texto, foi usado como sinônimo de "proceder", "atuar". "Levar" ou "transportar" são sinônimos de "portar", sem o pronome reflexivo "se".

Gabarito "E"

(CESGRANRIO) Assinale a opção em que se encontra a única correspondência correta quanto às abreviações.

(A) Vossa Excelência – V. Excia.
(B) Sua Eminência – S. Emin.
(C) Ilustríssimo Senhor – Ilmo S.
(D) Vossa Senhoria – V. S.ª
(E) Digníssimo Senhor – Dig. Sr.

A: incorreta, pois a abreviação correta é V. Exª., **B:** incorreta: S. Emª.; **C:** incorreta: Ilmo. Sr.; **D:** correta: V. S.ª; **E:** incorreta: DD. Sr.

Gabarito "D"

(FAEPOL) O item em que a palavra destacada tem um sinônimo corretamente indicado é:

(A) "...nem todas as atitudes humanas são DITADAS pela propaganda." – regulamentadas;
(B) "Para CORROBORAR sua constatação, ..." – contrariar;
(C) "Continuemos no campo das substâncias ILÍCITAS." – perigosas;
(D) "...algumas um tanto SOPORÍFERAS,..." – maçantes;
(E) "Temos alguma AUTONOMIA para formar nossas decisões." – inteligência.

A: incorreta, pois "ditar" significa sugerir, inspirar; **B:** incorreta, uma vez que "corroborar" significa confirmar, validar, abonar; **C:** incorreta: "ilícitas" significa proibido pela moral ou pela lei; **D:** correta: "soporíferas" significa enfadonho, entediante, maçante, chato; **E:** incorreta, na medida em que "autonomia" significa faculdade de dirigir-se por vontade própria, de acordo com suas leis.

Gabarito "D"

(FAEPOL) O item em que aparece um par de vocábulos acentuados graficamente por motivos distintos é:

(A) há – pôr;
(B) universitários – raciocínio;
(C) cocaína – heroína;
(D) lógica – hábito;
(E) demonstrá-la – aliás.

A: correta. "Há" é acentuado por ser monossílabo tônico terminado em "a", enquanto "pôr" recebe acento diferencial; **B:** incorreta. Ambas são paroxítonas terminadas em ditongo crescente; **C:** incorreta, em ambas está acentuado o "i" tônico do hiato; **D:** incorreta, porque ambas são proparoxítonas; **E:** incorreta. Ambas são oxítonas terminadas em "a", seguido ou não de "s".

Gabarito "A"

Brinkmanship

Em 1964, o cineasta Stanley Kubrick lançava o filme Dr. Strangelove. Nele, um oficial norte-americano ordena um bombardeio nuclear à União Soviética e comete suicídio em seguida, levando consigo o código para cancelar o bombardeio. O presidente norte-americano busca o governo soviético na esperança de convencê-lo de que o evento foi um acidente e, por isso, não deveria haver retaliação. É, então, informado de que os soviéticos implementaram uma arma de fim do mundo (uma rede de bombas nucleares subterrâneas), que funcionaria automaticamente quando o país fosse atacado ou quando alguém tentasse desacioná-la. O Dr. Strangelove, estrategista do presidente, aponta uma falha: se os soviéticos dispunham de tal arma, por que a guardavam em segredo? Por que não contar ao mundo? A resposta do inimigo: a máquina seria anunciada na reunião do partido na segunda-feira seguinte.

Pode-se analisar a situação criada no filme sob a ótica da Teoria dos Jogos: uma bomba nuclear é lançada pelo país A ao país B. A política de B consiste em revidar qualquer ataque com todo o seu arsenal, o qual pode destruir a vida no planeta, caso o país seja atacado. O raciocínio que leva B a adotar tal política é bastante simples: até o país mais fraco do mundo está seguro se criar uma máquina de destruição do mundo, ou seja, ao ter sua sobrevivência seriamente ameaçada, o país destrói o mundo inteiro (ou, em seu modo menos drástico, apenas os invasores). Ao elevar os custos para o país invasor, o detentor dessa arma garante sua segurança. O problema é que de nada adianta um país possuir tal arma em segredo. Seus inimigos devem saber de sua existência e acreditar na sua disposição de usá-la. O poder da máquina do fim do mundo está mais na intimidação do que em seu uso.

O conflito nuclear fornece um exemplo de uma das conclusões mais surpreendentes a que se chega com a Teoria dos Jogos. O economista Thomas Schelling percebeu que, apesar de o sucesso geralmente ser atribuído a maior inteligência, planejamento, racionalidade, entre outras características que retratam o vencedor como superior ao vencido, o que ocorre, muitas vezes, é justamente o oposto. Até mesmo o poder de um jogador, considerado, no senso comum, como uma vantagem, pode atuar contra seu detentor.

Schelling denominou brinkmanship (de brink, extremo) a estratégia de deliberadamente levar uma situação às suas consequências extremas.

Um exemplo usado por Schelling é o bem conhecido jogo do frango, que consiste em dois indivíduos acelerarem seus carros na direção um do outro em rota de colisão; o primeiro a virar o volante e sair da pista é o perdedor. Se ambos forem reto, os dois jogadores pagam o preço mais alto com sua vida. No caso de os dois desviarem, o jogo termina em empate. Se um desviar e o outro for reto, o primeiro será o frango, e o segundo, o vencedor. Schelling propôs que um participante desse jogo retire o volante de seu carro e o atire para fora, fazendo questão de mostrá-lo a todas as pessoas presentes. Ao outro jogador caberia a decisão de desistir ou causar uma catástrofe. Um jogador racional optaria pelo que lhe causasse menos perdas, sempre perdendo o jogo.

Fabio Zugman.Teoria dos jogos. Internet: <www.iced.org.br> (com adaptações).

(CESPE) O sentido geral do texto acima e a sua correção gramatical seriam mantidos caso se substituísse a expressão "no senso comum" (l.20) por

(A) geralmente.
(B) apressadamente.
(C) aproximadamente.
(D) erroneamente.
(E) precipuamente.

A única palavra que representa um sinônimo de "no senso comum" é "geralmente", devendo ser assinalada a alternativa "A". "Apressadamente" é derivado de "pressa", "rapidez"; "aproximadamente" é derivado de "próximo", "a curta distância"; "erroneamente" é derivado de "erro", "equívoco"; "precipuamente" é derivado de "precípuo", "principal".

Gabarito "A"

(ACAFE) A alternativa correta quanto à ortografia é:

(A) Indeciso, tenassidade, experiência, através, trás.
(B) Talvez, apezar, atrás, houço, tenascidade.
(C) Honesto, apesar, confessar, ansiedade, tenacidade.
(D) Desonesto, incapaz, confeço, investigassão, praxe.

A: incorreta. Tenacidade; **B:** incorreta. Apesar, ouço, tenacidade; **C:** correta; **D:** incorreta. Confesso, investigação.

Gabarito "C"

(ACAFE) Assinale a alternativa em que todas as palavras estão escritas corretamente.

(A) para-quedista, meleante, infringidas, distratar.
(B) selvícola, previlégio, herbívoro, marcineiro.
(C) faxina, expontâneo, catequizar, exeção.
(D) reivindicar, fratricida, beneficente, entretenimento.

A: incorreta. Paraquedista, meliante; **B:** incorreta. Silvícola, privilégio, marceneiro; **C:** incorreta. Espontâneo, exceção; **D:** correta.

Gabarito "D"

(ACAFE) Na frase "A chance de você ou alguém da sua família ser assaltado, sua filha estuprada ou um parente sofrer um sequestro relâmpago no Brasil é de aproximadamente 97% no decorrer da vida", existem cinco palavras acentuadas graficamente e uma marcada com trema.

Qual delas corresponde à seguinte regra: "Acentuam-se as palavras paroxítonas terminadas em ditongo crescente"?

(A) família
(B) relâmpago
(C) alguém
(D) você

A: correta. Nas palavras paroxítonas, o acento recai na penúltima sílaba. Quando há semivogal + vogal numa mesma sílaba, temos o ditongo crescente. Assim, as paroxítonas terminadas em ditongo crescente são acentuadas, como "família"; **B:** incorreta. Relâmpago é palavra proparoxítona, pois o acento recai na antepenúltima sílaba; **C:** incorreta. As palavras que são acentuadas na última sílaba são as oxítonas. As oxítonas terminadas em "em" levam acento, como "alguém"; **D:** incorreta, pois "você" é oxítona terminada em "e", por isso é acentuada. Vale lembrar que o trema, mencionado no enunciado, não mais é utilizado após o novo acordo ortográfico.

Gabarito "A"

(ACAFE) Escolha uma das expressões entre parênteses para preencher as lacunas.

– O __________ dos cortadores de cana é estafante. (dia a dia; dia-a-dia)

– Os torcedores disputaram os ingressos ________na entrada do estádio. (corpo a corpo; corpo-a-corpo)

– Soubesse hoje que os ___________ vão resistir à ordem de despejo. (sem terra; sem-terra)

– Os servidores do Judiciário decidiram encaminhar um _______________ ao Governador de Santa Catarina ainda hoje. (abaixo assinado; abaixo-assinado)

– A nota divulgada pelo clube foi _________ pela imprensa local. (mal encarada; mal-encarada)

A sequência correta, de cima para baixo, é:

(A) dia-a-dia / corpo-a-corpo / sem terra / abaixo-assinado / mal-encarada
(B) dia-a-dia / corpo a corpo / sem-terra / abaixo-assinado / mal encarada
(C) dia a dia / corpo-a-corpo / sem terra / abaixo assinado / mal-encarada
(D) dia a dia / corpo a corpo / sem-terra / abaixo assinado / mal encarada

As locuções adverbiais de modo compostas com duas palavras repetidas não são hifenizadas. Exemplos: corpo a corpo, dia a dia, face a face, passo a passo. Porém, quando uma locução adverbial é substantivada, usa-se o hífen para mostrar que é possível trocá-la por um outro substantivo similar. Sem hífen, locução adverbial: Sua saúde está melhorando dia a dia. Os candidatos lutaram corpo a corpo nas eleições. Com hífen, locução adverbial substantivada: O meu dia-a-dia é muito agitado. (=cotidiano) O corpo-a-corpo dos candidatos foi acirrado nas últimas eleições. (=confronto). Assim, "sem terra" é locução adverbial, que ao se transformar em substantivo ganha hífen: "os sem-terra". O documento (substantivo) chama-se "abaixo-assinado". A nota divulgada foi "mal encarada", sem hífen, porque foi vista com ressalvas, com desconfiança (mal-encarado é substantivo, a pessoa que não tem expressão feliz).

Gabarito "B"

(Folha de S.Paulo, 30.09.2012)

(VUNESP) Segundo a esposa de Hagar, na juventude ele era

(A) introspectivo.
(B) calmo.
(C) sensível.
(D) entusiasmado.
(E) carinhoso.

Impetuoso é sinônimo de "entusiasmado", "agitado", "intenso".

Gabarito "D"

Vovó cortesã

RIO DE JANEIRO – Parece uma queda travada pelos dois braços de uma só pessoa. De um lado da mesa, a Constituição, que garante a liberdade de expressão, de imprensa e de acesso à informação. Do outro, o Código Civil, que garante ao cidadão o direito à privacidade e o protege de agressões à sua honra e intimidade. Dito assim, parece perfeito – mas os copos e garrafas afastados para os lados, abrindo espaço para a luta, não param em cima da mesa.

A Constituição provê que os historiadores e biógrafos se voltem para a história do país e reconstituam seu passado ou presente em narrativas urdidas ao redor de protagonistas e coadjuvantes. Já o Código Civil, em seu artigo 20, faz com que não apenas o protagonista tenha amparo na lei para se insurgir contra um livro e exigir sua retirada do mercado, como estende essa possibilidade a coadjuvantes de quarta grandeza ou a seus herdeiros.

Significa que um livro sobre D. Pedro 1.º pode ser embargado por algum contraparente da família real que discorde de um possível tratamento menos nobre do imperador. Ou que uma tetra-tetra-tetraneta de qualquer amante secundária de D. Pedro não goste de ver sua remota avó sendo chamada de cortesã – mesmo que, na época, isso fosse de domínio público –, e parta para tentar proibir o livro.

Quando se comenta com estrangeiros sobre essa permanente ameaça às biografias no Brasil, a reação é: "Sério? Que ridículo!". E somos obrigados a ouvir. Nos EUA e na Europa, se alguém se sente ofendido por uma biografia, processa o autor se quiser, mas o livro segue em frente, à espera de outro que o desminta. A liberdade de expressão é soberana.

É a que se propõe a Associação Nacional dos Editores de Livros: arguir no Supremo Tribunal Federal a inconstitucionalidade do artigo 20 do Código Civil.

(Folha de S.Paulo, 17.08.2012. Adaptado)

(VUNESP) Considere as frases:

– A Constituição **provê** que os historiadores e biógrafos se voltem para a história do país e reconstituam seu passado ou presente em narrativas **urdidas** ao redor de protagonistas e coadjuvantes.

– ... **arguir** no Supremo Tribunal Federal a inconstitucionalidade do artigo 20 do Código Civil.

Os termos em destaque têm como sinônimos, respectivamente,

(A) sugere, pensadas e invalidar.
(B) obriga, tecidas e acusar.
(C) dispõe, fechadas e contestar.
(D) antecipa, concluídas e impugnar.
(E) regulamenta, tramadas e argumentar.

"Prover" é sinônimo de "regulamentar", "dispor", "ordenar"; "urdir" é sinônimo de "tramar", "criar", "tecer"; "arguir" é sinônimo de "argumentar", "demonstrar", "alegar".

Gabarito "E"

Para responder à questão abaixo, considere a seguinte passagem do segundo parágrafo do texto: Já o Código Civil, em seu artigo 20, faz com que não apenas o protagonista tenha amparo na lei para se insurgir contra um livro e exigir sua retirada do mercado, como estende essa possibilidade a coadjuvantes de quarta grandeza ou a seus herdeiros.

(VUNESP) Mantendo o sentido do texto, o início do trecho está corretamente reescrito em:

(A) O Código Civil, inclusive, em seu artigo 20...
(B) Nos tempos de hoje, o Código Civil em seu artigo 20...
(C) O Código Civil, por sua vez, em seu artigo 20...
(D) Neste momento, o Código Civil, em seu artigo 20...
(E) O Código Civil, no entanto, em seu artigo 20...

O advérbio "já" foi utilizado com sentido de contraposição, de comparação disjuntiva. A única locução adverbial que está empregada no mesmo sentido é "por sua vez". "Inclusive" transmite a ideia de similaridade; "nos tempos de hoje" e "neste momento" transmitem ideia de tempo; "no entanto" é conjunção adversativa, que expõe ideias opostas, onde uma exclui a outra.

Gabarito "C"

Madrugada

Duas horas da manhã. Às sete, devia estar no aeroporto. Foi quando me lembrei de que, na pressa daquela manhã, ao sair do hotel, deixara no banheiro o meu creme dental. Examinei a rua. Nenhuma farmácia aberta. Dei meia volta, rumei por uma avenida qualquer, o passo mole e sem pressa, no silêncio da noite. Alguma farmácia haveria de plantão... Rua deserta. Dois ou três quarteirões mais além, um guarda. Ele me daria indicação. Deu. Farmácia Metrópole, em rua cujo nome não guardei.

– O senhor vai por aqui, quebra ali, segue em frente.

Dez ou doze quarteirões. A noite era minha. Lá fui. Pouco além, dois tipos cambaleavam. Palavras vazias no espaço cansado. Atravessei, cauteloso, para a calçada fronteira. E já me esquecera dos companheiros eventuais da noite sem importância, quando estremeci, ao perceber, pelas pisadinhas leves, um cachorro atrás de mim. Tenho velho horror a cães desconhecidos. Quase igual ao horror pelos cães conhecidos, ou de conhecidos, cuja lambida fria, na intimidade que lhes tenho sido obrigado a conceder, tantas vezes, me provoca uma incontrolável repugnância.

Senti um frio no estômago. Confesso que me bambeou a perna. Que desejava de mim aquele cão ainda não visto, evidentemente à minha procura? Os meus bêbados haviam dobrado uma esquina. Estávamos na rua apenas eu e aqueles passos cada vez mais próximos. Minha primeira reação foi apressar a marcha. Mas desde criança me ensinaram que correr é pior. Cachorro é como gente: cresce para quem se revela o mais fraco. Dominei-me, portanto, só eu sei com que medo. O bicho estava perto. Ia atacar-me a barriga da perna? Passou-me pela cabeça o grave da situação. Que seria de mim, atacado por um cão feroz numa via deserta, em plena madrugada, na cidade estranha? Como me arranjaria? Como reagiria? Como lutar contra o monstro, sem pedra nem pau, duas coisas tão úteis banidas pela vida urbana?

Nunca me senti tão pequeno. Eu estava só, na rua e no mundo. Ou melhor, a rua e o mundo estavam cheios, cheios daqueles passos cada vez mais vizinhos. Sim, vinham chegando. Não fui atacado, porém. O animal já estava ao meu lado, teque-teque, os passinhos sutis. Bem... Era um desconhecido inofensivo. Nada queria comigo. Era um cão notívago, alma boêmia como tantos homens, cão sem teto que despertara numa soleira de porta e sentira fome. Com certeza, saindo em busca de latas de lixo e comida ao relento.

Um doce alívio me tomou. Logo ele estaria dois, três, dez, muitos passinhos miúdos e leves cada vez mais à frente, cada vez mais longe... Não se prolongou, porém, a repousante sensação.

O animal continuava a meu lado, acertando o passo com o meu – teque-teque, nós dois sozinhos, cada vez mais sós... Apressei a marcha.

Lá foi ele comigo. Diminuí. O bichinho também. Não o olhara ainda. Sabia que ele estava a meu lado. Os passos o diziam. O vulto. Pelo canto do olho senti que ele não me olhava também, o focinho para a frente, o caminhar tranquilo, muito suave, na calçada larga.

(Orígenes Lessa. *Balbino, Homem do Mar*. Fragmento adaptado)

(VUNESP) Na passagem – Ou melhor, a rua e o mundo estavam cheios, cheios daqueles passos cada vez mais vizinhos. –, o termo vizinhos significa que o narrador considerava que os passos

(A) eram de alguma pessoa conhecida.
(B) assemelhavam-se a de um turista.
(C) estavam a uma pequena distância.
(D) indicavam um morador do local.
(E) se faziam ouvir bem além no quarteirão.

"Vizinho" é sinônimo de –"próximo", "ao lado de". A palavra expressa a ideia de que os passos do cachorro estavam cada vez mais pertos, a uma distância cada vez menor.

Gabarito "C"

(VUNESP) Na frase – Atravessei, cauteloso, para a calçada fronteira. –, são antônimo de cauteloso e sinônimo de fronteira, respectivamente:

(A) petulante e divisa.
(B) presumido e adjacente.
(C) prevenido e limiar.
(D) incauto e anterior.
(E) imprudente e frontal.

Antônimo de "cauteloso" é "imprudente", "negligente" (ter cautela é ter cuidado, ter atenção). Quanto ao sinônimo de "fronteira", é preciso ter cuidado. No trecho em destaque, a palavra foi usada como adjetiva – significa "que está na frente". Não queremos, portanto, um substantivo (como "divisa", que é sinônimo de "fronteira" quando usada para definir os limites entre dois lugares). Aqui, seu sinônimo é "frontal", "da frente".

Gabarito "E"

(ACADEPOL) Assinale a alternativa em que todas as palavras estão grafadas corretamente.

(A) A tendência do espectador é desacreditar de todas as atitudes de uma personagem instável.
(B) O motorista maneja alavancas que comandam portas e trocam os intinerários.
(C) A proposta era espandir as discussões sobre sustentabilidade, até então focadas na eficiência energética das edificações.
(D) A meia-entrada proporciona o assesso igualitário à cultura e ao laser.
(E) O jogo entre liberdade e timidês e entre desejo e espectativa dá ao filme dramaticidade e sustentação da intriga.

Todas as palavras da alternativa A estão grafadas corretamente; **B:** incorreta: itinerários; **C:** incorreta: expandir; **D:** incorreta: acesso; **E:** incorreta: timidez, expectativa.

Gabarito "A"

(ACADEPOL) Os policiais cumpriram o _________ de busca e _______ no _________ do réu. Indique as palavras adequadas para o preenchimento da oração.

(A) mandado, aprenção, domicílio
(B) mandado, apreensão, domicílio
(C) mandado, apreenção, domiscílio
(D) mandato, apreensão, domecílio
(E) mandato, aprensão, domicílio

A primeira lacuna deve ser preenchida com a palavra "mandado", que significa "ordem, comando" e não "mandato" que significa "procuração"; na segunda lacuna a grafia correta é "apreensão" e na terceira é "domicílio".

Gabarito "B"

(ACADEPOL) ____________ a testemunha não compareceu ao distrito policial?

– Não sei o ______, talvez seja __________ esteja sendo ameaçada.

(A) porque, por que, porque
(B) por que, porque, porquê
(C) porque, porque, por que
(D) por que, porquê, porque
(E) por que, por que, porque

A primeira lacuna deve ser preenchida com "por que". Sempre que houver a junção da preposição por + pronome que e possuir significado de "por qual razão" deve ser escrito separado; na segunda lacuna o correto é "porquê". Esta forma escrita junta e acentuada é substantivo e significa "o motivo" e vem acompanhada de artigo; na última lacuna o correto é "porque" significando "pois", "uma vez que".

Gabarito "D"

Texto

Papiloscopista quer esclarecer profissão

O Sindicato dos Profissionais da Ciência da Papiloscopia realiza amanhã palestras de conscientização sobre o trabalho desses profissionais, que comemoram em cinco de fevereiro o seu dia.

De acordo com a presidente do sindicato, Lucicleide do Espírito Santo Moraes, apesar de desenvolver atividades essenciais nas áreas civil e criminal, o papiloscopista não é um profissional reconhecido pela população.

A maioria das pessoas não sabe, diz ela, que o profissional da papiloscopia realiza desde a expedição da carteira de identidade e atestado de antecedentes, até perícias para a identificação da autoria de delitos e também dos cadáveres que são levados ao Instituto Médico Legal. É o papiloscopista que busca e pesquisa as impressões digitais que são fundamentais para desvendar crimes. "A população necessita diariamente desse serviço, mas em geral ela desconhece o profissional que o realiza", observa Lucicleide Moraes.

Internet: <www.diariodecuiaba.com.br> (com adaptações).

(CESPE) Com referência aos aspectos semânticos e gramaticais do texto acima, julgue os itens que se seguem.

(1) A palavra "Ciência" é acentuada pelo mesmo motivo que a palavra "perícias".
(2) A palavra "delitos" deve ser interpretada como transgressões, desrespeito às leis e pode ser tomada como sinônima de "crimes".

1: correta. Ambas são acentuadas por serem paroxítonas terminadas em ditongo crescente; **2:** correta. "Delito" e "crime", tanto no léxico quanto em seu sentido jurídico, são sinônimas.

Gabarito 1C, 2C

Questões como a necessidade de aprimorar a eficiência no uso, no tratamento e na distribuição da água são discutidas diariamente ao redor do mundo, porém o fato é que um bilhão de pessoas não têm acesso à água potável segundo dados oficiais da ONU. Atualmente, existe um movimento de especialistas para que a cobrança sobre o uso da água aumente como uma forma de arrecadar dinheiro para lidar com o problema. Em Washington, por exemplo, há um plano de dobrar o preço da água ao longo dos próximos cinco anos para ajudar a cidade a restaurar os encanamentos, que já têm 76 anos de idade.

De acordo com a Organização para a Cooperação e Desenvolvimento Econômico (OCDE), que acaba de publicar três relatórios sobre a questão, colocar o preço certo na água incentivará as pessoas a investir mais em infraestrutura e a desperdiçar e poluir menos. Em muitos países, tarifas já são aplicadas sobre o uso da água, tendo aumentado principalmente em conjunto com os investimentos em sistemas de tratamento de efluentes mais adequados ambientalmente. Os preços variam bastante, de forma que uma banheira cheia pode custar dez vezes mais na Dinamarca e na Escócia do que no México.

O desafio, segundo a OCDE, é equilibrar objetivos financeiros, ambientais e sociais nas políticas de precificação da água. Atualmente, a agricultura utiliza mais água do que residências e indústrias juntas, cerca de 70% do consumo global de água potável. Um dos relatórios demonstra que, apesar de este uso ter diminuído em alguns países, principalmente no leste europeu, outros países, como Grécia, Coreia, Nova Zelândia e Turquia, registraram grandes aumentos desde a década passada.

As projeções indicam que, em 2050, o consumo de água direcionado à produção agrícola para alimentar a crescente população mundial deve dobrar. Um dos relatórios da OCDE sugere que os agricultores paguem não apenas os custos operacionais e de manutenção da água, mas também parte dos custos da infraestrutura. É citado o exemplo da Austrália, que conseguiu cortar a água para irrigação pela metade sem perdas na produção.

Outro relatório examina maneiras de atrair novos recursos financeiros para fortalecer investimentos nos serviços de água e saneamento. Por exemplo, o estado indiano de Tamil Nadu melhorou o acesso ao mercado de pequenas usinas de resíduos ao juntar os projetos de água e saneamento em pacotes de investimento e combinar diferentes fontes de capital para financiar os pacotes. Isto reduz o risco de inadimplência, aumenta o volume financeiro e corta custos transacionais. Outros mecanismos financeiros inovadores que têm sido implantados com sucesso incluem a mescla de subvenções e financiamentos reembolsáveis e microfinanciamentos.

Fernanda B. Muller. **Cobrar mais pelo uso pode ser a solução para a água**. Internet: <www.envolverde.org.br> (com adaptações).

(CESPE) No texto em apreço, a palavra

(A) "aprimorar" (.1) foi usada com o sentido de **possibilitar o melhoramento de**.
(B) "restaurar" (l.10) é sinônima de **modernizar**.
(C) "efluentes" (l.19) é uma variante do vocábulo **afluentes**.
(D) "projeções" (l.31) tem o mesmo sentido de **provisões**.
(E) "inadimplência" (l.45) refere-se à falta de cumprimento de obrigação financeira relativa ao uso da água.

A: incorreta, pois foi usada no sentido de "aumentar"; **B:** incorreta. "Restaurar" é sinônima de "renovar"; **C:** incorreta. "Efluentes" são resíduos, dejetos. "Afluente" é o rio que deságua em outro; **D:** incorreta. "Projeções" é sinônimo de "previsões", "expectativas". "Provisões" são estoques de quaisquer produtos; **E:** correta.

Gabarito "E"

NADA MUDOU

"Em outros declives semelhantes, vimos, com prazer, progressivos indícios de desbravamento, isto é, matas em fogo ou já destruídas, de cujas cinzas começavam a brotar o milho, a mandioca e o feijão".(...) "Pode-se prever que em breve haverá falta até de madeira necessária para construções se, por meio de uma sensata economia florestal, não se der fim à livre utilização e devastação das matas desta zona". "As ervas desse campo, para serem removidas e fertilizar o solo com carbono e extirpar a multidão de insetos nocivos, são queimadas anualmente pouco antes de começar a estação chuvosa. Assistimos, com espanto, à surpreendente visão da torrente de fogo ondulando poderosamente sobre a planície sem fim." "( ) Há a atividade dos homens que esburacam o solo ( ) para a extração de metais. (...)" "Infelizmente ( ), ávidos da carne do tatu galinha, não ponderam sobre essas sábias disposições. Perseguem-no com tanta violência, como se a espécie tivesse de ser extinta". "No solo adubado com cinzas das matas queimadas dá boas colheitas ( ) Contudo, isso se refere somente à colheita do primeiro ano; no segundo já é menor e, no terceiro, o solo em geral está parcialmente esgotado e em parte tão estragado por um capim compacto, que a plantação é desfeita". "Em parte, haviam sido queimadas grandes extensões das pradarias. Assisti hoje a este fenômeno diversas vezes e, por um quarto de hora, atravessamos campos incendiados, crepitando em altas chamas."

Lendo as citações acima, o leitor pode estar se perguntando de onde elas foram extraídas, até pela linguagem pouco usual, e a que lugares se referem. Poderá imaginar que são trechos de publicações técnicas sobre o meio ambiente, talvez algum relato de um membro de uma ONG ambientalista ou de um viajante de Portugal ou outra coisa qualquer do gênero. Pois bem, não é nada disso. Na verdade, as citações foram extraídas do livro "Viagem no Interior do Brasil" (1976, Editora Itatiaia), do naturalista austríaco Johann Emanuel Pohl.

O detalhe que torna as citações mais interessantes para aquelas pessoas preocupadas com o meio ambiente é a época em que foi feita a viagem: entre 1818 e 1819. Isto mesmo, há quase 190 anos! Repito: cento e noventa anos atrás. Triste constatar que, de lá pra cá, não só pouca coisa mudou como retrocedemos em outras.

O naturalista viajou pelos estados do Rio de Janeiro, Minas Gerais, Goiás e Tocantins e descreveu os caminhos por onde passou. (...) O imediatismo, a destruição pela cobiça, a nefanda prática das queimadas, a falta de planejamento e o hábito de esgotar os recursos para posteriormente mudar o local da destruição são facilmente percebidos ao longo do texto. Na verdade, dada a época em que o relato foi feito, isto não constitui grande surpresa.

O mais impressionante é a analogia com os dias atuais. (...) Quase dois séculos se passaram. O discurso ambientalista ganhou força e as ONG são entidades de peso político extraordinário. Mas tudo indica que, na prática, nada mudou.

Rogério Grassetto Teixeira da Cunha, biólogo, é doutor em Comportamento Animal pela Universidade de Saint Andrews. nJB – Ecológico, ano V, nº 71, dez/2007.

(CESGRANRIO) De acordo com a leitura do texto, o par de vocábulos que estabelece uma correlação de causa e efeito é:

(A) extinção / preservação.
(B) sabedoria / aridez.
(C) ponderação / perseguição.
(D) conservação / violência.
(E) avidez / extinção.

Em uma relação de causa e efeito válida, não se concebe que o consequente (efeito) seja um contraponto, o oposto, do precedente (causa), como acontece nas alternativas A, B, C e D. A única correta é a letra "E", onde "avidez", no sentido de "cobiça", "voracidade", na exploração dos recursos naturais pode ser considerada causa da extinção de diversas espécies da flora e da fauna.

Gabarito "E"

(CESGRANRIO) Dentre os fragmentos abaixo destacados, o único que, no contexto, **NÃO** corresponde ao sentido indicado entre parênteses é

(A) "para serem removidas..." (l. 9) (fim)
(B) "que a plantação é desfeita..." (l. 24) (consecução)
(C) "se (...) não se der fim à livre utilização" (l. 6-8) (condição)
(D) "crepitando em altas chamas." (l. 28) (concessão)
(E) "Contudo, isso se refere somente à colheita..." (l. 20-21) (oposição)

Todas as conjunções estão com suas funções corretamente classificadas entre parênteses. A alternativa "D", por outro lado, traz um excerto que não pode ser considerado como concessão, principalmente porque não se introduz com uma conjunção concessiva, tal como: embora, posto que, ainda que.

Gabarito "D"

(CESGRANRIO) Apenas uma das palavras abaixo, em destaque, está grafada de acordo com a ortografia oficial. Assinale-a.

(A) Não havia funcionários na **sessão** de registros.
(B) A produtividade das minas de ouro superou as **espectativas**.
(C) Foi preciso **analizar** cuidadosamente a biodiversidade local.
(D) Conclui-se que **a** detalhes demais naquele levantamento.
(E) Foram descobertos **privilégios** na concessão de licenças.

A: incorreta (seção); **B:** incorreta (expectativas); **C:** incorreta (analisar); **D:** incorreta (há); **E:** correta.

Gabarito "E"

Gastar um pouquinho a mais durante o mês e logo ver sua conta ficar no vermelho. Isso que parecia apenas um problema de adultos ou pais de famílias está também atingindo os mais jovens.

Diante desse contexto, é fundamental, segundo vários educadores, que a família ensine a criança, desde pequena, a saber lidar com dinheiro e a se envolver com o controle dos gastos. Uma criança que cresça sem essa formação será um adulto menos consciente e terá grandes chances de se tornar um jovem endividado.

Para o jovem que está começando sua vida financeira e profissional, um plano de gastos é útil por excelência, a fim de controlar, de forma equilibrada, o que entra e o que sai. Para isso, é recomendável:

a) anotar todas as despesas que são feitas mensalmente, analisando o resultado de acordo com o que costuma receber;

b) comprar, preferencialmente, à vista;

c) ao receber, estabelecer um dízimo, ou seja, guardar 10% do valor líquido do salário em uma conta de poupança, todo mês.

Graziela Salomão. **Economista explica como o jovem pode controlar seu orçamento e evitar gastar demais**. In: **Época**, 31/10/2005 (com adaptações).

(CESPE) A partir das ideias e das estruturas presentes no texto, julgue os itens a seguir.

(1) Na linha 2, o vocábulo "durante" expressa uma circunstância de continuidade, de permanência.
(2) A expressão "ficar no vermelho" (l.3) está empregada em sentido figurado.
(3) Na passagem "Para o jovem que está começando sua vida financeira e profissional" (l.15-16), há, entre os dois adjetivos, relação de causa e consequência.
(4) No contexto do último parágrafo do texto, a expressão "por excelência" (l.16-17) pode ser substituída, sem perda semântica, por "e excelente".

1: correta, tendo o mesmo valor de "ao longo de"; **2:** correta. Trata-se do sentido conotativo da expressão, bastante utilizada como indicativo de que as despesas superam as receitas nas contas pessoais; **3:** incorreta. Os adjetivos têm natureza distinta, não se relacionando um com o outro (uma coisa é a vida financeira, outra é a vida profissional). A conjunção aditiva "e" demonstra bem essa situação; **4:** incorreta. "Por excelência" é expressão que significa "de grande importância", "de grande destaque". Sua substituição pelo adjetivo "excelente", por isso, causa notória alteração semântica no trecho.

Gabarito 1C, 2C, 3E, 4E

Os velhos das cidadezinhas do interior parecem muito mais plenamente velhos que os das metrópoles. Não se trata da idade real de uns e outros, que pode até ser a mesma, mas dos tempos distintos que eles parecem habitar. Na agitação dos grandes centros, até mesmo a velhice parece ainda estar integrada na correria; os velhos guardam alguma ansiedade no olhar, nos modos, na lentidão aflita de quem se sente fora do compasso. Na calmaria das cidades pequeninas, é como se a velhice de cada um reafirmasse a que vem das montanhas e dos horizontes, velhice quase eterna, pousada no tempo.

Vejam-se as roupas dos velhinhos interioranos: aquele chapéu de feltro manchado, aquelas largas calças de brim cáqui, incontavelmente lavadas, aquele puído dos punhos de camisas já sem cor – tudo combina admiravelmente com a enorme jaqueira do quintal, com a generosa figueira da praça, com as teias no campanário da igreja. E os hábitos? Pica-se o fumo de corda, lentamente, com um canivete herdado do século passado, enquanto a conversa mole se desenrola sem pressa e sem destino.

Na cidade grande, há um quadro que se repete mil vezes ao dia, e que talvez já diga tudo: o velhinho, no cruzamento perigoso, decide-se, enfim, a atravessar a avenida, e o faz com aflição, um braço estendido em sinal de pare aos motoristas apressados, enquanto amiúda o que pode o próprio passo. Parece suplicar ao tempo que diminua seu ritmo, que lhe dê a oportunidade de contemplar mais demoradamente os ponteiros invisíveis dos dias passados, e de sondar com calma, nas nuvens mais altas, o sentido de sua própria história.

Há, pois, velhices e velhices – até que chegue o dia em que ninguém mais tenha tempo para de fato envelhecer.

Celso de Oliveira

(FCC) Indique a alternativa em que se traduz corretamente o sentido de uma expressão do texto, considerado o contexto.

(A) "parecem muito mais plenamente velhos" = dão a impressão de se ressentirem mais dos males da velhice.
(B) "guardam alguma ansiedade no olhar" = seus olhos revelam poucas expectativas.
(C) "fora do compasso" = num distinto andamento.
(D) "a conversa mole se desenrola" = a explanação é detalhada.
(E) "amiúda o que pode o próprio passo" = deve desacelerar suas passadas.

Correta a alternativa "C", que estabelece uma relação válida e coerente com o texto. Nas demais, os sinônimos sugeridos não estão usados no mesmo sentido em que foram empregados no texto.

Gabarito "C"

"O folhetim é frutinha de nosso tempo", disse Machado de Assis numa de suas deliciosas crônicas. E volta ao assunto na crônica seguinte.

"O folhetinista é originário da França [...] De lá espalhou-se pelo mundo, ou pelo menos por onde maiores proporções tomava o grande veículo do espírito moderno; falo do jornal." E Machado tenta "definir a nova entidade literária", procura esmiuçar a "organização do novo animal". Mas dessa nova entidade só vai circunscrever a variedade que se aproxima do que hoje chamaríamos crônica. E como na verdade a palavra ***folhetim*** *designa muitas coisas, e, efetivamente, nasceu na França, há que ir ver o que o termo recobre lá na matriz.*

De início, ou seja, começos do século XIX, "le feuilleton" designa um lugar preciso do jornal: "o rez-de-chaussée" – rés-do-chão, rodapé –, geralmente o da primeira página. Tinha uma finalidade precisa: era um espaço vazio destinado ao entretenimento. E pode-se já antecipar, dizendo que tudo o que haverá de constituir a matéria e o modo da crônica à brasileira já é, desde a origem, a vocação primeira desse espaço geográfico do jornal, deliberadamente frívolo, oferecido como chamariz aos leitores afugentados pela modorra cinza a que obrigava a forte censura napoleônica. ("Se eu soltasse as rédeas da imprensa",explicava Napoleão ao célebre Fouché, seu chefe de polícia, "não ficaria três meses no poder.")

(MEYER, Marlyse, Folhetim: uma história. 2 ed. São Paulo: Companhia das Letras, 2005, p. 57)

(FCC) O único fragmento do texto que apresenta todas as palavras empregadas em sentido denotativo é:

(A) *O folhetim é frutinha de nosso tempo.*
(B) *... procura esmiuçar a "organização do novo animal".*
(C) *... a que obrigava a forte censura napoleônica.*
(D) *... oferecido como chamariz aos leitores afugentados pela modorra cinza.*
(E) *Se eu soltasse as rédeas da imprensa...*

Sentido denotativo é o significado literal da palavra, seu uso conforme as definições estabelecidas pela língua. Opõe-se a sentido conotativo, ou sentido figurado, que é o uso do termo com significado diverso, atribuído pelo autor do texto como uma metáfora ou comparação. Para memorizar: "denotativo" começa com "d", como "dicionário", onde você encontra o sentido denotativo das palavras. Com isso, correta a alternativa "C", visto que todas as demais utilizam palavras em sentido conotativo (frutinha, animal, modorra, rédeas).

Gabarito "C"

(FCC) Considerado o contexto, a expressão que está corretamente traduzida é:

(A) *procura esmiuçar* = tenta desacreditar.
(B) *só vai circunscrever a variedade* = reconhecerá como válida unicamente uma das variantes.
(C) *o que o termo recobre lá na matriz* = o significado original da palavra.
(D) *é, desde a origem, a vocação primeira* = revela sua tendência mais elevada.
(E) deliberadamente frívolo = propositalmente anárquico.

A: incorreta (esmiuçar = detalhar); **B:** incorreta (circunscrever = definir); **C:** correta; **D:** incorreta (primeira = original); **E:** incorreta (frívolo = sem importância).

Gabarito "C"

O exercício da memória, seu exercício mais intenso e mais contundente, é indissociável da presença dos velhos entre nós. Quando ainda não contidos pelo estigma de improdutivos, quando por isso ainda não constrangidos pela impaciência, pelos sorrisos incolores, pela cortesia inautêntica, pelos cuidados geriátricos impessoais, pelo isolamento, quando então ainda não calados, dedicam-se os velhos, cheios de espontaneidade, à cerimônia da evocação, evocação solene do que mais impressionou suas retinas tão fatigadas, enquanto seus interesses e suas mãos laborosas participavam da norma e também do mistério de uma cultura.

(GONÇALVES FILHO, José Moura, "Olhar e memória". *In*: O olhar. NOVAES, Adauto (org.). 10ª reimpressão. São Paulo: Companhia das Letras, 2003, p. 97)

(FCC) A única substituição que não prejudica o sentido original é a de

(A) dedicam-se os velhos por "esforçam-se os velhos".
(B) cuidados geriátricos impessoais por "cuidados geriátricos desprovidos de calor humano".

(C) cheios de espontaneidade por "espontaneamente".
(D) do que mais impressionou suas retinas por "de tudo o que se esvaiu das suas retinas".
(E) suas retinas tão fatigadas por "suas retinas já comprometidas".

A: incorreta (dedicar = entregar-se); **B:** correta; **C:** incorreta (espontaneidade = leveza, alegria); **D:** incorreta (impressionar = chamar a atenção); **E:** incorreta (fatigadas= cansadas).

Gabarito "B"

Em um ambiente marcado por turbulência e mudanças intermitentes, flexibilidade é a palavra de ordem para as organizações. A reforma do estatuto proposta pela Diretoria dará agilidade ao processo decisório, tornando a estrutura do Banco mais descentralizada.

O BB deve responder a uma dupla demanda da sociedade brasileira: como banco, ser eficiente e gerar lucro; como banco público, atuar eficientemente na implementação de políticas públicas, sem prejuízo do equilíbrio econômico-financeiro da instituição.

A resposta para esse duplo desafio será dada com a prática dos princípios de Governança Corporativa, sinal do compromisso da empresa com a transparência e com o direcionamento das ações para atividades essenciais do negócio bancário, como banco de varejo especializado em setores econômicos, comprometidos em atender às expectativas dos clientes e com o retorno para os acionistas.

Os ajustes recentemente implantados encerram um movimento iniciado em 1996. O aprimoramento dos sistemas de controle e das ferramentas de mapeamento de riscos, a prospecção de oportunidades e a renovada capacidade de superação do BB permitem buscar o paradigma da eficiência operacional, lastreado no tripé crescimento, rentabilidade e segurança das operações.

Relatório da Administração do Banco do Brasil, Correio Braziliense, 28/8/2001 (com adaptações).

(CESPE) Julgue os itens subsequentes com respeito às palavras do texto.

(1) A palavra "intermitentes" (l.2) está sendo utilizada com o significado de **intensas**.
(2) A expressão "econômico-financeiro" (l.9-10) pode ser substituída por **econômico e financeiro**, sem alteração da correção e da significação do período.
(3) A palavra "prospecção" (l.21) está sendo utilizada com o sentido de **pesquisa**, mas seu sentido original é **método técnico empregado para localizar e calcular o valor econômico de jazidas minerais**.
(4) O termo "paradigma" (l.22) está sendo utilizado como sinônimo de **utopia**.
(5) A palavra "lastreado" (l.23) está empregada no sentido metafórico de **marcado**.

1: incorreta. "Intermitente" é sinônimo de "descontínuo"; **2:** correta, pois os adjetivos podem realmente ser escritos juntos ou separados sem prejuízo da correção e da semântica do período; **3:** correta, podendo tais significados ser encontrados nos dicionários; **4:** incorreta. "Paradigma" é sinônimo de "modelo", "exemplo"; **5:** incorreta. "Lastreado" está usado em seu sentido conotativo, metafórico, mas significando "baseado", "fundamentado".

Gabarito 1E, 2C, 3C, 4E, 5E

(FUNCAB) Assinale a alternativa em que todos os substantivos devem ser acentuados.

(A) lapis – bonus – bainha
(B) serie – aspecto – torax
(C) alcool – moinho – sucuri
(D) urubu – egoismo – magoa
(E) armazem – orgão – carater

A: incorreta. "Bainha" não leva acento, porque o "i" do hiato (ba-i--nha) é sucedido por "nh"; **B:** incorreta. "Aspecto" não leva acento, porque é paroxítona terminada em "o"; **C:** incorreta. "Moinho" não leva acento, porque o "i" do hiato (mo-i-nho) é sucedido por "nh" e "sucuri" não leva acento porque é oxítona terminada em "i"; **D:** incorreta. "Urubu" não leva acento porque é oxítona terminada em "u"; **E:** correta. "Armazém" é acentuada porque é oxítona terminada em "em", "órgão" é acentuado porque é paroxítona terminada em ditongo crescente e "caráter" é acentuada porque é paroxítona terminada em "r"

Gabarito "E"

Paraty

É do esquecimento que vem o tempo lento de Paraty.

A vida vagarosa – quase sempre caminhando pela água –, o saber antigo, os barcos feitos ainda hoje pelas mãos de antepassados, os caminhos de pedra que repelem e desequilibram a pressa: tudo isso vem do esquecimento. Vem do dia em que Paraty foi deixada quieta no século XIX, sem razão de existir.

Até ali, a cidade fervia de agitação. Estava na rota do café, e escoava o ouro no lombo do burro e nas costas do escravo. Um caminho de pedra cortava a floresta para conectar Paraty à sua época e ao centro do mundo.

Mas, em 1855, a cidade inteira se aposentou. Com a estrada de ferro criada por D. Pedro II, Paraty foi lançada para fora das rotas econômicas. Ficou sossegada em seu canto, ao sabor de sua gente e das marés. E pelos próximos 119 anos, Paraty iria formar lentamente, sem se dar conta, seu maior patrimônio.

Até que chegasse outro ciclo econômico, ávido por lugares onde todos os outros não houvessem tocado: o turismo. E assim, em 1974, o asfalto da BR-101 fez as pedras e a cal de Paraty virarem ouro novamente. A cidade volta a conviver com o presente, com outro Brasil, com outros países. É então que a preservação de Paraty, seu principal patrimônio e meio de vida, escapa à mão do destino. Não podemos contar com a sorte, como no passado. Agora, manter o que dá vida a Paraty é razão de muito trabalho. Daqui para frente, preservar é suor.

Para isso existe a Associação Casa Azul, uma organização da sociedade civil de interesse público. Aqui, criamos projetos e atividades que mantenham o tecido urbano e social de Paraty em harmonia. Nesta casa, o tempo pulsa com cuidado, sem apagar as pegadas.

(Texto institucional – **Revista Piauí**, n. 58, julho 2011)

(FCC) Está correto o emprego de ambos os elementos sublinhados em:

(A) Se o por quê da importância primitiva de Paraty estava na sua localização estratégica, a importância de que goza atualmente está na relevância histórica porque é reconhecida.
(B) Ninguém teria porque negar a Paraty esse duplo merecimento de ser poesia e história, por que o tempo a escolheu para ser preservada e a natureza, para ser bela.
(C) Os dissabores por que passa uma cidade turística devem ser prevenidos e evitados pela Casa Azul, porque ela nasceu para disciplinar o turismo.
(D) Porque teria a cidade passado por tão longos anos de esquecimento? Criou-se uma estrada de ferro, eis porque.
(E) Não há porquê imaginar que um esquecimento é sempre deplorável; veja-se como e por quê Paraty acabou se tornando um atraente centro turístico.

"Por que", separado, é locução pronominal e equivale a "por qual razão". "Porque", junto, é conjunção explicativa sinônima de "pois". Não foi objeto nessa questão, mas vale lembrar: "por quê" leva acento quando estiver no final da oração e "porquê" leva acento quando se referir ao substantivo ("o porquê", sinônimo de "a razão"). Portanto: **A:** incorreta. Deveria ser "porquê" e "por que"; **B:** incorreta. Os termos estão invertidos. Deveria ser "por que" e "porque", respectivamente; **C:** correta. Nas duas situações foram escolhidas as palavras corretas. Vale salientar que, na primeira passagem, a expressão "por que" ganha significado de "pelos quais"; **D:** incorreta. O pronome interrogativo da primeira oração é "por que". Na segunda, deveríamos encontrar "porquê"; **E:** incorreta. Deveria ser "por que" e "por que".

Gabarito "C"

(AERONÁUTICA) Leia:

I. Os bandidos fizeram doze **reféns**.
II. Chequei todos os **tréns** de pouso.
III. Guardava-se soja nos **armazéns**.

Com relação à acentuação das palavras em negrito, estão corretas

(A) I, II e III.
(B) apenas I e III.
(C) apenas II e III.
(D) apenas I e II.

I: correta. É palavra oxítona terminada em "-em(ns)"; **II:** incorreta. Não se acentuam os monossílabos terminados em "-em(ns)" (trem, trens, vem, vens, bem, bens etc.); **III:** correta. É palavra oxítona terminada em "-em(ns)".

Gabarito "B"

(AERONÁUTICA) Observe:

I. A **cessão** de terras aos lavradores foi decidida pela Assembleia Legislativa.
II. Ela não teve tempo de **espiar** as culpas antes de falecer.
III. Foi multado ao **infligir**, pela milésima vez, a mesma lei de trânsito.
IV. A vontade de **ascender** socialmente o fazia agir sem escrúpulos.

De acordo com o sentido das palavras nas frases destacadas acima, estão grafadas corretamente:

(A) I e II
(B) II e III
(C) I e IV
(D) II e IV

I: correta. "Cessão" vem de "ceder", sinônimo de "entregar"; diferente de "seção", sinônimo de "parcela", "pedaço", "setor", e de "sessão", que equivale a "reunião"; **II:** incorreta. "Espiar", com "s", é sinônimo de "espionar", "espreitar". Na oração proposta, deveria constar "expiar", com "x", sinônimo de "retirar", "extirpar"; **III:** incorreta. "Infligir" é sinônimo de "aplicar pena", "punir". Na oração proposta, deveria constar "infringir", que equivale a "descumprir", "desrespeitar"; IV: correta. "Ascender" é sinônimo de "subir", "evoluir", diferente de "acender", ato de acionar a luz ou criar fogo

Gabarito "C"

Os moralistas

— Você pensou bem no que vai fazer, Paulo?

— Pensei. Já estou decidido. Agora não volto atrás.

— Olhe lá, hein, rapaz...

Paulo está ao mesmo tempo comovido e surpreso com os três amigos. Assim que souberam do seu divórcio ____________, correram para visita-lo no hotel. Sua situação ____________. A solidariedade lhe faz bem. Mas não entende aquela insistência deles em **dissuadi**-lo. Afinal, todos sabiam que ele não se acertava com a mulher.

— Pense um pouco mais, Paulo. Reflita. Essas decisões **súbitas**...

— Mas que súbitas? Estamos praticamente separados há um ano.

— Puxa dê outra chance ao seu casamento, Paulo!

— A Margarida é uma ótima mulher.

— Espera um pouquinho. Você mesmo deixou de frequentar nossa casa por causa da Margarida. Depois que ela chamou vocês de bêbados e expulsou todo mundo.

— E fez muito bem. Nós estávamos bêbados e tínhamos que ser expulsos.

— Outra coisa, Paulo. O divórcio. Sei lá.

— Eu não entendo mais nada. Você sempre defendeu o divórcio!

— É. Mas quando acontece com um amigo...

— Olha, Paulo. Eu não sou moralista. Mas acho a família uma coisa importantíssima. Acho que a família merece qualquer sacrifício.

— Pense nas crianças, Paulo. No trauma.

— Mas nós não temos filhos!

— Nos filhos dos outros, então. No mau exemplo.

— Mas isto é um absurdo! Vocês estão falando como se fosse o fim do mundo. Hoje, o divórcio é uma coisa comum. Não vai mudar nada.

— Como, não muda nada?

— Muda tudo!

— Você não sabe o que está dizendo, Paulo! Muda tudo.

— Muda o quê?

— Bom, pra começar, você não vai poder mais frequentar as nossas casas.

— As mulheres não vão tolerar.

— Você se transformará num **pária** social, Paulo.

— O quê?!

— Fora de brincadeira. Um *reprobo*.

— Puxa. Eu nunca pensei que vocês...

— Pense bem, Paulo. Dê tempo ao tempo.

— Deixe pra decidir depois. Passado o verão.

— Reflita, Paulo. É uma decisão seríssima. Deixe para mais tarde.

— Está bem. Se vocês insistem...

Na saída, os três amigos conversam:

— Será que ele se convenceu?

— Acho que sim. Pelo menos vai adiar.

— E nos solteiros contra casados da praia, este ano, ainda teremos ele no gol.

— Também, a ideia dele. Largar o gol dos casados logo agora. Em cima da hora. Quando não dava mais para arranjar substituto.

— Os casados nunca terão um goleiro como ele.

— Se insistirmos bastante, ele desiste definitivamente do divórcio.

— Vai aguentar a Margarida pelo resto da vida.

— Pelo time dos casados, qualquer sacrifício serve.

— Me diz uma coisa. Como divorciado, ele podia jogar no time dos solteiros?

— Podia.

— Impensável.

— É.

— Outra coisa.

— O quê?

— Não é reprobo. É **réprobo**. Acento no "e".

— Mas funcionou, não funcionou?

(EXATUS) Assinale a alternativa que apresenta o vocábulo adequado que completa a oração *"Assim que souberam do seu divórcio ____________, correram para visitá-lo no hotel. Sua situação parecia ____________."*

(A) iminente e eminente.
(B) eminente e iminente.
(C) eludir e iludir.
(D) iludir e eludir.

O trecho pretende trabalhar palavras parônimas, aquelas que, por serem parecidas, podem causar confusão. No caso, perceba que as lacunas devem ser preenchidas por adjetivos, o que afasta as alternativas "C" e "D". Para resolver a questão, precisamos nos lembrar que "eminente" é sinônimo de "excelente", "sublime", "que supera os demais"; por seu turno, iminente é aquilo que está para acontecer, "imediato", "próximo"

Gabarito "A"

(AERONÁUTICA) Assinale a alternativa que apresenta uma palavra grafada **incorretamente**.

(A) Ansiosa para participar da excursão organizada pela escola, Alice não dava sossego à mãe.
(B) A mãe enxugou as lágrimas da filha, que sempre se negou a enxergar os defeitos do marido.
(C) Os netos acariciavam-lhe a face enrrugada, mas a avó permanecia impassível.
(D) O incipiente professor não conseguiu sanar as dúvidas de alguns alunos do quarto ano.

A única alternativa que apresenta palavra que não respeita a ortografia é a letra "C", que deve ser assinalada. Com efeito, não ocorre o dígrafo "rr" após consoantes – o correto é "enrugada"

Gabarito "C"

(AERONÁUTICA) Em qual das alternativas o acento grave foi usado **incorretamente**?

(A) O ex-coronel ianque Peter Willian saiu à caça do soldado desertor.
(B) Vai surgindo no céu à lua cheia, e os gemidos do lobo se ouvem ao longe.
(C) Pusemo-nos a caminho, às pressas, por volta das quarto horas.
(D) O desprazer de uma leitura pode significar para seu filho um decisivo adeus à literatura infantil.

Todas as passagens refletem a ocorrência da crase, com exceção da letra "B", que deve ser assinalada. "A lua cheia" é sujeito da locução verbal "vai surgindo", portanto não pode ser precedida de preposição

Gabarito "B"

(AERONÁUTICA) Leia:

Buscando reconciliar-se comigo após um desentendimento, meu amigo propôs:

— A partir de hoje, vamos tentar manter uma relação mais cardíaca.

Achei boa sua proposta, mas, mesmo sem querer contrariá-lo, respondi que aquilo era impossível. Isso porque ele deveria ter dito

(A) um relacionamento mais arterial.
(B) uma relação mais cardiologista.
(C) uma relação mais coronária.
(D) uma relação mais cordial.

A: incorreta. Arterial é adjetivo relativo a artéria, uma espécie de vaso sanguíneo; **B:** incorreta. Cardiologista é o nome do médico especialista no cuidado do coração; **C:** incorreta. Coronária é o nome de uma artéria; **D:** correta. A questão cobra do candidato o conhecimento da origem da palavra "cordial", que realmente descende de "coração", assim como "cardíaca". Com isso, faz uma brincadeira cuja resposta é o uso daquele adjetivo, porque se separou do último no uso popular ganhando a conotação de "amistoso", "agradável", "simpático"

Gabarito "D"

(AERONÁUTICA) Assinale a alternativa em que todas as palavras no plural devem receber acento gráfico.

(A) hífen, olho, raiz
(B) jovem, portátil, país
(C) item, pólen, armazém
(D) inútil, hambúrguer, álbum

A: incorreta. "Hifens" (sem acento – paroxítona terminada em "ens"), "olhos" (sem acento – paroxítona terminada em "o(s)") e "raízes" (com acento – "i" no hiato); **B:** incorreta. "Jovens" (sem acento – paroxítona terminada em "ens"), "portáteis" (com acento – paroxítona terminada em ditongo crescente) e "países" (com acento – "i" no hiato); **C:** incorreta. "Itens" (sem acento – paroxítona terminada em "ens"), "polens" (sem acento – paroxítona terminada em "ens") e "armazéns" (com acento –oxítona terminada em "ens"); **D:** correta. "Inúteis" (com acento – paroxítona terminada em ditongo crescente), "hambúrgueres" (com acento – proparoxítona) e álbuns (com acento – paroxítona terminada em "um(ns)")

Gabarito "D"

(CESGRANRIO) Há substantivos grafados com **ç** que são derivados de verbos, como **produção, redução, desaceleração, projeção**.

Os verbos a seguir formam substantivos com a mesma grafia:

(A) admitir, agredir, intuir
(B) discutir, emitir, aferir
(C) inquirir, imprimir, perseguir
(D) obstruir, intervir, conduzir
(E) reduzir, omitir, extinguir

A: incorreta. Escreve-se "admissão", "agressão" e "intuição"; **B:** incorreta. Escreve-se "discussão", "emissão" e "aferição"; **C:** incorreta. Escreve-se "inquirição", "impressão" e "perseguição"; **D:** correta, devendo ser assinalada. Escreve-se "obstrução", "intervenção" e "condução"; **E:** incorreta. Escreve-se "redução", "omissão" e "extinção"

Gabarito "D"

Texto II

Fábrica de sabores

A maior parte dos sabores que sentimos ao provar alimentos industrializados não vêm de ingredientes de verdade. Gosto de cogumelos, coco ou morango, nesse caso, é resultado de combinações de ácidos, cetonas, aldeídos. Além das substâncias químicas, extratos naturais também entram na equação para dar sabor e aroma aos alimentos produzidos nas fábricas. Há 3 formas de tudo isso ir parar em um produto. Quando você lê "aroma natural", quer dizer que ele foi obtido por meio de processos físicos que usam matéria-prima, retiram sua essência e aplicam no alimento. Se está escrito "idêntico ao natural", foi criado sinteticamente em laboratório para replicar essas moléculas encontradas na natureza. Por último, "artificial" no rótulo significa que os aromistas criaram moléculas que não existem na natureza, a partir das substâncias de laboratório. As sintéticas são as mais usadas por serem mais baratas. Para se ter uma ideia, é necessário espremer uma tonelada de limões para obter cerca de 3 quilos do óleo essencial usado no "aroma natural". O processo encarece o produto e, por isso, é menos comum nessa indústria. Ser artificial, porém, não significa que o aroma faz mal à saúde. Antes de enviar as moléculas às fábricas de alimentos, elas passam por testes de toxicologia em instituições independentes.

PONTES, Felipe; AFFARO, Victor. **Revista Galileu**. São Paulo: Globo, out. 2011, p. 74-77. Adaptado.

(CESGRANRIO) A respeito da formação do plural dos substantivos compostos, quando os termos componentes se ligam por hífen, podem ser flexionados os dois termos ou apenas um deles.

O substantivo composto que **NÃO** apresenta flexão de número como **matéria-prima**, contido no Texto II, é

(A) água-benta
(B) batalha-naval
(C) bate-bola
(D) batata-doce
(E) obra-prima

O plural de "matéria-prima" é "matérias-primas", porque o substantivo composto é formado por substantivo+adjetivo, sendo ambos flexionáveis. O mesmo acontece em "águas-bentas", "batalhas-navais", "batatas-doces" e "obras-primas". O plural de "bate-bola" é "bate-bolas", porque o substantivo composto é formado por verbo+substantivo e o verbo não se flexiona. A única diferente, portanto, é a alternativa "C", que deve ser assinalada

Gabarito "C"

(CESGRANRIO) Na frase do Texto II "foi criado sinteticamente em laboratório para **replicar** essas moléculas encontradas na natureza." (l. 13-15), a palavra destacada pode ser substituída, sem alterar o significado do trecho, por

(A) reestruturar
(B) reproduzir
(C) reservar
(D) restaurar
(E) retirar

"Replicar" é sinônimo de "reproduzir"

Gabarito "B"

O futuro segundo os brasileiros

Em 2050, o homem já vai ter chegado a Marte, e comprar pacotes turísticos para o espaço será corriqueiro. Em casa e no trabalho, vamos interagir regularmente com máquinas e robôs, que também deverão tomar o lugar das pessoas em algumas funções de atendimento ao público, e, nas ruas, os carros terão um sistema de direção automatizada. Apesar disso, os implantes corporais de dispositivos eletrônicos não serão comuns, assim como o uso de membros e outros órgãos cibernéticos. Na opinião dos brasileiros, este é o futuro que nos aguarda, revela pesquisa da empresa de consultoria OThink, que ouviu cerca de mil pessoas em todo o país entre setembro e outubro do ano passado. [...]

De acordo com o levantamento, para quase metade das pessoas ouvidas (47%) um homem terá pisado em Marte até 2050. Ainda nesse ano, 49% acham que será normal comprar pacotes turísticos para o espaço. Em ambos os casos, os homens estão um pouco mais confiantes do que as mulheres, tendência que se repete quando levadas em conta a escolaridade e a classe social.

As respostas demonstram que a maioria da população tem acompanhado com interesse esses temas – avalia Wagner Pereira, gerente de inteligência Estratégica da OThink. – E isso também é um sinal de que aumentou o acesso a esse tipo de informação pelos brasileiros. [...]

– Nossa vida está cada vez mais automatizada e isso ajuda o brasileiro a vislumbrar que as coisas vão manter esse ritmo de inovação nos próximos anos – comenta Pereira. – Hoje, o Brasil tem quase 80 milhões de internautas e a revolução que a internet produziu no nosso modo de viver, como esse acesso maior à informação, contribui muito para esta visão otimista do futuro.

Já a resistência do brasileiro quando o tema é modificar o corpo humano é natural, analisa o executivo. De acordo com o levantamento, apenas 28% dos ouvidos creem que a evolução da tecnologia vai levar ao desenvolvimento e uso de partes do corpo artificiais que funcionarão melhor do que as naturais, enquanto 40% acham que usaremos implantes eletrônicos para fins de identificação, informações sobre histórico médico e realização de pagamentos, por exemplo.

– Esse preconceito não é exclusividade dos brasileiros – considera Pereira. – Muitos grupos não gostam desse tipo de inovação. Romper a barreira entre o artificial e o natural, a tecnologia e o corpo, ainda é um tabu para muitas pessoas. [...]

BAIMA, Cesar. O futuro segundo os brasileiros. **O Globo**, 14 fev. 2012. 1º Caderno, Seção Ciência, p. 30. Adaptado.

(CESGRANRIO) No texto, **cibernéticos** (l. 10) significa

(A) invisíveis
(B) artificiais
(C) esotéricos
(D) ecológicos
(E) marcianos

"Cibernética", segundo o dicionário Michaelis, é o "estudo e técnica do funcionamento e controle (...) dos comandos eletromagnéticos em autômatos, cérebros eletrônicos, aparelhos teleguiados etc.". "Cibernético", portanto, é sinônimo de "robótico", "artificial"

Gabarito "B"

(CESGRANRIO) A palavra **atendimento** (l. 6) é o substantivo ligado à ação do verbo **atender**.

Qual verbo tem o substantivo ligado à sua ação com a mesma terminação (-**mento**)?

(A) Crescer
(B) Escrever
(C) Ferver
(D) Pretender
(E) Querer

A: correta à "crescimento"; **B:** incorreta. O certo é "escrita"; **C:** incorreta. O certo é "fervura"; **D:** incorreta. O certo é "pretensão"; **E:** incorreta. O verbo "querer" não apresenta um substantivo diretamente derivado. Normalmente, transforma-se o próprio verbo em substantivo através do uso do artigo definido "o": "o querer"

Gabarito "A"

(CESGRANRIO) A palavra já pode assumir diversos sentidos, conforme seu emprego.

No texto, **Já** (l. 37) indica a

(A) ideia de imediatismo na atitude dos brasileiros quanto a mudanças.

(B) iminência da possibilidade do uso de implantes eletrônicos.
(C) introdução de um contra-argumento à visão otimista dos brasileiros.
(D) superação da oposição dos brasileiros em relação a órgãos automatizados.
(E) simultaneidade entre o momento em que o texto é escrito e as conquistas tecnológicas.

No texto, "já" foi usado com valor de oposição, equivalendo a "por sua vez", "por outro lado". Indica que o autor tratará, a seguir, de um argumento que contraria as ideias que vinham sendo expostas até então

Gabarito "C"

(CESGRANRIO) A palavra **segundo** é empregada com a mesma classe gramatical e com o mesmo sentido da que se emprega no título do texto em:

(A) O segundo na lista das vagas é o meu irmão.
(B) Cumprirei a tarefa segundo as suas instruções.
(C) O segundo a falar na reunião foi o diretor da firma.
(D) O vencedor da corrida chegou um segundo antes do concorrente.
(E) Não gosto de prever o futuro: primeiro, porque é inútil; segundo, porque não estarei mais vivo.

A palavra "segundo" foi usada no título do texto com valor de preposição que indica conformidade, estar de acordo. Isso se repete na alternativa "B". Nas demais, "segundo" é um numeral ordinal (aquele que sucede ao primeiro)

Gabarito "B"

(CESGRANRIO) O conjunto de palavras paroxítonas que deve receber acentuação é o seguinte:

(A) amavel – docil – fossil
(B) ideia – heroi – jiboia
(C) onix – xerox – tambem
(D) levedo – outrem – sinonimo
(E) acrobata – alea – recem

De acordo com o Novo Acordo Ortográfico, são acentuadas as paroxítonas "amável", "dócil", "fóssil", "ônix", "xérox" (sendo também correto dizer "xerox") e "álea". Não levam acento as paroxítonas "ideia", "jiboia", "levedo", "outrem" e "acrobata". As palavras "herói", "também" e "recém" são acentuadas, mas são oxítonas (não se enquadram no pedido do enunciado). O mesmo ocorre com "sinônimo", que é proparoxítona

Gabarito "A"

(CESGRANRIO) Os vocábulos "discussão", "atingimos" e "empresa" são grafados, respectivamente, com **ss, g** e **s**. São grafadas, respectivamente, com essas mesmas letras as seguintes palavras:

(A) a___ambarcar, o___eriza, requi___ito.
(B) la___idão, impin___ir, irri___ório.
(C) ob___ecado, here___e, he___itar.
(D) re___uscitar, gor___eta, parali___ar.
(E) can___aço, la___e, morali___ar.

A: incorreta. O certo é "açambarcar", "ojeriza" e "requisito"; **B:** correta. "Lassidão", "impingir" e "irrisório"; **C:** incorreta. O certo é "obcecado", "herege" e "hesitar"; **D:** incorreta. o certo é "ressuscitar", "gorjeta", e "paralisar"; **E:** incorreta. O certo é "cansaço", "laje" e "moralizar"

Gabarito "B"

(CESGRANRIO) A frase em que ocorre **ERRO** quanto à acentuação gráfica é:

(A) Eles têm confiança no colega da equipe.
(B) Visitou as ruínas do Coliseu em Roma.
(C) O seu sustento provém da aposentadoria.
(D) Descoberta a verdade, ele ficou em maus lençóis.
(E) Alguns ítens do edital foram retificados.

A: correta. O verbo "ter" quando conjugado na terceira pessoa do plural do presente do indicativo leva acento circunflexo; **B:** correta. Como regra, acentua-se o "i" tônico do hiato; **C:** correta. Acentuam-se as oxítonas terminadas em "o(s)", "a(s)", "em(ns)"; **D:** correta. São acentuadas as oxítonas terminadas em ditongos abertos "éu", "ói", "éi", seguidos ou não de "s"; **E:** incorreta. "Item" e "itens" não são acentuadas, porque não levam acento as paroxítonas terminadas em "em(ns)"

Gabarito "E"

(CESGRANRIO) A flexão de número dos substantivos está correta em

(A) florezinhas – troféis.
(B) salário-famílias – coraçãozinhos.
(C) os vaivéns – anães.
(D) paisezinhos – beija-flores.
(E) limãos – abdômenes.

A: incorreta. O certo é "florzinhas" e "troféus"; **B:** incorreta. O certo é "salários-família" e "coraçõezinhos"; **C:** incorreta. O certo é "anões"; **D:** correta, devendo ser assinalada; **E:** incorreta. O certo é "limões". "Abdômen" aceita como plural duas formas: "abdômenes" e "abdomens"

Gabarito "D"

(CESGRANRIO) Observe o emprego da palavra mal no período abaixo. "Respirei fundo, mal podendo acreditar."

Essa palavra é empregada com o mesmo sentido em:

(A) O cantor toca piano muito mal.
(B) A inveja é um mal que deve ser evitado.
(C) O menino não quebrou a vidraça por mal.
(D) Qual é o mal que acomete aquele doente?
(E) O perdedor mal conseguiu esconder sua decepção.

No enunciado, "mal" foi empregado como advérbio de modo, equivalendo a "quase não". **A:** incorreta. Aqui também "mal" foi empregado como advérbio de modo, mas como comparativo de inferioridade (equivale a "pessimamente", "precariamente"); **B:** incorreta. "Mal", nessa oração, foi usado como substantivo; **C:** incorreta. Nessa oração, "mal" foi empregado mais uma vez como advérbio de modo, porém ligado a intenção, voluntariedade (equivale a "deliberadamente", "voluntariamente"); **D:** incorreta. De novo, "mal" usado como substantivo; **E:** correta. Há equivalência do emprego do advérbio de modo "mal" com a situação do enunciado (perceba que é possível substituí-lo por "quase não" sem alteração de sentido)

Gabarito "E"

(CESGRANRIO) Segundo a gramática normativa, em qual das frases abaixo, todas as palavras são adequadas à ortografia oficial da língua portuguesa?

(A) A discução sobre o português mais correto rerpercutiu bastante da mídia.
(B) A discussão sobre o português mais correto repecutiu bastante na mídia.
(C) A discussão sobre o português mais correto repercutiu bastante na mídia.
(D) A discusão sobre o português mais correto respercutiu bastante na mídia.
(E) A discursão sobre o português mais correto respercutiu bastante na mídia.

A questão cinge-se à ortografia das palavras "discussão" e "repercutiu"

Gabarito "C"

(CESGRANRIO) Em qual das frases abaixo, a palavra destacada está de acordo com as regras de acentuação gráfica oficial da língua portuguesa?

(A) Vende-se **côco** gelado.
(B) Se **amássemos** mais, a humanidade seria diferente.
(C) É importante que você estude **êste** item do edital.
(D) Estavam deliciosos os **caquís** que comprei.
(E) A empresa têm procurado um novo empregado.

A: incorreta. Não se acentuam as paroxítonas terminadas em "o(s)"; **B:** correta. Trata-se de palavra proparoxítona, que sempre são acentuadas; **C:** incorreta. Não se acentuam as paroxítonas terminadas em "e(s)"; **D:** incorreta. Não se acentuam as oxítonas terminadas em "i(s)"; **E:** incorreta. A conjugação "tem" leva acento circunflexo apenas quando se referir à terceira pessoa do plural do presente do indicativo: "eles têm"

Gabarito "B"

A CARTA AUTOMÁTICA

Mais de cem anos depois do surgimento do telefone, o começo dos anos 90 nos oferece um meio de comunicação que, para muitos, resgata um pouco do romantismo da carta. A Internet não usa papel colorido e perfumado, e sequer precisa de selos, mas, para muitos, fez voltar à moda o charme da comunicação por escrito. E, se o provedor não estiver com problemas, faz isso com o imediatismo do telefone. A rede também foi uma invenção que levou algum tempo para cair no gosto do público. Criada em 1993 para uso doméstico, há muito ela já era usada por cientistas universitários que queriam trocar informações. Mas, só após a difusão do computador doméstico, realizada efetivamente há uns quatro ou cinco anos, que o público pôde descobrir sua utilidade.

Em *The victorian internet*, Tom Standage analisa o impacto da criação do telégrafo (surgido em 1837).

Uma nova tecnologia de comunicação permitia às pessoas se comunicarem quase que instantaneamente, estando à longa distância (...) Isto revolucionou o mundo dos negócios.(...) Romances floresceram sob impacto do telégrafo. Códigos secretos foram inventados por alguns usuários e desvendados por outros. (...) O governo e as leis tentaram controlar o novo meio e falharam. (...) Enquanto isto, pelos cabos, uma subcultura tecnológica com seus usos e vocabulário próprio se estabelecia.

Igual impacto teve a Internet. Antes do telégrafo, batizado de "a autoestrada do pensamento", o ritmo de vida era superlento. As pessoas saíam para viajar de navio e não se ouviam notícias delas durante anos. Os países que quisessem saber se haviam ou não ganho determinada batalha esperavam meses pelos mensageiros, enviados no lombo dos cavalos. Neste mundo em que reinava a Rainha Vitória (1819-1901), o telégrafo provocou a maior revolução das comunicações desde o aparecimento da imprensa. A Internet não chegou a tanto. Mas nada encurta tanto distâncias como entrar num *chat* com alguém que esteja na Noruega, por exemplo. Se o telégrafo era "a autoestrada do pensamento", talvez a rede possa ser a "superautoestrada". Dos pensamentos e das abobrinhas.

As tecnologias de conversação realmente mudam as conversas. Apesar de ser de fundamental utilidade para o trabalho e a pesquisa, o correio feito pela rede permite um tipo de conversa diferente daquela que ocorre por telefone. Talvez um dia, no futuro, pesquisadores analisem as razões pelas quais a rede, rápida e imediata e sem o vivo colorido identificador da voz, se presta a bate-papos (via *e-mails*, *chats*, comunicadores instantâneos) até mais informais do que os que fazemos por telefone.

CAMARGO, Maria Sílvia. **24 dias por hora**. Rio de Janeiro: Rocco, 2000. p. 135-137. Adaptado.

(CESGRANRIO) Autoestrada na expressão "'a autoestrada do pensamento' "

(l. 28) significa

(A) diretriz
(B) canal
(C) expansão
(D) objetividade
(E) modernização

"Autoestrada" foi usada como sinônimo de "caminho", "trajeto, "canal"

Gabarito "B"

(CESGRANRIO) A substituição da palavra em destaque **ALTERA** o sentido do enunciado em:

(A) "Romances **floresceram** sob impacto do telégrafo." (l. 21) / Romances imergiram sob impacto do telégrafo.
(B) "Códigos secretos foram **inventados** (...)" (l. 21/22) / Códigos secretos foram criados
(C) "O governo e as leis **tentaram** controlar (...)" (l. 23) / O governo e as leis procuraram controlar
(D) "(...) tentaram controlar o novo meio e **falharam**." (l. 23-24) / tentaram controlar o novo meio e erraram.
(E) "(...) com seus usos e vocabulário **próprio** se estabelecia." (l. 25-26) / com seus usos e vocabulário peculiar se estabelecia.

Todas as alternativas apresentam sinônimos das palavras destacadas, com exceção da letra "A", que deve ser assinalada. "Imergir" significa "afundar", "submergir". Poderia ser usado como sinônimo de "florescer" o verbo "emergir", que significa "subir à flor da água", "vir à tona"

Gabarito "A"

(CESGRANRIO) De acordo com a ortografia da língua portuguesa, associe as palavras à esquerda à letra ou ao dígrafo propostos à direita.

I – exce__ão	P – ss
II – marginali__ar	Q – z
III – e__tranho	R – s
IV – má__imo	S – ç
	T – x

As associações corretas são:

(A) I – P, II – R , III – T, IV – S
(B) I – Q , II – P , III – T, IV – R
(C) I – R , II – S , III – T, IV – P
(D) I – S , II – Q , III – R , IV – T
(E) I – T, II – Q , III – R , IV – P

I: exceção; **II:** marginalizar; **III:** estranho; IV: máximo

Gabarito "D"

(CESGRANRIO) A formação do plural está de acordo com a norma-padrão em

(A) água-marinha – água-marinhas
(B) navio-escola – navio-escolas
(C) alto-mar – alto-mares
(D) salva-vida – salva-vidas
(E) vice-almirante – vices-almirantes

A: incorreta. Quando o substantivo composto é formado por substantivo+adjetivo, ambos vão para o plural: "águas-marinhas"; **B:** incorreta. Quando o substantivo composto é formado por substantivo+substantivo, mas o segundo substantivo denota a função do primeiro, apenas este (o primeiro) vai para o plural: "navios-escola" (navio que tem a função de ser escola); **C:** incorreta. Quando o substantivo composto é formado por adjetivo+substantivo, ambos vão para o plural: "altos-mares"; **D:** correta. Quando o substantivo composto é formado por verbo+substantivo, apenas o substantivo vai para o plural; **E:** incorreta. O prefixo "vice" não se flexiona: "vice-almirantes"

Gabarito "D"

Texto I

OPS...DESCULPE, FOI ENGANO!

Célia Leão

Já faz alguns anos que descobri que tenho uma xará que, assim como eu, também tem outros sobrenomes entre o Célia e o Leão. Minha xará é uma parlamentar do estado de São Paulo que trabalha, e trabalha muito, mas, de vez em quando, acaba por receber em sua caixa de *e-mails* dúvidas de etiqueta que deveriam ser endereçadas a mim – confusões que ocorrem por causa do nome. E, em todas as ocasiões que isso acontece, ela sempre encaminha o *e-mail* para a minha caixa postal e envia também uma simpática resposta ao remetente, avisando-o sobre o engano e contando-lhe também sobre as providências já tomadas. Isso me encanta e, por sorte, já fui apresentada a ela e pude agradecer-lhe pessoalmente por todo o bom humor com o qual encara a situação.

Por causa disso, passei a prestar mais atenção nas atitudes das pessoas quando os enganos acontecem. Umas, muito mal-humoradas, se esquecem de que fazem parte do time da empresa e que enganos de ramais acontecem: simplesmente comunicam a quem está do outro lado da linha que o ramal em questão não é o da pessoa com a qual você quer falar e desligam. Quanta falta de (...) espírito de equipe. Assim, esteja ciente de que enganos de fato acontecem. E que errar é humano e mais comum do que se pensa. Seja compreensivo e, se tiver à mão a lista com os ramais da empresa, avise à pessoa qual é o número do ramal procurado. Seu interlocutor vai passar a enxergar a sua empresa de um jeito diferente e cheio de admiração.

Se você receber um *e-mail* endereçado a outra pessoa, não deixe o remetente sem resposta. Encontre um tempinho para avisá-lo sobre o engano cometido. Ninguém pode avaliar quão urgente e importante é aquele assunto. Vivemos tempos atribulados, mas nada justifica que nos embruteçamos. Devemos evitar o risco de um dia termos de negociar com uma pessoa com a qual fomos indelicados. Pense nisto na próxima vez que atender a uma ligação que não é para você.

(Célia Leão é consultora de etiqueta empresarial)
In: Você S/A / Edição 130 – Disponível em: http://vocesa.abril.com.br/desenvolva-sua-carreira/materia/ops-desculpe-foi-engano-484102.shtml

(CESGRANRIO) A palavra "encanta" na sentença "Isso me encanta..." (l. 12-13) pode ser substituída, sem alteração de sentido, por

(A) enfeitiça.
(B) seduz.
(C) transforma.
(D) alegra.
(E) traz paz.

No texto, o verbo "encantar" foi utilizado no sentido conotativo de "seduzir", "agradar". A autora exprime sua admiração pelo comportamento da parlamentar, sugerindo que todos ajam da mesma forma

Gabarito "B"

Texto I
No lugar do outro

Fazia 15 anos que Ademilton Pereira Lima, de 50 anos, não andava de bicicleta. Naquele domingo ensolarado, em junho de 2009, ele estava apreensivo: iria encarar 10 quilômetros sobre a magrela. Com ele estavam 80 colegas de profissão, todos motoristas de ônibus, função que Ademilton desempenha há 25 anos. O passeio foi uma iniciativa da empresa que coordena o sistema de ônibus em São Paulo, a SPTrans, com o objetivo de conscientizar os motoristas da importância de respeitar os ciclistas no trânsito. "Mesmo pedalando num grupo grande, num domingo, já nos sentíamos apreensivos ao ouvir o barulho dos carros. No trânsito do dia a dia, então, é muito mais difícil", diz Ademilton, ao lembrar da experiência. Hoje, ele toma mais cuidado quando passa por alguém andando de bicicleta, pois sabe como é ser a pessoa no veículo mais frágil. "Passei a respeitar mais, a ver que é um meio de transporte como os outros, com o mesmo direito de estar na rua", afirma.

Ao deixar de lado, por um dia, sua posição de motorista para assumir o papel de ciclista, Ademilton praticou uma atividade fundamental para a convivência: a arte de se colocar no lugar do outro, chamada pelos psicólogos de empatia. "É um exercício que todos deveriam fazer sempre, em relação ao namorado, ao marido, aos pais, aos amigos", diz Antonio Carlos Amador Pereira, professor de Psicologia (...). "Pensar no que o outro está sentindo e nos perguntar o que faríamos se estivéssemos no lugar dele são a chave para facilitar o diálogo", completa.(...)

Lições do almoço

(...) Diariamente, a necessidade de compreensão está bem perto de nós – dentro de casa, por exemplo. Para Ana Lúcia Queiroz, de 44 anos, de São Paulo, o caso foi exatamente assim. Há alguns meses, sua filha Tamara, de 25 anos, começou a frequentar aulas de ioga e, aos poucos, foi deixando de comer carne. Quando soube que a filha havia se tornado vegetariana, Ana Lúcia não gostou nem um pouco. "Fiquei brava, com medo de que ela tivesse uma anemia", conta.

Devagar, Tamara começou a mostrar algumas receitas para a mãe. Explicou que havia substituições saudáveis, e que ela não ficaria doente se comesse de forma variada. Ainda desconfiada, Ana Lúcia foi experimentando as receitas. Começou a gostar. Um dia, ela revelou a Tamara: "Estou há uma semana sem comer carne". A filha abriu um sorriso de orelha a orelha: "Não esperava convencer o pessoal de casa a virar vegetariano. Mas conseguir a aceitação foi ótimo". Hoje, a mãe raramente come carne.

Ana Lúcia teve dificuldade em se adaptar, mas, quando deu uma chance à nova maneira de pensar e agir da filha, começou a perceber vantagens. "Aprendi a apreciar o sabor mais suave dos outros alimentos e me sinto melhor, mais leve", conta. Os novos hábitos acabaram aproximando mãe e filha, que hoje trocam receitas diferentes...

Da mesma forma que Ademilton, ..., Ana Lúcia aprendeu como vivenciar novos pontos de vista pode ser transformador, nos tornando pessoas mais tolerantes e conscientes. Seja em relação a estranhos, pessoas próximas, seja a nós mesmos. (...)

CALLEGARI, Jeanne. *In*: **Sorria** nº 11, dez. 2009/jan.2010. (Adaptado)

(CESGRANRIO) A expressão "...sobre a magrela." (l. 4) pode ser substituída, no texto, por

(A) sobre a ponte.
(B) no meio da rua.
(C) na bicicleta.
(D) na cadeira de motorista.
(E) na estrada.

"Magrela" é gíria antiga que representa a bicicleta

Gabarito "C"

(CESGRANRIO) A frase "...deixar de lado, por um dia," (l.19) pode ser adequadamente substituída, sem alteração de sentido, por

(A) abandonar, ocasionalmente.
(B) relegar, de vez em quando.
(C) substituir, uma vez.
(D) variar, temporariamente.
(E) banir, eventualmente.

A: incorreta. "Ocasionalmente" indica algo que se repete de tempos em tempos; **B:** incorreta. "De vez em quando" é expressão que indica que o fato volta a acontecer periodicamente; **C:** correta. A proposta do projeto era substituir, uma vez apenas, o meio de locomoção; **D:** incorreta. "Temporariamente" indica algo que perdura no tempo, ainda que tenha tempo certo para terminar; **E:** incorreta. "Banir" transmite a ideia de perenidade e "eventualmente" aponta para a repetição dos fatos, ainda que distantes um do outro

Gabarito "C"

(CESGRANRIO) A palavra que resume o **exercício** a que se referem os psicólogos (l. 23) é

(A) ginástica.
(B) empatia.
(C) estudo.
(D) prática.
(E) solidariedade.

Os textos explicam o significado de "empatia" e demonstram como sua adoção no dia a dia decorre de exercícios, da prática de pequenos atos que nos colocam na posição do outro para entender sua postura e suas opiniões

Gabarito "B"

(CESGRANRIO) A terminação **-ão** traz um sentido diferente do das outras palavras no par

(A) casa – casarão
(B) cadeira – cadeirão
(C) homem – homenzarrão
(D) sabido – sabichão
(E) cabelo – cabelão

Nas alternativas "A", "B", "C" e "E" a terminação "-ão" foi empregada para formar o aumentativo das palavras originais. Na letra "D", porém, seu uso criou um neologismo (uma nova palavra) com significado irônico: "sabichão" não é aquele que sabe muito, mas aquele que acha que sabe de tudo e gosta de manifestar sua opinião, ainda que esteja errado

Gabarito "D"

(CESGRANRIO) Qual sentença tem todas as palavras grafadas corretamente?

(A) Nenhum cidadão cautelozo expalha lixo pelas ruas.
(B) A despeza da família cresceu com o nacimento dos gêmeos.
(C) A estenção dos extragos só vai ser medida após as chuvas.
(D) Luiz economizava gasolina pois ia a pé para a empresa.
(E) É nessessário planejar as compras para evitar escessos.

A: incorreta. "Cauteloso" e não "cautelozo", "espalha" e não "expalha"; **B:** incorreta. "Despesa" e não "despeza", "nascimento" e não "nacimento"; **C:** incorreta. "Extensão" e não "estensão", "estragos" e não "extragos"; **D:** correta. Todas as palavras estão grafadas com perfeição; **E:** incorreta. "Necessário" e não "nessessário", "excessos" e não "escessos"

Gabarito "D"

Fracasso e sucesso

"Se és homem, ergue os olhos para admirar os que empreenderam coisas grandiosas, ainda que hajam fracassado". (Sêneca)

"O segredo para o sucesso é fazer as coisas comuns incomumente bem". (John D. Rockefeller Jr.)

É preciso discernimento para reconhecer o fracasso, coragem para assumi-lo e divulgá-lo e sabedoria para aprender com ele.

O fracasso está presente em nossa vida, em seus mais variados aspectos. Na discussão fortuita dos namorados e na separação dos casais, na falta de fé e na guerra santa, na desclassificação e no lugar mais baixo do pódium, no infortúnio de um negócio malfeito e nas consequências de uma decisão inadequada.

Reconhecer o fracasso é uma questão de proporção e perspectiva. Gosto muito de uma recomendação da Young President Organization segundo a qual devemos aprender a distinguir o que é um contratempo, um revés e uma tragédia. A maioria das coisas ruins da vida são contratempos. Reveses são mais sérios, mas podem ser corrigidos. Tragédias, sim, são diferentes. Quando você passar por uma tragédia, verá a diferença.

A história e a literatura são unânimes em afirmar que cada fracasso ensina ao homem algo que necessita aprender; que fazer e errar é experiência enquanto não fazer é fracasso; que devemos nos preocupar com as chances perdidas quando nem mesmo tentamos; que o fracasso fortifica os fortes.

Pesquisa da Harvard Business Review aponta que um empreendedor quebra em média 2,8 vezes antes de ter sucesso empresarial. Por isso, costuma-se dizer que o fracasso é o primeiro passo no caminho do sucesso ou, citando Henry Ford, o fracasso é a oportunidade de se começar de novo inteligentemente. Daí decorre que deve ser objetivo de todo empreendedor errar menos, cair menos vezes, mais devagar e não definitivamente.

Assim como amor e ódio são vizinhos de um mesmo quintal, o fracasso e o sucesso são igualmente separados por uma linha tênue. Mas o sucesso é vaidoso, tem muitos pais, motivo pelo qual costuma ostentar-se publicamente. Nasce em função do fracasso e não raro sobrevive às custas dele – do demérito de outrem. Por outra via, deve-se lembrar que o sucesso faz o fracasso de muitos homens...

Já o fracasso é órfão e tal como o exercício do poder, solitário. Disse La Fontaine: "Para salvar seu crédito, esconde sua ruína". E assim caminha o insucesso, por meio de subterfúgios. Poucos percebem que a liberdade de fracassar é vital se você quer ser bem sucedido. Os empreendedores mais bem-sucedidos fracassaram repetidamente, e uma medida de sua força é o fato de o fracasso impulsioná-los a alguma nova tentativa de sucesso. É claro que cada qual é responsável por seu próprio naufrágio. Mas quando o navio está a pique cabe ao capitão (imagine aqui a figura do empreendedor) e não ao marujo tomar as rédeas da situação. E, às vezes, a única alternativa possível é abandonar, e logo, o barco, declinando da possibilidade de salvar pertences para salvar a tripulação. Nestes casos, a falência purifica, tal como deitar o rei ante o xeque-mate que se avizinha.

O sucesso, pois, decorre da perseverança (acreditar e lutar), da persistência (não confundir com teimosia), da obstinação (só os paranoicos sobrevivem).

Decorre de não sucumbir à tentação de agradar a todos (gregos, troianos e etruscos). Decorre do exercício da paciência, mais do que da administração do tempo.

Decorre de se fazer o que se gosta (talvez seja preferível fracassar fazendo o que se ama a atingir o sucesso em algo que se odeia). Decorre de fabricar o que vende, e não vender o que se fabrica (qualquer idiota é capaz de pintar um quadro, mas só um gênio é capaz de vendê-lo). Decorre da irreverência de se preparar para o fracasso, sendo surpreendido pelo sucesso.

Decorre da humildade de aceitar os pequenos detalhes como mais relevantes do que os grandes planos.

Decorre da sabedoria de se manter a cabeça erguida, a espinha ereta, e a boca fechada.

Finalizo parafraseando Jean Cocteau: Mantenha-se forte diante do fracasso e livre diante do sucesso.

COELHO, Tom. Disponível em: http://www.portalcmc.com.br/aut_artmot03.htm. Acesso em: 26 jan. 2010.

(CESGRANRIO) As epígrafes, quanto às ideias do texto, só NÃO funcionam, semanticamente, como elemento

(A) corroborador.
(B) embasador.
(C) contestador.
(D) ratificador.
(E) reforçador.

Epígrafes são as citações que antecedem um texto, normalmente para corroborar, através de passagens atribuídas a pensadores célebres, os argumentos de um texto. "Corroborar", "embasar", "ratificar" e "reforçar" são sinônimos. Incorreta, portanto, a alternativa "C", que deve ser assinalada. "Contestar" significa "contrariar"

Gabarito "C"

(CESGRANRIO) A passagem que, semanticamente, se contrapõe ao sentido de "fazer as coisas comuns incomumente bem" (segunda epígrafe) é

(A) "...sabedoria para aprender com ele." (l. 2-3)
(B) "Na discussão fortuita dos namorados..." (l. 5-6)
(C) "na falta de fé..." (l. 6)
(D) "...na guerra santa," (l. 7)
(E) "...um negócio malfeito..." (l. 8)

O enunciado procura o trecho do texto que tem sentido oposto ao da epígrafe. "Fazer incomumente bem" significa fazer melhor do que a média, apresentar resultados expressivos mesmo em uma tarefa comum. A única alternativa que se relaciona com esse conceito e o contrapõe é "um negócio malfeito"

Gabarito "E"

(CESGRANRIO) As passagens do texto que estabelecem, entre si, uma relação semântica de oposição são

(A) "...reconhecer o fracasso," (l. 1-2) e "...coragem para assumi-lo..." (l. 2)
(B) "coragem para (...) divulgá-lo..." (l. 2) e "...aprender com ele." (l. 3)
(C) "...presente em nossa vida," (l. 4) e "em seus mais variados aspectos." (l. 4-5)
(D) "falta de fé..." (l. 6) e "...guerra santa," (l. 7)
(E) "...um negócio malfeito..." (l. 8) e "...uma decisão inadequada." (l. 9)

Como na questão anterior, o enunciado procura duas expressões que se relacionem e, ao mesmo tempo, tenham sentidos opostos, antônimos. Isso somente ocorre em "falta de fé" e "guerra santa" (que é a guerra com fundamentos religiosos). Nas demais alternativas, os termos são complementares um ao outro, não antônimos

Gabarito "D"

(CESGRANRIO) Em "...devemos aprender a distinguir o que é **um contratempo, um revés e uma tragédia**." (l. 13-14), os elementos destacados estabelecem, entre si, respectivamente,uma relação semântica que se caracteriza pela

(A) contradição.
(B) gradação.
(C) alternância.
(D) equivalência.
(E) simultaneidade.

Trata-se da técnica de gradação, na qual os termos são expostos em ordem crescente ou decrescente quanto ao critério relevante para o texto. No caso, as palavras foram elencadas em ordem crescente de gravidade, porque o autor está apresentando fundamentos para justificar a importância do fracasso

Gabarito "B"

(CESGRANRIO) No sétimo parágrafo, em relação aos empreendedores e aos sucessos obtidos por esses, o fracasso atua, semanticamente, como um(a)

(A) alerta.
(B) bloqueio.
(C) estímulo.
(D) moderador.
(E) advertência.

Enquanto na maioria das pessoas ele gera um bloqueio, para os verdadeiros empreendedores, aqueles que terão sucesso em sua empreitada, o fracasso funciona como um estímulo, fazendo nascer a vontade de tentar de novo para evitar o erro cometido

Gabarito "C"

(CESGRANRIO) O vocábulo destacado, quanto ao seu significado, está empregado, adequadamente, na seguinte frase:

(A) Ações mal-sucedidas prenunciam um fracasso **eminente**.
(B) Para **acender** profissionalmente, é preciso perseverança.
(C) O profissional de sucesso **descrimina** as etapas de suas ações.
(D) A **expectativa** do triunfo motiva o empreendedor.
(E) É preciso saber **deferir** o amor do ódio.

A: incorreta. "Eminente" é sinônimo de "importante", "respeitado". No caso, o correto é "iminente", que significa "algo que está para acontecer"; **B:** incorreta. "Acender" relaciona-se com o funcionamento de um sistema de iluminação ou à criação de fogo ("acender a luz", "acender uma fogueira"). No caso, o correto é "ascender", sinônimo de "subir"; **C:** incorreta. "Descriminar" significa "absolver", "considerar inocente". No caso, o correto é "discriminar", sinônimo de "relacionar", "listar", "arrolar"; **D:** correta. "Expectativa" significa "esperança", "desejo"; **E:** incorreta. "Deferir" é sinônimo de "aprovar", "concordar". No caso, o correto é "diferir", que significa "contrastar", "diferenciar"

Gabarito "D"

Texto II

Levante da cadeira

Paulo Henrique Pichini, presidente da Getronics do Brasil, deu um susto nos 400 funcionários que trabalham na sede da empresa em São Paulo. Ele suspendeu a comunicação por *e-mail* durante todo o mês de outubro e deu início a uma campanha de incentivo à comunicação cara a cara. "Percebi que as pessoas trabalhavam no mesmo prédio e mal se conheciam", diz o executivo (...). Pichini convidou os funcionários a circular mais pela empresa. "A meta é fazer com que as pessoas só usem os correios eletrônicos para enviar documentos e relatórios", diz. Parece que deu certo. O fluxo nos corredores e escadarias aumentou. Numa próxima etapa, ele quer premiar quem mais se levantar da cadeira.

Você S/A, nov. 2002.

(CESGRANRIO) Assinale a sentença em que a palavra **mal** é empregada com o mesmo sentido que em "... mal se conheciam" (l. 7)

(A) A cobiça é um mal da humanidade.
(B) Mal ele entrou, todos se levantaram.
(C) Eles cantaram muito mal no recital de ontem.
(D) Aprendeu a nadar, mas mal se sustenta na água.
(E) Verduras e legumes não fazem mal a ninguém.

No texto, "mal" está empregada com função de advérbio de intensidade, sinônimo de "pouco". A única alternativa em que isso ocorre novamente é na letra "D". Nas alternativas "A" e "E", está empregado como substantivo. Na letra "B", é advérbio de tempo. Na letra "C", denota inferioridade

Gabarito "D"

(CESGRANRIO) "...comunicação cara a cara." (l. 6) significa "comunicação..."

(A) presencial.
(B) de massa.
(C) individual.
(D) cotidiana.
(E) virtual.

"Cara a cara" remete à ideia de que as pessoas estão uma na frente da outra. Trata-se, portanto, de uma comunicação presencial, na qual os interlocutores estão fisicamente próximos

Gabarito "A"

(CESGRANRIO) No Texto II, as expressões "deu um susto..." (l. 2), "...deu início..." (l. 5) e "...deu certo." (l. 11) podem ser substituídas sem alteração de sentido, respectivamente, por:

(A) preocupou, começou, acertou.
(B) sobressaltou, iniciou, venceu.
(C) assustou, principiou, funcionou.
(D) aterrorizou, organizou, insistiu.
(E) ameaçou, definiu, certificou.

Os respectivos sinônimos são "assustar" ou "sobressaltar", "principiar" ou "iniciar" e "funcionar"

Gabarito "C"

(CESGRANRIO) Em qual dos seguintes pares de vocábulos a acentuação gráfica se justifica por regras distintas?

(A) Até – você
(B) Controlá-lo – está
(C) Flexível – frágil
(D) Após – sócio
(E) Prática – última

A: incorreta. Ambas são oxítonas terminadas em "e"; **B:** incorreta. Ambas são oxítonas terminadas em "a"; **C:** incorreta. Ambas são paroxítonas terminadas em "l"; **D:** correta. Enquanto "após" é oxítona terminada em "o(s)", "sócio" é paroxítona terminada em ditongo crescente; **E:** incorreta. Ambas são proparoxítonas

Gabarito "D"

(CESGRANRIO) Qual dos substantivos abstratos abaixo, derivados do verbo, está grafado **INCORRETAMENTE**?

(A) Aceitar – aceitação.
(B) Construir – construção.
(C) Expor – exposição.
(D) Compreender – compreenção.
(E) Perceber – percepção.

Incorreta a alternativa "D", devendo ser assinalada. O correto é "compreensão", com "s"

Gabarito "D"

(CESGRANRIO) Em "incerto" e "inquestionável" os prefixos indicam negação. O par abaixo em que os prefixos têm esse mesmo significado é

(A) ateu – introduzir.

(B) apor – antídoto.
(C) desamor – emergir
(D) desleal – anormal.
(E) refazer – descascar.

A: incorreta. Na segunda palavra, o prefixo é "intro-", que significa "dentro"; **B:** incorreto. Na primeira palavra, o "a" não é prefixo, mas parte integrante do verbo "apor", que significa "constar em um documento"; **C:** incorreta. O prefixo "e-", em "emergir", tem sentido de "para fora"; **D:** correta, devendo ser assinalada. Tanto "des-" quanto "a-" são prefixos usados com sentido de negação; **E:** incorreta. O prefixo "re-" significa "repetição"

Gabarito "D"

(CESGRANRIO) Considerando o sentido da frase, o termo destacado está empregado conforme o registro culto e formal da língua em

(A) Diante do ocorrido, **ao invés de** seu amigo, enviou outra pessoa ao congresso.
(B) O motivo **porque** não se arrependeu tornou-se alvo de críticas.
(C) Diga-lhe, agora, quanto o ama, **se não**, amanhã, poderá ser tarde demais.
(D) Nem sempre os nossos objetivos são **afins** aos de nossos familiares.
(E) Foi, lentamente, **de encontro** a seu fiel amigo para oferecer-lhe flores.

A: incorreta. "Ao invés de" deve ser usada para contrapor dois termos da oração (ex.: "ao invés de aumentar a nota, o professor a diminuiu"). No caso, como não existe essa contraposição, o correto é dizer "em vez de"; **B:** incorreta. A construção gramatical rege a preposição "per" depois de "motivo", não a conjunção "porque". O correto seria: "O motivo pelo qual não se arrependeu..."; **C:** incorreta. A construção correta demanda a conjunção "senão", equivalente a "do contrário"; **D:** correta. "Afim" significa "parecido", "convergente"; **E:** incorreta. "Ir de encontro a" tem valor de "contrariar", "contrapor". No caso, o correto é "ir ao encontro de"

Gabarito "D"

(CESGRANRIO) Abaixo, à esquerda, estão transcritas palavras e, à direita, vocábulos a elas relacionadas. A grafia está correta nos dois casos em

(A) queremos – quizer.
(B) excesso – exceção.
(C) equilibra – disequilíbrio.
(D) monja – monje.
(E) japonesa – japonez.

A: incorreta ("quiser"); **B:** correta, devendo ser assinalada. As duas palavras estão grafadas corretamente; **C:** incorreta ("desequilíbrio"); **D:** incorreta ("monge"); **E:** incorreta ("japonês")

Gabarito "B"

Colisão entre caminhão e carro deixa 4 mortos em Pernambuco

Ana Lima Freitas – Texto adaptado

Uma colisão, na qual um caminhão foi de encontro a um carro, deixou 4 pessoas mortas e 2 feridas na noite desta terça-feira na cidade de Salgueiro, a 530 km do Recife, no sertão de Pernambuco. Entre as vítimas fatais, estavam engenheiros responsáveis pela construção da Ferrovia Transnordestina.

Segundo informações da Polícia Rodoviária Federal, o caminhão com placa do Rio Grande do Norte, o qual a Polícia recolheu ao depósito, colidiu com o carro, um veículo Gol, com placa do Ceará. Dos 4 ocupantes do Gol, 3 morreram. Entre eles estavam engenheiros responsáveis pela construção da Ferrovia Transnordestina. O motorista do caminhão também morreu no local do acidente. Ao Hospital Regional de Salgueiro as vítimas do referido acidente foram levadas.

<http://noticias.terra.com.br/transito/interna>.
Acesso em: 26 ago. 2009.

(FUNRIO) Reescrevendo-se trechos do texto, indicados entre parênteses, há correção ortográfica no item

(A) "Uma colisão,..., há 530 km do Recife." (linhas 1 e 2)
(B) "O motorista do caminhão também falesceu no local do acidente" (linhas 6 e 7)
(C) "...um caminhão foi de encontro a um veículo..." (linha 1)
(D) "Entre eles estavam proficionais responsáveis" (linhas 5 e 6)
(E) "Segundo relatorios da Polícia Rodoviária Federal" (linha 4)

1: incorreta. Para indicarmos distâncias, usamos a preposição "a" e não "há", do verbo haver ("a 530 km do Recife"); **B:** incorreta. A ortografia correta é "faleceu"; **C:** correta. Todas as palavras estão grafadas corretamente; **D:** incorreta. O certo é "profissionais"; **E:** incorreta. A palavra "relatórios" leva acento agudo

Gabarito "C"

(FUNRIO) No afã de manter a elegância textual e a correção na utilização dos tempos e ortografia verbais, policial em rodovia diz a um companheiro de trabalho: "Na rodovia, ... com .... e agilidade quando .... pessoas que necessitem de seu auxílio".

O item que completará adequadamente o período selecionado é:

(A) haja, descrição, ver.
(B) aja, descrição, vir.
(C) haja, discrição, ver.
(D) aja, discrição, vir.
(E) aja, discreção, ver.

A frase, para fazer sentido, precisa ser complementada, respectivamente, com "aja" (do verbo "agir"), discrição (com "i") e "vir"(conjugação do futuro do subjuntivo do verbo "ver")

Gabarito "D"

"Arrumar o homem"

(Dom Lucas Moreira Neves. **Jornal do Brasil**, Jan. 1997)

Não boto a mão no fogo pela autenticidade da estória que estou para contar. Não posso, porém, duvidar da veracidade da pessoa de quem a escutei e, por isso, tenho-a como verdadeira. Salva-me, de qualquer modo, o provérbio italiano: "Se não é verdadeira... é muito graciosa!"

Estava, pois, aquele pai carioca, engenheiro de profissão, posto em sossego, admitido que, para um engenheiro, é sossego andar mergulhado em cálculos de estrutura. Ao lado, o filho, de 7 ou 8 anos, não cessava de atormentá-lo com perguntas de todo jaez, tentando conquistar um companheiro de lazer.

A ideia mais luminosa que ocorreu ao pai, depois de dez a quinze convites a ficar quieto e a deixá-lo trabalhar, foi a de pôr nas mãos do moleque um belo quebra-cabeça trazido da última viagem à Europa. "Vá brincando enquanto eu termino esta conta". sentencia entre dentes, prelibando pelo menos uma hora, hora e meia de trégua. O peralta não levará menos do que isso para armar o mapa do mundo com os cinco continentes, arquipélagos, mares e oceanos, comemora o pai-engenheiro.

Quem foi que disse hora e meia? Dez minutos depois, dez minutos cravados, e o menino já o puxava triunfante: "Pai, vem ver!" No chão, completinho, sem defeito, o mapa do mundo.

Como fez, como não fez? Em menos de uma hora era impossível. O próprio herói deu a chave da proeza: "Pai, você não percebeu que, atrás do mundo, o quebra-cabeça tinha um homem? Era mais fácil. E quando eu arrumei o homem, o mundo ficou arrumado!"

"Mas esse garoto é um sábio!", sobressaltei, ouvindo a palavra final. Nunca ouvi verdade tão cristalina: "Basta arrumar o homem (tão desarrumado quase sempre) e o mundo fica arrumado!"

Arrumar o homem é a tarefa das tarefas, se é que se quer arrumar o mundo.

(CESPE) ... por nas mãos do moleque um belo quebra-cabeça...; o substantivo quebra-cabeça forma o plural de modo idêntico a um dos substantivos abaixo:

(A) guarda-chuva;
(B) tenente-coronel;
(C) terça-feira;
(D) ponto-de-vista;
(E) caneta-tinteiro.

O plural de quebra-cabeça é "quebra-cabeças". Palavras compostas que têm um verbo como primeiro elemento formam o plural apenas no segundo elemento. Portanto, "guarda-chuvas" (correta a alternativa "A"), "tenentes-coronéis", "terças-feiras", "pontos de vista" (após o novo Acordo Ortográfico não há mais hífen!) e "canetas-tinteiros"

Gabarito "A"

(CESPE) O item em que o vocábulo destacado tem seu sinônimo corretamente indicado é:

(A) Salva-me, de qualquer modo, o <u>provérbio</u> italiano... – citação;
(B) ...com perguntas de todo <u>jaez</u>... – tipo;
(C) ...tentando conquistar um companheiro de <u>lazer</u>. – aventuras;
(D) ...<u>prelibando</u> pelo menos uma hora... – desejando;
(E) o <u>peralta</u> não levará menos do que isso... – revolucionário.

A: incorreta. "Provérbio" é um "ditado popular"; **B:** correta. As palavras realmente são sinônimas; **C:** incorreta. "Lazer" é sinônimo de "diversão"; **D:** incorreta. "Prelibar" significa "prever"; **E:** incorreta. "Peralta" é o mesmo que "levado", "brincalhão"

Gabarito "B"

(CESPE) ...pôr nas mãos do moleque um belo quebra-cabeça...; a palavra pôr leva acento gráfico pela mesma razão que nos leva a acentuar:

(A) você;
(B) têm;
(C) pára;
(D) nó;
(E) pôde.

A: incorreta. "Você" leva acento por ser oxítona terminada em "e"; **B:** incorreta. O acento circunflexo da conjugação da terceira pessoa do plural do presente do indicativo do verbo "ter", "têm", leva acento circunflexo para indicar que houve uma aglutinação de duas vogais "e" (ao invés de "teem", escrevemos "têm"); **C:** correta, mas com ressalva. Com o adiamento da exigência do Novo Acordo Ortográfico, o candidato deve sempre ter atenção sobre a regra que será cobrada segundo o edital. No caso dessa questão, considerando as antigas regras de acentuação, o verbo "pôr" leva acento diferencial para não se confundir com a preposição "por", da mesma forma que a conjugação "pára", do verbo "parar", para não ser confundida com a preposição "para". Ocorre que, com o Novo Acordo Ortográfico, alguns (não todos!) acentos diferenciais foram suprimidos, entre eles o do verbo "pára". "Pôr" continua levando acento diferencial, mas, pelas novas regras, a questão não teria resposta correta; **D:** incorreta. "Nó" é acentuado por ser monossílabo tônico terminado em "o"; **E:** incorreta. O acento circunflexo de "pôde" tem valor sonoro, para indicar que a pronúncia da vogal "o" é fechada, diferente do que acontece em "pode" (sem acento)

Gabarito "C"

(AERONÁUTICA) Marque **V** (verdadeiro) e **F** (falso) para as afirmações que completam o enunciado abaixo e, em seguida, selecione a alternativa correta.

No plural, a palavra *sênior* (mais antigo, mais velho)

( ) perde o acento circunflexo.
( ) exibe o acréscimo de *es* ao final.
( ) tem como tônica a penúltima sílaba, *-o-*.
( ) mantém a posição da sílaba tônica da forma original.

(A) F-V-F-V
(B) V-V-V-F

(C) F-V-V-F
(D) F-F-V-F

1: verdadeiro. O plural "seniores" é paroxítona terminada em "e(s)", portanto não é acentuada; **2:** verdadeiro, como já demonstrado; **3:** verdadeiro. Pronuncia-se "se-ni-o-res"; **4:** falso. No singular, a palavra é proparoxítona: "sê-ni-or"

Gabarito "B"

(AERONÁUTICA) Assinale a alternativa em que todas as palavras são proparoxítonas.

Obs.: o acento gráfico de algumas palavras foi retirado propositadamente.

(A) exodo – municipe – interim
(B) recorde – rubrica – interim
(C) omega – interim – rubrica
(D) recorde – municipe – interim

São proparoxítonas e, portanto, acentuadas as palavras "êxodo", "munícipe", "ínterim" e "ômega". "Recorde" e "rubrica" são paroxítonas e não levam acento. As pronúncias muito ouvidas "recorde" e "rubrica" estão incorretas. A primeira porque representa um estrangeirismo (a palavra em português é paroxítona). A segunda está simplesmente errada mesmo, é uma invenção popular

Gabarito "A"

(AERONÁUTICA) Assinale a alternativa cuja palavra em destaque classifica-se apenas como oxítona.

(A) Foi encontrado um **projetil** na cena do crime.
(B) Este procedimento cirúrgico é feito por **cateter**.
(C) Anexamos ao currículo **xerox** de nossos documentos originais.
(D) A sucuri é um **reptil** das regiões de grandes rios e pântanos do Brasil.

A: incorreta. A palavra destacada admite dupla prosódia: pode ser paroxítona (projétil) ou oxítona (projetil); **B:** correta. A única prosódia aceitável é a tonicidade na última sílaba – cateter (com timbre aberto, como em "perto"); **C:** incorreta. A palavra destacada admite dupla prosódia: pode ser paroxítona (xérox) ou oxítona (xerox); **D:** incorreta. A palavra destacada admite dupla prosódia: pode ser paroxítona (réptil) ou oxítona (reptil)

Gabarito "B"

2. CRASE

A visão do sujeito indivíduo — indivisível — pressupõe um caráter singular, único, racional e pensante em cada um de nós. Mas não há como pensar que existimos previamente a nossas relações sociais: nós nos fazemos em teias e tensões relacionais que conformarão nossas capacidades, de acordo com a sociedade em que vivemos. A sociologia trabalha com a concepção dessa relação entre o que é "meu" e o que é "nosso". A pergunta que propõe é: como nos fazemos e nos refazemos em nossas relações com as instituições e nas relações que estabelecemos com os outros? Não há, assim, uma visão de homem como uma unidade fechada em si mesma, como *Homo clausus*. Estaríamos envolvidos, constantemente, em tramas complexas de internalização do "exterior" e, também, de rejeição ou negociação próprias e singulares do "exterior". As experiências que o homem vai adquirindo na relação com os outros são as que determinarão as suas aptidões, os seus gostos, as suas formas de agir.

Flávia Schilling. Perspectivas sociológicas. Educação & psicologia. In: Revista Educação, vol. 1, p. 47 (com adaptações).

(CESPE) Julgue o seguinte item, a respeito das estruturas linguísticas e do desenvolvimento argumentativo do texto acima.

(1) A inserção do sinal indicativo de crase em "existimos previamente a nossas relações sociais" (l.3-4) preservaria a correção gramatical e a coerência do texto, tornando determinado o termo "relações".

1: incorreta. A expressão assinalada não autoriza o emprego da crase, porque o termo "relações" foi determinado pelo pronome possessivo "nossas" e não pelo artigo definido "as", que seria a única possibilidade de ocorrência da crase.

Gabarito 1E

(CESPE) Os fragmentos contidos nos itens seguintes, na ordem em que são apresentados, constituem reescrituras sucessivas de parágrafos de notícia assinada por Julita Lemgruber e publicada no Jornal do Brasil (Internet: <http://www.cesec.ucam.edu.br/artigos.asp>. Acesso em ago./2004). Julgue-os quanto ao emprego do sinal indicativo de crase, à regência, à concordância e à grafia.

(1) Na tarde do dia 29 de abril último, no teatro do SESC Tijuca, adolescentes infratores e sob a responsabilidade do Departamento Geral de Ações Socioeducativas, órgão subordinado à Secretaria da Infância e da Juventude do Estado do Rio de Janeiro, encenaram, orientados por um grupo de profissionais de uma organização não governamental, passagens de suas vidas, a partir de situações e textos criados por eles mesmos.
(2) Os jovens apresentaram à um público, ora perplexo, ora emocionado, mas sempre profundamente impactado, cenas de seu cotidiano: a violência à que estão submetidos dentro de casa; o jovem traficante pegado no flagrante; a relação dos meninos infratores com a polícia e entre eles e o tráfico.
(3) Durante as discussões, em que meninos e meninas, com extraordinária franqueza e emoção, abordaram cenas de suas vidas, uma das meninas disse que sua mãe apanhara de seu pai por anos a fio. Um menino argumentou: "Ora, com todo o respeito, se sua mãe apanhou por tantos anos, ela bem que devia merecer." A menina retrucou, também com respeito, que sua mãe nunca merecera nada; seu pai é que bebia muito.

(4) Este trabalho que obriga a reflexão, provoca questionamento: ajuda a alguns meninos e meninas a concluírem que na vida do crime eles e elas mais perdem que ganham, acaba de ser suspenso. Foi determinado ao grupo de profissionais que vinha trabalhando com os jovens, que, em futuras encenações, estaria proibido o assunto de polícia, de tráfico de drogas, de violência, das lamentáveis condições que são submetidos os adolescentes-infratores privados da liberdade, enfim, de seu trágico cotidiano.

1: correta; **2:** incorreta. Não ocorre crase antes de palavra masculina: "Os jovens apresentaram a um público (...)". Da mesma forma, não houve aglutinação, e portanto ocorre crase, no trecho: "a violência a que estão submetido (...)". Apenas para informação, "pegado" está correto (particípio regular do verbo "pegar"); **3:** correta; **4:** incorreta. "Ajudar" é verbo transitivo direto, portanto a primeira preposição "a" no trecho após os dois pontos é incorreta: "ajuda alguns meninos e meninas a concluírem (...)". Frise-se, também, que em respeito à coerência do texto, os dois pontos deveriam ser substituídos por vírgula.

Gabarito 1C, 2E, 3C, 4E

Texto

A Revolução Industrial provocou a dissociação entre dois pensamentos: o científico e tecnológico e o humanista. A partir do século XIX, a liberdade do homem começa a ser identificada com a eficiência em dominar e transformar a natureza em bens e serviços. O conceito de liberdade começa a ser sinônimo de consumo. Perde importância a prática das artes e consolidam-se a ciência e a tecnologia. Relega-se a preocupação ética. A procura da liberdade social se faz sem considerar-se sua distribuição. A militância política passa a ser tolerada, mas como opção pessoal de cada um.

Essa ruptura teve o importante papel de contribuir para a revolução do conhecimento científico e tecnológico. A sociedade humana se transformou, com a eficiência técnica e a consequente redução do tempo social necessário à produção dos bens de sobrevivência.

O privilégio da eficiência na dominação da natureza gerou, contudo, as distorções hoje conhecidas: em vez de usar o tempo livre para a prática da liberdade, o homem reorganizou seu projeto e refez seu objetivo no sentido de ampliar o consumo. O avanço técnico e científico, de instrumento da liberdade, adquiriu autonomia e passou a determinar uma estrutura social opressiva, que servisse ao avanço técnico e científico. A liberdade identificou-se com a ideia de consumo. Os meios de produção, que surgiram no avanço técnico, visam ampliar o nível dos meios de produção.

Graças a essa especialização e priorização, foi possível obter-se o elevado nível do potencial de liberdade que o final do século XX oferece à humanidade. O sistema capitalista permitiu que o homem atingisse as vésperas da liberdade em relação ao trabalho alienado, às doenças e à escassez. Mas não consegue permitir que o potencial criado pela ciência e tecnologia seja usado com a eficiência desejada.

(Cristovam Buarque, Na fronteira do futuro. Brasília: EDUnB, 1989, p. 13; com adaptações)

(CESPE) Julgue o item seguinte, acerca do emprego das palavras e expressões no texto acima.

(1) Na linha 30, o uso da crase em "às doenças" e "à escassez" indica que tais complementos são regidos por "relação" (l. 29), do mesmo modo que "trabalho" (l.30).

1: correta. A locução "em relação" rege a preposição "a". Em "ao trabalho", não ocorre crase por ser palavra masculina; nas demais, femininas, deve-se anotar a crase por meio do acento grave.

Gabarito 1C

Texto para a próxima questão.

TEXTO – DIAGNÓSTICO

O Globo, 15.10.2004

Em oito anos, o número de turistas no Rio de Janeiro dobrou, enquanto os assaltos a turistas foram multiplicados por três, alcançando hoje a média de dez casos por dia. Considerando a importância que o turismo tem para a cidade – que anualmente recebe 5,7 milhões de visitantes de outros estados e do estrangeiro, destes, aliás, quase 40% dos que chegam ao Brasil têm como destino o Rio – é alarmante esse grau crescente de insegurança.

Por maior que tenha sido a indignação manifestada pelo governo federal, são números que reforçam o alerta do Departamento de Estado americano a agências de turismo dos Estados Unidos, divulgado no início do mês, a respeito do perigo que apresentam o Rio e outras grandes cidades brasileiras.

Não é exagero classificar de urgente a tarefa de fazer o turista se sentir mais seguro no Rio, considerando que os visitantes movimentam 13% da economia da cidade e que dentro de três anos teremos aqui o Pan. Parte da solução é simples: reforçar o policiamento ostensivo. A Secretaria de Segurança do Estado informa que há quase duas centenas de policiais patrulhando a orla, do Leblon ao Leme, mas não é o que se vê – nem é o que percebem os assaltantes.

Muitos destes aliás, são menores de idade com que o poder público simplesmente não sabe lidar, por falta de ação integrada entre autoridades estaduais e municipais, empenhadas num jogo de empurra sobre a responsabilidade por tirá-los das ruas. O que lhes confere uma percepção de impunidade que só faz piorar a situação.

Impunidade é também a sensação que resulta do deficiente trabalho de investigação policial: se não se consegue impedir o crime, sua gravação pelas câmeras da orla de pouco serve, pois não há um esquema eficaz de inteligência nem estrutura técnica adequada para seguir pistas.

É fácil atribuir todos os problemas à falta de verbas. Mas é mais justo falar em dinheiro mal aplicado. As próprias autoridades anunciam fartos investimentos em aparato tecnológico contra o crime; o retorno que deveria produzir a aplicação eficiente desse dinheiro seria o que não está acontecendo: a redução a níveis mínimos dos assaltos a turistas.

(NCE-UFRJ) "É fácil atribuir todos os problemas à falta de verbas"; nessa frase, o acento grave indicativo da crase resulta da união de uma preposição com um artigo, o mesmo que ocorre em:

(A) servir à francesa;
(B) ir àquela praia;
(C) entregar o prêmio à de vestido verde;
(D) dar àquele homem a condecoração;
(E) atribuir a culpa à que está armada.

A: correta. A crase representa a aglutinação "servir a a (moda) francesa"; **B:** incorreta. Aqui, temos "ir a aquela praia", ou seja, preposição mais pronome demonstrativo iniciado por "a"; **C:** incorreta. O segundo "a" aglutinado é um pronome que substitui o vocábulo "moça" ou "senhora"; **D:** incorreta, pelas mesmas razões da alternativa "B"; **E:** incorreta, pelas mesmas razões da alternativa "C".

Gabarito "A"

Acredito que, no século XXI, o sucesso de qualquer sociedade dependerá de quatro características: sua geografia e sua base de recursos; sua capacidade de administrar mudanças complexas; seu compromisso com os direitos humanos; e seu comprometimento com a ciência e a tecnologia. O Brasil pode vir a exceder em todos esses aspectos. No passado, o calcanhar de aquiles do Brasil se situou naquela terceira esfera, a dos direitos humanos. Como os Estados Unidos da América (EUA) e, na verdade, a maior parte das Américas, o Brasil foi forjado em um cadinho de conquista colonial e escravidão brutal. Esse nascimento violento deixou um legado de enormes divisões étnicas entre as elites de ascendência europeia, as comunidades indígenas e as populações de origem africana, descendentes de escravos. Da mesma forma que os EUA, o Brasil ainda não superou essa genealogia cruel. As desigualdades associadas a raça e etnia configuram um abismo — e, claro, propiciaram a geração de conflitos, a inclinação para o populismo e a instalação ocasional de regimes autoritários.

Jeffrey Sachs. *In*: **Veja 40 Anos**, set./2008 (com adaptações).

(CESPE) Preservam-se a coerência do texto acima e o atendimento às regras gramaticais da língua portuguesa ao se inserir sinal indicativo de crase em

(A) "a ciência e a tecnologia" (l.5): à ciência e à tecnologia.
(B) "a dos direitos" (l.7-8): à dos direitos.
(C) "as comunidades indígenas e as populações de origem africana" (l.13): às comunidades e às populações de origem africana.
(D) "As desigualdades" (l.16): Às desigualdades.
(E) "a raça" (l.16): à raça.

A: incorreta. O termo "comprometimento" rege a preposição "com", sendo impossível ocorrer a crase; **B:** incorreta, porque não ocorre crase junto a termos masculinos; **C:** incorreta. O período pretende realizar uma comparação, por isso usa a preposição "entre", com a qual nunca ocorrerá crase; **D:** incorreta. O artigo definido plural "as" é adjunto adnominal do sujeito da oração, não havendo que pensar em preposição nesta posição a ensejar a crase; **E:** correta. Trata-se de crase facultativa. O termo "a" que consta da oração é preposição e o termo "raça" pode estar ou não acompanhado do artigo definido "a".

Gabarito "E"

Texto para a questão seguinte.

Sonhos Sonhos são

Negras nuvens
Mordes meu ombro em plena turbulência
Aeromoça nervosa pede calma
Aliso teus seios e toco
Exaltado coração
Então despes a luva para eu ler-te a mão
E não tem linhas tua palma
Sei que é sonho
Incomodado estou, num corpo estranho
Com governantes da América Latina
Notando meu olhar ardente
Em longínqua direção
Julgam todos que avisto alguma salvação
Mas não, é a ti que vejo na colina
Qual esquina dobrei às cegas
E caí no Cairo, ou Lima, ou Calcutá
Que língua é essa em que despejo pragas
E a muralha ecoa
Em Lisboa
Faz algazarra a malta em meu castelo
Pálidos economistas pedem calma
Conduzo tua lisa mão
Por uma escada espiral
E no alto da torre exibo-te o varal
Onde balança ao léu minh'alma
Em Macau, Maputo, Meca, Bogotá
Que sonho é esse de que não se sai

E em que se vai trocando as pernas
E se cai e se levanta noutro sonho
Sei que é sonho
Não porque da varanda atiro pérolas
E a legião de famintos se engalfinha
Não porque voa nosso jato
Roçando catedrais
Mas porque na verdade não me queres mais
Aliás, nunca na vida foste minha

(Chico Buarque)

(FGV) No verso 15, às cegas recebe acento indicativo de crase por se tratar de expressão adverbial feminina.

Assinale a alternativa em que ocorra inadequação à norma culta no tocante à presença ou à falta do acento grave.

(A) A prova será aplicada das 9h às 11h.
(B) Sempre me refiro à Ipanema da minha infância.
(C) Quando os tripulantes do navio chegaram a terra, todos ficaram aliviados.
(D) A secretaria funcionará de segunda à sexta.
(E) Ele vive à custa da esposa.

A: correta. Ao referir-se ao horário, a expressão "às (...) horas" leva acento grave, por se tratar de expressão adverbial feminina; **B:** correta. Ocorre crase quando inserimos o artigo definido "a" para referir-nos a um nome seguido de adjetivo ou locução adjetiva; **C:** correta. Perceba que, apesar de ser uma locução adverbial feminina, nesta construção não ocorre crase porque não há nela o artigo "a". Isso pode ser verificado ao substituirmos a palavra feminina "terra" por uma masculina: "chegaram a bordo". Como não se exige artigo para o masculino, também não há artigo feminino; **D:** incorreta, devendo ser assinalada. Nas expressões de duração ou distância não ocorre crase; **E:** correta, por se tratar da regra geral das locuções adverbiais femininas.

Gabarito "D"

(CESGRANRIO) Assinale a frase em que está INCORRETO o uso do acento grave.

(A) Ele vive às custas do pai.
(B) O professor age sempre às claras.
(C) Sairei às três horas.
(D) Não têm conta às vezes que viajou.
(E) Examinou o doente às pressas.

A, B, C e **E:** corretas. Locuções adverbiais formadas por palavras femininas levam acento grave; **D:** incorreta, devendo ser assinalada. Na oração, a expressão "as vezes" é o sujeito. Na ordem direta, teríamos: "As vezes que viajou não têm conta". A expressão "às vezes" leva acento grave quando significa "de vez em quando", ou seja, quando tem função sintática de advérbio.

Gabarito "D"

1 A adoção, pela Assembleia Geral das Nações
Unidas, da Declaração Universal dos Direitos Humanos,
em 1948, constitui o principal marco no desenvolvimento
4 da ideia contemporânea de direitos humanos. Os direitos
inscritos nessa Declaração constituem um conjunto
indissociável e interdependente de direitos individuais e
7 coletivos, civis, políticos, econômicos, sociais e culturais,
sem os quais a dignidade da pessoa humana não se realiza
por completo. A Declaração transformou-se, nesta última
10 metade de século, em uma fonte de inspiração para a
elaboração de diversas cartas constitucionais e tratados
internacionais voltados à proteção dos direitos humanos.
13 Esse documento, chave do nosso tempo, tornou-se um
autêntico paradigma ético a partir do qual se pode medir
e contestar a legitimidade de regimes e governos.
16 Os direitos ali inscritos constituem hoje um dos mais
importantes instrumentos de nossa civilização, visando
assegurar um convívio social digno, justo e pacífico.

Internet: <http://www.direitoshumanos.usp.br/dhbrasil/pndh> (com adaptações).

(CESPE) Com base no texto acima e considerando o tema por ele focalizado, julgue o item subsequente.

(1) Na linha 12, a substituição de "à" por para "a" preservaria a coerência e a correção do período.

1: correta. Trata-se de crase facultativa, porque o substantivo "proteção", no caso, não demanda necessariamente a presença do artigo definido.

Gabarito 1C

(ACAFE) Preencha as lacunas, considerando o uso adequado do acento grave, indicador da crase.

– Solange vai ___ Florianópolis na quarta-feira.

— Eu quero ir ____ reunião para mostrar o projeto aos meus colegas.

– Entregue os livros _____ todos que estão na sala.

– A pessoa ____ qual me referi não está na festa.

– Os homens ficaram ____ distância de 50 metros do local da explosão.

A sequência correta, de cima para baixo, é:

(A) a – a – a – à – à
(B) a – à – a – à – à
(C) à – à – a – à — a
(D) a – à – à – a – a

1: Florianópolis é substantivo próprio que não exige artigo definido, portanto não ocorre crase; **2:** ocorre crase, pois o verbo "ir" rege a preposição "a" e o sujeito da oração vai a uma reunião específica, portanto deve vir acompanhada de artigo definido; **3:** não ocorre crase antes de pronome indefinido; **4:** ocorre a crase, porque "referir-se" é verbo transitivo indireto ("refiro-me a alguém"), sendo que a preposição vai se aglutinar com o artigo "a" da locução pronominal "a qual"; **5:** ocorre a crase, por se tratar de locução adverbial feminina.

Gabarito "B"

(ACAFE) Assinale a alternativa correta quanto ao sinal indicativo de crase.

(A) Disse a delegada que só revelaria o nome do culpado se pudesse falar com ele, cara à cara.
(B) Sempre que vão a rua, os policiais estão sujeitos à situações de perigo, principalmente à noite.
(C) Deixou a herança a instituições que se dedicam à recuperação de viciados em drogas.
(D) De vinte à trinta de dezembro, o comissário de polícia foi a capital, a trabalho, três vezes.

A: incorreta. Não ocorre a crase antes de palavras repetidas (cara a cara); **B:** incorreta. Não ocorre crase antes de palavras no plural desacompanhadas do artigo definido "as"; **C:** correta. O verbo "dedicar-se" pede a preposição "a" e "recuperação" é palavra feminina que admite o artigo "a", portanto é craseado; **D:** incorreta. Não ocorre crase antes de numeral cardinal (exceto para exprimir horas: "fui ao médico às 13 horas").

Gabarito "C"

(VUNESP) Depois da Constituição, o Código Penal é a mais importante peça jurídica. É ele que define os limites de fato _______ liberdade individual e estabelece quando o Estado está autorizado _______ exercer violência contra o cidadão, encarcerando-_______.

(Folha de S.Paulo, 17.06.2012. Adaptado)

De acordo com a norma-padrão, as lacunas do texto são preenchidas, correta e respectivamente, com:

(A) à ... à ... o
(B) a ... a ... lhe
(C) a ... à ... o
(D) à ... à ... lhe
(E) à ... a ... o

O verbo "definir" exige complemento preposicionado após o objeto direto e rege a preposição "a". Portanto, ocorre crase em "à liberdade individual". Não ocorre crase antes de verbo, porque esse nunca é precedido de artigo, logo temos "está autorizado a exercer". Por fim, a última lacuna pede o pronome pessoal do caso oblíquo que corretamente substitui o termo "cidadão". No caso, como o verbo "encarcerar" é transitivo direto, deve ser usado o pronome "o" – encarcerando-o".

Gabarito "E"

(ACADEPOL) Ele começou ______ fazer alusão _____ questões, com mais segurança, quando se fecharam ______ portas.

(A) à – as – às
(B) à – às – as
(C) a – as – as
(D) a – às – às
(E) a – às – as

Crase não é acento, mas superposição de dois "as". O primeiro é uma preposição e o segundo um artigo. Na primeira lacuna deve-se usar "a" sem crase, pois esta não pode ser usada antes de verbo; na segunda lacuna o "as" é craseado, pois o verbo "alusão" pede preposição "a" (quem faz alusão, faz a alguma coisa) e o substantivo "questões" aceita o artigo "a"; assim, o "as" deve levar crase; já na última lacuna não há crase, já que o "as" trabalha como artigo definido, não havendo preposição antes.

Gabarito "E"

(CESGRANRIO) Considere as frases a seguir.

Procurava acostumar-se _______ vida.

Retratos ocupavam a parede de ponta _______ ponta.

Algumas ferramentas ficavam expostas _______ chuva e ao sol.

A série que completa corretamente as frases é

(A) aquela – à – a
(B) aquela – a – à
(C) àquela – à – a
(D) àquela – a – à
(E) àquela – a – a

Na primeira oração, "acostumar-se" é verbo transitivo indireto ("acostumar-se a alguma coisa"). Então, a preposição "a" aglutina-se com o pronome demonstrativo "aquela", ocorrendo crase ("àquela vida"). Na segunda oração, temos uma expressão adverbial feminina que não admite crase (ponta a ponta). Na terceira oração, a locução adverbial formada com palavra feminina leva acento grave ("expor à chuva", aglutinando-se a preposição "a" com o artigo definido "a"). Note que a própria frase já indica a ocorrência da crase ao utilizar, em seguida, uma expressão com palavra masculina onde se vê o artigo definido "o"

Gabarito "D"

Gastar um pouquinho a mais durante o mês e logo ver sua conta ficar no vermelho. Isso que parecia apenas um problema de adultos ou pais de famílias está também atingindo os mais jovens.

Diante desse contexto, é fundamental, segundo vários educadores, que a família ensine a criança, desde pequena, a saber lidar com dinheiro e a se envolver com o controle dos gastos. Uma criança que cresça sem essa formação será um adulto menos consciente e terá grandes chances de se tornar um jovem endividado.

Para o jovem que está começando sua vida financeira e profissional, um plano de gastos é útil por excelência, a fim de controlar, de forma equilibrada, o que entra e o que sai. Para isso, é recomendável:

a) anotar todas as despesas que são feitas mensalmente, analisando o resultado de acordo com o que costuma receber;
b) comprar, preferencialmente, à vista;
c) ao receber, estabelecer um dízimo, ou seja, guardar 10%

do valor líquido do salário em uma conta de poupança, todo mês.

Graziela Salomão. **Economista explica como o jovem pode controlar seu orçamento e evitar gastar demais.** In: **Época**, 31/10/2005 (com adaptações).

(CESPE) A partir das ideias e das estruturas presentes no texto, julgue os itens a seguir.

(1) É obrigatório o sinal indicativo de crase em "à vista" (l.22), à semelhança do que ocorre com a expressão à prestações.

1: incorreta. A despeito de seu uso irrestrito, "a vista" não tem acento grave indicativo da crase. Mais ainda, "a prestações", por ser expressão formada com palavra no plural, também não pode levar crase

Gabarito 1C, 2E, 3C, 4C, 5E, 6C, 7E, 8E

(CESPE) As carteiras Hipotecária e de Cobrança e Pagamentos surgiram em 1934. Durante o governo Vargas, quando tiveram início as operações de crédito comercial e consignação. As loterias federais começaram a ser gerenciadas pela CAIXA em 1961, representando um importante passo na execução dos programas sociais do governo, já que parte da arrecadação é destinada à seguridade social, ao Fundo Nacional de Cultura, ao Programa de Crédito Educativo e a entidades de prática esportiva.

Internet <http//www.caixa.gov.br.> (com adaptações).

Considerando o texto acima, julgue o item que se segue.

(1) Caso se reescrevesse o trecho "a entidades de prática esportiva" (1.10-11) como "à entidades de prática desportiva", o período permaneceria de acordo com a norma culta da língua portuguesa.

1: incorreta. Para justificar a ocorrência da crase, o artigo definido aglutinado deveria estar no plural "às entidades"

Gabarito 1E

(CESGRANRIO) O sinal indicativo da crase deve ser aplicado em qual das sentenças abaixo?

(A) Ele é um cavalheiro **a** moda antiga.
(B) Estarei na ilha **a** partir de amanhã.
(C) O sabiá é admirado devido **a** seu belo canto.
(D) Daqui **a** uma hora se iniciará o recital.
(E) O pomar fica próximo **a** uma horta.

A única das frases que aceita a ocorrência da crase é a alternativa "A", pelo uso da locução adverbial feminina "à moda antiga". Não ocorre crase antes de verbo (alternativa "B"), antes de palavra masculina (alternativa "C"), antes de numeral (alternativa "D") ou antes de pronome indefinido (alternativa "E")

Gabarito "A"

O número de mulheres no mercado de trabalho mundial é o maior da História, tendo alcançado, em 2007, a marca de 1,2 bilhão, segundo relatório da Organização Internacional do Trabalho (OIT). Em dez anos, houve um incremento de 200 milhões na ocupação feminina. Ainda assim, as mulheres representaram um contingente distante do universo de 1,8 bilhão de homens empregados.

Em 2007, 36,1% delas trabalhavam no campo, ante 46,3% em serviços. Entre os homens, a proporção é de 34% para 40,4%. O universo de desempregadas subiu de 70,2 milhões para 81,6 milhões, entre 1997 e 2007 — quando a taxa de desemprego feminino atingiu 6,4%, ante 5,7% da de desemprego masculino. Há, no mundo, pelo menos 70 mulheres economicamente ativas para 100 homens.

O relatório destaca que a proporção de assalariadas subiu de 41,8% para 46,4% nos últimos dez anos. Ao mesmo tempo, houve queda no emprego vulnerável (sem proteção social e direitos trabalhistas), de 56,1% para 51,7%. Apesar disso, o universo de mulheres nessas condições continua superando o dos homens.

O Globo, 7/3/2007, p. 31 (com adaptações).

(CESPE) Julgue o próximo item, relativo ao texto apresentado.

(1) Devido à função que exerce na organização das ideias, a preposição "ante" (l.8) pode ser substituída por **frente à**, preservando-se a coerência e a correção gramatical do texto.

1: incorreta. "Frente a", se fosse incluída nesse ponto do texto, não levaria o acento grave indicativo da crase

Gabarito 1E

Não foi por falta de aviso. Desde 2004, a Aeronáutica vem advertindo dos riscos do desinvestimento no controle do tráfego aéreo. Ao apresentar suas propostas orçamentárias de 2004, 2005 e 2006, o Departamento de Controle do Espaço Aéreo (DECEA) informou, por escrito, que a não liberação integral dos recursos pedidos levaria à situação vivida agora no país. Mesmo assim, as verbas foram cortadas ano após ano pelo governo, em dois momentos: primeiro no orçamento, depois na liberação efetiva do dinheiro.

As advertências do DECEA foram feitas à Secretaria de Orçamento Federal do Ministério do Planejamento, na oportunidade em que foram solicitadas verbas para "operação, manutenção, desenvolvimento e modernização do Sistema de Controle do Espaço Aéreo Brasileiro (SISCEAB)". Elas são citadas em relatório do Tribunal de Contas da União (TCU).

O Estado de S. Paulo, 25/3/2007, p. C6 (com adaptações).

(CESPE) Com referência às estruturas e às ideias do texto, bem como a aspectos associados aos temas nele tratados, julgue o próximo item.

(1) O sinal indicativo de crase em "à situação" (l.7) justifica-se pela regência de "pedidos" (l.6) e pela presença de artigo definido, feminino, singular.

1: incorreta. Quem rege a preposição "a", que se aglutina com o artigo definido feminino singular no fenômeno da crase, é o verbo "levaria"

Gabarito 1E

Como encontrar um milagre na Índia

Doentes e peregrinos buscam a salvação em templos que praticam o exorcismo em Kerala, ao sul da Índia. Garanto: naquela região se operam, de fato, milagres que salvam vidas diariamente.

Os "milagres" nada têm a ver com os deuses ou demônios. Apenas com homens, responsáveis por uma das mais admiradas experiências sociais já produzidas num país pobre. Como o resto da Índia, Kerala é miserável, sua renda por habitante é de US$ 300 por ano – dez vezes menos do que a brasileira e cem vezes se comparada com a americana.

Primeiro "milagre" num país de 900 milhões de habitantes com explosivo crescimento populacional: cada mulher tem apenas dois filhos (1,7, para ser mais preciso), uma média semelhante à de um casal de classe média alta em Manhattan, Paris, São Paulo ou Rio de Janeiro. Segundo e mais importante: de cada mil crianças que nascem, apenas 13 morrem antes de completar um ano – um nível de mortalidade infantil semelhante ao dos Estados Unidos e quatro vezes menor que o do Brasil.

Até pouco tempo atrás, Kerala era mais conhecida por suas praias, onde os turistas "descolados" se deitavam na areia depois do banho, massageados por moradores que aprenderam de seus ancestrais os segredos da massagem ayurvédica, medicina tradicional indiana. Agora, porém, atrai tipos menos transcendentais da Europa e dos Estados Unidos, decididos a entender e difundir a experiência sobre como um lugar miserável consegue indicadores sociais tão bons.

As pesquisas indicam, em essência, um caminho: graças à vontade política dos governantes locais, em nenhum outro lugar da Índia se investiu tanto na educação das mulheres. Uma ação que enfrentou a rotina da marginalização. Na Índia, por questões culturais, se propagou o infanticídio contra meninas, praticado pelos próprios pais.

Em Kerala, apenas 5% das garotas estão fora da escola, reduzindo a porcentagens insignificantes o analfabetismo. Elas são mais educadas, entram no mercado de trabalho, frequentam postos de saúde, amamentam os filhos, conhecem noções de higiene, sabem a importância, por exemplo, de ferver a água ou aplicar as vacinas, planejam voluntariamente o número de filhos.

Daí se vê o que significou, no Brasil, termos gasto tanto dinheiro na construção de hospitais, em vez de investir mais pesadamente em medicina preventiva. Muitas dessas obras só ajudaram a saúde financeira dos empreiteiros.

(DIMENSTEIN, Gilberto. **Aprendiz do futuro – Cidadania hoje e amanhã**. São Paulo: Ática, 2000, p. 46.)

(FUNCAB) Assinale a opção em que o espaço deve ser preenchido com À (preposição e pronome), como destacado em "(...) uma média semelhante À de um casal de classe média (...) ".

(A) ___ medida que caminhava, recordava-se da terra natal.

(B) Esta cena corresponde ___ que presenciei ontem.

(C) Aproveite ___ oferta e se contente com a cor do tecido.

(D) Referia-se, com certeza, ____ terra de seus pais.

(E) Obedeceu ____ ordem dada, sem reclamar.

A: incorreta. A crase, nesse caso, ocorre por ser uma locução conjuntiva formada com palavra feminina; **B:** correta. A crase ocorre, tal qual no enunciado, pela aglutinação da preposição "a", regida pelo verbo "corresponder", com o pronome oblíquo "a", que substitui a expressão "a cena" para evitar a repetição desnecessária; **C:** incorreta. Nesse caso, não ocorre crase, porque "aproveitar" é verbo transitivo direto (não rege preposição); **D** e **E:** incorretas. Nos dois casos, a crase decorre da aglutinação da preposição "a", regida pelos verbos "referir-se" e "obedecer", respectivamente, com o artigo definido feminino "a"

Gabarito "B"

(AERONÁUTICA) Em qual alternativa a ausência da crase pode alterar a função sintática do adjunto adverbial?

(A) Saiu às escondidas antes do final do jantar.

(B) Saiu às onze horas antes do final do jantar.

(C) Saiu às pressas antes do final do jantar.

(D) Saiu à francesa antes do final do jantar.

Nas alternativas "A", "B" e "C", a ausência da crase geraria incorreção gramatical, porém não haveria qualquer dúvida sobre a função de adjunto adverbial das expressões "às escondidas", "às onze horas" e "às pressas". Consequência diferente haveria na letra "D", que deve ser assinalada. Suprimir o acento grave indicativo da crase geraria dubiedade na oração. Sair "à francesa" significa sair sem se despedir dos presentes e, notadamente, é um adjunto adverbial de modo. Sem o sinal indicativo da crase, "a francesa" pode ser interpretado como o sujeito da oração deslocado para depois do verbo.

Perceba que, ao reescrevermos o texto na ordem direta, ele faz sentido: "A francesa saiu antes do final do jantar" – ficando clara sua função de sujeito

Gabarito "D"

(FUNDEP) "Em 2005, a carga tributária do setor, estimada com base nas contas nacionais, correspondia a mais de 57% do valor dos serviços."

A substituição da expressão destacada **NÃO** acarreta erro na utilização do sinal indicativo da crase na alternativa

(A) à uma quantia significativa em relação ao valor dos serviços.
(B) à metade, aproximadamente, do valor dos serviços.
(C) à valor altamente elevado em relação ao tipo de serviço.
(D) à taxas cobradas por esse serviço pelos países mais caros do mundo.

A: incorreta. Não ocorre crase antes de artigo indefinido; **B:** correta. "Metade" é substantivo feminino que vem antecedido pelo artigo definido feminino singular "a", gerando a crase; **C:** incorreta. Não ocorre crase antes de palavra masculina; **D:** incorreta. Não ocorre crase antes de plural se o substantivo não veio antecedido do artigo definido, o que se denota pela ausência do "s" na preposição "a"

Gabarito "B"

(FUNDEP) "Além disso, também foi publicada a adequação da portaria à nova legislação brasileira, tornando as violências doméstica, sexual e/ou outras violências de notificação universal, por toda a rede de assistência à saúde, e não apenas por unidades sentinelas, como anteriormente."

Desconsideradas as alterações de sentido, mantém-se a obrigatoriedade do uso do acento indicativo de crase **em ambos os casos**, se as expressões sublinhadas forem substituídas respectivamente por

(A) a toda legislação brasileira; a saúde física e mental do cidadão.
(B) as leis recentemente promulgadas; a preservação da saúde.
(C) a um conjunto de normas recentemente aprovadas; a qualquer forma de vida.
(D) a normas referentes à saúde; a todos os aspectos da saúde.

A: incorreta. Não ocorre crase antes de pronome indefinido ("toda legislação"); **B:** correta. Nos dois casos a crase é obrigatória, porque contemplam a aglutinação da preposição "a" com o artigo definido feminino; **C:** incorreta. Não ocorre crase antes de palavra masculina ("um conjunto"); **D:** incorreta. Não ocorre crase antes de plural desacompanhado de artigo definido feminino ("a normas"), nem antes de palavra masculina ("todos os aspectos")

Gabarito "B"

(AERONÁUTICA) Assinale a alternativa que completa, correta e respectivamente, as lacunas do período seguinte.

___ competência da cantora foi atribuída ___ vitória no festival,___ qual ela dedicou ___ filha recém-nascida.

(A) À, a, a, à
(B) A, a, à, à
(C) À, à, a, a
(D) A, à, à, a

Ocorre crase na primeira lacuna porque a oração está na ordem indireta. Note que, se a reescrevermos na ordem direta, a presença da preposição fica mais clara: "a vitória no festival foi atribuída à competência da cantora". Esse artifício permite perceber, também, que a segunda lacuna não é caso de crase, porque é apenas o artigo definido feminino de "vitória". No terceiro espaço, igualmente não se deve colocar o acento grave, pois se trata do pronome relativo "a qual" que exerce função de objeto direto (portanto, sem preposição) do verbo "dedicar". A última lacuna, por sua vez, expressa a crase novamente, já que o verbo "dedicar" é transitivo direto e indireto (quem dedica, dedica alguma coisa a alguém). Logo, devemos grafar "à filha"

Gabarito "A"

(CESGRANRIO) O sinal indicativo de crase é necessário em:

(A) A venda de computadores chegou a reduzir o preço do equipamento.
(B) Os atendentes devem vir a ter novo treinamento.
(C) É possível ir as aulas sem levar o notebook.
(D) Não desejo a ninguém uma vida infeliz.
(E) A instrutora chegou a tempo para a prova.

A única alternativa que traz hipótese de crase é a letra "C". Afinal, "ir" é verbo transitivo indireto que rege a preposição "a" (quem vai, vai a algum lugar). Portanto, essa preposição aglutina-se com o artigo definido feminino plural "as": "É possível ir às aulas sem levar o notebook." Não ocorre crase nas alternativas "A" e "B" porque a preposição aparece antes de verbo; na letra "D", antes de pronome indefinido; e na letra "E", antes de palavra masculina

Gabarito "C"

(CESGRANRIO) O acento grave indicativo de crase está empregado de acordo com a norma-padrão em:

(A) O velho deu à informação errada.
(B) O rapaz disse à todos que sabia o endereço.
(C) O senhor trouxe o carro à Copacabana.
(D) O açougue fica à direita da farmácia.
(E) O motorista seguiu à sinalização das ruas.

A: incorreta. O verbo "dar" é transitivo direto, ou seja, não rege preposição antes de seu complemento ("dar alguma coisa"). Se não há preposição, impossível haver crase; **B:** incorreta. Não ocorre crase antes de advérbio; **C:** incorreta. Substantivos próprios somente são antecedidos por artigos em casos especiais. Para identificá-los, basta substituir o verbo por "voltar": se o resultado for o emprego da preposição "de", não ocorrerá crase; se for "de + a", teremos crase.

Note que alguém "volta de Copacabana", então não há artigo na oração "trouxe o carro a Copacabana" (o "a" antes de Copacabana é preposição). Se não tem artigo, impossível ocorrer crase; **D:** correta. Ocorre crase em locuções adverbiais formadas com palavras femininas; **E:** incorreta. "Seguir" é verbo transitivo direto ("seguir alguém ou alguma coisa"). Se não há preposição, impossível haver crase

Gabarito "D"

(CESGRANRIO) Em qual das seguintes frases falta o sinal indicativo da crase?

(A) Vou ser mais tolerante no trabalho a partir de agora.
(B) Passei a prestar mais atenção nas tarefas.
(C) Na reunião, alguém me interrompia a todo instante.
(D) O evento vai acontecer de 2 a 4 de março.
(E) Entreguei a equipe de vendas os novos formulários.

A: correta. Não ocorre crase em locuções adverbiais formadas com verbos; **B:** correta. Não ocorre crase antes de verbos; **C:** correta. Não ocorre crase em locuções adverbiais formadas com palavras masculinas; **D:** correta. Não ocorre crase antes de numerais; **E:** incorreta, devendo ser assinalada. "Entregar" é verbo transitivo direto e indireto, que rege, quando ao complemento indireto, a preposição "a" – entregar alguma coisa a alguém. Portanto, a preposição "a" aglutina-se com o artigo definido feminino singular "a", que identifica "a equipe de vendas", ocorrendo crase – "entreguei à equipe de vendas..."

Gabarito "E"

(CESGRANRIO) Analise as frases.

I. Deve-se saber entender os outros a partir de seus pontos de vista.
II. Os solidários estão sempre atentos as dificuldades do próximo.
III. Devagar, conquistamos a confiança de todos.

Ocorre crase em

(A) I, somente.
(B) II, somente.
(C) III, somente.
(D) I e II, somente.
(E) II e III, somente.

I: incorreta. Não ocorre crase em locuções adverbiais formadas com verbos; **II:** correta. A locução verbal "estar atento" rege a preposição "a", logo ocorre crase antes de "dificuldades"; **III:** incorreta. "Conquistar" é verbo transitivo direto, ou seja, seu complemento não é precedido de preposição. Sem preposição, não há crase

Gabarito "B"

(CESGRANRIO) Em "sobrevive às custas dele", o acento grave indicativo da crase, segundo o registro culto e formal da língua, está correto assim como em

(A) Nem sempre o sucesso está acessível à todos.
(B) Muitas vezes, para não fracassar, é preciso tomar o rumo à esquerda.
(C) O fracasso e o sucesso caminham lado à lado.
(D) O empreendedor bem-sucedido é avesso à subterfúgios.
(E) Às vezes que obtive sucesso sempre soube o motivo.

A: incorreta. Não ocorre crase antes de palavra masculina; **B:** correta. Tal qual no enunciado, trata-se de locução adverbial formada por palavra feminina, nas quais ocorre crase; **C:** incorreta. Não ocorre crase em locuções adverbiais formadas por palavras masculinas; **D:** incorreta. Não ocorre crase antes de palavra masculina; **E:** incorreta. Há um erro de regência na oração. O correto seria: "Nas vezes que obtive sucesso sempre soube o motivo". A locução adverbial "às vezes", com sentido de "de vez em quando" leva o acento grave indicativo da crase, mas perceba que seu uso foi errado na alternativa

Gabarito "B"

(CESPE) Tendo o texto por referência inicial e considerando situações históricas relativas à inserção internacional do Brasil e o quadro econômico mundial contemporâneo, julgue os itens seguintes.

É opinião unânime entre os analistas políticos que, até agora, o melhor desempenho do governo Luiz Inácio Lula da Silva está se dando no campo diplomático. O primeiro grande êxito foi a intermediação do conflito entre o presidente venezuelano Hugo Cháves e seus opositores. O segundo grande êxito dessa política refere-se às negociações para a criação da Área de Livre Comércio das Américas (ALCA). Na última conferência da Organização Mundial do Comércio (OMC), realizada no balneário mexicano de Cancun, o Itamaraty, manobrando habilmente nos meandros da diplomacia internacional, impediu que os Estados Unidos da América (EUA) escondessem seu protecionismo ferrenho atrás da propaganda do livre comércio, que constitui a justificativa para a formação da ALCA. O mais recente êxito de Lula na ordem internacional foi o discurso proferido na Assembleia Geral da Organização das Nações Unidas (ONU), em Nova Iorque, quando propôs a criação de um comitê de chefes de Estado para dinamizar as ações de combate à fome e à miséria em todo o mundo.

Plínio de Arruda Sampaio. **Política externa independente.** *In*: **Família Cristã**, ano 69, n.º 815, nov./2003, p. 28-9 (com adaptações).

(1) Na linha 6, o sinal indicativo de crase deve ser mantido, caso se prefira a redação **refere-se à negociações**.
(2) Os sinais indicativos de crase em "combate à fome e à miséria" (l.18) podem ser eliminados sem prejuízo para a correção do período.

1: incorreta. A crase ocorre pela aglutinação da preposição "a" com o artigo definido feminino "a(s)". Na construção "refere-se a negociações", perceba que não há artigo antes de "negociações" (porque, se houvesse, a forma aglutinada estaria no plural – "às"). Se não há artigo, não ocorre crase e, portanto, é incorreta a colocação do acento grave; **2:** correta. É aceitável a construção "combate a fome", suprimindo o artigo definido feminino, porém extremamente rara no uso cotidiano da língua. Prefira sempre "combate à fome"

Gabarito 1E, 2C

3. PONTUAÇÃO

Nossos projetos de vida dependem muito do futuro do país no qual vivemos. E o futuro de um país não é obra do acaso ou da fatalidade. Uma nação se constrói. E constrói-se no meio de embates muito intensos — e, às vezes, até violentos — entre grupos com visões de futuro, concepções de desenvolvimento e interesses distintos e conflitantes.

Para muitos, os carros de luxo que trafegam pelos bairros elegantes das capitais ou os telefones celulares não constituem indicadores de modernidade.

Modernidade seria assegurar a todos os habitantes do país um padrão de vida compatível com o pleno exercício dos direitos democráticos. Por isso, dão mais valor a um modelo de desenvolvimento que assegure a toda a população alimentação, moradia, escola, hospital, transporte coletivo, bibliotecas, parques públicos. Modernidade, para os que pensam assim, é sistema judiciário eficiente, com aplicação rápida e democrática da justiça; são instituições públicas sólidas e eficazes; é o controle nacional das decisões econômicas.

Plínio Arruda Sampaio. O Brasil em construção. In: Márcia Kupstas (Org.). Identidade nacional em debate. São Paulo: Moderna, 1997, p. 27-9 (com adaptações).

(CESPE) Considerando a argumentação do texto acima bem como as estruturas linguísticas nele utilizadas, julgue o item a seguir.

(1) O emprego do sinal de ponto e vírgula, no último período sintático do texto, apresenta a dupla função de deixar claras as relações sintático-semânticas marcadas por vírgulas dentro do período e deixar subentender "Modernidade" (l.16) como o sujeito de "é sistema" (l.17), "são instituições" (l.18) e "é o controle" (l.19).

1: correta. Dentre as funções do ponto e vírgula destaca-se a de separar itens de uma lista, principalmente se já utilizada a vírgula dentro do período. Pode, também, ser usado como instrumento da elipse, figura de linguagem consistente na omissão do termo já empregado e subentendido no restante do período.

Gabarito 1C

A visão do sujeito indivíduo — indivisível — pressupõe um caráter singular, único, racional e pensante em cada um de nós. Mas não há como pensar que existimos previamente a nossas relações sociais: nós nos fazemos em teias e tensões relacionais que conformarão nossas capacidades, de acordo com a sociedade em que vivemos. A sociologia trabalha com a concepção dessa relação entre o que é "meu" e o que é "nosso". A pergunta que propõe é: como nos fazemos e nos refazemos em nossas relações com as instituições e nas relações que estabelecemos com os outros? Não há, assim, uma visão de homem como uma unidade fechada em si mesma, como *Homo clausus*. Estaríamos envolvidos, constantemente, em tramas complexas de internalização do "exterior" e, também, de rejeição ou negociação próprias e singulares do "exterior". As experiências que o homem vai adquirindo na relação com os outros são as que determinarão as suas aptidões, os seus gostos, as suas formas de agir.

Flávia Schilling. Perspectivas sociológicas. Educação & psicologia. In: Revista Educação, vol. 1, p. 47 (com adaptações).

(CESPE) Julgue os seguintes itens, a respeito das estruturas linguísticas e do desenvolvimento argumentativo do texto acima.

(1) O emprego do sinal de dois-pontos, na linha 9, anuncia que uma consequência do que foi dito é explicitar a pergunta proposta pela sociologia.

(2) O emprego das aspas nos termos das linhas 8, 14 e 15 ressalta, no contexto, o valor significativo não usual desses termos.

1: correta. Uma das funções dos dois-pontos é sugerir uma causa, explicação ou consequência; **2:** correta, pois as aspas podem ser usadas para ressaltar que determinada expressão está sendo utilizada em sentido particular, diferente do usual.

Gabarito 1C, 2C

O uso do espaço público nas grandes cidades é um desafio. Sobretudo porque algumas regras básicas de boa convivência não são respeitadas. Por exemplo, tentar sair de um vagão do metrô com a multidão do lado de fora querendo entrar a qualquer preço, sem esperar e dar passagem aos demais usuários. Ou andar por ruas sujas de lixo, com fezes de cachorro e cheiro de urina. São situações que transformam o convívio urbano em uma experiência ruim. A saída é a educação. Convencidos disso, empresas e governos estão bombardeando a população com campanhas de conscientização — e multas, quando só as advertências não funcionarem. Independentemente da estratégia, o senso de urgência para uma mudança de comportamento na sociedade brasileira veio para ficar.

As iniciativas são louváveis. Caso a população, porém, se sinta apenas punida ou obrigada a uma atitude, e não parte da comunidade, os benefícios não se tornarão duradouros.

Suzane G. Frutuoso. Vai doer no bolsão. In: Istoé, 22/7/2009, p. 74-5 (com adaptações).

(CESPE) A respeito da organização das estruturas linguísticas do texto acima e da redação de correspondências oficiais, julgue o item subsequente.

(1) Na linha 11, a presença da conjunção "e" torna desnecessário o uso do travessão, que tem apenas a função de enfatizar a aplicação de "multas"; por isso, a retirada desse sinal de pontuação não prejudicaria a correção nem a coerência do texto.

1: incorreta, porque a ausência do travessão poderia indicar que ocorre, também, o "bombardeio" de multas, quando o que se sugere é sua ocorrência apenas quando "as advertências não funcionarem".

Gabarito 1E

Não existem soluções mágicas, é claro, mas uma coisa é certa: uma crise global requer soluções globais. Se não as encontrarmos, as consequências serão desastrosas, a começar pela morte de 2 milhões de crianças nos próximos cinco anos. Por conta da globalização, ninguém será poupado, especialmente aqueles que são vítimas inocentes: as vulneráveis populações da África, por exemplo, e as mulheres. Ela atinge todos os aspectos da sociedade: educação, segurança alimentar, as perspectivas de desenvolvimento da chamada economia verde etc. Ela também fortalece o "egotismo nacionalista" e incrementa a xenofobia. Esta crise, porém, não é apenas econômica; ela também é uma crise moral. É uma crise institucional e filosófica do sistema que construímos.

O mundo ruma para a incerteza? In: Planeta, ago./2008, p. 51 (com adaptações).

(CESPE) Tomando por base a organização do texto acima, julgue o item que se segue.

(1) A vírgula empregada após "desastrosas" (l.3) separa a oração "as consequências serão desastrosas" (l.3) de uma outra, que lhe atribui uma circunstância, sendo também coerente e gramaticalmente correto iniciá-la por começando, em lugar de "a começar" (l.4).

1: correta. "As consequências serão desastrosas" é a oração principal do período composto por subordinação, sendo a seguinte uma oração subordinada adverbial. Não há incorreção gramatical na substituição de "a começar" por "começando", pois ambas caracterizam oração subordinada reduzida.

Gabarito 1C

Texto

A maioria dos comentários sobre crimes ou se limitam a pedir de volta o autoritarismo ou a culpar a violência do cinema e da televisão, por excitar a imaginação criminosa dos jovens. Poucos pensam que vivemos em uma sociedade que estimula, de forma sistemática, a passividade, o rancor, a impotência, a inveja e o sentimento de nulidade nas pessoas. Não podemos interferir na política, porque nos ensinaram a perder o gosto pelo bem comum; não podemos tentar mudar nossas relações afetivas, porque isso é assunto de cientistas; não podemos, enfim, imaginar modos de viver mais dignos, mais cooperativos e solidários, porque isso é coisa de "obscurantista, idealista, perdedor ou ideólogo fanático", e o mundo é dos fazedores de dinheiro. Somos uma espécie que possui o poder da imaginação, da criatividade, da afirmação e da agressividade. Se isso não pode aparecer, surge, no lugar, a reação cega ao que nos impede de criar, de colocar no mundo algo de nossa marca, de nosso desejo, de nossa vontade de poder. Quem sabe e pode usar — com firmeza, agressividade, criatividade e afirmatividade — a sua capacidade de doar e transformar a vida, raramente precisa matar inocentes, de maneira bruta. Existem mil outras maneiras de nos sentirmos potentes, de nos sentirmos capazes de imprimir um curso à vida que não seja pela força das armas, da violência física ou da evasão pelas drogas, legais ou ilegais, pouco importa.

Jurandir Freire Costa. In: **Quatro autores em busca do Brasil**. Rio de Janeiro: Rocco, 2000, p. 43 (com adaptações).

(CESPE) Julgue o item a seguir, a respeito do emprego das estruturas linguísticas do texto acima.

(1) O emprego das aspas nas linhas 13 e 14 indica a simulação de comentários de outras pessoas, retomadas pelo autor.

1: correta. As aspas, no caso, servem para destacar que o trecho corresponde a uma citação.

Gabarito 1C

Texto

No nosso cotidiano, estamos tão envolvidos com a violência que tendemos a acreditar que o mundo nunca foi tão violento como agora: pelo que nos contam nossos pais e outras pessoas mais velhas, há dez, vinte ou trinta anos, a vida era mais segura, certos valores eram mais respeitados e cada coisa parecia ter o seu lugar. Essa percepção pode ser correta, mas precisamos pensar nas diversas dimensões em que pode ser interpretada. Se ampliarmos o tempo histórico, por exemplo, ela poderá se mostrar incorreta. Embora a violência não seja um fenômeno dos dias de hoje, pois está presente em toda e qualquer sociedade humana, sua ocorrência varia no grau, na forma, no sentido que adquire e na própria lógica nos diferentes períodos da História. O modo como o homem a vê e a vivencia atualmente é muito diferente daquele que havia na Idade Média, por exemplo, ou em outros períodos históricos em outras sociedades.

Andréa Buoro et al. Violência urbana – dilemas e desafios. São Paulo: Atual, 1999, p. 12 (com adaptações).

(CESPE) Julgue os seguintes itens, a respeito do emprego dos sinais de pontuação no texto acima.

(1) Pela função que desempenha no texto, o sinal de dois-pontos depois de "agora" (l.3) corresponde à ideia de "pois", colocado entre vírgulas.

(2) Para melhorar a clareza do texto, sem ferir a correção gramatical, deveria ser introduzido o termo "atrás", entre vírgulas, imediatamente após a palavra "anos" (l.4).

(3) Pelo seu sentido textual, a oração entre vírgulas "pois está presente em toda e qualquer sociedade humana" (l.10) poderia vir entre parênteses.

(4) Se a oração "pois está presente em toda e qualquer sociedade humana" (l.10) fosse retirada do texto, seria também obrigatória a retirada de ambas as vírgulas que a isolam.

(5) Na linha 14, a inserção de uma vírgula após "períodos históricos" alteraria as relações semânticas entre essa expressão e "outras sociedades" (l.14-15).

1: correta. Os dois-pontos indicam que o trecho seguinte tem função explicativa, sendo perfeitamente possível sua substituição por "pois", que tem a mesma natureza; **2:** incorreta. A assertiva tem dois problemas: primeiro, se fôssemos inserir a palavra "atrás", ela não poderia estar entre vírgulas; segundo, se algo aconteceu "há dez anos", só pode ter sido no passado, para trás. "Há dez anos atrás" é pleonasmo; **3:** correta. Pela sua natureza explicativa, as vírgulas poderiam ser substituídas por parênteses; **4:** incorreta. A vírgula depois de "hoje" deveria ser mantida, porque separa a oração subordinada que está deslocada da ordem direta do texto; **5:** correta. A inserção da vírgula transformaria o trecho em uma enumeração, deixando "períodos históricos" de alterar o termo "outras sociedades" para se tornar um elemento autônomo da oração.

Gabarito 1C, 2E, 3C, 4E, 5C

ALIMENTO DA ALMA

O comerciante André Faria, 49 anos, dono de um bar em Campinas (SP), pulou da cama às 6 da manhã, trabalhou o dia inteiro e ainda guarda disposição e bom humor para cantar baixinho enquanto prepara a terceira "quentinha" da noite.

O homem miúdo, de cabelos grisalhos e olhos azuis de um brilho intenso, aguarda sua outra freguesia: há anos ele alimenta moradores de rua por sua conta própria. Com a ajuda do fiel escudeiro, Mineiro, 64 anos, André prepara uma grande panela de sopa para 10, 12 pessoas no inverno, ou distribui arroz, feijão e carne para quem passa por ali nos dias mais quentes do ano.

Basta conversar alguns minutos com André para perceber que ele não faz isso para "parecer bonzinho".

"Não dá pra gente, que trabalha com comida, negar um prato a quem tem fome", diz. "Tem gente que faz isso, mas não é o meu caso, pois precisa ser muito frio."

Tatiana Fávero, Correio Popular.

(UNIFAP) No texto acima, qual o objetivo principal do uso das aspas, utilizadas em "*Tem gente que faz isso, mas não é o meu caso, pois precisa ser muito frio.*", e que constituem, dentre outros, um recurso de linguagem?

(A) Chamar a atenção das autoridades para um grande e grave problema de ordem social.

(B) Assinalar a fala de André que, neste texto, não é marcada por travessão.

(C) Distinguir, no texto, o posicionamento de André Faria do posicionamento da autora Tatiana Fávero.

(D) Ressaltar o posicionamento da maioria das pessoas que trabalham no ramo da alimentação.

(E) Colocar em destaque a parte conclusiva do texto.

As aspas têm como função isolar do texto frases ou palavras alheias, no início e no fim da citação; é colocada quando se reproduz o que outra pessoa disse; nesta função, pode ser usada no lugar do travessão. Portanto, no texto, elas assinalaram a fala de André que poderia também ter sido marcada por travessão.

Gabarito "B"

Sofrimento psíquico em policiais civis: uma questão de gênero

Apesar de concebida pelo senso comum como uma instituição predominantemente masculina, a Polícia Civil do Estado do Rio de Janeiro admite também mulheres entre seus servidores. Em suas atividades diárias, elas relatam enfrentar dificuldades, frustrações e cobranças. Um estudo realizado pelo Centro Latino-americano de Estudos de Violência e Saúde (Claves), vinculado à Escola Nacional de Saúde Pública Sergio Arouca (Ensp), uma unidade da Fiocruz, questionou 2.746 policiais, dos quais cerca de 19% eram mulheres, e descobriu que elas apresentam mais sofrimento psíquico que seus colegas de trabalho.

"Sofrimento psíquico é um conjunto de condições psicológicas que, apesar de não caracterizar uma doença, gera determinados sinais e sintomas que indicam sofrimento" explica a psicóloga Edinilsa Ramos de Souza, coordenadora do projeto. O problema pode ser causado por diversos fatores, inclusive as condições de trabalho, como falta de instalações adequadas, estresse e falta de preparo para a função. "No dia-a-dia, o policial precisa continuar com o seu trabalho e não pode demonstrar fragilidade", acrescenta. "Isso aumenta o sofrimento e, muitas vezes, faz com que o profissional somatize as questões psicológicas em problemas de saúde, como pressão alta, insônia e dores de cabeça".

(Catarina Chagas)

(FGV) As aspas nos segmentos do segundo parágrafo indicam

(A) palavras de pessoa que não a autora do texto.
(B) pensamentos que são muito importantes para a mensagem do texto.
(C) conclusões retiradas de documentos importantes.
(D) informações ligadas ao discurso oral e não ao escrito.
(E) expressões que causam algum tipo de estranheza.

Um dos muitos usos das aspas é a indicação de que o trecho é uma citação, ou seja, a transcrição de palavras de uma pessoa que não o autor do texto. Elas podem ser usadas também para indicar o uso de palavras típicas da coloquialidade ou de neologismos (alternativas "D" e "E"), mas essas não são sua função no texto.

Gabarito "A"

Textos para as duas questões seguintes.

1	Acredito que, no século XXI, o sucesso de qualquer
	sociedade dependerá de quatro características: sua geografia e
	sua base de recursos; sua capacidade de administrar mudanças
4	complexas; seu compromisso com os direitos humanos; e seu
	comprometimento com a ciência e a tecnologia. O Brasil pode
	vir a exceder em todos esses aspectos. No passado, o calcanhar
7	de aquiles do Brasil se situou naquela terceira esfera, a dos
	direitos humanos. Como os Estados Unidos da América (EUA)
	e, na verdade, a maior parte das Américas, o Brasil foi forjado
10	em um cadinho de conquista colonial e escravidão brutal.
	Esse nascimento violento deixou um legado de enormes
	divisões étnicas entre as elites de ascendência europeia,
13	as comunidades indígenas e as populações de origem africana,
	descendentes de escravos. Da mesma forma que os EUA, o
	Brasil ainda não superou essa genealogia cruel.
16	As desigualdades associadas a raça e etnia configuram um
	abismo — e, claro, propiciaram a geração de conflitos, a
	inclinação para o populismo e a instalação ocasional de regimes
19	autoritários.

Jeffrey Sachs. *In*: **Veja 40 Anos**, set./2008 (com adaptações).

1	Do ponto de vista de sua origem, de sua etimologia, a palavra
	preconceito significa prejulgamento, ou seja, ter ideia firmada sobre
	alguma coisa que ainda não se conhece, ter uma conclusão antes de
4	qualquer análise imparcial e cuidadosa. Na prática, a palavra
	preconceito foi consagrada como um prejulgamento negativo a
	respeito de uma pessoa ou de alguma coisa. Ter preconceito ou ser
7	preconceituoso significa ter uma opinião negativa antes de conhecer
	o suficiente ou de obter os elementos necessários para um julgamento
	imparcial. Com base nesses elementos, pode-se estabelecer a seguinte
10	definição: preconceito é a opinião, geralmente negativa, que se tem
	a respeito de uma pessoa, de uma etnia, de um grupo social, de uma
	cultura ou manifestação cultural, de uma ideia, de uma teoria ou de
13	alguma coisa, antes de se conhecerem os elementos que seriam
	necessários para um julgamento imparcial.
	Um ponto que merece especial atenção das pessoas é que, não
16	raro, o preconceito age no interior da mente, insinuando-se
	sutilmente, procurando disfarçar sua verdadeira natureza, para que
	sua influência não seja percebida.

Idem, ibidem.

(CESPE) Assinale a opção em que a justificativa de emprego de sinal de pontuação, no texto acima, está incorreta.

(A) Na linha 1, as vírgulas isolam uma expressão explicativa.
(B) A vírgula empregada na linha 3 separa oração coordenada assindética.
(C) Na linha 10, os dois-pontos indicam a citação de outra voz no texto.
(D) No trecho "é que, não raro, o preconceito" (l.15-16), as vírgulas isolam termo adverbial.

A: correta. A expressão "de sua etimologia" explica o termo "origem"; **B:** correta. Orações coordenadas são aquelas que contêm, cada uma, todos os termos necessários para sua completa compreensão, sendo, portanto, sintaticamente independentes. São assindéticas as orações coordenadas que não se ligam por uma conjunção, a qual é substituída por vírgula, ponto e vírgula ou dois-pontos; **C:** incorreta (devendo ser assinalada). Os dois-pontos indicam o início do aposto explicativo, não a mudança da voz do texto; **D:** correta, pois a locução adverbial está deslocada dentro do período.

Gabarito "C"

(CESPE) Assinale a opção em que a proposta de substituição dos sinais de pontuação preserva a correção gramatical e a coerência textual, considerando que, quando necessárias, sejam feitas as devidas alterações nas letras iniciais maiúsculas ou minúsculas.

(A) Substituição dos sinais de ponto e vírgula logo depois de "recursos" (l.3), "complexas" (l.4) e "humanos" (l.4) por ponto.
(B) Substituição do ponto logo após "aspectos" (l.6) por dois pontos.
(C) Substituição da vírgula logo depois de "e" (l.9) por travessão.
(D) Substituição da vírgula logo após "Américas" (l.9) por ponto e vírgula.
(E) Substituição do travessão depois de "abismo" (l.17) por ponto e vírgula.

A: incorreta, porque o trecho traz uma enumeração de itens, que devem ser separados por ponto e vírgula, nunca por ponto; **B:** incorreta. O ponto final representa o final da ideia transmitida na oração. Os dois-pontos serviriam para iniciar uma explicação, o que não ocorre no trecho seguinte; **C:** incorreta. A expressão "na verdade" está deslocada dentro do período, razão pela qual deve sempre aparecer entre vírgulas; **D:** incorreta, pela mesma razão da alternativa anterior; **E:** correta. O ponto e vírgula pode ser usado como pausa mais longa do que a vírgula e mais breve que o ponto, indicando a continuidade do raciocínio sem estar vinculado, inteiramente, ao exposto anteriormente.

Gabarito "E"

Texto para a questão seguinte.

Triste Europa

Um Estado pode prender e expulsar um menor desacompanhado só porque ele é estrangeiro e não possui os documentos que o próprio Estado não quis lhe conceder? E, na mesma situação, os idosos, as grávidas e os portadores de deficiência? E os que, no país de origem, foram vítimas de tortura, estupro ou outras formas graves de violência?

Pois a nova norma sobre "o regresso de nacionais de terceiros países em situação irregular", recentemente aprovada pelo Parlamento Europeu, não apenas permite que um país o faça como estende uma tenebrosa concepção jurídica da imigração aos Estados-membros da União Europeia.

Tanto essa diretiva como as leis de certos países que a inspiraram são incompatíveis com as Constituições nacionais dos Estados-membros. São ilegais em relação ao direito internacional dos direitos humanos, arduamente tecidos após a Segunda Guerra Mundial. E colidem com o próprio direito regional – especialmente a Carta dos Direitos Fundamentais da UE (Nice, 2000) e a Convenção Europeia dos Direitos Humanos (Roma, 1950).

De ardilosa redação, a norma, a um só tempo, refere os direitos humanos e institucionaliza sua violação sistemática. Uma alínea assegura um direito, enquanto outra mais adiante o condiciona ou lhe rouba o sentido.

Sob o pretexto de organizar a expulsão, batizada de "afastamento", o estrangeiro pode ser detido por até 18 meses. As condições de detenção e expulsão são inaceitáveis: em princípio, há espaços isolados denominados "centros de retenção" (os que já existem lembram campos de concentração). Porém, havendo um número "excepcionalmente elevado" de estrangeiros, estes podem ser mesclados aos presos comuns, e as famílias podem ser separadas.

Acompanha a expulsão uma "interdição de entrada" em todo o território coberto pela diretiva, que pode durar cinco anos ou até se prolongar indefinidamente. Num processo apto a resultar em tão graves consequências, o Estado pode considerar desnecessária a tradução dos documentos, desde que "se possa razoavelmente supor" que o estrangeiro os compreenda.

Ademais, as informações sobre as razões de fato da expulsão podem ser limitadas, para salvaguardar, entre outros, a segurança nacional.

Infelizmente, a comunidade internacional não exagerou ao apelidá-la de "Diretiva da Vergonha". Ela constitui uma derrota mais grave do que o fracasso da Constituição Europeia ou do Tratado de Lisboa, recentemente recusados por referendos populares.

Concluída a fusão dos mercados, em vez de rumar para a integração política e consolidar seu protagonismo na cena mundial, a Europa faz da integração um utensílio da exclusão.

Claro está que Bruxelas não pode evitar a deriva à direita de certos Estados, mas tampouco necessita servir à regionalização da xenofobia.

Por outro lado, a diretiva complica ainda mais as já difíceis negociações inter-regionais com o Mercado Comum do Sul, Mercosul, cujos chefes de Estado se uniram para emitir um veemente protesto na recente Cúpula de Tucumán (Argentina).

Com efeito, além da ilegalidade, aqui há ingratidão. Os fluxos migratórios oriundos da Europa se espalharam por todos os continentes. Mais do que ninguém, os europeus sabem que não há emigração em massa sem fortes motivações, essencialmente de natureza socioeconômica.

Ora, as mazelas da imigração só podem ser resolvidas com a integração dos estrangeiros às sociedades, associada a uma enfática cooperação internacional, a fim de extrair da miséria e da desesperança a larga franja demográfica em que nascerá o futuro ser humano a expulsar.

Estima-se que possam ser expulsos da Europa 8 milhões de estrangeiros considerados em situação irregular, embora, em sua ampla maioria, não tenham praticado nenhum crime, trabalhem e recolham impostos.

Somando-se essa possibilidade à fresca barbárie do governo republicano dos EUA, o mundo desenvolvido desgasta aguda e paulatinamente sua autoridade moral para cobrar valores humanistas de outros governos.

Paradoxos da globalização: jamais a humanidade dispôs de tantas facilidades para se mover, mas nunca antes ela foi tão fortemente cerceada em sua liberdade.

A Europa crava tristes trópicos em si mesma. Estamos, ainda, distantes do fim do território nacional e do Estado como inospitaleiras construções do homem contra si mesmo. Razão a mais para acreditar que cabe ao Sul, e particularmente ao plural Brasil, a invenção de novos modelos, talvez menos opulentos, mas seguramente mais solidários, de convívio respeitoso entre os homens.

(Ricardo Seitenfus e Deisy Ventura.
Folha de São Paulo, 24 de julho de 2008)

(FGV) "As condições de detenção e expulsão são inaceitáveis: em princípio, há espaços isolados denominados 'centros de retenção' (os que já existem lembram campos de concentração)." (L.27-30)

No trecho acima, a função dos parênteses é:

(A) explicar a ideia anterior.
(B) exemplificar o dito anteriormente.
(C) especificar um elemento particular dentre os gerais.
(D) apresentar uma ideia que se deseja manter como observação à parte.
(E) ressalvar um dado dito anteriormente.

Dentre as diversas funções dos parênteses, listadas nas alternativas, no trecho citado ele foi utilizado para separar uma oração que constitui um adendo, uma observação dos autores, que não se integra totalmente à construção argumentativa. Trata-se de uma crítica que os autores querem deixar à parte de sua fundamentação.

Gabarito "D"

Texto para a questão seguinte.

Ainda é cedo amor
Mal começaste a conhecer a vida
Já anuncias a hora da partida
Sem saber mesmo o rumo que irás tomar

Preste atenção querida
Embora eu saiba que estás resolvida
Em cada esquina cai um pouco a sua vida
Em pouco tempo não serás mais o que és

Ouça-me bem, amor
Preste atenção o mundo é um moinho
Vai triturar teus sonhos tão mesquinhos
Vai reduzir as ilusões a pó

Preste atenção querida
De cada amor tu herdarás só o cinismo
Quando notares estás à beira do abismo
Abismo que cavaste com teus pés

Cartola

(CESGRANRIO) De acordo com a norma culta, caberia o uso da vírgula no verso 5 (Preste atenção, querida) para:

(A) enumerar itens.
(B) enfatizar uma explicação.
(C) separar circunstâncias.
(D) isolar o aposto.
(E) destacar o vocativo.

Dentre as diversas funções da vírgula, no caso apresentado ela seria usada para isolar, ou destacar, o vocativo "querida", que é a forma de tratamento usada pelo eu-lírico para se dirigir a sua interlocutora.

Gabarito "E"

Gastar um pouquinho a mais durante o mês e logo ver sua conta ficar no vermelho. Isso que parecia apenas um problema de adultos ou pais de famílias está também atingindo os mais jovens. Diante desse contexto, é fundamental, segundo vários educadores, que a família ensine a criança, desde pequena, a saber lidar com dinheiro e a se envolver com o controle dos gastos. Uma criança que cresça sem essa formação será um adulto menos consciente e terá grandes chances de se tornar um jovem endividado. Para o jovem que está começando sua vida financeira e profissional, um plano de gastos é útil por excelência, a fim de controlar, de forma equilibrada, o que entra e o que sai. Para isso, é recomendável:

a) anotar todas as despesas que são feitas mensalmente, analisando o resultado de acordo com o que costuma receber;
b) comprar, preferencialmente, à vista;
c) ao receber, estabelecer um dízimo, ou seja, guardar 10% do valor líquido do salário em uma conta de poupança, todo mês.

Graziela Salomão. **Economista explica como o jovem pode controlar seu orçamento e evitar gastar demais**. In: **Época**, 31/10/2005 (com adaptações).

(CESPE) Tomando por base as construções sintáticas utilizadas no texto, julgue os itens que se seguem com referência à pontuação.

(1) Emprega-se ponto e vírgula ao final de enumerações de itens sempre que, no interior desses, a exemplo do que ocorre no último parágrafo do texto, há indicação de pausa de menor duração.

1: correta. Trata-se de um dos usos do ponto e vírgula segundo o padrão culto da língua

Gabarito 1C

(FCC) Está inteiramente correta a pontuação do seguinte período:

(A) A toda sociedade, cabe a obrigação ética de contribuir, para a melhoria da programação destinada às crianças, que tanto tempo passam, diante da televisão.
(B) Ao contrário de outros países, o Brasil não tem em sua pesquisa acadêmica, um fator de real aprimoramento, da programação de TV para o público infantil.
(C) As pesquisas de mercado, mesmo se tomadas como orientação para os produtores de TV criarem seus programas, não têm responsabilidade direta no nível da programação.
(D) Brincar, ler, ajudar a família; eis algumas atividades, com que as crianças cada vez menos se importam, entretidas que estão, em assistir aos programas de TV.

(E) De fato é um exagero ficar uma criança, três horas e meia diante de um aparelho de TV, com isso, deixando de lado outras atividades que poderiam ser mais enriquecedoras.

A: incorreta. Não há vírgula depois de "sociedade", depois de "contribuir" e depois de "passam"; **B:** incorreta. Não há vírgula depois de "acadêmica" e depois de "aprimoramento"; **C:** correta; **D:** incorreta. Não há vírgula depois de "atividades" e depois de "estão"; **E:** incorreta. Não há vírgula depois de "criança" e depois de "isso"

Gabarito "C"

(FCC)

I. Antigamente, os esportes olímpicos mantinham relação direta com as técnicas da guerra.
II. Há quem não goste das competições esportivas, que levam os atletas ao máximo do sacrifício.
III. É evidente que os jogos olímpicos alcançaram repercussão internacional, em nosso tempo.

A exclusão da vírgula altera o sentido do que está dito em

(A) II e III, somente.
(B) I, II e III.
(C) II, somente.
(D) III, somente.
(E) I e II,somente.

I: não haverá alteração, porque a separação por vírgula do advérbio é facultativa; **II:** haverá alteração, porque a vírgula tem a função de diferenciar a segunda oração subordinada adjetiva em explicativa (como no caso proposto) ou restritiva (se retirada a vírgula); **III:** não haverá alteração, pelas mesmas razões do item I

Gabarito "C"

Texto IV – questões 16 a 18

CAIXA
Aqui o Brasil acontece

Extrato Poupança
Para simples verificação

Nome da agência	Telefone	Código	Operação	Emissão
ALFA	555 5555	0007	013 – D.C.M.	01/05/2002

Na Poupança da CAIXA

Você concorre a cerca de 1.800 prêmios de **R$ 500, 00,**

25 prêmios de

R$ 10 mil e

1 grande prêmio de

R$ 1 milhão.

1º Prêmio	33.234	1º Prêmio	58.937
2º Prêmio	29.732	2º Prêmio	64.314
3º Prêmio	27.579	3º Prêmio	57.913
4º Prêmio	51.431	4º Prêmio	43.888

Nome do cliente	CPF / CNPJ	Conta	Mês / Ano	Folha
MANOEL JOAQUIM NETO	555.555.555-555	013.00555555.5	04/2002	00001

Resumo

Saldo Anterior	Créditos (+)	Débitos (-)	CPMF (-)	OutPos (-)	Saldo Atual
1.416,34C	10,60	0,00	0,00	0,00	1.426,94C
Total geral	10,60	0,00	0,00	0,00	

Posição das aplicações por dia limite

Dia	Saldo Base	Saldo Atual	Rentabilidade	Dia	Saldo Base	Saldo Atual	Rentabilidade
02	221,92	223,42	0,6767%				
06	1.193,42	1.202,51	0,7618%				
17	1,00	1,01	0,7126%				

POUPANÇA DA CAIXA
AQUI ATÉ O SEU SONHO RENDE

(CESPE) Considerando o extrato acima, julgue o item abaixo.

(1) A pontuação é dispensável quando as expressões têm caráter de slogan ou propaganda, mas admite-se subentender a ideia de exclamação após a oração "AQUI ATÉ O SEU SONHO RENDE", ao final do extrato.

1: correta. Se estivéssemos tratado de um texto normal, o ponto de exclamação seria obrigatório. Na publicidade, as regras são relativizadas, porque as expressões muitas vezes aparecem desvinculadas de um contexto

Gabarito 1C

(FCC) Indique o período cuja pontuação está inteiramente correta.

(A) Há muito, vêm caindo os salários dos professores das universidades públicas, estes desanimados fazem greve ou, as trocam pelas instituições privadas.
(B) Há muito vêm caindo os salários, dos professores das universidades públicas: estes desanimados, fazem greve ou as trocam, pelas instituições privadas.
(C) Há muito, vêm caindo, os salários dos professores das universidades públicas; estes desanimados fazem greve, ou as trocam pelas instituições privadas.
(D) Há muito vêm caindo os salários dos professores das universidades públicas; estes, desanimados, fazem greve ou as trocam pelas instituições privadas.
(E) Há muito vêm caindo, os salários dos professores, das universidades públicas; estes, desanimados, fazem greve, ou: as trocam pelas instituições privadas.

A pontuação correta é a exposta na alternativa "D", a única onde a vírgula e o ponto e vírgula estão empregados de acordo com o padrão culto da língua

Gabarito "D"

No início do século XX, a afeição pelo campo era uma característica comum a muitos ingleses. Já no final do século XVIII, dera origem ao sentimento de saudade de casa tão característico dos viajantes ingleses no exterior, como William Beckford, no leito de seu quarto de hotel português, em 1787, "assediado a noite toda por ideias rurais da Inglaterra." À medida que as fábricas se multiplicavam, a nostalgia do morador da cidade refletia-se em seu pequeno jardim, nos animais de estimação, nas férias passadas na Escócia, ou no Distrito dos Lagos, no gosto pelas flores silvestres e a observação de pássaros, e no sonho com um chalé de fim de semana no campo. Hoje em dia, ela pode ser observada na popularidade que se conserva daqueles autores conscientemente "rurais" que, do século XVII ao XX, sustentaram o mito de uma arcádia campestre.

Em alguns ingleses, no historiador G.M. Trevelyan, por exemplo, o amor pela natureza selvagem foi muito além desses anseios vagamente rurais. Lamentava, em um dos seus textos mais eloquentes, de 1931, a destruição da Inglaterra rural e proclamava a importância do cenário da natureza para a vida espiritual do homem. Sustentava que até o final do século XVIII as obras do homem apenas se somavam às belezas da natureza; depois, dizia, tinha sido rápida a deterioração. A beleza não mais era produzida pelas circunstâncias econômicas comuns e só restava, como esperança, a conservação do que ainda não fora destruído. Defendia que as terras adquiridas pelo Patrimônio Nacional, a maioria completamente inculta, deveriam ser mantidas assim.

Há apenas poucos séculos, a mera ideia de resistir à agricultura, ao invés de estimulá-la, pareceria ininteligível. Como teria progredido a civilização sem a limpeza das florestas, o cultivo do solo e a conversão da paisagem agreste em terra colonizada pelo homem? A tarefa do homem, nas palavras do Gênesis, era "encher a terra e submetê-la". A agricultura estava para a terra como o cozimento para a carne crua. Convertia natureza em cultura. Terra não cultivada significava homens incultos. E quando os ingleses seiscentistas mudaram-se para Massachusetts, parte de sua argumentação em defesa da ocupação dos territórios indígenas foi que aqueles que por si mesmos não submetiam e cultivavam a terra não tinham direito de impedir que outros o fizessem.

(FCC) As frases abaixo, tiradas do texto, apresentam alterações em sua pontuação original. Assinale a alternativa em que a alteração acarretou frase pontuada de maneira INCORRETA.

(A) Hoje em dia ela pode ser observada na popularidade, que se conserva daqueles autores conscientemente "rurais" que do século XVII ao XX, sustentaram o mito de uma arcádia campestre.

(B) Em alguns ingleses – no historiador G.M. Trevelyan, por exemplo – , o amor pela natureza selvagem foi muito além desses anseios vagamente rurais.

(C) Sustentava que, até o final do século XVIII, as obras do homem apenas se somavam às belezas da natureza; depois, dizia, tinha sido rápida a deterioração.

(D) A beleza não mais era produzida pelas circunstâncias econômicas comuns e só restava como esperança a conservação do que ainda não fora destruído.

(D) E quando os ingleses seiscentistas mudaram-se para Massachusetts, parte de sua argumentação em defesa da ocupação dos territórios indígenas foi que aqueles que, por si mesmos, não submetiam e cultivavam a terra não tinham direito de impedir que outros o fizessem.

Encontramos erro de pontuação apenas na alternativa "A", que deveria estar assim pontuada: "Hoje em dia, ela pode ser observada na popularidade que se conserva daqueles autores conscientemente rurais, que, do século XVII ao XX, sustentaram o mito de uma arcádia campestre"

Gabarito "A"

A média universal do Índice de Desenvolvimento Humano aumentou 18% desde 1990. Mas a melhora estatística está longe de animar os autores do Relatório de 2010. Eles argumentam que, embora os números reflitam avanços em determinadas áreas, o mundo continua a conviver com problemas graves, que exigem uma nova perspectiva política.

O cenário apresentado pelo Relatório não é animador. O documento adverte que, nestes 20 anos, parte dos países enfrentou sérios problemas, sobretudo na saúde, anulando em alguns anos os ganhos de várias décadas. Além disso, o crescimento econômico tem sido desigual. Os padrões de produção e consumo atuais são considerados inadequados.

Embora não queira apresentar receitas prontas, o Relatório traça caminhos possíveis. Entre eles, o reconhecimento da ação pública na regulação da economia para proteger grupos mais vulneráveis. Outro aspecto ressaltado é a necessidade de considerar pobreza, crescimento e desigualdade como temas interligados. "Crescimento rápido não deve ser o único objetivo político, porque ignora a distribuição do rendimento e negligencia a sustentabilidade do crescimento", informa o texto.

Um aspecto importante revelado pelo Relatório é que muitas das ações para melhoria da saúde e da educação não necessitam de grande investimento financeiro. Isso está mais presente sobretudo onde os indicadores são ruins. "Numa primeira etapa, medidas simples como inclusão do soro caseiro e lavagem das mãos já trazem impacto relevante", avalia Flávio Comim, economista do Programa das Nações Unidas para o Desenvolvimento.

(Adaptado de Lígia Formenti. **O Estado de S. Paulo**, A30 **Vida**, 5 de novembro de 2010)

(FCC) O trecho colocado entre aspas, no final do 3º parágrafo, indica que se trata de

(A) comentário pessoal do autor do texto sobre dados do Relatório.

(B) insistência na correção dos dados apresentados pelo Relatório.

(C) repetição desnecessária de informação já citada no texto.

(D) transcrição exata do que consta no texto do Relatório de 2010.

(E) resumo do assunto principal constante do Relatório de 2010.

As aspas foram utilizadas para indicar uma citação literal de parte do texto do relatório

Gabarito "D"

A multiplicação de desastres naturais vitimando populações inteiras é inquietante: tsunamis, terremotos, secas e inundações devastadoras, destruição da camada de ozônio, degelo das calotas polares, aumento dos oceanos, aquecimento do planeta, envenenamento de mananciais, desmatamentos, ocupação irresponsável do solo, impermeabilização abusiva nas grandes cidades. Alguns desses fenômenos não estão diretamente vinculados à conduta humana. Outros, porém, são uma consequência direta de nossas maneiras de sentir, pensar e agir.

É aqui que avulta o exemplo de Hans Jonas.

Em 1979 ele publicou ***O Princípio Responsabilidade****. A obra mostra que as éticas tradicionais – antropocêntricas e baseadas numa concepção instrumental da tecnologia – não estavam à altura das consequências danosas do progresso tecnológico sobre as condições de vida humana na Terra e o futuro das novas gerações. Jonas propõe uma ética para a civilização tecnológica, capaz de reconhecer para a natureza um direito próprio. O filósofo detectou a propensão de nossa civilização para degenerar de maneira desmesurada, em virtude das forças econômicas e de outra índole que aceleram o curso do desenvolvimento tecnológico, subtraindo o processo de nosso controle.*

Tudo se passa como se a aquisição de novas competências tecnológicas gerasse uma compulsão a seu aproveitamento industrial, de modo que a sobrevivência de nossas sociedades depende da atualização do potencial tecnológico, sendo as tecnociências suas principais forças produtivas. Funcionando de modo autônomo, essa dinâmica tende a se reproduzir coercitivamente e a se impor como único meio de resolução dos problemas sociais surgidos na esteira do desenvolvimento. O paradoxo consiste em que o progresso converte o sonho de felicidade em pesadelo apocalíptico – profecia macabra que tem hoje a figura da catástrofe ecológica. [...]

Jonas percebeu o simples: para que um "basta" derradeiro não seja imposto pela catástrofe, é preciso uma nova conscientização, que não advém do saber oficial nem da conduta privada, mas de um novo sentimento coletivo de responsabilidade e temor. Tornar-se inventivo no medo, não só reagir com a esperteza de "poupar a galinha dos ovos de ouro", mas ensaiar novos estilos de vida, comprometidos com o futuro das próximas gerações.

(Adaptado de Oswaldo Giacoia Junior. **O Estado de S. Paulo**, A2 **Espaço Aberto**, 3 de abril de 2010)

(FCC) Considere as afirmativas a respeito dos sinais de pontuação empregados no texto.

I. Os dois-pontos, no 1º parágrafo, introduzem enumeração de fatos que exemplificam *desastres naturais*.
II. Os travessões isolam, no 3º parágrafo, um comentário explicativo da expressão imediatamente anterior a esse segmento.
III. O travessão único, no final do 4º parágrafo, pode ser corretamente substituído por uma vírgula, sem alteração do sentido original.
IV. As aspas colocadas na frase do final do texto *"poupar a galinha dos ovos de ouro"* têm por objetivo assinalar a ideia principal do texto.

Está correto o que consta APENAS em

(A) I e II.
(B) I, II e III.
(C) I, III e IV.
(D) II, III e IV.
(E) II e IV.

I: correta, sendo exatamente a função dos dois-pontos no trecho; **II:** correta. Os travessões isolam o aposto, que esclarece o conceito de "éticas tradicionais"; **III:** correta. Tal qual no item anterior, o travessão isola o aposto e, com essa função, pode ser substituído por vírgula sem prejuízo à correção gramatical do texto; IV: incorreta. As aspas foram utilizadas para indicar que a expressão está sendo utilizada em sentido conotativo (figurado), por se tratar de uma expressão popular

Gabarito "B"

O sabiá político

Do ano passado para cá, o setor canoro das árvores, aqui na ilha, sofreu importantes alterações.

Aguinaldo, o sabiá titular e decano da mangueira, terminou por falecer, como se vinha temendo.

Embora nunca se tenha aposentado, já mostrava sinais de cansaço e era cada vez mais substituído, tanto nos saraus matutinos quanto nos vespertinos, pelo sabiá-tenor Armando Carlos, então grande promessa jovem do bel canto no Recôncavo. Morreu de velho, cercado pela admiração da coletividade, pois pouco se ouviram, em toda a nossa longa história, timbre e afinação tão maviosos, além de um repertório de árias incriticável, bem como diversas canções românticas.

(...) Armando Carlos também morava na mangueira e, apesar de já adivinhar que o velho Aguinaldo não estaria mais entre nós neste verão, eu não esperava grandes novidades na pauta das apresentações artísticas na mangueira. Sofri, pois, rude surpresa, quando, na sessão alvorada, pontualmente iniciada às quinze para as cinco da manhã, o canto de Armando Carlos, em pleno vigor de sua pujante mocidade, soou meio distante.

Apurei os ouvidos, esfreguei as orelhas como se estivessem empoeiradas.

Mas não havia engano. Passei pelo portão apreensivo quanto ao que meus sentidos me mostravam, voltei o olhar para cima, vasculhei as frondes das árvores e não precisei procurar muito. Na ponta de um galho alto, levantando a cabeça para soltar pelos ares um dó arrebatador e estufando o peito belamente ornado de tons de cobre vibrantes, Armando Carlos principiava a função.

Dessa vez foram meus olhos incrédulos que tive de esfregar e, quando os abri novamente, a verdade era inescapável.

E a verdade era – e ainda é – que ele tinha inequivocamente se mudado para o oitizeiro de meu vizinho Ary de Maninha, festejado e premiado orador da ilha (...).

Estou acostumado à perfidez e à ingratidão humanas, mas sempre se falou bem do caráter das aves em geral e dos sabiás em particular. O sabiá costuma ser fiel à sua árvore, como Aguinaldo foi até o fim. Estaríamos então diante de mais um exemplo do comportamento herético das novas gerações? Os sabiás de hoje em dia serão degenerados? Eu teria dado algum motivo para agravo ou melindre? Ou, pior, haveria uma possível esposa de Armando Carlos sido mais uma vítima do mico canalha que também mora na mangueira? Bem, talvez se tratasse de algo passageiro; podia ser que, na minha ausência, para não ficar sem plateia, Armando Carlos tivesse temporariamente transferido sua ribalta para o oitizeiro. Mas nada disso. À medida que o tempo passava, o concerto das dez também soando distante e o mesmo para o recital do meio-dia, a ficha acabou de cair. A mangueira agora está reduzida aos sanhaços, pessoal zoadeiro, inconstante e agitado; aos cardeais, cujo coral tenta, heroica mas inutilmente, preencher a lacuna dos sabiás. (...)

RIBEIRO, João Ubaldo. **O Globo**, 14 fev. 2010. (Adaptado)

(CESGRANRIO) Em "Mas não havia engano." (l. 25), o sinal de pontuação que **NÃO** pode substituir o ponto (.) é

(A) vírgula (,)
(B) ponto e vírgula (;)
(C) dois pontos (:)
(D) travessão (–)
(E) reticências (...)

O ponto, no trecho, indica a conclusão do raciocínio e o início de outro em seguida, de forma que somente pode ser substituído, nesse caso, pela vírgula (que pode operar essa mesma função)

Gabarito "A"

Mesmo quando sucumbimos aos nossos impulsos consumistas, estamos sempre pagando um preço além daquele debitado em nossa conta bancária. Quando você compra um carro, por exemplo, não está adquirindo apenas um veículo útil ou um símbolo de *status*. Você leva também um possível agente poluidor e — se levarmos em conta os números de acidentes nas estradas do país — uma arma em potencial. Nesse caso, há o preço da consciência ambiental e da responsabilidade de dirigir não apenas para si mesmo, mas para a comunidade como um todo. O comprador acaba levando mais do que compra e, para o bem maior da coletividade, é preciso que arque com essas despesas extras.

Planeta, maio/2006, p. 50 (com adaptações).

(CESPE) A partir do texto acima, julgue o item que se segue.

(1) Preservam-se a coerência textual e a correção gramatical se o termo "despesas extras" (l.12) for escrito entre aspas no texto.

1: correta, porque o termo "despesas" é usado em seu sentido conotativo (figurado), sendo autorizado o uso das aspas para indicar essa situação

Gabarito 1C

Em meio a uma crise da qual ainda não sabe como escapar, a União Europeia celebra os 50 anos do Tratado de Roma, pontapé inicial da integração no continente. Embora sejam muitos os motivos para comemorar, como a manutenção da paz e a consolidação do mercado comum, os chefes dos 27 Estados-membros têm muito com o que se preocupar. A discussão sobre a Constituição única não vai adiante, a expansão para o leste dificulta a tomada de decisões e os cidadãos têm dificuldade para identificar-se como parte da megaestrutura europeia.

O Estado de S. Paulo, 25/3/2007, p. A20.

(CESPE) Com referência às estruturas e às ideias do texto, bem como a aspectos associados aos temas nele tratados, julgue o item subsequente.

(1) As vírgulas logo após "comemorar" (l.4) e "comum" (l.5) podem, sem prejuízo para a correção gramatical do período, ser substituídas por travessões.

1: correta. O trecho entre vírgulas exerce função sintática de aposto e, portanto, pode ser isolado na oração por travessões

Gabarito 1C

O exercício da memória, seu exercício mais intenso e mais contundente, é indissociável da presença dos velhos entre nós. Quando ainda não contidos pelo estigma de improdutivos, quando por isso ainda não constrangidos pela impaciência, pelos sorrisos incolores, pela cortesia inautêntica, pelos cuidados geriátricos impessoais, pelo isolamento, quando então ainda não calados, dedicam-se os velhos, cheios de espontaneidade, à cerimônia da evocação, evocação solene do que mais impressionou suas retinas tão fatigadas, enquanto seus interesses e suas mãos laborosas participavam da norma e também do mistério de uma cultura.

(GONÇALVES FILHO, José Moura, "Olhar e memória". *In*: **O olhar. NOVAES**, Adauto (org.). 10a reimpressão. São Paulo: Companhia das Letras, 2003, p. 97)

(FCC)... evocação solene do que mais impressionou suas retinas tão fatigadas, enquanto seus interesses e suas mãos laborosas participavam da norma e também do mistério de uma cultura.

A mudança efetuada na pontuação da frase acima manteve o segmento em conformidade com a norma padrão em

(A) ... evocação solene do que mais impressionou suas retinas tão fatigadas, enquanto seus interesses, e suas mãos laborosas, participavam da norma e, também, do mistério de uma cultura.
(B) ... evocação solene do que mais impressionou suas retinas tão fatigadas, enquanto seus interesses, e suas mãos laborosas participavam da norma e, também do mistério de uma cultura.
(C) ... evocação solene, do que mais impressionou suas retinas tão fatigadas; enquanto seus interesses e suas mãos laborosas participavam da norma e também, do mistério de uma cultura.
(D) ... evocação solene do que mais impressionou suas retinas tão fatigadas, enquanto seus interesses e suas mãos laborosas, participavam da norma e também do mistério de uma cultura.
(E) ... evocação solene do que mais impressionou suas retinas tão fatigadas, enquanto seus interesses e suas mãos laborosas participavam, da norma e também do mistério, de uma cultura.

A única proposta de pontuação correta é a constante da alternativa "A", porque isola com vírgulas, primeiro, termos coordenados da oração ("e suas mãos laborosas"), trecho que, com o sentido dado pela nova pontuação, poderia ser isolado com travessões, parênteses ou mesmo suprimido da oração; segundo, o adjunto adverbial "também" que, por estar deslocado da ordem direta, pode ser isolado na oração pela pontuação correspondente

Gabarito "A"

(FUNCAB) Assinale a opção correta quanto à pontuação.

(A) O nosso século, que se iniciou e tem se desenvolvido sob a insígnia da civilização industrial, primeiro inventou a máquina e depois fez dela o seu modelo de vida.
(B) O nosso século, que se iniciou e tem se desenvolvido, sob a insígnia, da civilização industrial primeiro inventou a máquina e depois fez dela o seu modelo de vida.
(C) O nosso século que se iniciou e tem se desenvolvido sob a insígnia da civilização industrial, primeiro inventou a máquina, e depois fez dela, o seu modelo de vida.
(D) O nosso século que se iniciou, e tem se desenvolvido, sob a insígnia da civilização industrial, primeiro inventou a máquina e, depois fez dela o seu modelo de vida.
(E) O nosso século que se iniciou, e tem se desenvolvido sob a insígnia da civilização industrial primeiro, inventou a máquina e depois, fez dela o seu modelo de vida.

A oração "que se iniciou e tem se desenvolvido (...) industrial" deve estar entre vírgulas porque é oração subordinada adjetiva explicativa. Quaisquer outras vírgulas colocadas ou deslocadas estão no lugar errado, desatendendo aos preceitos gramaticais, principalmente ao separar "primeiro inventou a máquina" de "depois fez dela o seu modelo de vida". Essas orações são coordenadas aditivas que partilham o mesmo sujeito, portanto não podem estar separadas

Gabarito "A"

(FCC) A pontuação está plenamente adequada na frase:

(A) O cronista, diante da possibilidade de habitar uma ilha, enumera uma série de argumentos que, a princípio, desqualificaria as supostas vantagens de um insulamento, mas, ao fim e ao cabo, convence-se de que está na ilha a última chance de desfrutarmos nossa liberdade.
(B) O cronista diante da possibilidade, de habitar uma ilha, enumera uma série de argumentos, que a princípio desqualificariam as supostas vantagens de um insulamento, mas ao fim e ao cabo, convence-se de que está na ilha a última chance de desfrutarmos nossa liberdade.
(C) O cronista diante da possibilidade de habitar uma ilha enumera uma série de argumentos, que a princípio, desqualificariam as supostas vantagens de um insulamento; mas ao fim e ao cabo convence-se, de que está na ilha a última chance de desfrutarmos nossa liberdade.
(D) O cronista, diante da possibilidade de habitar uma ilha enumera uma série de argumentos, que a princípio, desqualificariam as supostas vantagens de um insulamento mas, ao fim e ao cabo convence-se de que está na ilha, a última chance de desfrutarmos nossa liberdade.
(E) O cronista, diante da possibilidade de habitar uma ilha enumera uma série de argumentos que a princípio, desqualificariam as supostas vantagens de um insulamento; mas ao fim e ao cabo, convence-se de que, está na ilha, a última chance de desfrutarmos nossa liberdade.

A oração adverbial "diante da possibilidade de habitar uma ilha" deve estar entre vírgulas porque está deslocada da ordem direta do período. O mesmo ocorre com os adjuntos adverbiais "a princípio" e "ao fim e ao cabo". Deve haver vírgula antes "mas", para separar a oração coordenada adversativa. Quaisquer outros sinais de pontuação colocados afrontam as determinações gramaticais, por separarem sujeito do verbo ou esse de seu complemento

Gabarito "A"

(FCC) A pontuação está plenamente adequada no período:

(A) Muito se debate, nos dias de hoje, acerca do espaço que o ensino religioso deve ou não ocupar dentro ou fora das escolas públicas; há quem não admita interferência do Estado nas questões de fé, como há quem lembre a obrigação que ele tem de orientar as crianças em idade escolar.

(B) Muito se debate nos dias de hoje, acerca do espaço, que o ensino religioso deve ou não ocupar dentro ou fora das escolas públicas: há quem não admita interferência do Estado, nas questões de fé, como há quem lembre, a obrigação que ele tem de orientar as crianças em idade escolar.

(C) Muito se debate nos dias de hoje, acerca do espaço que o ensino religioso, deve ou não ocupar dentro ou fora das escolas públicas, há quem não admita interferência do Estado nas questões de fé, como há quem lembre a obrigação: que ele tem de orientar as crianças em idade escolar.

(D) Muito se debate, nos dias de hoje, acerca do espaço que o ensino religioso deve, ou não, ocupar dentro, ou fora, das escolas públicas; há quem não admita interferência, do Estado, nas questões de fé; como há quem lembre a obrigação, que ele tem de orientar as crianças em idade escolar.

(E) Muito se debate, nos dias de hoje acerca do espaço que o ensino religioso deve, ou não, ocupar dentro ou fora das escolas públicas: há quem não admita interferência do Estado, nas questões de fé, como há quem lembre, a obrigação, que ele tem de orientar as crianças, em idade escolar.

O adjunto adverbial "nos dias de hoje" deve estar entre vírgulas, porque está deslocado da ordem direta da oração. Após "públicas", o sinal de pontuação pode tanto ser o ponto e vírgula, para indicar uma interrupção no raciocínio, quanto os dois-pontos, para anunciar a enumeração dos argumentos. Após "fé", é indiferente o uso de ponto e vírgula ou vírgula, diante da função de separar as orações coordenadas. Quaisquer outras vírgulas adicionadas ou faltantes ofendem as regras de pontuação, porque, principalmente as primeiras, acabam por separar o sujeito do verbo ou esse de seus complementos

Gabarito "A"

PLANO PASÁRGADA

Alguns amigos passaram recentemente pelos sustos de saúde típicos de quem está na faixa dos 50 anos. Aquele calorzinho discreto no peito, na hora da esteira ergométrica, termina em operação de safena. Uma dor estranha em todos os dentes (nunca tinha ouvido falar disso) pode ser também sinal de infarto.

Ainda que fazer uma cirurgia cardíaca esteja longe de ser um passeio à Disneylândia (não sei qual dos dois prefiro), a técnica parece ter avançado muitíssimo.

Pelo menos, ao visitar esses amigos no hospital, um dia depois da operação, encontrei-os lépidos, eufóricos, mais jovens do que antes.

Algo semelhante ocorreu comigo, com uma ou duas intervenções cirúrgicas a que me submeti. Numa delas, tudo pareceu tão fácil, tão preciso, tão "eletrônico", que minha vontade era de rir.

Seria efeito da anestesia? Acordado o tempo todo, eu via meu coração ampliado na tela, espécie de aranha caranguejeira aos botes, recebendo o "stent" que o deixaria novinho em folha.

Mas se a anestesia é geral, durante algumas horas, a pessoa deixa de existir como sujeito; torna-se objeto, coisa, campo de manobras do cateter e do bisturi.

Sua inconsciência não é semelhante à do sono de todas as noites. Acordar, bem ou mal, envolve um mínimo gesto de vontade própria. Sair de uma operação é diferente. Devolveram-lhe a vida; ei-la, agora é com você, faça dela o que quiser.

Há algo de muito especial nessa situação; nenhum esforço extremo de meditação, imagino, poder reproduzir a ideia básica por trás dela.

A saber, a de que você é uma coisa e que sua vida é outra, bem diferente. Sua vida, que era você mesmo, tornou-se agora um objeto que você perde ou recupera. Um intervalo, uma distância, criou-se entre o ser vivo e a vida que ele tem.

Daí se explica, creio eu, tanto a vontade de fazer alguma coisa nova com a velha vida, como também a vontade de vivê-la exatamente do mesmo modo com que sempre foi vivida.

(Marcelo Coelho, Folha de S. Paulo, 05/10/2011, com adaptações)

(CEPERJ) Quanto à pontuação empregada no texto, pode-se afirmar que:

(A) As vírgulas empregadas no segmento "...na tela, espécie de aranha caranguejeira aos botes, recebendo..." (l.15/16), o emprego das vírgulas não é obrigatório.

(B) A vírgula do segundo parágrafo tem emprego facultativo e,portanto, pode ser suprimida sem prejuízo gramatical.

(C) No segmento "Acordar, bem ou mal,envolve..." (l.21) a supressão da vírgula não determina alteração semântica ao segmento.

(D) Os parênteses empregados no primeiro parágrafo podem ser substituídos por travessões, sem prejuízo semântico-gramatical.

A: incorreta. As vírgulas são obrigatórias para separar o aposto; **B:** incorreta. A vírgula é obrigatória para separar a oração subordinada adverbial concessiva da oração principal; **C:** incorreta. A expressão entre vírgulas equivale a "de um jeito ou de outro". Se tirarmos as vírgulas, as palavras mudam de sentido (alteração semântica), porque passam a se ligar ao verbo "acordar" separadamente ("acordar bem ou acordar mal"); **D:** correta. Normalmente, os parênteses podem ser substituídos por travessões ou vírgulas sem nenhum prejuízo à correção gramatical ou ao sentido do texto

Gabarito "D"

(AERONÁUTICA) Assinale a alternativa em que a retirada das vírgulas resulta numa frase de sentido incompatível com a realidade.

(A) A gasolina, que foi usada para acender a fogueira, acabou.

(B) A gasolina, que é um líquido inflamável, não é nada barata.
(C) A gasolina, com a qual abasteci meu carro, não estava boa.
(D) A gasolina, que é vendida nos postos, passou por controle de qualidade.

A questão é interessante, porque além de cobrar do candidato o conhecimento sobre o uso da vírgula trabalha a questão da coerência. Em todos os casos, a supressão das vírgulas transformará as orações subordinadas adjetivas explicativas em restritivas. Isso implica que, com as vírgulas, estamos atribuindo uma circunstância à gasolina; sem elas, estamos restringindo a gasolina à qual nos referimos, indicando que pode haver outras diferentes ou para usos diferentes. Daí o ponto da coerência com a realidade. Vamos lá: **A:** correta. Sem as vírgulas, a oração diz que eu usei aquela determinada gasolina para acender a fogueira. Posso usar gasolina para outra coisa? Posso. Portanto, a oração é coerente com a realidade; **B:** incorreta, devendo ser assinalada. Sem as vírgulas, a oração diz que aquela determinada gasolina é inflamável. Há gasolina que não seja inflamável? Não. Portanto, a oração é incoerente com a realidade; **C:** correta. Sem as vírgulas, a oração diz que eu usei aquela determinada gasolina para abastecer meu carro. Posso usar gasolina para outra coisa? Posso. Portanto, a oração é coerente com a realidade; **D:** correta. Sem as vírgulas, a oração diz que aquela determinada gasolina é vendida nos postos. Há gasolina que não seja vendida em postos? Há (pode ser vendida na refinaria, por exemplo). Portanto, a oração é coerente com a realidade

Gabarito "B"

(AERONÁUTICA) Em qual alternativa o emprego da(s) vírgula(s) está incorreto?

(A) Os biólogos supõem que certas espécies de aves, quando sentem o hábitat delas ameaçado, modificam os hábitos alimentares.
(B) Os biólogos supõem que, quando sentem o hábitat delas ameaçado, certas espécies de aves modificam os hábitos alimentares.
(C) Quando sentem o hábitat delas ameaçado, os biólogos supõem que certas espécies de aves modificam os hábitos alimentares.
(D) Quando sentem o hábitat delas ameaçado, os biólogos supõem que, certas espécies de aves modificam os hábitos alimentares.

A única alternativa que apresenta erro de pontuação é a letra "D", que deve ser assinalada. Não deve haver vírgula depois de "que", porque ela separaria o verbo de seu complemento, o que é proibido. É diferente do que ocorre na alternativa "B", por exemplo, porque as duas vírgulas estão separando o adjunto adverbial que está deslocado da ordem direta, por isso estão corretas

Gabarito "D"

Os moralistas

— Você pensou bem no que vai fazer, Paulo?

— Pensei. Já estou decidido. Agora não volto atrás.

— Olhe lá, hein, rapaz...

Paulo está ao mesmo tempo comovido e surpreso com os três amigos. Assim que souberam do seu divórcio ____________, correram para visita-lo no hotel. Sua situação ____________. A solidariedade lhe faz bem. Mas não entende aquela insistência deles em **dissuadi**-lo. Afinal, todos sabiam que ele não se acertava com a mulher.

— Pense um pouco mais, Paulo. Reflita. Essas decisões **súbitas**...

— Mas que súbitas? Estamos praticamente separados há um ano.

— Puxa dê outra chance ao seu casamento, Paulo!

— A Margarida é uma ótima mulher.

— Espera um pouquinho. Você mesmo deixou de frequentar nossa casa por causa da Margarida. Depois que ela chamou vocês de bêbados e expulsou todo mundo.

— E fez muito bem. Nós estávamos bêbados e tínhamos que ser expulsos.

— Outra coisa, Paulo. O divórcio. Sei lá.

— Eu não entendo mais nada. Você sempre defendeu o divórcio!

— É. Mas quando acontece com um amigo...

— Olha, Paulo. Eu não sou moralista. Mas acho a família uma coisa importantíssima. Acho que a família merece qualquer sacrifício.

— Pense nas crianças, Paulo. No trauma.

— Mas nós não temos filhos!

— Nos filhos dos outros, então. No mau exemplo.

— Mas isto é um absurdo! Vocês estão falando como se fosse o fim do mundo. Hoje, o divórcio é uma coisa comum. Não vai mudar nada.

— Como, não muda nada?

— Muda tudo!

— Você não sabe o que está dizendo, Paulo! Muda tudo.

— Muda o quê?

— Bom, pra começar, você não vai poder mais frequentar as nossas casas.

— As mulheres não vão tolerar.

— Você se transformará num **pária** social, Paulo.

— O quê?!

— Fora de brincadeira. Um *reprobo*.

— Puxa. Eu nunca pensei que vocês...

— Pense bem, Paulo. Dê tempo ao tempo.

— Deixe pra decidir depois. Passado o verão.

— Reflita, Paulo. É uma decisão seríssima. Deixe para mais tarde.

— Está bem. Se vocês insistem...

Na saída, os três amigos conversam:

— Será que ele se convenceu?

— Acho que sim. Pelo menos vai adiar.

— E nos solteiros contra casados da praia, este ano, ainda teremos ele no gol.

— Também, a ideia dele. Largar o gol dos casados logo agora. Em cima da hora. Quando não dava mais para arranjar substituto.

— Os casados nunca terão um goleiro como ele.

— Se insistirmos bastante, ele desiste definitivamente do divórcio.

— Vai aguentar a Margarida pelo resto da vida.

— Pelo time dos casados, qualquer sacrifício serve.

— Me diz uma coisa. Como divorciado, ele podia jogar no time dos solteiros?

— Podia.

— Impensável.

— É.

— Outra coisa.

— O quê?

— Não é reprobo. É **<u>réprobo</u>**. Acento no "e".

— Mas funcionou, não funcionou?

(EXATUS) Analise a pontuação do trecho destacado e assinale a alternativa correta:

– *Pense um pouco mais, Paulo. Reflita. Essas decisões súbitas...*

– *Mas que súbitas? Estamos praticamente separados há um ano.*

– *Puxa dê outra chance ao seu casamento, Paulo!*

A – As reticências no final do trecho, forma usadas para mostrar que o pensamento não foi concluído, causando assim um recurso de efeito.

B – Os travessões foram empregados para indicar falas de personagens.

C – O ponto de interrogação tem a intenção de questionar, interpelar.

D – O ponto de exclamação foi empregado ao final de uma interjeição, para causar o efeito de indignação e suplica.

E – As vírgulas são necessárias para tornar o texto mais expressivo, isolando o vocativo.

(A) Todas as afirmativas estão corretas.

(B) As afirmativas estão corretas, exceto a letra D.

(C) Apenas as afirmativas A e B estão corretas.

(D) As afirmativas estão corretas, exceto a letra E.

A: correta. Esse é um dos usos mais comuns das reticências; **B:** correta. O texto apresenta-se no discurso direto, no qual os diálogos são transcritos literalmente e identificados por travessões; **C:** correta. O ponto de interrogação demonstra a surpresa da personagem com o argumento de seu interlocutor, cobrando-lhe uma justificativa; **D:** foi considerada correta pelo gabarito oficial, porém não concordamos com isso. Interjeição é a palavra "Puxa", que não veio sucedida pelo ponto de exclamação. O sinal de pontuação foi usado ao final da oração para indicar que se trata de uma oração exclamativa, denotando a ênfase dada ao personagem ao seu pedido, imprimindo-lhe um tom emocional; **E:** foi considerada correta pelo gabarito oficial, mas devemos criticá-la. A assertiva deixa no ar a possibilidade das vírgulas terem sido utilizadas apenas como um recurso literário, para gerar um determinado efeito de expressividade no texto. Isso não é verdade, porque tais sinais de pontuação são obrigatórios para isolar o vocativo. Por tais razões, entendemos que a resposta correta deveria ser a letra "B" ou a questão deveria ter sido anulada

Política e sociedade na obra de Sérgio Buarque de Holanda

Para Sérgio Buarque de Holanda a principal tarefa do historiador consistia em estudar possibilidades de mudança social. Entretanto, conceitos herdados e intelectualismos abstratos impediam a sensibilidade para com o processo do devir. Raramente o que se afigurava como predominante na historiografia brasileira apontava um caminho profícuo para o historiador preocupado em estudar mudanças. Os caminhos institucionalizados escondiam os figurantes mudos e sua fala. Tanto as fontes quanto a própria historiografia falavam a linguagem do poder, e sempre imbuídas da ideologia dos interesses estabelecidos. Desvendar ideologias implica para o historiador um cuidadoso percurso interpretativo voltado para indícios tênues e nuanças sutis. Pormenores significativos apontavam caminhos imperceptíveis, o fragmentário, o não determinante, o secundário. Destes proviriam as pistas que indicariam o caminho da interpretação da mudança, do processo do vir a ser dos figurantes mudos em processo de forjar estratégias de sobrevivência.

Era engajado o seu modo de escrever história. Como historiador quis elaborar formas de apreensão do mutável, do transitório e de processos ainda incipientes no vir a ser da sociedade brasileira. Enfatizava o provisório, a diversidade, a fim de documentar novos sujeitos eventualmente participantes da história.

Para chegar a escrever uma história verdadeiramente engajada deveria o historiador partir do estudo da urdidura dos pormenores para chegar a uma visão de conjunto de sociabilidades, experiências de vida, que por sua vez traduzissem necessidades sociais. Aderir à pluralidade se lhe afigurava como uma condição essencial para este sondar das possibilidades de emergência de novos fatores de mudança social. Tratava-se, na historiografia, de aceitar o provisório como necessário. Caberia ao historiador o desafio de discernir e de apreender, juntamente com valores ideológicos preexistentes, as possibilidades de coexistência de valores e necessidades sociais diversas que conviviam entre si no processo de formação da sociedade brasileira sem uma necessária coerência.

(Fragmento adaptado de Maria Odila Leite da Silva Dias, **Sérgio Buarque de Holanda e o Brasil.** São Paulo, Perseu Abramo, 1998, pp.15-17)

(FCC) O segmento retirado do texto cuja redação mantém-se correta com o acréscimo de uma vírgula é:

(A) Raramente o que se afigurava como predominante na historiografia brasileira, apontava um caminho profícuo ...
(B) Caberia ao historiador, o desafio de discernir e de apreender ...
(C) Para chegar a escrever uma história verdadeiramente engajada, deveria o historiador ...
(D) Aderir à pluralidade se lhe afigurava, como uma condição essencial para este sondar ...
(E) Desvendar ideologias, implica para o historiador um cuidadoso percurso interpretativo ...

A: incorreta. A oração "Raramente o que se afigurava predominante na historiografia brasileira" exerce função de sujeito da oração "apontava um caminho profícuo" (é oração subordinada substantiva subjetiva), logo não pode ser separada com vírgula (não se separa com vírgula o sujeito do verbo, ainda que o sujeito seja uma oração inteira); **B:** incorreta. A oração "o desafio de discernir e de aprender" exerce função de objeto direto de "caberia ao historiador" (é oração subordinada substantiva objetiva direta), logo não pode ser separada com vírgula (não se separa com vírgula o verbo de seu objeto, ainda que o objeto seja uma oração inteira); **C:** correta. A oração "Para chegar a escrever uma história verdadeiramente engajada" exerce função de adjunto adverbial de finalidade (é oração subordinada adverbial final) que está deslocada para o início do período, o que torna possível sua separação da oração seguinte por vírgula; **D:** incorreta. A oração "como uma condição essencial para este sondar" exerce função de objeto direto de "se lhe afigurava" (é oração subordinada substantiva objetiva direta), logo não pode ser separada com vírgula (não se separa com vírgula o verbo de seu objeto, ainda que o objeto seja uma oração inteira); **E:** incorreta. A oração "Desvendar ideologias" exerce função de sujeito da oração "implica para o historiador um cuidadoso percurso interpretativo" (é oração subordinada substantiva subjetiva), logo não pode ser separada com vírgula (não se separa com vírgula o sujeito do verbo, ainda que o sujeito seja uma oração inteira)

Gabarito "C"

(AERONÁUTICA) Assinale a alternativa na qual uma das vírgulas foi empregada **incorretamente**.

(A) Adriano subiu as escadas como o vento, guardou os sapatos, a mochila, e a luz do quarto se apagou de mansinho.
(B) Ele tinha de continuar ali, apesar da saudade, da vontade de voltar, e não havia nada a ser feito.
(C) Alimentar-se bem, dedicar-se a algum *hobby*, praticar regularmente exercícios físicos, e viajar são hábitos saudáveis.
(D) O sol estava mais intenso, e a criançada nem esquentava.

A única alternativa que apresenta erro de pontuação é a letra "C", que deve ser assinalada. Com efeito, não deveria haver vírgula depois de "físicos", porque se trata de orações coordenadas sindéticas aditivas

Gabarito "C"

OS DICIONÁRIOS DE MEU PAI

Pouco antes de morrer, meu pai me chamou ao escritório e me entregou um livro de capa preta que eu nunca havia visto. Era o dicionário analógico de Francisco Ferreira dos Santos Azevedo. Ficava quase escondido, perto dos cinco grandes volumes do dicionário Caldas Aulete, entre outros livros de consulta que papai mantinha ao alcance da mão numa estante giratória. Isso pode te servir, foi mais ou menos o que ele então me disse, no seu falar meio grunhido. Era como se ele, cansado, me passasse um bastão que de alguma forma eu deveria levar adiante.

E por um bom tempo aquele livro me ajudou no acabamento de romances e letras de canções, sem falar das horas em que eu o folheava à toa; o amor aos dicionários, para o sérvio Milorad Pavic, autor de romances-enciclopédias, é um traço infantil no caráter de um homem adulto.

Palavra puxa palavra, e escarafunchar o dicionário analógico foi virando para mim um passatempo (desenfado, espairecimento, entretém, solaz, recreio, filistria). O resultado é que o livro, herdado já em estado precário, começou a se esfarelar nos meus dedos. Encostei-o na estante das relíquias ao descobrir, num sebo atrás da sala Cecília Meireles, o mesmo dicionário em encadernação de percalina. Por dentro estava em boas condições, apesar de algumas manchas amareladas, e de trazer na folha de rosto a palavra anauê, escrita a caneta-tinteiro.

Com esse livro escrevi novas canções e romances, decifrai enigmas, fechei muitas palavras cruzadas. E ao vê-lo dar sinais de fadiga, saí de sebo em sebo pelo Rio de Janeiro para me garantir um dicionário analógico de reserva. Encontrei dois, mas não me dei por satisfeito, fiquei viciado no negócio. Dei de vasculhar livrarias país afora, só em São Paulo adquiri meia dúzia de exemplares, e ainda arrematei o último à venda na Amazon.com antes que algum aventureiro o fizesse. Eu já imaginava deter o monopólio (açambarcamento, exclusividade, hegemonia, senhorio, império) de dicionários analógicos da língua portuguesa, não fosse pelo senhor João Ubaldo Ribeiro, que ao que me consta também tem um, quiçá carcomido pelas traças (brocas, carunchos, gusanos, cupins, térmitas, cáries, lagartas-rosadas, gafanhotos, bichos-carpinteiros).

A horas mortas eu corria os olhos pela minha prateleira repleta de livros gêmeos, escolhia um a esmo e o abria a bel-prazer. Então anotava num Moleskine as palavras mais preciosas, a fim de esmerar o vocabulário com que embasbacaria as moças e esmagaria meus rivais. Hoje sou surpreendido pelo anúncio desta nova edição do dicionário analógico de Francisco Ferreira dos Santos Azevedo. Sinto como se invadissem minha propriedade, revirassem meus baús, espalhassem ao vento meu tesouro. Trata-se para mim de uma terrível (funesta, nefasta, macabra, atroz, abominável, dilacerante, miseranda) notícia.

(Francisco Buarque de Hollanda, Revista Piauí, junho de 2010)

(CEPERJ) Quanto à pontuação empregada no texto, é **incorreto** afirmar que:

(A) "Isso pode te servir, foi mais ou menos o que ele então me disse, no seu falar..." (l. 6/7) – as duas vírgulas podem ser substituídas por dois travessões

(B) "...um bastão que de alguma forma eu deveria..." (l. 8) – podem-se usar vírgulas para destacar "de alguma forma"

(C) "...eu nunca havia visto. Era o dicionário..." (l. 2) – o ponto pode ser substituído por dois pontos

(D) "...livro de capa preta que eu nunca havia visto..." (l. 2) – pode-se inserir uma vírgula depois da palavra "preta", sem determinar prejuízo semântico-sintático

(E) "manchas amareladas, e de trazer na folha..." (l. 19/20) – a vírgula pode ser retirada sem prejuízo semântico-sintático

A: correta. Os travessões podem realmente substituir as vírgulas para separar o aposto explicativo; **B:** correta. As vírgulas podem, facultativamente, ser usadas para separar o adjunto adverbial que está deslocado na oração; **C:** correta. Os dois-pontos, dentre outras funções, servem para anunciar o aposto; **D:** incorreta, devendo ser assinalada. Não se trata propriamente de prejuízo, mas haveria, sim, alteração de sentido. A inserção da vírgula transformaria a oração que se inicia com a conjunção "que" de adjetiva restritiva para adjetiva explicativa; **E:** correta. A vírgula, nesse caso, foi inserida por questões de estilo. Como se trata de período composto por coordenação, ela pode ser suprimida e deixar a conjunção aditiva "e" fazer o trabalho de unir as orações

Gabarito "D"

A arte de ouvir

Ouvir é estar atento aos pequenos detalhes

Luis Carlos Cabrera*

Sempre que me perguntam quais são os atributos diferenciados de um líder, procuro ressaltar dois: estar disponível e saber ouvir. A meu ver, são os essenciais. Manter-se disponível exige disciplina, generosidade e, principalmente, sentir desejo de estar com as pessoas. Quem se esconde atrás da agenda lotada não é líder. Ela serve de desculpa para não ter de apoiar, educar, elogiar e para não ter de ouvir!

A complexidade do mundo moderno exige que os problemas sejam abordados coletivamente. Praticar a arte de ouvir quer dizer estar atento aos detalhes de cada questão apresentada, às sutilezas de cada problema e ao que cada situação tem de única. Essa prática exige concentração, disponibilidade, rapidez de raciocínio e poder de síntese. Olhe em sua volta. Quem é a pessoa com quem você gosta de conversar quando precisa de uma opinião? Provavelmente, a resposta será um bom ouvinte. Aliás, é preciso aprender a ouvir ativamente. Porque também existem os ouvintes passivos, que olham para você como se estivessem prestando atenção, mas que estão com a cabeça em outro lugar. Quem ouve ativamente participa da conversa, indaga, estimula, pede explicações mais detalhadas. Quem ouve atentamente torna digna e respeitosa a conversa. E por que toda essa preocupação com esse importante atributo da liderança? Porque estamos nos tornando surdos. Diariamente, lemos e respondemos e-mails calados. Nos ligamos a mais pessoas nas redes sociais, lemos o que elas escrevem e elas nos leem. Mas não as ouvimos! Algumas tecnologias de comunicação oral estão crescendo e o exercício de ouvir começa a voltar lentamente, mesmo doendo nos ouvidos.

Procure exercitar sua audição. No lugar do e-mail, vá até a pessoa com quem deseja falar, que às vezes está na sala ao lado. Faça isso periodicamente e exercite sua capacidade de ouvir. Mostre interesse. Essa combinação de disponibilidade associada ao ato de ouvir serve para tudo. Melhora as relações pessoais afina o respeito e cria uma consciência de parceria, que é fundamental no complexo mundo moderno. Você me ouviu?

(Revista Você/SA. Editora Abril- Outubro de 2009, p. 104.
* professor da Eaesp – FGV, diretor da PMC consultores e membro da Amrop Hever Group)

(FUMARC) Sobre o emprego dos sinais de pontuação, julgue as afirmativas a seguir, nos trechos:

I. "(...) atributos diferenciados de líder, procuro ressaltar dois: estar disponível e saber ouvir". Os dois pontos marcam uma sequência que explica a ideia anterior.

II. "Ela serve de desculpa para não ter de apoiar, educar, elogiar e para não ter de ouvir!" o ponto de exclamação denota ênfase e, no contexto, pode ser substituído, por um ponto final.

III. "Aliás, é preciso aprender a ouvir ativamente". A vírgula foi utilizada para isolar expressão de caráter retificado ou corretivo.

IV. "E por que toda essa preocupação com esse importante atributo de liderança?" o ponto de interrogação marca um enunciado em que o autor expressa surpresa.

Está (ão) CORRETA (s) a (s) afirmativa(s):
(A) Somente I
(B) Somente II
(C) Somente I,III e IV
(D) I,II,III,IV

I: correta. Essa é realmente uma das funções dos dois-pontos; **II:** incorreta. Se o ponto de exclamação indica ênfase, ele não pode ser substituído por ponto final. Essa é justamente a diferença entre os dois sinais de pontuação; **III:** correta. A vírgula foi usada diligentemente nessa função; IV: correta. Trata-se de uma pergunta retórica, usada como instrumento para chamar a atenção do leitor

Gabarito "D"

"Por que ouvimos zumbidos? ' ora direis zumbidos', quase escreveu Olavo Bilac. Pois 1 em cada 6 terráqueos escuta regularmente aquele som agudo e incômodo lá dentro do ouvido. Felizmente, a maioria dos casos tem cura simples: basta o sujeito atormentado mudar alguns hábitos, principalmente alimentares. Mas problemas emocionais também geram ruídos: vítimas da depressão têm reflexos alucinatórios, como vozes de outras pessoas e – surpresa – zumbidos. É, na verdade, uma reação inconsciente para não se sentirem sozinhos. Há também relatórios de zumbidos causados pelo consumo em excesso de alguns medicamentos – nesses casos, claro, o barulho é só o menor dos problemas".

(OLIVEIRA, Anderson Fernandes. Revista Supernovas-Setembro de 2010, p. 42)

(FUMARC) Julgue o emprego dos sinais de pontuação a seguir:

I. "(...) problemas emocionais também geram ruídos: vítimas da depressão têm reflexos alucinatórios..." os dois pontos serviram para anunciar a explicação ao termo anterior.
II. "(...) como vozes de outras pessoas e- surpresa-zumbidos. Os travessões substituíram as vírgulas.
III. "É, na verdade, uma reação inconsciente..." as vírgulas foram usadas para separar um adjunto adverbial de tempo.

Está (ão) CORRETA (as) a (s) afirmativa(s)
(A) Apenas I e II.
(B) Apenas a II.
(C) Apenas a III.
(D) I,II e III.

I: correta. Os dois-pontos foram corretamente utilizados para essa função; **II:** correta. Os travessões podem realmente ser usados no lugar das vírgulas para separar o aposto explicativo; **III:** incorreta. "Na verdade" é expressão denotativa que indica retificação do que foi dito anteriormente

Gabarito "A"

(FCC) A pontuação está plenamente adequada na seguinte frase:

(A) Tanto o microprocessador, como a fusão das mídias, desempenharam, pelos efeitos que geraram, um papel decisivo na configuração, não apenas da vida cotidiana como da subjetividade mesma do homem contemporâneo.
(B) Tanto o microprocessador como a fusão das mídias desempenharam, pelos efeitos que geraram, um papel decisivo na configuração, não apenas, da vida cotidiana, como da subjetividade mesma, do homem contemporâneo.
(C) Tanto o microprocessador como a fusão das mídias desempenharam, pelos efeitos que geraram, um papel decisivo na configuração não apenas da vida cotidiana como da subjetividade mesma do homem contemporâneo.
(D) Tanto o microprocessador, como a fusão das mídias desempenharam, pelos efeitos que geraram, um papel decisivo na configuração não apenas, da vida cotidiana, como da subjetividade mesma do homem contemporâneo.
(E) Tanto o microprocessador, como a fusão das mídias desempenharam, pelos efeitos que geraram, um papel decisivo, na configuração não apenas da vida cotidiana, como da subjetividade, mesma do homem contemporâneo.

A: incorreta. Não deveria haver vírgula após "microprocessador" e falta uma após "cotidiana"; **B:** incorreta. Não deveria haver vírgula após "apenas" e "mesma"; **C:** correta. A pontuação empregada atende a todas as normas da língua culta; **D:** incorreta. Não deveria haver vírgula após "microprocessador" e "apenas"; **E:** incorreta. Não deveria haver vírgula após "microprocessador", "decisivo","cotidiana" e "subjetividade"

Gabarito "C"

(AERONÁUTICA) Assinale a alternativa em que a forma da expressão poética está em concordância com as regras de pontuação.

(A) "ouço (não vejo) ouço/ crescer no rosto e no músculo da noite/ a noite" (Ferreira Gullar)
(B) "o meu amor e eu/ nascemos um para o outro/ agora só falta quem nos apresente" (Cacaso)
(C) "Eu preparo uma canção/ que faça acordar os homens/ e adormecer as crianças." (Carlos D. de Andrade)
(D) "São todas elas coisas perecíveis/ e eternas como o teu riso/ a palavra solidária/ minha mão aberta" (Ferreira Gullar)

A: incorreta. Usando as regras de pontuação, o trecho ficaria: "Ouço, não vejo, ouço a noite crescer no rosto e no músculo da noite"; **B:** incorreta. Usando as regras de pontuação, o trecho ficaria: "O meu amor e eu nascemos um para o outro: agora só falta quem nos apresente"; **C:** correta. Mesmo com o rigor da norma padrão, o trecho selecionado não leva qualquer sinal de pontuação; **D:** incorreta. Usando as regras de pontuação, o trecho ficaria: "São todas elas coisas perecíveis e eternas como o teu riso: a palavra solidária, minha mão aberta"

Gabarito "C"

(CESGRANRIO) Há **ERRO** quanto ao emprego dos sinais de pontuação em:

(A) Ao dizer tais palavras, levantou-se, despediu-se dos convidados e retirou-se da sala: era o final da reunião.

(B) Quem disse que, hoje, enquanto eu dormia, ela saiu sorrateiramente pela porta?

(C) Na infância, era levada e teimosa; na juventude, tornou-se tímida e arredia; na velhice, estava sempre alheia a tudo.

(D) Perdida no tempo, vinham-lhe à lembrança a imagem muito branca da mãe, as brincadeiras no quintal, à tarde, com os irmãos e o mundo mágico dos brinquedos.

(E) Estava sempre dizendo coisas de que mais tarde se arrependeria. Prometia a si própria que da próxima vez, tomaria cuidado com as palavras, o que entretanto, não acontecia.

Incorreta a alternativa "E". Deveria haver vírgula antes da expressão "da próxima vez" e antes da conjunção "entretanto". Nas demais, todos os sinais de pontuação foram usados corretamente

Gabarito "E"

A CARTA AUTOMÁTICA

Mais de cem anos depois do surgimento do telefone, o começo dos anos 90 nos oferece um meio de comunicação que, para muitos, resgata um pouco do romantismo da carta. A Internet não usa papel colorido e perfumado, e sequer precisa de selos, mas, para muitos, fez voltar à moda o charme da comunicação por escrito. E, se o provedor não estiver com problemas, faz isso com o imediatismo do telefone. A rede também foi uma invenção que levou algum tempo para cair no gosto do público. Criada em 1993 para uso doméstico, há muito ela já era usada por cientistas universitários que queriam trocar informações. Mas, só após a difusão do computador doméstico, realizada efetivamente há uns quatro ou cinco anos, que o público pôde descobrir sua utilidade.

Em *The victorian internet*, Tom Standage analisa o impacto da criação do telégrafo (surgido em 1837).

Uma nova tecnologia de comunicação permitia às pessoas se comunicarem quase que instantaneamente, estando à longa distância (...) Isto revolucionou o mundo dos negócios.(...) Romances floresceram sob impacto do telégrafo. Códigos secretos foram inventados por alguns usuários e desvendados por outros. (...) O governo e as leis tentaram controlar o novo meio e falharam. (...) Enquanto isto, pelos cabos, uma subcultura tecnológica com seus usos e vocabulário próprio se estabelecia.

Igual impacto teve a Internet. Antes do telégrafo, batizado de "a autoestrada do pensamento", o ritmo de vida era superlento. As pessoas saíam para viajar de navio e não se ouviam notícias delas durante anos. Os países que quisessem saber se haviam ou não ganho determinada batalha esperavam meses pelos mensageiros, enviados no lombo dos cavalos. Neste mundo em que reinava a Rainha Vitória (1819-1901), o telégrafo provocou a maior revolução das comunicações desde o aparecimento da imprensa. A Internet não chegou a tanto. Mas nada encurta tanto distâncias como entrar num *chat* com alguém que esteja na Noruega, por exemplo. Se o telégrafo era "a autoestrada do pensamento", talvez a rede possa ser a "superautoestrada". Dos pensamentos e das abobrinhas.

As tecnologias de conversação realmente mudam as conversas. Apesar de ser de fundamental utilidade para o trabalho e a pesquisa, o correio feito pela rede permite um tipo de conversa diferente daquela que ocorre por telefone. Talvez um dia, no futuro, pesquisadores analisem as razões pelas quais a rede, rápida e imediata e sem o vivo colorido identificador da voz, se presta a bate-papos (via *e-mails*, *chats*, comunicadores instantâneos) até mais informais do que os que fazemos por telefone.

CAMARGO, Maria Sílvia. **24 dias por hora**. Rio de Janeiro: Rocco, 2000. p. 135-137. Adaptado.

(CESGRANRIO) A mudança na pontuação mantém o sentido da frase original, preservando a norma-padrão da língua, em:

(A) "(...) realizada efetivamente há uns quatro ou cinco anos," (l. 14) / realizada efetivamente há uns quatro, ou cinco anos,

(B) "(...) analisa o impacto da criação do telégrafo (surgido em 1837)." (l. 16-17) / analisa o impacto da criação do telégrafo: surgido em 1837.

(C) "Romances floresceram sob impacto do telégrafo. Códigos secretos foram inventados (...)" (l. 21-22) / Romances floresceram sob impacto do telégrafo, códigos secretos foram inventados

(D) "Igual impacto teve a Internet." (l. 27) / Igual impacto, teve a Internet.

(E) "(...) não se ouviam notícias delas durante anos." (l. 30) / não se ouviam notícias, delas, durante anos.

A: incorreta. A vírgula entre "quatro" e "ou" não atende aos preceitos da gramática normativa, porque separa elementos do mesmo adjunto adverbial; **B:** incorreta. O uso dos parênteses indica que a informação pode ser retirada da oração sem perda de sentido. Já os dois-pontos indicam a inserção de um aposto, que traz explicação relevante para o texto; **C:** correta. A substituição do ponto final por vírgula não traz qualquer prejuízo para a compreensão do texto nem ofende as normas gramaticais; **D:** incorreta. Não se separa com vírgula o verbo de seu complemento; **E:** incorreta. A colocação das vírgulas segregando o pronome "delas" altera o sentido da oração. Na segunda frase, deduzimos que outras notícias chegavam, menos sobre tais pessoas. Segundo o texto, isso não é verdade: todas as notícias demoravam a chegar

Gabarito "C"

(CESGRANRIO) A substituição da vírgula por ponto pode ser feita, mantendo dois períodos bem-formados sintaticamente, em:

(A) Ela nasceu em Salvador, capital do estado da Bahia.
(B) O rapaz andava com passos rápidos, estava com pressa.
(C) Pedi informação a um senhor, que parecia saber o caminho.
(D) Se você não souber o caminho, procure a informação no mapa.
(E) Todas as ruas, avenidas e praças de Copacabana estão sinalizadas.

A substituição da vírgula por ponto, mantendo-se o sentido e a correção gramatical das orações, somente pode ser feita em períodos formados por orações coordenadas, isto é, onde cada uma tenha sentido independente da outra. O único período composto por coordenação dentre os apresentados está na alternativa "B". Nas letras "A", "C" e "D" temos períodos compostos por subordinação, nos quais uma das orações exerce o papel de principal e a outra de subordinada, porque não possui sentido se estiver desacompanhada. Na alternativa "E" existe apenas uma oração; a função da vírgula é separar elementos de uma enumeração, a qual não pode ser exercida por ponto final

Gabarito "B"

(CESGRANRIO) Em qual dos pares abaixo os períodos podem ser unidos corretamente apenas com a eliminação do ponto entre eles?

(A) Algumas ligações caíram no ramal errado. É preciso reencaminhá-las.
(B) Descobri que tenho um xará. Ele mora na minha rua.
(C) Presto atenção em como as pessoas agem diante dos erros. Umas ficam muito mal-humoradas.
(D) Seja compreensivo com as pessoas. Elas não erram de propósito.
(E) Saiba que enganos acontecem. E que errar é humano.

A: incorreta. É necessário incluir uma conjunção ("e" ou "portanto"); **B:** incorreta. É necessário incluir uma conjunção ("e" ou "sendo que"); **C:** incorreta. É necessário incluir uma conjunção ("e" ou "sendo que"); **D:** incorreta. É necessário incluir uma conjunção ("porque"); **E:** correta. Como a conjunção já está incluída na segunda oração, a simples eliminação do ponto final permite a união gramaticalmente perfeita dos dois períodos

Gabarito "E"

(CESGRANRIO) Indique o período em que o sinal de dois pontos está sendo usado com a mesma finalidade da que ocorre em: "Ademilton praticou uma atividade fundamental para a convivência: a arte de se colocar no lugar do outro".

(A) O motorista disse: "Fiquei apreensivo com a experiência".
(B) O escritor desenvolveu uma ótima ideia: a mistura entre realidade e ficção.
(C) Ele comprou um automóvel novo: o antigo estava sempre na oficina.
(D) A criança chorava sem parar: a mãe não queria fazer todas as suas vontades.
(E) A moça chegou perto do marido, eufórica: "Ganhamos na loteria!"

No enunciado, os dois-pontos foram utilizados para indicar a presença do aposto explicativo. **A:** incorreta. Aqui os dois-pontos foram usados para indicar o início do discurso direto; **B:** correta, devendo ser assinalada; **C:** incorreta. Aqui, os dois-pontos assinalam a supressão de uma conjunção ("porque"); **D:** incorreta, pela mesma razão da alternativa anterior; **E:** incorreta, pela mesma razão exposta na alternativa "A"

Gabarito "B"

(CESGRANRIO) "E, às vezes, a única alternativa possível é...". A justificativa para o uso das vírgulas na passagem acima é a mesma que explica o seu uso na frase:

(A) É preciso perseverança, disse ele, para continuar a caminhada.
(B) O empreendedor, que não aceitava o fracasso, resolveu reagir.
(C) Quando resolveu agir, já era tarde demais.
(D) Você fez o que podia, portanto, não se lamente.
(E) Os pesquisadores, durante a reunião, expuseram os resultados.

O uso das vírgulas na passagem do enunciado decorre do deslocamento do adjunto adverbial dentro da oração. Na ordem direta, deveria ser colocado ao final do período; quando sua colocação é alterada, normalmente por razões retóricas, deve vir separado por vírgulas. **A:** incorreta. Na alternativa, a vírgula é utilizada para marcar a ocorrência do discurso direto, separando a fala do narrador daquela atribuída ao personagem; **B:** incorreta. Na alternativa, as vírgulas demarcam a oração subordinada adjetiva explicativa; **C:** incorreta. Na alternativa, a vírgula separa a oração subordinada adverbial temporal; **D:** incorreta. Na alternativa, as vírgulas separam a conjunção conclusiva "portanto"; **E:** correta. Aqui encontramos a mesma regra para o uso da vírgula. "Durante a reunião" é adjunto adverbial que está deslocado para o meio da oração. Sairiam as vírgulas se a frase estivesse na ordem direta: "Os pesquisadores expuseram os resultados durante a reunião"

Gabarito "E"

(CESGRANRIO) A frase em que a pontuação, quanto ao uso da vírgula, está correta é:

(A) Sua influência sobre nós, embora fosse positiva não nos agradava.

(B) As palavras brandas e amorosas ditas na hora certa, são bem aceitas.
(C) Estava muito abalado, pois, naquele momento, nada mais podia fazer.
(D) Acusamos, o recebimento de suas flores, aliás de suas desculpas.
(E) Beijos, promessas, carícias, tudo, incomodava.

A: incorreta. A oração subordinada adverbial "embora fosse positiva" está deslocada no período (na ordem direta, deveria vir ao final). Por isso, deve ser separada por vírgulas (falta o sinal após "positiva"); **B:** incorreta. Não há vírgula após "certa", o período está na ordem direta; **C:** correta. Todas as vírgulas foram bem empregadas. A oração subordinada adverbial causal deve ser antecedida de vírgula e o adjunto adverbial "naquele momento" está deslocado no período; **D:** incorreta. Regra geral, não se separa com vírgula o verbo de seu complemento e deveria haver outra vírgula após "aliás" (conectivo corretivo deve vir entre vírgulas); **E:** incorreta. Não deveria haver vírgula após "tudo", pois ela está separando o sujeito do verbo

Gabarito "C"

Essa tal felicidade

Todos queremos ser felizes. Mesmo sem saber exatamente o que é essa felicidade, onde ela mora ou como se encontra, traçamos planos, fazemos escolhas, listamos desejos e alimentamos esperanças pela expectativa de alcançá-la. Em seu nome, comemos chocolate, estudamos para a prova, damos festas, casamos ou separamos, compramos carro, dançamos valsa, formamos turmas, entramos na dieta, brigamos, perdoamos, fazemos promessas – nós vivemos.

Às vezes, agimos pensando na felicidade como uma recompensa futura pelo esforço. Noutras, a encaramos como o bilhete dourado na caixa de bombons. Não raro, pensamos que ela é um direito. Ou um dever a ser cumprido – e, assim como em outras obrigações cotidianas, como fazer o jantar, se a gente falha em executar a meta, tendemos a procurar soluções prontas, como lasanha congelada ou antidepressivos.

Por isso é tão difícil definir (e achar) a tal felicidade.

Nós a confundimos com o afeto (se encontrarmos o amor, ela virá), com a sorte (com esperança, ela vai chegar), com o alívio (se resolvermos os problemas, como o excesso de peso, então a teremos).

Nós a confundimos com a conquista: se realizarmos tudo o que queremos e se espera de nós... seremos felizes, não?

Não. São pensamentos como esses que transformam a felicidade na cenoura eternamente pendurada à nossa frente – próxima, mas inalcançável.

Estabelecer tantas condições para ser feliz faz a gente superestimar o poder que coisas nem tão importantes assim têm sobre nosso bem. Enganamo-nos com a promessa de que há uma fórmula a seguir e jogamos a responsabilidade pela satisfação em lugares fora de nós (e além do nosso controle), como ganhar aumento ou ser correspondido na paixão. E ao invés de responder aos nossos anseios, essas ilusões podem criar um vazio ainda maior.

Podemos não saber explicar o que é felicidade – até porque é uma experiência única para cada pessoa. Mas a ciência, a filosofia e as histórias de quem se assume feliz dão pistas do que ela não é. (...)

Comparando centenas de pesquisas, [o psicólogo americano] Martin Seligman e outros pesquisadores perceberam: a felicidade está naquilo que construímos de mais profundo – nossas experiências sociais. A vida bem vivida, sugere o psicólogo, é aquela que se equilibra sobre três pilares: os relacionamentos que mantemos, o engajamento que colocamos nas coisas e o sentido que damos à nossa existência. É isso, afinal, que as pessoas felizes têm em comum.

(...)

A verdade de cada um

Hoje, Claudia Dias Batista de Souza, 63 anos, não quer levar nada da vida. Mas houve um tempo em que quis o mesmo que todo mundo. "Achava que ser feliz era ter um bom marido, um bom emprego, um bom carro, sucesso", conta. Claudia cresceu em um bairro nobre de São Paulo, casou aos 14 anos, teve a única filha aos 17, se separou, estudou Direito, virou jornalista. Aos 24 anos, mudou para a Inglaterra. De lá, foi para os Estados Unidos, onde conheceu o segundo marido. E aos 36 anos descobriu que não queria mais nada daquilo. Claudia virou budista. Hoje é conhecida como monja Coen – palavra japonesa que significa "só e completa".

Foi porque estava em busca de algo que a ajudasse a se conhecer melhor que Claudia procurou o budismo. (...)

E descobriu onde estava sua felicidade. "Eu era bravinha, exigente com os outros e comigo. No budismo, aprendi que o caminho da iluminação é conhecer a si mesmo. Isso me trouxe plenitude", conta.

"Vi que sou um ser integrado ao mundo e, para ficar bem, preciso fazer o bem. A recompensa é incrível".

WEINGRILL, Nina; DE LUCCA, Roberta; FARIA, Roberta. Sorria. 09 jan. 2010

(CESGRANRIO) A vírgula pode ser retirada no trecho

(A) "(se encontrarmos o amor, ela virá)" (l. 20-21)
(B) "Mas a ciência, a filosofia e as histórias de quem se assume feliz..." (l. 41-42)
(C) "Comparando centenas de pesquisas, [...] Martin Seligman e outros pesquisadores perceberam:" (l. 43-45)
(D) "Hoje, Claudia Dias (...) não quer levar nada da vida." (l. 54-55)
(E) "para ficar bem, preciso fazer o bem." (l. 74-75)

Apenas a alternativa "D" apresenta hipótese de uso facultativo da vírgula – separação do adjunto adverbial de tempo deslocado para o início da oração. Em todas as demais, sua supressão estaria incorreta ou alteraria o sentido da frase

Gabarito "D"

(CESPE) A respeito das ideias e estruturas do texto abaixo e considerando aspectos atuais da política externa brasileira, julgue o item seguinte.

Que minhas primeiras palavras diante deste Parlamento Mundial sejam de confiança na capacidade humana de vencer desafios e evoluir para formas superiores de convivência no interior das nações e no plano internacional.

Em nome do povo brasileiro, reafirmo nossa crença nas Nações Unidas. Seu papel na promoção da paz e da justiça permanece insubstituível. Rendo homenagem ao Secretário-Geral, Kofi Annan, por sua liderança na defesa de um mundo irmanado pelo respeito ao direito internacional e pela solidariedade entre as nações.

O aperfeiçoamento do sistema multilateral é a contraparte necessária do convívio democrático no interior das nações. Toda nação comprometida com a democracia, no plano interno, deve zelar para que, também no plano externo, os processos decisórios sejam transparentes, legítimos, representativos.

Luiz Inácio Lula da Silva. **Fragmento de discurso na abertura da 58ª Assembleia Geral da ONU.** Nova Iorque, 23/9/2003 (com adaptações).

(1) A expressão "no plano interno" (l.15) está demarcada por vírgulas por exigência da mesma regra gramatical que justifica seu uso à linha 9: a inserção de uma circunstância.

1: incorreta. Na primeira passagem (linha 9), as vírgulas destacam o aposto

Gabarito 1E

(CESPE) Em relação ao texto abaixo, julgue o item a seguir.

Não podemos ignorar as mudanças que se processam no mundo, sobretudo a emergência de países em desenvolvimento como atores importantes no cenário internacional, muitas vezes exercendo papel crucial na busca de soluções pacíficas e equilibradas para os conflitos.

O Brasil está pronto a dar a sua contribuição. Não para defender uma concepção exclusivista da segurança internacional. Mas para refletir as percepções e os anseios de um continente que hoje se distingue pela convivência harmoniosa e constitui um fator de estabilidade mundial.

O apoio que temos recebido, na América do Sul e fora dela, nos estimula a persistir na defesa de um Conselho de Segurança adequado à realidade contemporânea.

Idem, ibidem (com adaptações).

(1) São preservadas as relações lógicas e a correção gramatical do texto ao se substituir o ponto final imediatamente antes de "Mas" (l.8) por uma vírgula e fazer o necessário ajuste na letra inicial maiúscula desse vocábulo.

1: correta. Não haveria qualquer prejuízo à correção gramatical e coerência do texto, porque se trata de orações coordenadas, ou seja, cada uma tem sentido próprio, independente da outra. Assim, podem manter-se como orações autônomas ou formar um período composto por coordenação (caso se use a vírgula) que terão o mesmo sentido

Gabarito 1C

(CESPE) A figura abaixo ilustra uma janela do aplicativo Word 2000 contendo um documento que está sendo editado e que apresenta parte de um texto extraído e adaptado da Folha de S. Paulo, de 20/10/2003.

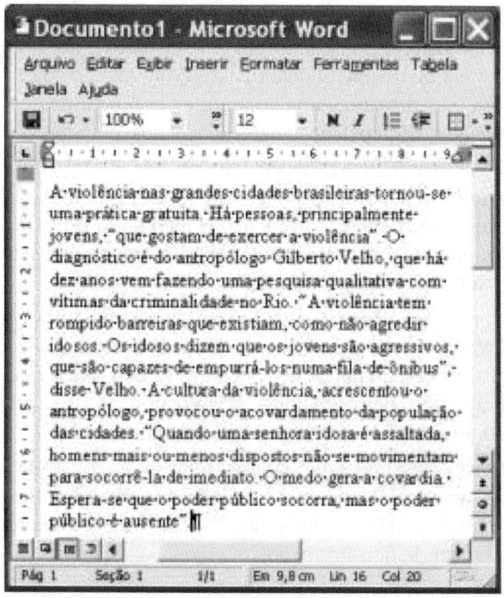

(CESPE) Em relação a aspectos gramaticais e às ideias do parágrafo contido na janela do Word 2000 mostrada na figura acima, julgue os itens subsequentes.

(1) A expressão "principalmente jovens" (l.2-3) está entre vírgulas por tratar-se de termo intercalado para especificar a informação anterior.

(2) O emprego de aspas indica que, nos trechos em que elas ocorrem, os pensamentos do antropólogo foram parafraseados.

1: correta. Trata-se de aposto, o qual deve sempre vir intercalado por vírgulas; **2:** incorreta. As aspas são usadas para identificar justamente o contrário, ou seja, que se trata de citações literais dos pensamentos do antropólogo

Gabarito 1C, 2E

"Arrumar o homem"

(Dom Lucas Moreira Neves Jornal do Brasil, Jan. 1997)

Não boto a mão no fogo pela autenticidade da estória que estou para contar. Não posso, porém, duvidar da veracidade da pessoa de quem a escutei e, por isso, tenho-a como verdadeira. Salva-me, de qualquer modo, o provérbio italiano: "Se não é verdadeira... é muito graciosa!"

Estava, pois, aquele pai carioca, engenheiro de profissão, posto em sossego, admitido que, para um engenheiro, é sossego andar mergulhado em cálculos de estrutura. Ao lado, o filho, de 7 ou 8 anos, não cessava de atormentá-lo com perguntas de todo jaez, tentando conquistar um companheiro de lazer.

A ideia mais luminosa que ocorreu ao pai, depois de dez a quinze convites a ficar quieto e a deixá-lo trabalhar, foi a de pôr nas mãos do moleque um belo quebra-cabeça trazido da última viagem à Europa. "Vá brincando enquanto eu termino esta conta". sentencia entre dentes, prelibando pelo menos uma hora, hora e meia de trégua. O peralta não levará menos do que isso para armar o mapa do mundo com os cinco continentes, arquipélagos, mares e oceanos, comemora o pai-engenheiro.

Quem foi que disse hora e meia? Dez minutos depois, dez minutos cravados, e o menino já o puxava triunfante: "Pai, vem ver!" No chão, completinho, sem defeito, o mapa do mundo.

Como fez, como não fez? Em menos de uma hora era impossível. O próprio herói deu a chave da proeza: "Pai, você não percebeu que, atrás do mundo, o quebra-cabeça tinha um homem? Era mais fácil. E quando eu arrumei o homem, o mundo ficou arrumado!"

"Mas esse garoto é um sábio!", sobressaltei, ouvindo a palavra final. Nunca ouvi verdade tão cristalina: "Basta arrumar o homem (tão desarrumado quase sempre) e o mundo fica arrumado!"

Arrumar o homem é a tarefa das tarefas, se é que se quer arrumar o mundo.

(CESPE) Ao lado, o filho, <u>de 7 ou 8 anos</u>, não cessava de atormentá-lo...; as vírgulas que envolvem o segmento sublinhado:

(A) marcam um adjunto adverbial deslocado;
(B) indicam a presença de uma oração intercalada;
(C) mostram que há uma quebra da ordem direta da frase;
(D) estão usadas erradamente porque separam o sujeito do verbo;
(E) assinalam a presença de um aposto.

Correta a alternativa "E". O trecho destacado exerce função sintática de aposto na oração

Gabarito "E"

4. MORFOLOGIA

A Revolução Industrial provocou a dissociação entre dois pensamentos: o científico e tecnológico e o humanista. A partir do século XIX, a liberdade do homem começa a ser identificada com a eficiência em dominar e transformar a natureza em bens e serviços. O conceito de liberdade começa a ser sinônimo de consumo. Perde importância a prática das artes e consolidam-se a ciência e a tecnologia. Relega-se a preocupação ética. A procura da liberdade social se faz sem considerar-se sua distribuição. A militância política passa a ser tolerada, mas como opção pessoal de cada um.

Essa ruptura teve o importante papel de contribuir para a revolução do conhecimento científico e tecnológico. A sociedade humana se transformou, com a eficiência técnica e a consequente redução do tempo social necessário à produção dos bens de sobrevivência.

O privilégio da eficiência na dominação da natureza gerou, contudo, as distorções hoje conhecidas: em vez de usar o tempo livre para a prática da liberdade, o homem reorganizou seu projeto e refez seu objetivo no sentido de ampliar o consumo. O avanço técnico e científico, de instrumento da liberdade, adquiriu autonomia e passou a determinar uma estrutura social opressiva, que servisse ao avanço técnico e científico. A liberdade identificou-se com a ideia de consumo. Os meios de produção, que surgiram no avanço técnico, visam ampliar o nível dos meios de produção.

Graças a essa especialização e priorização, foi possível obter-se o elevado nível do potencial de liberdade que o final do século XX oferece à humanidade. O sistema capitalista permitiu que o homem atingisse as vésperas da liberdade em relação ao trabalho alienado, às doenças e à escassez. Mas não consegue permitir que o potencial criado pela ciência e tecnologia seja usado com a eficiência desejada.

(Cristovam Buarque, Na fronteira do futuro. Brasília: EDUnB, 1989, p. 13; com adaptações)

(CESPE) Julgue o item abaixo, relativos às ideias do texto.

(1) A omissão do artigo "o" imediatamente antes de "tecnológico" (l. 2) indica que "científico e tecnológico" constitui um item da oposição e "humanista" (l. 2), outro.

1: correta. A inexistência do artigo definido pretende demonstrar que "científico e tecnológico" deve ser visto como um único elemento.

Gabarito 1C

Paz como equilíbrio do movimento

Como definir a paz? Desde a antiguidade encontramos muitas definições. Todas elas possuem suas boas razões e também seus limites. Privilegiamos uma, por ser extremamente sugestiva: a paz é o equilíbrio

3	do movimento. A felicidade desta definição reside no fato de que se ajusta à lógica do universo e de todos
4	os processos biológicos. Tudo no universo é movimento, nada é estático e feito uma vez por todas.
5	Viemos de uma primeira grande instabilidade e de um incomensurável caos. Tudo explodiu. E ao
6	expandir-se, o universo vai pondo ordem no caos. Por isso o movimento de expansão é criativo e
7	generativo. Tudo tem a ver com tudo em todos os momentos e em todas as circunstâncias. Essa afirmação
8	constitui a tese básica de toda a cosmologia contemporânea, da física quântica e da biologia genética e
9	molecular.
10	Em razão da panrelacionalidade de tudo com tudo, o universo não deve mais ser entendido como o
11	conjunto de todos os seres existentes e por existir, mas como o jogo total, articulado e dinâmico, de todas as
12	relações que sustentam os seres e os mantém unidos e interdependentes entre si.
13	A vida, as sociedades humanas e as biografias das pessoas se caracterizam pelo movimento. A
14	vida nasceu do movimento da matéria que se auto-organiza; a matéria nunca é "material", mas um jogo
15	altamente interativo de energias e de dinamismos que fazem surgir os mais diferentes seres. Não sem razão
16	asseveram alguns biólogos que, quando a matéria alcança determinado nível de auto-organização, em
16	qualquer parte do universo, emerge a vida como imperativo cósmico, fruto do movimento de relações
18	presentes em todo o cosmos.
19	As coisas mantêm-se em movimento, por isso evoluem; elas ainda não acabaram de nascer. Mas o
20	caos jamais teria chegado a cosmos e a desordem primordial jamais teria se transformado em ordem aberta
21	se não houvesse o equilíbrio. Este é tão importante quanto o movimento. Movimento desordenado é
22	destrutivo e produtor de entropia. Movimento com equilíbrio produz sintropia e faz emergir o universo como
23	cosmos, vale dizer, como harmonia, ordem e beleza.
24	Que significa equilíbrio? Equilíbrio é a justa medida entre o mais e o menos. O movimento possui
25	equilíbrio e assim expressa a situação de paz se ele se realizar dentro da justa medida, não for nem
26	excessivo nem deficiente. Importa, então, sabermos o que significa a justa medida.
27	A justa medida consiste na capacidade de usar potencialidades naturais, sociais e pessoais de tal
28	forma que elas possam durar o mais possível e possam, sem perda, se reproduzir. Isso só é possível,
29	quando se estabelece moderação e equilíbrio entre o mais e o menos. A justa medida pressupõe realismo,
30	aceitação humilde dos limites e aproveitamento inteligente das possibilidades. É este equilíbrio que garante
31	a sustentabilidade a todos os fenômenos e processos, à Terra, às sociedades e à vida das pessoas.
32	O universo surgiu por causa de um equilíbrio extremamente sutil. Após a grande explosão originária,
33	se a força de expansão fosse fraca demais, o universo colapsaria sobre si mesmo. Se fosse forte demais, a
34	matéria cósmica não conseguiria adensar-se e formar assim gigantescas estrelas vermelhas,
35	posteriormente, as galáxias, as estrelas, os sistemas planetários e os seres singulares. Se não tivesse
36	funcionado esse refinadíssimo equilíbrio, nós humanos não estaríamos aqui para falar disso tudo.
37	Como alcançar essa justa medida e esse equilíbrio dinâmico? A natureza do equilíbrio demanda
38	uma arte combinatória de muitos fatores e de muitas dimensões, buscando a justa medida dentre todas
39	elas. Pretender derivar o equilíbrio de uma única instância é situar-se numa posição sem equilíbrio. Por isso
40	não basta a razão crítica, não é suficiente a razão simbólica, presente na religião e na espiritualidade, nem a
41	razão emocional, subjacente ao mundo dos valores e das significações, nem o recurso da tradição, do bom
42	senso e da sabedoria dos povos.
43	Todas estas instâncias são importantes, mas nenhuma delas é suficiente, por si só, para garantir o
44	equilíbrio. Este exige uma articulação de todas as dimensões e todas as forças.
45	A partir destas ideias, temos condições de apreciar a excelência da compreensão da paz como
46	equilíbrio do movimento. Se houvesse somente movimento sem equilíbrio, movimento linear ou
47	desordenado, em todas as direções, imperaria o caos e teríamos perdido a paz. Se houvesse apenas
48	equilíbrio sem movimento, sem abertura a novas relações, reinaria a estagnação e nada evoluiria. Seria a
49	paz dos túmulos. A manutenção sábia dos dois polos faz emergir a paz dinâmica, feita e sempre por fazer,
50	aberta a novas incorporações e a sínteses criativas.
51	Consideradas sob a ótica da paz como equilíbrio do movimento, as sociedades atuais são
52	profundamente destruidoras das condições da paz. Vivemos dilacerados por radicalismos, unilateralismos,
53	fundamentalismos e polarizações insensatas em quase todos os campos. A concorrência na economia e no
53	mercado, feita princípio supremo, esmaga a cooperação necessária para que todos os seres possam viver e
55	continuar a evoluir. O pensamento único da ideologia neoliberal, levado a todos os quadrantes da terra,
56	destrói a diversidade cultural e espiritual dos povos. A imposição de uma única forma de produção, com a
57	utilização de um único tipo de técnica e de administração, maximizando os lucros, encurtando o tempo e
58	minimizando os investimentos, devasta os ecossistemas e coloca sob risco o sistema vivo de Gaia. As
59	relações profundamente desiguais entre ricos e pobres, entre Norte e Sul e entre religiões que se
60	consideram portadoras de revelação divina e outras religiões da humanidade, reforçam a arrogância e
61	aumentam os conflitos religiosos. Todos estes fenômenos são manifestações da destruição do equilíbrio do
62	movimento e, por isso, da paz tão ansiada por todos. Somente fundando uma nova aliança entre todos e
63	com a natureza, inspirada na paz-equilíbrio-do-movimento como método e como meta, conseguiremos

sociedades sem barbárie, onde a vida pode florescer e os seres humanos podem viver no cuidado de uns para com os outros, em justiça e, enfim, na paz perene, secularmente ansiada.

BOFF, Leonardo. *Paz como equilíbrio do movimento.* Disponível em: <http://www.leonardoboff.com/site/vista/2001-2002/pazcomo.htm>. Acesso em: 14 nov. 2012. (Adaptado).

(UEG) Exerce função adjetiva o termo destacado em:

(A) "<u>Tudo</u> no universo é movimento" (linha 4)

(B) "As coisas mantêm-se em movimento, por isso <u>evoluem</u>" (linha 19)

(C) "A vida, as sociedades <u>humanas</u> e as biografias das pessoas se caracterizam pelo movimento" (linha 13)

(D) "Desde a antiguidade encontramos muitas <u>definições</u>" (linha 1)

Exerce função adjetiva a palavra que qualifica uma outra integrante da oração. Ela não existe por si, é acessória. Uma forma fácil de percebermos se a palavra exerce função adjetiva é eliminando-a do texto e vendo se ele ainda faz sentido. Perceba que, com essa simples regra, notamos rapidamente que o termo "humanas", na alternativa "C", exerce função adjetiva (se não estivesse escrito, a oração ainda assim faria sentido). Todas as demais palavras sublinhadas exercem função substantiva, ou seja, são essenciais às orações.

Gabarito "C"

Texto para as quatro questões seguintes.

Triste Europa

Um Estado pode prender e expulsar um menor desacompanhado só porque ele é estrangeiro e não possui os documentos que o próprio Estado não quis lhe conceder? E, na mesma situação, os idosos, as grávidas e os portadores de deficiência? E os que, no país de origem, foram vítimas de tortura, estupro ou outras formas graves de violência?

Pois a nova norma sobre "o regresso de nacionais de terceiros países em situação irregular", recentemente aprovada pelo Parlamento Europeu, não apenas permite que um país o faça como estende uma tenebrosa concepção jurídica da imigração aos Estados-membros da União Europeia.

Tanto essa diretiva como as leis de certos países que a inspiraram são incompatíveis com as Constituições nacionais dos Estados-membros. São ilegais em relação ao direito internacional dos direitos humanos, arduamente tecidos após a Segunda Guerra Mundial. E colidem com o próprio direito regional – especialmente a Carta dos Direitos Fundamentais da UE (Nice, 2000) e a Convenção Europeia dos Direitos Humanos (Roma, 1950).

De ardilosa redação, a norma, a um só tempo, refere os direitos humanos e institucionaliza sua violação sistemática. Uma alínea assegura um direito, enquanto outra mais adiante o condiciona ou lhe rouba o sentido.

Sob o pretexto de organizar a expulsão, batizada de "afastamento", o estrangeiro pode ser detido por até 18 meses. As condições de detenção e expulsão são inaceitáveis: em princípio, há espaços isolados denominados "centros de retenção" (os que já existem lembram campos de concentração). Porém, havendo um número "excepcionalmente elevado" de estrangeiros, estes podem ser mesclados aos presos comuns, e as famílias podem ser separadas.

Acompanha a expulsão uma "interdição de entrada" em todo o território coberto pela diretiva, que pode durar cinco anos ou até se prolongar indefinidamente. Num processo apto a resultar em tão graves consequências, o Estado pode considerar desnecessária a tradução dos documentos, desde que "se possa razoavelmente supor" que o estrangeiro os compreenda.

Ademais, as informações sobre as razões de fato da expulsão podem ser limitadas, para salvaguardar, entre outros, a segurança nacional.

Infelizmente, a comunidade internacional não exagerou ao apelidá-la de "Diretiva da Vergonha". Ela constitui uma derrota mais grave do que o fracasso da Constituição Europeia ou do Tratado de Lisboa, recentemente recusados por referendos populares.

Concluída a fusão dos mercados, em vez de rumar para a integração política e consolidar seu protagonismo na cena mundial, a Europa faz da integração um utensílio da exclusão. Claro está que Bruxelas não pode evitar a deriva à direita de certos Estados, mas tampouco necessita servir à regionalização da xenofobia.

Por outro lado, a diretiva complica ainda mais as já difíceis negociações inter-regionais com o Mercado Comum do Sul, Mercosul, cujos chefes de Estado se uniram para emitir um veemente protesto na recente Cúpula de Tucumán (Argentina).

Com efeito, além da ilegalidade, aqui há ingratidão. Os fluxos migratórios oriundos da Europa se espalharam por todos os continentes. Mais do que ninguém, os europeus sabem que não há emigração em massa sem fortes motivações, essencialmente de natureza socioeconômica.

Ora, as mazelas da imigração só podem ser resolvidas com a integração dos estrangeiros às sociedades, associada a uma enfática cooperação internacional, a fim de extrair da miséria e da desesperança a larga franja demográfica em que nascerá o futuro ser humano a expulsar.

Estima-se que possam ser expulsos da Europa 8 milhões de estrangeiros considerados em situação irregular, embora, em sua ampla maioria, não tenham praticado nenhum crime, trabalhem e recolham impostos.

Somando-se essa possibilidade à fresca barbárie do governo republicano dos EUA, o mundo desenvolvido desgasta aguda e paulatinamente sua autoridade moral para cobrar valores humanistas de outros governos.

Paradoxos da globalização: jamais a humanidade dispôs

de tantas facilidades para se mover, mas nunca antes ela foi tão fortemente cerceada em sua liberdade. A Europa crava tristes trópicos em si mesma. Estamos, ainda, distantes do fim do território nacional e do Estado como inospitaleiras construções do homem contra si mesmo. Razão a mais para acreditar que cabe ao Sul, e particularmente ao plural Brasil, a invenção de novos modelos, talvez menos opulentos, mas seguramente mais solidários, de convívio respeitoso entre os homens.

(Ricardo Seitenfus e Deisy Ventura. **Folha de São Paulo**, 24 de julho de 2008)

(FGV) "Ora, as mazelas da imigração só podem ser resolvidas com a integração dos estrangeiros às sociedades, associada a uma enfática cooperação internacional, a fim de extrair da miséria e da desesperança a larga franja demográfica em que nascerá o futuro ser humano a expulsar."

No trecho acima, há:

(A) 7 artigos definidos e 3 ocorrências da preposição a.
(B) 8 artigos definidos e 4 ocorrências da preposição a.
(C) 9 artigos definidos e 4 ocorrências da preposição a.
(D) 9 artigos definidos e 3 ocorrências da preposição a.
(E) 8 artigos definidos e 2 ocorrências da preposição a.

Vamos reescrever o trecho sublinhando os artigos definidos e colocando em maiúscula as preposições "a": "Ora, as mazelas da imigração só podem ser resolvidas com a integração dos estrangeiros às (A + as) sociedades, associada A uma enfática cooperação internacional, A fim de extrair da miséria e da desesperança a larga franja demográfica em que nascerá o futuro ser humano A expulsar". São, portanto, nove artigos definidos e quatro preposições "a".

Gabarito "C"

(FGV) "Somando-se essa possibilidade à fresca barbárie do governo republicano dos EUA, o mundo desenvolvido desgasta aguda e paulatinamente sua autoridade moral para cobrar valores humanistas de outros governos." (L.73-76)

A respeito do trecho acima, analise os itens a seguir:

I. O pronome essa tem valor anafórico.
II. A palavra *aguda* classifica-se como advérbio.
III. Há, no trecho, oito substantivos.

Assinale:

(A) se somente os itens I e III estiverem corretos.
(B) se todos os itens estiverem corretos.
(C) se nenhum item estiver correto.
(D) se somente os itens II e III estiverem corretos.
(E) se somente os itens I e II estiverem corretos.

I: correta. Chama-se "anáfora" a função dos pronomes demonstrativos de resgatar outras passagens do texto. No caso, "essa possibilidade" refere-se a expulsão de grande número de estrangeiros mencionada no parágrafo anterior do texto; **II:** correta. Trata-se do advérbio de modo "agudamente", reduzido por razões de estilo; **III:** correta (possibilidade, barbárie, governo, EUA, mundo, autoridade, valores, governos).

Gabarito "B"

(FGV) Observando-se as siglas do texto (UE, EUA, Mercosul), corretamente grafadas, é possível afirmar que, dentre as alternativas a seguir, há uma que não segue a regra moderna de grafia de siglas. Assinale-a.

(A) UFRJ
(B) COFINS
(C) PM
(D) UERJ
(E) PIS

As siglas são, modernamente, compostas pela primeira letra de cada palavra que se quer representar. Assim, a sigla que foge à regra é COFINS, por significar "Contribuição para o Financiamento da Seguridade Social". Perceba que, além de usar as três primeiras letras das duas primeiras palavras, ignora o "S" de "social". A propósito: UFRJ – Universidade Federal do Rio de Janeiro; PM – Polícia Militar; UERJ – Universidade Estadual do Rio de Janeiro; PIS – Programa de Integração Social.

Gabarito "B"

(FGV) Assinale a alternativa em que a palavra indicada não seja formada pelo mesmo processo que as demais.

(A) ilegais (L.15)
(B) desacompanhado (L.2)
(C) incompatíveis (L.14)
(D) demográfica (L.67)
(E) inter-regionais (L.56)

Todas as palavras são formadas por prefixo + adjetivo: i + legais, des + acompanhado; in + compatíveis; inter + regionais. "Demográfica" não vem acompanhada de prefixo. É adjetivo que significa "populacional".

Gabarito "D"

Texto para as três questões seguintes.

Sonhos Sonhos são

Negras nuvens
Mordes meu ombro em plena turbulência
Aeromoça nervosa pede calma
Aliso teus seios e toco
Exaltado coração
Então despes a luva para eu ler-te a mão
E não tem linhas tua palma
Sei que é sonho
Incomodado estou, num corpo estranho
Com governantes da América Latina
Notando meu olhar ardente
Em longínqua direção
Julgam todos que avisto alguma salvação
Mas não, é a ti que vejo na colina

Qual esquina dobrei às cegas
E caí no Cairo, ou Lima, ou Calcutá
Que língua é essa em que despejo pragas
E a muralha ecoa
Em Lisboa
Faz algazarra a malta em meu castelo
Pálidos economistas pedem calma
Conduzo tua lisa mão
Por uma escada espiral
E no alto da torre exibo-te o varal
Onde balança ao léu minh'alma
Em Macau, Maputo, Meca, Bogotá
Que sonho é esse de que não se sai
E em que se vai trocando as pernas
E se cai e se levanta noutro sonho
Sei que é sonho
Não porque da varanda atiro pérolas
E a legião de famintos se engalfinha
Não porque voa nosso jato
Roçando catedrais
Mas porque na verdade não me queres mais
Aliás, nunca na vida foste minha

(Chico Buarque)

(FGV) "E em que **se** vai trocando as pernas" (verso 28)

A palavra *"se"* no verso acima destacado se classifica como:

(A) partícula apassivadora.
(B) parte integrante do verbo.
(C) índice de indeterminação do sujeito.
(D) pronome reflexivo.
(E) conjunção.

No verso em questão, a partícula "se" funciona como índice de indeterminação do sujeito. Note que ela se liga ao verbo "ir" na terceira pessoa do singular do presente do indicativo, em formação clássica do sujeito indeterminado. Na oração, se perguntarmos: "quem vai?", a fim de encontrar o sujeito, percebemos que o questionamento não tem resposta definida: "vai-se". Como sabemos, sujeito indeterminado é aquele que não pode ser determinado nem pelo contexto, nem pela conjugação do verbo.

Gabarito "C"

(FGV) "Mas não, é a ti *que* vejo na colina" (verso 14)

Assinale a alternativa em que esteja corretamente classificada a palavra destacada nos versos acima.

(A) conjunção integrante
(B) parte de expressão expletiva
(C) pronome relativo
(D) conjunção subordinativa
(E) pronome indefinido

A: incorreta. Conjunção integrante é aquela que dá início a uma oração subordinada substantiva subjetiva. No caso em análise, temos uma só oração, que não pode, portanto, ser classificada em subordinada ou principal; **B:** correta. Expressão expletiva é aquela que produz ênfase na oração, através da formação "ser + que" (poderíamos dizer "te vejo na colina", sem o mesmo destaque para esse fato); **C:** incorreta. Pronome relativo é aquele que se refere a um termo anterior, normalmente iniciando um complemento; **D:** incorreta. Conjunção subordinativa é aquela que abre a oração subordinada, que não aparece no verso analisado; **E:** incorreta. Pronome indefinido refere-se a terceira pessoa de forma genérica, imprecisa.

Gabarito "B"

(FGV) "Mas porque na verdade não me queres mais" (verso 35)

No verso acima, utilizou-se a forma correta *porque*. Assinale a alternativa em que não se tenha utilizado corretamente uma das quatro formas do porquê.

(A) É necessário avaliar por quê, ontem, fomos derrotados.
(B) Depois de entender por quê, prosseguiu.
(C) Não sei por quê nem como.
(D) Não entendemos as privações por que passamos.
(E) Deve haver um porquê para nossa derrota.

A e **B:** corretas. "Por quê", separado e com acento, equivale a "por qual razão" ou "pelo qual" e é acentuado quando aparecer imediatamente antes de sinal de pontuação que indique pausa na leitura (vírgula, ponto, ponto e vírgula, ponto de interrogação etc.); **C:** incorreta, devendo ser assinalada. Nesse caso, "por que" (com o sentido de "por qual razão") não deveria levar acento, porque não é seguido de sinal de pontuação; **D:** correta. Perceba que "por que" pode ser substituído por "pelas quais"; **E:** correta. "Porquê", junto e com acento, é substantivo, sendo corretamente empregado na alternativa.

Gabarito "C"

Madrugada

Duas horas da manhã. Às sete, devia estar no aeroporto. Foi quando me lembrei de que, na pressa daquela manhã, ao sair do hotel, deixara no banheiro o meu creme dental. Examinei a rua. Nenhuma farmácia aberta. Dei meia volta, rumei por uma avenida qualquer, o passo mole e sem pressa, no silêncio da noite. Alguma farmácia haveria de plantão... Rua deserta. Dois ou três quarteirões mais além, um guarda. Ele me daria indicação. Deu. Farmácia Metrópole, em rua cujo nome não guardei.

– O senhor vai por aqui, quebra ali, segue em frente.

Dez ou doze quarteirões. A noite era minha. Lá fui. Pouco além, dois tipos cambaleavam. Palavras vazias no espaço cansado. Atravessei, cauteloso, para a calçada fronteira. E já me esquecera dos companheiros eventuais da noite sem importância, quando estremeci, ao perceber, pelas pisadinhas leves, um cachorro atrás de mim. Tenho velho horror a cães desconhecidos. Quase igual ao horror pelos cães conhecidos, ou de conhecidos, cuja lambida fria, na intimidade que lhes tenho sido obrigado a conceder, tantas vezes, me provoca uma incontrolável repugnância.

Senti um frio no estômago. Confesso que me bambeou a perna. Que desejava de mim aquele cão ainda não visto, evidentemente à minha procura? Os meus bêbados haviam dobrado uma esquina. Estávamos na rua apenas eu e aqueles passos cada vez mais próximos. Minha primeira reação foi apressar a marcha. Mas desde criança me ensinaram que correr é pior. Cachorro é como gente: cresce para quem se revela o mais fraco. Dominei-me, portanto, só eu sei com que medo. O bicho estava perto. Ia atacar-me a barriga da perna? Passou-me pela cabeça o grave da situação. Que seria de mim, atacado por um cão feroz numa via deserta, em plena madrugada, na cidade estranha? Como me arranjaria? Como reagiria? Como lutar contra o monstro, sem pedra nem pau, duas coisas tão úteis banidas pela vida urbana?

Nunca me senti tão pequeno. Eu estava só, na rua e no mundo. Ou melhor, a rua e o mundo estavam cheios, cheios daqueles passos cada vez mais vizinhos. Sim, vinham chegando. Não fui atacado, porém. O animal já estava ao meu lado, teque-teque, os passinhos sutis. Bem... Era um desconhecido inofensivo. Nada queria comigo. Era um cão notívago, alma boêmia como tantos homens, cão sem teto que despertara numa soleira de porta e sentira fome. Com certeza, saindo em busca de latas de lixo e comida ao relento.

Um doce alívio me tomou. Logo ele estaria dois, três, dez, muitos passinhos miúdos e leves cada vez mais à frente, cada vez mais longe... Não se prolongou, porém, a repousante sensação.

O animal continuava a meu lado, acertando o passo com o meu – teque-teque, nós dois sozinhos, cada vez mais sós... Apressei a marcha.

Lá foi ele comigo. Diminuí. O bichinho também. Não o olhara ainda. Sabia que ele estava a meu lado. Os passos o diziam. O vulto. Pelo canto do olho senti que ele não me olhava também, o focinho para a frente, o caminhar tranquilo, muito suave, na calçada larga.

(Orígenes Lessa. *Balbino, Homem do Mar.* Fragmento adaptado)

(VUNESP) No período – Quase igual ao horror pelos cães **conhecidos**, ou de **conhecidos**, cuja lambida fria, na intimidade que lhes tenho sido obrigado a conceder, tantas vezes, me provoca uma incontrolável **repugnância**. –, os termos em destaque, conforme o contexto que determina seus usos, classificam-se, respectivamente, como

(A) adjetivo, adjetivo e substantivo.
(B) substantivo, adjetivo e substantivo.
(C) adjetivo, substantivo e substantivo.
(D) adjetivo, adjetivo e adjetivo.
(E) substantivo, substantivo e adjetivo.

"Conhecidos", na primeira hipótese, é adjetivo, pois está conferindo uma qualidade aos cães; na segunda hipótese, "conhecidos" é substantivo, usado para nominar genericamente "pessoas que eu conheço"; "repugnância" é substantivo, nomina o sentimento de "nojo", "asco" por alguma coisa.

Gabarito "C"

(ACADEPOL) As palavras "magnético", "carregadas", "tempestades" e "auroras" apresentam, respectivamente,

(A) dígrafo, dígrafo, dígrafo e ditongo crescente.
(B) encontro consonantal, encontro consonantal, encontro consonantal e hiato.
(C) encontro consonantal, dígrafo, dígrafo e ditongo decrescente.
(D) dígrafo, dígrafo, dígrafo e hiato.
(E) dígrafo, encontro consonantal, encontro consonantal e hiato.

"Magnético" apresenta encontro consonantal ("gn") – duas consoantes juntas, ambas pronunciadas; "carregadas" apresenta dígrafo ("rr") – duas consoantes juntas, mas apenas um fonema; "tempestades" apresenta dígrafo ("mp"), porque o "m" não é pronunciado. Ele indica a nasalização da vogal "e"; "auroras" apresenta ditongo decrescente ("au") – vogal seguida de semivogal na mesma sílaba.

Gabarito "C"

NADA MUDOU

"Em outros declives semelhantes, vimos, com prazer, progressivos indícios de desbravamento, isto é, matas em fogo ou já destruídas, de cujas cinzas começavam a brotar o milho, a mandioca e o feijão".(...) "Pode-se prever que em breve haverá falta até de madeira necessária para construções se, por meio de uma sensata economia florestal, não se der fim à livre utilização e devastação das matas desta zona". "As ervas desse campo, para serem removidas e fertilizar o solo com carbono e extirpar a multidão de insetos nocivos, são queimadas anualmente pouco antes de começar a estação chuvosa. Assistimos, com espanto, à surpreendente visão da torrente de fogo ondulando poderosamente sobre a planície sem fim." "( ) Há a atividade dos homens que esburacam o solo ( ) para a extração de metais. (...)" "Infelizmente ( ), ávidos da carne do tatu galinha, não ponderam sobre essas sábias disposições. Perseguem-no com tanta violência, como se a espécie tivesse de ser extinta". "No solo adubado com cinzas das matas queimadas dá boas colheitas ( ) Contudo, isso se refere somente à colheita do primeiro ano; no segundo já é menor e, no terceiro, o solo em geral está parcialmente esgotado e em parte tão estragado por um capim compacto, que a plantação é desfeita ". "Em parte, haviam sido queimadas grandes extensões das pradarias. Assisti hoje a este fenômeno diversas vezes e, por um quarto de hora, atravessamos campos incendiados, crepitando em altas chamas."

Lendo as citações acima, o leitor pode estar se

perguntando de onde elas foram extraídas, até pela linguagem pouco usual, e a que lugares se referem. Poderá imaginar que são trechos de publicações técnicas sobre o meio ambiente, talvez algum relato de um membro de uma ONG ambientalista ou de um viajante de Portugal ou outra coisa qualquer do gênero. Pois bem, não é nada disso. Na verdade, as citações foram extraídas do livro "Viagem no Interior do Brasil" (1976, Editora Itatiaia), do naturalista austríaco Johann Emanuel Pohl. O detalhe que torna as citações mais interessantes para aquelas pessoas preocupadas com o meio ambiente é a época em que foi feita a viagem: entre 1818 e 1819. Isto mesmo, há quase 190 anos! Repito: cento e noventa anos atrás. Triste constatar que, de lá pra cá, não só pouca coisa mudou como retrocedemos em outras. O naturalista viajou pelos estados do Rio de Janeiro, Minas Gerais, Goiás e Tocantins e descreveu os caminhos por onde passou. (...) O imediatismo, a destruição pela cobiça, a nefanda prática das queimadas, a falta de planejamento e o hábito de esgotar os recursos para posteriormente mudar o local da destruição são facilmente percebidos ao longo do texto. Na verdade, dada a época em que o relato foi feito, isto não constitui grande surpresa. O mais impressionante é a analogia com os dias atuais. (...) Quase dois séculos se passaram. O discurso ambientalista ganhou força e as ONG são entidades de peso político extraordinário. Mas tudo indica que, na prática, nada mudou.

Rogério Grassetto Teixeira da Cunha, biólogo, é doutor em Comportamento Animal pela Universidade de Saint Andrews. JB – Ecológico, ano V, nº 71, dez/2007.

(CESGRANRIO) Assinale a opção em que o termo destacado **NÃO** pertence à mesma classe gramatical dos destacados nas demais opções.

(A) "são queimadas **anualmente** pouco antes de começar a estação chuvosa." (l. 11-12)

(B) "Assistimos , com espanto, à **surpreendente** visão da torrente de fogo..." (l. 12-13)

(C) "...ondulando **poderosamente** sobre a planície sem fim." (l. 13-14)

(D) "**Infelizmente** (...), ávidos da carne do tatu galinha, não ponderam..." (l. 16-17)

(E) "o solo em geral está **parcialmente** esgotado..." (l. 22-23)

Todos os termos destacados são advérbios, com exceção de "surpreendente", que é um adjetivo

Gabarito "B"

José de Arimatéia subiu a escada de pedra do alpendrão, e deu com Seu Tonho Inácio na cadeira de balanço, distraído em trançar o lacinho de seis pernas com palha de milho desfiada. A gente encontrava aquelas trançazinhas por toda parte (...) — naqueles lugares onde o velho gostava de ficar, horas e horas, namorando a criação e fiscalizando a camaradagem no serviço. Com a chegada do dentista, Tonho Inácio voltou a si da avoação em que andava:

— Hã, é o senhor? Pois se assente ... Hum ... espera que a Dosolina quer lhe falar também. Vamos até lá dentro...

E entrou pelo corredor do sobrado, acompanhado do rapaz.

Na sala — quase que sempre fechada, naturalmente por causa disso aquele sossego e o cheiro murcho de coisa velha — a mobília de palhinha, o sofá muito grande, a cadeirona de balanço igual à outra do alpendre. Retratos nas paredes: os homens, de testa curta e barbados, as mulheres de coque enrolado e alto (...), a gola do vestido justa e abotoada no pescoço à feição de colarinho. Povo dos Inácios, dos Gusmões: famílias de Seu Tonho e Dona Dosolina. Morriam, mas os retratos ficavam para os filhos os mostrarem às visitas — contar como aqueles antigos eram, as manias que cada qual devia ter, as proezas deles nos tempos das primeiras derrubadas no sertão da Mata dos Mineiros.

De seus pais, José de Arimatéia nem saber o nome sabia.

Lembrava-se mas era só do Seu Joaquinzão Carapina, comprido e muito magro, sempre de ferramenta na mão — derrubando árvore, lavrando e serrando, aparelhando madeira. (...) E ele, José de Arimatéia, menininho de tudo ainda, mas já agarrado no serviço, a catar lascas e serragem para cozinhar a panela de feijão e coar a água rala do café de rapadura, adjutorando no que podia.

PALMÉRIO, Mário. **Chapadão do Bugre**. Rio de Janeiro: Editora Livraria José Olímpio, 1966. (Adaptado)

(CESGRANRIO) Os vocábulos em negrito estão classificados corretamente, **EXCETO** em

(A) "... onde o **velho** gostava de ficar," (l. 5-6) – adjetivo

(B) "... em **que** andava:" (l. 9) – pronome relativo

(C) "... espera **que** a Dosolina quer lhe falar também." (l. 10 – 11) – conjunção

(D) "a **cadeirona** de balanço igual à outra ..." (l. 18) – substantivo

(E) "... para os filhos **os** mostrarem ... " (l. 23-24) – pronome pessoal

Incorreta apenas a alternativa "A", devendo ser assinalada. No trecho, o vocábulo "velho" exerce função de substantivo

Gabarito "A"

1 Mesmo quando sucumbimos aos nossos impulsos consumistas, estamos sempre pagando um preço além daquele debitado em nossa conta bancária. Quando você

compra um carro, por exemplo, não está adquirindo apenas um veículo útil ou um símbolo de *status*. Você leva também um possível agente poluidor e — se levarmos em conta os números de acidentes nas estradas do país — uma arma em potencial. Nesse caso, há o preço da consciência ambiental e da responsabilidade de dirigir não apenas para si mesmo, mas para a comunidade como um todo. O comprador acaba levando mais do que compra e, para o bem maior da coletividade, é preciso que arque com essas despesas extras.

Planeta, maio/2006, p. 50 (com adaptações).

(CESPE) A partir do texto acima, julgue o item que se segue.

(1) O emprego das preposições em "da responsabilidade" (l.9) e "para a comunidade" (l.10) é exigido, respectivamente, por "preço" (l.8) e "dirigir" (l.9).

1: correta, sendo as preposições regidas pelos termos em destaque

Gabarito 1C

Atendendo a provocações, volto a comentar o inominável assassinato do casal de namorados Liana Friedenbach e Felipe Caffé, desta vez _____ aspecto da lei. A tarefa que me cabe não é das mais agradáveis, pois ao sustentar que não se reduza a maioridade penal para 16 anos, como muitos agora exigem, estarei de algum modo defendendo o menor Xampinha, _____ atos estão além de qualquer defesa. O que de certa forma me tranquiliza é a convicção _____ princípios existem para serem preservados contra exceções. E os crimes de Embu-Guaçu foram justamente uma trágica exceção.

(Hélio Schwartsman, "Crimes e Castigos". Em: www.folha.uol.com.br, 20.11.2003. Adaptado)

(VUNESP) No contexto em que está empregado, o termo "inominável" é sinônimo de

(A) imprudente.
(B) honroso.
(C) contestável.
(D) pecaminoso.
(E) vil.

Pelo contexto, podemos depreender que "inominável" foi usado como sinônimo de "vil", "maldoso", "hediondo"

Gabarito "E"

Como encontrar um milagre na Índia

Doentes e peregrinos buscam a salvação em templos que praticam o exorcismo em Kerala, ao sul da Índia. Garanto: naquela região se operam, de fato, milagres que salvam vidas diariamente.

Os "milagres" nada têm a ver com os deuses ou demônios. Apenas com homens, responsáveis por uma das mais admiradas experiências sociais já produzidas num país pobre. Como o resto da Índia, Kerala é miserável, sua renda por habitante é de US$ 300 por ano – dez vezes menos do que a brasileira e cem vezes se comparada com a americana.

Primeiro "milagre" num país de 900 milhões de habitantes com explosivo crescimento populacional: cada mulher tem apenas dois filhos (1,7, para ser mais preciso), uma média semelhante à de um casal de classe média alta em Manhattan, Paris, São Paulo ou Rio de Janeiro. Segundo e mais importante: de cada mil crianças que nascem, apenas 13 morrem antes de completar um ano – um nível de mortalidade infantil semelhante ao dos Estados Unidos e quatro vezes menor que o do Brasil.

Até pouco tempo atrás, Kerala era mais conhecida por suas praias, onde os turistas "descolados" se deitavam na areia depois do banho, massageados por moradores que aprenderam de seus ancestrais os segredos da massagem ayurvédica, medicina tradicional indiana. Agora, porém, atrai tipos menos transcendentais da Europa e dos Estados Unidos, decididos a entender e difundir a experiência sobre como um lugar miserável consegue indicadores sociais tão bons.

As pesquisas indicam, em essência, um caminho: graças à vontade política dos governantes locais, em nenhum outro lugar da Índia se investiu tanto na educação das mulheres. Uma ação que enfrentou a rotina da marginalização. Na Índia, por questões culturais, se propagou o infanticídio contra meninas, praticado pelos próprios pais.

Em Kerala, apenas 5% das garotas estão fora da escola, reduzindo a porcentagens insignificantes o analfabetismo. Elas são mais educadas, entram no mercado de trabalho, frequentam postos de saúde, amamentam os filhos, conhecem noções de higiene, sabem a importância, por exemplo, de ferver a água ou aplicar as vacinas, planejam voluntariamente o número de filhos.

Daí se vê o que significou, no Brasil, termos gasto tanto dinheiro na construção de hospitais, em vez de investir mais pesadamente em medicina preventiva. Muitas dessas obras só ajudaram a saúde financeira dos empreiteiros.

(DIMENSTEIN, Gilberto. *Aprendiz do futuro* – Cidadania hoje e amanhã. São Paulo: Ática, 2000, p. 46.)

(FUNCAB) Assinale a opção que apresenta, correta e respectivamente, a classe gramatical a que pertencem as palavras destacadas em:

"(...) decididos **A** entender **E** difundir **A** experiência sobre como um **LUGAR** miserável consegue indicadores sociais **TÃO** bons.(...)".

(A) preposição – conjunção – artigo – substantivo – advérbio.

(B) artigo – conjunção – artigo – advérbio – advérbio.
(C) artigo – preposição – artigo – advérbio – adjetivo.
(D) preposição – pronome – pronome – substantivo – adjetivo.
(E) artigo – pronome – preposição – advérbio – adjetivo.

O primeiro "a" é preposição regida pelo particípio do verbo "decidir" (quem está decidido, está decidido a alguma coisa). O "e" é conjunção aditiva, que une as orações expressas pelos verbos "entender" e "difundir" indicando que elas devem ser somadas, consideradas em conjunto. O segundo "a" é um artigo definido feminino singular que determina o substantivo "experiência" (não é preposição porque "entender" e "difundir" são verbos transitivos diretos, ou seja, não regem preposição). "Lugar" é substantivo comum e "tão" é advérbio de intensidade

Gabarito "A"

(FUNCAB) Nas alternativas abaixo, assinale a frase em que a palavra COMO tem o mesmo valor semântico que em: "(...) Como o resto da Índia, Kerala é miserável, sua renda por habitante é de US$ 300 por ano (...)".

(A) Como não se desesperou, pôde lidar bem com a situação.
(B) Como eu ia dizendo, esse problema não existe mais.
(C) Como estava doente, precisava de acompanhamento médico.
(D) Saí do país como se saísse de um cativeiro.
(E) Ele fez tudo como lhe mandaram.

A: incorreta. Nesse caso, "como" é conjunção subordinativa causal, expressa a razão pela qual a pessoa pôde lidar bem com a situação; **B:** incorreta. Nesse caso, "como" é conjunção subordinativa conformativa, expressa a concordância entre dois acontecimentos (é sinônimo de "conforme"); **C:** incorreta. Novamente, trata-se de conjunção subordinativa causal; **D:** correta. Tanto no enunciado quanto na alternativa, a conjunção "como" tem valor comparativo, ou seja, estabelece uma comparação entre dois fatos; **E:** incorreta. Novamente, trata-se de conjunção subordinativa conformativa

Gabarito "D"

> Já adulto pela covardia, eu fazia o que todos fazemos, quando somos grandes, e há diante de nós sofrimentos e injustiças: não queria vê-los; subia para soluçar lá no alto da casa, numa peça ao lado da sala de estudos, sob os telhados, uma salinha que cheirava a íris, também aromada por uma groselheira silvestre que crescia do lado de fora entre as pedras do muro e passava um ramo florido pela janela entreaberta. Destinada a uma utilidade mais especial e mais vulgar, essa peça serviu por muito tempo de refúgio para mim, sem dúvida por ser a única que me permitia fechasse à chave, para todas as minhas ocupações que exigissem solidão inviolável: a leitura, o devaneio, as lágrimas e a volúpia.

Marcel Proust. **No caminho de Swann**. Internet: <vestibular.uol.com.br> (com adaptações).

(CESPE) Assinale a opção correta a respeito do texto apresentado.

(A) A palavra "covardia" (l.1) poderia ser substituída por **pusilanimidade**, sem alterar o sentido original do texto.
(B) As palavras "sofrimentos" (l.2) e "injustiças" (l.3) designam acontecimentos antagônicos necessariamente decorrentes um do outro.
(C) Na linha 5, o termo "íris" alude contextualmente a uma cor.
(D) A substituição da forma verbal "cheirava" (l.5) por **cheirasse** prejudicaria a correção gramatical do texto.
(E) Na linha 2, o vocábulo "grandes" é empregado como sinônimo de altos.

A: correta. "Covardia" e "pusilanimidade" são sinônimas; **B:** incorreta. Os ideias contidas em "sofrimentos" e "injustiças" não são antagônicas (contrárias), mas análogas (similares); **C:** incorreta. "Íris" é uma planta, por isso o autor se refere ao "cheiro de íris"; **D:** incorreta. Haveria uma mudança de sentido (da afirmação de que "a salinha efetivamente tinha cheiro de íris" para a possibilidade de que "talvez houvesse esse cheiro"), mas gramaticalmente estaria tudo correto; **E:** incorreta. "Grandes" foi empregada como sinônimo de "adultos"

Gabarito "A"

(AERONÁUTICA) Em qual alternativa o substantivo coletivo **não** foi empregado corretamente?

(A) Retire uma cabeça de alho daquela réstia.
(B) Uma nuvem de gafanhotos destruiu a plantação.
(C) O arquipélago é formado por dez pequenas ilhas.
(D) Um dos lobos que pertencia àquela manada perdeu-se do grupo.

A: correta. "Réstia" é coletivo de "alho"; **B:** correta. "Nuvem" é coletivo de quaisquer insetos, inclusive "gafanhoto"; **C:** correta. "Arquipélago" é coletivo de "ilha"; **D:** incorreta, devendo ser assinalada. "Manada" é coletivo de animais de grande porte, como "elefante", "boi", "búfalo" etc.. O coletivo de "lobo" é "alcateia"

Gabarito "D"

(AERONÁUTICA) Em qual das alternativas o adjetivo em negrito é classificado como composto?

(A) O juiz determinou medidas **socializantes** ao adolescente.
(B) Deve-se estudar bem a realidade **sociocultural** do Brasil.
(C) O membro do partido **socialista** apresentou sua proposta.
(D) O homem não é o único ser **sociável** a viver nesse planeta.

O único adjetivo composto é "sociocultural", formado pela forma reduzida de "social" (sócio) + "cultural". Os demais adjetivos são simples, formados pelo processo de sufixação

Gabarito "B"

(AERONÁUTICA) Assinale a alternativa em que o adjetivo interessante está no grau superlativo absoluto analítico.

(A) O filme é muito interessante.
(B) Este é o livro mais interessante que eu já li.
(C) A banca fez considerações interessantíssimas sobre o trabalho apresentado.
(D) A viagem que fiz ano passado para a Europa foi mais interessante que cansativa.

A: correta. Chama-se superlativo absoluto analítico o grau do adjetivo que representa uma qualidade ou defeito atribuído exclusivamente a determinado sujeito, colocando-o em situação de extrema superioridade ou inferioridade em relação a todos os demais de forma abstrata (superlativo absoluto) e representado pelo uso de um advérbio de intensidade (analítico); **B:** incorreta. Aqui, temos o superlativo relativo, porque o adjetivo "interessante" é atribuído a um objeto ("livro") em relação a outros (todos aqueles que eu li) e não de forma abstrata (compare com a alternativa anterior para perceber bem a diferença); **C:** incorreta. "Interessantíssimas" é superlativo absoluto sintético, porque formado por uma só palavra; **D:** incorreta. Aqui, temos o grau comparativo entre "interessante" e "cansativa", não superlativo

Gabarito "A"

(AERONÁUTICA) Em qual alternativa o par de advérbios em destaque não indica a mesma circunstância?

(A) Como **bem** e não durmo **mal**.
(B) Em verdade, **pouco** apareço e **menos** falo.
(C) Enfim, **agora**, como **outrora**, há aqui o mesmo contraste da vida anterior.
(D) **Às vezes**, cantarolava, sem abrir a boca, algum trecho ainda **mais** idoso que ele.

A: correta. Ambos os advérbios expressam modo; **B:** correta. Ambos os advérbios expressam intensidade; **C:** correta. Ambos os advérbios expressam tempo; **D:** incorreta, devendo ser assinalada. "Às vezes" expressa tempo, ao passo que "mais" expressa intensidade

Gabarito "D"

Os moralistas

— Você pensou bem no que vai fazer, Paulo?

— Pensei. Já estou decidido. Agora não volto atrás.

— Olhe lá, hein, rapaz...

Paulo está ao mesmo tempo comovido e surpreso com os três amigos. Assim que souberam do seu divórcio ____________, correram para visita-lo no hotel. Sua situação ____________. A solidariedade lhe faz bem. Mas não entende aquela insistência deles em **dissuadi**-lo. Afinal, todos sabiam que ele não se acertava com a mulher.

— Pense um pouco mais, Paulo. Reflita. Essas decisões **súbitas**...

— Mas que súbitas? Estamos praticamente separados há um ano.

— Puxa dê outra chance ao seu casamento, Paulo!

— A Margarida é uma ótima mulher.

— Espera um pouquinho. Você mesmo deixou de frequentar nossa casa por causa da Margarida. Depois que ela chamou vocês de bêbados e expulsou todo mundo.

— E fez muito bem. Nós estávamos bêbados e tínhamos que ser expulsos.

— Outra coisa, Paulo. O divórcio. Sei lá.

— Eu não entendo mais nada. Você sempre defendeu o divórcio!

— É. Mas quando acontece com um amigo...

— Olha, Paulo. Eu não sou moralista. Mas acho a família uma coisa importantíssima. Acho que a família merece qualquer sacrifício.

— Pense nas crianças, Paulo. No trauma.

— Mas nós não temos filhos!

— Nos filhos dos outros, então. No mau exemplo.

— Mas isto é um absurdo! Vocês estão falando como se fosse o fim do mundo. Hoje, o divórcio é uma coisa comum. Não vai mudar nada.

— Como, não muda nada?

— Muda tudo!

— Você não sabe o que está dizendo, Paulo! Muda tudo.

— Muda o quê?

— Bom, pra começar, você não vai poder mais frequentar as nossas casas.

— As mulheres não vão tolerar.

— Você se transformará num **pária** social, Paulo.

— O quê?!

— Fora de brincadeira. Um *reprobo*.

— Puxa. Eu nunca pensei que vocês...

— Pense bem, Paulo. Dê tempo ao tempo.

— Deixe pra decidir depois. Passado o verão.

— Reflita, Paulo. É uma decisão seríssima. Deixe para mais tarde.

— Está bem. Se vocês insistem...

Na saída, os três amigos conversam:

— Será que ele se convenceu?

— Acho que sim. Pelo menos vai adiar.

— E nos solteiros contra casados da praia, este ano, ainda teremos ele no gol.

— Também, a ideia dele. Largar o gol dos casados logo agora. Em cima da hora. Quando não dava mais para arranjar substituto.

— Os casados nunca terão um goleiro como ele.

— Se insistirmos bastante, ele desiste definitivamente do divórcio.

— Vai aguentar a Margarida pelo resto da vida.

— Pelo time dos casados, qualquer sacrifício serve.

— Me diz uma coisa. Como divorciado, ele podia jogar no time dos solteiros?

— Podia.

— Impensável.

— É.

— Outra coisa.

— O quê?

— Não é reprobo. É **réprobo**. Acento no "e".

— Mas funcionou, não funcionou?

(EXATUS) Assinale a alternativa que define adequadamente os termos destacados no texto de acordo com o contexto (dissuadir, súbita, pária, réprobo):

(A) mudar de opinião, repentinamente, repudiado, condenado.
(B) convencer, definitiva, desestruturado, desajustado.
(C) dispersar, inesperadamente, maníaco, sentenciado.
(D) persuadir, esperado, desprezado, depressivo.

A alternativa "A" é a única que apresenta sinônimos corretos para todas as palavras extraídas do texto. "Convencer" e "persuadir" são sinônimos entre si, mas não equivalem a "dissuadir". A primeira e a segunda sugerem que a pessoa ainda não tem uma opinião, enquanto a terceira pressupõe a mudança de opinião. "Súbito" é aquilo que acontece de repente, inesperadamente. "Pária" é sinônimo de "repudiado", "desprezado", "isolado", mas não de "desestruturado" ou "maníaco". "Réprobo", por fim, é aquele que foi reprovado, culpado, daí por extensão temos "condenado" ou "sentenciado"

Gabarito "A"

A navegação fazia-se, comumente, das oito horas da manhã às cinco da tarde, quando as canoas embicavam pelos barrancos e eram presas a troncos de árvores, com o auxílio de cordas ou cipós. Os densos nevoeiros, que se acumulam sobre os rios durante a tarde e pela manhã, às vezes até o meio-dia, impediam que se prolongasse o horário das viagens.

Antes do pôr-do-sol, costumavam os homens arranchar-se e cuidar da ceia, que constava principalmente de feijão com toucinho, além da indefectível farinha, e algum pescado ou caça apanhados pelo caminho. Quando a bordo, e por não poderem acender fogo, os viajantes tinham de contentar-se, geralmente, com feijão frio, feito de véspera.

De qualquer modo, era esse alimento tido em grande conta nas expedições, passando por extremamente substancial e saudável. Um dos motivos para tal preferência vinha, sem dúvida, da grande abundância de feijão nos povoados, durante as ocasiões em que costumavam sair as frotas destinadas ao Cuiabá e a Mato Grosso.

(Adaptado de Sérgio Buarque de Holanda. **Monções.** 3. ed. São Paulo, Brasiliense, 2000, pp. 105-6)

(FCC) O segmento cujo sentido está corretamente expresso em outras palavras é:

(A) *além da indefectível farinha* = sem contar a eventual moagem.
(B) *feito de véspera* = ritualmente preparado.
(C) *tido em grande conta nas expedições* = muito caro para as viagens.
(D) *arranchar-se e cuidar da ceia* = abancar-se e servir o jantar.
(E) *impediam que se prolongasse* = obstavam que se estendesse.

A: incorreta. "Indefectível" é sinônimo de "imperecível", "infalível", aquilo que não falta; **B:** incorreta. "Feito de véspera" transmite a ideia de "sobra", aquilo que fgoi preparado no dia anterior e pode ser aproveitado, sem cerimônias, no dia seguinte; **C:** incorreta. "Em grande conta" é expressão que denota respeito, confiança, agrado; **D:** incorreta. "Arranchar" vem de "rancho" e ganhou o significado de distribuição da comida à tropa nesses lugares para comer e/ou pernoitar. "Abancar" vem de "banco", significa "sentar à mesa"; **E:** correta. Os sinônimos estão perfeitamente atribuídos

Gabarito "E"

MINISTÉRIO DA SAÚDE EXIGE NOTIFICAÇÃO OBRIGATÓRIA

Estados e municípios devem, a partir desta quarta-feira, notificar os casos
graves e as mortes suspeitas por dengue em até 24 horas ao Ministério da Saúde.
É o que estabelece a portaria publicada no Diário Oficial da União, oficializando
decisão anunciada pelo Ministro da Saúde na semana passada.
Os casos de dengue seguem o fluxo rotineiro de notificação semanal, porém
óbito, casos graves, casos produzidos pelo sorotipo DENV 4 necessitam de
melhor acompanhamento, o que justifica a sua inclusão entre as doenças de
notificação imediata. Essa medida possibilitará a identificação precoce de
introdução de novo sorotipo e de alterações no comportamento epidemiológico da
dengue, com a adoção imediata das medidas necessárias por parte do Ministério
da Saúde e das Secretarias Estaduais e Municipais de Saúde. Com a inclusão na
portaria, será possível identificar, de maneira precoce, alterações na letalidade da
dengue, o que permitirá uma melhor investigação epidemiológica e a adoção de
mudanças na rede assistencial para evitar novas mortes.
Todas as unidades de saúde da rede pública ou privada devem informar casos
graves e mortes suspeitas por dengue às Secretarias Estaduais e Municipais de
Saúde, que repassam os dados ao Ministério da Saúde. A notificação imediata
pode ser feita por telefone, e-mail ou diretamente ao "site" da Secretaria de

Vigilância em Saúde do Ministério, de acordo com instrumentos e fluxos já amplamente utilizados no Sistema Único de Saúde. A regra vale, ainda, para casos ocorridos em fins de semana e feriados.

"A mudança na portaria permitirá um conhecimento melhor e mais rápido de como está se comportando a dengue, propiciando uma ação de prevenção e de controle mais oportuna", explica o Secretário de Vigilância em Saúde do Ministério, Jarbas Barbosa.

Além disso, também foi publicada a adequação da portaria à nova legislação brasileira, tornando as violências doméstica, sexual e/ou outras violências de notificação universal, por toda a rede de assistência à saúde, e não apenas por unidades sentinelas, como anteriormente.

A notificação compulsória pelos serviços de saúde de qualquer suspeita ou confirmação de violência contra crianças, adolescentes, mulheres e pessoas idosas já está prevista na legislação. Com isso, a maioria das Secretarias Estaduais e Municipais de Saúde já estava em processo de expansão para outras unidades de saúde além das sentinelas, incluindo para as Unidades de Saúde da Família e outros serviços de saúde.

Devido à ocorrência de casos importados de sarampo em 2010 e à ampla vacinação realizada contra rubéola em 2008, o Ministério também incluiu todo caso de sarampo e rubéola como de notificação imediata, independentemente de ter história de viagem ou vínculo com viajante internacional. Esta medida foi adotada para detectar casos suspeitos de forma oportuna para adoção de medidas de controle em tempo hábil.

No ano de 2010, foi incorporada ao calendário básico de vacinação a vacina pneumocócica 10 valente. Diante disso, faz-se necessário o estabelecimento de medidas de monitoramento do comportamento das pneumonias no País, que passam a ser notificadas em unidades sentinelas que integram essa rede de vigilância específica. A nova portaria passa a ter 45 eventos de notificação obrigatória, com fluxos e periodicidades distintos, de acordo com a situação epidemiológica de cada um. Todos os casos notificados são registrados no Sistema de Informação de Agravos de Notificação, pelas Secretarias Estaduais e Municipais de Saúde. A nova lista de doenças de notificação compulsória e imediata está em consonância com o novo Regulamento Sanitário Internacional.

Em setembro de 2010, a lista de notificação compulsória incluíra cinco novos itens, entre os quais acidentes com animais peçonhentos, como cobras, escorpiões e aranhas; atendimento antirrábico após ataque de cães, gatos e morcegos; intoxicações por substâncias químicas, incluindo agrotóxicos e metais pesados; síndrome do corrimento uretral masculino e sífilis adquirida. A atual portaria (104/2011) mantém na lista de notificação imediata doenças como cólera, dengue pelo sorotipo DEN-4, doença de Chagas aguda, febre amarela, poliomielite, raiva humana, influenza por novo subtipo viral, entre outras. "A notificação dessas doenças possibilita que os gestores, sejam dos estados, municípios ou o próprio Ministério, monitorem e planejem ações de prevenção de controle, avaliem tendências e impacto das intervenções e indiquem riscos para a população", explica Jarbas Barbosa.

http://portal.saude.gov.br (texto adaptado)

(FUNDEP) Assinale a alternativa em que o vocábulo sublinhado NÃO foi corretamente explicado entre parênteses.

(A) "A notificação compulsória pelos serviços de saöde [...] já está prevista na legislação." (OBRIGATÓRIA, COMPELIDA)

(B) "Alèm disso, tambèm foi publicada a adequação da portaria à nova legislação brasileira [...]" (DOCUMENTO CONTENDO NORMAS DE EXECUÇÃO)

(C) "Em setembro de 2010, a lista de notificação compulsória incluíra cinco novos itens, entre os quais acidentes com animais peçonhentos [...]" (VENENOSOS, MALÉFICOS)

(D) "[...] será possível identificar, de maneira precoce, alterações na letalidade da dengue, o que permitirá uma melhor investigação epidemiológica [...]" (SERIEDADE, GRAVIDADE)

Dentre as alternativas, a única que apresenta uma correlação incorreta é a letra "D", que deve ser assinalada. "Letalidade" é sinônimo de "mortalidade", "número de óbitos"

Gabarito "D"

(AERONÁUTICA) Em qual das alternativas encontramos advérbio de intensidade?

(A) Em sua tese, há provas bastantes de conhecimentos sobre Lacan e Freud.

(B) A chuva continuava, uma chuva mansa e igual, quase lenta, sem interesse em inundar.
(C) Meia xícara de café é o suficiente para provocar muita insônia em mim, se ingerida à noite.
(D) Meu ser desfolha-se em muitas íntimas lembranças, que revivem um adeus sem adeus.

A: incorreta. O uso do plural em "bastantes" denota que a palavra foi usada como adjetivo, sinônimo de "suficientes"; **B:** correta. "Quase" exerce função de advérbio de intensidade; C e **D:** incorretas. "Muita(s)" tem valor, nesses casos, de quantidade

Gabarito "B"

(AERONÁUTICA) Em qual alternativa a correspondência entre a locução adjetiva e o adjetivo está incorreta?

(A) do campo = bucólico
(B) de lua = selênico
(C) de marfim = ebúrneo
(D) de fogo = gípseo

Todas as correlações estão corretas, com exceção da alternativa "D", que deve ser assinalada. A "de fogo" corresponde o adjetivo "ígneo". "Gípseo" é adjetivo que corresponde a "dos ciganos", "relativo ao povo cigano"

Gabarito "D"

OS DICIONÁRIOS DE MEU PAI

Pouco antes de morrer, meu pai me chamou ao escritório e me entregou um livro de capa preta que eu nunca havia visto. Era o dicionário analógico de Francisco Ferreira dos Santos Azevedo. Ficava quase escondido, perto dos cinco grandes volumes do dicionário Caldas Aulete, entre outros livros de consulta que papai mantinha ao alcance da mão numa estante giratória. Isso pode te servir, foi mais ou menos o que ele então me disse, no seu falar meio grunhido. Era como se ele, cansado, me passasse um bastão que de alguma forma eu deveria levar adiante. E por um bom tempo aquele livro me ajudou no acabamento de romances e letras de canções, sem falar das horas em que eu o folheava à toa; o amor aos dicionários, para o sérvio Milorad Pavic, autor de romances-enciclopédias, é um traço infantil no caráter de um homem adulto. Palavra puxa palavra, e escarafunchar o dicionário analógico foi virando para mim um passatempo (desenfado, espairecimento, entretém, solaz, recreio, filistria). O resultado é que o livro, herdado já em estado precário, começou a se esfarelar nos meus dedos. Encostei-o na estante das relíquias ao descobrir, num sebo atrás da sala Cecília Meireles, o mesmo dicionário em encadernação de percalina. Por dentro estava em boas condições, apesar de algumas manchas amareladas, e de trazer na folha de rosto a palavra anauê, escrita a caneta-tinteiro. Com esse livro escrevi novas canções e romances, decifrai enigmas, fechei muitas palavras cruzadas. E ao vê-lo dar sinais de fadiga, saí de sebo em sebo pelo Rio de Janeiro para me garantir um dicionário analógico de reserva. Encontrei dois, mas não me dei por satisfeito, fiquei viciado no negócio. Dei de vasculhar livrarias país afora, só em São Paulo adquiri meia dúzia de exemplares, e ainda arrematei o último à venda na Amazon.com antes que algum aventureiro o fizesse. Eu já imaginava deter o monopólio (açambarcamento, exclusividade, hegemonia, senhorio, império) de dicionários analógicos da língua portuguesa, não fosse pelo senhor João Ubaldo Ribeiro, que ao que me consta também tem um, quiçá carcomido pelas traças (brocas, carunchos, gusanos, cupins, térmitas, cáries, lagartas-rosadas, gafanhotos, bichos-carpinteiros). A horas mortas eu corria os olhos pela minha prateleira repleta de livros gêmeos, escolhia um a esmo e o abria a bel-prazer. Então anotava num Moleskine as palavras mais preciosas, a fim de esmerar o vocabulário com que embasbacaria as moças e esmagaria meus rivais. Hoje sou surpreendido pelo anúncio desta nova edição do dicionário analógico de Francisco Ferreira dos Santos Azevedo. Sinto como se invadissem minha propriedade, revirassem meus baús, espalhassem ao vento meu tesouro. Trata-se para mim de uma terrível (funesta, nefasta, macabra, atroz, abominável, dilacerante, miseranda) notícia.

(Francisco Buarque de Hollanda, Revista Piauí, junho de 2010)

(CEPERJ) No texto, os parênteses foram usados para conter palavras:

(A) sinônimas
(B) parônimas
(C) polissêmicas
(D) análogas
(E) homônimas

A: incorreta. Palavras sinônimas são aquelas que possuem exatamente o mesmo sentido, podendo umas substituir as outras sem qualquer alteração; **B:** incorreta. Parônimas são palavras de grafia parecida, mas com significados absolutamente diferentes (como "eminente" e "iminente", por exemplo); **C:** incorreta. Chamam-se polissêmicas as palavras que apresentam mais de um sentido; **D:** correta. Palavras análogas são aquelas que não se enquadram como sinônimas, mas podem ser utilizadas umas pelas outras para dar o mesmo sentido à oração na falta de um substituto perfeito. Note no texto, por exemplo, que "traça" não é a mesma coisa que "caruncho" (são insetos diferentes). É por isso, aliás, que o livro do qual o texto trata é um dicionário analógico: ele não traz palavras sinônimas, como no dicionário comum, mas sim palavras análogas; **E:** incorreta. São homônimas as palavras que apresentam a mesma grafia e/ou a mesma pronúncia (como "são", do verbo "ser", e "são", sinônimo de "sadio")

Gabarito "D"

(CEPERJ) A preposição tem valor semântico de finalidade no segmento:

(A) "Os dicionários de meu pai" *(título)*
(B) "...outros livros de consulta" *(l. 5)*
(C) "...ao alcance da mão..." *(l. 5)*
(D) "...que de alguma forma..." *(l. 8)*
(E) "acabamento de romances..." *(l. 9/10)*

A: incorreta. A preposição indica posse, propriedade; **B:** correta. Aqui, a preposição indica finalidade. Veja que ela pode ser substituída por "para": "livros para consulta"; **C:** incorreta. A preposição indica distância; **D:** incorreta. A preposição forma a locução que indica modo, forma de fazer algo; **E:** incorreta. Novamente, a preposição indica posse

Gabarito "B"

(AERONÁUTICA) Leia:

"Preso a canções
Entregue a paixões
Que nunca tiveram fim
Vou me encontrar
Longe do meu lugar
Eu, caçador de mim."

Assinale a alternativa com o número correto de tipos de pronome presentes no trecho de música acima.

(A) 3 pessoais, 1 relativo, 1 possessivo
(B) 2 pessoais, 2 relativos, 1 possessivo
(C) 4 pessoais, 1 indefinido, 1 demonstrativo
(D) 5 pessoais, 2 demonstrativos, 1 indefinido

Os pronomes aparecem na seguinte ordem: "que" (terceiro verso) – pronome relativo; "me" (quarto verso) – pronome pessoal; "meu" (quinto verso) – pronome possessivo; "eu" (sexto verso) – pronome pessoal; "mim" (sexto verso) – pronome pessoal

Gabarito "A"

(AERONÁUTICA) O conjunto indicado pelo substantivo coletivo destacado está correto em todas as alternativas, exceto em:

(A) Ele foi convocado, imaginem, para classificar a **pinacoteca** em dois meses! (livros)
(B) Nós ficamos temerosos, pois a **malta** gritava e uivava. (desordeiros)
(C) Da janela da casa, avistava-se a **esquadra**. (navios)
(D) O **elenco** era ruim e o texto também. (atores)

O único coletivo indicado incorretamente está na alternativa "A", que deve ser assinalada. "Pinacoteca" é o coletivo de quadros ou obras de arte. Para livros, usamos "biblioteca"

Gabarito "A"

(AERONÁUTICA) Assinale a alternativa na qual o adjetivo destacado corresponde, no contexto em que se insere, à locução adjetiva *de êxtase*.

(A) Permaneceu (por quanto tempo?) **extasiado** pelo perfume que inebriava sua lembrança.
(B) "E deixes que as mãos cálidas da noite encontrem sem/ fatalidade o olhar **extático** da aurora."
(C) Tristemente, reconhecia aquela realidade **estativa**: paraíso de opulências, apenas de alguns.
(D) Era linda! Daquela lindeza **estática** de antigas bonecas de luxo.

A: incorreta. "Extasiado" é o particípio do verbo "extasiar" com valor de adjetivo, sendo sinônimo, nesse caso, de "arrebatado", "pasmado"; **B:** correta. Note que a locução adjetiva pode substituir o adjetivo "extático" sem qualquer alteração de sentido; **C:** incorreta. "Estativo" é a parte não ótica do microscópio; **D:** incorreta. "Estático" é aquilo que está parado, que não se move

Gabarito "B"

(CESGRANRIO) A opção em que a classificação do "que" difere, gramaticalmente, da dos demais?

(A) "...que o sol pode queimar..." (l. 13-14)
(B) "...que seu melhor amigo e você podem fazer qualquer coisa," (l. 30-31)
(C) "...que verdadeiramente amamos..." (l 36)
(D) "...que as circunstâncias e os ambientes possuem influência sobre nós," (l. 39-40)
(E) "que realmente é forte..." (l. 70-71)

Em todas as orações, "que" foi utilizado como conjunção subordinativa, cuja função é ligar a oração subordinada à oração principal. Excetua-se, apenas, a alternativa "C", que deve ser assinalada, na qual a palavra "que" tem valor de pronome relativo

Gabarito "C"

(FUNCAB) Aponte o significado do prefixo da palavra destacada em"(...) praticam o EXORCISMO em Kerala, (...)".

(A) mudança.
(B) separação.
(C) para fora.
(D) para trás.
(E) através de.

O prefixo "ex-", nesse caso, significa "de dentro para fora", como ocorre em "exsurgir", "extrusão" etc..

Gabarito "C"

(CEPERJ) O vocábulo "anestesia", em sua estrutura, apresenta um prefixo, que também se encontra na palavra:

(A) anatomia
(B) anômalo
(C) abscesso
(D) análise

O prefixo "a-", de origem grega, ao qual se adicionou a consoante "n" por questões de eufonia (melhora da sonoridade da palavra dado que começa com vogal), indica negação, contraposição. Das palavras listadas, a única que tem o prefixo "a-" em sua formação é "anômalo", que designa aquilo que foge da normalidade. Na demais, a letra "a" integra a palavra original, ou seja, não é prefixo

Gabarito "B"

(AERONÁUTICA) Leia:

O sol ***amarelado***
Apontou no ***descampado***
E no ***corre-corre*** *do dia*
Nem foi admirado

As palavras em destaque nos versos acima foram formadas, respectivamente, pelos processos de

(A) prefixação, aglutinação e justaposição.
(B) sufixação, derivação parassintética e aglutinação.
(C) derivação parassintética, justaposição e prefixação.
(D) sufixação, derivação parassintética e justaposição.

"Amarelado" é formado por sufixação (ou derivação sufixal), a colocação do sufixo "-ado" no substantivo "amarelo" para criar um adjetivo. "Descampado" é formado por parassíntese (ou derivação parassintética), porque decorre da colocação simultânea de um prefixo ("des-") e um sufixo ("-ado") na palavra "campo". Por fim, "corre-corre" é substantivo formado por justaposição, a junção de duas palavras sem que qualquer delas perca seus fonemas originais. A aglutinação ocorre quando a nova palavra elimina algum fonema presente nas primitivas, como ocorre em "planalto" (plano + alto), por exemplo

Gabarito "D"

(AERONÁUTICA) Assinale a alternativa incorreta quanto ao processo de formação da palavra.

(A) ante-sala: prefixação
(B) fragilidade: sufixação
(C) expropriar: parassíntese
(D) policromo: composição por aglutinação

A: correta. "Ante-" é prefixo que indica "anterior", "o que vem antes"; **B:** correta. A palavra é formada pela colocação do sufixo "-idade" ao adjetivo "frágil", para assim formar um substantivo; **C:** correta. Ocorre parassíntese quando a palavra é formada simultaneamente por prefixação e sufixação, isto é, não existe o vocábulo somente com o prefixo ou somente com o sufixo. Perceba, no caso, que não é correto dizer "expróprio" (apenas prefixo) nem "propriar" (apenas sufixo); **D:** incorreta, devendo ser assinalada. "Policromo "é adjetivo que significa "de muitas cores", "multicolorido". A palavra é formada por prefixação, pela colocação do prefixo "poli-", "muitos", ao substantivo "cromo", "cor"

Gabarito "D"

5. VERBO

Não existem soluções mágicas, é claro, mas uma coisa é certa: uma crise global requer soluções globais. Se não as encontrarmos, as consequências serão desastrosas, a começar pela morte de 2 milhões de crianças nos próximos cinco anos. Por conta da globalização, ninguém será poupado, especialmente aqueles que são vítimas inocentes: as vulneráveis populações da África, por exemplo, e as mulheres. Ela atinge todos os aspectos da sociedade: educação, segurança alimentar, as perspectivas de desenvolvimento da chamada economia verde etc. Ela também fortalece o "egotismo nacionalista" e incrementa a xenofobia. Esta crise, porém, não é apenas econômica; ela também é uma crise moral. É uma crise institucional e filosófica do sistema que construímos.

O mundo ruma para a incerteza? In: Planeta, ago./2008, p. 51 (com adaptações).

(CESPE) Tomando por base a organização do texto acima, julgue o item a seguir.

(1) A correção gramatical do texto seria preservada se fosse empregada a forma verbal encontrássemos em lugar de "encontrarmos" (l.3), com a vantagem de se reforçar a ideia de condição expressa pela oração iniciada por "Se não" (l.3).

1: incorreta. A forma "encontrarmos" está na primeira pessoa do plural do futuro do subjuntivo, ou seja, denota uma condicional futura, algo que ainda pode acontecer. Trocá-la por "encontrássemos", na primeira pessoa do plural do pretérito imperfeito do subjuntivo, traria o sentido de condicional passada, algo que poderia ter acontecido, mas não aconteceu. Além disso, haveria incorreção gramatical em relação aos demais verbos do período, que estão no tempo futuro em concordância com a primeira forma.

Gabarito 1E

Na verdade, o que hoje definimos como democracia só foi possível em sociedades de tipo capitalista, mas não necessariamente de mercado. De modo geral, a democratização das sociedades impõe limites ao mercado, assim como desigualdades sociais em geral não contribuem para a fixação de uma tradição democrática. Penso que temos de refletir um pouco a respeito do que significa democracia. Para mim, não se trata de um regime com características fixas, mas de um processo que, apesar de constituir formas institucionais, não se esgota nelas. É tempo de voltar ao filósofo Espinosa e imaginar a democracia como uma potencialidade do social, que, se de um lado exige a criação de formas e de configurações legais e institucionais, por outro não permite parar. A democratização no século XX não se limitou à extensão de direitos políticos e civis. O tema da igualdade atravessou, com maior ou menor força, as chamadas sociedades ocidentais.

Renato Lessa. Democracia em debate. In: Revista Cult, n.º 137, ano 12, jul./2009, p. 57 (com adaptações).

(CESPE) Com base nas estruturas linguísticas e nas relações argumentativas do texto acima, julgue o item seguinte.

(1) Pela acepção usada no texto, o emprego da forma verbal pronominal "se limitou" (l.15) exige a presença da preposição "a" no complemento verbal; a substituição pela forma não pronominal — não limitou a extensão —, sem uso da preposição, preservaria a correção gramatical, mas mudaria o efeito da ideia de "democratização" (l.14).

1: correta. A alteração não ofenderia a norma culta, porém alteraria o sentido do texto. A forma pronominal indica que a democratização trouxe outros efeitos além da extensão dos direitos políticos e civis; a forma não pronominal daria a entender que a democratização não influenciou a extensão dos direitos políticos e civis.

Gabarito 1C

Texto

A maioria dos comentários sobre crimes ou se limitam a pedir de volta o autoritarismo ou a culpar a violência do cinema e da televisão, por excitar a imaginação criminosa dos jovens. Poucos pensam que vivemos em uma sociedade que estimula, de forma sistemática, a passividade, o rancor, a impotência, a inveja e o sentimento de nulidade nas pessoas. Não podemos interferir na política, porque nos ensinaram a perder o gosto pelo bem comum; não podemos tentar mudar nossas relações afetivas, porque isso é assunto de cientistas; não podemos, enfim, imaginar modos de viver mais dignos, mais cooperativos e solidários, porque isso é coisa de "obscurantista, idealista, perdedor ou ideólogo fanático", e o mundo é dos fazedores de dinheiro. Somos uma espécie que possui o poder da imaginação, da criatividade, da afirmação e da agressividade. Se isso não pode aparecer, surge, no lugar, a reação cega ao que nos impede de criar, de colocar no mundo algo de nossa marca, de nosso desejo, de nossa vontade de poder. Quem sabe e pode usar — com firmeza, agressividade, criatividade e afirmatividade — a sua capacidade de doar e transformar a vida, raramente precisa matar inocentes, de maneira bruta. Existem mil outras maneiras de nos sentirmos potentes, de nos sentirmos capazes de imprimir um curso à vida que não seja pela força das armas, da violência física ou da evasão pelas drogas, legais ou ilegais, pouco importa.

Jurandir Freire Costa. *In*: Quatro autores em busca do Brasil. Rio de Janeiro: Rocco, 2000, p. 43 (com adaptações).

(CESPE) Julgue o item a seguir, a respeito do emprego das estruturas linguísticas do texto acima

(1) Antes da forma verbal "Somos" (L.15), seria coerente com as ideias do texto introduzir, para o fim de articulação sintática entre os parágrafos, a expressão Em consequência disso.

1: incorreta. A forma verbal "somos" introduz um período que irá refutar os argumentos anteriores, usados por outras pessoas e os quais o autor quer justamente atacar. Portanto, o que se segue não pode ser iniciado por "em consequência disso", que dá ideia de continuidade ao raciocínio.

Gabarito 1E

Um desafio cotidiano

Recentemente me pediram para discutir os desafios políticos que o Brasil tem pela frente. Minha primeira dúvida foi se eles seriam diferentes dos de ontem.

Os problemas talvez sejam os mesmos, o país é que mudou e reúne hoje mais condições para enfrentá-los que no passado. A síntese de minhas conclusões é que precisamos prosseguir no processo de democratização do país.

Kant dizia que a busca do conhecimento não tem fim. Na prática, democracia, como um ponto final que uma vez atingido nos deixa satisfeitos e por isso decretamos o fim da política, não existe. Existe é democratização, o avanço rumo a um regime cada vez mais inclusivo, mais representativo, mais justo e mais legítimo. E quais as condições objetivas para tornar sustentável esse movimento de democratização crescente?

Embora exista forte correlação entre desenvolvimento e democracia, as condições gerais para sua sustentação vão além dela. O grau de legitimidade histórica, de mobilidade social, o tipo de conflitos existentes na sociedade, a capacidade institucional para incorporar gradualmente as forças emergentes e o desempenho efetivo dos governos são elementos cruciais na sustentação da democratização no longo prazo.

Nossa democracia emergente não tem legitimidade histórica. Esse requisito nos falta e só o alcançaremos no decorrer do processo de aprofundamento da democracia, que também é de legitimação dela.

Uma parte importante desse processo tem a ver com as relações rotineiras entre o poder público e os cidadãos. Qualquer flagrante da rotina desse relacionamento arrisca capturar cenas explícitas de desrespeito e pequenas ou grandes tiranias. As regras dessa relação não estão claras. Não existem mecanismos acessíveis de reclamação e desagravo.

(CESPE) Com relação às ideias do texto acima, julgue o item a seguir.

(1) Considerando que o verbo existir pode ser substituído pelo verbo haver, as formas verbais "exista" (l. 14) e "existem" (l. 29) admitem ser substituídas por haja e há, respectivamente.

1: correta. O verbo "haver", quando sinônimo de "existir", é impessoal é não se flexiona.

Gabarito 1C

(FGV) A forma verbal *dispôs* foi grafada corretamente. Assinale a alternativa em que se tenha indicado incorretamente uma forma do verbo *dispor*.

(A) dispordes
(B) disporão
(C) disponde
(D) dispuserdes
(E) dispôreis

A: correta. "Dispor" é derivado do verbo "por" e se conjuga da mesma forma. Na alternativa, temos o infinitivo pessoal da 2ª pessoa do plural ("Para vós dispordes da propriedade, é necessário o documento"); **B:** correta. Conjugação da 3ª pessoa do plural do futuro do presente do indicativo ("Amanhã eles disporão da coisa"); **C:** correta. Conjugação da 2ª pessoa do plural do imperativo afirmativo ("Ponde a caixa na mesa!"); **D:** correta. Conjugação da 2ª pessoa do plural do futuro do subjuntivo ("Quando vós dispuserdes da propriedade, entraremos nós"); **E:** incorreta, devendo ser assinalada. A conjugação da 2ª pessoa do plural do futuro do presente do indicativo não leva acento circunflexo: "Vós disporeis da propriedade".

Gabarito "E"

Um problema básico – descentralizar a Justiça

Hélio Bicudo, vice-prefeito de São Paulo, destacou-se pela sua participação, durante longos anos, como um dos membros da Pontifícia Comissão de Justiça e Paz, defendendo aqueles que eram perseguidos pelo regime militar. Nessa atividade, sua preocupação principal era a de encontrar soluções práticas e concretas para as questões que afligiam os brasileiros que enfrentavam dificuldades em recorrer à Justiça, a fim de postularem seus direitos. É bem conhecida, por exemplo, sua luta – como membro do Ministério Público e como jornalista – contra o Esquadrão da Morte.

O depoimento de Hélio Bicudo foi colhido por *estudos avançados* no dia 12 de maio. Cabe destacar ainda a participação, nesta entrevista, do advogado Luís Francisco Carvalho Filho, que milita na imprensa e se dedica especialmente a questões relacionadas à Justiça.

Luís Francisco Carvalho Filho – *Hélio Bicudo, em sua opinião, como devem ser resolvidos os problemas do acesso à Justiça brasileira e de sua eficiência?*

Hélio Bicudo – *O problema do acesso à Justiça é uma questão fundamental quando se deseja promover uma reforma do Poder Judiciário. É importante salientar que essa é uma reforma que não necessita de alterações no texto constitucional. Acredito que os próprios Poderes Judiciários dos Estados poderiam adotar determinadas medidas, até mesmo administrativas, para diminuir a distância entre o cidadão e o juiz. Penso nisso há muito tempo. Quando trabalhei com o governador Carvalho Pinto, de 1959 a 1962, conseguimos sensibilizar o Tribunal de Justiça de São Paulo para a realização de uma reforma mais ou menos desse tipo. O que acontece hoje – e que acontecia naquela época – é que o Poder Judiciário está localizado na região central da cidade. É o caso, por exemplo, do Fórum Criminal, que tem cerca de sessenta Varas Criminais. Para se ouvir uma testemunha que, por exemplo, mora em Parelheiros, temos de trazê-la até o Centro, o que é um problema complicado.*

Além disso, temos a maneira pela qual se desenvolve o processo. Por exemplo, o juiz que recebe a denúncia não é o mesmo que interroga, não é o mesmo que ouve as testemunhas, não é o que examina a prova. No final, é um quarto ou um quinto juiz que decide, a partir de um documento inserido no papelório. Sempre acreditei que, para diminuir a distância entre o juiz e o cidadão, é preciso descentralizar o Poder Judiciário. Ora, se em São Paulo há cerca de cem delegacias policiais distritais, por que não se pode ter também 250 ou trezentos juizados?

(FGV) "É importante <u>salientar</u> que essa é uma reforma que não necessita de alterações no texto constitucional". Se desenvolvermos a forma sublinhada nesse segmento do texto, a forma verbal adequada será:

(A) que se saliente.
(B) que salientemos.
(C) salientarmos.
(D) que se salientasse.
(E) que salientássemos.

O desenvolvimento correto da forma verbal, para que não haja alteração de sentido, é colocá-la na terceira pessoa do singular do presente do indicativo acompanhada do índice de indeterminação do sujeito "se". Assim, temos "que se saliente".

Gabarito "A"

(FGV) "Então despes a luva para eu ler-te a mão"

Assinale a alternativa em que, passando-se o primeiro verbo do verso acima para o imperativo e alterando-se a pessoa do discurso, manteve-se adequação à norma culta.

(A) Então dispais a luva para eu ler-vos a mão
(B) Então despe a luva para eu ler-vos a mão
(C) Então despi a luva para eu ler-vos a mão
(D) Então despis a luva para eu ler-vos a mão
(E) Então dispai a luva para eu ler-vos a mão

O imperativo afirmativo é formado pelo presente do indicativo, retirando o "s" final da conjugação, para a 2ª pessoa do singular e do plural. Na questão, tratamos da 2ª pessoa do plural, "vós", e do verbo "despir", que no presente do indicativo conjuga-se: dispo, despes, despe, despimos, despis, despem. Logo, o imperativo afirmativo é "despi vós".

Gabarito "C"

A morte da porta-estandarte

Que adianta ao negro ficar olhando para as bandas
do Mangue ou para os lados da Central?
Madureira é longe e a amada só pela madrugada
entrará na praça, à frente do seu cordão.

O que o está torturando é a ideia de que a presença dela deixará a todos de cabeça virada, e será a hora culminante da noite. Se o negro soubesse que luz sinistra estão destilando seus olhos e deixando escapar como as primeiras fumaças pelas frestas de uma casa onde o incêndio apenas começou! ... Todos percebem que ele está desassossegado, que uma paixão o está queimando por dentro. Mas só pelo olhar se pode ler na alma dele, porque, em tudo mais, o preto se conserva misterioso, fechado em sua própria pele, como numa caixa de ébano. (...) Sua agonia vem da certeza de que é impossível que alguém possa olhar para Rosinha sem se apaixonar. E nem de longe admite que ela queira repartir o amor.(...)

No fundo da Praça, uma correria e começo de pânico. Ouvem-se apitos. As portas de aço descem com fragor. As canções das Escolas de Samba prosseguem mais vivas, sinfonizando o espaço poeirento.

— Mataram uma moça! (...)

A mulata tinha uma rosa no pixaim da cabeça. Um mascarado tirou a mantilha da companheira, dobrou-a, e fez um travesseiro para a morta. Mas o policial disse que não tocassem nela. Os olhos não estavam bem fechados. Pediram silêncio, como se fosse possível impor silêncio àquela Praça barulhenta. (...)

— Só se você visse, Bentinha, quanto mais a faca enterrava, mais a mulher sorria ... Morrer assim nunca se viu ...

O crime do negro abriu uma clareira silenciosa no meio do povo. Ficaram todos estarrecidos de espanto vendo Rosinha fechar os olhos. O preto ajoelhado bebia-lhe mudamente o último sorriso, e inclinava a cabeça de um lado para outro como se estivesse contemplando uma criança. (...)

Ele dobra os joelhos para beijá-la. Os que não queriam se comover foram-se retirando. O assassino já não sabe bem onde está. Vai sendo levado agora para um destino que lhe é indiferente. É ainda a voz da mesma canção que lhe fala alguma coisa ao desespero:

Quem fez do meu coração seu barracão?
Foi ela ...

MACHADO, Aníbal M. *In*: Antologia escolar de contos brasileiros. Herberto Sales (Org.) Rio de Janeiro, Ed. Ouro, s/d.

(CESGRANRIO) Lê-se no Texto acima: "... é impossível que alguém possa olhar para Rosinha sem se apaixonar." (l. 17-18). Reescrevendo-se a frase como *seria impossível que alguém* ________*olhar para Rosinha sem se apaixonar*, a forma verbal que completa corretamente esta versão é:

(A) poderia.
(B) podia.
(C) pode.
(D) pôde.
(E) pudesse.

O verbo auxiliar "ser" está usado no futuro do pretérito ("seria"), de forma que o verbo principal "poder" deve ser conjugado no pretérito imperfeito do subjuntivo para que a expressão condicional fique correta. Assim: "seria impossível que alguém pudesse olhar para Rosinha (...)".

Gabarito "E"

Brinkmanship

Em 1964, o cineasta Stanley Kubrick lançava o filme Dr. Strangelove. Nele, um oficial norte-americano ordena um bombardeio nuclear à União Soviética e comete suicídio em seguida, levando consigo o código para cancelar o bombardeio. O presidente norte-americano busca o governo soviético na esperança de convencê-lo de que o evento foi um acidente e, por isso, não deveria haver retaliação. É, então, informado de que os soviéticos implementaram uma arma de fim do mundo (uma rede de bombas nucleares subterrâneas), que funcionaria automaticamente quando o país fosse atacado ou quando alguém tentasse desacioná-la. O Dr. Strangelove, estrategista do presidente, aponta uma falha: se os soviéticos dispunham de tal arma, por que a guardavam em segredo? Por que não contar ao mundo? A resposta do inimigo: a máquina seria anunciada na reunião do partido na segunda-feira seguinte.

Pode-se analisar a situação criada no filme sob a ótica da Teoria dos Jogos: uma bomba nuclear é lançada pelo país A ao país B. A política de B consiste em revidar qualquer ataque com todo o seu arsenal, o qual pode destruir a vida no planeta, caso o país seja atacado. O raciocínio que leva B a adotar tal política é bastante simples: até o país mais fraco do mundo está seguro se criar uma máquina de destruição do mundo, ou seja, ao ter sua sobrevivência seriamente ameaçada, o país destrói o mundo inteiro (ou, em seu modo menos drástico, apenas os invasores). Ao elevar os custos para o país invasor, o detentor dessa arma garante sua segurança. O problema é que de nada adianta um país possuir tal arma em segredo. Seus inimigos devem saber de sua existência e acreditar na sua disposição de usá-la. O poder da máquina do fim do mundo está mais na intimidação do que em seu uso.

O conflito nuclear fornece um exemplo de uma das conclusões mais surpreendentes a que se chega com a Teoria dos Jogos. O economista Thomas Schelling percebeu que, apesar de o sucesso geralmente ser atribuído a maior inteligência, planejamento, racionalidade, entre outras características que retratam o vencedor como superior ao vencido, o que ocorre, muitas vezes, é justamente o oposto. Até mesmo o poder de um jogador, considerado, no senso comum, como uma vantagem, pode atuar contra seu detentor.

Schelling denominou brinkmanship (de brink, extremo) a estratégia de deliberadamente levar uma situação às suas consequências extremas.

Um exemplo usado por Schelling é o bem conhecido jogo do frango, que consiste em dois indivíduos acelerarem seus carros na direção um do outro em rota de colisão; o primeiro a virar o volante e sair da pista é o perdedor. Se ambos forem reto, os dois jogadores pagam o preço mais alto com sua vida. No caso de os dois desviarem, o jogo termina em empate. Se um desviar e o outro for reto, o primeiro será o frango, e o segundo, o vencedor. Schelling propôs que um participante desse jogo retire o volante de seu carro e o atire para fora, fazendo questão de mostrá-lo a todas as pessoas presentes. Ao outro jogador caberia a decisão de desistir ou causar uma catástrofe. Um jogador racional optaria pelo que lhe causasse menos perdas, sempre perdendo o jogo.

Fabio Zugman.Teoria dos jogos. Internet: <www.iced.org.br> (com adaptações).

(CESPE) Na linha 4, do texto acima, o verbo implementar, na forma verbal "implementaram", está sendo usado no sentido de

(A) suprir de implementos.
(B) solucionar.
(C) demarcar.
(D) distribuir estruturas em determinada área.
(E) desenvolver ou produzir.

Os únicos termos que podem ser usados como sinônimos de "implementar" no texto são "desenvolver" ou "produzir". Todos os demais, caso inseridos, alterariam o sentido da oração.

Gabarito "E"

É essencial que as autoridades revejam as providências referentes ao tratamento e à custódia de todos os presos, a fim de assegurar que os mesmos sejam tratados com humanidade e em conformidade com a legislação brasileira e o conjunto de princípios da Organização das Nações Unidas (ONU) sobre proteção de todo indivíduo sob qualquer forma de detenção ou reclusão, as regras mínimas da ONU sobre o tratamento de prisioneiros e o artigo 10 do Acordo Internacional sobre os Direitos Civis e Políticos (ICCPR), que reza que todo indivíduo privado de liberdade deve ser tratado com humanidade e respeito pela dignidade inerente à pessoa humana.

Anistia Internacional. **Tortura e maus-tratos no Brasil,** 2001, p. 72 (com adaptações).

(CESPE) Tendo o texto acima por referência e considerando o tema por ele tratado, julgue o item a seguir.

(1) O verbo rezar tem várias acepções e a forma "reza" (L.9) está sendo utilizada no texto com o sentido de: contém escrito, encerra, prescreve, preceitua, determina.

1: correta. "Rezar" ainda pode significar "referir", "resmungar", "murmurar".

Gabarito 1E

A adoção, pela Assembleia Geral das Nações Unidas, da Declaração Universal dos Direitos Humanos, em 1948, constitui o principal marco no desenvolvimento da ideia contemporânea de direitos humanos. Os direitos inscritos nessa Declaração constituem um conjunto indissociável e interdependente de direitos individuais e coletivos, civis, políticos, econômicos, sociais e culturais, sem os quais a dignidade da pessoa humana não se realiza por completo. A Declaração transformou-se, nesta última metade de século, em uma fonte de inspiração para a elaboração de diversas cartas constitucionais e tratados internacionais voltados à proteção dos direitos humanos. Esse documento, chave do nosso tempo, tornou-se um autêntico paradigma ético a partir do qual se pode medir e contestar a legitimidade de regimes e governos. Os direitos ali inscritos constituem hoje um dos mais importantes instrumentos de nossa civilização, visando assegurar um convívio social digno, justo e pacífico.

Internet: <http://www.direitoshumanos.usp.br/dhbrasil/pndh> (com adaptações).

(CESPE) Com base no texto acima e considerando o tema por ele focalizado, julgue o item subsequente.

(1) Embora o efeito de sentido seja diferente, o emprego da forma verbal no presente "constitui" (L.3) ou no pretérito constituiu opções gramaticalmente corretas e coerentes para o primeiro período do texto.

1: correta. A única diferença será semântica (no original, o verbo no presente indica a importância do documento até os dias de hoje; se alterado para o pretérito, terá sentido de informação histórica), sem qualquer prejuízo para a correção gramatical.

Gabarito 1C

(ACAFE) Assinale a alternativa em que os verbos estão empregados corretamente.

(A) Se ele vir armado ao encontro, chamaremos a polícia.
(B) Se ele não trouxer provas de sua inocência, será condenado.
(C) Se você ver o João, diga-lhe que preciso falar com ele.
(D) Se ele fazer o que foi combinado, tudo acabará bem.

A: incorreta. O certo seria: "Se ele vier armado (...)"; **B:** correta; **C:** incorreta. O certo seria: "Se você vir o João, (...)"; **D:** incorreta. O certo seria: "Se ele fizer (...)".

Gabarito "B"

(ACAFE) Ponha os verbos entre parênteses no presente do subjuntivo, na pessoa e número adequados.

— O Diretor de Patrimônio da Secretaria de Segurança não quer que os funcionários __________ em carros de serviço. (passear)

— Para fechar as contas do mês, é necessário que se ___________ os cálculos. (refazer)

— Depois deste curso, espero que todos os policiais ___________ preparados para o exercício da nova profissão. (estar)

— Duvido que todos _________ ir até aí de carro próprio. (poder)

— Sinceramente, é nossa expectativa que vocês __________ a devida importância a esse grande evento. (dar)

A sequência correta, de cima para baixo, é:

(A) passeiam / refaça / estarão / possam / darão
(B) passeando / refazem / estarão / poderão / darão
(C) passeiem / refaçam / estejam / possam / deem
(D) passeam / refizessem / estejam / poderão / dão

O presente do subjuntivo é usado para indicar dúvidas, desejos, incertezas, probabilidades e sentimentos e é formado a partir do radical da primeira pessoa do singular do presente do indicativo, acrescentando-se a terminação apropriada. Assim, as lacunas devem ser preenchidas com as conjugações dos verbos na terceira pessoa do plural do presente do subjuntivo, formadas corretamente da seguinte forma: "passeiem", "refaçam", "estejam", "possam", "deem".

Gabarito "C"

(VUNESP) Assinale a alternativa em que o período – Nos EUA e na Europa, se alguém se sente ofendido por uma biografia, processa o autor se quiser... – está corretamente redigido em conformidade com a norma-padrão da língua portuguesa

(A) Nos EUA e na Europa, caso as pessoas se sintam ofendidas por uma biografia, processam o autor caso queiram...
(B) Nos EUA e na Europa, caso as pessoas se sentirem ofendidos por uma biografia, processa-se o autor caso quererem...
(C) Nos EUA e na Europa, caso as pessoas se sente ofendidas por uma biografia, processa o autor caso se quer...
(D) Nos EUA e na Europa, caso as pessoas se sintam ofendido por uma biografia, processam-se o autor caso se quer...
(E) Nos EUA e na Europa, caso as pessoas se sentem ofendido por uma biografia, processam o autor caso querem...

A questão circunscreve-se à transposição para a terceira pessoa do plural (de "alguém" para "as pessoas") do presente do subjuntivo (marcado pela preposição "caso"). Correta a alternativa "A", que conjuga fielmente os verbos "sentir" ("sintam"), "processar" ("processam") e "querer" ("queiram"). Vale anotar, ainda, que "as pessoas" é substantivo feminino plural, portando o adjetivo "ofendidas" deve concordar com ele em gênero e número.

Gabarito "A"

"Intensas erupções solares e tempestades geomagnéticas ejetam grandes quantidades de íons – partículas eletricamente carregadas – ao espaço.

Quando essas partículas atingem o campo magnético da Terra, causam o belo espetáculo atmosférico das auroras polares, mas derrubam a comunicação com os satélites".

(ACADEPOL) O texto acima apresenta

(A) três verbos no pretérito perfeito do indicativo.
(B) dois verbos no pretérito perfeito do indicativo.
(C) três verbos no presente do indicativo.
(D) quatro verbos no pretérito perfeito do indicativo.
(E) quatro verbos no presente do indicativo.

"Ejetam": terceira pessoa do plural do modo presente do indicativo do verbo "ejetar"; "atingem": terceira pessoa do plural do modo presente do indicativo do verbo "atingir"; "causam": terceira pessoa do plural do modo presente do indicativo do verbo "causar"; "derrubam": terceira pessoa do plural do modo presente do indicativo do verbo "derrubar".

Gabarito "E"

(ACADEPOL) Os mantenedores ______a creche, e os monitores voluntários ______ as crianças.

(A) proviram – entretinham
(B) proveram – entretiveram
(C) proveria – entreteria
(D) proverá – entreterá
(E) proverão – entreterá

O verbo "prover", na terceira pessoa do plural do pretérito perfeito do indicativo, conjuga-se "proveram". O verbo "entreter", na terceira pessoa do plural do pretérito perfeito do indicativo, conjuga-se "entretiveram".

Gabarito "B"

José de Arimatéia subiu a escada de pedra do alpendrão, e deu com Seu Tonho Inácio na cadeira de balanço, distraído em trançar o lacinho de seis pernas com palha de milho desfiada. A gente encontrava aquelas trançazinhas por toda parte (...) — naqueles lugares onde o velho gostava de ficar, horas e horas, namorando a criação e fiscalizando a camaradagem no serviço. Com a chegada do dentista, Tonho Inácio voltou a si da avoação em que andava:

— Hã, é o senhor? Pois se assente ... Hum ... espera que a Dosolina quer lhe falar também. Vamos até lá dentro...

E entrou pelo corredor do sobrado, acompanhado do rapaz.

Na sala — quase que sempre fechada, naturalmente por causa disso aquele sossego e o cheiro murcho de coisa velha — a mobília de palhinha, o sofá muito grande, a cadeirona de balanço igual à outra do alpendre. Retratos nas paredes: os homens, de testa curta e barbados, as mulheres de coque enrolado e alto (...), a gola do vestido justa e abotoada no pescoço à feição de colarinho. Povo dos Inácios, dos Gusmões: famílias de Seu Tonho e Dona Dosolina. Morriam, mas os retratos ficavam para os filhos os mostrarem às visitas — contar como aqueles antigos eram, as manias que cada qual devia ter, as proezas deles nos tempos das primeiras derrubadas no sertão da Mata dos Mineiros.

De seus pais, José de Arimatéia nem saber o nome sabia.

Lembrava-se mas era só do Seu Joaquinzão Carapina, comprido e muito magro, sempre de ferramenta na mão — derrubando árvore, lavrando e serrando, aparelhando madeira. (...) E ele, José de Arimatéia, menininho de tudo ainda, mas já agarrado no serviço, a catar lascas e serragem para cozinhar a panela de feijão e coar a água rala do café de rapadura, adjutorando no que podia.

PALMÉRIO, Mário. **Chapadão do Bugre**. Rio de Janeiro: Editora Livraria José Olímpio, 1966. (Adaptado)

(CESGRANRIO) Em qual das seguintes frases a correspondência entre os tempos verbais está **INCORRETA**?

(A) O menino ajuda no que pode.
(B) O menino ajudou no que pôde.
(C) O menino ajudará no que puder.
(D) O menino ajudava no que podia.
(E) O menino ajudaria no que possa.

A: correta. Ambos os verbos estão no presente do indicativo; **B:** correta. Ambos os verbos estão no pretérito perfeito do indicativo; **C:** correta. Ambos os verbos estão no futuro (do indicativo e do subjuntivo, respectivamente); **D:** correta. Ambos os verbos estão no pretérito imperfeito do indicativo; **E:** incorreta (devendo ser assinalada). Enquanto "ajudaria" está no futuro do pretérito do indicativo, "possa" é presente do subjuntivo. Se a frase está no tempo futuro, todos os verbos devem refletir essa conjugação

Gabarito "E"

(FCC) Os tempos verbais estão corretamente articulados em:

(A) Quão espantado não ficaria um atleta da antiguidade, caso pudesse assistir a uma das olimpíadas dos tempos modernos!
(B) Quem não se impressiona com os índices olímpicos de hoje, caso comparar com os de antigamente?
(C) Não seria possível que, atualmente, os jogos olímpicos venham a ser exatamente como têm sido na Grécia antiga.
(D) No momento em que estejam preparados para atingir o máximo desempenho de seus corpos, os atletas tinham contado com os recursos da tecnologia esportiva.
(E) Quem houvera de imaginar, em tempos antigos, que os atletas contem com os aliados tecnológicos que vêm tendo?

A: correta; **B:** incorreta ("comparados" ou "os compare"); **C:** incorreta (foram, ao invés de "têm sido"); **D:** incorreta (estiverem; contarão, ao invés de "tinham contado"); **E:** incorreta (contassem)

Gabarito "A"

(FCC) Assinale a alternativa em que há ERRO de flexão verbal e/ou nominal.

(A) Receemos pelo futuro, dizem alguns especialistas, pois, afirmam eles, se os cidadãos não detiverem a deterioração ambiental, a humanidade corre sérios riscos.
(B) Creem certos estudiosos que convém estudar profunda e seriamente o progresso da civilização quando ele implica destruir o que a natureza levou milhões de anos para sedimentar.
(C) Quando, na década de 30, o historiador inglês interviu na discussão sobre o tratamento dispensado às terras adquiridas pelo Patrimônio Nacional, muitos não contiveram seu desagrado.
(D) Dizem alguns observadores que, quando as pessoas virem o que resta da natureza sem as marcas predatórias do homem, elas próprias buscarão frear as atividades consideradas negativas para o meio ambiente.
(E) Elementos da natureza são verdadeiros artesãos de obras-primas; se os homens as desfizerem, estarão cometendo crime contra a humanidade.

Encontramos erro de flexão verbal apenas na alternativa "C", onde deveria constar: "(...) o historiador inglês interveio na discussão (...)"

Gabarito "C"

No início do século XX, a afeição pelo campo era uma característica comum a muitos ingleses. Já no final do século XVIII, dera origem ao sentimento de saudade de casa tão característico dos viajantes ingleses no exterior, como William Beckford, no leito de seu quarto de hotel português, em 1787, "assediado a noite toda por ideias rurais da Inglaterra." À medida que as fábricas se multiplicavam, a nostalgia do morador da cidade refletia-se em seu pequeno jardim, nos animais de estimação, nas férias passadas na Escócia, ou no Distrito dos Lagos, no gosto pelas flores silvestres e a observação de pássaros, e no sonho com um chalé de fim de semana no campo. Hoje em dia, ela pode ser observada na popularidade que se conserva daqueles autores conscientemente "rurais" que, do século XVII ao XX, sustentaram o mito de uma arcádia campestre.

Em alguns ingleses, no historiador G.M. Trevelyan, por exemplo, o amor pela natureza selvagem foi muito além desses anseios vagamente rurais. Lamentava, em um dos seus textos mais eloquentes, de 1931, a destruição da Inglaterra rural e proclamava a importância do cenário da natureza para a vida espiritual do homem. Sustentava que até o final do século XVIII as obras do homem apenas se somavam às belezas da natureza; depois, dizia, tinha sido rápida a deteriora-

ção. A beleza não mais era produzida pelas circunstâncias econômicas comuns e só restava, como esperança, a conservação do que ainda não fora destruído. Defendia que as terras adquiridas pelo Patrimônio Nacional, a maioria completamente inculta, deveriam ser mantidas assim.

Há apenas poucos séculos, a mera ideia de resistir à agricultura, ao invés de estimulá-la, pareceria ininteligível. Como teria progredido a civilização sem a limpeza das florestas, o cultivo do solo e a conversão da paisagem agreste em terra colonizada pelo homem? A tarefa do homem, nas palavras do Gênesis, era "encher a terra e submetê-la". A agricultura estava para a terra como o cozimento para a carne crua. Convertia natureza em cultura. Terra não cultivada significava homens incultos. E quando os ingleses seiscentistas mudaram-se para Massachusetts, parte de sua argumentação em defesa da ocupação dos territórios indígenas foi que aqueles que por si mesmos não submetiam e cultivavam a terra não tinham direito de impedir que outros o fizessem.

(FCC) No segundo período do primeiro parágrafo, a forma verbal "dera" pode ser substituída pela forma correspondente

(A) haveria dado.
(B) havia dado.
(C) teria dado.
(D) havia sido dado.
(E) tinha sido dado.

O particípio passado correspondente à flexão verbal "dera" (pretérito mais-que-perfeito do indicativo) é "havia dado"

Gabarito "B"

Será a felicidade necessária?

Felicidade é uma palavra pesada. Alegria é leve, mas felicidade é pesada. Diante da pergunta "Você é feliz?", dois fardos são lançados às costas do inquirido. O primeiro é procurar uma definição para felicidade, o que equivale a rastrear uma escala que pode ir da simples satisfação de gozar de boa saúde até a conquista da bem-aventurança. O segundo é examinar-se, em busca de uma resposta.

Nesse processo, depara-se com armadilhas. Caso se tenha ganhado um aumento no emprego no dia anterior, o mundo parecerá belo e justo; caso se esteja com dor de dente, parecerá feio e perverso. Mas a dor de dente vai passar, assim como a euforia pelo aumento de salário, e se há algo imprescindível, na difícil conceituação de felicidade, é o caráter de permanência. Uma resposta consequente exige colocar na balança a experiência passada, o estado presente e a expectativa futura. Dá trabalho, e a conclusão pode não ser clara.

Os pais de hoje costumam dizer que importante é que os filhos sejam felizes. É uma tendência que se impôs ao influxo das teses libertárias dos anos 1960. É irrelevante que entrem na faculdade, que ganhem muito ou pouco dinheiro, que sejam bem-sucedidos na profissão. O que espero, eis a resposta correta, é que sejam felizes. Ora, felicidade é coisa grandiosa. É esperar, no mínimo, que o filho sinta prazer nas pequenas coisas da vida. Se não for suficiente, que consiga cumprir todos os desejos e ambições que venha a abrigar. Se ainda for pouco, que atinja o enlevo místico dos santos. Não dá para preencher caderno de encargos mais cruel para a pobre criança.

(Trecho do artigo de Roberto Pompeu de Toledo. **Veja**. 24 de março de 2010, p. 142)

(FCC) *É irrelevante que entrem na faculdade, que ganhem muito ou pouco dinheiro, que sejam bem-sucedidos na profissão.* (3º parágrafo)

O emprego das formas verbais grifadas acima denota

(A) hipótese passível de realização.
(B) fato real e definido no tempo.
(C) condição de realização de um fato.
(D) finalidade das ações apontadas no segmento.
(E) temporalidade que situa as ações no passado.

O presente do subjuntivo (tempo verbal utilizado no trecho) denota um evento futuro cuja ocorrência é possível.

Gabarito "A"

A multiplicação de desastres naturais vitimando populações inteiras é inquietante: tsunamis, terremotos, secas e inundações devastadoras, destruição da camada de ozônio, degelo das calotas polares, aumento dos oceanos, aquecimento do planeta, envenenamento de mananciais, desmatamentos, ocupação irresponsável do solo, impermeabilização abusiva nas grandes cidades. Alguns desses fenômenos não estão diretamente vinculados à conduta humana. Outros, porém, são uma consequência direta de nossas maneiras de sentir, pensar e agir.

É aqui que avulta o exemplo de Hans Jonas.

Em 1979 ele publicou ***O Princípio Responsabilidade***. *A obra mostra que as éticas tradicionais – antropocêntricas e baseadas numa concepção instrumental da tecnologia – não estavam à altura das consequências danosas do progresso tecnológico sobre as condições de vida humana na Terra e o futuro das novas gerações. Jonas propõe uma ética para a civilização tecnológica, capaz de reconhecer para a natureza um direito próprio. O filósofo detectou a propensão de nossa civilização para degenerar de maneira desmesurada, em virtude das forças econômicas e de outra índole que aceleram o curso do desenvolvimento tecnológico, subtraindo o processo de nosso controle.*

Tudo se passa como se a aquisição de novas competências tecnológicas gerasse uma compulsão a seu aproveitamento industrial, de modo que a sobrevi-

vência de nossas sociedades depende da atualização do potencial tecnológico, sendo as tecnociências suas principais forças produtivas. Funcionando de modo autônomo, essa dinâmica tende a se reproduzir coercitivamente e a se impor como único meio de resolução dos problemas sociais surgidos na esteira do desenvolvimento. O paradoxo consiste em que o progresso converte o sonho de felicidade em pesadelo apocalíptico – profecia macabra que tem hoje a figura da catástrofe ecológica. **[...]**

Jonas percebeu o simples: para que um "basta" derradeiro não seja imposto pela catástrofe, é preciso uma nova conscientização, que não advém do saber oficial nem da conduta privada, mas de um novo sentimento coletivo de responsabilidade e temor. Tornar-se inventivo no medo, não só reagir com a esperteza de "poupar a galinha dos ovos de ouro", mas ensaiar novos estilos de vida, comprometidos com o futuro das próximas gerações.

(Adaptado de Oswaldo Giacoia Junior. **O Estado de S. Paulo**, A2 Espaço Aberto, 3 de abril de 2010)

(FCC) *Em 1979 ele* *<u>publicou</u>* ***O Princípio Responsabilidade.*** (início do 3º parágrafo)

A frase cujo verbo exige o mesmo tipo de complemento que o grifado acima é:

(A) *... que as éticas tradicionais [...] não estavam à altura das consequências danosas do progresso tecnológico ...*

(B) *... para degenerar de maneira desmesurada ...*

(C) *... que aceleram o curso do desenvolvimento tecnológico ...*

(D) *... a sobrevivência de nossas sociedades depende da atualização do potencial tecnológico ...*

(E) *... que não advém do saber oficial nem da conduta privada ...*

No enunciado, o verbo é complementado por um objeto direto. Na letra "A", temos predicativo do sujeito; na letra "B", adjunto adverbial; correta a letra "C", por também trazer um objeto direto a complementar o verbo; na alternativa "D", vemos objeto indireto; na letra "E", adjunto adverbial.

Gabarito "C"

O sabiá político

Do ano passado para cá, o setor canoro das árvores, aqui na ilha, sofreu importantes alterações. Aguinaldo, o sabiá titular e decano da mangueira, terminou por falecer, como se vinha temendo. Embora nunca se tenha aposentado, já mostrava sinais de cansaço e era cada vez mais substituído, tanto nos saraus matutinos quanto nos vespertinos, pelo sabiá-tenor Armando Carlos, então grande promessa jovem do bel canto no Recôncavo. Morreu de velho, cercado pela admiração da coletividade, pois pouco se ouviram, em toda a nossa longa história, timbre e afinação tão maviosos, além de um repertório de árias incriticável, bem como diversas canções românticas. (...) Armando Carlos também morava na mangueira e, apesar de já adivinhar que o velho Aguinaldo não estaria mais entre nós neste verão, eu não esperava grandes novidades na pauta das apresentações artísticas na mangueira. Sofri, pois, rude surpresa, quando, na sessão alvorada, pontualmente iniciada às quinze para as cinco da manhã, o canto de Armando Carlos, em pleno vigor de sua pujante mocidade, soou meio distante.

Apurei os ouvidos, esfreguei as orelhas como se estivessem empoeiradas. Mas não havia engano. Passei pelo portão apreensivo quanto ao que meus sentidos me mostravam, voltei o olhar para cima, vasculhei as frondes das árvores e não precisei procurar muito. Na ponta de um galho alto, levantando a cabeça para soltar pelos ares um dó arrebatador e estufando o peito belamente ornado de tons de cobre vibrantes, Armando Carlos principiava a função.

Dessa vez foram meus olhos incrédulos que tive de esfregar e, quando os abri novamente, a verdade era inescapável.

E a verdade era – e ainda é – que ele tinha inequivocamente se mudado para o oitizeiro de meu vizinho Ary de Maninha, festejado e premiado orador da ilha (...).

Estou acostumado à perfídez e à ingratidão humanas, mas sempre se falou bem do caráter das aves em geral e dos sabiás em particular. O sabiá costuma ser fiel à sua árvore, como Aguinaldo foi até o fim. Estaríamos então diante de mais um exemplo do comportamento herético das novas gerações? Os sabiás de hoje em dia serão degenerados? Eu teria dado algum motivo para agravo ou melindre? Ou, pior, haveria uma possível esposa de Armando Carlos sido mais uma vítima do mico canalha que também mora na mangueira? Bem, talvez se tratasse de algo passageiro; podia ser que, na minha ausência, para não ficar sem plateia, Armando Carlos tivesse temporariamente transferido sua ribalta para o oitizeiro. Mas nada disso. À medida que o tempo passava, o concerto das dez também soando distante e o mesmo para o recital do meio-dia, a ficha acabou de cair. A mangueira agora está reduzida aos sanhaços, pessoal zoadeiro, inconstante e agitado; aos cardeais, cujo coral tenta, heroica mas inutilmente, preencher a lacuna dos sabiás. (...)

RIBEIRO, João Ubaldo. **O Globo**, 14 fev. 2010. (Adaptado)

(CESGRANRIO) A única forma verbal que pode ser substituída adequadamente pela forma à sua direita é:

(A) "...vinha temendo." (l. 4) – temeria
(B) "...estaria mais entre nós..." (l. 16) – estava
(C) "...estivessem empoeiradas." (l. 24) – estiverem
(D) "...tive de esfregar..." (l. 33/34) – tinha de esfregar
(E) "...tinha inequivocamente se mudado..." (l. 36/37) – se mudara

Em todas as alternativas sugere-se uma mudança no tempo verbal, o que altera inexoravelmente o sentido do texto. A única em que isso não acontece é a letra "E", porque sugere a substituição do particípio passado "tinha se mudado" pelo pretérito mais-que-perfeito do indicativo "se mudara", formas verbais que são equivalentes.

Gabarito "E"

Mesmo quando sucumbimos aos nossos impulsos consumistas, estamos sempre pagando um preço além daquele debitado em nossa conta bancária. Quando você compra um carro, por exemplo, não está adquirindo apenas um veículo útil ou um símbolo de *status*. Você leva também um possível agente poluidor e — se levarmos em conta os números de acidentes nas estradas do país — uma arma em potencial. Nesse caso, há o preço da consciência ambiental e da responsabilidade de dirigir não apenas para si mesmo, mas para a comunidade como um todo. O comprador acaba levando mais do que compra e, para o bem maior da coletividade, é preciso que arque com essas despesas extras.

Planeta, maio/2006, p. 50 (com adaptações).

(CESPE) A partir do texto acima, julgue o item que se segue.

(1) A grafia de "arque" (l.12) comprova que se admite, para o verbo arcar, também a grafia arquar.

1: incorreta. O uso do dígrafo "qu" ocorre apenas para mantermos o fonema /k/ do verbo.

Gabarito 1E

*Em todo o continente americano, a colonização europeia teve efeito devastador. Atingidos pelas armas, e mais ainda pelas epidemias e por políticas de sujeição e transformação que afetavam os mínimos aspectos de suas vidas, os povos indígenas trataram de criar sentido em meio à devastação. Nas primeiras décadas do século XVII, índios norte-americanos comparavam a uma demolição aquilo que os missionários jesuítas viam como "transformação de suas vidas pagãs e bárbaras em uma vida civilizada e cristã." (**Relações dos jesuítas da Nova França**, 1636). No México, os índios comparavam seu mundo revirado a uma rede esgarçada pela invasão espanhola. A denúncia da violência da colonização, sabemos, é contemporânea da destruição, e tem em Las Casas seu representante mais famoso.*

Posterior, e mais recente, foi a tentativa, por parte de alguns historiadores, de abandonar uma visão eurocêntrica da "conquista" da América, dedicando-se a retraçá-la a partir do ponto de vista dos "vencidos", enquanto outros continuaram a reconstituir histórias da instalação de sociedades europeias em solo americano. Antropólogos, por sua vez, buscaram nos documentos produzidos no período colonial informações sobre os mundos indígenas demolidos pela colonização.

***A colonização do imaginário** não busca nem uma coisa nem outra.*

(Adaptado de PERRONE-MOISÉS, Beatriz, Prefácio à edição brasileira de GRUZINSKI, Serge, **A colonização do imaginário**: sociedades indígenas e ocidentalização no México espanhol (séculos XVI-XVIII).

(FCC) Verbos do texto foram empregados em novas frases. A que se apresenta totalmente em conformidade com a norma padrão escrita é:

(A) Com a invasão do europeu, afetou-se, de maneira evidente, muitas práticas tradicionais dos povos indígenas.
(B) Trata-se de relações complexas, essas que são estabelecidas entre povos de culturas distintas.
(C) Se você ver a colonização da América com o distanciamento que uma análise objetiva exige, muitos aspectos obscuros se esclarecerão.
(D) Seria uma grande conquista se conseguíssemos que fosse reconstituído, pela ação dos antropólogos, os mais relevantes aspectos da cultura soterrada.
(E) Eles evitaram inúmeras vezes abandonarem o sítio arqueológico, mas acabaram por fazê-lo.

A: incorreta (afetaram-se); **B:** correta; **C:** incorreta (vir, ao invés de ver); **D:** incorreta (fossem reconstituídos); **E:** incorreta (abandonar).

Gabarito "B"

(CESGRANRIO) Algumas formas verbais na 3ª pessoa do plural terminam com **êm** conforme o exemplo: "A maior parte dos sabores que sentimos ao provar alimentos industrializados não **vêm** de ingredientes de verdade."

Um verbo que também apresenta essa grafia na 3ª pessoa do plural é

(A) crer
(B) ler
(C) manter
(D) prever
(E) ver

Recebem acento circunflexo na última sílaba para indicar o plural os verbos "ter", "vir" e "manter" – conjugam-se "eles têm, vêm, mantêm". Há de se ter cuidado com os verbor "ler", "ver" e seus derivados, pois se conjugam duplicando as letras: "eles leem, veem, preveem, anteveem".

Gabarito "C"

(CESGRANRIO) Na frase "Os brasileiros **encaram** o futuro com otimismo", que forma verbal substitui encaram, mantendo-se grafada corretamente?

(A) Vem
(B) Vêm
(C) Veem
(D) Vede
(E) Venhem

O verbo "ver", na terceira pessoa do plural do presente do indicativo, conjuga-se "veem", sem acento circunflexo nos termos do Novo Acordo Ortográfico.

Gabarito "C"

(CESGRANRIO) Considere as frases abaixo.

I. A candidata __________________ a possibilidade de ingresso na empresa, quando soube do resultado do concurso.
II. Conquanto ele se ________________ a confirmar o fato, sua posição foi rejeitada pela equipe.

As formas verbais que, na sequência, completam corretamente as frases acima são:

(A) entreveu, predisposse.
(B) entreveu, predispusesse.
(C) entreviu, predispora.
(D) entreviu, predispusesse.
(E) entreveu, predispusera.

I: a conjugação da terceira pessoa do singular do pretérito perfeito do indicativo do verbo "entrever" é "entreviu"; **II:** a conjugação da terceira pessoa do singular do pretérito imperfeito do subjuntivo do verbo "predispor" é "predispusesse".

Gabarito "D"

(CESGRANRIO) Observe as frases abaixo.

I. Os linguistas tiveram participação na polêmica.
II. Caberam todos no carro.
III. Quando o sol se pôr, vamos embora.

A(s) sentença(s) em que os verbos irregulares **ter, caber** e **pôr** estão flexionados de acordo com a norma-padrão é(são) **APENAS**

(A) I
(B) II
(C) III
(D) I e II
(E) II e III

I: correta a conjugação do verbo "ter" na terceira pessoa do plural do pretérito perfeito do indicativo; **II:** incorreta. A conjugação do verbo caber na terceira pessoa do plural do pretérito perfeito do indicativo é "couberam"; **III:** incorreta. A conjugação do verbo "pôr" na terceira pessoa do singular do futuro do subjuntivo é "puser".

Gabarito "A"

(CESGRANRIO) Por fugir à norma-padrão, a frase que é alvo de críticas pela gramática normativa está presente em:

(A) Somos todos falantes do mesmo idioma.
(B) Fazem dois meses que surgiu a polêmica.
(C) Sempre há mais dúvidas que certezas sobre a língua.
(D) Sou eu que não quero mais discutir sobre esse assunto.
(E) A maior parte das pessoas aceitam a variação linguística.

Todas as alternativas estão corretas de acordo com a gramática normativa, com exceção da letra "B", que deve ser assinalada. O verbo "fazer", quando indica o transcurso de determinado lapso de tempo, é impessoal, ou seja, não se flexiona: "Faz dois meses que..."

Gabarito "B"

(CESGRANRIO) Considere a frase abaixo.

O chefe de vários departamentos identifica a mudança no cenário da informática.

A palavra **identifica** pode ser substituída, mantendo o sentido da sentença, pelo verbo **ver**, flexionado de acordo com a norma-padrão, por

(A) vêm
(B) veem
(C) vem
(D) vê
(E) viram

Deve-se conjugar o verbo "ver" na terceira pessoa do singular do presente do indicativo: "vê"

Gabarito "D"

(CESGRANRIO) Em que frase o segundo verbo está empregado de acordo com a norma-padrão?

(A) Você quer que eu chego mais cedo?
(B) Você quer que eu revejo o documento?
(C) Você quer que eu venha imediatamente?
(D) Você quer que eu esteje lá amanhã?
(E) Você quer que eu faço o relatório?

O segundo verbo deve estar conjugado corretamente na primeira pessoa do presente do subjuntivo. **A:** incorreta. Deveria ser "chegue"; **B:** incorreta. Deveria ser "reveja"; **C:** correta, devendo ser assinalada; **D:** incorreta. Deveria ser "esteja"; **E:** incorreta. Deveria ser "faça"

Gabarito "C"

(CESGRANRIO) O termo ou expressão da língua culta que substitui adequadamente "fazia" em "Fazia 15 anos..."(l. 1), sem alteração do tempo verbal, é

(A) teria.
(B) havia.
(C) há já.
(D) desde.
(E) tinha mais de.

A substituição não pode ensejar alteração de sentido nem mudança no tempo verbal (conforme quer o enunciado), que é o pretérito imperfeito do indicativo. As únicas opções que atendem a esse segundo requisito (o tempo verbal) são as letras "B" e "E", porém a última provocaria alteração de sentido ("mais de 15 anos" não é a mesma coisa que "15 anos"). Portanto, correta a alternativa "B"

Gabarito "B"

(CESGRANRIO) Segundo o registro culto e formal da língua, a forma verbal destacada está grafada INCORRETAMENTE na seguinte frase:

(A) Henry Ford recomenda que, diante do fracasso, **esteja** pronto para recomeçar de forma inteligente.
(B) Se eu **previsse** o insucesso empresarial, não teria experimentado a falência.
(C) Eu sempre cri que, algum dia, ele estaria no lugar mais alto do pódio.
(D) **Adiro** ao grupo dos que pensam como La Fontaine.
(E) Quando eu **ver** o projeto do empreendedor, estarei pronto para avaliá-lo.

A: correta. Trata-se da conjugação da terceira pessoa do singular do presente do subjuntivo do verbo "estar"; **B:** correta. Trata-se da conjugação da primeira pessoa do singular do pretérito imperfeito do subjuntivo do verbo "prever"; **C:** correta. Trata-se da conjugação da primeira pessoa do singular do pretérito perfeito do indicativo do verbo "crer"; **D:** correta. Trata-se da conjugação da primeira pessoa do singular do presente do indicativo do verbo "aderir"; **E:** incorreta, devendo ser assinalada. A conjugação da primeira pessoa do singular do futuro do subjuntivo do verbo ver é "quando eu vir"

Gabarito "E"

(CESGRANRIO) Em **Comenta-se** o ocorrido, a forma verbal que equivale à destacada, numa construção de voz passiva analítica, é

(A) comentou.
(B) comentava-se.
(C) é comentado.
(D) fora comentado.
(E) haverá de ser comentado.

A transformação da voz passiva sintética em analítica ocorre mantendo-se o tempo verbal original no verbo auxiliar e lançando o verbo principal no particípio. Assim, "comenta-se" é construção na voz passiva sintética que equivale a "é comentado"

Gabarito "C"

(VUNESP) Leia a charge.

(Gazeta do Povo, 03.03.2012)

Sobre a flexão dos verbos "intermediar" e "negociar", na fala da personagem, é correto afirmar que

(A) a primeira deveria ser substituída por "intermede"; a segunda está correta.
(B) ambas estão incorretas. Corrigindo, tem-se "intermedia" e "negocia".
(C) a primeira, no presente, é "intermédia"; a segunda, "negoceia".
(D) ambas estão incorretas, pois o acento muda o tempo verbal.
(E) a forma correta da primeira é sem acento e a da segunda é "negocia".

A terceira pessoa do singular do presente do indicativo do verbo "intermediar" é "intermedeia", sem acento. Quanto a "negociar", a questão merece críticas. A flexão da terceira pessoa do singular do presente do indicativo pode ser feita de duas maneiras, ambas corretas: "negocia" (mais comum no Brasil) e "negoceia", sem acento (mais comum em Portugal). Por exclusão, somente poderíamos chegar à alternativa "E", considerada correta pelo gabarito oficial. Porém, ela dá a entender que somente a forma "negocia" é aceitável, o que não é verdade

Gabarito "E"

O número de passageiros transportados por metrô e trens________em 1,2 milhão em 2011. O ritmo de incremento, contudo,________ sido mais veloz do que a modernização da malha. Embora não seja o único aspecto a apresentar problemas, o sistema elétrico está defasado. A elevação no número de passageiros é fruto da demanda reprimida por transporte de qualidade na Grande São Paulo. E não _______, para ______, os investimentos previstos em trens e metrô.

(Folha de S.Paulo, 31.03.2012. Adaptado)

(VUNESP) De acordo com a norma-padrão da língua portuguesa, as lacunas do texto devem ser preenchidas, correta e respectivamente, com:

(A) aumentaram ... tem ... basta ... atendê-la
(B) aumentou ... têm ... bastam ... atendê-los
(C) aumentaram ... têm ... basta ... atender-lhe
(D) aumentou ... tem ... bastam ... atendê-la
(E) aumentaram ... tem ... bastam ... atender-lhes

O verbo na primeira lacuna deve estar no singular para concordar com "o número" ("aumentou"). Na segunda também, para concordar com "o ritmo" ("tem"). Na terceira, vamos para o plural ("bastam"), para concordar com "os investimentos". A última é uma questão de pronome. "Atender" é verbo transitivo direto, portanto devemos usar o pronome "a", que se refere a "demanda"

Gabarito "D"

(IBFC) Considere as orações abaixo.

I. Não se tratam de questões relevantes.
II. Não se devem considerar problemas pessoais no trabalho.

De acordo com a norma culta,

(A) somente I está correta.
(B) somente II está correta.
(C) I e II estão corretas.
(D) nenhuma está correta.

I: incorreta. A oração não está na voz passiva sintética. Está na voz ativa com sujeito indeterminado, portanto o verbo não deve ser flexionado no plural para concordar com "questões". Vale anotar: a construção "trata-se de" fica sempre no singular; **II:** correta. Aqui, sim, temos voz passiva sintética. Ao passá-la para a analítica, obtemos: "problemas pessoais no trabalho não devem ser considerados". Se o verbo foi para o plural, deve assim também ser flexionado na voz passiva sintética

Gabarito "B"

(FUNCAB) Assinale a alternativa em que o verbo em destaque foi corretamente conjugado.

(A) Se você INTERPOR um recurso, talvez consiga reverter a situação.
(B) Ele INTERVIU assim que a situação piorou.
(C) Se você VER que a situação piorou, volte para cá.
(D) Quando você VIM para cá, traga a pasta da diretoria.
(E) Você só será respeitado se se IMPUSER.

A: incorreta. "Interpor" é derivado de "pôr", portanto como ele se conjuga. Na terceira pessoa do singular do pretérito imperfeito do subjuntivo o correto é "interpuser"; **B:** incorreta. "Intervir" é derivado de "vir", portanto como ele se conjuga. Na terceira pessoa do singular do pretérito perfeito do indicativo o correto é "interveio"; **C:** incorreta. A conjugação da terceira pessoa do singular do pretérito imperfeito do subjuntivo do verbo "ver" é "vir"; **D:** incorreta. A conjugação da terceira pessoa do singular do futuro do subjuntivo do verbo "vir" é "vier"; **E:** correta. Está perfeita a conjugação do verbo "impor", derivado de "pôr", na terceira pessoa do singular do pretérito imperfeito do subjuntivo

Gabarito "E"

Divagação sobre as ilhas

Minha ilha (e só de a imaginar já me considero seu habitante) ficará no justo ponto de latitude e longitude que, pondo-me a coberto de ventos, sereias e pestes, nem me afaste demasiado dos homens nem me obrigue a praticá-los diuturnamente. Porque esta é a ciência e, direi, a arte do bom viver: uma fuga relativa, e uma não muito estouvada confraternização.

E por que nos seduz a ilha? As composições de sombra e luz, o esmalte da relva, a cristalinidade dos regatos . tudo isso existe fora das ilhas, não é privilégio delas. A mesma solidão existe, com diferentes pressões, nos mais diversos locais, inclusive os de população densa, em terra firme e longa. Resta ainda o argumento da felicidade . "aqui eu não sou feliz", declara o poeta, para enaltecer, pelo contraste, a sua Pasárgada, mas será que se procura realmente nas ilhas a ocasião de ser feliz, ou um modo de sê-lo? E só se alcançaria tal mercê, de índole extremamente subjetiva, no regaço de uma ilha, e não igualmente em terra comum?

Quando penso em comprar uma ilha, nenhuma dessas excelências me seduz mais do que as outras, nem todas juntas constituem a razão do meu desejo. A ideia de fuga tem sido alvo de crítica severa e indiscriminada nos últimos anos, como se fosse ignominioso, por exemplo, fugir de um perigo, de um sofrimento, de uma caceteação. Como se devesse o homem consumir-se numa fogueira perene, sem carinho para com as partes cândidas ou pueris dele mesmo. Chega-se a um ponto em que convém fugir menos da malignidade dos homens do que da sua bondade incandescente. Por bondade abstrata nos tornamos atrozes. E o pensamento de salvar o mundo é dos que acarretam as mais copiosas e inúteis carnificinas.

A ilha é, afinal de contas, o refúgio último da liberdade, que em toda parte se busca destruir. Amemos a ilha.

(Adaptado de Carlos Drummond de Andrade, **Passeios na ilha)**

(FCC) Quando penso *em comprar uma ilha, nenhuma dessas excelências me* <u>*seduz*</u> *mais do que as outras, nem todas juntas* <u>*constituem*</u> *a razão do meu desejo.*

Estará adequada a nova correlação entre os tempos e os modos verbais caso se substituam os elementos sublinhados da frase acima, na ordem dada, por:

(A) Se eu vier a pensar . seduziria . constituíam
(B) Quando eu ficava pensando . seduzira . constituiriam
(C) Se eu vier a pensar . terá seduzido . viriam a constituir
(D) Quando eu pensava . houvesse de seduzir . tinham constituído
(E) Se eu viesse a pensar . seduziria . constituiriam

A: incorreta. O último verbo também deveria estar no futuro do pretérito do indicativo ("constituiriam"); **B:** incorreta. Estando o primeiro verbo no pretérito imperfeito d indicativo, todos os demais devem segui-lo nesse mesmo tempo e modo ("seduzia" e "constituíam"); **C:** incorreta. A última locução verbal deveria acompanhar a anterior no futuro do presente do indicativo ("virão a constituir"); **D:** incorreta. A segunda locução verbal também deveria estar no pretérito imperfeito do indicativo, para acompanhar as demais ("havia de seduzir"); **E:** correta. Está perfeita e coerente a correlação entre os tempos verbais

Gabarito "E"

(FCC) Atentando-se para a voz verbal, é correto afirmar que em

(A) "Por bondade abstrata nos tornamos atrozes" ocorre um caso de voz passiva.
(B) "A ideia de fuga tem sido alvo de <u>*crítica severa*</u>" o elemento sublinhado é agente da passiva.
(C) "Amemos a ilha" a transposição para a voz passiva resultará na forma verbal **seja amada**.
(D) "E por que nos seduz a ilha?" não há possibilidade de transposição para a voz passiva.
(E) "tudo isso existe fora das ilhas" a transposição para a voz passiva resultará na forma verbal **tem existido.**

A: incorreta. Trata-se de verbo reflexivo ("tornar-se") na voz ativa; **B:** incorreta. O elemento destacado exerce função sintática de adjunto adnominal; **C:** correta. A transposição completa ficaria: "A ilha seja amada por nós"; **D:** incorreta. Claro que há: "E por que nós somos seduzidos pela ilha?"; **E:** incorreta. Aqui não é possível a transposição para a voz passiva, porque o verbo é intransitivo. "Tem existido" não é voz passiva, é particípio composto

Gabarito "C"

Paraty

É do esquecimento que vem o tempo lento de Paraty.

A vida vagarosa – quase sempre caminhando pela água –, o saber antigo, os barcos feitos ainda hoje pelas mãos de antepassados, os caminhos de pedra que repelem e desequilibram a pressa: tudo isso vem do esquecimento. Vem do dia em que Paraty foi deixada quieta no século XIX, sem razão de existir.

Até ali, a cidade fervia de agitação. Estava na rota do café, e escoava o ouro no lombo do burro e nas costas do escravo. Um caminho de pedra cortava a floresta para conectar Paraty à sua época e ao centro do mundo.

Mas, em 1855, a cidade inteira se aposentou. Com a estrada de ferro criada por D. Pedro II, Paraty foi lançada para fora das rotas econômicas. Ficou sossegada em seu canto, ao sabor de sua gente e das marés. E pelos próximos 119 anos, Paraty iria formar lentamente, sem se dar conta, seu maior patrimônio.

Até que chegasse outro ciclo econômico, ávido por lugares onde todos os outros não houvessem tocado: o turismo. E assim, em 1974, o asfalto da BR-101 fez as pedras e a cal de Paraty virarem ouro novamente. A cidade volta a conviver com o presente, com outro Brasil, com outros países. É então que a preservação de Paraty, seu principal patrimônio e meio de vida, escapa à mão do destino. Não podemos contar com a sorte, como no passado. Agora, manter o que dá vida a Paraty é razão de muito trabalho. Daqui para frente, preservar é suor.

Para isso existe a Associação Casa Azul, uma organização da sociedade civil de interesse público. Aqui, criamos projetos e atividades que mantenham o tecido urbano e social de Paraty em harmonia. Nesta casa, o tempo pulsa com cuidado, sem apagar as pegadas.

(Texto institucional – **Revista Piauí**, n. 58, julho 2011)

(FCC) O emprego, a grafia e a flexão dos verbos estão corretos em:

(A) A revalorização e a nova proeminência de Paraty não prescindiram e não requiseram mais do que o esquecimento e a passagem do tempo.

(B) Quando se imaginou que Paraty havia sido para sempre renegada a um segundo plano, eis que ela imerge do esquecimento, em 1974.

(C) A cada novo ciclo econômico retificava-se a importância estratégica de Paraty, até que, a partir de 1855, sobreviram longos anos de esquecimento.

(D) A Casa Azul envidará todos os esforços, refreando as ações predatórias, para que a cidade não sucumba aos atropelos do turismo selvagem.

(E) Paraty imbuiu da sorte e do destino os meios para que obtesse, agora em definitivo, o prestígio de um polo turístico de inegável valor histórico.

A: incorreta. A conjugação da terceira pessoa do plural do pretérito perfeito do indicativo do verbo "requerer" é "requereram"; **B:** incorreta. "Imergir" é sinônimo de "afundar". O correto seria "emerge", do verbo "emergir", sinônimo de "vir à tona"; **C:** incorreta. "Retificar" é sinônimo de "corrigir". Faria mais sentido se tivesse sido usado o verbo "ratificar", sinônimo de "confirmar". Além disso, "sobrevir" é derivado de "vir" e como ele se conjuga. Portanto, na terceira pessoa do plural do pretérito perfeito do indicativo temos "sobrevieram"; **D:** correta. A flexão dos verbos atende a todos os preceitos da norma culta, bem como seu emprego e grafia; **E:** incorreta. "Obter" é derivado de "ter" e como ele se conjuga. Portanto, na terceira pessoa do singular do pretérito imperfeito do subjuntivo temos "obtivesse"

Gabarito "D"

(FCC) Transpondo-se para a voz passiva a frase **Sempre haverá quem rejeite a interferência do Estado nas questões religiosas**, mantendo-se a correta correlação entre tempos e modos verbais, ela ficará:

(A) Terá havido sempre quem tem rejeitado que o Estado interferisse nas questões religiosas.

(B) A interferência do Estado nas questões religiosas sempre haverá de ser rejeitada por alguém.

(C) Sempre haverá de ter quem rejeite que o Estado interferisse nas questões religiosas.

(D) A interferência do Estado nas questões religiosas sempre tem encontrado quem a rejeita.

(E) As questões religiosas sempre haverão de rejeitar que o Estado venha a interferir nelas.

A transposição para a voz passiva é feita deslocando o sujeito da voz ativa como agente da passiva; o complemento verbal da voz ativa se torna o sujeito paciente; e o verbo na voz ativa é conjugado em seu particípio composto ao lado de um verbo auxiliar. No nosso caso, como a oração na voz ativa não tem sujeito, ao realizar a transposição ela pode ser facultativamente complementada por "alguém": "A interferência do Estado nas questões religiosas sempre haverá de ser rejeitada (por alguém)"

Gabarito "B"

(AERONÁUTICA) Leia o trecho a seguir:

*A evidência de que a terra era habitada não **impediu** que os marujos recém-desembarcados **gravassem** seus nomes e o de seus navios nas árvores e nas rochas costeiras e, a seguir, **imprimissem** o dia, o mês e o ano de seu desembarque (...)*

Passe os verbos em destaque no texto acima para o presente, observando o modo. Em seguida, assinale a alternativa correta.

(A) impede – gravem – imprimam
(B) impeça – gravam – imprimam
(C) impede – gravem – imprimem
(D) impeça – gravam – imprimem

"Impediu" está no pretérito perfeito do indicativo. Deve, portanto, ser transposto para o presente do indicativo: "impede". "Gravassem" está no pretérito imperfeito do subjuntivo, portanto deve ser transposto para o presente do subjuntivo: "gravem". Por fim, "imprimissem" está também no pretérito imperfeito do subjuntivo, logo devemos escrevê-lo no presente do subjuntivo: "imprimam"

Gabarito "A"

(AERONÁUTICA) Leia:

Os alienígenas vêm em missão de paz e trazem presentes.

Mantendo-se o mesmo tempo e modo dos verbos, a transcrição do período acima para a primeira pessoa do plural resulta em:

(A) Nós, alienígenas, viemos em missão de paz e trazemos presentes.
(B) Nós, alienígenas, vimos em missão de paz e trazemos presentes.
(C) Nós, alienígenas, vemos em missão de paz e trouxemos presentes.
(D) Nós, alienígenas, vimos em missão de paz e trouxemos presentes.

No enunciado, os verbos "vir" e "trazer" estão conjugados no presente do indicativo. Portanto, devemos encontrar a conjugação correta para ambos na primeira pessoa do plural do presente do indicativo. Isso nos dá "vimos" e "trazemos". "Viemos" e "trouxemos" são conjugações do pretérito perfeito do indicativo. "Vemos" é conjugação do verbo "ver", não do verbo "vir"

Gabarito "B"

(AERONÁUTICA) Observe:

O prefeito recompensou os funcionários com uma gratificação no final do ano.

Em qual das alternativas a voz passiva mantém o mesmo sentido da oração acima?

(A) No final do ano, os funcionários foram recompensados pelo prefeito com uma gratificação.
(B) Os funcionários recompensaram o prefeito com uma gratificação no final do ano.
(C) O prefeito foi recompensado pelos funcionários com uma gratificação no final do ano.
(D) No final do ano, recompensou-se o prefeito com uma gratificação.

Na transposição para a voz passiva, o sujeito vira agente da passiva, o complemento verbal vira sujeito paciente e o verbo vai para o particípio acompanhado do auxiliar "ser", mantendo-se o tempo e modo. Quanto aos adjuntos adverbiais e nominais e outros elementos, eles não sofrem alteração e podem ocupar qualquer lugar na oração. A transposição correta, portanto, é: "No final do ano [adjunto adverbial], os funcionários [sujeito paciente] foram recompensados [verbo auxiliar + verbo no particípio] pelo prefeito [agente da passiva] com uma gratificação [adjunto adverbial]"

Gabarito "A"

As indústrias culturais, e mais especificamente a do cinema, criaram uma nova figura, "mágica", absolutamente moderna: a estrela. Depressa ela desempenhou um papel importante no sucesso de massa que o cinema alcançou. E isso continua. Mas o sistema, por muito tempo restrito apenas à tela grande, estendeu-se progressivamente, com o desenvolvimento das indústrias culturais, a outros domínios, ligados primeiro aos setores do espetáculo, da televisão, do show business. Mas alguns sinais já demonstravam que o sistema estava prestes a se espalhar e a invadir todos os domínios: imagens como as de Gandhi ou Che Guevara, indo de fotos a pôsteres, no mundo inteiro, anunciavam a planetarização de um sistema que o capitalismo de hiperconsumo hoje vê triunfar.

O que caracteriza o star-system em uma era hipermoderna é, de fato, sua expansão para todos os domínios.

Em todo o domínio da cultura, na política, na religião, na ciência, na arte, na imprensa, na literatura, na filosofia, até na cozinha, tem-se uma economia do estrelato, um mercado do nome e do renome. A própria literatura consagra escritores no mercado internacional, os quais negociam seus direitos por intermédio de agentes, segundo o sistema que prevalece nas indústrias do espetáculo. Todas as áreas da cultura valem-se de paradas de sucesso (hit-parades), dos mais vendidos (best-sellers), de prêmios e listas dos mais populares, assim como de recordes de venda, de frequência e de audiência destes últimos.

A extensão do star-system não se dá sem uma forma de banalização ou mesmo de degradação – da figura pura da estrela, trazendo consigo uma imagem de eternidade, chega-se à vedete do momento, à figura fugidia da celebridade do dia; do ícone único e insubstituível, passa-se a uma comunidade internacional de pessoas conhecidas, "celebrizadas", das quais revistas especializadas divulgam as fotos, contam os segredos, perseguem a intimidade. Da glória, própria dos homens ilustres da Antiguidade e que era como o horizonte resplandecente da grande cultura clássica, passou-se às estrelas – forma ainda heroicizada pela sublimação de que eram portadoras – , depois, com a rapidez de duas ou três décadas de hipermodernidade, às pessoas célebres, às personalidades conhecidas, às "pessoas". Deslocamento progressivo que não é mais que o sinal de um novo triunfo da forma-moda, conseguindo tornar efêmeras e consumíveis as próprias estrelas da notoriedade.

(Adap. de Gilles Lipovetsky e Jean Serroy. Uma cultura de celebridades: a universalização do estrelato. *In* A cultura –mundo: resposta a uma sociedade desorientada. Trad: Maria Lúcia Machado. São Paulo: Companhia das Letras, 2011, p. 81 a 83)

(FCC) Em certas passagens do primeiro parágrafo, os autores referem-se a certas ações pretéritas que consideravam contínuas. A forma verbal que demonstra essa atitude é

(A) (linha 2) *criaram*.
(B) (linha 5) *alcançou*.
(C) (linha 5) *continua*.
(D) (linha 13) *anunciavam*.
(E) (linha 15) *vê triunfar*.

A continuidade de uma situação passada é representada pelo pretérito imperfeito do indicativo. Dentre as palavras listadas, a única que se encontra nesse tempo verbal é "anunciavam"

Gabarito "D"

Política e sociedade na obra de Sérgio Buarque de Holanda

Para Sérgio Buarque de Holanda a principal tarefa do historiador consistia em estudar possibilidades de mudança social. Entretanto, conceitos herdados e intelectualismos abstratos impediam a sensibilidade para com o processo do devir. Raramente o que se afigurava como predominante na historiografia brasileira apontava um caminho profícuo para o historiador preocupado em estudar mudanças. Os caminhos institucionalizados escondiam os figurantes mudos e sua fala. Tanto as fontes quanto a própria historiografia falavam a linguagem do poder, e sempre imbuídas da ideologia dos interesses estabelecidos. Desvendar ideologias implica para o historiador um cuidadoso percurso interpretativo voltado para indícios tênues e nuanças sutis. Pormenores significativos apontavam caminhos imperceptíveis, o fragmentário, o não determinante, o secundário. Destes proviriam as pistas que indicariam o caminho da interpretação da mudança, do processo do vir a ser dos figurantes mudos em processo de forjar estratégias de sobrevivência.

Era engajado o seu modo de escrever história. Como historiador quis elaborar formas de apreensão do mutável, do transitório e de processos ainda incipientes no vir a ser da sociedade brasileira. Enfatizava o provisório, a diversidade, a fim de documentar novos sujeitos eventualmente participantes da história.

Para chegar a escrever uma história verdadeiramente engajada deveria o historiador partir do estudo da urdidura dos pormenores para chegar a uma visão de conjunto de sociabilidades, experiências de vida, que por sua vez traduzissem necessidades sociais. Aderir à pluralidade se lhe afigurava como uma condição essencial para este sondar das possibilidades de emergência de novos fatores de mudança social. Tratava-se, na historiografia, de aceitar o provisório como necessário. Caberia ao historiador o desafio de discernir e de apreender, juntamente com valores ideológicos preexistentes, as possibilidades de coexistência de valores e necessidades sociais diversas que conviviam entre si no processo de formação da sociedade brasileira sem uma necessária coerência.

(Fragmento adaptado de Maria Odila Leite da Silva Dias, **Sérgio Buarque de Holanda e o Brasil.** São Paulo, Perseu Abramo, 1998, pp.15-17)

(FCC) *Tanto as fontes quanto a própria historiografia falavam a linguagem do poder ...*

Transpondo-se a frase acima para a voz passiva, a forma verbal resultante será:

(A) eram faladas.
(B) foi falada.
(C) se falaram.
(D) era falada.
(E) tinha-se falado.

A transposição do verbo para a voz passiva é feita compondo-se uma locução verbal com o verbo auxiliar "ser" + o particípio do verbo principal. No caso do enunciado, temos de ter especial cuidado com o número do verbo (singular ou plural). Note que, na voz ativa, o verbo está no plural ("falavam"), porque o sujeito é composto (núcleos "fontes" e "historiografia"). Todavia, ao ser transposto para a voz passiva, o sujeito paciente é "a linguagem do poder" – sujeito simples que exige verbo no singular. Logo, a locução verbal correta é "era falada"

Gabarito "D"

(FCC) O verbo corretamente empregado e flexionado está grifado em:

(A) É de se imaginar que, se os viajantes setecentistas <u>antevessem</u> as dificuldades que iriam deparar, muitos deles desistiriam da aventura antes mesmo de embarcar.
(B) O que quer que os <u>compelisse</u>, cabe admirar a coragem desses homens que partiam para o desconhecido sem saber o que os aguardava a cada volta do rio.
(C) Caso não se <u>surtisse</u> com os mantimentos necessários para o longo percurso, o viajante corria o risco de literalmente morrer de fome antes de chegar ao destino.
(D) Se não maldiziam os santos, é bastante provável que muitos dos viajantes <u>maldizessem</u> ao menos o destino diante das terríveis tribulações que deviam enfrentar.
(E) Na história da humanidade, desbravadores foram não raro aqueles que <u>sobreporam</u> o desejo de enriquecer à relativa segurança de uma vida sedentária.

A: incorreta. "Antever" é derivado de "ver", portanto se conjuga como tal. Assim, na terceira pessoal do plural do pretérito perfeito do subjuntivo temos "antevissem"; **B:** correta. O verbo compelir está corretamente conjugado na terceira pessoa do singular do pretérito perfeito do subjuntivo; **C:** incorreta. O verbo em questão é "sortir" e se conjuga, na terceira pessoa do singular do pretérito imperfeito do subjuntivo, "sortisse"; **D:** incorreta. "Maldizer" é derivado de "dizer", portanto se conjuga como tal. Assim, na terceira pessoa do plural do pretérito imperfeito do subjuntivo temos "maldissessem"; **E:** incorreta. "Sobrepor" é derivado de "pôr", portanto se conjuga como tal. Assim, na terceira pessoa do plural do pretérito imperfeito do subjuntivo temos "sobrepuseram"

Gabarito "B"

(FCC) Está adequada a correlação entre tempos e modos verbais na frase:

(A) Os criminosos que tenham ultrajado a pátria seriam forçados a servi-la pelo tempo que se julgava necessário.

(B) Os que vierem a ultrajar a pátria deveriam ser submetidos a um castigo que trouxera consigo uma clara lição.

(C) Ninguém seria indiferente a uma vultosa soma que venha a receber como indenização ao delito que o prejudique.

(D) O próprio criminoso, se mantivesse alguma dose de decência, possa tirar proveito da lição a que seja submetido.

(E) Sempre houve povos que, por forte convicção, evitaram a guerra, ainda quando fossem provocados.

A: incorreta. O período remete a uma situação condicional, evidenciada pelo uso do futuro do pretérito do indicativo na locução "seriam forçados". Portanto, para atender a essa ideia, os demais verbos devem ser conjugados no pretérito imperfeito do subjuntivo. Assim: "os criminosos que tivessem ultrajado a pátria seriam forçados a servi-la pelo tempo que se julgasse necessário"; **B:** incorreta, pelas mesmas razões da alternativa anterior. O correto seria: "os que viessem a ultrajar a pátria deveriam ser submetidos a um castigo que trouxesse consigo uma clara lição"; **C:** incorreta. Seguindo a mesma lógica, deve-se escrever: "ninguém seria indiferente a uma vultosa soma que viesse a receber como indenização ao delito que o prejudicasse"; **D:** incorreta. Aqui, o erro está no verbo "poder", que deveria estar conjugado no futuro do pretérito do indicativo: "o próprio criminoso, se mantivesse alguma dose de decência, poderia tirar proveito da lição a que fosse submetido"; **E:** correta. Todos os verbos estão perfeitamente conjugados

Gabarito "E"

SOBRECARGA FISCAL E VISÃO DE FUTURO

A preservação do atual regime fiscal, que há mais de 15 anos vem exigindo aumento sem fim da carga tributária, põe em risco a sustentação do dinamismo da economia brasileira. Se não for possível conter a expansão do gasto público dos três níveis de governo, o aprofundamento requerido da extração fiscal acabará por sufocar aos poucos o crescimento econômico do País. São conclusões que advêm da análise agregada dos dados. Essa perspectiva do problema, contudo, pode e deve ser complementada por visões mais específicas, microeconomicamente, de como a sobrecarga fiscal, que hoje recai sobre a economia brasileira, conspira contra o futuro do Brasil.

Estima-se que a carga tributária bruta esteja hoje em torno de 35% do PIB. Mas isso é apenas uma média. Há segmentos da economia que arcam com taxação muito mais pesada. A carga fiscal que recai, por exemplo, sobre serviços de telecomunicação e certos produtos importados é muito maior. E deixa patente a deplorável visão de futuro que permanece entranhada no sistema tributário brasileiro.

No Rio de Janeiro, o ICMS onera os serviços de comunicação em quase 43%. Em São Paulo, em 33,3%. E ainda há de se ter em conta todos os outros tributos que incidem sobre o setor de telecomunicações e acabam repassados, em boa parte, às tarifas. Em 2005, a carga tributária do setor, estimada com base nas contas nacionais, correspondia a mais de 57% do valor dos serviços.

É curioso que, nesse quadro de absurda sobrecarga fiscal, o governo ainda esteja em busca da razão primordial pela qual a disseminação do acesso à internet em banda larga avançou tão pouco até agora. É lamentável que o País esteja entrando na segunda década do século 21 com tributação tão escorchante de serviços de telecomunicação, tendo em vista sua crescente importância econômica e social.

Desde a Constituição de 1988, quando passaram a cobrar ICMS sobre tais serviços, os Estados vêm mantendo uma extração fiscal extremada no setor, tirando o melhor proveito possível das exíguas possibilidades de sonegação que lhe são inerentes. No tempo em que telefone era considerado "coisa de rico", ainda havia quem se dispusesse a arguir que essa taxação tão pesada estaria contribuindo para tornar a carga tributária menos regressiva. Mas já não há mais qualquer espaço para esse tipo de argumento.

O quadro mudou da água para o vinho desde a segunda metade dos anos 90. Na esteira da privatização, o acesso ao telefone vem sendo universalizado. Há hoje mais de 190 milhões de aparelhos celulares no País, 82% pré-pagos. É sobre o povão, portanto, que boa parte da sobrecarga fiscal vem recaindo, mesmo que ele não a perceba. Por outro lado, as comunicações passaram a abranger uma gama de serviços muito mais complexos que vão muito além da velha telefonia. O que se vê agora é o País taxando pesadamente seu futuro. A mesma visão de futuro equivocada e arcaica que permanece entranhada na tributação das telecomunicações fica também evidenciada na taxação de certos produtos importados. Basta ver o que vem ocorrendo com dois produtos emblemáticos das novas tendências tecnológicas na área de informática. Os chamados "tablets", como o iPad, da Apple, e os leitores de livros digitais, como o Kindle, da Amazon. Um levantamento recente constatou que, entre 20 países pesquisados, é no Brasil que o iPad é mais caro (O Globo, 9/1/2011). Após a incidência de seis tributos, o produto chega ao consumidor brasileiro 84% mais caro do que nos EUA. Já o Kindle, que nos EUA custa US$ 189, pode ser entregue no Brasil, se o cliente estiver disposto a arcar com um frete de US$ 20,98 e encargos fiscais que a própria Amazon estima em nada menos que US$ 199,73. O que perfaz um total de US$ 409,71. São níveis de tributação completamente injustificáveis, fora de qualquer padrão de razoabilidade, advindos de um furacão arrecadador que avança como autômato, alheio ao processo de modernização do País.

(Rogério L. F. Werneck, O ESTADO DE S. PAULO, 21/01/2011, texto adaptado)

(FUNDEP) Desconsiderando-se eventuais alterações de sentido, a nova redação que contém **ERRO** na conjugação verbal é

(A) "[...] os Estados vêm mantendo uma extração fiscal extremada no setor, tirando o melhor proveito [...]" – [...] os Estados mantêm uma extração fiscal extremada no setor, tirando o melhor proveito [...]

(B) "O que se vê agora é o País taxando pesadamente seu futuro." – Agora se veem cada vez mais taxas e impostos comprometendo o futuro do País.

(C) "São conclusões que advêm da análise global dos dados." – É uma conclusão que advém da análise global dos dados.

(D) "Se não for possível conter a expansão do gasto público dos três níveis de governo [...]" – Se não se conter a expansão do gasto público dos três níveis de governo [...]

A: correta. Os verbos "vir" (e derivados) e "ter" (e derivados, entre os quais "manter"), quando conjugados na terceira pessoa do plural do presente do indicativo levam acento circunflexo para diferenciar da conjugação da terceira pessoa do singular; **B:** correta. Desde o Novo Acordo Ortográfico, as letras duplas deixaram de ser acentuadas, como ocorre em "veem" ou "leem"; **C:** correta. "Advir" é derivado de "vir", portanto leva acento circunflexo na conjugação da terceira pessoa do plural do presente do indicativo. Quando flexionado na terceira pessoa do singular, porém, leva acento agudo, porque é palavra oxítona terminada em "-em"; **D:** incorreta, devendo ser assinalada. O verbo "conter", na terceira pessoa do singular do pretérito imperfeito do subjuntivo conjuga-se "contiver"

Gabarito "D"

(FUNDEP) "Essa perspectiva do problema, contudo, <u>pode e deve ser complementada por visões mais específicas</u>, microeconomicamente, de como a sobrecarga fiscal, que hoje recai sobre a economia brasileira, conspira contra o futuro do Brasil." (Linhas 6 a 9)

Assinale a alternativa em que a forma verbal destacada **está redigida na voz ativa**, mantendo-se o sentido, a forma e os tempos verbais.

(A) Complementariam, contudo, essa perspectiva do problema, visões mais específicas, microeconomicamente, do problema de como a sobrecarga fiscal, que tem recaído sobre a economia brasileira, tem conspirado contra o futuro do Brasil.

(B) Contudo, podem e devem complementar essa perspectiva do problema visões mais específicas, microeconomicamente, de como a sobrecarga fiscal, que hoje recai sobre a economia brasileira, conspira contra o futuro do Brasil.

(C) Poderão e deverão, contudo, complementar essa perspectiva do problema visões mais específicas, economicamente, de como a sobrecarga fiscal, que hoje recairia sobre a economia brasileira, tem conspirado contra o futuro do Brasil.

(D) Visões mais específicas, microeconomicamente, são complementadas, contudo, por visões dessa perspectiva do problema, no que se refere ao modo como a sobrecarga que hoje recai sobre a economia brasileira estará conspirando contra o futuro do Brasil.

A: incorreta. Além da alteração do tempo verbal que altera o sentido da oração ("complementariam" ao invés de "complementam"), o verbo "recair" foi transposto para a voz passiva; **B:** correta. A transposição para a voz ativa obedeceu aos preceitos gramaticais e não alterou o sentido do texto, nem a forma e tempo verbais; **C:** incorreta. Os verbos auxiliares na voz ativa deveriam estar no presente do indicativo ("podem e devem"), não no futuro do presente ("poderão e deverão"). Da mesma forma, não há que se alterar o verbo "recair" para o futuro do pretérito; **D:** incorreta. A redação permanece na voz passiva

Gabarito "B"

MINISTÉRIO DA SAÚDE EXIGE NOTIFICAÇÃO OBRIGATÓRIA

Estados e municípios devem, a partir desta quarta-feira, notificar os casos graves e as mortes suspeitas por dengue em até 24 horas ao Ministério da Saúde.

É o que estabelece a portaria publicada no Diário Oficial da União, oficializando decisão anunciada pelo Ministro da Saúde na semana passada. Os casos de dengue seguem o fluxo rotineiro de notificação semanal, porém óbito, casos graves, casos produzidos pelo sorotipo DENV 4 necessitam de melhor acompanhamento, o que justifica a sua inclusão entre as doenças de notificação imediata. Essa medida possibilitará a identificação precoce de introdução de novo sorotipo e de alterações no comportamento epidemiológico da dengue, com a adoção imediata das medidas necessárias por parte do Ministério da Saúde e das Secretarias Estaduais e Municipais de Saúde. Com a inclusão na portaria, será possível identificar, de maneira precoce, alterações na letalidade da dengue, o que permitirá uma melhor investigação epidemiológica e a adoção de mudanças na rede assistencial para evitar novas mortes. Todas as unidades de saúde da rede pública ou privada devem informar casos graves e mortes suspeitas por dengue às Secretarias Estaduais e Municipais de Saúde, que repassam os dados ao Ministério da Saúde. A notificação imediata pode ser feita por telefone, e-mail ou diretamente ao "site da Secretaria de Vigilância em Saúde do Ministério, de acordo com instrumentos e fluxos já amplamente utilizados no Sistema Único de Saúde. A regra vale, ainda, para casos ocorridos em fins de semana e feriados. "A mudança na portaria permitirá um conhecimento melhor e mais rápido de como está se comportando a dengue, propiciando uma ação de prevenção e de controle mais oportuna", explica o Secretário de Vigilância em Saúde do Ministério, Jarbas Barbosa. Além disso, também foi publicada a adequação da portaria à nova legislação brasileira, tornando as violências doméstica, sexual e/ou outras violências de notificação universal, por toda a rede de assistência à saúde, e não apenas por unidades sentinelas, como anteriormente. A notificação compulsória pelos serviços de saúde de qualquer suspeita ou confirmação de violência contra crianças, adolescentes, mulheres e pessoas idosas já está prevista na legislação. Com isso, a maioria das Secretarias Estaduais e Municipais de Saúde já estava em processo de expansão para outras unidades de saúde além das sentinelas, incluindo para as Unidades de Saúde da Família e outros serviços de saúde. Devido à ocorrência de casos importados de sarampo em 2010 e à ampla vacinação realizada contra rubéola em 2008, o Ministério também incluiu todo caso de sarampo e rubéola como de notificação imediata, independentemente de ter história de viagem ou vínculo com viajante internacional. Esta medida foi adotada para detectar casos suspeitos de forma oportuna para adoção de medidas de controle em tempo hábil. No ano de 2010, foi incorporada ao calendário básico de vacinação a vacina pneumocócica 10 valente. Diante disso, faz-se necessário o estabelecimento de medidas de monitoramento do comportamento das pneumonias no País, que passam a ser notificadas em unidades sentinelas que integram essa rede de vigilância específica. A nova portaria passa a ter 45 eventos de notificação obrigatória, com fluxos e periodicidades distintos, de acordo com a situação epidemiológica de cada um. Todos os casos notificados são registrados no Sistema de Informação de Agravos de Notificação, pelas Secretarias Estaduais e Municipais de Saúde. A nova lista de doenças de notificação compulsória e imediata está em consonância com o novo Regulamento Sanitário Internacional. Em setembro de 2010, a lista de notificação compulsória incluíra cinco novos itens, entre os quais acidentes com animais peçonhentos, como cobras, escorpiões e aranhas; atendimento antirrábico após ataque de cães, gatos e morcegos; intoxicações por substâncias químicas, incluindo agrotóxicos e metais pesados; síndrome do corrimento uretral masculino e sífilis adquirida. A atual portaria (104/2011) mantém na lista de notificação imediata doenças como cólera, dengue pelo sorotipo DEN-4, doença de Chagas aguda, febre amarela, poliomielite, raiva humana, influenza por novo subtipo viral, entre outras. "A notificação dessas doenças possibilita que os gestores, sejam dos estados, municípios ou o próprio Ministério, monitorem e planejem ações de prevenção de controle, avaliem tendências e impacto das intervenções e indiquem riscos para a população", explica Jarbas Barbosa.

http://portal.saude.gov.br (texto adaptado)

(FUNDEP) "Estados e municípios devem, a partir desta quarta-feira, notificar os casos graves e as mortes suspeitas por dengue em até 24 horas ao Ministério da Saúde." (linhas 1 e 2)

Assinale a alternativa em que a nova redação, na voz passiva, preserva o sentido e ainda a forma e o tempo verbais.

(A) A partir desta quarta-feira, o Ministério da Saúde será notificado, em até 24 horas, por estados e municípios de casos graves e de mortes suspeitas por dengue.
(B) Estados e municípios deverão ser notificados, em até 24 horas, pelo Ministério da Saúde de casos graves e mortes suspeitas de dengue, a partir desta quarta-feira.
(C) O Ministério da Saúde deve, a partir desta quarta-feira, notificar estados e municípios, em até 24 horas, dos casos graves e das mortes suspeitas de dengue.
(D) Os casos graves e as mortes suspeitas por dengue devem ser notificados, em até 24 horas, ao Ministério da Saúde por estados e municípios, a partir desta quarta-feira.

A transposição para a voz passiva é feita deslocando o sujeito da voz ativa como agente da passiva; o complemento verbal da voz ativa se torna o sujeito paciente; e o verbo na voz ativa é conjugado em seu particípio composto ao lado de um verbo auxiliar. Em nosso enunciado, temos então: "estados e municípios" à era sujeito à vira agente da passiva; "os casos graves e as mortes suspeitas por dengue" à era objeto direto (complemento verbal) à vira agente da passiva; "devem notificar" à vai para o particípio composto "devem ser notificados"; "em até 24 horas ao Ministério da Saúde" à é adjunto adverbial e assim permanece. Portanto, a transposição para a voz passiva correta fica: "Os casos graves e as mortes suspeitas por dengue devem ser notificados, em até 24 horas, ao Ministério da Saúde por estados e municípios, a partir desta quarta-feira". Vale salientar que a posição dos adjuntos adverbias é irrelevante, desde que estejam separados por vírgulas se deslocados da ordem direta da oração

Gabarito "D"

(FUNDEP) "Em setembro de 2010, a lista de notificação compulsória incluíra cinco novos itens, entre os quais acidentes com animais peçonhentos [...]" (linhas 52 e 53)

Mantêm-se o sentido original, o tempo e o modo verbal se substituirmos a forma verbal sublinhada por

(A) havia incluído.
(B) inclui.
(C) incluía.
(D) teria incluído.

A: correta. "Incluíra" é a conjugação da 3ª pessoa do singular do pretérito mais-que-perfeito do indicativo, a qual é equivalente ao particípio composto "havia incluído". **B:** incorreta. "Inclui" é conjugação do presente do indicativo; **C:** incorreta. "Incluía" é conjugação do pretérito imperfeito do indicativo; **D:** incorreta. A locução verbal "teria incluído" equivale à condicional representada pelo futuro do pretérito do indicativo "incluiria"

Gabarito "A"

(AERONÁUTICA) Coloque C (certo) ou E (errado) para a flexão de tempo e modo dos verbos destacados e, a seguir, assinale a alternativa com a sequência correta.

( ) Quando vocês lhes **derem** essa boa notícia, eles não desistirão do curso. (futuro do subjuntivo)
( ) Não é necessário que ele se **aborreça** por ter ela evitado oúltimo encontro. (presente do indicativo)
( ) Enquanto o cientista não obtiver todos os dados, não **terminará** a pesquisa. (futuro do pretérito do indicativo)

(A) C, E, E
(B) E, C, C
(C) C, C, E
(D) E, E, C

1: certa. A conjugação do verbo "dar" na terceira pessoa do plural do futuro do subjuntivo está correta; **2:** errada. O verbo está no presente do subjuntivo; **3:** errada. O verbo está no futuro do presente do indicativo

Gabarito "A"

(AERONÁUTICA) Observe as orações:

I. Quando há cumprimento dos deveres, vive-se em paz.
II. Pescam-se milhares de peixes nos caudalosos rios brasileiros.
III. Trata-se de casos muito delicados os daqueles jovens rebeldes.

Há emprego da voz passiva sintética em:

(A) I e II
(B) II apenas
(C) I apenas
(D) III apenas

I: incorreta. Os dois verbos estão na voz ativa. Na expressão "vive-se em paz", a partícula "se" exerce função de índice de indeterminação do sujeito (observe que não há sujeito determinado na oração ou agente da passiva); **II:** correta. "Milhares de peixes" é o sujeito paciente da oração, que está formada na voz passiva sintética através do pronome apassivador "se"; **III:** incorreta. Novamente, o verbo "tratar" está na voz ativa e a palavra "se" é índice de indeterminação do sujeito"

Gabarito "B"

OS DICIONÁRIOS DE MEU PAI

Pouco antes de morrer, meu pai me chamou ao escritório e me en-
tregou um livro de capa preta que eu nunca havia visto. Era o dicionário
analógico de Francisco Ferreira dos Santos Azevedo. Ficava quase es-
condido, perto dos cinco grandes volumes do dicionário Caldas Aulete,
entre outros livros de consulta que papai mantinha ao alcance da mão
numa estante giratória. Isso pode te servir, foi mais ou menos o que ele

então me disse, no seu falar meio grunhido. Era como se ele, cansado, me passasse um bastão que de alguma forma eu deveria levar adiante. E por um bom tempo aquele livro me ajudou no acabamento de romances e letras de canções, sem falar das horas em que eu o folheava à toa; o amor aos dicionários, para o sérvio Milorad Pavic, autor de romances-enciclopédias, é um traço infantil no caráter de um homem adulto. Palavra puxa palavra, e escarafunchar o dicionário analógico foi virando para mim um passatempo (desenfado, espairecimento, entretém, solaz, recreio, filistria). O resultado é que o livro, herdado já em estado precário, começou a se esfarelar nos meus dedos. Encostei-o na estante das relíquias ao descobrir, num sebo atrás da sala Cecília Meireles, o mesmo dicionário em encadernação de percalina. Por dentro estava em boas condições, apesar de algumas manchas amareladas, e de trazer na folha de rosto a palavra anauê, escrita a caneta-tinteiro. Com esse livro escrevi novas canções e romances, decifrai enigmas, fechei muitas palavras cruzadas. E ao vê-lo dar sinais de fadiga, saí de sebo em sebo pelo Rio de Janeiro para me garantir um dicionário analógico de reserva. Encontrei dois, mas não me dei por satisfeito, fiquei viciado no negócio. Dei de vasculhar livrarias país afora, só em São Paulo adquiri meia dúzia de exemplares, e ainda arrematei o último à venda na Amazon.com antes que algum aventureiro o fizesse. Eu já imaginava deter o monopólio (açambarcamento, exclusividade, hegemonia, senhorio, império) de dicionários analógicos da língua portuguesa, não fosse pelo senhor João Ubaldo Ribeiro, que ao que me consta também tem um, quiçá carcomido pelas traças (brocas, carunchos, gusanos, cupins, térmitas, cáries, lagartas-rosadas, gafanhotos, bichos-carpinteiros). A horas mortas eu corria os olhos pela minha prateleira repleta de livros gêmeos, escolhia um a esmo e o abria a bel-prazer. Então anotava num Moleskine as palavras mais preciosas, a fim de esmerar o vocabulário com que embasbacaria as moças e esmagaria meus rivais. Hoje sou surpreendido pelo anúncio desta nova edição do dicionário analógico de Francisco Ferreira dos Santos Azevedo. Sinto como se invadissem minha propriedade, revirassem meus baús, espalhassem ao vento meu tesouro. Trata-se para mim de uma terrível (funesta, nefasta, macabra, atroz, abominável, dilacerante, miseranda) notícia.

(Francisco Buarque de Hollanda, Revista Piauí, junho de 2010)

(CEPERJ) No segmento "...que eu nunca havia visto." (l. 2), pode-se substituir a forma verbal composta sublinhada pela sua correspondente simples, que é:

(A) vira
(B) vi
(C) via
(D) veria
(E) visse

No caso, para que se mantenha a correção e a coerência gramaticais, a forma composta destacada deve ser substituída pela forma simples do pretérito mais-que-perfeito do indicativo do verbo "ver", "vira". Isso ocorre porque a narrativa, nesse momento, já se refere a fatos passados. Ao tratar de algo ainda mais antigo do que os fatos que estamos contando, devemos usar o pretérito mais-que-perfeito

Gabarito "A"

Discórdia em Copenhague

Frustrou-se redondamente quem esperava, na 15a Conferência sobre Mudança Climática (COP-15), em Copenhague, um acordo capaz de orquestrar compromissos de países pobres, emergentes e ricos contra os efeitos do aumento da temperatura no planeta. Após duas semanas de muitos debates e negociações, o encontro convocado pelas Nações Unidas teve um final dramático no dia 18 de dezembro de 2009, com chefes de estado tentando, em vão, aparar arestas mesmo depois do encerramento oficial da conferência. O resultado final foi um documento político genérico, firmado só pelos Estados Unidos, China, Brasil e África do Sul, que prevê metas para cortes de emissão de gases estufa apenas para 2050, mesmo assim sem estabelecer compromissos obrigatórios capazes de impedir a elevação da temperatura em mais do que 2 graus Celsius, meta que Copenhague buscava atingir.

Também foi proposta uma ajuda de US$ 30 bilhões aos países pobres, nos próximos três anos, embora sem estabelecer parâmetros sobre quem estará apto a receber o dinheiro e quais instrumentos serão usados para distribuí-lo. Faltou-lhe aval dos delegados de países como Sudão, Cuba, Nicarágua, Bolívia e Venezuela, inconformados por terem sido escanteados nas conversas finais. "O que temos de alcançar no México é tudo o que deveríamos ter alcançado aqui", disse Yvo de Bôer, secretário-executivo da conferência, remetendo as esperanças para a COP-16, que vai acontecer em 2010, na Cidade do México.

O impasse principal girou em torno de um jogo de empurra sobre as responsabilidades dos países ricos e pobres. As nações desenvolvidas queriam que os países emergentes tivessem metas obrigatórias, o que não foi aceito pela China, país que mais emite carbono na atmosfera, atualmente. Os Estados Unidos, vivendo a maior crise econômica desde 1929, não se dispunham a cumprir sequer metas modestas. Outra questão fundamental na conferência foi o financiamento para políticas de mitigação das emissões para os países pobres. Os países desenvolvidos exigiam que os emergentes ajudassem a financiar os menos desenvolvidos. A tese foi rechaçada pelos emergentes, que esperavam obter ajuda externa para suas políticas de combate ao aquecimento global.

(Adaptado de Fabrício Marques, Revista **Pesquisa Fapesp**, nº 167)

(FCC) Está plenamente adequada a correlação entre tempos e modos verbais na frase:

(A) Se alguém esperava um bom acordo na COP-15, frustrar-se-ia redondamente.
(B) Não houve acordo capaz de orquestrar os interesses de que nenhum dos países abrisse mão.
(C) Somente alguns países chegariam a firmar um acordo, pelo qual se previra os cortes de emissão que deveram ser efetuados.
(D) Caso não se estabelecerem parâmetros para a ajuda de US$ 30 bilhões, essa iniciativa sequer terá recebido o aval da maioria dos países.
(E) A exigência de metas obrigatórias, que as nações desenvolvidas impuseram às emergentes, terá sido uma das razões da discórdia.

A: incorreta. O uso do pretérito imperfeito do indicativo com valor de condicional na primeira oração impõe a conjugação do verbo no pretérito perfeito do indicativo na segunda: "frustrou-se"; **B:** incorreta. O uso do pretérito perfeito do indicativo na primeira oração impõe a conjugação do verbo no pretérito perfeito do indicativo na segunda: "abriu"; **C:** incorreta. Seria aceitável lançar todos os verbos no futuro do pretérito do indicativo ("chegariam", "preveria" e "deveriam") ou alterar para o pretérito perfeito do indicativo o verbo "chegar" ("chegaram") e para o futuro do pretérito do indicativo o verbo "dever" ("deveriam"); **D:** incorreta. O uso do futuro do subjuntivo na primeira oração impõe a conjugação do verbo no futuro do presente do indicativo na segunda: "receberá"; **E:** correta. Todos os verbos apresentam adequação em relação ao tempo e modo empregados. Anote-se, porém, que também seria correto, e até preferível, se o particípio do verbo "ser" estivesse formado no futuro do pretérito do indicativo: "teria sido"

Gabarito "E"

(AERONÁUTICA) Leia:

I. Foi anunciado ontem o aumento do álcool.
II. Anunciaram ontem o aumento do álcool.
III. Anunciou-se ontem o aumento do álcool.

Com relação à voz dos verbos das frases acima, é correto afirmar que em

(A) I e III, o verbo está na voz passiva analítica e sintética respectivamente.
(B) I, o verbo está na voz passiva sintética, e, em III, está na voz passiva analítica.
(C) III, o verbo está na voz passiva analítica.
(D) II, o verbo não está na voz ativa.

I: verbo na voz passiva analítica ("foi anunciado"), caracterizada pela locução verbal formada pelo verbo auxiliar "ser" e o particípio do verbo principal; **II:** verbo na voz ativa ("anunciaram"), conjugado na terceira pessoa do plural do pretérito perfeito do indicativo; **III:** verbo na voz passiva sintética ("anunciou-se"), caracterizada pela presenta do pronome apassivador "se"

Gabarito "A"

(AERONÁUTICA) Coloque C (certo) ou E (errado) para o uso do particípio dos verbos, depois assinale a alternativa com a sequência correta.

( ) Os jornais foram impressos na gráfica da escola.
( ) O agricultor fora expulso das terras que ocupava ilegalmente.
( ) O advogado havia entregue o documento nas mãos certas.
( ) O novo carro foi benzido pelo padre da minha comunidade.

(A) C, E, E, C
(B) E, C, C, E
(C) E, E, C, C
(D) C, C, E, E

Todos os verbos propostos são considerados abundantes, porque admitem duas formas de particípio passado, uma regular e outra irregular, respectivamente: "imprimido" e "impresso", "expulsado" e "expulso", "entregado" e "entregue" e "benzido" e "bento". Segundo a norma padrão da Língua Portuguesa, na voz ativa devemos usar a forma regular do particípio e na voz passiva prefere-se a sua forma irregular. Corretas, portanto as duas primeiras afirmações, ambas na voz passiva. Já a terceira, como é voz ativa, deveria constar "havia entregado". A quarta, construída na voz passiva, está incorreta, porque deveria dizer "foi bento"

Gabarito "D"

(AERONÁUTICA) Em

"Mudam-se os tempos, mudam-se as verdades,
Muda-se o ser, muda-se a confiança
E todo o Mundo é composto de mudanças
Com várias e novas qualidades."

o verso destacado encontra-se na voz

(A) ativa.
(B) reflexiva.
(C) passiva analítica.
(D) passiva sintética.

O verso está na voz passiva analítica, reconhecida pela locução verbal formada pelo verbo auxiliar "ser" mais o particípio passado do verbo "compor", sendo "todo o Mundo" seu sujeito paciente

Gabarito "C"

Os EUA acreditam que o Brasil seja o segundo maior consumidor de cocaína do mundo. Segundo o subsecretário do Escritório Internacional para Assuntos de Entorpecentes, James Mack, estima-se que o país consuma entre 40 e 50 toneladas (t) de cocaína por ano. A estimativa baseia-se na produção e circulação da droga no mundo. Em 2000, foram produzidas 700 t de cocaína, estando 95% da produção concentrada na Colômbia.

Desse total, segundo Mack, 100 t passam pelo Brasil, mas apenas entre 50 t e 60 t chegam à Europa. Os norte-americanos acreditam que a droga que não vai para a Europa é consumida no Brasil. O Brasil só ficaria atrás dos EUA, que, em 2000, consumiram 266 t. "Em 1999, 80% da cocaína do mundo foi consumida nos EUA e, em 2000, conseguimos reduzir esse total para menos da metade. O problema é que a droga está indo para outros países, entre eles o Brasil", disse Mack.

Mack veio ao Brasil, acompanhado de outros especialistas norte-americanos no assunto, para a reunião anual entre o Brasil e os EUA sobre coordenação no combate ao narcotráfico e outros ilícitos, como lavagem de dinheiro, por exemplo.

Internet: <http://www.noticias.correioweb.com.br>. Acesso em: 6/3/2002 (com adaptações).

(CESPE) Com base no texto, julgue o seguinte item.

(1) O emprego de "consuma" (l.4) indica, sintaticamente, uma ação dependente de outra, ao mesmo tempo que denota uma hipótese, algo de que não se pode afirmar a certeza.

1: correta. A conjugação do verbo no presente do subjuntivo indica a natureza hipotética, eventual, do consumo de cocaína no país, o qual depende da estimação correta pelas autoridades norte-americanas

Gabarito 1C

6. CONJUNÇÃO

Nossos projetos de vida dependem muito do futuro do país no qual vivemos. E o futuro de um país não é obra do acaso ou da fatalidade. Uma nação se constrói. E constrói-se no meio de embates muito intensos — e, às vezes, até violentos — entre grupos com visões de futuro, concepções de desenvolvimento e interesses distintos e conflitantes.

Para muitos, os carros de luxo que trafegam pelos bairros elegantes das capitais ou os telefones celulares não constituem indicadores de modernidade.

Modernidade seria assegurar a todos os habitantes do país um padrão de vida compatível com o pleno exercício dos direitos democráticos. Por isso, dão mais valor a um modelo de desenvolvimento que assegure a toda a população alimentação, moradia, escola, hospital, transporte coletivo, bibliotecas, parques públicos. Modernidade, para os que pensam assim, é sistema judiciário eficiente, com aplicação rápida e democrática da justiça; são instituições públicas sólidas e eficazes; é o controle nacional das decisões econômicas.

Plínio Arruda Sampaio. O Brasil em construção. *In*: Márcia Kupstas (Org.). Identidade nacional em debate. São Paulo: Moderna, 1997, p. 27-9 (com adaptações).

(CESPE) Considerando a argumentação do texto acima bem como as estruturas linguísticas nele utilizadas, julgue os itens a seguir.

(1) Na linha 2, mantendo-se a correção gramatical do texto, pode-se empregar "em que" ou "onde" em lugar de "no qual".

1: correta. "No qual", "em que" e "onde" são todos pronomes relativos, podendo ser substituídos um pelo outro sem prejuízo à correção da oração.

Gabarito 1C

A visão do sujeito indivíduo — indivisível — pressupõe um caráter singular, único, racional e pensante em cada um de nós. Mas não há como pensar que existimos previamente a nossas relações sociais: nós nos fazemos em teias e tensões relacionais que conformarão nossas capacidades, de acordo com a sociedade em que vivemos. A sociologia trabalha com a concepção dessa relação entre o que é "meu" e o que é "nosso". A pergunta que propõe é: como nos fazemos e nos refazemos em nossas relações com as instituições e nas relações que estabelecemos com os outros? Não há, assim, uma visão de homem como uma unidade fechada em si mesma, como *Homo clausus*. Estaríamos envolvidos, constantemente, em tramas complexas de internalização do "exterior" e, também, de rejeição ou negociação próprias e singulares do "exterior". As experiências que o homem vai adquirindo na relação com os outros são as que determinarão as suas aptidões, os seus gostos, as suas formas de agir.

Flávia Schilling. Perspectivas sociológicas. Educação & psicologia. *In*: Revista Educação, vol. 1, p. 47 (com adaptações).

(CESPE) Julgue o seguinte item, a respeito das estruturas linguísticas e do desenvolvimento argumentativo do texto acima.

(1) Ao ligar dois períodos sintáticos, o conectivo "Mas" (l.3) introduz a oposição entre a ideia de um sujeito único e indivisível e a ideia de um sujeito moldado por teias de relações sociais.

1: correta. A preposição "mas" é adversativa, isto é, expressa uma oposição entre duas unidades. De um lado, o sujeito é singular; de outro, não pode ser concebido fora do contexto social

Gabarito "C"

O uso do espaço público nas grandes cidades é um desafio. Sobretudo porque algumas regras básicas de boa convivência não são respeitadas. Por exemplo, tentar sair de um vagão do metrô com a multidão do lado de fora querendo entrar a qualquer preço, sem esperar e dar passagem aos demais usuários. Ou andar por ruas sujas de lixo, com fezes de cachorro e cheiro de urina. São situações que transformam o convívio urbano em uma experiência ruim. A saída é a educação. Convencidos disso, empresas e governos estão bombardeando a população com campanhas de conscientização — e multas, quando só as advertências não funcionarem. Independentemente da estratégia, o senso de urgência para uma mudança de comportamento na sociedade brasileira veio para ficar.

As iniciativas são louváveis. Caso a população, porém, se sinta apenas punida ou obrigada a uma atitude, e não parte da comunidade, os benefícios não se tornarão duradouros.

Suzane G. Frutuoso. Vai doer no bolsão. In: Istoé, 22/7/2009, p. 74-5 (com adaptações).

(CESPE) A respeito da organização das estruturas linguísticas do texto acima e da redação de correspondências oficiais, julgue os itens subsequentes.

(1) A substituição de "Caso" (l.15) pela conjunção "Se" preservaria a correção gramatical da oração em que se insere, não demandaria outras modificações no trecho e respeitaria a função condicional dessa oração.

1: incorreta. O uso da conjunção "se" demandaria a modificação da conjugação do verbo "sentir": "Se a população, porém, se sentir apenas (...)".

Gabarito 1E

Texto

A Revolução Industrial provocou a dissociação entre dois pensamentos: o científico e tecnológico e o humanista. A partir do século XIX, a liberdade do homem começa a ser identificada com a eficiência em dominar e transformar a natureza em bens e serviços. O conceito de liberdade começa a ser sinônimo de consumo. Perde importância a prática das artes e consolidam-se a ciência e a tecnologia. Relega-se a preocupação ética. A procura da liberdade social se faz sem considerar-se sua distribuição. A militância política passa a ser tolerada, mas como opção pessoal de cada um.

Essa ruptura teve o importante papel de contribuir para a revolução do conhecimento científico e tecnológico. A sociedade humana se transformou, com a eficiência técnica e a consequente redução do tempo social necessário à produção dos bens de sobrevivência.

O privilégio da eficiência na dominação da natureza gerou, contudo, as distorções hoje conhecidas: em vez de usar o tempo livre para a prática da liberdade, o homem reorganizou seu projeto e refez seu objetivo no sentido de ampliar o consumo. O avanço técnico e científico, de instrumento da liberdade, adquiriu autonomia e passou a determinar uma estrutura social opressiva, que servisse ao avanço técnico e científico. A liberdade identificou-se com a ideia de consumo. Os meios de produção, que surgiram no avanço técnico, visam ampliar o nível dos meios de produção.

Graças a essa especialização e priorização, foi possível obter-se o elevado nível do potencial de liberdade que o final do século XX oferece à humanidade. O sistema capitalista permitiu que o homem atingisse as vésperas da liberdade em relação ao trabalho alienado, às doenças e à escassez. Mas não consegue permitir que o potencial criado pela ciência e tecnologia seja usado com a eficiência desejada.

(Cristovam Buarque, Na fronteira do futuro. Brasília: EDUnB, 1989, p. 13; com adaptações)

(CESPE) Julgue o item seguinte, acerca do emprego das palavras e expressões no texto acima.

(1) A ideia expressa no texto pelo emprego de "mas" (l.9) corresponde à ideia adversativa de porém, expressão que pode ocupar o mesmo lugar na oração.

1: correta. "Mas" é conjunção adversativa equivalente a "porém" e podem ser usadas uma pela outra. Outros sinônimos de "mas": "contudo", "todavia", "entretanto".

Gabarito 1C

Texto

A maioria dos comentários sobre crimes ou se limitam a pedir de volta o autoritarismo ou a culpar a violência do cinema e da televisão, por excitar a imaginação criminosa dos jovens. Poucos pensam que vivemos em uma sociedade que estimula, de forma sistemática, a passividade, o rancor, a impotência, a inveja e o sentimento de nulidade nas pessoas. Não podemos interferir na política, porque nos ensinaram a perder o gosto pelo bem comum; não podemos tentar mudar nossas relações afetivas, porque isso é assunto de cientistas; não podemos, enfim, imaginar modos de viver mais dignos, mais cooperativos e solidários, porque isso é coisa de "obscurantista, idealista, perdedor ou ideólogo fanático", e o mundo é dos fazedores de dinheiro.

Somos uma espécie que possui o poder da

imaginação, da criatividade, da afirmação e da agressividade. Se isso não pode aparecer, surge, no lugar, a reação cega ao que nos impede de criar, de colocar no mundo algo de nossa marca, de nosso desejo, de nossa vontade de poder. Quem sabe e pode usar — com firmeza, agressividade, criatividade e afirmatividade — a sua capacidade de doar e transformar a vida, raramente precisa matar inocentes, de maneira bruta. Existem mil outras maneiras de nos sentirmos potentes, de nos sentirmos capazes de imprimir um curso à vida que não seja pela força das armas, da violência física ou da evasão pelas drogas, legais ou ilegais, pouco importa.

Jurandir Freire Costa. *In*: Quatro autores em busca do Brasil. Rio de Janeiro: Rocco, 2000, p. 43 (com adaptações).

(CESPE) Julgue o item a seguir, a respeito do emprego das estruturas linguísticas do texto acima.

(1) As relações semânticas entre os dois primeiros períodos do texto permitiriam iniciar o segundo período com a conjunção "No entanto".

1: correta. Os períodos trazem uma ideia de contraposição, sendo coerente com o uso de "no entanto".

Gabarito 1C

Texto para as duas questões seguintes.

TEXTO – DIAGNÓSTICO

O Globo, 15/10/2004

Em oito anos, o número de turistas no Rio de Janeiro dobrou, enquanto os assaltos a turistas foram multiplicados por três, alcançando hoje a média de dez casos por dia. Considerando a importância que o turismo tem para a cidade – que anualmente recebe 5,7 milhões de visitantes de outros estados e do estrangeiro, destes, aliás, quase 40% dos que chegam ao Brasil têm como destino o Rio – é alarmante esse grau crescente de insegurança.

Por maior que tenha sido a indignação manifestada pelo governo federal, são números que reforçam o alerta do Departamento de Estado americano a agências de turismo dos Estados Unidos, divulgado no início do mês, a respeito do perigo que apresentam o Rio e outras grandes cidades brasileiras.

Não é exagero classificar de urgente a tarefa de fazer o turista se sentir mais seguro no Rio, considerando que os visitantes movimentam 13% da economia da cidade e que dentro de três anos teremos aqui o Pan. Parte da solução é simples: reforçar o policiamento ostensivo. A Secretaria de Segurança do Estado informa que há quase duas centenas de policiais patrulhando a orla, do Leblon ao Leme, mas não é o que se vê – nem é o que percebem os assaltantes.

Muitos destes aliás, são menores de idade com que o poder público simplesmente não sabe lidar, por falta de ação integrada entre autoridades estaduais e municipais, empenhadas num jogo de empurra sobre a responsabilidade por tirá-los das ruas. O que lhes confere uma percepção de impunidade que só faz piorar a situação.

Impunidade é também a sensação que resulta do deficiente trabalho de investigação policial: se não se consegue impedir o crime, sua gravação pelas câmeras da orla de pouco serve, pois não há um esquema eficaz de inteligência nem estrutura técnica adequada para seguir pistas.

É fácil atribuir todos os problemas à falta de verbas. Mas é mais justo falar em dinheiro mal aplicado. As próprias autoridades anunciam fartos investimentos em aparato tecnológico contra o crime; o retorno que deveria produzir a aplicação eficiente desse dinheiro seria o que não está acontecendo: a redução a níveis mínimos dos assaltos a turistas.

(NCE-UFRJ) Entre o primeiro e o segundo período do texto, poderíamos inserir, com a alteração da forma do gerúndio *considerando*, uma conjunção (adequada ao sentido do texto) tal como:

(A) embora;
(B) já que;
(C) mas;
(D) portanto;
(E) se.

O termo "considerando" transmite a ideia de condição ("caso consideremos isso, a conclusão é tal"). Logo, para manter o sentido do texto, deve ser incluída uma conjunção condicional. "Embora" é concessiva; "já que" é causal; "mas" é adversativa; "portanto" é conclusiva. A única conjunção condicional apresentada é "se".

Gabarito "E"

(NCE-UFRJ) "POR maior que tenha sido a indignação ..."; "...não sabe lidar, POR falta de ação integrada..."; as duas ocorrências do vocábulo em maiúsculas correspondem semanticamente às ideias de, respectivamente:

(A) meio – modo;
(B) causa – meio;
(C) concessão – causa;
(D) modo – explicação;
(E) explicação – concessão.

No primeiro trecho, traz a ideia de concessão, indicando que o obstáculo imposto não impede a ocorrência do fato a ser narrado. Já no segundo, a palavra tem valor de causa, introduzindo a razão da ignorância em como lidar com a situação.

Gabarito "C"

Paz como equilíbrio do movimento

1 Como definir a paz? Desde a antiguidade encontramos muitas definições. Todas elas possuem suas
2 boas razões e também seus limites. Privilegiamos uma, por ser extremamente sugestiva: a paz é o equilíbrio

3	do movimento. A felicidade desta definição reside no fato de que se ajusta à lógica do universo e de todos
4	os processos biológicos. Tudo no universo é movimento, nada é estático e feito uma vez por todas.
5	Viemos de uma primeira grande instabilidade e de um incomensurável caos. Tudo explodiu. E ao
6	expandir-se, o universo vai pondo ordem no caos. Por isso o movimento de expansão é criativo e
7	generativo. Tudo tem a ver com tudo em todos os momentos e em todas as circunstâncias. Essa afirmação
8	constitui a tese básica de toda a cosmologia contemporânea, da física quântica e da biologia genética e
9	molecular.
10	Em razão da panrelacionalidade de tudo com tudo, o universo não deve mais ser entendido como o
11	conjunto de todos os seres existentes e por existir, mas como o jogo total, articulado e dinâmico, de todas as
12	relações que sustentam os seres e os mantém unidos e interdependentes entre si.
13	A vida, as sociedades humanas e as biografias das pessoas se caracterizam pelo movimento. A
14	vida nasceu do movimento da matéria que se auto-organiza; a matéria nunca é "material", mas um jogo
15	altamente interativo de energias e de dinamismos que fazem surgir os mais diferentes seres. Não sem razão
16	asseveram alguns biólogos que, quando a matéria alcança determinado nível de auto-organização, em
16	qualquer parte do universo, emerge a vida como imperativo cósmico, fruto do movimento de relações
18	presentes em todo o cosmos.
19	As coisas mantêm-se em movimento, por isso evoluem; elas ainda não acabaram de nascer. Mas o
20	caos jamais teria chegado a cosmos e a desordem primordial jamais teria se transformado em ordem aberta
21	se não houvesse o equilíbrio. Este é tão importante quanto o movimento. Movimento desordenado é
22	destrutivo e produtor de entropia. Movimento com equilíbrio produz sintropia e faz emergir o universo como
23	cosmos, vale dizer, como harmonia, ordem e beleza.
24	Que significa equilíbrio? Equilíbrio é a justa medida entre o mais e o menos. O movimento possui
25	equilíbrio e assim expressa a situação de paz se ele se realizar dentro da justa medida, não for nem
26	excessivo nem deficiente. Importa, então, sabermos o que significa a justa medida.
27	A justa medida consiste na capacidade de usar potencialidades naturais, sociais e pessoais de tal
28	forma que elas possam durar o mais possível e possam, sem perda, se reproduzir. Isso só é possível,
29	quando se estabelece moderação e equilíbrio entre o mais e o menos. A justa medida pressupõe realismo,
30	aceitação humilde dos limites e aproveitamento inteligente das possibilidades. É este equilíbrio que garante
31	a sustentabilidade a todos os fenômenos e processos, à Terra, às sociedades e à vida das pessoas.
32	O universo surgiu por causa de um equilíbrio extremamente sutil. Após a grande explosão originária,
33	se a força de expansão fosse fraca demais, o universo colapsaria sobre si mesmo. Se fosse forte demais, a
34	matéria cósmica não conseguiria adensar-se e formar assim gigantescas estrelas vermelhas,
35	posteriormente, as galáxias, as estrelas, os sistemas planetários e os seres singulares. Se não tivesse
36	funcionado esse refinadíssimo equilíbrio, nós humanos não estaríamos aqui para falar disso tudo.
37	Como alcançar essa justa medida e esse equilíbrio dinâmico? A natureza do equilíbrio demanda
38	uma arte combinatória de muitos fatores e de muitas dimensões, buscando a justa medida dentre todas
39	elas. Pretender derivar o equilíbrio de uma única instância é situar-se numa posição sem equilíbrio. Por isso
40	não basta a razão crítica, não é suficiente a razão simbólica, presente na religião e na espiritualidade, nem a
41	razão emocional, subjacente ao mundo dos valores e das significações, nem o recurso da tradição, do bom
42	senso e da sabedoria dos povos.
43	Todas estas instâncias são importantes, mas nenhuma delas é suficiente, por si só, para garantir o
44	equilíbrio. Este exige uma articulação de todas as dimensões e todas as forças.
45	A partir destas ideias, temos condições de apreciar a excelência da compreensão da paz como
46	equilíbrio do movimento. Se houvesse somente movimento sem equilíbrio, movimento linear ou
47	desordenado, em todas as direções, imperaria o caos e teríamos perdido a paz. Se houvesse apenas
48	equilíbrio sem movimento, sem abertura a novas relações, reinaria a estagnação e nada evoluiria. Seria a
49	paz dos túmulos. A manutenção sábia dos dois polos faz emergir a paz dinâmica, feita e sempre por fazer,
50	aberta a novas incorporações e a sínteses criativas.
51	Consideradas sob a ótica da paz como equilíbrio do movimento, as sociedades atuais são
52	profundamente destruidoras das condições da paz. Vivemos dilacerados por radicalismos, unilateralismos,
53	fundamentalismos e polarizações insensatas em quase todos os campos. A concorrência na economia e no
53	mercado, feita princípio supremo, esmaga a cooperação necessária para que todos os seres possam viver e
55	continuar a evoluir. O pensamento único da ideologia neoliberal, levado a todos os quadrantes da terra,
56	destrói a diversidade cultural e espiritual dos povos. A imposição de uma única forma de produção, com a
57	utilização de um único tipo de técnica e de administração, maximizando os lucros, encurtando o tempo e
58	minimizando os investimentos, devasta os ecossistemas e coloca sob risco o sistema vivo de Gaia. As
59	relações profundamente desiguais entre ricos e pobres, entre Norte e Sul e entre religiões que se
60	consideram portadoras de revelação divina e outras religiões da humanidade, reforçam a arrogância e
61	aumentam os conflitos religiosos. Todos estes fenômenos são manifestações da destruição do equilíbrio do
62	movimento e, por isso, da paz tão ansiada por todos. Somente fundando uma nova aliança entre todos e
63	com a natureza, inspirada na paz-equilíbrio-do-movimento como método e como meta, conseguiremos

64	sociedades sem barbárie, onde a vida pode florescer e os seres humanos podem viver no cuidado de uns
65	para com os outros, em justiça e, enfim, na paz perene, secularmente ansiada.

BOFF, Leonardo. *Paz como equilíbrio do movimento.* Disponível em: <http://www.leonardoboff.com/site/vista/2001-2002/pazcomo.htm>. Acesso em: 14 nov. 2012. (Adaptado).

(UEG) Os termos "mas" (linha 14) e "quando" (linha 16) expressam, respectivamente, sentido

(A) adversativo e temporal
(B) conclusivo e conformativo
(C) concessivo e alternativo
(D) causal e condicional

"Mas" é conjunção adversativa, exprime contraposição entre duas expressões. "Quando" é advérbio de tempo, indicando o momento em que o fato ocorreu.

Gabarito "A"

Texto para a questão seguinte.

As mudanças e transformações globais nas estruturas políticas e econômicas no mundo contemporâneo colocam em relevo as questões de identidade e as lutas pela afirmação e manutenção das identidades nacionais e étnicas. Mesmo que o passado que as identidades atuais reconstroem seja, sempre, apenas imaginado, ele proporciona alguma certeza em um clima que é de mudança, fluidez e crescente incerteza. As identidades em conflito estão localizadas no interior de mudanças sociais, políticas e econômicas, mudanças para as quais elas contribuem.

Tomaz Tadeu da Silva (Org.). Stuart Hall e Kathryn Woodward. **Identidade e diferença — A perspectiva dos estudos culturais.** Petrópolis: Vozes, 2004, p. 24-5 (com adaptações).

(CESPE) Preservam-se a correção gramatical do texto e a coerência de sua argumentação ao se substituir, no início do segundo período, o conectivo "Mesmo que" por

(A) Sendo que.
(B) Ainda que.
(C) Apesar de.
(D) Embora.
(E) Visto que.

Apesar de não ter sido anulada oficialmente, a nosso ver a questão apresenta duas respostas corretas. A locução "ainda que" tem o mesmo valor de "embora", sendo ambas equivalentes a "mesmo que". Todas são conjunções concessivas e regem o modo subjuntivo verbal. Logo, tanto as alternativas "B" quanto "D" estão corretas.

Gabarito "B"

TEXTO 1

Uma língua, múltiplos falares

No Brasil, convivemos não somente com várias línguas que resistem, mas também com vários jeitos de falar. Os mais desavisados podem pensar que os mineiros, por exemplo, preferem abandonar algumas palavras no meio do caminho quando perguntam "ôndôtô?" ao invés de "onde eu estou?". Igualmente famosos são os "s" dos cariocas ou o "oxente" dos baianos. Esses sotaques ou modos de falar resultam da interação da língua com uma realidade específica, com outras línguas e seus falantes.

Todas as línguas são em si um discurso sobre o indivíduo que fala, elas o identificam. A língua que eu uso para dizer quem eu sou já fala sobre mim; é, portanto, um instrumento de afirmação da identidade.

Desde suas origens, o Brasil tem uma língua dividida em falares diversos. Mesmo antes da chegada dos portugueses, o território brasileiro já era multilíngue. Estimativas de especialistas indicam a presença de cerca de mil e duzentas línguas faladas pelos povos indígenas. O português trazido pelo colonizador tampouco era uma língua homogênea. Havia variações, dependendo da região de Portugal de onde ele vinha.

Há de se considerar também que a chegada de falantes de português acontece em diferentes etapas, em momentos históricos específicos. Na cidade de São Paulo, por exemplo, temos primeiramente o encontro linguístico de portugueses com índios e, além dos negros da África, vieram italianos, japoneses, alemães, árabes, todos com suas línguas. Daí que na mesma São Paulo podem-se encontrar modos de falar distintos, como o de Adoniram Barbosa, que eternizou em suas composições o sotaque típico de um filho de imigrantes italianos, ou o chamado erre retroflexo, aquele erre dobrado que, junto com a letra i, resulta naquele jeito de falar "cairne" e "poirta" característico do interior de São Paulo.

Independentemente dessas peculiaridades no uso da língua, o português, no imaginário, une. Na verdade, a construção das identidades nacionais modernas se baseou num imaginário de unidade linguística. É daí que surge o conceito de língua nacional, língua da nação, que pretensamente une a todos sob uma mesma cultura. Esta unidade se constitui a partir de instrumentos muito particulares, como gramáticas e dicionários, e de instituições como a escola. No Brasil, hoje, o português é a língua oficial e também a língua materna da maioria dos brasileiros. Entretanto, nem sempre foi assim.

Patrícia Mariuzzo.Disponível em: http://www.labjor.unicamp.br/patrimonio/materia.php?id=219. Acesso em 09.05.2012. Excerto adaptado.

(PIAUÍ) "A língua que eu uso para dizer quem eu sou já fala sobre mim; é, portanto, um instrumento de afirmação da identidade." Nesse trecho, o termo destacado tem a função de explicitar uma relação semântica de:

(A) causalidade.
(B) condição.
(C) explicação.
(D) consequência.
(E) conclusão.

"Portanto" é conjunção conclusiva, ou seja, expressa a ideia de que a oração que segue é uma conclusão, uma decorrência lógica do que foi dito anteriormente

Gabarito "E"

Vovó cortesã

RIO DE JANEIRO – Parece uma queda travada pelos dois braços de uma só pessoa. De um lado da mesa, a Constituição, que garante a liberdade de expressão, de imprensa e de acesso à informação. Do outro, o Código Civil, que garante ao cidadão o direito à privacidade e o protege de agressões à sua honra e intimidade. Dito assim, parece perfeito – mas os copos e garrafas afastados para os lados, abrindo espaço para a luta, não param em cima da mesa.

A Constituição provê que os historiadores e biógrafos se voltem para a história do país e reconstituam seu passado ou presente em narrativas urdidas ao redor de protagonistas e coadjuvantes. Já o Código Civil, em seu artigo 20, faz com que não apenas o protagonista tenha amparo na lei para se insurgir contra um livro e exigir sua retirada do mercado, como estende essa possibilidade a coadjuvantes de quarta grandeza ou a seus herdeiros.

Significa que um livro sobre D. Pedro 1.º pode ser embargado por algum contraparente da família real que discorde de um possível tratamento menos nobre do imperador. Ou que uma tetra-tetra-tetraneta de qualquer amante secundária de D. Pedro não goste de ver sua remota avó sendo chamada de cortesã – mesmo que, na época, isso fosse de domínio público –, e parta para tentar proibir o livro.

Quando se comenta com estrangeiros sobre essa permanente ameaça às biografias no Brasil, a reação é: "Sério? Que ridículo!". E somos obrigados a ouvir. Nos EUA e na Europa, se alguém se sente ofendido por uma biografia, processa o autor se quiser, mas o livro segue em frente, à espera de outro que o desminta. A liberdade de expressão é soberana.

É a que se propõe a Associação Nacional dos Editores de Livros: arguir no Supremo Tribunal Federal a inconstitucionalidade do artigo 20 do Código Civil.

(Folha de S. Paulo, 17.08.2012. Adaptado)

Para responder à questão abaixo, considere a seguinte passagem do segundo parágrafo do texto: Já o Código Civil, em seu artigo 20, faz com que não apenas o protagonista tenha amparo na lei para se insurgir contra um livro e exigir sua retirada do mercado, como estende essa possibilidade a coadjuvantes de quarta grandeza ou a seus herdeiros.

(VUNESP) O par correlato "não apenas... como", em destaque na passagem do texto, estabelece entre as orações relação de

(A) adversidade.
(B) alternância.
(C) conclusão.
(D) adição.
(E) explicação.

O par correlato foi usado com função de conjunção aditiva, indicando que os termos a que se referem devem ser somados. Note que o trecho pode ser reescrito da seguinte forma: "faz com que o protagonista tenha amparo na lei para se insurgir contra um livro e exigir sua retirada do mercado **e** estende essa possibilidade a coadjuvantes de quarta grandeza ou a seus herdeiros".

Gabarito "D"

Texto

Papiloscopista quer esclarecer profissão

O Sindicato dos Profissionais da Ciência da Papiloscopia realiza amanhã palestras de conscientização sobre o trabalho desses profissionais, que comemoram em cinco de fevereiro o seu dia.

De acordo com a presidente do sindicato, Lucicleide do Espírito Santo Moraes, apesar de desenvolver atividades essenciais nas áreas civil e criminal, o papiloscopista não é um profissional reconhecido pela população.

A maioria das pessoas não sabe, diz ela, que o profissional da papiloscopia realiza desde a expedição da carteira de identidade e atestado de antecedentes, até perícias para a identificação da autoria de delitos e também dos cadáveres que são levados ao Instituto Médico Legal. É o papiloscopista que busca e pesquisa as impressões digitais que são fundamentais para desvendar crimes. "A população necessita diariamente desse serviço, mas em geral ela desconhece o profissional que o realiza", observa Lucicleide Moraes.

Internet: <www.diariodecuiaba.com.br> (com adaptações).

(CESPE) Com referência aos aspectos semânticos e gramaticais do texto acima, julgue o item que se segue.

(1) A expressão "De acordo com" (l.5) está sendo empregada com o mesmo sentido de Conforme.

1: correta. Trata-se de locução conjuntiva conformativa.

Gabarito 1C

(CESPE) As carteiras Hipotecária e de Cobrança e Pagamentos surgiram em 1934. durante o governo Vargas, quando tiveram início as operações de crédito comercial e consignação. As loterias federais começaram a ser gerenciadas pela CAIXA em 1961, representando um importante passo na execução dos programas sociais do governo, já que parte da arrecadação é destinada à seguridade social, ao Fundo Nacional de Cultura, ao Programa de Crédito Educativo e a entidades de prática esportiva.

Internet <http//www.caixa.gov.br.> (com adaptações).

Considerando o texto acima, julgue o item que se segue.

(1) A expressão 'já que" (l.7) pode ser substituída pela expressão "conquanto" sem que haja alteração do sentido original do período.

1: incorreta. "Já que" é locução conjuntiva causal, ao passo que "conquanto" é conjunção concessiva. Logo, não podem substituir uma a outra sem alteração no sentido do texto

Gabarito 1E

O número de mulheres no mercado de trabalho mundial é o maior da História, tendo alcançado, em 2007, a marca de 1,2 bilhão, segundo relatório da Organização Internacional do Trabalho (OIT). Em dez anos, houve um incremento de 200 milhões na ocupação feminina. Ainda assim, as mulheres representaram um contingente distante do universo de 1,8 bilhão de homens empregados.

Em 2007, 36,1% delas trabalhavam no campo, ante 46,3% em serviços. Entre os homens, a proporção é de 34% para 40,4%. O universo de desempregadas subiu de 70,2 milhões para 81,6 milhões, entre 1997 e 2007 — quando a taxa de desemprego feminino atingiu 6,4%, ante 5,7% da de desemprego masculino. Há, no mundo, pelo menos 70 mulheres economicamente ativas para 100 homens.

O relatório destaca que a proporção de assalariadas subiu de 41,8% para 46,4% nos últimos dez anos. Ao mesmo tempo, houve queda no emprego vulnerável (sem proteção social e direitos trabalhistas), de 56,1% para 51,7%. Apesar disso, o universo de mulheres nessas condições continua superando o dos homens.

O Globo, 7/3/2007, p. 31 (com adaptações).

(CESPE) Julgue o próximo item, relativo ao texto apresentado.

(1) A relação de sentidos entre as orações do 1.º parágrafo do texto permite substituir "Ainda assim" (l.5-6) por **No entanto** ou por **Apesar disso**, sem prejuízo da correção gramatical do texto.

1: correta. Todas são locuções conjuntivas concessivas, podendo ser usadas uma pela outra

Gabarito 1C

O exercício da memória, seu exercício mais intenso e mais contundente, é indissociável da presença dos velhos entre nós. Quando ainda não contidos pelo estigma de improdutivos, quando por isso ainda não constrangidos pela impaciência, pelos sorrisos incolores, pela cortesia inautêntica, pelos cuidados geriátricos impessoais, pelo isolamento, quando então ainda não calados, dedicam-se os velhos, cheios de espontaneidade, à cerimônia da evocação, evocação solene do que mais impressionou suas retinas tão fatigadas, enquanto seus interesses e suas mãos laborosas participavam da norma e também do mistério de uma cultura.

(GONÇALVES FILHO, José Moura, "Olhar e memória". *In*: **O olhar**. NOVAES, Adauto (org.). 10a reimpressão. São Paulo: Companhia das Letras, 2003, p. 97)

(FCC) No texto, a expressão *Quando* (linha 3) equivale a

(A) enquanto.
(B) apesar de que.
(C) embora.
(D) como.
(E) como se.

No texto, "quando" é utilizado como conjunção temporal concomitante, tendo o mesmo valor de "enquanto". "Apesar de que" e "embora" têm valor concessivo; "como" e "como se" têm valor conformativo

Gabarito "A"

O número de passageiros transportados por metrô e trens________ em 1,2 milhão em 2011. O ritmo de incremento, contudo,________ sido mais veloz do que a modernização da malha. Embora não seja o único aspecto a apresentar problemas, o sistema elétrico está defasado. A elevação no número de passageiros é fruto da demanda reprimida por transporte de qualidade na Grande São Paulo. E não ________, para ________, os investimentos previstos em trens e metrô.

(Folha de S.Paulo, 31.03.2012. Adaptado)

(VUNESP) As conjunções "contudo" e "Embora", em destaque no texto, conforme a relação que estabelecem entre as orações que articulam e o sentido que imprimem aos enunciados, podem ser substituídas, respectivamente, por

(A) portanto e Porquanto.
(B) mas e Caso.
(C) porém e Ainda que.
(D) assim e Como.
(E) no entanto e Logo.

"Contudo" é conjunção adversativa, sinônima de "mas", "porém", "todavia", "entretanto". "Embora" é conjunção concessiva, sinônimo de "ainda que", "posto que", "conquanto"

Gabarito "C"

Como encontrar um milagre na Índia

Doentes e peregrinos buscam a salvação em templos que praticam o exorcismo em Kerala, ao sul da Índia. Garanto: naquela região se operam, de fato, milagres que salvam vidas diariamente.

Os "milagres" nada têm a ver com os deuses ou demônios. Apenas com homens, responsáveis por uma das mais admiradas experiências sociais já produzidas num país pobre. Como o resto da Índia, Kerala é miserável, sua renda por habitante é de US$ 300 por ano – dez vezes menos do que a brasileira e cem vezes se comparada com a americana.

Primeiro "milagre" num país de 900 milhões de habitantes com explosivo crescimento populacional: cada mulher tem apenas dois filhos (1,7, para ser mais preciso), uma média semelhante à de um casal de classe média alta em Manhattan, Paris, São Paulo ou Rio de Janeiro. Segundo e mais importante: de cada mil crianças que nascem, apenas 13 morrem antes de completar um ano – um nível de mortalidade infantil semelhante ao dos Estados Unidos e quatro vezes menor que o do Brasil.

Até pouco tempo atrás, Kerala era mais conhecida por suas praias, onde os turistas "descolados" se deitavam na areia depois do banho, massageados por moradores que aprenderam de seus ancestrais os segredos da massagem ayurvédica, medicina tradicional indiana. Agora, porém, atrai tipos menos transcendentais da Europa e dos Estados Unidos, decididos a entender e difundir a experiência sobre como um lugar miserável consegue indicadores sociais tão bons.

As pesquisas indicam, em essência, um caminho: graças à vontade política dos governantes locais, em nenhum outro lugar da Índia se investiu tanto na educação das mulheres. Uma ação que enfrentou a rotina da marginalização. Na Índia, por questões culturais, se propagou o infanticídio contra meninas, praticado pelos próprios pais.

Em Kerala, apenas 5% das garotas estão fora da escola, reduzindo a porcentagens insignificantes o analfabetismo. Elas são mais educadas, entram no mercado de trabalho, frequentam postos de saúde, amamentam os filhos, conhecem noções de higiene, sabem a importância, por exemplo, de ferver a água ou aplicar as vacinas, planejam voluntariamente o número de filhos.

Daí se vê o que significou, no Brasil, termos gasto tanto dinheiro na construção de hospitais, em vez de investir mais pesadamente em medicina preventiva. Muitas dessas obras só ajudaram a saúde financeira dos empreiteiros.

(DIMENSTEIN, Gilberto. *Aprendiz do futuro* – Cidadania hoje e amanhã. São Paulo: Ática, 2000, p. 46.)

(FUNCAB) No trecho: "(...) Agora, PORÉM, atrai tipos menos transcendentais da Europa (...)", a conjunção destacada poderia ser substituída, sem alteração de sentido, por:

(A) portanto.
(B) porquanto.
(C) contudo.
(D) por conseguinte.
(E) assim.

"Porém" tem valor adversativo, exprime a contraposição das ideias reunidas do período. É sinônimo de "mas", "contudo", "todavia". "Portanto", "por conseguinte" e "assim" são conjunção conclusivas, exprimem uma dedução, uma conclusão, a partir dos fatos apresentados. "Porquanto" é conjunção "explicativa" sinônima de "porque", "visto que"

Gabarito "C"

Paraty

É do esquecimento que vem o tempo lento de Paraty.

A vida vagarosa – quase sempre caminhando pela água –, o saber antigo, os barcos feitos ainda hoje pelas mãos de antepassados, os caminhos de pedra que repelem e desequilibram a pressa: tudo isso vem do esquecimento. Vem do dia em que Paraty foi deixada quieta no século XIX, sem razão de existir.

Até ali, a cidade fervia de agitação. Estava na rota do café, e escoava o ouro no lombo do burro e nas costas do escravo. Um caminho de pedra cortava a floresta para conectar Paraty à sua época e ao centro do mundo.

Mas, em 1855, a cidade inteira se aposentou. Com a estrada de ferro criada por D. Pedro II, Paraty foi lançada para fora das rotas econômicas. Ficou sossegada em seu canto, ao sabor de sua gente e das marés. E pelos próximos 119 anos, Paraty iria formar lentamente, sem se dar conta, seu maior patrimônio.

Até que chegasse outro ciclo econômico, ávido por lugares onde todos os outros não houvessem tocado: o turismo. E assim, em 1974, o asfalto da BR-101 fez as pedras e a cal de Paraty virarem ouro novamente. A cidade volta a conviver com o presente, com outro Brasil, com outros países. É então que a preservação de Paraty, seu principal patrimônio e meio de vida, escapa à mão do destino. Não podemos contar com a sorte, como no passado. Agora, manter o que dá vida a Paraty é razão de muito trabalho. Daqui para frente, preservar é suor.

Para isso existe a Associação Casa Azul, uma organização da sociedade civil de interesse público. Aqui, criamos projetos e atividades que mantenham o tecido urbano e social de Paraty em harmonia. Nesta casa, o tempo pulsa com cuidado, sem apagar as pegadas.

(Texto institucional – **Revista Piauí**, n. 58, julho 2011)

(FCC) Atente para estas frases, do 5º parágrafo do texto:

I. *Não podemos contar com a sorte.*
II. *Daqui para frente, preservar é suor.*

Para articulá-las de modo a preservar o sentido do contexto, será adequado uni-las por intermédio deste elemento:

(A) no entanto.
(B) ainda assim.

(C) haja vista que.
(D) muito embora.
(E) por conseguinte.

A segunda oração expressa uma conclusão obtida a partir das informações constantes da primeira, o que faz dela, a partir da junção, uma oração coordenada conclusiva que deve vir ligada por uma conjunção de mesma natureza. A única disponível é "por conseguinte". "No entanto" é adversativa; "ainda assim" e "muito embora" são concessivas; "haja vista que" é explicativa

Gabarito "E"

(AERONÁUTICA) Assinale a alternativa na qual a conjunção e possui valor adversativo.

(A) É o vento quem chama a chuva, e o mar vai vestindo o seu cinza.
(B) Todos os convidados estavam famintos, e se recusaram a comer.
(C) O pneu estava furado, e o borracheiro ficava a cinco quilômetros.
(D) "Eu nasci há dez mil anos atrás / E não tem nada nesse mundo que eu não saiba demais."

No mais das vezes, a conjunção "e" tem valor aditivo, como ocorre nas alternativas "A", "C" e "D", nas quais a segunda oração adiciona uma informação à primeira. Todavia, excepcionalmente aquela conjunção assume valor adversativo, situações nas quais pode ser substituída por "mas" sem qualquer alteração de sentido. É o que ocorre na letra "B", que deve ser assinalada. A conjunção adversativa introduz oração coordenada que contrapõe aquilo que foi dito na oração anterior. No caso, apesar de famintos, os convidados se recusaram a comer. A segunda oração contraria a primeira, por isso "e" tem valor adversativo

Gabarito "B"

(AERONÁUTICA) Assinale a alternativa na qual o grupo em negrito atua como conjunção subordinativa.

(A) Eu me referi **à medida que** contemplaria a maioria.
(B) O sol ardia mais manso **à medida que** a tarde se esvaía.
(C) Os moradores deram crédito **à medida que** cortou a água.
(D) **À medida que** una os dois povos é o que todos visam hoje.

A: incorreta. Nesse caso, "à medida" é objeto indireto do verbo "referir" e não se liga sintaticamente à conjunção "que"; **B:** correta. Conjunção subordinativa é aquela que liga a oração subordinada à principal. Nesse caso, trata-se mais especificamente de uma conjunção subordinativa conformativa, porque introduz a oração subordinada adverbial conformativa; **C:** incorreta. Nesse caso, "à medida" é objeto indireto do verbo "dar" e não se liga sintaticamente à conjunção "que"; **D:** incorreta. "à medida" é objeto indireto do verbo "visar" e não se liga sintaticamente à conjunção "que"

Gabarito "B"

(AERONÁUTICA) Considerando-se a relação de sentido estabelecida entre as orações do período composto por coordenação, em qual alternativa **não** se pode utilizar a conjunção **pois**?

(A) Invadiram meu quarto, **pois** as minhas roupas desapareceram.
(B) Não conte seus segredos para essa mulher, **pois** ela não é uma pessoa confiável.
(C) A festa foi planejada durante seis meses; não haverá, **pois**, surpresas desagradáveis.
(D) A festa foi planejada durante seis meses, **pois** não haverá surpresas desagradáveis.

A conjunção "pois", no mais das vezes, introduz uma oração coordenada explicativa, ou seja, a oração que a ela se segue deve apresentar uma justificativa, uma explicação a determinado fato. Esse padrão está perfeitamente acolhido nas alternativas "A" e "B". Já na letra "D", que deve ser assinalada, perceba que a segunda oração não explica a primeira; na verdade, elas acabam formando um período incoerente. Isso porque, nesse caso, a conjunção "pois" deve ser utilizada com sentido conclusivo, apresentando uma dedução, uma conclusão, ao fato anterior, tal qual ocorre na alternativa "C". Perceba, porém, que a conjunção "pois", para ser classificada como conclusiva, precisa ser colocada depois do verbo e entre vírgulas

Gabarito "D"

SOBRECARGA FISCAL E VISÃO DE FUTURO

A preservação do atual regime fiscal, que há mais de 15 anos vem exigindo
aumento sem fim da carga tributária, põe em risco a sustentação do dinamismo da
economia brasileira. Se não for possível conter a expansão do gasto público dos
três níveis de governo, o aprofundamento requerido da extração fiscal acabará por
sufocar aos poucos o crescimento econômico do País. São conclusões que advêm
da análise agregada dos dados. Essa perspectiva do problema, contudo, pode e
deve ser complementada por visões mais específicas, microeconomicamente, de
como a sobrecarga fiscal, que hoje recai sobre a economia brasileira, conspira
contra o futuro do Brasil.
Estima-se que a carga tributária bruta esteja hoje em torno de 35% do PIB.
Mas isso é apenas uma média. Há segmentos da economia que arcam com
taxação muito mais pesada. A carga fiscal que recai, por exemplo, sobre serviços
de telecomunicação e certos produtos importados é muito maior. E deixa patente a
deplorável visão de futuro que permanece entranhada no sistema tributário
brasileiro.
No Rio de Janeiro, o ICMS onera os serviços de comunicação em quase
43%. Em São Paulo, em 33,3%. E ainda há de se ter em conta todos os outros

tributos que incidem sobre o setor de telecomunicações e acabam repassados, em boa parte, às tarifas. Em 2005, a carga tributária do setor, estimada com base nas contas nacionais, correspondia a mais de 57% do valor dos serviços.

É curioso que, nesse quadro de absurda sobrecarga fiscal, o governo ainda esteja em busca da razão primordial pela qual a disseminação do acesso à internet em banda larga avançou tão pouco até agora. É lamentável que o País esteja entrando na segunda década do século 21 com tributação tão escorchante de serviços de telecomunicação, tendo em vista sua crescente importância econômica e social.

Desde a Constituição de 1988, quando passaram a cobrar ICMS sobre tais serviços, os Estados vêm mantendo uma extração fiscal extremada no setor, tirando o melhor proveito possível das exíguas possibilidades de sonegação que lhe são inerentes. No tempo em que telefone era considerado "coisa de rico", ainda havia quem se dispusesse a arguir que essa taxação tão pesada estaria contribuindo para tornar a carga tributária menos regressiva. Mas já não há mais qualquer espaço para esse tipo de argumento.

O quadro mudou da água para o vinho desde a segunda metade dos anos 90. Na esteira da privatização, o acesso ao telefone vem sendo universalizado. Há hoje mais de 190 milhões de aparelhos celulares no País, 82% pré-pagos. É sobre o povão, portanto, que boa parte da sobrecarga fiscal vem recaindo, mesmo que ele não a perceba. Por outro lado, as comunicações passaram a abranger uma gama de serviços muito mais complexos que vão muito além da velha telefonia. O que se vê agora é o País taxando pesadamente seu futuro.

A mesma visão de futuro equivocada e arcaica que permanece entranhada na tributação das telecomunicações fica também evidenciada na taxação de certos produtos importados. Basta ver o que vem ocorrendo com dois produtos emblemáticos das novas tendências tecnológicas na área de informática. Os chamados "tablets", como o iPad, da Apple, e os leitores de livros digitais, como o Kindle, da Amazon.

Um levantamento recente constatou que, entre 20 países pesquisados, é no Brasil que o iPad é mais caro (O Globo, 9/1/2011). Após a incidência de seis tributos, o produto chega ao consumidor brasileiro 84% mais caro do que nos EUA. Já o Kindle, que nos EUA custa US$ 189, pode ser entregue no Brasil, se o cliente estiver disposto a arcar com um frete de US$ 20,98 e encargos fiscais que a própria Amazon estima em nada menos que US$ 199,73. O que perfaz um total de US$ 409,71. São níveis de tributação completamente injustificáveis, fora de qualquer padrão de razoabilidade, advindos de um furacão arrecadador que avança como autômato, alheio ao processo de modernização do País.

(Rogério L. F. Werneck, O ESTADO DE S. PAULO, 21/01/2011, texto adaptado)

(FUNDEP) "É sobre o povão, portanto, que boa parte da sobrecarga fiscal vem recaindo [...]." (Linhas 36 e 37)

Assinale a alternativa em que a nova redação **NÃO** preserva o sentido básico do trecho acima.

(A) Assim sendo, é sobre o povão que boa parte da sobrecarga fiscal vem recaindo [...].

(B) É, não obstante, sobre o povão que boa parte da sobrecarga fiscal vem recaindo [...].

(C) É sobre o povão, pois, que boa parte da sobrecarga vem recaindo [...].

(D) Logo é sobre o povão que boa parte da sobrecarga vem recaindo [...].

A questão cinge-se sobre o valor semântico das conjunções, ou seja, quer saber qual delas não é sinônima de "portanto". Por ter valor conclusivo, "portanto" pode ser substituída sem qualquer alteração de sentido por "assim sendo", "pois" (desde que colocado depois do verbo) e "logo". A única incorreta é a letra "B", que deve ser assinalada. "Não obstante" tem valor concessivo, indica a superação de um obstáculo, e é sinônimo de "embora", "ainda que", "posto que"

Gabarito "B"

(AERONÁUTICA) Coloque C (certo) ou E (errado) para a classificação das conjunções coordenativas destacadas e, a seguir, assinale a sequência correta.

( ) Choveu à noite, **que** o asfalto amanheceu molhado. (explicativa)

( ) Todas os dias ele sonha **que** sonha em morar no exterior. (alternativa)

( ) Ela não só escreveu a peça teatral, **mas também** fez parte do elenco. (aditiva)

(A) E-C-E

(B) C-E-C

(C) E-E-C

(D) C-C-E

1: certa. O termo "que" introduz uma oração coordenada explicativa, portanto tem essa mesma natureza; **2:** errada. Trata-se de conjunção integrante, porque introduz uma oração subordinada; **3:** certa. A expressão "mas também" tem valor aditivo. Há de se ter cuidado para não confundir com "mas", sozinho, que, ela sim, tem valor adversativo

Gabarito "B"

(AERONÁUTICA) Leia:

Amanhã haverá uma festa nesse recinto __ me informaram. As espécies raras serão expostas ao público __ iniciar o evento,__ não chova.

Quanto ao emprego das conjunções subordinativas, a sequência que completa correta e respectivamente as lacunas no texto acima é:

(A) segundo, assim que, caso
(B) conquanto, se, embora
(C) desde que, caso, conforme
(D) conforme, desde que, se

A primeira lacuna pode ser preenchida com as conjunções "segundo" ou "conforme", ambas de natureza conformativa ("conquanto" é sinônimo de "ainda que", "embora). A segunda lacuna deve ser completada por "assim que", que indica tempo, o momento em que as espécies serão expostas (isso é indicado pelo uso do verbo no infinitivo logo a seguir; o uso de "se", "caso" ou "desde que" deveria levar o verbo para o subjuntivo). A terceira lacuna deve ser preenchida por "caso", de natureza condicional (não cabe a conjunção condicional "se" face ao verbo no presente do subjuntivo)

Gabarito "A"

OS DICIONÁRIOS DE MEU PAI

Pouco antes de morrer, meu pai me chamou ao escritório e me entregou um livro de capa preta que eu nunca havia visto. Era o dicionário analógico de Francisco Ferreira dos Santos Azevedo. Ficava quase escondido, perto dos cinco grandes volumes do dicionário Caldas Aulete, entre outros livros de consulta que papai mantinha ao alcance da mão numa estante giratória. Isso pode te servir, foi mais ou menos o que ele então me disse, no seu falar meio grunhido. Era como se ele, cansado, me passasse um bastão que de alguma forma eu deveria levar adiante. E por um bom tempo aquele livro me ajudou no acabamento de romances e letras de canções, sem falar das horas em que eu o folheava à toa; o amor aos dicionários, para o sérvio Milorad Pavic, autor de romances-enciclopédias, é um traço infantil no caráter de um homem adulto. Palavra puxa palavra, e escarafunchar o dicionário analógico foi virando para mim um passatempo (desenfado, espairecimento, entretém, solaz, recreio, filistria). O resultado é que o livro, herdado já em estado precário, começou a se esfarelar nos meus dedos. Encostei-o na estante das relíquias ao descobrir, num sebo atrás da sala Cecília Meireles, o mesmo dicionário em encadernação de percalina. Por dentro estava em boas condições, apesar de algumas manchas amareladas, e de trazer na folha de rosto a palavra anauê, escrita a caneta-tinteiro. Com esse livro escrevi novas canções e romances, decifrai enigmas, fechei muitas palavras cruzadas. E ao vê-lo dar sinais de fadiga, saí de sebo em sebo pelo Rio de Janeiro para me garantir um dicionário analógico de reserva. Encontrei dois, mas não me dei por satisfeito, fiquei viciado no negócio. Dei de vasculhar livrarias país afora, só em São Paulo adquiri meia dúzia de exemplares, e ainda arrematei o último à venda na Amazon.com antes que algum aventureiro o fizesse. Eu já imaginava deter o monopólio (açambarcamento, exclusividade, hegemonia, senhorio, império) de dicionários analógicos da língua portuguesa, não fosse pelo senhor João Ubaldo Ribeiro, que ao que me consta também tem um, quiçá carcomido pelas traças (brocas, carunchos, gusanos, cupins, térmitas, cáries, lagartas-rosadas, gafanhotos, bichos-carpinteiros). A horas mortas eu corria os olhos pela minha prateleira repleta de livros gêmeos, escolhia um a esmo e o abria a bel-prazer. Então anotava num Moleskine as palavras mais preciosas, a fim de esmerar o vocabulário com que embasbacaria as moças e esmagaria meus rivais. Hoje sou surpreendido pelo anúncio desta nova edição do dicionário analógico de Francisco Ferreira dos Santos Azevedo. Sinto como se invadissem minha propriedade, revirassem meus baús, espalhassem ao vento meu tesouro. Trata-se para mim de uma terrível (funesta, nefasta, macabra, atroz, abominável, dilacerante, miseranda) notícia.

(Francisco Buarque de Hollanda, Revista Piauí, junho de 2010)

(CEPERJ) Mantendo-se a coesão e a coerência textual, no segmento "...mas não me dei por satisfeito, fiquei viciado no negócio." (l. 24/25), pode-se inserir, entre as duas orações, o conectivo:

(A) ainda que
(B) à medida que
(C) visto que
(D) contanto que
(E) a menos que

A: incorreta. "Ainda que" tem valor concessivo; **B:** incorreta. "À medida que" tem valor de proporcionalidade; **C:** correta. Como a segunda oração traz uma explicação daquilo que é mencionado na primeira (porque o autor "não se deu por satisfeito"), é necessário que seja introduzida por uma locução conjuntiva explicativa, por exemplo, "visto que"; **D:** incorreta. "Contanto que" tem valor condicional"; **E:** incorreta. "A menos que" tem valor condicional

Gabarito "C"

Fracasso e sucesso

"Se és homem, ergue os olhos para admirar os que empreenderam coisas grandiosas, ainda que hajam fracassado". (Sêneca)

"O segredo para o sucesso é fazer as coisas comuns incomumente bem". (John D. Rockefeller Jr.)

É preciso discernimento para reconhecer o fracasso, coragem para assumi-lo e divulgá-lo e sabedoria para aprender com ele.

O fracasso está presente em nossa vida, em seus mais variados aspectos. Na discussão fortuita dos namorados e na separação dos casais, na falta de fé e na guerra santa, na desclassificação e no lugar mais baixo do pódium, no infortúnio de um negócio malfeito e nas consequências de uma decisão inadequada.

Reconhecer o fracasso é uma questão de proporção e perspectiva. Gosto muito de uma recomendação da Young President Organization segundo a qual devemos aprender a distinguir o que é um contratempo, um revés e uma tragédia. A maioria das coisas ruins da vida são contratempos. Reveses são mais sérios, mas podem ser corrigidos. Tragédias, sim, são diferentes. Quando você passar por uma tragédia, verá a diferença.

A história e a literatura são unânimes em afirmar que cada fracasso ensina ao homem algo que necessita aprender; que fazer e errar é experiência enquanto não fazer é fracasso; que devemos nos preocupar com as chances perdidas quando nem mesmo tentamos; que o fracasso fortifica os fortes.

Pesquisa da Harvard Business Review aponta que um empreendedor quebra em média 2,8 vezes antes de ter sucesso empresarial. Por isso, costuma-se dizer que o fracasso é o primeiro passo no caminho do sucesso ou, citando Henry Ford, o fracasso é a oportunidade de se começar de novo inteligentemente. Daí decorre que deve ser objetivo de todo empreendedor errar menos, cair menos vezes, mais devagar e não definitivamente.

Assim como amor e ódio são vizinhos de um mesmo quintal, o fracasso e o sucesso são igualmente separados por uma linha tênue. Mas o sucesso é vaidoso, tem muitos pais, motivo pelo qual costuma ostentar-se publicamente. Nasce em função do fracasso e não raro sobrevive às custas dele – do demérito de outrem. Por outra via, deve-se lembrar que o sucesso faz o fracasso de muitos homens...

Já o fracasso é órfão e tal como o exercício do poder, solitário. Disse La Fontaine: "Para salvar seu crédito, esconde sua ruína". E assim caminha o insucesso, por meio de subterfúgios. Poucos percebem que a liberdade de fracassar é vital se você quer ser bem sucedido. Os empreendedores mais bem-sucedidos fracassaram repetidamente, e uma medida de sua força é o fato de o fracasso impulsioná-los a alguma nova tentativa de sucesso. É claro que cada qual é responsável por seu próprio naufrágio. Mas quando o navio está a pique cabe ao capitão (imagine aqui a figura do empreendedor) e não ao marujo tomar as rédeas da situação. E, às vezes, a única alternativa possível é abandonar, e logo, o barco, declinando da possibilidade de salvar pertences para salvar a tripulação. Nestes casos, a falência purifica, tal como deitar o rei ante o xeque-mate que se avizinha.

O sucesso, pois, decorre da perseverança (acreditar e lutar), da persistência (não confundir com teimosia), da obstinação (só os paranoicos sobrevivem).

Decorre de não sucumbir à tentação de agradar a todos (gregos, troianos e etruscos). Decorre do exercício da paciência, mais do que da administração do tempo.

Decorre de se fazer o que se gosta (talvez seja preferível fracassar fazendo o que se ama a atingir o sucesso em algo que se odeia). Decorre de fabricar o que vende, e não vender o que se fabrica (qualquer idiota é capaz de pintar um quadro, mas só um gênio é capaz de vendê-lo). Decorre da irreverência de se preparar para o fracasso, sendo surpreendido pelo sucesso.

Decorre da humildade de aceitar os pequenos detalhes como mais relevantes do que os grandes planos.

Decorre da sabedoria de se manter a cabeça erguida, a espinha ereta, e a boca fechada.

Finalizo parafraseando Jean Cocteau: Mantenha-se forte diante do fracasso e livre diante do sucesso.

COELHO, Tom. Disponível em: http://www.portalcmc.com.br/aut_artmot03.htm. Acesso em: 26 jan 2010.

(CESGRANRIO) Em "**Por outra via**, deve-se lembrar..." (l. 40), a expressão destacada, semanticamente, introduz um argumento que, em relação ao anterior, configura-se como um(a)

(A) acréscimo.
(B) contraste.
(C) restrição.
(D) consequência.
(E) conclusão.

A expressão "por outra via" equivale a "por outro lado", "de outra banda", que se classificam como locuções conjuntivas, ou conectores, que exprimem uma relação de contraste entre o que foi dito antes e o próximo argumento a ser exposto

Gabarito "B"

(CESGRANRIO) A locução destacada em "**ainda que** hajam fracassado." (primeira epígrafe) pode ser substituída, sem alterar o sentido, por

(A) à medida que.
(B) mesmo que.
(C) assim que.
(D) visto que.
(E) desde que.

"Ainda que" é locução conjuntiva concessiva, isto é, exprime que um obstáculo não impedirá o acontecimento declarado. Pode ser substituída sem alteração de sentido por "mesmo que", "embora", "se bem que, "apesar de que"

Gabarito "B"

7. PRONOME E COLOCAÇÃO PRONOMINAL

Romance LXXXI ou Dos Ilustres Assassinos

Ó grandes oportunistas,
sobre o papel debruçados,
que calculais mundo e vida
em contos, doblas, cruzados,
que traçais vastas rubricas
e sinais entre laçados,
com altas penas esquias,
embebidas em pecados!
Ó personagens solenes
que arrastais os apelidos
como pavões auriverdes
seus rutilantes vestidos,
– todo esse poder que tendes
confunde os vossos sentidos:
a glória, que amais, é desses
que por vós são perseguidos.
Levantai-vos dessas mesas,
sai de vossas molduras,
vede que masmorras negras,
que fortalezas seguras,
que duro peso de algemas,
que profundas sepulturas
nascidas de vossas penas,
de vossas assinaturas!
Considerai no mistério
dos humanos desatinos,
e no polo sempre incerto
dos homens e dos destinos!
Por sentenças, por decretos,
parecereis divinos:
e hoje sois, no tempo eterno,
como ilustres assassinos.
Ó soberbos titulares,
tão desdenhosos e altivos!
Por fictícia autoridade,
vãs razões, falsos motivos,
inutilmente matastes:
– vossos mortos são mais vivos:
e , sobre vós, de longe, abrem
grandes olhos pensativos.

Cecília Meireles. *O Romanceiro da Inconfidência.* Rio de Janeiro Nova Fronteira, 1989, p. 267-8

(CESPE) Com base no poema acima, julgue o item subsequente.

(1) O emprego do pronome possessivo em "seus rutilantes vestidos" (v.12) evidencia que essa expressão corresponde à vestimenta usada por autoridades em eventos solenes.

1: incorreta. Os "rutilantes vestidos" são dos "auriverdes pavões". O poeta está comparando a pompa com a qual os "personagens solenes" ostentam seus sobrenomes (apelidos) com a elegância do pavão.

Gabarito 1E

A visão do sujeito indivíduo — indivisível — pressupõe um caráter singular, único, racional e pensante em cada um de nós. Mas não há como pensar que existimos previamente a nossas relações sociais: nós nos fazemos em teias e tensões relacionais que conformarão nossas capacidades, de acordo com a sociedade em que vivemos. A sociologia trabalha com a concepção dessa relação entre o que é "meu" e o que é "nosso". A pergunta que propõe é: como nos fazemos e nos refazemos em nossas relações com as instituições e nas relações que estabelecemos com os outros? Não há, assim, uma visão de homem como uma unidade fechada em si mesma, como *Homo clausus*. Estaríamos envolvidos, constantemente, em tramas complexas de internalização do "exterior" e, também, de rejeição ou negociação próprias e singulares do "exterior". As experiências que o homem vai adquirindo na relação com os outros são as que determinarão as suas aptidões, os seus gostos, as suas formas de agir.

Flávia Schilling. Perspectivas sociológicas. Educação & psicologia. *In*: Revista Educação, vol. 1, p. 47 (com adaptações).

(CESPE) Julgue o seguinte item, a respeito das estruturas linguísticas e do desenvolvimento argumentativo do texto acima.

(1) Na linha 4, para se evitar a sequência "nós nos", o pronome átono poderia ser colocado depois da forma verbal "fazemos", sem que a correção gramatical do trecho fosse prejudicada, prescindindo-se de outras alterações gráficas.

1: incorreta, porque o uso da ênclise demanda a aglutinação do verbo com o pronome por meio do hífen: "fazemo-nos". Necessária, portanto, alteração gráfica.

Gabarito 1E

Não existem soluções mágicas, é claro, mas uma coisa é certa: uma crise global requer soluções globais. Se não as encontrarmos, as consequências serão desastrosas, a começar pela morte de 2 milhões de crianças nos próximos cinco anos. Por conta da globalização, ninguém será poupado, especialmente aqueles que são vítimas inocentes: as vulneráveis populações da África, por exemplo, e as mulheres. Ela atinge todos os aspectos da sociedade: educação, segurança alimentar, as perspectivas de desenvolvimento da chamada economia verde etc. Ela também fortalece o "egotismo nacionalista" e incrementa a xenofobia. Esta crise, porém, não é apenas econômica; ela também é uma crise moral. É uma crise institucional e filosófica do sistema que construímos.

O mundo ruma para a incerteza? In: Planeta, ago./2008, p. 51 (com adaptações).

(CESPE) Tomando por base a organização do texto acima, julgue o item que se segue.

(1) No texto, dada a sua forma feminina, o pronome "Ela" (l.8) tanto poderia remeter a "globalização" (l.5) quanto a "crise global" (l.2), mas o trecho "Esta crise, porém" (l.12), evidencia que, pela coerência da argumentação, o pronome se refere a "crise global" (l.2).

1: correta. O pronome "ela", aparentemente ambíguo, é especificado posteriormente.

Gabarito 1C

Texto

A maioria dos comentários sobre crimes ou se limitam a pedir de volta o autoritarismo ou a culpar a violência do cinema e da televisão, por excitar a imaginação criminosa dos jovens. Poucos pensam que vivemos em uma sociedade que estimula, de forma sistemática, a passividade, o rancor, a impotência, a inveja e o sentimento de nulidade nas pessoas. Não podemos interferir na política, porque nos ensinaram a perder o gosto pelo bem comum; não podemos tentar mudar nossas relações afetivas, porque isso é assunto de cientistas; não podemos, enfim, imaginar modos de viver mais dignos, mais cooperativos e solidários, porque isso é coisa de "obscurantista, idealista, perdedor ou ideólogo fanático", e o mundo é dos fazedores de dinheiro. Somos uma espécie que possui o poder da imaginação, da criatividade, da afirmação e da agressividade. Se isso não pode aparecer, surge, no lugar, a reação cega ao que nos impede de criar, de colocar no mundo algo de nossa marca, de nosso desejo, de nossa vontade de poder. Quem sabe e pode usar — com firmeza, agressividade, criatividade e afirmatividade — a sua capacidade de doar e transformar a vida, raramente precisa matar inocentes, de maneira bruta. Existem mil outras maneiras de nos sentirmos potentes, de nos sentirmos capazes de imprimir um curso à vida que não seja pela força das armas, da violência física ou da evasão pelas drogas, legais ou ilegais, pouco importa.

Jurandir Freire Costa. *In*: Quatro autores em busca do Brasil. Rio de Janeiro: Rocco, 2000, p. 43 (com adaptações).

(CESPE) Julgue o item a seguir, a respeito do emprego das estruturas linguísticas do texto acima.

(1) O pronome indefinido "Poucos" (.4) refere-se a jovens de imaginação criminosa.

1: incorreta. "Poucos" refere-se a "poucas pessoas" da sociedade em geral.

Gabarito 1E

Um desafio cotidiano

Recentemente me pediram para discutir os desafios políticos que o Brasil tem pela frente. Minha primeira dúvida foi se eles seriam diferentes dos de ontem.

Os problemas talvez sejam os mesmos, o país é que mudou e reúne hoje mais condições para enfrentá-los que no passado. A síntese de minhas conclusões é que precisamos prosseguir no processo de democratização do país.

Kant dizia que a busca do conhecimento não tem fim. Na prática, democracia, como um ponto final que uma vez atingido nos deixa satisfeitos e por isso decretamos o fim da política, não existe. Existe é democratização, o avanço rumo a um regime cada vez mais inclusivo, mais representativo, mais justo e mais legítimo. E quais as condições objetivas para tornar sustentável esse movimento de democratização crescente?

Embora exista forte correlação entre desenvolvimento e democracia, as condições gerais para sua sustentação vão além dela. O grau de legitimidade histórica, de mobilidade social, o tipo de conflitos existentes na sociedade, a capacidade institucional para incorporar gradualmente as forças emergentes e o desempenho efetivo dos governos são elementos cruciais na sustentação da democratização no longo prazo.

Nossa democracia emergente não tem legitimidade histórica. Esse requisito nos falta e só o alcançaremos no decorrer do processo de aprofundamento da democracia, que também é de legitimação dela.

Uma parte importante desse processo tem a ver com as relações rotineiras entre o poder público e os cidadãos. Qualquer flagrante da rotina desse relacionamento arrisca capturar cenas explícitas de desrespeito e pequenas ou grandes tiranias. As regras dessa relação não estão claras. Não existem mecanismos acessíveis de reclamação e desagravo.

(CESPE) Com relação às ideias do texto, julgue os seguintes itens.

(1) A posição do pronome átono "me" (l. 1), antecedendo o verbo, constitui uma violação às regras da colocação pronominal da norma culta e, por isso, ele deveria ser usado posposto a "pediram" (l. 1).

(2) Se a opção pelo emprego do pronome átono antes do verbo em "só o alcançaremos" (l. 22) fosse alterada, a construção sintática correta seria só alcançaremo-lo.

1: incorreta. O advérbio "recentemente" determina a próclise, portanto o texto está dentro dos ditames da norma culta; **2:** incorreta. Não se admite a ênclise caso o verbo esteja no futuro do presente ou no futuro do pretérito do indicativo. A opção, nesse caso, é a mesóclise: "alcançá-lo-emos".

Gabarito 1E, 2E

Texto

A Revolução Industrial provocou a dissociação entre dois pensamentos: o científico e tecnológico e o humanista. A partir do século XIX, a liberdade do homem começa a ser identificada com a eficiência em dominar e transformar a natureza em bens e serviços. O conceito de liberdade começa a ser sinônimo de consumo. Perde importância a prática das artes e consolidam-se a ciência e a tecnologia. Relega-se a preocupação ética. A procura da liberdade social se faz sem considerar-se sua distribuição. A militância política passa a ser tolerada, mas como opção pessoal de cada um.

Essa ruptura teve o importante papel de contribuir para a revolução do conhecimento científico e tecnológico. A sociedade humana se transformou, com a eficiência técnica e a consequente redução do tempo social necessário à produção dos bens de sobrevivência.

O privilégio da eficiência na dominação da natureza gerou, contudo, as distorções hoje conhecidas: em vez de usar o tempo livre para a prática da liberdade, o homem reorganizou seu projeto e refez seu objetivo no sentido de ampliar o consumo. O avanço técnico e científico, de instrumento da liberdade, adquiriu autonomia e passou a determinar uma estrutura social opressiva, que servisse ao avanço técnico e científico. A liberdade identificou-se com a ideia de consumo. Os meios de produção, que surgiram no avanço técnico, visam ampliar o nível dos meios de produção.

Graças a essa especialização e priorização, foi possível obter-se o elevado nível do potencial de liberdade que o final do século XX oferece à humanidade. O sistema capitalista permitiu que o homem atingisse as vésperas da liberdade em relação ao trabalho alienado, às doenças e à escassez. Mas não consegue permitir que o potencial criado pela ciência e tecnologia seja usado com a eficiência desejada.

(Cristovam Buarque, Na fronteira do futuro. Brasília: EDUnB, 1989, p. 13; com adaptações)

(CESPE) Julgue os itens abaixo, relativos às ideias do texto acima.

(1) A supressão do pronome átono na forma verbal "identificou-se" (l. 23) manteria o mesmo nível de formalidade de linguagem e a mesma regência verbal.

1: incorreta. A alteração da forma pronominal do verbo diminuiria a formalidade do texto, que é focada na impessoalidade do discurso. Além disso, seria alterada a regência verbal, que não mais comportaria a preposição "com".

Gabarito 1E

MULHERES MAIS FORTES QUE HOMENS?

Quando ficam doentes, os homens agem como bebês, dizem as mulheres. Mas talvez elas devessem seguir o exemplo dos rapazes – isso poderia salvar-lhes a vida, explicam pesquisadores da Universidade de Michigan. Quando as mulheres sofrem um enfarte, têm mais probabilidade de adiar a busca por ajuda médica e, depois, dificilmente tomam providências para melhorar a saúde em geral. O motivo? As mulheres são fortes demais; elas acham que seus problemas simplesmente não têm muita importância. Quando Steven Erickson e colaboradores perguntaram a 348 homens e 142 mulheres, que haviam sido internados por causa de enfarte, sobre seus sintomas e a medicação, descobriram que, embora as mulheres tivessem tido mais sintomas e estivessem tomando mais remédios, classificaram sua doença como menos grave do que os homens.

J.R. O Globo, 2005.

(UNIFAP) O anafórico *lhes*, utilizado em "*...isso poderia salvar-lhes a vida,...*", substitui, no texto acima, o vocábulo

(A) doentes.
(B) os homens.
(C) as mulheres.
(D) elas.
(E) (de) os rapazes.

O pronome "lhes" refere-se à palavra "elas" contida na oração, substituindo-a para evitar a repetição do termo.

Gabarito "D"

TEXTO – DIAGNÓSTICO

O Globo, 15.10.2004

Em oito anos, o número de turistas no Rio de Janeiro dobrou, enquanto os assaltos a turistas foram multi-

plicados por três, alcançando hoje a média de dez casos por dia. Considerando a importância que o turismo tem para a cidade – que anualmente recebe 5,7 milhões de visitantes de outros estados e do estrangeiro, destes, aliás, quase 40% dos que chegam ao Brasil têm como destino o Rio – é alarmante esse grau crescente de insegurança.

Por maior que tenha sido a indignação manifestada pelo governo federal, são números que reforçam o alerta do Departamento de Estado americano a agências de turismo dos Estados Unidos, divulgado no início do mês, a respeito do perigo que apresentam o Rio e outras grandes cidades brasileiras.

Não é exagero classificar de urgente a tarefa de fazer o turista se sentir mais seguro no Rio, considerando que os visitantes movimentam 13% da economia da cidade e que dentro de três anos teremos aqui o Pan. Parte da solução é simples: reforçar o policiamento ostensivo. A Secretaria de Segurança do Estado informa que há quase duas centenas de policiais patrulhando a orla, do Leblon ao Leme, mas não é o que se vê – nem é o que percebem os assaltantes.

Muitos destes aliás, são menores de idade com que o poder público simplesmente não sabe lidar, por falta de ação integrada entre autoridades estaduais e municipais, empenhadas num jogo de empurra sobre a responsabilidade por tirá-los das ruas. O que lhes confere uma percepção de impunidade que só faz piorar a situação.

Impunidade é também a sensação que resulta do deficiente trabalho de investigação policial: se não se consegue impedir o crime, sua gravação pelas câmeras da orla de pouco serve, pois não há um esquema eficaz de inteligência nem estrutura técnica adequada para seguir pistas.

É fácil atribuir todos os problemas à falta de verbas. Mas é mais justo falar em dinheiro mal aplicado. As próprias autoridades anunciam fartos investimentos em aparato tecnológico contra o crime; o retorno que deveria produzir a aplicação eficiente desse dinheiro seria o que não está acontecendo: a redução a níveis mínimos dos assaltos a turistas.

(NCE-UFRJ) O segmento do texto acima que tem o antecedente do pronome relativo *que* ERRADAMENTE indicado é:

(A) "Considerando a importância QUE o turismo tem para a cidade..." – importância;
(B) "...o turismo tem para a cidade – QUE anualmente recebe 5,7 milhões de visitantes..." – cidade;
(C) "...são números QUE reforçam o alerta do Departamento de Estado..." – números;
(D) "Impunidade é também a sensação QUE resulta do deficiente trabalho..." – impunidade;
(E) "...seria o QUE não está acontecendo..." – o.

A única incorreta é a alternativa "D", que deve ser assinalada. Nela, o pronome relativo "que" refere-se a "sensação".

Gabarito "D"

Texto para a próxima questão.

Sonhos Sonhos são

Negras nuvens
Mordes meu ombro em plena turbulência
Aeromoça nervosa pede calma
Aliso teus seios e toco
Exaltado coração
Então despes a luva para eu ler-te a mão
E não tem linhas tua palma
Sei que é sonho
Incomodado estou, num corpo estranho
Com governantes da América Latina
Notando meu olhar ardente
Em longínqua direção
Julgam todos que avisto alguma salvação
Mas não, é a ti que vejo na colina
Qual esquina dobrei às cegas
E caí no Cairo, ou Lima, ou Calcutá
Que língua é essa em que despejo pragas
E a muralha ecoa
Em Lisboa
Faz algazarra a malta em meu castelo
Pálidos economistas pedem calma
Conduzo tua lisa mão
Por uma escada espiral
E no alto da torre exibo-te o varal
Onde balança ao léu minh'alma
Em Macau, Maputo, Meca, Bogotá
Que sonho é esse de que não se sai
E em que se vai trocando as pernas
E se cai e se levanta noutro sonho
Sei que é sonho
Não porque da varanda atiro pérolas
E a legião de famintos se engalfinha
Não porque voa nosso jato
Roçando catedrais
Mas porque na verdade não me queres mais
Aliás, nunca na vida foste minha

(Chico Buarque)

(FGV) Em "Mas porque na verdade não me queres mais" (verso 35), ocorreu caso de próclise em função da presença de palavra de valor negativo.

Assinale a alternativa que apresente caso de colocação pronominal em desacordo com a norma culta.

(A) Isso o deixa abatido.
(B) Sem dúvida, desejar-se-iam dias melhores.
(C) Nós nos colocáramos à disposição do grupo.

(D) O importante é que o evento se deu de forma regular.
(E) Haviam confirmado-me o horário da consulta.

A: correta. Usa-se a próclise após pronomes demonstrativos (isso, esta, aquela); **B:** correta. Os tempos verbais futuro do presente e futuro do pretérito do indicativo exigem a mesóclise; **C:** correta. Deve-se usar a próclise quando a forma verbal que sucede é proparoxítona; **D:** correta. A conjunção subordinativa "que" impõe a próclise; **E:** incorreta, devendo ser assinalada. Não se admite a ênclise com o verbo no particípio. O correto seria: "Haviam me confirmado o horário da consulta".

Gabarito "E"

(CESGRANRIO) Indique a frase em que o pronome está empregado segundo o padrão culto.

(A) A autora do artigo quer falar consigo.
(B) Ele forneceu as informações para mim divulgar.
(C) Fui eu quem a levou ao baile.
(D) Eu lhe vejo em todas as festas.
(E) Fiquei aborrecido, fora de si.

A: incorreta. O pronome pessoal do caso oblíquo "consigo" refere-se à companhia de alguém ou é usado como complemento reflexivo, significando "de si para si"; **B:** incorreta. O pronome pessoal do caso oblíquo não pode anteceder verbo no infinitivo. O correto é: "(...) para eu divulgar"; **C:** correta, devendo ser assinalada; **D:** incorreta. "Ver" é verbo transitivo direto, cujo complemento não leva preposição. "Lhe" significa "a ele", sendo, portanto, implicitamente preposicionado. O correto é: "Eu o vejo (...)"; **E:** incorreta. O pronome deve concordar com o sujeito da oração ("eu"), portanto o correto é: "(...), fora de mim".

Gabarito "C"

(ACAFE) Sobre a colocação pronominal, assinale a alternativa correta, considerando a norma culta da Língua Portuguesa.

(A) Quem deu-te o recado?
(B) Me disseram que você tinha ido embora.
(C) Pela manhã, encontrei-a reclamando do cheiro do esgoto.
(D) Ele não convidou-me para a última reunião do ano.

A: incorreta. Pronomes interrogativos (quem?, como?, por quê?) determinam a próclise: "Quem te deu o recado?"; **B:** incorreta. Não se inicia oração com pronome pessoal do caso oblíquo: "Disseram-me que você (...)"; **C:** correta; **D:** incorreta. Advérbios de negação (não, nenhum, nada, ninguém) determinam a próclise: "Ele não me convidou para (...)".

Gabarito "C"

(ACAFE) Correlacione as colunas a seguir, considerando o uso correto do pronome de tratamento.

(1) *Altas autoridades: Presidente da República, Deputados, Embaixadores etc.*
(2) *Reitor de Universidade*
(3) *Papa*
(4) *Sacerdotes*
(5) *Familiares e pessoas íntimas*
( ) *Você*
( ) *Vossa Santidade*
( ) *Vossa Magnificência*
( ) *Vossa Excelência*
( ) *Vossa Reverendíssima*

A sequência correta, de cima para baixo, é:

(A) 3 – 4 – 1 – 5 – 2
(B) 5 – 3 – 2 – 1 – 4
(C) 5 – 3 – 1 – 2 – 4
(D) 4 – 3 – 2 – 1 – 5

A única sequência correta é a estabelecida na alternativa "B", na medida em que o pronome de tratamento "você" é mais informal e portanto deve ser utilizado com familiares ou pessoas íntimas; o pronome de tratamento "Vossa Santidade" é utilizado somente para o Papa; o pronome "Vossa Magnificência" é utilizado para reitores de universidades; "Vossa Excelência" é utilizado para pessoas com alta autoridade, como presidentes, senadores, deputados; o pronome "Vossa Reverendíssima" é utilizado para sacerdotes e religiosos em geral.

Gabarito "B"

(ACAFE) Complete as lacunas com uma das formas pronominais sugeridas entre parênteses.

- Quero falar _______ ainda hoje, se possível. (consigo; com você)
- Sobre a mesa, havia mais de trinta processos para _______ ler. (eu; mim)
- Tenha em consideração que o adequado encaminhamento da questão só depende de _____. (você; ti)
- Espera um momento, pois preciso falar ________ um assunto delicado. (contigo, consigo, com você).
- É verdade que entre _______ e Isaura já não existe mais nada? (tu; ti)

A sequência correta, de cima para baixo, é:

(A) consigo / eu / você / com você / ti
(B) consigo / mim / ti / com você / tu
(C) com você / mim / ti / consigo / ti
(D) com você / eu / você / contigo / ti

A primeira oração deve ser completada com "com você", porque "consigo" é pronome pessoal do caso oblíquo relacionado à terceira pessoa do singular e é usado para referir-se a alguém que não participa do diálogo. A segunda oração deve ser completada com "eu", porque o verbo seguinte está no infinitivo verbal, exigindo o uso do pronome pessoa do caso reto. A terceira oração deve ser completada com "você", porque a conjugação verbal "tenha" refere-se à terceira pessoa do singular do presente do subjuntivo (usaríamos "ti" para concordar com "tenhas", se fosse o caso). A quarta oração, perceba, traz o verbo conjugado na segunda pessoa do singular do modo imperativo afirmativo ("espera"), pelo que o pronome usado deve também ser da segunda pessoa, ou seja, "contigo" (para usarmos "com você", o verbo deveria estar conjugado "espere"). A quinta oração deve ser completada com "ti", porque a preposição "entre", no padrão culto da língua, rege pronome oblíquo.

Gabarito "D"

(ACADEPOL) A forma de tratamento está corretamente empregada em:

(A) Senhor Chefe de Seção, encaminhamos a Vossa Excelência o relatório solicitado.
(B) Sua Eminência, o senhor Secretário, dará início à solenidade.
(C) Senhor Diretor: se Sua Reverência determinar, organizaremos o evento.
(D) O Reverendíssimo Reitor estará presente na solenidade.
(E) Sua Excelência, o Senhor Ministro, aprovou o relatório?

A: incorreta, pois o pronome utilizado deveria ser "Vossa Senhoria" e não "Vossa Excelência", já que este último é reservado para Presidentes, Senadores, Ministros (como na alternativa E, que está correta); já "Vossa Senhoria" é usualmente empregado em textos escritos, como correspondências, ofícios e requerimentos a pessoas merecedoras de respeito, mas que não se enquadram nos cargos citados; **B:** incorreta: "Sua Eminência" é usado para cardeais; **C:** incorreta, pois "Sua Reverência" é usado para sacerdotes em geral; **D:** incorreta, pois reitores de universidades são tratados por "Vossa Magnificência".

Gabarito "E"

Gastar um pouquinho a mais durante o mês e logo ver sua conta ficar no vermelho. Isso que parecia apenas um problema de adultos ou pais de famílias está também atingindo os mais jovens. Diante desse contexto, é fundamental, segundo vários educadores, que a família ensine a criança, desde pequena, a saber lidar com dinheiro e a se envolver com o controle dos gastos. Uma criança que cresça sem essa formação será um adulto menos consciente e terá grandes chances de se tornar um jovem endividado. Para o jovem que está começando sua vida financeira e profissional, um plano de gastos é útil por excelência, a fim de controlar, de forma equilibrada, o que entra e o que sai. Para isso, é recomendável:
a) anotar todas as despesas que são feitas mensalmente, analisando o resultado de acordo com o que costuma receber;
b) comprar, preferencialmente, à vista;
c) ao receber, estabelecer um dízimo, ou seja, guardar 10% do valor líquido do salário em uma conta de poupança, todo mês.

Graziela Salomão. **Economista explica como o jovem pode controlar seu orçamento e evitar gastar demais.** *In*: **Época**, 31/10/2005 (com adaptações).

(CESPE) A partir das ideias e das estruturas presentes no texto, julgue o item a seguir.

(1) A estrutura "a se saber lidar com dinheiro", em que há inserção do pronome se, atende à prescrição gramatical e substitui corretamente o trecho "a saber lidar com dinheiro" (l.10-11).

1: incorreta. O pronome "se", na formação proposta, não foi aplicado corretamente, sendo totalmente indevido seu uso.

Gabarito 1E

(FCC) Está correto o emprego do elemento sublinhado na frase:

(A) A TV entra em quase todos os lares, dos quais exerce grande influência.
(B) O nível da programação de TV de que cuida esse texto está abaixo do desejável.
(C) É exagerado o tempo em que as crianças despendem diante de uma tela de TV.
(D) Os critérios em cujos se baseiam os produtores de TV não são os educativos.
(E) Ninguém interfere diretamente na programação infantil aonde o nível é tão baixo.

A: incorreta (nos quais); **B:** correta; **C:** incorreta (que); **D:** incorreta (nos quais); **E:** incorreta (onde)

Gabarito "B"

(FCC) Os programas infantis tem baixo nível. Seria preciso dotar os programas infantis de uma função pedagógica. Quem produz os programas infantis, em nossa terra, não leva os programas infantis a sério.

Evitam-se as abusivas repetições do trecho acima substituindo-se os elementos sublinhados, respectivamente, por:

(A) os dotar – Quem produz eles – a eles não leva
(B) dotar a eles – Quem lhes produz – não os leva
(C) dotar-lhes – Quem os produz – não leva-os
(D) dotá-los – Quem produz a eles – não lhes leva
(E) dotá-los – Quem os produz – não os leva

Em todos os casos, os termos sublinhados devem ser substituídos pelo pronome oblíquo "os", porque os verbos não regem preposição. Quanto à colocação pronominal, no primeiro caso teremos ênclise (pela ausência de qualquer regra em contrário) e nos dois casos seguintes teremos próclise (determinada pelo pronome indefinido e pelo advérbio de negação, respectivamente). Assim, teremos: "(...) Seria preciso dotá-los de uma função pedagógica. Quem os produz, em nossa terra, não os leva a sério"

Gabarito "E"

(FCC) Está correta a utilização da expressão sublinhada na frase:

(A) Os maiores atletas, cuja a capacidade parecia ter chegado ao máximo, melhoram suas marcas com a ajuda da tecnologia.
(B) Há quem fale em "construir" um atleta, expressão da qual nem todos julgam ser muito apropriada.

(C) O avanço da tecnologia esportiva, de cuja importância ninguém duvida, maximiza as potencialidades físicas dos atletas.
(D) Há modalidades esportivas sob as quais o avanço tecnológico representa um ganho fundamental.
(E) Mesmo os limites em que todos consideram impossíveis de transpor logo são ultrapassados.

A: incorreta (cuja); **B:** incorreta (que); **C:** correta; **D:** incorreta (sobre as quais); **E:** incorreta (que)

Gabarito "C"

(FCC) Os jogos olímpicos são antigos. Os gregos encaravam os jogos olímpicos como preparação para as guerras. Vemos os jogos olímpicos, atualmente como disputas de altíssimo nível. A tecnologia esportiva vem dedicando aos jogos olímpicos muita atenção.

Evitam-se as abusivas repetições do trecho substituindo-se os elementos sublinhados, respectivamente, por:

(A) lhes encaravam – Vemo-los – vem dedicando-os
(B) encaravam-lhes – Vemo-lhes – os vem dedicando
(C) encaravam eles – Os vemos – lhes vem dedicando
(D) encaravam-nos – Vemo-lhes – vem-lhes dedicando
(E) encaravam-nos – Vemo-los – vem-lhes dedicando

Nos dois primeiros casos, a expressão deve ser substituída pelo pronome oblíquo "os", ao passo que no terceiro deve ser usado o pronome oblíquo "lhes", por ser o único verbo que rege preposição. Quanto à colocação pronominal, em todos os casos devemos usar a ênclise, pela ausência de construções ou palavras que determinem regra diversa. Assim: "(...) Os gregos encaravam-nos como preparação para as guerras. Vemo-los, atualmente, como disputas de altíssimo nível. A tecnologia esportiva vem-lhes dedicando muita atenção"

Gabarito "E"

(FCC) Na Chácara do Frade, as pessoas olham os canteiros e percorrem os canteiros informando-se sobre o que está plantado nos canteiros. Eliminam-se as repetições viciosas da frase acima substituindo-se corretamente os termos sublinhados por:

(A) percorrem eles – lhes está plantado
(B) os percorrem – neles está plantado
(C) percorrem-lhes – neles está plantado
(D) os percorrem – está plantado-lhes
(E) percorrem-lhes – lhes está plantado

"Percorrer" não rege preposição, portanto a primeira substituição deve ser feita pelo pronome oblíquo "os". No segundo caso, "plantar" rege a preposição "em", que deve aglutinar-se com o pronome reto "eles". Assim: "(...) e os percorrem informando-se sobre o que neles está plantado"

Gabarito "B"

Do século XVII ao XX circulou na Europa, com bastante intensidade, o mito de uma arcádia campestre. Muitos escritores ingleses sustentaram também esse mito durante séculos; os textos desses autores ingleses são até hoje bastante populares.

(FCC) Reescrevendo-se o segundo período e substituindo-se os termos grifados acima por pronomes correspondentes, obtém-se corretamente:

(A) Muitos escritores ingleses, os quais textos são até hoje bastante populares, o sustentaram também durante séculos.
(B) Muitos escritores ingleses, cujos textos são até hoje bastante populares, sustentaram-lhe também durante séculos.
(C) Muitos escritores ingleses, cujos os textos são até hoje bastante populares, sustentaram-no também durante séculos.
(D) Muitos escritores ingleses, cujos textos são até hoje bastante populares, sustentaram-no também durante séculos.
(E) Muitos escritores ingleses, que os textos deles são até hoje bastante populares, sustentaram-lhe também durante séculos.

O termo "mito", para evitar a repetição desnecessária, deve ser substituído pelo pronome oblíquo "o", por ter função de objeto direto, e virá enclítico, diante do início do período logo após a vírgula. "Desses autores ingleses" deve ser substituído pelo pronome relativo "cujos", para que se mantenha a concordância. Assim: (...), cujos textos são até hoje bastante populares, sustentaram-no também durante séculos"

Gabarito "D"

Representantes dos maiores bancos brasileiros reuniram-se no Rio de Janeiro para discutir um tema desafiante. Falaram sobre a necessidade de estabelecer mecanismos de controle sobre o oceano de incertezas que cerca o mercado financeiro e, assim, atenuar os solavancos que volta e meia ele provoca na economia mundial. Na mais recente crise — a do mercado de hipotecas de alto risco dos Estados Unidos — , os bancos americanos amargaram perdas superiores a 100 bilhões de dólares. A turbulência decorrente do estouro de mais essa bolha ainda não teve suas consequências totalmente dimensionadas. A questão que se coloca é até que ponto é possível injetar alguma previsibilidade em um mercado tão interconectado, gigantesco e que tem o risco no DNA. O único consenso é que o mercado precisa ser mais transparente. O investidor tem o direito de ser informado sobre a composição do produto que estiver comprando e o grau de risco que está assumindo.

Veja, 12/3/2008 (com adaptações).

(CESPE) Com relação às informações do texto acima e à sua organização, julgue o item abaixo.

(1) Embora "se", em "se coloca" (l.11-12), possa ser classificado como partícula apassivadora tanto quanto como pronome reflexivo, é nesta última função que está empregado no texto.

1: incorreta. A oração está na voz passiva sintética, exercendo a partícula "se" a função de partícula apassivadora

Gabarito 1E

(FUNCAB) De acordo com a norma culta da língua, assinale a opção correta quanto à colocação pronominal.

(A) Esperemos, agora, que resolvam-se todos os problemas.
(B) Ninguém preparou-se devidamente para aquela situação.
(C) Perceber-se-ia uma nova atmosfera na sala de reuniões.
(D) Nunca divulgou-se uma notícia como essa.
(E) Não constituir-se-á advogado.

A: incorreta. A conjunção integrante "que" determina a próclise ("que se resolva"); **B:** incorreta. Pronomes indefinidos, como "ninguém", "alguém", "todos", determinam a próclise; **C:** correta. Verbos no futuro do pretérito, quando não for caso de próclise obrigatória, devem ser grafados com o pronome mesoclítico; **D:** incorreta. Advérbios negativos, como "nunca", determinam a próclise; **E:** incorreta. Por se tratar de próclise obrigatória pela presença do advérbio negativo "não", mesmo estando o verbo no futuro do presente do indicativo ela deve ser usada em detrimento da mesóclise

Gabarito "C"

(FCC) Amemos as ilhas, mas não emprestemos às ilhas o condão mágico da felicidade, pois quando fantasiamos as ilhas esquecemo-nos de que, ao habitar ilhas, leva-se para elas tudo o que já nos habita.

Evitam-se as viciosas repetições da frase acima substituindo-se os elementos sublinhados, na ordem dada, por:

(A) lhes emprestemos – lhes fantasiamos – habitá-las
(B) emprestemos-lhes – as fantasiamos – habitar-lhes
(C) as emprestemos – fantasiamo-las – as habitar
(D) lhes emprestemos – as fantasiamos – habitá-las
(E) as emprestemos – lhes fantasiamos – habitar-lhes

O advérbio de negação "não" impõe a próclise no primeiro caso, no qual deve ser usado o pronome "lhe" porque o verbo "emprestar" é transitivo indireto ("lhes emprestemos"); a próclise também é obrigatória no segundo caso, no qual "quando" está exercendo função de advérbio. Dessa vez, porém, devemos usar o pronome oblíquo "as", porque o verbo "fantasiar" não rege preposição ("as fantasiamos"). Por fim, o verbo "habitar" não rege preposição e não há nenhuma circunstância que determine a próclise ou a mesóclise. Logo, no terceiro caso teremos ênclise com o pronome oblíquo "as" ("habitá-las")

Gabarito "D"

(AERONÁUTICA) Assinale a alternativa na qual o pronome oblíquo em negrito foi empregado corretamente.

(A) Lúcio soube que não **o** entregariam o livro a tempo.
(B) Lúcio soube que não **lhe** entregariam o livro a tempo.
(C) Lúcio soube que não entregariam-**lo** o livro a tempo.
(D) Lúcio soube que não entregariam-**no** o livro a tempo.

A: incorreta. Como entregar, para o complemento "pessoa", rege preposição (quem entrega, entrega alguma coisa a alguém), o pronome correto para essa construção é "lhe"; **B:** correta, nos termos do comentário anterior; C e **D:** incorretas. A presença do advérbio de negação "não" exige a próclise e, como já dito, o pronome oblíquo correto é "lhe"

Gabarito "B"

Rir é o melhor remédio

Outro dia, li na revista americana "New Yorker" um artigo sobre o "guru do riso" que anda atraindo milhões de pessoas. Não, não se trata de um comediante famoso, e sim de Madan Kataria, médico indiano de Mumbai que desenvolveu técnicas para induzir o riso nas pessoas.

Segundo Kataria, o riso faz bem, tanto à saúde física quanto à psicológica. Seu movimento vem se espalhando pelo mundo e atrai muitas celebridades. Recentemente, Kataria apareceu no palco dos estúdios da Sony Pictures, em Los Angeles, ao lado da atriz Goldie Hawn.

Quem entender um pouquinho de inglês pode ver vídeos do médico em ação em laughteryoga.org. Eu assisti e ri muito. Existe algo de contagioso no riso, mesmo quando começa forçado. E logo deixa de ser.

Será que o riso pode melhorar sua saúde? Quem não acredita que rir só faz bem (quando não é malicioso, claro)? Se não gostássemos de rir, comédias não existiriam.

Arthur Koestler, em seu livro "O Ato da Criação", argumenta que humor e criatividade têm muito em comum. Numa boa piada, existe uma ruptura lógica, um ponto em que a narrativa toma um rumo inesperado. É aí que rimos. Todo mundo sabe que piada explicada não é engraçada.

Koestler diz que esse ponto de ruptura surge na criação, quando uma visão nova e inesperada surge dos recessos do inconsciente. Sabemos muito pouco sobre criatividade e riso. As ideias de Koestler deveriam ser mais exploradas.

Vários estudos vêm tentando quantificar os benefícios médicos do riso. Se a depressão e a tristeza podem afetar negativamente o sistema imunológico, parece razoável que o riso possa ajudá-lo. Porém, de modo geral, os resultados desses estudos são contraditórios. Alguns dizem que o riso é mesmo bom para a saúde. Outros, que não faz diferença.

Talvez os resultados ambíguos venham do tamanho relativamente pequeno dos estudos, ou porque em alguns deles o riso é induzido a partir de comédias na TV, como "O Gordo e o Magro" e "Abbot & Costello".

O assunto é fascinante o suficiente para merecer estudos mais detalhados. Qual a diferença entre o riso dos humanos e o dos gorilas, que riem quando sentem cócegas? Será que rir de uma piada pode ser usado como teste de inteligência em computadores? Semana passada perguntei se máquinas podem se apaixonar. Será que podem rir? Ou melhor, ter senso de humor?

Robert Provine, neurocientista da Universidade de Maryland, que realizou estudos baseados na observação de pessoas em situações sociais, escreveu: "A melhoria da saúde a partir do riso permanece uma meta inatingida, mesmo que extremamente desejável e viável". Existem muitos tipos de riso, alguns relacionados com a comunicação entre dois ou mais humanos, outros fisiológicos, quando sentimos cócegas.

Quando falei no assunto com leitores aqui nos EUA, recebi várias mensagens, algumas de pessoas com câncer, relatando como o bom humor faz com que se sintam melhor.

GLEISER, Marcelo. Disponível em: <www.marcelogleiser.blogspot.com>. Acesso em: 15 fev. 2011.

(UFG) No trecho, "<u>Quem</u> entender um pouquinho de inglês pode ver vídeos do médico em ação em laughteryoga.org", o termo sublinhado

(A) tem função interrogativa.
(B) faz uma referência genérica.
(C) diz respeito aos falantes nativos de inglês.
(D) recupera um referente já instaurado no texto.

Apesar de normalmente utilizado como pronome interrogativo, nesse trecho "quem" tem valor de pronome indefinido, ou seja, faz uma referência ampla e genérica a todos aqueles que entendem inglês, não necessariamente falantes nativos. Não se trata, também, de elemento de coesão que resgata outro já mencionado no texto, porque não há qualquer referente a que ele se vincule

Gabarito "B"

(FCC) Está adequado o emprego de **ambos** os elementos sublinhados na frase:

(A) Os argumentos <u>de que</u> devemos nos agarrar devem se pautar <u>nos</u> limites da racionalidade e da justiça.
(B) Os casos históricos <u>em que</u> Voltaire recorre em seu texto ajudam-no a demonstrar <u>de que</u> a pena de morte é ineficaz.
(C) A pena de talião é um recurso <u>de cuja</u> eficácia muitos defendem, ninguém se abale <u>em</u> tentar demonstrá-la.
(D) Os castigos <u>a que</u> se submetem os criminosos devem corresponder à gravidade <u>de que</u> se reveste o crime.
(E) As ideias liberais, <u>de cuja</u> propagação Voltaire se lançou, estimulam legisladores <u>em quem</u> não falte o senso de justiça.

A: incorreta. O primeiro elemento sublinhado deveria ser "aos quais"; **B:** incorreta. O primeiro elemento deveria ser "aos quais" e o segundo apenas "que"; **C:** incorreta. O primeiro elemento deveria ser apenas "cuja" e o segundo, "ao"; **D:** correta. Ambos os elementos atendem aos preceitos da regência nominal; **E:** incorreta. O primeiro elemento deveria ser "a cuja" e o segundo, "a quem"

Gabarito "D"

(FCC) Muitos se dizem a favor da pena de morte, mas mesmo os que mais ardorosamente <u>defendem a pena de morte</u> não são capazes de <u>atribuir à pena de morte</u> o efeito de reparação do ato do criminoso que supostamente <u>mereceria a pena de morte</u>.

Evitam-se as viciosas repetições da frase acima substituindo-se os elementos sublinhados, respectivamente, por:

(A) a defendem – lhe atribuir – a mereceria.
(B) a defendem – atribui-la – lhe mereceria.
(C) defendem-na – atribui-la – merecer-lhe-ia.
(D) lhe defendem – lhe atribuir – mereceriam-na.
(E) defendem-lhe – atribuir-lhe – a mereceria.

No primeiro e terceiro casos, a presença dos advérbios "ardorosamente" e "supostamente" recomendam a próclise. Temos, então e respectivamente, "a defendem" e "a mereceria" (trata-se de verbos transitivos diretos, por isso o uso do pronome "a" e não "lhe"). No segundo caso, poderíamos usar tanto a próclise ("lhe atribuir"), como a ênclise ("atribuir-lhe"), porque o advérbio de negação está separado do verbo (aqui, ao contrário, o verbo é transitivo indireto, por isso o uso do pronome "lhe" ao invés de "a")

Gabarito "A"

SOBRECARGA FISCAL E VISÃO DE FUTURO

A preservação do atual regime fiscal, que há mais de 15 anos vem exigindo aumento sem fim da carga tributária, põe em risco a sustentação do dinamismo da economia brasileira. Se não for possível conter a expansão do gasto público dos três níveis de governo, o aprofundamento requerido da extração fiscal acabará por sufocar aos poucos o crescimento econômico do País. São conclusões que advêm da análise agregada dos dados. Essa perspectiva do problema, contudo, pode e deve ser complementada por visões mais específicas, microeconomicamente, de como a sobrecarga fiscal, que hoje recai sobre a economia brasileira, conspira contra o futuro do Brasil.

Estima-se que a carga tributária bruta esteja hoje em torno de 35% do PIB. Mas isso é apenas uma média. Há segmentos da economia que arcam com taxação muito mais pesada. A carga fiscal que recai, por exemplo, sobre serviços de telecomunicação e certos produtos importados é muito maior. E deixa patente a deplorável visão de futuro que permanece entranhada no sistema tributário brasileiro.

No Rio de Janeiro, o ICMS onera os serviços de comunicação em quase 43%. Em São Paulo, em 33,3%. E ainda há de se ter em conta todos os outros tributos que incidem sobre o setor de telecomunicações e acabam repassados, em boa parte, às tarifas. Em 2005, a carga tributária do setor, estimada com base nas contas nacionais, correspondia a mais de 57% do valor dos serviços.

É curioso que, nesse quadro de absurda sobrecarga fiscal, o governo ainda esteja em busca da razão primordial pela qual a disseminação do acesso à internet em banda larga avançou tão pouco até agora. É lamentável que o País esteja entrando na segunda década do século 21 com tributação tão escorchante de serviços de telecomunicação, tendo em vista sua crescente importância econômica e social.

Desde a Constituição de 1988, quando passaram a cobrar ICMS sobre tais serviços, os Estados vêm mantendo uma extração fiscal extremada no setor, tirando o melhor proveito possível das exíguas possibilidades de sonegação que lhe são inerentes. No tempo em que telefone era considerado "coisa de rico", ainda havia quem se dispusesse a arguir que essa taxação tão pesada estaria contribuindo para tornar a carga tributária menos regressiva. Mas já não há mais qualquer espaço para esse tipo de argumento.

O quadro mudou da água para o vinho desde a segunda metade dos anos 90. Na esteira da privatização, o acesso ao telefone vem sendo universalizado. Há hoje mais de 190 milhões de aparelhos celulares no País, 82% pré-pagos. É sobre o povão, portanto, que boa parte da sobrecarga fiscal vem recaindo, mesmo que ele não a perceba. Por outro lado, as comunicações passaram a abranger uma gama de serviços muito mais complexos que vão muito além da velha telefonia. O que se vê agora é o País taxando pesadamente seu futuro.

A mesma visão de futuro equivocada e arcaica que permanece entranhada na tributação das telecomunicações fica também evidenciada na taxação de certos produtos importados. Basta ver o que vem ocorrendo com dois produtos emblemáticos das novas tendências tecnológicas na área de informática. Os chamados "tablets", como o iPad, da Apple, e os leitores de livros digitais, como o Kindle, da Amazon.

Um levantamento recente constatou que, entre 20 países pesquisados, é no Brasil que o iPad é mais caro (O Globo, 9/1/2011). Após a incidência de seis tributos, o produto chega ao consumidor brasileiro 84% mais caro do que nos EUA. Já o Kindle, que nos EUA custa US$ 189, pode ser entregue no Brasil, se o cliente estiver disposto a arcar com um frete de US$ 20,98 e encargos fiscais que a própria Amazon estima em nada menos que US$ 199,73. O que perfaz um total de US$ 409,71. São níveis de tributação completamente injustificáveis, fora de qualquer padrão de razoabilidade, advindos de um furacão arrecadador que avança como autômato, alheio ao processo de modernização do País.

(Rogério L. F. Werneck, O ESTADO DE S. PAULO, 21/01/2011, texto adaptado)

(FUNDEP) Assinale a alternativa em que o termo transcrito entre parênteses **NÃO** se refere ao pronome destacado.

(A) "Desde a Constituição de 1988, quando passaram a cobrar ICMS sobre **tais** serviços [...]" (DE TELECOMUNICAÇÃO)

(B) "E deixa patente a deplorável visão de futuro **que** permanece entranhada no sistema tributário brasileiro." (VISÃO DE FUTURO)

(C) "È sobre o povão, portanto, que boa parte da sobrecarga fiscal vem recaindo, mesmo que ele não **a** perceba." (SOBRECARGA FISCAL)

(D) "[...] os Estados vêm mantendo uma extração fiscal extremada no setor, tirando o melhor proveito das exíguas possibilidades de sonegação que **lhe** são inerentes." (AOS ESTADOS)

Dentre as alternativas, a única que apresenta correlação incorreta é a letra "D", que deve ser assinalada. Com efeito, o pronome destacado "lhe" refere-se a "setor"

Gabarito "D"

(FUNDEP) "A preservação do atual regime fiscal, que há mais de 15 anos vem exigindo aumento sem fim da carga tributária, põe em risco a sustentação do dinamismo da economia brasileira."

Assinale a alternativa que **NÃO** pode substituir o trecho destacado, por implicar erro gramatical.

(A) com que a sociedade vem lidando há tempos
(B) contra o qual o empresariado sempre se manifesta
(C) cuja a qual só aumenta a carga tributária
(D) do qual tão mal se fala

Todas as substituições propostas estão gramática e semanticamente corretas, com exceção da letra "C", que deve ser assinalada. "Cuja" é pronome relativo que transmite a ideia de posse, propriedade. Por tal razão, não se encaixa na oração proposta na alternativa. Melhor seria deixar apenas: "a qual só aumenta a carga tributária"

Gabarito "C"

(FUNDEP) "Diante disso, faz-se necessário o estabelecimento de medidas de monitoramento do comportamento das pneumonias no País, que passam a ser notificadas em unidades sentinelas que integram essa rede de vigilância específica."

O pronome sublinhado no trecho acima se refere ao termo

(A) comportamento.
(B) medidas.
(C) País.
(D) pneumonias.

O pronome relativo "que", nesse caso, retoma por coesão o termo "pneumonias", pois são elas que devem ser notificadas

Gabarito "D"

(FUNDEP) "Em setembro de 2010, a lista de notificação compulsória incluíra cinco novos itens, entre os quais acidentes com animais peçonhentos, como cobras, escorpiões e aranhas [...]."

Desconsideradas eventuais alterações de sentido, assinale a alternativa em que a substituição do trecho sublinhado acarretaria erro gramatical

(A) aos quais o Ministério tem estado especialmente atento.
(B) com os quais a saúde pública precisa tomar cuidados especiais.
(C) cujos os quais necessitam de monitoramento específico.
(D) que a saúde pública deve acompanhar e controlar de perto.

Atentando para o fato do enunciado dispensar preocupações em relação ao sentido, a única alternativa que traz erro gramatical é a letra "C", que deve ser assinalada. Primeiro, não é caso de usar o pronome relativo "cujos", porque ele indica posse, propriedade. Segundo, quando o utilizamos, ele já traz subentendido o artigo definido, razão pela qual esse último não deve ser repetido ("cujos quais"). A substituição que respeitaria a gramática é: "os quais necessitam de monitoramento específico"

Gabarito "C"

(AERONÁUTICA) *Diante das injustiças cometidas ali, ele jamais ___ calou ___.*

Com relação à correta colocação do pronome oblíquo **se** no período acima, é correto afirmar-se que ele deve ser posto

(A) obrigatoriamente antes do verbo *calou* e com hífen.
(B) imediatamente antes do verbo *calou*.
(C) após o verbo *calou* e com hífen.
(D) após o verbo *calou* e sem hífen.

A oração conta com o advérbio de negação "jamais", situação que impõe o uso da próclise (pronome oblíquo antes do verbo), a qual se forma sem o uso do hífen

Gabarito "B"

(AERONÁUTICA) Em qual alternativa a mudança de lugar do pronome destacado na frase **não** pode gerar outro sentido?

(A) Envie lembranças **nossas** à família da viúva.
(B) Vocês receberam **nossas** informações?
(C) Obedeço sempre **à minha** consciência.
(D) Perguntei-lhes se ainda sentem raiva **minha**.

A: incorreta. O deslocamento de "nossas" para antes de viúva altera o sentido da oração, porque o pronome deixa de se referir a "lembranças" e dá conotação de carinho, proximidade com a viúva; **B:** incorreta. A colocação de "nossas" após a palavra "informações" altera o sentido da oração, porque passa a indicar que as informações são "sobre nós" e não que "partiram de nós"; **C:** correta. O pronome "minha" pode ser colocado antes ou depois de "consciência" sem qualquer alteração de sentido; **D:** incorreta. Se "minha" estivesse antes de "raiva", o sentido da oração se alteraria para: "eles ainda sentem a raiva que eu estou sentindo", ao invés de "raiva de mim"

Gabarito "C"

OS DICIONÁRIOS DE MEU PAI

Pouco antes de morrer, meu pai me chamou ao escritório e me entregou um livro de capa preta que eu nunca havia visto. Era o dicionário analógico de Francisco Ferreira dos Santos Azevedo. Ficava quase escondido, perto dos cinco grandes volumes do dicionário Caldas Aulete, entre outros livros de consulta que papai mantinha ao alcance da mão numa estante giratória. Isso pode te servir, foi mais ou menos o que ele então me disse, no seu falar meio grunhido. Era como se ele, cansado, me passasse um bastão que de alguma forma eu deveria levar adiante.

E por um bom tempo aquele livro me ajudou no acabamento de romances e letras de canções, sem falar das horas em que eu o folheava à toa; o amor aos dicionários, para o sérvio Milorad Pavic, autor de romances-enciclopédias, é um traço infantil no caráter de um homem adulto.

Palavra puxa palavra, e escarafunchar o dicionário analógico foi virando para mim um passatempo (desenfado, espairecimento, entretém, solaz, recreio, filistria). O resultado é que o livro, herdado já em estado precário, começou a se esfarelar nos meus dedos. Encostei-o na estante das relíquias ao descobrir, num sebo atrás da sala Cecília Meireles, o mesmo dicionário em encadernação de percalina. Por dentro estava em boas condições, apesar de algumas manchas amareladas, e de trazer na folha de rosto a palavra anauê, escrita a caneta-tinteiro.

Com esse livro escrevi novas canções e romances, decifrai enigmas, fechei muitas palavras cruzadas. E ao vê-lo dar sinais de fadiga, saí de sebo em sebo pelo Rio de Janeiro para me garantir um dicionário analógico de reserva. Encontrei dois, mas não me dei por satisfeito, fiquei viciado no negócio. Dei de vasculhar livrarias país afora, só em São Paulo adquiri meia dúzia de exemplares, e ainda arrematei o último à venda na Amazon.com antes que algum aventureiro o fizesse. Eu já imaginava deter o monopólio (açambarcamento, exclusividade, hegemonia, senhorio, império) de dicionários analógicos da língua portuguesa, não fosse pelo senhor João Ubaldo Ribeiro, que ao que me consta também tem um, quiçá carcomido pelas traças (brocas, carunchos, gusanos, cupins, térmitas, cáries, lagartas-rosadas, gafanhotos, bichos-carpinteiros). A horas mortas eu corria os olhos pela minha prateleira repleta de livros gêmeos, escolhia um a esmo e o abria a bel-prazer. Então anotava num Moleskine as palavras mais preciosas, a fim de esmerar o vocabulário com que embasbacaria as moças e esmagaria meus rivais. Hoje sou surpreendido pelo anúncio desta nova edição do dicionário analógico de Francisco Ferreira dos Santos Azevedo. Sinto como se invadissem minha propriedade, revirassem meus baús, espalhassem ao vento meu tesouro. Trata-se para mim de uma terrível (funesta, nefasta, macabra, atroz, abominável, dilacerante, miseranda) notícia.

(Francisco Buarque de Hollanda,
Revista Piauí, junho de 2010)

(CEPERJ) Em "Isso pode te servir" (l. 6), o pronome demonstrativo tem como referente:

(A) o dicionário analógico
(B) o dicionário Caldas Aulete
(C) os livros de consulta
(D) a estante giratória
(E) os cinco grandes volumes

Ao falar com o narrador, o pai estava se referindo ao dicionário analógico que tinha em mãos

Gabarito "A"

A arte de ouvir

Ouvir é estar atento aos pequenos detalhes

Luis Carlos Cabrera*

Sempre que me perguntam quais são os atributos diferenciados de um líder, procuro ressaltar dois: estar disponível e saber ouvir. A meu ver, são os essenciais. Manter-se disponível exige disciplina, generosidade e, principalmente, sentir desejo de estar com as pessoas. Quem se esconde atrás da agenda lotada não é líder. Ela serve de desculpa para não ter de apoiar, educar, elogiar e para não ter de ouvir!

A complexidade do mundo moderno exige que os problemas sejam abordados coletivamente. Praticar a arte de ouvir quer dizer estar atento aos detalhes de cada questão apresentada, às sutilezas de cada problema e ao que cada situação tem de única. Essa prática exige concentração, disponibilidade, rapidez de raciocínio e poder de síntese. Olhe em sua volta. Quem é a pessoa com quem você gosta de conversar quando precisa de uma opinião? Provavelmente, a resposta será um bom ouvinte. Aliás, é preciso aprender a ouvir ativamente. Porque também existem os ouvintes passivos, que olham para você como se estivessem prestando atenção, mas que estão com a cabeça em outro lugar. Quem ouve ativamente participa da conversa, indaga, estimula, pede explicações mais detalhadas. Quem ouve atentamente torna digna e respeitosa a conversa. E por que toda essa preocupação com esse importante atributo da liderança? Porque estamos nos tornando surdos. Diariamente, lemos e respondemos e-mails calados. Nos ligamos a mais pessoas nas redes sociais, lemos o que elas escrevem e elas nos leem. Mas não as ouvimos! Algumas tecnologias de comunicação oral estão crescendo e o exercício de ouvir começa a voltar lentamente, mesmo doendo nos ouvidos.

Procure exercitar sua audição. No lugar do e-mail, vá até a pessoa com quem deseja falar, que às vezes está na sala ao lado. Faça isso periodicamente e exercite sua capacidade de ouvir. Mostre interesse. Essa combinação de disponibilidade associada ao ato de ouvir serve para tudo. Melhora as relações pessoais afina o respeito e cria uma consciência de parceria, que é fundamental no complexo mundo moderno. Você me ouviu?

(Revista Você/SA. Editora Abril- Outubro de 2009, p. 104.
* professor da Eaesp – FGV, diretor da PMC consultores e membro da Amrop Hever Group)

(FUMARC) Assinale a CORRETA correspondência entre o pronome em negrito e o substantivo a que ele se refere:

(A) " Porque estamos **nos** tornando surdos " **(líderes)**.
(B) " **Ela** serve de desculpa para não ter de apoiar, educar..." **(agenda)**.
(C) " (...) lemos o que **elas** escrevem..." **(redes)**.
(D) " Mas não **as** ouvimos!" **(tecnologias)**.

A: incorreta. O pronome "nos" se refere ao sujeito oculto "nós". Trata-se de um verbo reflexivo; **B:** correta. O pronome "ela" realmente resgata o termo "agenda"; **C:** incorreta. Aqui, "elas" se refere a "pessoas"; **D:** incorreta. Novamente, "elas" resgata o termo "pessoas"

Gabarito "B"

(FCC) Houve muitas discussões sobre medidas para se minimizar o aquecimento global, já que todos <u>consi-</u>

deram aquecimento global uma questão crucial para a humanidade, embora poucos tomem medidas concretas para reduzir o aquecimento global, não havendo sequer consenso quanto às verbas necessárias para mitigar os efeitos do aquecimento global.

Evitam-se as viciosas repetições do período acima substituindo-se os elementos sublinhados, na ordem dada, por:

(A) lhe consideram – reduzi-lo – mitigá-los aos efeitos
(B) o consideram – reduzi-lo – mitigar-lhe os efeitos
(C) consideram-no – reduzir-lhe – mitigar-lhes os efeitos
(D) o consideram – reduzir-lhe – mitigar-lhe os efeitos
(E) consideram-lhe – o reduzir – mitigar-lhe seus efeitos

Os pronomes a serem utilizados e sua respectiva colocação são os seguintes: "o consideram" ("o" porque é objeto direto e proclítico em função da locução "já que"; "reduzi-lo" ("o" porque é objeto direto e enclítico porque não há qualquer justificativa para a próclise); e "mitigar-lhe os efeitos" ("lhe" porque é adjunto adnominal precedido de preposição e enclítico porque não há qualquer justificativa para a próclise)

Gabarito "B"

(FCC) Está correto o emprego do elemento sublinhado em:

(A) A obra de ficção **A guerra dos mundos**, em cuja Orson Welles se baseou, ganhou dramática adaptação radiofônica.
(B) A tecnologia de ponta, sobre a qual por vezes pairam desconfianças, leva-nos apenas aonde queremos ir.
(C) O cotidiano contemporâneo deixa-se afetar pelas conquistas técnicas, de cujas muita gente alimenta sérias desconfianças.
(D) A segunda metade da década de 90, aonde se consolidou a multimídia, foi um marco na vida contemporânea.
(E) O homem do nosso tempo, diante dos admiráveis recursos nos quais jamais sonhou alcançar, é por vezes um deslumbrado.

A: incorreta. O correto seria "na qual"; **B:** correta. A preposição seguida da locução pronominal relativa acompanha o padrão culto da linguagem; **C:** incorreta. O correto seria "das quais"; **D:** incorreta. O correto seria "onde"; **E:** incorreta. O correto será "que" ou "os quais"

Gabarito "B"

(AERONÁUTICA) Segundo a norma culta, qual alternativa preenche correta e respectivamente as lacunas no texto abaixo?

"Espero que _________ alertado de que não _________ apartes no final da palestra, pois devo _________ rapidamente."

(A) os tenha / permitir-lhes-ei / me despedir
(B) os tenha / lhes permitirei / despedir-me
(C) tenha-os / lhes permitirei / me despedir
(D) tenha-os / permitir-lhes-ei / despedir-me

Preenchem corretamente as lacunas, na seguinte ordem, as palavras: "os tenha", porque a conjunção integrante "que" determina a próclise; "lhes permitirei", porque o advérbio de negação "não" também impõe a próclise, mesmo em caso de verbo no futuro do presente; e "despedir-me", considerando que a ausência de qualquer palavra determinante permite o uso da ênclise como regra geral

Gabarito "B"

(AERONÁUTICA) Coloque C (certo) ou E (errado) para o emprego dos pronomes pessoais, segundo a norma culta. A seguir, assinale a alternativa com a sequência correta.

( ) O chefe retirou-se da sala para eu apresentar o novo trabalho à equipe.
( ) Assim que cheguei ao cinema, mandaram-me entrar, pois o filme estava começando.
( ) Se você chegar cedo para o trabalho, eu vou te ajudar.
( ) Vossa Excelência apresentará vosso projeto na Assembleia Legislativa hoje?

(A) E, E, C, C
(B) C, C, E, E
(C) E, C, E, C
(D) C, E, C, E

1 – correta. O uso do pronome "eu", pessoal do caso reto, atende às normas gramaticais porque exerce a função de sujeito do verbo "apresentar"; 2 – correta. O uso do pronome "me", pessoal do caso oblíquo, atente às normas gramaticais porque exerce a função de objeto direto do verbo "mandar"; 3 – incorreta. Se o período inicia com o uso do pronome de tratamento "você", o pronome ao final deve seguir a mesma forma. Portanto, deveria constar "eu vou ajudá-lo", para usarmos um pronome pessoal do caso oblíquo da 3ª pessoa do singular; 4 – incorreta. O uso de pronomes de tratamento como "Vossa Excelência", "Vossa Senhoria" não desloca nem o verbo nem os demais pronomes para a 2ª pessoa do plural. Eles devem ser mantidos no singular: "apresentará seu projeto"

Gabarito "B"

(CESGRANRIO) Leia as frases abaixo.

I. Convém que entregue o relatório o mais rápido possível. (me)
II. Amanhã, anunciarei as novas rotinas do setor. (lhes)
III. Sentindo ofendido, retirou-se do plenário. (se)
IV. Quem informará as suas novas designações? (lhe)

A exigência da próclise ocorre **APENAS** nas frases

(A) I e II.
(B) I e III.
(C) I e IV.
(D) II e III.
(E) III e IV.

Segundo a gramática clássica, a próclise é obrigatória: (i) quando o verbo estiver flexionado em uma oração subordinada; (ii) quando estiver diretamente modificado por advérbio; (iii) quando o verbo estiver precedido de palavra negativa, de pronomes indefinidos, de pronomes interrogativos, de palavras exclamativas ou do pronome relativo "que". Portanto, a próclise deve ocorrer nas assertivas I (pronome relativo "que") e IV (pronome interrogativo "quem"). Na assertiva II deve haver mesóclise, porque o verbo está conjugado no futuro do presente do indicativo ("anunciar-lhes-ei"). Na assertiva III, incide a regra de que não se inicia oração com pronome átono ("sentindo-se")

Gabarito "C"

(CESGRANRIO) Em situações formais, em que se exija a norma-padrão, o pronome estará colocado adequadamente, na seguinte frase:

(A) Interrogamo-nos sobre a polêmica.
(B) Não podemo-nos dar por vencidos.
(C) Me disseram que você perguntou por mim.
(D) Lhes deu o aviso?
(E) Te daria um cigarro, se pudesse.

A: correta. Não se inicia período com pronome átono; **B:** incorreta. As palavras negativas ("não", "nunca" etc.) determinam o uso da próclise: "Não nos podemos dar por vencidos."; **C:** incorreta. Não se inicia período com pronome átono: "Disseram-me que você perguntou por mim."; **D:** incorreta, pela mesma razão: "Deu-lhes o aviso?"; **E:** incorreta. Se o verbo estiver conjugado no futuro do presente ou no futuro do pretérito do indicativo, recomenda-se, no registro formal da língua, o uso da mesóclise: "Dar-te-ia um cigarro, se pudesse"

Gabarito "A"

A CARTA AUTOMÁTICA

Mais de cem anos depois do surgimento do telefone, o começo dos anos 90 nos oferece um meio de comunicação que, para muitos, resgata um pouco do romantismo da carta. A Internet não usa papel colorido e perfumado, e sequer precisa de selos, mas, para muitos, fez voltar à moda o charme da comunicação por escrito. E, se o provedor não estiver com problemas, faz isso com o imediatismo do telefone. A rede também foi uma invenção que levou algum tempo para cair no gosto do público. Criada em 1993 para uso doméstico, há muito ela já era usada por cientistas universitários que queriam trocar informações. Mas, só após a difusão do computador doméstico, realizada efetivamente há uns quatro ou cinco anos, que o público pôde descobrir sua utilidade.

Em *The victorian internet*, Tom Standage analisa o impacto da criação do telégrafo (surgido em 1837).

Uma nova tecnologia de comunicação permitia às pessoas se comunicarem quase que instantaneamente, estando à longa distância (...) Isto revolucionou o mundo dos negócios.(...) Romances floresceram sob impacto do telégrafo. Códigos secretos foram inventados por alguns usuários e desvendados por outros. (...) O governo e as leis tentaram controlar o novo meio e falharam. (...) Enquanto isto, pelos cabos, uma subcultura tecnológica com seus usos e vocabulário próprio se estabelecia.

Igual impacto teve a Internet. Antes do telégrafo, batizado de "a autoestrada do pensamento", o ritmo de vida era superlento. As pessoas saíam para viajar de navio e não se ouviam notícias delas durante anos. Os países que quisessem saber se haviam ou não ganho determinada batalha esperavam meses pelos mensageiros, enviados no lombo dos cavalos. Neste mundo em que reinava a Rainha Vitória (1819-1901), o telégrafo provocou a maior revolução das comunicações desde o aparecimento da imprensa. A Internet não chegou a tanto. Mas nada encurta tanto distâncias como entrar num *chat* com alguém que esteja na Noruega, por exemplo. Se o telégrafo era "a autoestrada do pensamento", talvez a rede possa ser a "superautoestrada". Dos pensamentos e das abobrinhas.

As tecnologias de conversação realmente mudam as conversas. Apesar de ser de fundamental utilidade para o trabalho e a pesquisa, o correio feito pela rede permite um tipo de conversa diferente daquela que ocorre por telefone. Talvez um dia, no futuro, pesquisadores analisem as razões pelas quais a rede, rápida e imediata e sem o vivo colorido identificador da voz, se presta a bate-papos (via *e-mails*, *chats*, comunicadores instantâneos) até mais informais do que os que fazemos por telefone.

CAMARGO, Maria Sílvia. **24 dias por hora**. Rio de Janeiro: Rocco, 2000. p. 135-137. Adaptado.

(CESGRANRIO) O termo destacado na sentença é substituído corretamente pelo pronome da expressão ao lado, de acordo com a norma-padrão em:

(A) "A Internet não usa **papel** (...)" (l. 4) – não o usa.
(B) "(...) faz **isso** com o imediatismo do telefone." (l. 8) – faz-lo como imediatismo do telefone.
(C) "(...) permitia **às pessoas** (...)" (l. 18) – Permita-as.
(D) "(...) em que reinava **a Rainha Vitória** (...)" (l. 34) – Em que reinava-a.
(E) "(...) provocou **a maior revolução** (...)" (l. 35) – provocou-lhe.

A: correta. A substituição pelo pronome "o" foi feita respeitando os preceitos gramaticais; **B:** incorreta. O correto seria: "fá-lo"; **C:** incorreta. A presença do sinal indicativo da crase denota que há uma preposição no primeiro trecho. Logo, sua substituição deve ser feita pelo pronome oblíquo "lhe": "permitia-lhes"; **D:** incorreta. "Rainha Vitória" é o sujeito da oração, não podendo ser substituído por pronome átono. Deveria constar: "em que ela reinava"; **E:** incorreta. Se o objeto não leva preposição, a substituição pelo pronome deve ser feita com o pronome "a": "provocou-a"

Gabarito "A"

(CESGRANRIO) A sentença em que a expressão em negrito está usada de acordo com a norma-padrão é:

(A) O provedor **que** comprei o plano demonstra eficiência.
(B) As pessoas **dos quais** compareceram desconheciam informática.
(C) O desejo **de que** a Internet ficasse mais rápida se realizou.
(D) O menino, **o cujo** pai trabalha em informática, virá ajudar-nos.
(E) A matéria **aonde** me dei mal foi programação.

A: incorreta. Se a compra foi realizada junto ao provedor, falta a preposição "de": "o provedor de que comprei..." ou "o provedor do qual comprei..."; **B:** incorreta. Nesse caso, basta o pronome relativo "que", pois o verbo é intransitivo: "as pessoas que compareceram..."; **C:** correta. O termo "desejo" rege a preposição "de", estando perfeita a oração; **D:** incorreta. Não há razão para a inclusão do artigo definido "o": "o menino, cujo pai trabalha..."; **E:** incorreta. "Aonde" indica movimento, o deslocamento de um local para outro (como no exemplo: "aonde você vai?"). No caso, deve-se usar o pronome "onde": "a matéria onde me dei mal..."

Gabarito "C"

Texto I

OPS...DESCULPE, FOI ENGANO!

Célia Leão

Já faz alguns anos que descobri que tenho uma xará que, assim como eu, também tem outros sobrenomes entre o Célia e o Leão. Minha xará é uma parlamentar do estado de São Paulo que trabalha, e trabalha muito, mas, de vez em quando, acaba por receber em sua caixa de *e-mails* dúvidas de etiqueta que deveriam ser endereçadas a mim – confusões que ocorrem por causa do nome. E, em todas as ocasiões que isso acontece, ela sempre encaminha o *e-mail* para a minha caixa postal e envia também uma simpática resposta ao remetente, avisando-o sobre o engano e contando-lhe também sobre as providências já tomadas. Isso me encanta e, por sorte, já fui apresentada a ela e pude agradecer-lhe pessoalmente por todo o bom humor com o qual encara a situação.

Por causa disso, passei a prestar mais atenção nas atitudes das pessoas quando os enganos acontecem. Umas, muito mal-humoradas, se esquecem de que fazem parte do time da empresa e que enganos de ramais acontecem: simplesmente comunicam a quem está do outro lado da linha que o ramal em questão não é o da pessoa com a qual você quer falar e desligam. Quanta falta de (...) espírito de equipe. Assim, esteja ciente de que enganos de fato acontecem. E que errar é humano e mais comum do que se pensa. Seja compreensivo e, se tiver à mão a lista com os ramais da empresa, avise à pessoa qual é o número do ramal procurado. Seu interlocutor vai passar a enxergar a sua empresa de um jeito diferente e cheio de admiração.

Se você receber um *e-mail* endereçado a outra pessoa, não deixe o remetente sem resposta. Encontre um tempinho para avisá-lo sobre o engano cometido. Ninguém pode avaliar quão urgente e importante é aquele assunto. Vivemos tempos atribulados, mas nada justifica que nos embruteçamos. Devemos evitar o risco de um dia termos de negociar com uma pessoa com a qual fomos indelicados. Pense nisto na próxima vez que atender a uma ligação que não é para você.

(Célia Leão é consultora de etiqueta empresarial)In: Você S/A / Edição 130 – Disponível em: http://vocesa.abril.com.br/desenvolva-sua-carreira/materia/ops-desculpe-foi-engano-484102.shtml

(CESGRANRIO) Os pronomes destacados abaixo se referem à "...parlamentar..." (l. 3) mencionada no primeiro parágrafo, EXCETO em

(A) "...**sua** caixa de e-mails..." (l. 5-6).
(B) "**ela** sempre encaminha..." (l. 9).
(C) "...contando-**lhe** também sobre as providências..." (l. 11-12).
(D) "já fui apresentada a **ela**..." (l. 13).
(E) "...pude agradecer-**lhe** pessoalmente..." (l. 13-14).

A única incorreta é a alternativa "C". Nesse caso, o pronome "lhe" refere-se a "remetente" (l. 10), não a "parlamentar"

Gabarito "C"

(CESGRANRIO) Dentre os exemplos abaixo, aquele em que a substituição da expressão grifada por um pronome está feita de modo **INCORRETO** é

(A) "...encaminha o ***e-mail***..." (l. 9) – encaminha-o.
(B) "...envia [...] ***ao remetente***," (l. 10-11) – envia-lhe.
(C) "...comunicam ***a quem está***..." (l. 20) – comunicam-lhe.
(D) "avise ***à pessoa***..." (l. 26-27) – avise-a.
(E) "não deixe o ***remetente***..." (l. 31) – não o deixe.

A diferença entre os pronomes pessoais do caso oblíquo "o(s), a(s)" e "lhe(s)" relaciona-se com sua destinação: os primeiros representam objetos diretos e o segundo, objetos indiretos. Dito de outra forma, substituímos uma expressão por "o(s), a(s)" quando não for necessário o uso de uma preposição, como ocorre nas alternativas "A" e "E". Substituímos a expressão por "lhe(s)" quando ela for precedida de preposição em virtude das regras de regência, como ocorre nas letras "B" e "C". Portanto, está incorreta e letra "D", devendo ser assinalada. Quando se refere a uma pessoa, o verbo "avisar" é transitivo indireto (quem avisa, avisa a alguém). A substituição do objeto indireto por pronome, como vimos, deve ser feita com o pronome "lhe" – avise-lhe

Gabarito "D"

(CESGRANRIO) A expressão da direita **NÃO** recupera adequadamente o que está destacado em

(A) "empresa que coordena **o sistema de ônibus**" (l. 7-8) o coordena

(B) "objetivo de conscientizar **os motoristas**" (l. 9) conscientizá-los
(C) "começou a frequentar **aulas de ioga**" (l. 37-38) frequentá-las
(D) "mostrar algumas receitas **para a mãe**" (l. 42-43) mostrá-la
(E) "hoje trocam **receitas diferentes**" (l. 57-58) trocam-nas

O único uso incorreto do pronome está na alternativa "D". Quando pretendemos substituir o objeto indireto, ou seja, o complemento do verbo antecedido de preposição, devemos usar o pronome pessoal do caso oblíquo "lhe(s)". Assim, o correto é "mostrar-lhe"

Gabarito "D"

(CESGRANRIO) A opção em que a forma da direita é usada adequadamente para se referir à da esquerda é:

(A) Vossa Excelência — vosso
(B) Vossa Senhoria — teu
(C) Prezado Senhor — vós
(D) Vossa Excelência — seus
(E) Prezadas Senhoras — tuas

O uso de pronomes pessoais de tratamento que expressam respeito ou deferência pela pessoa com quem se fala determina que os pronomes possessivos e conjugações verbais sejam feitos com o mesmo sentimento. Pelos padrões cultos da língua, isso ocorre quando usamos a terceira pessoa do singular, tanto nos verbos quanto nos pronomes possessivos: "seu, sua, seus, suas"

Gabarito "D"

Um dia você aprende

Depois de algum tempo você aprende a diferença, a sutil diferença entre dar a mão e acorrentar uma alma. E você aprende que amar não significa apoiar-se, e que companhia nem sempre significa segurança ou proximidade. E começa a aprender que beijos não são contratos, tampouco promessas de amor eterno. Começa a aceitar suas derrotas com a cabeça erguida e olhos radiantes, com a graça de um adulto – e não com a tristeza de uma criança. E aprende a construir todas as suas estradas no hoje, pois o terreno do amanhã é incerto demais para os planos, uma vez que o futuro tem o costume de cair em meio ao vão. Depois de um tempo você aprende que o sol pode queimar se ficarmos expostos a ele durante muito tempo. E aprende que não importa o quanto você se importe: algumas pessoas simplesmente não se importam... E aceita que não importa o quão boa seja uma pessoa, ela vai feri-lo de vez em quando e, por isto, você precisa estar sempre disposto a perdoá-la. Aprende que falar pode aliviar dores emocionais. Descobre que se leva um certo tempo para construir confiança e apenas alguns segundos para destruí-la; e que você, em um instante, pode fazer coisas das quais se arrependerá para o resto da vida. Aprende que verdadeiras amizades continuam a crescer mesmo a longas distâncias, e que, de fato, os bons e verdadeiros amigos foram a nossa própria família que nos permitiu conhecer. Aprende que não temos que mudar de amigos: se compreendermos que os amigos mudam (assim como você), perceberá que seu melhor amigo e você podem fazer qualquer coisa, ou até coisa alguma, tendo, assim mesmo, bons momentos juntos. Descobre que as pessoas com quem você mais se importa na vida são tomadas de você muito cedo, ou muito depressa. Por isso, sempre devemos deixar as pessoas que verdadeiramente amamos com palavras brandas, amorosas, pois cada instante que passa carrega a possibilidade de ser a última vez em que as veremos; aprende que as circunstâncias e os ambientes possuem influência sobre nós, mas somente nós somos responsáveis por nós mesmos; começa a compreender que não se deve comparar-se com os outros, mas com o melhor que se pode ser. Descobre que se leva muito tempo para se tornar a pessoa que se deseja tornar, e que o tempo é curto. Aprende que não importa até o ponto aonde já chegamos, mas para onde estamos, de fato, indo – mas, se você não sabe para onde está indo, qualquer lugar servirá. Aprende que: ou você controla seus atos e temperamento, ou acabará escravo de si mesmo, pois eles acabarão por controlá-lo; e que ser flexível não significa ser fraco ou não ter personalidade, pois não importa o quão delicada ou frágil seja uma situação, sempre existem dois lados a serem considerados, ou analisados. Aprende que heróis são pessoas que foram suficientemente corajosas para fazer o que era necessário fazer, enfrentando as consequências de seus atos. Aprende que paciência requer muita persistência e prática. Descobre que, algumas vezes, a pessoa que você espera que o chute quando você cai poderá ser uma das poucas que o ajudará a levantar-se. (...) Aprende que não importa em quantos pedaços o seu coração foi partido: simplesmente o mundo não irá parar para que você possa consertá-lo. Aprende que o tempo não é algo que possa voltar atrás. Portanto, plante você mesmo seu jardim e decore sua alma – ao invés de esperar eternamente que alguém lhe traga flores. E você aprende que, realmente, tudo pode suportar; que realmente é forte e que pode ir muito mais longe – mesmo após ter pensado não ser capaz. E que realmente a vida tem seu valor, e, você, o seu próprio e inquestionável valor perante a vida.

SHAKESPEARE, Willian. Disponível em: http://esconderijosecreto.wordpress.com/2006/08/22/umdia-voce-aprende-willian-shakespeare/ Acesso: 28 jan 2010. (Adaptado)

(CESGRANRIO) Qual dos pronomes destacados abaixo se relaciona com o referente apresentado entre colchetes?

(A) "...se ficarmos expostos a **ele**..." (l. 14) – [sol]
(B) "...e apenas alguns segundos para destruí-**la**;" (l. 22) – [confiança]
(C) "...em que **as** veremos;" (l. 38-39) – [pessoas]
(D) "...que **o** ajudará a levantar-se." (l. 63) – [você]
(E) "...para que você possa consertá-**lo**." (l. 65-66) – [mundo]

Incorreta a alternativa "E", devendo ser assinalada. No trecho, o pronome pessoal do caso oblíquo "o" refere-se a "coração", não a "mundo"

Gabarito "E"

Essa tal felicidade

Todos queremos ser felizes. Mesmo sem saber exatamente o que é essa felicidade, onde ela mora ou como se encontra, traçamos planos, fazemos escolhas, listamos desejos e alimentamos esperanças pela expectativa de alcançá-la. Em seu nome, comemos chocolate, estudamos para a prova, damos festas, casamos ou separamos, compramos carro, dançamos valsa, formamos turmas, entramos na dieta, brigamos, perdoamos, fazemos promessas – nós vivemos.

Às vezes, agimos pensando na felicidade como uma recompensa futura pelo esforço. Noutras, a encaramos como o bilhete dourado na caixa de bombons. Não raro, pensamos que ela é um direito. Ou um dever a ser cumprido – e, assim como em outras obrigações cotidianas, como fazer o jantar, se a gente falha em executar a meta, tendemos a procurar soluções prontas, como lasanha congelada ou antidepressivos.

Por isso é tão difícil definir (e achar) a tal felicidade. Nós a confundimos com o afeto (se encontrarmos o amor, ela virá), com a sorte (com esperança, ela vai chegar), com o alívio (se resolvermos os problemas, como o excesso de peso, então a teremos). Nós a confundimos com a conquista: se realizarmos tudo o que queremos e se espera de nós... seremos felizes, não?

Não. São pensamentos como esses que transformam a felicidade na cenoura eternamente pendurada à nossa frente – próxima, mas inalcançável. Estabelecer tantas condições para ser feliz faz a gente superestimar o poder que coisas nem tão importantes assim têm sobre nosso bem. Enganamo-nos com a promessa de que há uma fórmula a seguir e jogamos a responsabilidade pela satisfação em lugares fora de nós (e além do nosso controle), como ganhar aumento ou ser correspondido na paixão. E ao invés de responder aos nossos anseios, essas ilusões podem criar um vazio ainda maior.

Podemos não saber explicar o que é felicidade – até porque é uma experiência única para cada pessoa. Mas a ciência, a filosofia e as histórias de quem se assume feliz dão pistas do que ela não é. (...)

Comparando centenas de pesquisas, [o psicólogo americano] Martin Seligman e outros pesquisadores perceberam: a felicidade está naquilo que construímos de mais profundo – nossas experiências sociais. A vida bem vivida, sugere o psicólogo, é aquela que se equilibra sobre três pilares: os relacionamentos que mantemos, o engajamento que colocamos nas coisas e o sentido que damos à nossa existência. É isso, afinal, que as pessoas felizes têm em comum.

(...)

A verdade de cada um

Hoje, Claudia Dias Batista de Souza, 63 anos, não quer levar nada da vida. Mas houve um tempo em que quis o mesmo que todo mundo. "Achava que ser feliz era ter um bom marido, um bom emprego, um bom carro, sucesso", conta. Claudia cresceu em um bairro nobre de São Paulo, casou aos 14 anos, teve a única filha aos 17, se separou, estudou Direito, virou jornalista. Aos 24 anos, mudou para a Inglaterra. De lá, foi para os Estados Unidos, onde conheceu o segundo marido. E aos 36 anos descobriu que não queria mais nada daquilo. Claudia virou budista. Hoje é conhecida como monja Coen – palavra japonesa que significa "só e completa".

Foi porque estava em busca de algo que a ajudasse a se conhecer melhor que Claudia procurou o budismo. (...) E descobriu onde estava sua felicidade. "Eu era bravinha, exigente com os outros e comigo. No budismo, aprendi que o caminho da iluminação é conhecer a si mesmo. Isso me trouxe plenitude", conta. "Vi que sou um ser integrado ao mundo e, para ficar bem, preciso fazer o bem. A recompensa é incrível".

WEINGRILL, Nina; DE LUCCA, Roberta; FARIA, Roberta. Sorria. 09 jan. 2010

(CESGRANRIO) Dos pronomes abaixo, aquele que **NÃO** se refere a felicidade é

(A) "Em **seu** nome," (l. 5)
(B) "pensamos que **ela** é um direito." (l. 13)
(C) "(com esperança, **ela** vai chegar)" (l. 21-22)
(D) "Nós **a** confundimos com a conquista:" (l. 24)
(E) "é **aquela** que se equilibra..." (l. 47-48)

O único pronome que não se refere à felicidade, na respectiva passagem do texto, é "aquela", constante da alternativa "E". No trecho, o pronome demonstrativo está ligado ao termo "vida"

Gabarito "E"

(CESGRANRIO) Qual o trecho que pode ser substituído pela forma entre parênteses, de acordo com o registro culto e formal da língua?

(A) "...queremos ser felizes." (l. 1) (queremo-los)
(B) "traçamos planos," (l. 3) (traçamos-lhes)
(C) "...transformam a felicidade... (l. 27-28) (transformam-na)
(D) "...jogamos a responsabilidade..."(l. 33-34) (jogamos-lhe)
(E) "Comparando centenas de pesquisas," (l. 43) (comparando-lhes)

A: incorreta. O pronome deve ser conectado ao verbo "ser", verbo de ligação entre ele e o sujeito: "queremos sê-lo"; **B:** incorreta. "Traçar" é verbo transitivo direto, ou seja, seu complemento não leva preposição. Logo, descabe o pronome oblíquo "lhe", devendo ser usado o pronome "o": "traçamo-los"; **C:** correta. Está perfeita a colocação pronominal; **D:** incorreta, pela mesma razão da alternativa "B": "jogamo-la"; **E:** incorreta, pela mesma razão da alternativa "B": "comparando-as"

Gabarito "C"

Colisão entre caminhão e carro deixa 4 mortos em Pernambuco

Ana Lima Freitas – Texto adaptado

Uma colisão, na qual um caminhão foi de encontro a um carro, deixou 4 pessoas mortas e 2 feridas na noite desta terça-feira na cidade de Salgueiro, a 530 km do Recife, no sertão de Pernambuco. Entre as vítimas fatais, estavam engenheiros responsáveis pela construção da Ferrovia Transnordestina.

Segundo informações da Polícia Rodoviária Federal, o caminhão com placa do Rio Grande do Norte, o qual a Polícia recolheu ao depósito, colidiu com o carro, um veículo Gol, com placa do Ceará. Dos 4 ocupantes do Gol, 3 morreram. Entre eles estavam engenheiros responsáveis pela construção da Ferrovia Transnordestina. O motorista do caminhão também morreu no local do acidente. Ao Hospital Regional de Salgueiro as vítimas do referido acidente foram levadas.

<http://noticias.terra.com.br/transito/interna>. Acesso: em 26 ago. 2009.

(FUNRIO) Do texto, considere apenas o trecho: "...o caminhão com placa do Rio Grande do Norte, o qual a Polícia recolheu ao depósito, colidiu com o carro". Em relação ao termo "o qual", é correto afirmar que

(A) promove a coerência textual apontando o termo que o precede, sendo portanto catafórico.
(B) é tido como sujeito da frase, uma vez que substitui tal termo.
(C) pode ser substituído por "cuja" sem comprometer a coesão textual.
(D) é pronome relativo e pertence à segunda oração do período destacado.
(E) é pronome relativo, portanto, não poderia referir-se a um substantivo.

A: incorreta. Por se referir ao termo que o precede, o pronome relativo "o qual" tem função anafórica no período; **B:** incorreta. O sujeito da oração é "a Polícia"; **C:** incorreta. "Cuja"equivale a "da qual" ou "de quem", ou seja, indica posse, propriedade; **D:** correta. "A qual" é locução pronominal relativa que introduz uma oração subordinada adjetiva explicativa; **E:** incorreta. O pronome relativo pode se referir a um substantivo normalmente

Gabarito "D"

(CESPE) A figura abaixo ilustra uma janela do aplicativo Word 2000 contendo um documento que está sendo editado e que apresenta parte de um texto extraído e adaptado da Folha de S. Paulo, de 20/10/2003.

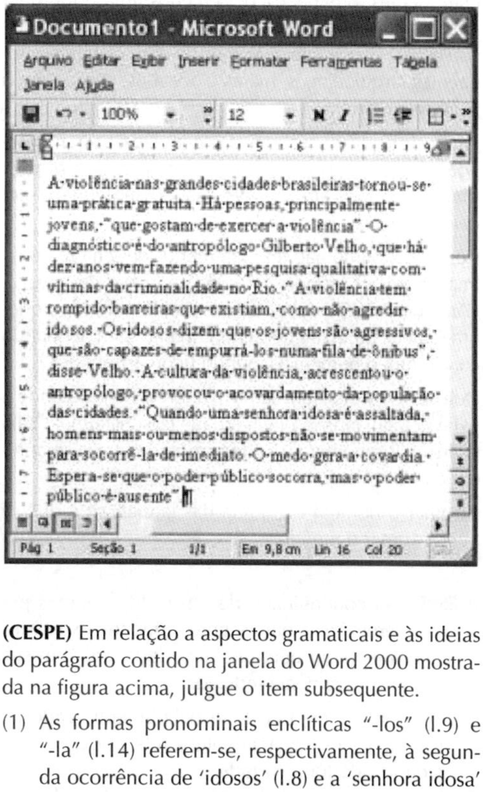

(CESPE) Em relação a aspectos gramaticais e às ideias do parágrafo contido na janela do Word 2000 mostrada na figura acima, julgue o item subsequente.

(1) As formas pronominais enclíticas "-los" (l.9) e "-la" (l.14) referem-se, respectivamente, à segunda ocorrência de 'idosos' (l.8) e a 'senhora idosa' (l.12).

1: correta. As referências mencionadas realmente coincidem com o texto. O uso dos pronomes é justificado para evitar a repetição desnecessária dos substantivos

Gabarito 1C

"Arrumar o homem"

(Dom Lucas Moreira Neves. *Jornal do Brasil*, jan. 1997)

Não boto a mão no fogo pela autenticidade da estória que estou para contar. Não posso, porém, duvidar da veracidade da pessoa de quem a escutei e, por isso, tenho-a como verdadeira. Salva-me, de qualquer modo, o provérbio italiano: "Se não é verdadeira... é muito graciosa!"

Estava, pois, aquele pai carioca, engenheiro de profissão, posto em sossego, admitido que, para um engenheiro, é sossego andar mergulhado em cálculos de estrutura. Ao lado, o filho, de 7 ou 8 anos, não cessava de atormentá-lo com perguntas de todo jaez, tentando conquistar um companheiro de lazer.

A ideia mais luminosa que ocorreu ao pai, depois de dez a quinze convites a ficar quieto e a deixá-lo trabalhar, foi a de pôr nas mãos do moleque um belo quebra-cabeça trazido da última viagem à Europa. "Vá brincando enquanto eu termino esta conta". sentencia entre dentes, prelibando pelo menos uma hora, hora e meia de trégua. O peralta não levará menos do que isso para armar o mapa do mundo com os cinco continentes, arquipélagos, mares e oceanos, comemora o pai-engenheiro.

Quem foi que disse hora e meia? Dez minutos depois, dez minutos cravados, e o menino já o puxava triunfante: "Pai, vem ver!" No chão, completinho, sem defeito, o mapa do mundo.

Como fez, como não fez? Em menos de uma hora era impossível. O próprio herói deu a chave da proeza: "Pai, você não percebeu que, atrás do mundo, o quebra-cabeça tinha um homem? Era mais fácil. E quando eu arrumei o homem, o mundo ficou arrumado!"

"Mas esse garoto é um sábio!", sobressaltei, ouvindo a palavra final. Nunca ouvi verdade tão cristalina: "Basta arrumar o homem (tão desarrumado quase sempre) e o mundo fica arrumado!"

Arrumar o homem é a tarefa das tarefas, se é que se quer arrumar o mundo.

(CESPE) Na continuidade de um texto, algumas palavras referem-se a outras anteriormente expressas; assinale o item em que a palavra destacada tem sua referência corretamente indicada:

(A) Não boto a mão no fogo pela autenticidade da estória <u>que</u> estou para contar – refere-se à autenticidade da estória narrada;

(B) Não posso, porém, duvidar da veracidade da pessoa de quem <u>a</u> escutei... – refere-se à veracidade da estória narrada;

(C) ...e, por <u>isso</u> tenho-a como verdadeira. – refere-se a não poder duvidar da veracidade da pessoa que lhe narrou a estória;

(D) ...tenho-<u>a</u> como verdadeira. – refere-se à pessoa que lhe narrou a estória do texto;

(E) Salva-<u>me</u> de qualquer modo, o provérbio italiano. – refere-se à pessoa de cuja veracidade o autor do texto não pode duvidar.

A: incorreta. A conjunção "que", nesse caso, refere-se a "estória"; **B:** incorreta. O pronome oblíquo "a" refere-se a "estória"; **C:** correta. O pronome indefinido "isso" remete à oração imediatamente anterior; **D:** incorreta. O pronome oblíquo "a" refere-se, novamente, a "estória"; **E:** incorreta. O pronome oblíquo "me" refere-se ao próprio narrador (pronome reflexivo)

Gabarito "C"

8. CONCORDÂNCIA

Romance LXXXI ou Dos Ilustres Assassinos

Ó grandes oportunistas,
sobre o papel debruçados,
que calculais mundo e vida
em contos, doblas, cruzados,
que traçais vastas rubricas
e sinais entre laçados,
com altas penas esquias,
embebidas em pecados!
Ó personagens solenes
que arrastais os apelidos
como pavões auriverdes
seus rutilantes vestidos,
– todo esse poder que tendes
confunde os vossos sentidos:
a glória, que amais, é desses
que por vós são perseguidos.
Levantai-vos dessas mesas,
sai de vossas molduras,
vede que masmorras negras,
que fortalezas seguras,
que duro peso de algemas,
que profundas sepulturas
nascidas de vossas penas,
de vossas assinaturas!
Considerai no mistério
dos humanos desatinos,
e no polo sempre incerto
dos homens e dos destinos!
Por sentenças, por decretos,
parecereis divinos:
e hoje sois, no tempo eterno,
como ilustres assassinos.
Ó soberbos titulares,
tão desdenhosos e altivos!
Por fictícia autoridade,
vãs razões, falsos motivos,
inutilmente matastes:
– vossos mortos são mais vivos:
e , sobre vós, de longe, abrem
grandes olhos pensativos.

Cecília Meireles. *O Romanceiro da Inconfidência.*
Rio de Janeiro Nova Fronteira, 1989, p. 267-8

(CESPE) Com base no poema acima, julgue o item subsequente.

(1) No verso 23, a forma verbal "nascidas", apesar de referir-se a todas as expressões nominais que a antecedem, concorda apenas com a mais próxima, conforme faculta regra de concordância nominal.

1: incorreta. Trata-se de *pegadinha* muito rasa do examinador. A questão trata de concordância **verbal,** não nominal.

Gabarito 1E

Na verdade, o que hoje definimos como democracia só foi possível em sociedades de tipo capitalista, mas não necessariamente de mercado. De modo geral, a democratização das sociedades impõe limites ao mercado, assim como desigualdades sociais em geral não contribuem para a fixação de uma tradição democrática. Penso que temos de refletir um pouco a respeito do que significa democracia. Para mim, não se trata de um regime com características fixas, mas de um processo que, apesar de constituir formas institucionais, não se esgota nelas. É tempo de voltar ao filósofo Espinosa e imaginar a democracia como uma potencialidade do social, que, se de um lado exige a criação de formas e de configurações legais e institucionais, por outro não permite parar. A democratização no século XX não se limitou à extensão de direitos políticos e civis. O tema da igualdade atravessou, com maior ou menor força, as chamadas sociedades ocidentais.

Renato Lessa. Democracia em debate. In: Revista Cult, n.º 137, ano 12, jul./2009, p. 57 (com adaptações).

(CESPE) Com base nas estruturas linguísticas e nas relações argumentativas do texto acima, julgue o item seguinte.

(1) Na linha 8, a flexão de singular em "não se trata" deve-se ao emprego do singular em "um regime".

1: incorreta. Emprega-se o singular porque estamos diante de oração com sujeito indeterminado, não por regras de concordância.

Gabarito 1E

O uso do espaço público nas grandes cidades é um desafio. Sobretudo porque algumas regras básicas de boa convivência não são respeitadas. Por exemplo, tentar sair de um vagão do metrô com a multidão do lado de fora querendo entrar a qualquer preço, sem esperar e dar passagem aos demais usuários. Ou andar por ruas sujas de lixo, com fezes de cachorro e cheiro de urina. São situações que transformam o convívio urbano em uma experiência ruim. A saída é a educação. Convencidos disso, empresas e governos estão bombardeando a população com campanhas de conscientização — e multas, quando só as advertências não funcionarem. Independentemente da estratégia, o senso de urgência para uma mudança de comportamento na sociedade brasileira veio para ficar.
As iniciativas são louváveis. Caso a população, porém, se sinta apenas punida ou obrigada a uma atitude, e não parte da comunidade, os benefícios não se tornarão duradouros.

Suzane G. Frutuoso. Vai doer no bolsão. In: Istoé, 22/7/2009, p. 74-5 (com adaptações).

(CESPE) A respeito da organização das estruturas linguísticas do texto acima e da redação de correspondências oficiais, julgue o item subsequente.

(1) Respeitam-se a coerência da argumentação do texto e a sua correção gramatical, se, em vez de se empregar "do espaço público" (l.1), no singular, esse termo for usado no plural: dos espaços públicos.

1: correta, pois realmente não há qualquer prejuízo no uso do plural, considerando que o texto se refere aos espaços públicos em geral.

Gabarito 1C

Texto

A maioria dos comentários sobre crimes ou se limitam a pedir de volta o autoritarismo ou a culpar a violência do cinema e da televisão, por excitar a imaginação criminosa dos jovens. Poucos pensam que vivemos em uma sociedade que estimula, de forma sistemática, a passividade, o rancor, a impotência, a inveja e o sentimento de nulidade nas pessoas. Não podemos interferir na política, porque nos ensinaram a perder o gosto pelo bem comum; não podemos tentar mudar nossas relações afetivas, porque isso é assunto de cientistas; não podemos, enfim, imaginar modos de viver mais dignos, mais cooperativos e solidários, porque isso é coisa de "obscurantista, idealista, perdedor ou ideólogo fanático", e o mundo é dos fazedores de dinheiro. Somos uma espécie que possui o poder da imaginação, da criatividade, da afirmação e da agressividade. Se isso não pode aparecer, surge, no lugar, a reação cega ao que nos impede de criar, de colocar no mundo algo de nossa marca, de nosso desejo, de nossa vontade de poder. Quem sabe e pode usar — com firmeza, agressividade, criatividade e afirmatividade — a sua capacidade de doar e transformar a vida, raramente precisa matar inocentes, de maneira bruta. Existem mil outras maneiras de nos sentirmos potentes, de nos sentirmos capazes de imprimir um curso à vida que não seja pela força das armas, da violência física ou da evasão pelas drogas, legais ou ilegais, pouco importa.

Jurandir Freire Costa. In: Quatro autores em busca do Brasil. Rio de Janeiro: Rocco, 2000, p. 43 (com adaptações).

(CESPE) Julgue o item a seguir, a respeito do emprego das estruturas linguísticas do texto acima.

(1) Na linha 2, é obrigatório o emprego da forma verbal "limitam" para concordar com o sujeito da oração.

1: incorreta. O uso do plural não é obrigatório, porque em construções dessa natureza, o verbo pode tanto concordar com a palavra que está mais próxima ("comentários"), quanto com o determinante ("maioria"), hipótese em que se usaria o singular e a oração também estaria correta.

Gabarito 1E

Texto

No nosso cotidiano, estamos tão envolvidos com a violência que tendemos a acreditar que o mundo nunca foi tão violento como agora: pelo que nos contam nossos pais e outras pessoas mais velhas, há dez, vinte ou trinta anos, a vida era mais segura, certos valores eram mais respeitados e cada coisa parecia ter o seu lugar. Essa percepção pode ser correta, mas precisamos pensar nas diversas dimensões em que pode ser interpretada. Se ampliarmos o tempo histórico, por exemplo, ela poderá se mostrar incorreta. Embora a violência não seja um fenômeno dos dias de hoje, pois está presente em toda e qualquer sociedade humana, sua ocorrência varia no grau, na forma, no sentido que adquire e na própria lógica nos diferentes períodos da História. O modo como o homem a vê e a vivencia atualmente é muito diferente daquele que havia na Idade Média, por exemplo, ou em outros períodos históricos em outras sociedades.

Andréa Buoro et al. Violência urbana – dilemas e desafios. São Paulo: Atual, 1999, p. 12 (com adaptações).

(CESPE) Com relação ao emprego das estruturas linguísticas do texto acima, julgue os itens abaixo.

(1) Por referir-se ao sujeito da oração iniciada com "tendemos" (l.2), a forma verbal no infinitivo "acreditar" (l.2) poderia ser empregada flexionada: acreditarmos.

(2) Se, em lugar do pronome plural "nos" (l.3), fosse empregado o singular, me, o verbo que o segue deveria ser empregado no singular: conta.

(3) Na linha 5, a forma verbal "parecia ter", empregada no singular, é gramaticalmente invariável: mesmo que o sujeito fosse plural, ela teria de ser empregada no singular.

(4) Se o trecho "toda e qualquer sociedade humana" (l.10) fosse reescrito no plural, ter-se-ia: todas e qualquer sociedades humanas.

(5) Se "O modo" (l.12) for empregado no plural, é obrigatória a substituição do restante do sujeito por "como os homens a veem e a vivenciam".

1: incorreta. Em locuções verbais, a concordância é feita com o verbo auxiliar, mantendo-se sempre o principal no infinitivo; **2:** incorreta. "Contam" concorda com "nossos pais e outras pessoas mais velhas", razão pela qual permaneceria no plural mesmo com a alteração sugerida. **3:** incorreta. A locução verbal "parecia ter" é variável, devendo ser transposta para o plural para concordar com o sujeito caso esse fosse plural; **4:** incorreta. O correto seria: "Todas e quaisquer sociedades humanas"; **5:** incorreta. O pronome oblíquo "a" refere-se à violência, que permaneceria no singular mesmo com a alteração sugerida. Com isso, o restante do período não precisaria ser alterado ("Os modos como o homem a vê e a vivencia" – significando que existem várias formas de ver e vivenciar a violência).

Gabarito 1E, 2E, 3E, 4E, 5E

Um desafio cotidiano

Recentemente me pediram para discutir os desafios políticos que o Brasil tem pela frente. Minha primeira dúvida foi se eles seriam diferentes dos de ontem.

Os problemas talvez sejam os mesmos, o país é que mudou e reúne hoje mais condições para enfrentá-los que no passado. A síntese de minhas conclusões é que precisamos prosseguir no processo de democratização do país.

Kant dizia que a busca do conhecimento não tem fim. Na prática, democracia, como um ponto final que uma vez atingido nos deixa satisfeitos e por isso decretamos o fim da política, não existe. Existe é democratização, o avanço rumo a um regime cada vez mais inclusivo, mais representativo, mais justo e mais legítimo. E quais as condições objetivas para tornar sustentável esse movimento de democratização crescente?

Embora exista forte correlação entre desenvolvimento e democracia, as condições gerais para sua sustentação vão além dela. O grau de legitimidade histórica, de mobilidade social, o tipo de conflitos existentes na sociedade, a capacidade institucional para incorporar gradualmente as forças emergentes e o desempenho efetivo dos governos são elementos cruciais na sustentação da democratização no longo prazo.

Nossa democracia emergente não tem legitimidade histórica. Esse requisito nos falta e só o alcançaremos no decorrer do processo de aprofundamento da democracia, que também é de legitimação dela.

Uma parte importante desse processo tem a ver com as relações rotineiras entre o poder público e os cidadãos. Qualquer flagrante da rotina desse relacionamento arrisca capturar cenas explícitas de desrespeito e pequenas ou grandes tiranias. As regras dessa relação não estão claras. Não existem mecanismos acessíveis de reclamação e desagravo.

(CESPE) Com relação às ideias do texto acima, julgue o seguinte item.

(1) Se o substantivo "movimento" (l. 13) estivesse empregado no plural, também os adjetivos "sustentável" (l. 12) e "crescente" (l. 13) precisariam estar no plural.

1: incorreta. Apenas o adjetivo "sustentável" deveria ir para o plural. "Crescente" refere-se a "democratização".

Gabarito 1E

Texto

A Revolução Industrial provocou a dissociação entre dois pensamentos: o científico e tecnológico e o humanista. A partir do século XIX, a liberdade do homem começa a ser identificada com a eficiência em dominar e transformar a natureza em bens e serviços. O conceito de liberdade começa a ser sinônimo de consumo. Perde importância a prática das artes e consolidam-se a ciência e a tecnologia. Relega-se a preocupação ética. A procura da liberdade social se faz sem considerar-se sua distribuição. A militância política passa a ser tolerada, mas como opção pessoal de cada um.

Essa ruptura teve o importante papel de contribuir para a revolução do conhecimento científico e tecnológico. A sociedade humana se transformou, com a eficiência técnica e a consequente redução do tempo social necessário à produção dos bens de sobrevivência.

O privilégio da eficiência na dominação da natureza gerou, contudo, as distorções hoje conhecidas: em vez de usar o tempo livre para a prática da liberdade, o homem reorganizou seu projeto e refez seu objetivo no sentido de ampliar o consumo. O avanço técnico e científico, de instrumento da liberdade, adquiriu autonomia e passou a determinar uma estrutura social opressiva, que servisse ao avanço técnico e científico. A liberdade identificou-se com a ideia de consumo. Os meios de produção, que surgiram no avanço técnico, visam ampliar o nível dos meios de produção.

Graças a essa especialização e priorização, foi possível obter-se o elevado nível do potencial de liberdade que o final do século XX oferece à humanidade. O sistema capitalista permitiu que o homem atingisse as vésperas da liberdade em relação ao trabalho alienado, às doenças e à escassez. Mas não consegue permitir que o potencial criado pela ciência e tecnologia seja usado com a eficiência desejada.

(Cristovam Buarque, Na fronteira do futuro. Brasília: EDUnB, 1989, p. 13; com adaptações)

(CESPE) Com relação às ideias do texto acima, julgue o seguinte item

(1) No trecho do último parágrafo "Graças a essa especialização e priorização", de acordo com as regras de concordância nominal, o emprego do pronome demonstrativo "essa" no singular indica que tal termo se refere apenas ao substantivo "especialização" e não a "priorização".

1: incorreta. A norma culta reconhece a possibilidade de o pronome concordar em gênero e número apenas com a palavra mais próxima, principalmente se ele estiver anteposto.

Gabarito 1E

Texto para a próxima questão.

TEXTO – DIAGNÓSTICO

O Globo, 15/10/2004

Em oito anos, o número de turistas no Rio de Janeiro dobrou, enquanto os assaltos a turistas foram multiplicados por três, alcançando hoje a média de dez casos por dia. Considerando a importância que o turismo tem para a cidade – que anualmente recebe 5,7 milhões de visitantes de outros estados e do estrangeiro, destes, aliás, quase 40% dos que chegam ao Brasil têm como destino o Rio – é alarmante esse grau crescente de insegurança.

Por maior que tenha sido a indignação manifestada pelo governo federal, são números que reforçam o alerta do Departamento de Estado americano a agências de turismo dos Estados Unidos, divulgado no início do mês, a respeito do perigo que apresentam o Rio e outras grandes cidades brasileiras.

Não é exagero classificar de urgente a tarefa de fazer o turista se sentir mais seguro no Rio, considerando que os visitantes movimentam 13% da economia da cidade e que dentro de três anos teremos aqui o Pan. Parte da solução é simples: reforçar o policiamento ostensivo. A Secretaria de Segurança do Estado informa que há quase duas centenas de policiais patrulhando a orla, do Leblon ao Leme, mas não é o que se vê – nem é o que percebem os assaltantes.

Muitos destes aliás, são menores de idade com que o poder público simplesmente não sabe lidar, por falta de ação integrada entre autoridades estaduais e municipais, empenhadas num jogo de empurra sobre a responsabilidade por tirá-los das ruas. O que lhes confere uma percepção de impunidade que só faz piorar a situação.

Impunidade é também a sensação que resulta do deficiente trabalho de investigação policial: se não se consegue impedir o crime, sua gravação pelas câmeras da orla de pouco serve, pois não há um esquema eficaz de inteligência nem estrutura técnica adequada para seguir pistas.

É fácil atribuir todos os problemas à falta de verbas. Mas é mais justo falar em dinheiro mal aplicado. As próprias autoridades anunciam fartos investimentos em aparato tecnológico contra o crime; o retorno que deveria produzir a aplicação eficiente desse dinheiro seria o que não está acontecendo: a redução a níveis mínimos dos assaltos a turistas.

(NCE-UFRJ) A frase do texto que apresenta uma dupla possibilidade de concordância verbal é:

(A) "...o número de turistas no Rio de Janeiro dobrou...";

(B) "...não há um esquema eficaz de inteligência nem estrutura técnica adequada para seguir pistas";

(C) "...quase 40% dos que chegam...";
(D) "...nem o que percebem os assaltantes";
(E) "...que apresentam o Rio e outras grandes cidades brasileiras".

A única hipótese de dupla concordância verbal ocorre na alternativa "E", que pode também ser grafada: "que apresenta o Rio e outras grandes cidades brasileiras", por conta da presença do artigo definido "o".

Gabarito "E"

Texto para a próxima questão.

As mudanças e transformações globais nas estruturas políticas e econômicas no mundo contemporâneo colocam em relevo as questões de identidade e as lutas pela afirmação e manutenção das identidades nacionais e étnicas. Mesmo que o passado que as identidades atuais reconstroem seja, sempre, apenas imaginado, ele proporciona alguma certeza em um clima que é de mudança, fluidez e crescente incerteza. As identidades em conflito estão localizadas no interior de mudanças sociais, políticas e econômicas, mudanças para as quais elas contribuem.

Tomaz Tadeu da Silva (Org.). Stuart Hall e Kathryn Woodward. **Identidade e diferença — A perspectiva dos estudos culturais**. Petrópolis: Vozes, 2004, p. 24-5 (com adaptações).

(CESPE) Os itens abaixo apresentam propostas de reescrita para a oração inicial do texto. Julgue-os quanto à concordância verbal e nominal.

I. A mudança e a transformação global na estrutura política e econômica no mundo contemporâneo coloca em relevo as questões de identidade.
II. A mudança e a transformação globais nas estruturas políticas e econômicas no mundo contemporâneo coloca em relevo as questões de identidade.
III. A existência de mudanças e transformações globais nas estruturas políticas e econômicas no mundo contemporâneo coloca em relevo as questões de identidade.
IV. O fato de as estruturas políticas e econômicas no mundo contemporâneo passarem por mudanças e transformações globais coloca em relevo as questões de identidade.

Estão certos apenas os itens
(A) I e II.
(B) I e III.
(C) II e III.
(D) II e IV.
(E) III e IV.

I: incorreta. A expressão "na estrutura" deve ir para o plural, concordando com "política e econômica": "(...) nas estruturas política e econômica no mundo (...)". Ademais, o verbo "colocar" deve concordar com "a mudança e a transformação", ou seja, deve ir para o plural "colocam"; **II:** incorreta. Mais uma vez, o verbo "colocar" deveria concordar com "a mudança e a transformação", indo para o plural; **III:** correta, porque, nesta oração, o verbo "colocar" concorda com "existência", no singular; IV: correta, pela mesma razão da anterior. "Colocar" concorda com "fato", ambos no singular.

Gabarito "E"

(IPAD) No que se refere à concordância verbal, analise os enunciados abaixo.

(1) O resultado das pesquisas realizadas recentemente mostram que o brasileiro não confia na sua polícia.
(2) Estávamos tão apavorados que nenhum de nós ousamos desafiar a força policial.
(3) Durante as comemorações, a população ficou tranquila, porque haviam diversos policiais guardando o local.
(4) Já faz muitos anos que a população recifense não se sente segura para sair de casa à noite.
(5) É preciso frear a violência; mas, para isso, faltam coragem e determinação.

Está(ão) *correto(s)*, apenas:
(A) 2 e 3.
(B) 4 e 5.
(C) 1 e 3.
(D) 3.
(E) 1, 2 e 4.

1: incorreta. O verbo "mostrar" deveria concordar com o núcleo do sujeito "resultado", sendo grafado no singular; **2:** incorreta. "Nenhum" é singular, de forma que o verbo "desafiar" também deveria estar no singular: "nenhum de nós ousou"; **3:** incorreta. No sentido de "existir", o verbo "haver" é impessoal, ou seja, não se flexiona: "(...) porque havia diversos policiais (...)"; **4:** correta; **5:** correta.

Gabarito "B"

(UESPI) Em qual das alternativas abaixo está correta a concordância verbal?

(A) O povo, com auxílio da mídia, atrapalham o andamento do caso.
(B) Fala-se de opiniões públicas, mas não de bons argumentos.
(C) O problema dos relatos jornalísticos veiculados residem na abordagem sensacionalista dos fatos.
(D) As punições severas tratam-se de medidas cabíveis no combate à impunidade.
(E) Devem haver lugares mais pacíficos que o Polo Norte.

A: incorreta. O verbo "atrapalhar" deveria concordar com o núcleo do sujeito "povo", ou seja, deveria estar no singular; **B:** correta; **C:** incorreta. Da mesma forma que na alternativa A, "residir" deveria concordar com "problema": "o problema (...) reside na abordagem (...)"; **D:** incorreta. O verbo "tratar", no sentido usado na oração, não deveria estar na forma pronominal, isto é, deve vir desacompanhado da partícula "se"; **E:** incorreta. A locução verbal "deve haver", no sentido de "possivelmente existe", é impessoal e, por isso, não se flexiona: "deve haver lugares mais pacíficos (...)".

Gabarito "B"

(FGV) "Estima-se que possam ser expulsos da Europa 8 milhões de estrangeiros..."

Assinale a alternativa em que se tenha mantido a concordância adequada à norma culta ao se reescrever o trecho acima.

(A) Estima-se que possa ser expulso da Europa dez por cento dos estrangeiros...
(B) Estima-se que possam ser expulsos da Europa 1 milhão do grupo...
(C) Estima-se que possam ser expulsos da Europa milhares de pessoas...
(D) Estima-se que possa ser expulso da Europa três quartos dos estrangeiros...
(E) Estima-se que possam ser expulsos da Europa 1,98% do grupo...

A: incorreta. "Estrangeiros" é o núcleo do sujeito da oração, razão pela qual os demais componentes devem concordar com o termo: "possam ser expulsos (...) dez por cento dos estrangeiros"; **B:** incorreta. Ao contrário da alternativa anterior, o núcleo do sujeito "grupo" é singular, devendo constar no singular também os demais elementos: "possa ser expulso (...) 1 milhão do grupo"; **C:** correta. Devemos atentar que o termo "milhar", "milhares", é masculino e exerce a função de núcleo do sujeito, sendo "de pessoas" apenas seu adjunto (complemento). Correto, portanto, dizer "possam ser expulsos milhares de pessoas"; **D:** incorreta, conforme comentário à alternativa "A"; **E:** incorreta, conforme comentário à alternativa "B".

Gabarito "C"

(FGV) "...as mazelas da imigração só podem ser resolvidas com a integração dos estrangeiros às sociedades..."

Assinale a alternativa em que a transformação da estrutura acima tenha preservado o mesmo sentido e tenha se mantido de acordo com a norma culta.

(A) só se podem resolver as mazelas da imigração com a integração dos estrangeiros às sociedades
(B) as mazelas da imigração só pode se resolver pela integração dos estrangeiros às sociedades
(C) as mazelas da imigração pode ser resolvida só com a integração dos estrangeiros às sociedades
(D) podem-se resolver só as mazelas da imigração com a integração dos estrangeiros às sociedades
(E) pode-se resolver só as mazelas da imigração com a integração dos estrangeiros às sociedades

A: correta; **B:** incorreta. O verbo "poder" deve concordar com "mazelas", ou seja, deve ir para o plural: "as mazelas da imigração só podem se resolver (...)"; **C:** incorreta. Da mesma forma que na alternativa anterior, os verbos "poder" e "resolver" devem concordar com "mazelas": "as mazelas da imigração podem ser resolvidas só com a (...)"; **D:** incorreta. A alteração da posição dos termos da oração acaba por alterar-lhe o sentido. Nesta alternativa, apesar de gramaticalmente correta, passa-se a ideia de que a integração dos estrangeiros resolveria apenas e tão somente as mazelas da imigração; **E:** incorreta, pelas mesmas razões acima. Não há problema, aqui, com o verbo no singular, porque a partícula "se" exerce a função de índice de indeterminação do sujeito.

Gabarito "A"

(FGV) "...há espaços isolados denominados 'centros de retenção'..." (L.28-29)

Assinale a alternativa em que a transformação da estrutura não se manteve de acordo com a norma culta.

(A) existem espaços isolados denominados "centros de retenção"
(B) deve haver espaços isolados denominados "centros de retenção"
(C) podem existir espaços isolados denominados "centros de retenção"
(D) houve espaços isolados denominados "centros de retenção"
(E) há de existir espaços isolados denominados "centros de retenção"

A única alternativa incorreta é a letra "E", porque a locução verbal "há de existir" não está concordando em número com "espaços isolados". Nas locuções verbais, o verbo auxiliar deve concordar com o seu complemento: "hão de existir espaços isolados (...)".

Gabarito "E"

É essencial que as autoridades revejam as providências referentes ao tratamento e à custódia de todos os presos, a fim de assegurar que os mesmos sejam tratados com humanidade e em conformidade com a legislação brasileira e o conjunto de princípios da Organização das Nações Unidas (ONU) sobre proteção de todo indivíduo sob qualquer forma de detenção ou reclusão, as regras mínimas da ONU sobre o tratamento de prisioneiros e o artigo 10 do Acordo Internacional sobre os Direitos Civis e Políticos (ICCPR), que reza que todo indivíduo privado de liberdade deve ser tratado com humanidade e respeito pela dignidade inerente à pessoa humana.

Anistia Internacional. **Tortura e maus-tratos no Brasil,** 2001, p. 72 (com adaptações).

(CESPE) Tendo o texto acima por referência e considerando o tema por ele tratado, julgue o item seguinte.

(1) Como o texto se refere a várias ações, seria gramaticalmente correto substituir "É essencial" (L.1) por São essenciais.

1: incorreta. A expressão "É essencial" é oração principal do período composto por subordinação e "essencial" é um advérbio, portanto não se flexiona.

Gabarito "E"

Falar em direitos humanos no Brasil é falar de lutas sociais que se desenrolam em uma sociedade que carrega marcas históricas de desmandos, violências, arbitrariedades, desigualdades e injustiças. Os resultados não poderiam ser outros, senão o quadro de violações aos direitos humanos que permeiam as relações sociais em praticamente toda a sociedade brasileira e que atingem com maior brutalidade as populações empobrecidas e socialmente excluídas.

O importante avanço institucional que conquistamos

com o fim do ciclo totalitário, a redemocratização do país e a volta das instituições democráticas, não foi acompanhado de correspondente avanço no que se refere aos direitos econômicos, sociais e culturais. Perpetuam-se no Brasil os modelos econômicos que aprofundam o escandaloso quadro de concentração de renda e contrastes sociais. O agravamento da situação de desesperança de nosso povo, atingido duramente pela exclusão social, pela falência dos serviços públicos e pela violência crescente, seja no campo seja nas grandes cidades, exige da sociedade civil brasileira uma atuação consciente, transformadora e efetiva.

Internet: <http://www.mndh.org/br/asp> (com adaptações).

(CESPE) Considerando o texto acima como referência e tendo em vista o que ele aborda, julgue o item que se segue.

(1) A expressão "Perpetuam-se" (L.13) está no plural para concordar com "contrastes sociais" (L.15).

1: incorreta. No trecho, "perpetuam-se" concorda com "modelos econômicos", seu objeto direto.

Gabarito 1E

A adoção, pela Assembleia Geral das Nações Unidas, da Declaração Universal dos Direitos Humanos, em 1948, constitui o principal marco no desenvolvimento da ideia contemporânea de direitos humanos. Os direitos inscritos nessa Declaração constituem um conjunto indissociável e interdependente de direitos individuais e coletivos, civis, políticos, econômicos, sociais e culturais, sem os quais a dignidade da pessoa humana não se realiza por completo. A Declaração transformou-se, nesta última metade de século, em uma fonte de inspiração para a elaboração de diversas cartas constitucionais e tratados internacionais voltados à proteção dos direitos humanos. Esse documento, chave do nosso tempo, tornou-se um autêntico paradigma ético a partir do qual se pode medir e contestar a legitimidade de regimes e governos. Os direitos ali inscritos constituem hoje um dos mais importantes instrumentos de nossa civilização, visando assegurar um convívio social digno, justo e pacífico.

Internet: <http://www.direitoshumanos.usp.br/dhbrasil/pndh> (com adaptações).

(CESPE) Com base no texto acima e considerando o tema por ele focalizado, julgue o item subsequente.

(1) Se a expressão "os quais" (L.8) viesse no singular — o qual — para concordar com "um conjunto" (L.5), haveria prejuízo para a correção gramatical do período.

1: incorreta. É possível que a locução pronominal relativa "o qual" concorde, no singular, com "um conjunto" sem prejuízo para a correção gramatical.

Gabarito 1E

(ACAFE) Assinale a alternativa que está de acordo com as normas do português padrão, considerando a substituição de "um policial" por "os policiais" na frase:

"Um policial, normalmente pouco treinado pelo Estado, se no cumprimento do dever errar um tiro, será trucidado e execrado pela opinião pública".

(A) Os policiais, normalmente pouco treinados pelo Estado, se no cumprimento do dever erram um tiro, seriam trucidados e execrados pela opinião pública.
(B) Os policiais, normalmente pouco treinados pelo Estado, se no cumprimento do dever errarem um tiro, serão trucidados e execrados pela opinião pública.
(C) Os policiais, normalmente pouco treinados pelo Estado, se no cumprimento do dever errar um tiro, serão trucidados e execrados pela opinião pública.
(D) Os policiais, normalmente poucos treinados pelo Estado, se no cumprimento do dever erram um tiro, serão trucidados e execrados pela opinião pública.

A transposição do sujeito da oração do singular ("um policial") para o plural ("os policiais") determina a concordância em gênero de número dos demais termos da oração, mantendo-se os tempos e modos verbais utilizados. **A:** incorreta, porque o verbo "ser" foi alterado incorretamente do modo subjuntivo para o modo indicativo ("se (...) errar" para "se (...) erram"). O correto é "se (...) errarem"; **B:** correta; **C:** incorreta, porque, no mesmo ponto da oração comentado na alternativa "A", faltou o verbo concordar em número com o sujeito (ele foi mantido no singular ao invés de ir para o plural). O correto é "se (...) errarem"; **D:** incorreta. Além do mesmo erro cometido na alternativa "A", há ainda a colocação errônea do plural "poucos". A palavra "pouco", na oração, exerce função de advérbio e, como tal, não é flexionado, devendo ser mantido no singular.

Gabarito "B"

(ACAFE) Se na frase "Um amigo meu se orgulha de ter se safado oito vezes de levar um tiro na testa", a expressão "um amigo meu" for substituída pelo pronome "nós", qual das alternativas a seguir está gramaticalmente correta?

(A) Nós se orgulhamos de nos ter safado oito vezes de levar um tiro na testa.
(B) Nós nos orgulha de nos ter safado oito vezes de levar um tiro na testa.
(C) Nós nos orgulhamos de ter se safado oito vezes de levar um tiro na testa.
(D) Nós nos orgulhamos de termo-nos safado oito vezes de levar um tiro na testa.

"Orgulhar-se" e "safar-se" são verbos reflexivos e, por isso, além deles mesmos terem de concordar com o sujeito, impõem o mesmo destino aos pronomes reflexivo. Portanto, a oração correta no plural é a disposta na alternativa "D", por ser a única em que todos os elementos da oração foram corretamente transpostos para a primeira pessoa do plural.

Gabarito "D"

(ACADEPOL) A concordância verbal e nominal está de acordo com a língua culta escrita em:

(A) É dever da família, da sociedade e do Estado assegurarem proteção suficientes a criança e ao adolescente.
(B) Calças cinzas-escuros e camisetas verdes-claras compunha o uniforme.
(C) A queda das bolsas de valores mostraram o tamanho dos problemas econômicos-sociais.
(D) O debate dos diferentes segmentos da sociedade a respeito de problemas político-sociais contribui para os avanços da democracia.
(E) Se tivéssemos bastante petróleo, mas sem capacidade técnico-financeiro de explorá-lo, haveriam outros tipos de problema.

A: incorreta, na medida em que o verbo "assegurar" concorda com o sujeito da oração "dever", então deveria estar no singular; **B:** incorreta. Nos adjetivos compostos que designam cores, a norma culta determina que apenas o segundo termo concordará com o substantivo, exceto se for um outro substantivo. Assim, "calças verde-escuras e camisetas verde-claras" (mas "calças verde-água", pois "água" é substantivo). Há, ainda, outro erro: o verbo "compor" deve concordar com o plural do sujeito – "compunham"; **C:** incorreta. O núcleo do sujeito é "queda", no singular, portanto o verbo "mostrar" deveria estar no singular – "mostrou". Além disso, em adjetivos compostos formados por dois adjetivos apenas o segundo concorda com o substantivo. Assim, "problemas econômico-sociais"; **D:** correta, devendo ser assinalada. Perceba que o verbo "contribuir" está corretamente no singular, concordando com o núcleo do sujeito "debate"; **E:** incorreta. O verbo "haver", no sentido de "existir", é impessoal e, portanto, não deve ser flexionado: "(...) haveria outros tipos de problema".

Gabarito "D"

Texto

Papiloscopista quer esclarecer profissão

O Sindicato dos Profissionais da Ciência da Papiloscopia realiza amanhã palestras de conscientização sobre o trabalho desses profissionais, que comemoram em cinco de fevereiro o seu dia.

De acordo com a presidente do sindicato, Lucicleide do Espírito Santo Moraes, apesar de desenvolver atividades essenciais nas áreas civil e criminal, o papiloscopista não é um profissional reconhecido pela população.

A maioria das pessoas não sabe, diz ela, que o profissional da papiloscopia realiza desde a expedição da carteira de identidade e atestado de antecedentes, até perícias para a identificação da autoria de delitos e também dos cadáveres que são levados ao Instituto Médico Legal. É o papiloscopista que busca e pesquisa as impressões digitais que são fundamentais para desvendar crimes. "A população necessita diariamente desse serviço, mas em geral ela desconhece o profissional que o realiza", observa Lucicleide Moraes.

Internet: <www.diariodecuiaba.com.br> (com adaptações).

(CESPE) Com referência aos aspectos semânticos e gramaticais do texto acima, julgue o item que se segue.

(1) Haveria erro de concordância nominal caso se substituísse a expressão "nas áreas civil e criminal" (l.7) por na área civil e na criminal.

1: incorreta. A expressão sugerida, no singular, está integralmente correta.

Gabarito 1E

Questões como a necessidade de aprimorar a eficiência no uso, no tratamento e na distribuição da água são discutidas diariamente ao redor do mundo, porém o fato é que um bilhão de pessoas não têm acesso à água potável segundo dados oficiais da ONU. Atualmente, existe um movimento de especialistas para que a cobrança sobre o uso da água aumente como uma forma de arrecadar dinheiro para lidar com o problema. Em Washington, por exemplo, há um plano de dobrar o preço da água ao longo dos próximos cinco anos para ajudar a cidade a restaurar os encanamentos, que já têm 76 anos de idade.

De acordo com a Organização para a Cooperação e Desenvolvimento Econômico (OCDE), que acaba de publicar três relatórios sobre a questão, colocar o preço certo na água incentivará as pessoas a investir mais em infraestrutura e a desperdiçar e poluir menos. Em muitos países, tarifas já são aplicadas sobre o uso da água, tendo aumentado principalmente em conjunto com os investimentos em sistemas de tratamento de efluentes mais adequados ambientalmente. Os preços variam bastante, de forma que uma banheira cheia pode custar dez vezes mais na Dinamarca e na Escócia do que no México.

O desafio, segundo a OCDE, é equilibrar objetivos financeiros, ambientais e sociais nas políticas de precificação da água. Atualmente, a agricultura utiliza mais água do que residências e indústrias juntas, cerca de 70% do consumo global de água potável. Um dos relatórios demonstra que, apesar de este uso ter diminuído em alguns países, principalmente no leste europeu, outros países, como Grécia, Coreia, Nova Zelândia e Turquia, registraram grandes aumentos desde a década passada.

As projeções indicam que, em 2050, o consumo de água direcionado à produção agrícola para alimentar a crescente população mundial deve dobrar. Um dos relatórios da OCDE sugere que os agricultores paguem não apenas os custos operacionais e de manutenção da água, mas também parte dos custos da infraestrutura. É citado o exemplo da Austrália, que conseguiu cortar a água para irrigação pela metade sem perdas na produção.

Outro relatório examina maneiras de atrair novos recursos financeiros para fortalecer investimentos nos serviços de água e saneamento. Por exemplo, o estado indiano de Tamil Nadu melhorou o acesso ao mercado de pequenas usinas de resíduos ao juntar os projetos de água e saneamento em pacotes de investimento e combinar diferentes fontes de capital para financiar os pacotes. Isto reduz o risco de inadimplência, aumenta o volume financeiro e corta custos transacionais. Outros mecanismos financeiros inovadores que têm sido implantados com sucesso incluem a mescla de subvenções e financiamentos reembolsáveis e microfinanciamentos.

Fernanda B. Muller. **Cobrar mais pelo uso pode ser a solução para a água.** Internet: <www.envolverde.org.br> (com adaptações).

(CESPE) Com relação à concordância e ao uso do sinal indicativo de crase no texto, assinale a opção correta.

(A) No trecho "um bilhão de pessoas não têm acesso à água potável" (l.4), a forma verbal "têm" concorda com o termo "bilhão".

(B) Na linha 8, ainda que a expressão "um plano" seja substituída por **planos**, a forma verbal "há" deve permanecer flexionada no singular.

(C) O emprego de acento grave em "a restaurar" (l.10) é facultativo.

(D) O trecho "tarifas já são aplicadas sobre o uso da água" (l.16-17) pode ser corretamente reescrito da seguinte forma: já é aplicado tarifas sobre o uso da água.

(E) O trecho **O preço da água pode chegar à dez vezes mais de um pais para outro** parafraseia corretamente, do ponto de vista gramatical, o período "Os preços (...) no México" (l.19-21).

A: incorreta. "Têm" está no plural e, portanto, concorda com o termo "pessoas"; **B:** correta, pois o verbo "haver", no sentido de "existir", é impessoal; **C:** incorreta. Nesse caso, é vedado o uso da crase, porque ela não ocorre antes de verbo; **D:** incorreta. Houve apenas a inversão dos termos da oração, de forma que todos eles devem manter a mesma concordância: "já são aplicadas tarifas..."; **E:** incorreta, porque não ocorre crase nessa hipótese (não há artigo antes do numeral "dez")

Gabarito "B"

José de Arimatéia subiu a escada de pedra do alpendrão, e deu com Seu Tonho Inácio na cadeira de balanço, distraído em trançar o lacinho de seis pernas com palha de milho desfiada. A gente encontrava aquelas trançazinhas por toda parte (...) — naqueles lugares onde o velho gostava de ficar, horas e horas, namorando a criação e fiscalizando a camaradagem no serviço. Com a chegada do dentista, Tonho Inácio voltou a si da avoação em que andava:

— Hã, é o senhor? Pois se assente ... Hum ... espera que a Dosolina quer lhe falar também. Vamos até lá dentro...

E entrou pelo corredor do sobrado, acompanhado do rapaz.

Na sala — quase que sempre fechada, naturalmente por causa disso aquele sossego e o cheiro murcho de coisa velha — a mobília de palhinha, o sofá muito grande, a cadeirona de balanço igual à outra do alpendre. Retratos nas paredes: os homens, de testa curta e barbados, as mulheres de coque enrolado e alto (...), a gola do vestido justa e abotoada no pescoço à feição de colarinho. Povo dos Inácios, dos Gusmões: famílias de Seu Tonho e Dona Dosolina. Morriam, mas os retratos ficavam para os filhos os mostrarem às visitas — contar como aqueles antigos eram, as manias que cada qual devia ter, as proezas deles nos tempos das primeiras derrubadas no sertão da Mata dos Mineiros.

De seus pais, José de Arimatéia nem saber o nome sabia.

Lembrava-se mas era só do Seu Joaquinzão Carapina, comprido e muito magro, sempre de ferramenta na mão — derrubando árvore, lavrando e serrando, aparelhando madeira. (...) E ele, José de Arimatéia, menininho de tudo ainda, mas já agarrado no serviço, a catar lascas e serragem para cozinhar a panela de feijão e coar a água rala do café de rapadura, adjutorando no que podia.

PALMÉRIO, Mário. **Chapadão do Bugre**. Rio de Janeiro: Editora Livraria José Olímpio, 1966. (Adaptado)

(CESGRANRIO) Qual frase está correta, quanto à concordância, de acordo com a norma culta da língua?

(A) Ele achava estranha as manias daquelas pessoas.

(B) Existiam na casa varanda e cozinha espaçosa.

(C) Mantinha o alpendre e a sala muito limpas.

(D) Ornavam a parede bastante quadros.

(E) Seu Tonho e Dona Dosolina às vezes sentiam-se só.

A: incorreta, porque o predicativo do objeto "estranha" deveria concordar com os demais complementos da oração, indo para o plural; **B:** correta; **C:** incorreta. Havendo dois substantivos referentes de gêneros opostos (masculino e feminino), o termo que os altera (no caso, a locução adverbial "muito limpo") deve ir para o masculino plural ("muito limpos") ou concordar com a palavra mais próxima (no caso, "sala", portanto, "muito limpa"); **D:** incorreta. "Bastante", na oração, exerce função de adjetivo e, portanto, deve concordar com o substantivo "quadros", indo também para o plural ("bastantes"); **E:** incorreta. Aqui também a palavra "só" exerce função de adjetivo, devendo concordar com "Seu Tonho e Dona Dosalina", indo para o plural porque são duas pessoas que se sentiam sós

Gabarito "B"

Gastar um pouquinho a mais durante o mês e logo ver sua conta ficar no vermelho. Isso que parecia apenas um problema de adultos ou pais de famílias está também atingindo os mais jovens. Diante desse contexto, é fundamental, segundo vários educadores, que a família ensine a criança, desde pequena, a saber lidar com dinheiro e a se envolver com o controle dos gastos. Uma criança que cresça sem essa formação será um adulto menos consciente e terá grandes chances de se tornar um jovem endividado. Para o jovem que está começando sua vida financeira e profissional, um plano de gastos é útil por excelência, a fim de controlar, de forma equilibrada, o que entra e o que sai. Para isso, é recomendável:

a) anotar todas as despesas que são feitas mensalmente, analisando o resultado de acordo com o que costuma receber;

b) comprar, preferencialmente, à vista;

c) ao receber, estabelecer um dízimo, ou seja, guardar 10% do valor líquido do salário em uma conta de poupança, todo mês.

Graziela Salomão. **Economista explica como o jovem pode controlar seu orçamento e evitar gastar demais**. In: **Época**, 31/10/2005 (com adaptações).

(CESPE) A partir das ideias e das estruturas presentes no texto, julgue o item a seguir.

(1) O trecho "anotar todas as despesas que são feitas" (l.19) estaria igualmente correto se reescrito da seguinte forma: "anotar toda despesa que é feita".

1: correta, porque as regras de concordância nominal mantêm-se íntegras

Gabarito 1C

O PREVINVEST, da CAIXA, é um excelente investimento para quem quer manter seu padrão de vida durante a aposentadoria. Com ele, você pode escolher o tipo de fundo de investimento em que você quer aplicar seus recursos, o valor da contribuição ou da renda desejada e a partir de quando pretende receber o benefício. O PREVINVEST é oferecido em duas modalidades: PGBL e VGBL.

A modalidade PGBL é ideal para os clientes que utilizam declaração completa de imposto de renda (IR), pois permite deduzirem-se da base de cálculo as contribuições feitas nos planos até o limite de 12% da renda bruta anual, desde que eles estejam contribuindo para o regime geral de previdência social do INSS ou para outro regime próprio.

A modalidade VGBL é mais indicada para os clientes que utilizam declaração simplificada de IR ou são isentos, ou ainda para os que ultrapassam o limite de 12% de desconto permitido. Além disso, o IR incide exclusivamente sobre os rendimentos alcançados com a aplicação dos recursos.

Internet: <www.caixa.gov.br> (com adaptações).

(CESPE) Considerando o primeiro parágrafo do texto, julgue o próximo item.

(1) Passando-se o período "Com ele (...) o benefício" para o tratamento de segunda pessoa do singular, tem-se: Com ele, tu podes escolher o tipo de fundo de investimento em que tu queres aplicar teus recursos, o valor da contribuição ou da renda desejada e a partir de quando pretendes receber o benefício.

1: correta. As conjugações verbais e os pronomes possessivos foram corretamente alterados juntamente com a pessoa do verbo

Gabarito 1C

(FCC) As normas de concordância verbal estão inteiramente respeitadas na frase:

(A) Não basta que se critique as distorções dessa programação, é preciso que se saibam corrigi-las.
(B) Apenas 8% dos lares brasileiros ainda não conta com um aparelho de TV, a se darem crédito aos dados do Ibope.
(C) A qualidade dos inúmeros programas de TV destinados às crianças não alcança o nível que seria desejável, na opinião dos que o avaliam.
(D) Repercutem mal, junto aos educadores e psicólogos, o fato de que os critérios de avaliação dos programas são estritamente comerciais.
(E) Deveriam caber aos estudiosos acadêmicos interferirem mais diretamente na qualidade da produção dos programas infantis.

A: incorreta. O sujeito é indeterminado, portanto o verbo "saber" deve ficar no singular: "se saiba corrigi-las"; **B:** incorreta. O verbo "contar" deve concordar com "lares", indo para o plural, e a expressão correta é "a se dar crédito"; **C:** correta; **D:** incorreta. O verbo "repercutir" concorda com "fato", que aparece depois da vírgula, e deve ficar no singular; **E:** incorreta. Os verbos deveriam estar no singular: "deveria caber aos estudiosos acadêmicos interferir mais..."

Gabarito "C"

(FCC) As normas de concordância verbal estão inteiramente respeitadas na frase:

(A) Não há nenhum absurdo em se aproximar uma olimpíada de uma missão espacial, pois ambas estimulam a pesquisa científica.
(B) Não houve nenhum, entre os limites já enfrentados, que representassem uma barreira definitiva.
(C) A primeira manifestação das competições de que derivam as modernas olimpíadas ocorreram na Grécia antiga.
(D) Atualmente, contam-se não apenas com os melhores atletas, mas com os mais avançados recursos tecnológicos.

(E) Os desafios que se deve enfrentar a cada olimpíada representa um esforço sempre maior.

A: correta; **B:** incorreta. O verbo "representar" deveria estar no singular, concordando com "nenhum"; **C:** incorreta. O verbo "ocorrer" deveria estar no singular, concordando com "manifestação"; **D:** incorreta. O sujeito indeterminado deixa o verbo impessoal e, portanto, "contar" não deve ser conjugado, permanecendo na terceira pessoa do singular; **E:** incorreta. O verbo "representar" deveria estar no plural, concordando com "desafios"

Gabarito "A"

(CESPE) Falar da origem das contas de poupança no Brasil é falar da primeira caixa econômica garantida pelo governo, criada no país. A origem dessas duas instituições é entrelaçada. Pode-se afirmar que a caixa econômica foi criada para, principalmente, colher depósitos de poupança popular no Brasil.

Essa associação de que estamos tratando pode ser percebida por meio da leitura de alguns trechos do decreto do Imperador Dom Pedro II que criava a Caixa Econômica da Corte.

O texto não deixa dúvidas sobre o que pretendia a elite política do país para o funcionamento da primeira caixa econômica oficial, a saber: criar dois tipos de serviços financeiros. O primeiro deles, o penhor, visava dar a possibilidade às classes populares de obterem um auxilio imediato em horas de dificuldades econômicas mais prementes, por meio do chamado Monte de Socorro, o qual emprestava dinheiro, tomando por base o valor de objetos que fossem entregues para penhor.

O segundo serviço financeiro era recolher depósitos sob poupança. Essa é a que nos interessa mais diretamente. De inicio, é interessante notar como o discurso dos criadores da CAIXA voltava-se para camadas populares. Tinha-se em mente atingir os mais pobres.

Nildo W. Luzio. **Um pouco da História da poupança na Caixa Econômica Federal** (com adaptações).

Considerando o texto acima, julgue o item subsequente.

(1) No texto, o infinitivo de "obterem" (l.16) poderia ser empregado no singular, obter, mas o uso plural é recomendado para reforçar a ideia de que seu sujeito é diferente do sujeito de "visava" (l.15).

1: correta. A colocação do verbo no plural colabora com a clareza da redação

Gabarito 1C

(CESPE) As carteiras Hipotecária e de Cobrança e Pagamentos surgiram em 1934. durante o governo Vargas, quando tiveram início as operações de crédito comercial e consignação. As loterias federais começaram a ser gerenciadas pela CAIXA em 1961, representando um importante passo na execução dos programas sociais do governo, já que parte da arrecadação é destinada à seguridade social, ao Fundo Nacional de Cultura, ao Programa de Crédito Educativo e a entidades de prática esportiva.

Internet <http//www.caixa.gov.br.> (com adaptações).

Considerando o texto acima, julgue o item que se segue.

(1) A forma verbal "tiveram" (l.3) está no plural para concordar com a expressão "As carteiras" (l.1).

1: incorreta. A forma verbal "tiveram" refere-se e concorda com "as operações de crédito"

Gabarito 1E

Várias famílias percorrem dez ou mais quilômetros com destino à Serra da Cantareira, mais precisamente à Chácara do Frade, com seus dezessete hectares tomados por alface, rúcula, pepino, cenoura e dezenas de outras hortaliças. As pessoas caminham entre os canteiros, trocam informações sobre o plantio, escolhem o que comprar e levam produtos fresquinhos, jamais "batizados" por agrotóxicos.

Cada vez mais hortas instaladas perto da capital estão abrindo suas portas aos visitantes. O proprietário, José Frade, lucra com a venda direta. O consumidor, por sua vez, garante a qualidade do que está comendo.

Na Europa, isso é muito comum. Desde a Idade Média, durante a época da colheita, as plantações dos vilarejos vizinhos às cidades se transformam em verdadeiras feiras livres. Por aqui, a onda está apenas começando. Num raio de cem quilômetros da capital já existem pelo menos nove sítios e chácaras que trabalham nesse sistema.

(FCC) São grandes as vantagens que ...... da compra direta de hortaliças (ou dos ...... , em geral); sabem disso aqueles que já se ...... e pensaram nos males dos agrotóxicos.

Completam corretamente as lacunas do período acima:

(A) adviriam- hortifrutigranjeiros – detiveram
(B) adveriam – hortifrutigranjeiros – detiveram
(C) adviriam – hortisfrutisgranjeiros – deteram
(D) adveriam – hortisfrutisgranjeiros – deteram
(E) adviriam – hortifrutigranjeiros – deteram

"Advir", na terceira pessoa do plural do futuro do pretérito do indicativo, conjuga-se "adviriam". A ortografia correta é "hortifrutigranjeiros". "Deter", na terceira pessoa do plural do pretérito perfeito do indicativo, conjuga-se "detiveram"

Gabarito "A"

(FCC) Assinale a alternativa que apresenta ERRO de concordância.

(A) Não que os esteja considerando inválido, mas o professor gostaria de conhecer os estudos de que se retirou os dados mencionados no texto.

(B) Segundo alguns teóricos, deve ser evitada, o mais possível, a agricultura em regiões de floresta; são áreas tidas como adequadas à preservação de espécie sem vias de extinção.
(C) Existem com certeza, ainda hoje, pessoas que defendem o cultivo incondicional da terra, assim como deve haver muitos que condenam qualquer alteração da paisagem natural, por menor que seja.
(D) Nem sempre são suficientes dados estatisticamente comprovados para que as pessoas se convençam da necessidade de repensarem suas convicções, trate-se de assuntos polêmicos ou não.
(E) Faz séculos que filósofos discutem as relações ideais entre os homens e a natureza, questão que nem sempre lhes parece passível de consenso.

A única alternativa que apresenta erro de concordância é a letra "A". Sua redação correta é: "Não que os esteja considerando inválidos, mas o professor gostaria de conhecer os estudos de que se retiraram os dados mencionados no texto"

Gabarito "A"

(FCC) Assinale a alternativa que NÃO apresenta erro algum de concordância.

(A) Já há muito tempo tinha sido feito por importante estudioso previsões pessimistas quanto ao destino das áreas rurais na Inglaterra, mas muitos não as consideraram.
(B) Às vezes não basta alguns comentários sobre a importância do cenário da natureza para a vida espiritual do homem no sentido de que se tentem evitar mais prejuízos ao meio ambiente.
(C) Certos argumentos de G.M. Trevelyan tornaram vulnerável certas visões acerca do modo como deveriam ser tratadas terras incultas.
(D) Segundo o que se diz no texto, os ingleses havia de terem se preocupado com a legitimação de sua tarefa de ocupação dos territórios indígenas.
(E) Quaisquer que sejam os rumos das cidades contemporâneas, sempre haverá os que lamentarão a perda da vida em contato direto com a natureza.

A: incorreta ("tinham sido feitas por importante estudioso previsões pessimistas"); **B:** incorreta ("às vezes não bastam alguns comentários"); **C:** incorreta ("tornaram vulneráveis certas visões"); **D:** incorreta ("os ingleses haviam de ter se preocupado"); **E:** correta

Gabarito "E"

(FCC) A frase em que a concordância verbal e nominal está inteiramente respeitada é:

(A) Ainda não foi suficiente os investimentos na tentativa de redução dos índices de pobreza verificados em todo o mundo.
(B) Em relação ao poder aquisitivo, ainda se observa dados assustadores quanto à miséria em que vivem populações inteiras.
(C) São claras algumas implicações políticas na área do desenvolvimento humano, pois é imprescindível a ação do poder público na erradicação da miséria.
(D) Deve ser levado em conta a sustentabilidade do crescimento econômico, para que se garanta melhorias efetivas das condições de vida da população.
(E) Alguns especialistas tende a atribuir à crise financeira a principal razão do retrocesso nos resultados satisfatórios que já tinha sido alcançado.

A: incorreta ("não foram suficientes"); **B:** incorreta ("ainda se observam dados assustadores"); **C:** correta; **D:** incorreta ("deve ser levada em conta" e "para que se garantam melhorias"); **E:** incorreta ("alguns especialistas tendem a atribuir" e "que já tinham sido alcançados")

Gabarito "C"

(FCC) A concordância verbal e nominal está inteiramente correta na frase:

(A) Cada vez mais se tornam imprescindíveis medidas que venham a alterar o relacionamento entre o homem e a natureza.
(B) Quando entra em discussão nos países envolvidos as questões sobre responsabilidade climática, dificilmente se chega a um acordo.
(C) Chegaram-se a impasses nas negociações sobre a sustentabilidade do planeta pela impossibilidade de determinar a responsabilidade de cada país.
(D) Foram detectadas, nas análises mais recentes, a presença de partículas de poluentes prejudiciais à saúde humana.
(E) Estão havendo problemas nas negociações sobre o clima por falta de consenso entre os países participantes.

A: correta; **B:** incorreta ("quando entram em discussão"); **C:** incorreta ("chegou-se a impasses"); **D:** incorreta ("Foi detectada"); **E:** incorreta ("Está havendo problemas")

Gabarito "A"

O número de mulheres no mercado de trabalho mundial é o maior da História, tendo alcançado, em 2007, a marca de 1,2 bilhão, segundo relatório da Organização Internacional do Trabalho (OIT). Em dez anos, houve um incremento de 200 milhões na ocupação feminina. Ainda assim, as mulheres representaram um contingente distante do universo de 1,8 bilhão de homens empregados.
Em 2007, 36,1% delas trabalhavam no campo, ante 46,3% em serviços. Entre os homens, a proporção é de 34% para 40,4%. O universo de desempregadas subiu de 70,2 milhões para 81,6 milhões, entre 1997 e 2007 — quando a taxa de desemprego feminino atingiu 6,4%, ante 5,7% da de desemprego masculino. Há, no mundo, pelo menos 70 mulheres economicamente ativas para 100 homens.

O relatório destaca que a proporção de assalariadas subiu de 41,8% para 46,4% nos últimos dez anos. Ao mesmo tempo, houve queda no emprego vulnerável (sem proteção social e direitos trabalhistas), de 56,1% para 51,7%. Apesar disso, o universo de mulheres nessas condições continua superando o dos homens.

O Globo, 7/3/2007, p. 31 (com adaptações).

(CESPE) Julgue o próximo item, relativo ao texto apresentado.

(1) O emprego de singular em "houve" (l.4) deve-se ao singular em "um incremento" (l.4-5) e, por isso, se essa expressão estivesse no plural, o verbo deveria ser empregado também no plural.

1: incorreta. O verbo "haver", no sentido de existir, é impessoal e, por isso, é conjugado sempre na terceira pessoa do singular

Gabarito 1E

Em meio a uma crise da qual ainda não sabe como escapar, a União Europeia celebra os 50 anos do Tratado de Roma, pontapé inicial da integração no continente. Embora sejam muitos os motivos para comemorar, como a manutenção da paz e a consolidação do mercado comum, os chefes dos 27 Estados-membros têm muito com o que se preocupar. A discussão sobre a Constituição única não vai adiante, a expansão para o leste dificulta a tomada de decisões e os cidadãos têm dificuldade para identificar-se como parte da megaestrutura europeia.

O Estado de S. Paulo, 25/3/2007, p. A20.

(CESPE) Com referência às estruturas e às ideias do texto, bem como a aspectos associados aos temas nele tratados, julgue o item subsequente.

(1) Na linha 6, a forma verbal "têm" está no plural para concordar com "Estados-membros".

1: incorreta. A forma verbal "têm" concorda com o substantivo "chefes"

Gabarito 1E

"O folhetim é frutinha de nosso tempo", disse Machado de Assis numa de suas deliciosas crônicas. E volta ao assunto na crônica seguinte.

*"O folhetinista é originário da França [...] De lá espalhou-se pelo mundo, ou pelo menos por onde maiores proporções tomava o grande veículo do espírito moderno; falo do jornal." E Machado tenta "definir a nova entidade literária", procura esmiuçar a "organização do novo animal". Mas dessa nova entidade só vai circunscrever a variedade que se aproxima do que hoje chamaríamos crônica. E como na verdade a palavra **folhetim** designa muitas coisas, e, efetivamente, nasceu na França, há que ir ver o que o termo recobre lá na matriz.*

De início, ou seja, começos do século XIX, "le feuilleton" designa um lugar preciso do jornal: "o rez-de-chaussée" – rés-do-chão, rodapé -, geralmente o da primeira página. Tinha uma finalidade precisa: era um espaço vazio destinado ao entretenimento. E pode-se já antecipar, dizendo que tudo o que haverá de constituir a matéria e o modo da crônica à brasileira já é, desde a origem, a vocação primeira desse espaço geográfico do jornal, deliberadamente frívolo, oferecido como chamariz aos leitores afugentados pela modorra cinza a que obrigava a forte censura napoleônica. ("Se eu soltasse as rédeas da imprensa", explicava Napoleão ao célebre Fouché, seu chefe de polícia, "não ficaria três meses no poder.")

(MEYER, Marlyse, **Folhetim**: uma história. 2 ed. São Paulo: Companhia das Letras, 2005, p. 57)

(FCC) *E como na verdade a palavra folhetim designa muitas coisas, e, efetivamente, nasceu na França, <u>há que ir ver o que o termo recobre lá na matriz</u>.*

Substituindo a palavra **folhetim**, na frase acima, por "as palavras", estará em conformidade com a norma padrão culta a seguinte redação do segmento sublinhado:

(A) há que irem ver o que o termo recobre lá na matriz.
(B) há que ir verem o que o termo recobre lá na matriz.
(C) hão que ir ver o que os termos recobrem lá na matriz.
(D) há que irem verem o que os termos recobre lá na matriz.
(E) há que ir ver o que os termos recobrem lá na matriz.

A locução verbal "há que ir ver" indica a indeterminação do sujeito da oração e, por isso, não se flexiona, sendo mantida na terceira pessoa do singular. A concordância é realizada apenas com o objeto direto, que retoma a expressão "as palavras". Assim, temos: "(...) há que ir ver o que os termos recobrem lá na matriz)

Gabarito "E"

(FUNCAB) Assinale a opção correta quanto à concordância verbal.

(A) Devem haver formas mais eficazes de mobilizar a sociedade.
(B) Haviam tantas pessoas na fila, que fecharam o guichê.
(C) Descobriu-se novas formas de resolver o problema.
(D) Eram eles quem fazia a ronda no local.
(E) Surgiu, de repente, no final da rua, os dois comparsas.

A: incorreta. O verbo "haver", no sentido de "existir", é impessoal e, por isso, não sofre flexão de número, mesmo que esteja acompanhado de verbo auxiliar. Portanto, o correto é "deve haver formas"; **B:** incorreta. Novamente, temos o verbo "haver" com sentido de "existir", dessa vez aparecendo sozinho. O correto é "havia tantas pessoas"; **C:** incorreta. A oração está grafada na voz passiva sintética. Ao transpormos o trecho para a voz passiva analítica, percebemos que o verbo deveria estar no plural: "novas formas de resolver o problema foram descobertas". Portanto, na passiva sintética, devemos escrever "descobriram-se novas formas"; **D:** correta. A concordância do verbo com o pronome "quem" se faz na terceira pessoa do singular, ou seja, ele (o pronome) torna o verbo impessoal; **E:** incorreta. "Os dois comparsas" é o sujeito da oração, portanto o verbo "surgir" deve com ele concordar: "surgiram, de repente..."

Gabarito "D"

(FCC) As normas de concordância verbal estão plenamente observadas na frase:

(A) Evitem-se, sempre que possível, qualquer excesso no convívio humano: nem proximidade por demais estreita, nem distância exagerada.
(B) Os vários atrativos de que dispõem a vida nas ilhas não são, segundo o cronista, exclusividade delas.
(C) Cabem aos poetas imaginar espaços mágicos nos quais realizamos nossos desejos, como a Pasárgada de Manuel Bandeira.
(D) Muita gente haveriam de levar para uma ilha os mesmos vícios a que se houvesse rendido nos atropelos da vida urbana.
(E) A poucas pessoas conviria trocar a rotina dos shoppings pela serenidade absoluta de uma pequena ilha.

A: incorreta. O verbo pronominal "evitar-se" deveria estar no singular ("evite-se") para concordar com "qualquer excesso", o sujeito paciente; **B:** incorreta. O verbo "dispor" deveria estar no singular ("dispõe") para concordar com "a vida", que é seu sujeito; **C:** incorreta. "Caber", no sentido de "atribuir responsabilidades", é impessoal, ficando sempre na terceira pessoa do singular ("cabe"); **D:** incorreta. "Muita gente", apesar de representar um grupo de pessoas, determina o verbo no singular ("haveria de levar"); **E:** correta. O sujeito da oração é "trocar a rotina...", o que determina o verbo "convir" no singular

Gabarito "E"

(FCC) A concordância verbal está plenamente observada na frase:

(A) Provocam muitas polêmicas, entre crentes e materialistas, o posicionamento de alguns religiosos e parlamentares acerca da educação religiosa nas escolas públicas.
(B) Sempre deverão haver bons motivos, junto àqueles que são contra a obrigatoriedade do ensino religioso, para se reservar essa prática a setores da iniciativa privada.
(C) Um dos argumentos trazidos pelo autor do texto, contra os que votam a favor do ensino religioso na escola pública, consistem nos altos custos econômicos que acarretarão tal medida.
(D) O número de templos em atividade na cidade de São Paulo vêm gradativamente aumentando, em proporção maior do que ocorrem com o número de escolas públicas.
(E) Tanto a Lei de Diretrizes e Bases da Educação como a regulação natural do mercado sinalizam para as inconveniências que adviriam da adoção do ensino religioso nas escolas públicas.

A: incorreta. O verbo "provocar" deveria estar no singular ("provoca") para concordar com o sujeito "o posicionamento"; **B:** incorreta. "Haver", com sentido de existir, é impessoal e não se flexiona mesmo quando acompanhado de verbo auxiliar. Com isso, o correto é "deve haver"; **C:** incorreta. "Consistir" deveria permanecer no singular ("consiste"), para concordar com a expressão "um dos (...)"; **D:** incorreta. O verbo "vir" deve permanecer no singular ("vem") para concordar com "o número"; **E:** correta. Todos os verbos atendem aos preceitos da concordância determinados pela gramática

Gabarito "E"

(AERONÁUTICA) Leia:

Quando expressa o amor, mesmo as mais duras palavras de uma língua apazigua os ânimos.

A análise gramatical do período acima revela que houve desvio quanto às normas de
(A) concordância nominal.
(B) concordância verbal.
(C) regência nominal.
(D) regência verbal.

Há problema de concordância verbal no período. Os verbos "expressar" e "apaziguar" deveriam estar conjugados na terceira pessoa do plural do presente do indicativo ("expressam" e "apaziguam" ou "apaziguam") para concordar com "as mais duras palavras de uma língua"

Gabarito "B"

(AERONÁUTICA) Todas as concordâncias nominais estão corretas, **exceto**:

(A) Segundo as estatísticas, elas são bastante inteligentes.
(B) Para emagrecer, devemos sempre ingerir menos gordura.
(C) É preciso várias medidas de urgência para acabar com a fome.
(D) Envio-lhe anexas a esta receita as fotos que vão enfeitá-la.

A única alternativa que apresenta erro de concordância nominal é a letra "C", que deve ser assinalada. A concordância com a expressão "é preciso" depende da determinação do sujeito. Se ele está determinado em sua extensão, a concordância é feita normalmente, seguindo seu gênero e número. É o que ocorre nessa questão: "São precisas várias medidas". Resultado diferente obtemos se o sujeito não está determinado em sua extensão, hipótese em que a expressão "é preciso" fica invariável. Logo, também seria correto dizer: "É preciso medidas de urgência...". A mesma regra é usada para "é necessário", "é bom", "é proibido"

Gabarito "C"

(AERONÁUTICA) Assinale a alternativa em que a concordância nominal está **incorreta**.

(A) No meu bairro, foi inaugurada duas praças de recreação para as crianças.
(B) Como o álcool tem custado caro, abasteço meu carro somente com gasolina.
(C) Quando vou à feira, aos sábados, compro bastantes frutas, especialmente as da época.
(D) Sempre digo a meus filhos que é necessária nossa participação nas atividades do clube.

A única alternativa que apresenta erro de concordância é a letra "A", que deve ser assinalada. Como são "duas praças", o verbo deveria estar no plural "foram inauguradas". Destaque-se, apenas, que isso é um caso de erro de concordância verbal, não nominal como pede o enunciado

Gabarito "A"

(AERONÁUTICA) Observe:

I. O cônjuge, apesar de todas as humilhações por que passou, não saiu de casa para não sofrer a acusação de abandono de lar.
II. Aquela criatura nunca foi bem-vinda em nenhum grupo de amigos. Sempre teve dificuldade para manter vínculos afetivos.
III. O servente veio nos atender com muita educação e nos explicou tudo aquilo que queríamos saber.
IV. Bons atletas são disciplinados: não fumam, não costumam ter vida noturna e mantêm uma alimentação saudável.

Assinale a alternativa em que todas as afirmações estão corretas.

(A) Em IV, *bons* atletas só podem ser homens; e, em II, *criatura* só pode ser uma mulher.
(B) Em I, *cônjuge* é um homem; e, em II, *criatura* pode ser um homem ou uma mulher.
(C) Em III, *servente* é um homem; em IV, *bons* atletas podem ser homens e mulheres.
(D) Em I, *cônjuge* é uma mulher; e, em III, *criatura* só pode ser uma mulher.

A: incorreta. Como "atleta" é substantivo comum de dois gêneros (o atleta/ a atleta), a referência genérica, sem artigo, pode indicar tanto homens quanto mulheres. Já "criatura" é substantivo sobrecomum, é sempre feminino, e assim se refere tanto a homens quanto mulheres; B: incorreta. "Cônjuge" é substantivo sobrecomum, é sempre masculino, e assim se refere tanto a homens quanto a mulheres; C: correta. "Servente" é substantivo comum de dois gêneros, portanto o artigo definido masculino define que estamos tratando de um homem. Quanto a "atletas", ver comentário à alternativa "A"; D: incorreta, nos termos dos comentários às alternativas "A" e "B"

Gabarito "C"

Disponível em: <fifteenyears.blogspot.com>. Acesso em: 25 fev. 2011.

(UFG) Quanto à marcação do plural, na expressão "os código de barras", há desobediência à norma padrão da língua, pois a

(A) marcação deve estar presente somente no artigo.
(B) indicação deve ser feita também no elemento nominal "código".
(C) concordância precisa ser marcada somente no classificador "barras".
(D) composição semântica leva todos os elementos do complexo para o singular.

A desinência indicativa do plural ("-s") deve ser inserida também no substantivo "código", para que a concordância nominal atenda às normas da língua culta. Assim, deveria constar: "os códigos de barras". Outra opção é retirar a desinência do artigo, sendo também correto: "o código de barras"

Gabarito "B"

(FCC) As normas de concordância verbal estão plenamente respeitadas na frase:

(A) Havendo quem vos pretendam convencer de que a pena de morte é necessária, perguntem onde e quando ela já se provou indiscutivelmente eficaz.
(B) Entre os cidadãos de todos os países nunca deixarão de haver, por força do nosso instinto de violência, os que propugnam pela pena de morte.
(C) Destaca-se, entre as qualidades de Voltaire, suas tiradas irônicas e seu humor ferino, armas de que se valia em suas pregações de homem liberal.
(D) Embora remontem aos hábitos das sociedades mais violentas do passado, a pena de talião ainda goza de prestígio entre cidadãos que se dizem civilizados.
(E) Opõe-se às ideias libertárias de Voltaire, um lúcido pensador iluminista, a violência das penas irracionais que se aplicam em nome da justiça.

A: incorreta. A oração sem sujeito pressupõe o verbo na terceira pessoa do singular. Assim, deveria constar "pretenda"; **B:** incorreta, pela mesma razão da alternativa anterior. O correto seria "deixará de haver"; **C:** incorreta. O verbo pronominal "destacar-se" deveria estar no plural ("destacam-se") para concordar com "suas tiradas irônicas e seu humor ferino". A oração está na voz passiva sintética, portanto o verbo deve concordar com o agente da passiva; **D:** incorreta. O verbo "remontar" concorda com o sujeito "a pena de talião", portanto deve ficar no singular: "remonte"; **E:** correta. O verbo pronominal "opor-se" concorda corretamente com "a violência das penas"

Gabarito "E"

(FUNDEP) Desconsideradas as alterações de sentido, assinale a alternativa em que a nova redação **NÃO** apresenta erro de concordância, de acordo com padrão formal culto.

(A) "A carga fiscal que recai, por exemplo, sobre serviços de telecomunicação e certos produtos importados è muito maior."
Por exemplo, a carga fiscal que recaem sobre os serviços de telecomunicações e certos produtos importados são muito maiores.

(B) "Desde a Constituição de 1988, quando passaram a cobrar ICMS sobre tais serviços, os Estados vêm mantendo uma extração fiscal extremada no setor, tirando o melhor proveito possível das exíguas possibilidades de sonegação que lhe são inerentes."
Desde a Constituição de 1988, quando cada Estado passou a cobrar ICMS sobre tais serviços, cada um deles vem mantendo uma extração fiscal extremada no setor, tirando melhor proveito possível da exígua possibilidade de sonegação que lhe é inerente.

(C) "E ainda há de se ter em conta todos os outros tributos que incidem sobre o setor de telecomunicações e acabam repassados, em boa parte, às tarifas."
Hão de ser considerados também todos os outros tributos que, sobre o setor de telecomunicações, incide e acaba repassado, em boa parte, às tarifas.

(D) "Em 2005, a carga tributária do setor, estimada com base nas contas nacionais, correspondia a mais de 57% do valor dos serviços."
A carga tributária do setor, em 2005, estimadas com base nas contas nacionais, correspondiam a mais de 57% do valor dos serviços.

A: incorreta. O verbo "recair" deveria estar na terceira pessoa do singular do presente do indicativo ("recai") para concordar com "a carga fiscal"; **B:** correta. A nova redação não apresenta qualquer erro de concordância verbal ou nominal; **C:** incorreta. O verbo "incidir" e a locução verbal "acabar repassado" deveriam estar conjugados na terceira pessoa do plural do presente do indicativo ("recaem" e "acabam repassados") para concordar com "todos os outros tributos"; **D:** incorreta. O particípio "estimadas" e o verbo "corresponder" deveriam estar no singular ("estimada" e "correspondia") para concordar com "a carga tributária do setor"

Gabarito "B"

(FUNDEP) Desconsideradas as alterações de sentido, assinale a alternativa em que se preserva a correção quanto à concordância, de acordo com os preceitos da norma culta.

(A) "Com a inclusão na portaria, será possível identificar, de maneira precoce, alterações na letalidade da dengue, o que permitirá uma melhor investigação epidemiológica e a adoção de mudanças na rede assistencial para evitar novas mortes."
Serão possíveis, com a inclusão da portaria, identificar de maneira precoce alterações na letalidade da dengue e isso permitirão melhores investigações epidemiológica e adoção de mudanças na rede assistencial para evitar novas mortes.

(B) "Com isso, a maioria das Secretarias Estaduais e Municipais de Saúde já estava em processo de expansão para outras unidades de saúde além das sentinelas."
A maioria das Secretarias Estaduais e Municipais de Saúde já estavam, com isso, em processo de expansão para outras unidades de saúde além das sentinelas.

(C) "Estados e municípios devem, a partir desta quarta-feira, notificar os casos graves e as mortes suspeitas por dengue em até 24 horas ao Ministério da Saúde."
Deve, a partir desta quarta-feira, tanto estados quanto municípios notificarem em 24 horas ao Ministério Saúde os casos suspeitos de dengue.

(D) "A mudança na portaria permitirá um conhecimento melhor e mais rápido de como está se comportando a dengue, propiciando uma ação de prevenção e de controle mais oportuna."
A mudança nas portarias permitirão conhecimento melhor e mais rápido de como está se comportando a dengue, o que propiciam ações de prevenção e de controle mais oportunas.

A: incorreta. O correto seria: "Será possível, com a inclusão da portaria, identificar de maneira precoce alterações na letalidade da dengue e isso permitirá melhores investigações epidemiológicas e adoção de mudanças na rede assistencial para evitar novas mortes"; **B:** correta. Foram atendidas todas as regras aplicáveis sobre concordância; **C:** incorreta. O correto seria: "Devem, a partir desta quarta-feira, tanto estados quanto municípios notificar em 24 horas ao Ministério da Saúde os casos suspeitos de dengue"; **D:** incorreta. O correto seria: "A mudança nas portarias permitirá conhecimento melhor e mais rápido de como está se comportando a dengue, o que propicia ações de prevenção e de controle mais oportunas"

Gabarito "B"

(AERONÁUTICA) Em qual alternativa a concordância verbal está incorreta?

(A) Mais de um suspeito era entregue ao delegado daquele distrito diariamente.
(B) Consta no relatório do juiz os depoimentos de todas as vítimas do furacão.
(C) A maioria dos jornalistas não puderam fotografar os supostos terroristas.
(D) Para que o caso seja encerrado, bastam as atuais provas dos competentes advogados.

Dentre todas as alternativas, a única que apresenta desvio de concordância verbal é a letra "B", que deve ser assinalada. Com efeito, "os depoimentos" é o sujeito da oração, portanto o verbo "constar" deve concordar com ele: "constam no relatório do juiz..."

Gabarito "B"

(AERONÁUTICA) Quanto à concordância nominal, que alternativa complete correta e respectivamente as lacunas nos seguintes textos:

Os cavalos rebeldes, metidos
até__ canela na correnteza
dobravam o negro pescoço.
Ando pelo mundo
Como um animal errante
Cumprindo__ destinos
Por caminhos totalmente incertos.

(A) meia, meio
(B) meio, meio
(C) meio, meios
(D) meia, meios

Nas duas passagens, o termo "meio(a)" será usado como numeral (metade de um). Portanto, deve ser flexionado para concordar com o substantivo que o determina. Assim, temos "meia canela" (metade da canela) e "meios destinos" (metades dos destinos)

Gabarito "D"

Discórdia em Copenhague

Frustrou-se redondamente quem esperava, na 15a Conferência sobre Mudança Climática (COP-15), em Copenhague, um acordo capaz de orquestrar compromissos de países pobres, emergentes e ricos contra os efeitos do aumento da temperatura no planeta. Após duas semanas de muitos debates e negociações, o encontro convocado pelas Nações Unidas teve um final dramático no dia 18 de dezembro de 2009, com chefes de estado tentando, em vão, aparar arestas mesmo depois do encerramento oficial da conferência. O resultado final foi um documento político genérico, firmado só pelos Estados Unidos, China, Brasil e África do Sul, que prevê metas para cortes de emissão de gases estufa apenas para 2050, mesmo assim sem estabelecer compromissos obrigatórios capazes de impedir a elevação da temperatura em mais do que 2 graus Celsius, meta que Copenhague buscava atingir.

Também foi proposta uma ajuda de US$ 30 bilhões aos países pobres, nos próximos três anos, embora sem estabelecer parâmetros sobre quem estará apto a receber o dinheiro e quais instrumentos serão usados para distribuí-lo. Faltou-lhe aval dos delegados de países como Sudão, Cuba, Nicarágua, Bolívia e Venezuela, inconformados por terem sido escanteados nas conversas finais. "O que temos de alcançar no México é tudo o que deveríamos ter alcançado aqui", disse Yvo de Bôer, secretário-executivo da conferência, remetendo as esperanças para a COP-16, que vai acontecer em 2010, na Cidade do México.

O impasse principal girou em torno de um jogo de empurra sobre as responsabilidades dos países ricos e pobres. As nações desenvolvidas queriam que os países emergentes tivessem metas obrigatórias, o que não foi aceito pela China, país que mais emite carbono na atmosfera, atualmente. Os Estados Unidos, vivendo a maior crise econômica desde 1929, não se dispunham a cumprir sequer metas modestas. Outra questão fundamental na conferência foi o financiamento para políticas de mitigação das emissões para os países pobres. Os países desenvolvidos exigiam que os emergentes ajudassem a financiar os menos desenvolvidos. A tese foi rechaçada pelos emergentes, que esperavam obter ajuda externa para suas políticas de combate ao aquecimento global.

(Adaptado de Fabrício Marques, Revista Pesquisa Fapesp, nº 167)

(FCC) Ao se reconstruir uma frase do texto, houve **deslize** quanto à concordância verbal em:

(A) Se todos esperávamos um bom acordo na COP-15, frustrou-nos o que dela acabou resultando.
(B) Acabou culminando num final dramático, naquele 18 de dezembro de 2009, o período de duas semanas de acaloradas discussões.
(C) Às nações pobres propôs-se uma ajuda de US$ 30 bilhões, medida a que não deu aval nenhum dos países insatisfeitos com as conversas finais.
(D) Deveram-se às manobras de desconversas, na definição das tarefas dos países, o impasse final das negociações entabuladas em Copenhague.
(E) Sequer foi possível, na COP-15, estabelecer um financiamento para os países pobres a quem coubesse adotar políticas de mitigação das emissões.

A, B, C e **E:** corretas, porquanto atendem a todas as normas da concordância verbal; **D:** incorreta, devendo ser assinalada. O verbo pronominal "dever-se" há de concordar com "o impasse final", que exerce a função de núcleo do sujeito. Logo, o verbo deveria estar no singular: "deveu-se"

Gabarito "D"

(FCC) O verbo indicado entre parênteses deverá adotar uma forma do **plural** para preencher de modo correto a lacuna da frase:

(A) Muito do que se ...... **(prever)** nos usos de uma nova técnica depende, para realizar-se, do que se chama "vontade política".
(B) Nenhuma das vantagens que ...... **(oferecer)** a tecnologia mais ousada é capaz de satisfazer as aspirações humanas.
(C) Quando não se ...... **(reconhecer)** nas ciências o bem que elas nos trazem, as saídas místicas surgem como solução.
(D) Orson Welles talvez não imaginasse o risco da tragédia que ...... **(poder)** provocar as dramatizações de sua transmissão radiofônica.

(E) Quaisquer que sejam as técnicas, não lhes ...... **(caber)** determinar por si mesmas o sentido que ganhará sua aplicação.

A: incorreta. O verbo deve ser conjugado no singular, "previu", porque o sujeito da oração é indeterminado; **B:** incorreta. O verbo deve ser conjugado no singular, "ofereceu", porque concorda com "a tecnologia" – sujeito da oração; **C:** incorreta. O verbo deve ser conjugado no singular, "reconhece", porque o sujeito da oração é indeterminado; **D:** correta. O verbo deve ser conjugado no plural, "poderiam", porque concorda com "as dramatizações" – sujeito da oração; **E:** incorreta. O verbo deve ser conjugado no singular, "cabe", porque a oração não tem sujeito

Gabarito "D"

(AERONÁUTICA) Leia:

Sentimos __________ dó __________ sentinela, pois não chegou a tempo para o estouro __________ champanha.

Assinale a alternativa que completa correta e respectivamente o período acima, levando em conta o gênero dos substantivos.

(A) muita / daquele / do
(B) muito / daquele / da
(C) muito / daquela / do
(D) muita / daquele / da

Preenchem corretamente as lacunas, na seguinte ordem, as palavras: "muito" ("dó" é substantivo masculino), "daquela" ("sentinela" é substantivo sobrecomum, ou seja, adota sempre um determinado gênero – no caso, o feminino – não importa se referente a um homem ou uma mulher) e "do" ("champanha" é substantivo masculino, porque se refere a um tipo de vinho)

Gabarito "C"

(AERONÁUTICA) Qual alternativa completa correta e respectivamente as lacunas no texto abaixo?

__________ com os primeiros raios de sol, as mulheres chegaram à loja, pois todas queriam aproveitar os preços __________convidativos, e puderam comprar o maior número __________ de vestidos __________.

(A) Junto, bastante, possível, vinho
(B) Juntas, bastantes, possível, vinhos
(C) Juntas, bastantes, possíveis, vinho
(D) Junto, bastante, possíveis, vinhos

Preenchem corretamente as lacunas, na seguinte ordem, as palavras: "junto", porque nesse caso forma uma locução adverbial, tornando-se invariável; "bastante", porque é advérbio e, como tal, fica invariável; "possível", pela mesma razão; e "vinho", situação em que há de se ter muito cuidado. Quando substantivos são usados com valor de adjetivo para designar cores, eles permanecem invariáveis. Isso ocorre porque, na verdade, trata-se de um adjetivo composto no qual se suprimiu o primeiro elemento. Em sua forma completa, diríamos "vestidos vermelho-vinho". Seria o mesmo se trocássemos para "vestidos amarelo-limão", por exemplo, cuja supressão do primeiro termo deixaria a construção como "vestidos limão"

Gabarito "A"

(AERONÁUTICA) Assinale a alternativa na qual não ocorre erro de concordância verbal.

(A) A frequência das crianças nas salas de aula vêm caindo assustadoramente devido à falta de incentivo dos pais.
(B) As dificuldades financeiras das famílias de classes menos favorecidas tem colaborado com o aumento do número de crianças no mercado de trabalho.
(C) O sentimento de incapacidade, de vergonha e de revolta diante de cenas violentas levam as pessoas mais sensíveis ao sofrimento humano a atos de loucura.
(D) A implantação de projetos sociais e escolas profissionalizantes nas periferias dos grandes centros urbanos trará, com certeza, desenvolvimento para o país.

A: incorreta. O verbo "vir" deve ser conjugado no singular para concordar com "frequência": "vem" (sem acento circunflexo); **B:** incorreta. O verbo "ter" deve ser conjugado no plural para concordar com "as dificuldades financeiras": "têm" (com acento circunflexo); **C:** incorreta. O verbo "levar" deve ser conjugado no singular para concordar com "o sentimento": "leva"; **D:** correta. É a única alternativa que não apresenta qualquer erro de concordância verbal

Gabarito "D"

(CESGRANRIO) A seguinte frase apresenta concordância nominal de acordo com as regras da norma-padrão da língua portuguesa, já que o adjetivo anteposto concorda com o primeiro dos dois substantivos que o seguem. "Com esse resultado, **renomadas** consultorias e bancos começam a revisar a projeção do Produto Interno Bruto (PIB) deste ano."

No caso de um adjetivo vir posposto a dois substantivos, as seguintes expressões apresentam concordância de acordo com a norma-padrão, **EXCETO**

(A) empresas e consultorias renomadas
(B) consultorias e bancos renomadas
(C) consultorias e bancos renomados
(D) bancos e consultorias renomadas
(E) economistas e bancos renomados

Quando o adjetivo é colocado depois dos substantivos, a norma culta da língua admite que ele concorde em gênero e número com aquele que está mais próximo (o último a ser elencado) ou seja grafado no masculino plural. Assim, todas as alternativas estão corretas, com exceção da letra "B", que deve ser assinalada. A concordância nesse caso deveria ser "consultorias e bancos renomados"

Gabarito "B"

(CESGRANRIO) A forma verbal em destaque no trecho abaixo poderia estar tanto no singular quanto no plural, conforme a concordância exigida na norma-padrão.

"A maior parte dos sabores que sentimos ao provar alimentos industrializados não **vêm** de ingredientes de verdade."

Um outro exemplo dessa dupla possibilidade é:

(A) A metade dos jovens compareceram ao campeonato no fim de semana.
(B) Mais de 80 países participaram da olimpíada de informática.
(C) Muitos de nós gostamos de comidas típicas de países orientais.
(D) Naquela tarde, menos de cem mil pessoas foram ao estádio de futebol.
(E) Os menores preços daquele antivírus estão disponíveis na internet.

A possibilidade de dupla flexão do verbo depende do sujeito ser composto por um termo no singular e outro no plural. No enunciado, o verbo "vir" pode concordar com "a maior parte" – singular – ou "sabores" – plural. O mesmo acontece na alternativa "A", que deve ser assinalada. O verbo "comparecer" pode concordar tanto com "metade" – singular – quanto com "jovens" – plural. Nas demais alternativas, os sujeitos são formados exclusivamente por termos no plural, portanto o verbo deve ser necessariamente conjuado no plural

Gabarito "A"

(CESGRANRIO) A concordância está de acordo com a norma-padrão em:

(A) Vai acontecer muitas inovações no século XXI.
(B) Existe cientistas que investigam produtos para 2050.
(C) A maioria dos brasileiros acredita que o mundo vai melhorar.
(D) O passeio aos planetas e às estações espaciais vão ser normais no futuro.
(E) Daqui a alguns anos, provavelmente haverão lojas com robôs vendedores.

A: incorreta. O sujeito deve concordar em número com o verbo. Deveria ser: "vão acontecer muitas inovações..."; **B:** incorreta, pela mesma razão: "existem cientistas..."; **C:** correta. O verbo deve concordar com o núcleo do sujeito, que, nesse caso, é "maioria", palavra que está no singular. Logo, o verbo "acreditar" também deve ficar no singular; **D:** incorreta, pela mesma razão da alternativa "A": "O passeio... vai ser normal..."; **E:** incorreta. O verbo "haver", no sentido de "existir", é impessoal, ou seja, não se conjuga: "...provavelmente haverá lojas..."

Gabarito "C"

(CESGRANRIO) A concordância verbal está corretamente estabelecida em:

(A) Foi três horas de viagem para chegar ao local do evento.
(B) Há de existir prováveis discussões para a finalização do projeto.
(C) Só foi recebido pelo coordenador quando deu cinco horas no relógio.
(D) Fazia dias que participavam do processo seletivo em questão.
(E) Choveu aplausos ao término da palestra do especialista em Gestão.

A: incorreta. O objeto deve concordar com o verbo: "foram três horas de viagem..."; **B:** incorreta. Quando aparece como verbo auxiliar, o verbo "haver" deve ser conjugado e concordar com o complemento: "hão de existir prováveis discussões..."; **C:** incorreta, pelas mesmas razões expostas na letra "A": "...deram cinco horas..."; **D:** correta. A concordância verbal está perfeita na oração. O verbo "fazer", quando empregado no lugar e com o mesmo sentido de "haver", também é impessoal; **E:** incorreta. Uma vez mais, a concordância do verbo e do complemento não está certa: "choveram aplausos..."

Gabarito "D"

(CESGRANRIO) A frase em que a concordância nominal está **INCORRETA** é:

(A) Bastantes feriados prejudicam, certamente, a economia de um país.
(B) Seguem anexo ao processo os documentos comprobatórios da fraude.
(C) Eles eram tais qual o chefe nas tomadas de decisão.
(D) Haja vista as muitas falhas cometidas, não conseguiu a promoção.
(E) Elas próprias resolveram, enfim, o impasse sobre o rumo da empresa.

A: correta. Quando usado com valor de advérbio de quantidade (sinônimo de "vários" ou "muito"), "bastante" deve concordar com seu referente; **B:** incorreta, devendo ser assinalada. O correto seria "seguem anexos ao processo os documentos...", tudo no plural. Também se aceita a forma "segue em anexo", essa sim invariável: "seguem em anexo os documentos"; **C:** correta. "Tais" se refere a "eles" (plural), enquanto "qual" se refere ao chefe (singular); **D:** correta. A expressão "haja vista" (que é bastante criticada por muitos gramáticos", é invariável; **E:** correta. O verbo e o advérbio estão concordando com o sujeito em gênero e número

Gabarito "B"

(CESGRANRIO) Em uma mensagem de *e-mail* bastante formal, enviada para alguém de cargo superior numa empresa, estaria mais adequada, por seguir a norma-padrão, a seguinte frase:

(A) Anexo vão os documentos.
(B) Anexas está a planilha e os documentos.
(C) Seguem anexos os documentos.
(D) Em anexas vão as planilhas.
(E) Anexa vão os documentos e a planilha.

Para indicar que determinado(s) documento(s) seguem junto com a mensagem, normalmente utilizamos a palavra "anexo". O termo será variável e deve concordar com o sujeito da oração quando tiver função de advérbio que o modifique: "os documentos seguem anexos", "a planilha vai anexa", "encaminho anexos os documentos e as planilhas". Como alternativa, podemos usar a locução adverbial "em anexo", que é invariável: "o documento segue em anexo", "os documentos seguem em anexo", "as planilhas seguem em anexo"

Gabarito "C"

(CESGRANRIO) _______________ muitas confusões por causa da semelhança de nomes.

Qual a forma verbal que completa o trecho acima, mantendo a concordância conforme a norma culta e formal da língua?

(A) Ocorreu
(B) Houve
(C) Apareceu
(D) Verifica-se
(E) Existe

Dentre os listados, o único verbo impessoal, ou seja, que não se conjuga na situação proposta, ficando sempre na terceira pessoa do singular, é o verbo "haver". Todos os demais deveriam estar na terceira pessoa do plural: "ocorreram", "apareceram", "verificam-se" e "existem"

Gabarito "B"

(CESGRANRIO) **NÃO** está escrita corretamente a seguinte sentença:

(A) Um ou outro funcionário não parou de usar *e-mail*.
(B) Nem um nem outro diretor gostou da decisão.
(C) Cada um que passava se cumprimentavam.
(D) Não foi ele quem inventou a interrupção do *e-mail*.
(E) Dois terços das pessoas circularam pela empresa.

A única alternativa incorreta é a letra "C", que deve ser assinalada. O verbo "cumprimentar" deve concordar em número com o sujeito "cada um", que é singular. Portanto, o correto é "cada um que passava se cumprimentava"

Gabarito "C"

(CESGRANRIO) Na passagem "...somos responsáveis por nós **mesmos**;" o vocábulo destacado é variável. Em qual das frases abaixo há uma **transgressão** ao registro culto e formal da língua, quanto à flexão dos vocábulos destacados?

(A) Felizmente, **bastantes** pessoas foram corajosas para enfrentar seus problemas emocionais.
(B) Alguns ficaram **meio** irritados por não entenderem a sutil diferença entre dar a mão e acorrentar uma alma.
(C) Os seus atos e temperamento custaram **caro** para você.
(D) Haja **visto** o resultado final, começou a entender melhor suas derrotas.
(E) Acredito que **só** as verdadeiras amizades se mantêm para toda a vida.

A: correta. Quando tem valor de advérbio de quantidade (equivale a "muitos"), o termo "bastante" deve concordar com seu referente; **B:** correta. Quando tem valor de advérbio de intensidade (equivalente a "um pouco"), o termo "meio" é invariável; **C:** correta. Quando usado como advérbio, "caro" é invariável, o que não ocorre quando tem valor de adjetivo ("os carros caros"); **D:** incorreta, devendo ser assinalada. A expressão "haja vista" é invariável, pois equivale a "tendo em vista". O termo "vista" se refere ao verbo, não ao complemento, por isso não deve ser flexionado; **E:** correta. Quando advérbio, "só" (equivalente a "apenas" ou "somente") é invariável, o que não ocorre quando tem valor de adjetivo ("os homens sós")

Gabarito "D"

(CESGRANRIO) Qual sentença está de acordo com o registro formal culto da língua, no que tange à concordância?

(A) Fazem muitos anos que Claudia Souza virou a monja Coen.
(B) As pesquisas sobre felicidade são as mais precisas possível.
(C) Cada uma das atividades cotidianas conta para a felicidade.
(D) A felicidade é difícil, haja vistos nossos esforços para alcançá-la.
(E) Todos querem a verdadeira satisfação e não uma pseuda-felicidade.

A: incorreta. "Fazer", quando empregado com sentido temporal, é impessoal: "faz muitos anos"; **B:** incorreta. O advérbio "possível" deve concordar com os demais elementos da oração: "...são as mais precisas possíveis"; **C:** correta, devendo ser assinalada, por estar integralmente de acordo com a norma culta; **D:** incorreta. A expressão "haja vista", com sentido de "tendo em vista", é invariável: "...haja vista nossos esforços..."; **E:** incorreta. O prefixo "pseudo-", que significa "falso", é invariável: "pseudofelicidade" (de acordo com o Novo Acordo Ortográfico)

Gabarito "C"

(CESPE) Tendo o texto por referência inicial e considerando situações históricas relativas à inserção internacional do Brasil e o quadro econômico mundial contemporâneo, julgue os itens seguintes.

É opinião unânime entre os analistas políticos que, até agora, o melhor desempenho do governo Luiz Inácio Lula da Silva está se dando no campo diplomático. O primeiro grande êxito foi a intermediação do conflito entre o presidente venezuelano Hugo Cháves e seus opositores. O segundo grande êxito dessa política refere-se às negociações para a criação da Área de Livre Comércio das Américas (ALCA). Na última conferência da Organização Mundial do Comércio (OMC), realizada no balneário mexicano de Cancun, o Itamaraty, manobrando habilmente nos meandros da diplomacia internacional, impediu que os Estados Unidos da América (EUA) escondessem seu protecionismo ferrenho atrás da propaganda do livre comércio, que constitui a justificativa para a formação da ALCA. O mais recente êxito de Lula na ordem internacional foi o discurso proferido na Assembleia Geral da Organização das Nações Unidas (ONU), em Nova Iorque, quando propôs a criação de um comitê de chefes de Estado para dinamizar as ações de combate à fome e à miséria em todo o mundo.

Plínio de Arruda Sampaio. **Política externa independente.** *In*: **Família Cristã**, ano 69, n.º 815, nov./2003, p. 28-9 (com adaptações).

(1) A substituição da expressão "está se dando" (l.3) por **vêm se dando** mantém a correção gramatical e a coerência semântica do período.

1: incorreta. A forma "vêm" é a conjugação do verbo "vir" na terceira pessoa do plural do presente do indicativo. Para se manter a concordância verbal conforme os preceitos do padrão culto da língua, deve ser utilizada a conjugação da terceira pessoa do singular, "vem" (sem acento)

Gabarito 1E

9. REGÊNCIA

Não existem soluções mágicas, é claro, mas uma coisa é certa: uma crise global requer soluções globais. Se não as encontrarmos, as consequências serão desastrosas, a começar pela morte de 2 milhões de crianças nos próximos cinco anos. Por conta da globalização, ninguém será poupado, especialmente aqueles que são vítimas inocentes: as vulneráveis populações da África, por exemplo, e as mulheres. Ela atinge todos os aspectos da sociedade: educação, segurança alimentar, as perspectivas de desenvolvimento da chamada economia verde etc. Ela também fortalece o "egotismo nacionalista" e incrementa a xenofobia. Esta crise, porém, não é apenas econômica; ela também é uma crise moral. É uma crise institucional e filosófica do sistema que construímos.

O mundo ruma para a incerteza? In: Planeta, ago./2008, p. 51 (com adaptações).

(CESPE) Tomando por base a organização do texto acima, julgue o item que se segue.

(1) Na linha 14, devido às relações de coesão do último período do texto, estariam mantidas a correção gramatical e a coerência do texto se fosse inserida a preposição "de" antes do pronome "que", escrevendo-se "de que".

1: incorreta. A inserção da preposição "de" não colaboraria em nada com a coerência e coesão do texto, bem como traria incorreção gramatical por não ser regida por nenhum dos termos da oração.

Gabarito 1E

Um problema básico – descentralizar a Justiça

Hélio Bicudo, vice-prefeito de São Paulo, destacou-se pela sua participação, durante longos anos, como um dos membros da Pontifícia Comissão de Justiça e Paz, defendendo aqueles que eram perseguidos pelo regime militar. Nessa atividade, sua preocupação principal era a de encontrar soluções práticas e concretas para as questões que afligiam os brasileiros que enfrentavam dificuldades em recorrer à Justiça, a fim de postularem seus direitos. É bem conhecida, por exemplo, sua luta – como membro do Ministério Público e como jornalista – contra o Esquadrão da Morte.

O depoimento de Hélio Bicudo foi colhido por *estudos avançados* no dia 12 de maio. Cabe destacar ainda a participação, nesta entrevista, do advogado Luís Francisco Carvalho Filho, que milita na imprensa e se dedica especialmente a questões relacionadas à Justiça.

Luís Francisco Carvalho Filho – *Hélio Bicudo, em sua opinião, como devem ser resolvidos os problemas do acesso à Justiça brasileira e de sua eficiência?*

Hélio Bicudo – *O problema do acesso à Justiça é uma questão fundamental quando se deseja promover uma reforma do Poder Judiciário. É importante salientar que essa é uma reforma que não necessita de alterações no texto constitucional. Acredito que os próprios Poderes Judiciários dos Estados poderiam adotar determinadas medidas, até mesmo administrativas, para diminuir a distância entre o cidadão e o juiz. Penso nisso há muito tempo. Quando trabalhei com o governador Carvalho Pinto, de 1959 a 1962, conseguimos sensibilizar o Tribunal de Justiça de São Paulo para a realização de uma reforma mais ou menos desse tipo. O que acontece hoje – e que acontecia naquela época – é que o Poder Judiciário está localizado na região central da cidade. É o caso, por exemplo, do Fórum Criminal, que tem cerca de sessenta Varas Criminais. Para se ouvir uma testemunha que, por exemplo, mora em Parelheiros, temos de trazê-la até o Centro, o que é um problema complicado.*

Além disso, temos a maneira pela qual se desenvolve o processo. Por exemplo, o juiz que recebe a denúncia não é o mesmo que interroga, não é o mesmo que ouve as testemunhas, não é o que examina a prova. No final, é um quarto ou um quinto juiz que decide, a partir de um documento inserido no papelório. Sempre acreditei que, para diminuir a distância entre o juiz e o cidadão, é preciso descentralizar o Poder Judiciário. Ora, se em São Paulo há cerca de cem delegacias policiais distritais, por que não se pode ter também 250 ou trezentos juizados?

(FGV) "É importante salientar que essa é uma reforma que não necessita <u>de</u> alterações no texto constitucional".

A preposição sublinhada é de presença obrigatória no texto, porque assim o exige o verbo "necessitar"; assinale a alternativa em que a preposição sublinhada **não** é solicitada por qualquer termo anterior.

(A) Os juízes não gostam de atrasos nos depoimentos.
(B) A justiça precisa de mais descentralização.
(C) Os processos que vêm de longe tardam mais a ser julgados.
(D) Alguns advogados se esquecem de partes importantes do processo.
(E) Certos policiais não se lembram de todos os detalhes das ocorrências.

A, B e **D:** corretas. Os verbos "gostar", "precisar" e "esquecer" são transitivos indiretos e regem a preposição "de"; **C:** incorreta, devendo ser assinalada. "Vir" é verbo intransitivo. A preposição "de" não é obrigatória, porque não é complemento do verbo. Ela integra o adjunto adverbial "de longe", o qual, se for retirado, não altera o sentido da oração; **E:** correta. "Lembrar-se", forma pronominal do verbo "lembrar", é transitivo indireto, exigindo a preposição "de". Diferente de "lembrar", puro e simples, que é transitivo direto. Ou seja: "lembro alguma coisa" ou "lembro-me de alguma coisa".

Gabarito "C"

(CESPE) Considerando os trechos abaixo, que constituem um texto, assinale a opção incorreta no que se refere ao emprego das classes de palavras e suas flexões.

(A) A técnica de estabelecer freios ao poder na linha da tradição ocidental não é o único caminho possível para a vigência dos direitos humanos.
(B) Não é da essência de um regime de direitos humanos a separação entre o domínio jurídico e os outros domínios da existência humana, como os domínios religioso, moral e social.
(C) O Ocidente repetirá hoje os mesmos erros do passado se insistir na existência de um modelo único para a expressão e a proteção dos direitos humanos.
(D) Estados Unidos e Europa desrespeitaram a autonomia de destino de cada povo se tentarem impor sua verdade, sua economia, seu modo de vida, seus direitos humanos.

João Baptista Herkenhoff. Internet: <dhnet.org.br/inedex.htm>. (com adaptações).

A única alternativa que apresenta erro gramatical é a letra "D", devendo ser assinalada. O período estaria correto se trocássemos o pronome "se" pela preposição "ao": "(...) de cada povo ao tentarem impor sua verdade (...)".

Gabarito "D"

(CESPE) Considerando os trechos abaixo, que constituem um texto, assinale a opção em que há erro de regência.

(A) A Inglaterra deu início ao constitucionalismo, como depois veio a ser entendido, quando, em 1215, os bispos e barões impuseram o rei João Sem Terra a Magna Carta. Era o primeiro freio que se opunha ao poder dos reis.
(B) O constitucionalismo inglês desencadeou conquistas liberais na sociedade. Apenas o *habeas corpus* bastaria para assegurar à Inglaterra um lugar proeminente na História do Direito.
(C) Sabe-se, contudo, da origem feudal dos grandes documentos ingleses: não eram cartas de liberdade do homem comum. Pelo contrário, eram contratos feudais escritos, nos quais o rei, como suserano, comprometia-se a respeitar os direitos de seus vassalos.
(D) Não afirmavam direitos humanos, mas direitos de estamentos. Em consonância com a estrutura social feudal, o patrimônio jurídico de cada um era determinado pelo estamento, ordem ou estado a que pertencesse.

Idem, ibidem (com adaptações).

A única alternativa que apresenta erro de regência é a letra "A", que deve ser assinalada. O verbo "impor" rege a preposição "a", sendo correto dizer: "(...) os bispos e barões impuseram ao rei João Sem Terra (...)".

Gabarito "A"

(PIAUÍ) Assinale a alternativa na qual as regras da regência verbal foram atendidas.

(A) Nem prestamos atenção na diversidade de línguas das quais convivemos.
(B) As diversas formas para as quais as línguas resultam identificam os falantes.
(C) Os falares variam tanto quanto as línguas às quais eles se originaram.
(D) Não se conhecem claramente todos os fatores aos quais as línguas dependem para variar.
(E) São válidos os argumentos nos quais o autor se baseou para defender a diversidade de falares.

A: incorreta. Deveria constar "com as quais", não "das quais"; **B:** incorreta. Deveria constar "nas quais", não "para as quais"; **C:** incorreta. Deveria constar "das quais", não "às quais"; **D:** incorreta. Deveria constar "dos quais", não "aos quais"; **E:** correta. O verbo basear realmente rege a preposição "em", sendo correta a construção "nos quais".

Gabarito "E"

(FGV) Assinale a alternativa em que não se tenha caso de regência verbal de acordo com a norma culta.

(A) Ele preferia divertir-se a estudar.
(B) Assistimos nosso irmão no acidente.
(C) Eles esqueceram do livro.
(D) Visarei às metas traçadas pela equipe.
(E) No fim do mês, o patrão pagou ao empregado.

A: correta. "Preferir", ao indicar uma comparação, rege a preposição "a" para o segundo elemento: "prefiro uma coisa a outra"; **B:** correta. "Assistir", no sentido de "ajudar", "socorrer", é verbo transitivo direto e, como tal, não rege preposição ("assistir a" é sinônimo de "acompanhar", "ver": "assistimos ao jogo"); **C:** incorreta, devendo ser assinalada. "Esquecer" é verbo transitivo direto (quem esquece, esquece alguma coisa) e, como tal, não rege preposição; **D:** correta. "Visar a", no sentido de "almejar", "ter como objetivo", é verbo transitivo indireto que rege a preposição "a". Na alternativa, a preposição foi aglutinada ao artigo definido feminino "as" e ocorreu a crase ("visar", sem preposição, é verbo transitivo direto que significa "assinar", "dar um visto"); **E:** correta. "Pagar" é verbo transitivo indireto que rege a preposição "a": quem paga, paga a alguém.

Gabarito "C"

(CESGRANRIO) O drama ________ estavam assistindo era incompatível ________ manifestações de alegria que ouviam ao longe. Assinale a opção que preenche, de forma correta, as lacunas acima, completando o significado do trecho.

(A) de que – com as
(B) que – às
(C) à que – as
(D) a que – com as
(E) que – as

O verbo "assistir", no sentido de "acompanhar", é transitivo indireto e rege a preposição "a", que, no caso, não será craseado devido à ausência de qualquer artigo definido feminino na sequência: "a que". A expressão verbal "ser incompatível", por sua vez, rege a preposição "com", que pode vir acompanhado do artigo definido feminino plural "as" para concordar em gênero e número com "manifestações".

Gabarito "D"

(VUNESP) Leia a charge.

(*Gazeta do Povo*, 01.11.2012. Adaptado)

Em norma-padrão da língua portuguesa, a fala do funcionário demitido é completada com:

(A) ... prefiro ser demitido a ser demetido.
(B) ... prefiro antes ser demitido que ser demetido.
(C) ... prefiro mais ser demitido do que ser demetido.
(D) ... prefiro ser demitido do que ser demetido.
(E) ... prefiro mais ser demitido a ser demetido.

Essa questão é uma *pegadinha* clássica de concursos. Ela exige um conhecimento específico do verbo "preferir". Primeiro: ninguém prefere mais ou antes. Isso é pleonasmo (como "subir para cima"). Se você prefere, é óbvio que gosta mais de uma coisa do que outra. Segundo: prefere-se uma coisa **a** outra, não "do que" outra. O verbo "preferir" rege a preposição "a", não a preposição "de".

Gabarito "A"

Gastar um pouquinho a mais durante o mês e logo ver sua conta ficar no vermelho. Isso que parecia apenas um problema de adultos ou pais de famílias está também atingindo os mais jovens.

Diante desse contexto, é fundamental, segundo vários educadores, que a família ensine a criança, desde pequena, a saber lidar com dinheiro e a se envolver com o controle dos gastos. Uma criança que cresça sem essa formação será um adulto menos consciente e terá grandes chances de se tornar um jovem endividado.

Para o jovem que está começando sua vida financeira e profissional, um plano de gastos é útil por excelência, a fim de controlar, de forma equilibrada, o que entra e o que sai. Para isso, é recomendável:

a) anotar todas as despesas que são feitas mensalmente, analisando o resultado de acordo com o que costuma receber;
b) comprar, preferencialmente, à vista;
c) ao receber, estabelecer um dízimo, ou seja, guardar 10% do valor líquido do salário em uma conta de poupança, todo mês.

Graziela Salomão. **Economista explica como o jovem pode controlar seu orçamento e evitar gastar demais**. In: **Época**, 31/10/2005 (com adaptações).

(CESPE) A partir das ideias e das estruturas presentes no texto, julgue os itens a seguir.

(1) No trecho "que a família ensine a criança, desde pequena, a saber lidar com dinheiro e a se envolver com o controle dos gastos" (l.9-12), o verbo ensinar rege um complemento com preposição e um sem preposição.

6: correta. "A criança" é complemento sem preposição ("a" é artigo definido feminino singular), enquanto "a saber lidar" é complemento preposicionado ("a" é preposição

Gabarito 1C

(FCC) Assinale a alternativa em que há regência INCORRETA.

(A) O empenho com que G.M. Trevelyan dedicou-se à sua causa foi reconhecido por outros, principalmente pelo autor do texto.
(B) A crise em que passa a civilização contemporânea é visível em muitos aspectos, inclusive na relação do homem com a natureza selvagem.
(C) O homem sempre esteve disposto a dialogar com a natureza, mas esse diálogo nem sempre se deu segundo os mesmos interesses ao longo dos séculos.
(D) Muitos consideram ofensivo à natureza considerá-la como algo à disposição das necessidades humanas.
(E) Acompanhar a relação do ser humano com o campo através dos séculos propicia ao estudioso observar situações de que o homem nem sempre pode orgulhar-se.

A única que apresenta erro de regência é a alternativa "B". O verbo "passar", no sentido de "atravessar", não rege a preposição "em" constante da redação, mas sim a preposição "por". O correto é: "A crise por que passa a civilização contemporânea..."

Gabarito "B"

Mesmo quando sucumbimos aos nossos impulsos consumistas, estamos sempre pagando um preço além daquele debitado em nossa conta bancária. Quando você compra um carro, por exemplo, não está adquirindo apenas um veículo útil ou um símbolo de *status*. Você leva também um possível agente poluidor e — se levarmos em conta os números de acidentes nas estradas do país — uma arma em potencial. Nesse caso, há o preço da consciência ambiental e da responsabilidade de dirigir não apenas para si mesmo, mas para a comunidade como um todo. O comprador acaba levando mais do que compra e, para o bem maior da coletividade, é preciso que arque com essas despesas extras.

Planeta, maio/2006, p. 50 (com adaptações).

(CESPE) A partir do texto acima, julgue o item que se segue.

(1) Quando tem complementação, como na acepção usada em "sucumbimos" (l.1), o verbo sucumbir exige o emprego da preposição a, como em "aos

nossos impulsos" (l.1). Por isso, se esse complemento estivesse no feminino plural, seria correto o emprego de "às".

1: correta, mantendo-se assim a correção gramatical no trecho

Gabarito 1C

Em meio a uma crise da qual ainda não sabe como escapar, a União Europeia celebra os 50 anos do Tratado de Roma, pontapé inicial da integração no continente. Embora sejam muitos os motivos para comemorar, como a manutenção da paz e a consolidação do mercado comum, os chefes dos 27 Estados-membros têm muito com o que se preocupar. A discussão sobre a Constituição única não vai adiante, a expansão para o leste dificulta a tomada de decisões e os cidadãos têm dificuldade para identificar-se como parte da megaestrutura europeia.

O Estado de S. Paulo, 25/3/2007, p. A20.

(CESPE) Com referência às estruturas e às ideias do texto, bem como a aspectos associados aos temas nele tratados, julgue o item subsequente.

(1) O emprego de preposição em "da qual" (l.1) atende à regência do verbo "escapar" (l.2).

1: correta. "Escapar" rege a preposição "de", que acaba por aglutinar-se com a locução pronominal "a qual" para formar o adjunto adverbial

Gabarito 1C

Atendendo a provocações, volto a comentar o inominável assassinato do casal de namorados Liana Friedenbach e Felipe Caffé, desta vez _____ aspecto da lei. A tarefa que me cabe não é das mais agradáveis, pois ao sustentar que não se reduza a maioridade penal para 16 anos, como muitos agora exigem, estarei de algum modo defendendo o menor Xampinha, _____ atos estão além de qualquer defesa. O que de certa forma me tranquiliza é a convicção _____ princípios existem para serem preservados contra exceções. E os crimes de Embu-Guaçu foram justamente uma trágica exceção.

(Hélio Schwartsman, "Crimes e Castigos". Em: www.folha.uol.com.br, 20.11.2003. Adaptado)

(VUNESP) As lacunas do texto devem ser preenchidas, correta e respectivamente, com:

(A) no ... onde ... que
(B) sob o ... cujos ... de que
(C) ao ... que os ... em que
(D) sobre o ... quais os ... que
(E) ante o ... de que os ... para que

Na primeira lacuna, são corretas as preposições "sob o" e "ante o". Na segunda, somente se aceita o pronome relativo "cujos", indicativo de posse ("atos dele" = de Xampinha". Na terceira, o termo "convicção" rege a preposição "de", portanto é admissível somente "de que"

Gabarito "B"

(FCC) A expressão de que preenche adequadamente a lacuna da frase:

(A) Os projetos e atividades ...... implementamos na Casa Azul visam à harmonia de Paraty.
(B) O prestígio turístico ...... veio a gozar Paraty não cessa de crescer, por conta de novos projetos e atividades.
(C) O esquecimento ...... Paraty se submeteu preservou-a dos desgastes trazidos por um progresso irracional.
(D) A plena preservação ambiental, ... Paraty faz por merecer, é uma das metas da Casa Azul.
(E) Os ciclos econômicos do ouro e do café, ... tanto prosperou Paraty, esgotaram-se no tempo.

A: incorreta. "Implementar" é verbo transitivo direto, portanto basta o pronome relativo "que"; **B:** correta. "Gozar" é verbo transitivo indireto que rege a preposição "de"; **C:** incorreta. "Submeter" rege a preposição "a", portanto o correto seria "a que"; **D:** incorreta. "Merecer" é verbo transitivo direto, portanto basta o pronome relativo "que"; **E:** incorreta. Aqui a lacuna deve ser preenchida por um advérbio de tempo, porque "prosperar" é verbo intransitivo. Poderia ser "durante os quais"

Gabarito "B"

(FCC) *O Estado deve ficar fora das atividades de que o setor privado já dá conta*.

A nova redação da frase acima estará correta caso se substitua o elemento sublinhado por

(A) a que o setor privado já vem colaborando.
(B) com as quais o setor privado já vem cuidando.
(C) nas quais o setor privado já vem interferindo.
(D) em cujas o setor privado já vem demonstrando interesse.
(E) pelas quais o setor privado já vem administrando.

A: incorreta. "Colaborar" rege a preposição "com", não "a"; **B:** incorreta. "Cuidar" rege a preposição "de", não "com"; **C:** correta. "Interferir" rege, realmente, a preposição "em"; **D:** incorreta. "Cujas" é pronome relativo que indica posse, o que não faz sentido nessa construção. Além disso, "interesse" rege a preposição "por"; **E:** incorreta. "Administrar" é verbo transitivo direto, ou seja, não rege preposição

Gabarito "C"

(AERONÁUTICA) Em qual alternativa a regência dos verbos destacados **não** segue a norma culta?

(A) Cuidado com a fumaça! Quem fica perto de fumante é obrigado a **aspirá-la**.
(B) Quando estávamos no estádio, **chamei-o** em voz alta, mas ele não olhou para trás.
(C) Considere os clientes e sempre **lhes informe de** que os preços já não são os mesmos.
(D) Infelizmente a atitude vil **procede do** desejo de vingança que assola sua alma.

Todas as alternativas estão em consonância com as normas da regência verbal, com exceção da letra "C", que deve ser assinalada.

O verbo "informar" não rege preposição para o complemento "coisa", apenas para o complemento "pessoa": quem informa, informa alguma coisa a alguém. Portanto, está incorreta a colocação da preposição "de"

Gabarito "C"

(AERONÁUTICA) Leia:

I. O autor com cujas ideias não concordamos irá ao Congresso.
II. O diretor gostou e aprovou o novo projeto da equipe de esportes.
III. Simpatizo com a Linguística Textual, mas tenho estudado muito pouco suas teorias.

Conforme a Norma Culta, está(ão) correta(s) quanto à regência verbal, apenas

(A) I.
(B) II.
(C) III.
(D) I e III.

I: correta. O verbo "concordar" rege a preposição "com" e "cujas" refere-se à propriedade das ideias; **II:** incorreta. O problema não é propriamente de regência verbal. Na verdade, a norma culta condena o uso de verbo transitivo direto juntamente com transitivo indireto em construções desse tipo. Perceba que o verbo "gostar" ficou sem o seu complemento na oração; **III:** correta. "Simpatizar" rege a preposição "com"

Gabarito "D"

(AERONÁUTICA) Em qual das alternativas a regência nominal não obedece à Norma Culta?

(A) Aquele funcionário não estava apto a exercer a função de assessor.
(B) O diretor tinha certeza de que não haveria reposição das aulas.
(C) A obediência para com os pais traz a sua origem desde o berço.
(D) Líncon mantinha sempre acesa no coração a ânsia pelo progresso de seu país.

Dentre as alternativas, a única que apresenta desvio da norma culta quanto à regência nominal é a letra "C", que deve ser assinalada. O substantivo "obediência" rege a preposição "a", formando: "a obediência aos pais..."

Gabarito "C"

(AERONÁUTICA) Complete o texto abaixo com as preposições adequadas e depois assinale a alternativa com a sequência correta.

Estava quase acostumado_________ sua vida de funcionário público, porém ainda tinha aversão _________ algumas atividades, pois não se sentia apto ________ decidir o destino de outras pessoas; estava ansioso ________ ser transferido para outro departamento.

(A) a, a, para, de
(B) com, a, por, a
(C) a, para, de, por
(D) com, de, a, para

Conforme as regras de regência nominal, preenchem corretamente as lacunas, na seguinte ordem, as palavras: "acostumado a", "aversão a", "apto para" e "ansioso de"

Gabarito "A"

Texto II

Fábrica de sabores

A maior parte dos sabores que sentimos ao provar alimentos industrializados não vêm de ingredientes de verdade. Gosto de cogumelos, coco ou morango, nesse caso, é resultado de combinações de ácidos, cetonas, aldeídos. Além das substâncias químicas, extratos naturais também entram na equação para dar sabor e aroma aos alimentos produzidos nas fábricas. Há 3 formas de tudo isso ir parar em um produto. Quando você lê "aroma natural", quer dizer que ele foi obtido por meio de processos físicos que usam matéria-prima, retiram sua essência e aplicam no alimento. Se está escrito "idêntico ao natural", foi criado sinteticamente em laboratório para replicar essas moléculas encontradas na natureza. Por último, "artificial" no rótulo significa que os aromistas criaram moléculas que não existem na natureza, a partir das substâncias de laboratório. As sintéticas são as mais usadas por serem mais baratas. Para se ter uma ideia, é necessário espremer uma tonelada de limões para obter cerca de 3 quilos do óleo essencial usado no "aroma natural". O processo encarece o produto e, por isso, é menos comum nessa indústria. Ser artificial, porém, não significa que o aroma faz mal à saúde. Antes de enviar as moléculas às fábricas de alimentos, elas passam por testes de toxicologia em instituições independentes.

PONTES, Felipe; AFFARO, Victor. **Revista Galileu**. São Paulo: Globo, out. 2011, p. 74-77. Adaptado.

(CESGRANRIO) Considere o comportamento do verbo em destaque, empregado no Texto II, quanto à sua regência, em "para **dar** sabor e aroma aos alimentos". (l. 7-8)

O trecho do Texto II cujo verbo apresenta a mesma regência é:

(A) "Quando você **lê** 'aroma natural'" (l. 9-10)
(B) "'artificial' no rótulo **significa** que os aromistas" (l. 15-16)
(C) "que não **existem** na natureza," (l. 16-17)
(D) "O processo **encarece** o produto" (l. 22)
(E) "**enviar** as moléculas às fábricas de alimentos" (l. 24-25)

A: incorreta. O verbo "ler", enquanto transitivo direto, não rege qualquer preposição; **B:** incorreta. "Significar" também é transitivo direto, não regendo preposição; **C:** incorreta. "Existir" é verbo intransitivo. Quanto aos adjuntos adverbiais, rege a preposição "em", que não é a que procuramos; **D:** incorreta. "Encarecer" é verbo transitivo direto, não rege preposição; **E:** correta. "Enviar", no caso, é verbo transitivo direto e indireto, tal como "dar" no enunciado, e rege igualmente a preposição "a"

Gabarito "E"

(CESGRANRIO) Substituindo o verbo destacado por outro, a frase, quanto à regência verbal, torna-se **INCORRETA** em:

(A) O líder da equipe, finalmente, **viu** a apresentação do projeto. / O líder da equipe, finalmente, assistiu à apresentação do projeto.
(B) Mesmo não concordando, ele **acatou** as ordens do seu superior. / Mesmo não concordando, ele obedeceu às ordens do seu superior.
(C) Gostava de **recordar** os fatos de sua infância. / Gostava de lembrar dos fatos de sua infância.
(D) O candidato **desejava** uma melhor colocação no ranking. / O candidato aspirava a uma melhor colocação no *ranking*.
(E) Naquele momento, o empresário **trocou** a família pela carreira. / Naquele momento, o empresário preferiu a carreira à família.

A: correta. "Assistir a" é sinônimo de "ver", por isso ocorre a crase na segunda oração. "Assistir", sem preposição, é sinônimo de "ajudar"; **B:** correta. "Obedecer" rege a preposição "a", por isso a crase na segunda oração; **C:** incorreta, devendo ser assinalada. "Lembrar" é verbo transitivo direto, ou seja, não rege preposição antes do complemento: "...lembrar os fatos..."; **D:** correta. "Aspirar a" é sinônimo de "desejar", ao passo que "aspirar" é sinônimo de "inspirar", "respirar"; **E:** incorreta. "Preferir" rege a preposição "a" para a construção de comparações: "preferir uma coisa a outra"

Gabarito "C"

(CESGRANRIO) Em qual das sentenças abaixo, a regência verbal está em **DESACORDO** com a norma-padrão?

(A) Esqueci-me dos livros hoje.
(B) Sempre devemos aspirar a coisas boas.
(C) Sinto que o livro não agradou aos alunos.
(D) Ele lembrou os filhos dos anos de tristeza.
(E) Fomos no cinema ontem assistir o filme.

Incorreta apenas a alternativa "E", que deve ser assinalada. O verbo "ir" rege a preposição "a", não a preposição "em". Portanto, "fomos ao cinema ontem..."

Gabarito "E"

(CESGRANRIO) Quando a palavra destacada é transformada em um verbo, a preposição "a" é mantida apenas em:

(A) **respeito** aos mais velhos – respeitar aos mais velhos
(B) dar **início** a um processo – iniciar **a** um processo
(C) **consulta** a um arquivo – consultar **a** um arquivo
(D) **incentivo** ao comércio – incentivar **ao** comércio
(E) **adaptação** ao cargo – adaptar-se **ao** cargo

Todos os verbos indicados são transitivos diretos, ou seja, não regem a preposição antes de seu complemento. A única exceção, e que, portanto, está correta, é "adaptar"

Gabarito "E"

(CESGRANRIO) Em relação à regência verbal e nominal, o emprego do pronome relativo, segundo o registro culto e formal da língua, está INCORRETO em:

(A) A conclusão que chegamos é que o fracasso ensina ao homem como recomeçar.
(B) O barco a cujos tripulantes me referi pode voltar a navegar.
(C) O ideal por que lutamos norteia nossos projetos.
(D) O infortúnio a que está sujeito o empreendedor motiva-o.
(E) Após o término da pesquisa, informei-lhe que tomasse cuidado para não errar.

A: incorreta, devendo ser assinalada. O verbo "chegar" rege a preposição "a", portanto o certo é: "A conclusão à qual chegamos..."; **B:** correta. "Referir-se" rege a preposição "a" e "cujos" remete a posse ou propriedade: "eu me referi aos tripulantes do barco" – "o barco a cujos tripulantes me referi"; **C:** correta. "Por que" equivale a "pelo qual"; **D:** correta, sendo também aceitável a forma "ao qual" no lugar de "a que"; **E:** correta. Nesse caso, "que" exerce função de conjunção subordinativa

Gabarito "A"

(CESGRANRIO) Segundo o registro culto e formal da língua, a regência do verbo destacado está correta em

(A) O homem **lembrou-se** a infância ao ver a criança.
(B) Depois de algum tempo, **pagou** o seu amigo o que devia.
(C) Boas ações **implicam** benefícios futuros.
(D) Os inimigos **aspiravam** a derrota de alguém vulnerável.
(E) De um modo geral, **respeitava** aos princípios básicos da ética.

A: incorreta. "Lembrar-se" rege a preposição "de", que está ausente; **B:** incorreta. "Pagar" rege a preposição "a", que está ausente; **C:** correta. "Implicar" é verbo transitivo direto, ou seja, não rege preposição; **D:** incorreta. "Aspirar", no sentido de "almejar", "ter como objetivo", rege a preposição "a", logo deveria haver crase com o artigo definido feminino "a" da oração; **E:** incorreta. "Respeitar" é verbo transitivo direto, ou seja, não rege preposição. O correto é "... respeitava os princípios..."

Gabarito "C"

10. ANÁLISE SINTÁTICA

Romance LXXXI ou Dos Ilustres Assassinos

Ó grandes oportunistas,
sobre o papel debruçados,
que calculais mundo e vida
em contos, doblas, cruzados,

que traçais vastas rubricas
e sinais entre laçados,
com altas penas esquias,
embebidas em pecados!
Ó personagens solenes
que arrastais os apelidos
como pavões auriverdes
seus rutilantes vestidos,
– todo esse poder que tendes
confunde os vossos sentidos:
a glória, que amais, é desses
que por vós são perseguidos.
Levantai-vos dessas mesas,
sai de vossas molduras,
vede que masmorras negras,
que fortalezas seguras,
que duro peso de algemas,
que profundas sepulturas
nascidas de vossas penas,
de vossas assinaturas!
Considerai no mistério
dos humanos desatinos,
e no polo sempre incerto
dos homens e dos destinos!
Por sentenças, por decretos,
parecereis divinos:
e hoje sois, no tempo eterno,
como ilustres assassinos.
Ó soberbos titulares,
tão desdenhosos e altivos!
Por fictícia autoridade,
vãs razões, falsos motivos,
inutilmente matastes:
– vossos mortos são mais vivos:
e , sobre vós, de longe, abrem
grandes olhos pensativos.

Cecília Meireles. *O Romanceiro da Inconfidência.* Rio de Janeiro Nova Fronteira, 1989, p. 267-8

(CESPE) Com base no poema acima, julgue o item subsequente.

(1) Os trechos "Por sentenças, por decretos" (v.29) e "Por fictícia autoridade, vãs razões, falsos motivos" (v.35-36) exercem função adverbial nas orações a que pertencem e ambos denotam o meio empregado na ação representada pelo verbo a que se referem.

1: incorreta. No segundo trecho, a expressão destacada ("por fictícia autoridade, vãs razões, falsos motivos") expressam a causa da ação verbal: "matastes por causa de fictícia autoridade, por causa de vãs razões, por causa de falsos motivos". Em outras palavras, as expressões denotam os porquês dos assassinatos. Além disso, é fácil notar que não poderiam ser locuções adverbiais de meio: ninguém mata outro usando um motivo como arma.

Gabarito 1E

Os novos *sherlocks*

Dividida basicamente em dois campos, criminalística e medicina legal, a área de perícia nunca esteve tão na moda. Seus especialistas volta e meia estão no noticiário, levados pela profusão de casos que requerem algum tipo de tecnologia na investigação. Também viraram heróis de seriados policiais campeões de audiência. Nos EUA, maior produtor de programas desse tipo, o sucesso é tão grande que o horário nobre, chamado de prime time, ganhou o apelido de crime time. Seis das dez séries de maior audiência na TV norte-americana fazem parte desse filão.

Pena que a vida de perito não seja tão fácil e glamorosa como se vê na TV. Nem todos utilizam aquelas lanternas com raios ultravioleta para rastrear fluidos do corpo humano nem as canetas com raio laser que traçam a trajetória da bala. "Com o avanço tecnológico, as provas técnicas vêm ampliando seu espaço no direito brasileiro, principalmente na área criminal", declara o presidente da OAB/SP, mas, antes disso, já havia peritos que recorriam às mais diversas ciências para tentar solucionar um crime.

Na divisão da polícia brasileira, o pontapé inicial da investigação é dado pelo perito, sem a companhia de legistas, como ocorre nos seriados norte-americanos. Cabe a ele examinar o local do crime, fazer o exame externo da vítima, coletar qualquer tipo de vestígio, inclusive impressões digitais, pegadas e objetos do cenário, e levar as evidências para análise nos laboratórios forenses.

Pedro Azevedo. Folha Imagem, ago./2004 (com adaptações).

(CESPE) A respeito do texto acima, julgue os itens subsequentes.

(1) Na oração "que requerem algum tipo de tecnologia na investigação" (R.4-5), o pronome relativo "que" refere-se ao antecedente "casos" e exerce a função sintática de sujeito.

(2) A expressão entre vírgulas "maior produtor de programas desse tipo" (R.7) pode ser suprimida da frase, sem prejuízo sintático ou semântico, por estar exercendo a função de aposto explicativo.

(3) A forma verbal "utilizam" (R.13) está complementada por um objeto direto composto por dois núcleos.

1: correta. Na oração complexa "(...) levados pela profusão de casos que requerem (...)", o pronome relativo "que" refere-se a "casos", de forma que a oração simples "que requerem" é equivalente a "casos requerem". Fica claro, então, que o pronome acumula a função de sujeito da oração; **2:** incorreta, porque a expressão é classificada como aposto circunstancial, dando uma qualidade a mais para seu antecedente, importante para a compreensão da informação que virá em seguida (por que dados sobre os EUA? Porque ele é o maior produtor de programas desse tipo); **3:** correta, sendo os núcleos do objeto direto "lanternas" e "canetas".

Gabarito 1C, 2E, 3C

Texto

A Revolução Industrial provocou a dissociação entre dois pensamentos: o científico e tecnológico e o humanista. A partir do século XIX, a liberdade do homem começa a ser identificada com a eficiência em dominar e transformar a natureza em bens e serviços. O conceito de liberdade começa a ser sinônimo de consumo. Perde importância a prática das artes e consolidam-se a ciência e a tecnologia. Relega-se a preocupação ética. A procura da liberdade social se faz sem considerar-se sua distribuição. A militância política passa a ser tolerada, mas como opção pessoal de cada um.

Essa ruptura teve o importante papel de contribuir para a revolução do conhecimento científico e tecnológico. A sociedade humana se transformou, com a eficiência técnica e a consequente redução do tempo social necessário à produção dos bens de sobrevivência.

O privilégio da eficiência na dominação da natureza gerou, contudo, as distorções hoje conhecidas: em vez de usar o tempo livre para a prática da liberdade, o homem reorganizou seu projeto e refez seu objetivo no sentido de ampliar o consumo. O avanço técnico e científico, de instrumento da liberdade, adquiriu autonomia e passou a determinar uma estrutura social opressiva, que servisse ao avanço técnico e científico. A liberdade identificou-se com a ideia de consumo. Os meios de produção, que surgiram no avanço técnico, visam ampliar o nível dos meios de produção.

Graças a essa especialização e priorização, foi possível obter-se o elevado nível do potencial de liberdade que o final do século XX oferece à humanidade. O sistema capitalista permitiu que o homem atingisse as vésperas da liberdade em relação ao trabalho alienado, às doenças e à escassez. Mas não consegue permitir que o potencial criado pela ciência e tecnologia seja usado com a eficiência desejada.

(Cristovam Buarque, Na fronteira do futuro. Brasília: EDUnB, 1989, p. 13; com adaptações)

(CESPE) A respeito da organização sintática das estruturas do texto acima, julgue os itens que se seguem.

(1) A oração iniciada por "Perde importância" (l. 6) não precisa ter seu sujeito explicitado porque mantém o mesmo da oração anterior.

(2) Em vez de substantivo, o termo "procura" (l. 7) pode ser classificado como verbo, mas, nesse caso, para que as relações semânticas do texto sejam mantidas, seu sujeito deverá ser "liberdade".

(3) Mantêm-se as mesmas relações de dependência sintática, e a mesma classificação das orações, ao se substituir os dois-pontos depois de "conhecidas" (l. 17) por um ponto final.

(4) Se fosse suprimida a vírgula que antecede a oração "que surgiram do avanço técnico" (l. 24), seria mantida correta a pontuação e não haveria alteração da estrutura sintática do período.

(5) em "obter-se" (l. 27), o sujeito indeterminado expresso pelo pronome indefinido "se" refere-se à ideia de humanidade em geral.

1: incorreta. O sujeito da oração é "a prática das artes"; **2:** incorreta. Enxergar o termo "procura" como verbo altera as relações semânticas do texto e "liberdade" seria seu objeto direto; **3:** incorreta. O ponto final interrompe o período, alterando-se, assim, as relações sintáticas e a classificação das orações. No texto, a oração após os dois-pontos é oração subordinada substantiva apositiva; se colocado o ponto final, teríamos uma oração subordinada adverbial modal; **4:** incorreta. A pontuação estaria correta, mas a classificação sintática se alteraria. Entre vírgulas, "que surgiram do avanço técnico" é oração subordinada adjetiva explicativa; sem a vírgula, tornar-se-ia oração subordinada adjetiva restritiva; **5:** correta. A partícula "se" aparece como índice de indeterminação do sujeito, amplo como a humanidade.

Gabarito 1E, 2E, 3E, 4E, 5C

Paz como equilíbrio do movimento

Como definir a paz? Desde a antiguidade encontramos muitas definições. Todas elas possuem suas boas razões e também seus limites. Privilegiamos uma, por ser extremamente sugestiva: a paz é o equilíbrio do movimento. A felicidade desta definição reside no fato de que se ajusta à lógica do universo e de todos os processos biológicos. Tudo no universo é movimento, nada é estático e feito uma vez por todas. Viemos de uma primeira grande instabilidade e de um incomensurável caos. Tudo explodiu. E ao expandir-se, o universo vai pondo ordem no caos. Por isso o movimento de expansão é criativo e generativo. Tudo tem a ver com tudo em todos os momentos e em todas as circunstâncias. Essa afirmação constitui a tese básica de toda a cosmologia contemporânea, da física quântica e da biologia genética e molecular. Em razão da panrelacionalidade de tudo com tudo, o universo não deve mais ser entendido como o conjunto de todos os seres existentes e por existir, mas como o jogo total, articulado e dinâmico, de todas as relações que sustentam os seres e os mantém unidos e interdependentes entre si. A vida, as sociedades humanas e as biografias das pessoas se caracterizam pelo movimento. A vida nasceu do movimento da matéria que se auto-organiza; a matéria nunca é "material", mas um jogo altamente interativo de energias e de dinamismos que fazem surgir os mais diferentes seres. Não sem razão asseveram alguns biólogos que, quando a matéria alcança determinado nível de auto-organização, em qualquer parte do universo, emerge a vida como imperativo cósmico, fruto do movimento de relações presentes em todo o cosmos. As coisas mantêm-se em movimento, por isso evoluem; elas ainda não acabaram de nascer. Mas o

20	caos jamais teria chegado a cosmos e a desordem primordial jamais teria se transformado em ordem aberta
21	se não houvesse o equilíbrio. Este é tão importante quanto o movimento. Movimento desordenado é
22	destrutivo e produtor de entropia. Movimento com equilíbrio produz sintropia e faz emergir o universo como
23	cosmos, vale dizer, como harmonia, ordem e beleza.
24	Que significa equilíbrio? Equilíbrio é a justa medida entre o mais e o menos. O movimento possui
25	equilíbrio e assim expressa a situação de paz se ele se realizar dentro da justa medida, não for nem
26	excessivo nem deficiente. Importa, então, sabermos o que significa a justa medida.
27	A justa medida consiste na capacidade de usar potencialidades naturais, sociais e pessoais de tal
28	forma que elas possam durar o mais possível e possam, sem perda, se reproduzir. Isso só é possível,
29	quando se estabelece moderação e equilíbrio entre o mais e o menos. A justa medida pressupõe realismo,
30	aceitação humilde dos limites e aproveitamento inteligente das possibilidades. É este equilíbrio que garante
31	a sustentabilidade a todos os fenômenos e processos, à Terra, às sociedades e à vida das pessoas.
32	O universo surgiu por causa de um equilíbrio extremamente sutil. Após a grande explosão originária,
33	se a força de expansão fosse fraca demais, o universo colapsaria sobre si mesmo. Se fosse forte demais, a
34	matéria cósmica não conseguiria adensar-se e formar assim gigantescas estrelas vermelhas,
35	posteriormente, as galáxias, as estrelas, os sistemas planetários e os seres singulares. Se não tivesse
36	funcionado esse refinadíssimo equilíbrio, nós humanos não estaríamos aqui para falar disso tudo.
37	Como alcançar essa justa medida e esse equilíbrio dinâmico? A natureza do equilíbrio demanda
38	uma arte combinatória de muitos fatores e de muitas dimensões, buscando a justa medida dentre todas
39	elas. Pretender derivar o equilíbrio de uma única instância é situar-se numa posição sem equilíbrio. Por isso
40	não basta a razão crítica, não é suficiente a razão simbólica, presente na religião e na espiritualidade, nem a
41	razão emocional, subjacente ao mundo dos valores e das significações, nem o recurso da tradição, do bom
42	senso e da sabedoria dos povos.
43	Todas estas instâncias são importantes, mas nenhuma delas é suficiente, por si só, para garantir o
44	equilíbrio. Este exige uma articulação de todas as dimensões e todas as forças.
45	A partir destas ideias, temos condições de apreciar a excelência da compreensão da paz como
46	equilíbrio do movimento. Se houvesse somente movimento sem equilíbrio, movimento linear ou
47	desordenado, em todas as direções, imperaria o caos e teríamos perdido a paz. Se houvesse apenas
48	equilíbrio sem movimento, sem abertura a novas relações, reinaria a estagnação e nada evoluiria. Seria a
49	paz dos túmulos. A manutenção sábia dos dois polos faz emergir a paz dinâmica, feita e sempre por fazer,
50	aberta a novas incorporações e a sínteses criativas.
51	Consideradas sob a ótica da paz como equilíbrio do movimento, as sociedades atuais são
52	profundamente destruidoras das condições da paz. Vivemos dilacerados por radicalismos, unilateralismos,
53	fundamentalismos e polarizações insensatas em quase todos os campos. A concorrência na economia e no
53	mercado, feita princípio supremo, esmaga a cooperação necessária para que todos os seres possam viver e
55	continuar a evoluir. O pensamento único da ideologia neoliberal, levado a todos os quadrantes da terra,
56	destrói a diversidade cultural e espiritual dos povos. A imposição de uma única forma de produção, com a
57	utilização de um único tipo de técnica e de administração, maximizando os lucros, encurtando o tempo e
58	minimizando os investimentos, devasta os ecossistemas e coloca sob risco o sistema vivo de Gaia. As
59	relações profundamente desiguais entre ricos e pobres, entre Norte e Sul e entre religiões que se
60	consideram portadoras de revelação divina e outras religiões da humanidade, reforçam a arrogância e
61	aumentam os conflitos religiosos. Todos estes fenômenos são manifestações da destruição do equilíbrio do
62	movimento e, por isso, da paz tão ansiada por todos. Somente fundando uma nova aliança entre todos e
63	com a natureza, inspirada na paz-equilíbrio-do-movimento como método e como meta, conseguiremos
64	sociedades sem barbárie, onde a vida pode florescer e os seres humanos podem viver no cuidado de uns
65	para com os outros, em justiça e, enfim, na paz perene, secularmente ansiada.

BOFF, Leonardo. *Paz como equilíbrio do movimento.* Disponível em: <http://www.leonardoboff.com/site/vista/2001-2002/pazcomo.htm>. Acesso em: 14 nov. 2012. (Adaptado).

(UEG) No trecho "O universo surgiu por causa de um equilíbrio extremamente sutil" (linha 32), o termo em destaque exerce a mesma função sintática do termo destacado em:

(A) "Tudo no universo é movimento, nada é estático e feito uma vez por todas" (linha 4)

(B) "Importa, então, sabermos o que significa a justa medida" (linha 26)

(C) "As sociedades atuais são profundamente destruidoras das condições da paz" (linhas 51-52)

(D) "Por isso o movimento de expansão é criativo e generativo" (linhas 6-7)

Na oração do enunciado, o termo "universo" exerce função de sujeito. Com isso em mente, vamos analisar as alternativas: **A:** incorreta. "Estático", na oração coordenada, exerce função de predicativo do sujeito (facilmente identificado pelo verbo de ligação "ser"); **B:** incorreta. "Importa" é conjugação do verbo "importar". Exerce, portanto, função sintática de núcleo do predicado verbal; **C:** correta. "As sociedades atuais" é o sujeito da oração; **D:** incorreta. Tal qual na letra "A", a expressão "criativo e generativo" exerce função de predicativo do sujeito.

Gabarito "C"

Texto para as 2 próximas questões.

Triste Europa

Um Estado pode prender e expulsar um menor desacompanhado só porque ele é estrangeiro e não possui os documentos que o próprio Estado não quis lhe conceder? E, na mesma situação, os idosos, as grávidas e os portadores de deficiência? E os que, no país de origem, foram vítimas de tortura, estupro ou outras formas graves de violência?

Pois a nova norma sobre "o regresso de nacionais de terceiros países em situação irregular", recentemente aprovada pelo Parlamento Europeu, não apenas permite que um país o faça como estende uma tenebrosa concepção jurídica da imigração aos Estados-membros da União Europeia.

Tanto essa diretiva como as leis de certos países que a inspiraram são incompatíveis com as Constituições nacionais dos Estados-membros. São ilegais em relação ao direito internacional dos direitos humanos, arduamente tecidos após a Segunda Guerra Mundial. E colidem com o próprio direito regional – especialmente a Carta dos Direitos Fundamentais da UE (Nice, 2000) e a Convenção Europeia dos Direitos Humanos (Roma, 1950).

De ardilosa redação, a norma, a um só tempo, refere os direitos humanos e institucionaliza sua violação sistemática. Uma alínea assegura um direito, enquanto outra mais adiante o condiciona ou lhe rouba o sentido.

Sob o pretexto de organizar a expulsão, batizada de "afastamento", o estrangeiro pode ser detido por até 18 meses. As condições de detenção e expulsão são inaceitáveis: em princípio, há espaços isolados denominados "centros de retenção" (os que já existem lembram campos de concentração). Porém, havendo um número "excepcionalmente elevado" de estrangeiros, estes podem ser mesclados aos presos comuns, e as famílias podem ser separadas.

Acompanha a expulsão uma "interdição de entrada" em todo o território coberto pela diretiva, que pode durar cinco anos ou até se prolongar indefinidamente. Num processo apto a resultar em tão graves consequências, o Estado pode considerar desnecessária a tradução dos documentos, desde que "se possa razoavelmente supor" que o estrangeiro os compreenda.

Ademais, as informações sobre as razões de fato da expulsão podem ser limitadas, para salvaguardar, entre outros, a segurança nacional.

Infelizmente, a comunidade internacional não exagerou ao apelidá-la de "Diretiva da Vergonha". Ela constitui uma derrota mais grave do que o fracasso da Constituição Europeia ou do Tratado de Lisboa, recentemente recusados por referendos populares.

Concluída a fusão dos mercados, em vez de rumar para a integração política e consolidar seu protagonismo na cena mundial, a Europa faz da integração um utensílio da exclusão.

Claro está que Bruxelas não pode evitar a deriva à direita de certos Estados, mas tampouco necessita servir à regionalização da xenofobia.

Por outro lado, a diretiva complica ainda mais as já difíceis negociações inter-regionais com o Mercado Comum do Sul, Mercosul, cujos chefes de Estado se uniram para emitir um veemente protesto na recente Cúpula de Tucumán (Argentina).

Com efeito, além da ilegalidade, aqui há ingratidão. Os fluxos migratórios oriundos da Europa se espalharam por todos os continentes. Mais do que ninguém, os europeus sabem que não há emigração em massa sem fortes motivações, essencialmente de natureza socioeconômica.

Ora, as mazelas da imigração só podem ser resolvidas com a integração dos estrangeiros às sociedades, associada a uma enfática cooperação internacional, a fim de extrair da miséria e da desesperança a larga franja demográfica em que nascerá o futuro ser humano a expulsar.

Estima-se que possam ser expulsos da Europa 8 milhões de estrangeiros considerados em situação irregular, embora, em sua ampla maioria, não tenham praticado nenhum crime, trabalhem e recolham impostos.

Somando-se essa possibilidade à fresca barbárie do governo republicano dos EUA, o mundo desenvolvido desgasta aguda e paulatinamente sua autoridade moral para cobrar valores humanistas de outros governos.

Paradoxos da globalização: jamais a humanidade dispôs de tantas facilidades para se mover, mas nunca antes ela foi tão fortemente cerceada em sua liberdade.

A Europa crava tristes trópicos em si mesma. Estamos, ainda, distantes do fim do território nacional e do Estado como inospitaleiras construções do homem contra si mesmo. Razão a mais para acreditar que cabe ao Sul, e particularmente ao plural Brasil, a invenção de novos modelos, talvez menos opulentos, mas seguramente mais solidários, de convívio respeitoso entre os homens.

(Ricardo Seitenfus e Deisy Ventura. Folha de São Paulo, 24 de julho de 2008)

(FGV) Assinale a alternativa em que o termo exerça função sintática idêntica à de uma *"interdição de entrada"* (L.34).

(A) sua violação sistemática (L.22)
(B) a invenção de novos modelos (L.84)
(C) um menor desacompanhado (L.1-2)
(D) seu protagonismo (L.50)
(E) espaços isolados (L.28)

A: incorreta. A expressão do enunciado exerce função de sujeito, ao passo que a alternativa traz um objeto direto; **B:** correta, pois ambas expressões exercem função sintática de sujeito; C e **D:** incorretas, porque também trazem objetos diretos; **E:** incorreta, porque a expressão integra o aposto da oração.

Gabarito "B"

(FGV) "...o Estado pode considerar *desnecessária* a tradução dos documentos..." (L.37-38)

No trecho acima, o termo destacado exerce função sintática de:

(A) adjunto adnominal.
(B) adjunto adverbial.
(C) complemento nominal.
(D) predicativo do objeto.
(E) predicativo do sujeito.

"Desnecessária" é adjetivo que traduz uma das características do objeto direto "tradução" e complementa o verbo de ligação "ser" subentendido: "pode considerar (ser) desnecessária a tradução (...)". Logo, exerce função sintática de predicativo do objeto.

Gabarito "D"

Texto para a próxima questão.

Sonhos Sonhos são

Negras nuvens
Mordes meu ombro em plena turbulência
Aeromoça nervosa pede calma
Aliso teus seios e toco
Exaltado coração
Então despes a luva para eu ler-te a mão
E não tem linhas tua palma
Sei que é sonho
Incomodado estou, num corpo estranho
Com governantes da América Latina
Notando meu olhar ardente
Em longínqua direção
Julgam todos que avisto alguma salvação
Mas não, é a ti que vejo na colina
Qual esquina dobrei às cegas
E caí no Cairo, ou Lima, ou Calcutá
Que língua é essa em que despejo pragas
E a muralha ecoa
Em Lisboa
Faz algazarra a malta em meu castelo
Pálidos economistas pedem calma
Conduzo tua lisa mão
Por uma escada espiral
E no alto da torre exibo-te o varal
Onde balança ao léu minh'alma
Em Macau, Maputo, Meca, Bogotá
Que sonho é esse de que não se sai
E em que se vai trocando as pernas
E se cai e se levanta noutro sonho
Sei que é sonho
Não porque da varanda atiro pérolas
E a legião de famintos se engalfinha
Não porque voa nosso jato
Roçando catedrais
Mas porque na verdade não me queres mais
Aliás, nunca na vida foste minha

(Chico Buarque)

(FGV) Assinale a alternativa em que o termo, na canção de Chico Buarque, não exerça papel adjetivo.

(A) teus (verso 4)
(B) Qual (verso 15)
(C) nervosa (verso 3)
(D) alguma (verso 13)
(E) calma (verso 3)

Todas as alternativas trazem palavras com função adjetiva no texto, ou seja, ligam-se a um substantivo para alterá-lo, defini-lo ou expressar uma propriedade. Não estamos dizendo que tais palavras são adjetivos, morfologicamente falando, mas sim que, na sintaxe, exercem função de adjunto adnominal. Na letra "E" isso não ocorre. Em "Aeromoça nervosa pede calma", o termo "calma" tem função substantiva, isto é, é o próprio complemento do verbo "pedir" (objeto direto).

Gabarito "E"

A morte da porta-estandarte

Que adianta ao negro ficar olhando para as bandas do Mangue ou para os lados da Central? Madureira é longe e a amada só pela madrugada entrará na praça, à frente do seu cordão. O que o está torturando é a ideia de que a presença dela deixará a todos de cabeça virada, e será a hora culminante da noite. Se o negro soubesse que luz sinistra estão destilando seus olhos e deixando escapar como as primeiras fumaças pelas frestas de uma casa onde o incêndio apenas começou! ... Todos percebem que ele está desassossegado, que uma paixão o está queimando por dentro. Mas só pelo olhar se pode ler na alma dele, porque, em tudo mais, o preto se conserva misterioso, fechado em sua própria pele, como numa caixa de ébano. (...) Sua agonia vem da certeza de que é impossível que alguém possa olhar para Rosinha sem se apaixonar. E nem de longe admite que ela queira repartir o amor.(...)

No fundo da Praça, uma correria e começo de pânico. Ouvem-se apitos. As portas de aço descem com fragor. As canções das Escolas de Samba prosseguem mais vivas, sinfonizando o espaço poeirento.

— Mataram uma moça! (...)

A mulata tinha uma rosa no pixaim da cabeça. Um mascarado tirou a mantilha da companheira, dobrou-a, e fez um travesseiro para a morta. Mas o policial disse que não tocassem nela. Os olhos não estavam bem fechados. Pediram silêncio, como se fosse possível impor silêncio àquela Praça barulhenta. (...)

— Só se você visse, Bentinha, quanto mais a faca enterrava, mais a mulher sorria ... Morrer assim nunca se viu ...

O crime do negro abriu uma clareira silenciosa no meio do povo. Ficaram todos estarrecidos de espanto vendo Rosinha fechar os olhos. O preto ajoelhado bebia-lhe mudamente o último sorriso, e inclinava a cabeça de um lado para outro como se estivesse contemplando uma criança. (...)

Ele dobra os joelhos para beijá-la. Os que não queriam se comover foram-se retirando. O assassino já não sabe bem onde está. Vai sendo levado agora para um destino que lhe é indiferente. É ainda a voz da mesma canção que lhe fala alguma coisa ao desespero:

Quem fez do meu coração seu barracão?

Foi ela ...

MACHADO, Aníbal M. In: Antologia escolar de contos brasileiros. Herberto Sales (Org.) Rio de Janeiro, Ed. Ouro, s/d.

(CESGRANRIO) Dentre as expressões do Texto acima, transcritas abaixo, assinale aquela que NÃO veicula o mesmo tipo de circunstância das demais.

(A) "... para as bandas do Mangue ..." (l. 1-2)
(B) "... para os lados da Central?" (l. 2)
(C) "... pela madrugada ..." (l. 3)
(D) "... na praça, à frente do seu cordão." (l. 4)
(E) "... no meio do povo." (l. 34-35)

Todas as expressões são adjuntos adverbiais de lugar, ao passo que "pela madrugada" é adjunto adverbial de tempo.

Gabarito "C"

(FAEPOL) "nem todo hábito de consumo é ditado pela publicidade."; colocando-se esse segmento do texto na voz ativa, temos como forma adequada:

(A) a publicidade não dita todo hábito de consumo;
(B) a publicidade dita todo hábito de consumo;
(C) o hábito de consumo dita a publicidade;
(D) o hábito de consumo não dita a publicidade;
(E) nem toda publicidade dita todo hábito de consumo.

A voz ativa é a flexão verbal que indica que o sujeito pratica ou participa da ação; na questão, ao transpormos a frase para a voz ativa temos "a publicidade não dita todo hábito de consumo"; assim, o sujeito passa a ser " a publicidade" (era o agente da passiva), na medida em que "não dita" é o verbo no presente e "nem todo hábito" que era o sujeito torna-se o predicado.

Gabarito "A"

Falar em direitos humanos no Brasil é falar de lutas sociais que se desenrolam em uma sociedade que carrega marcas históricas de desmandos, violências, arbitrariedades, desigualdades e injustiças. Os resultados não poderiam ser outros, senão o quadro de violações aos direitos humanos que permeiam as relações sociais em praticamente toda a sociedade brasileira e que atingem com maior brutalidade as populações empobrecidas e socialmente excluídas.

O importante avanço institucional que conquistamos com o fim do ciclo totalitário, a redemocratização do país e a volta das instituições democráticas, não foi acompanhado de correspondente avanço no que se refere aos direitos econômicos, sociais e culturais. Perpetuam-se no Brasil os modelos econômicos que aprofundam o escandaloso quadro de concentração de renda e contrastes sociais. O agravamento da situação de desesperança de nosso povo, atingido duramente pela exclusão social, pela falência dos serviços públicos e pela violência crescente, seja no campo seja nas grandes cidades, exige da sociedade civil brasileira uma atuação consciente, transformadora e efetiva.

Internet: <http://www.mndh.org/br/asp> (com adaptações).

(CESPE) Considerando o texto acima como referência e tendo em vista o que ele aborda, julgue o item que se segue.

(1) Para que a expressão "a redemocratização do país e a volta das instituições democráticas" (L.10-11) não seja um aposto, a vírgula após "democráticas" pode ser eliminada, sem prejuízo para a correção gramatical do período.

1: correta. Assim procedendo, a expressão em destaque passa a exercer a função de adjunto adverbial e não há prejuízo para a correção gramatical do texto.

Gabarito "C"

(ACAFE) Assinale a alternativa em que o verbo está na voz passiva.

(A) "A Lei Maria da Penha é a regra."
(B) "As mulheres, maiores vítimas, dispensam julgamentos sobre covardia ou valentias."
(C) "As mulheres continuam com medo."
(D) "A Lei Maria da Penha foi recebida com grande entusiasmo – com estardalhaço, até."

A voz passiva indica que a ação expressa pelo verbo é recebida pelo sujeito; a única alternativa na voz passiva é a "D", sendo formada pelo verbo "ser" + particípio do verbo principal ("foi recebida"). A voz ativa, por sua vez, é a flexão verbal que indica que o sujeito pratica ou participa da ação. Portanto, as demais alternativas estão todas na voz ativa.

Gabarito "D"

(ACADEPOL) Em "Todos têm direito ao meio ambiente ecologicamente equilibrado...", o sujeito é

(A) inexistente.
(B) oculto.
(C) "Todos".
(D) "meio ambiente".
(E) "direito".

Sujeito é um dos termos essenciais da oração, aquele que funciona como suporte de uma afirmação feita pelo predicado. Em outras palavras, é quem pratica a conduta ou recebe a qualificação constante do predicado. O sujeito pode ser facilmente encontrado por meio da pergunta: "quem têm direito ao meio ambiente ecologicamente equilibrado?" Resposta: todos. Logo, o termo "todos" é o sujeito da oração. Cabe esclarecer que o sujeito inexistente ocorre quando não existe elemento ao qual o predicado se refere (ex.: Choveu à tarde). Já o sujeito oculto está implícito, ou seja, não está expresso mas se deduz do contexto (ex.: Partirei amanhã. "Quem partirá?" Só pode ser "eu" – sujeito oculto – diante da conjugação verbal).

Gabarito "C"

(ACADEPOL) Assinale a opção que corresponde à voz passiva analítica da frase: "Nós plantaremos uma árvore.".

(A) Uma árvore será plantada por nós.
(B) Uma árvore foi plantada por nós.
(C) Uma árvore havia sido plantada por nós.
(D) Uma árvore seria plantada por nós.
(E) Uma árvore é plantada por nós.

A voz passiva indica que a ação expressa pelo verbo é recebida pelo sujeito; na questão, ao transpormos a frase para a voz passiva temos "Uma árvore será plantada por nós"; trata-se de voz passiva analítica, formada pelos verbos "ser" ou "estar" + particípio do verbo principal + agente da passiva; assim, o sujeito passa a ser "uma árvore", na medida em que "será plantada" é o verbo na voz passiva e "por nós" é o agente da passiva. Ressalte-se que na frase original o verbo está no tempo futuro, de forma que o verbo na voz passiva também tem que estar no futuro para não haver alteração semântica.

Gabarito "A"

Texto para as 2 questões seguintes.

"Intensas erupções solares e tempestades geomagnéticas ejetam grandes quantidades de íons – partículas eletricamente carregadas – ao espaço.

Quando essas partículas atingem o campo magnético da Terra, causam o belo espetáculo atmosférico das auroras polares, mas derrubam a comunicação com os satélites".

(ACADEPOL) O primeiro período do texto apresenta uma oração, cujo sujeito é

(A) inexistente.
(B) indeterminado.
(C) claro, determinado, simples.
(D) claro, determinado, composto.
(E) oculto.

O sujeito da oração é "Intensas erupções solares e tempestades geomagnéticas". É claro, porque está destacado na oração, não está oculto; é determinado, porque pode ser identificado; é composto, porque apresenta mais de um núcleo (erupções e tempestades).

Gabarito "D"

(ACADEPOL) A expressão "partículas eletricamente carregadas" exerce, no texto, a função de

(A) aposto.
(B) adjunto adverbial.
(C) complemento verbal.
(D) complemento nominal.
(E) vocativo.

Trata-se de aposto, porque exerce a função sintática de explicar o conceito de "íons".

Gabarito "A"

(ACADEPOL) Transpondo para a voz passiva a frase *Ela deu parabéns aos presentes*, obtém-se a forma verbal

(A) foi dado
(B) é dado
(C) deu-se
(D) eram dados
(E) foram dados

A voz passiva indica que a ação expressa pelo verbo é recebida pelo sujeito; na questão, ao transpormos a frase para a voz passiva temos: "Os parabéns foram dados aos presentes por ele"; trata-se de voz passiva analítica, formada pelos verbos "ser" ou "estar" + particípio do verbo principal + agente da passiva; assim, o sujeito passa a ser " os parabéns", na medida em que "foram dados" é o verbo na voz passiva e "por ele" é o agente da passiva. É importante lembrar que o verbo da frase na voz passiva tem sempre que concordar com o sujeito; por isso que está no plural "foram dados".

Gabarito "E"

O número de mulheres no mercado de trabalho mundial é o maior da História, tendo alcançado, em 2007, a marca de 1,2 bilhão, segundo relatório da Organização Internacional do Trabalho (OIT). Em dez anos, houve um incremento de 200 milhões na ocupação feminina. Ainda assim, as mulheres representaram um contingente distante do universo de 1,8 bilhão de homens empregados.

Em 2007, 36,1% delas trabalhavam no campo, ante 46,3% em serviços. Entre os homens, a proporção é de 34% para 40,4%. O universo de desempregadas subiu de 70,2 milhões para 81,6 milhões, entre 1997 e 2007 — quando a taxa de desemprego feminino atingiu 6,4%, ante 5,7% da de desemprego masculino. Há, no mundo, pelo menos 70 mulheres economicamente ativas para 100 homens. O relatório destaca que a proporção de assalariadas subiu de 41,8% para 46,4% nos últimos dez anos. Ao mesmo tempo, houve queda no emprego vulnerável (sem proteção social e direitos trabalhistas), de 56,1% para 51,7%. Apesar disso, o universo de mulheres nessas condições continua superando o dos homens.

O Globo, 7/3/2007, p. 31 (com adaptações).

(CESPE) Julgue o próximo item, relativos ao texto apresentado.

(1) O desenvolvimento das ideias do texto confere à oração reduzida iniciada por "tendo alcançado" (l.2) um valor adjetivo, correspondente a **que tem alcançado**.

1: incorreta. A oração em questão tem função adverbial

Gabarito 1E

Como encontrar um milagre na Índia

Doentes e peregrinos buscam a salvação em templos que praticam o exorcismo em Kerala, ao sul da Índia. Garanto: naquela região se operam, de fato, milagres que salvam vidas diariamente.

Os "milagres" nada têm a ver com os deuses ou demônios. Apenas com homens, responsáveis por uma das mais admiradas experiências sociais já produzidas num país pobre. Como o resto da Índia, Kerala é miserável, sua renda por habitante é de US$ 300 por ano – dez vezes menos do que a brasileira e cem vezes se comparada com a americana.

Primeiro "milagre" num país de 900 milhões de habitantes com explosivo crescimento populacional: cada mulher tem apenas dois filhos (1,7, para ser mais preciso), uma média semelhante à de um casal de classe média alta em Manhattan, Paris, São Paulo ou Rio de Janeiro. Segundo e mais importante: de cada mil crianças que nascem, apenas 13 morrem antes de completar um ano – um nível de mortalidade infantil semelhante ao dos Estados Unidos e quatro vezes menor que o do Brasil.

Até pouco tempo atrás, Kerala era mais conhecida por suas praias, onde os turistas "descolados" se deitavam na areia depois do banho, massageados por moradores que aprenderam de seus ancestrais os segredos da massagem ayurvédica, medicina tradicional indiana. Agora, porém, atrai tipos menos transcendentais da Europa e dos Estados Unidos, decididos a entender e difundir a experiência sobre como um lugar miserável consegue indicadores sociais tão bons.

As pesquisas indicam, em essência, um caminho: graças à vontade política dos governantes locais, em nenhum outro lugar da Índia se investiu tanto na educação das mulheres. Uma ação que enfrentou a rotina da marginalização. Na Índia, por questões culturais, se propagou o infanticídio contra meninas, praticado pelos próprios pais.

Em Kerala, apenas 5% das garotas estão fora da escola, reduzindo a porcentagens insignificantes o analfabetismo. Elas são mais educadas, entram no mercado de trabalho, frequentam postos de saúde, amamentam os filhos, conhecem noções de higiene, sabem a importância, por exemplo, de ferver a água ou aplicar as vacinas, planejam voluntariamente o número de filhos.

Daí se vê o que significou, no Brasil, termos gasto tanto dinheiro na construção de hospitais, em vez de investir mais pesadamente em medicina preventiva. Muitas dessas obras só ajudaram a saúde financeira dos empreiteiros.

(DIMENSTEIN, Gilberto. *Aprendiz do futuro* – Cidadania hoje e amanhã. São Paulo: Ática, 2000, p. 46.)

(FUNCAB) O termo destacado em: "(...) termos gasto tanto dinheiro na construção DE HOSPITAIS (...)" exerce função sintática de:

(A) complemento nominal.
(B) adjunto adverbial.
(C) objeto indireto.
(D) objeto direto.
(E) predicativo.

"De hospitais" explicita o conteúdo de "construção", um substantivo comum. Portanto, exerce função sintática de complemento nominal

Gabarito "A"

(FUNCAB) Em "(...) Garanto: naquela região se operam, de fato, milagres QUE SALVAM VIDAS DIARIAMENTE.(...)", a oração em destaque classifica-se como:

(A) subordinada substantiva subjetiva.
(B) subordinada substantiva predicativa.
(C) coordenada sindética explicativa.
(D) subordinada adjetiva restritiva.
(E) subordinada adjetiva explicativa.

A oração em destaque qualifica, expõe uma característica, do substantivo "milagre". Essa função cabe aos adjetivos, logo é uma oração subordinada adjetiva. Para sabermos se tem valor restritivo ou explicativo, devemos analisar se o fato de "salvar vidas diariamente" está especificando o tipo de milagre operado, afastando outros tipos, ou está pura e simplesmente atribuindo uma qualidade ao milagre. A primeira hipótese é verdadeira, portanto é oração subordinada adjetiva restritiva. Uma dica: se a oração adjetiva não estiver antecedida por vírgula, é restritiva; se estiver, é explicativa

Gabarito "D"

(AERONÁUTICA) Quanto ao tipo de predicado, coloque (1) Verbal, (2) Nominal, (3) Verbo-Nominal e, em seguida, assinale a sequência correta.

( ) Diante de tanta injustiça, o povo fica calado.
( ) Nunca os encontrei tão desanimados com as tarefas.
( ) Os manifestantes permaneceram estáticos em frente ao prédio.
( ) Perante aquela enorme desgraça, lanço meu grito de socorro.

(A) 2 – 1 – 3 – 1
(B) 1 – 3 – 2 – 2
(C) 2 – 3 – 2 – 1
(D) 1 – 2 – 3 – 3

Primeira oração: predicado nominal à o verbo "ficar", nesse caso, assume o papel de verbo de ligação e "calado" é predicativo do sujeito "povo"; Segunda oração: predicado verbo-nominal à há um núcleo verbal ("encontrei") e núcleo nominal ("desanimados" é predicativo do objeto direto representado pelo pronome oblíquo "os"); Terceira oração: predicado nominal à "permanecer" é verbo de ligação e "estáticos" é predicativo do sujeito "manifestantes"; Quarta oração: predicado verbal à há somente um núcleo verbal ("lanço")

Gabarito "C"

(AERONÁUTICA) Leia:

Durante a aula, a discussão _________ exigiu a intervenção do professor.

O termo que completa a frase acima exercendo a função de complemento nominal é:

(A) do assunto
(B) dos alunos
(C) às pressas
(D) com agressões

A: correta. O termo "do assunto", ao ser inserido na oração, exerce a função de complemento nominal de "discussão", pois lhe completa o sentido; **B:** incorreta. Se inserido, o termo "dos alunos" exerceria função de adjunto adnominal, porque indicaria posse; C e **D:** incorretas. Ambos os termos propostos teriam função de adjunto adverbial de modo, porque indicariam a forma como a discussão foi travada

Gabarito "A"

(AERONÁUTICA) Leia:

Minha filha, Adriano sempre foi o orgulho dos pais.

Observando a oração acima, pode-se afirmar que

(A) *Adriano* é aposto.
(B) *Adriano* é vocativo.
(C) *Minha filha* é vocativo.
(D) *Minha filha* é aposto.

A única classificação possível é reputar "Minha filha" como vocativo e "Adriano" como sujeito da oração. Qualquer outra proposta geraria incoerência do texto, partindo da premissa que Adriano é um nome masculino e, portanto, não é usado para designar pessoas do sexo feminino. Nesses termos, o trecho representa um diálogo, no qual o pai está chamando a atenção da filha para suas palavras (função do vocativo "Minha filha") e afirma que "Adriano" é o orgulho de seus pais (portanto, exerce função sintática de sujeito do verbo de ligação "é")

Gabarito "C"

(AERONÁUTICA) Em qual das alternativas o termo em destaque exerce a função de predicativo do sujeito?

(A) "Amar é **um deserto** e seus temores"
(B) "Atravessamos **o deserto** do Saara..."
(C) "**O deserto** que atravessei ninguém me viu passar"
(D) "Você me deixa a rua **deserta** quando atravessa e não olha pra trás"

A: correta. "Um deserto" é predicativo do sujeito "amar", a ele vinculado pelo verbo de ligação "é"; **B:** incorreta. "O deserto", aqui, é objeto direto do verbo "atravessar"; **C:** incorreta. "O deserto", nesse caso, é adjunto adverbial de lugar. Registre-se a licença poética que autoriza a supressão da preposição "em"; pelo padrão culto, deveria constar "no deserto"; **D:** incorreta. "Deserta", adjetivo, exerce função de adjunto adnominal

Gabarito "A"

(AERONÁUTICA) Leia:

*Ele, **sempre que me encontrava**, me abordava **para saber notícias dos vizinhos**. Eu nunca alimentei suas especulações, **apesar de gostar** de ouvir suas maledicências.*

As orações subordinadas adverbiais em destaque no texto classificam-se, respectivamente, como

(A) conformativa, temporal, proporcional.
(B) consecutiva, temporal, conformativa.
(C) proporcional, final, concessiva.
(D) temporal, final, concessiva.

As orações subordinadas destacadas tem valor, respectivamente, temporal (porque indica o momento em que o fato acontece), final (porque indica a finalidade, o propósito da ação) e concessivo (porque indica a existência de um obstáculo – gostar de ouvir as maledicências – para a ocorrência da ação – nunca alimentar as especulações)

Gabarito "D"

(AERONÁUTICA) Assinale a alternativa na qual o grupo em negrito é classificado como agente da passiva.

(A) O muro foi o símbolo da separação **entre os dois vizinhos**.
(B) O muro foi pintado de azul e branco ontem **por meu pai**.
(C) O muro recebeu **uma cerca elétrica** em toda sua extensão.
(D) O muro foi muito resistente durante **os anos de guerra**.

A: incorreta. O elemento destacado é complemento nominal de "separação"; **B:** correta. Trata-se realmente de agente da passiva, pois na voz ativa teríamos: "o pai pintou o muro de azul e branco ontem"; **C:** incorreta. O termo destacado é objeto direto do verbo "receber"; **D:** incorreta. O termo destacado é adjunto adverbial de tempo

Gabarito "B"

(AERONÁUTICA) Em qual alternativa o termo destacado exerce a função de adjunto adverbial?

(A) A poesia dele parecia um manjar **dos deuses**.
(B) Aquela infeliz criatura precisava **de sincero apoio**.
(C) A felicidade se resume em ouvir o chiado **das caatingas**.
(D) Os personagens dos livros românticos morriam **de amor**.

A: incorreta. O termo destacado exerce a função de adjunto adnominal de "manjar"; **B:** incorreta. O termo destacado exerce função de objeto indireto do verbo "precisar"; **C:** incorreta. O termo destacado exerce função de adjunto adnominal de "caatingas"; **D:** correta. O termo destacado é adjunto adverbial de modo, porque representa a forma de morrer

Gabarito "D"

(AERONÁUTICA) Coloque C (certo) ou E (errado) para a função sintática dos termos destacados e, a seguir, assinale a alternativa com a sequência correta.

( ) Por ocasião da formatura, escolheram-**me** para orador da turma. (objeto indireto)
( ) A dedicação a **ela** foi o único mérito em sua vida. (objeto indireto)
( ) Ninguém **nos** viu desfilando neste carnaval. (objeto direto)
( ) Com certeza não **me** pertencem os sonhos alheios. (objeto indireto)

(A) C – C – E – E
(B) E – C – E – C
(C) E – E – C – C
(D) C – E – C – E

Primeira oração: errado. O pronome oblíquo "me" exerce função de objeto direto do verbo escolher (quem escolhe, escolhe alguém); Segunda oração: errado. Como se refere a "dedicação", que é substantivo, "a ela" nunca poderia ser objeto indireto. Trata-se, na verdade, de complemento nominal; Terceira oração: certo. Quem vê, vê alguém, portanto "nos" é objeto direto; Quarta oração: certo. Quem pertence, pertence a alguém, portanto "me" é objeto indireto

Gabarito "C"

(AERONÁUTICA) Marque a alternativa em que o termo em destaque não tem a mesma classificação sintática do termo destacado em *Marcela amou-me durante quinze meses e onze contos **de réis***.

(A) "Há muito o meu coração está **seco**"
(B) "No espelho **do córrego**, bailam borboletas bêbadas de sol."
(C) "O circo era um balão **aceso**, com música e pastéis na entrada."
(D) "Minha dor é inútil/ Como uma gaiola numa terra **onde não há pássaros**."

O termo destacado no enunciado exerce função sintática de adjunto adnominal, porque atribui um adjetivo ao termo "contos". O mesmo ocorre em todas as alternativas, com exceção da letra "A", que deve ser assinalada. "Seco" é predicativo do sujeito "coração". A letra "D" pode gerar alguma dificuldade, porque parece um adjunto adverbial. Note, porém, que o trecho destacado, na verdade, está atribuindo uma qualidade à terra, ou seja, tem função de adjetivo. Para provar isso, podemos substituir a expressão em comento por "sem pássaros" e avaliar que o sentido do período é mantido

Gabarito "A"

(AERONÁUTICA) Em qual alternativa a oração em destaque classifica-se como subordinada substantiva objetiva direta?

(A) Só importa uma coisa: que o mosquito da dengue seja exterminado. É importante que a sociedade se conscientize **de que a água parada é um perigo**.
(B) Toda a população quer que o mosquito da dengue seja exterminado. É fundamental **que todos saibam** que locais com água parada são muito perigosos.
(C) Todos devem ter a conscientização de que a dengue é um perigo para a sociedade. Nosso desejo é **que sociedade e autoridades façam** o que precisa ser feito para exterminarmos o mosquito.
(D) É importante que a dengue seja combatida. Não podemos admitir **que um mosquito cause tantos prejuízos à população**. Devemos nos conscientizar de que todos nós temos que fazer a nossa parte nessa luta.

A: incorreta. Trata-se de oração subordinada substantiva objetiva indireta; **B:** incorreta. Trata-se de oração subordinada substantiva subjetiva; **C:** incorreta. Trata-se de oração subordinada substantiva predicativa; **D:** correta. É a única oração dentre as destacadas que se classifica como subordinada substantiva objetiva direta ao complementar, sem a necessidade de preposição, o verbo "admitir"

Gabarito "D"

(AERONÁUTICA) Assinale a única alternativa em que o trecho em negrito não deve ser classificado como vocativo.

(A) — Eu tenho costume, **meu amigo**, de cumprimentar as pessoas quando chego.
(B) Foi isso o que sempre esperei de você, e que você não soube ser: **meu amigo**.
(C) **Meu amigo**, faça a prova com tranquilidade.
(D) Tudo é resultado de esforço, **meu amigo**.

Vocativo é o elemento sintático que representa um chamado ao interlocutor, com a intenção de prender-lhe a atenção. A única das alternativas que não apresenta vocativo é a letra "B", que deve ser assinalada. Nessa passagem, a expressão "meu amigo" exerce a função sintática de aposto, elemento que serve para explicar uma outra palavra ou conjunto de palavras (no caso, aquilo que o outro não soube ser)

Gabarito "B"

(AERONÁUTICA) Observe:

1. O escritor ficou impressionado com o sucesso de sua obra.
2. Os atores uniram a sensibilidade à grande criatividade no espetáculo.
3. Eles logo me chamaram ao palco para a entrega dos merecidos prêmios.

O complemento objeto direto está presente em:

(A) 1 apenas
(B) 1 e 2
(C) 2 e 3
(D) 1, 2 e 3

1: incorreta. "Impressionado" é predicativo do sujeito e "com o sucesso de sua obra" é complemento nominal; **2:** correta. "A sensibilidade" é objeto direto de "uniram"; **3:** correta. O pronome "me" é objeto direto do verbo "chamaram"

Gabarito "C"

(AERONÁUTICA) Leia:

*I. O dono **da empresa** descobriu a doença no início.*
*II. O dono saiu **da empresa** no início da doença.*
Assinale a alternativa que apresenta uma afirmação correta sobre os termos destacados no texto acima.

(A) **da empresa** na frase I exerce a função de adjunto adnominal.
(B) **da empresa**, na frase II não exerce a função de adjunto adverbial.
(C) **da empresa**, nas frases I e II, exerce a função de complemento nominal.
(D) **da empresa**, na frase I, exerce a função de complemento nominal, e, na II, de adjunto adnominal.

A: correta. Expressões adjetivas que indicam posse exercem função de adjunto adnominal; **B:** incorreta. Trata-se justamente de um adjunto adverbial de lugar; C e **D:** incorretas, nos termos dos comentários anteriores

Gabarito "A"

(AERONÁUTICA) Leia

Meu filho ainda não sabe se ganhará uma bolsa de estudos.

Assinale a alternativa que apresenta a mesma classificação da oração acima destacada.

(A) O professor garantiu que haverá um aumento no número de bolsas.
(B) Sabe-se que muitos não estudaram para ganhar a bolsa de estudos.
(C) O problema é que o número de bolsas não atende a todos.
(D) O professor deu garantia de que haverá um aumento no número de bolsas.

A: correta. Ambas as orações subordinadas classificam-se como substantivas objetivas diretas; **B:** incorreta. Trata-se de oração subordinada substantiva subjetiva; **C:** incorreta. Temos aí uma oração subordinada substantiva predicativa; **D:** incorreta. A oração subordinada classifica-se como substantiva completiva nominal

Gabarito "A"

(AERONÁUTICA) Quanto ao tipo de predicado, coloque (1) verbo-nominal, (2) verbal e (3) nominal. A seguir, assinale a sequência correta.

( ) Os comportamentos das crianças foram julgados abomináveis.
( ) O presidente esteve entre a vida e a morte durante vários dias.
( ) A casa dos sete anões ficava atrás das colinas do bosque.

(A) 1, 2, 3
(B) 1, 3, 2
(C) 2, 3, 2
(D) 2, 1, 2

1ª oração: predicado verbo-nominal (núcleo verbal = foram julgados; predicativo do objeto = abomináveis); 2ª oração: predicado nominal (verbo de ligação = esteve; predicativo do sujeito = entre a vida e a morte); 3ª oração: predicado verbal (núcleo verbal = ficava)

Gabarito "B"

(AERONÁUTICA) Em qual alternativa a oração coordenada classifica-se como explicativa?

(A) Na Europa faz muito frio; levarei, pois, todos os meus agasalhos.
(B) Cuidado, não se precipite nos julgamentos, porque neste mundo tudo é possível.
(C) As crianças ora choravam ora riam durante a apresentação daquele famoso palhaço.
(D) O empresário colaborou com dez reais para a campanha, entretanto poderia ter sido com mais.

A: incorreta. A segunda oração coordenada tem valor consecutivo, é uma consequência da primeira; **B:** correta. A oração coordenada que se inicia com a conjunção "porque" explica a razão de não se precipitar nos julgamentos; **C:** incorreta. Trata-se de orações alternativas; **D:** incorreta. Trata-se de oração coordenada adversativa

Gabarito "B"

(AERONÁUTICA) Dos elementos em negrito nas alternativas abaixo, apenas um é complemento nominal. Assinale-o.

(A) A habitação **da mata** era permitida apenas aos índios.
(B) **Da mata** provêm muitas substâncias medicinais.
(C) O coração **da mata** era defendido por uma onça altiva e robusta.
(D) Vanessa **da Mata** é um dos grandes talentos da nova geração de cantoras brasileiras.

A: correta. "Da mata" é complemento nominal de "habitação"; **B:** incorreta. Aqui, a expressão é adjunto adverbial de lugar; **C:** incorreta. Aqui, a expressão é adjunto adnominal de "coração"; **D:** incorreta. Nesse caso, trata-se do nome da cantora

Gabarito "A"

(AERONÁUTICA) Assinale a alternativa que apresenta oração sem sujeito.

(A) Sábado me chamaram para o trabalho!
(B) Abriu-se para mim, de repente, o céu.
(C) Não há judiação maior que essa, caro leitor.
(D) Vive-se mal nesta distante cidade do interior.

A: incorreta. Trata-se de sujeito indeterminado (ele existe, mas não podemos identificá-lo); **B:** incorreta. "O céu" é o sujeito simples da oração; **C:** correta. Trata-se de oração sem sujeito; **D:** incorreta. Trata-se de sujeito indeterminado

Gabarito "C"

(AERONÁUTICA) Observe:

Caiu a serenata silenciosa molhando os pastos e as asas dos pássaros. Passou a noite de Deus e veio a manhã. Por três dias houve cerração forte, e por três noites o estancieiro teve o mesmo sonho.

Quanto ao texto acima, está correto o que se afirma em:
(A) Todos os sujeitos classificam-se como determinados.
(B) Há um sujeito indeterminado, um oculto e os demais são determinados.
(C) Todos os sujeitos classificam-se como ocultos.
(D) Há uma oração sem sujeito e as demais orações com sujeitos determinados.

Para responder essa questão, precisamos identificar as orações e os respectivos sujeitos. Vamos lá: "caiu a serenata silenciosa..." – sujeito determinado simples ("a serenata silenciosa"); "passou a noite de Deus" – sujeito determinado simples ("a noite de Deus"); "e veio a manhã" – sujeito determinado simples ("a manhã"); "por três dias houve cerração forte" – oração sem sujeito; "e por três noites o estancieiro teve o mesmo sonho" – sujeito determinado simples ("o estancieiro")

Gabarito "D"

(AERONÁUTICA) Em uma redação, escrevi o seguinte período: A bandeira bailava. Insatisfeito, decidi acrescentar-lhe um adjunto adverbial, e o resultado foi:

(A) A bandeira, que era azul, bailava.
(B) A bandeira, uma ave plácida, bailava.
(C) A bandeira, altivo emblema nacional, bailava.
(D) A bandeira, na tarde sonolenta e morna, bailava.

A: incorreta. O trecho inserido, "que era azul", é oração subordinada adjetiva explicativa; B e **C:** incorretas. Os trechos inseridos, "uma ave plácida" e "altivo emblema nacional", são apostos explicativos; **D:** correta. "Na tarde sonolenta e morna" é adjunto adverbial de tempo

Gabarito "D"

(AERONÁUTICA) Observe:

"Tu não verás, Marília, cem cativos
tirarem o cascalho e a rica terra,
ou dos cercos dos rios caudalosos,
ou da minada serra."

Assinale a alternativa que contém as locuções adverbiais do texto acima.
(A) cem cativos, a rica terra
(B) da minada serra, cem cativos
(C) a rica terra, dos cercos dos rios
(D) dos cercos dos rios, da minada serra

A: incorretas. "Cem cativos" exerce função de objeto direto do verbo "ver" e "a rica terra" é objeto direto do verbo "tirar"; **B:** incorreta. "Da minada serra" realmente é adjunto adverbial de lugar que se refere ao verbo "tirar", mas "cem cativos" é objeto direto; **C:** incorreta. Enquanto "dos cercos dos rios" realmente exerce função de adjunto adverbial do verbo "tirar", "a rica terra" é objeto direto; **D:** correta. Ambas as expressões são locuções adverbiais que denotam lugar e se unem ao verbo "tirar".

Gabarito "D"

(AERONÁUTICA) Assinale a alternativa que traz a correta classificação sintática do termo em destaque.

(A) "Quando a Indesejada das gentes chegar/ (Não sei se dura ou **caroável**),/ Talvez eu tenha medo." – [predicativo do sujeito]
(B) "Enquanto tomo meu café vou me lembrando de um homem **modesto** que conheci antigamente." – [predicativo do sujeito]
(C) "Tinha sobrado uma roca com fuso no alto de uma velha torre onde vivia uma fiandeira, **solitária** e isolada." – [predicativo do objeto]
(D) "... conheço (...) verbos tão esguios que atravessam **agudos** o ar em vias de ação, já que palavra é ação, concordais?" – [predicativo do objeto]

A: correta. "Caroável" é predicativo do sujeito elíptico "ela". Note que a oração entre parênteses pode ser assim reescrita: "não sei se ela será dura ou caroável"); **B:** incorreta. "Modesto" é predicativo do objeto "homem"; **C:** incorreta. "Solitária" e "isolada" são predicativos de "fiandeira", sujeito do verbo "viver"; **D:** incorreta. "Agudos" é adjunto adnominal do substantivo "verbos"

Gabarito "A"

(AERONÁUTICA) Assinale a alternativa que contém objetos direto e indireto.

(A) As meninas ficaram satisfeitas com os prêmios.
(B) Entregaram aos atletas iniciantes vários troféus.
(C) Nosso país necessita de mais investimentos nos esportes.
(D) Eles surpreenderam durante aquelas competições esportivas.

A: incorreta. Como "ficaram", nesse caso, é verbo de ligação, "satisfeitas" é predicativo do sujeito e "com os prêmios" é complemento nominal; **B:** correta. "Entregaram" é verbo transitivo direto e indireto, sendo "aos atletas iniciantes" o objeto indireto e "vários troféus" o objeto direto; **C:** incorreta. "Necessita" é verbo transitivo indireto, sendo objeto dessa natureza a expressão "de mais investimentos". "Nos esportes", por sua vez, é adjunto adverbial; **D:** incorreta. "Surpreender" é verbo intransitivo, portanto "durante aquelas competições esportivas" é adjunto adverbial

Gabarito "B"

(AERONÁUTICA) Assinale a alternativa em que se verifica a existência de vocativo.

(A) "Estavas, linda Inês, nunca em sossego/ e por isso voltaste neste poema" (Jorge de Lima)
(B) "Somente a Ingratidão – esta pantera – / Foi tua companheira inseparável." (Augusto dos Anjos)
(C) "O senhor não repare. Demore, que eu conto. A vida da gente nunca tem termo real." (Guimarães Rosa)
(D) "Quando nasci um anjo esbelto/ desses que tocam trombeta, anunciou:/ Vai carregar bandeira." (Adélia Prado)

A: correta. Vocativo é o termo sintático que indica a evocação ou chamamento de alguém. No caso, "linda Inês" é vocativo; **B:** incorreta. "Esta pantera" exerce função sintática de aposto, explicando, no sentido figurado, uma qualidade da ingratidão; **C:** incorreta. "O senhor" é sujeito da oração; **D:** incorreta. "Um anjo esbelto" é sujeito do verbo "anunciou"

Gabarito "A"

(AERONÁUTICA) Assinale a alternativa em que se verifica a presença de adjunto adverbial.

(A) A notícia do milagre espalhara-se. Para a pequena vila acorriam todos; gente de longe, a fé embatucando os olhos peregrinos.
(B) O empregado pensava que porta da casa eu merecia, pois nem fora fazer entrega, nem tinha aspecto de visita.
(C) 'Virge!' Danaram a falar. Era falação de mais! E o 'causo' aumentava, espetaculoso...
(D) "finjo que vou (...) minha janela é/ a moldura do luar do sertão"

A: correta. "Para a pequena vila" é adjunto adverbial de lugar; **B:** incorreta. "Da casa" é adjunto adnominal e "de visita" é complemento nominal; **C:** incorreta. "De mais" é adjunto adnominal; **D:** incorreta. "Do luar" e "do sertão" são adjuntos adnominais

Gabarito "A"

(AERONÁUTICA) Leia:

"Se eu quiser falar com Deus,
Tenho que folgar os nós
Dos sapatos,
Das gravatas,
Dos desejos,
***Dos receios**."*

O termo destacado no texto acima classifica-se, sintaticamente, como

(A) objeto indireto.
(B) adjunto adverbial.
(C) adjunto adnominal.
(D) complemento nominal.

"Dos receios" exerce função de adjetivo que altera o substantivo "nós". Sintaticamente, portanto, exerce função de adjunto adnominal

Gabarito "C"

(AERONÁUTICA) Marque a alternativa que traz a correta informação quanto aos sujeitos do texto abaixo.

Muitas desculpas pediu Joaquim, pois procuraram-no ontem à tarde e haviam encontrado portas fechadas e caladas.

(A) Joaquim – sujeito simples do verbo *pedir*
(B) no (o) – sujeito simples do verbo *procurar*
(C) portas fechadas e caladas – sujeito composto da locução verbal *haviam encontrado*
(D) (eles) – sujeito oculto do verbo procurar e da locução verbal *haviam encontrado*

A: correta, porque bem classifica o sujeito da primeira oração; **B:** incorreta. O pronome oblíquo "o" é objeto direto do verbo "procurar"; **C:** incorreta. "Portas fechadas e caladas" é objeto direto do verbo "encontrar"; **E:** incorreta. A oração apresenta sujeito indeterminado, porque não se pode aferir pelo contexto quem procurou Joaquim

Gabarito "A"

(AERONÁUTICA) Leia:

1. "... ele recebeu a visita de um homem branco *atestando a inocência da moça*."
2. "Era noite de lua *de fazer saudade doída no coração!*"
3. "No meio da rua sem calçamento, *coberta aqui e ali por mato rasteiro*, crianças brincavam de roda."

Assinale a alternativa que traz a correta e respectiva classificação das orações subordinadas adjetivas reduzidas destacadas nas frases acima.

(A) restritiva, explicativa, restritiva
(B) restritiva, restritiva, explicativa
(C) explicativa, restritiva, explicativa
(D) explicativa, explicativa, restritiva

1 – Oração subordinada adjetiva restritiva reduzida de gerúndio, porque não é precedida de vírgula, indicando, assim, que pretende apontar uma ação praticada por esse homem branco específico; 2 – Oração subordinada adjetiva restritiva reduzida de infinitivo, porque também expõe uma característica daquela lua específica; 3 – Oração subordinada adjetiva explicativa reduzida de particípio, porque está entre vírgulas e esclarece, explica como era a rua

Gabarito "B"

(AERONÁUTICA) Coloque

1. predicado nominal
2. predicado verbal
3. predicado verbo-nominal

e, a seguir, assinale a alternativa com a sequência correta.

( ) Estou feliz neste mundo fantasioso.
( ) Seu comportamento foi considerado impróprio pelo juiz.
( ) De tão zangada, às vezes, Joana vira onça.
( ) Escrevi uma carta ao presidente do clube.

(A) 2, 3, 1, 2
(B) 2, 2, 3, 1
(C) 1, 1, 2, 3
(D) 1, 3, 1, 2

1 – Predicado nominal, tendo "feliz" por predicativo do sujeito; 2 – Predicado verbo-nominal, sendo "foi considerado" seu núcleo verbal e "impróprio" o predicativo do objeto; 3 – Predicado nominal, porque "virar", nesse caso, exerce função de verbo de ligação (pode ser substituído, sem alteração de sentido, pelo verbo "ser"). 4 – Predicado verbal, sendo "escrever" seu núcleo, "uma carta" o objeto direto e "ao presidente do clube" o objeto indireto

Gabarito "D"

(AERONÁUTICA) Observe:

I. Ao passarmos pela rua, ouvimos pedidos de socorro.

II. O ator foi cercado pelos fãs quando chegou ao teatro.
III. A jovem estava apaixonada pelo colega de classe.
IV. Aquele médico é perito em cirurgias cardíacas.

O complemento nominal ocorre nos períodos

(A) II e IV.
(B) I, II e III.
(C) I, III e IV.
(D) II, III e IV.

I: correta. "De socorro" é complemento nominal de "pedidos"; **II:** incorreta. A oração não apresenta complemento nominal: "o ator" (sujeito simples) ""foi cercado" (núcleo do predicado verbal) "pelos fãs" (adjunto adverbial) "quando" (conjunção – não exerce função sintática) "chegou" (núcleo do predicado verbal da oração subordinada adverbial temporal) "ao teatro" (adjunto adverbial); **III:** correta. "De classe" é complemento nominal de "colega"; IV: correta. "Cardíacas" é complemento nominal de "cirurgias"

Gabarito "C"

(AERONÁUTICA) No período *"**Ainda que fosse ótimo atleta**, não ganharia nenhuma medalha nas Olimpíadas de 2008."*, a oração destacada é subordinada adverbial

(A) causal.
(B) concessiva.
(C) condicional.
(D) conformativa.

A: incorreta. Oração causal é aquela que exprime a razão, o porquê, a causa do fato ocorrido na outra oração; **B:** correta. Chama-se concessiva a oração que apresenta uma contradição com a outra, porém cede espaço, concede a ocorrência do fato narrado; **C:** incorreta. Oração condicional é aquela que representa uma condição, um evento futuro e incerto para que o fato previsto na outra oração ocorra; **D:** incorreta. A oração conformativa estabelece uma relação de conformidade, de concordância entre as duas orações

Gabarito "B"

(AERONÁUTICA) Em qual alternativa há **erro** na classificação das orações coordenadas destacadas?

(A) Corram, meninos, **que o ônibus está de saída**. – explicativa
(B) Não só ele era inteligente, **mas também observava tudo com atenção**. – adversativa
(C) Os preços estavam acessíveis, **portanto gastamos bastante naquele dia**. – conclusiva
(D) O rapaz queria ora comprar um carro novo, **ora construir uma casa luxuosa**. – alternativa

A: correta. A segunda oração esclarece a razão para os meninos correrem; **B:** incorreta, devendo ser assinalada. A questão tenta enganar o candidato com o uso da conjunção "mas", que, sozinha, realmente tem valor adversativo. Todavia, a construção "não só... mas também" tem valor aditivo. Equivale a dizer: "Era inteligente e observava tudo com atenção". **C:** correta. A conjunção "portanto" realmente transmite a ideia de conclusão; **D:** correta. A construção "ora... ora" tem valor alternativo. Equivale a dizer: "O rapaz queria comprar um carro novo ou construir uma casa luxuosa"

Gabarito "B"

(AERONÁUTICA) Leia:

"As cinco grandes da indústria mundial do disco estão definhando, mas há um ingrediente essencial, a burrice de seus executivos, que é preciso acrescentar."

Reorganizando o texto acima, teremos oração subordinada substantiva subjetiva em:

(A) Ao fato de cinco indústrias mundiais, que são as grandes do disco, estarem definhando, acrescentamos, como ingrediente essencial, a burrice de seus executivos.
(B) Acrescentamos a burrice de seus executivos, que é um ingrediente essencial, como a que faz as cinco grandes da indústria mundial do disco definharem.
(C) A burrice (ingrediente essencial) de seus executivos está definhando as cinco grandes da indústria mundial do disco, é preciso que se diga.
(D) A burrice de seus executivos é ingrediente tão essencial, que está definhando as cinco grandes da indústria mundial do disco.

A: incorreta. Reescrevendo na ordem direta e realizando a análise sintática, temos: (Nós) – sujeito oculto, "acrescentamos a burrice de seus executivos ao fato das cinco indústrias mundiais" – oração principal, "que são as grandes do disco" – oração subordinada adjetiva explicativa, "estarem definhando" – oração subordinada substantiva predicativa; **B:** incorreta. Da análise sintática, extraímos: (Nós) – sujeito oculto, "acrescentamos a burrice de seus executivos" – oração principal, "que é um ingrediente essencial" – oração subordinada adjetiva explicativa, "como a que faz" – oração subordinada adverbial conformativa em relação à primeira e oração principal em relação à próxima, "as cinco grandes da indústria mundial do disco definharem" – oração subordinada substantiva objetiva direta; **C:** correta. "A burrice (ingrediente essencial) de seus executivos está definhando as cinco grandes da indústria mundial do disco" é oração subordinada substantiva subjetiva, porque tem função sintática de sujeito da oração "é preciso que se diga"; **D:** incorreta. Primeira oração: "A burrice de seus executivos é ingrediente tão essencial" – oração principal; a segunda oração: "que está definhando as cinco grandes da indústria mundial do disco" – oração subordinada adverbial consecutiva

Gabarito "C"

11. TEMAS COMBINADOS

Imagine que um poder absoluto ou um texto sagrado declarem que quem roubar ou assaltar será enforcado (ou terá a mão cortada). Nesse caso, puxar a corda, afiar a faca ou assistir à execução seria simples, pois a responsabilidade moral do veredicto não estaria conosco. Nas sociedades tradicionais, em que a punição é decidida por uma autoridade superior a todos, as execuções podem ser públicas: a coletividade festeja o soberano que se encarregou da justiça — que alívio! A coisa é mais complicada na modernidade, em que os cidadãos comuns (como você e eu) são a fonte de toda autoridade jurídica e moral. Hoje, no mundo ocidental, se alguém é executado, o braço que mata é, em última instância, o dos cidadãos — o nosso. Mesmo que o condenado seja indiscutivelmente culpado, pairam mil dúvidas. Matar um condenado à morte não é mais uma festa, pois é difícil celebrar o triunfo de uma moral tecida de perplexidade. As execuções acontecem em lugares fechados, diante de poucas testemunhas: há uma espécie de vergonha. Essa discrição é apresentada como um progresso: os povos civilizados não executam seus condenados nas praças. Mas o dito progresso é, de fato, um corolário da incerteza ética de nossa cultura.

Reprimimos em nós desejos e fantasias que nos parecem ameaçar o convívio social. Logo, frustrados, zelamos pela prisão daqueles que não se impõem as mesmas renúncias. Mas a coisa muda quando a pena é radical, pois há o risco de que a morte do culpado sirva para nos dar a ilusão de liquidar, com ela, o que há de pior em nós. Nesse caso, a execução do condenado é usada para limpar nossa alma. Em geral, a justiça sumária é isto: uma pressa em suprimir desejos inconfessáveis de quem faz justiça. Como psicanalista, apenas gostaria que a morte dos culpados não servisse para exorcizar nossas piores fantasias — isso, sobretudo, porque o exorcismo seria ilusório. Contudo é possível que haja crimes hediondos nos quais não reconhecemos nada de nossos desejos reprimidos.

Contardo Calligaris. Terra de ninguém – 101 crônicas. **São Paulo: Publifolha**, 2004, p. 94-6 (com adaptações).

(CESPE) Com referência às ideias e aos aspectos linguísticos do texto acima, julgue os itens abaixo.

(1) Suprimindo-se o emprego de termos característicos da linguagem informal, como o da palavra "coisa" (L.9) e o do trecho "(como você e eu)" (L.10), o primeiro período do segundo parágrafo poderia ser reescrito, com correção gramatical, da seguinte forma: Essa prática social apresenta-se mais complexa na modernidade, onde a autoridade jurídica e moral submete-se à opinião pública.

(2) No período "Nesse caso (...) estaria conosco" (L.3-5), como o conector "ou" está empregado com sentido aditivo, e não, de exclusão, a forma verbal do predicado "seria simples" poderia, conforme faculta a prescrição gramatical, ter sido flexionada na terceira pessoa do plural: seriam.

(3) De acordo com o texto, nas sociedades tradicionais, os cidadãos sentem-se aliviados sempre que um soberano decide infligir a pena de morte a um infrator porque se livram das ameaças de quem desrespeita a moral que rege o convívio social, como evidencia o emprego da interjeição "que alívio!" (L.8).

(4) Mantendo-se a correção gramatical e a coerência do texto, a oração "se alguém é executado" (L.12), que expressa uma hipótese, poderia ser escrita como "caso se execute alguém", mas não, como "se caso alguém se execute".

(5) O termo "Essa discrição" (L.18) refere-se apenas ao que está expresso na primeira oração do período que o antecede.

(6) Na condição de psicanalista, o autor do texto adverte que a punição de infratores das leis é uma forma de os indivíduos expurgarem seus desejos inconfessáveis, ressalvando, no entanto, que, quando se trata de crime hediondo, tal não se aplica.

(7) Na linha 24, considerando-se a dupla regência do verbo impor e a presença do pronome "mesmas", seria facultado o emprego do acento indicativo de crase na palavra "as" da expressão "as mesmas renúncias".

1: incorreta. O uso do verbo "submeter-se" não guarda correlação com o texto original. Para manter o sentido, deveria constar "advir" ou "nascer"; **2:** incorreta. A conjunção "ou" está empregada em sentido alternativo, porque as situações enumeradas não ocorrem todas no mesmo contexto. Assim, o verbo deve necessariamente ser flexionado na terceira pessoa do singular; **3:** incorreta. O alívio da população decorre da responsabilidade exclusiva do soberano em condenar alguém à morte, sem que tenham, os próprios cidadãos, de julgar o próximo pelo crime cometido; **4:** correta. A primeira sugestão mantém o sentido do texto porque representa a transformação da voz passiva analítica usada originalmente para a voz passiva sintética. A segunda proposição alteraria o sentido do texto porque o termo "alguém" deixou de ser objeto direto para se tornar sujeito – ou seja, na primeira situação, "alguém" é quem morre por ação de outrem na execução; na segunda, "alguém" é suicida; **5:** correta. A expressão remete à discrição, à limitação da publicidade com a qual as execuções são conduzidas hoje em dia; 6: incorreta. O autor sugere que, mesmo em caso de condenação por crimes hediondos, há uma parcela de nós que coaduna com a prática ilícita, porém nós a negamos veementemente, com a certeza de que ela não existe, sem saber que, na verdade, nós apenas não a conhecemos; 7: incorreta. O termo "as mesmas renúncias" é objeto direto do verbo "impor", portanto não é precedido de preposição. Sendo assim, impossível a ocorrência da crase.

Gabarito 1E, 2E, 3E, 4C, 5C, 6E, 7E

(CESPE) Considerando os trechos abaixo, que constituem um texto, assinale a opção gramaticalmente correta.

(A) Nas declarações de direitos, resultantes das revoluções americana e francesa, o sentido universal, está presente.

(B) Os direitos do homem e do cidadão, proclamados nessa fase histórica, quer na América, quer na Europa, tinham, entretanto, um conteúdo bastante individualista, que consagrava a chamada democracia burguesa.

(C) Apenas na Segunda etapa da Revolução Francesa, sob a ação de Robespierre e da força do pensamento de Rousseau, proclamam-se direitos sociais do homem: direitos relativos ao trabalho e à meios de existência, direito de proteção contra a indigência, direito à instrução.

(D) Entretanto, a realização desses direitos cabia a sociedade e não ao Estado. Salvaguarda-se, assim, a ideia, então vigente, de que o Estado devia abster-se em face a tais problemas.

Idem, ibidem (com adaptações).

A: incorreta. "Sentido universal" é sujeito da oração e não se separa com vírgula o sujeito do verbo; **B:** correta, devendo ser assinalada; **C:** incorreta. Não ocorre crase antes de termos masculinos, porquanto estes não podem ser antecedidos do artigo definido feminino "a". Assim, o correto é: "(...) relativos ao trabalho e a meios de existência (...)"; **D:** incorreta. Aqui, deveria haver o acento indicativo da crase em: "(...) cabia à sociedade e não ao Estado (...)", por se tratar de aglutinação da preposição "a", regida pelo verbo "caber", e do artigo definido feminino singular "a", adjunto adnominal de "sociedade".

Gabarito "B"

O que temos em jogo com o poder simbólico é a imposição de um modo de apreensão do mundo social que configura a "naturalização" de uma ordem social vigente. Podemos nos questionar a serviço de quem está o poder. Quem são os excluídos pelo poder? O poder simbólico é uma forma transformada ou mascarada de outras formas de poder, notadamente o poder econômico e o político; todavia não se trata simplesmente de uma dominação estritamente consciente, maniqueísta ou intencional. Ele frequentemente é ignorado e apreendido como arbitrário por quem o exerce.

Rogério Haesbaert e Marcelo de Jesus Santa Bárbara. **Identidade e migração em áreas fronteiriças**. Internet: <www.uff.br> (com adaptações).

(CESPE) Assinale a opção correta a respeito das estruturas linguísticas do texto acima.

(A) Na linha 1, o uso da flexão de singular em "é" deve-se à concordância com "poder simbólico".

(B) Por retomar "mundo social" (l.2), o pronome "que" (l.3) pode ser substituído **por o qual**.

(C) A preposição **por**, em "pelo poder" (l.5), introduz um modo, uma circunstância para a exclusão.

(D) Na linha 8, a forma verbal "trata" está flexionada no singular para concordar com o sujeito da oração, "uma **dominação**"; se este estivesse no plural, dominações, a forma verbal deveria ser **tratam**.

(E) O pronome "o" (l.11) refere-se a "poder simbólico" (l.5-6).

A: incorreta. O verbo no singular "é" está concordando com "a imposição", sujeito da oração; **B:** incorreta. O pronome "que" retoma "modo de apreensão"; **C:** incorreta. É a preposição "per" que se aglutina com o artigo "o" para formar "pelo"; **D:** incorreta. O verbo está no singular porque caracteriza o sujeito indeterminado da oração; **E:** correta, pois o pronome "o" realmente retoma o termo "poder simbólico", núcleo do argumento.

Gabarito "E"

(CESPE) Nos itens seguintes, são apresentados fragmentos sucessivos adaptados do texto **Identidade e Migração em Áreas Fronteiriças**, de Rogério Haesbaert e Marcelo de Jesus Santa Bárbara (Internet: <www.uff.br>). Julgue-os quanto à correção gramatical.

I. Um dos processos sociais contemporâneos que dá relevância ao estudo da dimensão cultural é aquele que envolve a dinâmica migratória, cada vez mais destacada no cenário mundial globalizado.

II. O Brasil, visto como um país imune aos dilemas étnicos e culturais que afetam o mundo nas últimas décadas, e os brasileiros, às vezes, até enaltecidos como exemplos de democracia racial, pareciam alheios ao debate sobre o poder da identidade e os grandes fluxos migratórios deste final de século.

III. Estávamos enganados: não só o mito da democracia racial a muito vem sendo questionado, como não eramos de forma alguma, imunes aos grandes fluxos migratórios e as questões de ordem cultural envolvendo essa dinâmica da população.

Assinale a opção correta.

(A) Apenas o item I está certo.

(B) Apenas o item II está certo.

(C) Apenas o item III está certo.

(D) Apenas os itens I e II estão certos.

(E) Apenas os itens II e III estão certos.

I: correta; **II:** correta; **III:** incorreta. A locução adverbial corretamente grafada é "há muito", "éramos" leva acento por ser proparoxítona, não há vírgula depois de "alguma" e "às questões" leva acento grave indicativo da crase.

Gabarito "D"

(FGV) "Concluída a fusão dos mercados, em vez de rumar para a integração política e consolidar seu protagonismo na cena mundial, a Europa faz da integração um utensílio da exclusão. Claro está que Bruxelas não pode evitar a deriva à direita de certos Estados, mas tampouco necessita servir à regionalização da xenofobia."

A respeito do trecho acima, analise os itens a seguir:

I. A expressão *em vez* de não poderia ser substituída, no trecho, por *ao invés* de.

II. Ocorre alteração gramatical ou semântica ao se substituir "Claro está" por "Está claro".

III. Não ocorre alteração gramatical ou semântica ao se substituir "certos Estados" por "Estados certos".

Assinale:

(A) se somente o item III estiver correto.

(B) se somente o item I estiver correto.

(C) se nenhum item estiver correto.

(D) se todos os itens estiverem corretos.

(E) se somente o item II estiver correto.

I: incorreta. É preciso ter cuidado, porque "ao invés de" e "em vez de" não são propriamente sinônimas: "ao invés de" equivale a "ao contrário de", ao passo que "em vez de" equivale a "no lugar de". Entretanto, é possível utilizá-las uma pela outra, quando a oração apresenta uma oposição de duas situações ou termos, como no caso analisado ("rumar para a integração política" versus "fazer da integração um utensílio da exclusão"); **II:** incorreta. Não haverá qualquer alteração semântica ou gramatical com a inversão da expressão, porque o termo "claro" continua exercendo função sintática de predicativo; **III:** incorreta. Nesse caso, a inversão dos termos provoca alteração semântica, porque, no primeiro caso, "certos" é usado como pronome indefinido (equivale a "alguns") e, no segundo caso, passaria a ter função de adjetivo, qualificando determinado grupo de Estados.

Gabarito "C"

Sonhos Sonhos são

Negras nuvens
Mordes meu ombro em plena turbulência
Aeromoça nervosa pede calma
Aliso teus seios e toco
Exaltado coração
Então despes a luva para eu ler-te a mão
E não tem linhas tua palma
Sei que é sonho
Incomodado estou, num corpo estranho
Com governantes da América Latina
Notando meu olhar ardente
Em longínqua direção
Julgam todos que avisto alguma salvação
Mas não, é a ti que vejo na colina
Qual esquina dobrei às cegas
E caí no Cairo, ou Lima, ou Calcutá
Que língua é essa em que despejo pragas
E a muralha ecoa
Em Lisboa
Faz algazarra a malta em meu castelo
Pálidos economistas pedem calma
Conduzo tua lisa mão
Por uma escada espiral
E no alto da torre exibo-te o varal
Onde balança ao léu minh'alma
Em Macau, Maputo, Meca, Bogotá
Que sonho é esse de que não se sai
E em que se vai trocando as pernas
E se cai e se levanta noutro sonho
Sei que é sonho
Não porque da varanda atiro pérolas
E a legião de famintos se engalfinha
Não porque voa nosso jato
Roçando catedrais
Mas porque na verdade não me queres mais
Aliás, nunca na vida foste minha

(Chico Buarque)

(FGV) "E no alto da torre exibo-te o varal. Onde balança ao léu minh'alma" (versos 24 e 25)

A respeito dos versos acima, analise os itens a seguir:

I. O acento em *léu* se justifica como acento diferencial, para não se confundir com o verbo *leu*.
II. Em *minh'alma*, para indicar a supressão de uma letra, utilizou-se apóstrofo.
III. O pronome "*te*" exerce função de objeto indireto.

Assinale:

(A) se nenhum item estiver correto.
(B) se somente os itens I e III estiverem corretos.
(C) se somente os itens I e II estiverem corretos.
(D) se somente os itens II e III estiverem corretos.
(E) se todos os itens estiverem corretos.

I: incorreta. "Léu" leva acento agudo para indicar que "éu", na pronúncia, é um ditongo tônico aberto; **II:** correta. A supressão de uma letra para fins poéticos ou em expressões consagradas pelo uso (como "caixa d'água") deve ser indicada pelo apóstrofo; **III:** correta. Quem exibe, exibe algo (o varal – objeto direto) a alguém (a ti = te – objeto indireto).

Gabarito "D"

(Fernando Gonsales. http://www2.uol.com.br/niquel/)

(FGV) A respeito da tirinha acima, analise os itens a seguir:

I. Um pressuposto para o alcance do humor da tirinha é conhecer a natureza da hiena.
II. No segundo quadrinho, o demonstrativo é catafórico.
III. O plural da palavra *degrau*, no segundo quadrinho, se faz da mesma forma que o de *sarau*.

Assinale:

(A) se somente os itens I e II estiverem corretos.
(B) se todos os itens estiverem corretos.
(C) se nenhum item estiver correto.
(D) se somente os itens I e III estiverem corretos.
(E) se somente os itens II e III estiverem corretos.

I: correta. O humor da tirinha pressupõe o conhecimento do fato do ruído produzido pelas hienas se assemelhar a uma risada; **II:** incorreta. A função catafórica do pronome demonstrativo ocorre quando este se refere a algo que ainda será mencionado no texto, antecipando o termo. No caso em exame, temos um pronome demonstrativo com função anafórica, ou seja, ele se vincula a termos que já constaram do texto. Ele retoma a ideia do primeiro quadrinho, sobre as características da arquitetura e como o degrau cumpre seu papel; **III:** correta. O plural de "sarau" é "saraus".

Gabarito "D"

(http://www.malvados.com.br/)

(FGV) A respeito dos elementos textuais da tirinha acima, analise os itens a seguir:

I. A forma "vem" no quarto quadrinho não encontra respaldo na norma culta.

II. No terceiro quadrinho, o personagem, ao empregar duas perguntas com negativas, tem a intenção de torná-las de caráter afirmativo.

III. No último quadrinho, o emprego do verbo no passado permite inferir que o teste já fora realizado.

Assinale:

(A) se somente os itens I e II estiverem corretos.
(B) se somente os itens II e III estiverem corretos.
(C) se somente os itens I e III estiverem corretos.
(D) se todos os itens estiverem corretos.
(E) se nenhum item estiver correto.

I: correta. Como os personagens estão utilizando a terceira pessoa do singular em seus tratamentos ("você"), o correto seria "nem venha"; **II:** correta. Trata-se de um instrumento de retórica. Fica claro, ao interpretarmos a fala do personagem, que ele está afirmando que "a vida é um risco" e "a felicidade é uma conquista"; **III:** correta. O emprego do pretérito perfeito do indicativo demonstra que a ação passada já se desenrolou completamente, encerrando-se.

Gabarito "D"

Brinkmanship

Em 1964, o cineasta Stanley Kubrick lançava o filme Dr. Strangelove. Nele, um oficial norte-americano ordena um bombardeio nuclear à União Soviética e comete suicídio em seguida, levando consigo o código para cancelar o bombardeio. O presidente norte-americano busca o governo soviético na esperança de convencê-lo de que o evento foi um acidente e, por isso, não deveria haver retaliação. É, então, informado de que os soviéticos implementaram uma arma de fim do mundo (uma rede de bombas nucleares subterrâneas), que funcionaria automaticamente quando o país fosse atacado ou quando alguém tentasse desacioná-la. O Dr. Strangelove, estrategista do presidente, aponta uma falha: se os soviéticos dispunham de tal arma, por que a guardavam em segredo? Por que não contar ao mundo? A resposta do inimigo: a máquina seria anunciada na reunião do partido na segunda-feira seguinte.

Pode-se analisar a situação criada no filme sob a ótica da Teoria dos Jogos: uma bomba nuclear é lançada pelo país A ao país B. A política de B consiste em revidar qualquer ataque com todo o seu arsenal, o qual pode destruir a vida no planeta, caso o país seja atacado. O raciocínio que leva B a adotar tal política é bastante simples: até o país mais fraco do mundo está seguro se criar uma máquina de destruição do mundo, ou seja, ao ter sua sobrevivência seriamente ameaçada, o país destrói o mundo inteiro (ou, em seu modo menos drástico, apenas os invasores). Ao elevar os custos para o país invasor, o detentor dessa arma garante sua segurança. O problema é que de nada adianta um país possuir tal arma em segredo. Seus inimigos devem saber de sua existência e acreditar na sua disposição de usá-la. O poder da máquina do fim do mundo está mais na intimidação do que em seu uso.

O conflito nuclear fornece um exemplo de uma das conclusões mais surpreendentes a que se chega com a Teoria dos Jogos. O economista Thomas Schelling percebeu que, apesar de o sucesso geralmente ser atribuído a maior inteligência, planejamento, racionalidade, entre outras características que retratam o vencedor como superior ao vencido, o que ocorre, muitas vezes, é justamente o oposto. Até mesmo o poder de um jogador, considerado, no senso comum, como uma vantagem, pode atuar contra seu detentor.

Schelling denominou brinkmanship (de brink, extremo) a estratégia de deliberadamente levar uma situação às suas consequências extremas. Um exemplo usado por Schelling é o bem conhecido jogo do frango, que consiste em dois indivíduos acelerarem seus carros na direção um do outro em rota de colisão; o primeiro a virar o volante e sair da pista é o perdedor. Se ambos forem reto, os dois jogadores pagam o preço mais alto com sua vida. No caso de os dois desviarem, o jogo termina em empate. Se um desviar e o outro for reto, o primeiro será o frango, e o segundo, o vencedor. Schelling propôs que um participante desse jogo retire o volante de seu carro e o atire para fora, fazendo questão de mostrá-lo a todas as pessoas presentes. Ao outro jogador caberia a decisão de desistir ou causar uma catástrofe. Um jogador racional optaria pelo que lhe causasse menos perdas, sempre perdendo o jogo.

Fabio Zugman.Teoria dos jogos. Internet: <www.iced.org.br> (com adaptações).

(CESPE) Com base no texto acima, assinale a opção correta.

(A) A leitura do final do 1º parágrafo (l.7-8) permite inferir-se que "A resposta do inimigo" não foi dada em uma segunda-feira.
(B) A expressão "à União Soviética" (l.2) é complemento da forma verbal "ordena" (l.1).
(C) Acrescentando-se de que imediatamente após a conjunção "e" (l.3), o significado do período correspondente não seria alterado.
(D) A expressão "por isso" (l.3) foi empregada com o sentido concessivo.
(E) Mantém-se a correção gramatical do texto ao se substituir "convencê-lo de que" (l.3) por convencer-lhe que.

A: incorreta. Tal dedução não é autorizada, porque a resposta pode ter sido dada em determinada segunda-feira que, mesmo assim, seria coerente dizer que o anúncio seria feito na "segunda-feira seguinte", ou seja, uma semana depois; **B:** incorreta. É, na verdade, um adjunto adverbial de lugar; **C:** correta. A locução prepositiva "de que" está subentendida no texto, de forma que sua inclusão não altera o sentido do período; **D:** incorreta. Trata-se de locução conjuntiva conclusiva (ou consecutiva), exprimindo ideia de consequência, não de concessão; **E:** incorreta. "Convencer" é verbo transitivo direto, portanto não pode ser complementado pelo pronome "lhe", equivalente a "a ele".

Gabarito "C"

(VUNESP) Assinale a alternativa correta quanto à pontuação e à colocação pronominal.

(A) Infelizmente, se transformou, o ímpeto de Hagar, num passo lento depois que casamos.
(B) Depois que casamos, infelizmente se transformou, o ímpeto de Hagar num passo lento.
(C) Infelizmente se transformou o ímpeto de Hagar num passo lento, depois que casamos.
(D) Se transformou num passo lento, infelizmente, o ímpeto de Hagar depois que casamos.
(E) Depois que casamos infelizmente transformou-se num passo lento o ímpeto de Hagar

A: incorreta. A construção entre vírgulas exige a ênclise em "transformou-se"; **B:** incorreta. Não há vírgula depois de "transformou"; **C:** correta. É possível separar com vírgula o adjunto adverbial colocado no fim da oração; **D:** incorreta. Em início de oração é obrigatório o uso da ênclise em "transformou-se"; **E:** incorreta. O deslocamento do adjunto adverbial para o início da oração exige o uso da vírgula depois de "casamos".

Gabarito "C"

Madrugada

Duas horas da manhã. Às sete, devia estar no aeroporto. Foi quando me lembrei de que, na pressa daquela manhã, ao sair do hotel, deixara no banheiro o meu creme dental. Examinei a rua. Nenhuma farmácia aberta. Dei meia volta, rumei por uma avenida qualquer, o passo mole e sem pressa, no silêncio da noite. Alguma farmácia haveria de plantão... Rua deserta. Dois ou três quarteirões mais além, um guarda. Ele me daria indicação. Deu. Farmácia Metrópole, em rua cujo nome não guardei.

– O senhor vai por aqui, quebra ali, segue em frente.

Dez ou doze quarteirões. A noite era minha. Lá fui. Pouco além, dois tipos cambaleavam. Palavras vazias no espaço cansado. Atravessei, cauteloso, para a calçada fronteira. E já me esquecera dos companheiros eventuais da noite sem importância, quando estremeci, ao perceber, pelas pisadinhas leves, um cachorro atrás de mim. Tenho velho horror a cães desconhecidos. Quase igual ao horror pelos cães conhecidos, ou de conhecidos, cuja lambida fria, na intimidade que lhes tenho sido obrigado a conceder, tantas vezes, me provoca uma incontrolável repugnância.

Senti um frio no estômago. Confesso que me bambeou a perna. Que desejava de mim aquele cão ainda não visto, evidentemente à minha procura? Os meus bêbados haviam dobrado uma esquina. Estávamos na rua apenas eu e aqueles passos cada vez mais próximos. Minha primeira reação foi apressar a marcha. Mas desde criança me ensinaram que correr é pior. Cachorro é como gente: cresce para quem se revela o mais fraco. Dominei-me, portanto, só eu sei com que medo. O bicho estava perto. Ia atacar-me a barriga da perna? Passou-me pela cabeça o grave da situação. Que seria de mim, atacado por um cão feroz numa via deserta, em plena madrugada, na cidade estranha? Como me arranjaria? Como reagiria? Como lutar contra o monstro, sem pedra nem pau, duas coisas tão úteis banidas pela vida urbana?

Nunca me senti tão pequeno. Eu estava só, na rua e no mundo. Ou melhor, a rua e o mundo estavam cheios, cheios daqueles passos cada vez mais vizinhos. Sim, vinham chegando. Não fui atacado, porém. O animal já estava ao meu lado, teque-teque, os passinhos sutis. Bem... Era um desconhecido inofensivo. Nada queria comigo. Era um cão notívago, alma boêmia como tantos homens, cão sem teto que despertara numa soleira de porta e sentira fome. Com certeza, saindo em busca de latas de lixo e comida ao relento.

Um doce alívio me tomou. Logo ele estaria dois, três, dez, muitos passinhos miúdos e leves cada vez mais à frente, cada vez mais longe... Não se prolongou, porém, a repousante sensação.

O animal continuava a meu lado, acertando o passo com o meu – teque-teque, nós dois sozinhos, cada vez mais sós... Apressei a marcha.

Lá foi ele comigo. Diminuí. O bichinho também. Não o olhara ainda. Sabia que ele estava a meu lado. Os passos o diziam. O vulto. Pelo canto do olho senti que ele não me olhava também, o focinho para a frente, o caminhar tranquilo, muito suave, na calçada larga.

(Orígenes Lessa. *Balbino, Homem do Mar.* Fragmento adaptado)

(VUNESP) Assinale a alternativa em que o trecho, reescrito com base nas informações textuais, está de acordo com a norma-padrão da língua portuguesa.

(A) Já tinha dado duas horas da manhã e, às sete, eu devia estar no aeroporto. Lembrei-me, então, de que estava sem creme dental, pois, na pressa daquela manhã, ao sair do hotel, tinha deixado-o no banheiro.

(B) Já era duas horas da manhã e, às sete, eu devia estar no aeroporto. Me lembrei, então, de que estava sem creme dental, pois, na pressa daquela manhã, ao sair do hotel, o tinha deixado no banheiro.

(C) Já era duas horas da manhã e, às sete, eu devia estar no aeroporto. Lembrei, então, de que estava sem creme dental, pois, na pressa daquela manhã, ao sair do hotel, tinha lhe deixado no banheiro.

(D) Já eram duas horas da manhã e, às sete, eu devia estar no aeroporto. Lembrei, então, que estava sem creme dental, pois, na pressa daquela manhã, ao sair do hotel, tinha-o deixado no banheiro.

(E) Já tinham dado duas horas da manhã e, às sete, eu devia estar no aeroporto. Me lembrei, então, que estava sem creme dental, pois, na pressa daquela manhã, ao sair do hotel, tinha-o deixado no banheiro.

A: incorreta. A locução verbal "tinham dado" deveria estar no plural; quando a locução verbal é formada por verbo no particípio, o pronome deve ser colocado após o verbo auxiliar ("tinha-o deixado"); **B:** incorreta. O verbo "eram" deveria estar no plural; não se inicia oração com pronome oblíquo ("lembrei-me"), nem logo após a pausa ("tinha-o deixado"); **C:** incorreta. O verbo "eram" deveria estar no plural; "lembrar", sem o pronome reflexivo "se", é transitivo direto ("lembrei que estava..."); "deixar" é verbo transitivo direto, portanto o pronome oblíquo que corretamente substitui "creme dental" é "o" ("tinha-o deixado"); **D:** correta, conforme todos os comentários anteriores; **E:** incorreta. Não há próclise no início da oração ("lembrei-me") e o verbo "lembrar", na sua forma pronominal ("lembrar-se"), passa a ser transitivo indireto: "lembrei-me de alguma coisa", mas "lembrei alguma coisa".

Gabarito "D"

(VUNESP) Assinale a alternativa em que a reescrita altera o sentido original do texto.

(A) Examinei a rua. = Olhei atentamente a rua.

(B) ... o caminhar tranquilo, muito suave, na calçada larga. = o caminhar tranquilo, muito suave, na amplitude da calçada.

(C) Nenhuma farmácia aberta. = Farmácia nenhuma aberta.

(D) Duas horas da manhã. = Naquela madrugada, o relógio marcava duas horas da manhã.

(E) Alguma farmácia haveria de plantão... = Farmácia alguma estaria de plantão

A: correta. "Examinar" e "olhar atentamente" têm o mesmo significado, não alterando o sentido; **B:** correta. "Largo" é algo que tem muita amplitude, muito espaço. São sinônimos, portanto não se altera o sentido; **C:** correta. A colocação dos termos da oração, aqui, não altera seu sentido; **D:** correta. "Duas horas da manhã" é sempre madrugada, portanto a explicação inserida na segunda construção não altera o sentido da primeira; **E:** incorreta, devendo ser assinalada. Aqui, a colocação dos termos na oração é relevante. "Alguma farmácia" indica que haveria pelo menos um estabelecimento aberto. "Farmácia alguma" transmite a ideia de "nenhum estabelecimento de plantão". Alterou-se, pois, o sentido da oração.

Gabarito "E"

Textos para a questão seguinte.

Texto I

Autobiografia desautorizada

Olá! Meu nome não é Fidalgo. Fidalgo é meu sobrenome. O nome é Luiz Antonio Alves. Minhas atividades como cidadão comum... não sei se isso interessa, mas... vai lá: sou funcionário público. Trabalho (e como trabalho) com análise de impressões digitais, ou seja, sou um papiloscopista (nesse momento o computador fez aquele serrilhadinho vermelho embaixo da palavra "papiloscopista"). Tudo bem, a palavra ainda não consta no dicionário interno do mané. Bom, com base nas minhas atividades artísticas, pode-se dizer que eu sou um poeta curitibano. Não fui eu quem disse isso. Vejam bem, existe um livro intitulado Antologia de Poetas Contemporâneos do Paraná, II Concurso Helena Kolody. Pois eu estou nesse livro, juntamente com três poemas que, por causa do tamanho diminuto, lembram um *hai-kai*. Pois é, fechada essa questão de eu já poder ser tratado como um poeta curitibano, quero dizer que agora estou estreando como contista, digo microcontista, uma vez que se trata de um livro com miniestórias chamadas por mim (talvez exageradamente) de microcontos.

Luiz Antonio A. Fidalgo. Autobiografia desautorizada. Internet: <www.curitiba.pr.gov.br> (com adaptações).

Texto II

Papiloscopista quer esclarecer profissão

O Sindicato dos Profissionais da Ciência da Papiloscopia realiza amanhã palestras de conscientização sobre o trabalho desses profissionais, que comemoram em cinco de fevereiro o seu dia. De acordo com a presidente do sindicato, Lucicleide do Espírito Santo Moraes, apesar de desenvolver atividades essenciais nas áreas civil e criminal, o papiloscopista não é um profissional reconhecido pela população. A maioria das pessoas não sabe, diz ela, que o profissional da papiloscopia realiza desde a expedição da carteira de identidade e atestado de antecedentes, até perícias para a identificação da autoria de delitos e também dos cadáveres que são levados ao Instituto Médico Legal. É o papiloscopista que busca e pesquisa as impressões digitais que são fundamentais para desvendar crimes. "A população necessita diariamente desse serviço, mas em geral ela desconhece o profissional que o realiza", observa Lucicleide Moraes.

Internet: <www.diariodecuiaba.com.br> (com adaptações).

(CESPE) Julgue os itens seguintes, referentes aos textos I e II.

(1) Entre as atribuições dos papiloscopistas, está a de escrever textos literários (poemas ou contos). Essa atribuição, mencionada no texto I, é ignorada pelo autor do texto II.
(2) As aspas foram empregadas com a mesma finalidade no primeiro parágrafo do texto I e no último parágrafo do texto II.
(3) Com relação à estrutura dos textos, é correto afirmar que o texto I se aproxima dos textos literários, enquanto o texto II tem caráter jornalístico.

1: incorreta. A função dos papiloscopistas é realizar perícias que envolvam impressões digitais. O fato do autor do texto I ser papiloscopista não se relaciona com sua função dentro do serviço público; **2:** incorreta. No primeiro parágrafo do texto I, as aspas foram usadas para destacar a palavra "papiloscopista". Já no último parágrafo do texto II, as aspas servem para indicar que o trecho é uma citação; **3:** correta. O estilo utilizado no texto I é literário, buscando aproximar o autor do leitor, ao passo que o texto II é eminentemente jornalístico, buscando transmitir uma informação concreta ao leitor.

Gabarito 1E, 2E, 3C

O PREVINVEST, da CAIXA, é um excelente investimento para quem quer manter seu padrão de vida durante a aposentadoria. Com ele, você pode escolher o tipo de fundo de investimento em que você quer aplicar seus recursos, o valor da contribuição ou da renda desejada e a partir de quando pretende receber o benefício. O PREVINVEST é oferecido em duas modalidades: PGBL e VGBL.

A modalidade PGBL é ideal para os clientes que utilizam declaração completa de imposto de renda (IR), pois permite deduzirem-se da base de cálculo as contribuições feitas nos planos até o limite de 12% da renda bruta anual, desde que eles estejam contribuindo para o regime geral de previdência social do INSS ou para outro regime próprio.

A modalidade VGBL é mais indicada para os clientes que utilizam declaração simplificada de IR ou são isentos, ou ainda para os que ultrapassam o limite de 12% de desconto permitido. Além disso, o IR incide exclusivamente sobre os rendimentos alcançados com a aplicação dos recursos.

Internet: <www.caixa.gov.br> (com adaptações).

(CESPE) Julgue os seguintes itens quanto à concordância e à regência.

(1) PGBL e VGBL constituem-se nas modalidades de benefícios livres indicadas à clientes especiais.
(2) 12% de desconto no IR, incidente sobre os rendimentos alcançados com a aplicação dos recursos, são permitidos aqueles contribuintes que tem aplicação no PREVINVEST da CAIXA.
(3) A informação CONHEÇA OS NOSSOS PRODUTOS PARA SUA NECESSIDADE destina-se tanto às pessoas que declaram IR, seja pela forma completa, seja pelo formulário simplificado, quanto às que são isentas de fazê-lo.

1: incorreta. Não há crase na expressão "a clientes especiais", porque "clientes" é palavra masculina; **2:** incorreta. Ocorre crase na seguinte passagem "(...) são permitidos àqueles contribuintes (...)", porque "permissão" rege a preposição "a", que se aglutina com o pronome demonstrativo "aqueles"; **3:** correta. O acento grave em "às" está certo, porque o termo "pessoas" está subentendido para evitar repetição desnecessária

Gabarito 1E, 2E, 3C

A CAIXA criou as Cestas de Serviços com o compromisso de valorizar o relacionamento com seus clientes e oferecer cada vez mais vantagens. Você paga apenas uma tarifa mensal e tem acesso aos produtos e serviços bancários que mais se adequarem ao seu relacionamento com a CAIXA. Alguns dos itens disponíveis têm seu uso limitado. Caso você exceda as quantidades especificadas ou utilize um item não incluso na sua cesta, será cobrado o valor daquele produto ou serviço discriminado na Tabela de Tarifas vigente. A janela do PowerPoint 2003 a seguir apresenta, no *slide* em edição, outras informações acerca das Cestas de Serviços da CAIXA.

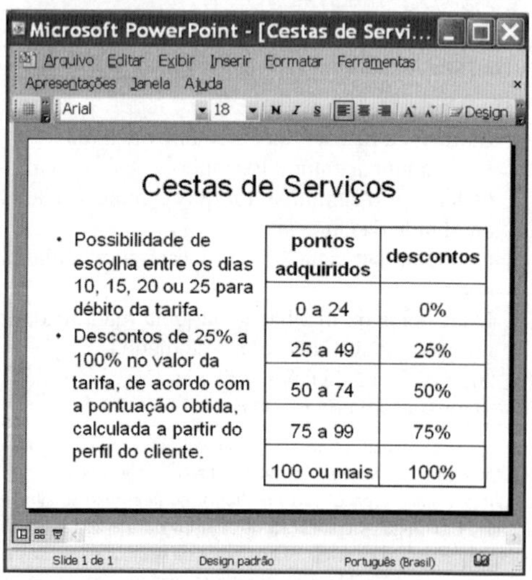

Internet: www.caixa.gov.br> (com adaptações).

(CESPE) Com base nas informações do texto, julgue os seguintes itens.

(1) Em "A CAIXA criou as Cestas de Serviços" (l.1), o termo "Cestas" está sendo usado no sentido figurado.

(2) Para que o trecho "Tabela de Tarifas <u>vigente</u>" (l.10-11) respeite as normas do padrão culto da língua portuguesa, é necessário substituir o termo sublinhado por vigentes.

(3) No segundo parágrafo do texto, não haveria alteração de sentido caso o termo "apenas" fosse substituído por tão somente.

1: correta. "Cesta", no sentido denotativo, é uma espécie de receptáculo para carregar itens. Em sentido conotativo (figurado), foi usada para representar os diversos serviços incluídos no preço pago pelo cliente, como uma cesta cheia de itens; **2:** incorreta. O adjetivo deve concordar com o substantivo "tabela", que está no singular, e não com o complemento; **3:** correta. "Tão somente" é sinônimo de "apenas", sendo ambos classificados como advérbios

Gabarito 1C, 2E, 3C

(FCC) A frase corretamente construída é:

(A) Alface, rúcula, pepino e outros legumes espalham-se aos dezessete hectares na Chácara do Frade.

(B) As pessoas preferem os legumes de cujo risco de agrotóxicos seja evitado.

(C) Foi na Idade Média onde começou a surgir a venda direta do plantio ao consumidor.

(D) Os agrotóxicos, com que estão contaminados os legumes nos supermercados, são evitados pelo produtor José Frade.

(E) Comprar hortaliças do próprio produtor é uma providência de que muitas pessoas já começaram a se habituar.

A: incorreta. "Espalham-se pelos dezessete hectares..."; **B:** incorreta. "Cujo risco" e não "de cujo"; **C:** incorreta. O pronome "onde" indica lugar e a Idade Média é um período histórico. Deve ser substituído por "que" ou "quando"; **D:** correta; **E:** incorreta. "providência que muitas pessoas...", não "de que"

Gabarito "D"

(CESPE) Da! Da! (Sim! Sim!). Com estas duas respostas em russo, o presidente Fernando Henrique Cardoso tornou-se *Doutor Honoris Causa* da Universidade de Moscou. São duas perguntas de praxe para que o homenageado se comprometa nas respostas a defender os ideais acadêmicos e a trabalhar pelo progresso mundial. Em seu discurso, ao referir-se aos acordos de 1944 que criaram o FMI e o Banco Mundial, o presidente disse que "o sistema de Bretton Woods está obsoleto, se é que algum dia cumpriu os objetivos para os quais foi criado". Pediu a valorização do Grupo dos 20, do Conselho de Segurança da ONU e da própria ONU.

Luiz Recena. **FHC pede na Rússia reforma do FMI e BIRD.** *In*: Gazeta Mercantil, 15/1/2002, p. 4 (com adaptações).

Considerando o texto acima, julgue os itens que se seguem.

(1) A expressão "se é que algum dia cumpriu os objetivos para os quais foi criado" (1.10-11) tem como informação implícita a ideia de que há dúvidas de que o sistema Bretton Woods tenha cumprido seus objetivos originais.

(2) No texto, ao se empregar **para que** em lugar de "para os quais" (1.11), seria obrigatória a mudança de "os objetivos" (l.11) para seu singular, **o objetivo**, para que a oração se mantivesse gramaticalmente correia.

1: correta. O então presidente Fernando Henrique Cardoso colocou em xeque, de forma eufemística, a eficácia do tratado de Bretton Woods; **2:** incorreta. Não seria necessária a mudança para o singular, mantendo-se gramaticalmente correta a frase ao simplesmente substituirmos "para os quais" por "para que", porque o pronome relativo "que" é impessoal (não se flexiona)

Gabarito 1C, 2E

O código de acesso exigido em transações nos caixas eletrônicos do Banco do Brasil é uma sequência de letras, gerada automaticamente pelo sistema. Até o dia 17/12/2007, o código de acesso era composto por 3 letras maiúsculas. Os códigos de acessos gerados a partir de 18/12/2007 utilizam, também, sílabas de 2 letras — uma letra maiúscula seguida de uma letra minúscula. Exemplos de código de acesso no novo modelo: Ki Ca Be; Lu S Ra; T M Z.

(CESPE) Quanto aos apectos linguísticos e aos sentidos do texto, julgue os itens seguintes.

(1) Do ponto de vista da correção gramatical, a palavra "gerada" (l.3) poderia ser flexionada como "gerado" ou como "geradas;" mas, do ponto de vista da coerência textual, a flexão no feminino singular explicita que "sequência" (l.2) é o substantivo qualificado por esses adjetivos.

(2) Os termos "automaticamente" (l.3) e "a partir de 18/12/2007" (l.6) acrescentam, às orações em que se inserem, informações circunstanciais de modo e tempo, respectivamente.

1: correta. Se flexionado no masculino ("gerado"), o adjetivo remeteria a "código". Se flexionado no feminino plural ("geradas"), remeteria a "letras". Porém, em respeito à coerência, melhor a forma escolhida; **2:** correta. Ambas têm função de advérbio

Gabarito 1C, 2C

Os bancos médios alcançaram um de seus melhores anos em 2006. A rigor, essas instituições não optaram por nenhuma profunda ou surpreendente mudança de foco estratégico. Bem ao contrário, elas apenas voltaram a atuar essencialmente como bancos: no ano passado a carteira de crédito dessas casas bancárias cresceu 39,2%, enquanto a carteira dos dez maiores bancos do país aumentou 26,2%, ambos com referência a 2005.

É apressado asseverar que essa expansão do segmento possa gerar maior concorrência no setor. Vale lembrar, apenas como comparação, que a chegada dos bancos estrangeiros (nos anos 90) não surtiu o efeito esperado quanto à concorrência bancária. Os bancos estrangeiros cobram o preço mais alto em 21 tarifas. E os bancos privados nacionais, médios e grandes, têm os preços mais altos em outras 21. O tamanho do banco não determina o empenho na cobrança de tarifas. O principal motivo da fraca aceleração da concorrência do sistema bancário é a permanência dos altos spreads, a diferença entre o que o banco paga ao captar e o que cobra ao emprestar, que não se altera muito, entre instituições grandes ou médias.

Vale notar, também, que os bons resultados dos bancos médios brasileiros atraíram grandes instituições do setor bancário internacional interessadas em participação segmentada em forma de parceria. O Sistema Financeiro Nacional só tem a ganhar com esse tipo de integração. Dessa forma, o cenário, no médio prazo, é de acelerado movimento de fusões entre bancos médios, processo que já começou. Será um novo capítulo da história bancária do país.

Gazeta Mercantil, Editorial, 28/3/2007.

(CESPE) A respeito do texto acima e de aspectos relacionados ao tema nele abordado, julgue os itens a seguir.

(1) Pelos sentidos do texto, os bons resultados dos bancos médios contribuem para acelerar significativamente a concorrência bancária.

(2) O interesse dos gigantes do setor bancário internacional pelas instituições brasileiras prejudica o Sistema Financeiro Nacional.

(3) O pronome "elas" (l.4) retoma o antecedente "essas instituições" (l.2).

(4) Na linha 5, mantém-se a correção gramatical do texto ao se substituir o sinal de dois-pontos por ponto final, colocando-se inicial maiúscula em "no".

(5) O emprego do subjuntivo em "possa" (l.10) justifica-se por se tratar de uma afirmação hipotética.

(6) Estaria gramaticalmente correta a inserção da conjunção Portanto, seguida de vírgula, antes de "O tamanho do banco" (l.16), com ajuste na inicial maiúscula.

(7) Mantém-se a correção gramatical do período ao se substituir a vírgula após "spreads" (l.19) por sinal de dois-pontos.

(8) A relação semântico-sintática entre o período que termina em "parceria" (l.25) e o que começa com "O Sistema Financeiro" seria corretamente explicitada por meio da conjunção Entretanto.

(9) A inserção do pronome Ela antes de "Será um novo capítulo" (l.29), com ajuste de maiúscula, mantém a coesão textual.

(10) A correção gramatical, o nível de formalidade e as escolhas lexicais permitem afirmar-se que a linguagem do texto está apropriada para correspondências oficiais.

(11) Considere que a carteira de crédito de determinado banco de tamanho médio seja formada exclusivamente de créditos imobiliários e que os contratos efetuados durante o ano de 2005 tenham somado R$ 75 milhões. Nessa situação, de acordo com o texto, é possível que durante o ano de 2006 essa casa bancária tenha contratado mais de R$ 100 milhões de empréstimos para o setor imobiliário.

(12) Considere que a projeção para a carteira de crédito dos 10 maiores bancos do país seja de um crescimento em 2007, com relação a 2006, no mínimo igual ao crescimento havido para a carteira de crédito dos bancos médios em 2006, com relação a 2005. Nessa situação, os 10 maiores bancos do país esperam um crescimento de suas carteiras de crédito em 2007, com relação a 2005, superior a 70%.

1: incorreta. Ao contrário, os dados apresentados no texto demonstram que o aumento dos lucros do bancos médios tem pouca ou nenhuma influência na concorrência do setor; **2:** incorreta. Para o autor, a chegada dos bancos internacionais, os maiores do mundo, apenas traz vantagens aos Sistema Financeiro Nacional; **3:** correta; **4:** correta. A alteração manteria a coerência e a correção gramatical, alterando apenas a função sintática da frase seguinte, que deixaria de ser aposto para ganhar função de oração coordenada; **5:** correta. A função do presente do subjuntivo é justamente expressar uma possibilidade futura; 6: correta. A oração tem função adverbial conclusiva, sendo possível sua introdução pelo conectivo "portanto", que tem a mesma natureza; 7: correta. Como o trecho seguinte tem função sintática de aposto, pode ser introduzido por dois-pontos; 8: incorreta. "Entretanto" é conjunção adversativa, ou seja, introduz uma oração que pretende contradizer a anterior. No caso em exame, ao contrário, a oração seguinte apoia a ideia exposta na anterior, podendo ser iniciada, se assim preferisse o autor, por uma conjunção aditiva (como "e", por exemplo); 9: incorreta. O texto perderia sua coesão porque o pronome feminino não teria nenhum referente anterior, prejudicando a compreensão; 10: correta. O texto poderia muito bem estar inserido em um documento oficial por suas características (correção, objetividade e clareza); **11:** correta. Se o volume de créditos concedidos subiu 39,2%, como indica o texto, no ano de 2006 a instituição contratou cerca de 104,4 milhões em créditos imobiliários (39,2% de 75.000.000 é igual a 29.400.000, que, somados, chegam a 104.400.000); **12:** correta. Confira o raciocínio: de 2005 para 2006, os bancos grandes tiveram um aumento de 26,2% em suas concessões de crédito. Por exemplo, subiram de 100.000 para 126.200. Se tiveram, de 2006 para 2007, um aumento igual ao dos bancos médios indicados no texto, tal evolução alcançou 39,2%. Ora, 39,2% de 126.200 é igual a aproximadamente 49.000, logo as cartas de crédito atingiram a soma desses dois valores: 175.200. Portanto, comparando 2005 (100.000) com 2007 (175.200) temos um aumento de 75,2%

Gabarito 1E, 2E, 3C, 4C, 5C, 6C, 7C, 8E, 9E, 10C, 11C, 12C

E pode-se já antecipar, dizendo que tudo o que haverá de constituir a matéria e o modo da crônica à brasileira já é, desde a origem, a vocação primeira desse espaço geográfico do jornal, deliberadamente frívolo, oferecido como chamariz aos leitores afugentados pela modorra cinza a que obrigava a forte censura napoleônica.

(FCC) Considerado o contexto, é correto afirmar que, no fragmento acima,

(A) o advérbio *já* (em *pode-se já*) indica um grau relativo, tal como se nota em "Se resolver umas duas das várias pendências, já me dou por satisfeito".
(B) o emprego da expressão *haverá de constituir* é revelador de que a ocorrência referida já é de pleno conhecimento da autora.
(C) o pronome o (em *tudo o que*) é do mesmo tipo do encontrado na frase "Procurei o livro o dia todo, mas não o encontrei".
(D) a forma verbal *dizendo* equivale a "caso se possa dizer".
(E) o emprego do verbo "ser" no singular justifica-se porque o sujeito da frase é a *crônica*.

A: incorreta. O advérbio "já", no texto, tem natureza temporal, isto é, refere-se ao momento em que a informação será transmitida; **B:** correta. A expressão indica que "a matéria e o modo da crônica à brasileira" já foram estudados pela autora, que está antecipando a informação a ser detalhada mais adiante em seu texto; **C:** incorreta. No texto, o pronome tem função catafórica, ou seja, refere-se a algo que ainda vai ser dito ("a matéria e o modo da crônica"). Na oração sugerida na alternativa, o pronome tem função anafórica, resgatando um termo que já ocorreu no texto anteriormente ("livro"); **D:** incorreta. "Dizendo" indica certeza, convicção na informação transmitida, ao passo que "caso se possa dizer" traz o verbo conjugado no presente do subjuntivo, tempo verbal relacionado a um evento incerto; **E:** incorreta. O núcleo do sujeito da oração é "vocação" (na ordem direta, a oração é escrita: "A vocação primeira desse espaço (...) é tudo o que haverá de constituir a matéria e o modo da crônica (...)")

Gabarito "B"

*Em todo o continente americano, a colonização europeia teve efeito devastador. Atingidos pelas armas, e mais ainda pelas epidemias e por políticas de sujeição e transformação que afetavam os mínimos aspectos de suas vidas, os povos indígenas trataram de criar sentido em meio à devastação. Nas primeiras décadas do século XVII, índios norte-americanos comparavam a uma demolição aquilo que os missionários jesuítas viam como "transformação de suas vidas pagãs e bárbaras em uma vida civilizada e cristã." (**Relações dos jesuítas da Nova França**, 1636). No México, os índios comparavam seu mundo revirado a uma rede esgarçada pela invasão espanhola. A denúncia da violência da colonização, sabemos, é contemporânea da destruição, e tem em Las Casas seu representante mais famoso.*

Posterior, e mais recente, foi a tentativa, por parte de alguns historiadores, de abandonar uma visão eurocêntrica da "conquista" da América, dedicando-se a retraçá-la a partir do ponto de vista dos "vencidos", enquanto outros continuaram a reconstituir histórias da instalação de sociedades europeias em solo americano. Antropólogos, por sua vez, buscaram nos documentos produzidos no período colonial informações sobre os mundos indígenas demolidos pela colonização.

***A colonização do imaginário** não busca nem uma coisa nem outra.*

(Adaptado de PERRONE-MOISÉS, Beatriz, Prefácio à edição brasileira de GRUZINSKI, Serge, **A colonização do imaginário**: sociedades indígenas e ocidentalização no México espanhol (séculos XVI-XVIII).

(FCC) É correto afirmar sobre o que está destacado (linhas 8 a 18):

(A) em *seu representante mais famoso*, o pronome refere-se a "a denúncia da violência da colonização".
(B) em *retraçá-la*, o pronome refere-se a "América".
(C) as **aspas** (linhas 8 e 9) foram utilizadas para indicar que a autora está citando as próprias palavras dos indígenas ao se referirem à visão dos jesuítas.
(D) o emprego de *sabemos* denota que a autora dá uma informação que entende ser restrita a ela e ao escritor da obra apresentada.
(E) a conjunção *enquanto* denota que o fato referido na oração se dá na sequência do fato referido na oração anterior.

A: correta; **B:** incorreta. O pronome refere-se a "conquista"; **C:** incorreta. Indicam as aspas uma citação literal do documento intitulado "Relações dos jesuítas da Nova França", ou seja, a descrição da colonização feita pelos colonizadores; **D:** incorreta. O verbo na primeira pessoa do plural indica que a informação é de conhecimento geral; **E:** incorreta. A conjunção "enquanto" indica que as ações transcorrem concomitantemente, ao mesmo tempo

Gabarito "A"

O exercício da memória, seu exercício mais intenso e mais contundente, é indissociável da presença dos velhos entre nós. Quando ainda não contidos pelo estigma de improdutivos, quando por isso ainda não constrangidos pela impaciência, pelos sorrisos incolores, pela cortesia inautêntica, pelos cuidados geriátricos impessoais, pelo isolamento, quando então ainda não calados, dedicam-se os velhos, cheios de espontaneidade, à cerimônia da evocação, evocação solene do que mais impressionou suas retinas tão fatigadas, enquanto seus interesses e suas mãos laborosas participavam da norma e também do mistério de uma cultura.

(GONÇALVES FILHO, José Moura, "Olhar e memória". *In*: **O olhar**. NOVAES, Adauto (org.). 10a reimpressão. São Paulo: Companhia das Letras, 2003, p. 97)

(FCC) É correto afirmar que

(A) o pronome *seu* refere-se aos velhos.
(B) os prefixos das palavras *intenso* e *indissociável* expressam sentido de negação.
(C) *então* está empregado com o mesmo sentido encontrado na frase "Então, vamos lá, diga a que veio".
(D) o autor, ao empregar *ainda*, demonstra julgar inevitável que os velhos, em dado momento, cheguem a se sentir "contidos", "constrangidos" e "calados".
(E) a substituição do segmento grifado em *dedicam-se os velhos (...) à cerimônia da evocação* por "relembrar", exigiria a manutenção do acento indicativo da crase, em respeito ao padrão escrito culto.

A: incorreta, pois equivale a "memória"; **B:** incorreta. Apenas o prefixo em "indissociável" expressa negação (aquilo que não pode ser dissociado, separado). "Intenso" vem do latim *intensus*, ou seja, não é formada por prefixo + raiz; **C:** incorreta. No texto, "então" tem valor de advérbio de tempo, indicando o momento em que os velhos ainda não estão calados. Na alternativa, "então" é usado como conjunção conclusiva; **D:** correta, diante do valor temporal do advérbio "ainda"; **E:** incorreta, porque o verbo "relembrar" é transitivo direto, ou seja, não rege preposição. Logo, não haveria crase.

Gabarito "D"

O Brasil vai crescer menos

O ritmo de crescimento da economia brasileira se desacelerou mais rápido ante o previsto. No segundo trimestre deste ano, o produto interno bruto (PIB)—que mede a produção de riquezas do país — foi inferior ao do período de janeiro a março. Isso interrompe a sequência de expansão que vinha sendo registrada desde o segundo trimestre de 1999. No semestre, o país cresceu 2,49%. Esse resultado, divulgado pelo Instituto Brasileiro de Geografia e Estatística (IBGE), contraria todas as previsões do mercado, que esperava uma expansão de 3% na comparação com 2000.

O mau desempenho da economia é resultado do aumento dos juros e das turbulências no mercado de câmbio provocados pela crise argentina. Além disso, em maio, pouco antes de fechar o trimestre, o país deparou-se com a escassez de energia.

Surpreendido pelo PIB do segundo trimestre, o mercado financeiro se prepara para rever suas projeções para este ano.

Os gráficos abaixo ilustram as variações do PIB brasileiro.

O gráfico superior, intitulado "Variação do PIB por trimestre", representa a taxa acumulada do PIB nos últimos quatro trimestres (em relação aos quatro trimestres imediatamente anteriores).

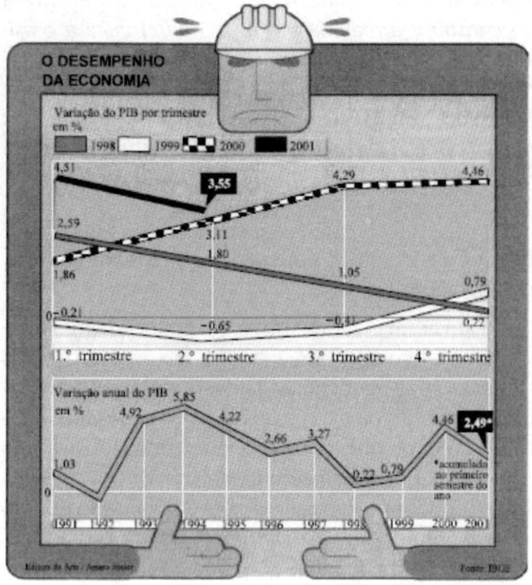

Produção. "Economia". *In*: **Correio Braziliense**, 16/8/2001, p. 25 (com adaptações).

(CESPE) A respeito das ideias e do emprego das estruturas linguísticas do texto II, julgue os itens subsequentes.

(1) São pressupostos: do título "o Brasil não vai crescer"; da primeira oração "a economia brasileira estagnou".
(2) O emprego do pronome átono nas expressões "se desacelerou" (l.1-2) e "se prepara" (l.16) tem, respectivamente, como uso opcional: **desacelerou-se e prepara-se**.
(3) Emprega-se a preposição "ante" (l.2) com o valor semântico de anterioridade, semelhante ao do prefixo formador de palavras como **anterior** e **antecontrato**.
(4) O pronome "Isso" (l.5) refere-se à queda no PIB, ou seja, à queda na produção de riquezas do país.
(5) A locução verbal "vinha sendo registrada" (l.5-6) expressa uma ação que se desenvolve gradualmente; por isso, corresponde, no presente, à locução **vem a ser registrada**.

1: incorreta. A primeira oração não afirma que a economia estagnou (que significa "parou", "deixou de crescer"), mas sim que ela desacelerou quando comparada às previsões iniciais; **2:** correta. Ante a ausência de termos definidores da próclise, a norma culta aceita tanto essa quanto a ênclise; **3:** incorreta. A preposição "ante", no texto, tem valor de "frente a", ou seja, uma comparação; **4:** correta, sendo esse mesmo o referente que o pronome retoma, exercendo função anafórica; **5:** incorreta. A transposição para o presente da mencionada locução verbal seria "venha a ser registrada"

Gabarito 1E, 2C, 3E, 4C, 5E

Ourocap Milênio

O Ourocap Milênio chegou com muitas novidades: mais chances de premiação, possibilidade de resgate parcial e variadas opções de mensalidades. Além disso, parte da receita da Brasilcap com as vendas do novo produto será destinada ao programa BBeducar, de alfabetização de jovens e adultos carentes, coordenado pela Fundação Banco do Brasil.

Características básicas:

· Ourocap Milênio é um título de pagamento mensal, com prazo de vigência de 60 meses;

· o novo Ourocap amplia as opções de mensalidades, oferecendo a você 12 opções, variando entre R$ 30,00 e R$ 400,00;

· o capital destinado aos resgates é atualizado pela TR e capitalizado com base na taxa de juros da caderneta de poupança, que é igual a 0,5% ao mês;

· a cada 12 pagamentos, você pode solicitar o resgate parcial, a partir de R$ 120,00, ou retirar integralmente o capital destinado a resgate até aquele momento;

· sorteios regulares (todos os sábados, exceto o último do mês): 1 prêmio de 1.000 vezes o valor da última mensalidade paga, 2 prêmios de 200 vezes o valor da última mensalidade paga e 252 prêmios de 10 vezes esse valor;

· sorteio especial (último sábado de cada mês): 1 prêmio de 5.000 vezes o valor da última mensalidade paga.

Idem, ibidem (com adaptações).

(CESPE) Com relação às estruturas linguísticas do texto IV, julgue os itens a seguir.

(1) Na linha 1, o emprego do sinal de dois-pontos justifica-se pela enumeração subsequente.

(2) O particípio em "destinada" (l.5) flexiona-se no feminino porque deve concordar com "parte da receita" (l.3-4).

(3) Caso a forma verbal "é" (l.14) seja substituída pelo futuro do presente — **será** —, o período se tornará incoerente e gramaticalmente incorreto.

(4) Na linha 15, para evitar redundância com a preposição "de", pode-se substituir "da" por **pela**, mantendo-se as mesmas relações de significação.

(5) Nas linhas 14 e 15, o segmento "é atualizado pela TR e capitalizado" admite a seguinte redação: **atualizam-se pela TR e capitalizam-se**.

1: correta, sendo um dos usos autorizados pela norma culta do sinal de dois-pontos; **2:** correta, seguindo as normas de concordância verbal determinadas pelo padrão culto da língua; **3:** incorreta. A alteração não trará prejuízos à coerência ou correção gramatical, porque a oração trata de um cálculo que será efetuado, concretamente, no futuro; **4:** incorreta. A preposição "de", aglutinada com o artigo definido "a", antes de "caderneta" indica propriedade, ou seja, que a taxa de juros é vinculada à caderneta de poupança. A troca pela preposição "per", com sentido de "por meio de", alteraria a semântica do trecho; **5:** incorreta. Não se admite o plural porque a forma verbal deve concordar com o sujeito da oração, "capital", no singular

Gabarito 1C, 2C, 3E, 4E, 5E

Em um ambiente marcado por turbulência e mudanças intermitentes, flexibilidade é a palavra de ordem para as organizações. A reforma do estatuto proposta pela Diretoria dará agilidade ao processo decisório, tornando a estrutura do Banco mais descentralizada.

O BB deve responder a uma dupla demanda da sociedade brasileira: como banco, ser eficiente e gerar lucro; como banco público, atuar eficientemente na implementação de políticas públicas, sem prejuízo do equilíbrio econômico-financeiro da instituição.

A resposta para esse duplo desafio será dada com a prática dos princípios de Governança Corporativa, sinal do compromisso da empresa com a transparência e com o direcionamento das ações para atividades essenciais do negócio bancário, como banco de varejo especializado em setores econômicos, comprometidos em atender às expectativas dos clientes e com o retorno para os acionistas.

Os ajustes recentemente implantados encerram um movimento iniciado em 1996. O aprimoramento dos sistemas de controle e das ferramentas de mapeamento de riscos, a prospecção de oportunidades e a renovada capacidade de superação do BB permitem buscar o paradigma da eficiência operacional, lastreado no tripé crescimento, rentabilidade e segurança das operações.

Relatório da Administração do Banco do Brasil, **Correio Braziliense**, 28/8/2001 (com adaptações). QUESTÃO 23

(CESPE) A partir do texto V, julgue os itens abaixo.

(1) No texto, o tratamento de "BB" como primeira pessoa do discurso é exigência da impessoalidade do gênero textual relatório.

(2) Como o verbo "responder" (l.6) admite duas possibilidades de complementação sintática, na expressão do texto "a uma dupla demanda" (l.6) pode ser colocado o sinal indicativo de crase.

(3) O uso do sinal de ponto e vírgula (l.7) justifica-se para evitar incompreensão nas relações semânticas, já que há, no segundo parágrafo do texto, uma divisão de ideias e, em cada uma delas, ocorre vírgula.

(4) Subentende-se do segundo parágrafo do texto que, se o BB responder positivamente à demanda de ser banco público, ele não gerará lucro.

(5) O BB não é considerado um banco comercial, mas sim um banco de desenvolvimento, por apoiar formalmente o setor privado da economia, mediante, principalmente, operações de empréstimo e financiamento, arrendamento mercantil e garantias.

1: incorreta. O BB não está tratado na primeira pessoa, mas sim na terceira pessoa do singular, justamente para atender à impessoalidade necessária nos relatórios da organização; **2:** incorreta. Não ocorre crase com a preposição "a" antes de artigo indefinido ("uma"); **3:** correta. Quando diversas ideias enumeradas trazem, dentro de seu desenvolvimento, o uso da vírgula, determina a norma culta que, para manter-se a clareza do discurso, cada item seja separado por ponto e vírgula; **4:** incorreta. O parágrafo denota a preocupação do BB em atender a dois aspectos, que não são mutuamente excludentes. Isto é, ele deve ser capaz de gerar lucro mesmo sendo um banco público; **5:** incorreta. Como denota o segundo parágrafo do texto, o BB é considerado um banco comercial que carrega, também, a responsabilidade de ser um veículo entre a Administração Pública e o empresariado, devendo sempre estar atento a essa natureza dúplice

Gabarito 1E, 2E, 3C, 4E, 5E

(VUNESP) Leia a tira.

(Folha de S.Paulo, 26.12.2011)

Analise as afirmações.

I. No contexto de comunicação apresentado na tira, os sinais de exclamação após o termo "Deus", no primeiro quadrinho, expressam admiração.
II. As informações do primeiro quadrinho poderiam ser articuladas às do segundo, utilizando-se para isso a conjunção "pois".
III. No terceiro quadrinho, a forma verbal "gostaria", empregada no futuro do pretérito, expressa ação já concluída.

Está correto o que se afirma em

(A) I, apenas.
(B) III, apenas.
(C) I e II, apenas.
(D) II e III, apenas.
(E) I, II e III.

I: correta. A palavra "Deus", normalmente um vocativo, ganha ares de interjeição com a admiração do personagem; **II:** correta. A construção de um período composto por coordenação não traria qualquer prejuízo à coerência da narração; **III:** incorreta. O futuro do pretérito foi utilizado para indicar justamente o oposto, que a ação ainda não foi completada

Gabarito "C"

Ternura

Vinicius de Moraes

Eu te peço perdão por te amar de repente
Embora o meu amor seja uma velha canção nos teus ouvidos
Das horas que passei à sombra dos teus gestos
Bebendo em tua boca o perfume dos sorrisos
Das noites que vivi acalentado
Pela graça indizível dos teus passos eternamente fugindo
Trago a doçura dos que aceitam melancolicamente.
E posso te dizer que o grande afeto que te deixo
Não traz o exaspero das lágrimas nem a fascinação das promessas
Nem as misteriosas palavras dos véus da alma...
É um sossego, uma unção, um transbordamento de carícias
E só te pede que te repouses quieta, muito quieta
E deixes que as mãos cálidas da noite encontrem sem fatalidade o olhar extático da aurora.

(IBFC) Considere as afirmações abaixo.

I. O poema revela a paixão exasperadora do poeta pela sua amada.
II. A conjunção "embora", que inicia o segundo verso, poderia ser substituída, sem alteração de sentido por "e".

Está correto o que se afirma em

(A) somente I
(B) somente II
(C) I e II
(D) nenhuma

I: incorreta. "Exasperador" qualifica algo que se torna mais intenso, mais exacerbado. O poeta descreve seu amor como algo tranquilo, "um sossego", que "não traz o exaspero das lágrimas"; **II:** incorreta. "Embora" é conjunção concessiva, indica que o eu-lírico deve pedir perdão ainda que seu amor seja algo tranquilo. Substituí-la pela conjunção aditiva "e", que expressa uma soma de fatos, alteraria o sentido do verso

Gabarito "D"

(IBFC) Considere as afirmações abaixo.

I. Ao se referir à amada, o eu-lírico mantém a uniformidade no tratamento, utilizando a segunda pessoa do singular.
II. O adjetivo "extático" significa "parado", fazendo referência à ausência de movimento da aurora.

Está correto o que se afirma em

(A) somente I
(B) somente II
(C) I e II
(D) nenhuma

I: correta. Observe os pronomes "te", "teus", "tua" etc.; **II:** incorreta. Sinônimo de "parado" é "estático" (com "s"). "Extático" (com "x") vem de "êxtase", é sinônimo de "embevecido", "enlevado"

Gabarito "A"

(IBFC) Considere o período e as afirmações abaixo.

Esses são filmes que as pessoas gostam e se identificam.

I. A construção não é adequada, pois não foram respeitadas as regências dos verbos.
II. Uma das correções necessárias é acrescentar a preposição "de" antes do pronome relativo.

Está correto o que se afirma em

(A) somente I
(B) somente II
(C) I e II
(D) nenhuma

I e **II:** corretas. As regras de regência verbal não foram respeitadas, porque "gostar" é verbo transitivo indireto que rege a preposição "de" (quem gosta, gosta de alguma coisa). O mesmo ocorre com o verbo "identificar", que rege a preposição "com". Portanto, a construção correta exige a presença dessas preposições: "esses são filmes de que as pessoas gostam e com que se identificam".

Gabarito "C"

(IBFC) Assinale a alternativa que completa, correta e respectivamente, as lacunas.

Gostaria de saber _______ ele sempre me liga no momento ______ estou ocupada!

(A) porque – que
(B) porque – no qual
(C) por que – que
(D) por que – em que

"Por que", separado, é locução pronominal e equivale a "por qual razão". "Porque", junto, é conjunção explicativa sinônima de "pois". Não foi objeto nessa questão, mas vale lembrar: "por quê" leva acento quando estiver no final da oração e "porquê" leva acento quando se referir ao substantivo ("o porquê", sinônimo de "a razão"). A primeira lacuna, portanto, deve ser preenchida por "por que": "gostaria de saber por qual razão (= por que) ele sempre liga...". A expressão "no momento" rege a preposição "em" e deve ser seguida, no caso do enunciado, por um pronome relativo - pode ser "que" ou "o qual" e daí temos "em que" ou "no qual" (os dois estão corretos)

Gabarito "D"

(FCC) (...) *ele afirma que não faz sentido nem obrigar uma pessoa a rezar nem proibi-la de fazê-lo*.

Mantém-se, corretamente, o sentido da frase acima substituindo-se o segmento sublinhado por:

(A) nem impor a alguém que reze, nem impedi-la de fazer o mesmo.
(B) deixar de obrigar uma pessoa a rezar, ou lhe proibir de o fazer.
(C) seja obrigar que uma pessoa reze, ou mesmo que o deixe de o praticar.
(D) coagir alguém a que reze, ou impedi-lo de o fazer.
(E) forçar uma pessoa para que reze, ou não fazê-la de modo algum.

A: incorreta. A maioria dos gramáticos condena o uso do advérbio "mesmo" como um pronome. Melhor seria, segundo eles, "fazê-lo". Além disso, o pronome "alguém" é masculino, o que determina o uso do pronome oblíquo "o" em "impedi-lo"; **B:** incorreta. "Proibir" é verbo transitivo direto, portanto determina o uso do pronome oblíquo "a", não "lhe". Mais ainda, "deixar de obrigar" não tem o mesmo sentido exposto no trecho transcrito no enunciado; **C:** incorreta. O pronome oblíquo "o" está desnecessária e erroneamente repetido. Bastaria dizer: "ou mesmo que deixe de fazê-lo"; **D:** correta. Os sinônimos empregados e a colocação pronominal estão perfeitos; **E:** incorreta. O advérbio de negação "não" determina a próclise, além do pronome oblíquo estar errado, porque ele não se refere a "pessoas", mas ao verbo "fazer". O correto seria: "ou não o fazer de modo algum"

Gabarito "D"

É fato reconhecido que a semelhança ou mesmo a similitude perfeita entre pares de coisas não faz de uma a imitação da outra. As imitações contrastam com a realidade, mas não posso usar na análise da imitação um dos termos que pretendo esclarecer. Dizer "isto não é real" certamente contribui para o prazer das pessoas com as representações imitativas, de acordo com um admirável estudo de psicologia escrito por Aristóteles. "A visão de determinadas coisas nos causa angústia", escreve Aristóteles na Poética, "mas apreciamos olhar suas imitações mais perfeitas, sejam as formas de animais que desprezamos muito, sejam cadáveres". Esse tipo de prazer pressupõe o conhecimento de que seu objeto é uma imitação, ou, correlativamente, o conhecimento de que não é real. Há, portanto, uma dimensão cognitiva nessa forma de prazer, assim como em muitos outros prazeres, inclusive os mais intensos.

Suponho que o prazer de comer determinadas coisas pressupõe algumas crenças, como a de que elas são realmente o que pensamos estar comendo, mas a comida pode se tornar um punhado de cinzas quando se descobre que isso não é verdade — que é carne de porco, para um judeu ortodoxo, ou carne de vaca, para um hindu praticante, ou carne humana, para a maioria de nós (por mais que o sabor nos agrade). Não é preciso sentir a diferença para haver uma diferença, pois o prazer de comer é geralmente mais complexo, pelo menos entre os seres humanos, do que o prazer de sentir o gosto. Saber que algo é diferente pode fazer diferença para o gosto que sentimos. Se não o fizer, é que a diferença de gostos talvez não seja uma coisa que preocupe o bastante para que as respectivas crenças sejam um requisito do prazer.

Arthur C. Danto. **A transfiguração do lugar-comum: uma filosofia da arte**. Trad. Vera Pereira. São Paulo: Cosac Naify, 2005, p. 49-50 (com adaptações).

(CESPE) No que se refere aos aspectos gramaticais do texto, assinale a opção correta.

(A) O último período do primeiro parágrafo do texto poderia ser corretamente reescrito da seguinte forma: Assim como em outros muitos prazeres inclusive os mais intensos, logo há uma dimensão cognitiva nessa forma de prazer.
(B) A introdução de vírgula imediatamente antes de "que pretende esclarecer" (l.4-5) não alteraria as relações sintático-semânticas do período.
(C) O ponto final empregado imediatamente antes de "Dizer" (l.5) poderia ser corretamente substituído por dois-pontos, com a devida alteração no emprego de maiúsculas e minúsculas.
(D) A correção gramatical do texto seria prejudicada se o trecho 'nos causa' (l.8-9) fosse substituído por **causa-nos**.
(E) O pronome possessivo 'suas' (l.10) refere-se às 'formas de animais' (l.11).

A: incorreta. A redação proposta está incoerente e com falhas na pontuação. Melhor seria: "assim como em muitos outros prazeres, inclusive os mais intensos, há uma dimensão cognitiva nessa forma de prazer"; **B:** incorreta. Haveria alteração com a colocação da vírgula: a oração subordinada adjetiva deixaria de ser restritiva para ter valor explicativo; **C:** correta. Como a oração iniciada por "dizer" esclarece os termos da oração anterior, os dois-pontos dariam a ela o valor de aposto, sem qualquer prejuízo à correção ou coerência do texto; **D:** incorreta. Trata-se de próclise facultativa, a qual pode ser substituída sem qualquer incorreção pela ênclise; **E:** incorreta. "Suas" refere-se a "imitações"

Gabarito "C"

(CESPE) Com relação aos sentidos do texto e às suas estruturas linguísticas, assinale a opção correta.

(A) O emprego do acento gráfico nos vocábulos "análise" (l.4), "Aristóteles" (l.8) e 'cadáveres' (l.11) justifica-se pela mesma regra de acentuação.
(B) O trecho "contribui para o prazer das pessoas com as representações imitativas" (l.6-7) poderia ser corretamente substituído por: contribui ao prazer que as pessoas tem pelas representações imitativas.
(C) Verifica-se a ocorrência de dígrafos nos vocábulos "pressupõe" (l.12) e "ortodoxo" (l.21).
(D) A forma verbal "contrastam" (l.3) está sendo empregada no texto como sinônimo de **assemelham**.
(E) No contexto, o verbo "usar" (l.4) poderia ser substituído pela locução verbal **fazer uso**, sem prejuízo da correção gramatical do texto.

A: correta. Todas as palavras são proparoxítonas; **B:** incorreta. O verbo "contribuir" não pode reger a preposição "a"; **C:** incorreta. Chama-se dígrafo o fenômeno no qual duas letras têm valor de apenas um fonema. Ocorre em "pressupõe", mas não em "ortodoxo"; **D:** incorreta. "Contrastar" é antônimo de "assemelhar", ou seja, têm sentidos opostos; **E:** incorreta. Primeiro, porque "fazer uso" não é locução verbal (não é formada por dois verbos); segundo, porque a substituição imporia a colocação da preposição "de" antes de "um"

Gabarito "A"

Já adulto pela covardia, eu fazia o que todos fazemos, quando somos grandes, e há diante de nós sofrimentos e injustiças: não queria vê-los; subia para soluçar lá no alto da casa, numa peça ao lado da sala de estudos, sob os telhados, uma salinha que cheirava a íris, também aromada por uma groselheira silvestre que crescia do lado de fora entre as pedras do muro e passava um ramo florido pela janela entreaberta. Destinada a uma utilidade mais especial e mais vulgar, essa peça serviu por muito tempo de refúgio para mim, sem dúvida por ser a única que me permitia fechasse à chave, para todas as minhas ocupações que exigissem solidão inviolável: a leitura, o devaneio, as lágrimas e a volúpia.

Marcel Proust. **No caminho de Swann**. Internet: <vestibular.uol.com.br> (com adaptações).

(CESPE) Com relação à estrutura morfossintática e à coerência interna do texto apresentado, assinale a opção correta.

(A) Na linha 10, o emprego de acento grave indicativo de crase em "à chave" justifica-se pela regência da forma verbal "fechasse" e pela presença do artigo definido feminino.
(B) O trecho "não queria vê-los" (l.3) poderia ser corretamente reescrito da seguinte forma: não os queria ver.
(C) Na linha 3, a preposição "para" introduz uma expressão que indica direção, lugar onde o personagem "subia".
(D) A oração "Destinada a uma utilidade mais especial e mais vulgar" (l.8) poderia ser deslocada para imediatamente após a forma verbal "serviu" (l.9), sem prejuízo para a correção gramatical do texto.
(E) O vocábulo "peça", na linha 9, possui um referente diverso do referente do vocábulo "peça" na linha 4.

A: incorreta. A crase, nesse caso, ocorre por ser uma locução adverbial formada por palavra feminina; **B:** correta. O advérbio de negação determina a próclise; **C:** incorreta. A preposição, nesse caso, indica finalidade (subia com o objetivo de chorar); **D:** incorreta. O deslocamento da oração subordinada deveria ser acompanhado de sua colocação entre vírgulas para manter a correção gramatical; **E:** incorreta. Ambos referem-se à salinha que se localizava ao lado da sala de estudos

Gabarito "B"

Os livros de história natural descritiva e assuntos congêneres, cujos autores observaram a natureza com os seus próprios olhos, tendo por isso o relato das suas descobertas e o interesse de narrativas pessoais, à parte o caráter exato dos fatos que referem, podem ser considerados verdadeiras poesias em prosa, por assim dizer, que vão beber a sua inspiração diretamente à natureza e trasladam para o papel alguma coisa da sua frescura e novidade. Levam o leitor para além dos bosques e fazem-no cuidar que é ele que faz as descobertas. O que eles viram tem o primor de observações individuais, a superioridade do específico sobre o genérico. Esses escritos, pois, têm certo valor permanente do ponto de vista literário: como o apreço em que são tidos vem mais da forma do que do assunto, são verdadeiras obras de arte; por outro lado, ninguém lhes atribuiria mais do que um pequeno lugar entre as obras de arte, isso porque, por perfeitas que sejam no seu gênero, não têm senão a diminuta importância do gênero a que pertencem. São livros para as horas de ócio, e longe ficam dos pináculos ou das profundezas da emoção.

Henry Smith Williams. **A literatura na ciência.** Internet: <www.logoslibrary.eu> (com adaptações).

(CESPE) Assinale a opção correta a respeito da estrutura linguística e dos sentidos do texto apresentado.

(A) A expressão "Esses escritos" (l.11) exerce a função de sujeito da oração cujo núcleo é "são tidos" (l.13).
(B) O pronome "eles" (l.10) retoma "leitor" (l.8).
(C) Na linha 7, o emprego de sinal indicativo de crase em "à natureza" deve-se à presença, no período, de "diretamente".
(D) Seria mantida a correção gramatical do texto se o pronome **a** fosse introduzido imediatamente antes de "trasladam" (l.7), caso em que esse pronome retomaria "sua inspiração" (l.6).
(E) A expressão "alguma coisa da sua frescura e novidade" (l.7-8) complementa o sentido da forma verbal "trasladam" (l.7).

A: incorreta. "Esses escritos" é o sujeito da oração cujo núcleo verbal é "têm"; **B:** incorreta. O termo remete a "autores", na linha 2; **C:** incorreta. A crase ocorre por força da regência do verbo "beber" e da presença do artigo definido feminino singular "a"; **D:** incorreta. A inserção do pronome afrontaria as normas de regência. Seria necessário, por exemplo, lançar mão da preposição "com" antes de "alguma"; **E:** correta. Trata-se do objeto direto do verbo

Gabarito "E"

(AERONÁUTICA) Observe:

A vida é o dia de hoje,
A vida é o ai que mal soa,
A vida é sombra que foge,
A vida é nuvem que voa.

Quanto aos encontros vocálicos, os termos acima destacados apresentam, respectivamente,

(A) ditongo crescente e hiato.
(B) hiato e ditongo crescente.
(C) ditongo decrescente e hiato.
(D) hiato e ditongo decrescente.

"Ai" é ditongo decrescente, porque formado por "vogal + semivogal". É o oposto do ditongo crescente, formado por "semivogal + vogal", como ocorre em "água", por exemplo. "Voa", por sua vez, apresenta um hiato, a separação de duas vogais em sílabas diferentes: vo-a

Gabarito "C"

A possibilidade de alguém sair às ruas do Cairo para protestar contra o presidente Hosni Mubarak em 1998, ano em que o jornalista norte-americano de origem egípcia Abdalla Hassan se mudou para a cidade, era, nas palavras dele, "simplesmente impensável". "No máximo, culpava-se o primeiro-ministro, jamais o presidente", disse Hassan, enquanto os protestos se espalhavam pelas ruas da capital egípcia. Seu depoimento dá a dimensão do medo imposto pelo ditador, que permaneceu 30 anos no poder — e quão espetaculares e inesperados foram os eventos no Cairo e em cidades como Suez e Alexandria. Multidões sublevadas saíram pelas ruas clamando por melhores condições de vida, emprego e, sobretudo, pelo fim do regime de Mubarak. Para deter as manifestações, o ditador desativou a Internet, cortou a telefonia celular e ocupou estações de rádio e TV. Decretou toque de recolher. Não adiantou. Os protestos continuaram. A semana terminou sem que estivesse claro o futuro político do maior aliado dos Estados Unidos da América (EUA) no mundo árabe. Se Mubarak caísse, o que viria em seu lugar — uma democracia moderna ou uma teocracia islâmica como a do Irã? A resposta a essa pergunta é crucial para toda a região.

Juliano Machado e Letícia Sorg. **O grito árabe pela democracia**. In: **Época**, 31/1/2011, p. 32 (com adaptações).

(CESPE) Considerando as ideias e estruturas linguísticas do texto acima, julgue os próximos itens.

(1) No desenvolvimento da argumentação do texto, a oração "sem que estivesse claro o futuro político do maior aliado dos Estados Unidos da América (EUA)" (l.17-18) expressa circunstância de causa em relação à oração que a antecede.
(2) No trecho "Se Mubarak caísse, o que viria em seu lugar" (l.19), estaria mantida a correção gramatical do texto caso se substituíssem as formas verbais "caísse" e "viria" por **cair** e **virá**, respectivamente.
(3) Depreende-se do texto que o regime sob o qual viveram os egípcios durante as manifestações mencionadas, apesar de não ser considerado moderno, era mais democrático que o governo existente em 1998.
(4) Subentende-se da argumentação apresentada no texto que as sublevações da população decorreram de pressão religiosa oculta contrária ao apoio político oferecido pelos EUA ao Egito.
(5) No trecho "enquanto os protestos se espalhavam pelas ruas da capital egípcia" (l.7-8), a próclise do pronome "se" justifica-se pela natureza subordinada da oração, explicitada pela conjunção temporal "enquanto".

1: incorreta. Trata-se de oração subordinada adverbial modal, ou seja, estabelece a forma, o modo como a semana terminou; **2:** correta. A substituição não acarreta mudança de sentido ou erro gramatical. Muda apenas a intensidade da condicional ("cair" e "virá" expressam um futuro mais distante); **3:** incorreta. As manifestações se levantaram justamente contra o governo ditatorial de Hosni Mubarak, que permaneceu no poder por 30 anos; **4:** incorreta. Não se pode depreender essa informação de nenhuma passagem do texto; **5:** correta. Trata-se de hipótese facultativa da próclise

Gabarito 1E, 2C, 3E, 4E, 5C

Os países com economias pujantes e estáveis e uma distribuição de renda relativamente equitativa entre seus habitantes tendem a ser menos vulneráveis — social e politicamente — que os países pobres, economicamente instáveis e com distribuição interna de riquezas fortemente desigual. O aumento significativo da desigualdade econômica e social dentro dos países ou entre eles reduzirá as possibilidades de paz. Evitar ou controlar a violência armada interna depende ainda mais, contudo, dos poderes e da efetividade do desempenho dos governos nacionais e da sua legitimidade perante a maioria dos habitantes dos respectivos países. Nenhum governo pode, hoje, dar por garantida a existência de uma população civil desarmada ou o grau de ordem pública há tanto tempo vigente em grande parte da Europa. Nenhum governo está, hoje, em condições de ignorar ou eliminar minorias internas armadas. No entanto, o mundo está cada vez mais dividido em países capazes de administrar seus territórios e seus cidadãos — mesmo quando afetados, como estava o Reino Unido, durante décadas, por ações armadas efetuadas por um inimigo interno — e um número crescente de territórios cujo entorno é demarcado por fronteiras oficialmente reconhecidas, com governos nacionais que flutuam entre a debilidade, a corrupção e a não existência.

Essas áreas produzem lutas internas sangrentas e conflitos internacionais, como o que temos visto na África central. Não há, apesar de tudo, perspectivas imediatas de melhoras duradouras nessas regiões, e a continuação do enfraquecimento dos governos centrais nos países instáveis assim como o prosseguimento da balcanização do mapa do mundo sem dúvida provocarão um aumento do perigo de conflitos armados.

Um prognóstico possível: no século XXI, as guerras provavelmente não serão tão mortíferas quanto o foram no século XX. Mas a violência armada, gerando sofrimentos e perdas desproporcionais, persistirá, onipresente e endêmica — ocasionalmente epidêmica —, em grande parte do mundo. A perspectiva de um século de paz é remota.

Eric Hobsbawm. **Globalização, democracia e terrorismo.** São Paulo: Companhia das Letras, 2007, p. 34-5 (com adaptações).

(CESPE) No que se refere à organização das ideias e a aspectos linguísticos e gramaticais do texto acima, julgue os itens subsequentes.

(1) Subentende-se, pelas relações de sentido que se estabelecem no texto, que a expressão "Essas áreas" (l.24) retoma, por coesão, "territórios cujo entorno é demarcado por fronteiras oficialmente reconhecidas, com governos nacionais que flutuam entre a debilidade, a corrupção e a não existência" (l.21-23).

(2) No trecho "Mas a violência armada, gerando sofrimentos e perdas desproporcionais, persistirá, onipresente e endêmica — ocasionalmente epidêmica —, em grande parte do mundo" (l.34-36), estariam mantidos o sentido e a correção gramatical do texto caso fosse suprimida a vírgula que precede a expressão "em grande parte do mundo".

(3) Subentende-se da argumentação do texto que, no século XX, a violência atingiu de forma indiscriminada países economicamente estáveis e instáveis, mas, no século XXI, ela será agravada e restrita às regiões balcanizadas de países economicamente instáveis.

(4) Infere-se da leitura do texto que a garantia de paz resulta da capacidade de os governos se certificarem do desarmamento da população civil.

(5) Os vocábulos "países" e "áreas" são acentuados de acordo com a mesma regra de acentuação gráfica.

(6) No trecho "Nenhum governo pode, hoje, dar por garantida a existência de uma população civil desarmada ou o grau de ordem pública" (l.12-14), estaria mantido o sentido do texto caso o termo "garantida" fosse substituído por **garantidos**.

1: correta. A expressão "essas áreas", notadamente por seu pronome demonstrativo "essas", funciona como elemento de coesão que retoma a expressão destacada sem precisar repeti-la; **2:** incorreta. A questão é polêmica. Há autores que defendem que não se deve usar a vírgula após o travessão que separa o aposto explicativo. A maioria, porém, reputa como correta e indispensável tal prática; **3:** incorreta. O autor defende que as guerras são mais fáceis de serem evitadas em países de economia instável, bem como que o século XXI será uma época de embates menos mortíferos; **4:** incorreta. O autor afirma justamente o contrário, que os governos não têm condições de eliminar o armamento interno de determinadas minorias; **5:** incorreta. "Países" é acentuado por conta da vogal "i" em hiato, ao passo que "áreas" é paroxítona terminada em ditongo crescente; 6: correta. A concordância, nesse caso, pode ser feita tanto por atração (como no texto original), quanto pelo gênero masculino plural (como proposto na alternativa) sem incidir em erro

Gabarito 1C, 2E, 3E, 4E, 5E, 6C

As indústrias culturais, e mais especificamente a do cinema, criaram uma nova figura, "mágica", absolutamente moderna: a estrela. Depressa ela desempenhou um papel importante no sucesso de massa que o cinema alcançou. E isso continua. Mas o sistema, por muito tempo restrito apenas à tela grande, estendeu-se progressivamente, com o desenvolvimento das indústrias culturais, a outros domínios, ligados primeiro aos setores do espetáculo, da televisão, do show business. Mas alguns sinais já demonstravam que o sistema estava prestes a se espalhar e a invadir todos os domínios: imagens como as de Gandhi ou Che Guevara, indo de fotos a pôsteres, no mundo inteiro, anunciavam a planetarização de um sistema que o capitalismo de hiperconsumo hoje vê triunfar.

O que caracteriza o star-system em uma era hipermoderna é, de fato, sua expansão para todos os domínios.

Em todo o domínio da cultura, na política, na religião, na ciência, na arte, na imprensa, na literatura, na filosofia, até na cozinha, tem-se uma economia do estrelato, um mercado do nome e do renome. A própria literatura consagra escritores no mercado internacional, os quais negociam seus direitos por intermédio de agentes, segundo o sistema que prevalece nas indústrias do espetáculo. Todas as áreas da cultura valem-se de paradas de sucesso (hit-parades), dos mais vendidos (best-sellers), de prêmios e listas dos mais populares, assim como de recordes de venda, de frequência e de audiência destes últimos.

A extensão do star-system não se dá sem uma forma de banalização ou mesmo de degradação – da figura pura da estrela, trazendo consigo uma imagem de eternidade, chega-se à vedete do momento, à figura fugidia da celebridade do dia; do ícone único e insubstituível, passa-se a uma comunidade internacional de pessoas conhecidas, "celebrizadas", das quais revistas especializadas divulgam as fotos, contam os segredos, perseguem a intimidade. Da glória, própria dos homens ilustres da Antiguidade e que era como o horizonte resplandecente da grande cultura clássica, passou-se às estrelas – forma ainda heroicizada pela sublimação de que eram portadoras – , depois, com a rapidez de duas ou três décadas de hipermodernidade, às pessoas célebres, às personalidades conhecidas, às "pessoas". Deslocamento progressivo que não é mais que o sinal de um novo triunfo da forma-moda, conseguindo tornar efêmeras e consumíveis as próprias estrelas da notoriedade.

(Adap. de Gilles Lipovetsky e Jean Serroy. Uma cultura de celebridades: a universalização do estrelato. In A cultura – mundo: resposta a uma sociedade desorientada. Trad: Maria Lúcia Machado. São Paulo: Companhia das Letras, 2011, p. 81 a 83)

(FCC) *Da glória, própria dos homens ilustres da Antiguidade e que era como o horizonte resplandecente da grande cultura clássica, passou-se às estrelas – forma ainda heroicizada pela sublimação de que eram portadoras – , depois, com a rapidez de duas ou três décadas de hipermodernidade, às pessoas célebres, às personalidades conhecidas, às "pessoas". Deslocamento progressivo que não é mais que o sinal de um novo triunfo da forma-moda, conseguindo tornar efêmeras e consumíveis as próprias estrelas da notoriedade.*

Levando em conta o acima transcrito, em seu contexto, assinale a afirmação correta.

(A) No segmento que se encontra entre vírgulas, imediatamente depois de *Da glória*, somente uma das declarações destina-se a caracterizar "glória".

(B) É legítimo entender-se do fragmento: as estrelas ostentavam, e pelas mesmas razões, a aura de heroísmo que representava a glória dos homens ilustres da Antiguidade.

(C) No segmento que descreve a segunda parte do processo de deslocamento, introduzida por *depois*, a expressão que está subentendida é *Da glória*.

(D) As aspas, em *"pessoas"*, chamam a atenção para o particular sentido em que a palavra foi usada: como sinônimo das duas expressões imediatamente anteriores.

(E) A forma *efêmeras e consumíveis* obtém sua força expressiva pela repetição de uma mesma ideia, repetição que se dá sem acréscimo de traço de sentido.

A: incorreta. Tanto "própria dos homens ilustres da Antiguidade" quanto "que era como o horizonte resplandecente da grande cultura clássica" têm valor adjetivo em relação ao substantivo "glória"; **B:** incorreta. O fragmento do texto destaca que essas duas situações (a glória da Antiguidade e a cultura do estrelato) não são sinônimas. Na verdade, relacionam-se como etapas de um processo de deslocamento, que prossegue para "pessoas célebres", "personalidades conhecidas" e "pessoas"; **C:** incorreta. Houve elipse do verbo "passou-se"; **D:** correta. As aspas indicam que a palavra não foi usada em seu sentido próprio, denotativo, e sim em sentido figurado; **E:** incorreta. "Efêmeras" e "consumíveis" formam uma gradação, porque o sentido da segunda é mais amplo (e também mais crítico) que o da primeira

Gabarito "D"

(FCC) Considere as afirmações que seguem.

I. A sequência "na política, na religião, na ciência, na arte, na imprensa, na literatura, na filosofia, até na cozinha" constitui elenco de profissões que tiveram de se associar ao domínio da cultura para atingir a economia do estrelato.

II. Em "A própria literatura consagra escritores no mercado internacional, **os quais** negociam seus direitos por intermédio de agentes, segundo o sistema que prevalece nas indústrias do espetáculo", a expressão em destaque foi obrigatoriamente empregada para evitar a ambiguidade que ocorreria se, em seu lugar, fosse usado o pronome "que".

III. Em "A própria literatura consagra escritores no mercado internacional, os quais negociam seus direitos por intermédio de agentes, segundo o sistema **que prevalece** nas indústrias do espetáculo", o segmento destacado poderia ser substituído por "prevalecente", sem prejuízo do sentido e da correção originais.

O texto legitima

(A) I, somente.

(B) II, somente.

(C) III, somente.
(D) I e III, somente.
(E) I, II e III.

I: incorreta. Esses setores não foram obrigados a associar-se aos modelos da indústria do entretenimento. Segundo o texto, esses que se espraiaram indistintamente por todas as áreas do conhecimento humano; **II:** incorreta. "Os quais" é locução pronominal relativa que, nesse caso, equivale a "que"; **III:** correta. "Prevalecente" é adjetivo que substitui a expressão de mesmo valor "que prevalece" sem qualquer alteração de sentido ou prejuízo à correção gramatical

Gabarito "C"

(FCC) Está correta a seguinte frase:

(A) Ainda que os méritos pela execução do projeto não coubessem àquele engenheiro, foram-lhe logo atribuídos, mas ele, com humildade, não hesitou em recusá-los.
(B) Parecia haver muitas razões para que seus estudos de metereologia não convencesse, mas a mais excêntrica era inventar pretextos inverossímeis para seus erros.
(C) Devem fazer mais de seis meses que ele não construe nenhuma maquete, talvez por estresse; por isso, muitos são a favor de que lhe seja concedido as férias acumuladas.
(D) Ele é especialista em vegetais euros-siberianos, motivo das suas análizes serem feitas em extensa faixa da Europa e dele viajar tão à vontade.
(E) Ao que me disseram, tratam-se de questões totalmente irrelevante para o pesquisador, mas, mesmo assim, jornalistas tentam assessorá-lo na divulgação delas.

A: correta. A frase atende a todos os preceitos da gramática e da clareza; **B:** incorreta. Há erro de grafia em "meteorologia" e o verbo "convencer" deveria estar no plural ("convencessem"); **C:** incorreta. O verbo "dever" deveria estar no singular ("deve fazer"), há erro de ortografia em "constrói" (e não "construe") e deveria constar "lhe sejam concedidas as férias" (no feminino plural); **D:** incorreta. Nos adjetivos pátrios compostos, apenas o segundo elemento vai para o plural. Deveria constar, portanto, "euro-siberianos". Além disso, há erro de ortografia em "análises" (escreve-se com "s", não com "z"); **E:** incorreta. A construção "trata-se de" deveria estar no singular (é oração com sujeito indeterminado) e "irrelevantes" deveria estar no plural, para concordar com "questões"

Gabarito "A"

(FCC) A alternativa que apresenta frase correta é:

(A) – Senhor Ministro, peço sua licença para advertir que Vossa Excelência se equivocais no julgamento dessa lei tão polêmica.
(B) Seus companheiros, até os recém-contratados, não lhe atribuem nenhum deslize e creem que esse é mais um injusto empecilho entre tantos com que ele já se defrontou.
(C) Se eles não satisfazerem todas as exigências, não se têm como contratá-los sem enveredar pelo caminho da irregularidade.
(D) O traumático episódio gerou grande ansiedade, excitação desmedida que lhe fez xingar e investir contra a pessoa mais cumpridora com seus deveres.
(E) Caso ele venha a se opor, será uma compulsão a que ninguém deve compartilhar, sob perigo de todos os envolvidos se virem em situação de risco na empresa.

A: incorreta. O uso do pronome de tratamento "Vossa Excelência" não determina a conjugação do verbo na segunda pessoa do plural. O correto é "se equivoca"; **B:** correta. O período atende a todas as normas gramaticais aplicáveis; **C:** incorreta. O pretérito perfeito do subjuntivo do verbo "satisfazer", na terceira pessoa do singular, é "satisfizerem"; **D:** incorreta. O adjetivo "cumpridor" rege a preposição "de": "mais cumpridora de seus deveres"; **E:** incorreta. O verbo "compartilhar" é transitivo direto, portanto é errada a colocação da preposição "a" após "compulsão"

Gabarito "B"

A navegação fazia-se, comumente, das oito horas da manhã às cinco da tarde, quando as canoas embicavam pelos barrancos e eram presas a troncos de árvores, com o auxílio de cordas ou cipós. Os densos nevoeiros, que se acumulam sobre os rios durante a tarde e pela manhã, às vezes até o meio-dia, impediam que se prolongasse o horário das viagens.

Antes do pôr-do-sol, costumavam os homens arranchar-se e cuidar da ceia, que constava principalmente de feijão com toucinho, além da indefectível farinha, e algum pescado ou caça apanhados pelo caminho. Quando a bordo, e por não poderem acender fogo, os viajantes tinham de contentar-se, geralmente, com feijão frio, feito de véspera.

De qualquer modo, era esse alimento tido em grande conta nas expedições, passando por extremamente substancial e saudável. Um dos motivos para tal preferência vinha, sem dúvida, da grande abundância de feijão nos povoados, durante as ocasiões em que costumavam sair as frotas destinadas ao Cuiabá e a Mato Grosso.

(Adaptado de Sérgio Buarque de Holanda. **Monções**. 3. ed. São Paulo, Brasiliense, 2000, pp. 105-6)

(FCC) Leia atentamente as afirmações a seguir.

I. O segmento grifado em as *canoas [...] eram presas a troncos de árvores,* <u>*com o auxílio de*</u> *cordas ou cipós* (primeiro parágrafo) pode ser substituído por **auxiliadas consoante**, sem prejuízo para a correção e a clareza.
II. Em *Os densos nevoeiros,* <u>*que se acumulam*</u> *sobre os rios* (primeiro parágrafo), o segmento grifado pode ser substituído, sem prejuízo para a correção e o sentido, por **acumulados**.
III. A expressão *De qualquer modo*, no último parágrafo, é equivalente a **Em todo caso**.

Está correto o que se afirma em

(A) I, apenas.
(B) II, apenas.

(C) I e III, apenas.
(D) II e III, apenas.
(E) I, II e III.

I: incorreta. "Consoante" é preposição conformativa, sinônimo de "conforme", "segundo". O verbo "auxiliadas", se utilizado, regeria a preposição "por"; **II:** correta. O uso do particípio do verbo não traz qualquer prejuízo à correção ou ao sentido do trecho; **III:** correta. As expressões realmente são equivalentes

Gabarito "D"

(AERONÁUTICA) Leia:

As operárias concorreram ao chamado da abelha ***rainha****.*

Na palavra em negrito acima, há um hiato. Em qual palavra que se segue há um exemplo desse mesmo tipo de encontro vocálico?

(A) coelho
(B) reizinho
(C) paisagem
(D) psicológico

A: correta. Hiato é o encontro vocálico no qual as vogais ficam separadas em sílabas diferentes. É o que ocorre em "co-e-lho"; **B:** incorreta. Em "rei-zi-nho" temos um ditongo; **C:** incorreta. "Pai-sa-gem" possui também um ditongo; **D:** incorreta. "Psi-co-ló-gi-co" não apresenta encontro vocálico, mas sim encontro consonantal

Gabarito "A"

A realidade atual vem exigindo dos pesquisadores envolvidos com a temática da saúde maiores esforços para compreender as mudanças recentes, pois o modo de as pessoas fazerem uso de suas capacidades físicas, cognitivas e afetivas para produzir foi transformado. A organização do trabalho, ao atingir o indivíduo, modifica a sua maneira de enfrentar os riscos e traz efeitos sobre a saúde ainda não perfeitamente conhecidos ou dimensionados. Enfrentam-se, teoricamente e na prática, as manifestações de saúde, a qual é alterada no seio da sociedade devido aos efeitos da desigualdade da distribuição dos bens produzidos, à aquisição de uma multiplicidade de conhecimentos e de erros, às possibilidades de domínio dos territórios e comportamentos e ao choque contínuo dos conflitos. Os profissionais deparam-se, frequentemente, com as suas tentativas frustradas de estabelecer um perfil de morbidade coerente com as queixas dos trabalhadores relacionadas, por exemplo, ao desconforto do posto de trabalho, à sensação de esgotamento, ou às perturbações na vida familiar.

Ada Ávila Assunção. Uma contribuição ao debate sobre as relações saúde e trabalho. In: Ciênc. Saúde Coletiva, v. 8, n. 4, p. 1.005-18, 2003 (com adaptações).

(CESPE) Com base nas estruturas linguísticas e nas relações argumentativas do texto acima, julgue os itens seguintes.

(1) A organização das ideias no texto mostra que "realidade atual" (l.1) constitui a circunstância de tempo em que a "temática da saúde" (l.2) está sendo considerada; por isso, mantêm-se as relações entre os argumentos e a correção gramatical ao se iniciar o texto com **Na realidade atual**.

(2) Na linha 2, em razão da acepção de "envolvidos" usada no texto, é possível substituir "com a" por "na", sem prejudicar sua correção gramatical, nem tornar incoerente a relação entre as ideias apresentadas.

(3) A preposição em "para compreender" (l.2-3) e "para produzir" (l.5) expressa o sentido de finalidade: a finalidade dos "esforços" (l.2) e das "capacidades" (l.4), respectivamente.

(4) A organização dos argumentos no texto mostra que seria preservada a coerência entre as ideias originais do texto, bem como sua correção gramatical, fazendo-se, na linha 9, a concordância de "alterada" com "manifestações", da seguinte forma: as quais são alteradas.

(5) A presença da preposição "a" em "à aquisição" (l.11), "às possibilidades" (l.12) e "ao choque" (l.13) é exigida por "Enfrentam-se" (l.8); por isso, sua repetição é importante, pois explicita as relações entre termos tão distantes no período sintático.

(6) No texto, o termo "Os profissionais" (l.14) retoma "pesquisadores" (l.1), "pessoas" (l.3) e "indivíduo" (l.6).

1: incorreta. "A realidade atual" é o sujeito da oração, é quem exige os esforços dos pesquisadores. A inserção da preposição "em" a transformaria em adjunto adverbial de tempo, aí sim passando a indicar o momento em que a problemática da ciência se instaura; **2:** correta. A alteração não acarretaria qualquer prejuízo à correção e coerência gramaticais, pois a regência nominal de "envolvidos" pode ser feita com a preposição "com", quando se referir a pessoa ou ente personificado, com existência própria, ou com a preposição "em", quando estiver ligado a um determinado fato; **3:** correta. A preposição "para" realmente traz ínsita a ideia de finalidade, cujas correlações estão corretas na alternativa; **4:** incorreta. A mudança faria com que a "alteração" estivesse ligada a "manifestações", quando, na verdade, o que se altera é a situação da saúde do trabalhador, temática central do texto; **5:** incorreta. A preposição atende à regra de regência do particípio do verbo "dever" (deve-se, ou se é devido, a alguma coisa); 6: incorreta. O termo "os profissionais" retoma, por coesão, somente "pesquisadores"

Gabarito 1E, 2C, 3C, 4E, 5E, 6E

Vale a apena rever certas crenças que se têm multiplicado a respeito das chamadas emoções negativas. Diferentemente do que alguns autores propõem, sublimá-las não gera benefícios para a pessoa — essa atitude, aliás, tende mais a trazer-lhe prejuízos à saúde. Pesquisas científicas recentes sobre a raiva reforçam essa linha de pensamento, e uma delas mostra que quem reprime sua frustração é pelo menos três vezes mais propenso a admitir que chegou a um ponto em sua carreira no qual não consegue mais progredir e que tem uma vida pessoal decepcionante. Já as pessoas que aprendem a explorar e canalizar sua raiva apresentam uma probabilidade muito maior de estar bem situadas profissionalmente, além de desfrutar de maior intimidade física e emocional com seus amigos e familiares. Mas qual estratégia se deveria adotar para não sentir a raiva e, assim, fugir da armadilha que essa atitude representa para a saúde? A escolha é, em geral, uma questão de personalidade, mas também sofre a influência das circunstâncias pelas quais a pessoa está passando. "Eu não recomendaria gritar com o chefe. Essa não é a melhor solução.", diz uma cientista que liderou estudo a esse respeito.

Planeta, jan./2010, p. 64-5 (com adaptações).

(CESPE) A respeito da organização das ideias do texto acima e das estruturas linguísticas nele utilizadas, julgue os próximos itens.

(1) A substituição de "se têm" (l.1) por **tem** altera as relações entre os argumentos do texto, mas preserva sua coerência e correção gramatical.

(2) O travessão empregado logo após "pessoa" (l.4), usado para destacar a informação final do enunciado, pode ser corretamente substituído por ponto e vírgula.

(3) Por causa das duas ocorrências do pronome "que" (l.7-8) no mesmo período sintático, não é recomendada a substituição de "no qual" (l.9) por **que**, apesar de a coerência e a correção do texto serem mantidas.

(4) Por ter como agente "pessoas" (l.10), o infinitivo empregado em "explorar" (l.11) poderia ser flexionado no plural, **explorarem**, sem prejudicar a coerência e a correção gramatical do texto.

(5) Mantém-se o respeito à coerência textual e às regras gramaticais ao se retirarem as aspas da citação final do texto, nas linhas de 19 a 21, reescrevendo-a do seguinte modo: Uma cientista que liderou estudo a esse respeito diz que não recomendaria gritar com o chefe, pois essa não é a melhor solução.

1: incorreta. Primeiro, porque não se pode prescindir da forma pronominal do verbo "multiplicar-se", porquanto ele se relaciona somente a "crenças" (sem o pronome "se", "multiplicar" pressupõe a relação entre duas coisas, uma multiplicada pela outra). Segundo, porque a conjugação "tem", sem acento, remete à terceira pessoa do singular, o que causaria erro de concordância com o plural "certas crenças"; **2:** correta. O ponto e vírgula também pode ser usado para separar orações coordenadas; **3:** incorreta. A regência nominal de "momento" impõe o uso da preposição "em". Logo, a substituição, para manter a correção gramatical, deveria ser por "em que"; **4:** incorreta. "Explorar" é complemento do verbo "aprendem", razão pela qual não deve concordar com o sujeito "pessoas"; **5:** correta. A transposição do discurso direto para o indireto foi feita com perfeição na alternativa

Gabarito 1E, 2C, 3E, 4E, 5C

O regime trabalhista, ao adotar estratégias de proteção à saúde do trabalhador, institui mecanismos de monitoração dos indivíduos, visando a evitar ou identificar precocemente os agravos à sua saúde, quando produzidos ou desencadeados pelo exercício do trabalho. Ao estabelecer a obrigatoriedade na realização dos exames pré-admissional, periódico e demissional do trabalhador, criou recursos médico-periciais voltados à identificação do nexo da causalidade entre os danos sofridos e a ocupação desempenhada.

Elias Tavares de Araújo. Perícia médica. In: José E. Assad (Coord.). Desafios éticos. Brasília: Conselho Federal de Medicina, 1993, p. 241 (com adaptações).

(CESPE) Acerca da organização das estruturas linguísticas do texto acima, julgue os itens a seguir.

(1) A relação de significados que a oração introduzida por "ao adotar" (l.1) mantém com as demais orações do mesmo período sintático permite que se substitua essa oração por "**se adotasse**", sem se prejudicar a coerência nem a correção gramatical do texto.

(2) Para se realçar "mecanismos de monitoração" (l.2), em vez de "regime trabalhista" (l.1), poderia ser usada a voz passiva, escrevendo-se **são instituídos** em vez de "institui" (l.2), sem que a coerência entre os argumentos e a correção gramatical do texto fossem prejudicadas.

(3) Na linha 3, não se usa o acento grave na preposição a, logo depois de "visando", porque o verbo "evitar" não admite o artigo definido feminino.

(4) A vírgula logo depois de "trabalhador" (l.7) é opcional e sua retirada preservaria a correção gramatical do texto, pois os três termos da enumeração que ela tem função de marcar já estão separados pela conjunção "e": "exames pré-admissional, periódico e demissional do trabalhador" (l.6-7).

1: incorreta. A locução verbal "ao adotar", que equivale ao gerúndio "adotando", demonstra que o regime trabalhista já optou por adotar estratégias de proteção ao trabalhador. Já "se adotasse", no pretérito imperfeito do subjuntivo, expressa uma situação condicional, que pode ou não acontecer; **2:** incorreta. Não é uma questão de ênfase. "O regime trabalhista" é sujeito do verbo "instituir", de forma que a substituição traria graves prejuízos à sintaxe e, consequentemente, ao sentido do texto; **3:** correta. Não ocorre crase antes de verbo; **4:** incorreta. A vírgula depois de "trabalhador" não tem por função separar os elementos de uma enumeração. Ela atua separando a oração subordinada adverbial deslocada de sua oração principal. Portanto, trata-se de vírgula obrigatória

Gabarito 1E, 2E, 3C, 4E

Em meio à multidão de milhares de manifestantes, rapazes vestidos de preto e com a cabeça e o rosto cobertos por capuzes ou capacetes caminham dispersos, tentando manter-se incógnitos. A atitude muda quando encontram um alvo: um cordão de isolamento policial, uma vitrine ou uma agência bancária. Eles, então, agrupam-se e, armados com porretes, pedras e garrafas de coquetel *molotov*, quebram, incendeiam e agridem. Quando a polícia reage, os vândalos voltam a se misturar à massa de gente que protesta pacificamente, na esperança de, com isso, provocar um tumulto e incitar outros manifestantes a entrar no confronto. É a tática do *black bloc* (bloco negro, em inglês), cujo uso se intensificou nos protestos de rua que dominaram a Europa este ano. Quase sempre, a minoria violenta é formada por anarquistas — que, de seus análogos do início do século XX, imitam os métodos violentos e o ódio ao capitalismo e ao Estado.

Diogo Schelp. *In*: **Veja**, 22/12/2010 (com adaptações).

(CESPE) No que se refere aos aspectos morfossintáticos e semânticos do texto acima, julgue os itens seguintes.

(1) A palavra "análogos" (l. 15) está sendo empregada com o sentido equivalente a **antecessores**.

(2) O principal objetivo do texto é fazer uma comparação entre as estratégias de protesto do movimento anarquista do início do século XX e as do movimento anarquista dos dias de hoje.

(3) Seria mantida a correção gramatical do texto caso fosse introduzida vírgula imediatamente após o trecho "rapazes vestidos de preto (...) capuzes ou capacetes" (l. 2-3), isolando-o do restante da oração, já que esse trecho somente insere informação acessória sobre os manifestantes.

(4) As formas verbais infinitivas "misturar" (l. 9) e "provocar" (l. 10) poderiam ser corretamente substituídas por suas formas flexionadas, **misturarem** e **provocarem**.

(5) Nas linhas 9, 13 e 14, o elemento "que" possui, em todas as ocorrências, a propriedade de retomar palavras ou expresses que o antecedem.

1: incorreta. "Análogos", aqui, foi usada como sinônimo de "similares"; **2:** incorreta. A ideia principal do texto é criticar a conduta violenta de alguns manifestantes, explicando como agem os black blocs; **3:** incorreta. O trecho assinalado é o sujeito do verbo "caminhar", sendo erro grave de pontuação separá-los com vírgula; **4:** incorreta. "Misturar" não pode ser flexionada porque tal função (de indicar o plural) cabe ao verbo auxiliar "voltar", ao passo que "provocar" é complemento preposicionado do substantivo "esperança" e, assim, deve permanecer no singular; **5:** correta. Em todas as passagens, a palavra "que" aparece como pronome relativo

Gabarito 1E, 2E, 3E, 4E, 5C

(CESGRANRIO) A frase redigida de acordo com a norma-padrão é:

(A) O diretor pediu para mim fazer esse documento.
(B) No almoço, vou pedir um bife a moda da casa.
(C) A noite, costumo dar uma volta com o meu cachorrinho.
(D) Não dirijo a palavra aquelas pessoas.
(E) A prova consiste em duas páginas.

A: incorreta. Pronomes pessoais do caso oblíquo não podem assumir a execução de ações. Deve-se, nesses casos, usar o pronome pessoal do caso reto: "...pediu para eu fazer..."; **B:** incorreta. Locuções adverbiais formadas por palavras femininas levam o acento grave indicativo da crase: "à moda da casa"; **C:** incorreta. Outra locução adverbial que deveria representar a crase: "À noite"; **D:** incorreta. "Dirigir", nesse caso, é verbo transitivo direto e indireto, isto é, exige um complemento preposicionado e outro não – dirigir alguma coisa a alguém. Na oração, "aquelas pessoas" é objeto indireto, portanto deve ser antecedido pela preposição "a" – "a aquelas pessoas". Nessa hipótese, a preposição "a" aglutina-se com a letra "a" inicial do pronome demonstrativo "aqueles", formando a crase: "Não dirijo a palavra àquelas pessoas"; **E:** correta, devendo ser assinalada por estar integralmente conforme o padrão culto da língua

Gabarito "E"

(CESGRANRIO) Considerando as sentenças abaixo, em qual par a sentença da direita apresenta alteração da ordem das palavras **SEM** modificação do sentido, em relação à sentença da esquerda?

	Sentença original	Sentença alterada
(A)	Muito tem sido falado sobre a importância da boa convivência.	Tem sido falado sobre a importância da muito boa convivência.
(B)	Já faz alguns anos que descobri que tenho uma xará que também tem outros sobrenomes.	Já faz alguns anos que também descobri que tenho uma xará que tem outros sobrenomes.
(C)	Em todas as ocasiões em que isso acontece, ela sempre encaminha o *e-mail* para mim.	Sempre, em todas as ocasiões em que isso acontece, ela encaminha o *e-mail* para mim.
(D)	Seu interlocutor vai passar a enxergar a sua empresa de um jeito bem diferente.	Seu interlocutor vai bem passar a enxergar a sua empresa de um jeito diferente.
(E)	Se só você receber um *e-mail* endereçado a outra pessoa, responda ao remetente.	Se você receber só um *e-mail* endereçado a outra pessoa, responda ao remetente.

A: incorreta. Com o deslocamento do advérbio "muito", na segunda coluna ele passou a referir-se ao adjetivo "boa", quando antes estava ligado à locução verbal "tem sido falado"; **B:** incorreta. Na segunda coluna, o deslocamento do advérbio "também" passa a sugerir que houve outras descobertas além dessa, o que altera o sentido da primeira coluna, que fala da coexistência de outros sobrenomes; **C:** correta. Não já qualquer alteração no sentido ao se deslocar o advérbio "sempre" para o início da oração; **D:** incorreta. O deslocamento do advérbio "bem" altera a intensidade da "diferença" vista pelo interlocutor e passa a significar uma certa indiferença dele quanto à imagem da empresa; **E:** incorreta. O advérbio "só", na segunda coluna, deixou de limitar as pessoas ("você", na primeira coluna) e passou a limitar o objeto ("e-mail", na segunda coluna)

Gabarito "C"

(CESGRANRIO) **Ao deixar de lado**, por um dia, sua posição de motorista **para assumir o papel de ciclista**, Ademilton praticou uma atividade fundamental para a convivência.

Reescrevendo adequadamente os trechos em destaque acima, e mantendo-se o mesmo sentido expresso, tem-se

(A) Quando deixou de lado... a fim de assumir o papel de ciclista...
(B) Se deixasse de lado... e assumisse o papel de ciclista...
(C) Como deixou de lado... , porém assumiu o papel de ciclista...
(D) Se bem que deixou de lado... , assumindo o papel de ciclista...
(E) Antes de deixar de lado... por conta de assumir o papel de ciclista..

A: correta. As alterações propostas não alteram o sentido do texto; **B:** incorreta. A alteração proposta altera o sentido por estar estruturada no pretérito imperfeito do subjuntivo (condicional), o que não ocorre no texto original; **C:** incorreta. A segunda parte não mantém o sentido original. A preposição "para" insere uma finalidade e não equivale à conjunção "porém", que tem valor adversativo; **D:** incorreta. A primeira parte não mantém o sentido original, porque está estruturada no pretérito perfeito do indicativo, o que não ocorre no texto original; **E:** incorreta. A alteração proposta altera o sentido original pela inclusão do advérbio de tempo "antes", que não está presente no texto

Gabarito "A"

Essa tal felicidade

Todos queremos ser felizes. Mesmo sem saber exatamente o que é essa felicidade, onde ela mora ou como se encontra, traçamos planos, fazemos escolhas, listamos desejos e alimentamos esperanças pela expectativa de alcançá-la. Em seu nome, comemos chocolate, estudamos para a prova, damos festas, casamos ou separamos, compramos carro, dançamos valsa, formamos turmas, entramos na dieta, brigamos, perdoamos, fazemos promessas – nós vivemos.

Às vezes, agimos pensando na felicidade como uma recompensa futura pelo esforço. Noutras, a encaramos como o bilhete dourado na caixa de bombons. Não raro, pensamos que ela é um direito. Ou um dever a ser cumprido – e, assim como em outras obrigações cotidianas, como fazer o jantar, se a gente falha em executar a meta, tendemos a procurar soluções prontas, como lasanha congelada ou antidepressivos.

Por isso é tão difícil definir (e achar) a tal felicidade. Nós a confundimos com o afeto (se encontrarmos o amor, ela virá), com a sorte (com esperança, ela vai chegar), com o alívio (se resolvermos os problemas, como o excesso de peso, então a teremos). Nós a confundimos com a conquista: se realizarmos tudo o que queremos e se espera de nós... seremos felizes, não?

Não. São pensamentos como esses que transformam a felicidade na cenoura eternamente pendurada à nossa frente – próxima, mas inalcançável. Estabelecer tantas condições para ser feliz faz a gente superestimar o poder que coisas nem tão importantes assim têm sobre nosso bem. Enganamo-nos com a promessa de que há uma fórmula a seguir e jogamos a responsabilidade pela satisfação em lugares fora de nós (e além do nosso controle), como ganhar aumento ou ser correspondido na paixão. E ao invés de responder aos nossos anseios, essas ilusões podem criar um vazio ainda maior.

Podemos não saber explicar o que é felicidade – até porque é uma experiência única para cada pessoa. Mas a ciência, a filosofia e as histórias de quem se assume feliz dão pistas do que ela não é. (...)

Comparando centenas de pesquisas, [o psicólogo americano] Martin Seligman e outros pesquisadores perceberam: a felicidade está naquilo que construímos de mais profundo – nossas experiências sociais. A vida bem vivida, sugere o psicólogo, é aquela que se equilibra sobre três pilares: os relacionamentos que mantemos, o engajamento que colocamos nas coisas e o sentido que damos à nossa existência. É isso, afinal, que as pessoas felizes têm em comum.

(...)

A verdade de cada um

Hoje, Claudia Dias Batista de Souza, 63 anos, não quer levar nada da vida. Mas houve um tempo em que quis o mesmo que todo mundo. "Achava que ser feliz era ter um bom marido, um bom emprego, um bom carro, sucesso", conta. Claudia cresceu em um bairro nobre de São Paulo, casou aos 14 anos, teve a única filha aos 17, se separou, estudou Direito, virou jornalista. Aos 24 anos, mudou para a Inglaterra. De lá, foi para os Estados Unidos, onde conheceu o segundo marido. E aos 36 anos descobriu que não queria mais nada daquilo. Claudia virou budista. Hoje é conhecida como monja Coen – palavra japonesa que significa "só e completa".

Foi porque estava em busca de algo que a ajudasse a se conhecer melhor que Claudia procurou o budismo. (...)

E descobriu onde estava sua felicidade. "Eu era bravinha, exigente com os outros e comigo. No budismo, aprendi que o caminho da iluminação é conhecer a si mesmo. Isso me trouxe plenitude", conta.

"Vi que sou um ser integrado ao mundo e, para ficar bem, preciso fazer o bem. A recompensa é incrível".

WEINGRILL, Nina; DE LUCCA, Roberta; FARIA, Roberta. Sorria. 09 jan. 2010

(CESGRANRIO) As sentenças "E aos 36 anos descobriu que não queria mais nada daquilo. Claudia virou budista." (l. 63-64) foram reescritas num único período. Qual reescritura apresenta o trecho de acordo com o registro culto da língua, sem alteração do sentido?

(A) Claudia virou budista e aos 36 anos descobriu que não queria mais nada daquilo.
(B) Claudia virou budista depois de ter descoberto, aos 36 anos, que não queria mais nada daquilo.
(C) Mesmo tendo 36 anos, Claudia descobriu que não queria mais nada daquilo e, então, virou budista.
(D) Porque chegou aos 36 anos, Claudia descobriu que não queria mais nada daquilo e virou budista.
(E) Apesar de já ter 36 anos, Claudia descobriu que não queria mais nada daquilo, tendo se tornado budista.

O único período que unifica as duas passagens sem alteração de sentido é o constante da alternativa "B". Na letra "A", a interpretação indica que Claudia descobriu que não queria mais ser budista; na letra "C", o conector "mesmo" dá grande importância à idade de Claudia, a qual, na verdade, não interfere nos fatos; na letra "D", a idade se tornou a razão das mudanças operadas na vida de Claudia, o que também não confere com o texto; na letra "E", a locução conjuntiva concessiva "apesar de" transforma a idade de Claudia em um obstáculo a ser transposto, ideia que não está contida no texto original

Gabarito "B"

(FUNRIO) "Quando você me ouvir cantar,/ Venha, não creia, eu não corro perigo"

A canção de Caetano Veloso emprega uma estrutura sintática que combina os verbos "ouvir" e "cantar" com o pronome "me".

Quanto a essas palavras, é correto afirmar que

(A) os verbos "ouvir" e "cantar" formam uma locução verbal vinculada ao pronome "me".
(B) apenas o verbo "cantar" é transitivo direto, sendo "me" o objeto direto.
(C) o pronome oblíquo ocupa uma posição de ênclise ao verbo "ouvir".
(D) apenas o verbo "ouvir" é intransitivo, sendo "me" uma palavra expletiva.
(E) o pronome "me" se relaciona gramaticalmente com "cantar" e com "ouvir".

A: incorreta. Locução verbal é a forma verbal formada por dois verbos na qual um exerce a função de principal e o outro de auxiliar, de modo que a oração não faz sentido sem um deles (ex.: "eu havia descido a ladeira"). No caso, "ouvir" e "cantar" são verbos autônomos, cada qual com seu sentido, pelo que não formam uma locução; **B:** incorreta."Cantar", no trecho, é objeto direto de "ouvir", ele sim verbo transitivo direto; **C:** incorreta. O pronome oblíquo "me" está em posição de próclise, porque foi colocado antes do verbo; **D:** incorreta. No trecho, como já mencionado, o verbo "ouvir" é transitivo direto. "Me" exerce a função de objeto direto do verbo "ouvir". Palavras expletivas são aquelas que não exercem qualquer função sintática, sendo utilizadas apenas com fins estilísticos ou de ênfase (ex.: "Não me venha com desculpas!"); **E:** correta. Em construções que se valem de um verbo sensitivo ("ouvir", "ver", sentir") e de outro no infinitivo, segundo a maioria dos gramáticos, o pronome oblíquo tem função de objeto direto do verbo sensitivo ("ouvir") e de sujeito do verbo no infinitivo ("cantar")

Gabarito "E"

(FUNRIO) No tema indígena e em outros, devem-se proteger os interesses de todos e a paz social, imprescindível para o funcionamento do país, mas também devem-se proteger os direitos das partes. As florestas têm seus direitos, independentemente de algumas discussões que possam vir a acontecer sobre a propriedade de determinados territórios, porque as comunidades têm os seus. Deve-se fazer um esforço para dialogar que permita avanço no processo.

(**El Diario Austral**, 30 set. 2001).

O trecho acima foi retirado do discurso do subsecretário do Ministério de Desenvolvimento e Planejamento do Chile, publicado naquele país. Assinale a alternativa que analisa gramaticalmente de modo correto uma das passagens do texto.

(A) "Devem-se proteger os interesses de todos" contém pronome com função indeterminadora do sujeito.
(B) O advérbio "independentemente" introduz uma locução concessiva de causa.
(C) A locução verbal "possam vir a acontecer" indica a precisão das discussões.
(D) O pronome possessivo "seus" está empregado com o valor de "alguns".
(E) O termo "para o funcionamento do país" é complemento nominal de "imprescindível".

A: incorreta. A partícula "se" na oração exerce função de pronome apassivador, porque identifica a voz passiva sintética; **B:** incorreta. "Independentemente" é adjunto adverbial de modo; **C:** incorreta. O uso do presente do subjuntivo ("possam") denota a dúvida sobre a efetiva ocorrência das discussões; **D:** incorreta. "Seus" refere-se a "territórios" para evitar repetição desnecessária do substantivo; **E:** correta. Complemento nominal é o termo da oração que tem por função sintática explicar, dar mais detalhes sobre um substantivo, um adjetivo ou um advérbio. Realmente, essa é a função do trecho destacado, que esclarece aquilo que é "imprescindível"

Gabarito "E"

(CESPE) Em relação ao texto abaixo, julgue os itens a seguir.

1	Não podemos ignorar as mudanças que se processam no
	mundo, sobretudo a emergência de países em
	desenvolvimento como atores importantes no cenário
4	internacional, muitas vezes exercendo papel crucial na
	busca de soluções pacíficas e equilibradas para os conflitos.
	O Brasil está pronto a dar a sua contribuição. Não para
7	defender uma concepção exclusivista da segurança
	internacional. Mas para refletir as percepções e os anseios de
	um continente que hoje se distingue pela convivência

harmoniosa e constitui um fator de estabilidade mundial. O apoio que temos recebido, na América do Sul e fora dela, nos estimula a persistir na defesa de um Conselho de Segurança adequado à realidade contemporânea.

Idem, ibidem (com adaptações).

(1) A partícula "se" (l.1) indica um sujeito indeterminado para o verbo processar.

(2) Preservam-se a coerência e a correção gramatical do texto ao se transformar a frase nominal "como atores importantes" (l.3) em oração subordinada adjetiva: que são atores importantes.

1: incorreta. Na oração, a partícula "se" exerce função de pronome reflexivo. "Mudanças" é o sujeito do verbo "processar"; **2:** correta. Vale salientar que, nesse caso, deveria ser inserida uma vírgula depois de "desenvolvimento"

Gabarito 1E, 2C

Hotel incluído

Em viagens acima de 300 km, não vale a pena usar o carro quando se está sozinho. O preço médio da passagem de ônibus entre as cidades de São Paulo e São José do Rio Preto é de R$ 50,00 (ida e volta), enquanto, de carro, gasta-se R$ 65,00 só de pedágios (doze). Some a esse valor 1,5 tanque de combustível (R$ 130,00) e você terá gasto quatro vezes mais para desfrutar do prazer de dirigir do que gastaria se trocasse a direção por um assento de passageiro. Isso sem falar no desgaste do veículo e na possibilidade de ser multado se a pressa de chegar ao destino reduzir o seu cuidado em dirigir defensivamente.

Ao usar o ônibus, é como se você ganhasse de presente uma diária em um hotel de bom nível na cidade para a qual viaja. Ou, se preferir, todas as refeições do fim de semana incluídas.

Internet: <http://www2.uol.com.br/quatrorodas>.
Acesso em: 26/3/2002 (com adaptações).

(CESPE) A partir do texto acima, julgue os itens que se seguem.

(1) Embora o verbo "usar" (l.1) não tenha explicitamente sujeito, textualmente pode-se para ele subentender o pronome se.

(2) Na linha 9, a conjunção "e" adiciona dois complementos ligados a "falar" (l.9).

1: correta. O trecho "usar o carro" é uma oração reduzida de infinitivo, cujo sujeito é o pronome "se" que ficou subentendido para evitar repetição desnecessária, considerando que ele aparece novamente em seguida como sujeito do verbo "estar"; **2:** correta. A conjunção une os complementos "desgaste do veículo" e "possibilidade de ser multado"

Gabarito 1C, 2C

No tocante à embriaguez, o CTB estabelece o seguinte:

CAPÍTULO XV
DAS INFRAÇÕES

Art. 161. Constitui infração de trânsito a inobservância de qualquer preceito deste Código, da legislação complementar ou das resoluções do CONTRAN, sendo o infrator sujeito às penalidades e medidas administrativas indicadas em cada artigo, além das punições previstas no Capítulo XIX.

(...)

Art. 165. Dirigir sob a influência de álcool, em nível superior a seis decigramas por litro de sangue, ou de qualquer substância entorpecente ou que determine dependência física ou psíquica:

Infração – gravíssima;

Penalidade – multa (cinco vezes) e suspensão do direito de dirigir;

Medida administrativa – retenção do veículo até a apresentação de condutor habilitado e recolhimento do documento de habilitação.

(CESPE) A partir do texto, julgue os itens que se seguem.

(1) A coerência do texto e as regras gramaticais seriam respeitadas, caso se inserisse "às" imediatamente antes de "medidas" (l.4).

(2) Para efeito de aplicação das penalidades previstas, a conjunção "ou" (l.9) deve ser entendida como também inclusiva.

1: correta. No texto, a preposição e o artigo foram omitidos em razão de "medidas" estar ligado a "penalidades" pela conjunção aditiva "e", aproveitando seu uso anterior. Repeti-los não traria nenhum prejuízo à coerência ou às regras gramaticais; **2:** correta. As penalidades aplicadas serão as mesmas independentemente do agente causador da embriaguez. Logo, "ou" exerce função inclusiva. Perceba que ela pode ser substituída sem qualquer prejuízo por "inclusive"

Gabarito 1C, 2C

As ações de respeito para com os pedestres

- Motorista, ao primeiro sinal do entardecer, acenda os faróis. Procure não usar a meia-luz.
- Não use faróis auxiliares na cidade.
- Nas rodovias, use sempre os faróis ligados. Isso evita 50% dos atropelamentos. Seu carro fica mais visível aos pedestres.
- Sempre, sob chuva ou neblina, use os faróis acesos.
- Ao se aproximar de uma faixa de pedestres, reduza a velocidade e preste atenção. O pedestre tem a preferência na passagem.
- Motorista, atrás de uma bola vem sempre uma criança.
- Nas rodovias, não dê sinal de luz quando verificar um trabalho de radar da polícia. Você estará

ajudando um motorista irresponsável, que trafega em alta velocidade, a não ser punido. Esse motorista, não sendo punido hoje, poderá causar uma tragédia no futuro.

- Não estacione nas faixas de pedestres.

Internet: <http://www.pedestres.cjb.net> (com adaptações).

(CESPE) Considerando o texto, julgue o item a seguir.

(1) No quarto tópico, a circunstância "sob chuva ou neblina" tem função caracteristicamente explicativa e, por isso, se for retirada, não se alterarão as condições de uso para "faróis acesos".

1: incorreta. A expressão exerce função restritiva, porque limita o significado do advérbio "sempre" (os faróis não precisam estar acesos a todo momento, apenas quando estiver chovendo ou com neblina). Com isso, sua supressão alterará o sentido da oração

Gabarito 1E

Educação para o trânsito: RS, ES e DF integram o Rumo à Escola

Buscando implementar a temática do trânsito nas escolas de ensino fundamental, o Departamento Nacional de Trânsito (DENATRAN) implantou o projeto Rumo à Escola. Até o momento, 165 escolas das capitais de 11 estados estão integradas ao projeto. Nessa quarta-feira (27/2), integram o programa o Rio Grande do Sul e o Espírito Santo. No dia 28, será a vez do DF e, em 14 de março, de São Paulo. Após sua implementação em São Paulo, o projeto terá concluído a adesão de sua primeira de três etapas. No dia 21 de março, está prevista uma teleconferência nos estados contemplados pelo programa.

Internet: <http://www.mj.gov.br>. Acesso em: 10/3/2002 (com adaptações).

(CESPE) Considerando o texto acima, julgue o item subsequente.

(1) O gerúndio em "Buscando" (l.1) inicia uma oração subordinada que mantém com a principal do período um nexo de circunstância causal.

1: correta. Trata-se de uma oração subordinada adverbial causal reduzida de gerúndio. O período poderia ser assim reescrito, na ordem direta: "O Departamento Nacional de Trânsito (DENATRAN) implantou o projeto 'Rumo à Escola' para implementar a temática do trânsito nas escolas de ensino fundamental". Note que a oração subordinada ("para implementar...") é a causa da oração principal (o projeto foi implantado porque se busca a implementação da temática nas escolas)

Gabarito 1C

Violência no trânsito

Se quase sempre é difícil fazer uma autoavaliação, é impossível adivinhar o estado de espírito do motorista ao lado. Assim, uma atitude preventiva – e, por que não, defensiva – é a melhor maneira de não se envolver em situações de violência. O psiquiatra forense Everardo Furtado de Oliveira afirma que é possível prevenir uma briga, evitando, por exemplo, contato de olhos com o condutor agressivo, não fazer ou revidar gestos obscenos, não ficar na cola de ninguém e não bloquear a mão esquerda, por exemplo. Medalhista olímpico em 1992, o judoca Rogério Sampaio não pensa muito diferente: "Respire fundo, tenha consciência de que não vale a pena brigar e, principalmente, pense em sua família".

Com o objetivo de entender o comportamento do motorista e do pedestre capixaba e desenvolver ações para melhorar o tráfego, o Detran do Espírito Santo entrevistou quase 400 motoristas. A pesquisa, coordenada pelo antropólogo Roberto DaMatta, mostrou que desprezo às regras, agressividade e despreparo são características dos motoristas entrevistados. "O que o condutor pensa quando está dentro do carro é que a ele é dado o direito de ser imprudente de vez em quando. Para os nossos erros, procuramos muitas desculpas. Aquele que cumpre a lei é visto como alguém em uma posição inferior, um fraco", diz Luciene Becacici, diretora-geral do órgão.

Em Brasília (DF), a tese de doutorado sobre o trânsito da cidade defendida pela psicóloga Cláudia Aline Soares Monteiro envolveu uma pesquisa com 923 motoristas. "Dos entrevistados, 84% afirmaram sentir raiva enquanto dirigem. Pessoas que tinham mais tempo de habilitação e dirigiam com maior frequência cometiam mais erros e eram mais agressivas", diz Cláudia. Segundo o trabalho, quanto maior o nível de escolaridade da mulher, mais ela se irrita no tráfego. A situação é inversa para o sexo masculino. Além disso, os que mais cometem infrações são jovens com idade entre 18 e 27 anos, solteiros e sem filhos. A situação que mais deixa os homens nervosos é ter avanço impedido do veículo. Já as mulheres se irritam com direção agressiva por parte de outros motoristas.

[...]

O trânsito é um ambiente de interação social como qualquer outro. "O carro é um ambiente particular, mas é preciso seguir regras, treinar o autocontrole e planejar os deslocamentos. É um local em que é preciso agir com civilidade e consciência", diz a hoje doutora em trânsito Cláudia Monteiro.

Ao contrário do que pode parecer à primeira vista, o carro não é o escudo protetor que se supõe. Exercitar a paciência e o autocontrole não faz parte do currículo das autoescolas, mas são práticas cada vez mais necessárias à sobrevivência no trânsito.

Internet: <http://quatrorodas.abril.uol.com.br/reportagens/conteudo_288447.shtml>. Acesso em: 29/8/2009, com adaptações.

(FUNRIO) No trecho "O psiquiatra forense Everardo Furtado de Oliveira afirma que é possível prevenir uma briga, evitando, por exemplo, contato de olhos com o condutor agressivo", verifica-se o emprego do infinitivo verbal, cujo papel gramatical é

(A) indicar tempo futuro hipotético.
(B) condensar a estrutura de sua oração.
(C) caracterizar a opinião do psiquiatra.
(D) reforçar o caráter atemporal da condução agressiva.
(E) manter a clareza e originalidade.

A oração "prevenir uma briga" é uma oração reduzida de infinitivo, na qual o verbo é usado no infinitivo para condensar a estrutura da oração, ou seja, reduzir o número de palavras utilizadas para dizer a mesma coisa. Note que o mesmo período poderia ser escrito: "é possível que uma briga seja prevenida"

Gabarito "B"

(FUNRIO) Assinale a alternativa em que se encontra o mesmo recurso de linguagem empregado em "o carro não é o escudo protetor que se supõe".

(A) O Brasil quer ver o alto índice de acidentes de trânsito diminuir.
(B) Prevaleceu no caso a sua vontade de ferro.
(C) Precisamos proteger as árvores e os rios.
(D) As folhas finas fazem felizes os homens.
(E) Tudo que sei é que nada sei.

O trecho destacado no enunciado é um exemplo de metáfora, figura de linguagem que expressa uma comparação subentendida (note que a oração poderia ser escrita: "não age como um escudo protetor como se supõe", hipótese em que a comparação entre o carro e o escudo fica clara). Sendo assim, vamos analisar as alternativas. **A:** incorreta. Traz uma antítese, caracterizada pela aproximação dos opostos "alto" e "diminuir"; **B:** correta. "Vontade de ferro" é metáfora. Equivale a "vontade resistente como o ferro"; **C:** incorreta. Não há qualquer figura de linguagem na expressão; **D:** incorreta. Trata-se de uma aliteração, a repetição de fonemas consonantais. No caso, o fonema "f": folhas, finas, fazem, felizes; **E:** incorreta. Mais uma vez, antítese representada pela aproximação de "tudo" e "nada"

Gabarito "B"

(FUNRIO) No português brasileiro, há a preferência pelo emprego da terceira pessoa para o tratamento do interlocutor, como se pode observar no trecho "Respire fundo, tenha consciência de que não vale a pena brigar e, principalmente, pense em sua família.". Assinale a alternativa em que essa mesma tendência é praticada adequadamente.

(A) "Vem pra Caixa você também."
(B) "Faz um 21."
(C) "Seja mais um motorista consciente."
(D) "Deixa a preguiça no sofá. Anda de bicicleta."
(E) "Afasta de mim esse cálice."

A: incorreta. Na terceira pessoa do singular, teríamos "venha"; **B:** incorreta. Deveríamos encontrar "faça"; **C:** correta. O verbo "ser" está corretamente conjugado na terceira pessoa do singular do imperativo afirmativo; **D:** incorreta. O correto é "deixe" e "anda" se estivermos falando na terceira pessoa do singular; **E:** incorreta. Deveria ser "afaste"

Gabarito "C"

(FUNRIO) O hino do América F.C., composto por Lamartine Babo, diz:

"Hei de torcer, torcer, torcer... Hei de torcer até morrer, morrer, morrer... Pois a torcida americana é toda assim, a começar por mim."

O recurso linguístico que enfatiza o compromisso entoado pelo hino é

(A) o uso das reticências.
(B) a repetição da estrutura sintática.
(C) o emprego do verbo auxiliar "haver".
(D) a presença da palavra "torcida".
(E) a autorreferência do pronome "mim".

A ênfase ao compromisso de torcer pelo time é dada pelo uso do verbo "haver" (conjugado na primeira pessoa do singular do presente do indicativo – "hei") com sentido de "dever" ("devo torcer")

Gabarito "C"

(FUNRIO) Outra de elevador

"Ascende", dizia o ascensorista. Depois: "Eleva-se." "Para cima." "Para o alto." "Escalando." Quando perguntavam: "Sobe ou desce?", respondia: "A primeira alternativa." Depois dizia "Descende", "Ruma para baixo", "Cai controladamente." "A segunda alternativa." "Gosto de improvisar", justificava-se. Mas como toda a arte tende para o excesso, chegou ao preciosismo. Quando perguntavam "Sobe?", respondia: "É o que veremos..." Nem todo o mundo compreendia, mas alguns os instigavam. Quando comentavam que devia ser uma chatice trabalhar em elevador, ele respondia: "Tem seus altos e baixos", como esperavam. Respondia, criticamente, que era melhor que trabalhar em escala, ou que não se importava, embora o seu sonho fosse um dia, comandar alguma coisa que andasse para os lados. E quando ele perdeu o emprego, porque substituíram o elevador antigo do prédio por um moderno automático, daqueles que têm música ambiental, disse: "Era só me pedirem – eu também canto."

(Luis Fernando Veríssimo – jornal **O Globo**, 2002)

O elemento em destaque em cada vocábulo que deve ser identificado como um morfema, indicador de ação em processo é:

(A) controladamente – mente.
(B) chatice – ice.
(C) escalando – ndo.
(D) ambiental – al.
(E) pedirem – rem.

A: incorreta. "-mente" é sufixo que indica modo, forma de fazer algo; **B:** incorreta. "-ice" é sufixo utilizado para a formação do substantivo; **C:** correta. A desinência "-ndo" forma o gerúndio do verbo, o qual indica que a ação está acontecendo naquele momento; **D:** incorreta. "-al" é sufixo usado para a formação do adjetivo; **E:** incorreta. "-rem" é a desinência verbal relativa à terceira pessoa do plural do futuro do subjuntivo

Gabarito "C"

(FUNRIO) "Enquanto o acima exposto é mantido, o sistema ainda consegue grande flexibilidade, graças aos fatos de que qualquer relatório pode ser emitido em impressora ou vídeo, pode ser integrado a um potente sistema de mala-direta (Vide mala-direta do fabricante) para emissão de cartas de cobranças e outros avisos, não possui estrutura de arquivos fixa, permitindo a utilização e criação de diversas combinações de arquivos, permite facilidade para a seleção da consulta ou relatório desejado."

A maneira como certos textos são escritos pode dificultar o entendimento do que se quer dizer. É o que ocorre com o texto acima, cujo problema principal está identificado na seguinte afirmação.

(A) há uso inadequado da palavra flexibilidade, que pode ser interpretada de duas formas, subvertendo a ordem do texto.
(B) há ausência de ponto e vírgula, o que indica, formalmente, a separação da ideia central do texto.
(C) há a presença excessiva de elementos de ligação entre as partes do texto.
(D) há a presença de parênteses desagregando informações e desviando a atenção para a ideia predominante do texto.
(E) há falta de unidade e de progressão textual, o que prejudica a compreensão da mensagem.

Todas as alternativas apontam para vícios de redação que podem ser encontrados no texto. O enunciado pede, entretanto, o "problema principal". A falta de unidade e progressão textual, sem dúvida, é sua maior característica. O autor não conseguiu concatenar as ideias de forma que ficassem claras as vantagens da flexibilidade do sistema. Estão misturadas as características, de forma que algumas que são comuns estão intercaladas com outras de natureza diferente. Veja, por exemplo, que ele começa falando de forma de emissão de relatórios, enumera uma série de outras qualidades e, ao final, em último lugar, menciona novamente ferramentas usadas com os relatórios

Gabarito "E"

(CESPE) Considerando que os fragmentos de texto incluídos nas opções abaixo, na ordem em que são apresentados, são partes sucessivas de um texto adaptado (Internet: <www.wikipedia.org/wiki>), assinale a opção em que foram atendidas as normas da língua padrão escrita.

(A) À proporção em que o Império Romano conquistou territórios, as novas províncias seriam contempladas com estradas, as quais eram construídas com base em esquema já adotado em outras localidades.
(B) No auge da dominação dos romanos, na região mediterrânea o principal complexo viário do Império, media, inclusive com as estradas marginais, aproximadamente 150.000 quilômetros.
(C) Os comerciantes romanos vislumbram a vantagem dessa obra para o desenvolvimento comercial e diferente de outros povos do Mediterrâneo, utilizaram as estradas para aumentarem o lucro de sua atividade.
(D) Esse fato incrementou as transações comerciais no interior continental, o que acarretou vigorosa expansão mercantil do Império Romano e comércio especializado em determinados produtos.
(E) O comércio dos romanos, que, no passado, fora realizado, unicamente por meio de portos, passaram a dedicar-se principalmente, a venda de produtos alimentícios, dentre os quais destacam-se vinho, azeite, cereais, carnes, entre outros.

A: incorreta. Há erro de coesão na conjugação no verbo "seriam", que deveria ser "eram"; **B:** incorreta. Não há vírgula depois de "Império"; **C:** incorreta. O verbo "vislumbram" deveria estar conjugado como "vislumbraram" e deveria haver vírgula antes de "diferente"; **D:** correta. Essa é a única alternativa que cumpre fielmente as regras do padrão culto da língua; **E:** incorreta. Não há vírgula depois de "realizado", o verbo "passaram" deveria ser conjugado "passou" (ele concorda com "comércio", não com "romanos"), não há vírgula depois de "principalmente" (ou também deveria haver antes dessa palavra), "à venda" deveria estar com acento grave, o pronome relativo deveria provocar a próclise em "os quais se destacam"

Gabarito "D"

(CESPE) Assinale a opção em que o trecho apresentado atende plenamente às normas gramaticais.

(A) Até 400 a.C., os romanos utilizavam caminhos de terra para deslocar-se da sua capital as cidades vizinhas. O ataque gaulês de Breno, em 390 a.C., que se revelou desastroso para os romanos, mostrou a ineficácia do sistema defensivo de Roma, devido principalmente a lentidão de movimentação das tropas sobre o que eram apenas caminhos pouco aptos para eles se moverem.
(B) A necessidade de melhor defesa, associada à vontade de expansão e de hegemonia sobre a Itália, levou a República Romana, ainda frágil e ameaçada, a pôr em questão estruturas escassamente adaptadas a esses desejos. Eram necessárias rotas sólidas que permitissem a circulação mais rápida e segura, mas, sobretudo, que facilitassem a mobilidade das tropas.
(C) A primeira via em território do Império Romano foi criada em 312 a.C. por Ápio Cláudio Cego, para unir Roma à cidade de Cápua e fora denominada Via Ápia. Em finais da República, o conjunto do território da península italiana estava dotada com grandes arterias, ostentando cada rota o nome do censor que a criara. Essas vias não estavam pavimentadas, salvo no interior das cidades.
(D) Os romanos destacaram-se como engenheiros. Suas obras estenderam-se por todo Império, e grande parte da divulgação se deveu a extensa rede viária. Apesar de não oferecer o conforto do asfalto dos dias de hoje, dado que as rochas de basalto não proporcionam grande continuidade e suavidade ao terreno, a verdade é que, essas rochas encontram-se 2.000 anos depois, ainda bem fixadas nos percursos.

(E) O fato de as rochas das vias romanas estarem fixas até hoje deve-se, provavelmente, a técnica de preparação do terreno, no qual eram colocadas várias camadas de materiais para assegurar a sua estabilidade e, só no final, era feito, com as rochas, a cobertura. Essas vias são, atualmente, protegidas como patrimônio mundial. A grande extensão da cobertura oferecida pelas estradas romanas deu origem ao ditado popular "todos os caminhos levam à Roma".

Opções adaptadas de Internet: <www.wikipedia.org/wiki>.

A: incorreta. Além da redação confusa, ocorre crase em "às cidades vizinhas" e "devido principalmente à lentidão"; **B:** correta. Essa é a única alternativa que cumpre fielmente as regras do padrão culto da língua; **C:** incorreta. Há acento agudo em "artérias" e a regência correta do verbo dotar é "dotar de", não "dotar com"; **D:** incorreta. O pronome deveria estar enclítico em "deveu-se", ocorre crase em "à extensa rede", não há vírgula antes de "essas rochas", deveria haver vírgula antes de "2.000 anos"; **E:** incorreta. Ocorre crase em "à técnica de preparação" e não ocorre em "todos os caminhos levam a Roma"

Gabarito "B"

(CESPE) Considerando as prescrições relativas às comunicações oficiais, assinale a opção correta.

(A) Os três tipos de expedientes que seguem o padrão ofício — exposição de motivos, aviso e ofício — têm a mesma finalidade e se diferenciam apenas por sua extensão e pelo detalhamento das informações neles contidas.

(B) Diferentemente da ata, a exposição de motivos deve, obrigatoriamente, conter, no máximo, duas ideias por parágrafo.

(C) Caso haja grande distanciamento hierárquico entre o signatário e o destinatário de uma comunicação oficial, recomenda-se o emprego do fecho "Mui respeitosamente".

(D) Em todas as comunicações oficiais, os pronomes possessivos que se refiram a pronomes de tratamento são sempre os da Terceira pessoa. Por exemplo, o segmento correto é "Vossa Senhoria nomeará seu substituto", e não, "Vossa Senhoria nomeará vosso substituto".

(E) Com o intuito de uniformização do emprego de pronomes de tratamento nos vocativos das comunicações oficiais, foi estabelecido como regra o emprego dos pronomes de tratamento Excelentíssimo Senhor e Excelentíssima Senhora, excetuando-se os casos em que tal comunicação se dirija ao papa ou ao reitor de uma universidade.

A: incorreta. Além deles, o memorando também segue o padrão ofício. Ademais, as diferenças não são as apontadas na alternativa: entre aviso e ofício, o que muda é a origem – o aviso é expedido exclusivamente por Ministros de Estado para autoridades da mesma hierarquia – e a exposição de motivos é dirigida ao Presidente ou Vice-Presidente da República exclusivamente para informá-lo a respeito de determinado assunto, propor alguma medida ou submeter a sua consideração projeto de ato normativo; **B:** incorreta. Não há qualquer limitação nesse sentido para a exposição de motivos; **C:** incorreta. Tendo o emitente e o destinatário cargos diferentes, sendo o primeiro de hierarquia inferior, é suficiente o desfecho "respeitosamente", não importando a distância hierárquica entre os cargos; **D:** correta, conforme o item 2.1.2 do Manual de Redação Oficial da Presidência da República; **E:** incorreta. O pronome de tratamento adequado ao papa é "Vossa Santidade" e ao reitor de uma universidade é "Vossa Magnificência"

Gabarito "D"

Houve uma época em que os homens viviam bem mais próximos do céu. E o céu, dos homens. Imagine um mundo sem luz elétrica, esparsamente povoado, um mundo praticamente sem tecnologia, fora os arados dos campos e os metais das ferramentas e das espadas. Nesse mundo, o céu tinha um significado muito diferente do que tem hoje. A sobrevivência das pessoas dependia de sua regularidade e clemência.

Olhar para os céus e aprender seus ciclos era o único modo de marcar a passagem do tempo. Logo ficou claro que o céu tinha dois temperamentos: um, bem-comportado, repetitivo, como o nascer e o pôr do Sol a cada dia, as quatro fases da Lua e as quatro estações do ano; outro, imprevisível, rebelde e destruidor, o senhor das tempestades e dos furacões, dos estranhos cometas, que atravessavam lentamente os céus com sua luz fantasmagórica, e dos eclipses totais do Sol, quando dia virava noite e as estrelas e os planetas faziam-se visíveis e o Sol tingia-se de um negro profundo.

Os céus eram mágicos, a morada dos deuses. O significado da vida e da morte, a previsão do futuro, o destino dos homens, tanto dos líderes quanto de seus súditos, estavam escritos nos astros. Fenômenos celestes inesperados eram profundamente temidos. Entre eles, os eclipses eram dos piores: se os deuses podiam apagar o Sol por alguns minutos, certamente poderiam fazê-lo permanentemente.

Marcelo Gleiser. **O céu de Ulisses**.
In: **Folha de S. Paulo**, 6/6/2008, p. 9.

(CESPE) Considerando que os fragmentos de texto incluídos nas opções abaixo, na ordem em que são apresentados, são partes sucessivas de um texto adaptado de Marcelo Gleiser, assinale a opção em que, no fragmento adaptado, foram atendidos plenamente os preceitos de clareza e correção gramatical.

(A) Em maio de 2008, dois astrônomos publicaram um estudo que argumentava que a Odisseia, famoso poema de Homero, faz referência a um eclipse que ocorreu de fato no mar Egeu dia 16 de abril de 1178 a.C. A ideia não é nova, tendo sido proposta há cem anos atrás por astrônomos interessados em datar o saque de Troia e o retorno do herói Odisseu (Ulisses, para os romanos) para a sua adorada (e extremamente paciente) Penélope, que esperou por ela por dez anos.

(B) A novidade do novo trabalho é a confluência de outros eventos astronômicos, já anteriormente mencionados e ocorridos, que apoiam a tese de que Homero tinha o eclipse, em mente, quando escreveu as famosas linhas: "O Sol sumiu do céu e uma escuridão funesta cobriu tudo!"

(C) Vasculhando o texto de Homero famoso, os astrônomos encontraram referências a lua nova, condição básica para um eclipse total, as estrelas usadas por Odisseu para orientar-lhe no retorno à casa e à aparição de Vênus logo após a chegada em Ítaca.

(D) O mais fascinante da descoberta é que Homero supostamente escreveu a Odisseia no final do século 8º a.C., mais de 400 anos após o evento, onde não existia quaisquer relatos de eclipses datando do século 8º a.C. (se existiram, foram perdidos). O fato de Homero ter mencionado o eclipse mostra que o imenso efeito que provocava o fenômeno, cujo o terror que despertou ficou gravado na memória coletiva e passado oralmente às gerações futuras até chegar nos ouvidos do poeta.

(E) A descoberta dos astrônomos confirma a ideia de complementaridade entre ciência e arte, visto que o poeta, em seu texto, referiu-se alegoricamente a um fenômeno celeste para tornar mágico um momento extremamente dramático da trama narrativa, e a descrição da regularidade do céu nas leis de gravitação de Newton permite que o passado celeste seja conhecido em detalhes.

A: incorreta. "Há cem anos atrás" é pleonasmo. Basta dizer "há cem anos" ou "cem anos atrás". Além disso, o pronome da terceira pessoa do singular ao final da alternativa deveria ser "ele", não "ela", para concordar com "Odisseu"; **B:** incorreta. Não há vírgulas antes e depois de "em mente"; **C:** incorreta. Para fins de clareza, melhor seria "texto famoso de Homero". Além disso, deveria haver o acento grave indicativo da crase em "à lua nova" e "às estrelas". Por fim, o verbo "chegar" rege a preposição "a", pelo que deveria constar "chegar a Ítaca"; **D:** incorreta. A coesão textual impõe substituir "onde" por "quando"; o verbo deveria estar conjugado "existiam", porque concorda com "quaisquer relatos"; deve ser suprimido o pronome relativo "que" depois de "mostra" e o artigo "o" depois de "cujo"; há prejuízo à clareza a omissão do verbo auxiliar "foi" em "(foi) passado"; a norma de regência determina a construção "chegar aos ouvidos"; **E:** correta. Essa é a única alternativa que contempla as regras gramaticais, a clareza e a coesão textuais

Gabarito "E"

No tocante à embriaguez, o CTB estabelece o seguinte:

CAPÍTULO XV
DAS INFRAÇÕES

> Art. 161. Constitui infração de trânsito a inobservância de qualquer preceito deste Código, da legislação complementar ou das resoluções do CONTRAN, sendo o infrator sujeito às penalidades e medidas administrativas indicadas em cada artigo, além das punições previstas no Capítulo XIX.
>
> (...)
>
> Art. 165. Dirigir sob a influência de álcool, em nível superior a seis decigramas por litro de sangue, ou de qualquer substância entorpecente ou que determine dependência física ou psíquica:
>
> Infração – gravíssima;
>
> Penalidade – multa (cinco vezes) e suspensão do direito de dirigir;
>
> Medida administrativa – retenção do veículo até a apresentação de condutor habilitado e recolhimento do documento de habilitação.

(CESPE) A partir do texto, julgue os itens que se seguem.

(1) As palavras "inobservância" (l.1), "indicadas" (l.5) e "influência" (l.8) apresentam o mesmo prefixo, apesar de pertencerem a classes gramaticais diferentes.

1: incorreta. A única palavra formada a partir de prefixação é "inobservância", onde o prefixo "in-" significa negação. Nas demais, "in" é, na verdade, a primeira sílaba dos vocábulos, não tendo valor de prefixo

Gabarito 1E

"Arrumar o homem"

(Dom Lucas Moreira Neves. **Jornal do Brasil**, jan. 1997)

Não boto a mão no fogo pela autenticidade da estória que estou para contar. Não posso, porém, duvidar da veracidade da pessoa de quem a escutei e, por isso, tenho-a como verdadeira. Salva-me, de qualquer modo, o provérbio italiano: "Se não é verdadeira... é muito graciosa!"

Estava, pois, aquele pai carioca, engenheiro de profissão, posto em sossego, admitido que, para um engenheiro, é sossego andar mergulhado em cálculos de estrutura. Ao lado, o filho, de 7 ou 8 anos, não cessava de atormentá-lo com perguntas de todo jaez, tentando conquistar um companheiro de lazer.

A ideia mais luminosa que ocorreu ao pai, depois de dez a quinze convites a ficar quieto e a deixá-lo trabalhar, foi a de pôr nas mãos do moleque um belo quebra-cabeça trazido da última viagem à Europa. "Vá brincando enquanto eu termino esta conta". sentencia entre dentes, prelibando pelo menos uma hora, hora e meia de trégua. O peralta não levará menos do que isso para armar o mapa do mundo com os cinco continentes, arquipélagos, mares e oceanos, comemora o pai-engenheiro.

Quem foi que disse hora e meia? Dez minutos depois, dez minutos cravados, e o menino já o puxava triunfante: "Pai, vem ver!" No chão, completinho, sem defeito, o mapa do mundo.

Como fez, como não fez? Em menos de uma hora era impossível. O próprio herói deu a chave da proeza: "Pai, você não percebeu que, atrás do mundo, o quebra-cabeça tinha um homem? Era mais fácil. E quando eu arrumei o homem, o mundo ficou arrumado!"

"Mas esse garoto é um sábio!", sobressaltei, ouvindo a palavra final. Nunca ouvi verdade tão cristalina: "Basta arrumar o homem (tão desarrumado quase sempre) e o mundo fica arrumado!"

Arrumar o homem é a tarefa das tarefas, se é que se quer arrumar o mundo.

(CESPE) O segmento do texto que NÃO apresenta qualquer processo de intensificação vocabular é:

(A) Arrumar o homem é a tarefa das tarefas...;
(B) Em menos de uma hora era impossível.;
(C) Era mais fácil.;
(D) Nunca ouvi verdade tão cristalina;
(E) A ideia mais luminosa que ocorreu ao pai...

Intensificação vocabular é o processo de aumento do grau do substantivo, indicando acréscimo em sua grandeza. São os chamados graus aumentativo e superlativo. Ela é vista em "tarefa das tarefas" (que equivale a "a tarefa mais importante"); em "mais fácil"; em "tão cristalina" (que equivale a "mais cristalina"); e em "mais luminosa". A única que não apresenta o fenômeno, portanto, é a alternativa "B", que deve ser assinalada. "Menos de uma hora" é apenas uma medida de tempo

Gabarito "B"

PARTE III

REDAÇÃO

1. OS DESAFIOS DA REDAÇÃO

1.1. Introdução

A redação em concursos públicos costuma ser cobrada de duas formas: em questões de múltipla escolha ou como uma etapa própria, de natureza discursiva. Cada uma tem suas peculiaridades e formas de se alcançar um bom resultado.

Quando estamos tratando de questões de múltipla escolha, os conceitos aplicáveis à redação foram vistos, em sua maioria, ao longo das Partes I e II desse livro. Por exemplo, é comum encontrarmos perguntas pedindo para o candidato transpor determinado trecho do texto para a voz passiva (tema que foi estudado no item 4.2.10.9, Parte II), ou indagando sobre como ficaria a fala da personagem no discurso indireto (relembre os conceitos no item 3.3, Parte I). Portanto, nossas atenções agora devem voltar-se para o ato de escrever uma redação.

Do mesmo modo que começamos nossos estudos na interpretação de textos, na redação cabem aqueles alertas sobre os caminhos possíveis para se aprender e treinar como produzir um bom texto. Se o talento inato de alguns os coloca um passo frente, não é a falta desse "dom" que automaticamente coloca as outras pessoas na zona de desclassificação.

Coloquei "dom" entre aspas porque, de verdade, não acredito que a capacidade de escrever bem seja um presente divino. Normalmente, tais pessoas apenas dedicaram mais tempo de suas vidas à leitura e à escrita, de sorte que atingir esse mesmo nível é possível a todos. Basta praticar!

Tenho de concordar, por outro lado, que, no oceano de assuntos que são cobrados nos concursos, fazer exercícios de redação consome um tempo precioso, o qual poderia ser utilizado, proporcionalmente falando, para a leitura ou releitura de numerosos temas. Daí voltamos ao ponto de partida de nossa preparação: devemos organizar nossa rotina de estudos para que ela possa contemplar todas as etapas do concurso. Afinal, todas elas (as etapas) são, no mínimo, eliminatórias, o que as coloca em pé de igualdade.

Usualmente, a redação é cobrada como a "segunda fase" do certame: um número predeterminado de candidatos melhor classificados será chamado a elaborar o texto (ou todos elaboram, mas apenas os daqueles "x" primeiros serão corrigidos). Nesse cenário, é possível compreender a relevância de treinar a redação ao perceber que ela muito se assemelha aos concursos das carreiras policiais, nos quais é previsto o teste de aptidão física dos candidatos. Tanto em uns como em outros, o candidato deve pensar: "ora, eu já cheguei até aqui, eliminando cerca de 90% dos meus concorrentes! Não vou desperdiçar minha chance agora, que falta tão pouco! Se nada me eliminou até agora, não vai ser a prova física (ou a redação!) que vai me derrubar"!

Com isso em mente, não há dúvidas de que o sucesso virá. Integre a redação em sua rotina de estudos valendo-se das estratégias que vamos abordar adiante e surpreenda-se com a melhora de seus textos!

1.2. O problema da subjetividade e os padrões de correção

Provavelmente você já viveu uma situação como essa: um amigo ou conhecido (quando não você mesmo!) é famoso pelos belos textos que escreve, pela clareza de seu raciocínio e/ou pelo domínio que apresenta do idioma. Não obstante, reiteradamente é surpreendido por notas baixas nas redações de concursos, enquanto aquele outro candidato, que volta e meia tropeça nas palavras, obteve um excelente resultado e acabou aprovado. Como é possível?

Ao contrário do que ocorre nas questões de múltipla escolha, a redação nos concursos públicos padece de um problema difícil de contornar: a subjetividade na correção. É um mal necessário, porque grande parte dos cargos públicos disputados exige que seus ocupantes sejam minimamente hábeis na escrita – o que afasta a ideia de suprimir essa fase do certame. Há de se concordar, entretanto, que a ausência de critérios claros no momento da atribuição das notas, já que não se trata de simplesmente publicar um gabarito, não se coaduna com os princípios da impessoalidade e da isonomia que devem permear o processo seletivo.

Chamo de **subjetividade** a *preferência, o gosto pessoal que o corretor da prova tem por um determinado estilo de escrita*. Não podemos condená-los. Cada um de nós carrega consigo essas preferências e não conseguimos simplesmente "desligá-las". A abordagem mais neutra, que tenta minimizar os efeitos nefastos da subjetividade, é um horizonte que os responsáveis pelas correções de provas vivem a buscar.

Para auxiliá-los, foram desenvolvidos alguns **padrões** que orientam grande parte das bancas examinadoras de hoje em dia. O que está mais em voga é aquele que procura avaliar as **habilidades e competências** dos candidatos de forma inter-relacionada: as **habilidades** demonstram *o que a pessoa sabe*, ao passo que as **competências** expõem *como a pessoa aplica esses conhecimentos*. Nos dizeres de Bahij Amin Aur, membro do Conselho Estadual de Educação de São Paulo: "conceito de competência (...) envolve muito mais do que acumular conhecimento, desenvolver habilidades e introjetar valores. O sentido é muito importante: não é uma soma de valores, de conhecimentos, de habilidades. *É a capacidade de mobilizar, articular e colocar em ação esses componentes*, para um desempenho eficiente e eficaz. Então, valores, conhecimentos e habilidades são componentes que, por si sós, não são a competência". (itálico nosso)

Na redação, as habilidades estão ligadas aos *conhecimentos prévios* que o autor do texto detém no momento em que vai produzir suas linhas, principalmente no que tange ao *conteúdo* de suas ideias. As competências avaliadas, em contrapartida, são estabelecidas pela comissão organizadora e resultam no *elo da correção dos professores com a objetividade mínima esperada no decorrer de um concurso*. Ao longo do tempo, conseguimos identificar as mais comuns:

a) Respeitar integralmente as normas gramaticais: nesse quesito, deve o candidato esmerar-se em demonstrar que conhece o padrão culto da Língua Portuguesa, atendendo a **todos** os preceitos que aprendemos na Parte II. Desvios no uso da pontuação, ortografia, regência, concordância etc. é sempre razão para a diminuição da nota atribuída à redação. É claro que há erros mais graves e menos graves, o que implica descontos maiores ou menores durante a avaliação.

Em tempos digitais como esses que atravessamos, nos quais os textos mais longos que estamos acostumados a produzir no cotidiano estão limitados a no máximo 140 caracteres e contam com corretores ortográficos automáticos, o grande desafio é lembrar que prova de concurso não é rede social! Se tudo tem seu momento e lugar, se não vamos de roupa de banho a um casamento nem de traje a rigor à praia, ninguém precisa escrever de forma rebuscada em uma publicação pessoal na Internet e muito menos usar as praticidades da "redação virtual" durante a prova!

De tudo que vemos de errado em redações, o que mais chama a atenção são as incontáveis abreviaturas que os alunos teimam em utilizar. Não que elas sejam proibidas; só que, como tudo no Português, há regras a serem respeitadas:

– não invente! Existem abreviaturas reconhecidas, que podem ser usadas, e abreviaturas que são fruto da preguiça de quem escreve, as quais, obviamente, são proibidas! É totalmente válido, e até recomendável, usar a abreviatura "ONU" para se referir à Organização das Nações Unidas ou, em uma redação jurídica, a redução "art." no lugar de "artigo". São formas reduzidas tradicionais das palavras. O que não se concebe é usar "vc" no lugar de "você", "qquer" no lugar de "qualquer", "tb" ao invés de "também", dentre tantas outras. Isso não é Português, é "internetês";

– antes de usar a abreviatura pela primeira vez, escreva o termo completo. Ao se referir ao órgão público responsável pelo recenseamento, por exemplo, trate-o primeiro pelo seu nome completo seguido imediatamente da abreviatura entre parênteses ou após travessão: "Instituto Brasileiro de Geografia e Estatística (IBGE)". A partir daí, vale usar somente a abreviatura, sem necessidade de repetir tudo. Se você não se lembrar exatamente o significado da abreviatura, sendo um órgão ou empresa conhecida, não há problema. É melhor usar somente a forma reduzida do que errar o nome da entidade;

– **abreviaturas que representam siglas de nomes de entidades ou de coisas devem ser grafas em maiúsculas.** Exemplos: "ONU", "IBGE", "FIFA", "STF", "MERCOSUL", "IPTU". De outra banda, simples reduções de palavras seguem a lógica de suas versões completas: "art." (para "artigo" – é substantivo comum e, portanto, grafado em minúscula);

– na redação jurídica, atenção para as seguintes regras: não se abrevia a palavra "inciso"; não se abrevia a expressão "parágrafo único"; se o parágrafo for numerado, sua abreviatura é o símbolo "§". Se você não souber fazer o símbolo, escreva "parágrafo".

Outro ponto digno de nota é a adoção do Novo Acordo Ortográfico na redação. Conforme o Decreto nº 7.875/12, até 31 de dezembro de 2015 o regime ortográfico antigo e o novo devem coexistir. Isso significa que *as duas formas de escrever estão corretas*, mas é importante escolher uma delas apenas, ou seja, ou usamos a ortografia antiga ou usamos a nova. Exemplo: se escrevermos "idéia" devemos escrever "subseqüente" (regra de acentuação e presença do trema conforme a ortografia revogada); se escrevermos "feiura" (nova regra de acentuação) não haverá trema em "cinquenta". Não podemos misturar!

b) Compreender a proposta de redação e aplicar conceitos das várias áreas de conhecimento para desenvolver o tema, dentro dos limites estruturais do texto

dissertativo-argumentativo: a obtenção de conhecimentos a serem utilizados para o desenvolvimento do tema, os quais devem ser preferencialmente interdisciplinares, pressupõe a preparação para a prova de redação. Tratamos de forma minuciosa sobre essa atividade logo adiante (item 1.3, abaixo), a fim de não confundir os temas;

c) Selecionar, relacionar, organizar e interpretar informações, fatos, opiniões e argumentos em defesa de um ponto de vista: trata-se, a nosso ver, da competência por excelência a ser demonstrada na escrita. Como ressaltou o Prof. Bahij Aur no excerto que transcrevemos há pouco, a competência é capacidade de **transformar** *conhecimentos* em *argumentos*. Nosso raciocínio ao escrever deve estar voltado para as diferentes relações que os fatos podem ter entre si para construir uma conclusão válida;

d) Demonstrar conhecimento dos mecanismos linguísticos necessários para a construção da argumentação: tais mecanismos são basicamente dois, a **coerência** e a **coesão.** Dada a importância dessas duas pequenas palavras na qualidade do texto, dedicamos a elas um tópico próprio para falarmos sobre esse assunto com a profundidade que ele merece (itens 4.1 e 4.2, abaixo).

1.3. Desenvolvendo habilidades

1.3.1. A obtenção de conhecimentos

Escrever bem está diretamente relacionado com a qualidade dos nossos argumentos. Um texto agrada-nos quando concordamos com o ponto de vista apresentado pelo autor ou, ainda que tenhamos uma opinião diferente, nele reconhecemos a força do raciocínio apresentado, o qual provoca nossa reflexão. Em qualquer dos dois casos, fica patente que tudo começa com a compreensão mais ampla possível sobre o tema de que vamos falar.

Atualmente, está bastante fácil obter dados e opiniões de especialistas das mais variadas áreas. A sociedade da informação franqueia o acesso a todos os interessados em aprender, notadamente através da Internet. Pense em quanto tempo do seu dia você passa conectado à Rede Mundial de Computadores. Isso pode ser transformado em horas valiosas de estudo!

Ao fazê-lo, você estará se preparando em diversas frentes: redação, interpretação de textos e atualidades. É fácil perceber que vale a pena, além de ser divertido. Recomendamos que essa etapa do estudo seja alternada com aquelas matérias mais árduas ou após horas seguidas de leitura de livros ou apostilas. A tendência do cérebro é relaxar e você ficará mais atento ao retornar aos exercícios convencionais.

Leia as seções mais relevantes, aquelas que contêm notícias de economia, política, problemas sociais em geral, de *sites* de notícias consagrados. Tente ler a mesma notícia em veículos diferentes e procure identificar as nuances ideológicas que permeiam cada texto. *Blogs* e canais de vídeo também estão recheados de opiniões de especialistas que valem a pena serem lidas ou vistas para aumentar nosso arcabouço de cultura geral.

Falamos da Internet pela facilidade, mas os bons e velhos jornais e revistas em papel cumprem a mesma função.

1.3.2. *A prática de manuscrever*

O mundo digital foi paulatinamente retirando de nós o hábito de escrever longos textos à mão, o que acaba por fazer muita falta na hora da prova. Não raro sentimos dores nos dedos ou nos pulsos ou percebemos que a letra caprichada das primeiras linhas vai se desfazendo em garranchos conforme os parágrafos avançam...

Para evitar essa sensação desagradável, que inclusive cria o risco de nos desconcentrarmos durante a redação, a saída é treinar as mãos para esse exercício físico. Como? Escrevendo mais. Você pode estudar outras matérias elaborando resumos à mão enquanto lê a teoria ou redigir textos em sua escrivaninha sobre o assunto que preferir. Para ajudar na escolha, ao final desse capítulo (item 6, abaixo) selecionamos alguns temas de redação de concursos públicos para você praticar.

2. A ESTRUTURA DO TEXTO DISSERTATIVO

2.1. Os diferentes tipos de texto

Ao estudarmos interpretação, aprendemos sobre os tipos de textos que se nos apresentam nos concursos públicos, analisando qual a *função principal* de cada um e suas peculiaridades mais marcantes. Vale a pena rememorar:

TIPO DE TEXTO	FUNÇÃO PRIMÁRIA
Narração	Contar uma história
Argumentação	Defender um ponto de vista
Relato	Documentar fatos
Exposição	Transmitir conhecimento
Instrução	Orientar comportamentos

No campo da redação, interessa-nos diretamente apenas um desses tipos: a argumentação, mais especificamente a dissertação, que é a modalidade requisitada em todas as provas do país.

Na argumentação de maneira geral, a intenção básica do autor é *defender um determinado ponto de vista ou expressar sua opinião sobre um fato relevante*. Na dissertação, isso é realizado *de forma a contrapor diferentes posições para que o autor e o leitor cheguem a uma conclusão* ao se atribuir a superioridade de um ponto de vista em relação ao outro.

Eis a razão pela qual insistimos tanto nos tópicos anteriores sobre a relevância de aumentarmos nossos conhecimentos sobre a conjuntura político-econômica nacional e mundial, questões polêmicas inseridas no contexto social e outros temas recorrentes nos processos seletivos. Não basta termos nossa opinião, é necessário sabermos a opinião contrária para podermos criticá-la.

Conclui-se, pois, que o texto dissertativo *pressupõe que o autor efetivamente defenda um dos lados da discussão*. Aliás, isso é justamente uma das competências normalmente avaliadas nessa etapa (veja o item 1.2, "c", acima). Um erro bastante comum dos candidatos é permanecer neutro, “em cima do muro”, e somente expor os argumentos opostos. É essencial, terminada essa enumeração, que assumamos qual das partes coincide com nossos ideais.

Isso não significa que sua conclusão não possa privilegiar o meio-termo. Acreditar que as duas posições antagônicas podem coexistir cada qual no seu espaço é um resultado possível na dissertação e defensável como qualquer outro. O que importa é a definição dessa posição e a demonstração de sua validade a partir dos argumentos esposados.

2.2. Como estruturar a dissertação

A dissertação tem um padrão de apresentação que, uma vez seguido, demonstra para o examinador nossa intimidade com esse tipo de texto. Esse padrão pode ser resumido graficamente da seguinte forma:

INTRODUÇÃO + ARGUMENTO + ARGUMENTO + ARGUMENTO CONTRÁRIO + CONCLUSÃO

a) Título: *a não ser que esteja expresso o contrário no enunciado*, a dissertação não tem título;

b) Introdução: o texto começa com a apresentação do tema, na qual deve ser exposta a discussão que o circunda e qual sua origem. A introdução *deve limitar-se a, no máximo, dois parágrafos* (no mais das vezes um é suficiente) e, caso tenha sido dado um texto para inspiração, ele não deve, em hipótese alguma, ser copiado! Os textos apresentados no enunciado servem apenas para dar um norte sobre o assunto a ser desenvolvido, nunca para constar da versão final da redação;

c) Argumentos: o desenvolvimento da dissertação é composto dos argumentos utilizados para chegar à conclusão. Estruture-a de forma que *cada argumento esteja exposto em um parágrafo* sem misturá-los. Cada parágrafo deve conter uma ideia central diferente do anterior;

d) Argumentos contrários: a contraposição dos pontos de vista deve seguir uma ordem lógica. Depois de apresentar os principais argumentos que pretende defender, é hora de elencar *ao menos um bom argumento do outro lado* e refutá-lo com base em opiniões sólidas que escorem o seu ponto de vista. Não há um número exato de ideias a serem usadas. O esquema visual que apresentamos, com dois argumentos favoráveis e um contrário, é apenas uma proposta que se coaduna com o número de linhas que normalmente é autorizado pela banca examinadora (cerca de 30). Nada obsta que você trabalhe com mais aspectos do tema, desde que não perca de vista o gerenciamento do tempo e do espaço disponíveis!

e) Conclusão: o último parágrafo é destinado à conclusão, na qual você deve *retomar os tópicos principais do que foi dito e fechar o texto consolidando as propostas defendidas*.

Para ilustrar, leia o texto abaixo e acompanhe os comentários ao final:

> "Há um intenso debate no ar sobre biografias, seus limites, a necessidade de autorização do biografado ou de sua família e o direito desses últimos de proibir a circulação da obra. Eis um tema espinhoso e extremamente delicado.
>
> Inicialmente, não podemos escapar de analisar a polêmica sob o prisma jurídico. Nesse campo, tudo gira em torno da aparente contradição entre a Constituição Federal e o Código Civil. A primeira estabelece:
>
> 'Art. 5º. (...)
>
> IX – é livre a expressão da atividade intelectual, artística, científica e de comunicação, independentemente de censura ou licença;
>
> X – são invioláveis a intimidade, a vida privada, a honra e a imagem das pessoas, assegurado o direito a indenização pelo dano material ou moral decorrente de sua violação;
>
> (...)
>
> XIV – é assegurado a todos o acesso à informação e resguardado o sigilo da fonte, quando necessário ao exercício profissional; (...)'

Já o Código Civil diz:

> 'Art. 20. Salvo se autorizadas, ou se necessárias à administração da justiça ou à manutenção da ordem pública, a divulgação de escritos, a transmissão da palavra, ou a publicação, a exposição ou a utilização da imagem de uma pessoa poderão ser proibidas, a seu requerimento e sem prejuízo da indenização que couber, se lhe atingirem a honra, a boa fama ou a respeitabilidade, ou se se destinarem a fins comerciais.
>
> Parágrafo único. Em se tratando de morto ou de ausente, são partes legítimas para requerer essa proteção o cônjuge, os ascendentes ou os descendentes.'
>
> Como fazer essas disposições legais coexistirem? Pondo em debate a natureza das biografias. Dizem os seus autores que seu trabalho tem cunho jornalístico, portanto não pode ser objeto de censura ou autorização de publicação. As celebridades, por sua vez, afirmam que a história de suas vidas compõe o seu foro íntimo, não estando amparadas pela proteção genérica da liberdade de expressão.
>
> A polêmica é profunda porque os dois lados têm razão em alguns pontos. Defensores da liberalização ampla e irrestrita das biogra-

fias alegam que a pessoa pública, qualquer que seja sua função, ao escolher esse caminho, tacitamente abre mão de sua intimidade. Igualam, assim, personalidades históricas, políticos, artistas e afins. Nessa esteira, temem que a proibição de seu trabalho, ou a dependência de autorização, fulmine o direito à informação da população.

Mas até que ponto a população tem o direito de saber algo sobre a vida de outra pessoa? Vamos supor que determinada celebridade, em sua intimidade, tenha por hábito uma determinada prática sexual totalmente lícita, porém vista com assombro por grande parte da sociedade. Ou guarde uma cicatriz em alguma parte do corpo fruto de um fato do qual não gosta de se lembrar. Pergunto novamente: será que essa informação está abrangida pela liberdade de imprensa e proibição de censura?

Parece-nos que a renúncia à vida privada dos novos tempos, esses em que todo passo dado é publicado nas redes sociais e em que nos divertimos com o 'Big Brother', está tentando avançar irrestritamente sobre o núcleo mais íntimo das pessoas e aquelas que lutam para preservá-lo são vistas como 'defensores da censura'. Será que não estamos querendo saber demais sobre a vida dos nossos ídolos?"

(Fonte: www.estudeatualidades.com.br)

Ressaltamos, de pronto, que esse texto foi escrito sem limitação de linhas, o que justifica a transcrição dos artigos de lei no seu conteúdo. Como a grande maioria das provas estabelece um espaço máximo para o desenvolvimento da dissertação, esse expediente **não deve ser usado** (basta citar o número do artigo e a norma).

Sua leitura atenta expõe, por seu turno, o atendimento à estrutura sugerida. No primeiro parágrafo temos, em poucas palavras, a **delimitação do tema:** a polêmica em torno da necessidade de autorização para a publicação de biografias.

Superando os trechos transcritos da legislação, prossegue o autor esclarecendo quais são os **dois lados** da discussão, que têm como foco a natureza jornalística ou não da biografia. A seguir, expõe o que julga ser o **principal argumento** que fundamenta cada uma das opiniões.

Na conclusão, retoma a ideia central e deixa clara sua posição **favorável** à necessidade de autorização do biografado para publicar a sua história, fazendo-o através do expediente da **pergunta retórica** ("será que não estamos querendo saber demais sobre a vida dos nossos ídolos?").

Por fim, vale salientar que é possível a elaboração de um texto argumentativo sem o debate incitado pela presença do argumento contraposto. São numerosos os exemplos e lições disponíveis, que se tornaram inclusive redações elogiadas por alguns especialistas, nos quais o redator elege exclusivamente ideias que sustentam a sua tese e as desenvolve para comprovar sua razão. Acreditamos, todavia, que essa opção empobrece o texto. É cômodo trabalhar acompanhado somente daqueles com os quais concordamos, sem ao menos reconhecer a existência de outros lados da discussão que podem, igualmente, ter suas parcelas de razão por partirem de premissas e abordagens diferentes (além de não configurar, a nosso ver, uma dissertação, mas outra espécie de texto denominada ensaio). Sugerimos e ensinamos a estrutura dissertativa baseada na superação de ideias contrárias por força da maior riqueza e rigor argumentativo que ela empresta à redação.

3. RASCUNHO X VERSÃO FINAL

3.1. Como usar o rascunho

O rascunho é uma *etapa fundamental* do processo de elaboração do texto dissertativo (de qualquer texto, diga-se de passagem). É o momento que você tem a liberdade de planejar e organizar as ideias que pretende transpor para o papel sem preocupar-se com o rigor a ser aplicado na versão final.

Aqui reside um erro bastante comum entre os candidatos em relação ao rascunho, ao elaborá-lo com o mesmo cuidado que dispensam ao texto. Rascunho não é texto! Como afirmam as próprias instruções contidas nos cadernos de prova, seu teor não é considerado *em hipótese alguma*. Destarte, não se preocupe com a qualidade da letra, a coerência do raciocínio ou se as frases estão completas. Ademais, fazer do rascunho um "pré-texto" implicará, ao fim e ao cabo, que você escreveu o texto duas vezes! Além de desnecessário, foi-se embora um tempo precioso durante esse processo repetitivo.

O rascunho deve se assemelhar a um *brainstorm*. Relacione brevemente os argumentos que *poderão ser usados*. Todos aqueles que puder se lembrar. Depois, selecione os melhores, aqueles que você pode defender ou criticar com maior profundidade, como os que *efetivamente serão usados* no texto.

Esboce, também de forma rápida, a introdução e a conclusão. Sinta-se livre para riscar, rasurar, mudar o que precisa ser mudado. Lembre-se: é rascunho!

Isso é suficiente. É a base necessária para começar a redigir a versão final com calma e cuidado.

3.2. Apresentação do texto final

Ao redigirmos a versão definitiva de nossa dissertação, há alguns aspectos formais que são essenciais para causar uma boa impressão no examinador. Pode não parecer, mas esses detalhes valem pontos preciosos no momento da correção, porque demonstram o conhecimento do candidato sobre as regras aplicáveis à estrutura do texto.

Não se esqueça, portanto:

a) Caligrafia: certamente você ouve essa recomendação desde os primeiros anos do ensino infantil. Sendo assim, não há desculpa para não a aplicar! Se a letra estiver ilegível, dificilmente o examinador fará esforço para analisar o conteúdo e a qualidade de seus argumentos. A caligrafia é seu cartão de visita e elemento essencial para garantir a atenção do corretor. É hora de aposentar os garranchos e empregar esforços para melhorar a letra o máximo possível;

b) Alinhamento do parágrafo: infelizmente, nós, seres humanos, não temos acoplada a tecla "justificado" do *Word*, o que impede que o alinhamento final dos parágrafos fique perfeito. Todavia, também não é desculpa para que não haja nenhuma preocupação com isso! Procure usar as linhas até o final, *separando corretamente as sílabas para aproveitar todo o espaço* (expediente muito útil para compensar a falta da função "justificado"), sem, contudo, ultrapassar a margem desenhada na folha. Vale o mesmo para o alinhamento do início da linha.

Ao iniciar um parágrafo, procure deslocar a primeira linha para a direita pelo menos três centímetros. Precisa levar régua? Claro que não. Trata-se de uma distância sugerida, que pode ser facilmente medida juntando os dedos indicador e médio da mão. Posso deslocar mais do que isso? Pode, desde que todos os parágrafos sigam o mesmo padrão;

c) Espaço entre parágrafos: não precisa! Não desperdice linhas. Ao terminar um parágrafo, redija o próximo na linha imediatamente posterior, sem pular.

Se o enunciado solicitar um título para a redação, e apenas nesse caso, coloque-o na primeira linha disponível, pule uma e comece a introdução. Se não houver título, comece o conteúdo desde a primeira linha da folha de respostas;

d) Rasuras: são proibidas! Extinga-as de suas redações! Da mesma forma que uma letra ilegível, a presença de rasuras transmite uma imagem de desleixo. Como errar é humano, corrija a ortografia ou mude a palavra usando o termo "digo" entre vírgulas. Suponha, por exemplo, que, depois de escrever o verbo "procurar", dei-me conta que tinha acabado de usar a mesma palavra na linha anterior. Para trocá-la por "buscar" e evitar a repetição do termo, a redação fica assim:

(...) procurar, digo, buscar (...)

É óbvio que essa ferramenta só pode ser usada quando o erro é percebido imediatamente. Por tal motivo, vale a pena manter toda a concentração enquanto escreve, pois é um tanto frustrante encontrar um desvio do padrão culto quando estamos relendo a redação antes de entregar a prova ao fiscal.

4. INTEGRIDADE DO TEXTO

4.1. Coerência

É a qualidade de um texto que se refere à *concatenação lógica das ideias apresentadas*. Nos dizeres do dicionário Michaelis, é a "*ligação, harmonia, conexão ou nexo entre os fatos ou as ideias*".

Texto coerente, destarte, é aquele que preza pelo desenrolar lógico do raciocínio, no qual o autor se preocupa em apresentar suas palavras e opiniões em uma ordem que pode ser facilmente acompanhada pelo leitor.

A incoerência, por sua vez, aparece quando o texto apresenta fatos ou conclusões que *não resultam daqueles anteriormente expostos*, rompendo a linha de pensamento instaurada pelo leitor. Para evitá-la, devemos estar atento a duas balizas que definem esse predicado da redação:

a) Coerência externa: é aquela *baseada em verdades conhecidas, em conhecimentos prévios do leitor*. Um exemplo simples de incoerência externa é dizer:

Navegando para o leste, na direção do sol poente...

Ora, todos sabem que o sol se põe no oeste. Atentar contra fatos notórios macula nossa produção de forma irremediável, porque não se sustentam ou se justificam em nenhuma hipótese;

b) Coerência interna: é aquela que *decorre do contexto apresentado, dos fatos e ideias já relacionados anteriormente na redação*. A incoerência interna é percebida quando, da narrativa dos fatos, a conclusão apresentada dela não decorre de forma lógica. Vejamos um exemplo. Na introdução, o autor define o tema da dissertação dizendo:

A luta pelos direitos de liberdade de expressão e opinião política deixou muitas vítimas em nossa história, verdadeiros mártires que deram suas vidas em prol da democracia. (...)

Na conclusão, todavia, apresenta o seguinte argumento:

Certos estavam os militares e sua dura repressão, que os permitia manter o controle e impedir a atuação de baderneiros.

O que temos nesse caso? Uma incoerência interna ao texto. Quando debatemos questões de cunho político, não há verdades estabelecidas. O autor é livre para expor seu ponto de vista, desde que o mantenha ao longo de toda a argumentação. O que não se admite é iniciar o texto indicando que será seguido um determinado raciocínio (em nosso exemplo, uma defesa à liberdade de expressão e o direito à manifestação) e alterá-lo repentinamente em momento posterior (como concluir que a ditadura militar era melhor que a democracia, porque tinha o poder de reprimir as manifestações populares).

Outro exemplo:

(Fonte: Internet)

Nesse anúncio, a incoerência se destaca diante da contradição entre a expressão "todos os dias" e a existência de um "descanso semanal" na terça-feira.

4.2. Coesão

A **coesão** é *um instrumento da coerência*. Através dela, *os parágrafos de um texto mantêm-se unidos de forma a construir uma relação de significância entre eles*. Costuma-se dizer que a coesão é a "linha que costura os parágrafos entre si, mantendo-os amarrados uns aos outros".

Ela se evidencia no texto pela presença dos chamados **elementos de coesão**, que são *palavras ou expressões que remetem a outras passagens da redação para demonstrar o vínculo existente entre elas*. Podemos classificá-los em:

a) Elementos de substituição: visam a *evitar a repetição desnecessária das palavras, facilitando, assim, a compreensão do texto*. Os elementos de substituição por excelência são os **pronomes**. Veja o exemplo abaixo:

"Muitos se dizem a favor da pena de morte, mas mesmo os que mais ardorosamente defendem a <u>pena de morte</u> não são capazes de atribuir à <u>pena de morte</u> o efeito de reparação do ato do criminoso que supostamente mereceria a <u>pena de morte</u>".

Com o uso dos pronomes como elementos de coesão, o texto fica muito mais agradável e fácil de ler:

"Muitos se dizem a favor da pena de morte, mas mesmo os que mais ardorosamente <u>a</u> defendem não são capazes de <u>lhe</u> atribuir o efeito de reparação do ato do criminoso que supostamente <u>a</u> mereceria".

b) Elementos de conexão: visam a *manter a fluidez das informações entre dois períodos ou entre parágrafos diferentes*. Os elementos de conexão por excelência são as **conjunções e locuções conjuntivas**, das quais já tratamos no item 4.2.9, Parte II.

As conjunções, quando bem utilizadas, garantem excelente coesão ao texto, principalmente quando servem para unir os argumentos expostos em diferentes parágrafos. Por isso, lance mão de várias delas para imprimir qualidade ao texto. É fundamental, por outro lado, invocá-las em seu sentido correto, sob pena de incorrermos em incoerência. Veja só:

A economia brasileira cresce, <u>portanto</u> a inflação escapa do controle.

A conjunção sublinhada no exemplo acima tem valor **conclusivo**. Ao lê-la, esperamos encontrar em seguida uma conclusão que pode ser deduzida por raciocínio lógico dos fatos expostos anteriormente. Ao encontrar uma situação que *não pode ser explicada pelo que acabamos de ler* (o aumento da inflação não decorre diretamente do crescimento econômico), nosso raciocínio se rompe e julgamos o texto incompreensível. Por isso dissemos há pouco que a coesão é um instrumento da coerência. Observe a diferença:

A economia brasileira cresce, <u>mas</u> a inflação escapa do controle.

Ao inserirmos a conjunção correta, com valor **adversativo**, a mensagem chega íntegra ao leitor, porque a palavra "mas" introduz a ideia de contraposição, de que diremos algo que se opõe àquilo que foi dito antes.

A mesma proposta é aplicável à coesão entre parágrafos: se vamos iniciar um que acrescenta outro argumento favorável à nossa posição, complementando o anterior, podemos começá-lo com "além disso", ou "mais ainda"; se, ao contrário, falaremos dos argumentos divergentes, podemos usar "por outro lado", ou "de outra banda".

Segue abaixo uma lista de elementos de conexão mais "difíceis", cujo uso enriquecerá seu vocabulário e texto. Para facilitar, colocamos ao lado seu sinônimo mais conhecido:

ELEMENTO DE CONEXÃO	SINÔNIMO
Ademais, outrossim	Além disso
Destarte	Portanto
Porquanto	Porque
Conquanto, posto que, não obstante	Embora

5. ERROS MAIS COMUNS

A experiência na leitura e correção de redações permite apontar os desvios mais comuns que os candidatos apresentam na hora de redigir seus textos. Muitos deles, é bom que se diga, passam despercebidos por grande parte das pessoas, mas não pelas bancas examinadoras mais rigorosas. Para evitar perder pontos importantes na redação, fique atento aos erros listados abaixo, aprenda a reconhecê-los e procure evitá-los daqui por diante.

5.1. Estrangeirismo

É o uso desmedido e injustificado de palavras, expressões ou construções em línguas estrangeiras. Não se trata de fazer uma cruzada contra o uso de palavras em outras línguas. O português é um idioma vivo e como tal recebe influências externas para sua evolução. Hoje, ninguém mais se lembra que "abajur", ou "abajour" no original francês, já foi considerado um estrangeirismo.

Como dissemos, o que se critica é o uso **desmedido e injustificado** do idioma estrangeiro. Isso ocorre quando damos preferência para o vocábulo em outra língua *quando já existe o seu equivalente em português*. Nesse sentido, **prefira:**

→ Apresentação no lugar de *show*;

→ Orçamento no lugar de *budget*;

→ Painel no lugar de *outdoor*;

→ Visual no lugar de *look*;

→ Arrendamento mercantil no lugar de *leasing*; etc.

Em relação às palavras que já foram integradas à língua, não descuide de utilizar a grafia correta **em português**. É o que ocorre em: "uísque", "xampu", "chique", entre outras.

Há, por fim, expressões que usufruem de renome na fala popular que têm origem internacional. Seja porque achamos elegante, seja por puro desconhecimento, o fato é que não se coadunam com a nossa gramática, e, portanto, devem ser evitadas, as expressões:

→ "Pagamento *contra* recibo" (prefira "pagamento *mediante* recibo");

→ Uso da preposição "em" para indicar o material de que determinado objeto é feito: "banco *em* madeira", "chão *em* mármore" (prefira a preposição "de": "banco *de* madeira", "chão *de* mármore");

→ Inclusão da preposição "de" em expressões como: "aumentar *de* vinte reais", "diminuir *de* trinta por cento" (é suficiente dizer "aumentar vinte reais", "diminuir trinta por cento).

5.2. Ambiguidade

Erro extremamente comum quando escrevemos sem pensar nas palavras seguintes, a ambiguidade representa *o duplo sentido que a oração ou período obtém em consequência de sua má construção*. Afirmações ambíguas permitem mais de uma interpretação, o que devemos evitar. Perceba:

João contou a Roberto que seu trabalho foi elogiado.

No período acima, o trabalho *de quem* foi elogiado? De João ou de Roberto?

Outro exemplo, agora no discurso direto:

– Você sabe se Maria se inscreveu para o concurso?

– Não.

E agora? Não sabe ou não se inscreveu?

Muitas vezes, a ambiguidade pode ser resolvida pela análise do contexto, o que atenua o problema, mas não o elimina. Ainda que a leitura sistemática do texto possa excluir algumas interpretações, devemos sempre evitar a construção de trechos ambíguos.

5.3. Cacófato ou cacofonia

Ocorre quando *a leitura de palavras usadas próximas umas das outras gera uma sonoridade feia ou cria uma nova palavra que não se refere ao texto*. Exemplos:

Ela tinha um cachorro. (ouvimos "latinha")

Nosso hino é muito difícil. (ouvimos "suíno")

Uma forma de evitar o cacófato é ler o próprio texto mentalmente, como se estivesse falando, verificando a junção inconveniente de algumas sílabas.

5.4. Repetição

É lição antiga que devemos *evitar a repetição de palavras no texto*. Obviamente, esse exercício tem por objeto palavras dotadas de sentido próprio, como substantivos, adjetivos, verbos e advérbios. Se formos nos preocupar em não repetir pronomes ou preposições, por exemplo, dificilmente conseguiríamos escrever alguma coisa...

A ideia de evitar o uso sucessivo da mesma palavra é, de um lado, melhorar a sonoridade do texto e, de outro, enriquecê-lo. A repetição denota *a pobreza de vocabulário* do autor. Para evitá-la, procure substituir os vocábulos utilizados nas linhas anteriores por pronomes (como vimos no item 4.2) ou por sinônimos.

Não há uma fórmula que determine peremptoriamente depois de quantas linhas podemos voltar a usar a mesma palavra. Nesse tópico, deve imperar o bom senso. Como média, sugerimos evitar a repetição, ao menos, *dentro do mesmo parágrafo*.

5.5. Pleonasmo vicioso

No item 5.2.25, Parte I, falamos da figura de linguagem conhecida como pleonasmo. Lá dissemos que esse recurso ocorre com a *repetição sintática e gramaticalmente desnecessária de um termo*. Na literatura e em outros textos poéticos, o pleonasmo pode ser aceito se for identificado como um recurso de estilo.

O que não se admite, por outro lado, é a redundância descabida e sem qualquer função estilística dentro do texto. Essas hipóteses são chamadas de pleonasmo vicioso e não são uma figura, mas um desvio da linguagem.

Considerando que nossa proposta nas provas é elaborar um texto argumentativo, o qual não costuma se valer de palavras no sentido conotativo e deve primar pela clareza, dificilmente nós encontraremos justificativas suficientes para embasar o pleonasmo. Logo, fatalmente ele será considerado um *erro na redação* e deve ser evitado. A questão se complica quando percebemos que há expressões que usamos diuturnamente e se constituem, na verdade, em pleonasmos. Muito além do "subir para cima" e "descer para baixo", são também pleonásticas as construções abaixo:

PLEONASMO	RAZÃO
amanhecer o dia	Só o dia amanhece
surpresa inesperada	Se foi surpresa, era inesperado
gritar alto	Não dá para gritar baixo
certeza absoluta	Se não é absoluta, não é certeza
elo de ligação	Todo elo serve para ligar coisas
fatos reais	Se é fictício, não é fato, é ficção
calar a boca	É impossível calar os olhos ou o nariz
há anos atrás	Basta dizer "há anos" ou "anos atrás"
comparecer pessoalmente	Todo comparecimento é pessoal
detalhe pequeno	Não existe detalhe grande
tenho um amigo meu	Se você tem, ele é seu
consenso geral	Não há consenso parcial
manter o mesmo	Se vamos manter, ficará igual
erário público	Todo erário é público

5.6. Prolixidade

A prolixidade também é uma forma de repetição; não de palavras, mas *de ideias e argumentos*. Não é raro encontrarmos dissertações nas quais o candidato desperdiça preciosas linhas apresentando argumentos que foram contemplados anteriormente.

Até mesmo pela limitação de espaço no caderno de respostas, devemos primar pela concisão. Mas ainda que tenhamos espaço suficiente, a prolixidade é vício da redação que conduzirá a nota para baixo se for percebida pelo examinador. A melhor forma de evitá-la é fazer um bom rascunho: se elencamos previamente *todos os argumentos que usaremos, não esqueceremos de nenhum e não repetiremos as ideias empregadas*.

A prolixidade também está ligada ao *uso excessivo de palavras para dizer algo que poderia ser dito com menos termos*, à *sucessão de adjetivos sinônimos* e à *falta de sinais de pontuação*. Observe o exemplo abaixo:

> "A importância da Mata Atlântica é inquestionável, precisamos dela para vivermos melhor para respirarmos melhor, para nos alimentarmos melhor, afinal, ela é um dos pulmões da Terra e, portanto, é fundamental para nossa sobrevivência".
>
> *(Fonte: www.mundoeducacao.com)*

Alguém discorda que a mensagem do texto acima seria a mesma se disséssemos apenas: "a importância da Mata Atlântica é inquestionável, afinal, ela é um dos pulmões da Terra"?

5.7. Obscuridade

Chama-se obscuridade o vício de redação pelo qual *o texto não é compreendido pelo leitor por força da falta de clareza que ele apresenta*. A obscuridade normalmente está relacionada com o uso de palavras muito rebuscadas ou inversões sintáticas complexas.

Ao redigirmos nosso texto, devemos ter em mente quem é nosso público-alvo e, mesmo que ele seja composto por eruditos, a clareza deve ser nossa meta. Evite palavras que há muito tempo caíram em desuso, prefira seus sinônimos modernos; deixe as figuras de linguagem da anástrofe, hipérbato e sínquise (itens 5.2.8, 5.2.10 e 5.2.11, Parte I, respectivamente) para os textos literários. O texto abaixo é excelente exemplo de obscuridade:

> "Proficiência administrativa significa análise, preparo e ação, necessidades incessantes para um 'país em desenvolvimento' tal como descrito em alguns textos de geopolítica. Já os termos anteriores fazem parte da rotina de engenheiros, administradores e da extensa massa que atua diariamente para estimular gerações a mentalizar novas dinâmicas em prol do país, trabalho árduo pela novela dramática que se acompanha no Palácio do Planalto, aqui um elemento figurativo".
>
> *(Fonte: http://educacao.uol.com.br)*

O que será que ele quis dizer com “trabalho árduo pela novela dramática que se acompanha no Palácio do Planalto”, o qual no texto se coloca como um “elemento figurativo”?

5.8. Eco ou poetização

Ocorre eco quando *palavras muito próximas rimam umas com as outras*. Esse vício da redação atinge frontalmente sua eufonia, a bela sonoridade do texto.

Dissertação não é poesia, portanto evite criar, ainda que sem intenção, rimas dentro dos parágrafos. Palavras “perigosas” nesse ponto são os verbos no infinitivo, substantivos terminados em “-ão” e advérbios de modo com o sufixo “-mente”, porque são vocábulos extremamente comuns. Fique atento para dar-lhes o espaçamento necessário dentro do texto.

6. TEMAS DE REDAÇÃO DE CONCURSOS ANTERIORES

É hora de praticar! Todos os temas de redação abaixo foram propostos em concursos anteriores por todo o país. Introduza-os em seu plano de estudo, componha as redações respectivas e peça para um professor avaliar. Se não tiver um professor disponível, não se preocupe! Escreva mesmo assim e peça para alguém de sua confiança ler. Pergunte se o texto ficou claro; peça para essa pessoa lhe explicar o que entendeu; questione se foram encontrados muitos erros. Seu auxiliar deve ser confiável porque deve estar disposto a lhe criticar e você deve estar disposto a ouvir as críticas, ok?

Redação I

“Países em desenvolvimento cobraram liderança do G8 na solução da crise. O chamado G5 – grupo formado por México, Brasil, China, Índia e África do Sul – emitiu um comunicado em que afirmou estar comprometido a trabalhar em conjunto em questões como mudança climática, segurança alimentar, crise econômica e a recente pandemia da gripe suína.

No comunicado, os países emergentes declararam que os países desenvolvidos precisam liderar a luta para fortalecer a economia e adotar fortes medidas de estímulo para restaurar a confiança nos mercados e promover o crescimento: ‘os países desenvolvidos têm uma responsabilidade de liderar esse processo’, disseram.

México, Brasil, China, Índia e África do Sul fizeram um apelo às economias mais desenvolvidas do mundo para não ignorarem, por causa da crise econômica global, problemas que preocupam os países em desenvolvimento.

‘É nossa convicção que os esforços para obter a segurança alimentar e energética e outras questões de preocupação comum dos países em desenvolvimento não deveriam ser minimizados por causa da crise financeira’, disseram os países, em comunicado conjunto que também foi assinado pelo Egito. Segundo o comunicado, é preciso 'usar a crise como uma oportunidade para reformar o sistema econômico para o benefício de todos, particularmente dos mais vulneráveis'.

Os países do G5 afirmaram que continuarão a promover a reforma do sistema financeiro internacional. 'Em particular, insistimos para que sejam direcionados esforços apropriados a resolver o problema da sub-representatividade dos países em desenvolvimento nas instituições financeiras internacionais', disseram eles no comunicado.

O G5 também apelou aos países desenvolvidos que considerem o impacto que suas políticas econômicas têm no mundo em desenvolvimento e evitem o protecionismo. Esses países afirmam que o G5 está pronto a concluir a Rodada Doha nas conversações da Organização Mundial do Comércio: 'as necessidades e interesses dos países em desenvolvimento precisam ser inseridas no núcleo das negociações de Doha'.

(Fonte: http://g1.globo.com, com adaptações)

Considerando que o fragmento de texto acima tem caráter unicamente motivador, redija um texto dissertativo acerca do seguinte tema:

A ATUAÇÃO DO BRASIL NOS ORGANISMOS INTERNACIONAIS E SUA IMPORTÂNCIA PARA O DESENVOLVIMENTO DO PAÍS

Redação II

"Há casos emblemáticos de contaminação do solo no Brasil que preocupam o Ministério da Saúde. Cerca de 1,4 mil pessoas foram expostas durante décadas à ação do HCH, um produto altamente tóxico usado como inseticida, popularmente conhecido como pó de broca. Toneladas do produto foram abandonadas na área chamada Cidade dos Meninos, em Duque de Caxias. O material contaminou o solo, a água subterrânea, os animais e a vegetação da região, atingindo uma área de pelo menos 70 mil metros quadrados. O Ministério da Saúde já providencia a remoção de cerca de 200 famílias que permanecem no local.

A população de Pernambuco, depois de São Paulo, é a segunda mais ameaçada do país pela contaminação ambiental. O estado tem 83 áreas mapeadas, que representam risco para 287 mil habitantes. No Rio de Janeiro, foram encontradas 70 regiões problemáticas. O número de pessoas expostas chega a 146 mil. Minas Gerais chega a ter 198 mil moradores expostos a 41 focos de contaminação.

Em Santo Amaro da Purificação, cidade baiana de 48 mil habitantes, cerca de 500 mil toneladas de apara de chumbo contaminaram pessoas, ruas, o rio Subaé e o estuário da Baía de Todos os Santos. Herança de uma fábrica francesa que faliu em 1993. Estudo da Fundação Nacional de Saúde constatou, no ano passado, que, entre a população moradora próxima à empresa, a dose de ingestão de chumbo em crianças supera em 11,7 vezes o limite máximo aceito pela Organização Mundial de Saúde. Segundo a Associação das Vítimas de Contaminação por Chumbo, 574 pessoas têm a substância no organismo".

(Fonte: Samanta Sallum, in: Correio Braziliense. 12/01/2005, com adaptações)

Considerando que o texto acima tem caráter unicamente motivador, redija um texto dissertativo/argumentativo que desenvolva o seguinte tema:

PRESERVAÇÃO AMBIENTAL: RESPONSABILIDADE ÉTICA E SAÚDE PÚBLICA

Redação III

As organizações públicas produzem e recebem, diariamente, documentos em quantidade cada vez maior. Esses documentos vão formar os arquivos e irão, também, constituir fonte privilegiada para a tomada de decisões e para a garantia de direitos e deveres da própria organização e de seus funcionários. Nesse contexto, as atividades de protocolo passam a ter grande importância para o funcionamento dos arquivos.

Considerando o tema tratado no texto acima, redija um texto dissertativo acerca das atividades de protocolo em uma organização pública, abordando, necessariamente, os seguintes aspectos:

– principais atividades do protocolo em uma organização pública;

– papel dos servidores no funcionamento do protocolo e dos arquivos nessa organização.

Redação IV

É bastante comum a discussão sobre a existência de pedágio nas estradas; o governo apresenta suas razões, as empresas privadas responsáveis defendem a cobrança e o usuário reclama contra ela. Afinal, quem tem razão?

Apresente você sua visão do fato, levando em conta os vários argumentos envolvidos, num texto argumentativo de aproximadamente 20 linhas. Tenha cuidado com a clareza, a seleção qualitativa de seus argumentos, a estruturação global do texto e com a correção da linguagem.

Redação V

"Brasília, 2 de fevereiro de 2007 – 17h e 10min

Agência tira da Internet página com publicidade irregular

A ANVISA retirou do ar, nesta sexta-feira (2/2), uma página da Internet com propaganda irregular de medicamentos. A página, hospedada no provedor IG, atribuía propriedades terapêuticas a seis produtos fabricados pela empresa Remédio Natural da Amazônia Ltda., com sede em Manaus (AM).

O sítio trazia a informação de que os medicamentos Vírolon, Inflamatozam, Câncerom, Reumatozam, Asmatozam e Rímsam seriam capazes de curar AIDS e câncer, entre outras doenças. Porém, a qualidade, a segurança e a eficácia dos produtos não podem ser comprovadas, já que nenhum deles tem registro na ANVISA e a empresa não tem autorização para produzir medicamentos.

A página não apresentava a composição de nenhum dos produtos divulgados, apenas afirmava que eram feitos a partir de ervas naturais. Os produtos eram oferecidos para venda ao consumidor por R$ 150,00 cada. O sítio dizia, ainda, que a empresa Remédio Natural da Amazônia Ltda. é reconhecida 'pelos órgãos competentes federais do Brasil', afirmação que dá falsa credibilidade aos produtos.

A prática de fabricação e comércio de medicamentos sem registro é considerada crime hediondo pelo artigo 273 do Código Penal com pena de reclusão prevista entre 10 e 15 anos. Os responsáveis pela empresa, além de responder judicialmente, ficarão sujeitos a multa (entre R$ 2 mil e R$ 1,5 milhão), além de apreensão dos produtos.

(Fonte: www.anvisa.gov.br)

Com base na notícia acima, elabore um texto dissertativo em que sejam abordados, necessariamente, os seguintes aspectos:

– competência da ANVISA para tirar da Internet a página referida;

– importância de os medicamentos comercializados no Brasil serem registrados na ANVISA;

– importância de a empresa fabricante ser autorizada a produzir medicamentos;

– necessidade de existir um órgão governamental para proteger o consumidor de produtos que interfiram, direta ou indiretamente, na sua saúde.

Redação VI

Leia atentamente o texto que segue:

CONSTITUCIONALISMOS PERVERSOS

"Na União Europeia, os franceses e os holandeses, recentemente, disseram não a um projeto constitucional mais interessado em constitucionalizar o mercado do que a democracia. Também os quenianos disseram não a um projeto constitucional que nasceu como um dos mais progressistas da África, mas que nos últimos anos fora totalmente adulterado pelo presidente Kibaki para concentrar em si e no governo central poderes excessivos e pouco susceptíveis de controle democrático. O fato de ambas as tentativas terem falhado é, em si mesmo, animador. Significa que, quando o processo constitucional é usado para virar a soberania do povo contra o povo e o exercício da cidadania contra cidadania, dizer não à Constituição é ato de afirmação democrática. Que isto aconteça tanto na Europa como na África é sinal de que a globalização dos mercados livres terá de conviver cada vez mais com a globalização dos cidadãos livres".

(Fonte: Boaventura de Sousa Santos, sociólogo e professor da Faculdade de Economia da Universidade de Coimbra – http://agenciacartamaior.uol.com.br, 08/12/2005)

Redija uma dissertação, na qual você se posicione em relação às ideias presentes no texto acima, dando relevo às afirmações que nele se encontram sublinhadas.

A dissertação deverá ter uma extensão mínima de 20 linhas e máxima de 30 linhas.

Redação VII

Texto I (fragmento)

O PRIMEIRO DIA A GENTE NUNCA ESQUECE

"Finalmente! Depois de caprichar no currículo, ser chamada para participar de um processo de seleção, passar por uma entrevista e ser aprovada para o cargo, chegou a hora do próximo desafio: o primeiro dia de trabalho. A noite anterior, sempre cheia de expectativas, dá o que pensar. Você vai pisar em um novo ambiente, cheio de pessoas desconhecidas, e ter seu comportamento comentado e observado. É como mudar de país: tudo é novidade. Você também vai precisar descobrir e adotar os hábitos, a cultura, o modo de vestir e a rotina".

(Fonte: SILVEIRA, Ana Luiza. http://msn.bolsademulher.com)

Texto II (fragmento)

"Será que serei aceito? Ou que saberei desenvolver todo o meu trabalho? Será que ele dará conta de todo o trabalho? Não há como negar: todo primeiro dia de emprego é marcado por uma avalanche de incertezas e expectativas, sejam elas boas ou ruins, isso tanto por parte dos novos funcionários como das empresas. Nesse universo, é bem provável que a sensação de estar 'pisando em ovos' prevalecerá durante o primeiro dia ou semana".

(Fonte: TOYAMA, Lucas. http://www.canalrh.com.br)

Com base nos textos acima, construa um texto dissertativo, com o mínimo de 25 e o máximo de 30 linhas, sobre a seguinte situação:

Imagine o seu primeiro dia de trabalho em uma nova empresa e relate suas expectativas e as maiores dificuldades que você acredita que possa encontrar.

Os textos acima devem ser utilizados, apenas, como base para uma reflexão sobre o tema, não podendo ser transcrita qualquer passagem dos mesmos.

Dê um título à sua redação.

Redação VIII

DIREITO À SAÚDE

"O direito à saúde é parte do conjunto de direitos chamados de direitos sociais, que têm como inspiração o valor da igualdade entre as pessoas. No Brasil, esse direito apenas foi reconhecido na CF; antes disso, o Estado apenas oferecia atendimento à saúde para trabalhadores com carteira assinada e suas famílias; as outras pessoas tinham acesso a esses serviços como um favor e não como um direito. Na Constituinte de 1988, as responsabilidades do Estado foram repensadas, e promover a saúde de todos passou a ser seu dever: 'a saúde é direito de todos e dever do Estado, garantido mediante políticas sociais e econômicas que visem à redução do risco de doença e de outros agravos e ao acesso universal e igualitário às ações e serviços para a promoção, proteção e recuperação' (CF, art. 196).

A saúde é um direito de todos porque sem ela não há condições de uma vida digna, e é um dever do Estado porque é financiada pelos impostos que são pagos pela população. Dessa forma, para que o direito à saúde seja uma realidade, é preciso que o Estado crie condições de atendimento em postos de saúde, hospitais, programas de prevenção, medicamentos etc., e, além disso, é preciso que esse atendimento seja universal (atingindo a todos os que precisam) e integral (garantindo tudo de que a pessoa precise).

A criação do SUS está diretamente relacionada à tomada de responsabilidade por parte do Estado. Organizado com o objetivo de proteger, o SUS deve promover e recuperar a saúde de todos os brasileiros, independentemente de onde morem, de trabalharem ou não e de quais sintomas apresentem. Infelizmente, esses sistema ainda não está completamente organizado e ainda existem muitas falhas, no entanto seus direitos estão garantidos e devem ser cobrados para que sejam cumpridos".

(Fonte: http://nev.incubadora.fapesp.br, com adaptações)

"A humanização é um movimento com crescente e disseminada presença, assumindo diferentes sentidos segundo a proposta de intervenção eleita. Aparece, à primeira vista, como a busca de um ideal, pois, surgindo em distintas frentes de atividades e com significados variados, segundo os seus proponentes, tem representado uma síntese de aspirações genéricas por uma perfeição moral das ações e relações entre os sujeitos humanos envolvidos. Cada uma dessas frentes arrola e classifica um conjunto de questões práticas, teóricas, comportamentais e afetivas que teriam uma resultante humanizadora.

Nos serviços de saúde, essa intenção humanizadora se traduz em diferentes proposições: melhorar a relação médico-paciente; organizar atividades de convívio, amenizadas e lúdicas, como as brinquedotecas e outras ligadas às artes plásticas, à música e ao teatro; garantir acompanhante na internação da criança; implementar novos procedimentos na atenção psiquiátrica, na realização do parto – parto humanizado – e na atenção ao recém-nascido de baixo peso – programa da mãe-canguru; amenizar as condições do atendimento aos pacientes em regime de terapia intensiva; denunciar a 'mercantilização' da medicina; criticar a 'instituição total' e tantas outras proposições".

(Fonte: www.scielo.br)

Considerando que os textos acima têm caráter unicamente motivador, redija um texto dissertativo acerca do seguinte tema:

A NECESSIDADE DE HUMANIZAÇÃO DOS SERVIÇOS PÚBLICOS DE SAÚDE

Redação IX

Leia com atenção o trecho a seguir:

"Tal é o poder da lei que a sua elaboração reclama precauções seveíssimas. Quem faz a lei é como se estivesse acondicionando materiais explosivos. As consequências da imprevisão e da imperícia não serão tão espetaculares, e quase sempre só de modo indireto atingirão o manipulador, mas podem causar danos irreparáveis".

(Fonte: Victor Nunes Leal. Técnica Legislativa. In: Estudos de Direito Público. Rio de Janeiro, 1960)

Com base no trecho acima, elabore um texto dissertativo-argumentativo, entre 25 e 30 linhas, discutindo a questão por ele levantada.

Redação X

O atual estágio da economia mundial, comumente denominado globalização, caracteriza-se pela ampliação da capacidade produtiva – fortemente assentada no incessante processo de inovação tecnológica – e pela ampliação dos mercados em escala planetária. Diferentemente de etapas históricas anteriores, quando a conquista de territórios e sua transformação em áreas coloniais era condição essencial para o domínio econômico, nos dias de hoje o domínio do conhecimento torna-se cada vez mais imprescindível para gerar riquezas e para sustentar o poder econômico.

Tendo o texto acima como referência inicial, redija um texto dissertativo acerca do seguinte tema:

A TRANSFORMAÇÃO DO CONHECIMENTO EM RIQUEZAS

Aborde em seu texto, necessariamente, os seguintes aspectos:

- conceito/características essenciais da globalização;
- atual situação do mercado mundial: protecionismo *vs.* liberalismo;
- educação e desenvolvimento econômico;
- ciência e tecnologia/desenvolvimento econômico na atualidade.

Redação XI

No cenário de tensão que caracteriza o mundo contemporâneo, o Oriente Médio mantém posição de área estratégica para a economia mundial e de permanente foco de perturbadora instabilidade política. A ação de grupos radicais, quando não simplesmente terroristas, adiciona maiores dificuldades à consecução de paz na região. Componentes culturais e religiosos, que têm a cidade de Jerusalém como seu símbolo mais expressivo, ampliam esses obstáculos. Considerando essas informações, redija texto dissertativo acerca do atual cenário do Oriente Médio, destacando a sua importância econômica, as posições assumidas por Israel e a situação da Palestina.

Redação XII

Depois de muito debate, o Brasil decidiu implantar a TV digital. Ao fazê-lo, o país adotou padrão estrangeiro, mas assegurou a incorporação nele de tecnologias desenvolvidas no país. Entre as inovações já sugeridas por pesquisadores brasileiros, está a compressão de imagens, conhecida como MPEG-4, por meio da qual será possível o aumento do número de canais. Registre-se, ainda, o desenvolvimento, por instituição universitária brasileira, do conversor de sinais, aparelho que permitirá receber o sinal digital mesmo em um aparelho analógico, como os que existem atualmente.

Tendo as informações acima como referência inicial, redija um texto dissertativo acerca do seguinte tema:

OS CAMINHOS DA COMUNICAÇÃO ELETRÔNICA E O BRASIL DO SÉCULO XXI

Em seu texto, aborde, necessariamente, os seguintes aspectos:

- democratização dos meios de comunicação;
- interesses das emissoras comerciais;
- papel da TV em um país de pouca leitura.

Redação XIII

"O agravamento da crise global no fim de 2008 aprofundou ainda mais a recessão na economia da zona do euro, arrastando todos os grandes países do bloco para a retração e encolhendo mais até que os Estados Unidos da América, o epicentro dos problemas. Com a Alemanha, a sua principal economia, registrando a maior retração desde a reunificação, em 1990, o PIB dos 15 países da zona do euro (neste ano, a entrada da Eslováquia levou o número de integrantes do bloco a 16) encolheu 1,5% no quarto trimestre do ano passado em relação aos três meses anteriores. A região já vinha de dois trimestres seguidos de contração (que é a definição técnica de recessão), mas, em compensação, ela era muito mais amena: de 0,2%".

(Fonte: Folha de São Paulo, 14/02/2009, p. B1, com adaptações)

Considerando que o texto acima tem caráter unicamente motivador, redija texto dissertativo acerca do seguinte tema:

CRISE ECONÔMICA MUNDIAL, A OUTRA FACE DA GLOBALIZAÇÃO

Ao elaborar seu texto, aborde, necessariamente, os seguintes aspectos:

– globalização: tecnologia, aumento da produção e ampliação dos mercados mundiais;

– mundialização da atual crise econômica;

– efeitos da crise econômica.

Redação XIV

"O levantamento **Mapa da Violência: os Jovens da América Latina** indicou que o Brasil ocupa o quinto lugar entre os países do continente com maior número de homicídios de jovens. A pesquisa indicou ainda que o Brasil também ostenta um dos mais altos índices de vitimização juvenil do mundo, o que significa que a taxa de homicídios entre os jovens é bem maior do que entre os não jovens. Nesse quesito, o país aparece em terceiro lugar no ranque, atrás apenas de Porto Rico e Venezuela. Traduzindo em números: entre 1994 e 2005, a taxa de homicídio total no Brasil passou de 20,2 para 25,2 mortes para cada 100 mil habitantes. No mesmo período, esse índice, apenas entre os jovens, subiu de 34,9 para 51,6 homicídios".

(Fonte: Família Cristã, fev/2009, p. 19, com adaptações)

Considerando que o texto acima tem caráter unicamente motivador, redija um texto dissertativo acerca do seguinte tema:

A TRAGÉDIA DA VIOLÊNCIA E OS JOVENS

Ao elaborar seu texto, aborde, necessariamente, os seguintes aspectos;

– violência como característica do mundo contemporâneo;

– drogas ilícitas, álcool, trânsito e violência;

– oportunidades educacionais, culturais e profissionais: caminho para reduzir a violência juvenil.

Redação XV

"Os presídios brasileiros, habitados por 450.000 sentenciados, têm cheiro de creolina. O produto químico é usado para disfarçar outro odor, o de esgoto, que sai das celas imundas e impregna corredores e pátios. O exemplo mais repugnante é o Presídio Central de Porto Alegre, considerado o pior do país – o que, convenhamos, é um feito e tanto. Em um de seus pavilhões, as celas não têm sequer portas: elas caíram de podres. No extremo oposto, figura a Penitenciária Industrial de Joinville, em Santa Catarina. Ela não cheira a prisão brasileira. Os pavilhões são limpos, não há superlotação e o ar é salubre, pois os presos são proibidos até de fumar. Muitos deles trabalham, e um quarto de seu salário é usado para melhorar as instalações do estabelecimento. Nada que lembre o espetáculo de horrores que se vê nas outras carceragens, onde a maioria dos presos vive espremida em condições subumanas, boa parte faz o que quer e os chefões continuam a comandar o crime nas ruas a partir de seus celulares. A penitenciária catarinense é uma das onze unidades terceirizadas existentes no Brasil".

(Fonte: Veja, 25/02/2009, p. 85, com adaptações)

Considerando que o texto acima tem caráter unicamente motivador, redija um texto dissertativo acerca do seguinte tema:

O SISTEMA PRISIONAL BRASILEIRO EM QUESTÃO

Ao elaborar seu texto, aborde, necessariamente, os seguintes aspectos:

– penitenciárias: fábrica de crime ou caminho para a recuperação;
– crime: a decisão de punir ou vingar;
– reinserção social do presidiário: o grande desafio.

Redação XVI

Leia atentamente os textos abaixo:

Texto 1

"Os transtornos psiquiátricos têm forte impacto sobre o indivíduo, a família e a comunidade. Em relação a esta última, frequentemente se observam preocupações quanto ao custo social da provisão extra de atenção requerida pelo paciente e quanto a sua eventual perda de produtividade. Há, ainda, a questão da violência associada a certos distúrbios. O temor da violência tem sido, com efeito, usado como justificativa para a postura favorável à internação de portadores de alguns tipos de transtornos em estabelecimentos específicos".

(Fonte: ZWARTES, Thaís. "Transtornos psiquiátricos e relações sociais", em www.saudemental.com.br)

Texto 2

"Não entendo por que é tão difícil conseguir os comprimidos. O governo gasta muito mais com a internação do que gastaria com o fornecimento regular de medicamentos. Com a internação, tem café da manhã, lanche, almoço às 11h, lanche, jantar às 17h, lanche. E ainda tem a despesa com roupa de cama e isso e aquilo".

(Fonte: Adaptado de FIGUEIREDO, João Antônio Pereira, portador de esquizofrenia, em entrevista a "O Estado de São Paulo". São Paulo, 13 de fevereiro de 2007, caderno A, p. 14)

Texto 3

"Nos casos de internação, acho que ela deveria ocorrer nos hospitais gerais. O único paciente que é tratado em um espaço separado é o que sofre de doença mental. É importante quebrar esse estigma, que ainda é muito forte".

(Fonte: BRASIL, Marco Antônio, psiquiatra e professor da UFRJ, em entrevista a "O Estado de São Paulo". São Paulo, 13 de fevereiro de 2007, caderno A, p. 14)

Redija uma dissertação em que você exponha e defenda, com argumentos pertinentes, um ponto de vista sobre o tema comum aos textos acima.

Sua redação, em prosa, deve ter entre 20 e 30 linhas e respeitar a norma culta da Língua Portuguesa.

Redação XVII

"Istoé – Por que é tão difícil cuidar da saúde?

Dráusio Varella – Somos ótimos planejadores a curto prazo. Mas e pensar como estará o corpo daqui a cinco anos? Nós não sabemos fazer isso porque isso não foi essencial para nossa sobrevivência. A humanidade tem cinco milhões de anos. O que adiantava pensar dali a cinco anos? O cara tinha de pensar no almoço dele. As preocupações eram imediatas".

(Fonte: Istoé, 2/3/2005, com adaptações)

"Crianças indígenas estão morrendo menos. Segundo a Fundação Nacional da Saúde (FUNASA), em 1999, de cada mil crianças nascidas, 112 morriam antes de completar um ano. Hoje, a média nacional é de 46 óbitos para cada mil nascimentos. Investimentos em unidades de saúde, em saneamento básico e em ações como a distribuição de medicamentos nas aldeias estão ajudando a reduzir esse índice".

(Fonte: Istoé, 12/1/2005, com adaptações)

"O virologista francês Luc Montagnier é um homem gentil, do tipo conciliador. Na carreira, porém, pula de polêmica em polêmica. Recentemente, voltou à arena: publicou artigo no jornal *Le Monde* em que afirma estar convencido, apesar da falta de evidências definitivas, de que a poluição, os alimentos industrializados e os produtos químicos são, sim, prováveis causadores de doenças crônicas como o câncer".

(Fonte: Veja, 23/2/2005, com adaptações)

"Saiu nos jornais: finalmente a Justiça brasileira concedeu a um rapaz o direito de receber uma indenização do estado de São Paulo por ter sido equivocadamente submetido a um tratamento de choque em um hospital psiquiátrico, tendo ficado com graves sequelas".

(Fonte: André Petry, "O país do desamparo", in: Veja, 16/2/2005, com adaptações)

"O programa de imunização brasileiro é considerado um dos melhores do mundo. Com um investimento modesto em relação ao benefício apresentado, o país erradicou a poliomielite e a varíola e diminuiu drasticamente os casos de difteria e rubéola. Além das 11 vacinas encontradas na rede pública, existem outras que, por motivos econômicos, são distribuídas gratuitamente apenas para pacientes com necessidades especiais. Doenças como catapora, meningite ou pneumonia, por exemplo, podem ser evitadas com imunizações encontradas em clínicas particulares".

(Fonte: Época, 28/3/2005, com adaptações)

Considerando que os textos acima têm caráter unicamente motivador, redija um texto dissertativo/argumentativo desenvolvendo o seguinte tema:

SAÚDE: UMA QUESTÃO INDIVIDUAL E(OU) COLETIVA

Redação XVIII

"Quando o assunto é transporte, as hidrovias são apontadas como alternativas de menor custo e impacto ambiental do que rodovias e ferrovias. (...) Produtos agrícolas e minérios de algumas regiões do Brasil, como, por exemplo, do Centro-Oeste, precisam vencer longas distâncias até o destino. Os gastos com a comercialização, nesses casos, são elevados, já que, dos principais meios de transporte existentes, predomina o rodoviário, que é o mais caro. Com isso, os mesmos produtos, de locais que usam o transporte hidroviário, acabam ficando com um custo final bem menor, como no caso da soja produzida em algumas regiões norte-americanas em relação ao produto brasileiro do Centro-Oeste".

(Fonte: www.comciencia.br/200404/reportagens/06.shtml, com adaptações)

> "Os principais portos do Brasil estão operando no limite de sua capacidade, o que só contribui para o aumento do custo logístico. Hoje, o escoamento de produtos por portos e rodovias custa, em média, US$ 10 por tonelada. Mas esse valor poderá passar para US$ 40 nos próximos dez anos se os problemas de transporte não se resolverem. A estimativa é do próprio Ministério da Agricultura, Pecuária e Abastecimento".
>
> *(Fonte: Época Negócios, 22/11/2004, p. 6, com adaptações)*

Considerando que os textos acima têm caráter unicamente motivador, redija um texto dissertativo em que seja discutida a relevância do transporte aquaviário para o desenvolvimento econômico brasileiro, abordando, necessariamente, os seguintes aspectos:

- competitividade no mercado internacional;
- vantagens ambientais.

Redação XIX

> "O orçamento público é caracterizado por possuir uma multiplicidade de aspectos. Seu conceito tem sofrido significativas mudanças ao longo do tempo, em decorrência da evolução de suas funções, hoje marcadamente diversas daquelas que o distinguiam no passado".
>
> *(Fonte: James Giácomoni, "Orçamento público", 13ª ed., p. 65, com adaptações)*

Considerando a importância da evolução do orçamento público, redija um texto dissertativo sobre as espécies de orçamento, abordando, necessariamente, os seguintes aspectos:

- a função principal e a ênfase do orçamento tradicional;
- o orçamento de desempenho na evolução orçamentária;
- as principais características do orçamento-programa.

Redação XX

> Atualmente, os resíduos sólidos de saúde constituem sérios problemas para os administradores hospitalares, devido à falta de informações e à carência de trabalhos de conscientização mais eficazes nas unidades de saúde. O despreparo e o desconhecimento têm gerado especulações errôneas e fantasiosas entre funcionários, pacientes e comunidades vizinhas às instalações hospitalares e aos aterros sanitários. Sem dúvida, não só os resíduos hospitalares mas também os de outras unidades de saúde, como clínicas odontológicas e de análises bioquímicas e veterinárias, apresentam potenciais riscos à saúde e ao meio ambiente, devido à presença de material biológico, químico, radioativo e perfurocortante.

A aplicação de procedimentos corretos de biossegurança em todas as unidades de saúde, incluindo o manejo e o tratamento adequado dos resíduos, previne infecções cruzadas, proporciona conforto e segurança à clientela e à equipe de trabalho e mantém o ambiente limpo e agradável.

Considerando que as ideias do texto acima têm caráter unicamente motivador, redija um texto dissertativo, posicionando-se acerca do seguinte tema:

IMPORTÂNCIA DA ATUAÇÃO DOS ÓRGÃOS DE VIGILÂNCIA SANITÁRIA NA FISCALIZAÇÃO E NA MANUTENÇÃO DA QUALIDADE DO MEIO AMBIENTE

Redação XXI

Em 1950, o brasileiro Josué de Castro ganhou notoriedade e crescente respeito internacional com seus estudos científicos a respeito da fome, por meio dos quais procurou demonstrar o processo de construção histórica desse flagelo social. O reconhecimento de seu trabalho levou-o a ser convidado pela Organização das Nações Unidas (ONU) para organizar e dirigir sua agência especializada em agricultura e alimentação (FAO).

Há alguns anos, setores da sociedade civil brasileira organizaram-se com o objetivo de sensibilizar a população para o combate à fome e à miséria. O movimento Natal Sem Fome, liderado por Herbert de Souza, o Betinho, era o ponto de partida para um esforço coletivo que deveria ser muito mais amplo. Mais tarde, ao assumir o governo brasileiro, o presidente Luiz Inácio Lula da Silva lançou o programa Fome Zero e, não raro, defendeu essa proposta em encontros internacionais. Agora, vem da França a sugestão, anunciada pelo presidente Chirac, de instituição de um fundo mundial para o combate sistemático à fome que castiga milhões de seres humanos.

Acerca dessas informações e considerando sua amplitude, redija um texto dissertativo subordinado ao seguinte tema:

COMBATE À FOME, UMA QUESTÃO DE VIDA E DE DIGNIDADE

Redação XXII

POLÍTICAS PÚBLICAS PARA O ESPORTE E LAZER NO BRASIL (1996-2005)

"A discussão sobre políticas públicas tem recebido contínuas contribuições de pesquisadores de várias áreas do conhecimento. Muito embora seja dada bastante atenção ao assunto, há que se ressaltar que o grande debate proposto pelas diferentes áreas dedica-se a temáticas relacionadas a trabalho e economia ou saúde e educação, sendo desconsiderados temas que dizem respeito a esporte e lazer. Parece claro para o governo (e também para os pesquisadores) que o estabelecimento de políticas para setores como trabalho e saúde é mais urgente do que para esporte e lazer.

O lazer figura entre os direitos sociais definidos no art. 6º da Constituição Federal de 1988, que assim estabelece: 'são direitos sociais a educação, a saúde, o trabalho, a moradia, o lazer, a segurança, a previdência social, a proteção à maternidade e à infância, a assistência aos desamparados, na forma desta Constituição'. Portanto, embora seja um direito social, o lazer é tratado, na prática, como tema periférico. Nesse sentido, cabem as seguintes indagações: qual é o espaço destinado ao lazer nas políticas governamentais? O lazer é tratado como direito social?

Ao que tudo indica, o lazer foi efetivamente compreendido como direito social cuja proteção é de iniciativa do Ministério do Esporte. Como uma das dimensões do esporte é a recreação, o lazer foi adotado então como um dos tópicos a serem considerados pelas políticas de esporte. Tanto é assim que o tema da I Conferência Nacional do Esporte, realizada em junho de 2004, em Brasília, foi Esporte, Lazer e Desenvolvimento Humano. O mesmo ocorreu na II Conferência Nacional do Esporte, realizada em maio de 2006, também em Brasília, em que novamente a temática foi relacionada ao lazer (Construindo o Sistema Nacional de Esporte e Lazer). De ambas as conferências resultaram diretrizes para a definição da política nacional de esporte e lazer. Além dessas conferências, houve também a criação, no âmbito do Ministério do Esporte, da Secretaria Nacional de Desenvolvimento do Esporte e do Lazer.

Embora atualmente se perceba considerável avanço em relação ao início da discussão sobre lazer como tema que deve ser privilegiado por políticas públicas, há ainda carência de programas e ações governamentais que sigam nessa direção".

(Fonte: Dulce Maria F. de A. Suassuna, http://observatoriodoesporte.org.br, com adaptações)

Considerando que o texto acima tem caráter meramente motivador, elabore um texto dissertativo acerca do seguinte tema:

POLÍTICAS PÚBLICAS PARA O ESPORTE E O LAZER

Ao elaborar o seu texto, aborde, necessariamente, os seguintes aspectos:

– relação entre esporte, lazer e cidadania;

– papel do Estado no planejamento de políticas para o esporte e para o lazer;

– possibilidade de integração entre as políticas de esporte e lazer e políticas de outras naturezas (como econômica, de segurança ou de saúde pública).

QUESTÕES COMENTADAS DE REDAÇÃO

(CESPE) Julgue os fragmentos contidos nos itens a seguir quanto à sua correção gramatical e à sua adequação para compor um documento oficial, que, de acordo com o **Manual de Redação da Presidência da República**, deve caracterizar-se pela impessoalidade, pelo emprego do padrão culto de linguagem, pela clareza, pela concisão, pela formalidade e pela uniformidade.

(1) Cumpre destacar a necessidade de aumento do contingente policial e que é imperioso a ação desses indivíduos em âmbito nacional, pelo que a realização de concurso público para provimento de vagas no Departamento de Polícia Federal consiste em benefício a toda a sociedade.

(2) Caro Senhor Perito Criminal, Convidamos Vossa Senhoria a participar do evento "Destaques do ano", em que será homenageado pelo belo e admirável trabalho realizado na Polícia Federal. Por gentileza, confirme sua presença a fim de que possamos providenciar as honrarias de praxe.

(3) O departamento que planejará o treinamento de pessoal para a execução de investigações e de operações policiais, sob cuja responsabilidade está também a escolha do local do evento, não se manifestou até o momento.

(4) Senhor Delegado, Segue para divulgação os relatórios das investigações realizadas no órgão, a fim de fazer cumprir a lei vigente.

(5) Solicito a Vossa Senhoria a indicação de cinco agentes de polícia aptos a ministrar aulas de direção no curso de formação de agentes. O início do curso, que será realizado na capital federal, está previsto para o segundo semestre deste ano.

1: incorreta. Problemas gramaticais: "é imperiosa a ação destes indivíduos (...)"; problema de redação: falta clareza na exposição. A "necessidade de atuação em âmbito nacional" deveria estar ligada ao "aumento do contingente policial" por meio de uma conjunção explicativa: "(...) a necessidade de aumento do contingente policial porque é imperiosa a ação desses indivíduos (...)"; 2: incorreta. Problema gramatical: a flexão verbal "convidamos" deveria estar com letra minúscula; problema de redação: falta impessoalidade e formalidade ao texto ao utilizar dois fortes adjetivos em "belo e admirável trabalho"; 3: correta. O texto é claro, conciso e não apresenta qualquer incorreção gramatical; 4: incorreta. Problemas gramaticais: a flexão verbal "segue" deveria estar com letra minúscula e no plural ("seguem"); problema de redação: a expressão "fazer cumprir" não atende à forma culta da língua portuguesa. Deveria constar apenas "cumprir"; 5: correta. O trecho é claro, conciso, formal e atende a todas as predições da norma culta da língua.

Gabarito 1E, 2E, 3C, 4E, 5C

(CESPE) Com relação ao formato e à linguagem das comunicações oficiais, julgue os itens que se seguem com base no **Manual de Redação da Presidência da República.**

(1) A exposição de motivos de caráter meramente informativo deve apresentar, na introdução, no desenvolvimento e na conclusão, a sugestão de adoção de uma medida ou de edição de um ato normativo, além do problema inicial que justifique a proposta indicada.

(2) A estrutura do telegrama e da mensagem por correio eletrônico de caráter oficial é flexível.

(3) As comunicações oficiais emitidas pelo presidente da República, por chefes de poderes e por ministros de Estado devem apresentar ao final, além do nome da pessoa que as expede, o cargo ocupado por ela.

(4) O referido manual estabelece o emprego de dois fechos para comunicações oficiais: **Respeitosamente**, para autoridades superiores; e **Atenciosamente**, para autoridades de mesma hierarquia ou de hierarquia inferior. Tal regra, no entanto, não é aplicável a comunicações dirigidas a autoridades estrangeiras.

(5) A menos que o expediente seja de mero encaminhamento de documentos, o texto de comunicações como aviso, ofício e memorando, que seguem o padrão ofício, deve conter três partes: introdução, desenvolvimento e conclusão.

1: incorreta. Esses são requisitos da exposição de motivos que submeta à consideração do Presidente da República a sugestão de alguma medida a ser adotada ou que lhe apresente projeto de ato normativo. A exposição de motivos meramente informativa deve apenas apresentar o dado que quer se levar ao conhecimento da autoridade; 2: correta, nos termos dos itens 6.2 e 8.2 do Manual de Redação da Presidência da República; 3: incorreta. As comunicações assinadas pelo Presidente da República não devem trazer o cargo abaixo do nome (item 2.3 do Manual de Redação da Presidência da República); 4: correta, nos termos do item 2.2 do Manual de Redação da Presidência da República; 5: correta, nos termos do item 3.1, "e", do Manual de Redação da Presidência da República.

Gabarito 1E, 2C, 3E, 4C, 5C

Nossos projetos de vida dependem muito do futuro do país no qual vivemos. E o futuro de um país não é obra do acaso ou da fatalidade. Uma nação se constrói. E constrói-se no meio de embates muito intensos — e, às vezes, até violentos — entre grupos com visões de futuro, concepções de desenvolvimento e interesses distintos e conflitantes.

Para muitos, os carros de luxo que trafegam pelos bairros elegantes das capitais ou os telefones celulares não constituem indicadores de modernidade.

Modernidade seria assegurar a todos os habitantes do país um padrão de vida compatível com o pleno exercício dos direitos democráticos. Por isso, dão mais valor a um modelo de desenvolvimento que assegure a toda a população alimentação, moradia, escola, hospital, transporte coletivo, bibliotecas, parques públicos. Modernidade, para os que pensam assim, é sistema judiciário eficiente, com aplicação rápida e democrática da justiça; são instituições públicas sólidas e eficazes; é o controle nacional das decisões econômicas.

Plínio Arruda Sampaio. O Brasil em construção.
In: Márcia Kupstas (Org.). Identidade nacional em debate.
São Paulo: Moderna, 1997, p. 27-9 (com adaptações).

(CESPE) Considerando a argumentação do texto acima bem como as estruturas linguísticas nele utilizadas, julgue os itens a seguir.

(1) Para evitar o emprego redundante de estruturas sintático-semânticas, como o que se identifica no trecho "Uma nação se constrói. E constrói-se no meio de embates muito intensos" (l.3-4), poder-se-ia unir as ideias em um só período sintático — Uma nação se constrói no meio de embates —, o que preservaria a correção gramatical do texto, mas reduziria a intensidade de sua argumentação.

(2) Se o terceiro parágrafo do texto constituísse o corpo de um documento oficial, como um relatório ou parecer, por exemplo, seria necessário preservar o paralelismo entre as ideias a respeito de "Modernidade" (l.11 e 16), por meio da conjugação do verbo ser, nas linhas 11 e 17, no mesmo tempo verbal.

(3) O trecho "os que pensam assim" (l.16-17) retoma, por coesão, o referente de "muitos" (l.8), bem como o sujeito implícito da oração "dão mais valor a um modelo de desenvolvimento" (l.13-14).

1: correta. Não há qualquer erro em unir as duas orações, porém, ao abolir o recurso estilístico da repetição, perder-se-ia parte do impacto causado pela argumentação; 2: incorreta. A forma culta da língua, adotada pelos documentos oficiais, impõe respeito ao paralelismo dentro da mesma oração, não se exigindo em pontos diferentes do texto; 3: correta. A coesão visa a manter a unidade do texto, evitando que os argumentos pareçam desvinculados um do outro. Assim, a expressão "os que pensam assim" retoma o grupo de pessoas referido como "muitos" anteriormente, sujeito implícito da oração mencionada.

Gabarito 1C, 2E, 3C

> Na verdade, o que hoje definimos como democracia só foi possível em sociedades de tipo capitalista, mas não necessariamente de mercado. De modo geral, a democratização das sociedades impõe limites ao mercado, assim como desigualdades sociais em geral não contribuem para a fixação de uma tradição democrática. Penso que temos de refletir um pouco a respeito do que significa democracia. Para mim, não se trata de um regime com características fixas, mas de um processo que, apesar de constituir formas institucionais, não se esgota nelas. É tempo de voltar ao filósofo Espinosa e imaginar a democracia como uma potencialidade do social, que, se de um lado exige a criação de formas e de configurações legais e institucionais, por outro não permite parar. A democratização no século XX não se limitou à extensão de direitos políticos e civis. O tema da igualdade atravessou, com maior ou menor força, as chamadas sociedades ocidentais.

Renato Lessa. Democracia em debate. In: Revista Cult, n.º 137, ano 12, jul./2009, p. 57 (com adaptações).

(CESPE) Com base nas estruturas linguísticas e nas relações argumentativas do texto acima, julgue os itens seguintes.

(1) Seria mantida a coerência entre as ideias do texto caso o segundo período sintático fosse introduzido com a expressão "Desse modo", em lugar de "De modo geral" (l.3).

(2) Preservam-se a correção gramatical e a coerência textual ao se optar pela determinação do substantivo "respeito" (l.7), juntando-se o artigo definido à preposição "a", escrevendo-se "ao respeito".

(3) Em textos de normatização mais rígida do que o texto jornalístico, como os textos de documentos oficiais, a contração de preposição com artigo, como em "da igualdade" (l.16), deve ser desfeita, devendo-se escrever "de a igualdade", para que o sujeito da oração seja claramente identificado.

1: incorreta, porque as expressões não têm significado equivalente. "De modo geral" transmite a ideia de uma visão ampla da questão, mantendo a coerência com o primeiro período, que pretende diferenciar "sociedade capitalista" de "sociedade de mercado". Já a expressão "desse modo" é restritiva, de forma que seu uso não acompanharia a pretensão do texto de refletir sobre os diversos conceitos aplicáveis à democracia; 2: incorreta. "A respeito de" é locução prepositiva, sendo o substantivo "respeito" seu integrante. Nessa situação, descabe a determinação do substantivo pelo artigo, porque não é elemento sintático autônomo do período. 3: incorreta. Não se recomenda a contração quando seu uso implicar em prejuízo na clareza da mensagem ou quando o artigo é parte integrante do termo seguinte (como ocorre, por exemplo, em "Os Sertões". O artigo definido plural é parte integrante do título da obra). No caso do texto apresentado, não se verifica nenhuma das hipóteses.

Gabarito 1E, 2E, 3E

> A visão do sujeito indivíduo — indivisível — pressupõe um caráter singular, único, racional e pensante em cada um de nós. Mas não há como pensar que existimos previamente a nossas relações sociais: nós nos fazemos em teias e tensões relacionais que conformarão nossas capacidades, de acordo com a sociedade em que vivemos. A sociologia trabalha com a concepção dessa relação entre o que é "meu" e o que é "nosso". A pergunta que propõe é: como nos fazemos e nos refazemos em nossas relações com as instituições e nas relações que estabelecemos com os outros? Não há, assim, uma visão de homem como uma unidade fechada em si mesma, como *Homo clausus*. Estaríamos envolvidos, constantemente, em tramas complexas de internalização do "exterior" e, também, de rejeição ou negociação próprias e singulares do "exterior". As experiências que o homem vai adquirindo na relação com os outros são as que determinarão as suas aptidões, os seus gostos, as suas formas de agir.

Flávia Schilling. Perspectivas sociológicas. Educação & psicologia. In: Revista Educação, vol. 1, p. 47 (com adaptações).

(CESPE) Julgue o seguinte item, a respeito das estruturas linguísticas e do desenvolvimento argumentativo do texto acima.

(1) Na linha 15, a flexão de plural em "próprias e singulares" estabelece relações de coesão tanto com

"rejeição" quanto com "negociação" e indica que esses substantivos têm referentes distintos e não podem ser tomados como sinônimos.

1: correta. O uso do plural mantém a coesão do argumento e indica que cada palavra é usada em sentido diferente da outra, não se traduzindo em sinônimos.

Gabarito 1C

O uso do espaço público nas grandes cidades é um desafio. Sobretudo porque algumas regras básicas de boa convivência não são respeitadas. Por exemplo, tentar sair de um vagão do metrô com a multidão do lado de fora querendo entrar a qualquer preço, sem esperar e dar passagem aos demais usuários. Ou andar por ruas sujas de lixo, com fezes de cachorro e cheiro de urina. São situações que transformam o convívio urbano em uma experiência ruim. A saída é a educação. Convencidos disso, empresas e governos estão bombardeando a população com campanhas de conscientização — e multas, quando só as advertências não funcionarem. Independentemente da estratégia, o senso de urgência para uma mudança de comportamento na sociedade brasileira veio para ficar.

As iniciativas são louváveis. Caso a população, porém, se sinta apenas punida ou obrigada a uma atitude, e não parte da comunidade, os benefícios não se tornarão duradouros.

Suzane G. Frutuoso. Vai doer no bolsão. In: Istoé, 22/7/2009, p. 74-5 (com adaptações).

(CESPE) A respeito da organização das estruturas linguísticas do texto acima e da redação de correspondências oficiais, julgue os itens subsequentes.

(1) A fragmentação sintática de ideias coordenadas, decorrente do emprego do ponto-final antes de "Sobretudo" (l.2), de "Ou" (l.6) e de "São situações" (l.7), que é admitida em textos jornalísticos, deve ser evitada, para facilitar a objetividade e a clareza, na redação de documentos oficiais.

(2) Na relação entre as ideias do texto, subentende-se "ao" imediatamente antes de "tentar" (l.3) e de "andar" (l.6); por isso, a inserção de "ao" nessas posições tornaria o texto mais claro, além de manter a sua correção gramatical.

1: correto, nos termos do item 9.2.1.2 do Manual de Redação da Presidência da República, disponível em <http://www.planalto.gov.br/ccivil_03/manual/manual.htm>; 2: incorreta. O termo "ao" não está subentendido e seu uso tornaria os períodos incorretos, porque demandaria a complementação da expressão ("ao tentar sair do metrô (...), escorreguei", por exemplo)

Gabarito 1C, 2E

Os novos *sherlocks*

Dividida basicamente em dois campos, criminalística e medicina legal, a área de perícia nunca esteve tão na moda. Seus especialistas volta e meia estão no noticiário, levados pela profusão de casos que requerem algum tipo de tecnologia na investigação. Também viraram heróis de seriados policiais campeões de audiência. Nos EUA, maior produtor de programas desse tipo, o sucesso é tão grande que o horário nobre, chamado de prime time, ganhou o apelido de crime time. Seis das dez séries de maior audiência na TV norte-americana fazem parte desse filão.

Pena que a vida de perito não seja tão fácil e glamorosa como se vê na TV. Nem todos utilizam aquelas lanternas com raios ultravioleta para rastrear fluidos do corpo humano nem as canetas com raio laser que traçam a trajetória da bala. "Com o avanço tecnológico, as provas técnicas vêm ampliando seu espaço no direito brasileiro, principalmente na área criminal", declara o presidente da OAB/SP, mas, antes disso, já havia peritos que recorriam às mais diversas ciências para tentar solucionar um crime.

Na divisão da polícia brasileira, o pontapé inicial da investigação é dado pelo perito, sem a companhia de legistas, como ocorre nos seriados norte-americanos. Cabe a ele examinar o local do crime, fazer o exame externo da vítima, coletar qualquer tipo de vestígio, inclusive impressões digitais, pegadas e objetos do cenário, e levar as evidências para análise nos laboratórios forenses.

Pedro Azevedo. Folha Imagem, ago./2004 (com adaptações).

(CESPE) A respeito do texto acima, julgue o item subsequente.

(1) A informação contida no trecho "Na divisão (...) legistas" (R.21-22), reescrita em ordem direta e na voz ativa, fica assim: O perito, sem a companhia de legistas, na divisão da polícia brasileira, dava o pontapé inicial da investigação.

1: incorreta. A frase na ordem direta e na voz ativa seria: O perito dá o pontapé inicial da investigação sem a companhia de legistas na divisão da polícia brasileira.

Gabarito 1E

Texto

A Revolução Industrial provocou a dissociação entre dois pensamentos: o científico e tecnológico e o humanista. A partir do século XIX, a liberdade do homem começa a ser identificada com a eficiência em dominar e transformar a natureza em bens e serviços. O conceito de liberdade começa a ser sinônimo de consumo. Perde importância a prática das artes e consolidam-se a ciência e a tecnologia. Relega-se a preocupação ética. A procura da liberdade social se faz sem considerar-se sua distribuição. A militância política passa a ser tolerada, mas como opção pessoal de cada um.

Essa ruptura teve o importante papel de contribuir para a revolução do conhecimento científico e tecnológico. A sociedade humana se transformou, com a eficiência técnica e a consequente redução do tempo social necessário à produção dos bens de sobrevivência.

O privilégio da eficiência na dominação da natureza gerou, contudo, as distorções hoje conhecidas: em vez de usar o tempo livre para a prática da liberdade, o homem reorganizou seu projeto e refez seu objetivo no sentido de ampliar o consumo. O avanço técnico e científico, de instrumento da liberdade, adquiriu autonomia e passou a determinar uma estrutura social opressiva, que servisse ao avanço técnico e científico. A liberdade identificou-se com a ideia de consumo. Os meios de produção, que surgiram no avanço técnico, visam ampliar o nível dos meios de produção.

Graças a essa especialização e priorização, foi possível obter-se o elevado nível do potencial de liberdade que o final do século XX oferece à humanidade. O sistema capitalista permitiu que o homem atingisse as vésperas da liberdade em relação ao trabalho alienado, às doenças e à escassez. Mas não consegue permitir que o potencial criado pela ciência e tecnologia seja usado com a eficiência desejada.

(Cristovam Buarque, Na fronteira do futuro. Brasília: EDUnB, 1989, p. 13; com adaptações)

(CESPE) Quanto à organização do texto acima, julgue os itens a seguir.

(1) A argumentação do texto estrutura-se em três eixos principais: ciência e tecnologia, busca da liberdade e militância política.

(2) A tese para esse texto argumentativo pode assim ser resumida: nem todo "potencial de liberdade" gera liberdade com a eficiência desejada.

(3) Para organizar o texto, predominantemente argumentativo, o autor recorre a ilustrações temáticas e trechos descritivos sobre condições das sociedades.

(4) A ideia de melhor aproveitamento do tempo como resultado da eficiência técnica é um argumento utilizado para provar a necessidade de lazer e descanso dos homens.

(5) O fragmento a seguir, caso fosse utilizado como continuidade do texto, manteria a coerência da argumentação: Existe, assim, uma ambiguidade entre a ampliação dos horizontes da liberdade e os resultados, de fato, alcançados pelo homem.

1: incorreta. A militância política não é um dos eixos principais do texto, sendo mencionada apenas de passagem. Os argumentos são estruturados entre o avanço da ciência e tecnologia e a fruição da liberdade; 2: correta. É justamente a crítica exposta pelo autor do texto ao avanço científico e tecnológico; 3: incorreta. O autor não se vale de ilustrações temáticas. O texto é composto de argumentos pautados na descrição da situação da sociedade, colhidos da observação empírica; 4: incorreta. A conclusão do autor é inversa: o avanço tecnológico criou uma contração, porque aumenta as possibilidades de lazer, porém ao mesmo tempo tolhe do homem o exercício dessa liberdade; 5: correta. O argumento é coerente com as ideias esposadas no texto e conclui de forma lógica a crítica do autor.

Gabarito 1E, 2C, 3E, 4E, 5C

(CESPE) De acordo com o Manual de Redação da Presidência da República, a redação oficial deve caracterizar-se por impessoalidade, uso de padrão culto da linguagem, clareza, concisão, formalidade e uniformidade. Em face dessa caracterização e do fragmento de texto oficial abaixo, julgue os itens que se seguem.

> A subchefia de assuntos jurídicos desse ministério submeteu ao magnífico procurador-geral da república, Dr. Aristóteles Sócrates Platão, consulta sobre sua opinião pessoal a respeito de matéria controversa que versa sobre os limites entre os direitos dos cidadões e a esfera do poder público, no sentido de tornar clara, explícita e incontroversa a questão levantada pela prestigiosa comissão que investiga o recebimento de um excelente automóvel zero quilômetro da marca Mercedez Benz pelo senhor chefe dos serviços gerais do nosso ministério para que seje investigado a fundo se o episódio pode ser considerado inflação do código de ética recentemente promulgado pelo poder executivo.

(1) Exceto pelo emprego de períodos sintáticos longos, o fragmento respeita as normas de concisão e objetividade recomendadas pelo Manual de Redação da Presidência da República.

(2) No fragmento, para que a característica de clareza seja observada, deve não apenas ser reformulado o nível sintático como também deve haver mais precisão na organização das ideias.

(3) Embora os níveis gráfico e lexical estejam corretos, o texto desrespeita as regras do padrão culto da linguagem no nível sintático.

(4) O texto não obedece às características de formalidade e de impessoalidade que devem nortear toda correspondência oficial para que esta adquira uniformidade.

(5) As formas de tratamento empregadas no texto revelam um caráter de respeitosa formalidade e estão de acordo com as recomendações para textos oficiais.

1: incorreta. Falta ao texto objetividade, porque permeado de opiniões pessoais do autor, e concisão, pois diversas passagens apresentam reiterações de termos sinônimos, caracterizando a prolixidade; 2: correta. Tais falhas também são percebidas na redação, à qual falta clareza na exposição das ideias; 3: incorreta. Há problemas também no nível gráfico (ortografia) e lexical (vocabulário); 4: correta. Como salientado no comentário da questão 1, o texto é permeado de opiniões do próprio autor, fulminando a objetividade necessária aos documentos oficiais; 5: incorreta. "Magnífico" é pronome de tratamento reservado a reitores de universidades. O Procurador-Geral da República, chefe do Ministério Público da União, deve ser tratado por "Excelência".

Gabarito 1E, 2C, 3E, 4C, 5E

TEXTO I

ALIMENTO DA ALMA

O comerciante André Faria, 49 anos, dono de um bar em Campinas (SP), pulou da cama às 6 da manhã, trabalhou o dia inteiro e ainda guarda disposição e bom humor para cantar baixinho enquanto prepara a terceira "quentinha" da noite.

O homem miúdo, de cabelos grisalhos e olhos azuis de um brilho intenso, aguarda sua outra freguesia: há anos ele alimenta moradores de rua por sua conta própria. Com a ajuda do fiel escudeiro, Mineiro, 64 anos, André prepara uma grande panela de sopa para 10, 12 pessoas no inverno, ou distribui arroz, feijão e carne para quem passa por ali nos dias mais quentes do ano.

Basta conversar alguns minutos com André para perceber que ele não faz isso para "parecer bonzinho".

"Não dá pra gente, que trabalha com comida, negar um prato a quem tem fome", diz. "Tem gente que faz isso, mas não é o meu caso, pois precisa ser muito frio."

Tatiana Fávero, Correio Popular.

(**UNIFAP**) Após ser reformulado, em que alternativa o 1º parágrafo do texto acima, apresenta desvio semântico, independente de haver omissão ou acréscimo de palavras?

(A) Dono de um bar em Campinas (SP), 49 anos, o comerciante André Faria, pulou da cama às 6 da manhã, trabalhou o dia inteiro e ainda guarda disposição e bom humor para preparar a terceira "quentinha" da noite, enquanto canta baixinho.
(B) 49 anos, dono de um bar em Campinas (SP), o comerciante André Faria, pulou da cama às 6 da manhã, trabalhou o dia inteiro e ainda guarda disposição e bom humor para cantar baixinho enquanto prepara a terceira "quentinha" da noite.
(C) Pulou da cama às 6 da manhã, o comerciante André Faria, 49 anos, dono de um bar em Campinas (SP), trabalhou o dia inteiro e ainda guarda disposição e bom humor para cantar baixinho enquanto prepara a terceira "quentinha" da noite.
(D) André Faria, comerciante, 49 anos, dono de um bar em Campinas (SP), às 6 da manhã pulou da cama, trabalhou o dia inteiro e ainda guarda disposição e bom humor para cantar baixinho enquanto prepara a terceira "quentinha" da noite.
(E) Dono de um bar em Campinas (SP), o comerciante André Faria, 49 anos, pulou da cama às 6 da manhã, trabalhou o dia inteiro e, à noite prepara a terceira "quentinha" e ainda guarda disposição e bom humor para cantar baixinho.

A reformulação da ordem do discurso, deslocando os elementos sintáticos ao longo do período, produziu alteração de sentido apenas na alternativa "A", que deve ser assinalada. No parágrafo em questão, o narrador destaca a disposição de André para cantar, mesmo depois de um dia de trabalho; na alternativa, sugere-se que André guarda disposição para preparar a terceira "quentinha" da noite.

Gabarito "A"

TEXTO II

MULHERES MAIS FORTES QUE HOMENS?

Quando ficam doentes, os homens agem como bebês, dizem as mulheres. Mas talvez elas devessem seguir o exemplo dos rapazes – isso poderia salvar-lhes a vida, explicam pesquisadores da Universidade de Michigan. Quando as mulheres sofrem um enfarte, têm mais probabilidade de adiar a busca por ajuda médica e, depois, dificilmente tomam providências para melhorar a saúde em geral. O motivo? As mulheres são fortes demais; elas acham que seus problemas simplesmente não têm muita importância. Quando Steven Erickson e colaboradores perguntaram a 348 homens e 142 mulheres, que haviam sido internados por causa de enfarte, sobre seus sintomas e a medicação, descobriram que, embora as mulheres tivessem tido mais sintomas e estivessem tomando mais remédios, classificaram sua doença como menos grave do que os homens.

J.R. O Globo, 2005.

(**UNIFAP**) Predominantemente, de acordo com o tipo de composição, o TEXTO I e o TEXTO II acima são, respectivamente, de natureza:

(A) descritiva e dissertativa-argumentativa.
(B) narrativa e dissertativa-expositiva.
(C) narrativa e descritiva.
(D) dissertativa-expositiva e descritiva.
(E) dissertativa e dissertativa-argumentativa.

O texto I apresenta fatos que transcorrem concatenadamente, rumo ao fim da história. Trata-se, notadamente, de um texto narrativo. Já o texto II elenca fatos estatísticos ou de pesquisas realizadas com bases objetivas, com o intuito de expor uma ideia ou fatos relevantes para o leitor. Trata-se de um texto dissertativo-expositivo. Esse tipo de texto se diferencia do dissertativo-argumentativo na medida em que este se baseia na opinião do autor sobre determinado fato relevante ou polêmico, sendo, portanto, majoritariamente baseado em pontos subjetivos.

Gabarito "B"

(**UNIFAP**) Com relação ao tipo de função da linguagem utilizada nos textos I e II, analise as afirmativas:

I. No texto I predomina a função apelativa e no texto II a função conativa.
II. No texto I, existem algumas passagens onde aparece a função emotiva (3º parágrafo).
III. Nos dois textos, o predomínio é da função referencial.
IV. Na construção do texto II, o autor mescla função referencial e função fática.

Assinale a alternativa correta:

(A) Apenas as afirmativas I e II estão corretas.
(B) Apenas as afirmativas I e IV estão corretas.
(C) Apenas as afirmativas II e IV estão corretas.
(D) Apenas as afirmativas II e III estão corretas.
(E) Apenas as afirmativas I e III estão corretas.

I: incorreta. Função apelativa é aquela que tenta convencer o receptor da mensagem a fazer ou acreditar em algo. É composta, majoritariamente, de verbos no imperativo ou conjugados na 2ª ou 3ª pessoa do plural. Função conativa é sinônimo de função apelativa. Tais características não são vistas em nenhum dos dois textos; II: correta. Função emotiva é aquela centralizada no emissor, quando ele procura expor seus próprios pensamentos e opiniões. Realmente, o 3º parágrafo do texto I traz exemplo de função emotiva, pois a autora relata o que percebeu na conduta de André; III: correta.

Função referencial (ou denotativa) é aquela focada na clareza da mensagem. Em sua maior parte, não há comentários ou avaliação do autor, que se preocupa apenas em narrar os fatos. Tais são as características marcantes dos dois textos; IV: incorreta. Função fática é aquela vislumbrada quando o autor pretende manter o canal de comunicação aberto com o leitor, chamando a atenção deste com expressões como: "veja bem", está entendendo?". Não há o uso da função fática da linguagem no texto II.

Gabarito "D"

Texto para a questão seguinte.

TEXTO – DIAGNÓSTICO

O Globo, 15/10/2004

Em oito anos, o número de turistas no Rio de Janeiro dobrou, enquanto os assaltos a turistas foram multiplicados por três, alcançando hoje a média de dez casos por dia. Considerando a importância que o turismo tem para a cidade – que anualmente recebe 5,7 milhões de visitantes de outros estados e do estrangeiro, destes, aliás, quase 40% dos que chegam ao Brasil têm como destino o Rio – é alarmante esse grau crescente de insegurança.

Por maior que tenha sido a indignação manifestada pelo governo federal, são números que reforçam o alerta do Departamento de Estado americano a agências de turismo dos Estados Unidos, divulgado no início do mês, a respeito do perigo que apresentam o Rio e outras grandes cidades brasileiras.

Não é exagero classificar de urgente a tarefa de fazer o turista se sentir mais seguro no Rio, considerando que os visitantes movimentam 13% da economia da cidade e que dentro de três anos teremos aqui o Pan. Parte da solução é simples: reforçar o policiamento ostensivo. A Secretaria de Segurança do Estado informa que há quase duas centenas de policiais patrulhando a orla, do Leblon ao Leme, mas não é o que se vê – nem é o que percebem os assaltantes.

Muitos destes aliás, são menores de idade com que o poder público simplesmente não sabe lidar, por falta de ação integrada entre autoridades estaduais e municipais, empenhadas num jogo de empurra sobre a responsabilidade por tirá-los das ruas. O que lhes confere uma percepção de impunidade que só faz piorar a situação.

Impunidade é também a sensação que resulta do deficiente trabalho de investigação policial: se não se consegue impedir o crime, sua gravação pelas câmeras da orla de pouco serve, pois não há um esquema eficaz de inteligência nem estrutura técnica adequada para seguir pistas.

É fácil atribuir todos os problemas à falta de verbas. Mas é mais justo falar em dinheiro mal aplicado. As próprias autoridades anunciam fartos investimentos em aparato tecnológico contra o crime; o retorno que deveria produzir a aplicação eficiente desse dinheiro seria o que não está acontecendo: a redução a níveis mínimos dos assaltos a turistas.

(**NCE-UFRJ**) "...informa que há quase duas centenas de policiais..."; o fato de se empregar "duas centenas" e não "duzentos" mostra, por parte da Secretaria de Segurança do Estado, a intenção de:

(A) valorizar a quantidade dos policiais empregados;
(B) demonstrar a verdade da afirmação feita;
(C) conservar certos modismos da linguagem militar;
(D) indicar a pouca importância dos assaltos cometidos;
(E) mostrar a imensa disponibilidade de pessoal.

A substituição do termo comum "duzentos" por seu equivalente mais longo e menos usado "duas centenas" pretende transmitir a impressão de que se trata de um número maior do que a realidade, fazendo a determinação de policiamento da orla com tal número soar mais valorizada. Tal sentido decorre da menção ao número maior (centena) ao invés de sua omissão. É a mesma ideia contida em dizer "meia dúzia" ao invés de "seis".

Gabarito "A"

Paz como equilíbrio do movimento

1	Como definir a paz? Desde a antiguidade encontramos muitas definições. Todas elas possuem suas
2	boas razões e também seus limites. Privilegiamos uma, por ser extremamente sugestiva: a paz é o equilíbrio
3	do movimento. A felicidade desta definição reside no fato de que se ajusta à lógica do universo e de todos
4	os processos biológicos. Tudo no universo é movimento, nada é estático e feito uma vez por todas.
5	Viemos de uma primeira grande instabilidade e de um incomensurável caos. Tudo explodiu. E ao
6	expandir-se, o universo vai pondo ordem no caos. Por isso o movimento de expansão é criativo e
7	generativo. Tudo tem a ver com tudo em todos os momentos e em todas as circunstâncias. Essa afirmação
8	constitui a tese básica de toda a cosmologia contemporânea, da física quântica e da biologia genética e
9	molecular.
10	Em razão da panrelacionalidade de tudo com tudo, o universo não deve mais ser entendido como o
11	conjunto de todos os seres existentes e por existir, mas como o jogo total, articulado e dinâmico, de todas as
12	relações que sustentam os seres e os mantém unidos e interdependentes entre si.
13	A vida, as sociedades humanas e as biografias das pessoas se caracterizam pelo movimento. A
14	vida nasceu do movimento da matéria que se auto-organiza; a matéria nunca é "material", mas um jogo
15	altamente interativo de energias e de dinamismos que fazem surgir os mais diferentes seres. Não sem razão
16	asseveram alguns biólogos que, quando a matéria alcança determinado nível de auto-organização, em
16	qualquer parte do universo, emerge a vida como imperativo cósmico, fruto do movimento de relações
18	presentes em todo o cosmos.
19	As coisas mantêm-se em movimento, por isso evoluem; elas ainda não acabaram de nascer. Mas o
20	caos jamais teria chegado a cosmos e a desordem primordial jamais teria se transformado em ordem aberta

21	se não houvesse o equilíbrio. Este é tão importante quanto o movimento. Movimento desordenado é
22	destrutivo e produtor de entropia. Movimento com equilíbrio produz sintropia e faz emergir o universo como
23	cosmos, vale dizer, como harmonia, ordem e beleza.
24	Que significa equilíbrio? Equilíbrio é a justa medida entre o mais e o menos. O movimento possui
25	equilíbrio e assim expressa a situação de paz se ele se realizar dentro da justa medida, não for nem
26	excessivo nem deficiente. Importa, então, sabermos o que significa a justa medida.
27	A justa medida consiste na capacidade de usar potencialidades naturais, sociais e pessoais de tal
28	forma que elas possam durar o mais possível e possam, sem perda, se reproduzir. Isso só é possível,
29	quando se estabelece moderação e equilíbrio entre o mais e o menos. A justa medida pressupõe realismo,
30	aceitação humilde dos limites e aproveitamento inteligente das possibilidades. É este equilíbrio que garante
31	a sustentabilidade a todos os fenômenos e processos, à Terra, às sociedades e à vida das pessoas.
32	O universo surgiu por causa de um equilíbrio extremamente sutil. Após a grande explosão originária,
33	se a força de expansão fosse fraca demais, o universo colapsaria sobre si mesmo. Se fosse forte demais, a
34	matéria cósmica não conseguiria adensar-se e formar assim gigantescas estrelas vermelhas,
35	posteriormente, as galáxias, as estrelas, os sistemas planetários e os seres singulares. Se não tivesse
36	funcionado esse refinadíssimo equilíbrio, nós humanos não estaríamos aqui para falar disso tudo.
37	Como alcançar essa justa medida e esse equilíbrio dinâmico? A natureza do equilíbrio demanda
38	uma arte combinatória de muitos fatores e de muitas dimensões, buscando a justa medida dentre todas
39	elas. Pretender derivar o equilíbrio de uma única instância é situar-se numa posição sem equilíbrio. Por isso
40	não basta a razão crítica, não é suficiente a razão simbólica, presente na religião e na espiritualidade, nem a
41	razão emocional, subjacente ao mundo dos valores e das significações, nem o recurso da tradição, do bom
42	senso e da sabedoria dos povos.
43	Todas estas instâncias são importantes, mas nenhuma delas é suficiente, por si só, para garantir o
44	equilíbrio. Este exige uma articulação de todas as dimensões e todas as forças.
45	A partir destas ideias, temos condições de apreciar a excelência da compreensão da paz como
46	equilíbrio do movimento. Se houvesse somente movimento sem equilíbrio, movimento linear ou
47	desordenado, em todas as direções, imperaria o caos e teríamos perdido a paz. Se houvesse apenas
48	equilíbrio sem movimento, sem abertura a novas relações, reinaria a estagnação e nada evoluiria. Seria a
49	paz dos túmulos. A manutenção sábia dos dois polos faz emergir a paz dinâmica, feita e sempre por fazer,
50	aberta a novas incorporações e a sínteses criativas.
51	Consideradas sob a ótica da paz como equilíbrio do movimento, as sociedades atuais são
52	profundamente destruidoras das condições da paz. Vivemos dilacerados por radicalismos, unilateralismos,
53	fundamentalismos e polarizações insensatas em quase todos os campos. A concorrência na economia e no
53	mercado, feita princípio supremo, esmaga a cooperação necessária para que todos os seres possam viver e
55	continuar a evoluir. O pensamento único da ideologia neoliberal, levado a todos os quadrantes da terra,
56	destrói a diversidade cultural e espiritual dos povos. A imposição de uma única forma de produção, com a
57	utilização de um único tipo de técnica e de administração, maximizando os lucros, encurtando o tempo e
58	minimizando os investimentos, devasta os ecossistemas e coloca sob risco o sistema vivo de Gaia. As
59	relações profundamente desiguais entre ricos e pobres, entre Norte e Sul e entre religiões que se
60	consideram portadoras de revelação divina e outras religiões da humanidade, reforçam a arrogância e
61	aumentam os conflitos religiosos. Todos estes fenômenos são manifestações da destruição do equilíbrio do
62	movimento e, por isso, da paz tão ansiada por todos. Somente fundando uma nova aliança entre todos e
63	com a natureza, inspirada na paz-equilíbrio-do-movimento como método e como meta, conseguiremos
64	sociedades sem barbárie, onde a vida pode florescer e os seres humanos podem viver no cuidado de uns
65	para com os outros, em justiça e, enfim, na paz perene, secularmente ansiada.

BOFF, Leonardo. *Paz como equilíbrio do movimento.* Disponível em: <http://www.leonardoboff.com/site/vista/2001-2002/pazcomo.htm>. Acesso em: 14 nov. 2012. (Adaptado).

(**UEG**) Qual função da linguagem predomina no texto?

(A) Conativa
(B) Referencial
(C) Emotiva
(D) Poética

A: incorreta. Função conativa ou apelativa é aquela coloca o foco da mensagem no receptor, querendo incentivá-lo ou convencê-lo a fazer algo. É muito usada em textos publicitários, caracterizando-se pelo uso dos verbos no imperativo; B: correta. Função denotativa ou referencial é aquela que tem por foco o objeto do texto. A preocupação do autor é transmitir uma informação objetiva, com base em argumentos lógicos; C: incorreta. Função emotiva ou expressiva é aquela que concentra-se no emissor da mensagem, quando ele deseja que suas opiniões sejam percebidas pelo destinatário. Caracteriza-se pela conjugação dos verbos na primeira pessoa do singular e uso constante de sinais de pontuação que indicam expressividade (ponto de exclamação, reticências etc.); D: incorreta. Função poética é aquele encontrada na poesia, na linguagem em versos ou qualquer outra forma não usual de comunicação, como rimos ou jogos de imagens.

Gabarito "B"

(**UEG**) O texto acima apresenta características que permitem enquadrá-lo no gênero

(A) carta de leitor
(B) resenha crítica

(C) carta pessoal
(D) artigo de opinião

A: incorreta. A carta de leitor apresenta intertextualidade, ou seja, a referência a um texto anterior que deve ser obrigatoriamente conhecido para sua perfeita compreensão; B: incorreta. Resenha crítica é elaborada sobre uma produção literária já publicada, também apresentando intertextualidade; C: incorreta. Carta pessoal é uma forma que comunicação entre duas pessoas, pressupondo um emitente e um destinatário, normalmente dotada de informalidade; D: correta. O texto é um artigo de opinião, um espaço onde o autor tece seus argumentos objetivos sobre determinado assunto.

Gabarito "D"

TEXTO 1

Uma língua, múltiplos falares

No Brasil, convivemos não somente com várias línguas que resistem, mas também com vários jeitos de falar. Os mais desavisados podem pensar que os mineiros, por exemplo, preferem abandonar algumas palavras no meio do caminho quando perguntam "ôndôtô?" ao invés de "onde eu estou?". Igualmente famosos são os "s" dos cariocas ou o "oxente" dos baianos. Esses sotaques ou modos de falar resultam da interação da língua com uma realidade específica, com outras línguas e seus falantes.

Todas as línguas são em si um discurso sobre o indivíduo que fala, elas o identificam. A língua que eu uso para dizer quem eu sou já fala sobre mim; é, portanto, um instrumento de afirmação da identidade.

Desde suas origens, o Brasil tem uma língua dividida em falares diversos. Mesmo antes da chegada dos portugueses, o território brasileiro já era multilíngue. Estimativas de especialistas indicam a presença de cerca de mil e duzentas línguas faladas pelos povos indígenas. O português trazido pelo colonizador tampouco era uma língua homogênea. Havia variações, dependendo da região de Portugal de onde ele vinha.

Há de se considerar também que a chegada de falantes de português acontece em diferentes etapas, em momentos históricos específicos. Na cidade de São Paulo, por exemplo, temos primeiramente o encontro linguístico de portugueses com índios e, além dos negros da África, vieram italianos, japoneses, alemães, árabes, todos com suas línguas. Daí que na mesma São Paulo podem-se encontrar modos de falar distintos, como o de Adoniram Barbosa, que eternizou em suas composições o sotaque típico de um filho de imigrantes italianos, ou o chamado erre retroflexo, aquele erre dobrado que, junto com a letra i, resulta naquele jeito de falar "cairne" e "poirta" característico do interior de São Paulo.

Independentemente dessas peculiaridades no uso da língua, o português, no imaginário, une. Na verdade, a construção das identidades nacionais modernas se baseou num imaginário de unidade linguística. É daí que surge o conceito de língua nacional, língua da nação, que pretensamente une a todos sob uma mesma cultura. Esta unidade se constitui a partir de instrumentos muito particulares, como gramáticas e dicionários, e de instituições como a escola. No Brasil, hoje, o português é a língua oficial e também a língua materna da maioria dos brasileiros. Entretanto, nem sempre foi assim.

Patrícia Mariuzzo. Disponível em: http://www.labjor.unicamp.br/patrimonio/materia.php?id=219. Acesso em 09.05.2012. Excerto adaptado.

(**PIAUÍ**) O Texto 1 caracteriza-se por cumprir, prioritariamente, uma função:

(A) publicitária.
(B) lúdica.
(C) instrucional.
(D) didática.
(E) literária.

A: incorreta. Texto publicitário é aquele que pretende convencer o destinatário da mensagem a adquirir alguma coisa ou a convencê-lo a fazer algo; B: incorreta. Texto lúdico é o texto de humor, de conteúdo leve e divertido; C: incorreta. Texto instrucional é aquele que pretende ensinar o destinatário a fazer alguma coisa, como um manual de instruções de um equipamento eletrônico ou uma norma jurídica; D: correta. Texto didático é aquele que apresenta dados históricos ou científicos de interesse geral, para aumentar a cultura da população, como o apresentado na questão; E: incorreta. Texto literário é o texto artístico, voltado à narração, descrição ou poesia elaborado conforme as influências reinantes em determinado momento histórico.

Gabarito "D"

Sonhos Sonhos são

Negras nuvens
Mordes meu ombro em plena turbulência
Aeromoça nervosa pede calma
Aliso teus seios e toco
Exaltado coração
Então despes a luva para eu ler-te a mão
E não tem linhas tua palma
Sei que é sonho
Incomodado estou, num corpo estranho
Com governantes da América Latina
Notando meu olhar ardente
Em longínqua direção
Julgam todos que avisto alguma salvação
Mas não, é a ti que vejo na colina
Qual esquina dobrei às cegas
E caí no Cairo, ou Lima, ou Calcutá
Que língua é essa em que despejo pragas
E a muralha ecoa
Em Lisboa
Faz algazarra a malta em meu castelo
Pálidos economistas pedem calma
Conduzo tua lisa mão
Por uma escada espiral
E no alto da torre exibo-te o varal

Onde balança ao léu minh'alma
Em Macau, Maputo, Meca, Bogotá
Que sonho é esse de que não se sai
E em que se vai trocando as pernas
E se cai e se levanta noutro sonho
Sei que é sonho
Não porque da varanda atiro pérolas
E a legião de famintos se engalfinha
Não porque voa nosso jato
Roçando catedrais
Mas porque na verdade não me queres mais
Aliás, nunca na vida foste minha

(Chico Buarque)

(FGV) "Que sonho é esse de que não se sai" (verso 27)

Assinale a alternativa em que se passou o verso acima corretamente para o discurso indireto:

(A) Ele perguntou que sonho era aquele de que não se saía.
(B) Ele perguntou que sonho era este de que não se sai.
(C) Ele perguntou que sonho é aquele de que não se sai.
(D) Ele perguntou que sonho era esse de que não se saíra.
(E) Ele perguntou que sonho foi aquele de que não se saiu.

O discurso é direto quando é o próprio personagem que fala; no discurso indireto não há diálogo, o narrador transmite ao leitor o que os personagens disseram, sendo o intérprete deles. No discurso indireto temos a presença de verbo de elocução (núcleo do predicado da oração principal), seguido de oração subordinada (fala do personagem). Portanto, ao passar o verso do enunciado para o discurso indireto, devemos colocá-lo na 3ª pessoa do singular (ele); os verbos que estão no presente do indicativo vão para o pretérito imperfeito do indicativo (é -> era, sai -> saía); e o pronome demonstrativo de 2ª pessoa (esse) vai para pronome demonstrativo de 3ª pessoa (aquele).

Gabarito "A"

(FGV) Em relação à redação oficial, com base no *Manual de Redação da Presidência da República*, analise as afirmativas a seguir:

I. A redação oficial deve caracterizar-se pela impessoalidade, uso do padrão culto de linguagem, clareza, concisão, formalidade e uniformidade.
II. A transparência do sentido dos atos normativos, bem como sua inteligibilidade, são requisitos do próprio Estado de Direito: é inaceitável que um texto legal não seja entendido pelos cidadãos. A publicidade implica necessariamente, clareza e concisão.
III. As comunicações oficiais são necessariamente uniformes, pois há sempre um único comunicador (o Serviço Público) e o receptor dessas comunicações ou é o próprio Serviço Público (no caso de expedientes dirigidos por um órgão a outro) – ou o conjunto dos cidadãos ou instituições tratados de forma homogênea (o público).

Assinale:

(A) se somente as afirmativas I e II estiverem corretas.
(B) se todas as afirmativas estiverem corretas.
(C) se somente as afirmativas I e III estiverem corretas.
(D) se somente as afirmativas II e III estiverem corretas.
(E) se nenhuma afirmativa estiver correta.

I: correta, nos exatos termos trazidos pelo Manual, no tópico "O que é Redação Oficial"; II: correta, podendo tal passagem ser localizada no mesmo tópico do Manual, esclarecendo os conceitos de clareza e concisão; III: correta, sendo também extraída literalmente do Manual para elucidar o que se entende por uniformidade.

Gabarito "B"

(FGV) Com base no *Manual de Redação da Presidência da República*, analise as afirmativas a seguir:

I. Há somente dois fechos diferentes para todas as modalidades de comunicação oficial: "atenciosamente" e "respeitosamente".
II. Nas comunicações oficiais fica proibido o uso de negrito, itálico, sublinhado, letras maiúsculas, sombreado, sombra, relevo, bordas ou qualquer outra forma de formatação que afete a elegância e a sobriedade do documento.
III. Para facilitar a localização, os nomes dos arquivos devem ser formados da seguinte maneira: *tipo do documento + número do documento + palavras-chaves do conteúdo*.

Assinale:

(A) se somente as afirmativas I e II estiverem corretas.
(B) se somente as afirmativas II e III estiverem corretas.
(C) se somente as afirmativas I e III estiverem corretas.
(D) se todas as afirmativas estiverem corretas.
(E) se nenhuma afirmativa estiver correta.

I: correta. "Atenciosamente" é usado para autoridades de mesma hierarquia ou de hierarquia inferior, enquanto "respeitosamente" deve ser usado quando o destinatário ostenta hierarquia superior à do remetente; II: incorreta. O Manual proíbe apenas o abuso de tais elementos de formatação. Seu uso moderado é aceito; III: correta, nos termos do item 3.2, "o", do Manual.

Gabarito "C"

(FGV) A respeito do memorando, com base no *Manual de Redação da Presidência da República*, analise as afirmativas a seguir:

I. Tem caráter exclusivamente administrativo, devendo ser adotado como principal comunicação cotidiana pelo serviço público nessa esfera.
II. O memorando é a modalidade de comunicação entre unidades administrativas de um mesmo órgão, que podem estar hierarquicamente em mesmo nível ou em níveis diferentes. Trata-se de uma forma de comunicação eminentemente interna.
III. Sua característica principal é a agilidade. A tramitação do memorando em qualquer órgão deve pautar-se pela rapidez e pela simplicidade de procedimentos burocráticos. Para evitar desnecessário aumento do número de comunicações,

os despachos ao memorando devem ser dados no próprio documento e, no caso de falta de espaço, em folha de continuação.

Assinale:

(A) se somente as afirmativas I e II estiverem corretas.
(B) se somente as afirmativas II e III estiverem corretas.
(C) se somente as afirmativas I e III estiverem corretas.
(D) se todas as afirmativas estiverem corretas.
(E) se nenhuma afirmativa estiver correta.

I: incorreta. A função do memorando é eminentemente administrativa, mas limita-se a comunicações dentro do mesmo órgão. O serviço público em geral não prescinde da comunicação via ofício entre órgãos diferentes da Administração Pública; II: correta, nos exatos termos do item 3.4.1 do Manual, que traz a definição de memorando; III: correta. O parágrafo relata, literalmente, a finalidade do memorando exposta no item 3.4.1 do Manual.

Gabarito "B"

Texto para as duas questões seguintes.

Ainda é cedo amor
Mal começaste a conhecer a vida
Já anuncias a hora da partida
Sem saber mesmo o rumo que irás tomar
Preste atenção querida
Embora eu saiba que estás resolvida
Em cada esquina cai um pouco a sua vida
Em pouco tempo não serás mais o que és
Ouça-me bem, amor
Preste atenção o mundo é um moinho
Vai triturar teus sonhos tão mesquinhos
Vai reduzir as ilusões a pó
Preste atenção querida
De cada amor tu herdarás só o cinismo
Quando notares estás à beira do abismo
Abismo que cavaste com teus pés

Cartola

(CESGRANRIO) Observe as seguintes formas verbais retiradas do texto acima: "anuncias" (v. 3); "Preste" (v. 5); "estás" (v. 6); "serás" (v. 8); "Ouça-me" (v. 9) e "tu herdarás" (v. 14). É correto afirmar que, no poema, estas formas destacadas:

(A) desconsideram a norma culta na relação sujeito-verbo.
(B) referem-se à 2ª pessoa do singular quando no imperativo.
(C) referem-se à 3ª pessoa do singular quando no indicativo.
(D) revelam alternância de tratamento.
(E) mantêm uniformidade no tratamento.

A: incorreta. Todas as conjugações obedecem à forma culta da língua e as regras de concordância; B: incorreta, porque as formas do imperativo estão na 3ª pessoa do singular ("preste" e "ouça-me"); C: incorreta, porque as formas do indicativo estão na 2ª pessoa do singular ("anuncias", "estás", "serás" e "tu herdarás"); D: correta. Exatamente conforme esclarecido nos comentários anteriores, há uma alternância no tratamento do interlocutor entre a 2ª e a 3ª pessoa do singular (tu e você); E: incorreta, porque, como já dito, não há uniformidade no tratamento.

Gabarito "D"

(CESGRANRIO) Sobre a linguagem utilizada pelo autor do texto acima, podem ser citadas algumas características:

I. linguagem figurada;
II. imagens realistas;
III. tom descritivo.

É(São) correta(s) apenas a(s) característica(s):

(A) I
(B) I e II
(C) I e III
(D) I, II e III
(E) III

I: correta. A linguagem figurada, ou sentido conotativo, pode ser encontrada nas expressões "cai um pouco de sua vida", "o mundo é um moinho", ou seja, pelo uso de sentidos diferentes daqueles que as palavras apresentam em seu estado literal; II: correta. O poeta relata fatos concretos, reais, que todas as pessoas reconhecem como cotidianos; III: incorreta. O texto não é descritivo, porque o poeta não se preocupa em dar detalhes sobre os fatos que menciona. Sua atenção é voltada, somente, aos cuidados que sua interlocutora deve tomar para não se decepcionar ao longo de sua vida.

Gabarito "B"

(CESGRANRIO) É correto afirmar que há ambiguidade na seguinte frase:

(A) Suas desculpas foram aceitas pelo diretor.
(B) Recebeu críticas elogiosas a peça cuja autora está fora do país.
(C) O ensino básico deve ser prioridade no Brasil.
(D) A preferência do diretor pela professora causou ciúmes.
(E) Comunico aos senhores que o professor confirmou suas declarações.

Ambiguidade é o vício de linguagem que acaba por permitir que a oração tenha mais de uma interpretação. Nas alternativas, a única que apresenta ambiguidade é a letra "E", porque o uso da expressão "suas declarações" pode tanto referir-se a declarações do "professor" quanto a declarações dos "senhores".

Gabarito "E"

Texto para as duas questões seguintes.

O jargão

Nenhuma figura é tão fascinante quanto o Falso Entendido. É o cara que não sabe nada de nada, mas sabe o jargão. E passa por autoridade no assunto. Um refinamento ainda maior da espécie é o tipo que não sabe nem o jargão. Mas inventa.

— Ó Matias, você, que entende de mercado de capitais...

— Nem tanto, nem tanto...

(Uma das características do Falso Entendido é a falsa modéstia.)

— Você, no momento, aconselharia que tipo de aplicação?

— Bom. Depende do yield pretendido, do throwback e do ciclo refratário. Na faixa de papéis top market — ou o que nós chamamos de topi-marque —, o throwback recai sobre o repasse e não sobre o release, entende?

— Francamente, não.

Aí o Falso Entendido sorri com tristeza e abre os braços como quem diz: "É difícil conversar com leigos...".

Uma variação do Falso Entendido é o sujeito que sempre parece saber mais do que ele pode dizer. A conversa é sobre política, os boatos cruzam os ares, mas ele mantém um discreto silêncio. Até que alguém pede a sua opinião e ele pensa muito antes de se decidir a responder:

— Há muito mais coisa por trás disso do que vocês pensam...

Ou então, e esta é mortal:

— Não é tão simples assim...

Faz-se aquele silêncio que precede as grandes revelações, mas o falso informado não diz nada. Fica subentendido que ele está protegendo as suas fontes em Brasília.

E há o Falso que interpreta. Para ele, tudo o que acontece deve ser posto na perspectiva de vastas transformações históricas que só ele está sacando.

— O avanço do socialismo na Europa ocorre em proporção direta ao declínio no uso de gordura animal nos países do Mercado Comum. Só não vê quem não quer.

E, se alguém quer mais detalhes sobre a sua insólita teoria, ele vê a pergunta como manifestação de uma hostilidade bastante significativa a interpretações não ortodoxas, e passa a interpretar os motivos de quem o questiona, invocando a Igreja medieval, os grandes hereges da história, e vocês sabiam que toda a Reforma se explica a partir da prisão de ventre de Lutero?

Luis Fernando Verissimo. As mentiras que os homens contam. Rio de Janeiro: Objetiva, 2000 (com adaptações)

(CESPE) A coerência e o sentido do texto seriam alterados caso a expressão "nada de nada" (l.2) fosse substituída por

(A) nada sobre coisa alguma.
(B) coisa alguma sobre coisa alguma.
(C) absolutamente nada.
(D) alguma coisa sobre nada.
(E) nada sobre nada.

A única expressão que não é sinônima de "nada de nada" é "alguma coisa sobre nada", pois indica que o interlocutor sabe alguma coisa de pouca importância.

Gabarito "D"

(CESPE) Assinale a opção em que a reescritura proposta mantém o sentido e a correção gramatical do período "A conversa é sobre política, os boatos cruzam os ares, mas ele mantém um discreto silêncio" (l.23-25).

(A) Embora a conversa é sobre política e os boatos cruzam os ares, ele mantém um discreto silêncio.
(B) A conversa é sobre política e os boatos cruzam os ares, apesar de ele manter um discreto silêncio.
(C) A conversa é sobre política mas ele mantém um discreto silêncio, embora os boatos cruzam os ares.
(D) A conversa é sobre política e, embora ele mantenha um discreto silêncio, os boatos cruzam os ares.
(E) Apesar de a conversa ser sobre política e de os boatos cruzarem os ares, ele mantém um discreto silêncio.

A: incorreta. A conjunção "embora" deve vir seguida do verbo no presente do subjuntivo: "embora a conversa seja sobre política e os boatos cruzem os ares, (...)"; B: incorreta. A locução conjuntiva "apesar de" tem sentido concessivo. Na alternativa proposta, entende-se que a conversa ocorre independentemente da participação dele. No texto, ao contrário, a conjunção "mas" denota a oposição entre as duas situações: é a situação ideal para o Falso Entendido se manifestar, mas ele não o faz; C: incorreta. Deveria haver vírgula antes de "mas" e, novamente, "embora" deveria vir seguida do verbo no presente do subjuntivo; D: incorreta. A expressão "embora ele mantenha um discreto silêncio", tal qual na alternativa "B", faz parecer que os boatos não deveriam existir nessa situação; E: correta. Aqui a expressão "apesar de" está criando a concessão no sentido correto: mesmo sendo a conversa sobre temas polêmicos, onde esperamos a manifestação dele, o Falso Entendido prefere manter silêncio.

Gabarito "E"

O poema nasce do espanto, e o espanto decorre do incompreensível. Vou contar uma história: um dia, estava vendo televisão e o telefone tocou. Mal me ergui para atendê-lo, o fêmur de uma das minhas pernas roçou o osso da bacia. Algo do tipo já acontecera antes? Com certeza. Entretanto, naquela ocasião, o atrito dos ossos me espantou. Uma ocorrência explicável, de súbito, ganhou contornos inexplicáveis. Quer dizer que sou osso? — refleti, surpreso. Eu sou osso? Osso pergunta? A parte que em mim pergunta é igualmente osso? Na tentativa de elucidar os questionamentos despertados pelo espanto, eclode um poema. Entende agora por que demoro 10, 12 anos para lançar um novo livro de poesia? Porque preciso do espanto. Não determino o instante de escrever: hoje vou sentar e redigir um poema. A poesia está além de minha vontade. Por isso, quando me indagam se sou Ferreira Gullar, respondo: às vezes.

Ferreira Gullar. Bravo, mar./2009 (com adaptações).

(CESPE) O sentido geral do texto acima estaria preservado se, em lugar de "um dia, estava vendo televisão e o telefone tocou" (l.2-3), estivesse

(A) certo dia, enquanto o telefone tocava, eu via televisão.

(B) um dia, quando o telefone tocava, eu via televisão.
(C) um dia, quando eu estava vendo televisão, o telefone tocou.
(D) um dia, o telefone tocou e eu vi televisão.
(E) eu estava vendo televisão; certo dia, o telefone tocou.

A: incorreta, porque a conjunção "enquanto" seguida do verbo no pretérito imperfeito no indicativo pressupõe que o autor via televisão na medida em que o telefone tocava incessantemente; B: incorreta, pois o pronome "quando" e o verbo no pretérito imperfeito do subjuntivo ensejam a interpretação de que o autor somente via televisão quando o telefone tocava; C: correta, tendo a oração exatamente o mesmo sentido daquela empregada no texto; D: incorreta, porque passa a mensagem de que o autor somente viu televisão porque o telefone tocou; E: incorreta, porque denota que o autor via televisão incessantemente até que, em dado momento, o telefone tocou.

Gabarito "C"

É essencial que as autoridades revejam as providências referentes ao tratamento e à custódia de todos os presos, a fim de assegurar que os mesmos sejam tratados com humanidade e em conformidade com a legislação brasileira e o conjunto de princípios da Organização das Nações Unidas (ONU) sobre proteção de todo indivíduo sob qualquer forma de detenção ou reclusão, as regras mínimas da ONU sobre o tratamento de prisioneiros e o artigo 10 do Acordo Internacional sobre os Direitos Civis e Políticos (ICCPR), que reza que todo indivíduo privado de liberdade deve ser tratado com humanidade e respeito pela dignidade inerente à pessoa humana.

Anistia Internacional. Tortura e maus-tratos no Brasil, 2001, p. 72 (com adaptações).

(CESPE) Tendo o texto acima por referência e considerando o tema por ele tratado, julgue o item seguinte.

(1) A eliminação do termo referencial "os mesmos" (L.3) prejudicaria a coerência do texto.

1: incorreta. Perceba que a eliminação hipotética do referencial não altera o sentido da oração: "a fim de assegurar que sejam tratados com humanidade (...)"

Gabarito 1E

(**ACAFE**) Correlacione as colunas a seguir, considerando as categorias de redação oficial.

(1) *Memorando*
(2) *Carta*
(3) *Ofício*
(4) *Requerimento*

() *Correspondência externa, entre autoridades da mesma categoria, ou de inferiores a superiores hierárquicos, ou ainda, de autoridades e secretarias a particulares.*
() *Correspondência eminentemente interna, entre unidades administrativas de um órgão, hierarquicamente em mesmo nível, ou ainda, em níveis diferentes.*
() *Correspondência social do administrador e altas chefias.*
() *Correspondência utilizada por pessoa física ou jurídica para requerer algo a que tem direito (ou supõe tê-lo).*

A sequência correta, de cima para baixo, é:

(A) 3 – 1 – 2 – 4
(B) 4 – 1 – 3 – 2
(C) 3 – 4 – 1 – 2
(D) 2 – 3 – 4 – 1

Nos termos do Manual de Redação da Presidência da República, memorando é "modalidade de comunicação entre unidades administrativas de um mesmo órgão, que podem estar hierarquicamente em mesmo nível ou em níveis diferentes"; carta não tem natureza oficial, sendo uma correspondência social (particular) do administrador e altas chefias; ofício "tem como finalidade o tratamento de assuntos oficiais com outras autoridades pelos órgãos da Administração Pública entre si e entre particulares"; requerimento também não tem natureza oficial e pode ser definido como o pedido escrito de pessoa física ou jurídica formalizado junto à Administração Pública para a defesa de um direito.

Gabarito "A"

(**ACAFE**) Assinale a alternativa que serve de exemplo de discurso indireto.

(A) A humildade é uma virtude – sempre me dizia meu pai.
(B) A modelo, pressionada, acabou confessando que tudo não passou de armação para despistar a imprensa.
(C) "Bem, o diabo regula seu estado preto, nas criaturas, nas mulheres, nos homens. Até nas crianças – eu digo." (Guimarães Rosa).
(D) "Virgília replicou: – Promete que um dia me fará baronesa?" (Machado de Assis)

O discurso é direto quando são os personagens que falam; o narrador interrompe a narrativa e dá espaço à fala do personagem; no discurso indireto não há diálogo, o narrador transmite ao leitor o que os personagens disseram com suas palavras. Portanto, nas alternativas A, C, D e E há discurso direto; somente na B há discurso indireto.

Gabarito "B"

Todo o lixo eletrônico produzido no Brasil será inventariado para que as empresas firmem um pacto de recolhimento e reciclagem. Acordo nesse sentido foi assinado no dia 10 de maio, em São Paulo, pela ministra do Meio Ambiente e pelo presidente do Compromisso Empresarial para a Reciclagem (CEMPRE). "Saiu um relatório da Organização das Nações Unidas (ONU) dizendo que o Brasil é o quarto ou quinto país no mundo em número de lixo eletrônico, e nós vamos fazer agora um inventário para saber qual é o comportamento do nosso país diante do problema", afirmou a ministra.

De acordo com dados apresentados no documento do

Programa Nacional das Nações Unidas para o Meio Ambiente (PNUMA), divulgado no começo deste ano, o mundo produz, a cada ano, cerca de 40 milhões de toneladas de lixo eletrônico a mais que no ano anterior, estando o Brasil entre os maiores produtores. Segundo a ministra, a ideia é fazer um inventário, dimensionar o tamanho do lixo eletroeletrônico brasileiro e conhecer o destino que é dado atualmente a esse tipo de material. Na opinião do presidente do CEMPRE, é importante que a maioria das empresas do setor participe da elaboração do inventário. "A previsão é de que possamos fazê-lo em quatro meses, sob a coordenação do Ministério do Meio Ambiente", explicou.

Outra novidade é a inauguração de um sítio de informações sobre o modo de descarte de aparelhos como computadores, impressoras, telefones celulares, câmeras e até geladeira. O consumidor poderá consultar, nos sítios do CEMPRE e do Ministério do Meio Ambiente (MIMA), os locais de coleta e de reciclagem dos materiais.

A ministra informou que o MIMA está estudando a adoção de medidas de estímulo ao consumidor, como a redução de impostos ou a distribuição de cupons de troca por outros produtos. "Com isso a gente espera permitir uma mudança no comportamento do consumidor para que ele passe a entender o que significa comprar, às vezes de maneira desenfreada, sem entender onde vai ficar o resultado dessa compra.

" Atualmente, tramita no Senado Federal o projeto da Política Nacional de Resíduos Sólidos. "Estamos nos antecipando a uma lei que está sendo votada para assegurar que o empreendedor ou aquele que gera um produto, que vai dar no lixo, tenha a responsabilidade de recolhê-lo, dando a esse 43 produto a destinação adequada", concluiu a ministra.

Lixo eletrônico do pais terá inventário de produção, recolhimento e reciclagem.
Internet: <www.ecodesenvolvimento.org.br> (com adaptações).

(CESPE) Assinale a opção correta no que se refere às estruturas linguisticas e ao vocabulário do texto.

(A) No trecho "Todo o lixo eletrônico produzido" (*l*.1), "Todo o" refere-se tanto ao conjunto completo do lixo eletrônico, quanto a cada elemento que compõe esse conjunto.

(B) Estariam mantidas a coerência e a correção gramatical do texto, caso o termo "a ministra" (*l*.11) fosse substituído pela forma pronominal lhe, desde que ligada por hífen à forma verbal "afirmou".

(C) A inclusão da preposição para imediatamente antes do vocábulo "dimensionar" (*l*.18) manteria a correção gramatical, mas traria prejuízo à coerência do texto.

(D) É adequada à coerência do texto a substituição da expressão "de maneira desenfreada" (*l*.36) por de forma desavisada.

(E) Infere-se do último parágrafo do texto que, no Senado Federal, tramita projeto de lei que trata especificamente da reciclagem de lixo eletrônico no Brasil.

A: correta; B: incorreta, porque o pronome "lhe" tem natureza de objeto indireto, equivalente a "a ela", que não faz sentido no texto; C: incorreta, porque a inclusão da preposição "para" não traria qualquer prejuízo à coerência do texto; D: incorreta, porque "desenfreada", sinônimo de "sem controle", tem sentido diferente de "desavisada", sinônimo de "sem atenção", o que interfere na coerência do texto; E: incorreta. O texto trata do projeto de lei sobre destinação de resíduos sólidos da indústria em geral, não só do lixo eletrônico.

Gabarito "A"

(CESPE) Assinale a opção correta quanto a aspectos gramaticais do texto.

(A) O vocábulo "documento" (*l*.12) retoma a palavra "Acordo" (*l*.3).

(B) Depreende-se do emprego do vocábulo "Outra" (.25) que a elaboração do inventário sobre o lixo eletrônico corresponde à primeira novidade, seguida da inauguração do sítio informativo.

(C) Atenderia à prescrição gramatical a inclusão do vocábulo **próprio** logo após 'ele' (*l*.35) e imediatamente antes de empreendedor' (*l*.41).

(D) As orações 'Estamos nos antecipando a uma lei' (*l*.39-40) e **Estamos antecipando uma lei** são equivalentes, quer do ponto de vista sintático, quer do semântico.

(E) A expressão 'que vai dar no lixo' (*l*.41-42), própria da oralidade, equivale no texto, quanto ao sentido, a **pouco durável**.

A: incorreta. O documento em questão é o relatório das Nações Unidas, não o acordo celebrado posteriormente; B: correta; C: incorreta, porque a inclusão do vocábulo "próprio" após o termo "ele" causaria um pleonasmo desnecessário na oração; D: incorreta, porque as orações não são equivalentes. "Antecipar uma lei" significa que ela será publicada antes do previsto, enquanto "antecipar-se a uma lei" implica que o agente está atuando de forma preventiva, antes que a lei seja publicada; E: incorreta. Não é esse o sentido da expressão, mas sim que, após seu uso (mais longo ou menos longo) o objeto será colocado no lixo.

Gabarito "B"

Questões como a necessidade de aprimorar a eficiência no uso, no tratamento e na distribuição da água são discutidas diariamente ao redor do mundo, porém o fato é que um bilhão de pessoas não têm acesso à água potável segundo dados oficiais da ONU. Atualmente, existe um movimento de especialistas para que a cobrança sobre o uso da água aumente como uma forma de arrecadar dinheiro para lidar com o problema. Em Washington, por exemplo, há um plano de dobrar o preço da água ao longo dos próximos cinco anos para ajudar a cidade a restaurar os encanamentos, que já têm 76 anos de idade.

De acordo com a Organização para a Cooperação e Desenvolvimento Econômico (OCDE), que acaba de publicar três relatórios sobre a questão, colocar o preço certo na água incentivará as pessoas a investir mais em infraestrutura e a desperdiçar e poluir menos. Em muitos países, tarifas já são aplicadas sobre o uso da água, tendo aumentado principalmente em conjunto com os investimentos em sistemas de tratamento de efluentes mais adequados ambientalmente. Os preços variam bastante, de forma que uma banheira cheia pode custar dez vezes mais na Dinamarca e na Escócia do que no México.

O desafio, segundo a OCDE, é equilibrar objetivos financeiros, ambientais e sociais nas políticas de precificação da água. Atualmente, a agricultura utiliza mais água do que residências e indústrias juntas, cerca de 70% do consumo global de água potável. Um dos relatórios demonstra que, apesar de este uso ter diminuído em alguns países, principalmente no leste europeu, outros países, como Grécia, Coreia, Nova Zelândia e Turquia, registraram grandes aumentos desde a década passada.

As projeções indicam que, em 2050, o consumo de água direcionado à produção agrícola para alimentar a crescente população mundial deve dobrar. Um dos relatórios da OCDE sugere que os agricultores paguem não apenas os custos operacionais e de manutenção da água, mas também parte dos custos da infraestrutura. É citado o exemplo da Austrália, que conseguiu cortar a água para irrigação pela metade sem perdas na produção.

Outro relatório examina maneiras de atrair novos recursos financeiros para fortalecer investimentos nos serviços de água e saneamento. Por exemplo, o estado indiano de Tamil Nadu melhorou o acesso ao mercado de pequenas usinas de resíduos ao juntar os projetos de água e saneamento em pacotes de investimento e combinar diferentes fontes de capital para financiar os pacotes. Isto reduz o risco de inadimplência, aumenta o volume financeiro e corta custos transacionais.

Outros mecanismos financeiros inovadores que têm sido implantados com sucesso incluem a mescla de subvenções e financiamentos reembolsáveis e microfinanciamentos.

Fernanda B. Muller. Cobrar mais pelo uso pode ser a solução para a água.
Internet: <www.envolverde.org.br> (com adaptações).

(CESPE) Assinale a opção correta em relação às estruturas linguisticas e às características tipológicas do texto.

(A) O verbo **incentivar**, empregado na linha 15, classifica-se, no texto, como transitivo direto.

(B) A flexão de plural nos verbos "investir" (*l*.15), "desperdiçar" (*l*.16) e "poluir" (*l*.16), prejudicaria a correção gramatical do trecho.

(C) Está implícita a expressão **no consumo de água**, após o termo "grandes aumentos" (*l*.29-30).

(D) Por defender a necessidade de melhoramento no uso, no tratamento e na distribuição de água no mundo, o texto tem caráter eminentemente dissertativo-argumentativo.

(E) Predomina, no texto, o tipo descritivo, já que nele é retratado o modo como se utiliza a água potável no mundo.

A: incorreta. O verbo "incentivar", no texto, é transitivo direto e indireto, pois é complementado pelo objeto direto "as pessoas" e pelo objeto indireto "a investir"; B: incorreta, porque é facultada a concordância dos verbos com o termo "pessoas"; C: correta, caracterizando figura de linguagem conhecida como elipse; D e E: incorretas, pois o texto se caracteriza como dissertativo puro, ou seja, a apresentação de dados com objetividade, sem interferência das opiniões pessoais do autor do texto.

Gabarito "C"

NADA MUDOU

"Em outros declives semelhantes, vimos, com prazer, progressivos indícios de desbravamento, isto é, matas em fogo ou já destruídas, de cujas cinzas começavam a brotar o milho, a mandioca e o feijão".(...) "Pode-se prever que em breve haverá falta até de madeira necessária para construções se, por meio de uma sensata economia florestal, não se der fim à livre utilização e devastação das matas desta zona". "As ervas desse campo, para serem removidas e fertilizar o solo com carbono e extirpar a multidão de insetos nocivos, são queimadas anualmente pouco antes de começar a estação chuvosa. Assistimos, com espanto, à surpreendente visão da torrente de fogo ondulando poderosamente sobre a planície sem fim." "( ) Há a atividade dos homens que esburacam o solo ( ) para a extração de metais. (...)" "Infelizmente ( ), ávidos da carne do tatu galinha, não ponderam sobre essas sábias disposições. Perseguem-no com tanta violência, como se a espécie tivesse de ser extinta". "No solo adubado com cinzas das matas queimadas dá boas colheitas ( ) Contudo, isso se refere somente à colheita do primeiro ano; no segundo já é menor e, no terceiro, o solo em geral está parcialmente esgotado e em parte tão estragado por um capim compacto, que a plantação é desfeita ". "Em parte, haviam sido queimadas grandes extensões das pradarias. Assisti hoje a este fenômeno diversas vezes e, por um quarto de hora, atravessamos campos incendiados, crepitando em altas chamas."

Lendo as citações acima, o leitor pode estar se perguntando de onde elas foram extraídas, até pela linguagem pouco usual, e a que lugares se referem. Poderá imaginar que são trechos de publicações técnicas sobre o meio ambiente, talvez algum relato de um membro de uma ONG ambientalista ou de um viajante de Portugal ou outra coisa qualquer do gênero. Pois bem, não é nada disso. Na verdade, as citações foram extraídas do livro "Viagem no Interior do Brasil" (1976, Editora Itatiaia), do naturalista austríaco Johann Emanuel Pohl.

O detalhe que torna as citações mais interessantes para aquelas pessoas preocupadas com o meio ambiente é a época em que foi feita a viagem: entre 1818 e 1819. Isto mesmo, há quase 190 anos! Repito: cento e noventa anos atrás. Triste constatar que, de lá pra cá, não só pouca coisa mudou como retrocedemos em outras.

O naturalista viajou pelos estados do Rio de Janeiro,

Minas Gerais, Goiás e Tocantins e descreveu os caminhos por onde passou. (...) O imediatismo, a destruição pela cobiça, a nefanda prática das queimadas, a falta de planejamento e o hábito de esgotar os recursos para posteriormente mudar o local da destruição são facilmente percebidos ao longo do texto. Na verdade, dada a época em que o relato foi feito, isto não constitui grande surpresa. O mais impressionante é a analogia com os dias atuais. (...) Quase dois séculos se passaram. O discurso ambientalista ganhou força e as ONG são entidades de peso político extraordinário. Mas tudo indica que, na prática, nada mudou.

Rogério Grassetto Teixeira da Cunha, biólogo, é doutor em Comportamento Animal pela Universidade de Saint Andrews. JB – Ecológico, ano V, nº 71, dez/2007.

(CESGRANRIO) As ideias relativas ao meio ambiente, que caracterizam este artigo, são desenvolvidas em um texto predominantemente

(A) técnico com descrição de paisagens.
(B) argumentativo com aspectos dissertativos.
(C) descritivo com tom regionalista.
(D) poético com passagens descritivas.
(E) jornalístico de cunho investigativo.

O texto pode ser classificado como dissertativo-argumentativo, porque expõe dados objetivos sobre o tema (dissertativo) permeados com as opiniões e críticas pessoais do autor (argumentativo).

Gabarito "B"

(CESGRANRIO) Segundo as normas da Redação Oficial, o emprego do pronome de tratamento está adequado em:

(A) Os estudantes solicitaram ao Excelentíssimo Senhor Presidente da República mais verbas para as universidades.
(B) Sua Excelência, o Papa Bento XVI, visitou o Brasil em 2007.
(C) O expediente foi encaminhado ao Meritíssimo Senhor Prefeito da Cidade.
(D) E, dirigindo-se ao deputado, em uma sessão plenária, disse: — Vossa Senhoria não conhece o assunto.
(E) O Magnífico Senhor Ministro de Estado discursou na solenidade.

A: correta; B: incorreta. O Papa e outras autoridades máximas religiosas são tratados pelo pronome "Santidade"; C: incorreta. O Prefeito é tratado como "Ilustríssimo". "Meritíssimo" é restrito a juízes de direito; D: incorreta. Deputados, Senadores e outras altas autoridades dos Poderes do Estado são tratados por "Excelência"; E: incorreta. "Magnificência", "magnífico", são pronomes de tratamento privativos de reitores de universidades. O Ministro de Estado deve ser tratado por "Excelência".

Gabarito "A"

(CESGRANRIO) Das frases a seguir, retiradas de correspondências oficiais, só uma está corretamente pontuada. Qual?

(A) Comunico que a funcionária, teve de suspender as férias.
(B) Agradecendo a pronta resposta, enviamos cordiais saudações.
(C) Nesta oportunidade; encaminhamos o material solicitado.
(D) Vimos solicitar, que nos informe, a data da reunião.
(E) O documento em anexo, deve ser analisado pelo Sr. Gerente.

A: incorreta. Não há vírgula após "funcionária", sujeito da oração subordinada (não se separa com vírgula o sujeito do verbo); B: correta; C: incorreta. A construção demanda o uso da vírgula, não do ponto e vírgula, após "oportunidade"; D: incorreta. O trecho "que nos informe" exerce função de objeto direto do verbo "informar" e, como tal, não deve ser separado por vírgulas; E: incorreta. Mais uma vez, a vírgula está erroneamente separando o sujeito do verbo na oração.

Gabarito "B"

O PREVINVEST, da CAIXA, é um excelente investimento para quem quer manter seu padrão de vida durante a aposentadoria. Com ele, você pode escolher o tipo de fundo de investimento em que você quer aplicar seus recursos, o valor da contribuição ou da renda desejada e a partir de quando pretende receber o benefício. O PREVINVEST é oferecido em duas modalidades: PGBL e VGBL.

A modalidade PGBL é ideal para os clientes que utilizam declaração completa de imposto de renda (IR), pois permite deduzirem-se da base de cálculo as contribuições feitas nos planos até o limite de 12% da renda bruta anual, desde que eles estejam contribuindo para o regime geral de previdência social do INSS ou para outro regime próprio.

A modalidade VGBL é mais indicada para os clientes que utilizam declaração simplificada de IR ou são isentos, ou ainda para os que ultrapassam o limite de 12% de desconto permitido. Além disso, o IR incide exclusivamente sobre os rendimentos alcançados com a aplicação dos recursos.

Internet: <www.caixa.gov.br> (com adaptações).

(CESPE) Considerando o primeiro parágrafo do texto, julgue o próximo item.

(1) As ideias e a correção gramatical do texto seriam mantidas caso se reescrevesse o trecho "para

quem quer manter seu padrão de vida durante a aposentadoria" da seguinte forma: "para quem quer que seu padrão de vida seja mantido durante a aposentadoria".

1: correta. A transposição para a voz passiva foi feita perfeitamente.

Gabarito 1C

Aplicação financeira

A carteira de investimentos da CAIXA oferece as melhores opções para o seu dinheiro. Seja qual for o seu perfil — ousado ou conservador —, a CAIXA tem uma modalidade de aplicação para você.

Você garante o seu futuro e ainda conta com uma série de vantagens, sempre com a segurança e solidez da CAIXA.

Internet: <www.caixa.gov.br > (com adaptações).

(CESPE) No item a seguir, é apresentada uma reescritura dos dois parágrafos do anúncio acima. Julgue se a reescritura apresentada mantém as ideias originais e a correção gramatical.

(1) A carteira de investimentos da CAIXA oferece as melhores escolhas para você aplicar o seu dinheiro. Se o seu perfil for ousado, a CAIXA tem uma modalidade de aplicação para o seu dinheiro; se for conservador, idem.

Sempre com a segurança e a solidez da CAIXA, você garante o seu futuro, além de contar com uma série de vantagens.

1: correta. A paráfrase não apresenta qualquer problema gramatical, alteração semântica ou perda de coerência com o texto original.

Gabarito 1C

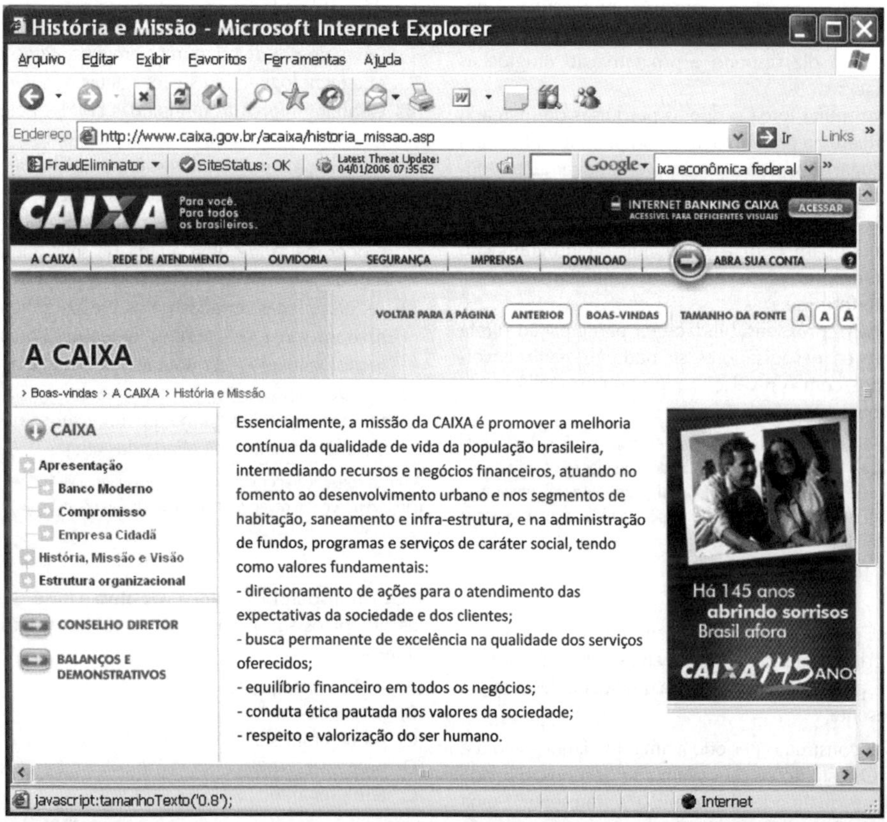

(CESPE) Julgue os itens seguintes.

(1) É correta e coerente com o texto **"Missão"** a substituição de "intermediando" e "atuando" por **ao intermediar** e **em atuar**, respectivamente.

(2) O texto **"Missão"** permanecerá correto, se o trecho "caráter social, tendo como valores fundamentais" for substituído por: **caráter social. Têm como valores fundamentais**.

1: incorreta. A substituição do gerúndio pelo infinitivo em "intermediando" altera a coerência do texto, porque "ao intermediar" traz a ideia de conformidade, não presente na oração original. Já a substituição de "atuando" pela expressão proposta tornaria o texto gramaticalmente errado; 2: incorreta. O verbo "ter" deveria estar no singular (sem acento), porque, nessa paráfrase, resgataria o termo "missão" (linha 1).

Gabarito 1E, 2E

(FCC) Transformando-se para a voz passiva a frase **As pesquisas de mercado vêm medindo a aceitação do público**, a forma verbal resultante será:

(A) Vem sendo medida.
(B) è medida.
(C) têm medido.
(D) estará sendo medida.
(E) mediu-se.

A transposição correta para a voz passiva seria: "A aceitação do público vem sendo medida pelas pesquisas de mercado".

Gabarito "A"

(FCC) Está clara, coerente e correta a redação da frase:

(A) Quando houver real participação dos pesquisadores na programação infantil, é possível que a qualidade dos programas atinja um nível bastante aceitável.
(B) A mídia eletrônica, com sua onipresença, é necessário ter sua qualidade controlada, sobretudo quando diz respeito a programação dirigida às crianças.
(C) Tem muita força o que as pesquisas de mercado influem na programação infantil, ocupando assim o lugar das preocupações verdadeiramente educacionais.
(D) Não obstante os especialistas em educação se preocupam com a qualidade da programação infantil, ficam à distância, praticamente sem interferir-lhe.
(E) É com a responsabilidade da participação direta que os pesquisadores se poderão sentir envolvidos com o nível em que desejam melhorar os programas infantis.

Todas as alternativas apresentam graves problemas de redação: falta de clareza e coerência, não se podendo entender seu sentido, concordância e regência verbal e nominal, entre outros. A única integralmente correta é a letra "A", que respeita o padrão culto da língua e as melhores técnicas de redação.

Gabarito "A"

(FCC) É preciso que os estudiosos aprendam a interferir na criação mesma dos programas, passando, assim, a ter responsabilidade direta na qualidade dessa mídia onipresente.

Caso se construa o período acima, iniciando-o com a frase "Os estudiosos passariam a ter responsabilidade direta na qualidade dessa mídia onipresente", uma frase que o conclua de forma coerente será

(A) para que aprendessem a interferir na qualidade mesma dos programas.
(B) caso seja preciso aprender a interferir na criação mesma dos programas.
(C) Uma vez que aprendessem a deixar de interferir na criação mesma dos programas.
(D) Se aprendessem a interferir na criação mesma dos programas.
(E) A menos que aprendessem a interferir na qualidade mesma dos programas.

O futuro do pretérito do indicativo, tempo verbal em que se encontra o vocábulo "passariam", tem valor de condicional. Assim, em consagração à coerência, a oração subordinada que completa a proposição deve também ter natureza condicional. A preposição "se" indica essa função na alternativa "D", que, além disso, está construída corretamente.

Gabarito "D"

(FCC)

I. Os gregos antigos criaram as olimpíadas.
II. As olimpíadas ganharam força nos tempos modernos.
III. Nos tempos modernos, a tecnologia é uma aliada dos atletas.

Essas afirmações articulam-se de modo correto e coerente no período:

(A) Nos tempos modernos as olimpíadas ganharam força, apesar de criarem os gregos antigos, e agora a tecnologia aliou-se aos atletas.
(B) Ganharam força as olimpíadas criadas pelos gregos antigos nos tempos modernos, porque com a tecnologia atual os atletas têm uma aliada.
(C) Uma vez criadas pelos gregos antigos, as olimpíadas ainda assim ganharam força nos tempos modernos, onde uma aliada de seus atletas é a tecnologia.
(D) As olimpíadas, criadas pelos gregos antigos, ganharam força nos tempos modernos, quando a tecnologia veio a ser uma aliada dos atletas.
(E) Criadas pelos antigos gregos, as olimpíadas nos tempos modernos ganharam força, ainda que sendo a tecnologia uma aliada dos atletas.

A única construção correta e coerente é a alternativa "D". As demais não fazem sentido ou apresentam incorreções gramaticais.

Gabarito "D"

(FCC) Transpondo-se para a voz **ativa** a frase "Os atletas olímpicos são preparados", a forma verbal resultante será

(A) estão sendo preparados.
(B) preparou-se.
(C) prepararam-se.
(D) preparam.
(E) têm preparado.

A voz ativa correta é formada da seguinte forma: "Preparam os atletas olímpicos".

Gabarito "D"

(FCC) Está clara e correta a redação da frase:

(A) Já se fala em "construir" um atleta, a tal ponto chegou a otimisação que passou a representar para o atleta o auxílio das ciências, bem como da tecnologia.

(B) Nas olimpíadas modernas, a diferença entre o sucesso e o fracasso pode estar em pequenas frações de tempo ou de espaço, em razão da alta competitividade.
(C) As diversas modalidades esportivas eram competidas na Grécia antiga tais e quais se fossem movimentos dos guerreiros praticados nos combates.
(D) Hoje é muito mais competitivo nas olimpíadas do que costumavam ser, a tendência é se explorar todos os limites humanos, contando ainda com a tecnologia.
(E) Não há nada de mal em que a ciência interfira nos esportes, desde que preserve-se a saúde dos atletas e não se esqueça os aspectos da socialização.

A: incorreta. Há problemas de coerência e ortografia (otimização); B: correta; C: incorreta. A construção correta seria "tal e qual fossem"; D: incorreta. Há problemas de coerência; E: incorreta. O pronome reflexivo "se" deveria estar anteposto ao verbo "preservar" e o verbo "esquecer" deveria estar no plural.

Gabarito "B"

(CESPE) Falar da origem das contas de poupança no Brasil é falar da primeira caixa econômica garantida pelo governo, criada no país. A origem dessas duas instituições é entrelaçada. Pode-se afirmar que a caixa econômica foi criada para, principalmente, colher depósitos de poupança popular no Brasil.

Essa associação de que estamos tratando pode ser percebida por meio da leitura de alguns trechos do decreto do Imperador Dom Pedro II que criava a Caixa Econômica da Corte.

O texto não deixa dúvidas sobre o que pretendia a elite política do país para o funcionamento da primeira caixa econômica oficial, a saber: criar dois tipos de serviços financeiros. O primeiro deles, o penhor, visava dar a possibilidade às classes populares de obterem um auxilio imediato em horas de dificuldades econômicas mais prementes, por meio do chamado Monte de Socorro, o qual emprestava dinheiro, tomando por base o valor de objetos que fossem entregues para penhor.

O segundo serviço financeiro era recolher depósitos sob poupança. Essa é a que nos interessa mais diretamente. De inicio, é interessante notar como o discurso dos criadores da CAIXA voltava-se para camadas populares. Tinha-se em mente atingir os mais pobres.

Nildo W. Luzio. Um pouco da História da poupança na Caixa Econômica Federal (com adaptações).

Considerando o texto acima, julgue os itens subsequentes.

(1) Estaria preservada a coerência textual ao se acrescentar "Isso porque" no início do segundo período do texto, com o correspondente ajuste na grafia.
(2) Os dois primeiros parágrafos do texto utilizam duas expressões diferentes para um único referente: "decreto do Imperador Dom Pedro II" (l.9), no primeiro e "O texto" (l.11), no segundo.

1: correta. A expressão introduz a ideia de explicação, que mantém a coerência do texto; 2: correta. Ambas as expressões referem-se à publicação da norma pelo Imperador D. Pedro II.

Gabarito 1C, 2C

A década de 70 do século XX marcou a implantação e a regulamentação do Programa de Integração Social (PIS), além da criação e expansão da Loteria Esportiva em todo o país. Nesse período, a CAIXA assumiu a gestão do crédito educativo e passou a executar a política determinada pelo Conselho de Desenvolvimento Social, por meio do Fundo de Apoio ao Desenvolvimento Social (FAS). Com a extinção do Banco Nacional de Habitação (BNH), em 1986, a empresa se transformou na maior agência de desenvolvimento social da América Latina, administrando o FGTS e tomando-se o órgão-chave na execução das políticas de desenvolvimento urbano, habitação e saneamento.

Em 1990, a instituição foi incumbida de centralizar quase 130 milhões de contas de FGTS que se encontravam distribuídas em 76 bancos.

Idem. ibidem (com adaptações).

(CESPE) Acerca do texto acima e do tema nele tratado, julgue os itens a seguir.

(1) As informações do texto estão organizadas de forma independente da ordem dos acontecimentos.
(2) Caso se suprima a palavra "quase" (1.16), altera-se a quantidade de contas referidas.
(3) Constituiria uma continuação correta, coesa e coerente para o texto o trecho: "Esse desafio foi vencido e, em 1993, ela efetuou o pagamento de cerca de 72 milhões de contas nativas desse Fundo".

1: incorreta. A apresentação dos fatos se dá em ordem cronológica; 2: correta, porque a frase passaria a informação de que eram exatamente 130 milhões de contas; 3: correta, porque mantém a ordem cronológica dos fatos e prossegue expandindo o último assunto tratado (FGTS).

Gabarito 1E, 2C, 3C

CAIXA

Aqui o Brasil acontece

Extrato Poupança

Para simples verificação

Nome da agência	Telefone	Código	Operação	Emissão
ALFA	555 5555	0007	013 – D.C.M.	01/05/2002

Na Poupança da CAIXA

Você concorre a cerca de 1.800 prêmios de
R$ 500, 00,

25 prêmios de

R$ 10 mil e

1 grande prêmio de

R$ 1 milhão.

Os prêmios são entregues sem nenhuma despesa extra para o cliente na agência em que o poupador sorteado tem sua conta de Poupança ou no domicílio do titular, no prazo máximo de 30 dias após o sorteio. O prêmio prescreve 180 (cento e oitenta) dias a partir da data do sorteio. Confira o regulamento no site da CAIXA www.caixa.gov.br.

CUPOM	CAIXA ECONÔMICA FEDERAL
Distribuição gratuita	Sede SBS Quadra 04 lote 3/4 Brasília-DF CNPJ/MF 00.360.305/0001-04
Período da promoção ABR/2002	Autorização Ministério da Fazenda 04/0066/2001

Distribuição de Prêmios da Promoção

Qtde. Prêmios	Valor Líquido R$	Valor Total R$
1800	500,00	900.000,00
25	10.000,00	250.000,00
1	1.000.000,00	1.000.000,00
1826		2.150.000,00

Os prêmios serão pagos em barras de ouro e/ou Títulos Públicos Federais, a critério da Caixa Econômica Federal, à época do pagamento.

Exemplo: Correlação do resultado da premiação com a Loteria Federal

1ª FASE		2ª FASE	
1º. Prêmio	33.234	1º. Prêmio	58.937
2º. Prêmio	29.732	2º. Prêmio	64.314
3º. Prêmio	27.579	3º. Prêmio	57.913
4º. Prêmio	51.431	4º. Prêmio	43.888
5º. Prêmio	39.300	5º. Prêmio	39.300

Número contemplado em todas as séries: 42910 Número contemplado 74.380

Número	Série	Número	Série	Válido para o sorteio de	Saldo médio agrupado	Mês/Ano
99550 A 99553	1583	00000 A 00000	0000	18/05/2002	1.425,17	04/2002

Nome do cliente	CPF / CNPJ	Conta	Mês / Ano	Folha
MANOEL JOAQUIM NETO	555.555.555-555	013.00555555.5	04/2002	00001

Resumo

Saldo Anterior	Créditos (+)	Débitos (-)	CPMF (-)	OutrPos (-)	Saldo Atual
1.416,34C	10,60	0,00	0,00	0,00	1.426,94C
Total geral	10,60	0,00	0,00	0,00	

Posição das aplicações por dia limite

Dia	Saldo Base	Saldo Atual	Rentabilidade	Dia	Saldo Base	Saldo Atual	Rentabilidade
02	221,92	223,42	0,6767%				
05	1.193,42	1.202,51	0,7618%				
17	1,00	1,01	0,7126%				

POUPANÇA DA CAIXA
AQUI ATÉ O SEU SONHO RENDE

(CESPE) Considerando o extrato acima, julgue os itens abaixo.

(1) Na expressão "Aqui o Brasil acontece", abaixo do logotipo da CAIXA, "Aqui" tem como referente a instituição CAIXA como um todo; mas em "AQUI ATÉ O SEU SONHO RENDE", na parte inferior do extrato, o referente de "AQUI" é o sistema de "POUPANÇA DA CAIXA".

(2) Como se trata de um extrato para "simples verificação", o pronome sublinhado em "<u>você</u> concorre a cerca de 1.800 prêmios" tem como referente imediato o cliente "MANOEL JOAQUIM NETO".

1: correta. O advérbio refere-se genericamente à CAIXA no primeiro caso e à poupança no segundo, pela expressa referência a esta logo antes de sua utilização; 2: correta, porque o extrato é um documento pessoal encaminhado ao cliente, transmitindo-lhe uma mensagem de seu interesse.

Gabarito 1C, 2C

Inflação é a maior desde outubro

O IPCA, que mede a taxa oficial de inflação, subiu 0,8% em abril, puxado principalmente pelos aumentos da gasolina e do gás de cozinha, cujos preços são administrados pelo governo. Sozinhos, os dois produtos responderam por mais da metade do índice calculado pelo Instituto Brasileiro de Geografia e Estatística (IBGE). Foi a maior alta desde outubro, quando o país enfrentava as consequências do racionamento de energia e os efeitos dos atentados terroristas nos Estados Unidos da América (EUA).

Idem, ibidem (com adaptações).

(CESPE) Com o auxílio do texto acima, julgue o item que se segue.

(1) A substituição de "responderam" (l.5). por se **responsabilizaram** preserva a correção gramatical e as relações semânticas da oração.

1: correta, pois as palavras são sinônimas.

Gabarito 1C

(CESPE) Nós, governos participantes da IV Conferência Mundial sobre a Mulher, reunidos em Beijing, em setembro de 1995, ano do quinquagésimo aniversário de fundação da Organização das Nações Unidas (ONU), estamos convencidos de que a erradicação da pobreza deve-se basear no crescimento econômico sustentável, no desenvolvimento social, na proteção ambiental e na justiça social, e requer a participação da mulher no processo de desenvolvimento econômico e social, com oportunidades iguais e a participação total e igualitária de homens e mulheres como agentes e beneficiários de um desenvolvimento sustentável centrado no ser humano. O reconhecimento tácito e a reafirmação do direito de todas as mulheres de controlar todos os aspectos de sua saúde, em especial de sua própria fertilidade, é essencial à sua capacitação.

José Augusto Lindgren Alves. Relações internacionais e temas sociais - a década das conferências. Brasília: FUNAG/IBRI. 2001, p. 419-21 (com adaptações).

Tendo como referência o texto acima, extraído do documento final da IV Conferência Mundial sobre a Mulher, julgue o item seguinte.

(1) No texto, a substituição de "todas as mulheres" (l.15) pela expressão **cada mulher** mantém a coerência da informação e a correção gramatical, sem exigir outras adaptações.

1: correta. A alteração não impõe alterações semânticas ou gramaticais.

Gabarito 1C

(FCC) Transpondo para a voz passiva a frase "Estão abrindo suas portas aos visitantes", a forma verbal resultante será ....

(A) serão abertas
(B) são abertas
(C) têm sido abertas
(D) têm aberto
(E) estão sendo abertas

A transposição correta para a voz passiva fica: "Suas portas aos visitantes estão sendo abertas".

Gabarito "E"

É grave o quadro atual do ensino superior. A greve de professores paralisa boa parte das universidades federais. As universidades públicas estão amargando uma espécie de êxodo de seus melhores profissionais.

Têm cada vez menos condições de competir com os salários pagos pelas instituições privadas.

(FCC) Indique o período que resume, de forma clara e exata, as informações do texto, e que não apresenta incorreção gramatical alguma.

(A) Devido a pagarem mal os professores, estão havendo greves nas universidades federais, em que os melhores profissionais procuram as instituições privadas.
(B) Os professores do ensino superior oficial estão fazendo greve, ou mesmo êxodo para as particulares, já que seus salários não são competitivos.
(C) Como os salários que pagam estão cada vez mais baixos, as universidades públicas estão sofrendo greves e o êxodo de seus melhores professores.
(D) As universidades particulares atraem os professores das oficiais, em virtude dos salários que pagam, e que chegam a provocarem greves.
(E) Há êxodo ou greve dos professores das universidades federais para as particulares, onde os salários as tornam muito mais competitivas.

A: incorreta. Além da falta de clareza, a locução verbal "estão havendo" deveria estar no singular ("está havendo"); B: incorreta. Há vício gramatical e falta de clareza em "ou mesmo êxodo para as particulares"; C: correta; D: incorreta. A parte final não faz sentido ("e que chegam a provocarem greves"); E: incorreta, por não reproduzir as ideias do texto (porque êxodo e greve têm razões diferentes).

Gabarito "C"

No início do século XX, a afeição pelo campo era uma característica comum a muitos ingleses. Já no final do século XVIII, dera origem ao sentimento de saudade de casa tão característico dos viajantes ingleses no exterior, como William Beckford, no leito de seu quarto de hotel português, em 1787, "assediado a noite toda por ideias rurais da Inglaterra." À medida que as fábricas se multiplicavam, a nostalgia do morador da cidade refletia-se em seu pequeno jardim, nos animais de estimação, nas férias passadas na Escócia, ou no Distrito dos Lagos, no gosto pelas flores silvestres e a observação de pássaros, e no sonho com um chalé de fim de semana no campo. Hoje em dia, ela pode ser observada na popularidade que se conserva daqueles autores conscientemente "rurais" que, do século XVII ao XX, sustentaram o mito de uma arcádia campestre.

Em alguns ingleses, no historiador G.M. Trevelyan, por exemplo, o amor pela natureza selvagem foi muito além desses anseios vagamente rurais. Lamentava, em um dos seus textos mais eloquentes, de 1931, a destruição da Inglaterra rural e proclamava a importância do cenário da natureza para a vida espiritual do homem. Sustentava que até o final do século XVIII as obras do homem apenas se somavam às belezas da natureza; depois, dizia, tinha sido rápida a deterioração. A beleza não mais era produzida pelas circunstâncias econômicas comuns e só restava, como esperança, a conservação do que ainda não fora destruído. Defendia que as terras adquiridas pelo Patrimônio Nacional, a maioria completamente inculta, deveriam ser mantidas assim.

Há apenas poucos séculos, a mera ideia de resistir à agricultura, ao invés de estimulá-la, pareceria ininteligível. Como teria progredido a civilização sem a limpeza das florestas, o cultivo do solo e a conversão da paisagem agreste em terra colonizada pelo homem? A tarefa do homem, nas palavras do Gênesis, era "encher a terra e submetê-la". A agricultura estava para a terra como o cozimento para a carne crua. Convertia natureza em cultura. Terra não cultivada significava homens incultos. E quando os ingleses seiscentistas mudaram-se para Massachusetts, parte de sua argumentação em defesa da ocupação dos territórios indígenas foi que aqueles que por si mesmos não submetiam e cultivavam a terra não tinham direito de impedir que outros o fizessem.

(FCC) Leia com atenção as frases que se seguem.

I. Iniciou-se a luta pela conservação da natureza ainda não deteriorada pelo homem.
II. Durante séculos a atividade humana complementou as belezas naturais.
III. Chegou o tempo em que a atividade humana começou a degradar as belezas naturais.

Assinale a alternativa em que as frases acima estão em correta relação lógica, de acordo com o texto.

(A) Chegou o tempo em que a atividade humana começou a degradar as belezas naturais, mesmo tendo acontecido de, antes, complementá-las, logo que se iniciou a luta pela conservação da natureza ainda não deteriorada pelo homem.
(B) Iniciou-se a luta pela conservação da natureza ainda não deteriorada pelo homem, quando ocorreu o tempo de a atividade humana começar a degradar as belezas naturais, visto que, durante séculos, a atividade humana complementou as belezas naturais.
(C) Assim que chegou o tempo de a atividade humana começar a degradar as belezas naturais, iniciou-se a luta pela conservação da natureza ainda não deteriorada pelo homem, à proporção que, durante séculos, a atividade humana complementou as belezas naturais.
(D) Iniciou-se a luta pela conservação da natureza ainda não deteriorada pelo homem, embora a atividade humana tivesse, durante séculos, complementado as belezas naturais, quando chegou o tempo de degradá-las.
(E) Apesar de, durante séculos, a atividade humana ter complementado as belezas naturais, chegou o tempo em que ela começou a degradá-las, por isso iniciou-se a luta pela conservação da natureza ainda não deteriorada pelo homem.

Com exceção da letra "E", todas as alternativas apresentam redações com falhas em sua estrutura lógica pela utilização equivocada das conjunções, tornando-as sem sentido.

Gabarito "E"

Será a felicidade necessária?

Felicidade é uma palavra pesada. Alegria é leve, mas felicidade é pesada. Diante da pergunta "Você é feliz?", dois fardos são lançados às costas do inquirido. O primeiro é procurar uma definição para felicidade, o que equivale a rastrear uma escala que pode ir da simples satisfação de gozar de boa saúde até a conquista da bem-aventurança. O segundo é examinar-se, em busca de uma resposta.

Nesse processo, depara-se com armadilhas. Caso se tenha ganhado um aumento no emprego no dia anterior, o mundo parecerá belo e justo; caso se esteja com dor de dente, parecerá feio e perverso. Mas a dor de dente vai passar, assim como a euforia pelo aumento de salário, e se há algo imprescindível, na difícil conceituação de felicidade, é o caráter de permanência. Uma resposta consequente exige colocar na balança a experiência passada, o estado presente e a expectativa futura. Dá trabalho, e a conclusão pode não ser clara.

Os pais de hoje costumam dizer que importante é que os filhos sejam felizes. É uma tendência que se impôs ao influxo das teses libertárias dos anos 1960. É irrelevante que entrem na faculdade, que ganhem muito ou pouco dinheiro, que sejam bem-sucedidos na profissão. O que espero, eis a resposta correta, é que sejam felizes. Ora, felicidade é coisa grandiosa. É esperar, no mínimo, que o filho sinta prazer nas pequenas coisas da vida. Se não for suficiente, que consiga cumprir todos os desejos e ambições que venha a abrigar. Se ainda for pouco, que atinja o enlevo místico dos santos. Não dá para preencher caderno de encargos mais cruel para a pobre criança.

(Trecho do artigo de Roberto Pompeu de Toledo. Veja. 24 de março de 2010, p. 142)

(FCC) O segmento cujo sentido original está reproduzido com outras palavras é:

(A) *dois fardos são lançados às costas do inquirido* = sérios embates se apresentam à questão.
(B) *a rastrear uma escala* = a estabelecer um novo caminho.
(C) *depara-se com armadilhas* = as interferências são enormes.
(D) *assim como a euforia pelo aumento de* salário = tendo em vista um pagamento maior.
(E) *ao influxo das teses libertárias* = sob a influência das ideias em defesa da liberdade.

A: incorreta. "Fardo" é usado no sentido de "peso", "dificuldade"; B: incorreta. "Escala" é usada no sentido de "hierarquia"; C: incorreta. Por "armadilhas" devemos entender "obstáculos"; D: incorreta. Apesar de equivalente, a substituição proposta alteraria o sentido do texto; E: correta.

Gabarito "E"

(FCC) Considere as alterações feitas nos segmentos abaixo grifados.

I. *Dá trabalho, e a conclusão pode não ser clara.* Dá trabalho, e a conclusão não pode ser clara.
II. *Nesse processo, depara-se com armadilhas.* Depara-se com armadilhas nesse processo.
III. *Não dá para preencher caderno de encargos mais cruel para a pobre criança.* Não dá para preencher caderno de encargos mais cruel para a criança pobre.

Com as modificações feitas na 2ª frase, altera-se o sentido do que foi afirmado na 1ª frase em

(A) II, apenas.
(B) III, apenas.

(C) I e II, apenas.
(D) I e III, apenas.
(E) I, II e III.

I: o sentido é alterado. "Pode não ser clara" indica a possibilidade de não se chegar a uma conclusão definida, enquanto "não pode ser clara" impõe a certeza de que não se chegará a uma conclusão determinada; II: não há alteração no sentido, porque deslocamos apenas a locução adverbial para seu lugar na ordem direta; III: há o sentido é alterado. A posição do adjetivo opera uma mudança semântica na expressão. "Pobre criança" é o infanto que em situação que gera piedade, ao passo que "criança pobre" é aquela em situação financeira desfavorável.

Gabarito "D"

A média universal do Índice de Desenvolvimento Humano aumentou 18% desde 1990. Mas a melhora estatística está longe de animar os autores do Relatório de 2010. Eles argumentam que, embora os números reflitam avanços em determinadas áreas, o mundo continua a conviver com problemas graves, que exigem uma nova perspectiva política.

O cenário apresentado pelo Relatório não é animador. O documento adverte que, nestes 20 anos, parte dos países enfrentou sérios problemas, sobretudo na saúde, anulando em alguns anos os ganhos de várias décadas. Além disso, o crescimento econômico tem sido desigual. Os padrões de produção e consumo atuais são considerados inadequados.

Embora não queira apresentar receitas prontas, o Relatório traça caminhos possíveis. Entre eles, o reconhecimento da ação pública na regulação da economia para proteger grupos mais vulneráveis. Outro aspecto ressaltado é a necessidade de considerar pobreza, crescimento e desigualdade como temas interligados. "Crescimento rápido não deve ser o único objetivo político, porque ignora a distribuição do rendimento e negligencia a sustentabilidade do crescimento", informa o texto.

Um aspecto importante revelado pelo Relatório é que muitas das ações para melhoria da saúde e da educação não necessitam de grande investimento financeiro. Isso está mais presente sobretudo onde os indicadores são ruins. "Numa primeira etapa, medidas simples como inclusão do soro caseiro e lavagem das mãos já trazem impacto relevante", avalia Flávio Comim, economista do Programa das Nações Unidas para o Desenvolvimento.

(Adaptado de Lígia Formenti. O Estado de S. Paulo, A30 Vida, 5 de novembro de 2010)

(FCC) De acordo com o texto, o Relatório de 2010

(A) aponta vários problemas de saúde da população mundial, com as medidas a serem adotadas para resolvê-los.
(B) deixa de lado a avaliação das causas do crescimento econômico desigual, que ocorre no mundo todo.
(C) mostra preocupação com a persistência de problemas no mundo, apesar da constatação de alguns avanços, desde 1990.
(D) assinala algumas divergências, entre os autores do documento, em relação às conclusões possíveis a partir de seus dados.
(E) reconhece a importância da intervenção da ação pública no controle permanente da economia.

O relatório de que trata o texto, apesar de apontar um aumento geral na média mundial do Índice de Desenvolvimento Humano, que mede a qualidade de vida em cada país, grande parte dos problemas enfrentados permanecem, indicando ainda alguns caminhos possíveis para a solução gradual dessas vicissitudes. Dentre eles, a intervenção pública apenas em áreas mais sensíveis e de forma pontual.

Gabarito "C"

(FCC) O texto informa claramente que

(A) muitas ações voltadas para a melhoria das condições de vida em situação precária se valem de expedientes bastante simples, como a adoção de hábitos de higiene.
(B) alguns dados estatísticos sobre desenvolvimento humano vêm melhorando desde 1990, realçando os indiscutíveis avanços em todo o mundo.
(C) os atuais índices encontrados a respeito de desenvolvimento humano demonstram que os problemas mais sérios já estão solucionados.
(D) os grandes investimentos financeiros necessários para a solução de problemas mundiais, como as crises econômicas, ainda não têm sido suficientes.
(E) os ganhos em crescimento econômico, cujos resultados foram comprovados pelo recente Relatório, foram bastante expressivos nas últimas décadas.

A única informação que consta expressamente no texto é a letra "A", como se lê no último parágrafo. As demais não podem ser inferidas dos fatos descritos pelo autor, não guardando com eles qualquer correspondência lógica.

Gabarito "A"

(FCC) Analise:

1. *Atendendo à solicitação contida no expediente acima referido, vimos encaminhar a V. Sa. as informações referentes ao andamento dos serviços sob responsabilidade deste setor.*

2. *Esclarecemos que estão sendo tomadas todas as medidas necessárias para o cumprimento dos prazos estipulados e o atingimento das metas estabelecidas.*

A redação do documento acima indica tratar-se

(A) do encaminhamento de uma ata.
(B) do início de um requerimento.
(C) de trecho do corpo de um ofício.
(D) da introdução de um relatório.
(E) do fecho de um memorando.

Considerando que o texto indica a existência de um documento anterior, que estaria em epígrafe, solicitando o encaminhamento de informações sobre serviços e as medidas que vêm sendo tomadas em certo caso, notadamente estamos falando de um ofício, que foi redigido em resposta a outro anteriormente recebido.

Gabarito "C"

(FCC) A respeito dos padrões de redação de um **ofício**, é INCORRETO afirmar que:

(A) Deve conter o número do expediente, seguido da sigla do órgão que o expede.

(B) Deve conter, no início, com alinhamento à direita, o local de onde é expedido e a data em que foi assinado.

(C) Deverá constar, resumidamente, o teor do assunto do documento.

(D) O texto deve ser redigido em linguagem clara e direta, respeitando-se a formalidade que deve haver nos expedientes oficiais.

(E) O fecho deverá caracterizar-se pela polidez, como por exemplo: **Agradeço a V. Sa. a atenção dispensada**.

Nos termos do Manual de Redação Oficial da Presidência da República, o fecho do ofício deve limitar-se a "Respeitosamente", quando dirigido a autoridades superiores, ou "Atenciosamente", quando destinado a autoridades de mesma hierarquia ou inferiores.

Gabarito "E"

O sabiá político

Do ano passado para cá, o setor canoro das árvores, aqui na ilha, sofreu importantes alterações.

Aguinaldo, o sabiá titular e decano da mangueira, terminou por falecer, como se vinha temendo.

Embora nunca se tenha aposentado, já mostrava sinais de cansaço e era cada vez mais substituído, tanto nos saraus matutinos quanto nos vespertinos, pelo sabiá-tenor Armando Carlos, então grande promessa jovem do bel canto no Recôncavo. Morreu de velho, cercado pela admiração da coletividade, pois pouco se ouviram, em toda a nossa longa história, timbre e afinação tão maviosos, além de um repertório de árias incriticável, bem como diversas canções românticas.

(...) Armando Carlos também morava na mangueira e, apesar de já adivinhar que o velho Aguinaldo não estaria mais entre nós neste verão, eu não esperava grandes novidades na pauta das apresentações artísticas na mangueira. Sofri, pois, rude surpresa, quando, na sessão alvorada, pontualmente iniciada às quinze para as cinco da manhã, o canto de Armando Carlos, em pleno vigor de sua pujante mocidade, soou meio distante.

Apurei os ouvidos, esfreguei as orelhas como se estivessem empoeiradas.

Mas não havia engano. Passei pelo portão apreensivo quanto ao que meus sentidos me mostravam, voltei o olhar para cima, vasculhei as frondes das árvores e não precisei procurar muito. Na ponta de um galho alto, levantando a cabeça para soltar pelos ares um dó arrebatador e estufando o peito belamente ornado de tons de cobre vibrantes, Armando Carlos principiava a função.

Dessa vez foram meus olhos incrédulos que tive de esfregar e, quando os abri novamente, a verdade era inescapável.

E a verdade era – e ainda é – que ele tinha inequivocamente se mudado para o oitizeiro de meu vizinho Ary de Maninha, festejado e premiado orador da ilha (...).

Estou acostumado à perfidez e à ingratidão humanas, mas sempre se falou bem do caráter das aves em geral e dos sabiás em particular. O sabiá costuma ser fiel à sua árvore, como Aguinaldo foi até o fim. Estaríamos então diante de mais um exemplo do comportamento herético das novas gerações? Os sabiás de hoje em dia serão degenerados? Eu teria dado algum motivo para agravo ou melindre? Ou, pior, haveria uma possível esposa de Armando Carlos sido mais uma vítima do mico canalha que também mora na mangueira? Bem, talvez se tratasse de algo passageiro; podia ser que, na minha ausência, para não ficar sem plateia, Armando Carlos tivesse temporariamente transferido sua ribalta para o oitizeiro. Mas nada disso. À medida que o tempo passava, o concerto das dez também soando distante e o mesmo para o recital do meio-dia, a ficha acabou de cair. A mangueira agora está reduzida aos sanhaços, pessoal zoadeiro, inconstante e agitado; aos cardeais, cujo coral tenta, heroica mas inutilmente, preencher a lacuna dos sabiás. (...)

RIBEIRO, João Ubaldo. O Globo, 14 fev. 2010. (Adaptado)

(CESGRANRIO) Que sentença reescreve "...pouco se ouviram... timbre e afinação tão maviosos," (l. 11-12) mantendo o mesmo valor da palavra "pouco" e assegurando a correção gramatical?

(A) Poucas pessoas ouviram timbre e afinação tão maviosos.

(B) Timbre e afinação tão maviosos pouco foram ouvidos.

(C) Foi ouvido pouco timbre e afinação tão maviosos.

(D) Poucos ouviram timbre e afinação tão maviosos.

(E) Poucos timbre e afinação tão maviosos se ouviram.

"Pouco", no trecho, exerce função de advérbio e, portanto, não deve ser flexionado. Ao transpor a oração para a voz passiva, é necessário manter a concordância verbal, de forma que o verbo ouvir deve ser mantido no plural para concordar com "timbre e afinação". Assim: "Timbre e afinação tão maviosos pouco foram ouvidos".

Gabarito "B"

(CESGRANRIO) Em redações oficiais, é certo

(A) identificar o autor da correspondência com seu nome e cargo abaixo da assinatura.

(B) escolher a forma de tratamento "Vossa Senhoria", se o destinatário for mulher.
(C) fechar o texto com "respeitosamente", para pessoas do mesmo nível hierárquico.
(D) usar a expressão "Digníssimo Senhor" para o destinatário em posição hierárquica superior.
(E) usar o pronome "vosso", no caso de ter sido escolhida a forma de tratamento "Vossa Excelência".

A: correta; B: incorreta. "Vossa Senhoria" é tratamento respeitoso genérico, utilizado para homens e mulheres; C: incorreta. "Respeitosamente" é usado para fechar documentos destinados a autoridades de hierarquia superior. No mesmo grau, usa-se "Atenciosamente"; D: incorreta. Está abolido o uso do tratamento "digníssimo" para autoridades públicas; E: incorreta. Os pronomes possessivos serão usados na terceira pessoa do singular (no exemplo, "seu"), concordando com o substantivo que integra a locução como seu núcleo sintático.

Gabarito "A"

Representantes dos maiores bancos brasileiros reuniram-se no Rio de Janeiro para discutir um tema desafiante. Falaram sobre a necessidade de estabelecer mecanismos de controle sobre o oceano de incertezas que cerca o mercado financeiro e, assim, atenuar os solavancos que volta e meia ele provoca na economia mundial. Na mais recente crise — a do mercado de hipotecas de alto risco dos Estados Unidos —, os bancos americanos amargaram perdas superiores a 100 bilhões de dólares. A turbulência decorrente do estouro de mais essa bolha ainda não teve suas consequências totalmente dimensionadas. A questão que se coloca é até que ponto é possível injetar alguma previsibilidade em um mercado tão interconectado, gigantesco e que tem o risco no DNA. O único consenso é que o mercado precisa ser mais transparente. O investidor tem o direito de ser informado sobre a composição do produto que estiver comprando e o grau de risco que está assumindo.

Veja, 12/3/2008 (com adaptações).

(CESPE) Com relação às informações do texto acima e à sua organização, julgue os itens de 1 a 5.

(1) Mantendo-se a correção gramatical e a coerência do texto, é possível deslocar a oração "para discutir um tema desafiante" (l.2-3), que expressa uma finalidade, para o início do período, fazendo-se os devidos ajustes nas letras maiúsculas e acrescentando-se uma vírgula logo após "desafiante".
(2) No texto, "ele" (l.6) refere-se a "tema desafiante" (l.2-3), e "essa bolha" (l.10) refere-se a "turbulência" (l.9).
(3) Preservam-se a coerência da argumentação e a correção gramatical do texto ao se inserir um sinal de dois-pontos depois da primeira ocorrência de "é" na linha 12 e um ponto de interrogação depois de "DNA" na linha 14.
(4) Na linha 15, o termo "O investidor" pode ser substituído por **Qualquer investidor** ou por **Os investidores**, sem prejuízo para o sentido e para a correção gramatical do período.
(5) Na linha 17, a substituição de "estiver" por "está", provocaria incoerência textual e incorreção gramatical no período.

1: correta. Trata-se apenas de inversão da ordem direta do discurso, não havendo qualquer alteração de sentido e respeitando-se as regras de pontuação; 2: incorreta. "Ele" retoma o termo "oceano de incertezas" e "essa bolha" refere-se a "a do mercado de hipotecas de alto risco nos Estados Unidos"; 3: correta. Os dois-pontos tem como função anunciar o aposto, que nesse caso pode ser colocado em forma de questionamento; 4: incorreta. Haveria alteração de sentido, porque o texto trata especificamente do investidor do mercado de hipotecas, bem como haveria erro gramatical caso se optasse pela expressão "os investidores", já que o restante da oração também deveria ir para o plural; 5: incorreta. Os tempos verbais podem ser substituídos na forma indicada sem qualquer prejuízo para a coerência ou correção gramatical.

Gabarito 1C, 2E, 3C, 4E, 5E

O número de mulheres no mercado de trabalho mundial é o maior da História, tendo alcançado, em 2007, a marca de 1,2 bilhão, segundo relatório da Organização Internacional do Trabalho (OIT). Em dez anos, houve um incremento de 200 milhões na ocupação feminina. Ainda assim, as mulheres representaram um contingente distante do universo de 1,8 bilhão de homens empregados. Em 2007, 36,1% delas trabalhavam no campo, ante 46,3% em serviços. Entre os homens, a proporção é de 34% para 40,4%. O universo de desempregadas subiu de 70,2 milhões para 81,6 milhões, entre 1997 e 2007 — quando a taxa de desemprego feminino atingiu 6,4%, ante 5,7% da de desemprego masculino. Há, no mundo, pelo menos 70 mulheres economicamente ativas para 100 homens. O relatório destaca que a proporção de assalariadas subiu de 41,8% para 46,4% nos últimos dez anos. Ao mesmo tempo, houve queda no emprego vulnerável (sem proteção social e direitos trabalhistas), de 56,1% para 51,7%. Apesar disso, o universo de mulheres nessas condições continua superando o dos homens.

O Globo, 7/3/2007, p. 31 (com adaptações).

(CESPE) Julgue o próximo item, relativo ao texto apresentado.

(1) Na redação de documento oficial, como um relatório ou ata, por exemplo, o parágrafo final do texto respeitaria o registro formal da língua se assim fosse escrito: O relatório destaca a proporção de assalariadas terem subido de quarenta e um vírgula oito porcento para quarenta e seis ponto quatro porcento.

1: incorreta. Há erro de concordância na locução verbal, que deveria ser grafada "ter subido", por concordar com "proporção".

Gabarito 1E

Mesmo quando sucumbimos aos nossos impulsos consumistas, estamos sempre pagando um preço além daquele debitado em nossa conta bancária. Quando você compra um carro, por exemplo, não está adquirindo apenas um veículo útil ou um símbolo de *status*. Você leva também um possível agente poluidor e — se levarmos em conta os números de acidentes nas estradas do país — uma arma em potencial. Nesse caso, há o preço da consciência ambiental e da responsabilidade de dirigir não apenas para si mesmo, mas para a comunidade como um todo. O comprador acaba levando mais do que compra e, para o bem maior da coletividade, é preciso que arque com essas despesas extras.

Planeta, maio/2006, p. 50 (com adaptações).

(CESPE) A partir do texto acima, julgue o item que se segue.

(1) Pelo desenvolvimento das ideias no texto, é correto afirmar que o pronome em "você compra" (l.3-4) refere-se a qualquer pessoa, a nenhum sujeito específico; por essa razão, a substituição desse termo por "compramos" mantém a coerência textual e a correção gramatical do texto.

1: incorreta. A alteração da conjugação verbal altera o sujeito da oração (de "você" para "nós") e, ainda que se mantenha a ideia de generalidade, não se dirigindo a nenhuma pessoa específica, implicaria a concordância de todos os demais elementos com o plural do novo sujeito.

Gabarito 1E

Não foi por falta de aviso. Desde 2004, a Aeronáutica vem advertindo dos riscos do desinvestimento no controle do tráfego aéreo. Ao apresentar suas propostas orçamentárias de 2004, 2005 e 2006, o Departamento de Controle do Espaço Aéreo (DECEA) informou, por escrito, que a não liberação integral dos recursos pedidos levaria à situação vivida agora no país. Mesmo assim, as verbas foram cortadas ano após ano pelo governo, em dois momentos: primeiro no orçamento, depois na liberação efetiva do dinheiro.

As advertências do DECEA foram feitas à Secretaria de Orçamento Federal do Ministério do Planejamento, na oportunidade em que foram solicitadas verbas para "operação, manutenção, desenvolvimento e modernização do Sistema de Controle do Espaço Aéreo Brasileiro (SISCEAB)". Elas são citadas em relatório do Tribunal de Contas da União (TCU).

O Estado de S. Paulo, 25/3/2007, p. C6 (com adaptações).

(CESPE) Com referência às estruturas e às idéeias do texto, bem como a aspectos associados aos temas nele tratados, julgue os próximos itens.

(1) A expressão "Não foi por falta de aviso" (l.1) é adequada para iniciar um ofício.

(2) A substituição da expressão "foram solicitadas" (l.13) por *se solicitaram* prejudica a correção gramatical do período.

1: incorreta. A objetividade e a clareza necessárias na elaboração de um ofício não permitem que se inicie sua redação com uma oração retórica e instigante como essa, que chama o leitor a continuar acompanhando o texto para descobrir do que ele trata; 2: incorreta. Não há qualquer prejuízo à correção gramatical, nem mesmo à coerência do texto. Altera-se apenas a voz do verbo da passiva para a ativa (com sujeito indeterminado.

Gabarito 1E, 2E

Em meio a uma crise da qual ainda não sabe como escapar, a União Europeia celebra os 50 anos do Tratado de Roma, pontapé inicial da integração no continente. Embora sejam muitos os motivos para comemorar, como a manutenção da paz e a consolidação do mercado comum, os chefes dos 27 Estados-membros têm muito com o que se preocupar. A discussão sobre a Constituição única não vai adiante, a expansão para o leste dificulta a tomada de decisões e os cidadãos têm dificuldade para identificar-se como parte da megaestrutura europeia.

O Estado de S. Paulo, 25/3/2007, p. A20.

(CESPE) Com referência às estruturas e às ideias do texto, bem como a aspectos associados aos temas nele tratados, julgue o item subsequente.

(1) Mantém-se a correção gramatical do texto ao se escrever *com o que se preocupar: a discussão* em lugar do trecho "com o que se preocupar. A discussão" (l.6-7).

1: correta. A alteração não fere a correção gramatical ou mesmo a coerência do texto, apenas determina a mudança da classificação sintática da oração posterior para aposto.

Gabarito 1C

"O folhetim é frutinha de nosso tempo", disse Machado de Assis numa de suas deliciosas crônicas. E volta ao assunto na crônica seguinte.

"O folhetinista é originário da França [...] De lá espalhou-se pelo mundo, ou pelo menos por onde maiores proporções tomava o grande veículo do espírito moderno; falo do jornal." E Machado tenta "definir a nova entidade literária", procura esmiuçar a "organização do novo animal". Mas dessa nova entidade só vai circunscrever a variedade que se aproxima do que hoje chamaríamos crônica. E como na verdade a palavra ***folhetim*** *designa muitas coisas, e, efetivamente, nasceu na França, há que ir ver o que o termo recobre lá na matriz.*

De início, ou seja, começos do século XIX, "le feuilleton" designa um lugar preciso do jornal: "o rez-de-chaussée" – rés-do-chão, rodapé –, geralmente o da primeira página. Tinha uma finalidade precisa:

era um espaço vazio destinado ao entretenimento. E pode-se já antecipar, dizendo que tudo o que haverá de constituir a matéria e o modo da crônica à brasileira já é, desde a origem, a vocação primeira desse espaço geográfico do jornal, deliberadamente frívolo, oferecido como chamariz aos leitores afugentados pela modorra cinza a que obrigava a forte censura napoleônica. ("Se eu soltasse as rédeas da imprensa", explicava Napoleão ao célebre Fouché, seu chefe de polícia, "não ficaria três meses no poder.")

(MEYER, Marlyse, Folhetim: uma história. 2 ed. São Paulo: Companhia das Letras, 2005, p. 57)

(FCC) *De lá* [o folhetinista] *espalhou-se pelo mundo, ou pelo menos por onde maiores proporções tomava o grande veículo do espírito moderno.*

Uma nova redação para a frase acima, que não prejudica o sentido original e está em conformidade com o padrão culto, é:

(A) Sendo espalhado [o folhetinista] de lá para o mundo, ou a considerar minimamente onde o grande veículo do espírito moderno tomava maiores proporções.
(B) O grande veículo do espírito moderno ganhava boa importância pelo mundo e de lá [o folhetinista] estava se espalhando, pelo menos por esses certos lugares.
(C) [O folhetinista] Espalhou-se, de lá, pelo mundo todo, ou, quando menos, pelos lugares onde o grande veículo do espírito moderno adquiria mais força.
(D) Salvo os lugares que o grande veículo do espírito moderno ganhou terreno, [o folhetinista] chegou a se espalhar, de lá, pelo mundo.
(E) De lá não para o mundo todo, talvez, mas os espaços cobertos pelo grande veículo do espírito moderno, nestes [o folhetinista] se espalhou.

As alternativas apresentam, todas, vícios de coerência, não guardando sentido com a expressão original. A única exceção é a alternativa "C", que deve ser assinalada, por parafrasear correta e coerentemente o trecho do enunciado.

Gabarito "C"

*Em todo o continente americano, a colonização europeia teve efeito devastador. Atingidos pelas armas, e mais ainda pelas epidemias e por políticas de sujeição e transformação que afetavam os mínimos aspectos de suas vidas, os povos indígenas trataram de criar sentido em meio à devastação. Nas primeiras décadas do século XVII, índios norte-americanos comparavam a uma demolição aquilo que os missionários jesuítas viam como "transformação de suas vidas pagãs e bárbaras em uma vida civilizada e cristã." (**Relações dos jesuítas da Nova França**, 1636). No México, os índios comparavam seu mundo revirado a uma rede esgarçada pela invasão espanhola. A denúncia da violência da colonização, sabemos, é contemporânea da destruição, e tem em Las Casas seu representante mais famoso.*

Posterior, e mais recente, foi a tentativa, por parte de alguns historiadores, de abandonar uma visão eurocêntrica da "conquista" da América, dedicando-se a retraçá-la a partir do ponto de vista dos "vencidos", enquanto outros continuaram a reconstituir histórias da instalação de sociedades europeias em solo americano. Antropólogos, por sua vez, buscaram nos documentos produzidos no período colonial informações sobre os mundos indígenas demolidos pela colonização.

***A colonização do imaginário** não busca nem uma coisa nem outra.*

(Adaptado de PERRONE-MOISÉS, Beatriz, Prefácio à edição brasileira de GRUZINSKI, Serge, A colonização do imaginário: sociedades indígenas e ocidentalização no México espanhol (séculos XVI-XVIII).

(FCC) A autora do fragmento transcrito

(A) vale-se de estrutura narrativa para apresentar a obra que considera polêmica porque seu autor se afasta dos procedimentos de análise consagrados.
(B) utiliza-se de linguagem didática para esclarecer certos fatos históricos que serão, na obra que ela mostra ao público, negados pelo autor.
(C) descreve o embate entre distintas culturas para introduzir o tema da obra que ela divulga como tendo sido produzida por enfoque impreciso, embora legítimo.
(D) expõe uma série de ideias que lhe permitem chamar a atenção para a originalidade da perspectiva adotada pelo autor na obra que ela apresenta.
(E) elabora uma argumentação consistente, construída de passagens descritivas pontuadas de exemplos extraídos da obra apresentada, para atestar sua familiaridade com o texto.

O fragmento transcrito foi retirado do prefácio de um livro, conforme se nota na referência bibliográfica. Nele, a autora do trecho demonstra que o escritor do livro (que se chama "A colonização do imaginário) foi além das perspectivas normalmente utilizadas para estudar o processo de colonização da América pelos europeus, afastando-se das percepções históricas e antropológicas já consagradas.

Gabarito "D"

Paraty

É do esquecimento que vem o tempo lento de Paraty.

A vida vagarosa – quase sempre caminhando pela água –, o saber antigo, os barcos feitos ainda hoje pelas mãos de antepassados, os caminhos de pedra que repelem e desequilibram a pressa: tudo isso vem do esquecimento. Vem do dia em que Paraty foi deixada quieta no século XIX, sem razão de existir.

Até ali, a cidade fervia de agitação. Estava na rota do café, e escoava o ouro no lombo do burro e nas costas do escravo. Um caminho de pedra cortava a floresta para conectar Paraty à sua época e ao centro do mundo.

Mas, em 1855, a cidade inteira se aposentou. Com a estrada de ferro criada por D. Pedro II, Paraty foi lançada para fora das rotas econômicas. Ficou sossegada em seu canto, ao sabor de sua gente e das marés. E pelos próximos 119 anos, Paraty iria formar lentamente, sem se dar conta, seu maior patrimônio.

Até que chegasse outro ciclo econômico, ávido por lugares onde todos os outros não houvessem tocado: o turismo. E assim, em 1974, o asfalto da BR-101 fez as pedras e a cal de Paraty virarem ouro novamente. A cidade volta a conviver com o presente, com outro Brasil, com outros países. É então que a preservação de Paraty, seu principal patrimônio e meio de vida, escapa à mão do destino. Não podemos contar com a sorte, como no passado. Agora, manter o que dá vida a Paraty é razão de muito trabalho. Daqui para frente, preservar é suor.

Para isso existe a Associação Casa Azul, uma organização da sociedade civil de interesse público. Aqui, criamos projetos e atividades que mantenham o tecido urbano e social de Paraty em harmonia. Nesta casa, o tempo pulsa com cuidado, sem apagar as pegadas.

(Texto institucional- Revista Piauí, n. 58, julho 2011)

(FCC) É preciso **reconstruir**, devido à má estruturação, a seguinte frase:

(A) A posição de Paraty possibilitou-lhe a proeminência econômica de que gozou durante os ciclos econômicos do ouro e do café, pelo menos até o ano de 1855.

(B) A passagem do tempo, que pode ser ingrata em muitas situações, acabou conferindo a Paraty os encantos históricos de uma cidade que se preservou durante seu longo esquecimento.

(C) A Associação Casa Azul, nesse texto promocional, apresenta-se como instituição cuja finalidade precípua é a preservação da cidade histórica de Paraty.

(D) Caso não haja controle de iniciativa oficial ou particular, a cidade de Paraty desfruta da condição de ser um polo turístico, o que também constitui um risco de degradação.

(E) A referência a caminhos de pedra que impedem a pressa não é só uma imagem poética relativa ao tempo: reporta-se ao calçamento físico das ásperas ruas de Paraty.

Todas as alternativas apresentam redação clara, coerente e correta, com exceção da letra "D", que deve ser assinalada, por padecer de incoerência. As informações não estão estruturadas de forma lógica. Uma redação possível seria: "caso não haja controle de iniciativa oficial ou particular, considerando que a cidade de Paraty desfruta da condição de ser um polo turístico, há risco de degradação".

Gabarito "D"

Economia religiosa

Concordo plenamente com Dom Tarcísio Scaramussa, da CNBB, quando ele afirma que não faz sentido nem obrigar uma pessoa a rezar nem proibi-la de fazê-lo. A declaração do prelado vem como crítica à professora de uma escola pública de Minas Gerais que hostilizou um aluno ateu que se recusara a rezar o pai-nosso em sua aula.

É uma boa ocasião para discutir o ensino religioso na rede pública, do qual a CNBB é entusiasta. Como ateu, não abraço nenhuma religião, mas, como liberal, não pretendo que todos pensem do mesmo modo. Admitamos, para efeitos de argumentação, que seja do interesse do Estado que os jovens sejam desde cedo expostos ao ensino religioso. Deve-se então perguntar se essa é uma tarefa que cabe à escola pública ou se as próprias organizações são capazes de supri-la, com seus programas de catequese, escolas dominicais etc.

A minha impressão é a de que não faltam oportunidades para conhecer as mais diversas mensagens religiosas, onipresentes em rádios, TVs e também nas ruas. Na cidade de São Paulo, por exemplo, existem mais templos (algo em torno de 4.000) do que escolas públicas (cerca de 1.700). Creio que aqui vale a regra econômica, segundo a qual o Estado deve ficar fora das atividades de que o setor privado já dá conta.

Outro ponto importante é o dos custos. Não me parece que faça muito sentido gastar recursos com professores de religião, quando faltam os de matemática, português etc. Ao contrário do que se dá com a religião, é difícil aprender física na esquina.

Até 1997, a Lei de Diretrizes e Bases da Educação acertadamente estabelecia que o ensino religioso nas escolas oficiais não poderia representar ônus para os cofres públicos. A bancada religiosa emendou a lei para empurrar essa conta para o Estado. Não deixa de ser um caso de esmola com o chapéu alheio.

(Hélio Schwartsman. Folha de S. Paulo, 06/04/2012)

(FCC) Está clara e correta a redação deste livre comentário sobre o texto: O articulista da **Folha de S. Paulo**

(A) propugna de que tanto o liberalismo quanto o ateísmo podem convergir, para propiciar a questão do ensino público da religião.

(B) defende a tese de que não cabe ao Estado, inclusive por razões econômicas, promover o ensino religioso nas escolas públicas.

(C) propõe que se estenda à bancada religiosa a decisão de aceitar ou rejeitar, segundo seus interesses, o ensino privado da religião.

(D) argumenta que no caso do ensino religioso, acatado pelos liberais, não se trata de ser a favor ou contra, mas arguir a real competência.

(E) insinua que o ensino público da religião já se faz a contento, por que as emissoras de comunicação intentam-no em grande escala.

A: incorreta. O autor cita sua condição de ateu e liberal sem misturá-las: a primeira serve para criticar o ensino religioso em si, a segunda para afastar a obrigação do Estado de ministrá-lo; B: correta, nos termos do comentário à alternativa anterior; C: incorreta. Não há qualquer proposta nesse sentido no texto. Ademais, o autor critica o papel das bancadas religiosas no Poder Legislativo; D: incorreta. O autor não afirma que os liberais concordam com o ensino religioso. Ele mesmo, um liberal, é contra a imposição dele pelo Estado; E: incorreta. O autor não insinua, ele afirma. Defende abertamente que os meios de comunicação e os próprios templos já cumprem o papel de expor todos, principalmente as crianças, aos conceitos religiosos.

Gabarito "B"

É fato reconhecido que a semelhança ou mesmo a similitude perfeita entre pares de coisas não faz de uma a imitação da outra. As imitações contrastam com a realidade, mas não posso usar na análise da imitação um dos termos que pretendo esclarecer. Dizer "isto não é real" certamente contribui para o prazer das pessoas com as representações imitativas, de acordo com um admirável estudo de psicologia escrito por Aristóteles. "A visão de determinadas coisas nos causa angústia", escreve Aristóteles na Poética, "mas apreciamos olhar suas imitações mais perfeitas, sejam as formas de animais que desprezamos muito, sejam cadáveres". Esse tipo de prazer pressupõe o conhecimento de que seu objeto é uma imitação, ou, correlativamente, o conhecimento de que não é real. Há, portanto, uma dimensão cognitiva nessa forma de prazer, assim como em muitos outros prazeres, inclusive os mais intensos.

Suponho que o prazer de comer determinadas coisas pressupõe algumas crenças, como a de que elas são realmente o que pensamos estar comendo, mas a comida pode se tornar um punhado de cinzas quando se descobre que isso não é verdade — que é carne de porco, para um judeu ortodoxo, ou carne de vaca, para um hindu praticante, ou carne humana, para a maioria de nós (por mais que o sabor nos agrade). Não é preciso sentir a diferença para haver uma diferença, pois o prazer de comer é geralmente mais complexo, pelo menos entre os seres humanos, do que o prazer de sentir o gosto. Saber que algo é diferente pode fazer diferença para o gosto que sentimos. Se não o fizer, é que a diferença de gostos talvez não seja uma coisa que preocupe o bastante para que as respectivas crenças sejam um requisito do prazer.

Arthur C. Danto. A transfiguração do lugar-comum: uma filosofia da arte. Trad. Vera Pereira. São Paulo: Cosac Naify, 2005, p. 49-50 (com adaptações).

(CESPE) Assinale a opção correta a respeito das estruturas linguísticas do texto.

(A) A coerência do quarto período do primeiro parágrafo do texto seria prejudicada caso o trecho "escreve Aristóteles na **Poética**" (l.9) fosse deslocado para o final do período, mesmo com os devidos ajustes na pontuação.
(B) A supressão da preposição "de", em "o conhecimento de que", (l.13-14), manteria a correção gramatical e o sentido original do período.
(C) Na linha 2, a substituição da expressão "similitude perfeita" por **igualdade** não prejudicaria os sentidos originais do texto.
(D) Seriam mantidos a correção gramatical e o sentido original do texto caso o termo **semelhança** fosse introduzido imediatamente após "uma" (l.2).
(E) O vocábulo "mas" (l.4) poderia ser corretamente substituído por **visto que**, pois ambos introduzem oração de caráter contrastivo.

A: incorreta. A oração foi apenas deslocada de sua ordem direta, não havendo qualquer prejuízo à coerência colocá-la ao final; B: incorreta. A palavra "conhecimento" rege a preposição "de", portanto sua supressão traria incorreção gramatical; C: correta. Esse é justamente o sentido dado pela expressão destacada; D: incorreta. A colocação da palavra "semelhança" após "uma" tornaria o texto incoerente; E: incorreta. "Visto que" tem valor explicativo, expressa a ideia de que a oração seguinte vai justificar a primeira.

Gabarito "C"

XXXX n.º 10/2012

Brasília, 10 de junho de 2012.

A Sua Exelência o Senhor
Ministro do Estado dos Esportes

Assunto: Acompanhamento das obras para a Copa do Mundo de 2014

Exelentíssimo Senhor Ministro,

Convido-o a visitar, nesta sexta-feira (15/06), às 14h, as obras do estádio que sediará, em Brasília, a Copa do Mundo de 2014. O acompanhamento das obras do referido estádio faz parte de uma série de visitas das estádios que sediarão a Copa do Mundo da FIFA Brasil 2014.
Respeitosamente,

(espaço para assinatura)
(nome do signatário)
Ministro de Estado das Cidades

(CESPE) Com base no exemplo de documento oficial apresentado, assinale a opção correta acerca da redação de correspondências oficiais.

(A) A referência à data atende às normas estabelecidas para a redação de correspondências oficiais.
(B) O vocativo está corretamente empregado, dado que a correspondência é endereçada a autoridade do Poder Executivo.
(C) O documento apresenta as características de um ofício, expediente a ser utilizado para a comunicação entre autoridades de mesma hierarquia.
(D) O fecho empregado no documento está adequado, considerando-se os cargos ocupados pelo seu emissor e pelo seu destinatário.
(E) O emprego da primeira pessoa em "Convido-o" não atende a exigência de impessoalidade que deve caracterizar os expediente oficiais.

A: correta. A data deve estar escrita por extenso, antecedida pelo local de emissão do documento, e alinhada à direita; B: incorreta. O termo "excelentíssimo" deve ser usado apenas para se dirigir a chefes de poder, como o Presidente da República, Presidente do Congresso Nacional ou do Supremo Tribunal Federal; C: incorreta. O documento segue o "padrão ofício", mas é um **aviso,** espécie de comunicação emitida exclusivamente por Ministros de Estado para autoridades de mesma hierarquia; D: incorreta. Quando o destinatário tem a mesma hierarquia do emissor (ou menor), deve ser usado o fecho "Atenciosamente"; E: incorreta. Por se tratar de um convite para um compromisso oficial, admite-se certa pessoalidade no documento.

Gabarito "A"

(CESPE) Entre as ações necessárias para a adequação ou manutenção do documento apresentado às normas gerais e específicas das correspondências oficiais se inclui

(A) o detalhamento do teor do documento, que foi expresso de forma muito resumida no item "Assunto", em desacordo, portanto, com os princípios que orientam a redação de correspondências oficiais.
(B) o deslocamento do fecho, de modo a alinhá-lo com o início do parágrafo do corpo do texto.
(C) a substituição de "A Sua Excelência o Senhor" por **A Vossa Excelência o Senhor**.
(D) a substituição de FIFA, no corpo do texto, por **fifa**.
(E) a inserção, ao final do texto, do local e da data em que o documento foi assinado, com a seguinte forma: Em 10 de junho de 2012.

A: incorreta. O resumo do conteúdo foi elaborado no tamanho ideal. Ele não pode ser extenso, sob pena de se confundir com o próprio texto do documento; B: correta. O fecho deve estar alinhado como um novo parágrafo e não escrito continuamente; C: incorreta. O endereçamento está correto. Utilizamos "Vossa Excelência" apenas quando nos dirigimos diretamente à autoridade, o que não ocorre nessa passagem; D: incorreta. FIFA é uma sigla, portanto deve ser grafada em letras maiúsculas; E; incorreta. Nos documentos iniciais, o local e a data devem seguir ao número do expediente, alinhados à direita, tal qual foi feito no exemplo.

Gabarito "B"

(CESPE) Acerca da redação de correspondências oficiais, assinale a opção correta.

(A) Deve constar do ofício o endereço da pessoa a quem é dirigido, que deve ser identificada por nome e cargo.
(B) Tanto no memorando quanto no aviso, é dispensável a inclusão do local em que o documento foi assinado, haja vista que tal informação, referente ao local, já consta no envelope de endereçamento do expediente.
(C) A estrutura de um memorando cuja finalidade seja o encaminhamento de documentos compõe-se de introdução, desenvolvimento e conclusão.
(D) Devem-se empregar na introdução das comunicações oficiais formas como **Tenho a honra de...** e **Tenho o prazer de...**, em razão da cordialidade e cortesia que devem pautar o tratamento pessoal na administração pública.
(E) Nas correspondências expedidas pelo Presidente da República, é dispensável a assinatura do signatário logo após sua identificação, que deve ser feita apenas pelo nome do cargo: Presidente da República Federativa do Brasil.

A: correta, nos termos do item 3.1, "d", do Manual de Redação Oficial da Presidência da República; B: incorreta. O local da assinatura, antecedendo a data, é requisito obrigatório do "padrão ofício"; C: incorreta. O mero encaminhamento de documentos dispensa a estrutura formal introdução-desenvolvimento-conclusão, sendo suficiente indicar que serve para encaminhar determinado documento; D: incorreta. Tais expressões ofendem o princípio da impessoalidade que deve nortear as comunicações oficiais; E: incorreta. O que se dispensa é a identificação do signatário, nunca sua assinatura.

Gabarito "A"

PLANO PASÁRGADA

Alguns amigos passaram recentemente pelos sustos de saúde típicos de quem está na faixa dos 50 anos. Aquele calorzinho discreto no peito, na hora da esteira ergométrica, termina em operação de safena. Uma dor estranha em todos os dentes (nunca tinha ouvido falar disso) pode ser também sinal de infarto.

Ainda que fazer uma cirurgia cardíaca esteja longe de ser um passeio à Disneylândia (não sei qual dos dois prefiro), a técnica parece ter avançado muitíssimo.

Pelo menos, ao visitar esses amigos no hospital, um dia depois da operação, encontrei-os lépidos, eufóricos, mais jovens do que antes.

Algo semelhante ocorreu comigo, com uma ou duas intervenções cirúrgicas a que me submeti. Numa delas, tudo pareceu tão fácil, tão preciso, tão "eletrônico", que minha vontade era de rir. Seria efeito da anestesia? Acordado o tempo todo, eu via meu coração ampliado na tela, espécie de aranha caranguejeira aos botes, recebendo o "stent" que o deixaria novinho em folha.

Mas se a anestesia é geral, durante algumas horas, a pessoa deixa de existir como sujeito; torna-se objeto, coisa, campo de manobras do cateter e do bisturi.

Sua inconsciência não é semelhante à do sono de todas as noites. Acordar, bem ou mal, envolve um mínimo gesto de vontade própria. Sair de uma operação é diferente. Devolveram-lhe a vida; ei-la, agora é com você, faça dela o que quiser. Há algo de muito especial nessa situação; nenhum esforço extremo de meditação, imagino, poder reproduzir a ideia básica por trás dela. A saber, a de que você é uma coisa e que sua vida é outra, bem diferente. Sua vida, que era você mesmo, tornou-se agora um objeto que você perde ou recupera. Um intervalo, uma distância, criou-se entre o ser vivo e a vida que ele tem. Daí se explica, creio eu, tanto a vontade de fazer alguma coisa nova com a velha vida, como também a vontade de vivê-la exatamente do mesmo modo com que sempre foi vivida.

(Marcelo Coelho, Folha de S. Paulo, 05/10/2011, com adaptações)

(CEPERJ) Considerando a coesão e a coerência textual, o 3º parágrafo retoma o 2º parágrafo por meio de:

(A) dedução
(B) ilustração
(C) oposição de ideias
(D) ressalva

A: incorreta. O processo de dedução acontece quando o autor chega a uma conclusão sobre um caso particular partindo de regras gerais; B: correta. O terceiro parágrafo é uma ilustração, um exemplo, da metáfora colocada no segundo; C: incorreta. A oposição de ideias pressupõe o debate entre argumentos opostos, o que não ocorre no texto; D: incorreta. A ressalva é a explicitação de uma exceção a alguma regra estampada no texto.

Gabarito "B"

(CEPERJ) No segmento "...com uma ou duas cirurgias a que me submeti..." (l.11/12), pode-se substituir a oração em destaque, segundo a norma culta e desconsiderando o valor semântico, do seguinte modo:

(A) com que me saí bem
(B) de que sobrevivi
(C) por que me sujeitei
(D) com que me deparei

"Submeter-se" é sinônimo de "render-se", "tornar-se objeto". É equivalente a "sujeitar-se", porém a locução prepositiva "por que" não se coaduna com o texto – deveria ser "à qual me sujeitei". Com isso, devemos procurar uma expressão análoga, não exatamente sinônima, mas que pode ser usada com o mesmo sentido. É o caso de "deparar-se".

Gabarito "D"

(AERONÁUTICA) Observe:

O rosto do menino resplandeceu. Mas então era isso!?... Dona Zulu pedindo o Biruta emprestado, precisando do Biruta!... Abriu a boca para dizer-lhe que sim, que o Biruta estava limpinho, ficaria contente de emprestá-lo para o menino doente. Mas sem dar-lhe tempo de responder, a mulher saiu da cozinha.

Das três possibilidades de discurso,

I. Direto
II. Indireto
III. Indireto Livre,

o texto acima apresenta

(A) I e II.
(B) I e III.
(C) II e III.
(D) I, II e III.

Discurso direto é aquele que deixa explícita a ocorrência de um diálogo entre as personagens através do uso de sinais de pontuação como dois-pontos, travessão ou aspas; já no discurso indireto, o próprio narrador da história relata, com suas palavras, o que disse a personagem; por fim, o discurso indireto livre é o ponto médio entre o discurso direto e o discurso indireto – aqui, o narrador mistura-se ao personagem, transcrevendo diretamente seus pensamentos sem indicar, com sinais de pontuação, que disso se trata. No trecho exposto no enunciado, encontramos, primeiro, o discurso indireto livre ("O rosto do menino resplandeceu. Mas então era isso!?... Dona Zulu pedindo o Biruta emprestado, precisando do Biruta!...") e, depois, o discurso indireto ("Abriu a boca para dizer-lhe que sim, que o Biruta estava limpinho, ficaria contente de emprestá-lo para o menino doente").

Gabarito "C"

A língua escrita, como a falada, compreende diferentes níveis, de acordo com o uso que dela se faça. Por exemplo, em uma carta a um amigo, podemos nos valer de determinado padrão de linguagem que incorpore expressões extremamente pessoais ou coloquiais; em um parecer jurídico, não se há de estranhar a presença do vocabulário técnico correspondente. Nos dois casos, há um padrão de linguagem que atende ao uso que fazemos da língua, a finalidade com que a empregamos.

Manual de Redação da Presidência da República. 2.ª ed., 2002, p. 5. Internet: <www.planalto.gov.br> (com adaptações).

(CESPE) Tendo o texto acima como referência inicial, julgue os itens subsecutivos, referentes à linguagem empregada na correspondência oficial.

(1) Os assuntos que constam da redação oficial devem ser tratados de forma impessoal, com exceção das propostas de projetos normativos apresentadas nas exposições de motivos.
(2) O emprego da norma culta dispensa a formalidade de tratamento em documentos emitidos internamente em órgãos da administração pública.
(3) Em ofícios e memorandos, independentemente da urgência dos assuntos tratados, mantêm-se as exigências de concisão e clareza da linguagem e de revisão cuidadosa do texto do expediente.

1: incorreta. Todos os assuntos pertinentes à redação oficial devem respeito ao princípio da impessoalidade, sem exceção; 2: incorreta. Mesmo em documentos internos as regras de tratamento devem ser observadas, segundo o Manual de Redação da Presidência da República; 3: correta. Tais medidas devem ser sempre observadas segundo o Manual.

Gabarito 1E, 2E, 3C

As indústrias culturais, e mais especificamente a do cinema, criaram uma nova figura, "mágica", absolutamente moderna: a estrela. Depressa ela desempenhou um papel importante no sucesso de massa que o cinema alcançou. E isso continua. Mas o sistema, por muito tempo restrito apenas à tela grande, estendeu-se progressivamente, com o desenvolvimento das indústrias culturais, a outros domínios, ligados primeiro aos setores do espetáculo, da televisão, do show business. Mas alguns sinais já demonstravam que o sistema estava prestes a se espalhar e a invadir todos os domínios: imagens como as de Gandhi ou Che Guevara, indo de fotos a pôsteres, no mundo inteiro, anunciavam a planetarização de um sistema que o capitalismo de hiperconsumo hoje vê triunfar.

O que caracteriza o star-system em uma era hipermoderna é, de fato, sua expansão para todos os domínios.

Em todo o domínio da cultura, na política, na religião, na ciência, na arte, na imprensa, na literatura, na filosofia, até na cozinha, tem-se uma economia do estrelato, um mercado do nome e do renome. A própria literatura consagra escritores no mercado internacional, os quais negociam seus direitos por intermédio de agentes, segundo o sistema que prevalece nas indústrias do espetáculo. Todas as áreas da cultura valem-se de paradas de sucesso (hit-parades), dos mais vendidos (best-sellers), de prêmios e listas dos mais populares, assim como de recordes de venda, de frequência e de audiência destes últimos.

A extensão do star-system não se dá sem uma forma de banalização ou mesmo de degradação – da figura pura da estrela, trazendo consigo uma imagem de eternidade, chega-se à vedete do momento, à figura fugidia da celebridade do dia; do ícone único e insubstituível, passa-se a uma comunidade internacional de pessoas conhecidas, "celebrizadas", das quais revistas especializadas divulgam as fotos, contam os segredos, perseguem a intimidade. Da glória, própria dos homens ilustres da Antiguidade e que era como o horizonte resplandecente da grande cultura clássica, passou-se às estrelas – forma ainda heroicizada pela sublimação de que eram portadoras –, depois, com a rapidez de duas ou três décadas de hipermodernidade, às pessoas célebres, às personalidades conhecidas, às "pessoas". Deslocamento progressivo que não é mais que o sinal de um novo triunfo da forma-moda, conseguindo tornar efêmeras e consumíveis as próprias estrelas da notoriedade.

(Adap. de Gilles Lipovetsky e Jean Serroy. Uma cultura de celebridades: a universalização do estrelato. In A cultura –mundo: resposta a uma sociedade desorientada. Trad: Maria Lúcia Machado. São Paulo: Companhia das Letras, 2011, p. 81 a 83)

(FCC) *...imagens como as de* Gandhi *ou* Che Guevara, *indo de fotos a pôsteres, no mundo inteiro, anunciavam a planetarização de um sistema que o capitalismo de hiperconsumo hoje vê triunfar.*

Outra redação, clara e correta, para o segmento acima é:

(A) ...no mundo inteiro, *Gandhi* ou *Che Guevara* em imagens de fotos ou pôsteres, anunciavam a planetarização do sistema que hoje se vê triunfar segundo o capitalismo de hiperconsumo.

(B) ...tanto *Gandhi* e também *Che Guevara*, com imagens indo de fotos a pôsteres no mundo inteiro anunciavam aquilo que o capitalismo de hiperconsumo chama planetarização de um sistema.

(C) ...indo de fotos a pôsteres, no mundo inteiro, imagens tais como a de *Gandhi* ou *Che Guevara* anunciavam que havia se planetarizado o sistema que o capitalismo de hiperconsumo, hoje, vê triunfar.

(D) ...planetarizou-se o sistema – aquele que o capitalismo de consumo hoje vê o triunfo – o que foi anunciado com as imagens de *Gandhi* e *Che Guevara* indo pelo mundo com fotos a pôsteres.

(E) ...um sistema que o capitalismo de hiperconsumo hoje vê seu triunfo teve anunciado sua planetarização por *Gandhi* ou também *Che Guevara*, com sua ida pelo mundo, por fotos e pôsteres.

A: incorreta. Não deveria haver vírgula depois de "pôsteres", bem como o uso da conjunção "segundo" altera o sentido do trecho original; B: incorreta. Além da alteração de sentido, porque não é o capitalismo que denomina a planetarização, deveria haver vírgula após "inteiro"; C: correta. A redação está clara, correta e manté o sentido do trecho original; D: incorreta. Falta clareza à redação, sem contar que o trecho deveria terminar com "indo pelo mundo em fotos e pôsteres"; E: incorreta. Há ambiguidade no uso do pronome possessivo "seu" (o triunfo é do sistema ou do capitalismo?), deveria constar "teve anunciada" (no feminino) e deveria constar "e também" (ao invés de "ou").

Gabarito "C"

Política e sociedade na obra de Sérgio Buarque de Holanda

Para Sérgio Buarque de Holanda a principal tarefa do historiador consistia em estudar possibilidades de mudança social. Entretanto, conceitos herdados e intelectualismos abstratos impediam a sensibilidade para com o processo do devir. Raramente o que se afigurava como predominante na historiografia brasileira apontava um caminho profícuo para o historiador preocupado em estudar mudanças. Os caminhos institucionalizados escondiam os figurantes mudos e sua fala. Tanto as fontes quanto a própria historiografia falavam a linguagem do poder, e sempre imbuídas da ideologia dos interesses estabelecidos. Desvendar ideologias implica para o historiador um cuidadoso percurso interpretativo voltado para indícios tênues e nuanças sutis. Pormenores significativos apontavam caminhos imperceptíveis, o fragmentário, o não determinante, o secundário. Destes proviriam as pistas que indicariam o caminho da interpretação da mudança, do processo do vir a ser dos figurantes mudos em processo de forjar estratégias de sobrevivência.

Era engajado o seu modo de escrever história. Como historiador quis elaborar formas de apreensão do mutável, do transitório e de processos ainda incipientes no vir a ser da sociedade brasileira. Enfatizava o provisório, a diversidade, a fim de documentar novos sujeitos eventualmente participantes da história.

Para chegar a escrever uma história verdadeiramente engajada deveria o historiador partir do estudo da urdidura dos pormenores para chegar a uma visão de conjunto de sociabilidades, experiências de vida, que por sua vez traduzissem necessidades sociais. Aderir à pluralidade se lhe afigurava como uma condição essencial para este sondar das possibilidades de emergência de novos fatores de mudança social. Tratava-se, na historiografia, de aceitar o provisório como necessário. Caberia ao historiador o desafio de discernir e de apreender, juntamente com valores ideológicos preexistentes, as possibilidades de coexistência de valores e necessidades sociais diversas que conviviam entre si no processo de formação da sociedade brasileira sem uma necessária coerência.

(Fragmento adaptado de Maria Odila Leite da Silva Dias, Sérgio Buarque de Holanda e o Brasil. São Paulo, Perseu Abramo, 1998, pp.15-17)

(FCC) *Como historiador quis elaborar formas de apreensão do mutável, do transitório e de processos ainda incipientes no vir a ser da sociedade brasileira.*

A frase acima está corretamente reescrita, preservando-se em linhas gerais o sentido original, em:

(A) Às formas de apreensão do mutável, do transitório e de processos ainda incipientes no vir a ser da sociedade brasileira voltou-se o historiador Sérgio Buarque, com o intento de elaborá-las.

(B) Sérgio Buarque, como historiador, dedicou-se à elaborar formas de apreensão do mutável, do transitório e dos processos ainda incipientes no vir a ser da sociedade brasileira.

(C) As formas de apreensão do mutável, do transitório e de processos ainda incipientes no vir a ser da sociedade brasileira o historiador Sérgio Buarque pretendeu dar elaboração.

(D) Em seu trabalho como historiador, Sérgio Buarque tinha como meta chegar à certas formas de apreensão do mutável, do transitório e de processos ainda incipientes no vir a ser da sociedade brasileira.

(E) O historiador Sérgio Buarque dedicou-se a elaboração de formas de apreensão do mutável, do transitório e de processos ainda incipientes no vir a ser da sociedade brasileira.

A: correta. A paráfrase atende a todos os preceitos gramaticais e mantém o sentido do fragmento do texto exposto no enunciado; B: incorreta. Não ocorre crase antes de verbo. O correto seria "a elaborar"; C: incorreta. Deveria haver acento grave indicativo da crase em "Às formas de apreensão...", porque é objeto indireto do verbo "dar", o qual rege a preposição "a"; D: incorreta. Não ocorre crase antes de pronomes indefinidos, principalmente se eles estiverem no plural. O correto seria "a certas formas..."; E: incorreta. Deveria haver o acento grave indicativo da crase em "à elaboração", porque é objeto indireto do verbo "dedicar-se", o qual rege a preposição "a".

Gabarito "A"

Do homicídio*

Cabe a vós, senhores, examinar em que caso é justo privar da vida o vosso semelhante, vida que lhe foi dada por Deus.

Há quem diga que a guerra sempre tornou esses homicídios não só legítimos como também gloriosos. Todavia, como explicar que a guerra sempre tenha sido vista com horror pelos brâmanes, tanto quanto o porco era execrado pelos árabes e pelos egípcios? Os primitivos aos quais foi dado o nome ridículo de ***quakers***** *fugiram da guerra e a detestaram por mais de um século, até o dia em que foram forçados por seus irmãos cristãos de Londres a renunciar a essa prerrogativa, que os distinguia de quase todo o restante do mundo. Portanto, apesar de tudo, é possível abster-se de matar homens.*

Mas há cidadãos que vos bradam: um malvado furou-me um olho; um bárbaro matou meu irmão; queremos vingança; quero um olho do agressor que me cegou; quero todo o sangue do assassino que apunhalou meu irmão; queremos que seja cumprida a antiga e universal lei de talião.

Não podereis acaso responder-lhes: "Quando aquele que vos cegou tiver um olho a menos, vós tereis um olho a mais? Quando eu mandar supliciar aquele que matou vosso irmão, esse irmão será ressuscitado? Esperai alguns dias; então vossa justa dor terá perdido intensidade; não vos aborrecerá ver com o olho que vos resta a vultosa soma de dinheiro que obrigarei o mutilador a vos dar; com ela vivereis vida agradável, e além disso ele será vosso escravo durante alguns anos, desde que lhe seja permitido conservar seus dois olhos para melhor vos servir durante esse tempo. Quanto ao assassino do seu irmão, será vosso escravo enquanto viver. Eu o tornarei útil para sempre a vós, ao público e a si mesmo".

É assim que se faz na Rússia há quarenta anos. Os criminosos que ultrajaram a pátria são forçados a servir à pátria para sempre; seu suplício é uma lição contínua, e foi a partir de então que aquela vasta região do mundo deixou de ser bárbara.

(Voltaire – O preço da justiça. São Paulo: Martins Fontes, 2001, pp. 15/16. Trad. de Ivone Castilho Benedetti)

* Excerto de texto escrito em 1777, pelo filósofo iluminista francês Voltaire (1694-1778).

** *Quaker* = associação religiosa inglesa do séc. XVI, defensora do pacifismo.

(FCC) Deve-se **CORRIGIR**, por deficiência estrutural, a **redação** deste livre comentário sobre o texto:

(A) O tratamento de **vós**, que hoje nos soa tão cerimonioso, ecoa uma época em que se aliavam boa argumentação e boa retórica.
(B) Voltaire não hesita em lembrar as vantagens reais da aplicação de penas que poupam a vida do criminoso para que pague pelo que fez.
(C) Como sempre há quem defenda os castigos capitais, razão pela qual Voltaire buscou refutá-los, através de alternativas mais confiáveis.
(D) Note-se a preocupação que tem esse iluminista francês em escalonar as penas de modo a que nelas se preserve adequada relação com o crime cometido.
(E) Na refutação aos que defendem a pena de talião, Voltaire argumenta que o mal já causado não se sana com um ato idêntico ao do criminoso.

Dentre todas as alternativas, a única que apresenta redação com problemas estruturais é a letra "C", que deve ser assinalada. Com efeito, a construção sofre de **incoerência,** na medida em que a conclusão não decorre logicamente das premissas apresentadas. Note que a mesma ideia é transmitida na alternativa "E" de forma muito mais clara e coerente.

Gabarito "C"

(**AERONÁUTICA**) Leia:

Ao se ver sozinho, o pequenino Pedro gemeu para si:

— Qual o problema com o escuro? Acho até melhor! Podem ir embora!

Assinale a alternativa que apresenta a coerente adaptação do trecho acima para o discurso indireto livre.

(A) Sozinho, o pequenino Pedro gemeu que não temia o escuro. Achava que aquilo seria melhor. "Que fossem!", gritou.
(B) O pequenino Pedro então se viu só. E havia algum problema em se ficar no escuro? Tanto melhor! Que fossem!
(C) "Não há problema com escuro! Eu gostei até... Mas vocês podem ir embora!".
(D) "Havia algum problema com o escuro?", perguntava para si Pedro. E depois gritou: "Eu gosto! Podem ir!".

A: incorreta. O trecho está no discurso indireto; B: correta. Chama-se discurso indireto livre aquele no qual o narrador mistura-se ao personagem, transcrevendo diretamente seus pensamentos sem indicar, com sinais de pontuação, que disso se trata. É o ponto médio entre o discurso direto e o discurso indireto; C: incorreta. Trata-se de discurso direto; D: incorreta. Mais uma vez, representa o discurso direto.

Gabarito "B"

OS DICIONÁRIOS DE MEU PAI

Pouco antes de morrer, meu pai me chamou ao escritório e me entregou um livro de capa preta que eu nunca havia visto. Era o dicionário analógico de Francisco Ferreira dos Santos Azevedo. Ficava quase escondido, perto dos cinco grandes volumes do dicionário Caldas Aulete, entre outros livros de consulta que papai mantinha ao alcance da mão numa estante giratória. Isso pode te servir, foi mais ou menos o que ele então me disse, no seu falar meio grunhido. Era como se ele, cansado, me passasse um bastão que de alguma forma eu deveria levar adiante. E por um bom tempo aquele livro me ajudou no acabamento de romances e letras de canções, sem falar das horas em que eu o folheava à toa; o amor aos dicionários, para o sérvio Milorad Pavic, autor de romances-enciclopédias, é um traço infantil no caráter de um homem adulto. Palavra puxa palavra, e escarafunchar o dicionário analógico foi virando para mim um passatempo (desenfado, espairecimento, entretém, solaz, recreio, filistria). O resultado é que o livro, herdado já em estado precário, começou a se esfarelar nos meus dedos. Encostei-o na estante das relíquias ao descobrir, num sebo atrás da sala Cecília Meireles, o mesmo dicionário em encadernação de percalina. Por dentro estava em boas condições, apesar de algumas manchas amareladas, e de trazer na folha de rosto a palavra anauê, escrita a caneta-tinteiro. Com esse livro escrevi novas canções e romances, decifrai enigmas, fechei muitas palavras cruzadas. E ao vê-lo dar sinais de fadiga, saí de sebo em sebo pelo Rio de Janeiro para me garantir um dicionário analógico de reserva. Encontrei dois, mas não me dei por satisfeito, fiquei viciado no negócio. Dei de vasculhar livrarias país afora, só em São Paulo adquiri meia dúzia de exemplares, e ainda arrematei o último à venda na Amazon.com antes que algum aventureiro o fizesse. Eu já imaginava deter o monopólio (açambarcamento, exclusividade, hegemonia, senhorio, império) de dicionários analógicos da língua portuguesa, não fosse pelo senhor João Ubaldo Ribeiro, que ao que me consta também tem um, quiçá carcomido pelas traças (brocas, carunchos, gusanos, cupins, térmitas, cáries, lagartas-rosadas, gafanhotos, bichos-carpinteiros). A horas mortas eu corria os olhos pela minha prateleira repleta de livros gêmeos, escolhia um a esmo e o abria a bel-prazer. Então anotava num Moleskine as palavras mais preciosas, a fim de esmerar o vocabulário com que embasbacaria as moças e esmagaria meus rivais. Hoje sou surpreendido pelo anúncio desta nova edição do dicioná-

rio analógico de Francisco Ferreira dos Santos Azevedo. Sinto como
se invadissem minha propriedade, revirassem meus baús, espalhas-
sem ao vento meu tesouro. Trata-se para mim de uma terrível (funesta,
nefasta, macabra, atroz, abominável, dilacerante, miseranda) notícia.

(Francisco Buarque de Hollanda, Revista Piauí, junho de 2010)

(CEPERJ) O modo predominante de organização textual é:

(A) descritivo
(B) narrativo
(C) argumentativo
(D) dissertativo
(E) injuntivo

O texto pode ser classificado como uma narração, diante de sua função precípua de contar a história do narrador relacionada ao primeiro contato e intenso relacionamento que mantém com o dicionário analógico. Não se trata de uma descrição porque as passagens dedicadas a isso não superam a importância da concatenação dos fatos contados pelo autor.

Gabarito "B"

A arte de ouvir

Ouvir é estar atento aos pequenos detalhes

Luis Carlos Cabrera*

Sempre que me perguntam quais são os atributos diferenciados de um líder, procuro ressaltar dois: estar disponível e saber ouvir. A meu ver, são os essenciais. Manter-se disponível exige disciplina, generosidade e, principalmente, sentir desejo de estar com as pessoas. Quem se esconde atrás da agenda lotada não é líder. Ela serve de desculpa para não ter de apoiar, educar, elogiar e para não ter de ouvir!

A complexidade do mundo moderno exige que os problemas sejam abordados coletivamente. Praticar a arte de ouvir quer dizer estar atento aos detalhes de cada questão apresentada, às sutilezas de cada problema e ao que cada situação tem de única. Essa prática exige concentração, disponibilidade, rapidez de raciocínio e poder de síntese. Olhe em sua volta. Quem é a pessoa com quem você gosta de conversar quando precisa de uma opinião? Provavelmente, a resposta será um bom ouvinte. Aliás, é preciso aprender a ouvir ativamente. Porque também existem os ouvintes passivos, que olham para você como se estivessem prestando atenção, mas que estão com a cabeça em outro lugar. Quem ouve ativamente participa da conversa, indaga, estimula, pede explicações mais detalhadas. Quem ouve atentamente torna digna e respeitosa a conversa. E por que toda essa preocupação com esse importante atributo da liderança? Porque estamos nos tornando surdos. Diariamente, lemos e respondemos e-mails calados. Nos ligamos a mais pessoas nas redes sociais, lemos o que elas escrevem e elas nos leem. Mas não as ouvimos! Algumas tecnologias de comunicação oral estão crescendo e o exercício de ouvir começa a voltar lentamente, mesmo doendo nos ouvidos.

Procure exercitar sua audição. No lugar do e-mail, vá até a pessoa com quem deseja falar, que às vezes está na sala ao lado. Faça isso periodicamente e exercite sua capacidade de ouvir. Mostre interesse. Essa combinação de disponibilidade associada ao ato de ouvir serve para tudo. Melhora as relações pessoais afina o respeito e cria uma consciência de parceria, que é fundamental no complexo mundo moderno. Você me ouviu?

(Revista Você/SA. Editora Abril- Outubro de 2009, p. 104.
* professor da Eaesp – FGV, diretor da PMC consultores e membro da Amrop Hever Group)

(FUMARC) Marque o enunciado cuja formulação está adequada ao nível de linguagem formal:

(A) (...) estão com a cabeça em outro lugar".
(B) "Nos ligamos a mais pessoas na rede ".
(C) "(...) o exercício de ouvir começa a voltar lentamente, mesmo doendo os ouvidos".
(D) "Mas não as ouvimos ".

A: incorreta. "Estar com a cabeça em outro lugar" é uma expressão coloquial, que significa "estar distraído"; B: incorreta. O padrão formal da língua não aceita que pronome oblíquo inicie oração. O correto seria "ligamo-nos"; C: incorreta. "Doer os ouvidos" é figura de linguagem que representa um exagero (hipérbole). A redação formal repudia o uso dessas figuras; D: correta. Estão perfeitas a redação, a colocação pronominal e a clareza da oração.

Gabarito "D"

UM OUVIDO PARA CADA SOM

Estudo mostra que se ouve melhor música do lado esquerdo e frases do lado direito.

A aptidão musical de algumas pessoas, enquanto outras não conseguem cantar no chuveiro sem causar a ira dos vizinhos, sempre intrigou os cientistas. A resposta desse mistério pode estar no lugar mais óbvio: o ouvido, de acordo com uma pesquisa recente. Segundo o estudo da escola de medicina da Universidade da Califórnia, publicado na revista cientifica americana Science, o ouvido humano é especializado: o direito capta melhor as palavras e o esquerdo, os sons musicais. Durante seis anos, os pesquisadores fizeram testes com um aparelho que emite sons em mais de 3000 recém–nascidos, antes que eles saíssem do hospital. Um dos sons era parecido com o ritmo de um discurso. O outro era de tons musicais. Os bebês reagiram melhor ao escutar os sons parecidos com música no ouvido esquerdo e ao ouvir sons semelhantes a conversas no direito.

As diferenças entre os lados do corpo não são novidade, mas nunca se havia percebido que isso inclui a especialização da percepção auditiva. No fim do século XIX, o médico francês Paul Broca elaborou a teoria de que o hemisfério direito do cérebro, associado à criatividade e à aptidão musical, controla o lado esquerdo, associado à capacidade analítica e à fala, controla o lado direito. Pesquisas científicas realizadas no século seguinte comprovam que Broca estava certo. O que se vê agora, com o trabalho dos pesquisadores da Universidade da Califórnia, é que esse tipo de organização das funções cerebrais tem conexões ainda mais amplas. "O estudo mostrou que o processo auditivo ocorre primeiro no ouvido e só depois vai para os hemisférios cerebrais", diz a pesquisadora Barbara Cone-Wesson, uma das responsáveis pelo trabalho. "Desde o nascimento, o ouvido está preparado para distinguir todos os tipos de som e enviá-los para o lado correto do cérebro".

Uma pesquisa anterior tinha observado que crianças com problemas de audição no ouvido direito têm maior dificuldade de aprendizado que aquelas com problemas no ouvido esquerdo - mas faltava uma explicação para essa diferença. Outro estudo, este da Universidade Estadual Sam Houston, no Texas, havia concluído que frases com grande carga emocional, como declarações de amor e críticas, são mais bem lembradas se ditas no ouvido esquerdo. "As descobertas podem ajudar a desenvolver aparelhos auditivos específicos para captar melhor as palavras ou a música, de acordo com a necessidade do deficiente auditivo", diz a médica Yvonne Sininger, que coordenou o trabalho da Universidade da Califórnia.

(Revista Veja, ano 2006 – Caderno Ciência)

(FUMARC) Assinale o único elemento que NÃO participa da organização do texto:

(A) Discurso de autoridade.
(B) Exposição argumentativa de ideias.
(C) Recorrência a citações explícitas.
(D) Simples narração dos fatos.

O texto pode ser classificado como argumentativo, dado que sua função precípua é transmitir o leitor a importância que o autor confere aos estudos divulgados sobre as peculiaridades da audição humana. Para tanto, ele se vale de argumentos de autoridades (médicos e pesquisadores), exposição de ideias em formato de argumento (relacionando fatos para comprovar sua exposição) e as sucessivas citações diretas das palavras dos responsáveis pela pesquisa. Não há que se falar em simples narração dos fatos, própria do texto do tipo "relato", no qual aqueles são transmitidos de forma mais neutra, evitando o uso de adjetivos e argumentos de terceiros.

Gabarito "D"

"Por que ouvimos zumbidos? ' ora direis zumbidos', quase escreveu Olavo Bilac. Pois 1 em cada 6 terráqueos escuta regularmente aquele som agudo e incômodo lá dentro do ouvido. Felizmente, a maioria dos casos tem cura simples: basta o sujeito atormentado mudar alguns hábitos, principalmente alimentares. Mas problemas emocionais também geram ruídos: vítimas da depressão têm reflexos alucinatórios, como vozes de outras pessoas e – surpresa – zumbidos. É, na verdade, uma reação inconsciente para não se sentirem sozinhos. Há também relatórios de zumbidos causados pelo consumo em excesso de alguns medicamentos – nesses casos, claro, o barulho é só o menor dos problemas".

(OLIVEIRA, Anderson Fernandes. Revista Supernovas- Setembro de 2010, p. 42)

(FUMARC) A expressão "ora direis, ouvir zumbidos", justifica-se pelo processo intertextual da:

(A) paródia
(B) epígrafe
(C) citação
(D) referência

O trecho destacado é uma espécie de intertexto conhecida como paródia. O autor brinca com o primeiro verso do conhecido poema de Olavo Bilac que diz: "Ora, direis, ouvir estrelas/ decerto perdeste o senso".

Gabarito "A"

Brasília, 28 de janeiro de 2011.

Ao Sr. Chefe de Recursos Logísticos
Assunto: **Serviço completo de copa**

1 Solicito a Vossa Senhoria providenciar serviço completo de copa para servir doze pessoas em uma reunião de coordenação deste Departamento, a ser realizada no dia 2/2, terça-feira, das 16h às 18h30min, no Supremo Tribunal Militar, 7.º andar, sala 54.

2 Para obter informações adicionais, por favor, entrar em contato com Fernanda, no ramal 8662.

Atenciosamente,

[assinatura]

Renato Peixoto Magalhães

Chefe do Departamento de Psicologia

(CESPE) Considerando o documento hipotético acima e o estabelecido no **Manual de Redação da Presidência da República** acerca das comunicações oficiais, julgue os itens seguintes.

(1) O conteúdo tratado no documento acima é adequado a um memorando, uma vez que veicula informações de caráter meramente administrativo e interno ao departamento.

1: correta, nos termos do item 3.4.1 do Manual de Redação da Presidência da República.

Gabarito 1C

Discórdia em Copenhague

Frustrou-se redondamente quem esperava, na 15a Conferência sobre Mudança Climática (COP-15), em Copenhague, um acordo capaz de orquestrar compromissos de países pobres, emergentes e ricos contra os efeitos do aumento da temperatura no planeta. Após duas semanas de muitos debates e negociações, o encontro convocado pelas Nações Unidas teve um final dramático no dia 18 de dezembro de 2009, com chefes de estado tentando, em vão, aparar arestas mesmo depois do encerramento oficial da conferência. O resultado final foi um documento político genérico, firmado só pelos Estados Unidos, China, Brasil e África do Sul, que prevê metas para cortes de emissão de gases estufa apenas para 2050, mesmo assim sem estabelecer compromissos obrigatórios capazes de impedir a elevação da temperatura em mais do que 2 graus Celsius, meta que Copenhague buscava atingir.

Também foi proposta uma ajuda de US$ 30 bilhões aos países pobres, nos próximos três anos, embora sem estabelecer parâmetros sobre quem estará apto a receber o dinheiro e quais instrumentos serão usados para distribuí-lo. Faltou-lhe aval dos delegados de países como Sudão, Cuba, Nicarágua, Bolívia e Venezuela, inconformados por terem sido escanteados nas conversas finais. "O que temos de alcançar no México é tudo o que deveríamos ter alcançado aqui", disse Yvo de Bôer, secretário-executivo da conferência, remetendo as esperanças para a COP-16, que vai acontecer em 2010, na Cidade do México.

O impasse principal girou em torno de um jogo de empurra sobre as responsabilidades dos países ricos e pobres. As nações desenvolvidas queriam que os países emergentes tivessem metas obrigatórias, o que não foi aceito pela China, país que mais emite carbono na atmosfera, atualmente. Os Estados Unidos, vivendo a maior crise econômica desde 1929, não se dispunham a cumprir sequer metas modestas. Outra questão fundamental na conferência foi o financiamento para políticas de mitigação das emissões para os países pobres. Os países desenvolvidos exigiam que os emergentes ajudassem a financiar os menos desenvolvidos. A tese foi rechaçada pelos emergentes, que esperavam obter ajuda externa para suas políticas de combate ao aquecimento global.

(Adaptado de Fabrício Marques, Revista Pesquisa Fapesp, nº 167)

(FCC) Está clara e correta a redação deste livre comentário sobre o texto:

(A) Quando se dedicam às questões ambientais, costuma imperar-se a regra egoísta dos interesses privados, ao passo que se deveria de contemplar os interesses públicos.

(B) É bem possível de que ainda venham a haver muitas conferências como a da COP-15, sem que os resultados que se espera sejam minimamente satisfatórios para o bem comum.

(C) A maior parte das conferências dedicadas às questões do meio ambiente têm sido frustradas, quase sempre, pela falta de desprendimento de muitas nações, sobretudo as desenvolvidas.

(D) Tem-se notado os interesses que movem as nações mais desenvolvidas, em função dos quais ficam difíceis de firmar-se quaisquer acordos quanto a um meio ambiente melhor controlado.

(E) Como já está tornando rotina, mais uma vez as nações não chegaram a um acordo, sobre as pungentes questões ambientais, tanto assim que nenhuma delas abre mão de seus interesses particulares.

A: incorreta. Além de obscura a redação por força do uso indevido do verbo "dedicar", há diversos erros em relação à norma culta da língua. O verbo "imperar" não é pronominal (está incorreta a partícula "se" enclítica), não há razão para o uso do pronome "se" proclítico ao verbo "dever" e, por fim, esse verbo não rege a preposição "de"; B: incorreta. O adjetivo "possível" não rege a preposição "de" e o verbo "vir" deveria estar no singular (porque o verbo principal, "haver", é impessoal nesse caso); C: correta. A redação é clara e atende a todas as normas da língua culta; D: incorreta. A ordem de colocação dos termos da oração prejudica muito a clareza do trecho; E: incorreta. O verbo "tornar-se", nesse caso, é pronominal (falta a partícula "se" antes de "tornando"), não deveria haver vírgula após acordo e está equivocado o uso da locução conjuntiva "tanto assim que". Em seu lugar, deveria constar uma conjunção com valor explicativo, como "porque" ou "porquanto". Além disso, o verbo "abrir" deveria estar no pretérito perfeito do indicativo ("abriu mão").

Gabarito "C"

O advento das comunicações de massa

Algumas vezes nos perguntamos como sobrevivíamos antes da internet, telefones celulares e outros equipamentos que nos parecem hoje absolutamente indispensáveis. Lembremos que essas tecnologias, assim como a do rádio e a da televisão, já profundamente enraizadas em nossas práticas individuais e coletivas, são aquisições recentíssimas da humanidade.

O interesse cada vez maior pela tecnologia é um dos traços da modernidade que se organiza com o fim da Idade Média, substituindo o apego à tradição pela crescente importância da razão e da ciência, vinculando conhecimento técnico a progresso.

A atração por meios eletrônicos de comunicação está diretamente associada às telecomunicações por ondas, que remontam ao século XIX. Os Estados Unidos, já no século XX, se destacaram rapidamente no uso do rádio. Um fato que se tornou clássico foi protagonizado em 1938 pelo cineasta Orson Welles, então um jovem e desconhecido radialista. Ele leu trechos da obra ficcional **A guerra dos mundos** *como se estivesse transmitindo um relato real de invasão de extraterrestres. Utilizando surpreendentes recursos do jornalismo* *radiofônico, levou pânico aos norte-americanos que, por alguns instantes, agiram como se estivessem na iminência de um ataque catastrófico.*

Nos dias atuais, a tecnologia associada à produção virtual interpela o cotidiano de forma cada vez mais contundente. Já no início da década de 1970 surge o microprocessador, ocasionando uma verdadeira revolução no mundo da eletrônica. Na segunda metade da década de 90, um novo sistema de comunicação eletrônica começou a ser formado com a fusão da mídia de massa personalizada, globalizada, com a comunicação mediada por computadores – a multimídia, que estende o âmbito da comunicação eletrônica para todos os domínios da vida, inserindo-se no cotidiano da vida pública e privada, introduzindo-nos num universo de novas percepções.

As técnicas não determinam nada, em si mesmas. Dependem de interpretações e usos conduzidos por grupos ou indivíduos que delas se apropriam. Por isso, a história dos meios de comunicação nos ajuda a entender e interpretar relações de poder político, cultural e econômico, bem como a configuração da subjetividade contemporânea.

(Adaptado de Leituras da História, número 04, 2007)

(FCC) NÃO haverá prejuízo para a correção e o sentido do segmento do texto com a substituição do elemento sublinhado pelo indicado entre parênteses em:

(A) *Algumas vezes nos perguntamos como sobrevivíamos antes da internet* (...). (Ocorre-nos, por vezes, indagar)
(B) *Lembremos que essas tecnologias* (...) *são aquisições recentíssimas* da humanidade. (conquistas açodadas)
(C) (...) *agiram como se estivessem na iminência de um ataque catastrófico.* (tal fosse prestes a sofrerem)
(D) (...) *inserindo-se no cotidiano da vida pública e privada* (...) (emergindo no dia a dia)
(E) (...) *nos ajuda a entender* (...) *a configuração da subjetividade contemporânea.* (formação da veleidade íntima)

A: correta. A substituição sugerida não traz qualquer prejuízo à correção e coerência do trecho; B: incorreta. "Açodado" é sinônimo de "apressado", "precipitado"; C: incorreta. A expressão entre parênteses não faz sentido; D: incorreta. "Emergir" é sinônimo de "vir à tona", "aparecer". Melhor seria a substituição por "imergindo"; E: incorreta. "Veleidade" é sinônimo de "capricho", "leviandade", "utopia".

Gabarito "A"

(FCC) É preciso corrigir, pela má estruturação que apresenta, a seguinte frase:

(A) Com o advento dos meios de comunicação de massa, sobretudo os eletrônicos, nem por isso o progresso tecnológico deixa de ser contestado.
(B) A globalização está diretamente ligada à propagação e ao aperfeiçoamento dos meios de comunicação de massa, que encurtam distâncias e aproximam as pessoas.
(C) Quem não se deixa seduzir pelos atrativos e novidades da tecnologia de ponta costuma defender as vantagens da simplicidade e da naturalidade em nossa vida.
(D) Os muito jovens não fazem ideia de como foram velozes as transformações que sofreu o nosso cotidiano, nas últimas décadas, por causa das inovações tecnológicas.
(E) Ao que tudo indica, os próximos passos da tecnologia eletrônica serão dados na direção de uma ainda maior integração entre as diversas mídias.

A única alternativa que merece correção é a letra "A", que deve ser assinalada. O equívoco está no uso da locução conjuntiva "nem por isso", com valor concessivo, a qual fulmina a coerência do trecho. Isso ocorre porque se trata de uma única oração, motivo pelo qual não necessita de conjunção para uni-la a nada. Assim, poderíamos simplesmente suprimi-la (indicando que os meios de comunicação efetivamente deixaram de ser contestados). Na ordem direta, a oração ficaria: "O progresso tecnológico deixa de ser contestado com o advento dos meios de comunicação de massa, sobretudo os eletrônicos".

Gabarito "A"

(**AERONÁUTICA**) Há presença de discurso indireto livre em:

(A) "Olhou-o com ansiedade e espanto. O Fonseca não teria mais a dizer senão aquilo? O Fonseca deveria ter pensado que ele estava distraído." (Fernando Namora)
(B) "É Jesus que volta, pensou, a alegria deixou-a, no primeiro momento, paralisada e confusa." (José Saramago)
(C) "Eu, na rua, com pressa, e o menino me segurou pelo braço, falou qualquer coisa (...) Fui logo dizendo que não tinha, certa de que estava pedindo esmola." (Marina Colassanti)
(D) "Por mais que a mulher lhe pedisse para ir a Goiana ouvir dr. Belarmino, não foi.(...) E por isto mais longe de todos foi ficando. Pensava em Deus e se recolhia ainda mais." (José Lins do Rego)

A: correta. No discurso indireto livre, o narrador mistura-se ao personagem, transcrevendo diretamente seus pensamentos sem indicar, com sinais de pontuação, que disso se trata; B: incorreta. Trata-se de discurso direto, no qual o autor narra literalmente os pensamentos ou diálogos da personagem; C: incorreta. Trata-se de discurso indireto, no qual o autor narra, com suas palavras, o teor do diálogo; D: incorreta. Também estamos diante de discurso indireto.

Gabarito "A"

Colisão entre caminhão e carro deixa 4 mortos em Pernambuco

Ana Lima Freitas – Texto adaptado

Uma colisão, na qual um caminhão foi de encontro a um carro, deixou 4 pessoas mortas e 2 feridas na noite desta terça-feira na cidade de Salgueiro, a 530 km do Recife, no sertão de Pernambuco. Entre as vítimas fatais, estavam engenheiros responsáveis pela construção da Ferrovia Transnordestina.

Segundo informações da Polícia Rodoviária Federal, o caminhão com placa do Rio Grande do Norte, o qual a Polícia recolheu ao depósito, colidiu com o carro, um veículo Gol, com placa do Ceará. Dos 4 ocupantes do Gol, 3 morreram. Entre eles estavam engenheiros responsáveis pela construção da Ferrovia Transnordestina. O motorista do caminhão também morreu no local do acidente. Ao Hospital Regional de Salgueiro as vítimas do referido acidente foram levadas.

<http://noticias.terra.com.br/transito/interna>.
Acesso: em 26 ago. 2009.

(FUNRIO) Em relação à manutenção da coesão e coerência do trecho "Ao Hospital Regional de Salgueiro as vítimas do referido acidente foram levadas", pode-se afirmar que

(A) há manutenção da coesão e coerência textuais desfavorecidas pelo emprego da voz passiva.
(B) é sujeito paciente o termo "as vítimas", como comprova a concordância de "serem levadas".
(C) realizando os ajustes necessários, a expressão "foram levadas" seria erroneamente substituída por levaram-se.
(D) há inversão da ordem direta da oração, ocasionando incoerência textual e ambiguidade.
(E) é incoerência textual alocar adjunto adverbial no início do período construído na voz passiva.

A: incorreta. Não houve qualquer prejuízo à coerência ou coesão textuais pelo simples emprego da voz passiva; B: correta. A oração está na voz passiva analítica, sendo "as vítimas" o paciente que, portanto, deve concordar com a locução verbal "serem levadas"; C: incorreta. Ao realizar a substituição, estaríamos somente transformando a oração da voz passiva analítica para a voz passiva sintética conforme as regras gramaticais; D: incorreta. Há, sim, inversão na ordem direta (segundo a qual o adjunto adverbial deveria ficar no final da oração), porém sem qualquer prejuízo à coerência e sem gerar ambiguidade; E: incorreta. A inversão da posição do adjunto adverbial é recurso estilístico comum, mesmo na voz passiva, que não gera qualquer incoerência.

Gabarito "B".

Houve uma época em que os homens viviam bem mais próximos do céu. E o céu, dos homens. Imagine um mundo sem luz elétrica, esparsamente povoado, um mundo praticamente sem tecnologia, fora os arados dos campos e os metais das ferramentas e das espadas. Nesse mundo, o céu tinha um significado muito diferente do que tem hoje. A sobrevivência das pessoas dependia de sua regularidade e clemência.

Olhar para os céus e aprender seus ciclos era o único modo de marcar a passagem do tempo. Logo ficou claro que o céu tinha dois temperamentos: um, bem-comportado, repetitivo, como o nascer e o pôr do Sol a cada dia, as quatro fases da Lua e as quatro estações do ano; outro, imprevisível, rebelde e destruidor, o senhor das tempestades e dos furacões, dos estranhos cometas, que atravessavam lentamente os céus com sua luz fantasmagórica, e dos eclipses totais do Sol, quando dia virava noite e as estrelas e os planetas faziam-se visíveis e o Sol tingia-se de um negro profundo.

Os céus eram mágicos, a morada dos deuses.

O significado da vida e da morte, a previsão do futuro, o destino dos homens, tanto dos líderes quanto de seus súditos, estavam escritos nos astros. Fenômenos celestes inesperados eram profundamente temidos. Entre eles, os eclipses eram dos piores: se os deuses podiam apagar o Sol por alguns minutos, certamente poderiam fazê-lo permanentemente.

Marcelo Gleiser. O céu de Ulisses.
In: Folha de S.Paulo, 6/6/2008, p. 9.

(CESPE) Assinale a opção correta a respeito de elementos de coesão do texto.

(A) No período "E o céu, dos homens" (l. 2), a vírgula foi empregada para indicar a oposição dos termos "céu" e "homens".
(B) O emprego de "Naquele mundo", em vez de "Nesse mundo" (l. 5), seria mais adequado, visto que o pronome se refere a um mundo muito remoto.
(C) Na linha 7, a referência do pronome "sua" é o termo "pessoas".
(D) Nas linhas 10 e 12, o emprego das expressões "o primeiro" e "o segundo" no lugar, respectivamente, de "um" e "outro" tornaria o texto mais claro.
(E) A expressão "fazê-lo" (l. 24), que, no texto, tem o sentido de apagar o Sol, é recurso coesivo utilizado para se evitar a repetição de uma oração.

A: incorreta. A vírgula indica a elipse (supressão) da expressão "mais próximo", para evitar repetição; B: incorreta. O uso de "naquele" não seria correto, porque o termo indicaria um outro mundo que não esse que vivemos, mesmo se tratando de um passado remoto; C: incorreta. "Sua", nessa passagem, refere-se a "céu"; D: incorreta. Não haveria qualquer benefício ou prejuízo à clareza. O texto já está suficientemente claro; E: correta. Nesse caso, o pronome oblíquo "o" substitui toda a oração anterior para evitar sua repetição desnecessária.

Gabarito "E".

(CESPE) A respeito das ideias e estruturas do texto abaixo e considerando aspectos atuais da política externa brasileira, julgue o item seguinte.

Que minhas primeiras palavras diante deste Parlamento Mundial sejam de confiança na capacidade humana de vencer desafios e evoluir para formas superiores de convivência no interior das nações e no plano internacional.

Em nome do povo brasileiro, reafirmo nossa crença nas Nações Unidas. Seu papel na promoção da paz e da justiça permanece insubstituível. Rendo homenagem ao Secretário-Geral, Kofi Annan, por sua liderança na defesa de um mundo irmanado pelo respeito ao direito internacional e pela solidariedade entre as nações.

O aperfeiçoamento do sistema multilateral é a contraparte necessária do convívio democrático no interior das nações. Toda nação comprometida com a democracia, no plano interno, deve zelar para que, também no plano externo, os processos decisórios sejam transparentes, legítimos, representativos.

Luiz Inácio Lula da Silva. Fragmento de discurso na abertura da 58.ª Assembleia Geral da ONU. Nova Iorque, 23/9/2003 (com adaptações).

(1) Subentende-se uma oposição expressa por "interior das nações" (l.4-5) e "plano internacional" (l.5), oposição que é retomada, por coesão, com "plano interno" (l.15) e "plano externo" (l.15-16), respectivamente.

1: correta. O texto se vale dessa oposição como recurso argumentativo, para destacar a necessidade de atitudes coerentes entre o plano interno e o plano externo de todos os países, retomando-a ao final para manter a coesão.

Gabarito 1C

Educação para o trânsito: RS, ES e DF integram o Rumo à Escola

Buscando implementar a temática do trânsito nas escolas de ensino fundamental, o Departamento Nacional de Trânsito (DENATRAN) implantou o projeto Rumo à Escola. Até o momento, 165 escolas das capitais de 11 estados estão integradas ao projeto. Nessa quarta-feira (27/2), integram o programa o Rio Grande do Sul e o Espírito Santo. No dia 28, será a vez do DF e, em 14 de março, de São Paulo. Após sua implementação em São Paulo, o projeto terá concluído a adesão de sua primeira de três etapas. No dia 21 de março, está prevista uma teleconferência nos estados contemplados pelo programa.

Internet: <http://www.mj.gov.br>. Acesso: em 10/3/2002 (com adaptações).

(CESPE) Considerando o texto acima, julgue o item subsequente.

(1) Mantém-se a coerência textual, mas altera-se a voz do verbo, de passiva para reflexiva, ao se substituir a construção verbal "está prevista" (l.10) por **prevê-se**.

1: incorreta. A alteração mantém o verbo na voz passiva, apenas mudando da voz passiva analítica para a voz passiva sintética. A voz reflexiva pressupõe um verbo no qual o sujeito é ao mesmo tempo agente e paciente da ação (exemplo: "os amigos abraçaram-se").

Gabarito 1E

Os EUA acreditam que o Brasil seja o segundo maior consumidor de cocaína do mundo. Segundo o subsecretário do Escritório Internacional para Assuntos de Entorpecentes, James Mack, estima-se que o país consuma entre 40 e 50 toneladas (t) de cocaína por ano. A estimativa baseia-se na produção e circulação da droga no mundo. Em 2000, foram produzidas 700 t de cocaína, estando 95% da produção concentrada na Colômbia. Desse total, segundo Mack, 100 t passam pelo Brasil, mas apenas entre 50 t e 60 t chegam à Europa. Os norte-americanos acreditam que a droga que não vai para a Europa é consumida no Brasil. O Brasil só ficaria atrás dos EUA, que, em 2000, consumiram 266 t. "Em 1999, 80% da cocaína do mundo foi consumida nos EUA e, em 2000, conseguimos reduzir esse total para menos da metade. O problema é que a droga está indo para outros países, entre eles o Brasil", disse Mack. Mack veio ao Brasil, acompanhado de outros especialistas norte-americanos no assunto, para a reunião anual entre o Brasil e os EUA sobre coordenação no combate ao narcotráfico e outros ilícitos, como lavagem de dinheiro, por exemplo.

Internet: <http://www.noticias.correioweb.com.br>. Acesso em: 6/3/2002 (com adaptações).

(CESPE) Com base no texto, julgue o seguinte item.

(1) O fato de o Brasil ser "o segundo maior consumidor de cocaína do mundo" (l.1-2) conservará as mesmas relações de coerência com a argumentação do texto se, em lugar de "acreditam" (l.1), for usado **sabem**, com as devidas alterações sintáticas.

1: incorreta. A alteração traria sérios prejuízos à coerência textual, porque as informações contidas ao longo do trecho indicam que, na verdade, os EUA ainda investigam o destino das drogas que transitam pelo Brasil. Afirmar no começo que eles "sabem" que o Brasil é o segundo maior consumidor de cocaína do mundo porque apenas parte da droga que aqui entra chega na Europa seria incoerente, já que se trata de um mero indício.

Gabarito 1E

"Arrumar o homem"

(Dom Lucas Moreira Neves Jornal do Brasil, Jan. 1997)

Não boto a mão no fogo pela autenticidade da estória que estou para contar. Não posso, porém, duvidar da veracidade da pessoa de quem a escutei e, por isso, tenho-a como verdadeira. Salva-me, de qualquer modo, o provérbio italiano: "Se não é verdadeira... é muito graciosa!"

Estava, pois, aquele pai carioca, engenheiro de profissão, posto em sossego, admitido que, para um engenheiro, é sossego andar mergulhado em cálculos de estrutura. Ao lado, o filho, de 7 ou 8 anos, não cessava de atormentá-lo com perguntas de todo jaez, tentando conquistar um companheiro de lazer.

A ideia mais luminosa que ocorreu ao pai, depois de dez a quinze convites a ficar quieto e a deixá-lo trabalhar, foi a de pôr nas mãos do moleque um belo quebra-cabeça trazido da última viagem à Europa. "Vá brincando enquanto eu termino esta conta". sentencia entre dentes, prelibando pelo menos uma hora, hora e meia de trégua. O peralta não levará menos do que isso para armar o mapa do mundo com os cinco continentes, arquipélagos, mares e oceanos, comemora o pai-engenheiro.

Quem foi que disse hora e meia? Dez minutos depois, dez minutos cravados, e o menino já o puxava triunfante: "Pai, vem ver!" No chão, completinho, sem defeito, o mapa do mundo.

Como fez, como não fez? Em menos de uma hora era impossível. O próprio herói deu a chave da proeza: "Pai, você não percebeu que, atrás do mundo, o quebra-cabeça tinha um homem? Era mais fácil. E quando eu arrumei o homem, o mundo ficou arrumado!"

"Mas esse garoto é um sábio!", sobressaltei, ouvindo a palavra final. Nunca ouvi verdade tão cristalina: "Basta arrumar o homem (tão desarrumado quase sempre) e o mundo fica arrumado!"

Arrumar o homem é a tarefa das tarefas, se é que se quer arrumar o mundo.

(CESPE) Mas esse garoto é um sábio...; esta frase do autor do texto é introduzida por uma conjunção adversativa que marca, nesse caso, a oposição entre:

(A) a idade e a sabedoria;
(B) a autoridade e a desobediência;
(C) o trabalho e o lazer;
(D) a teoria e a prática;
(E) a ignorância e o conhecimento.

A conjunção adversativa "mas" é utilizada para demarcar a surpresa do pai diante da oposição entre a tenra idade do garoto e a perspicácia de sua conclusão.

Gabarito "A"

Violência no trânsito

Se quase sempre é difícil fazer uma autoavaliação, é impossível adivinhar o estado de espírito do motorista ao lado. Assim, uma atitude preventiva – e, por que não, defensiva – é a melhor maneira de não se envolver em situações de violência. O psiquiatra forense Everardo Furtado de Oliveira afirma que é possível prevenir uma briga, evitando, por exemplo, contato de olhos com o condutor agressivo, não fazer ou revidar gestos obscenos, não ficar na cola de ninguém e não bloquear a mão esquerda, por exemplo. Medalhista olímpico em 1992, o judoca Rogério Sampaio não pensa muito diferente: "Respire fundo, tenha consciência de que não vale a pena brigar e, principalmente, pense em sua família".

Com o objetivo de entender o comportamento do motorista e do pedestre capixaba e desenvolver ações para melhorar o tráfego, o Detran do Espírito Santo entrevistou quase 400 motoristas. A pesquisa, coordenada pelo antropólogo Roberto DaMatta, mostrou que desprezo às regras, agressividade e despreparo são características dos motoristas entrevistados. "O que o condutor pensa quando está dentro do carro é que a ele é dado o direito de ser imprudente de vez em quando. Para os nossos erros, procuramos muitas desculpas. Aquele que cumpre a lei é visto como alguém em uma posição inferior, um fraco", diz Luciene Becacici, diretora-geral do órgão.

Em Brasília (DF), a tese de doutorado sobre o trânsito da cidade defendida pela psicóloga Cláudia Aline Soares Monteiro envolveu uma pesquisa com 923 motoristas. "Dos entrevistados, 84% afirmaram sentir raiva enquanto dirigem. Pessoas que tinham mais tempo de habilitação e dirigiam com maior frequência cometiam mais erros e eram mais agressivas", diz Cláudia. Segundo o trabalho, quanto maior o nível de escolaridade da mulher, mais ela se irrita no tráfego. A situação é inversa para o sexo masculino. Além disso, os que mais cometem infrações são jovens com idade entre 18 e 27 anos, solteiros e sem filhos. A situação que mais deixa os homens nervosos é ter avanço impedido do veículo. Já as mulheres se irritam com direção agressiva por parte de outros motoristas.

[...]

O trânsito é um ambiente de interação social como qualquer outro. "O carro é um ambiente particular, mas é preciso seguir regras, treinar o autocontrole e planejar os deslocamentos. É um local em que é preciso agir com civilidade e consciência", diz a hoje doutora em trânsito Cláudia Monteiro.

Ao contrário do que pode parecer à primeira vista, o carro não é o escudo protetor que se supõe. Exercitar a paciência e o autocontrole não faz parte do currículo das autoescolas, mas são práticas cada vez mais necessárias à sobrevivência no trânsito.

Internet: <http://quatrorodas.abril.uol.com.br/reportagens/conteudo_288447.shtml>. Acesso em: 29/8/2009, com adaptações.

(FUNRIO) Assinale a alternativa em que a reescritura do trecho "'Dos entrevistados, 84% afirmaram sentir raiva enquanto dirigem. Pessoas que tinham mais tempo de habilitação e dirigiam com maior frequência cometiam mais erros e eram mais agressivas', diz Cláudia." mantém a correção gramatical e não compromete o sentido original.

(A) A maioria dos entrevistados afirmou que sente raiva enquanto dirige. Pessoas mais experientes na condução de veículos automotivos cometem mais erros e são mais agressivas.
(B) 84% dos entrevistados afirmou que sentem raiva enquanto dirigem. Pessoas, que tinham mais tempo de habilitação e dirigiam com maior frequência, cometiam mais erros e eram mais agressivas.
(C) Dos entrevistados, 84% afirmou que sentem raiva enquanto dirigem. Pessoas que tinham mais tempo de habilitação e dirigiam com mais frequência cometiam mais erros e eram mais agressivas.
(D) Dos entrevistados, 84% afirmou que sente raiva enquanto dirige. Pessoas com mais tempo de habilitação e que dirigiam com mais frequência, cometiam mais erros e eram mais agressivas.
(E) A maior parte dos entrevistados afirmou que sente raiva enquanto dirigem. Pessoas que dirigiam com mais tempo de habilitação frequentemente cometiam mais erros.

A: correta. A paráfrase não altera o sentido original e atende a todas as regras de correção gramatical; B: incorreta. O correto seria "afirmaram" e suprimir as vírgulas depois de "pessoas" e de "frequência"; C: incorreta. O correto seria "afirmaram"; D: incorreta. O correto seria "afirmaram", "sentem" e suprimir a vírgula depois de "frequência"; E: incorreta. O correto seria "dirige".

Gabarito "A"

(FUNRIO) Um importante aspecto da experiência dos outros na vida cotidiana é o caráter direto ou indireto dessa experiência. Em qualquer tempo é possível distinguir entre companheiros com os quais tive uma atuação comum situações face a face e outros que são meros contemporâneos, dos quais tenho lembranças mais ou menos detalhadas, ou que conheço simplesmente de oitiva. Nas situações face a face tenho a evidência direta de meu companheiro, de suas ações, atributos, etc. Já o mesmo não acontece no caso de contemporâneos, dos quais tenho um conhecimento mais ou menos dignos de confiança.

No trecho "Já o mesmo não acontece no caso de contemporâneos, dos quais tenho um conhecimento mais ou menos dignos de confiança.", a palavra "já" pode ser substituída, sem alteração de sentido, por

(A) entretanto.
(B) como.
(C) à medida que.
(D) se.
(E) quando.

Nesse caso, a palavra "já" atua como conjunção adversativa. Pode, assim, ser substituída sem alteração de sentido por "mas", "porém", "entretanto", "todavia", "contudo".

Gabarito "A"

Houve uma época em que os homens viviam bem mais próximos do céu. E o céu, dos homens. Imagine um mundo sem luz elétrica, esparsamente povoado, um mundo praticamente sem tecnologia, fora os arados dos campos e os metais das ferramentas e das espadas. Nesse mundo, o céu tinha um significado muito diferente do que tem hoje. A sobrevivência das pessoas dependia de sua regularidade e clemência.

Olhar para os céus e aprender seus ciclos era o único modo de marcar a passagem do tempo. Logo ficou claro que o céu tinha dois temperamentos: um, bem-comportado, repetitivo, como o nascer e o pôr do Sol a cada dia, as quatro fases da Lua e as quatro estações do ano; outro, imprevisível, rebelde e destruidor, o senhor das tempestades e dos furacões, dos estranhos cometas, que atravessavam lentamente os céus com sua luz fantasmagórica, e dos eclipses totais do Sol, quando dia virava noite e as estrelas e os planetas faziam-se visíveis e o Sol tingia-se de um negro profundo.

Os céus eram mágicos, a morada dos deuses. O significado da vida e da morte, a previsão do futuro, o destino dos homens, tanto dos líderes quanto de seus súditos, estavam escritos nos astros. Fenômenos celestes inesperados eram profundamente temidos. Entre eles, os eclipses eram dos piores: se os deuses podiam apagar o Sol por alguns minutos, certamente poderiam fazê-lo permanentemente.

Marcelo Gleiser. O céu de Ulisses. In: Folha de S.Paulo, 6/6/2008, p. 9.

(CESPE) Assinale a opção em que é apresentado resumo do primeiro parágrafo do texto de acordo com a técnica de resumo de frases e textos.

(A) Em um mundo sem energia elétrica e quase sem tecnologia, os homens atribuíam ao céu o poder de lhes determinar a sobrevivência, o que os tornava mais próximos do céu do que são atualmente.
(B) Nos primórdios da humanidade, quando os homens usavam apenas arados, espadas e algumas ferramentas, os homens sabiam que, diferentemente do que ocorre hoje, dependiam da clemência do céu e da regularidade das tempestades.
(C) Há muitos e muitos anos, quando ainda não estava disponível a energia elétrica e quando a tecnologia era muito atrasada e pouco útil, os homens valorizavam muito o que observavam de regularidade no céu porque era ele que lhes indicava se a sobrevivência deles corria risco.
(D) Os homens já viveram mais próximos do céu do que vivem nos dias atuais. Isso aconteceu porque não se usava luz elétrica nem havia toda a tecnologia atual. Naquela época, os homens respeitavam o céu, porque não sabiam defender-se de tempestades.
(E) Num passado remoto, as únicas tecnologias que os homens dominavam eram o arado e metais de ferramentas e espadas. Não havia luz elétrica nessa época e, por isso, o céu era observado apenas à noite, quando os homens temiam os fenômenos inesperados. Isso os aproximava e garantiu a sobrevivência da espécie humana.

O resumo deve ater-se às principais informações do trecho que está sendo resumido. Com isso, naturalmente ele deve ser um texto curto, claro e escrito, preferencialmente, na ordem direta. A melhor técnica, portanto, foi utilizada na alternativa "A", que deve ser assinalada. As demais ou trazem informações irrelevantes, ou são extensas demais ou apresentam uma redação complexa, que prejudica a clareza.

Gabarito "A"

(CESPE) A respeito das ideias e estruturas do texto abaixo e considerando aspectos atuais da política externa brasileira, julgue os itens seguintes.

Que minhas primeiras palavras diante deste Parlamento Mundial sejam de confiança na capacidade humana de vencer desafios e evoluir para formas superiores de convivência no interior das nações e no plano internacional. Em nome do povo brasileiro, reafirmo nossa crença nas Nações Unidas. Seu papel na promoção da paz e da justiça permanece insubstituível. Rendo homenagem ao Secretário-Geral, Kofi Annan, por sua liderança na defesa de um mundo irmanado pelo respeito ao direito internacional e pela solidariedade entre as nações. O aperfeiçoamento do sistema multilateral é a contraparte necessária do convívio democrático no interior das nações. Toda nação comprometida com a democracia, no plano interno, deve zelar para que, também no plano externo, os processos decisórios sejam transparentes, legítimos, representativos.

Luiz Inácio Lula da Silva. Fragmento de discurso na abertura da 58.ª Assembleia Geral da ONU. Nova Iorque, 23/9/2003 (com adaptações).

(1) Preservam-se as relações semânticas, a coerência de argumentação e a correção gramatical do texto ao substituir "para que" (l.15) por "a fim de".

(2) Por constituir um termo singular de ideia genérica, mantêm-se as relações de significação e a coerência da argumentação do texto se o termo "nação" (l.14) for empregado no plural — nações; mas, para preservar a correção gramatical do período, deve-se adequar a flexão de número de "Toda", "comprometida" e "deve" para "Todas", "comprometidas" e "devem" e acrescentar "as" entre "Todas" e "nações".

1: incorreta. A substituição da locução conjuntiva, apesar de ambas expressarem uma finalidade, traria prejuízo à coerência do texto; **2:** correta. A passagem para o plural do termo "nações", com as devidas alterações para cumprir as regras de concordância, não prejudicaria a coerência da argumentação, porque o termo singular "nação" foi empregado justamente com sentido de "todas as nações".

Gabarito 1E, 2C

Polícia Rodoviária Federal registra redução de acidentes, mortos e feridos nas rodovias federais

Em 2001, os números de acidentes, mortos e feridos nas rodovias federais do país diminuíram em relação a 2000, segundo dados da Polícia Rodoviária Federal (PRF) divulgados no dia 2/1/2002. Os índices de mortes, que caíram 12%, se comparados aos do ano anterior, foram os melhores apresentados. Os de acidentes e de feridos, respectivamente, reduziram-se em 7% e 4%. O coordenador operacional da PRF afirmou que os acidentes com mortes foram consequência, principalmente, de ultrapassagens irregulares e de excesso de velocidade. Também ficou comprovada a presença de álcool no organismo dos condutores na maioria dos acidentes graves. Segundo esse coordenador, o comportamento do motorista brasileiro ainda é preocupante. "As tragédias ocorrem em decorrência da falta de respeito às leis de trânsito", disse. Os estados do Acre e de Rondônia tiveram um aumento de 51,52% no número de mortos nas estradas federais, no ano passado, seguidos do Distrito Federal (DF), que teve um crescimento de 43,48%. Já os estados de Tocantins e do Amazonas apresentaram as maiores reduções de mortes, 34,21% e 35,71%, respectivamente.

Internet: <http://www.mj.gov.br>. Acesso em: 10/3/2002 (com adaptações).

(CESPE) Considerando o texto, julgue os itens seguintes.

(1) Para que sejam preservadas as relações semânticas e a correção gramatical do primeiro período do texto, ao se empregar a expressão "os números" (l.1) no singular, devem ser feitas as seguintes substituições: "diminuíram" (l.2) por **diminuiu** e "divulgados" (l.4) por **divulgado**.

(2) De acordo com os sentidos textuais, a expressão "'em decorrência da falta de respeito às leis de trânsito'" (l.14-15) mantém a coerência e a correção gramatical do texto ao ser substituída por **como decorrência do desrespeito às leis de trânsito ou como decorrência de se desrespeitarem as leis de trânsito**.

1: incorreta. "Divulgados" deve ser mantido no plural porque o verbo se refere a "dados"; 1: correta. Ambas as substituições podem ser feitas sem prejuízo do sentido do texto. "Em decorrência" tem o mesmo valor de "como decorrência" – locução que apresenta a ideia de consequência.

Gabarito 1E, 2C

Gasolina sobe até 10% amanhã; encha o tanque até meia-noite

O consumidor tem até hoje à noite, 15/3/2002, para encher o tanque do carro. A gasolina fica 9,39% mais cara nas refinarias a partir da zero hora deste sábado. Para o consumidor, o reajuste será de 10%. É a segunda vez que a gasolina sobe neste mês. O último aumento para o consumidor foi de 2% no dia 2 de março. Segundo a PETROBRAS, desde o começo do mês, "a gasolina apresentou altas diárias, sucessivas, em todos os mercados mundiais". A PETROBRAS afirmou que a valorização do real em relação ao dólar permitiu que o reajuste no Brasil fosse inferior aos percentuais internacionais. Desde o início do ano, o mercado de gasolina é livre, e a PETROBRAS tem autonomia para definir o seu preço. Em janeiro, houve uma redução de 25% no preço do combustível nas refinarias e, para o consumidor, essa redução foi de 20%. A empresa estima que, com o novo reajuste, o preço da gasolina para o consumidor ainda acumulará neste ano uma queda de 15% em relação a 2001.

Internet: <www.folha.com.br>. Acesso em: 17/3/2002 (com adaptações).

(CESPE) Tendo em vista o texto, julgue o item seguinte.

(1) A preposição "a", na expressão "hoje à noite" (primeira linha do texto), pode, em um registro informal de linguagem, ser substituída por "de", sem prejuízo da coerência textual.

1: incorreta. Lembre-se sempre que a ocorrência da crase indica a existência de uma preposição e de um artigo. Ao substituir apenas a preposição "a" por "de" a expressão ficaria "hoje de a noite" ou "hoje da noite", a qual não faz sentido e, com isso, prejudicaria a coerência do texto.

Gabarito 1E

Os EUA acreditam que o Brasil seja o segundo maior consumidor de cocaína do mundo. Segundo o subsecretário do Escritório Internacional para Assuntos de Entorpecentes, James Mack, estima-se que o país consuma entre 40 e 50 toneladas (t) de cocaína por ano. A estimativa baseia-se na produção e circulação da droga no mundo. Em 2000, foram produzidas 700 t de cocaína, estando 95% da produção concentrada na Colômbia.

Desse total, segundo Mack, 100 t passam pelo Brasil, mas apenas entre 50 t e 60 t chegam à Europa. Os norte-americanos acreditam que a droga que não vai para a Europa é consumida no Brasil. O Brasil só ficaria atrás dos EUA, que, em 2000, consumiram 266 t. "Em 1999, 80% da cocaína do mundo foi consumida nos EUA e, em 2000, conseguimos reduzir esse total para menos da metade. O problema é que a droga está indo para outros países, entre eles o Brasil", disse Mack.

Mack veio ao Brasil, acompanhado de outros especialistas norte-americanos no assunto, para a reunião anual entre o Brasil e os EUA sobre coordenação no combate ao narcotráfico e outros ilícitos, como lavagem de dinheiro, por exemplo.

Internet: <http://www.noticias.correioweb.com.br>.
Acesso em: 6/3/2002 (com adaptações).

(CESPE) Com base no texto, julgue os seguintes itens.

(1) Mantêm-se as mesmas relações percentuais ao se empregar a preposição **em** no lugar de "para" na expressão "para menos da metade" (l.15).

(2) Mantêm-se a coerência e a coesão textuais ao deslocar-se a expressão "acompanhado de outros especialistas norte-americanos no assunto" (l.18-19) para o início do período ou para imediatamente após "ilícitos" (l.21).

1: incorreta. Dizer "reduzir em menos da metade" significa que se obteve uma diminuição **menor** que 50%, enquanto "diminuir para menos da metade" indica que a redução foi **maior** que 50%; **2:** incorreta. Deslocar a expressão para o início do período não traria qualquer prejuízo. Porém, lançá-la logo após "ilícitos" deixaria o texto confuso, porque implicaria dubiedade sobre qual seria o assunto no qual os representantes americanos seriam especialistas (tráfico de drogas ou lavagem de dinheiro?).

Gabarito 1E, 2E

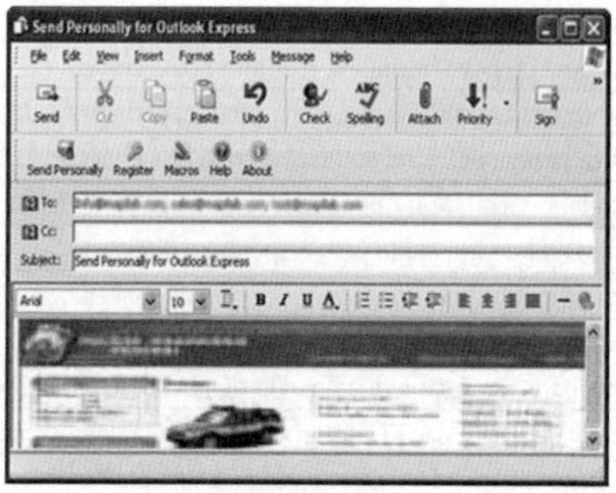

A figura acima ilustra parte de uma janela do Outlook Express 5, *software* especializado na manipulação de mensagens de *e-mail*. A mensagem mostrada nessa figura deverá ser enviada ao seu destinatário, utilizando-se um provedor de acesso à Internet que dispõe de um servidor de *e-mail*. Muitos creem que esse é um meio seguro de acesso às informações. Isso é um engano. A cada *e-mail* enviado por um usuário, uma cópia fica armazenada em seu computador, outra fica no servidor de *e-mail* de seu provedor de acesso, uma outra fica com o destinatário do *e-mail* e, finalmente, uma cópia fica no servidor de *e-mail* do provedor do destinatário. Além disso, é possível interceptar a mensagem de *e-mail* em cada computador por onde ela passa na Internet até chegar ao seu destino.

Assim, é fácil entender que o *e-mail* não pode ser considerado um meio seguro de enviar informações. Mas existem programas que ajudam a resolver esse problema de privacidade. Com eles, pode-se codificar mensagens de *e-mail*, arquivos, e até as mensagens do ICQ, de modo que qualquer um que tente interceptar as mensagens no meio do caminho não consiga entender o seu conteúdo, pois este aparecerá como uma série de caracteres desconexos. Isso é chamado de criptografia. A única forma de alguém compreender uma mensagem criptografada é possuir a chave de decodificação da mensagem. Esses programas também podem ser usados para criar uma assinatura digital, que permite verificar se mensagens e arquivos que são enviados por *e-mail* foram realmente enviados pelo remetente e não por uma outra pessoa fingindo ser este.

Internet: <http://www.tcinet.com.br>.
Acesso em: 20/3/2002 (com adaptações).

(CESPE) Com relação às ideias do texto, julgue o item abaixo.

(1) Mantêm-se as relações semânticas entre usuário e *e-mail* ao se transformar a oração passiva "A cada *e-mail* enviado por um usuário" (l.7-8) em "A cada usuário que envia um *e-mail*".

1: incorreta. Na voz passiva, "*e-mail*" é o sujeito paciente da oração e "usuário" é o agente da passiva. Após a reescrita do texto, "usuário" é sujeito e "*e-mail*" é núcleo do objeto direto.

Gabarito 1E

"Arrumar o homem"

(Dom Lucas Moreira Neves Jornal do Brasil, Jan. 1997)

Não boto a mão no fogo pela autenticidade da estória que estou para contar. Não posso, porém, duvidar da veracidade da pessoa de quem a escutei e, por isso, tenho-a como verdadeira. Salva-me, de qualquer modo, o provérbio italiano: "Se não é verdadeira... é muito graciosa!"

Estava, pois, aquele pai carioca, engenheiro de profissão, posto em sossego, admitido que, para um engenheiro, é sossego andar mergulhado em cálculos de estrutura. Ao lado, o filho, de 7 ou 8 anos, não cessava de atormentá-lo com perguntas de todo jaez, tentando conquistar um companheiro de lazer.

A ideia mais luminosa que ocorreu ao pai, depois de dez a quinze convites a ficar quieto e a deixá-lo trabalhar, foi a de pôr nas mãos do moleque um belo quebra-cabeça trazido da última viagem à Europa. "Vá brincando enquanto eu termino esta conta". sentencia entre dentes, prelibando pelo menos uma hora, hora e meia de trégua. O peralta não levará menos do que isso para armar o mapa do mundo com os cinco continentes, arquipélagos, mares e oceanos, comemora o pai-engenheiro.

Quem foi que disse hora e meia? Dez minutos depois, dez minutos cravados, e o menino já o puxava triunfante: "Pai, vem ver!" No chão, completinho, sem defeito, o mapa do mundo.

Como fez, como não fez? Em menos de uma hora era impossível. O próprio herói deu a chave da proeza: "Pai, você não percebeu que, atrás do mundo, o quebra-cabeça tinha um homem? Era mais fácil. E quando eu arrumei o homem, o mundo ficou arrumado!"

"Mas esse garoto é um sábio!", sobressaltei, ouvindo a palavra final. Nunca ouvi verdade tão cristalina: "Basta arrumar o homem (tão desarrumado quase sempre) e o mundo fica arrumado!"

Arrumar o homem é a tarefa das tarefas, se é que se quer arrumar o mundo.

(CESPE) *Vá brincando enquanto eu termino esta conta*; se fossem dois engenheiros querendo trabalhar e dois os meninos, esta mesma frase, mantidas as pessoas, deveria ter a seguinte forma:

(A) Vão brincando enquanto nós terminamos esta conta;
(B) Ide brincar enquanto eu termino esta conta;
(C) Vamos brincando enquanto nós terminamos esta conta;
(D) Vade brincando enquanto eles terminam esta conta;
(E) Vai brincando enquanto nós terminamos esta conta.

Se são dois engenheiros e dois meninos, então tanto o verbo "ir" quanto o verbo "terminar" devem ser transpostos para o plural, na terceira e primeira pessoa, respectivamente: "Vão brincando enquanto nós terminamos esta conta".

Gabarito "A"

(CESPE) Com referência à redação de correspondências oficiais, julgue os itens a seguir.

(1) Documentos oficiais em forma de ofício, memorando, aviso e exposição de motivos têm em comum, entre outras características, a aposição da data de sua assinatura e emissão, que deve estar alinhada à direita, logo após a identificação do documento com o tipo, o número do expediente e a sigla do órgão que o emite.

(2) Desconsiderando-se as margens e os espaços adequados, respeitam as normas de redação de um documento oficial encaminhado por um chefe de seção a seu diretor o seguinte trecho, contendo o parágrafo final e fecho de um ofício.

(...)

Por fim, por oportuno informamos que as providências tomadas, e aqui mencionadas, também já são do conhecimento das partes envolvidas.

Atenciosamente
[assinatura]
Pedro Álvares Cabral
Chefe da seção de logística
e distribuição de pessoal (SLDP).

1: correta, nos termos dos itens 3.3.2, 3.4.2 e 4.2 do Manual de Redação da Presidência da República; **2:** incorreta. De acordo com o Manual de Redação da Presidência da República, item 2.2, o termo a ser usado para fechar o ofício endereçado à autoridade de hierarquia superior à daquele que o emite é "respeitosamente" e deve estar alinhado à esquerda.

Gabarito 1C, 2E

Não existem soluções mágicas, é claro, mas uma coisa é certa: uma crise global requer soluções globais. Se não as encontrarmos, as consequências serão desastrosas, a começar pela morte de 2 milhões de crianças nos próximos cinco anos. Por conta da globalização, ninguém será poupado, especialmente aqueles que são vítimas inocentes: as vulneráveis populações da África, por exemplo, e as mulheres. Ela atinge todos os aspectos da sociedade: educação, segurança alimentar, as perspectivas de desenvolvimento da chamada economia verde etc. Ela também fortalece o "egotismo nacionalista" e incrementa a xenofobia. Esta crise, porém, não é apenas econômica; ela também é uma crise moral. É uma crise institucional e filosófica do sistema que construímos.

O mundo ruma para a incerteza? In: Planeta, ago./2008, p. 51 (com adaptações).

(CESPE) Tomando por base a organização do texto acima, julgue o item que segue.

(1) Amplia-se a possibilidade de a primeira asserção do texto ser verdadeira, preservando-se a correção gramatical e a coerência entre os argumentos, ao se substituir "Não existem" (l.1) por "Não devem haver".

1: incorreta. "Não devem haver" transmite a ideia de dúvida, de possibilidade de existirem "soluções mágicas", o que é refutado pelos demais argumentos, os quais sugerem uma atuação global e concreta contra a crise instalada.

Gabarito 1E

(CESPE) A respeito das normas estabelecidas para redação oficial, julgue os próximos itens.

(1) Documentos oficiais em forma de ofício, memorando, aviso e exposição de motivos têm em comum, entre outras características, a aposição da data de sua assinatura e emissão, que deve estar alinhada à direita, logo após a identificação do documento com o tipo, o número do expediente e a sigla do órgão que o emite.

(2) Respeita as normas de redação de documentos oficiais o seguinte endereçamento de um envelope.
A Vossa Excelência
Dr. Cristóvão Hernandes
DD. Juiz de Direito da 99.ª Vara Cível
Rua Jardim da América, 2.345
01.000-101 Belo Horizonte – MG

1: correta, nos termos do Manual de Redação da Presidência da República; 2: incorreta. A redação oficial prescreve: "A Sua Excelência/ Cristóvão Hernandes/ Juiz de Direito da 99ª Vara Cível/ Rua Jardim da América, 2345/ 01.000-101 – Belo Horizonte. MG"

Gabarito 1C, 2E

(CESPE) A forma oficial de redigir não deve ensejar o entendimento de que se proponha a criação — ou se aceite a existência — de uma forma específica de linguagem administrativa, o que coloquialmente e pejorativamente se chama *burocratês*. Este é antes uma distorção do que deve ser a redação oficial, e se caracteriza pelo abuso de expressões e clichês do jargão burocrático e de formas arcaicas de construção de frases. A redação oficial não é, portanto, necessariamente árida e infensa à evolução da língua. É que sua finalidade básica — comunicar com impessoalidade e máxima clareza — impõe certos parâmetros ao uso que se faz da língua, de maneira diversa daquele da literatura, do texto jornalístico, da correspondência particular etc.

Maria das Graças Dias Brandão. Português para administração pública. Brasília: Ministério da Justiça, 2009, p. 6 (com adaptações).

Tendo o texto apresentado acima como referência inicial, julgue os itens a seguir, acerca dos aspectos gerais da redação oficial.

(1) Na redação oficial, a exigência de impessoalidade decorre do caráter público dos elementos que constituem a comunicação: o emissor, o destinatário e o assunto da comunicação.

(2) O padrão oficial de linguagem empregado na redação oficial implica o emprego de linguagem rebuscada e de figuras de linguagem, que é próprio da língua literária.

(3) Em nome da concisão, a redação oficial exige economia de pensamento, isto é, justifica-se a eliminação de passagens substanciais do texto para reduzir o seu tamanho.

1: correta. O trato da coisa pública exige a impessoalidade, inclusive nos textos oficiais; 2: incorreta. A comunicação oficial deve prezar pela clareza e objetividade, evitando formas rebuscadas e complexas da língua, que dificultam sua compreensão (item 1.1 do Manual de Redação Oficial da Presidência da República); 3: incorreta. Concisão não pode ser confundida com eliminação de partes substanciais do texto. Todas as informações relevantes devem estar presentes, ainda que sejam numerosas. O que se impõe é a eliminação de passagens acessórias ou repetitivas.

Gabarito 1C, 2E, 3E

(CESPE) Além de atender à disposição constitucional, a forma dos atos normativos obedece a certa tradição. Há normas para sua elaboração que remontam ao período de nossa história imperial, como, por exemplo, a obrigatoriedade — estabelecida por decreto imperial de 10 de dezembro de 1822 — de que se aponha, ao final desses atos, o número de anos transcorridos desde a Independência. Essa prática foi mantida no período republicano. Outros procedimentos rotineiros na redação de comunicações oficiais foram incorporados ao longo do tempo, como as formas de tratamento e de cortesia, certos clichês de redação, a estrutura dos expedientes etc.

Idem, ibidem.

Tendo o texto acima como referência inicial, julgue os itens seguintes, relativos às comunicações oficiais.

(1) O atual emprego de pronomes de tratamento indireto nas correspondências oficiais dirigidas às autoridades provém da larga tradição do uso desses pronomes na língua portuguesa.

(2) O trecho a seguir é um dos fechos atuais recomendados pelo Manual da Presidência da República para saudar o destinatário da comunicação oficial: Com os protestos de elevada estima e distinta consideração.

(3) O padrão ofício é a diagramação única adotada atualmente, em nome da uniformidade, para três tipos de expedientes oficiais que têm diferentes finalidades: o ofício, o aviso e o memorando.

(4) Nos termos da legislação em vigor, a mensagem de correio eletrônico carece de valor documental, o que inviabiliza a sua aceitação como forma de transmissão de documentos originais.

1: correta. Realmente, o uso dos pronomes pessoais de tratamento é regido basicamente pela tradição de sua utilização na língua culta;

2: incorreta. Segundo o Manual de Redação Oficial da Presidência da República, é suficiente o desfecho "respeitosamente", se o emitente tiver hierarquia inferior ao destinatário, ou "atenciosamente" se ambos tiverem a mesma hierarquia ou o emitente for superior; 3: correta, nos termos do item 3 do Manual de Redação Oficial da Presidência da República; 4: incorreta. A mensagem de correio eletrônico é considerada documento para fins legais, inclusive com a mesma força probatória (art. 399, § 2º, do Código de Processo Civil).

Gabarito 1C, 2E, 3C, 4E

(CESPE) O Departamento de Polícia Rodoviária Federal (DPRF) dispõe de instrumentos — atos oficiais — utilizados para publicidade e validade de seus atos administrativos, bem como para a efetivação do trabalho cotidiano do policial rodoviário federal. Quanto a esses atos oficiais, julgue o próximo item.

(1) A narrativa de boletim de ocorrência dispensa o emprego do padrão culto da língua, a clareza e a concisão, uma vez que o policial deve fazer seu registro no local do acidente rodoviário.

1: incorreta. Qualquer documento público deve primar pela correção gramatical, clareza e concisão da redação, a fim de que possa atingir seus objetivos.

Gabarito 1E

Apêndice

Excertos do Manual de Redação da Presidência da República*

* Disponível em <http://www.planalto.gov.br/ccivil_03/manual/index.htm>. Apresentamos os capítulos I e II da Parte I do Manual, que cuidam dos aspectos da redação oficial usualmente cobrados nos editais de concursos públicos.

PARTE I

As Comunicações Oficiais

CAPÍTULO I

ASPECTOS GERAIS DA REDAÇÃO OFICIAL

1. O QUE É REDAÇÃO OFICIAL

Em uma frase, pode-se dizer que redação oficial é a maneira pela qual o Poder Público redige atos normativos e comunicações. Interessa-nos tratá-la do ponto de vista do Poder Executivo.

A redação oficial deve caracterizar-se pela impessoalidade, uso do padrão culto de linguagem, clareza, concisão, formalidade e uniformidade. Fundamentalmente esses atributos decorrem da Constituição, que dispõe, no artigo 37: "*A administração pública direta, indireta ou fundacional, de qualquer dos Poderes da União, dos Estados, do Distrito Federal e dos Municípios obedecerá aos princípios de legalidade, impessoalidade, moralidade, publicidade e eficiência* (...)". Sendo a publicidade e a impessoalidade princípios fundamentais de toda administração pública, claro está que devem igualmente nortear a elaboração dos atos e comunicações oficiais.

Não se concebe que um ato normativo de qualquer natureza seja redigido de forma obscura, que dificulte ou impossibilite sua compreensão. A transparência do sentido dos atos normativos, bem como sua inteligibilidade, são requisitos do próprio Estado de Direito: é inaceitável que um texto legal não seja entendido pelos cidadãos. A publicidade implica, pois, necessariamente, clareza e concisão.

Além de atender à disposição constitucional, a forma dos atos normativos obedece a certa tradição. Há normas para sua elaboração que remontam ao período de nossa história imperial, como, por exemplo, a obrigatoriedade – estabelecida por decreto imperial de 10 de dezembro de 1822 – de que se aponha, ao final desses atos, o número de anos transcorridos desde a Independência. Essa prática foi mantida no período republicano.

Esses mesmos princípios (impessoalidade, clareza, uniformidade, concisão e uso de linguagem formal) aplicam-se às comunicações oficiais: elas devem sempre permitir uma única interpretação e ser estritamente impessoais e uniformes, o que exige o uso de certo nível de linguagem.

Nesse quadro, fica claro também que as comunicações oficiais são necessariamente uniformes, pois há sempre um único comunicador (o Serviço Público) e o receptor dessas comunicações ou é o próprio Serviço Público (no caso de expedientes dirigidos por um órgão a outro) – ou o conjunto dos cidadãos ou instituições tratados de forma homogênea (o público).

Outros procedimentos rotineiros na redação de comunicações oficiais foram incorporados ao longo do tempo, como as formas de tratamento e de cortesia, certos clichês de redação, a estrutura dos expedientes, etc. Mencione-se, por exemplo, a fixação dos fechos para comunicações oficiais, regulados pela Portaria nº 1 do Ministro de Estado da Justiça, de 8 de julho de 1937, que, após mais de meio século de vigência, foi revogado pelo Decreto que aprovou a primeira edição deste Manual.

Acrescente-se, por fim, que a identificação que se buscou fazer das características específicas da forma oficial de redigir não deve ensejar o entendimento de que se proponha a criação – ou se aceite a existência – de uma forma específica de linguagem administrativa, o que coloquialmente e pejorativamente se chama *burocratês*. Este é antes uma distorção do que deve ser a redação oficial, e se caracteriza pelo abuso de expressões e clichês do jargão burocrático e de formas arcaicas de construção de frases.

A redação oficial não é, portanto, necessariamente árida e infensa à evolução da língua. É que sua finalidade básica – comunicar com impessoalidade e máxima clareza – impõe certos parâmetros ao uso que se faz da língua, de maneira diversa daquele da literatura, do texto jornalístico, da correspondência particular, etc.

Apresentadas essas características fundamentais da redação oficial, passemos à análise pormenorizada de cada uma delas.

1.1. A Impessoalidade

A finalidade da língua é comunicar, quer pela fala, quer pela escrita. Para que haja comunicação, são necessários: a) alguém que comunique, b) algo a ser comunicado, e c) alguém que receba essa comunicação. No caso da redação oficial, quem comunica é sempre o Serviço Público (este ou aquele Ministério, Secretaria, Departamento, Divisão, Serviço, Seção); o que se comunica é sempre algum assunto relativo às atribuições do órgão que comunica; o destinatário dessa comunicação ou é o público, o conjunto dos cidadãos, ou outro órgão público, do Executivo ou dos outros Poderes da União.

Percebe-se, assim, que o tratamento impessoal que deve ser dado aos assuntos que constam das comunicações oficiais decorre:

a) da ausência de impressões individuais de quem comunica: embora se trate, por exemplo, de um expediente assinado por Chefe de determinada

Seção, é sempre em nome do Serviço Público que é feita a comunicação. Obtém-se, assim, uma desejável padronização, que permite que comunicações elaboradas em diferentes setores da Administração guardem entre si certa uniformidade;

b) da impessoalidade de quem recebe a comunicação, com duas possibilidades: ela pode ser dirigida a um cidadão, sempre concebido como *público*, ou a outro órgão público. Nos dois casos, temos um destinatário concebido de forma homogênea e impessoal;

c) do caráter impessoal do próprio assunto tratado: se o universo temático das comunicações oficiais se restringe a questões que dizem respeito ao interesse público, é natural que não cabe qualquer tom particular ou pessoal.

Desta forma, não há lugar na redação oficial para impressões pessoais, como as que, por exemplo, constam de uma carta a um amigo, ou de um artigo assinado de jornal, ou mesmo de um texto literário. A redação oficial deve ser isenta da interferência da individualidade que a elabora.

A concisão, a clareza, a objetividade e a formalidade de que nos valemos para elaborar os expedientes oficiais contribuem, ainda, para que seja alcançada a necessária impessoalidade.

1.2. A Linguagem dos Atos e Comunicações Oficiais

A necessidade de empregar determinado nível de linguagem nos atos e expedientes oficiais decorre, de um lado, do próprio caráter público desses atos e comunicações; de outro, de sua finalidade. Os atos oficiais, aqui entendidos como atos de caráter normativo, ou estabelecem regras para a conduta dos cidadãos, ou regulam o funcionamento dos órgãos públicos, o que só é alcançado se em sua elaboração for empregada a linguagem adequada. O mesmo se dá com os expedientes oficiais, cuja finalidade precípua é a de informar com clareza e objetividade.

As comunicações que partem dos órgãos públicos federais devem ser compreendidas por todo e qualquer cidadão brasileiro. Para atingir esse objetivo, há que evitar o uso de uma linguagem restrita a determinados grupos. Não há dúvida que um texto marcado por expressões de circulação restrita, como a gíria, os regionalismos vocabulares ou o jargão técnico, tem sua compreensão dificultada.

Ressalte-se que há necessariamente uma distância entre a língua falada e a escrita. Aquela é extremamente dinâmica, reflete de forma imediata qualquer alteração de costumes, e pode eventualmente contar com outros elementos que auxiliem a sua compreensão, como os gestos, a entoação, etc., para mencionar apenas alguns dos fatores responsáveis por essa distância. Já a língua escrita incorpora mais lentamente as transformações, tem maior vocação para a permanência, e vale-se apenas de si mesma para comunicar.

A língua escrita, como a falada, compreende diferentes níveis, de acordo com o uso que dela se faça. Por exemplo, em uma carta a um amigo, podemos nos valer de determinado padrão de linguagem que incorpore expressões extremamente pessoais ou coloquiais; em um parecer jurídico, não se há de estranhar a presença do vocabulário técnico correspondente. Nos dois casos, há um padrão de linguagem que atende ao uso que se faz da língua, a finalidade com que a empregamos.

O mesmo ocorre com os textos oficiais: por seu caráter impessoal, por sua finalidade de informar com o máximo de clareza e concisão, eles requerem o uso do *padrão culto* da língua. Há consenso de que o padrão culto é aquele em que a) se observam as regras da gramática formal, e b) se emprega um vocabulário comum ao conjunto dos usuários do idioma. É importante ressaltar que a obrigatoriedade do uso do padrão culto na redação oficial decorre do fato de que ele está acima das diferenças lexicais, morfológicas ou sintáticas regionais, dos modismos vocabulares, das idiossincrasias linguísticas, permitindo, por essa razão, que se atinja a pretendida compreensão por todos os cidadãos.

Lembre-se que o padrão culto nada tem contra a simplicidade de expressão, desde que não seja confundida com pobreza de expressão. De nenhuma forma o uso do padrão culto implica emprego de linguagem rebuscada, nem dos contorcionismos sintáticos e figuras de linguagem próprios da língua literária.

Pode-se concluir, então, que não existe propriamente um "*padrão oficial de linguagem*"; o que há é o uso do padrão culto nos atos e comunicações oficiais. É claro que haverá preferência pelo uso de determinadas expressões, ou será obedecida certa tradição no emprego das formas sintáticas, mas isso não implica, necessariamente, que se consagre a utilização de *uma forma de linguagem burocrática*. O jargão burocrático, como todo jargão, deve ser evitado, pois terá sempre sua compreensão limitada.

A linguagem técnica deve ser empregada apenas em situações que a exijam, sendo de evitar o seu uso indiscriminado. Certos rebuscamentos acadêmicos, e mesmo o vocabulário próprio a determinada área, são de difícil entendimento por quem não esteja com eles familiarizado. Deve-se ter o cuidado, portanto, de explicitá-los em comunicações encaminhadas a outros órgãos da administração e em expedientes dirigidos aos cidadãos.

Outras questões sobre a linguagem, como o emprego de neologismo e estrangeirismo, são tratadas em detalhe em 9.3. *Semântica*.

1.3. Formalidade e Padronização

As comunicações oficiais devem ser sempre formais, isto é, obedecem a certas regras de *forma*: além das já mencionadas exigências de impessoalidade e uso do padrão culto de linguagem, é imperativo, ainda, certa formalidade de tratamento. Não se trata somente da eterna dúvida quanto ao correto emprego deste ou daquele pronome de tratamento para uma autoridade de certo nível (v. a esse respeito 2.1.3. *Emprego dos Pronomes de Tratamento*); mais do que isso, a formalidade diz respeito à polidez, à civilidade no próprio enfoque dado ao assunto do qual cuida a comunicação.

A formalidade de tratamento vincula-se, também, à necessária uniformidade das comunicações. Ora, se a administração federal é una, é natural que as comunicações que expede sigam um mesmo padrão. O estabelecimento desse padrão, uma das metas deste Manual, exige que se atente para todas as características da redação oficial e que se cuide, ainda, da apresentação dos textos.

A clareza datilográfica, o uso de papéis uniformes para o texto definitivo e a correta diagramação do texto são indispensáveis para a padronização. Consulte o Capítulo II, *As Comunicações Oficiais*, a respeito de normas específicas para cada tipo de expediente.

1.4. Concisão e Clareza

A *concisão* é antes uma qualidade do que uma característica do texto oficial. Conciso é o texto que consegue transmitir um máximo de informações com um mínimo de palavras. Para que se redija com essa qualidade, é fundamental que se tenha, além de conhecimento do assunto sobre o qual se escreve, o necessário tempo para revisar o texto depois de pronto. É nessa releitura que muitas vezes se percebem eventuais redundâncias ou repetições desnecessárias de ideias.

O esforço de sermos concisos atende, basicamente ao princípio de *economia linguística*, à mencionada fórmula de empregar o mínimo de palavras para informar o máximo. Não se deve de forma alguma entendê-la como *economia de pensamento*, isto é, não se devem eliminar passagens substanciais do texto no afã de reduzi-lo em tamanho. Trata-se exclusivamente de cortar palavras inúteis, redundâncias, passagens que nada acrescentem ao que já foi dito.

Procure perceber certa hierarquia de ideias que existe em todo texto de alguma complexidade: ideias fundamentais e ideias secundárias. Estas últimas podem esclarecer o sentido daquelas, detalhá-las, exemplificá-las; mas existem também ideias secundárias que não acrescentam informação alguma ao texto, nem têm maior relação com as fundamentais, podendo, por isso, ser dispensadas.

A *clareza* deve ser a qualidade básica de todo texto oficial, conforme já sublinhado na introdução deste capítulo. Pode-se definir como claro aquele texto que possibilita imediata compreensão pelo leitor. No entanto a clareza não é algo que se atinja por si só: ela depende estritamente das demais características da redação oficial. Para ela concorrem:

a) a impessoalidade, que evita a duplicidade de interpretações que poderia decorrer de um tratamento personalista dado ao texto;

b) o uso do padrão culto de linguagem, em princípio, de entendimento geral e por definição avesso a vocábulos de circulação restrita, como a gíria e o jargão;

c) a formalidade e a padronização, que possibilitam a imprescindível uniformidade dos textos;

d) a concisão, que faz desaparecer do texto os excessos linguísticos que nada lhe acrescentam.

É pela correta observação dessas características que se redige com clareza. Contribuirá, ainda, a indispensável releitura de todo texto redigido. A ocorrência, em textos oficiais, de trechos obscuros e de erros gramaticais provém principalmente da falta da releitura que torna possível sua correção.

Na revisão de um expediente, deve-se avaliar, ainda, se ele será de fácil compreensão por seu destinatário. O que nos parece óbvio pode ser desconhecido por terceiros. O domínio que adquirimos sobre certos assuntos em decorrência de nossa experiência profissional muitas vezes faz com que os tomemos como de conhecimento geral, o que nem sempre é verdade. Explicite, desenvolva, esclareça, precise os termos técnicos, o significado das siglas e abreviações e os conceitos específicos que não possam ser dispensados.

A revisão atenta exige, necessariamente, tempo. A pressa com que são elaboradas certas comunicações quase sempre compromete sua clareza. Não se deve proceder à redação de um texto que não seja seguida por sua revisão. "*Não há assuntos urgentes, há assuntos atrasados*", diz a máxima. Evite-se, pois, o atraso, com sua indesejável repercussão no redigir.

Por fim, como exemplo de texto obscuro, que deve ser evitado em todas as comunicações oficiais, transcrevemos a seguir um pitoresco quadro, constante de obra de Adriano da Gama Kury[1], a partir do qual podem ser feitas inúmeras frases, combinando-se as expressões das várias colunas em qualquer ordem, com uma característica comum: nenhuma delas tem sentido! O quadro tem aqui a função de sublinhar a maneira de como **não se deve escrever**:

1. Kury, Adriano da Gama. *Para falar e escrever melhor o português*. 2. ed. Rio de Janeiro: Nova Fronteira, 1989. p.18 - 19. Segundo o autor, o quadro consta da obra de Cesare Marchi *Impariamo Italiano* ("Aprendamos o Italiano") Milão, Rizzoli Ed., 1984, e teria sido elaborado por dois professores universitários italianos no estudo *"Prontuário de frases para todos os usos para preencher o vazio de nada"*.

Como não se deve escrever:

COLUNA A	COLUNA B	COLUNA C	COLUNA D	COLUNA E	COLUNA F	COLUNA G
1. A necessidade emergente	se caracteriza por	uma correta relação entre estrutura e superestrutura	no interesse primário da população,	substanciando e vitalizando,	numa ótica preventiva e não mais curativa,	a transparência de cada ato decisional.
2. O quadro normativo	prefigura	a superação de cada obstáculo e/ou resistência passiva	sem prejudicar o atual nível das contribuições,	não assumindo nunca como implícito,	no contexto de um sistema integrado,	um indispensável salto de qualidade.
3. O critério metodológico	reconduz a sínteses	a pontual correspondência entre objetivos e recursos	com critérios não dirigísticos,	potenciando e incrementando,	na medida em que isso seja factível,	o aplanamento de discrepâncias e discrasias existentes.
4. O modelo de desenvolvimento	incrementa	o redirecionamento das linhas de tendências em ato	para além das contradições e dificuldades iniciais,	evidenciando e explicitando	em termos de eficácia e eficiência,	a adoção de uma metodologia diferenciada.
5. O novo tema social	propicia	o incorporamento das funções e a descentralização decisional	numa visão orgânica e não totalizante,	ativando e implementando,	a cavaleiro da situação contingente,	a redefinição de uma nova figura profissional.
6. O método participativo	propõe-se a	o reconhecimento da demanda não satisfeita	mediante mecanismos da participação,	não omitindo ou calando, mas antes particularizando,	com as devidas e imprescindíveis enfatizações,	o coenvolvimento ativo de operadores e utentes.
7. A utilização potencial	privilegia	uma coligação orgânica interdisciplinar para uma práxis de trabalho de grupo,	segundo um módulo de interdependência horizontal,	recuperando, ou antes revalorizando,	como sua premissa indispensável e condicionante,	uma congruente flexibilidade das estruturas.

Capítulo II

As Comunicações Oficiais

1. INTRODUÇÃO

A redação das comunicações oficiais deve, antes de tudo, seguir os preceitos explicitados no Capítulo I, *Aspectos Gerais da Redação Oficial*. Além disso, há características específicas de cada tipo de expediente, que serão tratadas em detalhe neste capítulo. Antes de passarmos à sua análise, vejamos outros aspectos comuns a quase todas as modalidades de comunicação oficial: o emprego dos pronomes de tratamento, a forma dos fechos e a identificação do signatário.

1.1. Pronomes de Tratamento

1.1.1. Breve História dos Pronomes de Tratamento

O uso de pronomes e locuções pronominais de tratamento tem larga tradição na língua portuguesa. De acordo com Said Ali,[1] após serem incorporados ao português os pronomes latinos *tu* e *vos*, *"como tratamento direto da pessoa ou pessoas a quem se dirigia a palavra"*, passou-se a empregar, como expediente linguístico de distinção e de respeito, a segunda pessoa do plural no tratamento de pessoas de hierarquia superior. Prossegue o autor:

"Outro modo de tratamento indireto consistiu em fingir que se dirigia a palavra a um atributo ou qualidade eminente da pessoa de categoria superior, e não a ela própria. Assim aproximavam-se os vassalos de seu rei com o tratamento de *vossa mercê*, *vossa senhoria* (...); assim usou-se o tratamento ducal de *vossa excelência* e adotaram-se na hierarquia eclesiástica *vossa reverência*, *vossa paternidade*, *vossa eminência*, *vossa santidade*."[2]

1. SAID ALI, Manoel. *Gramática secundária histórica da língua portuguesa*. 3. ed. Brasília: Ed. Universidade de Brasília, 1964. p. 93-94.
2. Id. Ibid.

A partir do final do século XVI, esse modo de tratamento indireto já estava em voga também para os ocupantes de certos cargos públicos. *Vossa mercê* evoluiu para *vosmecê*, e depois para o coloquial *você*. E o pronome *vós*, com o tempo, caiu em desuso. É dessa tradição que provém o atual emprego de pronomes de tratamento indireto como forma de dirigirmo-nos às autoridades civis, militares e eclesiásticas.

1.1.2. Concordância com os Pronomes de Tratamento

Os pronomes de tratamento (ou de *segunda pessoa indireta*) apresentam certas peculiaridades quanto à concordância verbal, nominal e pronominal. Embora se refiram à segunda pessoa gramatical (à pessoa com quem se fala, ou a quem se dirige a comunicação), levam a concordância para a *terceira pessoa*. É que o verbo concorda com o substantivo que integra a locução como seu núcleo sintático: "Vossa *Senhoria nomeará* o substituto"; "Vossa *Excelência conhece* o assunto".

Da mesma forma, os pronomes possessivos referidos a pronomes de tratamento são sempre os da terceira pessoa: "Vossa *Senhoria* nomeará *seu* substituto" (e não "*Vossa ... vosso...*").

Já quanto aos adjetivos referidos a esses pronomes, o gênero gramatical deve coincidir com o sexo da pessoa a que se refere, e não com o substantivo que compõe a locução. Assim, se nosso interlocutor for homem, o correto é "*Vossa Excelência está atarefado*", "*Vossa Senhoria deve estar satisfeito*"; se for mulher, "*Vossa Excelência está atarefada*", "*Vossa Senhoria deve estar satisfeita*".

1.1.3. Emprego dos Pronomes de Tratamento

Como visto, o emprego dos pronomes de tratamento obedece a secular tradição. São de uso consagrado:

Vossa Excelência, para as seguintes autoridades:

a) do Poder Executivo;

Presidente da República;

Vice-Presidente da República;

Ministros de Estado[3];

Governadores e Vice-Governadores de Estado e do Distrito Federal;

Oficiais-Generais das Forças Armadas;

Embaixadores;

Secretários-Executivos de Ministérios e demais ocupantes de cargos de natureza especial;

Secretários de Estado dos Governos Estaduais;

Prefeitos Municipais.

---

3. Nos termos do Decreto nº 4.118, de 7 de fevereiro de 2002, art. 28, parágrafo único, são Ministros de Estado, além dos titulares dos Ministérios: o Chefe da Casa Civil da Presidência da República, o Chefe do Gabinete de Segurança Institucional, o Chefe da Secretaria-Geral da Presidência da República, o Advogado-Geral da União e o Chefe da Corregedoria-Geral da União.

b) do Poder Legislativo:

Deputados Federais e Senadores;

Ministros do Tribunal de Contas da União;

Deputados Estaduais e Distritais;

Conselheiros dos Tribunais de Contas Estaduais;

Presidentes das Câmaras Legislativas Municipais.

c) do Poder Judiciário:

Ministros dos Tribunais Superiores;

Membros de Tribunais;

Juízes;

Auditores da Justiça Militar.

O vocativo a ser empregado em comunicações dirigidas aos Chefes de Poder é *Excelentíssimo Senhor*, seguido do cargo respectivo:

Excelentíssimo Senhor Presidente da República,

Excelentíssimo Senhor Presidente do Congresso Nacional,

Excelentíssimo Senhor Presidente do Supremo Tribunal Federal.

As demais autoridades serão tratadas com o vocativo Senhor, seguido do cargo respectivo:

Senhor Senador,

Senhor Juiz,

Senhor Ministro,

Senhor Governador,

No envelope, o endereçamento das comunicações dirigidas às autoridades tratadas por *Vossa Excelência*, terá a seguinte forma:

A Sua Excelência o Senhor	A Sua Excelência o Senhor	A Sua Excelência o Senhor
Fulano de Tal	Senador Fulano de Tal	Fulano de Tal
Ministro de Estado da Justiça	Senado Federal	Juiz de Direito da 10ª Vara Cível
70064-900 – Brasília. DF	70165-900 – Brasília. DF	Rua ABC, nº 123
		01010-000 – São Paulo. SP

Em comunicações oficiais, está abolido o uso do tratamento *digníssimo* (DD), às autoridades arroladas na lista anterior. A dignidade é pressuposto para que se ocupe qualquer cargo público, sendo desnecessária sua repetida evocação.

Vossa Senhoria é empregado para as demais autoridades e para particulares. O vocativo adequado é:

Senhor Fulano de Tal,

(...)

No envelope, deve constar do endereçamento:

Ao Senhor

Fulano de Tal

Rua ABC, nº 123

12345-000 – Curitiba. PR

Como se depreende do exemplo acima, fica dispensado o emprego do superlativo *ilustríssimo* para as autoridades que recebem o tratamento de *Vossa Senhoria* e para particulares. É suficiente o uso do pronome de tratamento *Senhor*.

Acrescente-se que *doutor* não é forma de tratamento, e sim título acadêmico. Evite usá-lo indiscriminadamente. Como regra geral, empregue-o apenas em comunicações dirigidas a pessoas que tenham tal grau por terem concluído curso universitário de doutorado. É costume designar por *doutor* os bacharéis, especialmente os bacharéis em Direito e em Medicina. Nos demais casos, o tratamento Senhor confere a desejada formalidade às comunicações.

Mencionemos, ainda, a forma *Vossa Magnificência*, empregada por força da tradição, em comunicações dirigidas a reitores de universidade. Corresponde-lhe o vocativo:

Magnífico Reitor,

(...)

Os pronomes de tratamento para religiosos, de acordo com a hierarquia eclesiástica, são:

Vossa Santidade, em comunicações dirigidas ao Papa. O vocativo correspondente é:

Santíssimo Padre,

(...)

Vossa Eminência ou *Vossa Eminência Reverendíssima*, em comunicações aos Cardeais. Corresponde-lhe o vocativo:

Eminentíssimo Senhor Cardeal, ou

Eminentíssimo e Reverendíssimo Senhor Cardeal,

(...)

Vossa Excelência Reverendíssima é usado em comunicações dirigidas a Arcebispos e Bispos; *Vossa Reverendíssima* ou *Vossa Senhoria Reverendíssima* para Monsenhores, Cônegos e superiores religiosos. *Vossa Reverência* é empregado para sacerdotes, clérigos e demais religiosos.

1.2. Fechos para Comunicações

O fecho das comunicações oficiais possui, além da finalidade óbvia de arrematar o texto, a de saudar o destinatário. Os modelos para fecho que vinham sendo utilizados foram regulados pela Portaria nº 1 do Ministério da Justiça, de 1937, que estabelecia quinze padrões. Com o fito de simplificá-los e uniformizá-los, este Manual estabelece o emprego de somente dois fechos diferentes para todas as modalidades de comunicação oficial:

a) para autoridades superiores, inclusive o Presidente da República:

Respeitosamente,

b) para autoridades de mesma hierarquia ou de hierarquia inferior:

Atenciosamente,

Ficam excluídas dessa fórmula as comunicações dirigidas a autoridades estrangeiras, que atendem a rito e tradição próprios, devidamente disciplinados no *Manual de Redação* do Ministério das Relações Exteriores.

1.3. Identificação do Signatário

Excluídas as comunicações assinadas pelo Presidente da República, todas as demais comunicações oficiais devem trazer o nome e o cargo da autoridade que as expede, abaixo do local de sua assinatura. A forma da identificação deve ser a seguinte:

(espaço para assinatura)
NOME
Chefe da Secretaria-Geral da Presidência da República

(espaço para assinatura)
NOME
Ministro de Estado da Justiça

Para evitar equívocos, recomenda-se não deixar a assinatura em página isolada do expediente. Transfira para essa página ao menos a última frase anterior ao fecho.

2. O PADRÃO OFÍCIO

Há três tipos de expedientes que se diferenciam antes pela finalidade do que pela forma: o *ofício*, o *aviso* e o *memorando*. Com o fito de uniformizá-los, pode-se adotar uma diagramação única, que siga o que chamamos de *padrão ofício*. As peculiaridades de cada um serão tratadas adiante; por ora busquemos as suas semelhanças.

2.1. Partes do documento no *Padrão Ofício*

O *aviso*, o *ofício* e o *memorando* devem conter as seguintes partes:

a) tipo e número do expediente, seguido da sigla do órgão que o expede:

Exemplos:

Mem. 123/2002-MF   Aviso 123/2002-SG   Of. 123/2002-MME

b) local e data em que foi assinado, por extenso, com alinhamento à direita:

Exemplo:

Brasília, 15 de março de 1991.

c) assunto: resumo do teor do documento

Exemplos:

Assunto: Produtividade do órgão em 2002.

Assunto: Necessidade de aquisição de novos computadores.

d) destinatário: o nome e o cargo da pessoa a quem é dirigida a comunicação. No caso do ofício deve ser incluído também o *endereço*.

e) texto: nos casos em que não for de mero encaminhamento de documentos, o expediente deve conter a seguinte estrutura:

– introdução, que se confunde com o parágrafo de abertura, na qual é apresentado o assunto que motiva a comunicação. Evite o uso das formas: "*Tenho a honra de*", "*Tenho o prazer de*", "*Cumpre-me informar que*", empregue a forma direta;

– desenvolvimento, no qual o assunto é detalhado; se o texto contiver mais de uma ideia sobre o assunto, elas devem ser tratadas em parágrafos distintos, o que confere maior clareza à exposição;

– conclusão, em que é reafirmada ou simplesmente reapresentada a posição recomendada sobre o assunto.

Os parágrafos do texto devem ser numerados, exceto nos casos em que estes estejam organizados em itens ou títulos e subtítulos.

Já quando se tratar de mero encaminhamento de documentos a estrutura é a seguinte:

– introdução: deve iniciar com referência ao expediente que solicitou o encaminhamento. Se a remessa do documento não tiver sido solicitada, deve iniciar com a informação do motivo da comunicação, que é *encaminhar*, indicando a seguir os dados completos do documento encaminhado (tipo, data, origem ou signatário, e assunto de que trata), e a razão pela qual está sendo encaminhado, segundo a seguinte fórmula:

"Em resposta ao Aviso nº 12, de 1º de fevereiro de 1991, encaminho, anexa, cópia do Ofício nº 34, de 3 de abril de 1990, do Departamento Geral de Administração, que trata da requisição do servidor Fulano de Tal."

ou

"Encaminho, para exame e pronunciamento, a anexa cópia do telegrama nº 12, de 1º de fevereiro de 1991, do Presidente da Confederação Nacional de Agricultura, a respeito de projeto de modernização de técnicas agrícolas na região Nordeste."

– desenvolvimento: se o autor da comunicação desejar fazer algum comentário a respeito do documento que encaminha, poderá acrescentar parágrafos de *desenvolvimento*; em caso contrário, não há parágrafos de desenvolvimento em aviso ou ofício de mero encaminhamento.

f) fecho (v. 2.2. *Fechos para Comunicações*);

g) assinatura do autor da comunicação; e

h) identificação do signatário (v. 2.3. *Identificação do Signatário*).

2.2. Forma de diagramação

Os documentos do *Padrão Ofício*[4] devem obedecer à seguinte forma de apresentação:

a) deve ser utilizada fonte do tipo *Times New Roman* de corpo 12 no texto em geral, 11 nas citações, e 10 nas notas de rodapé;

b) para símbolos não existentes na fonte *Times New Roman* poder-se-á utilizar as fontes *Symbol* e *Wingdings*;

c) é obrigatório constar a partir da segunda página o número da página;

d) os ofícios, memorandos e anexos destes poderão ser impressos em ambas as faces do papel. Neste caso, as margens esquerda e direita terão as distâncias invertidas nas páginas pares ("*margem espelho*");

e) o início de cada parágrafo do texto deve ter 2,5 cm de distância da margem esquerda;

f) o campo destinado à margem lateral esquerda terá, no mínimo, 3,0 cm de largura;

g) o campo destinado à margem lateral direita terá 1,5 cm;

h) deve ser utilizado espaçamento simples entre as linhas e de 6 pontos após cada parágrafo, ou, se o editor de texto utilizado não comportar tal recurso, de uma linha em branco;

i) não deve haver abuso no uso de negrito, itálico, sublinhado, letras maiúsculas, sombreado, sombra, relevo, bordas ou qualquer outra forma de formatação que afete a elegância e a sobriedade do documento;

j) a impressão dos textos deve ser feita na cor preta em papel branco. A impressão colorida deve ser usada apenas para gráficos e ilustrações;

l) todos os tipos de documentos do *Padrão Ofício* devem ser impressos em papel de tamanho A-4, ou seja, 29,7 x 21,0 cm;

m) deve ser utilizado, preferencialmente, o formato de arquivo *Rich Text* nos documentos de texto;

n) dentro do possível, todos os documentos elaborados devem ter o arquivo de texto preservado para consulta posterior ou aproveitamento de trechos para casos análogos;

o) para facilitar a localização, os nomes dos arquivos devem ser formados da seguinte maneira:

tipo do documento + número do documento + palavras-chaves do conteúdo

Ex.: "*Of. 123 - relatório produtividade ano 2002*"

---

4. O constante neste item aplica-se também à *exposição de motivos* e à *mensagem* (v. 4. *Exposição de Motivos* e 5. *Mensagem*).

2.3. Aviso e Ofício

2.3.1. Definição e Finalidade

Aviso e *ofício* são modalidades de comunicação oficial praticamente idênticas. A única diferença entre eles é que o aviso é expedido exclusivamente por Ministros de Estado, para autoridades de mesma hierarquia, ao passo que o ofício é expedido para e pelas demais autoridades. Ambos têm como finalidade o tratamento de assuntos oficiais pelos órgãos da Administração Pública entre si e, no caso do ofício, também com particulares.

2.3.2. Forma e Estrutura

Quanto a sua forma, *aviso* e *ofício* seguem o modelo do *padrão ofício*, com acréscimo do *vocativo*, que invoca o destinatário (v. *2.1 Pronomes de Tratamento*), seguido de vírgula.

Exemplos:

Excelentíssimo Senhor Presidente da República

Senhora Ministra

Senhor Chefe de Gabinete

Devem constar do cabeçalho ou do rodapé do *ofício* as seguintes informações do remetente:

– nome do órgão ou setor;

– endereço postal;

– telefone e endereço de correio eletrônico.

Exemplo de Ofício

5 cm

[Ministério]
[Secretaria/Departamento/Setor/Entidade]
[Endereço para correspondência].
[Endereço - continuação]
[Telefone e Endereço de Correio Eletrônico]

Ofício nº 524/1991/SG-PR

Brasília, 27 de maio de 1991.

A Sua Excelência o Senhor
Deputado [Nome]
Câmara dos Deputados
70.160-900 – Brasília – DF

Assunto: **Demarcação de terras indígenas**

Senhor Deputado,

2,5 cm

1. Em complemento às observações transmitidas pelo telegrama nº 154, de 24 de abril último, informo Vossa Excelência de que as medidas mencionadas em sua carta nº 6708, dirigida ao Senhor Presidente da República, estão amparadas pelo procedimento administrativo de demarcação de terras indígenas instituído pelo Decreto nº 22, de 4 de fevereiro de 1991 (cópia anexa).

3 cm

2. Em sua comunicação, Vossa Excelência ressalva a necessidade de que – na definição e demarcação das terras indígenas – fossem levadas em consideração as características sócio-econômicas regionais.

3. Nos termos do Decreto nº 22, a demarcação de terras indígenas deverá ser precedida de estudos e levantamentos técnicos que atendam ao disposto no art. 231, § 1º, da Constituição Federal. Os estudos deverão incluir os aspectos etno-históricos, sociológicos, cartográficos e fundiários. O exame deste último aspecto deverá ser feito conjuntamente com o órgão federal ou estadual competente.

1,5 cm

4. Os órgãos públicos federais, estaduais e municipais deverão encaminhar as informações que julgarem pertinentes sobre a área em estudo. É igualmente assegurada a manifestação de entidades representativas da sociedade civil.

5. Os estudos técnicos elaborados pelo órgão federal de proteção ao índio serão publicados juntamente com as informações recebidas dos órgãos públicos e das entidades civis acima mencionadas.

(297 x 210mm)

3,5 cm

6. Como Vossa Excelência pode verificar, o procedimento estabelecido assegura que a decisão a ser baixada pelo Ministro de Estado da Justiça sobre os limites e a demarcação de terras indígenas seja informada de todos os elementos necessários, inclusive daqueles assinalados em sua carta, com a necessária transparência e agilidade.

Atenciosamente,

[Nome]
[cargo]

2

Exemplo de Aviso

5 cm

Aviso nº 45/SCT-PR

Brasília, 27 de fevereiro de 1991.

A Sua Excelência o Senhor
[Nome e cargo]

Assunto: **Seminário sobre uso de energia no setor público.**

Senhor Ministro,

2,5 cm

Convido Vossa Excelência a participar da sessão de abertura do *Primeiro Seminário Regional sobre o Uso Eficiente de Energia no Setor Público*, a ser realizado em 5 de março próximo, às 9 horas, no auditório da Escola Nacional de Administração Pública – ENAP, localizada no Setor de Áreas Isoladas Sul, nesta capital.

3,0 cm

1,5 cm

O Seminário mencionado inclui-se nas atividades do *Programa Nacional das Comissões Internas de Conservação de Energia em Órgão Públicos*, instituído pelo Decreto nº 99.656, de 26 de outubro de 1990.

Atenciosamente,

[nome do signatário]
[cargo do signatário]

2.4. Memorando

2.4.1. Definição e Finalidade

O *memorando* é a modalidade de comunicação entre unidades administrativas de um mesmo órgão, que podem estar hierarquicamente em mesmo nível ou em níveis diferentes. Trata-se, portanto, de uma forma de comunicação eminentemente interna.

Pode ter caráter meramente administrativo, ou ser empregado para a exposição de projetos, ideias, diretrizes, etc. a serem adotados por determinado setor do serviço público.

Sua característica principal é a agilidade. A tramitação do memorando em qualquer órgão deve pautar-se pela rapidez e pela simplicidade de procedimentos burocráticos. Para evitar desnecessário aumento do número de comunicações, os despachos ao memorando devem ser dados no próprio documento e, no caso de falta de espaço, em folha de continuação. Esse procedimento permite formar uma espécie de processo simplificado, assegurando maior transparência à tomada de decisões, e permitindo que se historie o andamento da matéria tratada no memorando.

2.4.2. Forma e Estrutura

Quanto a sua forma, o *memorando* segue o modelo do *padrão ofício*, com a diferença de que o seu destinatário deve ser mencionado pelo cargo que ocupa.

Exemplos:

Ao Sr. Chefe do Departamento de Administração

Ao Sr. Subchefe para Assuntos Jurídicos

Exemplo de Memorando

5 cm

Mem. 118/DJ

Em 12 de abril de 1991

Ao Sr. Chefe do Departamento de Administração

Assunto: **Administração. Instalação de microcomputadores**

1. Nos termos do Plano Geral de informatização, solicito a Vossa Senhoria verificar a possibilidade de que sejam instalados três microcomputadores neste Departamento.

2 Sem descer a maiores detalhes técnicos, acrescento, apenas, que o ideal seria que o equipamento fosse dotado de disco rígido e de monitor padrão EGA. Quanto a programas, haveria necessidade de dois tipos: um processador de textos, e outro gerenciador de banco de dados.

3 cm

1,5 cm

3. O treinamento de pessoal para operação dos micros poderia ficar a cargo da Seção de Treinamento do Departamento de Modernização, cuja chefia já manifestou seu acordo a respeito.

4. Devo mencionar, por fim, que a informatização dos trabalhos deste Departamento ensejará racional distribuição de tarefas entre os servidores e, sobretudo, uma melhoria na qualidade dos serviços prestados.

Atenciosamente,

[nome do signatário]
[cargo do signatário]

(297 x 210mm)

3. EXPOSIÇÃO DE MOTIVOS

3.1. Definição e Finalidade

Exposição de motivos é o expediente dirigido ao Presidente da República ou ao Vice-Presidente para:

a) informá-lo de determinado assunto;

b) propor alguma medida; ou

c) submeter a sua consideração projeto de ato normativo.

Em regra, a exposição de motivos é dirigida ao Presidente da República por um Ministro de Estado.

Nos casos em que o assunto tratado envolva mais de um Ministério, a exposição de motivos deverá ser assinada por todos os Ministros envolvidos, sendo, por essa razão, chamada de *interministerial.*

3.2. Forma e Estrutura

Formalmente, a exposição de motivos tem a apresentação do *padrão ofício* (v. *3. O Padrão Ofício*). O anexo que acompanha a exposição de motivos que proponha alguma medida ou apresente projeto de ato normativo, segue o modelo descrito adiante.

A *exposição de motivos*, de acordo com sua finalidade, apresenta duas formas básicas de estrutura: uma para aquela que tenha caráter exclusivamente informativo e outra para a que proponha alguma medida ou submeta projeto de ato normativo.

No primeiro caso, o da exposição de motivos que simplesmente leva algum assunto ao conhecimento do Presidente da República, sua estrutura segue o modelo antes referido para o *padrão ofício*.

Exemplo de Exposição de Motivos de caráter informativo

5 cm

EM nº 00146/1991-MRE

Brasília, 24 de maio de 1991.

5 cm

Excelentíssimo Senhor Presidente da República.

1,5 cm

3 cm

O Presidente George Bush anunciou, no último dia 13, significativa mudança da posição norte-americana nas negociações que se realizam – na Conferência do Desarmamento, em Genebra – de uma convenção multilateral de proscrição total das armas químicas. Ao renunciar à manutenção de cerca de dois por cento de seu arsenal químico até a adesão à convenção de todos os países em condições de produzir armas químicas, os Estados Unidos reaproximaram sua postura da maioria dos quarenta países participantes do processo negociador, inclusive o Brasil, abrindo possibilidades concretas de que o tratado venha a ser concluído e assinado em prazo de cerca de um ano. (...)

1,5 cm

1 cm

Respeitosamente,

2,5cm

[Nome]
[cargo]

(297 x 210mm)

Já a exposição de motivos que submeta à consideração do Presidente da República a sugestão de alguma medida a ser adotada ou a que lhe apresente projeto de ato normativo – embora sigam também a estrutura do *padrão ofício* –, além de outros comentários julgados pertinentes por seu autor, devem, obrigatoriamente, apontar:

a) na introdução: o problema que está a reclamar a adoção da medida ou do ato normativo proposto;

b) no desenvolvimento: o porquê de ser aquela medida ou aquele ato normativo o ideal para se solucionar o problema, e eventuais alternativas existentes para equacioná-lo;

c) na conclusão, novamente, qual medida deve ser tomada, ou qual ato normativo deve ser editado para solucionar o problema.

Deve, ainda, trazer apenso o formulário de anexo à exposição de motivos, devidamente preenchido, de acordo com o seguinte modelo previsto no Anexo II do Decreto nº 4.176, de 28 de março de 2002.

Anexo à Exposição de Motivos do (indicar nome do Ministério ou órgão equivalente) nº ____, de ________ de ________ de 200_.

1. Síntese do problema ou da situação que reclama providências

2. Soluções e providências contidas no ato normativo ou na medida proposta

3. Alternativas existentes às medidas propostas

Mencionar:

- se há outro projeto do Executivo sobre a matéria;
- se há projetos sobre a matéria no Legislativo;
- outras possibilidades de resolução do problema.

4. Custos

Mencionar:

- se a despesa decorrente da medida está prevista na lei orçamentária anual; se não, quais as alternativas para custeá-la;
- se é o caso de solicitar-se abertura de crédito extraordinário, especial ou suplementar;
- valor a ser despendido em moeda corrente;

5. Razões que justificam a urgência (a ser preenchido somente se o ato proposto for medida provisória ou projeto de lei que deva tramitar em regime de urgência)

Mencionar:

- se o problema configura calamidade pública;
- por que é indispensável a vigência imediata;
- se se trata de problema cuja causa ou agravamento não tenham sido previstos;
- se se trata de desenvolvimento extraordinário de situação já prevista.

6. Impacto sobre o meio ambiente (sempre que o ato ou medida proposta possa vir a tê-lo)

7. Alterações propostas

Texto atual	Texto proposto

8. Síntese do parecer do órgão jurídico

• Com base em avaliação do ato normativo ou da medida proposta à luz das questões levantadas no item 10.4.3.

A falta ou insuficiência das informações prestadas pode acarretar, a critério da Subchefia para Assuntos Jurídicos da Casa Civil, a devolução do projeto de ato normativo para que se complete o exame ou se reformule a proposta.

O preenchimento obrigatório do anexo para as exposições de motivos que proponham a adoção de alguma medida ou a edição de ato normativo tem como finalidade:

a) permitir a adequada reflexão sobre o problema que se busca resolver;

b) ensejar mais profunda avaliação das diversas causas do problema e dos efeitos que pode ter a adoção da medida ou a edição do ato, em consonância com *as questões que devem ser analisadas na elaboração de proposições normativas no âmbito do Poder Executivo (v. 10.4.3.).*

c) conferir perfeita transparência aos atos propostos.

Dessa forma, ao atender às *questões que devem ser analisadas na elaboração de atos normativos no âmbito do Poder Executivo*, o texto da exposição de motivos e seu anexo complementam-se e formam um todo coeso: no anexo, encontramos uma avaliação profunda e direta de toda a situação que está a reclamar a adoção de certa providência ou a edição de um ato normativo; o problema a ser enfrentado e suas causas; a solução que se propõe, seus efeitos e seus custos; e as alternativas existentes. O texto da exposição de motivos fica, assim, reservado à demonstração da necessidade da providência proposta: por que deve ser adotada e como resolverá o problema.

Nos casos em que o ato proposto for questão de pessoal (nomeação, promoção, ascensão, transferência, readaptação, reversão, aproveitamento, reintegração, recondução, remoção, exoneração, demissão, dispensa, disponibilidade, aposentadoria), não é necessário o encaminhamento do formulário de *anexo à exposição de motivos*.

Ressalte-se que:

– a síntese do parecer do órgão de assessoramento jurídico não dispensa o encaminhamento do parecer completo;

– o tamanho dos campos do *anexo à exposição de* motivos pode ser alterado de acordo com a maior ou menor extensão dos comentários a serem ali incluídos.

Ao elaborar uma exposição de motivos, tenha presente que a atenção aos requisitos básicos da redação oficial (clareza, concisão, impessoalidade, formalidade, padronização e uso do padrão culto de linguagem) deve ser redobrada. A exposição de motivos é a principal modalidade de comunicação dirigida ao Presidente da República pelos Ministros. Além disso, pode, em certos casos, ser encaminhada cópia ao Congresso Nacional ou ao Poder Judiciário ou, ainda, ser publicada no *Diário Oficial da União*, no todo ou em parte.

4. MENSAGEM

4.1. Definição e Finalidade

É o instrumento de comunicação oficial entre os Chefes dos Poderes Públicos, notadamente as mensagens enviadas pelo Chefe do Poder Executivo ao Poder Legislativo para informar sobre fato da Administração Pública; expor o plano de governo por ocasião da abertura de sessão legislativa; submeter ao Congresso Nacional matérias que dependem de deliberação de suas Casas; apresentar veto; enfim, fazer e agradecer comunicações de tudo quanto seja de interesse dos poderes públicos e da Nação.

Minuta de mensagem pode ser encaminhada pelos Ministérios à Presidência da República, a cujas assessorias caberá a redação final.

As mensagens mais usuais do Poder Executivo ao Congresso Nacional têm as seguintes finalidades:

a) encaminhamento de projeto de lei ordinária, complementar ou financeira.

Os projetos de lei ordinária ou complementar são enviados em regime normal (Constituição, art. 61) ou de urgência (Constituição, art. 64, §§ 1º a 4º). Cabe lembrar que o projeto pode ser encaminhado sob o regime normal e mais tarde ser objeto de nova mensagem, com solicitação de urgência.

Em ambos os casos, a mensagem se dirige aos Membros do Congresso Nacional, mas é encaminhada com aviso do Chefe da Casa Civil da Presidência da República ao Primeiro Secretário da Câmara dos Deputados, para que tenha início sua tramitação (Constituição, art. 64, *caput*).

Quanto aos projetos de lei financeira (que compreendem plano plurianual, diretrizes orçamentárias, orçamentos anuais e créditos adicionais), as mensagens de encaminhamento dirigem-se aos Membros do Congresso Nacional, e os respectivos avisos são endereçados ao Primeiro Secretário do Senado Federal. A razão é que o art. 166 da Constituição impõe a deliberação congressual sobre as leis financeiras em *sessão conjunta*, mais precisamente, "*na forma do regimento comum*". E à frente da Mesa do Congresso Nacional está o Presidente do Senado Federal (Constituição, art. 57, § 5º), que comanda as sessões conjuntas.

As mensagens aqui tratadas coroam o processo desenvolvido no âmbito do Poder Executivo, que abrange minucioso exame técnico, jurídico e econômico-financeiro das matérias objeto das proposições por elas encaminhadas.

Tais exames materializam-se em pareceres dos diversos órgãos interessados no assunto das proposições, entre eles o da Advocacia-Geral da União. Mas, na origem das propostas, as análises necessárias constam da exposição de motivos do órgão onde se geraram (v. *3.1. Exposição de Motivos*) – exposição que acompanhará, por cópia, a mensagem de encaminhamento ao Congresso.

b) encaminhamento de medida provisória.

Para dar cumprimento ao disposto no art. 62 da Constituição, o Presidente da República encaminha mensagem ao Congresso, dirigida a seus membros, com aviso para o Primeiro Secretário do Senado Federal, juntando cópia da medida provisória, autenticada pela Coordenação de Documentação da Presidência da República.

c) indicação de autoridades.

As mensagens que submetem ao Senado Federal a indicação de pessoas para ocuparem determinados cargos (magistrados dos Tribunais Superiores, Ministros do TCU, Presidentes e Diretores do Banco Central, Procurador-Geral da República, Chefes de Missão Diplomática, etc.) têm em vista que a Constituição, no seu art. 52, incisos III e IV, atribui àquela Casa do Congresso Nacional competência privativa para aprovar a indicação.

O *curriculum vitae* do indicado, devidamente assinado, acompanha a mensagem.

d) pedido de autorização para o Presidente ou o Vice-Presidente da República se ausentarem do País por mais de 15 dias.

Trata-se de exigência constitucional (Constituição, art. 49, III, e 83), e a autorização é da competência privativa do Congresso Nacional.

O Presidente da República, tradicionalmente, por cortesia, quando a ausência é por prazo inferior a 15 dias, faz uma comunicação a cada Casa do Congresso, enviando-lhes mensagens idênticas.

e) encaminhamento de atos de concessão e renovação de concessão de emissoras de rádio e TV.

A obrigação de submeter tais atos à apreciação do Congresso Nacional consta no inciso XII do artigo 49 da Constituição. Somente produzirão efeitos legais a outorga ou renovação da concessão após deliberação do Congresso Nacional (Constituição, art. 223, § 3º). Descabe pedir na mensagem a urgência prevista no art. 64 da Constituição, porquanto o § 1º do art. 223 já define o prazo da tramitação.

Além do ato de outorga ou renovação, acompanha a mensagem o correspondente processo administrativo.

f) encaminhamento das contas referentes ao exercício anterior.

O Presidente da República tem o prazo de sessenta dias após a abertura da sessão legislativa para enviar ao Congresso Nacional as contas referentes ao exercício anterior (Constituição, art. 84, XXIV), para exame e parecer da Comissão Mista permanente (Constituição, art. 166, § 1º), sob pena de a Câmara dos Deputados realizar a tomada de contas (Constituição, art. 51, II), em procedimento disciplinado no art. 215 do seu Regimento Interno.

g) mensagem de abertura da sessão legislativa.

Ela deve conter o plano de governo, exposição sobre a situação do País e solicitação de providências que julgar necessárias (Constituição, art. 84, XI).

O portador da mensagem é o Chefe da Casa Civil da Presidência da República. Esta mensagem difere das demais porque vai encadernada e é distribuída a todos os Congressistas em forma de livro.

h) comunicação de sanção (com restituição de autógrafos).

Esta mensagem é dirigida aos Membros do Congresso Nacional, encaminhada por Aviso ao Primeiro Secretário da Casa onde se originaram os autógrafos. Nela se informa o número que tomou a lei e se restituem dois exemplares dos três autógrafos recebidos, nos quais o Presidente da República terá aposto o despacho de sanção.

i) comunicação de veto.

Dirigida ao Presidente do Senado Federal (Constituição, art. 66, § 1º), a mensagem informa sobre a decisão de vetar, se o veto é parcial, quais as disposições vetadas, e as razões do veto. Seu texto vai publicado na íntegra no *Diário Oficial da União* (v. *4.2. Forma e Estrutura*), ao contrário das demais mensagens, cuja publicação se restringe à notícia do seu envio ao Poder Legislativo. (v. *19.6.Veto*)

j) outras mensagens.

Também são remetidas ao Legislativo com regular frequência mensagens com:

– encaminhamento de atos internacionais que acarretam encargos ou compromissos gravosos (Constituição, art. 49, I);

– pedido de estabelecimento de alíquotas aplicáveis às operações e prestações interestaduais e de exportação (Constituição, art. 155, § 2º, IV);

– proposta de fixação de limites globais para o montante da dívida consolidada (Constituição, art. 52, VI);

– pedido de autorização para operações financeiras externas (Constituição, art. 52, V); e outros.

Entre as mensagens menos comuns estão as de:

– convocação extraordinária do Congresso Nacional (Constituição, art. 57, § 6º);

– pedido de autorização para exonerar o Procurador-Geral da República (art. 52, XI, e 128, § 2º);

– pedido de autorização para declarar guerra e decretar mobilização nacional (Constituição, art. 84, XIX);

– pedido de autorização ou referendo para celebrar a paz (Constituição, art. 84, XX);

– justificativa para decretação do estado de defesa ou de sua prorrogação (Constituição, art. 136, § 4º);

– pedido de autorização para decretar o estado de sítio (Constituição, art. 137);

– relato das medidas praticadas na vigência do estado de sítio ou de defesa (Constituição, art. 141, parágrafo único);

– proposta de modificação de projetos de leis financeiras (Constituição, art. 166, § 5º);

– pedido de autorização para utilizar recursos que ficarem sem despesas correspondentes, em decorrência de veto, emenda ou rejeição do projeto de lei orçamentária anual (Constituição, art. 166, § 8º);

– pedido de autorização para alienar ou conceder terras públicas com área superior a 2.500 ha (Constituição, art. 188, § 1º); etc.

4.2. Forma e Estrutura

As mensagens contêm:

a) a indicação do tipo de expediente e de seu número, horizontalmente, no início da margem esquerda:

Mensagem nº

b) vocativo, de acordo com o pronome de tratamento e o cargo do destinatário, *horizontalmente*, no início da margem esquerda;

Excelentíssimo Senhor Presidente do Senado Federal,

c) o texto, iniciando a 2 cm do vocativo;

d) o local e a data, *verticalmente* a 2 cm do final do texto, e *horizontalmente* fazendo coincidir seu final com a margem direita.

A mensagem, como os demais atos assinados pelo Presidente da República, não traz identificação de seu signatário.

Exemplo de Mensagem

5 cm

Mensagem nº 118

4 cm

Excelentíssimo Senhor Presidente do Senado Federal,

2 cm

3 cm

Comunico a Vossa Excelência o recebimento das Mensagens SM nº 106 a 110, de 1991, nas quais informo a promulgação dos Decretos Legislativos nºs 93 a 97, de 1991, relativos à exploração de serviços de radiodifusão.

1,5 cm

2 cm

Brasília, 28 de março de 1991.

(297 x 210mm)

5. TELEGRAMA

5.1. Definição e Finalidade

Com o fito de uniformizar a terminologia e simplificar os procedimentos burocráticos, passa a receber o título de *telegrama* toda comunicação oficial expedida por meio de telegrafia, telex, etc.

Por tratar-se de forma de comunicação dispendiosa aos cofres públicos e tecnologicamente superada, deve restringir-se o uso do telegrama apenas àquelas situações que não seja possível o uso de correio eletrônico ou fax e que a urgência justifique sua utilização e, também em razão de seu custo elevado, esta forma de comunicação deve pautar-se pela concisão (v. *1.4. Concisão e Clareza*).

5.2. Forma e Estrutura

Não há padrão rígido, devendo-se seguir a forma e a estrutura dos formulários disponíveis nas agências dos Correios e em seu sítio na Internet.

6. FAX

6.1. Definição e Finalidade

O fax (forma abreviada já consagrada de *fac-simile*) é uma forma de comunicação que está sendo menos usada devido ao desenvolvimento da Internet. É utilizado para a transmissão de mensagens urgentes e para o envio antecipado de documentos, de cujo conhecimento há premência, quando não há condições de envio do documento por meio eletrônico. Quando necessário o original, ele segue posteriormente pela via e na forma de praxe.

Se necessário o arquivamento, deve-se fazê-lo com cópia xerox do fax e não com o próprio fax, cujo papel, em certos modelos, se deteriora rapidamente.

6.2. Forma e Estrutura

Os documentos enviados por fax mantêm a forma e a estrutura que lhes são inerentes.

É conveniente o envio, juntamente com o documento principal, de *folha de rosto*, i. é., de pequeno formulário com os dados de identificação da mensagem a ser enviada, conforme exemplo a seguir:

[Órgão Expedidor]
[setor do órgão expedidor]
[endereço do órgão expedidor]

Destinatário:___________________________________

Nº do fax de destino:_____________________ **Data:**____/____/____

Remetente: ___________________________________

Tel. p/ contato:________________ **Fax/correio eletrônico:**________________

Nº de páginas: esta +______________ **Nº do documento:**______________

Observações:___________________________________

____

7. CORREIO ELETRÔNICO

7.1. Definição e finalidade

O correio eletrônico ("*e-mail*"), por seu baixo custo e celeridade, transformou-se na principal forma de comunicação para transmissão de documentos.

7.2. Forma e Estrutura

Um dos atrativos de comunicação por correio eletrônico é sua flexibilidade. Assim, não interessa definir forma rígida para sua estrutura. Entretanto, deve-se evitar o uso de linguagem incompatível com uma comunicação oficial (v. *1.2 A Linguagem dos Atos e Comunicações Oficiais*).

O campo *assunto* do formulário de correio eletrônico mensagem deve ser preenchido de modo a facilitar a organização documental tanto do destinatário quanto do remetente.

Para os arquivos anexados à mensagem deve ser utilizado, preferencialmente, o formato *Rich Text*. A mensagem que encaminha algum arquivo deve trazer informações mínimas sobre seu conteúdo.

Sempre que disponível, deve-se utilizar recurso de *confirmação de leitura*. Caso não seja disponível, deve constar da mensagem pedido de confirmação de recebimento.

7.3. Valor documental

Nos termos da legislação em vigor, para que a mensagem de correio eletrônico tenha *valor documental*, i. é, para que possa ser aceita como documento original, é necessário existir *certificação digital* que ateste a identidade do remetente, na forma estabelecida em lei.

Impressão e Acabamento:
Geográfica
editora